기업법무관리의 이론과 실무

채권계약 · 담보관리 · 대부업경영관리

기업법무관리의 이론과 실무

송순근 지음

채권계약 · 담보관리 · 대부업경영관리

매일경제신문사

오늘날 직업의 유형은 점차 다양화, 세분화, 전문화되고 있다. 즉 전문지식을 바탕으로 한 책임경영과 창의력에 바탕을 둔 신종 업종이 새롭게 등장하고 있으며, 여기에 맞는 능력을 갖춘 전문가들의 활약은 더욱 커지고 있다. 특히 최근에는, 2011년 7월 한-EU FTA의 가승인을 협의한 것을 비롯하여 (물론 재협상을 하기로 하였지만) 2010년 12월초 현재 한미FTA(자유무역협정)에 대한 정부간 협의가 마무리되었다. 이러한 요인들로 인해 기업의 경영환경이 그 어느 때보다도 급속한 변화를 거듭할것으로 예상된다. 따라서 현시점에서 경영에 관한 법률적 관리는 모든 개인사업자 및 기업 활동에 있어서 중요한 분야로 자리매김 하였다.

무엇보다도 최근에는 경영활동 전반에 보편화 되고 있는 것 중의 하나로 준법경영이 강조되면서 그 중요성은 더욱 커지고 있다. 따라서 그에 부응하는 개인사업자 또는 기업의 전반적인 법무 분야에도 새로운 변화가 있어야 한다. 이러한 변화에 부응하기 위해 본서는 제목을 「기업법무관리의 이론과 실무」로 하고 부제를 「채권관리, 담보관리, 대부업경영관리」로 하여 기업 또는 개인의 준법경영에 역점을 두었으며 실천수단으로서 세부적으로는 다음과 같은 목적을 가지고 저술하게 되었다.

첫째, 기업 또는 개인사업자의 법무관리자로서의 자질을 향상시켜 경쟁력을 확보함과 동시에 기업의 영업활동을 제도적으로 뒷받침하여 기업법무관리 특히, 채권관리가 되지 않아 도산하는 금융기관 및 개인, 일반 기업의 수를 최소화함을 그 목적으로 하였다.
구체적으로는 경영에서 발생되는 법률적 문제로서 특히 담보보증관리, 채권보전관리, 부실채권회수. 강제집행으로서의 경매실무, 공정거래업무 등을 관리하고 주도적으로 행사하는 전문인을 양성하고자 하는 것이다.

둘째, 기업법무교육 경험을 토대로 하여 회사설립과 운영에서부터 자금조달, 지적재산관리, 인사노무관리 및 소송대책에 이르기까지 법무 업무분야에서 필요로 하는 종합적인 지식과 실무능력을 겸비하여 법무담당자역할을 수행할 수 있는 유능한 인재를 양성하기 위해 기업법무관리사(채권관리/담보관리사) 자격증과 연계한 교육내용을 담고 있기도 하다.

셋째, 대부업의 성장은 사채업에 대한 사람들의 인식변화로 최초 진입자 수가 계속 증가 중이다. 미등록 사채 시장이 양성화되고 외국계 은행의 참가로 성장은 지속될 것으로 보인다. 따라서 법인의 설립이든 개인사업자의 방식에 의하든 법적테두리 내에서 올바른 대부업 경영을 하는 것은 어느 정도 성공의 길이 보장된다고 할 수 있다.

필자가 기업법무관리와 같은 선상에서 올바른 대부업경영관리를 위한 내용을 본서에 포함하게 된 것도 이런 확신 때문이다.

본서는 저자가 그동안 독일의 만하임 법과대학과 하이델베르그 대학연구소에서 연구업무를 수행하는 과정에서 수집한 자료와 대학 강단 등에서 강의한 자료를 바탕으로 저술하였다. 그리고 채권담보관리 분야의 이론연구 및 실무와 사례들을 체계적으로 정리함으로써 초보자도 쉽게 접근할 수 있도록 노력하였다. 미진한 부분은 계속 보완할 것을 약속드린다.

아무튼 본서가 기업법무 및 올바른 대부업경영관리를 원하는 분들께 미려하나마 도움이 되었으면 한다.

끝으로 본서가 출간됨에 있어서는 많은 분들의 도움이 있었다. 무엇보다도 세계경제의 회복이 더블딥현상의 우려 등으로 지연되고 있고, 우리 경제 특히 부동산시장 역시 장기적인 침체가 이어지고 있는 상황에서도 졸저의 가능성을 인정하여 편찬을 흔쾌히 수락하신 매경출판 윤영걸 대표님을 비롯하여 실무차원에서 꼼꼼히 챙겨주신 유철진 차장님과 편집팀 모두에게도 감사드린다. 또한 변함없는 애정을 보여주신 독자들에게 항상 감사드리며 좀 더 나은 내용으로 보답하고자 한다.

2010년을 마감하며, 기업법무관리소에서…

법학박사 송순근

목 차

제1편 채권계약관리의 이론과 실무

제2편 여신관리의 이론과 실무

제3편 신용조사의 이론과 실제

제4편 금융과 대부업

제6편 어음·수표의 이론과 실무

제7편 부실채권관리와 채권회수

제8편 거래처부도위험의 사전적 탐지와 대응방법

제10편 민사집행법의 이해

부 록

채권계약관리의 이론과 실무

채권계약관리 일반

제 1 절   채권관리 개관

1. 채권관리의 개념

　금융기관이나 대부업체나 개인 등을 막론하고 일반채권자의 궁극적 목적은 이윤의 극대화를 추구하는 것이다. 그런데 이러한 집단 또는 개인은 공신력을 근본가치로 삼는 특성상 이윤의 극대화를 위해서는 조성된 자금을 효율적으로 운용하고(여신심사), 아울러 대출금을 결손 없이 확실하게 회수함으로써(채권관리) 수입의 증대와 자산건전성을 제고하고, 대외적으로는 금융기관의 공신력을 확보하여야 한다. 따라서 금융기관이나 대부업등록업체(법인 · 개인)가 여신심사 및 채권관리를 소홀히 함으로써 부실채권을 양산할 경우 아래와 같이 그 경영에 악영향을 미치게 된다.

1) 원리금 미수로 인한 자금운용기회 상실가능
2) 대손충당금 적립규모 증가로 인한 수지 감소 또는 악화
3) 주가하락 및 평가기관의 신인도와 감독기관의 경영평가의 악영향
4) 관리인력 및 비용증가로 인한 경영부실 초래

2. 연체대출금

1) 개념정의
　"연체대출금"이라는 용어는 그 의미가 다양하다. 즉 약정기일에 상환되지 아니한 대출금을 뜻하기도 하고, 약정기일 이내라도 이자미납 등의 사유로 기한의 이익을 상실한 대출금, 분할상환기일에 상환되지 아니한 분할상환대출금 또는 지급보증대지급금 등을 의미하기도 한다.

2) 대출금 연체의 예방 및 관리
　여신실행이후 여신거래처에 대하여 업태현황, 사업전망 등을 계속적으로 점검함과 동시에 금융상담, 경영지도 등을 통하여 연체대출금 발생 등을 사전에 예방하여야 한다. 그러나 일단 연체대출금이 발생하게 되면 "기한의 이익의 상실"(이하에서 설명)사실을 통지하고 독촉장을 발송한다든가 전화독촉, 심방독촉 등의 방법으로 연체정리를 독촉하고 아울러 채권보전책을 점검, 강구하여야 한다.

3. 기한의 이익의 상실

1) 기한의 이익

(1) 기한의 이익이란 시기 또는 종기가 아직 도래하지 않음으로써 당사자가 받는 이익을 말한다(민법 제153조). 특히 시기부법률행위에 있어서는 법률행위의 효력이 아직 발생하지 않는데서 받는 이익을 말하고, 종기부법률행위에 있어서는 법률행위의 효력이 소멸하지 않는데서 받는 이익을 말한다.

(2) 법률행위의 당사자 중에서 누가 기한의 이익을 갖는가는 경우에 따라서 다르다.
가. 채권자만이 기한의 이익을 가지는 경우(무상임치, 제693조).
나. 채권자ㆍ채무자쌍방이 기한의 이익을 가지는 경우(이자부정기예금).
다. 채무자만이 기한의 이익을 가지는 경우(무이자소비대차)가 있다.

(3) 그러나 채무자만이 기한의 이익을 가지는 경우가 일반적이므로 민법에 의하면 당사자의 특약이나 법률행위의 성질에 비추어 반대의 취지가 없는 한, 기한은 채무자의 이익을 위하여 존재하는 것으로 추정된다(제153조 1항). 물론 기한의 이익이 채권자를 위하거나 쌍방을 위하여 존재한다는 것을 주장하는 자는 이를 입증하여야 한다(통설).

2) 기한의 이익의 상실

(1) 금융기관의 여신거래에 있어서 채무자는 원칙적으로 기한이 도래할 때까지 채권의 상환을 강제당하지 않을 권리를 갖는다. 다만, 금융기관은 법률(민법, 채무자회생및파산에관한법률)이 정하는 외에, 여신거래기본약관에 기한의 이익 상실조항을 두고 신용상태 악화 등 일정한 사유가 있는 경우에는 비록 만기 전 이라도 변제를 청구 할 수 있도록 하고 있다.

(2) 기한의 이익을 채무자에게 부여하는 것은 채무자를 신용하여 그에게 이행의 유예를 주는 것이다. 그러므로 채무자에게 그 경제적 신용을 위태롭게 할 만한 사유가 발생한 경우에는 채권자에게 기한도래까지 채권의 행사를 인정하지 않는다고 한다면 채권자만이 불이익을 입게 되는 것이므로 결국 채권관계에 있어서 공평의 원리를 해하는 것이 된다. 따라서 이러한 경우에는 채무자는 기한의 이익을 주장할 수 없도록 하여 당사자 사이의 공평을 유지함은 당연하다.

3) 일반 상실사유
기한의 이익을 상실하는 일반적 상실사유에는 이하의 3가지가 있다.

(1) 채무자가 담보를 손상하거나 감소 또는 멸실하게 한 때(제388조 1호)
가. 담보는 인적담보이거나 물적 담보이거나를 묻지 않는다.
나. 채무자는 고의ㆍ과실을 필요로 하지 않고 결과적으로 채무자의 행위로 말미암은 것이면 충분하다.
다. 담보의「손상」이란 예컨대, 저당권이 설정된 가옥의 일부를 파손하는 것이며, 담보의「소실」이란 저당권이 설정된 가옥을 소실시키는 것이다.

(2) 채무자가 담보제공의 의무를 이행하지 아니한 때(제388조 2호)

담보를 제공할 의무는 당사자 간의 특약으로 생긴 것이거나 또는 법률의 규정에 의하여 생긴 것인지를 묻지 아니한다.

(3) 채무자의 파산선고(채무자회생및파산에관한법률)
기한 있는 채권은 채무자가 파산선고를 받았을 때에 변제기에 이른 것으로 본다.

4) 기업용 은행여신거래기본약관 제7조에 의한 상실사유

(1) 당연상실
가. 모든 채무적용 사유
채무자의 은행예치금이나 담보재산에 압류(가압류), 파산, 법정관리, 당좌거래정지처분 등

나. 당해채무적용
여신거래기간 중 4회연체시, 14일 이상 계속연체시, 분할상환금의 연속2회 연체 등

(2) 독촉에 의한 상실
가. 모든 채무적용 사유
채무자의 일반재산에 압류(가압류), 융자금의 용도 외사용, 위변조 자료제출 등

나. 당해채무적용
추가담보요구 불응, 보증인의 당좌거래정지 등

5) 사전통지의무

(1) 당연기한이익상실의 경우
기업용 은행여신거래기본약관 제7조의 3항 사유(이자 등을 계속하여 14일간 지체한때, 분할상환금 또는 분할상환원리금을 2회 이상 연체한 때)에 의하여 기한의 이익을 상실할 경우에는 그 영업일 전까지 채무이행지체사실과 기한의 이익 상실 사실을 통지하여야 한다.

(2) 독촉에 의한 경우
독촉에 의한 기한이익상실사유의 발생의 경우에는 반드시 서면으로 기한이익의 상실사유를 독촉하여야 하며, 10일 이상의 정리기간을 설정하여야 한다. 기한의 이익의 상실시점은 그 통지가 채무자에 송달된 날로부터 정리기간이 경과한 때 이다.

4. 실무상 유의해야할 점

1) 기한의 이익 상실 사유별 개별대책 강구
사해행위, 후취담보제공 불이행 등 상실사유별로 별도대책이 필요한 경우에는 사해행위취소 또는 근저당권설정등기청구의 소를 제기하는 등 개별대책을 강구한다.

2) 담보점검 및 채권보전책강구

즉시 담보를 점검(별도의 정상화를 위한 협의가 있는 등 특별한 경우는 제외)하고, 채권부족이 예상될 때에는 채무관계인의 일반재산 조사 등 채권보전책을 강구하며, 책임재산의 멸실, 처분이 우려될 경우에는 보전 집행(가압류·가처분)을 신청한다.

3) 보증기관에의 통지의무
보증기관에 즉시 보증사고를 통지함으로써, 보증기관에서 구상권 보전을 위한 조치를 취하도록 한다.

4) 채권신고 및 배당요구
채무자기업에 법정관리 또는 화의절차가 개시된 경우, 소정기한 내 채권신고를 하여 실권되거나 의결권을 상실하는 일이 없도록 한다. 특히 채무관계인의 재산이 강제집행 되는 경우 관할법원, 체납처분관서에 채권 신고 또는 배당요구를 한다.

5) 상계적상에 의한 상계
제3의 채권자로부터 채무자의 예금 등이 압류(가압류)되는 경우에는 그 명령 송달 즉시 기한의 이익이 상실 되므로 해당 금융기관의 대출금과 그 예금 등은 상계적상의 상태가 되므로 상계함으로써 대출금을 회수 한 다. 상계적상 시점이후로는 언제 상계하더라도 무방하나, 대출금의 연체이자 가중 등을 감안한다면 가급적 초기단계에서 처리하는 것도 유리할 것이다.

제 2 절 채권과 채권법의 내용

1. 채권의 의의 및 특징

1) 채권의 의의
일반적으로 채권은 특정인(채권자)이 다른 특정인(채무자)에 대하여 일정한 행위(급부)를 청구할 수 있는 권리로 정의 된다.

2) 채권의 특징

(1) 채권의 비배타성
채권에는 배타성이 없고, 물권에는 배타성이 있다. 따라서 하나의 물건에 동일한 내용의 물권이 하나밖에 성립할 수 없는 반면에(일물일권주의), 동일한 내용의 채권은 복수로 성립할 수 있다.

(2) 채권의 상대성
물권은 물(物)에 대한 지배권이며, 모든 제3자에 대해서도 이 권리를 주장할 수 있으므로 절대적·대세적 권리이다. 반면 채권은 특정인(채권자)이 다른 특정인(채무자)에 대해서만 일정한 급부를 청구할 수 있는 권 리이므로 대인적·상대적 권리라고 불리는 것이다.

(3) 채권의 평등성
가. 물권과는 달리 채권은 지배권이 아니라 청구권이다. 채무의 이행은 오로지 채무자 개인의 의사에 위임 되는 것이다. 채권은 순차적으로 그리고 시간적 순서에 관계없이 성립하는 것이 가능하다. 여기에 채권법을

관철하는 대원칙으로써의 「채권자평등의 원칙」이 성립한다.

나. 채권이 법정의 특별한 대항요건을 갖춘 경우에는 다른 채권과의 평등성의 균형은 깨어진다. 예컨대 부동산임차인이 임차권을 등기하거나(제621조 2항) 토지의 임차인이 그 토지. 건물을 등기한 경우(제622조), 환매권(제592조) 또는 주택임차인이 주택임대차보호법에 의하여 대항력을 갖춘 때 등이 이에 해당한다.

(4) 채권의 양도성
우리민법 제449조는 채권의 양도성을 원칙적으로 인정하고 있다. 다만 예외적으로 몇 가지 경우에 채권의 양도성을 제한하고 있다. 즉 채무의 성질상 양도가 허용되지 않는 경우, 양도금지의 특약이 있는 경우 혹은 특정인의 특별한 신뢰관계나 인격을 기초로 하는 채권은 채권의 양도성 · 처분성이 인정되지 아니한다(제610조 2항 · 제612조 1항 · 제657조 1항).

(5) 채권의 불가침성
채권의 본질적 특성으로서 상대성을 견지하는 한 채무자 이외의 제3자에 의한 불가침성은 절대권에 있어서와 같이 논리적 · 개념 필연적 귀결이 아니며 채권의 성질에 비추어 예외적 · 한정적으로 불가침성을 인정할 수 있을 것이다. 물권이 그 절대성으로 인하여 일반인을 대상으로 불가침성을 가지지만 채권은 그 재산성이 고도화되는 경우에 비로소 불가침성의 문제가 야기된다고 보는 것이 타당하다는 견해도 있다.

2. 채권법의 내용

1) 민법은 제373조 내지 제766조까지를 제3편 「채권」이라고 하고 있다. 민법전 제3편 「채권」은 제1장 총칙(제373조-제526조), 제2장 계약(제527조-제732조), 제3장 사무관리(제733조-제740조), 제4장 부당이득(제741조-제749조), 제5장 불법행위(제750조-제766조)의 5장 394개조로 구성되어 있다. 강학상 총칙의 부분을 「채권법 총론」, 계약 · 사무관리 · 부당이득 · 불법행위의 부분을 「채권법 각론」이라고 한다. 채권법각론에서는 주로 채권을 발생시키는 원인을 취급하고, 채권법총론에서는 채권의 종류 · 효력 · 양도 · 소멸이라고 하는 일반적 사항을 다룬다.

2) 채권법총론으로 다루어지는 「총칙」(제373조-제526조)은 채권법전반에 적용될 수 있는 규정을 8개절로 편별하고 있다.

(1) 제1절 「채권의 목적」(제387조-제407조)
채권 편 총칙 제2절은 「채권의 효력」이며, 채무불이행의 제 유형과 채무불이행에 의한 손해배상에 관한 규정을 두고 있다. 채무불이행의 유형에서는 이행불능, 이행지체, 채권자지체(수령지체)를 규율하고 있고, 채무불이행에 대한 구제방법으로 강제이행이나 손해배상에 관하여 규정하고 있다. 또한 채권의 대외적 효력, 즉 채권자대위권 · 채권자취소권에 관한 규정이 있고, 채권자대위권(제404조) · 채권자취소권(제406조)은 채무자의 변제자력(책임재산)의 유지 · 회복에 관한 제도이다.

(2) 제2절 채권의 효력
채무자의 귀책사유에 의한 채무불이행의 유형으로서 이행지체. 이행불능에 관하여 규정하고, 강학상으로 채무불이행의 또 다른 유형으로서 불완전이행에 관하여 다루고 있다. 또한 채권자에 의한 채권의 목적 실현 방법으로써 현실적 이행의 강제(강제이행), 손해배상에 관하여 규정하고 있으며, 채권자의 수령거절. 수령불

능으로 인한 채권자지체(수령지체)에 관하여도 규정하고 있다. 그리고 채무자의 책임재산의 보전으로서 채권
자대위권과 채권자취소권에 관하여 규정하고 있다.

(3) 제3절 「수인의 채권자 및 채무자」(제408조-제448조)
강학상으로는 「다수당사자의 채권채무관계」라고도 한다. 채권관계의 주체인 채권자와 채무자가 다수인 특
수한 채권관계로서 분할채권관계, 불가분채권관계, 연대채무와 보증채무의 모습을 규정하고 있다.

(4) 제4절 「채권의 양도」(제449조-제452조) · 제5절 「채무의 인수」(제453조-제459조)
채권 · 채무가 하나의 재화로서 거래의 목적이 되어 그 동일성을 유지하면서 이전될 수 있음을 규정하고
있다.

(5) 제5절 「채권의 소멸」(제460조-제507조)
채권의 소멸원인으로서의 변제 · 대물변제 · 공탁 · 상계 · 갱개 · 면제 · 혼동의 7종을 규정하고 있다.

(6) 제6절 「지시채권」(제508조-제522조) · 제8절 「무기명채권」(제523조-제526조)
지명채권이 아닌 특수한 채권으로서의 지시채권과 무기명채권의 양도 또는 소멸에 관하여 규정한다. 이들
은 이른바 증권적 채권에 관한 것으로 채권의 양도성을 증대하기 위하여 창안된 것이므로 강학상 제4절의 채
권양도에서 함께 다루어지는 것이다. 그러나 증권적 채권의 양도는 보통의 지명채권의 양도와는 본질적으로
다르고, 또한 그에 관한 것은 민법뿐만 아니라 상법 · 어음법 · 수표법 등의 여러 특별법에서도 문제되기 때문
에 채권양도와 독립하여 규정하고 있다.

제 3 절 채권의 종류

1. 특정물채권과 종류채권

1) 특정물채권

(1) 특정물채권의 의의
특정물채권이라 함은 특정물의 인도를 목적으로 하는 채권이다. 특정물의 인도라 함은 구체적으로 급부의
목적물이 특정되어 있는 「물건의 점유」를 이전하는 것이다. 특정물채권은 증여 · 매매 · 교환 · 사용대차 · 임
대차 · 임치에서 발생하는 경우가 많다.

(2) 채무자의 보관의무 (선관주의의무)
가. 의 의
특정물의 인도의무를 부담하는 채무자는 그 인도를 행하기까지는 「선량한 관리자의 주의」로써 그 물건을
보존하지 않으면 안 된다(제374조). 이것을 「선관주의의무」라 한다.

나. 내 용
선관주의의 존속기간인 「물건을 인도할 때까지」는 채무자가 인도하여야 할 때, 즉 이행기까지를 의미하지
아니하고 실제로 인도를 할 때까지를 의미한다고 해석된다. 그러나 실제로는 민법의 다른 규정에 의해 이러

한 선관의무가 수정되어 이행기도과 후 실제 인도시까지 제374조가 적용되는 것은 이행지체 또는 채권자지체가 성립하지 않는 경우에 한하게 된다(제392조·제401조 참조). 예컨대 불가항력에 기한 경우나 유치권이나 동시이행의 항변권과 같은 이행의 지연을 정당화하는 사유에 기하는 경우이다.

다. 선관주의의무위반의 효과
선관주의의무를 위반하여 목적물이 멸실·훼손된 경우에 채무자는 채무불이행에 의한 손해배상책임을 부담한다(제390조).

(3) 현상인도의무
채무자는 목적물을 인도할 때의 현상 그대로 인도하여야 한다(제462조). 그러나 이행지체와 수령지체의 경우에는 결국 제374조가 적용 되는 것은 그러한 것에 해당하지 않을 경우(예 : 이행기의 초과가 불가항력에 의한 경우, 동시이행의 항변권 등이 부착해 있는 경우)에 한정된다.

(4) 기타의 효과
가. 과실(果實)의 귀속
천연과실은 원물에서 분리됨과 동시에 원물과는 독립된 물건이 되므로 그 과실은 분리하는 때에 이를 수취할 권리자에게 속한다(제102조 1항). 반면 매매에 관한 규정(제587조)은 유상계약의 특성상 이행기 이후라도 인도전에 목적물로부터 수취한 과실은 매도인에게 속한다고 예외를 규정하고 있으며, 이것은 다른 유상계약의 경우에 준용하고 있다(제567조).

나. 이행지
특정물인도채무의 이행지는 당사자가 특별한 의사표시를 한 경우를 제외하고 채권발생 시에 그 물건이 존재한 장소가 된다(제467조).

다. 목적물의 하자
특정물에 원시적 하자가 존재하는 경우에는 하자담보책임이 문제가 된다(제580조). 하자담보책임이 인정되면 매수인은 계약해제권 및 손해배상청구권을 매수인에 대하여 청구할 수 있다. 특히 하자담보책임을 계약책임으로 보게 되면 다시 하자 있는 특정물의 수령거절권 및 추완청구권을 인정한다. 또한 후발적 하자인 경우에는 채무불이행 혹은 위험부담의 문제가 된다.

라. 위험부담문제
민법은 쌍무계약에 있어서 채무자위험부담주의를 취하고 있다(제537조). 따라서 특정물채권이 쌍무계약에 의해 발생한 경우 목적물이 당사자 간에 책임 없는 사유로 이행할 수 없게 된 때에는 채무자는 그 인도의무를 면하고, 채권자도 반대급부의무를 면하게 된다.

마. 채권자대위권 및 채권자취소권과의 관계
채권자대위권에 있어서는 원칙적으로 대위권행사의 효과가 채무자에게 직접 발생한다. 특정물채권은 채권자가 직접 자기에게 인도할 것을 청구할 수 있다. 또한 채권자취소권의 경우에는 채무자가 무자력이 된 경우에만 한정되는 것이며 특정채권보전을 위한 행사는 인정되지 않는다(제407조 참조).

2) 종류채권

(1) 종류채권의 의의

종류채권이라 함은 특정물채권에 대한 개념으로서, 일정한 종류에 속하는 물건의 일정량의 인도를 목적으로 하는 채권을 말한다(제375조). 예컨대 맥주 한 상자, 연형강판 10톤의 주문 등과 같이 급부해야할 목적물을 종류와 수량 만에 의해 정한 경우의 채권을 종류채권 이라고 한다.

(2) 제한종류채권

가) 종류채권의 한 형태로서 종류를 일정한 범위에 한정한 경우를 「제한종류채권」이라 한다. 예컨대 A회사의 창고에 보관중인 S회사의 평면디지털 TV 100대의 인도를 목적으로 하는 채권과 같이 시장에 있는 S회사의 평면디지털 TV를 목적물로 하는 종류채권에 다시 S회사의 「A회사의 창고」에 있는 평면디지털 TV라고 하는 제한이 붙은 경우가 제한종류채권에 해당한다. 제한종류채권에서는 예컨대 A회사의 창고가 화재로 전소한 경우와 같이 제한된 범위의 종류물의 급부가 불능이 되면 심지어 S회사의 평면디지털 TV가 시장에 존재하는 경우에도 채무는 이행불능이 된다. 다만 제한종류채권에서 종류물의 제한의 범위가 넓은 경우에는 이행불능이 될 가능성이 낮고, 제한종류채권을 일반종류채권과 구별할 실익이 거의 없다.

나) 특정의 여부에 따라 특정물채권과 구별되고, 목적물의 개성을 중요시하지 아니하는 점에서 선택채권과 다르다. 특히 종류채권은 선택채권과의 구별이 더욱 애매하다. 이 경우도 종류채권과의 구별기준인 개성의 중시여부에 의함이 일반적이다. 선택채권은 2개 이상의 급부를 선택적 목적으로 하는 것으로 선택권자의 자의에 의해서 다수의 급부 중 하나가 목적이 되는 채권인 까닭에 급부 자체는 처음부터 하나인 종류채권과 다르다.

(3) 목적물의 품질

가. 품질의 결정

민법은 세 가지의 표준을 정하여 채무자가 급부할 물건의 품질을 결정하게 하고 있다(제375조 1항). 계약에 의하여 정하여져 있으면 그에 따름은 물론이다. 예컨대 소비대차(제598조), 소비임치(제702조)에 있어서 반환하여야 할 물건의 품질은 차주·수치인이 대주·임치인 으로 부터 처음에 받았던 물건과 동일한 품질이어야 한다. 종류채권을 발생케 하는 계약상의 합의나 그 이후의 합의가 있는 경우에는 이에 의하며, 당사자의 의사는 묵시적이라도 상관없고, 의사가 불명확한 때에는 거래의 관습에 의하여 보충된다(제106조 참조). 유증의 경우에는 유언자가 소장하는 물건의 품질에 관계없이 그 중에서 이행되어야 한다. 이상과 같은 표준에 의해서도 품질이 정하여지지 않는 경우에는 중등의 품질을 가지는 물건으로 급부하여야 한다.

나. 중등품질의 결정

중등품질 인지의 여부는 사회통념과 거래상의 일반관념을 기준으로 결정된다. 원칙적으로 이행지, 이행 시에 있어서의 중등품으로 결정하여야 하며, 경우에 따라서는 감정인의 감정에 의하는 때도 있을 수 있다.

다. 품질과 하자

품질의 동일성과 하자가 없다는 것이 반드시 일치하는 것은 아니다. 품질은 동일하지만 하자가 존재하는 경우에는 유지될 수 없는 것이 보통이다. 그러나 하자는 엄격한 의미에서는 물건의 질과는 구별되므로 품질의 동일성을 해하지 않으면서도 하자가 존재하는 경우가 있다. 이 경우는 하자담보책임의 문제가 발생할 수 있을 뿐 일단은 채무의 이행으로 된다고 본다.

(4) 종류채권의 특질

가. 조달의무

종류채권은 급부물이 구체적으로 특정하고 있는 것이 아니다. 따라서 종류물이 멸실·훼손한 경우에는 채무자는 무과실일지라도 동종의 물이 시장에 존재하는 한 다시 동종의 물건을 조달해 급부해야할 의무를 진다. 또 급부불능이 되더라도 「특정」하지 않는 한은 면책이 되지 않는다.

나. 위험부담의 문제는 생기지 않는다. 「자기의 재산에 있어서와 동일한 주의」의 보관의무를 진다(제921, 제1021조 참조). 즉 선관주의 의무(제374조)는 발생하지 않으므로 그것보다 경감된 보관의무이다.

(5) 종류채권의 특정(집중)

가. 의의

종류채권에서는 목적물의 종류나 수량이 결정되어 있을 뿐이고, 비로소 급부의 실현단계에서 구체적으로 인도되어야 할 물건이 확정된다. 이처럼 급부되어야 할 물건이 구체적으로 확정되는 경우를 종류채권의 특정 또는 집중이라고 한다(제375조 2항 참조). 이것에 의해 특정물채권으로 전환된다.

나. 특정의 방법

당사자 사이에서 미리 특정의 방법이 약정된 경우에는 그 방법에 의하여 종류채권은 특정 된다. 당사자 사이에서 합의가 없는 경우에 관하여 민법은 채무자가 이행에 필요한 행위를 완료한 때, 채권자의 동의를 얻어 이행할 물건을 지정한 때에 특정이 생긴다고 규정하고 있다(제375조 2항).

가) 지참채무

지참채무라 함은 채무자가 목적물을 채권자의 주소에 지참해 이행하지 않으면 안 되는 채무이다. 이것을 「현실의 제공」이라고 한다. 변제의 장소에 관하여 당사자의 의사표시로 특별히 정한 바가 없으면 특정물채권 이외의 채권은 지참채무를 원칙으로 하고 있으므로 채권자의 현주소에서 변제하여야 한다(제467조 참조). 따라서 종류채무도 특약이 없는 한 원칙적으로 지참채무이므로 채무자가 채권자의 주소에서 채무의 내용에 좇아 현실적으로 변제의 제공을 한 때, 즉 목적물이 채권자의 주소에 도달하고 채권자가 언제든지 수령할 수 있는 상태에 놓여 진 때에 비로소 특정이 생긴다. 단지 목적물을 분리하였거나 우편·철도 등의 운송기관에서 발송한 것만으로는 특정되지 못하고 채권자의 주소에 도착하지 않으면 안 된다. 따라서 채권자의 주소에 도달하여 특정이 생길 때까지 발생하는 위험은 채무자가 부담한다.

나) 추심채무

(가) 추심채무라 함은 채권자가 채무자의 주소에 와서 목적물을 추심하여 변제를 받아야 하는 채무이다. 추심채무는 이행에 관하여 채권자의 협력을 필요로 하므로, 채무자가 급부할 목적물을 분리하여 채권자가 추심하러 오면 언제든지 수령할 수 있는 상태에 두고, 그 뜻을 채권자에게 통지하여 수령을 최고한 때 (구두의 제공을 한 때)에 특정이 생긴다(제460조 단서 참조). 그런데 주의해야 할 것은 추심채무에서의 특정은 단순한 이행의 준비만으로는 충분하지 않고, 목적물을 분리할 필요가 있다. 즉 구두의 제공을 할 때에 즉시 이행할 수 있을 정도로 변제의 준비를 갖추어 놓을 필요는 없고 채권자가 추심하러 올 때까지 이에 응할 수 있으면 된다.

(나) 우리 민법은 채무자위험부담주의의 원칙을 채택하고 있으므로(제537조 참조) 특정된 이후에도 목적물이 불가항력으로 멸실하더라도 그 위험을 채권자가 부담하여 상대방(채권자)의 이행을 청구하지 못한다.

그리고 채무자의 주소가 불명이어서 통지를 하기가 불능이거나 통지가 채권자에게 도달하지 않은 때에도 특정의 효과는 생긴다고 본다.

(다) 송부채무

송부채무라 함은 채권자 또는 채무자의 주소 이외의 제3지에 목적물을 송부하여야 하는 채무를 말한다. 종류채권은 채권자의 동의를 얻어 채무자가 이행할 물건을 지정한 때에도 특정이 생긴다(제357조 2항). 지정권의 행사에 특별한 방식은 필요하지 않으나 종류물중 다른 물건과 구별·분리할 수 있을 정도로 구체적이어야 하며, 지정·분리한 때 특정이 생긴다. 종류채권의 목적물이 「특정」된 경우에는 특정물채권으로 전환된다(통설).

2. 금전채권

1) 금전채권의 의의

금전채권이란 금전의 인도를 목적으로 하는 채권의 총체이지만 일반적으로는 일정액의 금전의 인도를 목적으로 하는 채권(금액채권)의 의미로 사용된다. 금전채권은 종류채권에서와 같은 목적물의 「특정」이란 문제가 없으며, 원칙적으로 이행불능의 문제도 생기지 않는다. 예컨대 금전소비대차에서 대금채권, 매매에서 대금채권, 임대차에서 임대료채권, 노동계약에서 임금채권이 금전채권의 전형적인 예에 해당한다.

2) 금전채권의 종류

(1) 금액채권

일정액의 금전의 지불을 목적으로 하는 채권(예 : 일금 500만 원의 지급을 목적으로 하는 채권)이 금액채권이다. 보통금전채권이라고 하면 금액채권을 의미한다. 금액채권에서 금전은 가치측정의 기준물 혹은 재화교환의 매개물로 취급되고, 강제통용력을 가지는 한 금전의 종류는 묻지 아니한다. 또한 강제통용력을 갖기 때문에 금전채권에는 이행불능이라고 하는 것은 있을 수 없다(이행지체가 생길 뿐임).

(2) 특정금전채권

가) 특정의 금전(예: 특정의 금화. 봉금한 금전)의 인도를 목적으로 한 채권을 말한다. 금전이라 하더라도 대체성이 없는 특정의 금전(즉 특정물)을 목적으로 하므로 순전히 특정물채권으로써의 특색을 갖는다. 따라서 금전채권에 관한 특칙(제397조)의 적용을 받지 않는다.

나) 다만 특정의 금전이 강제통용력을 상실한 경우에는 순전한 특정물채권이지만 현재 통용되고 있는 화폐인 경우에는 예외적이긴 하지만 특정물채권에 관한 원칙과 금전채권에 관한 원칙이 동시에 적용되는 경우가 있을 수 있으며, 고가품에 관하여는 상법상의 특칙(상법 제124조, 제136조, 제153조)이 적용될 수 있다.

(3) 금종채권

가) 당사자 사이의 특약으로 일정한 종류에 속하는 통화의 일정량의 지급을 목적으로 하는 채권(예 : 5만 원권 지폐로 100만 원을 지급하여야 할 채권)이 금종채권이다. 금종채권으로 할 것인지의 여부는 당사자의 특약에 의존하지만, 일단 금종채권으로 특약된 금전채권은 약정 상 정해진 종류의 금전으로 변제하여야 한다(제376조 참조).

나) 통화의 종류에 관한 특약이 절대적이냐 상대적이냐에 따라 금종채권을 상대적 금종채권과 절대적 금종채권으로 구별하기도 한다. 이는 금종채권의 목적인 특종의 통화가 변제기에 강제통용력을 잃은 때에 그 구별의 실익이 있다.

(가) 절대적 금종채권

절대적 금종채권은 절대적으로 일정한 종류의 금전의 인도를 목적으로 하는 채권(예 : 수집의 목적을 위하여 1960년 발행의 500원짜리 지폐 3매의 인도 목적 채권)이다. 절대적 금종채권에서는 그 목적물인 금전을 본래의 통화로 취급하지 아니하고, 단순히 하나의 종류물로 취급한다. 따라서 절대적 금종채권은 금전채권의 일종이라기보다는 단순한 종류채권에 지나지 아니한다고 할 수 있다. 민법 제376조의 규정은 성질상 임의규정이므로 절대적 금종채권도 유효하게 성립할 수 있음은 물론이다.

(나) 상대적 금종채권

금종은 지정하지만 그 통화가 강제통용력을 잃은 경우에는 다른 통화로써 급부하는 것이 가능한 경우의 채권을 상대적 금종채권이라 부른다. 즉 상대적 금종채권은 어떤 종류의 금전(예 : 5만 원권의 지폐)를 가지고 일정금액의 지급을 목적으로 하지만, 법률의 개정과 같은 사유에 의하여 채권의 목적인 특종의 통화가 변제기에 강제통용력을 잃은 경우에는 다른 강제통용력 있는 통화로 변제하여야 하는 채권이다(제376조). 상대적 금종채권은 본질적으로 금액채권과 동일하다.

(4) 외화채권

가) 외국통화(예: 미국의 달러 · EU의 유로 · 일본의 엔화)의 지급을 목적으로 하는 채권이 외화채권 혹은 외국금전채권이다. 채권의 목적이 외국의 통화로 지급하여야 하는 외화채권에서는 특약이 없는 한 채무자는 그 선택에 따라서 그 외국의 각종의 통화로 변제할 수 있다.

나) 외국의 특종의 통화의 지급을 목적으로 하는 외국금종채권에서는 그 특종의 통화가 변제기에 강제통용력을 잃은 때에는 그 외국의 다른 통화로 변제하여야 한다(제377조). 이는 상대적 외국금종채권의 경우는 성질상 당연한 것이며, 절대적 외국금종채권의 경우는 특정물채권으로서 제외됨은 물론이다.
다) 당사자 사이에 외국의 통화로 지급한다고 합의한 경우에도 채무자는 역시 국내의 통화로 지급할 수도 있다(제378조).

3) 금전채권에 관한 특칙

(1) 급부의 방법
가) 원칙
금전채권(금액채권)에서는 채무자는 그 선택에 의하여 각종의 통화를 가지고 변제할 수 있다. 따라서 채무자는 1종 혹은 수종의 통화로, 또한 그 액면 액으로 금전채무(금액채무)를 변제할 수 있다.

나) 상대적 금종채권의 경우
다만 예컨대 「5만 원 권의 지폐로 지급 한다」고 하는 경우와 같이 지급에 사용하는 통화를 정하는 특약(금종약관)도 유효하다. 상대적 금종채권에서는 채무자는 그 통화를 가지고 변제하여야 하지만, 그 후 통화가 강제통용력을 상실하는 때에는 채무자는 다른 통화를 가지고 변제하여야 한다(제376조).

(2) 금전채무불이행에 대한 특칙

금전채권에 대하여는 이행불능이라는 상태가 생기지 않고, 다만 이행지체만이 생길 뿐이다.

가) 요건에 관한 특칙

금전채무의 불이행에 대하여는 채무불이행에 대한 특칙이 적용된다. 즉 금전채무의 불이행에서는 채권자는 그 손해를 증명 할 필요가 없고, 채무자는 과실 없음을 항변할 수 없다(제397조 2항).

나) 효과에 관한 특칙

금전채무의 불이행에 의한 손해배상은 원칙적으로 법정이율에 의하여 정하고, 다만 법령의 제한에 위반하지 않는 약정이율이 있으면 그 약정이율에 의하여 손해배상액을 산정한다(제397조 1항).

(가) 확정기한부채무는 확정기한을 종과한 때(제387조 1항 전단), 불확정기한부채무는 기한의 도래를 안 때(제387조 1항 후단), 기한이 없는 채무는 이행청구를 받은 때(제387조 2항)로부터 각각 법정이율(민사는 년 5분, 상사는 년 6분)에 의한 지연배상을 해야 한다.

(나) 법령상의 제한에 위반되지 않는 범위 내에서는 당사자 사이의 약정이율은 유효하며 그에 의한다. 따라서 법률에 특별한 규정이 있는 경우(예 : 제685조의 수임인의 금전소비책임, 제705조 조합원의 금전출자연대책임 등)에는 그에 의해 손해를 배상하여야 하지만, 법령상의 범위 내라면 법정이율보다 높은 약정이율에 의한 손해배상도 무방하다(제397조 1항 후단). 물론 채권자가 시제의 손해액이 특정이율 또는 약정이율을 초과함을 입증하더라도 그 초과분의 배상은 청구할 수 없다.

(다) 한편 당사자 사이에 손해배상액의 예정이나 위약금의 특약이 있는 경우(제398조) 또는 실제로 생긴 손해액을 배상한다는 특약이 있는 경우 등에는 이에 따라야 함은 물론이다.

(3) 화폐가치의 변동과 사정변경의 원칙

가) 화폐가치는 불변이 아니고, 시간의 경과에 의하여 혹은 평가절하나 평가절상에 의하여 변동된다. 그러나 화폐가치의 변동에 의하여 당연히 화폐의 구매력은 영향을 받지만, 금전채권에서는 원칙적으로 계약체결 당시에 합의된 금액을 지급하면 채무의 내용에 좋은 이행이 된다.

나) 예외적으로 계약 시와 이행시 사이에서 화폐가치의 현격한 변동이 있는 경우에는 신의칙에 의한 「사정변경의 원칙」에 따라서 금전채권을 증액평가 할 필요가 있다.

(4) 금약관(Gold-Klausel)

금전에 관해서는 액면가격 이외에 금전가격·유통가격이 있으며, 이들이 반드시 일치되는 것은 아니다. 특히 금화·은화·지화 사이에 유통가격을 달리하는 경우에는 금전의 구매력을 확보하기 위하여 이른바 금종약관(특정종류의 금전을 지정하는 약정)의 문제가 발생한다. 이에 대한 대책으로서 일반적으로는 금·금화의 가치가 안정되어 있기 때문에 금약관을 부가하는 것이 국제거래의 통례이다.

(5) 지급유예(Moratorium)

경제공황 그 밖의 비상사태에 있어서 경제계가 전반적으로 곤경에 빠져 있음에도 불구하고, 금전채무불이행에 대한 특칙(제397조)에 따라서 채무자에게 책임을 묻는다는 것은 오히려 경제와 사회를 혼란케 할 염려가 있다. 따라서 이러한 경우에 국가가 금전채무자를 위하여 법령으로 일정기간의 지급연기를 인정하는 경우가 있다. 이것을 지급유예령 또는 지급연기령이라고 한다.

3. 이자채권

1) 이자채권의 의의

(1) 이자채권이란 무엇인가

이자는 원본(금전)의 액과 그 사용기간에 맞게 발생하는 것의 원본의 수익(소득)이다. 이자채권이란 「이자」즉 원본의 수익의 지불을 급부의 목적으로 하는 채권이므로 원본채권의 수익이라 하게 된다. 따라서 이자는 원본의 사용대가로 일종의 법정과실이다. 원본의 소각금·월부상환금·주식의 배당금은 원본의 사용대가가 아니므로 이자가 아니다. 그리고 금전채무 불이행의 경우에 지급되는 지연배상(제397조)은 흔히 「지연이자」라고 일컫지만, 그 법률상 성질은 이자가 아니고 손해배상에 해당한다. 이자는 법정과실의 일종이라고 하지만, 법정과실이 모두 이자는 아니다. 예컨대 지료·차임은 법정과실이지만 이자에 해당하지는 아니한다.

가) 원본(채권)에서 발생

(가) 이자(채권)은 원본(채권)의 존재를 전제로서 발생한다. 이자는 원본채권의 존재를 전제로 한다. 따라서 원본채권이 무효이거나 취소되면 이자는 발생하지 아니하고, 원본채권이 없는 종신정기금(제725조)·건설이자(상법 제463조)는 이자에 해당하지 아니한다.

(나) 원본이란 넓게 과실 내지 이자를 낳는 「본전」을 의미한다. 이자의 원본은 「금전 기타 대체물」 내지 소비물 등으로 명명됨과 동시에 이와 같은 법률관계를 낳게 할 경우는 소비대차·소비임치라 불리는 것이다. 따라서 고정자본, 즉 비대채물인 토지, 가게, 건물의 사용은 이자에 해당하지 아니한다.

(다) 이자는 보통 금전이지만, 반드시 금전일 필요는 없고 대체물도 이자가 된다.

나) 이자의 발생원인

(가) 이자는 당사자 사이에 특약이 있거나 법률의 규정이 있는 때에 한하여 발생한다. 다만 상인사이에 소비대차일 경우에는 특약이 없더라도 상법 제55조 1항에 의하여 대주는 법정이자(년 6분)를 청구할 수 있다. 또한 상사에 관한 경우가 아니더라도 변제기에 변제하지 않은 때에는 그 변제기 이후에 년 5분의 지연이자를 지급하여야 한다(제397조 1항).

(나) 이자는 이자발생의 근거에 따라서 약정이자와 법정이자로 구분된다. 약정이자는 법률행위, 특히 계약에 기하여 발생하고, 법정이자는 법률의 규정에 의하여 발생한다. 법정이자에 관한 민법규정으로는 민법 제425조 제2항, 민법 제441조 제2항, 민법 제548조 제2항, 민법 제685조가 있다.

(2) 이자채권과 원본채권의 관계

가) 금전 기타 대체물을 대차하는 경우에는 보통 차주는 원본을 반환하는 동시에, 합의에 의하여 원본을 사용한 기간에 대응하여 일정비율(이율)에 의하여 계산된 이자를 지급하여야 한다. 대주가 원본의 지급을 청구할 수 있는 채권을 원본채권이라고 하고, 이자지급에 대한 약정이 있는 경우에 원금의 사용대가로 이자의 지급을 청구할 수 있는 채권을 이자채권이라고 한다.

나) 이자채권은 보통 소비대차·소비임치에 수반하지만, 이 외에도 매매대금의 지급을 유예하고 이자를 붙이는 경우도 있다. 또한 민법전에 개별적인 규정을 두고 있는 경우도 많다.

(가) 기본적 이자채권과 지분적 이자채권

a) 기본적 이자채권

기본적 이자채권은 일정기간에 일정한 이자를 취득한다고 하는 추상적 이자채권을 가리킨다. 원본채권의 존재를 전제로 하여 일정기간의 경과에 의하여 일정비율(이율)에 따라서 계산된 이자의 지급을 청구할 수 있는 채권(예 : 원본채권 1,000만 원의 금전소비대차계약에서 연 12%의 이율을 약정한 경우에 그 계약으로부터 생긴 「1년 경과마다 100만 원의 지급을 청구할 수 있는 채권」)이 기본적 이자채권이다. 기본적 이자채권은 원본채권에 대한 부종성이 강하므로 원본채권이 소멸하면 이자채권도 소멸하고, 원본채권이 양도되면 이자채권도 양도되고, 원본채권에 대하여 전부명령이 있으면 이자채권도 압류채권자에게 이전한다.

b) 지분적 이자채권

지분적 이자채권은 일정기에 일정액을 지급하여야 하는 이자 채권을 가리킨다. 즉 기본적 이자채권을 전제로 하여 일정기간의 경과 후에 생긴 구체적인 이자의 지급을 목적으로 하는 채권(1년 경과 후에 생긴 100만 원의 지급을 청구하는 채권)이 지분적 이자채권이다. 지분적 이자채권은 일단 발생하면 원본채권으로부터 독립하여 다음과 같은 효과가 주어진다.

ⅰ) 원본채권이 소멸하지 아니하여도 독립하여 소멸시효에 의하여 소멸하고,
ⅱ) 원본채권이 장래를 향하여 소멸하여도 이자채권에 영향이 없고,
ⅲ) 원본채권이 양도되어도 원본채권에 수반하여 양도되지 아니하며 이자채권만을 독립하여 양도·처분할 수 있다.

2) 이율과 중리

(1) 이율

가) 법정이율

(가) 이자 즉 원본의 수익은 일정기간에 있어서 원본의 액에 대한 비율을 가지고 나타낸다. 이 비율을 「이율」이라고 한다. 이율에 관한 약정이 없는 경우에는 연 5푼의 법정이율이 적용된다(제379조). 다만 상사소비대차의 법정이율은 연6푼이다(상법 제54조). 공탁금에 관한 법정이율은 금융통화위원회가 정하는 별단예금의 최고이율(년 1.8분)에 의한다(공탁법 제5조 등).

(나) 차주가 금전반환채무를 이행하지 않음으로써 손해배상의 이행판결을 받게 되어 배상액을 산정하는 경우에 채무자가 지연이자의 법정이율이 낮은 것을 악용하거나 소송지연을 획책하는 사태를 예방하기 위해 "소송촉진등에관한특례법"이 제정되었다. 이에 따르면 금전소비대차로 인한 손해배상액의 산정기준이 되는 법정이율은 금전채무의 이행을 구하는 소장 또는 이에 준하는 서면이 채무자에게 송달된 날의 다음 날로부터 연 25%의 법정이율을 적용하도록 하고 있다.

(다) 그러나 본 법의 이자율에 관한 조항의 위헌판결이 있었다. 그리하여 소송촉진등에관한특례법 제3조

1항 본문의 법정이율에관한규정은 2003. 5. 29에 개정 되었다. 이에의하면 개정법률시행 당시 법원에 계속 중인 사건에 대하여 2003. 6. 1. 이후에 적용할 법정이율을 연 2할로 한다고 하였다. 최근의 판례를 소개하면 다음과 같다.

구 소송촉진등에관한특례법에 대한 위헌결정 이후 지연손해금에 관한 법률 관계
(2003. 6. 13. 2001다28336)

구 소송촉진등에관한특례법(1998. 1. 13. 법률 제5507호로 개정되기 전의 것, 이하 구 소촉법이라 한다) 제3조 본문의 '이자 제한법의 범위 안에서 대통령령으로 정하는 이율' 부분에 대하여는 2000. 3. 30. 헌법재판소의 합헌결정이 있었으나, 개정 전 소송촉진등에관한특례법(2003. 5. 10. 법률 제6868호로 개정되기 전의 것) 제3조 제1항 본문 중 '대통령령으로 정하는 이율' 부분에 대하여는 2003. 4. 24. 헌법재판소의 위헌결정이 있었고, 그 후 개정된 위 법률조항과 그에 따라 개정된 소송촉진등에 관한특례법 제3조 1항 본문의 법정이율에관한규정(2003. 5. 29. 대통령령 제17981호로 개정된 것)은 위 개정법률 시행 당시 법원에 계속 중인 사건에 대하여 2003. 6. 1. 이후에 적용할 법정이율을 연2할로 한다고 규정하고 있는 한편, 원고의 피고 회 사에 대한 이 사건 금원지급의무는 민사채무이고 그에 대하여 약정이율의 정함이 있었다고 볼 자료는 없으므로 원심이 인용한 금원에 대하여 1998. 1. 13부터 위 개정법률이 시행되기 전인 2003. 5. 31.까지는 민사 법정이율인 연 5푼의 비율에 의한 지연 손해금을, 2003. 6. 1.부터 완제일까지는 위 개정법률에 따른 연 2할의 비율에 의한 지연손해금의 지급을 명하여야 할 것이다.

나) 약정이율

(가) 약정이율에 관하여는 당사자가 자유로이 정할 수 있는 것이 원칙이다. 대주와 차주가 이자의 지급에 관한 약정을 한 경우에는 이자부소비대차가 성립하고, 그 약정이 무효로 되지 않는 한 약정이율은 유효하다. 그리고 금전의 소비대차에 관하여는 기존의 이자제한법이 폐지됨으로 인해 문제가 있다. 다만 "대부업의등 록 및 금융이용자보호에 관한 법률"이 제정되어 미약하나마 이를 대신하고 있는 실정이다.

(나) 또한 전당포의 금전대차에 관하여는 그 이율에 대하여 따로 대통령령으로 정하고 있으며(전당포영 업법 제7조 · 동법시행령 제9조), 금융기관의 각종대출 기타 여신업무에 대한 이자에 관하여도 따로 금융통화 위원회가 그 최고이율을 정하도록 하고 있다(한국은행법 제64조).

(2) 단리와 중리(복리)

이자의 산정방법에는 단리와 복리가 있다. 전자는 당초의 원본에 대하여만 이자를 붙이는 이자의 산정방법 이고, 후자의 복리(혹은 중리)는 이자를 원본에 산입하여 이자에 대하여도 이자를 붙이는 이자의 산정방법이 다. 복리는 이자에 이자가 생기는 계산방법으로 채무자의 부담을 가중시킬 우려가 있다고 하는 이유로 복리 를 금지하는 입법례도 많다(독일, 프랑스). 민법은 복리를 특별히 금지하지 않고 있고, 원칙적으로 복리의 계 약도 유효하다.

가) 약정복리

민법은 당사자 사이에 합의가 없는 한 단리를 원칙으로 한다. 다만 계약자유의 원칙에 의하여 이자의 변제 기가 도래한 후에 이자를 원본에 산입하는 경우, 이자의 변제기가 도래하기 전에 복리의 예약을 하는 경우와 같은 복리계약은 약정복리로 유효하다고 본다.

나) 법정복리

법률의 규정에 의하여 직접 인정되는 권리를 법정복리라 한다. 구민법 제405조와는 달리 현행민법에는 이에 상당하는 규정을 두고 있지 않으므로 연체이자에 대하여 다시 손해배상으로 지연이자를 지급할 것인가가 문제된다. 예컨대 우리 민법의 해석상 적극적으로 해석하여, 이자가 연체되면 당연히 손해배상의무로서의 지연이자를 지급하여야 할 의무가 생긴다고 보아야 할 것이다.

3) 이자와 이자제한법

(1) 이자제한법의 의의

자본주의 경제에서 금전이 대부자본 으로서 생산에 이용되는 한 그 이율은 원칙적으로 금융시장에서의 수요와 공급에 의하여 정하여지는 것이 원칙이다. 그러나 그것이 국가경제에 미치는 영향이 매우 크고 특히 생활의 궁핍을 면하고자 하는 소비신용인 경우 경제적 약자들의 피해가 커다란 사회문제가 되므로, 역사적이나 입법례 상으로 각 국은 이자제한에 관한 규정을 마련하여 고리 내지 폭리를 규제하고 있다.

(2) 이자제한법의 제정경위

우리민법은 국제통화기금(IMF) 구제금융으로 인하여 1998. 1. 13. 이자제한법(1962년 시행)을 폐지하기에 이르렀다. 그런데 생산신용 뿐 아니라 소비신용의 영역에서 고금리의 폐해가 증가하여 서민생활에 지대한 영향을 끼치게 되었다. 특히 고율의 폭리약정에 대한 일반적인 규제수단은 공서양속과 불공정한 법률행위에 관한 민법 제103조, 제104조이지만, 적용요건이 엄격하고 폭리 해당 여부에 대한 구체적인 기준이 없어 위 민법 규정만으로는 횡행하고 있는 심각한 폭리행위를 제어하기는 어려웠다. 따라서 국민경제생활의 안정과 경제정의를 위하여 고금리에 대한 사회적 안전장치로서의 이자제한법의 부활을 예고했다.

(3) 이자제한법이 폐지된 법제 하에서의 고율의 이자에 대한 법적효과 (2007. 6. 30 시행 전)

2002년에 제정되어 시행되고 있는 「대부업의등록및금융이용자보호에관한법률」이 있다. 그런데 이자제한법이 폐지된 법제 하에서의 고율의 이자에 대한 법적효과를 어떻게 부여할 것인지는 의문 이었다. 예컨대 특히 본 법률이 적용되지 않는 금전소비대차에서의 고이율의 규제에 관하여는 민법 제103조 및 104조를 근거로 하여야 할 것이다. 다만 고이율의 기준을 어떻게 정할 것인지에 대하여는 법원이 개별적 사안의 특수성을 고려하여 고율약정의 효력을 구체적으로 판단하는 도리밖에 없을 것이다. 그리고 소비대차계약이 위에 의하여 무효가 되더라도 전부무효로 할 것이 아니라 초과이자 내지는 초과이자부분에 대하여만 무효로 함이 타당할 것 같다. 소비대차계약이 불공정행위가 되는 경우에 이를 무효로 하거나, 대물반환의 예약을 동반하는 경우에 민법 제607조 및 608조의 취지를 고려할 필요가 있다.

판례 구 대부업의 등록 및 금융이용자보호에 관한 법률에서 정한 제한이자율을 초과하는 간주이자를 사전에 공제하는 행위가 같은 법 19조 제2항 제2호 소정의 이자율의 제한을 위반하여 이자를 수수한 경우에 해당하는지 여부(대판 2010. 5. 13, 2009도 11576)

피고인이 구 대부업의 등록 및 금융이용자보호에 관한 법률(2009. 1. 21. 법률 제9344호로 개정되기 전의 것, 이하 '구 대부업법' 이라 한다)의 제8조 제1항 소정의 제한이자율을 초과하는 간주이자를 사전에 공제한 행위는 구 대부업법 제19조 제2항 제2호 소정의 이자율의 제한을 위반하여 이자를 수수한 경우에 해당한다.

(4) 이자제한법의 내용

가. 이자제한법의 부활

가) 이자제한법 제정은 건전한 시장질서의 확립과 민생보호의 완성이 아닌 시작이다. 이자제한법에 담겨있는 불합리한 예외조항을 수정해 나가는 것은 물론, 대부업법 개정을 통한 대부업체 감독강화와 이자율 하향조정, 서민을 지원하는 공적금융기관의 활성화 등 해야 할 일이 산적해 있다. 이러한 후속작업들이 이어지지 않는다면 이자제한법은 그 의미를 잃어버리고 본래 목표한 역할을 할 수 없을 것이다. 따라서 이자제한법은 서민을 위한 법이라는 의미를 잃어버리지 않도록 보다 많은 검토와 문제의 개선책을 가지고 시행되어야 할 필요성을 절감했다.

나) 구체적으로는 이법은 1997년 외환위기 직후의 비정상적인 고금리시기에 IMF의 고금리정책 권고를 배경으로 하여 지난 1998년 1월 13일 "자금의 수급상황에 따라 금리가 자유롭게 정해 질수 있도록 함으로써 자원배분의 효율성을 도모" 한다는 이유로 폐지되었으나, 현행 "대부업의등록 및 금융이용자보호에 관한 법률" 만으로는 사채업의 폐해를 해결할 수 없다는 인식하에 다시 이 법을 제정하여 이자의 적정한 최고한도를 정함으로써 국민경제생활을 보호하기 위한 최소한의 사회적 안전장치를 마련하려는 것이다.

다) 특히 대부업의등록및 금융이용자보호에관한 법률(이하「대부업법」)이 적용되지 않는 금전소비대차에서의 이자규제는 이자제한법에 의한다.

나. 이자제한법의 주요골자

가) 이자의 적정한도를 정하여 국민 경제생활의 안정과 경제정의의 실현을 목표로 제정된 법률로서 2007년 6월 30일부터 시행되었다.

나) 금전대차 즉 돈을 빌릴 때에만 적용되고, 돈의 액수도 10만 원 이상의 돈을 빌릴 때에만 적용되는 법률이다.

다) 최고 이자율은 연40%이지만, 시행령에서 연30%로 정하고 있으므로 실제 최고 이자율은 연30%이다. 최고 이자율 연30%를 넘은 부분은 무효이며, 돈을 빌린 사람이 최고 이자율을 초과하는 이자를 지급한 경우에 초과 지급된 이자는 우선 원금에서 공제하고, 원금을 공제하고도 남은 때에는 반환을 청구할 수 있다.

라) 선이자의 경우 채무자가 실제 받은 금액을 원금으로 보도록 정하고 있으며, 수수료, 할인금, 공제금, 체당금, 예금 등 어떠한 명칭에도 불구하고 채권자가 받은 것은 이자로 봅니다. 이와 함께 이자에 대하여 이자를 지급하는 복리도 최고 이자율인 연30% 이하로 제한하고 있다.

마) 손해배상의 예정, 즉 돈을 변제하지 않은 경우를 대비해서 미리 손해배상금을 예정한 경우에도 법원에서 부당하다고 인정한 때에는 감액할 수 있도록 정하고 있다.

바) 개인과 무등록 대부업자(혹은 사실상 대부업자)가 적용대상이다. 따라서 다른 법률에 따라 인가 · 허가 · 등록을 마친 금융기관 또는 「대부업법」에 따라 등록한 등록 대부업자에게는 적용되지 않는다.

(5) 이자제한법에 대한 비판
1998년 IMF 당시 폐지된 이자제한법(1962년 제정)은 수많은 금융피해자(신용불량자)를 양산하고, 중산층 가정을 해체시켰다. 그 후 2007년 3월 다시 부활되었다. 1998년 당시 25%였던 이자제한법이 2010년 9월 현재

이자제한법은 시행령에서 복리 연 30% 이하 (등록대부업자는 대부업법에 의해 연 49%)라는 여전히 엄청난 금리로 정해져 있다. 금융위원회가 1만 8000개 대부업체에 대한 서면조사와 247개 대부업체에 대한 방문조사, 실제 대부업체를 이용하는 3000명의 사람들을 대상으로 면접조사도 했다. 그 결과 대부업체 등을 이용하는 사람은 모두 128만 명에 이르고 시장규모는 10조원, 평균이자율은 연 72.2%로 나왔다. 즉 현재 고금리를 그대로 용인해주는 것이 이자제한법이며 심지어 이마저도 제대로 적용되지 못하는 이자제한법은 무용지물이라는 비판이 있다.

(6) 이자제한법 원문 소개

법률 제8322호 신규제정 2007. 03. 29.
법률 제9344호(대부업 등의 등록 및 금융이용자 보호에 관한 법률) 일부개정 2009. 01. 21.

1. 목적(제1조) 이 법은 이자의 적정한 최고한도를 정함으로써 국민경제생활의 안정과 경제정의의 실현을 목적으로 한다.

2. 이자의 최고한도(제2조)

1) 금전대차에 관한 계약상의 최고이자율은 연 40퍼센트를 초과하지 아니하는 범위 안에서 대통령령으로 정한다.
2) 제1항에 따른 최고이자율은 약정한 때의 이자율을 말한다.
3) 계약상의 이자로서 제1항에서 정한 최고이자율을 초과하는 부분은 무효로 한다.
4) 채무자가 최고이자율을 초과하는 이자를 임의로 지급한 경우에는 초과 지급된 이자 상당금액은 원본에 충당되고, 원본이 소멸한 때에는 그 반환을 청구할 수 있다.
5) 대차원금이 10만 원 미만인 대차의 이자에 관하여는 제1항을 적용하지 아니한다.

3. 이자의 사전공제(제3조)
선이자를 사전 공제한 경우에는 그 공제액이 채무자가 실제 수령한 금액을 원본으로 하여 제2조 제1항에서 정한 최고이자율에 따라 계산한 금액을 초과하는 때에는 그 초과부분은 원본에 충당한 것으로 본다.

4. 간주이자(제4조)
예금, 할인금, 수수료, 공제금, 체당금(替當金), 그 밖의 명칭에도 불구하고 금전의 대차와 관련하여 채권자가 받은 것은 이를 이자로 본다.

5. 복리약정제한(제5조)
이자에 대하여 다시 이자를 지급하기로 하는 복리약정은 제2조 제1항에서 정한 최고이자율을 초과하는 부분에 해당하는 금액에 대하여는 무효로 한다.

6. 배상액의 감액(제6조)
법원은 당사자가 금전을 목적으로 한 채무의 불이행에 관하여 예정한 배상액을 부당하다고 인정한 때에는 상당한 액까지 이를 감액할 수 있다.

7. 적용범위(제7조)

다른 법률에 따라 인가·허가·등록을 마친 금융업 및 대부업과 「대부업 등의 등록 및 금융이용자 보호에 관한법률」 제9조의4에 따른 미등록대부업자에 대하여는 이 법을 적용하지 아니한다. [개정 2009. 1. 21 제9344호(대부업 등의 등록 및 금융이용자 보호에 관한 법률)] [시행일 2009. 4. 22]

부칙 [부칙 2007. 3. 29 제8322호]

① (시행일) 이 법은 공포 후 3개월이 경과한 날부터 시행한다.

② (경과조치) 이 법 시행 전에 성립한 대차관계에 관한 계약상의 이자율에 관하여도 이 법 시행일 이후부터는 이 법에 따라 이자율을 계산한다.

부칙 [2009. 1. 21 제9344호(대부업 등의 등록 및 금융이용자 보호에 관한 법률)]

제1조(시행일) 이 법은 공포 후 3개월이 경과한 날부터 시행한다. 〈단서 생략〉

제2조부터 제8조까지 생략

제9조(다른 법률의 개정) 이자제한법 일부를 다음과 같이 개정한다.

제7조 중 "대부업에는"을 "대부업과 「대부업 등의 등록 및 금융이용자 보호에 관한 법률」 제9조의4에 따른 미등록대부업자에 대하여는"으로 한다.

4. 선택채권

1) 선택채권의 의의

선택채권이라 함은 채권의 목적이 수개의 급부 중에서 후에 선택에 의해 정해지는 채권을 말한다. 따라서 선택에 의해 채권의 목적은 특정하게 된다. 다만 주의할 것은 선택채권은 두 개 이상의 급부를 선택적으로 목적으로 하는 것이나, 그 두 개 이상의 급부는 선택할 가치가 있을 정도로 각각 다른 개성을 가지고 또한 독립한 가치를 가지는 것이어야 한다는 것이다.

선택채권이 되기 위해서는 각각의 급부가 개성을 가지고 있어야 하고, 만약 개성이 없으면 종류채권이 된다.

2) 선택채권자

선택채권자는 계약 등의 법률행위 중에서 정해지고 있는 것이 보통이다. 즉 선택은 상대방에 대한 일방적 의사표시로 하고, 그 의사표시에 의하여 채권의 목적이 특정된다.

(1) 선택권

선택권은 선택하는 자의 일방적 의사표시에 의하여 채권의 내용에 변경을 일으키는 것이므로 형성권의 일종이다.

가) 선택채권에서는 누가 급부를 특정 하는 선택권을 갖는가 하는 문제가 대단히 중요하다. 선택채권이 법률의 규정에 의하여 발생하는 경우에는 법률이 누구에게 선택권이 있는가 하는 문제를 규율한다. 예컨대 무권대리인의 상대방에 대한 책임(제135조 1항)은 채권자, 제203조 2항 점유자의 유익비상환청구권은 채무자에 대한 선택권을 인정하고 있다.

나) 선택채권이 법률행위에 의하여 성립하는 경우에는 원칙적으로 당사자의 약정에 의하여 누가 선택권을 갖는가를 정한다. 민법은 선택권의 소재가 불명한 경우에 대하여 보충적으로 채무자가 선택권을 갖는다고 규

정하고 있다(제380조). 선택권은 반드시 법률행위의 당사자만이 갖는 것은 아니다.

(2) 선택권의 이전

채권이 변제기에 있는 경우에 있어서 상대방으로부터 상당한 기간을 정하여 최고를 해도 선택권자가 그 기간 내에 선택을 하지 않을 때는 선택권은 상대방에게 이전한다(제381조 제1항).

3) 선택권의 행사

(1) 당사자의 일방이 선택권을 가지는 경우

채권자 혹은 채무자가 선택권을 가지는 경우에는 상대방에 대하여 무엇을 선택하는가 하는 의사표시를 하여야 한다(제382조 1항). 제3자가 선택을 하여야 할 때에는 그 선택은 채권자 및 채무자에게 각각 의사표시를 하여야 한다(제383조 1항). 선택은 그 의사표시가 상대방에게 도달한 때에 그 효력이 생긴다(제111조 1항).

가) 선택권행사의 기간이 있는 때에는 선택권자가 그 기간 내에 선택권을 행사하지 않으면 상대방은 상당한 기간을 정하여 그 선택을 최고할 수 있다. 선택권자가 최고에도 불구하고 최고기간 내에 선택하지 않으면 선택권은 상대방에게 이전한다(제381조 1항).

나) 선택권행사의 기간이 없는 경우에는 채권의 이행기가 도래한 후에 상대방이 상당한 기간을 정하여 그 선택을 최고하여도 선택권자가 최고기간 내에 선택하지 않으면 역시 선택권은 상대방에게 이전한다(제381조 2항).

다) 당사자에 의한 선택의 의사표시는 상대방의 동의가 없으면 철회할 수 없다(제382조 2항).

(2) 제3자에게 선택권이 있는 경우

제3자에게 선택권이 있는 경우에 있어서는 그 선택은 제3자로부터 채권자 또는 채무자에 대한 의사표시에 의해 행해진다(제383조 제1항). 제3자가 선택권을 가지는 경우에는 선택권자인 제3자가 선택할 수 없으면 선택권은 당연히 채무자에게 이전한다(제384조 1항). 제3자가 선택할 수 있음에도 불구하고 선택하지 않으면 채권자·채무자는 상당한 기간을 정하여 선택을 최고할 수 있고, 최고기간 내에 선택하지 않으면 선택권은 역시 채무자에게 이전한다(제384조 2항).

(3) 착오·사기·강박에 의한 선택의 의사표시는 일반원칙에 따라 취소할 수 있다(제109조·제110조 참조). 그리고 선택은 일방적 의사표시이므로 원칙적으로 조건이나 기한을 붙이지 못한다.

4) 선택채권의 특정

(1) 특정의 효과

선택채권은 선택적으로 정하여져 있는 수개의 급부를 목적으로 하는 것이므로 채무를 이행하기 위해서는 우선 한 개의 급부로 확정하는 과정을 거쳐야만 한다. 이것을 선택채권의 「특정」 또는 「집중」이라고 한다. 선택채권은 그 특정으로 인하여 단순채권으로 전환되는 것이다.

(2) 특정의 소급효

선택의 효과는 채권발생 시로 소급하여 발생한다(제386조 본문). 선택권은 형성권으로 의사표시로만 효과가 발생하고, 그 효과는 채권발생 시에 소급한다(제386조 본문). 선택의 소급효에는 제한이 있고, 제3자의 권리를 해할 수 없다(제386조 단서).

(3) 불능에 의한 선택채권의 특정

가) 원시적 불능의 경우
수개의 급부 가운데에서 채권이 성립할 때부터 원시적으로 불능인 때에는 채권은 잔존하는 급부에 관하여 존재하게 된다(제385조 1항). 잔존하는 급부가 하나뿐이면 처음부터 단순채권으로서 성립하고, 잔존하는 급부가 두 개 이상이면 선택채권이 성립하는 것이다.

나) 후발적 불능의 경우
선택권 없는 당사자의 과실로 급부가 불능으로 된 경우에는 선택채권의 존속에는 영향을 미치지 않는다(제385조 2항). 선택권을 가진 당사자 일방 또는 당사자 쌍방의 과실 없이 급부가 불능으로 된 경우에는 채권은 잔존한 것에 존재한다(제385조 1항). 당사자의 공동과실로 인하여 급부가 불능으로 된 경우에는 채권의 목적은 잔존하는 것에 존재하는 것으로 해석한다(통설). 제3자가 선택권자인 경우에 채권자의 과실로 인하여 급부가 불능으로 된 때에는 제3자가 불능한 급부를 선택하면 채무자는 채무를 면하고 가능한 급부를 선택하면 채무자는 그 이행과 함께 채권자에 대하여 손해배상을 청구할 수 있다. 반면 채무자의 과실로 인하여 이행불능이 된 경우에는 제3자가 불능한 급부를 선택하면 채무자는 손해배상의 의무를 부담하고, 가능한 급부를 선택하면 채무자는 이를 이행하여야 한다.

제 4 절   채권의 효력

1. 채권의 효력 일반

1) 채권의 효력의 의의
채권의 효력이라 함은 채권자가 채권을 가지고 있다고 하는 사실에 의하여 채무자 혹은 제3자에 대하여 주장할 수 있는 법률상의 효력을 가리킨다. 채권의 목적 실현을 위하여 채무자에 대한 관계에서 인정되는 채권의 효력이 채권의 대내적 효력이다. 채권의 대내적 효력은 청구력, 급부보유력, 소구력, 집행력으로 집약된다. 그리고 채권의 대외적 효력은 제3자에 의한 채권침해를 뜻한다.

2) 채권의 대내적 효력과 대외적 효력

(1) 채권의 대내적 효력

가. 청구력
채권자는 채무자에 대하여 급부를 청구할 수 있는 청구력이 있다. 따라서 채무자에게 임의의 이행을 촉구하기 위하여 재판외의 사회적 청구인의 최고를 할 수 있고, 최고에 의하여도 역시 일정한 법적 효과(예: 시효중단 · 해제권의 발생)가 발생한다.

나. 급부보유력

채권에는 채무자로부터 급부이익을 취득·수령하고 그 급부이익을 보유할 수 있다. 즉 채권의 최소한도의 효력으로 모든 채권이 가지고 있는 수령권능에 근거한 채권의 효력을 급부보유력이라고 한다.

다. 소구력·집행력

채무자가 임의로 급부하지 않는 경우 채권자는 채무자를 상대로 법원에 소를 제기할 수 있는 소구력(소권)을 가지며, 또한 채권자에게는 그 결과로 재판에 기하여 채권을 강제적으로 실현할 수 있는 집행력이 부여된다.

(2) 채권의 대외적 효력(제3자에 의한 채권침해)

가. 서설

여기서 채권침해라 함은 채권의 목적의 실현이 방해되는 것을 의미하는 것으로서 그 침해자가 누구냐에 따라 제3자에 의한 채권침해와 채무자에 의한 채권침해로 나눌 수 있다. 입법례로는 채권침해의 의미를 채무불이행으로 보는 경우도 있으나(예: 독민), 우리 민법체계에서는 제3자에 의한 채권침해로 보고 있다. 이러한 제3자에 의한 채권침해는 이하에서 설명하는 두 가지의 문제점이 있다.

나. 제3자의 채권침해에 의한 불법행위의 성립여부

가) 채권의 귀속 자체를 침해한 경우

(가) 예컨대 타인의 무기명채권증서를 훼멸하거나 횡령하여 선의의 제3자에게 취득케 한 경우, 채권을 양도하고서 그 대항요건(제450조 참조)을 갖추기 전에 이중으로 양도하여 제2의 양수인에게 대항요건을 갖추게 한 때, 채권의 준점유자(제470조 참조) 또는 영수증소지자(제471조 참조)로서 유효한 변제를 받은 경우, 제3자가 직접 채권을 처분 또는 행사하여 채권자로 하여금 그 채권 자체를 상실케 한 경우를 들 수 있다.

(나) 물론 이 경우에 채권을 소멸케 한 제3자와 채권자와의 내부관계에 기하여 채권자는 그 제3자에 대하여 부당이득 또는 채무불이행을 원인으로 법적구제를 받을 수 있다. 다만 이로 인해 불법행위의 성립이 방해받는 것은 아니다. 반면에 제3자가 지명채권의 채권증서를 훼멸하거나 또는 채무자에게 반환한 때에는 그것만으로 채권은 소멸하지 않으므로 불법행위가 되지 않으며 이중양도도 원칙적으로 위법성은 없고 사기·강박 또는 부정경쟁을 한 경우에만 위법성을 가지며 불법행위로 된다.

나) 급부를 침해한 경우

급부의 침해로 채권이 소멸한 경우에는 채권자는 채권침해를 이유로 자기 고유의 권리에 기하여 직접 제3자에 대하여 불법행위에 기한 손해배상을 청구할 수 있다. 급부의 침해로 채권이 소멸하지 않는 경우, 예컨대 제3자가 채무자 또는 이행보조자를 방해할 때에는 채무자는 채무불이행의 책임을 지게 되므로 손해배상청구권은 채권의 본래의 내용이 아니므로 불법행위의 성립을 인정하고 있다.

다) 제3자의 채권침해와 채권자취소권의 관계

제3자가 채무자의 일반재산을 감소시키는 행위를 한 경우에 관하여 제3자가 정당한 행위에 의하여 일반재산을 취득하는 것은 위법성이 없으므로 불법행위는 되지 않으며, 채권자취소권에 의하여 해결해야 한다.

다. 불법행위의 성립요건 및 효과

제3자의 채권침해로 불법행위가 성립하기 위해서는 불법행위의 일반적 성립요건(제750조)을 구비해야 한다. 그 결과 손해배상청구권이 발생함은 물론이다(제750조).

(3) 채권침해에 의한 방해배제청구권의 인부

가) 방해배제청구권을 인정할 채권의 범위

공시방법을 갖춘 채권이라야 하며, 특히 공시방법을 갖춘 임차권이 침해된 경우에는 그 방해의 배제를 인정하는데 이설이 없다(부동산임차권의 물권화경향). 판례·통설은 임차권이 제3자에 의하여 불법하게 침해된 경우에 소유자인 임차인을 대위하여 임차인이 방해배제를 청구할 수 있는 권리를 인정하는데, 이는 실질적으로는 임차권에 기하여 제3자의 방해를 배제할 수 있는 효력을 인정한 것이다.

나) 방해배제의 한계

채권에 기한 방해배제를 인정하더라도 그것은 방해제거 및 방해예방에 한하며 목적물반환청구는 인정할 수 없다.

3) 채권의 실현

(1) 채무자에 의한 임의이행 및 재판외의 실현

채무자에 의한 임의이행이 통상의 채권의 실현방법이다. 채무자의 이행이 없으면 채권자는 재판 외에서도 이행을 청구할 수 있고, 재판 외에서 이행청구를 하기 위해서는 어느 정도의 강제가 수반되지 않으면 안 되는 경우도 있다. 그러나 재판 외에서 하는 강제이행은 사회통념을 초과하지 않는 범위에서만 인정되며 채무의 강제이행은 오직 국가가 독점하고 있다.

(2) 법원에 의한 채권의 실현

재판 외의 단순한 청구가 효과를 거두지 못하는 경우에는 채권자는 원칙적으로 법원에 소를 제기하여야 한다. 법원에 의하여 채권이 실현되기 위해서는 판결절차와 강제집행절차라고 하는 2단계가 필요하다. 판결은 채무자에 대하여 채무를 이행하도록 하는 법원의 명령이고, 판결에 의하여 채무자가 임의로 이행하면 채권은 실현된다. 그러나 판결에도 불구하고 채무자 역시 이행을 하지 아니하면 다시 강제집행의 절차가 필요하다. 강제집행절차에 의하여 채권자는 채권을 실현할 수 있다.

2. 채무불이행의 유형

1) 채무불이행 일반

(1) 채무불이행의 의의

채무불이행이라 함은 채무자가 정당한 이유 없이 채무의 내용에 좇은 이행을 하지 않는 것을 말한다. 「채무의 내용에 좇은 이행」이란 법률의 규정·계약의 취지·거래의 관행·신의성실의 원칙 등을 종합적으로 고찰하여 타당하다고 생각되는 이행을 의미한다.

(2) 채무불이행의 양태

우리민법상 이론적으로는 다음 세 가지 형태를 생각할 수 있을 것이다.

가) 이행이 가능한데, 이행기까지 이행하지 않을 경우(이행지체).
나) 이행이 불능하기 때문에 이행할 수 없을 경우(이행불능).
다) 급부는 했지만 불완전하므로 본지에 따른 이행이 되지 않은 것(불완전이행)이 그것이다.

결국 민법 제390조는 채무불이행에 의하여 생긴 손해의 배상청구권에 관하여 정한 원칙적 규정이다(다만 금전채무불이행에 대하여는 민법 제397조에 의한 특칙이 적용).

(3) 채무불이행의 요건

가. 주관적 요건

가) 그 원인이 채무자의 귀책사유에 의하여야만 한다.

나) 우리 민법은 이행불능에 관해서만 귀책사유가 필요함을 명문으로 규정하고 있고(제309조 · 제544조 · 제546조 참조) 그밖에 이행지체와 불완전이행의 경우에 관하여는 명문의 규정이 없지만, 학설 · 판례는 귀책사유의 필요를 인정하고 있다. 특히 귀책사유의 내용 · 범위를 채무자 자신의 고의 · 과실은 물론이고, 이외에 이행보조자의 고의 · 과실(제391조) 등을 포함하는 것으로 하여 보통의 과실보다 넓은 것으로 보고 있다.

다) 귀책사유에 대한 입증책임에 관하여는 채권자는 채무불이행의 사실만 입증하면 충분하고, 채무자 측에서 오히려 귀책사유 없음을 입증하여야 한다(이설 없음).

나. 객관적 요건

가) 객관적으로 채무의 내용에 좇은 이행을 하지 않은 채무불이행상태가 존재하여야 한다.

나) 채무불이행의 내용은 이행지체에서는 기한에 채무를 이행하지 않는 경우, 이행불능에서는 채무를 이행하기가 후발적으로 불가능한 경우, 불완전이행에서는 채무의 이행이 있었지만 완전한 이행이 아닌 경우이다.

다. 위법성
민법은 위법성을 불법행위의 요건으로 규정하고 있지만(제750조), 채무불이행에 대하여는 언급하지 않고 있다. 다수설은 채무불이행의 요건으로도 위법성이 요구된다고 본다. 여기서의 위법성은 채무의 내용에 좇은 이행이 없음을 정당화하는 특별한 사유(예 : 유치권 · 동시이행의 항변권 등)가 존재하지 않는다는 모습으로 나타나는 소극적 의의를 갖는 것으로 파악한다(통설).

(4) 채무불이행의 효과

가. 손해배상청구권

나. 현실적 이행강제권

채무불이행이 있는 경우라고 하더라도 아직 이행이 가능한 때에는 그 이행을 강제할 수 있는 이행강제권이 채무불이행의 효력으로 생긴다. 이행지체의 경우에는 강제이행이 가능하지만, 이행불능의 경우에는 성질상 불가능하므로 이행에 갈음하는 손해배상의 청구로 전환된다. 또한 불완전이행의 경우에는 완전이행이 가능한 때에 추완 또는 완전이행이 문제 된다.

다. 해제권 · 해지권

2) 이행지체

(1) 이행지체의 의의

이행지체(채무자지체)라 함은 이행이 가능함에도 불구하고 이행기를 경과하여도 이행을 하지 않는 경우를 가리킨다.

(2) 이행지체의 요건

가. 이행이 가능할 것

나. 이행기를 도과하였을 것

가) 확정기한부 채무
(가) 원칙

채무의 이행에 대해서 「확정기」가 정해져 있을 때에는 그 기한의 도래 시부터 지체의 책임을 진다(제387조 1항 본문). 이 경우는 채무자가 이행을 최고할 필요는 없고, 또 채무자가 기한의 도과를 알고 있었는지의 여부는 상관없다.

(나) 예외

a) 지시채권 · 무기명채권의 채무자는 확정기한이 있더라도 그 기한이 도래한 후 소지인이 그 증서를 제시하여 이행을 청구한 때로부터 지체책임을 부담한다(제517조 · 제524조 :상법 제65조). 면책증권도 마찬가지이다(제526조).

b) 추심채무 기타 이행에 관하여 먼저 채무자의 협력을 필요로 하는 경우에는 채권자가 먼저 필요한 협력 또는 그 제공을 하여 이행을 최고하지 않으면 확정기한의 도래만으로 이행지체가 되지 않는다(통설).

c) 쌍무계약상 확정기한이 있는 양 채무가 동시에 이행하여야 할 관계에 있는 때(제536조 참조)에는 상대방으로부터 이행의 제공을 받고도 자기의 채무를 이행하지 않는 경우에 비로소 지체책임이 발생한다. 그리고 대가적 채무 간에 이행거절의 권능을 가지는 경우에는 비록 이행거절의사를 구체적으로 밝히지 않은 경우라고 할지라도 이행거절권능의 존재 자체로 이행지체책임이 발생하지 않는다.

나) 불확정 기한부채무
불확정기한이란 기한이 특정되어 있지 아니한 채무이다. 채무자는 그 기한의 도래를 안 때부터 「지체」의 책임을 진다(제387조 1항 후단). 지체의 효과는 채무자가 기한의 도래를 안 날의 다음날 또는 채권자의 최고가 도달한 날의 다음날부터 발생한다.

다) 기한의 약정이 없는 채무
(가) 원칙
기한의 약정이 없는 채무는 채권자가 이행을 「청구」(최고)한 때부터 이행지체가 된다(제387조 2항). 법률의 규정에 의해 생기는 채무는 일반적으로 기한의 약정이 없는 채무이다. 판례는 "민법 제387조 2항의 규정 취지는 채무자는 이행의 청구를 받은 날 안으로 이행을 하면 되고 그 청구를 받은 날을 경과한 때 비로소 지체의 책임을 진다고 풀이하는 것이 상당하다"(대판 1975. 5. 27, 74다1393)고 한다.

(나) 예외
a) 반환시기의 약정이 없는 소비대차에 있어서의 반환채무에 관하여는 대주는 상당한 기간을 정하여 반환의 최고를 하여야 한다(제603조 2항). 따라서 이와 같이 상당한 기간을 정하지 않고 최고한 경우에는 최고한 때로부터 상당한 기간이 경과된 후에 비로소 지체가 생긴다.

b) 불법행위에 의한 손해배상채무에 관하여는 최고를 요하지 아니하며 불법행위 시로부터 당연히 지체가 된다고 해석하는 것이 통설·판례의 입장이다.

라) 기한의 이익을 상실한 채무
민법은 당사자의 특약이나 법률행위의 성질상 반대의 취지가 존재하지 않는 한 「기한은 채무자의 이익을 위한 것으로 추정」하고 있다(제153조 1항). 따라서 채권자는 그의 선택에 따라 이행의 청구를 할 수도 있고, 또는 기한의 도래를 기다려 이행의 청구를 할 수도 있다. 채무자가 지체의 책임을 지게 되는 때는 최고가 있은 때로 부터 이다.

다. 채무자의 귀책사유가 있을 것

가) 요건성의 여부
민법은 이행불능에 대하여는 「채무자의 고의나 과실」(제390조 단서) 또는 「책임 있는 사유」(제546조)를 요건으로 규정하고 있지만, 이행지체에 대하여는 그러하지 아니하다. 다만 민법이 금전채무에 관하여 특칙(제397조 2항)을 두고 있는 사정에 비추어 금전채무 이외의 채무에서는 이행지체에 대하여 불가항력을 가지고 항변할 수 없다고 해석된다(통설).

나) 귀책사유의 내용
(가) 귀책사유란 협의로서는 채무자의 고의·과실을 의미하나 여기서는 이를 포함한 광의의 개념으로 채무자 자신에게 고의·과실이 있는 경우뿐만 아니라, 신의칙상 이와 동시 되는 경우, 즉 채무자의 법정대리인이나 이행보조자의 고의·과실(제391조)을 포함하는 것으로 이해한다(이설없음).

(나) 채무자의 법정대리인이 채무자를 위하여 이행하거나 채무자가 타인을 사용하여 이행하는 경우에는 법정대리인 또는 피용자의 고의·과실은 채무자의 고의·과실로 본다(제390조).

(다) 이행보조자의 고의·과실은 신의칙상 채무자의 고의·과실로 취급한다(제391조).

다) 책임능력

이행지체가 성립하기 위해서는 채무자의 책임능력이 요구되는가에 대하여는 다수설은 채무자의 책임 있는 사유를 채무자의 고의·과실 혹은 이행보조자의 고의·과실로 해석하여 채무자에게 책임능력이 필요하다고 본다.

라) 면책약관의 효력

과실이 있더라도 책임을 지지 않는다는 특약인 면책약관의 효력에 관하여 민법은 아무런 규정을 두고 있지 않다. 그러나 법률상 적극적으로 금지하고 있지 않은 이상 계약자유의 원칙에 비추어 유효하다고 해석하여야 한다고 본다.

마) 이행지체후의 급부불능

이행지체후의 급부불능은 그것이 채무자에게 책임 없는 사유에 기한 것이라도 채무자의 책임으로 돌아간다(제392조 참조).

바) 입증책임

채무자가 스스로의 손해배상책임을 면하려면 스스로의 이행지체가 그의 귀책사유에 기인한 것이 아닌, 즉 불가항력에 기인한 것임을 입증해야 한다.

라. 이행하지 않는 것이 위법일 것(위법성)

예컨대 채무자가 유치권(제320조)·동시이행의 항변권(제536조)을 가지고 있는 경우와 같이 이행지체를 법률상 정당하게 하는 사유가 있는 때에는 지체를 하더라도 이행지체의 책임이 생기지 아니한다(통설).

(3) 이행지체의 효과

가. 본래적 급부의 청구(현실적 이행의 강제)

이행지체의 경우 채권자는 당연히 본래적 급부(현실적 급부)를 청구할 수 있다. 이행지체인 경우에도 이행은 가능하므로 채권자는 채무자에 대하여 본래의 채무의 급부(현실적 급부)를 청구할 수 있다.

나. 손해배상의 청구

가) 지연배상

민법은 불법행위와 더불어 채무불이행을 손해배상청구권이 발생하는 2대 원인으로 규정하고 있다. 이것도 이행이 지연되는 것에 의해 생긴 손해의 배상이며 이행지체의 손해배상의 기본 형태이다(제390조). 금전채무의 경우에 있어서의 이른바 지연이자는 지연배상의 전형적인 것이다(제397조 1항).

이행지체의 경우에는 채권의 내용을 본래의 급부에 지연배상이 부가되어 확대되므로 채무자는 본래의 급부와 함께 지연배상을 아울러 제공하여야 비로소 채무의 내용에 좋은 이행의 제공을 한 것이 된다(제460조 참조).

나) 전보배상

이행지체의 경우라 하더라도 이행지체 후의 이행이 채권자에게 이익이 없게 되는 특별한 사정이 있거나 채권자에 의한 상당한 기간을 정한 이행의 최고에도 불구하고 그 최고기간 내에 이행이 실질적으로 없으면 계약의 해제 없이 지체된 이행의 수령을 거절하고 전보배상을 청구할 수 있다(제395조). 전보배상을 하는 경우에 손해액산정의 표준시기는 원칙적으로 최고한 「상당한 기간」이 경과한 당시의 시가에 의하여야 한다.[1] 채권자는 이행지체로써 계약을 해제할 수 있으며, 이때에도 이행에 갈음하는 손해의 배상인 전보배상을 청구할 수 있다(제548조 참조).

다) 책임의 가중

채무자는 원칙적으로 그 귀책사유에 의한 손해에 대하여만 책임을 부담한다. 다만 이행지체 후에는 이행기에 이행하여도 발생한 손해가 아닌 한 귀책사유 없는 손해에 대하여도 책임을 부담하여 불가항력을 가지고 항변할 수 없다(제392조 본문). 다만 채무자가 이행기에 이행하였더라도 손해를 면할 수 없는 경우에는 그 책임을 면할 수 있다(제392조 단서).

다. 계약의 해제

계약에서 생긴 채무에 대하여 채무가 이행지체에 빠진 경우에 채권자는 상당한 기간을 정하여 이행을 최고하고, 만약 채무자가 최고기간 내에 이행하지 아니하면 계약을 해제할 수 있다(제544조 본문). 또한 채무자가 미리 이행하지 아니할 의사를 표시한 경우 또한 정기행위인 경우에는 이러한 최고를 할 필요 없이 곧 계약을 해제할 수 있다(제544조 단서 · 제545조).

라. 금전채권의 특칙

금전은 자본주의 사회의 가치기준으로써 특이한 위치에 있는 것으로서 금전채권의 이행지체에 대해서는 상기의 일반원칙이 적용되지 않는다.

(4) 이행지체의 종료

가) 채권의 소멸

나) 채권자의 지체면제

다) 이행의 제공

채무자가 이행지체에 있는 경우에 지연배상과 함께 채무의 내용에 좇은 이행의 제공을 하면 이행지체는 종료한다(제461조). 특히 금전채무에서 채무자가 원본만을 지급하고 지연배상으로 이자를 지급하지 않으면 지체책임을 면할 수 없다(제479조). 채무자는 채권자가 해제권을 행사하기 이전까지는 이행의 제공을 하여 이행지체를 종료시킬 수 있지만, 채권자가 이행에 갈음하는 손해배상(제395조)을 청구한 때에는 이행의 제공을 할 수 없다.

라) 지체 후의 이행불능

이행이 불능하게 된 때부터 이행불능으로 이해하는 견해에 의하면 그 때부터 이행지체는 종료한다(통설). 그러나 어느 견해를 취하든 결과에 있어서는 전혀 차이가 없다. 금전채무의 불이행은 언제나 이행지체가 될 뿐이고 이행불능이 되지 않는다.

---

1) 대판 1997. 12. 26, 97다24542

마) 채권자의 이행유예

3) 이행불능

(1) 의의

이행불능은 채권의 성립 후에 채무자에게 책임 있는 사유로 인하여 이행이 불능으로 된 경우를 가리킨다. 예컨대 A가 B에게 부동산의 매매계약을 체결한 후 그 계약을 이행하지 않고 제3자 C에게 그 부동산을 매각·인도하여 등기를 이전한 경우에 A·B 사이의 매매계약은 이행불능이 된다.

(2) 요건

가. 이행이 불능일 것

채권성립 시는 이행이 가능했지만 그 후에 이행불능하게 되는 것이어야 한다. 불능한가의 여부를 판정하는 기준 시는 이행기 이지만, 그것 이전에 불능이 확정되면 그때부터 불능하게 된다. 불능한가의 여부는 물리적 불능에 한하지 않고 사회통념에서 결정되어야 한다.

나. 불능이 채무자의 귀책사유에 기인할 것

그 내용과 입증책임은 이행지체에 관한 경우와 같다. 특히 입증책임은 채무자가 자기에게 책임있는 사유로 이행불능이 생긴 것이 아니라는 것을 입증하여야 한다.[2] 이행지체 중에 그 이행이 불능으로 된 경우에는 채무자는 불가항력으로써 항변하지 못한다. 다만 이 경우 이행지체가 없었다고 하더라도 마찬가지로 이행불능이 생겼을 것이라는 것을 입증한 경우에만 채무자는 면책된다(제392조 단서).

다. 불능이 위법일 것(위법성)

다만 실제적으로 채무자가 긴급피난으로 채무의 목적물을 멸실·훼손한 경우를 제외하고 이행불능에서는 위법성이 문제가 되지 아니한다(통설).

(3) 효과

이행불능의 경우에는 본래의 급부가 이행이 불능인 상태이므로 이행지체나 불완전이행과는 달리 이행의 강제는 문제되지 않는다.

가. 손해배상(전보배상)

채권자는 손해배상을 청구할 수 있다(제390조 참조). 이때의 손해배상은 성질상 본래의 급부이행에 갈음하는 전보배상이다. 이행불능이 채무자에게 책임 없는 사유로 발생한 경우에는 채무자는 채무를 면하고 아무런 책임도 부담하지 않게 된다(제390조 단서). 다만 그 채무가 쌍무계약상의 채무인 경우에는 위험부담의 문제로 된다.

나. 계약의 해제

이상의 이행의 전부 또는 일부가 불능인 경우에는 그 불능과 동시에 채무자에게 계약의 해제권이 발생한다(제546조). 물론 이러한 해제권의 행사는 손해배상의 청구에 영향을 미치지 않으므로 해제와 동시에 손해가

---

2) 대판 1980. 11. 25. 80다508; 동 1972. 11. 28. 72다982

있으면 채권자는 그의 배상을 청구할 수 있다(제551조).

4) 불완전이행

 (1) 의의
　 가) 채무자가 채무의 이행으로 이행행위를 한 경우에도 채무의 이행이 채무의 내용에 좇은 완전한 이행이 아니라 하자(흠) 있는 불완전한 이행인 결과로 채권자에게 손해를 야기한 경우를「불완전이행」이라고 한다. 불완전이행은 달리「적극적 채권침해」혹은「적극적 계약침해」라고도 불린다.

　 나) 예컨대 2010년형 김치냉장고 100대를 주문한 때에 배달한 김치냉장고 중 20대가 고장이난 경우라든가, 집을 수리하였는데 천정에서 비가 세는 경우, 인화성물질이라는 사실을 알려주지 않아 물건을 불 옆에 보관한 결과 화재가 일어난 경우, 닭 100마리의 매매에서 인도한 100마리의 닭 중 10마리가 질병에 감염되어 매수인의 건강한 닭까지도 질병에 감염된 경우를 대표적으로 들 수 있다.

 (2) 요건
 가. 이행행위가 있었을 것
　 채무의 일부가 이행이 되지 않는 경우에도 이행지체나 이행불능이 된다. 예컨대 3box 의 사과를 급부하여야 하는 경우에 1box 밖에 급부를 하지 아니하면, 미이행의 2Box 에 대하여는 추완이 가능하면 일부의 이행지체가 되고, 만약 추완 이 불능이면 일부의 이행불능이 된다.

 나. 불완전한 급부일 것

　 가) 급부된 목적물에 하자가 있는 경우
　 특정물의 인도를 목적으로 하는 경우에 채무자는 이행기의 현상대로 인도하면 된다(제462조). 불특정물의 인도를 목적으로 하는 채무에서는 채무자는 예정된 일정한 성질을 가지는 물건(예 : 중등품)을 급부할 채무를 부담한다. 채무의 내용이 일정한 결과를 실현하여야 하는 결과채무에서는 채무자의 결과의 실현이 불완전한 경우에는 항상 불완전이행이 된다. 또한 결과를 향하여 최선의 조치를 하여야 하는 수단채무(예 : 진료의무)에서도 채무불이행은 거의 불완전이행으로 나타난다.

　 나) 급부 시 필요한 주의의무를 해태한 경우
　 급부의무에 부수하는 주의의무에 반하여 하자 있는 목적물을 급부하거나, 이행의 방법이 불완전하므로 인해 적극적 손해를 발생하게 한 경우에는 적극적 채권침해에 해당하는 불완전이행이 된다. 예컨대「주는 채무」에서 급부목적물을 채권자의 집에 반입할 때 운반차량으로 그 집의 벽을 훼손하는 경우 혹은 닭의 매매에서 병든 닭을 인도하여 채권자의 건강한 닭이 병에 전염된 경우,「하는 채무」에서 벽의 도장중 집주인의 가구를 훼손한 경우가 급부 시 필요한 주의의무를 해태하여 불완전이행이 되는 경우이다.

　 다) 부진정이행의 경우
　 본래의 급부와는 다른 급부를 행한 경우인 이른바 부진정이행의 경우, 예컨대 감자의 인도를 목적으로 하는 급부에 있어서 고구마를 급부한 경우와 같은 것으로 이러한 때에도 전혀 급부가 없는 것으로도 볼 수 있지만 그 급부가 채무의 이행으로 행하여진 이상 불완전이행으로 다루어도 무방할 것이다.

라) 이행기와 불완전이행

(가) 이행기 전의 이행

채무자는 원칙적으로 기한의 이익을 포기할 수 있으므로(제153조 참조) 이행기 전의 이행은 불완전이행으로 되지 않는 게 원칙이다. 다만 이러한 기한의 이익의 포기가 상대방의 이익을 해하는 경우에는(제153조 단서 참조) 그러하지 아니하다. 한편 이행기 전의 이행이 불완전한 급부인 경우에는 불완전이행이 성립하나 이행기가 도래할 때까지 채무자가 그 하자를 추완 한 때에는 불완전 이행은 치유되며 지체의 책임도지지 않는다. 그러나 추완을 위하여 이행기를 초과하면 지체의 책임을 지게 된다.

(나) 이행기의 이행

이행기에 불완전한 이행을 한 경우에 불완전이행이 성립함은 당연하다. 그리고 그 이행 자체에 대하여는 지체의 책임은 발생하지 않으나 추완을 위하여 이행기를 도과하면 지체의 책임을 지게 된다.

(다) 이행기 후의 이행

이행기가 지난 후에 불완전한 이행을 한 때에는 이행지체와 불완전이행의 경합이 발생한다.

다) 귀책사유

구체적으로 귀책사유의 의의 및 그 입증책임, 채무자의 책임능력에 관하여는 이행지체와 이행불능에서의 경우와 마찬가지이다.

(3) 효과

가. 완전이행청구권(하자보수 청구권)

나. 손해배상(완전이행이 불가능한 경우)

불완전이행에 있어서의 손해배상에는 두 가지가 있다. 하나는 급부의무위반으로써의 불완전급부(그 후의 지체이행)에 맞는 배상이다. 이것은 완전이행이 늦어져 행해지는 것이므로 이행지체와 같은 내용의 손해배상이다. 다른 하나는 급부의 불완전에 의해 급부이외 이익이 침해된 경우 즉 보호의무위반으로써의 확대손해의 배상이다. 종래「불완전이행」내지「적극적채권침해」라고 할 때는 이경우의 손해배상(확대손해)을 의미했다.

다. 계약의 해제

완전이행이 가능한 경우에 채권자의 상당한 기간을 정한 이행을 최고하였음에도 불구하고 채무자가 이행하지 않는 때에는 채권자는 계약을 해제할 수 있고, 완전이행이 불가능한 때에는 채권자는 즉시 계약을 해제할 수 있다.

5) 채권자지체(수령지체)

(1) 의의

채무의 종류에 의해서는 그 이행에 대해 채권자의 수령 내지 협력을 필요로 하는 경우가 있다. 이 경우에 있어서 채권자가 채무의 이행을 받는 것을 거부하기도하고(수령거절), 또는 채무의 이행을 받을 수 없을 경우(수령불능)에는 이행은 완료할 수 없으므로 이행지체의 상태가 된다. 이 상태를 채권자지체 내지 수령지체라고 한다(제400조).

(2) 요건·효과

가. 요건
가) 채권의 성질상 채권자의 협력을 필요로 할 것
나) 채무의 내용에 좇은 이행의 제공이 있을 것
다) 이행이 가능한 것이어야 한다.
라) 채권자의 수령거절 또는 수령불능이 있을 것
마) 채권자의 수령불능 또는 수령거절이 그의 귀책사유에 기할 것
바) 채권자의 수령불능·수령거절이 위법한 것일 것

나. 효과

가) 변제제공의 효과
채권자지체 (수령지체)에 즈음해서는 그 전제로서 변제제공이 있다. 따라서 변제제공의 효과도 발생한다. 채무자의 불이행책임의 면제(493조), 공탁에 의한 채무면제(494조), 주의의무 경감(제401조), 약정이자발생의 정지(제402조, 제403조), 과실수취의무의 면제, 대가위험의 이전 등은 제공의 효과라 생각할 수 있다.

나) 채권자지체책임
다수설에 의하는 경우에는 위의 「제공의 효과」 이외에 채권자지체(수령지체) 특유의 책임으로써 다음의 두 가지를 인정하게 된다.
(가) 손해의 배상
채권자지체를 채무불이행으로 파악하므로, 채권자의 불수령과 인과관계가 있는 손해에 관해서는 채권자에 대하여 그 배상을 청구할 수 있다(제390조·제393조). 특별히 증가한 비용뿐만 아니라 채권자의 수령지체에 의하여 생긴 손해배상을 청구할 수 있고, 채무자는 수령가능하면 상당한 기간을 정하여 수령최고를 하여도 수령을 하지 않는 때에는 계약을 해제하거나(제544조), 정기행위(제545조) 혹은 수령이 불가능한 때(제546조)에는 최고 없이 바로 계약을 해제할 수 있다고 본다.

(나) 계약해제
채권자의 수령이 가능한 경우에는 채무자는 상당한 기간을 정하여 수령을 최고하여 그 기간의 도과로 계약을 해제할 수 있고(제544조), 정기행위의 경우와 수령이 불가능한 경우에는 최고 없이 계약을 해제할 수 있다(제545조 및 제546조 참조).

다) 쌍무계약에서의 위험이전
채권이 쌍무계약에 의하여 발생한 경우에 채권자지체 중 당사자 쌍방에게 책임 없는 사유로 급부가 불능이 된 때에는 채무자는 급부의무를 면하고, 채권자에 대하여는 반대급부의 청구권을 상실하지 아니하여 위험부담이 채권자에게 이전한다(제538조 1항 후단). 또한 이러한 경우에 채무자는 자기채무를 면함으로써 취득한 이익은 채권자에게 상환해야 할 것이다(제538조 2항 참조). 이는 민법의 채무자위험부담주의에 대한 예외규정이나, 수령지체 후에 사정변경으로 인한 불이익은 역시 채권자가 부담하게 되는 것이다.

라) 증가비용부담
채권자지체로 인하여 급부목적물의 보관 또는 변제비용이 증가된 때에는 채무자는 그 증가액을 채권자

에게 청구할 수 있다(제403조).

(3) 종료

가. 채권의 소멸

채권의 소멸사유인 채무의 면제·수령·그리고 채권자와 채무자 어느 쪽의 귀책사유도 없는 이행불능 등으로 채권이 소멸하면 채권자지체도 소멸한다. 이행불능의 경우에 위험부담의 문제가 생기게 됨은 물론이다.

나. 채권자지체의 면제

채무자가 채권자에 대하여 지체를 면제한 때에는 채권자지체는 종료한다. 이 지체의 면제는 일방적 의사표시로 할 수 있다.

다. 채무불이행의 발생

채권자지체 발생 후에 채무자와 귀책사유로 이행불능이 되면 채권자지체는 종료한다. 수령지체 후에는 채무자의 주의의무가 경감되나 이때에도 채무자의 귀책사유, 즉 고의 또는 중대한 과실로 이행불능은 발생할 수 있다.

라. 수령의 최고

채권자가 이행제공에 대한 수령을 위한 준비를 하고 채권자지체로 인해 발생한 모든 효과를 승인하고 그 수령의사표시를 하거나 또는 이행에 필요한 협력을 준비하고 수령의 의사표시를 한 경우 채권자지체는 종료하게 된다고 본다.

3. 채무불이행의 구제

1) 현실적 이행의 강제

(1) 강제이행의 의의

현대국가에서는 사력구제를 금지하므로 채무자가 임의로 채무를 이행하지 않을 때는 채권자는 국가기관에 의해 그 채무의 내용을 실현할 수 있다. 이러한 국가권력에 의한 채권내용의 강제적 실현을 강제이행이라고 부른다(본래적인 이행의 강제).

(2) 민법상의 이행강제 방법

가. 직접강제

가) 직접 강제를 허락할 경우 제389조 1항에서 말하는 「강제이행」은 이 직접강제를 가르치고 있다고 생각되므로(통설), 채무의 성질이 이것을 허락하지 않을 때 즉 「행하는 채무」의 경우를 제외(제389조 1항 단서)하고 인정할 수 있다.

나) 문제는 채무의 종류에 의해서는 대체집행 내지 간접강제도 가능한 경우에 직접강제와의 선택을 허락해야 하는가이다. 판례·통설에 의하면 다음과 같다.

대체물에 대해서 채권자는 다른데서 구입해 그 대금을 채무자에게 징수하는 방법(대체집행)도 생각할 수 있지만 그것은 손해배상으로써 청구해야 하므로 채권이 손해배상채권으로 전화하지 않으면 안 된다. 또 특정물인 때에 간접강제에 의해 목적을 달할 수 있다고 하더라도 직접강제가 채무자의 인격존중의 이상에 적합한 가장 유효한 실현 수단이며 그것을 허락할 경우에 다른 강제이행을 인정하는 것은 소송경제상 에서도 부당하다고 한다. 직접강제의 절차와 방법에 관하여는 민사집행법(제261조)에 자세히 규정되어 있다.

나. 대체집행

가) 「작위」를 목적으로 하는 채무

「작위」를 목적으로 하는 채무중 제3자가 채무자에 대신해 그 내용을 실현할 수 있는 것은 대체집행이 허락된다(제389조 2항). 직접강제가 가능한 「주는 채무」에 있어서는 대체집행이 허용되지 않으며 「하는 채무」, 즉 작위급부 가운데에서도 채무자의 일신에 전속하지 아니한 작위를 목적으로 하는(제389조 2항 후단) 채무(대체적 작위채무)에 대해서만 대체집행이 인정된다. 예컨대 건물을 철거하는 채무, 신문지상에 사과광고를 내는 채무 등이 이에 해당한다.

나) 「부작위」를 목적으로 하는 채무

(가) 일정한 장소에 건물을 건축하지 않는다던가, 낙수 시키지 않는 등 「부작위」 채무에 대해서 그 불이행이 있었을 때에는, 채무자의 비용으로써 그 불이행의 원인인 시설을 제거하고, 또 장래를 위해서 적당한 처분을 하는 것 (예 : 방호시설을 시행하는 등)을 청구할 수 있다(제389조 3항). 부작위채무는 일정한 행위를 하지 않는 채무 이든, 또는 일정한 행위를 인용하는 의무(예 : 토지출입을 방해하지 않는 의무)이든 모두 이 강제이행이 허용된다.

(나) 이 강제이행의 절차는 민사집행법 제262조가 규정하고 있다. 이러한 강제이행이 인정되는 경우에는 다른 강제이행은 사용할 수 없다고 해석하여야 한다(통설). 다만 부작위채무의 강제이행은 부작위채무 그 자체에 대한 것이 아니라 부작위의 결과에 대한 유형적 상태에 대한 것이다. 따라서 부작위채무의 위반이 아무런 유형적 상태를 남기지 않고 무형의 위반상태만이 계속되고 있는 경우(예 : 소음방지의무 또는 경업피지의무의 위반일 경우)에는 제389조 2항의 방법은 적용될 수 없고 간접강제에 의하는 수밖에 없다(그것은 일종의 부대체적 급부이기 때문이다).

다) 「의사표시(법률행위)」를 목적으로 하는 채무

채무자의 법률행위 내지 의사표시를 목적으로 하는 채무에 대해서는 민법은 판결로써 그것에 대신하는 것으로 했다(제389조 2항 전단). 대체집행에 대해서 문제가 되는 것은 다른 강제방법이 가능한 경우이다. 판례. 통설은 간접강제는 압박의 방법이기도 하므로 대체집행으로 목적을 달할 수 있을 경우에는 간접강제를 허락해서는 안 된다고 한다.

다. 간접강제

가) 간접강제는 강제의 방법에 인격압박의 요소를 내재하는 것이다. 따라서 인격을 해하지 않는 범위에서 허락됨과 동시에 직접강제. 대체집행이 허락되지 않는 채무에 대해서만 인정되어야 한다(판례 · 통설). 민사집행법(제261조)은 그 취지를 규정한다. 즉 대체집행 중 「작위」 및 「부작위」의 강제집행을 할 수 없는 것에 대해서 간접강제를 인정하고 있다.

(가) 민법 제389조 1항에서「강제이행」이라고 하는 것은「직접강제」를 말한다. 제389조 2항이「전항의 채무」라고 하는 것은 제1항 단서에서 말하는「채무의 성질이 강제이행을 하지 못할 것인 때」를 가리키는 것이다. 제1항 단서에서는「강제이행」도「직접강제」로 새겨야 하므로 결국 제2항의「전항의 채무」라는 것은「직접강제」를 허용하지 않는 채무라는 뜻으로 새겨야 한다.

(나) 간접강제에 관하여는 민법에 규정이 없고 민사집행법(제262조)이 이를 규정한 것으로 본다. 따라서 동조 본문에서「채무의 성질이 강제이행을 할 수 있는 경우」라고 하고 있으나 거기서「강제이행」은「간접강제」라는 뜻으로 새겨야 한다.

나) 간접강제는 이른바 일신 전속적 작위채무(제389조 2항 후단 참조), 즉 부대체적 급부를 목적으로 하는「하는 채무」에 대해서만 할 수 있다(예 : 감정, 계산보고, 증권에의 서명채무 등). 그러나 부대체적 작위채무 중에서도 다음과 같은 경우에는 간접강제가 허용되지 아니한다. 채무의 이행을 위하여 채무자의 자력에 겨운 비용이라든가, 제3자의 협력을 필요로 하는 경우에는 간접강제의 방법을 쓸 수 있다. 본인의 자유로운 창작활동을 목적으로 하는 채무처럼 채무자의 자유의사를 압박하여 강제하여서는 채권 본래의 내용에 적합한 급부를 실현하기 어려운 채무에 관하여는 간접강제를 할 수 있다(예 : 예술가의 창작활동 등). 채무자의 자유의사를 압박하여 그 이행을 강제하는 것이 인격존중의 사상에 어긋나는 경우에도 간접강제는 허용되지 않는다.

다) 구체적 문제점
(가) 유아의 인도
급부의 내용이 물건이나 금전이 아니고 사람인 경우, 즉 유아인 경우에 직접강제가 가능한가에 관하여는 의견이 대립한다. 학설상 (i)유아인도채무의 강제이행에도 역시 직접강제를 허용하고 간접강제를 인정하여서는 안 된다고 보는 직접강제긍정설, (ii) 유아인도채무에 대하여는 직접강제를 인정하지 않고 간접강제만이 인정된다고 보는 직접강제부정설(구민법시대의 판례), (iii) 의사능력이 없는 유아와 같이 직접강제를 인정하더라도 유아의 인격존중에 반하지 않는 경우에는 직접강제에 의하고, 의사능력이 있는 유아에 대한 인도청구에는 간접강제만이 허용된다고 보는 절충설이 있다.

(나) 사죄광고
판결에 의해 사죄광고 해야 할 의무가 생긴 경우에 그 대체집행이 허락되는가의 여부가 문제이다. 판례는 사죄광고의 내용에 의해서는 간접강제 밖에 인정할 수 없는 것이나, 강제집행에 적합하지 않는 것이 있지만 단순히 사태의 진상을 고백해 진사의 의를 표명하기에 그치는 정도인 것은 대체집행에 의할 수 있다고 한다.

라) 이행의 강제와 손해배상
이행의 강제는 손해배상의 청구에 영향을 미치지 아니한다(제389조 4항). 따라서 강제이행이 된 경우에도 채무불이행에 의하여 손해가 생긴 때에는 당연히 손해배상을 청구할 수 있다.

2) 손해배상

(1)「손해」의 의의
가. 현실적 이행의 강제에는 스스로 한계가 있게 된다. 채무의 불이행이 채무자의 귀책사유로 인하여 생긴 경우에는 채권자는 채무자에 대하여 그 불이행으로 인하여 발생한 손해의 배상을 청구할 수 있다(제390조).

나. 손해산정의 방법에는 두 가지가 있다.

　가) 교통사고 등 일반적으로 행해지는 재산적 손해 항목으로써 「적극손해」(치료비 · 장의비 등 현실로 지출한 손해)와 「소극손해」, 비재산적 손해 항목으로써의 「위자료」(정신적 고통)로 대별하고 각각의 항목에 대해 구체적인 손해와 금액을 기입하고 그것을 합산하는 방법이다.

　나) 환경오염소송 등에서 볼 수 있는 「포괄청구 방식」이라 불리는 것으로 피해자에게 발생한 재산적 · 정신적 피해 일체를 포괄해 하나의 「손해」라 받아들이고 그 총체로써의 손해를 금전 평가해 청구하는 방법이다.

(2) 손해의 분류
가. 재산적 손해 · 비재산적 손해(정신적 손해)
　가) 손해가 발생한 법익의 종류에 따른 분류이다.
　재산에 관하여 생긴 손해가 재산적 손해이고, 생명 · 신체 · 자유 · 명예 등의 비재산적 법익에 관하여 가해진 손해가 비재산적 손해이다(통설). 후자는 정신상의 타격 · 고통 · 비애를 평가하는 것이라는 의미에서 정신적 손해라고도 하며 이에 대한 배상을 특히 「위자료」라고 일반적으로 부른다.

　나) 채무불이행에 있어서 정신적 손해에 대한 배상은 불법행위에 관해서만 이에 대한 규정을 두고 있으나(제751조 · 제752조), 통설 · 판례[3]는이에 대해 채무불이행에 의한 손해에도 불법행위에 관한 규정을 준용할 것을 인정한다. 다만 판례는 손해를 전보해주는 문제에 있어서 일반적인 정신적 손해와 특별한 사정으로 인한 정신적 손해를 구분한다.[4]

　다) 양자의 구분은 실체법상의 구별실익은 거의 없다고 볼 수 있으나 소송법상으로 재산적 손해의 산정에는 증거를 요하나 정신적 손해의 산정은 법관의 재량에 의한다는 점에서 실익이 있다.

나. 적극적 손해 · 소극적 손해
　적극적 손해는 기존재산의 감소를 말하며(예: 물의 파손 수리비 등), 보통 민법 제393조 1항에서 가리키는 통상의 손해가 된다. 반면 소극적 손해는 채무불이행이 없었다면 얻을 수 있었을 이익 (예 : 전매이익, 영업이익, 휴업 · 사망에 의해 잃은 이익)의 상실을 말한다. 보통 소극적 손해는 민법 제393조 2항에서 일컫는 특별한 손해로 되는 경우가 많다.

다. 직접손해 · 간접손해
　직접적 손해라 함은 권리 또는 피보호법익의 침해 그 자체를 말하며, 간접적 손해란 수익의 감소, 경제적인 과실로 부가되는 지출비 등의 피해자의 재산에 대한 손실을 뜻한다.

라. 통상손해 · 특별손해
　우리 손해배상법의 기본 원칙으로 통상손해와 특별손해는 민법 제393조에서 사용하고 있는 구별이다. 통상손해의 배상은 손해사실의 증명으로 족하지만 특별손해는 그 예견 가능성이 있는 경우에만 배상될 수 있다(393조). 즉 민법 제393조는 손해배상의 범위는 통상손해를 원칙으로 하고, 다만 예외적으로 특별손해의 배상을 인정하고 있다.

---

3) 대판 1971. 2. 9, 70다2826
4) 대판 1993.11.9, 93다19115; 동 1994.12.13. 93다 59779

(3) 손해의 「배상」

가. 손해의 배상은 불법한 원인에 의하여 생긴 손해를 피해자 이외의 자가 전보하는 경우를 가리킨다. 민법은 적법한 원인으로 생긴 손해(손실)의 전보에 관하여는 「배상」이라고 하지 않고 「보상」이라고 하고 있다(제216조 2항 · 제218조 1항 · 제219조 2항 · 제220조 1항 · 제226조 2항 · 제230조 1항 · 제261조).

나. 원상회복주의(자연적 회복주의)와 금전배상주의
우리민법은 「다른 의사표시가 없으면 손해는 금전으로 배상 한다」(제394조)고 규정하여 금전배상주의를 원칙으로 하고 있다(제394조 · 제763조). 다만 예외적으로 당사자가 다른 의사표시를 한 때(제394조 · 제763조) 또는 법률에 다른 규정이 있는 때(제764조)에는 원상회복주의를 적용할 수 있다.

(4) 손해배상의 청구

가. 손해배상의 방법
원상회복주의에 의하면 회복되어야 할 원상의 내용을 명확히 하기 어렵고 또한 채무자가 이를 이행하지 않는 경우 강제집행이 곤란하다는 단점이 있다. 반면 금전배상주의는 기대되었던 경제적 가치의 실현에 대하여 오늘날의 자본주의경제체제하에서는 궁극적으로는 금전에 의하여 평가 실현하는 것이 가장 현실적이라는 장점이 있다.

나. 손해배상청구권
본래의 채권에 관하여 존재하는 담보의 효력은 원칙적으로 손해배상청구권에 대해서도 미친다(제334조 · 제360조 · 제429조 참조). 손해배상청구권의 시효기간은 본래의 채권의 성질에 의해서 정해지고(예 : 상사매매의 경우에 채무불이행으로 인한 손해배상청구권의 소멸시효기간은 5년이다. 상법 제64조 참조), 시효기간의 개시 또한 본래의 채권을 행사할 수 있는 때로부터 진행된다. 그러나 판례는 채무불이행 시로부터 진행한다고 한다.[5]

(5) 손해배상의 범위

가. 의의

가) 우리 법제는 통상손해 특별손해와의 구분을 마련, 그것을 예견가능성을 기준으로서 결정한다고 하는 방법을 취했다(상당인과관계설)
상당인과관계설은 당해의 채무불이행에서 그것에 따르는 특수한 사정을 제외하고, 이것을 유형화해 그 손해를 예상되는 인과관계의 범위에 국한하고자 하는 것이다. 원인과 결과에 있는 무한한 사실 중에서 객관적 · 일반적으로 보아 동일한 조건이 존재하는 경우에는 동일한 결과를 발생케 하는 것이 보통이라는 경우에만 양자 간에 인과관계를 인정하려는 견해이다. 고려되어야 할 사정을 누구를 기준으로 삼아 결정하는가에 따라서 다시 주관적 상당인과관계설, 객관적 상당인과관계설, 절충설로 구분된다.

나) 절충적 상당인과관계설(통설 · 판례)

---

5) 대판 1995.6.10, 94다54269

채무불이행 당시 보통인(평균인)이 알 수 있던 사정과 채무자가 특별히 알고 있는 사정을 함께 고려하여 그 사정으로 인한 손해를 손해배상의 범위로 결정하려는 견해이다.

나. 제393조의 의의
민법 제393조는 채무불이행의 경우에 있어서 손해배상의 범위결정에 관한 규정인데, 제1항은 상당인과관계설에 의거하여 판단할 것임을 원칙으로 하고 있고, 제2항은 절충설의 입장에서 고찰의 대상으로 삼는 특별한 사정의 범위를 규정한 것이라고 본다(통설·판례).

가) 통상손해
민법 제393조 1항은 「채무불이행으로 인한 손해배상은 통상의 손해를 그 한도로 한다」고 규정하고 있다. 여기서 통상의 손해라 함은 상당인과관계가 인정되는 손해를 말한다. 「통상손해」는 사회관념상 채무불이행에 의해 일반적으로 생긴다고 생각되는 손해이며 구체적으로 어떤 손해가 통상손해인가는 계약의 유형, 당사자, 목적물, 계약의 내용에 따라서 다르고 최종적으로 사회통념에 의하여 결정된다. 채무불이행으로 인한 손해배상은 통상 발생할 수 있는 손해에 대한 예견 유무를 묻지 않고, 채권자는 채무불이행과 통상 발생할 수 있는 손해액을 증명하면 충분하다.

나) 특별손해
민법 제393조 2항은 「특별한 사정으로 인한 손해는 채무자가 그 사정을 알았거나 알 수 있었을 때에 한하여 배상의 책임이 있다」고 특별손해를 규정하고 있다. 특별손해는 당사자의 「예견가능성」, 즉 특별한 사정을 예견하고 또는 예견하는 것을 얻을 수 있을 때가 있는 경우에만 배상의 대상이 된다(제393조 2항).

a) 예견가능성의 대상은 당해채무불이행에 관련해 존재한 「특별한 사정」이지 그것에서 생긴 특별손해가 아니다. 즉, 특별한 사정으로 인하여 생기는 특별손해는 채무자가 그 손해를 알거나 알 수 있을 때에 한하여 배상의 책임이 있다(제393조 2항).

b) 민법 제390조 2항은 특별한 사정을 예견하여야 할 예견의 주체자를 「채무자」로 규정하고 있다. 채무자의 예견 또는 예견가능성에 대해서는 채권자가 입증 하여야 한다(통설).

다. 배상액의 산정시기
가) 기준이 될 수 있는 시기
판례는 배상액산정의 기준시의 문제를 주로 이행불능과 이행지체와 관련하여 목적물을 취득하지 못한 경우에 생긴 손해에 한정하고 있고, 그 기준 시에 관한 판단에 대하여 일관성을 유지하고 있지 않다. 즉 우선 이행불능에 의한 전보배상의 경우에는 일관되게 이행불능당시[6] 를 기준으로 하고 있으나, 이행지체의 경우에는 상당한 기간이 경과한 당시의 시가[7] 에 의한다고 하거나, 사실심구두변론종결시의 시가에 따라 산정하여야 한다고 한 경우[8]도 있다.

나) 배상액산정의 장소

6) 대판 1994. 1. 11, 93다17638 동 1996. 6. 14, 94다61359
7) 대판 1997. 12. 26, 97다24542
8) 대판 1969. 5. 13, 68다1726

채무불이행에 의한 손해배상액의 산정은 목적물의 가격이 장소에 따라 다를 경우에는 그 기준이 문제가 된다. 채무불이행에 의하여 통상가격을 배상하여야 할 때에 특약 또는 법률의 규정(상법 제137조)이 없는 한 채무이행지의 가격을 기준으로 하고, 특별가격에 대하여는 구체적인 경우에 따라서 결정한다.

라. 손해배상의 범위에 관한 특수문제

가) 손익상계
(가) 의의
손익상계(이익공제)는 배상권리자(채권자)가 채무불이행에 의하여 이익을 얻은 때에는 손해액으로부터 그 이익분을 공제하여 그 잔액을 가지고 배상하여야 할 손해액으로 하는 제도를 가리킨다. 이는 민법에 명문의 규정은 없지만 실손해의 전보와 공평이란 손해배상의 이념에 비추어 볼 때 동시에 채무불이행과 상당인과관계에 있는 이익이 생긴 때에는 손해액의 산정에 그 이익도 고려해야 함이 당연하기 때문이다. 판례도 역시 손해배상은 실손해의 전보를 목적으로 하는 만큼 피해자로 하여금 실손해 이상의 이익을 취득하게 하면 손해배상의 본질에 반하여 손해를 입은 원인과 동일한 원인으로 인하여 이익을 얻을 때에는 그 이익은 공제되어야 한다고 하여 손익상계를 인정한다.[9]

(나) 손익상계의 범위
a) 손익상계에서 공제할 수 있는 이익의 범위에 대하여는 배상원인과 상당인과관계에 있는 범위에 한한다(통설·판례).[10]

b) 채무불이행 이외의 원인에 의한 이익은 공제되지 아니한다. 즉, 예컨대 보험계약상의 이익, 채무를 면하였기 때문에 다른 계약으로 받은 노임이나 보수 등은 공제이익에서 제외된다. 다만 근로기준법상의 재해보상의 경우 보상을 받게 될 자가 동일사유로 민법 기타 법령에 의해 근로기준법상의 재해보상에 상당하는 금품을 받을 경우 그 가액의 한도에서 사용자는 보상의 책임을 면하게 하고 있다. 따라서 사망에 의한 보험금은 보험료의 대가로 채무불이행의 결과에 해당하지 아니하여 공제의 대상이 되지 아니한다. 또한 피해자의 사망으로 인하여 그 부양의무자가 지급하지 않게 된 생활비를 피해자는 물론 그 부양의무자가 얻은 이익이라고 하여 손익상계 할 수 없다.[11]

나) 과실상계
과실상계란 채무불이행으로 인하여 손해배상책임이 발생할 경우에 있어서 배상원인의 성립 또는 손해의 발생에 관하여 채권자의 과실이 있는 때에 법원이 배상책임의 유무 및 배상액을 정함에 있어서 그 정도 및 범위를 참작하는 것을 말한다(제396조). 과실상계에 관한 민법 제396조의 규정은 불법행위에 의한 손해배상에도 준용된다(제763조 참조). 과실상계의 취지·요건 및 효과에 있어서 채무불이행과 불법행위의 경우와 달리 취급할 이유가 없기 때문이며 실제로는 불법행위에 의한 손해배상의 경우에 훨씬 많이 적용되고 있다.

다) 현존가격의 측정(중간이자의 공제)
장래의 일정시기에 일정가액을 취득할 관계가 침해된 경우에 현존의 손해액은 장래의 가액 자체가 아니

9) 대판 1978. 3. 14, 76다2168
10) 대판 1969. 11. 25, 69다887
11) 대판 1966. 4. 19, 66다422

고, 장래의 가액으로부터 「중간이자」를 공제한 가액이 현재의 손해액이 된다. 중간이자의 공제는 장래소득에 대한 일실이익의 청구를 하는 경우뿐만 아니라, 장래의 치료비·개호비 등의 필요비용을 청구하는 경우에도 인정된다. 예컨대 향후 계속적인 예방치료가 필요한 경우에 그 치료비 상당의 손해를 사고 당시를 기준으로 하여 일시에 청구할 수 있는 금액으로 산정할 때에는 사고 당시와 치료비지출예상 시까지의 중간이자를 공제 하여야 한다.[12]

라) 중간이자의 공제방법

(가) 학설

중간이자의 계산방법에 대하여는 민법상 명문규정이 없고 판례나 관행에 맡겨져 있다. 중간이자의 계산 방법에는 Hoffmann식, Leibniz식, Garpzow식 3종류가 있으나, 보통 Hoffmann식이나 Leibniz식이 이용된다.

$$\text{Hoffmann식} \quad (x = \frac{A}{(1+r)\cdot n}) \qquad \text{(배상액}\times\text{, 연수n, 연이율r, 장래취득액 A)}$$

① Hoffmann식에는 (ⅰ) 장래취득 할 금액을 매년 연봉으로 계산하여 현재까지의 중간이자를 공제하는 방식인 단식 Hoffmann식. (ⅱ) 장래 발생할 이익이 월단위일 때에는 장래취득 할 금액을 월단위로 계산하여 현재까지의 중간이자를 공제하는 방식인 복식Hoffmann식이 있다. Hoffmann식은 단리계산으로 비교적 간단 할 뿐만 아니라, 다른 방식에 비하여 중간이자를 적게 공제하여 채권자에게 유리하며, 수익기간이 일정기간 지나면 배상액으로 받은 금액의 이자만으로 장래취득액에 달하게 되어 원금 상당액의 부당이득이 우려된다.

$$\text{Leibniz식} \quad (x = \frac{A}{1+nr})$$

② Leibniz식은 복리계산으로 계산방법이 복잡하지만 수익기간이 장기·단기에 관계없이 수익기간이 만 료하는 동시에 배상원금이 0이 되어 이론상으로는 매우 합리적인 계산방법이라고 할 수 있다. 국가배상법은 국가나 지방자치단체가 손해배상을 할 때에는 Leibniz식에 의한 복리계산식을 취하도록 명문으로 규정하고 있다(국가배상법 제3조의 2항).

$$\text{Garpzow식} \quad x = A(1-nr)$$

③ Garpzow식은 공제율이 과다한 단점이 있고, 예를 들어 연 5푼의 법정이자로도 20년이면 공제액이 원 금과 동일하여 20년 이후에 발생할 이익을 현재 전혀 배상받을 수 없게 되어 불합리하다.

(나) 판례

ⅰ) 초기에는 단리공제방식인 Hoffmann식 중 단식 Hoffmann식을 적용하여 오다가 단식 Hoffmann식의 부당성이 하급심판결에 의하여 지적되고 대법원이 월수입을 연수입을 기준으로 공제하는 단식 Hoffmann식 을 위법이라고 판결[13] 한 이후에는 복식 Hoffmann식을 적용하였다[14]

ⅱ) 복식 Hoffmann식이 채권자에게 부당한 이익을 주는 문제점을 시정하기 위하여 1979년에 Leibniz식 에 의한 수치표가 작성·공표된 후부터는 Leibniz식 중간이자를 공제하는 하급심판결이 증가하고 있다. 다만 대법원은 Hoffmann식 단리계산법에 의하여도 좋다고 하는 입장에 따라서 Leibniz식 계산법에 의하여 복리계

---

12) 대판 1979. 4. 24, 77다703
13) 대판 1965. 9. 28, 65다1534
14) 대판 1966. 11. 29, 66다1871; 동 1978. 4. 11, 77다2455

산을 하지 않더라도 잘못이라고 할 수는 없다고 보고 있다.[15] 현재는 중간이자를 Hoffmann식에 의할 것인지 Leibniz식에 의하는지는 법원의 자유재량사항에 속한다고 판시하여[16] 단리계산하여 중간이자를 공제하든 복리계산 하여 공제하든 법원이 자유로 결정할 수 있다고 본다.

마. 금전채권에 관한 특칙
　민법은 금전채권의 불이행에 의한 손해배상청구에 관하여 그 요건과 효과에 관하여 특칙을 두고 있다.

　　가) 금전채무의 불이행에 기인한 손해배상액은 법정이율에 의하는 것을 원칙으로 하되, 만약 이보다 높은 약정이율이 정하여져 있으면 법령의 제한에 위반하지 않는 한 그 약정이율에 의한다(제397조 1항).

　　나) 이행지체가 있으면 실손해의 유무에 불구하고 손해가 발생하는 것으로 하는 까닭에 채권자는 지연이자를 당연히 청구할 수 있다. 반면에 지연이자 이상의 손해가 실재함을 증명하여도 그 배상을 청구할 수 없다. 다만 법률에 특별한 규정이 있는 경우(제685조 · 제705조 · 제958조 2항 등), 당사자가 지연이자에 의하지 않고 실손해를 배상할 것을 특약한 경우, 후술하는 손해배상액의 예정, 또는 위약금의 특약이 있는 경우(제398조)에는 그에 따른다.

---

15) 대판 1978. 4. 11, 78다2455; 동 1981. 9. 22, 81다588; 동 1985. 10. 22, 85다카819
16) 대판 1983. 6. 28, 83다191

02장

계약과 계약관리

제 1 절 계약일반

1. 계약법 각론의 내용 개관

1) 약정채권으로서의 계약

계약이라 함은 당사자 쌍방의 자유로운 의사의 합치를 말한다. 민법전은 계약의 대표적 유형으로 증여, 매매, 교환, 소비대차, 사용대차, 임대차, 고용, 도급, 현상광고, 위임, 임치, 조합, 종신정기금, 화해와 같이 사회에서 행해지는 수많은 계약가운데 빈번히 이용되는 14종의 계약을 유형화하여 규정하고 있다. 채권각론 중 특히 각종의 계약에 대한 설명을 계약각론이라고 한다. 민법전은 각종의 계약에 관한 규정 이외에 계약의 통칙 적 규정(제527조–제553조)을 두고, 계약의 성립 · 계약의 효력(특히 쌍무계약의 효력) · 계약의 해제나 해지와 같은 계약총론을 규정하고 있다.

2) 법정채권

  (1) 사무관리

  사무관리는 법률상 의무 없이 타인을 위하여 그의 사무를 처리하는 행위이다. 의무 없이 타인을 위하여 사무를 관리하는 경우(제734조 1항)에 관리자는 계속적인 관리의무를 부담하며 비용 상환 및 손해배상을 청구할 수 있다(제734조 1항 후단. 제737조, 제739조, 제740조).

  (2) 부당이득

  법률상 원인 없이 타인의 손실 혹은 타인의 재산이나 노무에 의하여 이득을 얻은 자에 대하여 손실을 받은 자가 이득의 반환을 청구할 수 있는 제도이다(제741조). 부당이득이 성립하는 경우는 여러 가지가 있고 여러 유형으로 분류할 수 있지만, 일반적으로 급부부당이득과 침해부당이득이 중심이 된다. 민법전은 일반적 부당이득에 대한 규정 외에도 특수부당이득으로 비채변제(제742조)와 불법원인급여(제746조)에 대한 규정을 두고 있다.

  (3) 불법행위

  불법행위라 함은 타인의 신체의 침해, 타인의 물건의 파손과 같이 위법하게 타인의 권리 혹은 이익을 침해한 자(가해자)는 피해자에 대하여 손해를 배상하여야 (제750조) 하는 제도이다. 불법행위는 법률행위가 아니라는 점에서는 사무관리 및 부당이득과 공통점이 있지만 법이 허용하지 아니하는 위법행위라는 점에서 사무관리 및 부당이득과 근본적으로 다르다. 민법전은 일반불법행위에 관한 규정(제750조) 이외에 특수한 불법행위로써 책임무능력자의 감독자의 책임(제755조), 사용자배상책임(제756조), 공작물점유자·소유자의 책임(제758조), 동물점유자의 책임(제759조)등을 규정하고 있다.

2. 계약의 의의

1) 계약법 일반
계약은 양당사자의 합의에 의하여 쌍방의 권리·의무관계에 변동을 발생하게 하는 원인으로 사법상의 권리·의무의 변동을 발생케 하는 가장 중요한 수단이 된다. 민법은 자기결정의 원칙이 지배하는 계약관계에 대하여 당사자의 의사를 보충하는 많은 규정을 두고 있고, 보충규정을 통하여 당사자의 의사가 존재하지 않는 경우에 계약관계를 해석하고 있다.

2) 광의의 계약과 협의의 계약

(1) 광의의 계약
광의의 계약에는 채권계약은 물론, 소유권이전이나 담보권설정의 합의와 같은 물권계약, 채권양도의 합의와 같은 준물권계약, 혼인이나 입양과 같은 가족법상의 계약도 포함된다.

(2) 협의의 계약
협의의 계약은 채권계약을 의미한다. 민법 제3편 제2장의 계약은 전적으로 채권계약에 대한 규정이다. 채권계약은 채권·채무의 발생을 목적으로 하는 계약이다. 일정한 채권·채무를 중심으로 법률관계가 발생한다고 하는 점에서 물권계약·가족법상의 계약과 다르다. 동일한 목적을 갖는 다수의 의사표시의 합치에 의하여 성립하는 합동행위와 구별된다.

3. 계약자유와 그 제한

1) 계약자유의 원칙의 의의
개인이 독립된 자율적 인격을 가진 권리주체로써 타인과의 법적 생활을 영위해감에 있어서 자유로운 의사에 의하여 계약관계를 형성해 나갈 것을 가능케 하는 것이 이른바 계약자유의 원칙이다.

2) 계약자유의 원칙의 내용

(1) 계약체결의 자유
계약을 체결할 것인지 여부에 관하여 다른 누구에 의해서도 규제받지 않을 자유를 의미한다. 계약은 청약과 승낙이라는 의사의 합치에 의해 성립하므로, 체결의 자유는 청약의 자유와 승낙의 자유로 구분될 수 있다.

(2) 상대방선택의 자유
계약당사자는 계약을 체결하고자 하는 경우에 자기의 의사에 의하여 상대방을 자유롭게 선택할 수 있고, 특정인과 계약체결을 강제당하지 아니한다.

(3) 내용결정의 자유

계약을 체결할 경우에 그 내용을 어떻게 결정할 것인지는 계약당사자 자신이 결정한다. 이것은 계약자유의 가장 핵심이며, 계약자유의 침해가 주로 문제가 되는 분야이다. 계약의 내용에는 채무자의 행위 즉, 급부의 내용·목적물의 종류·범위·수량·대가·이행지·기일·위약금·손해배상의 예정 등이 포함된다.

(4) 방식의 자유

계약은 원칙적으로 당사자의 의사 합치만으로 성립하고, 특정한 방식을 요하지 않는다. 따라서 계약당사자는 계약의 방식을 자유롭게 선택할 수 있다. 계약의 방식을 일정하게 제한하면 계약의 효력을 명확하게 할 수 있는 장점이 있지만 반면, 일정한 방식에 의하지 아니하면 안 되는 경우에는 계약의 체결을 곤란하게 하고 계약체결을 지연시키는 단점이 있다.

3) 계약자유의 제한

계약자유의 원칙을 무제한적으로 인정함으로써 그 폐해도 적지 아니하다. 따라서 계약의 목적이 강행법규에 위배되거나(제103조) 계약의 냉용이 심히 공정성을 잃은(제104조)경우에는 이를 무효로 하고 있다. 특히 자본주의의 고도의 발전이 가져온 불평등의 병폐로 인해 계약의 자유는 명문화 된다는 점에서 이를 해치는 형식적 계약의 자유는 부단히 제한되지 않을 수 없게 되었다.

(1) 계약체결의 자유의 제한

가. 공익상의 이유로 부터의 제한

정당한 이유 없이 공공적 또는 공익적 업무나 직무의 수행을 거절할 수 없는 경우가 있다. 예컨대 통신·전기·가스·수도를 공급하는 공익적 독점기업도 정당한 이유 없이 급부제공을 거절할 수 없고(전기통신사업법 제3조·전기사업법 제16조 등), 우편·철도·도로운송업도 같다(우편법 제50조·철도법 제10조·여객자동차운수사업법 제28조·화물자동차운수사업법 제10조 제1항). 또한 예컨대 의사·한의사·치과의사·약사·조산원에게는 승낙의무가 부과되어 있고(의료법 제16조·약사법 제22조), 공증인·집행관·법무사도 정당한 이유 없이 직무의 집행을 거절할 수 없다(공증인법 제4조·집행관법 제14조·법무사법 제20조).

나. 사법(私法)상의 제한

법률이 정한 일정한 이유 없이는 승낙을 거절할 수 없는 경우가 있다. 예컨대 민법상 지상권설정자가 지상물의 매수를 청구한 때(제285조 제2항), 전세권자와 전세권설정자가 부속물의 매수를 청구한 때(제316조), 임차인과 전차인이 부속물의 매수를 청구한 때(제646조~제647조)에 상대방의 승낙이 있다고 취급하여 지상물 또는 부속물에 관한 매매가 성립한다고 본다.

다. 경제통제에 의한 제한

전쟁이나 경제적 위기가 있는 때에 경제 통제를 위한 법률을 제정하여 계약체결을 금지 또는 강제하는 경우가 있다(양곡관리법 제17조·비료관리법 제5조). 경제 통제를 위한 체약강제방법으로는 보통 경찰상의 강제수단이 사용되거나 형벌에 의한 위협을 가하지만, 소위 「명령계약」으로 강제하기도 한다.

(2) 상대방선택의 자유의 제한

청약·승낙의 강제는 동시에 상대방선택의 자유의 제한이 될 수 있다. 노동조합원만은 고용계약의 상대방으로 하여야 하거나 노동조합원을 고용으로부터 배척하지 못한다고 하면 사용자에게는 상대방선택의 자유에 대한 제한이 된다(노동조합 및 노동관계조정법 제81조 2항·국가유공자예우법 제 31조 이하·남녀고용평등법 제6조 등).

(3) 계약내용결정의 자유의 제한

가. 강행법규 또는 양속질서에 의한 제한
강행법규에 위반하는 사항을 목적으로 하는 계약은 그 효력이 없고(제105조), 역시 선량한 풍속 기타 사회질서에 위반하는 사항을 내용으로 하는 계약도 무효이다(제103조-제104조).

나. 대기업의 약관에 대한 규제
불특정다수의 이용자를 계약상대방으로 하는 대기업(전기·가스·보험·교통·통신)이 미리 일방적으로 정하는 계약조항(약관)은 국가에 의한 규제를 받는다.

다. 경제적 약자 보호를 위한 제한
당사자가 정한 계약내용이 그 기준에 반하거나 임차인·근로자에게 불리한 때에는 그 효력이 인정되지 않거나 법률이 정한 계약내용으로 계약을 체결한 경우로 된다(주택임대차보호법 제4조·할부거래법 제13조. 방문판매법 제5조 1항. 근로기준법 제22조).

(4) 계약방식의 자유의 제한

가. 제555조는 증여계약의 방식자유를 직접적인 것은 아니지만 간접적으로 제한하여 증여의 의사가 서면으로 표시되지 않은 경우에는 각 당사자가 증여계약을 해제할 수 있다고 규정하고 있다(제1060조. 제1065조 이하).

나. 부동산소유권의 이전을 내용으로 하는 계약은 언제나 서면으로 작성하여야 하고, 또한 작성되는 계약서에는 일정사항을 반드시 기재하여야 한다(부동산등기특별조치법 제3조 1항).

【 계약자유의 원칙에 대한 제한 】

내 용	사법적 제한	공법적 제한
계약체결의 자유와 그 제한	일정한 자가 청약을 한 후에 상대방은 거절을 못하도록 하여 계약의 성립을 강제 (제285조 2항·제316조·제646조·647조)	• 독점기업의 체약의무(우편·통신·운송·수도·전기·가스) • 공공적·공익적 직무담당자의 체약의무(공증인·집행관·법무사, 의사·치과의사·한의사·조산원·약사) • 경제통제법에 의한 체약강제(명령계약)
계약내용결정의 자유와 그 제한	• 강제법규위반(제105조): 무효 • 양속질서위반(제103조): 무효 • 규제된 계약에 계약내용결정의 제한 • 약관:부합계약	
계약방식의 자유와 그 제한	• 서면작성의 요구 1) 사법상의 제도(어음.수표) 2) 부동산의 매매·교환을 위한 계약서의 작성(부동산등기법 제45조) 3) 계약내용의 합리화를 위한 필요(건설공사도급계약) • 국가가 관리하는 공부에 대한 기재요구(등기)	

4. 계약의 분류

1) 낙성계약 · 요물계약
계약이 유효하게 성립하기 위하여 계약당사자의 의사표시의 합치만이 요구되는 계약을 낙성계약, 당사자의 합의 이외에 물건의 인도 기타의 급부를 성립요건으로 하는 계약을 요물계약이라고 한다. 민법은 낙성계약의 원칙을 취한다. 전형계약은 현상광고를 제외한 모든 계약이 낙성계약에 해당한다. 그러나 소비대차의 거래관행은 요물계약으로서 행해지고 있다.

2) 전형계약 · 비전형계약
민법 제3편 제2장 제2절에 규정되어 있는 14종의 계약을 전형계약 이라고 하며 유명계약이라고도 한다. 반면 민법전에 규정되어 있지 않은 계약유형을 대립되는 개념으로서 비전형계약 혹은 무명계약이라고 한다.

3) 쌍무계약 · 편무계약

(1) 계약당사자가 서로 대가적 채무를 부담하게 되는 계약이 쌍무계약이다. 반면 일방당사자만이 채무를 부담하거나 쌍방이 채무를 부담하더라도 그 채무가 서로 대가적 의미를 갖지 않는 계약을 편무계약이라고 한다. 전형계약 중 매매 · 교환 · 임대차 · 고용 · 도급 · 조합 · 화해는 쌍무계약이고, 증여 · 사용대차 · 현상광고는 편무계약이다. 다만 소비대차 · 위임 · 임치는 유상인 경우는 쌍무계약이고, 무상인 경우는 편무계약이다.

(2) 쌍무계약의 경우에는 양 당사자의 채무가 견련관계에 있으므로 동시이행의 항변권(제536조), 위험부담(제537조-제538조)에 관한 규정이 적용된다. 양자의 구별실익은 결국 쌍무계약에 대하여는 동시이행의 항변권(제536조) · 위험부담(제537조-제538조)의 규정이 적용된다고 하는 사실에 있다.

4) 유상계약 · 무상계약

(1) 계약당사자 쌍방이 출연을 하는 것을 유상계약, 당사자 일방만이 출연을 하든가 혹은 쌍방이 급부를 하더라도 그 급부사이에 대가적 의미를 갖는 의존관계가 없는 계약을 무상계약이라고 한다. 전형계약 중 매매 · 교환 · 임대차 · 고용 · 도급 · 조합 · 화해 · 현상광고는 유상계약이고, 증여 · 사용대차는 무상계약이다. 물론 소비대차 · 위임 · 임치 · 종신정기금은 이자나 보수를 약정하는지 여부에 따라 유상계약에도 무상계약에도 속한다.

(2) 양자의 구별실익은 유상계약에 대하여는 모두 매매의 규정(제567조), 특히 매도인의 담보책임에 관한 규정이 준용된다고 하는 사실에 있다. 특히 유상계약의 채무불이행책임에 있어서는 채무자의 과실은 추상적 경과실을 기준으로 하지만(제374조), 무상계약의 경우에는 구체적경과실을 기준으로 한다(제695조).

5) 계속적 계약 · 일회적 계약 · 회기적 계약
1개의 물건의 매매 · 증여와 같이 일회적 계약의 이행에 의하여 계약관계가 종료하는 경우를 일회적 계약관계라고 하고, 임대차 · 사용대차, 임치, 위임, 고용과 같이 급부의 실현이 시간적 계속성을 갖는 계약이 계속적 계약이다. 양자의 구별 실익은 일회적 계약에서는 해제가 소급효를 갖는 반면에, 계속적 계약에서는 장래를 향하여만 계약이 소멸한다고 하는 데 있다.

6) 유인계약 · 무인계약

어떤 채권계약이 그 기초가 된 법률행위가 무효 · 취소 기타의 사정으로 실효된 경우에 영향을 받아 역시 실효되는 계약이 유인계약이다. 반면 기초적 법률행위의 실효에 의하여 영향을 받지 않는 계약을 무인계약이라고 한다.

7) 예약 · 본계약

당사자의 일방 혹은 쌍방 중 어느 일방이 장래 희망하는 때에 일정한 내용의 계약을 체결한다고 미리 약정하는 계약이 예약이며, 본 계약과 관계없이 언제나 채권계약에 해당한다. 특히 민법은 매매계약의 예약은 일방예약으로 추정하고 있으며(제564조), 이에 관한 규정은 다른 유상계약에 준용된다(제567조).

5. 계약의 성립

1) 서설

(1) 계약 성립의 요건
계약은 계약 당사자의 서로 대립하는 2개의 의사표시가 합치함으로써 성립한다. 객관적 내용이 서로 합치(객관적 합치)하여야 하는 동시에 주관적 합치가 필요하다. 그러나 이러한 경우가 아니더라도 계약의 성립이 인정되는 경우가 있다. 의사실현에 의한 계약 성립(제532조)이나 교차청약(제533조)이 그것이다.

(2) 불합의와 착오
두 개의 의사표시의 내용이 서로 다르거나 부분적으로만 일치하는 것을 불합의라고 하며, 이 경우 계약은 성립하지 않는다.

가. 의식된 불합의
청약수령자가 청약을 거절하거나 내용변경 또는 조건부로 승낙하거나 침묵을 지킴으로써 합의가 성립되지 못한 경우, 청약자와 청약수령자는 그 사실을 아는 것이 보통이다. 따라서 당사자가 자각하여 의식적으로 불일치를 초래한 불합의가 의식적 불합의이다.

나. 의식되지 않은 불합의
청약수령자가 청약의 의미를 오해하여 청약과 일치하지 않는 승낙을 하거나, 애매한 의미를 가지고 있는 사항에 대하여 당사자가 그 의미를 확실히 하지 아니한 상태에서 의사표시를 하여 그 사이에 간격이 생긴 경우를 의식되지 않은 불합의라고 한다. 무의식적 불합의는 1개의 의사표시의 성립과정에서 의사와 표시 사이에 간격이 있는 경우에 인정되는 착오(제109조)와 구별된다(통설).

(3) 계약의 체결강제
계약의 체결여부를 제3자(특히 국가)가 강제하거나 방해할 수 없다. 다만 전기 · 가스, 철도 · 버스 · 지하철과 같은 독점사업체의 계약에서 독점사업체는 승낙의무를 부담하여 승낙을 거절할 수 없고, 일반시민은 사실상 계약의 체결이 강제된다.

(4) 사실적 계약관계
통신 · 교통기관의 이용, 수도 · 가스의 공급, 사실적 취업관계의 개시 등과 같이 당사자의 사실상의 행위 ·

용태만으로 당사자의 구체적 의사와 관계없이 계약관계가 성립한다는 이론이다.

(5) 계약체결의 준비단계
계약체결의 준비단계에서 고의·과실로 잘못된 정보나 과대정보를 제공한 경우에는 비록 계약의 성립이나 효력이 부정된 때에도 상대방이 입은 손해를 배상하여야 할 계약체결상의 과실책임을 부담한다.

2) 청약·승낙에 의한 계약의 성립

(1) 청약과 승낙
민법은 청약과 승낙에 의한 계약의 성립을 원칙으로 하고, 청약의 철회가능성과 계약 성립시기에 관한 규정을 두고 있다. 청약과 승낙에 대해서는 민법 제107조 내지 제110조의 의사표시에 규정이 적용되고, 계약에 대해서는 제103조 내지 제105조의 법률행위의 효력에 관한 규정이 적용된다.

(2) 청약

가. 청약의 개념

가) 청약의 의의
청약은 일정한 계약을 체결시키기 위한 의사표시이며, 상대방의 승낙에 의하여 계약이 성립할 수 있는 확정적 의사표시이다. 따라서 청약만으로는 법률요건인 법률행위(계약)가 될 수 없다. 청약의 의사표시는 묵시적으로 행해질 수도 있다. 또한 청약의 의사표시는 상대방 있는 의사표시지만, 상대방은 반드시 청약당시에 특정되어 있을 필요도 없다. 불특정다수인에 대한 청약도 유효하다. 청약에는 계약의 내용을 결정할 수 있는 주요한 사항이 포함되면 충분하다.

나) 청약의 유인
청약의 유인이라 함은 계약의 체결을 수용할 의사가 있음을 표시하여 타인으로 하여금 청약을 해 올 것을 촉구하는 행위이다. 표의자의 승낙이 있으면 계약을 체결하겠다는「확정적 구속의사」가 있는지의 여부에 따라 청약인지 청약의 유인인지로 구별된다. 구인광고·물품판매광고·상품목록의 배부·상품의 단순진열·기차나 기선의 시간표의 게시, 자동판매기의 설치(통설)는 청약으로 볼 수 있다. 청약의 유인에 대하여는 상대방의 청약에 대응하여 다시 승낙을 하여야 계약이 성립한다.

나. 청약의 효력

가) 청약의 효력발생
청약도 1개의 의사표시이므로 의사표시의 효력의 발생에는 도달주의가 적용된다(제111조 1항). 불특정인에 대해서(예:자동판매기의 설치) 그 의사표시가 알려진 상태에 있는 때부터 효력이 발생한다.

나) 청약발신 후 청약당사자의 사망·능력상실
청약발신 후 도달까지의 사이에 청약자가 사망하거나 행위능력을 상실하더라도 청약의 효력에는 영향이 없다(제111조 2항). 마찬가지로 역시 청약의 상대방이 사망하거나 행위능력을 상실한 경우에도 도달 전과 도달 후로 구분하여 생각할 수 있다.

다) 청약의 형식적 효력(청약의 구속성)

(가) 민법은 일단 한 청약자의 청약은 임의로 철회할 수 없는 청약의 구속력을 규정하고 있다(제527조). 청약자가 청약에 「언제든지 철회할 수 있다」고 하는 뜻을 부과하여 철회권을 유보한 경우는 처음부터 청약의 구속력이 없고, 또한 불특정인에 대한 청약이나 승낙기간을 정하지 않은 대화자 사이의 청약도 일반적으로 구속력이 없다. 청약의 구속력은 상대방에게 청약이 도달한 때에 생긴다.

(나) 예외

① 철회의 특약

청약자는 청약 시 그의 철회가능성을 유보할 수 있다. 이는 민법 제527조가 강행규정이냐, 임의규정이냐의 문제와 관련된다. 외국의 입법례를 참조로 할 때 그를 임의규정으로 해석하여 원칙적으로 철회권을 유보할 수 있다고 해석된다.

② 사정변경으로 인한 철회권

그 요건으로서는 기초사정의 현저한 변화, 청약자의 예견불가능, 구속력존속의 객관적 부당성이 요구된다.

③ 소비자의 철회권

법률이나 약관에서는 상인의 승낙이 있어 계약이 체결된 후에도 소비자의 계약철회권을 인정하는 경우가 있는데, 이는 승낙 이전의 청약철회권과 구별된다.

④ 근무자의 사직서

근로자가 자발적으로 직장을 그만두기를 희망하는 사직서를 제출한 경우에, 그 퇴직의 의사는 사용자측의 승낙이 있기까지 철회될 수 있다[17] 그러나 그 철회가 사용자에게 불측의 손해를 주는 등 신의칙에 반하는 특별한 사정이 있는 때에는 철회가 허용되지 않는다.

라) 청약의 실질적 효력(승낙적격)

상대방에게 도달한 청약은 승낙이 있으면 계약을 유효하게 성립시킬 수 있는 효력을 갖는다. 승낙적격은 승낙기간이 정하여져 있는 청약에 대하여는 승낙이 승낙기간 내에 도달 하여야 하고(제528조 1항), 승낙기간을 정하지 않은 청약인 경우에는 상당기간(제529조)이 경과한 후에 비로소 청약은 승낙적격을 상실한다. 또한 상행위에서는 대화자 사이에 청약은 상대방이 즉시 승낙하지 않으면 승낙적격을 잃는다(상법 제51조).

(3) 승낙

가. 승낙의 개념

가) 승낙은 청약의 상대방이 청약에 대응하여 계약을 성립시킬 목적으로 청약자에게 하는 의사표시이다. 청약에 위약금약관과 같은 조건을 붙이거나 대금의 감액을 요구하는 경우와 같은 변경을 가한 승낙은 청약을 거절하고 새로운 청약을 한 경우로 본다(제534조). 승낙은 청약의 존속기간 내에 하여야 한다. 연착된 승낙은 새 청약으로 본다.

(가) 승낙기간이 정해진 경우

---

17) 대판 1992. 12. 8, 91다43015

그 기간 내에 한하여 승낙할 수 있고, 특히 승낙기간 내에 승낙이 도달하여야 효력이 있다(제528조 1항). 다만 승낙의 통지가 기간 후에 도착하였으나 통상적인 경우라면 승낙의 통지가 보통 승낙기간 내에 도달할 수 있도록 발송되고, 특별한 사정에 의하여 도달이 지연된 경우에는 청약자는 이미 도달 전에 지연의 통지를 발송한 경우를 제외하고 지체 없이 상대방에게 그 연착의 통지를 발송하여야 한다(제528조 2항). 따라서 청약자가 연착의 통지를 하지 않은 때에는 연착하지 않은 것으로 본다(제528조 3항).

(나) 승낙기간을 정하지 않은 경우

거래관행과 신의칙에 의하여 계약을 성립시키기 위하여 소요되는 상당기간 내에 승낙의 통지가 청약자에게 도달하여야 한다(제529조, 상법 제52조 1항).

(다) 연착된 승낙의 효력

이미 정해진 승낙기간 혹은 상당한 기간 이후에 도달한 승낙의 의사표시(연착된 승낙)는 일정한 경우를 제외하면(제528조 2항, 3항) 그 자체가 승낙으로서의 효력을 지니지 않지만(제52조 1항, 제529조), 새로운 청약으로서의 효력을 가질 수 있다(제530조).

나) 승낙의 방법은 원칙적으로 자유이며 제한이 없다. 침묵은 특별한 사정이 없는 한 거절로 해석되나 상사계약에서는 승낙으로 해석되는 경우가 많다(상법 제53조).

다) 승낙의무

청약은 청약수령자에게 승낙적격을 발생하게 할 뿐이고, 아무런 의무도 부담하게 하지 아니한다. 청약자가 청약 시 대답을 하지 아니하면 승낙으로 본다고 하거나 청약과 동시에 상품을 보내고 구입을 하지 아니하면 반송하라고 한 경우에도 그 법률상의 효력은 인정되지 아니한다.

나. 승낙의 효력발생시기

가) 격지자 사이인 경우

의사표시의 효력발생에 대하여 민법은 도달주의를 원칙으로 하고 있지만(제111조 1항), 민법 제531조는 격지자 사이의 계약은 승낙의 통지를 발송한 때에 성립한다고 하여 예외적으로 발신주의를 채택하고 있다.

나) 대화자 사이인 경우

대화자 사이의 계약 성립시기에 대하여는 민법상 명문규정이 없다. 일반적으로 도달주의의 일반원칙에 따라서 승낙의 의사표시는 도달한 때에 효력이 발생하고, 계약도 역시 도달한 때에 성립한다고 본다.

(4) 계약의 경쟁체결

가. 경매

가) 값을 내려가는 경매

매매대금이 내려가는 경매의 경우에 경매 신청자의 가격제시가 청약이 되고, 경쟁자의 사겠다는 의사표시가 승낙이 된다. 점차 값을 내려가는 경매에서는 경매의 신청이 그 가격이라면 판다고 하는 확정적 의사표시로 청약이 되며, 매수신청자의 의사표시는 승낙이 된다.

나) 값을 올려가는 경매

경매신청자가 가격을 전혀 표시하지 않고 경매를 신청하였다면 이는 「청약의 유인」이 되며, 상대방의 호가가 청약, 그리고 경매신청자의 수락이 승낙이 된다. 값을 올려가는 경매에서는 최고가격을 제시한 자의 매수신청이 청약이 되고, 경매신청자는 최고가격의 표시에 대하여 승낙 여부를 자유로 결정할 수 있다.

다) 최저가격을 표시하고 점차 올려가는 경매

경매신청자가 어떤 가격 이하로는 팔지 아니한다고 하는 최저가격을 표시하고, 점차 가격을 올려가는 경매에서는 경매의 신청은 확정적 의사표시로 해석하여 청약이 되고, 최고가격의 신청은 승낙이 된다.

나. 입찰

입찰은 경매와는 달리 상대방의 매수조건을 알지 못하고 자기의 계약조건을 제시하는 방식이다. 최초의 입찰신청을 청약으로 해석하고 경쟁자의 입찰을 승낙으로 해석하면 낙찰에 의하여 바로 계약이 성립한다. 그러나 최초의 입찰신청을 청약의 유인으로 해석하면 입찰이 청약이 되고, 낙찰 후에 입찰신청자는 가격 이외에 낙찰자의 이행의 확실성을 고려하여 계약의 체결 여부를 결정할 수 있다.

3) 청약·승낙 이외의 방법에 의한 계약의 성립
(1) 교차청약에 의한 계약 성립

당사자 사이에 동일한 내용의 청약이 서로 교차한 경우, 즉 객관적·주관적으로 합치하는 두 개의 의사표시(청약)가 존재하게 됨으로써 계약이 성립한다(제533조). 교차청약에 의한 계약의 성립 시기는 양청약이 상대방에게 도달한 때이다(제533조). 교차청약의 경우에는 후의 청약이 발송된 때에 계약이 성립되지 않으므로 민법 제531조의 발신주의는 이 경우에는 적용되지 않는다.

(2) 의사실현에 의한 계약 성립

민법은 청약자의 의사표시·관습에 의하여 승낙의 통지를 필요로 하지 않는 경우에 계약은 승낙의 의사표시로 인정될 수 있는 사실이 있는 때에 성립한다고 하여 의사실현에 의한 계약 성립을 인정하고 있다(제532조).

(3) 계약 성립이 강제되는 경우
가. 명령된 계약

국가·국가기관이 법률을 통하여 사인간의 일정한 채권관계를 성립시키는 경우이다(국가유공자예우법 제32조).

나. 계약체결강제

일방당사자가 일정한 내용의 계약체결을 원하는 경우에 상대방이 승낙의무를 부담하는 것이 법률에 의하여 강제되는 경우이다. 이는 생존배려 공익보호 및 공정거래질서를 확립하기 위하여 계약체결이 강제되는 것이다(의료법 제16조 1항; 수도법 제24조 등).

4) 계약체결상의 과실
(1) 의의

계약 성립과정 혹은 계약체결을 위한 준비단계에서 당사자의 일방이 그 책임 있는 사유에 의하여 상대방에게 손해를 준 때에 부담하여야 하는 배상책임을 계약체결상의 과실책임이라 한다. 우리 민법은 제535조만을 두고 있다.

(2) 불법행위책임과 계약책임의 차이

불법행위책임에서는 본인이 민법 제756조 1항 단서에 의하여 면책될 가능성이 있지만, 계약책임에서는 민법 제391조가 적용되어 본인이 무조건 책임을 진다. 불법행위책임에서는 손해배상청구권이 피해자(혹은 법정대리인)가 손해 및 가해자를 안 날로부터 3년간 행사하지 않거나 불법행위를 한 날로부터 10년이 경과한 때에는 소멸하지만(제766조), 계약책임에서는 배상청구권의 소멸시효기간이 10년이다(제162조 1항), 과실의 입증책임에 대하여 불법행위책임에서는 피해자가 입증책임을 부담하지만, 계약책임에서는 가해자가 자신에게 과실이 없음을 입증하여야 하여 피해자에게 유리하다.

(3) 계약체결상의 과실의 적용 영역
가. 준비단계에서의 계약체결상의 과실

가) 계약체결의 준비단계에서의 계약체결상의 과실이 문제가 된다. 예컨데 물건을 보여주던 점원의 실수로 세워놓은 카페트가 넘어져서 고객이 부상을 입었다거나, 미성년자가 백화점에서 바나나껍질을 밟고 넘어져서 다친 경우, 자동차를 사려는 고객이 운전 작동 중에 그 차를 파손시킨 경우 등이 대표적이다.

나) 제3자도 계약체결상의 과실책임을 부담하는지 여부

변호사, 세무사 혹은 경제전문가가 계약과정에 있어 이해관계를 가진 계약관리자로서 그의 특별한 지식이나 영향력을 교섭당사자로 하여금 믿게 하여 계약교섭과정에서 손해를 입힌 경우, 제3자가 계약교섭상의 과실책임을 부담할 것인가 하는 문제가 있다. 그 제3자가 계약관계의 당사자로서 행위를 하였거나 또는 보조자로서 행위 한 경우에는 제3자에게도 계약체결상의 과실책임이 인정될 수 있다.

나. 계약이 유효한 경우의 계약체결상의 과실

계약이 유효하게 성립한 경우라도 계약교섭과정에서 당사자 일방이 잘못된 정보를 전달하거나 혹은 중요한 정보를 고지하지 아니하여 상대방이 불리한 계약을 체결하게 된 경우에는 계약체결 전의 고지의무위반에 의하여 계약체결상의 과실책임이 성립한다.

다. 계약이 무효 · 취소된 경우의 계약체결상의 과실
가) 무능력인 경우

다만 일시적 심신상실자 또는 금치산선고를 받지 않은 정신병자에 관하여는 만일 의사무능력자가 행위시 의사능력이 없다는 사실을 증명하여 법률행위를 무효로 한 경우에는 의사무능력자에게 계약체결상의 과실을 인정하여 신뢰이익의 배상에 의한 상대방의 보호를 도모할 필요가 있다.

나) 착오인 경우

표의자에게 있는 경과실에 의한 착오에 의하여 의사표시를 취소한 경우에는 계약체결상의 과실을 이유로 하는 신뢰이익의 배상이 인정된다.

다) 원시적불능인 경우(제535조의 해석)

민법은 원시적 불능으로 계약이 무효인 경우에 그 불능한 급부를 이행하여야 할 자는 계약의 무효로 인하여 상대방이 받은 손해를 배상할 의무가 있다고 하여 명문으로 원시적 불능에 대한 계약체결상의 과실책임을 인정하고 있다(제535조).

(4) 법률효과

가. 손해배상범위

계약책임설을 취하는 견해는 그 계약의 유효를 믿었음으로 인하여 받은 손해를 배상하여야 한다. 그러나 그 배상액은 계약이 유효함으로 인하여 생길 이익 액을 초과하지 못한다는 제535조의 규정에 의거 배상범위를 신뢰이익에 한정하여야 한다.

나. 입증책임

계약체결상의 과실로 인하여 발생되는 손해배상책임과 관련해서 과실의 입증은 가해자(채무자)가 부담하는 것이 타당하다. 따라서 책임을 면하기 위해서는 가해자가 자신의 무과실을 입증하여야 한다.

다. 소멸시효기간

소멸시효기간에 관한 규정은 원칙적으로 채권의 소멸시효기간에 관한 제162조가 적용되는 것이 바람직하지만, 불법행위적 요소가 강한 사안에 있어서는 제766조가 적용될 수 있을 것이다.

라. 보조자에 대한 사용자책임의 적용 여부

계약체결상의 과실책임은 기본적으로 계약적 범주 내에서 이해되어야 하므로 이행보조자의 계약체결상의 과실에 대해서는 제391조가 유추적용 되어야 한다.

6. 계약의 효력

1) 의의

계약의 효력이라 함은 계약이 성립하여 소멸할 때까지의 효력을 뜻하며, 그 내용은 당사자의 계약에 의하여 발생된 채권·채무를 말한다. 민법은 계약의 효력에서 동시이행의 항변권·위험부담 및 제3자를 위한 계약에 관하여 규정하고 있다.

2) 계약의 일반적 효력발생요건

계약은 법률행위이다. 따라서 계약이 효력을 발생하기 위해서는 법률행위의 효력요건(유효요건·소극적요건)을 갖추어야 한다. 계약의 내용이 확정되어 있거나 확정할 수 있고(급부의 확정성), 계약의 내용이 가능하고(급부의 가능성), 계약내용이 강행법규에 위반하지 않아야 하며(급부의 적법성: 제105조), 계약의 내용이 양속질서에 합치하여야 한다(급부의 사회적 타당성: 제103조)고 하는 요건
이 필요하다.

3) 쌍무계약의 효력
 (1) 쌍무계약의 특질(견련성)
 가. 쌍무계약의 상환성

쌍무계약에서 양 채무의 이러한 조건관계를 상환성이라 한다. 쌍무계약의 상환적 채무는 서로 동시에 이행되는 것을 원칙으로 하지만, 일방당사자가 선이행의무를 부담하기로 약정하였다고 해서 쌍방채무의 상환성이 부정되는 것은 아니다.

 나. 쌍무계약의 견련성

쌍무계약에 있어서는 타방당사자가 의무를 부담하지 않으면 그 상대방도 의무를 부담하지 않는다.

가) 성립상의 견련성

쌍무계약에 의하여 발생할 일방의 채무가 불능·불법 기타의 이유로 성립하지 않거나 무효·취소된 때에는 그 대가적 의미를 갖는 타방의 채무도 성립하지 아니하는 쌍무계약의 견련관계가 성립상의 견련성이다. 우리 민법은 성립상의 견련성을 명문으로 규정하지는 않았지만 쌍무계약의 일방채무가 급부의 성립상의 원시적 불능으로 성립하지 않는 경우 유책당사자는 상대방이 그 계약의 유효를 믿었음으로 인하여 받은 손해를 배상할 것을 규정하였다(제535조).

나) 이행상의 견련성

이행상의 견련관계는 상대방이 이행할 때까지 자기의 채무이행을 거절할 수 있는 관계이다(제536조, 동시이행의 항변권).

다) 존속상의 견련성

각 채무가 완전하게 이행되기 이전에 일방의 채무가 채무자의 귀책사유에 의하지 않고 이행불능이 되어 소멸한 경우에 타방의 채무에 어떠한 영향을 미치는가 하는 쌍무계약의 견련관계가 존속상의 견련성이다. 민법은 쌍무계약에서 위험은 채무자가 부담하는 것을 원칙으로 한다(제537조). 예외적으로 채권자의 귀책사유로 인한 급부불능, 채권자지체 중의 쌍방의 귀책사유 없는 급부불능의 경우에 채권자로 하여금 위험을 부담토록 한다(제538조).

라) 소멸상의 견련성

쌍무계약에서의 두 상환채무는 소멸에 있어서도 견련성을 가짐이 원칙이다.

(2) 동시이행의 항변권

가. 의의

가) 동시이행의 항변권이라 함은 쌍무계약에서 당사자의 일방이 상대방에 의한 채무이행의 제공이 있을 때까지 자기의 채무이행을 거절할 수 있는 권리를 말한다. 민법은 매매에 관하여 「매매의 당사자 일방에 대한 의무이행의 기한이 있는 때에는 상대방의 의무이행에 관하여도 동일한 기한이 있는 것으로 추정 한다」(제585조)고 규정하는데, 이는 매매 등 쌍무. 유상계약에서 상환채무는 상호 동시이행관계에 놓임이 원칙이라는 것을 말해 준다.

나) 동시이행의 항변권과 유치권의 차이점

동시이행의 항변권은 쌍무계약에 기하여 상대방의 채권의 작용을 일시적으로 저지할 뿐이며 제3자에 대하여 주장할 수 없지만, 유치권은 물권으로 유치물의 반환을 청구하는 누구에 대하여도 유치권을 가지고 대항할 수 있고 발생 원인에서도 동시이행의 항변권이 허용되는 채권은 쌍무계약에 기한 반대채권에 한하지만, 유치권에 의하여 담보되는 채권은 유치물에 대하여 생긴 경우이면 계약에 기하든 아니든 상관없으며 거절할 수 있는 급부의 내용에서도 동시이행의 항변권에서는 그 내용을 묻지 않지만, 유치권에서는 물건(타인의 물건)이나 유가증권에 한하며 동시이행의 항변권은 담보제공으로 소멸시킬 수 없지만, 유치권에서는 담보를 제공하여 효과를 소멸시킬 수 있다(제327조).

나. 성립요건

가) 쌍방의 채무가 동일한 쌍무계약으로부터 발생한 것이어야 한다.
나) 쌍방의 채무가 변제기에 있는 경우이어야 한다.
다) 상대방이 채무의 이행 또는 그 제공을 하지 않아야 한다.

다. 효력
동시이행의 항변권을 가지는 한 이행기일이 경과하더라도 위법성이 없고 이행지체의 책임을 부담하지 아니하여 손해배상의무도 발생하지 않는다. 또한 상대방이 이행의 제공을 하지 않고 최고를 하더라도 계약의 해제권은 발생하지 아니한다. 동시이행의 항변권이 있는 채권은 상계를 인정하면 쌍방의 채무의 이행을 확보하는 취지가 상실되므로 자동채권으로 하는 상계는 금지된다(제492조 1항 단서). 다만 동시이행의 항변권이 붙은 채권을 수동채권으로 하여서는 얼마든지 상계가 허용된다.

(3) 위험부담

가. 위험부담의 의의

가) 위험부담이라 함은 유효하게 성립한 채권관계에 있어서 채무자의 귀책사유가 없는 데에도 불구하고 급부장애가 발생한 경우 이에 따른 불이익을 어느 당사자가 부담하는가 하는 문제를 말한다. 편무계약의 경우에는 급부위험만이 문제될 뿐이며 채권자가 급부위험을 부담한다(제390조의 반대해석). 반면 쌍무계약에서 채무의 일방에 생긴 급부위험을 누가 부담하는가는 입법정책의 문제에 해당하며 반드시 채무자 혹은 채권자가 위험을 부담하여야 하지는 않는다.

나) 쌍무계약에 있어서는 급부위험뿐만 아니라 반대급부위험의 문제가 함께 발생한다. 물론 위험부담에서 문제되는 급부의 불능은 후발적 불능에 한정된다. 따라서 원시적 불능에 대해서는 계약의 무효, 계약체결상의 과실책임(제535조) 혹은 담보책임(제570조 이하)이 문제될 뿐이다.

나. 위험부담에 대한 민법의 태도

가) 채무자주의
우리민법은 위험부담에 대하여 채무자주의를 채택하고 있다(제537조).
(가) 요건
① 쌍무계약이어야 한다.
② 일방의 채무가 후발적으로 불능이 되어야 한다.
③ 급부불능에 대한 양 당사자의 귀책사유가 없어야 한다.

(나) 효과
① 채무자의 반대급부청구권이 소멸한다.
② 쌍무계약의 균형을 유지하기 위하여 필요한 경우에는 대상청구권을 인정할 수 있다.
③ 급부의 일부가 불능이 된 경우에 대하여 명문의 규정을 두고 있지 않으나, 쌍무계약의 견련관계를 근거로 채무자는 불능이 생긴 범위에서 채무를 면함과 동시에 불능이 된 부분에 비례해서 반대급부에 대한 채권이 감액된다고 하여야 할 것이다.
④ 제537조는 강행규정이 아니다.

나) 채권자의 귀책사유에 의한 이행불능(채권자주의)

이행불능이 채권자에게만 책임 있는 사유에 의하여 생긴 때에는 채무자는 반대급부를 청구할 수 있다(제538조 1항).

(가) 요건

① 채권자의 책임 있는 사유에 의할 것.

② 채권자의 수령지체가 있을 것.

(나) 효과

① 채권자가 위험부담의무를 진다.

② 채무자의 이득상환의무가 주어진다.

4) 제3자를 위한 계약

(1) 의의

제3자를 위한 계약이라 함은 계약당사자 이외의 제3자로 하여금 직접 계약당사자의 일방에 대하여 직접권리를 취득시키는 계약을 말한다. 계약상의 효과인 이행청구권을 취득한 제3자가 계약당사자가 아니라는 점에 그 특징이 있다. 제3자를 위한 계약에서는 예컨대, 계약당사자 중 제3자에 대하여 직접 의무를 부담한다는 약정을 하는 자를 B라고 하면, 이때 B를 낙약자, B의 계약상의 상대방 A를 요약자, 제3자를 위한 계약에 의하여 이익을 받는 제3자 C를 수익자라고 한다. 민법은 일방당사자가 제3자에게 이행할 것을 약정하면 그 제3자는 채무자에게 직접 그 이행을 청구할 수 있다고 규정함으로써 제3자를 위한 계약을 정면으로 인정한다(제539조 1항).

(2) 성립요건

가) 요약자와 낙약자 사이에 유효한 계약이 성립하고 있어야 한다.

나) 변제를 위한 공탁(제487조)은 제3자(채권자)에게 직접 권리를 취득시키는 제3자를 위한 임치계약이다. 그러나 그 법률관계는 대부분 법률에 의해 정해진다.

다) 제3자는 계약 당시 현존하지 않는 태아나 설립전의 법인인 경우에도 상관없고[18], 다만 수익의 의사표시를 할 때에 현존하거나 특정할 수 있으면 된다(통설).

(3) 제3자를 위한 계약의 목적

제3자가 취득할 수 있는 권리는 낙약자에 대한 채권임을 원칙으로 한다. 따라서 제3자는 낙약자(채무자)에 대하여 직접 그 이행을 청구할 수 있다(제539조 1항). 제3자를 위한 계약에는 채권계약뿐만 아니라 물권적 합의 내지 처분계약도 포함된다(통설).

(4) 제3자의 지위

가. 제3자의 급부청구권

---

18) 대판 1960. 7. 21, 4292 민상773

제3자의 채무자에 대한 급부청구권은 수익의 의사표시를 명시적 또는 묵시적으로 한 때부터 생긴다(제539조 2항). 따라서 제3자의 수익의 의사표시는 제3자의 급부청구권의 발생요건이다(학설·판례).

나. 수익의 의사표시 이전의 제3자의 지위

가) 제3자가 수익의 의사표시를 할 것인지의 여부는 제3자의 자유이다.

나) 제3자가 수익의 의사표시를 할 수 있는 형성권의 존속기간은 요약자가 가지는 채권의 소멸시효와의 균형을 고려하여 10년의 제척기간에 걸린다고 본다.

다. 수익의 의사표시 후의 제3자의 지위

수익의 의사표시에 의하 제3자가 취득하는 권리의 내용은 당사자간의 계약에 의하여 결정된다. 제3자는 계약의 당사자가 아니다.

(5) 요약자의 지위

가. 제3자가 취득한 권리에 대한 요약자의 지위

요약자는 원칙적으로 낙약자에 대하여 제3자에게 채무를 이행하도록 청구할 권리가 있다(통설). 이것은 제3자를 위한 계약에서 낙약자에 대해서 가지는 요약자의 가장 중요한 권리이다. 제3자에 대한 급부가 계약의 필연적 목적인 경우에는 제3자의 수익거절은 쌍방에 귀책사유 없는 후발적 급부불능이 될 수 있으므로(제537조) 채무자는 채권자에 대한 반대급부청구권을 상실한다. 낙약자가이행하면 요약자의 권리도 목적을 달성하여 소멸하고, 낙약자의 귀책사유에 의하지 않고 이행불능이 되면 요약자의 권리도 소멸한다. 요약자의 권리의 소멸시효의 기산점은 원칙적으로 계약성립시이며, 제3자의 수익의 의사표시의 유무와 관계없이 진행된다.

나. 요약자의 계약상의 지위

요약자의 낙약자에 대한 보상관계상의 채무와 낙약자의 제3자에 대한 채무가 대가관계에 있는 경우에는 낙약자는 제3자에 대하여 동시이행의 항변권을 가진다. 요약자는 계약으로부터 생긴 취소권·해제권을 취득하고 낙약자의 상대방으로 선의·악의, 과실의 유무를 결정하는 기준이 된다.

(6) 낙약자의 지위

낙약자는 계약의 당사이지만, 단지 그 계약으로부터 생긴 채무를 제3자에 대하여 이행할 의무를 부담할 뿐이고, 그 법률상의 지위는 제3자·요약자가 갖는 지위의 이면에 해당한다. 낙약자는 요약자와의 기본계약에서 발생되는 무효, 취소, 채무불이행 등의 항변사유를 제3자에게 주장할 수 있다(제542조). 낙약자는 이익의 향유 여부의 확답을 제3자에게 최고할 수 있고, 낙약자가 그 기간 내에 확답을 받지 못한 때에는 제3자가 수익을 거절한 것으로 본다(제540조).

(7) 제3자를 위한 계약과 부당이득의 관계

물권변동에 관하여 형식주의를 채용하고 있기 때문에(제186조, 제188조), 요약자와 낙약자 사이의 계약이 무효라고 하더라도 제3자에게의 처분이 당연히 무효라고 할 수는 없고(물권행위의 무인론에 의하는 경우), 그 결과 요약자와 제3자 사이의 대가관계가 유효하다면 제3자에 대한 낙약자의 소유물반환청구권을 인정하는 것은 타당하지 않다. 따라서 다음과 같이 3면 관계 속에서 해결을 모색하여야 한다.

7. 계약의 해제 · 해지

1) 계약해제

(1) 계약해제의 의의
계약의 해제라 함은 계약 성립 후에 생긴 일정한 사유를 이유로 계약의 효력을 일방적으로 파기하는(형성권) 의사표시(단독행위)를 가리킨다. 계약이 해제되면 당사자 일방의 의사표시에 의하여 계약관계가 소급적으로 해소되고, 아직 이행되지 않은 채무는 이행할 필요가 없고 이미 이행된 때에는 서로 반환하여 채권관계가 청산된다.

(2) 해제의 기능
계약이 해제되면 계약관계는 해소되어 채권자는 자기가 부담하던 채무를 면하게 된다는 것이다. 채권자는 계약관계를 해제하지 아니하고 채무자의 채무불이행을 이유로 손해배상(제390조, 제393조)을 청구할 수 있다고 하여도, 자신의 채무를 잔존시키는 것보다 해제권을 행사함으로써 자신의 채무를 소멸시키는 방법이 유리한 경우가 있다.

(3) 계약해제와 유사한 제도

가. 해제조건부계약

가) 해제조건부계약은 일방당사자의 채무불이행이 있으면 채권자 측의 특별한 의사표시가 없어도 당연히 계약의 효력이 소멸하고, 채무자의 계약상 권리가 상실된다는 취지의 약관을 말한다. 그런데 이 약정은 해제권과는 달리 해제권자의 특별한 의사표시 없이 계약의 효력이 소멸된다.

나) 해제조건과 해제는 그 발생의 원인이 모두 채무불이행이라는 원인을 갖고 있다는 점에서 유사하다. 다만 해제조건은 조건의 성취라는 사실에 의하여 법률행위의 효력이 당연히 실효되는 반면에, 약정해제권은 약정된 사실의 실현으로 해제권이 발생하여도 해제권을 행사하지 않는 한 해제의 효과는 발생하지 아니한다.

다) 해제조건의 성취에 의해서는 특약이 없는 한 장래에 향하여만 법률행위가 실효되고, 해제에 의해서는 소급적으로 계약의 효력이 실효된다.

나. 실권약관
해제조건을 일방당사자가 제안한 약관 중에서 정해 놓은 경우에 그 약관조항을 가리켜 실권약관 또는 실권조항이라고 말한다. 실권약관은 민법상의 해제제도보다 고객을 불리한 위치에 놓이게 하므로 신의칙에 반하는 불공정약관으로 무효이다(약관규제법 제9조 2호). 실권약관이 무효로 되는 경우에, 민법규정에 따라 채무불이행이 있으면 상대방이 상당기간 최고를 거쳐 해제권을 취득하게 되고 그 해제권의 행사가 있을 때에 계약은 종료하게 된다.

다. 취소

가) 취소는 법률행위의 효력을 소급적으로 소멸시킨다는 점에서는 해제와 유사하다.

나) 취소는 모든 법률행위에 인정되나, 해제는 계약에서만 인정된다.

다) 취소는 부당이득반환범위(제748조)에 따르지만 해제에 있어서는 원상회복에 의한다(제548조, 제549조). 취소의 경우에는 손해배상청구권이 주어지지 않지만, 해제는 손해배상의 청구와 양립할 수 있다(제551조 참조).

라) 해제권을 행사하는 자는 계약당사자, 그의 대리인 및 승계인이다. 해제에 관하여는 불가분성의 원칙이 있다.

마) 취소는 법률행위를 처음부터 무효인 것으로 만드는 효과를 가진다(제141조).

라. 철회

철회는 아직 종국적 법률효과가 생기지 않은 법률행위나 의사표시의 효력을 장차 발생하지 않도록 하는 제도이다. 따라서 철회는 이미 효력을 발생하고 있는 계약을 해소하게 하여 그 효력을 소급적으로 소멸하게 하는 해제와 차이가 있다.

마. 해제계약(합의해제)

해제는 해제권자의 일방적 의사표시에 의하여 계약을 소급적으로 소멸하게 한다. 반면에 해제계약은 다시 계약을 해제하는 내용으로 계약을 체결하여 계약을 소멸하게 하는 차이가 있다. 해제계약은 해제와 성격이 다르므로 민법상의 해제에 관한 규정(제543조 이하)은 적용되지 않는다.

2) 해제권의 발생

(1) 약정해제권
가. 해제권유보약정

약정해제라 함은 계약에 의하여 당사자 일방 혹은 쌍방에게 해제권을 유보하고, 그 해제권의 행사에 의하여 계약을 해제하는 경우를 가리킨다. 그리고 약정으로 해제권의 발생을 정하여 놓는 것을 해제권유보약정이라 하고, 특히 약관으로 해제권을 유보하는 조항을 두는 경우를 해제권유보약관이라 한다. 당사자는 계약에 의하여 해제권을 발생시킬 수 있다(제543조 1항).

나. 계약금에 의한 해제권유보

당사자 사이에 계약금의 교부(제565조), 환매의 특약(제590조)이 있는 경우에는 해제에 관한 명시적 합의가 없더라도 약정해제권이 유보된 경우로 법률상 추정된다. 계약금에 의한 해제권유보의 경우에는 계약금 이외의 다른 급부의 원상회복의무는 생기지 않는다.

(2) 법정해제권의 발생
가. 이행지체에 의한 해제권
가) 서설
(가) 계약의 일방당사자가 이행을 지체하는 경우에는 상대방이 상당한 기간을 정하여 그 이행을 최고하

고 그 기간 내에 이행하지 아니한 때에는 해제권이 발생한다. 해제권에 기하여 매도인이 해제의 의사표시를 하면(해제권의 행사) 의사표시가 매수인에게 도달(제111조 1항)한 때 계약관계는 해소된다(해제의 효과).

(나) 제544조의 이행지체에 의한 법정해제권의 발생에는 채무자가 귀책사유에 의하여 이행기에 이행을 하지 않고, 채권자가 상당한 기간을 정하여 최고를 하며, 그 최고기간 내에 채무자가 이행을 하지 아니한다고 하는 세 가지 요건이 필요하다.

나) 채무자의 이행지체
(가) 요건
① 이행지체로 되기 위해서는 채무자가 이행기에 채무의 이행을 위한 변제제공을 하지 않았을 것이 요구된다.
② 이행이 불가능한 경우에는 이행기 전이든 이행기 이후이든 묻지 않고 이행불능으로 취급한다.
③ 채무자가 동시이행의 항변권에 기해 자기채무의 이행을 거절한 경우에는 이행지체로 취급하지 않는다.
④ 채무자가 변제제공을 하였으나 채권자측의 사정으로 그 급부가 수령되지 못한 경우에는 채권자지체로 취급된다.

(나) 이행의 기능
이행의 「지체」라고 하는 채무불이행의 유형은 이행이 가능하다고 하는 사실을 논리적 전제로 한다. 이행의 가능성이 없는 때에는 이행불능이 되어 이행불능에 의한 해제권이 문제된다.

(다) 이행기의 도과
① 확정기한을 정한 경우
구체적으로 역에 따라서, 예컨대 2010년 9월 10일을 이행기로 정한 경우에는 채무자가 그 기한이 도래한 때로부터 이행지체가 된다.

② 불확정기한을 정한 경우
예컨대 「A가 사망한 때에 물건을 인도 한다」고 약정한 경우에는 채무자는 기한의 도래를 안 때, 즉 A의 사망을 안 때로부터 이행지체가 된다.

③ 기한을 정하지 않은 경우
채무자는 이행의 청구를 받은 때, 즉 최고가 있는 때로부터 이행지체가 된다.

④ 채무자의 귀책사유
해제권이 발생하기 위해서는 채무자의 귀책사유에 기한 이행지체일 것이 요구되는지 의문이다. 이에 대하여는 과실요건설과 과실불요설로 대립된다. 통설인 과실요건설은 이행지체에 기한 해제권의 발생에도 이행불능(제546조)과 마찬가지로 채무자의 귀책사유가 필요하다고 한다.

⑤ 일부이행지체인 경우
일부이행지체가 있는 경우에 채무자가 하여야 할 채무의 내용이 수량적으로 가분이고 일부의 이행만으로 채권자에게 가치가 있는 때에는 채무자가 이미 일부를 급부한 후에는 채권자는 원칙적으로 불이행의 부분

에 대하여만 해제할 수 있다. 가분이라고 하더라도 전부의 급부가 아니면 계약의 목적을 달성할 수 없는 경우에는 계약의 전부를 해제할 수 있다(통설·판례). 다만 불이행의 부분이 급부 전체로부터 볼 때 근소하여 전부의 해제가 신의칙에 반하는 경우에는 해제를 할 수 없다.

다) 상당한 기간 이행을 최고하여야 한다.
해제권발생의 요건으로 최고가 되기 위해서는 이행하여야 할 채무를 표시하고 또한 상당한 유예기간을 부여하여 이행을 촉구하여야 한다. 최고의 방법은 제한이 없고 일정기일 혹은 일정기간까지 이행하여야 한다고 하는 사실을 표시하면 충분하며 반드시 이행하지 아니하면 해제한다고 하는 사실을 명시하여야 할 필요가 없다. 최고 없이 해제할 수 있다고 하는 특약도 원칙적으로 유효하다.

라) 최고기간 내 채무자의 이행 또는 이행의 제공이 없을 것

마) 해제권의 발생요건을 감경하는 특약
채무자의 이행지체가 있으면 최고 없이도 채권자에게 해제권이 발생한다는 특약은 일반적으로 유효하다. 다만 해제권의 발생요건을 감경하는 특약은 채무자에게 불리한 경우가 많다고 하는 사정을 고려할 때 그 해석 시 신의칙에 따라야 한다.

바) 정기행위에 관한 특칙(제545조)
(가) 정기행위의 의의
정기행위라 함은 계약의 성질 또는 당사자의 의사표시에 의하여 일정한 일시 또는 일정기간 내에 이행하지 아니하면 계약의 목적을 달성할 수 없는 경우를 말한다.

① 절대적 정기행위
채무의 이행이 계약의 성질상 일정한 일시에만 그 의미를 갖는 정기행위이다. 예컨대 2010년 5월7일 14시부터 시작되는 연주회를 촬영할 비디오 카메라맨 A의 채무 등은, A의 이행시기가 그 내용에 있어서 핵심을 이루기 때문에 A가 채무이행을 지체할 경우 계약의 목적은 달성될 수 없다. 절대적 정기행위에서는 당사자의 특별한 의사표시가 없더라도 채권의 목적인 급부의 성질로부터 일정한 일시 혹은 일정한 기간 내에 이행하지 않으면 계약의 목적을 달성할 수 없다.

② 상대적 정기행위
당사자의 의사표시에 의하여 채무가 일정한 일시에 이행되어야 할 뿐만 아니라 특정한 이행기를 준수하는 것이 당사자 사이에 채무의 중요한 내용이 되는 정기행위를 말한다. 상대적 정기행위에서는 그 동기가 상대방에게 표시되고, 기일의 준수가 계약의 목적으로부터 볼 때 필요하고도 중요하다는 이해가 당사자 사이에 있어야 하며, 단지 이행기를 준수하여야 한다고 약정한 사실만으로는 충분하지 않다. 또한 기일에 이행하지 않으면 바로 해제할 수 있다고 약정한 경우라고 하더라도 상대적 정기행위라고 볼 수 없고, 무최고해제의 특약에 불과하다.

③ 양자의 구별실익
절대적 정기행위에 있어서 이행지체는 객관적으로 계약의 목적을 달성할 수 없게 되는 것이므로 이행불능으로 다루어진다는 점이다. 반면에 상대적 정기행위의 경우에는 해제권자의 선택에 따라 이행불능으로 처리할 수도 있고, 채무자의 이행지체(추완적이행)를 주장할 수도 있다.

(나) 해제권의 발생요건

정기행위에서는 이행기를 지난 이행이 채권자에게 전혀 무가치하여 채무불이행이 있으면 최고 없이 바로 해제권이 발생한다(제545조). 절대적 정기행위뿐만 아니라 상대적 정기행위에서도 이행기가 도과되면 그 후에 이행이 있더라도 계약의 목적은 달성될 수 없으므로, 채권자에게는 최고 없이 해제권이 발생한다(통설). 그렇다고 곧 해제의 효과가 발생하는 것은 아니다(예외: 상법 제68조). 다만 정기행위에서도 최고만이 필요 없을 뿐이고 해제의 의사표시는 필요하다.

사) 이행지체에 의한 해제권의 발생·소멸

이행지체에 의한 해제권은 원칙적으로 최고기간이 만료한 때에 발생한다. 다만 예외적으로 최고기간 내에 채무자가 이행거절의 의사표시를 명확하게 표시한 때에는 그 시기에 해제권이 발생한다. 해제권발생 후 채권자가 해제권을 포기하지 않고, 또한 채무자가 채무의 내용에 좇은 행의 제공을 하지 않은 경우에 채권자가 오랫동안 해제권을 행사하지 아니하여 상대방에 대하여 해제권을 행사하지 아니한다고 하는 신뢰를 준 때에는 더 이상 해제권을 행사할 수 없다.

다. 이행불능에 의한 해제권(제546조)

가) 서설

이행불능에 의한 해제권의 발생요건은 채무자의 귀책사유에 의한 이행불능이다. 일부불능이 있는 경우에 급부가 가분적이고 나머지 부분만으로 계약의 목적을 달성할 수 있는 때에는 불능부분에 대해서만 해제할 수 있다. 그렇지 않은 경우에는 계약의 전체에 대하여 해제할 수 있다.[19] 그리고 급부가 불가분인 때에는 불능부분의 중요성에 의한다. 잔여부분 만으로도 계약의 목적을 달성할 수 있는 경우에는 불능부분에 대해서는 손해배상을 청구할 수 있을 뿐이다.

나) 채무자의 귀책사유
(가) 이행불능은 채무자의 귀책사유에 의하여 생겨야 한다.

(나) 이행불능이 채무자의 귀책사유에 의하지 않은 경우에도 해제권이 인정된다고 하는 특약, 이행불능에 의한 법정해제권의 발생요건을 경감하는 특약도 유효하다.

(다) 귀책사유의 존부에 대한 입증책임은 채무자가 부담한다.

다. 해제권의 발생 시기

이행불능에 의한 해제권은 이행불능이 생긴 때에 발생한다. 이행기도래 전에도 이행기에 이행이 불능하다고 하는 사실이 확정되면 그 시기에 이행불능의 효과가 생긴다. 이행기 이후에 불능이 발생하더라도 불능 시로부터 이행불능으로 취급된다.

라. 불완전이행에 의한 해제권
가) 서설
불완전이행은 채무자가 한 급부가 채무의 내용에 좇지 아니하여 불완전한 경우를 가리킨다. 급부가 채무

---

19) 대판 1987. 7. 7, 86다카2943; 동 1996. 2. 9, 94다57817

의 내용에 좇은 경우인지의 여부는 계약의 취지, 거래상의 관행에 의하여 결정한다.

나) 해제권의 발생
(가) 추완이 불가능한 경우
이행불능에서와 같이 최고를 할 필요가 없고, 해제권은 완전이행을 할 수 없는 불완전이행이 생긴 때에 발생한다. 채무자가 어떤 이유로 이행기 전에 급부한 경우라고 하더라도 역시 불완전이행시에 해제권이 발생한다.

(나) 추완이 가능한 경우
이행지체에 준하여 최고가 요구된다. 불완전이행이 기한 전에 된 때에는 기한 후 상당한 기간을 정하여 추완을 최고하여야 하고, 불완전이행이 기한 후 채권자의 이행지체를 이유로 최고 전에 된 때에는 추완의 최고 시로부터 상당한 기간을 정하야야 하고, 불완전이행이 기한 후 채권자의 이행지체를 이유로 최고를 한 후 최고기간만료 전에 된 때에는 다시 최고할 필요 없이 최고기간의 만료에 의하여 해제권이 발생한다.

다) 이행의 일부가 불완전한 경우
(가) 일부가 불완전한 경우에 급부의 내용이 가분이면 원칙적으로 추완이 허용되는 때에는 불완전부분에 대하여만 추완을 최고하여 해제할 수 있고, 추완이 허용되지 않는 때에 한하여 최고 없이 불완전부분만을 해제할 수 있다.

(나) 급부의 내용이 불가분이면 추완이 허용되는 때에는 전부에 대하여 추완을 최고하여 그 하자가 중대하면 전부를 해제할 수 있고, 반면 추완이 허용되지 않는 때에는 그 하자가 중대하면 최고 없이 전부를 해제할 수 있다.

마. 채권자지체에 의한 해제권
채권자가 수령하지 않는 사정을 이유로 계약을 해제할 수 있는가는 채권자지체의 성질을 채무불이행으로 이해하는가 혹은 신의칙에 바탕을 둔 법정책임으로 이해하는가에 따라서 다르다.

바. 사정변경과 해제권
이 원칙은 신의칙에 의하여 계약의 구속력을 부정할 수 있는 특수한 경우라고 할 수 있다.

사. 부수적 의무의 불이행에 의한 해제권
계약의 중심적 채무의 불이행과 달리 기타 부수의 채무의 불이행에 의하여는 계약을 해제할 수 없다고 보는 견해가 통설이다.

3) 해제권의 행사

(1) 행사의 방법
채권자에게 해제권이 발생하더라도 그 권리를 행사하지 않는 한 해제의 효력(계약관계의 소멸)은 발생하지 않는다. 해제의 의사표시는 상대방 있는 의사표시(제543조 1항)로서 계약당사자 또는 당사자의 지위를 승계한자만이 행사할 수 있고, 상대방에게 도달한 때로부터 그 효력이 생긴다(제543조 2항: 제111조 1항). 해제의 의사표시의 방식에는 아무런 제한이 없다. 해제의 의사표시는 당사자일방에 의해 채권관계를 해소시키는 형성권의 행사이므로 원칙적으로 조건·기한을 붙일 수 없다(이설 없음).

(2) 해제권불가분의 원칙

해제의 불가분성에 관한 민법의 규정은 강행규정이 아니므로 당사자의 특약으로 이를 배제할 수 있다. 계약 당사자의 일방 혹은 쌍방이 수인인 경우에 그 1인에 대하여 해제권이 소멸한 때에는 전원에 대하여 해제권이 소멸한다(제547조 2항). 해제권의 행사기간은 당사자의 약정이나 법률의 규정에 의하여 해제권의 행사기간이 정하여져 있는 경우에는 원칙적으로 이에 따라야 한다. 해제권의 행사기간이 미정인 경우에는 해제권이 형성권이란 점에서, 계약상의 채무가 소멸시효의 완성으로 소멸되는 때에는 해제권도 함께 소멸된다고 보아야 한다.

(3) 해제의 철회

일단 한 해제의 의사표시는 철회할 수 없다(제543조 2항). 상대방이 승낙하면 해제의 의사표시를 철회할 수 있다고 본다(통설). 그리고 해제의 의사표시에 대하여 무능력이나 착오 및 사기·강박과 같은 취소원인이 있는 때에는 당연히 취소할 수 있다.

4) 해제의 효과

(1) 계약의 소급적 소멸

아직 이행하지 않은 채무는 소멸하여 그 채무를 이행할 필요가 없다. 또한 채무가 이미 이행된 경우에는 계약해제에 의하여 각 당사자는 그 상대방을 원상으로 회복시킬 의무, 즉 원상회복의무를 부담한다(제549조 1항 본문).

(2) 해제의 소급효의 범위

유인설(판례·다수설)에 의하면 계약이 해제되면 계약은 소급적으로 소멸하고, 그 계약으로부터 생긴 채권·채무도 소급적으로 소멸한다.

(3) 해제의 소급효와 제3자

가. 소급효의 제한

민법은 해제에 의한 제3자의 불측의 손해를 회피하고, 거래의 안전을 도모하기 위하여 해제의 소급효에 제한을 가하여 해제는 제3자의 권리를 해하지 못한다(제548조 1항 단서).

나. 제3자의 범위

해제의 소급효에 의하여 보호되는 제3자는 해제된 계약으로부터 발생된 법률효과를 기초로 하며 해제권의 행사가 있을 때까지 새로운 권리를 취득한 자를 가리킨다. 해제에 의하여 소멸하는 채권 그 자체의 양수인은 민법 제548조 1항 단서에서 말하는「제3자」에 해당하지 않는다.

다. 해제 후의 제3자

민법 제548조 1항 단서에 의해 보호되는「제3자」의 범위를「해제의 의사표시가 있기 전」에 새로운 이해관계를 맺은 자로 한정하면「해제의 의사표시가 있은 후」의 제3자는 전혀 보호되지 못하는 문제가 있다. 예컨대 A·B간에 건물의 매매계약을 체결하고 매수인 B에게 등기를 이전한 경우에 매수인 B가 대금채무를 이행하지 아니하여 매도인 A가 매매계약을 해제한 후에 B가 C에게 그 건물을 양도한 때에는 양수인 C는 민법 제548

조 1항 단서에 의하여 보호될 수 없다.

(4) 해제와 손해배상

가. 손해배상의 요건

해제의 구제방법으로서 인정되는 손해배상은 채무불이행으로 인한 것이므로 해제상대방에게 해제원인에 대한 귀책사유가 있어야 한다(제390조). 채무자의 귀책사유는 채무자자신의 고의·과실 이외에 이행보조자의 고의·과실이 포함된다(제391조).

나. 손해배상의 범위

가) 일반규정의 적용

무불이행의 성질을 갖는 손해배상이므로 해제로 인한 손해배상의 범위는 민법 제393조의 일반적 기준에 의하여 확정된다(통설). 해제에 의한 손해배상의 범위를 정할 때 다음과 같은 사항을 주의하여야 한다. 이행불능을 이유로 해제한 때에는 전보배상액으로부터 해제자가 채무를 면하거나 이미 한 급부의 반환을 청구하여 얻은 이익을 뺀 잔액이 손해액이다. 이행지체를 이유로 해제한 경우에 그 손해배상청구액도 지연배상이 전보배상으로 변하여 전보배상으로부터 해제자가 자기채무를 면하거나 이미 한 급부의 반환을 청구하여 얻은 이익을 뺀 잔액이 청구배상액이다.

나) 손해액산정의 기준

이행 시·해제 시·손해배상 시에 각각 목적물의 가격변동이 있는 경우에 전보배상액의 산정기준시는 원칙적으로 해제 시가 된다. 다만 해제한 매수인이 목적물을 타인에게 전매하는 계약을 체결한 때에는 전매가격에 의한다. 목적물의 가격이 계속 앙등하는 경우에 해제한 매수인이 타인으로부터 그 물건을 구입하려고 하고, 구입 시에 그 가격이 한층 앙등한 때에는 그 사정이 거래계에 반하지 않는 한 실제의 가격이 전보배상액이 된다. 이행기 이후 해제까지의 사이에 목적물의 가격이 일단 등귀하고 다시 하락한 경우에도 원칙적으로 해제 시의 가격이 전보배상액이 되며, 다만 매수인이 앙등한 사이에 처분한다고 추측할 수 있는 특별한 사정이 있는 때에는 그 시기의 시가가 기준이 된다. 해제에 의한 손해배상청구권은 그 지급을 최고한 때로 부터 지연이자가 발생한다(통설).

다. 특약에 의한 배상액의 예정

특약에 의하여 본래의 급부에 갈음하는 배상액의 예정을 한 경우에는, 비록 해제권이 행사되더라도 예정액에 대한 특약은 효력을 잃지 않으므로 이에 따라 배상하면 된다(이견 없음).

라. 보증인의 보증채무

원래의 채무에 대한 보증인은 해제이후의 원상회복의무 및 손해배상의무에 대해서도 여전히 보증채무를 부담한다(이견 없음).

(5) 해제와 동시이행의 항변권

해제에 의하여 각 당사자가 부담하는 원상회복의무와 손해배상의무는 동시이행의 항변권에 관한 민법 제536조가 준용된다(제549조).

(6) 쌍무계약에서의 위험이전

채권이 쌍무계약에 의하여 발생한 경우에 채권자지체 중 당사자 쌍방에게 책임 없는 사유로 급부가 불능이 된 때에는 채무자는 급부의무를 면하고, 채권자에 대하여는 반대급부의 청구권을 상실하지 아니하여 위험부담이 채권자에게 이전한다(제538조 1항 후단).

5) 해제권의 소멸

(1) 일반적 소멸원인

가. 제척기간
해제권은 형성권으로 소멸시효가 아니라 제척기간에 걸리고 그 기간은 10년이라고 해석된다(통설). 특히 법정해제권의 행사와 원상회복은 유기적 일체성을 이루므로 원상회복청구권은 해제권의 존속기간 내에 행사되어야 한다.

나. 포기
해제권은 상대방에 대한 해제권자의 일방적인 의사표시에 의하여 포기할 수 있다. 해제권의 포기에 의하여 해제권이 소멸한다.

다. 해제권의 실효
채무자 측의 최고권행사가 없었다는 이유만으로 채권자의 해제권존속을 무제한적으로 인정하는 것은 정당하지 않다. 따라서 채권자가 해제권을 취득 후 장기간 이를 행사하지 않음으로써 더 이상 해제권이 행사되지 않을 것이라고 채무자측이 믿을 만한 사정이 있는 경우에는 신의성실의 원칙에 의하여 해제권은 실효된다(통설·판례).

(2) 해제권에 특수한 소멸원인

　가) 존속기간의 경과 및 최고
　나) 목적물의 훼손 또는 반환불능
　다) 목적물의 가공·개조

6) 계약의 해지

(1) 해지의 의의
해지라 함은 계속적 채권관계에서 계약의 효력을 장래를 향하여 소멸하게 하는 일방적 행위를 가리킨다. 해지는 일방적 의사표시에 의해서 행사됨으로써 계약관계의 변동을 가져오는 형성권의 행사에 해당된다. 해지를 할 수 있는 권리가 해지권이다. 해지자는 그가 원하는 때에 언제든지 임의로 해지의 통고를 할 수 있는 것이 원칙이다. 물론 해지의 통고가 있은 후, 해지의 효력이 발생하기 위해서는 일정한 기간(해지통고기간)이 경과되어야 한다(제635조, 제660). 채권관계의 통상적인 종료전이라도 채권관계를 종료시킬 만한 '부득이한 사유'가 있는 경우에는 해지가 허용된다. 부득이한 사유는 상대방의 과책에 기한 경우뿐만 아니라 상대방의 과책과 관계없는 경우(제661 참조)도 있을 수 있다. 또한 부득이한 사유는 상대방의 일신상의 사유에 기인하는 경우도 있다(제658조2항).

(2) 해지권의 종류

가. 약정해지권

계약당사자가 무엇을 해지사유로 삼을 것인가는 자유로 정할 수 있음이 원칙이다. 기간의 정함이 없는 계속적 채권관계에서는 각 당사자에게 원칙적으로 해지의 자유가 인정되기 때문에 해지권의 유보약정이나 법률의 규정이 없더라도 각 당사자는 언제든지 해지의 통고를 할 수 있다. 기간의 정함이 있는 경우에는 원칙적으로 그 기간이 만료한 때에 채권관계가 종료된다. 그러나 이 경우에도 당사자 사이의 약정으로 해지권을 유보할 수 있다(제636조).

나. 법정해지권

법률의 규정에 의하여 법정해지권은 발생한다. 임대차에 관해서는 임차인의 파산(제637조), 2기의 차임액에 달하는 연체(제640조), 임차물의 일부멸실의 경우에 잔존부분으로 임차의 목적을 달성할 수 없는 때(제627조 2항), 임대인의 동의 없는 전대, 양도(제629조 2항), 목적물을 성질에 의하여 정하여진 용법으로 사용·수익하지 않는 때(제654조, 제610조 1항)등이 해지사유가 된다.

(3) 해지권의 행사

가) 해지권도 형성권으로 그 행사는 상대방에 대한 일방적 의사표시로 한다(제 543조 1항). 해지의 의사표시는 철회할 수 없고 해지의 불가분성에 의하여 그 행사는 전원으로부터 혹은 전원에 대하여 하여야 한다(제547조).

나) 임대차·고용에서 그 기간의 약정이 없는 때에는 당사자는 언제든지 계약해지의 통고를 할 수 있고(제635조 1항, 제660조 1항), 그 해지는 상대방이 통고를 받은 날로부터 일정한 기간, 즉 해지기간이 경과한 때에 효력이 생긴다(제635조 2항, 660조 2항·3항).

(4) 해지의 효과

가. 해지효과의 발생 시기

기간을 정하지 아니한 채권관계에 대해서는 해지통고가 있는 때 즉, 해지의 의사표시가 상대방에게 도달한 때부터 일정한 기간이 경과 하여야 해지의 효력이 발생한다(제635조, 제650조). 물론 기간을 정한 채권관계에서도 원칙적으로 해지통고 기간이 경과한 후에야 해지의 효력이 발생한다(제636조, 제659조 참조). 일정한 사유에 의하여 해지되는 경우(특별해지)에는 통고기간 없이 즉시 해지의 효력이 발생한다.

나. 계약의 비소급적 실효

계약을 해지하면 계약은 단지 장래를 향하여만 그 효력을 상실한다(제550조). 지정종료시점은 해지의 의사표시 후 즉시인 경우도 있다(유예기간부 정지). 임대차, 고용 등에서는 해지 통고 후 일정기간(유예기간)이 경과하여야 비로소 해지의 효과가 발생한다(제635조, 제660조).

다. 채권관계의 종료와 목적물의 반환의무

사용대차나 임대차관계가 해지된 경우 차주 또는 임차인은 목적물을 반환하여야 한다. 이는 해제에 있어서 원상회복을 의미하는 것(청산의무)이 아니고, 채권관계가 종료함으로 더 이상 목적물을 사용, 수익할 권리가 없기 때문에 발생하는 원래의 계약상의 의무(반환의무)이다.

라. 손해배상의 청구

해지와 관련된 손해배상에는 채무불이행으로 인한 손해배상과 해지로 인하여 발생한 손해의 배상 두 가지가 있다. 「해지는 손해배상의 청구에 영향을 미치지 않는다」는 제551조의 손해배상은 해지 전의 상대방의 채무불이행으로 인한 손해배상이다. 해지 자체로 인한 손해배상으로서는 위임계약의 해지에 따른 손해배상의무를 정하는 민법 제689조가 있다. 해지 자체로 인한 손해배상은 법률의 규정 또는 특약이 없으면 인정되지 않는다.

제 2 절   계약 전 확인조치사항

1. 계약상대방의 파악

1) 자연인

(1) 민법상의 자연인

가. 의의

민법 제3조는 「사람은 생존한 동안 권리와 의무의 주체가 된다.」고 하여 모든 사람은 출생한 때로부터 권리능력을 취득한다는 것을 밝힌 것이다.

가) 출생이 있었다고 하기 위해서는 살아서 출생될 것을 필요로 한다. 출생하여 곧 사망 하였는가 또는 사산인가의 여부는 상속인과 상속분을 결정함에 있어서 중요한 문제가 된다. 예컨대, 다른 직계비속 없이 태아만이 있는 동안 부가 교통사고로 사망한 경우에, 만약에 사산이라면 모와 그 부의 직계존속이 공동상속하게 된다(제1003조 1항). 그러나 태아가 곧 출산하여 순간적이나마 권리를 취득하였다면 모와 그 자가 공동상속인이 되며, 결국 모가 단독으로 상속하게 된다(제1003조 1항).

나) 출생은 출생이라는 사실에 의하여 권리능력의 취득이라는 실체적 관계가 생긴다. 또한 계약을 체결함으로서 발생하는 권리와 의무의 주체가 될 수 있도록 하는 법률에 의하여 부여된 능력을 행위능력이라 한다. 행위능력이 없는 자를 행위무능력자라 한다. 미성년자, 한정치산자, 금치산자를 말한다. 행위무능력자는 단독으로 법률행위를 할 수 없고 법정대리인의 동의를 얻어야 한다.

나. 사망과 관련한 법률문제

가) 상속의 개시원인(제997조 이하).
나) 유언의 효력발생(제1073조 이하).
다) 보험금청구권의 발생(상법 제727조 · 제730조 참조).
라) 연금상의 여러 문제(공무원연금법 · 군인연금법 등).
마) 사자의 명예도 사망과 더불어 그 권리능력은 소멸한다.
바) 사망은 1개월 이내에 신고하여야 하며(가족관계등록등에관한법률 제84조 1항), 이를 게을리 한 때에는 과태료의 제재를 받는다. 가족관계 등의 기재는 사망에 대한 증거방법으로 의의를 지니지만 절대적인 것은 아니다.

(2) 상법상의 상인

가. 의의
상인은 기업 활동에서 발생하는 권리의무의 주체가 되는 자를 말한다. 상인보다도 상업자 · 상업주체 · 상기업자 · 배급업자 등이 동의어로 널리 사용된다.

나. 상법상 상인의 종류

가) 상인은 그 성질에 따라 자영상인과 보조상인, 개인상인과 집단상인, 자연상인과 법인상인, 매매상인과 기타상인 등으로 구분할 수 있다. 보통 자영상인과 보조상인으로 구분할 때 보조상인은 대리상 · 중개상 · 위탁매매상 · 운송주선인 등을 가리킨다.

나) 당연상인과 의제상인의 규정
상법은 제4조의 당연상인에 관해서는 실질주의 입법을 하고 제5조의 의제상인에 관해서는 형식주의 입법을 하고 있다. 즉 '자기명의로 상행위를 하는 자'를 당연상인으로 규정하고(제4조), 점포나 기타 유사한 설비에 의하여 상인적 방법으로 상행위 이외의 영업을 하는 자를 의제상인으로 규정하고 있다(제5조). 제4조의 당연상인은 입법정책상 제5조의 의제상인의 규정을 구체화한 것으로 의제상인에 포함된다고 볼 수도 있다. 변호사 · 의사 · 공인회계사 · 예술가 등의 자유직업인은 임금을 받을 목적으로 노무에 종사하기 때문에 상인으로 보지 않는다. 회사는 상행위를 하지 않더라도 상인으로 간주하며, 회사 중 상행위를 영업으로 하는 회사는 상사회사로서 당연상인에, 상행위 이외의 행위를 영업으로 하는 회사는 민사회사(농업회사 · 수산회사 등)로서 의제상인에 포함시킨다.

다. 당연상인의 상행위(상법 제46조)의 규정
매매행위, 임대차행위, 제조 · 가공 또는 수선에 관한 행위 전기 · 전파 · 가스 또는 물의 공급에 관한 행위, 작업 또는 노무 도급 인수, 출판 · 인쇄 도급의 인수, 광고 · 통신 또는 정보에 관한 행위 자금 · 환금 기타의금융거래, 객의 집래(集來)를 위한 시설에 의한 거래, 상행위 대리의 인수, 중개에 관한 행위, 위탁매매 기타의 주선에 관한 행위, 운송의 인수, 임치의 인수, 신탁의 인수, 보험, 광물 또는 토석의 채취에 관한 행위 등이다

라. 의제상인
위에서도 언급한바와 같이 본래 상법에 있어서 상행위로 정해져 있는 것을 영업으로 하는 자만을 상인으로 취급한다면, 1차 산업을 영위하는 자(예 : 농림 · 수산업등)는 그 경영방식이나 경영규모의 여하를 불문하고 상인이라고 할 수 없다. 그러나 이렇게 하면 무한히 발전하는 경제실정에 맞지 아니하므로 이와 같은 자도 상인으로서 당연상인과 똑같이 상법의 적용 하에 둔 것이다.
가) 점포 기타 유사한 설비에 의하여 상인적 방법으로 영업을 하는 자(상법 제5조 1항).
영업으로 하는 자이므로 같은 종류의 행위를 영리의 목적으로 계속반복 한다는 의사가 있어야 한다. 예컨대 과수원경영자가 직매소를 설치하고 그의 과수원에서 수확한 것을 판매하는 경우인데 그 외관에 있어서 다른 상인과 구별할 수 없다.

나) 상행위를 하지 아니하더라도 영리를 목적으로 하는 회사(민사회사: 상법 제52조, 제169조).
그 경영방법이 조직적이고 경영규모도 크므로 이 점에서 다른 기업(상행위를 목적으로 하는 회사)과 동일하며 양자를 구별할 필요가 없다.

마. 소상인

기업의 규모가 일정한 기준 이하인 상인을 의미한다. 그 범위는 상법의 일부규정의 시행에 관한 장에서 정하고 있다. 동 규정에 의하면 자본금이 1,000만 원에 미달하는 상인으로서 회사가 아닌 자를 말한다. 소상인에게는 지배인, 상호, 상업장부와 상업등기에 관한 상법의 규정이 적용되지 않는다.

2) 법인

(1) 법인이란 자연인 이외의 것으로 법률에 의하여 권리능력이 인정된 단체 또는 재산을 말한다. 법률상 권리의무의 주체가 되는 자로서 일정한 조직을 가지는 사람의 집단(사단) 또는 독립의 목적재산(재단)에 대해서 법률에 의하여 법인격(권리능력)으로 계약의 당사자가 될 수 있다.

(2) 민법은 사단법인과 재단법인을 인정하고 그들의 설립, 관리, 소멸 등에 관한 자세한 규정을 두고 있다. 법인은 그 기관(이사, 사원, 총회, 주주총회)에 의하여 활동하며 대표기관이 법인의 목적범위 내에서 행한 행위의 효과는 법인에 귀속하며, 또한 법인의 대표기관이 사업수행 상 타인에게 끼친 손해는 법인의 불법행위로서 법인이 손해배상책임을 진다.

3) 무능력자

무능력자제도는 무능력자 개인을 보호하는데 제1차적 목적을 두고 있는 반면, 거래의 상대방이나 제3자로 하여금 객관적 기준에 의하여 무능력자를 경계하게 함으로써 자신들의 손해발생을 미연에 방지케 하여 거래의 안전을 꾀하기도 한다. 무능력자제도는 그 보호방법에 있어서 획일적·평균적이므로, 구체적·실질적으로 불합리한 점이 있다 할지라도 사회전체로서의 사법작용의 효율, 즉 소송경제에 일익을 담당한다.

(1) 미성년자
만20세가 되지 아니한 자로써 혼인하지 아니한 자.

(2) 한정치산자
심신이 박약한 자 또는 재산의 낭비로 자기나 가족의 생활을 궁박하게 할 염려가 있는 자로서 한 정치산선고를 받은 자.

(3) 금치산자
심신상실의 상태에 있는 자로서 본인·배우자·4촌 이내의 친족·후견인·검사의 청구로 가정법원에 의하여 금치산선고를 받은 자.

(4) 법률효과
무능력자가 한 법률행위는 무능력자 측에서 취소할 수 있다(제5조 2항·제10조·제13조). 무능력에 대한 입증책임은 법률행위의 효력을 부인하는 자에게 있다. 무능력취소의 효과는 절대적이며 선의의 제3자에 대하여도 주장할 수 있다. 취소의 효과로 권리의무에 관하여 미이행부분은 당초부터 없었던 것이 되지만, 기이행부분은 부당이득으로 서로 반환하여야 한다(제741조). 이 경우에 무능력자측은 현존이익만을 반환하면 된다.

(5) 불법행위책임과의 관계
무능력자제도를 책임능력제도에 대한 예외적 규정으로 보아, 무능력자의 불법행위를 이유로 하는 손해배상을 청구할 수 없다고 해석한다.

(6) 무능력제도의 적용범위

가) 원칙적으로 재산적 법률행위에 적용된다. 다만, 예외적으로 재산상법률행위라 할지라도 거래유형이 강조되는 유가증권상 행위나 대량적 · 집단적 · 정형적 · 외관존중의 거래에는 그 적용이 제한된다.

나) 신분상의 행위

총칙편의 무능력에 관한 규정이 적용되지 않는다. 즉 혼인 · 입양 · 인지 · 유언 등과 같은 경우에는 개인의 의사존중 · 진실성이 존중되므로 적용되지 아니한다. 특히 이를 정면으로 명시한 것이 무능력자의 유언능력에 관한 규정(제1062조)이다. 그러나 무능력자제도의 행위능력이 적용된다는 취지를 정한 규정(후견인의 결격사유에 관한 제937조 1호 · 2호)도 있다.

다) 무산 · 무능력자

노동입법 기타 사회 정책적 입장에서의 적용이 제한된다. 즉 무산 · 무능력자가 스스로 생활의 자료를 얻기 위한 경우에는 민법상의 무능력자제도는 적용되지 않는다(예, 근로기준법 제53조 · 제54조 등).

라) 소송능력

미성년자와 한정치산자는 원칙적으로 소송능력이 없지만, 민 · 상법상 능력자로 다루어지는 경우에(제8조 · 제10조 : 상법 제6조 · 제7조) 한하여 소송능력이 인정된다(민소법 제51조). 금치산자는 언제나 소송능력을 갖지 못한다(민소법 제51조 단서). 소송무능력자가 한 소송행위는 무효이다.

4) 외국인

(1) 외국인이란 대한민국의 국적을 갖지 아니한 자연인을 말한다. 따라서 외국국적자와 무국적자를 포함하지만, 한국적과 외국국적을 갖는 이중국적자는 외국인이다. 한국국적의 득실은 국적법(1948. 법 16)에 정한 바에 따른다. 헌법은 외국인의 법적 지위를 국제법과 조약의 범위내에서 보장할 것을 명백히 하고 있으므로(헌법 제6조 2항), 내외국인평등주의를 기본원칙으로 하고 있다.

(2) 우리 민법은 외국인의 권리능력에 관하여 아무런 규정을 두지 않고 있다. 그러나 경제적 내지 정치적 이유 등으로 외국인의 권리능력을 개별적으로 제한하고 있다. 즉 개별적 권리능력에 있어서는 제한이 있다는 것이다. 그렇지만 이러한 제한도 민법이 직접 규정하는 바는 없고, 모두 특별법에 근거를 두고 있다.

(3) 외국인의 권리능력을 제한하는 법규는 강행규정이다.
가) 우리나라의 토지에 관한 권리(외국인토지법 제2조. 본법은 1998. 5. 22 전면개정. 법 5544) · 저작권(저작권법 제3조) · 특허권(특허법 제40조) · 상표권(상표법 제7조) · 의장권(의장법 제17조) · 실용신안권(실용신안법제29조) · 국가배상법에 의한 손해배상청구권(국가배상법 제7조). 공인회계사의 자격취득(공인회계사법 제4조). 변호사가 될 수 있는 자격의 인정(변호사법 제 6조) 등이다.

나) 대한민국의 국적을 상실한 외국인은 국적을 상실한 날로부터 1년간은 여러 권리를 향유할 수 있다. 그러나 국적상실자는 이 기간 내에 그 권리를 대한민국국민에게 양도하여야 하며, 이에 위반하면 그 권리를

상실한다(국적법 제16조).

2. 대리제도 개관

1) 대리제도일반

(1) 대리제도의 의의

대리란 타인(대리인)이 본인의 이름으로 법률행위(의사표시)를 하거나 또는 의사표시를 수령함으로써 그 법률효과가 직접본인에 관하여 생기는 제도를 말한다. 이를「직접대리」라고도 부른다.

(2) 대리와 구별해야 할 제도

가. 간접대리

행위자가 타인의 계산 내지 이익으로 그러나 자신의 이름으로 법률행위를 하는 것을 간접대리라 한다. 이 때 행위자를 간접대리인, 타인을 간접본인이라고 부른다. 간접대리의 전형적인 것은 위탁매매(상법 제101조)·운송주선(상법 제114조)이지만, 대리인이 있는데도 현명을 하지 않은 경우에도 간접대리와 유사한 형태가 발생한다.

나. 대표

가) 대표란 대외적으로 법인을 대표하는 기관이다.

나) 대표의 행위에 의하여 법인이 직접 권리·의무를 취득하는 점에서 대리와 비슷하다.

다) 그러나 대표에 있어서는 법인과 대표기관과는 별개의 인격자로서 대립하는 것이 아니고, 대표기관의 행위자체가 곧 법인의 행위로 인정된다. 반면에 대리에 있어서는 본인과 대리인과는 별개의 인격자로서 대립하고 있는 것이므로 대리행위는 어디까지나 대리인의 행위이지 본인의 행위로 되는 것은 아니다.

라) 대리는 법률행위에 한정되어 있으나, 대표는 법률행위뿐만 아니라 사실행위에 관해서도 대표할 수 있다. 또한 대표기관의 불법행위도 곧 법인의 불법행위로 된다. 따라서 이러한 점을 제외하고는 대표와 대리는 비슷하므로 민법은 법인의 대표에 관하여 대리에 관한 규정을 준용하도록 하였다(제56조 2항).

다. 사자

판례는 단순한 사실행위를 하는 사자에 대하여도 한편으로는 표현대리에 관한 규정(제126조)을 준용[20] 하고, 반면 대리행위의 하자에 관한 규정(제116조 1항)을 준용하지 않고 있다.[21] 사자란 법률행위를 위한 광의의 보조자로서, 완성된 의사를 전달하는 자와 타인이 결정한 의사를 상대방에게 표시하여 의사표시를 완성하는 자를 포함한다.

라. 재산관리인

타인의 재산의 관리 즉 재산적 사무를 처리하는 자를「재산관리인」또는「관재인」이라고 한다. 파산관재인(파산법 제7조·제147조 이하 참조)도 일종의 재산관리인이긴 하나, 이는 공적집행기관이며, 보통 말하는 이른바 재산관리인에서 제외된다. 재산관리인의 주요한 것으로서 다음의 3종이 있다.

---

20) 대판 1962. 2. 8, 민상192
21) 대판 1967. 4. 18, 66다661

가) 법정관리인

법률의 규정에 의하여 재산관리의 권한을 가지는 자를 말한다. 친권자와 후견인을 대표적으로 들 수 있다(제920조·제949조) 이는 법정대리인이다.

나) 위임관리인

타인의 위임에 의하여 그의 재산을 관리하는 자를 말한다. 이는 임의대리인이다.

다) 선임관리인

법원의 선임에 의하여 재산을 관리하는 자를 말한다. 선임관리인은 부재자의 재산관리·유언의 관리·상속재산의 관리 등에 관하여 중요한 기능을 갖는다(제22조 등). 이는 법정대리인이다.

마. 간접점유

간접점유란 지상권·전세권·질권·임차권 등의 관계로 타인이 물건을 사실상지배하고 있고 그효과인 점유권을 본인이 가지게 되는 경우에 있어서 본인의 점유를 말하며 구민법(제181조-제184조, 제204조)상 으로는 독일 민법 제868조, 스위스 민법 제920조 등을 따라서 대리점유라 하였던 것을 현행민법은 제194조에서 간접점유라는 용어로 바꾸었다.

바. 제3자를 위한 계약

제3자를 위한 계약(제539조)이란 계약으로부터 발생하는 권리만을 계약당사자가 아닌 제3자에게 귀속시키는 것을 내용으로 하는 계약을 말한다. 대리가 법률상 승인되지 않았던 고대 로마법에 있어서는 제3자를 위한 계약이 대리와 비슷한 기능을 했다. 따라서 양자는 기능적으로 비슷하여 근세에 이르기까지 그 개념은 분리되지 않았다고 한다. 그러나 양자는 그 법적구조를 달리 한다.

(2) 대리의 종류

가. 임의대리·법정대리

대리권이 발생되는 모습에 따른 분류이다.

가) 거래사회에서 주로 이용되는 것이 임의대리이다. 임의대리는 대리권이 본인의 의사에 의거하여 발생하는 경우이다. 그리고 법정대리는 본인의 의사와는 상관없이 법률의 규정에 의하여 일정한 자에게 대리권이 발생하는 경우이다. 미성년자의 친권자(제911조·제920조) 또는 후견인(제932조), 한정치산자 및 금치산자의 후견인(제933조) 등은 법정대리인이다.

나) 양자의 구별실익은 주로 대리인의 복임권(제120조·제121조)등에 있다. 즉, 법정대리인은 복임권을 가질 수 있으나(제122조), 임의대리의 경우는 본인이 대리인의 능력, 인격 등을 고려하여 그에게 대리권을 수여한 것이므로 복대리인을 선임하는 데는 엄격한 요건을 요구하고 있다(제120조).

나. 능동대리·수동대리

대리행위의 모습에 따른 분류이다. 대리인이 제3자에 대하여 의사표시를 하는 경우를 능동대리라 하고, 제3자가 행하는 의사표시를 수령하는 경우를 수동대리라 한다(제114조 2항 참조). 특별한 사정이 없는 한 대리인은 이들 양자의 대리를 하는 대리권을 가진다.[22] 민법 제 114조 2항에 의하여 성질에 반하지 않는 한 능동대리에 관한 규정이 수동대리에도 준용된다고 해석된다.

다. 유권대리 · 무권대리

대리권의 유효에 따른 분류이다. 유권대리는 대리인이 정당한 대리권을 가지고 있는 경우이고, 무권대리는 정당한 대리권이 없는 경우이다. 무권대리는 보통 협의의 무권대리와 표현대리로 나누어진다.

(3) 대리가 인정되는 범위

가. 법률행위

대리가 허용되는 범위는 원칙적으로 법률행위내지 의사표시에 관하여만 인정된다(제114조).

나. 불법행위

불법행위에 대해서는 대리가 인정되지 아니한다. 민법 제35조 1항이 법인의 대표자의 불법행위에 대하여 손해배상책임을 인정하고 있으나, 대표자는 대리인이 아니기 때문에 불법행위에 관해서 대리를 인정한 것은 아니다(통설).

다. 사실행위

사실행위에 대해서는 대리가 허용되지 않는다. 그런데 점유의 이전, 즉 인도에 관해서는 대리가 허용되어야 할 것이다. 예컨대 현실의 인도는 사실행위이므로 대리가 허용되지 않지만 특히 간이인도(제188조 2항), 점유개정(제189조), 목적물반환청구권의 양도에 의한 인도(제190조)등의 경우에는 대리를 인정해야 한다(다수설).

라. 준법률행위

준법률행위는 의사표시가 아니므로 대리가 인정되지 아니한다. 그러나 준법률행위 중에도 의사의 통지 또는 관념의 통지에 관해서는 대리의 규정을 유추적용 하는 것이 통설이다.

마. 대리가 적용될 수 없는 법률행위

대리는 모든 법률행위에 관하여 당연히 인정되는 것은 아니다. 본인 스스로가 의사결정을 하여야 할 필요가 있는 사항에 관해서는 대리가 허용되지 아니한다.

가) 재산상의 법률행위에 관해서는 일반적으로 대리가 허용된다. 다만 특수한 이유로 대리가 인정되지 않는 경우도 있다(예, 근로기준법 제53조 1항).

나) 대리에 있어서는 효과의사의 결정을 대리인이 하는 것이므로, 본인 자신에 의한 의사결정이 절대적으로 필요한 법률행위에 있어서는 대리는 허용되지 않는다(예 : 혼인 · 인지 · 유언 등). 「대리에 친하지 않는 행위」는 친족상속법상의 행위에 많다. 그러나 부양청구권의 행사와 같이 신분법상의 행위라도 재산행위로서의 성질도 아울러 가지는 행위에 관해서는 원칙적으로 대리가 허용된다.

(4) 대리의 요건과 효과

가. 대리의 요건

가) 대리행위

대리인과 제3자와의 관계에 있어서, 대리행위의 효과를 본인에게 직접적으로 귀속시킨다는 것을 내용으로 하는 의사표시가 행해져야 한다.

---

22) 대판 1994. 2. 8, 93다39379

나) 대리권

본인과 대리인사이의 관계에 있어서 대리인이 대리행위에 관하여 대리권을 가져야 한다. 여기서 대리권이라 함은 타인(대리인)이 본인의 이름으로 의사표시를 하거나 또는 의사표시를 받음으로써 직접 본인에게 법률효과를 귀속시킬 수 있는 법률상의 지위 또는 자격을 말한다. 따라서 대리권은 대리권리가 아니라 「대리권한」이다.

다) 본인의 능력

본인은 권리능력이 있어야 한다. 대리인은 본인의 의사능력이나 행위능력에 영향을 받지 않는다.

나. 대리의 효과

가) 대리의 요건이 구비되면(유권대리) 대리인의 의사표시의 효과는 직접 본인에게 귀속된다.

나) 본인에게 귀속되는 효과에는 대리행위로부터 발생하는 법률행위적 효과는 물론이고 비법률행위적 효과(계약의 취소권 · 계약이 무효인 경우의 부당이득반환의무 등)도 포함한다.

다) 대리인이 제3자에 대하여 가한 불법행위의 효과는 본인에게 귀속되지 아니한다.

라) 대리권이 구비되지 않고 행해진 대리행위(무권대리)의 효과는 원칙적으로 본인에 대하여 발생하지 아니한다. 다만 예외적으로 표현대리가 성립되는 경우에 한하여 본인에 대해 그 효과가 발생한다.

2) 대리행위(대리인과 상대방간의 관계)

(1) 대리행위의 성립
가. 대리의사의 표시(현명주의)

가) 제114조는 대리인이 대리행위를 하는 경우에는 「본인을 위한 것임을 표시」하여야 함을 규정한다(제114조 1항). 「본인을 위한 것」임을 표시한다는 것은, 그 대리행위의 효과를 본인에게 직접귀속 시키려고 한다는 의사, 즉 대리의사를 표시하여야 한다는 것이다.

나) 표시방법은 서면 상에 표시되는 것이 전형적이지만 구두로도 가능하다. 또한 명시되지 아니하더라도 행위당시의 사정으로 판단하여 대리행위란 취지가 명백하면 된다.

다) 대리인이 자기의 이름을 표시하지 않고, 직접 본인의 이름을 쓰고 그 밑에 본인의 인장을 찍고 마치 본인 자신이 하는 것과 같은 방법을 취하여 대리행위를 하는 경우가 빈번하다. 이 경우에도 대리의사의 표시가 있는 것으로 인정되는 한 유효하다고 보아야 할 것이다(통설 · 판례).

라) 대리권의 남용

대리의사의 표시는 있으나 대리인의 내심으로는 본인의 이익을 꾀할 의사가 없는 경우에도, 대리의사의 표시가 있는 이상 대리인의 내심의 목적과는 관계없이 유효한 대리행위로 인정된다. 다만 그러한 배임적 의사를 상대방이 알았거나 또는 알 수 있었을 때에는 제107조 1항 단서의 취지를 유추하여 대리행위의 효력을 부정함이 타당할 것이다.[23] 왜냐하면 이때에는 상대방의 입장을 고려할 것 없이, 본인의 이익을 꾀하는 것이 적당하기 때문이다.

나. 대리의사의 표시(현명)가 없는 경우

대리인이 본인을 위한 것임을 표시하지 아니한 때에는 그 의사표시는 자기를 위한 것으로 본다(제115조). 그러나 상대방이 대리인으로서 한 것임을 알았거나 알 수 있었을 때에는 대리행위가 성립하고 직접적으로 본인에 대하여 그 효과가 발생한다(제115조 단서).

다. 현명주의의 예외

상행위에 관해서는 현명주의의 원칙이 채용되어 있지 않다(상법 제48조). 기업활동의 비개인성이라는 특수성을 이유로 한다. 대리인 개인을 중시하지 않는 민법상의 법률행위, 예컨대 특정의 영업주를 상대로 하는 거래나, 행위의 상대방이 누구이든지 그 개별성에 중점을 두지 않는 거래 등에 있어서도 현명주의의 예외를 인정할 실익이 없다(통설).

라. 수동대리의 경우

수동대리에 있어서는 상대방 측에서 본인에 대한 의사표시임을 표시해야 한다(통설).

(2) 대리행위의 효력에 관한 특수문제

가. 대리행위의 하자

가) 원칙

(가) 대리행위인 의사표시가 의사의 흠결(비진의표시·허위표시·착오)·사기·강박 또는 어떤 사정을 알았거나 과실로 알지 못한 것으로 인하여 영향을 받아야 할 경우(제107조 단서·제135조 2항·제669조 단서)에 그 사실의 유무는 대리인을 표준으로 하여 결정한다(116조 1항). 그 이유는 대리에 있어서는 의사표시가 대리인에 의하여 행해지기 때문이다. 따라서 대리인이 상대방과 통정하여 의사표시를 한 경우에는 본인의 선의·악의를 불문하고 그 의사표시는 본인과의 관계에서 당연히 무효이며, 본인은 선의의 제3자로서 보호받을 여지는 없다.

(나) 그러나 대리인과 상대방이 본인을 기망할 목적으로 통정한 경우 따위에는 본인을 보호할 필요가 있기 때문에 그 허위표시는 본인(선의의 제3자)과의 관계에 있어서 유효한 것으로 보는 것이 타당하다고 여겨진다. 대리행위에 있어서 본인이 사기 또는 강박을 받았다 하더라도 대리인이 사기 또는 강박을 받지 아니한 경우에는 그 행위를 취소할 수 없다. 반면 대리인이 상대방에 대하여 사기 또는 강박을 한 경우에는 상대방은 취소할 수 있다고 해석해야 할 것이다. 대리행위의 하자(사기·강박 등)에서 생기는 효과(취소권 등)는 본인이 취득한다. 그런데 대리인이 그것을 대행할 수 있는지의 여부는 대리권의 범위에 따라서 결정된다.

나) 예외

(가) 「특정한 법률행위를 위임한 경우」에 대리인이 「본인의 지시에 좇아」 그 행위를 한 때에는 본인은 자기가 알고 있는 사정 또는 과실로 인하여 알지 못한 사정에 관하여 대리인의 부지를 주장할 수 없다(제116조 2항). 따라서 대리인이 선의이더라도 본인이 악의이면 그 본인은 선의의 보호를 받을 수 없게 된다.

(나) 「대리인이 본인의 지시에 좇아 그 행위를 한 때」란 그 행위가 본인의 의사에 의해서 결정되는 경우라는 정도에 불과하다고 봄이 통설이다. 제116조 2항은 「직접적으로」 어떤 사실을 알았는지의 여부에 관하여만

---

23) 대리권 남용이 적용되기 위한 요건으로 판례는 상대방이 대리인이 배임적 행위를 알았거나 알 수 있었을 경우에는 민법 제107조 제 1항을 유추적용 할 수 있다(대판 1996. 4. 26, 94다29850).

규정하고 있으나, 그 외에도 대리인이 착오나 사기를 당하여 의사표시를 한 경우라 할지라도 본인이 그 사실 또는 사기를 알았을 뿐만 아니라 대리인이 그러한 오인을 하지 않도록 규제할 수 있는 입장에 있는 경우에도 유추적용 하는 것이 타당하다.

나. 대리인의 능력

가) 대리행위의 능력

대리행위를 함에 있어서「대리인은 행위능력자임을 요하지 아니 한다(제117조). 따라서 제117조는 무능력자인 대리인의 행위는 무능력을 이유로 취소할 수 없다는데 실질적인 의미가 있다. 그러나 대리인은 적어도 의사능력자임을 요하며, 이를 결여한 상태에서 한 대리행위는 무효이다(통설). 제117조는 능동대리뿐만 아니라 수동대리에 관해서도 적용된다.

나) 법정대리에 있어서의 능력

법정대리에 있어서도 제117조가 적용되는지는 의문이다. 예컨대 우리 민법상 금치산자도 임의대리인이 될 수 있다. 그러나 우리 민법은 법정대리에는 본인을 보호하기 위하여 무능력자가 법정대리인이 되는 것을 금하는 규정을 두는 경우가 있다. 「후견인의 결격자로서의 무능력자」(제937조), 「피후견인의 자에 대한 후견인의 친권」(제910조, 제948조), 「유언집행자의 결격자인 무능력자」(제1098조)가 그것이다. 문제는 이러한 특별규정이 없는 법정대리에는 제117조를 적용할 수 없다(통설).

다) 본인과의 관계

대리인이 능력자이어야 할 필요가 없다는 것은 무능력을 이유로 그 대리행위를 취소할 수 없다는 의미이다. 제117조는 본인(대리인)과 상대방의 관계를 규율하는 것이지「본인과 대리인의 관계」를 규율하는 것이 아니다. 따라서 본인(대리인)은 대리인의 무능력을 이유로 대리행위를 취소할 수 없다.

3) 대리권(본인ㆍ대리인간의 관계)

가. 대리권의 의의

대리권이란 대리행위를 할 수 있는 법률상의 지위 또는 자격을 말한다. 이와 같은 대리행위에 특유한 효과 귀속을 위하여 필요한 본인과 대리인간의 특수 관계를 특히 대리인 측에서 보아 대리권이라 일컫는다. 대리권은 권리가 아니라「권한」에 불과하다.

나. 대리권의 발생

가) 임의대리권의 발생

본인의 대리권수여행위(수권행위)에 의하여 대리권이 발생한다. 대리권의 수여는 명시적으로나 묵시적으로나 가능하다. 대리권수여를 위해서는 특별한 방식을 필요로 하지 않는다. 그런데 대리행위가 요식행위일 때에 수권행위도 그 방식을 따라야 하는가에 대하여는 긍정설과 부정설의 대립이 있다. 대리권수여의 특수한 형태로서 백지위임장을 교부하는 경우에는 위임장을 최후로 취득한 자가 백지로 된 곳에다가 수임자로서 자기의 이름을 기입한 때에 수권행위가 있다고 본다.

나) 법정대리권의 발생

법정대리권은 본인이 될 자의 의사와는 관계없이 각각의 경우에 법규가 정하는 바에 의하여 발생한다. 본인에 대하여 일정한 신분상의 지위를 가짐으로써 당연히 법정대리권이 발생하는 경우가 있다. 예컨대 친권자(제911조ㆍ제920조)ㆍ후견인(제932조ㆍ제933조) 등이 이에 속한다. 본인 이외의 일정한 지정권자의 지정으로 법정대리권이 발생하는 경우가 있다. 이를 테면 지정후견인(제931조)·지정유언집행자(제1093조·제1094조) 등이 이에 속한다. 법원의 선임에 의하여 법정대리권이 발생하는 경우가 있다. 예컨대 부재자재산관리인(제23조·제24조)·상속재산관리인(제1023조 등)·유언집행자(제1096조) 등이 이에 속한다.

다. 대리권의 범위
가) 임의대리권의 범위
(가) 임의대리권의 범위는 대리권수여행위에 의하여 결정된다. 그러나 지배인과 같이 대리권의 범위가 강행법규에 의하여 정하여지는 경우도 있다. 구체적인 경우에 있어서 대리권의 범위가 불분명한 경우에는 대리권수여행위의 해석에 의해서 정해진다. 대리권의 범위는 상대방 및 일반 제3자에게 미치는 영향이 크므로 수권행위의 해석에 있어서는 위임장 또는 수권증서에 기재된 문자, 대리인의 지위, 대리되는 사항의 성질 등을 고려하여 신중히 결정하여야 한다.

(나) 판례가 인정한 대리권의 범위
a) 인장의 교부는 일정한 대리권의 수여로 보는 경우가 많다.
(a) 가정부에게 실인을 맡긴 경우.[24]
(b) 금전차용의 알선을 위하여 인장을 맡긴 경우.[25]
(c) 인감을 교부한 경우.[26]

b) 기타특별한 수권이 필요하지 않다고 한 사례
(a) 토지매각의 대리권은 잔대금을 수령하고 소유권이전등기를 할 권한을 포함한다.[27]
(b) 부동산처분에 관한 소요서류를 준 것은 특단의 사정이 없는 한 그 부동산의 처분에 관한 대리권을 준 것으로 본다.[28]
(c) 소비대차계약의 대리권은 그 계약의 내용을 이루는 기한을 연기하고 이자와 잔대금을 수령할 권한을 포함한다.[29]
(d) 보험가입자를 위한 포괄적 대리권이 있는 보험회사는 보험가입자의 손해배상 채무를 승인할 권한을 포함한다.[30]

(다) 판례가 부정한 대리권의 범위
a) 인장의 교부를 대리권의 수여로 보지 않은 사례
(a) 부동산관리인에게 인감을 보관시킨 것은 처분권의 부여가 아니다.[31]
(b) 해외출장 중 인장을 아버지에게 맡긴 경우.[32]
(c) 은행으로부터 융자를 받도록 하기 위하여 부동산의 등기부등본과 인감증명을 주었다하여 부동산의 처분의 대리권을 주었다고 할 수 없다.[33]

---

24) 대판 1969. 7. 22, 69다548.
25) 대판 1965. 8. 24, 65다1174.
26) 대판 1965. 3. 30, 65다44.
27) 대판 1994. 2. 8, 93다39379 : 동 1991. 1. 29. 90다9247 등
28) 대판 1959. 7. 2, 4291민상329.
29) 대판 1992. 4. 14, 91다43107 ; 동
30) 대판 1993. 6. 22, 93다18945 : 동 1992. 4. 28. 92다3328
31) 대판 1973. 6. 5, 72다2617.
32) 대판 1964. 5. 26, 63다955.
33) 대판 1962. 10. 11, 62다436.

(d) 가옥이전용인감증명만을 교부하여 부동산매매의 알선을 부탁한 경우는 가옥의 처분권의 부여가 아니다.[34]

(e) 부동산을 매수할 권한을 수여받은 대리인은 이를 처분할 대리권을 준 것은 아니다.[35]

(f) 예금계약의 체결을 위임 받은자는 그 예금을 담보로 하여 대부를 받거나 이를 처분할 수 있는 대리권을 갖지 않는다.[36]

b) 기타 특별한 수권이 필요하다고 한 사례

채권담보의 목적으로 채무불이행시에 대물변제에 충당하기 위하여 부동산의 매도증서를 채권자에게 교부하였다 하더라도 대물변제에 충당되기 이전에는 그 채권자에게 부동산을 매도할 수 있는 대리권을준 것은 아니다.[37] 대여금의 영수권한만을 위임받은 대리인이 그 대여금채무의 일부를 면제하기 위하여는 본인의 특별수권이 필요하다.[38] 금전소비대차 내지 담보권 설정 계약을 체결할 권한을 수여받을 대리인은 본래의 계약관계를 해제할 대리권까지 있다고 할수 없다.[39]

나. 법정대리권의 범위

(가) 법정대리권의 범위는 각종 법정대리인에 관하여 각각의 법규가 정하는 바에 따라 결정된다(제25조・제916조・제941조・제1040조 2항 등). 이러한 법률은 강행법규이다. 좀 더 구체적으로는 친권자 또는 후견인의 법정대리권은 개개의 법률행위에 관하여 법정대리인이 전혀 특정한 법률행위를 할 수 없게 하거나, 법원의 사전 또는 사후동의를 받아서만 법률행위를 할 수 있도록 제한되어 있다(제25조, 제913조 이하 등).

(나) 공동대리도 대리권행사의 제한으로 된다(예컨대 부모의 공동친권행사, 제990조 1항).

또한 민법상의 법인의 대표자의 대리권은 정관에 의하여 제한될 수 있고(제41조) 이를 등기하면 제3자에게 대항 할 수 있으나(제60조) 이러한 정관은 흔하지 않다. 상사법인의 경우에는 대표기관의 대표권을 제한하는 것은 불가능하다.

다. 대리권범위인정에 관한 보충규정

가) 대리권의 범위가 명확하지 않은 경우에는 제118조에 의한다. 보존행위라 함은 재산의 현상을 유지하기 위하여 필요한 모든 행위이다. 이를테면 가옥의 수선・권리의 소멸시효중단・미등기부동산의 등기 등을 들 수 있다. 대리인은 이러한 보존행위에 관해서는 무제한으로 언제나 대리권을 행사할 수 있다.

나) 개량행위라 함은 물건 또는 권리의 사용가치 또는 교환가치를 증가시키는 행위이다. 개량행위도 개량의 결과로서 객체인 물건 또는 권리자체의 성질이 변하지 않는 경우에 한하여 대리권이 인정된다.

다) 이용행위란 객체를 사용・수익하는 행위이다(물건의 임대・이자부금전대차등). 이러한 행위는 적극적 행위라는 점에서 보존행위와 다르며 목적물을 변경시키지는 않는다는점에서 아래의 개량행위와 다르다.

---

34) 대판 1982. 4. 13, 81다408.
35) 대판 1991. 2. 12, 90다7364
36) 대판 1992. 6. 23, 14987.
37) 대판 1963. 2. 28, 62다910.
38) 대판 1981. 6. 23, 80다3221.
39) 대판 1993. 1. 15, 92다39365

라) 제118조가 규정하는 행위에 해당하는가의 여부는 문제된 행위의 성질 자체에 관하여 판단하여야 한다. 여기서 본인에게 이익이 되는지 여부는 문제되지 않는다. 성질상 대리권의 범위를 벗어난 행위는 표현대리 또는 무권대리로서 다루어진다.

4) 대리권의 제한

(1) 공동대리

가. 의의
수인의 대리인이 공동하여 대리행위를 하지 않으면 대리의 효과가 발생하지 않는 대리를 공동대리라 한다. 따라서 공동대리에 있어서 대리인의 한 사람이 대리행위에 참여하지 않거나 또는 한 사람의 대리인의 의사표시에 흠결 내지 흠이 있는 때에는, 그 대리행위는 유효하지 않거나 또는 대리행위자체가 흠 내지 결점을 가지는 것이 된다. 그러므로 공동대리는 각 대리인에게 있어서는 그의 대리권의 제한이 된다. 대리인이 수인인 때에는 법률의 규정이나 대리권수여행위에서 특별한 정함이 없는 이상, 원칙적으로 각자가 본인을 대리한다(제119조).

나. 공동의 의미
공동대리에 있어서 공동의 의미는 대리행위를 위한 의사결정에 관하여 전원의 일치가 있어야 함을 뜻한다(통설). 대리행위에 있어서 원칙적으로 현실로 의사표시를 실행하는 것은 그 중의 일부의 자로서도 가능하다고 본다.

다. 위반된 대리행위의 효과
공동대리의 제한에 위반된 대리행위는 무권대리로서 본인에게 그 효과가 귀속되지는 않는다. 이러한 대리행위는 표현대리가 성립할 가능성이 있다.

라. 수동대리에 있어서 공동대리의 문제
공동대리의 제한이 있는 경우에, 수동대리에 있어서도 공동으로만 상대방의 의사표시를 수령할 수 있다(통설).

(2) 자기계약 · 쌍방대리의 금지

가. 원칙

가) 자기계약이란 어떤 법률행위에 있어서 일방당사자가 상대방의 대리인이 되는 것. 즉 대리인이 한편으로는 본인을 대리하고 다른 한편으로는 자기 자신이 상대방이 되어 계약을 맺는 것을 말한다. 예를 들면 A로부터 부동산매각의 대리권을 수여 받는 B가 스스로 그 부동산의 매수인이 되는 경우이다. 반면 쌍방대리란 동일인이 어떤 법률행위에 있어서 당사자쌍방의 대리인으로서 대리행위를 하는 것을 말한다. 자기계약 · 쌍방대리 모두 원칙적으로 금지된다(제124조). 왜냐하면 이러한 종류의 대리행위는 본인의 이익을 해치는 결과가 될 염려가 많기 때문이다.

나) 제124조는 임의대리 · 법정대리 모두에 적용된다고 봄이 통설이다. 자기계약 · 쌍방대리는 보통계약

에 있어서 문제되겠지만, 상대방 있는 단독행위(계약의 해제·법률행위의 취소 등)에 관해서도 문제된다.

나. 예외

가) 제124조는 「본인의 허락」이 있는 경우와 「채무의 이행」에 대해서는 자기계약·쌍방대리를 인정하고 있다. 통설적인 입장에서는 이러한 예외의 인정은 그 대리행위에 의하여 「새로운 이해관계가 창조 되는가」의 여부와 「본인을 해칠 것」을 기준으로 한다.

나) 본인이 미리 자기계약·쌍방대리를 위임하거나 또는 대리권의 수여를 허락한 경우에는 무방하다(제124조 본문). 채무의 이행은 채무자가 스스로 행하는 경우는 물론, 제3자의 변제로서 하는 경우도 포함한다.

다) 상계는 본인이 갖고 있는 채권이 자동채권인가 수동채권인가를 불문하고 이행과 동일하게 보아 자기계약과 쌍방대리가 허용된다. 그러나 본인을 위한 기한의 이익이나 항변권을 포기하는 상계는 허용되지 아니한다.

다. 자기계약·쌍방대리금지에 대한 위반의 효과
자기계약·쌍방대리금지규정에 위반된 대리행위는 전혀 무효인 것이 아니고 무권대리행위가 된다. 따라서 당연히 본인에게 효력을 발생시키지는 않지만, 본인이 이를 추인하면 행위시에 소급하여 유권대리가 되어 본인에게 효과가 발생한다.

라. 자기계약·쌍방대리금지와의 유사제도

가) 법정대리에 있어서의 이해상반행위의 금지
제124조는 임의대리뿐만 아니라 법정대리에 관해서도 적용되나, 친권자의 친권행사에 관해서는 이해상반행위를 금지하는 제도(제921조)가 있기 때문에 그 한도에서 법정대리권은 제한된다.

나) 법인대표에 있어서의 이해상반행위의 금지
민법상 법인의 대표에 관해서는 대리에 관한 규정이 준용된다(제59조 2항). 그런데 법인과 이사의 이익이 상반되는 사항에 관해서는 이사는 대표권이 없고 법원이 선임하는 특별대리인이 법인을 대표한다(제64조). 이점에서 제64조는 제124조에 대한 특칙이라 할 수 있다.

다) 상법상의 제도
이사 또는 사원과 회사와의 자기거래금지 규정이 있다(상법 제398조·제199조·제269조). 이러한 모든 경우에는 민법 제124조가 적용될 수 없다.

5) 대리권의 소멸

(1) 공통된 소멸원인
본인의 사망, 대리인의 사망, 대리인의 금치산, 파산 등이 대표적이다.

(2) 임의대리에 특유한 소멸원인

법률관계의 종료 전에 본인이 수권행위를 철회한 경우에도 대리권은 소멸한다(제128조). 철회의 상대방은 대리인 또는 대리행위의 상대방인 제3자이다(독민 제168조, 통설). 그러나 대리인에게 철회를 한 경우에는 여전히 표현대리(제129조)의 성립이 문제될 수 있다. 제128조 후단의 규정도 역시 임의규정이다. 그러므로 특약에 의하여 대리권의 존속만을 약정할 수 있다(이설 없음). 그러나 대리권의 수권행위를 철회하지 않겠다는 특약이 강행법규와 사회질서에 위반되는 경우 등에는 무효이다.

(3) 법정대리에 특유한 소멸원인

법정대리권의 소멸원인은 그 발생에 있어서와 같이 개별적인 규정에 의한다. 즉 본인에 대하여 일정한 지위에 있는 자로서 당연히 대리인이 되는 친권자(제911조·제920조)·법정후견인(제932조·제935조)·본인 이외의 일정한 지정권자의 지정에 의하여 대리인이 되는 지정후견인(제1093조)·지정유언집행자(제1094조)·법원의 선임에 의하여 대리인이 되는 부재자재산관리인(제23조·제24조)·상속재산관리인(제1023조·제1040조·제1044조·제1047조·제1053조)·선임유언집행자(제1096조) 등은 모두 다음과 같은 이유로 소멸된다.

  가) 법원의 개임(제23조·제1023조)
  나) 대리권의 상실선고(제924조·제925조·제940조·제1106조)
  다) 법원의 허가를 얻은 본인의 사퇴(제927조·제939조·제1105조·제1106조)
  라) 대리권발생의 원인이 된 사실관계의 소멸(예: 본인의 성년·금치산 또는 한정치산선고의 취소 등) 등.

6) 무권대리와 표현대리

(1) 의의

무권대리라 함은 대리행위로서 행해졌으면서도 행위자가 그 행위에 관하여 대리권을 가지지 않는 경우를 말한다. 무권대리행위를 본인과의 관계에 있어서 당연히 무효로 하지 않고 추인에 의하여 대리의 효과를 발생시킬 수 있는 여지를 둠과 동시에 무권대리인에게 특별한 책임을 묻기로 하였다. 본인과 무권대리인 간에 일정한 긴밀한 관계가 있는 경우에는 본인에게 책임을 지게 함으로써 본인의 이익의 희생 하에 상대방을 보호함과 동시에 거래의 안전을 도모하려고 한다.

(2) 무권대리의 일반적효과(협의의 무권대리)
가. 서설

대리인으로서 대리행위를 한 자가 당해 행위에 대하여 대리권이 없는 경우(예 : 대리권한을 넘은 경우도 포함)에는 그 법률효과는 대리인자신에게 귀속하지 않을 뿐만 아니라 본인에게도 귀속하지 않는다. 그러나 그러한 행위는 본인의 추인이 있으면 소급하여 본인에게 효과가 귀속하는 정동적 상태에 있기 때문에(제133조 참조) 무효는 아니다. 다만 단독행위의 무권대리는 원칙적으로 무효가 된다(제136조 참조). 무권대리행위의 일반적 효과로서는 문제된 행위가 계약인 경우와 단독행위인 경우에 따라 차이가 있다. 실제로는 계약의 무권대리의 경우가 압도적으로 중요성을 가지는 것은 물론이다.

나. 계약의 무권대리
가) 본인과 상대방간의 효과

무권대리행위는 당연히는 본인에 대하여 효과가 발생할 수 없고, 다음과 같은 특별한 효과가 인정되는데 지나지 않는다.

(가) 본인의 추인권

무권대리행위라 하더라도 본인은 추인함으로써 정당한 대리권을 수반하여 행한 경우와 동일한 효과를 발생시킬 수 있다(제130조). 추인의 의사표시는 상대방이나 무권대리인에 대해서 할 수 있다. 법률행위는 그 행위 시부터 효력을 발생하는 것이 원칙이지만, 민법은 본인의 추인으로 말미암아 무권대리행위는 계약한 때 소급하여 적법한 대리행위가 있는 것으로 되고, 유효한 계약으로서 본인에 대하여 효력이 생기도록 하고 있다(제132조). 그러나 「다른 의사표시」가 있는 경우에는 소급적 유권대리의 효과는 발생하지 않는다(제133조). 추인의 소급효는 제3자의 권리를 해하지 못한다(제133조 단서). 본인은 추인을 거절할 수 있다(제138조). 추인거절의 상대방과 방법은 추인의 경우와 같다.

(나) 상대방의 최고권과 철회권

a) 최고권(제131조)

무권대리행위의 상대방은 상당한 기간을 정하여 그 기간 내에 추인을 할 것인가의 여부를 확답하라는 뜻을 표시하여 본인에 대하여 최고할 수 있다.

b) 철회권(제134조)

무권대리행위의 상대방은 계약당시에 무권대리인임을 알지 못한 경우에(즉, 선의) 한하여 본인이 아직 추인하지 않고 있는 동안 그 계약을 철회할 수 있다.

나) 상대방과 무권대리인간의 효과(무권대리인의 책임)

(가) 무권대리인이 상대방과 계약을 체결하였지만 대리권이 없기 때문에 상대방이 본인에 대하여 계약의 이행을 청구할 수 없는 경우, 계약의 효과가 본인에게 귀속된다고 믿고 있던 상대방은 불측의 손해를 입을 염려가 있다. 따라서 민법 제135조는 상대방의 보호와 거래의 안전을 꾀하고 대리제도의 신용을 유지하기 위하여 정책적으로 무권대리인에 대하여 특히 무거운 책임을 지우고 있다.

(나) 책임의 요건

a) 본인의 추인이 없을 것(제135조 1항).

b) 표현대리가 성립하지 않을 것.

c) 행위당시에 대리권이 없었음에 관하여 상대방이 선의·무과실이었을 것(제135조 2항).

d) 상대방이 아직 철회권을 행사하지 않고 있을 것.

e) 무권대리인이 행위능력자일 것(제135조 2항).

f) 무권대리인에게 과실이 있어야 할 필요는 없다.

(다) 책임의 내용

무권대리인은 상대방의 선택에 따라서 이행 또는 손해배상의 책임을 져야 한다(제135조 1항). 이것은 무과실책임이다(통설).

다) 본인과 무권대리인간의 효과

무권대리행위는 본인의 추인이 없는 한 본인과 상대방간에 아무런 효과도 발생하지 않을 뿐만 아니라, 본인과 무권대리인 간에 있어서도 아무런 법률관계가 당연히 발생하지는 않는다. 따라서 본인은 상대방에 대하여 아무런 책임을 지지 않는다.

다. 단독행위의 무권대리

　가) 단독행위는 일방적 의사표시에 의하여 법률관계의 변동을 발생시키므로 단독행위의 무권대리는 확정적 무효로서 본인에 의한 추인의 가능성이 부정되는 것을 원칙으로 한다. 예컨대 재단법인의 설립행위, 상속의 승인 또는 포기 등과 같은 것은 특정한 상대방이 없다. 이러한 상대방이 없는 단독행위의 무권대리는 언제나 확정적·절대적으로 무효이며, 본인의 추인에 의하여 유효하게 될 여지는 없고 따라서 무권대리인의 책임도 발생하지 않는다.

　나) 법률행위의 취소·계약의 해제·채무의 면제 등과 같은 상대방이 있는 단독행위의 무권대리는 원칙적으로 무효이지만, 예외적으로 계약에 있어서의 무권대리와 동일하게 불확정무효이다(제136조, 즉 제130조 내지 제135조가 준용된다). 능동대리에 있어서는 무권대리행위 당시에 상대방이 대리인이라 칭하는 자의 대리권 없는 행위에 동의한 경우 그 행위당시에 상대방이 다투지 않는 경우에는 계약의 경우와 같은 효과가 생긴다(제136조 전단). 다투지 아니하는 이유는 묻지 않는다. 수동대리에 있어서는 상대방이 무권대리인의 「동의를 얻어」행위를 한 경우에 한하여 계약의 경우와 같은 효과가 생긴다(제130조).

(3) 표현대리
가. 표현대리제도의 의의

　표현대리제도는 무권대리인과 본인간의 특수한 관계가 있을 때, 무권대리인을 진실한 대리인으로 오신하여 거래한 상대방을 보호하고 거래의 안전을 도모하기 위하여 본인에 대하여 그 무권대리행위의 효력을 발생시키고자 하는 제도이다. 표현대리제도는 외관을 신뢰한 자를 보호하는 이른바 외관법리에 이론적 근거를 두는 제도이다. 그런데 표현대리제도의 본질(무권대리인가, 유권대리인가)에 관해 다수설은 무권대리이지만 협의의 무권대리의 성질을 잃지 않기 때문에 협의의 무권대리의 규정(제130이하)이 표현대리에 관하여 적용된다고 한다.

나. 표현대리의 성립
　가) 민법이 인정하는 표현대리
　(가) 대리권수여의 표시에 의한 표현대리(제125조)
　(나) 대리권한을 넘은 표현대리(제126조)
　(다) 대리권소멸후의 표현대리(제129조) 등의 세 가지가 있다.

　나) 대리권수여의 표시에 의한 표현대리(제125조의 표현대리)
　(가) 본인이 대리인에게 대리권을 수여하였다는 의사표시를 상대방에게 하였으나 실제로는 대리권의 수여가 없는 경우에 성립할 수 있는 표현대리이다.

　(나) 성립요건
　a) 본인이 제3자에 대하여 어떤 자에게 대리권을 수여한 뜻을 표시하였을 것
　b) 표시된 사항에 관하여 무권대리인이 대리행위를 하였을 것
　c) 수권통지가 백지위임장에 의하여 행해진 때 그 취득자 또는 전득자에 의하여 공백을 보충할 때 공백을 남용하는 경우에 본조의 적용이 있는지 여부 예컨대 예정되어 있지 않은 상대방과 거래한 때에는 제125조의 수권행위가 있는 것으로 보고 제125조에 의하여 규율하고, 위임사항이외의 것을 대리권의 내용으로 보충한 때에는 제126조에 의하여 규율한다(다수설).
　d) 상대방이 선의·무과실일 것(악의·유과실에 대한 입증책임은 본인 측에 있다).

e) 그런데 제125조는 임의대리에 대해서 적용되는 점은 이론이 없고 복대리에 관하여도 본조가 적용된다(판례).

f) 제125조는 공법상의 행위에는 적용되지 않는다(통설 · 판례).

다) 권한을 넘은 표현대리(제126조의 표현대리)

(가) 권한을 넘은 표현대리란 일정한 행위에 대하여 대리권을 가지는 대리인이 자기가 가지고 있는 기본대리권의 범위를 넘어서 법률행위(권한외의행위 · 월권행위)를 하는 것을 말한다. 이를 「권한유월의 표현대리」라고도 한다.

(나) 성립요건

a) 기본대리권이 존재할 것(통설 · 판례)

b) 기본대리권을 넘은 대리행위가 있을 것

c) 상대방이 대리권한이 있다고 믿고, 그러한 믿음에 정당한 이유가 있을 것

(다) 제125조 · 제126조와 제129조의 경합의 문제

제125조와 제129조가 적용됨으로써 상대방에 대한 관계에 있어서는 법률상대리권의 수여가 있었던 것으로 다루어지므로 그러한 범위를 넘는 경우에도 제126조가 적용된다고 해석하는 것이 표현대리제도의 취지에 비추어 타당하다(통설).

(라) 제126조의 적용범위

본조는 일반적으로 임의대리에 한하지 않고, 법정대리에도 적용된다(다수설). 부부간의 일상가사(제827조)의 범위를 넘는 부 또는 처의 법률행위에 대하여도 제126조를 적용하여야 한다(통설 · 판례). 법인의 대표기관인 이사가 대표권을 유월 또는 남용한 경우에 그로 인하여 손해를 입은 상대방은 법인에 대하여 불법행위로 인한 손해배상을 청구할 수 있다. 이런 경우에 법인은 어떠한 책임을 지는가. 이에 대해서는 제126조를 우선적용하여야 한다는 것이 다수설이다.

라) 대리권소멸 후의 표현대리(제129조의 표현대리)

(가) 대리권이 소멸하여 이미 대리인이 아닌 자가 대리행위를 한 경우에 선의 · 무과실로 거래한 제3자를 보호하기 위하여 인정되는 표현대리이다.

(나) 성립요건

a) 대리인이 이전에는 대리권을 가지고 있었으나, 대리행위 당시에는 그 대리권이 소멸하고 있었을 것

b) 대리권의 소멸에 관하여 상대방이 선의 · 무과실일 것

(다) 적용범위

제129조는 임의대리 · 법정대리쌍방에 적용된다. 다만, 법률의 목적에 비추어 본조의 적용이 제한되는 경우가 있다. 예컨대 학교법인의 기본재산처분행위에 관하여는 본조가 유추적용 되지 않는다는 것이 판례이다.[40]

---

40) 대판 1983. 12. 27, 83다548

다. 표현대리의 효과

　가) 표현대리의 효과일반

　본인은 무권대리인의 대리행위에 대하여 책임이 있다. 이러한 책임은 상대방 측에서만 주장할 수 있다. 따라서 본인이 그 대리행위의 효과를 원한다면 무권대리일반의 경우와 마찬가지로 상대방에 대하여 무권대리행위의 철회가 있기 전에 추인을 해야 한다. 본인이 무권대리행위의 추인을 거절하더라도 상대방의 표현대리의 주장을 저지할 수는 없다.

　나) 표현대리와 무권대리의 효과와의 관계

　(가) 표현대리제도가 상대방 측의 보호만을 위하여 존재한다는 것은 객관적으로는 표현대리로서의 요건이 충족되어 있다 하더라도 그 대리행위는 여전히 무권대리행위임을 면하지 못한다는 것을 의미한다. 따라서 다수설에 의하면 상대방으로서는 표현대리의 주장을 원치 않는다면 제134조의 철회권과 거절권을 행사할 수 있고, 본인 측으로서도 추인권을 행사 할 수 있다.

　(나) 표현대리는 상대방이 주장함으로써만 문제되는 것이므로 비록 요건을 충족하였다 할지라도 상대방이 주장하지 않는한 본인측에서 표현대리를 주장하지는 못한다(통설).

　다) 본인과 표현대리인과의 관계

　표현대리가 성립하더라도 본인·표현대리인간에 특별한 효과가 생기지는 않는다. 다만 본인이 손해를 입은 경우에는 일반적인 무권대리의 경우와 동일하게 불법행위·부당이득·사무관리에 의거하는 책임을 표현대리인에 대하여 추궁할 수 있다. 또한 제126조의 표현대리에 있어서는 계약상의 채무불이행책임으로 나타나는 경우도 있다.

7) 복대리

　(1) 복대리의 의의

　복대리란 대리인이 그 권한 내의 행위를 하게 하기 위하여 자기의 이름으로써 선임한 자가 직접으로 본인을 대리하여 법률행위를 하는 경우를 말한다. 우리 민법은 대리에서 복대리도 아울러 규정하고 있다. 그러나 독일민법은 그와 같이 총칙편의 대리에서 직접규정하지 않고 고용·위임·조합에서 복임권을 규정하고 있다.

　(2) 법률적 성질

　복대리인은 직접 본인의 대리인이다. 복대리인은 대리인이 자기의 이름으로 선임한 자이다. 복대리인의 선임은 대리권의 양도가 아니기 때문에 종래의 대리인도 역시 본인의 대리인의 지위를 가진다.

　(3) 복대리인을 선임 할 수 있는 경우

　대리인이 복대리인을 선임할 수 있는 권리 내지 자격을 복임권이라 한다. 그리고 복대리인 선임행위를 복임행위라고 한다. 복임권은 임의대리인과 법정대리인에 따라 차이가 있다.

　가. 임의대리인의 복임권

　임의대리인은 복임권을 갖지 못함이 원칙이지만, 다만「본인의 승낙이 있거나」 또는「부득이한 사유가 있는 때」에 한하여 복임권이 인정된다(제120조). 승낙은 명시적이든 묵시적이든 상관없다. 부득이한 사유란 자기만으로서는 도저히 대리행위를 할 수 없는 경우뿐만 아니라 복대리인 선임에 관하여 본인의 승낙을 받거나 또는 본인에 대하여 사임할 수 있는 겨를이 없는 경우를 포함한다.

나. 법정대리인의 복임권

법정대리인은 언제나 복임권을 가진다. 왜냐하면 법정대리인의 직무는 일반적으로 광범위하여 대리인자신만으로는 처리할 수 없는 경우가 빈번할 뿐만 아니라, 그 사퇴도 어렵고 특히 대리권은 본인의 신임관계를 바탕으로 하여 인정된 것도 아니며, 또한 본인은 무능력자, 부재자 등이어서 복대리인의 선임을 승낙할 능력을 가지지 못하는 경우가 많기 때문이다.

(4) 복대리인의 대리행위와 대리권

가) 복대리인은 직접적인 본인의 대리인이며 본인의 이름으로써 법률행위를 한다(제123조 1항).

나) 대리행위의 효과가 복대리권의 범위 내에서 직접적으로 본인에게 귀속된다는 것(123조 1항)외에도 대리행위의 형식이나 하자, 표현대리나 무권대리에 관한 규정의 적용 등 보통의 대리의 경우와 다른 바가 없다.

다) 복대리인의 대리권은 원대리인의 대리권에 기한 것이므로 복대리인의 대리권의 범위는 원대리권의 그것을 넘을 수 없다(제123조 1항).

라) 원대리인의 대리권의 소멸, 대리권의 일반의 소멸원인, 대리인·복대리인간의 수권관계의 소멸에 의해 복대리권은 소멸한다.

마) 복대리인은 그 원대리인이 임의대리인이거나 법정대리인이거나를 묻지 않고 대리인으로서는 임의대리인이다.

(5) 복대리의 내부관계

가. 본인과 대리인과의 관계

가) 임의대리인은 그 복임권에 의거하여 복대리인을 선임한 경우에는 본인에 대하여 그 선임·감독에 관하여 책임을 져야 한다(제121조 1항).

나) 대리인이 본인의 지명에 의하여 복대리인을 선임하였다면 이 경우에는 그 책임이 경감된다. 즉 이러한 경우에는 본인이 지명한 자가 「부적임 또는 불성실함을 알고 본인에 대한 통지나 그 해임을 태만한 때」에 한하여 책임을 진다(제121조 2항).

다) 법정대리인은 복대리인의 행위에 대하여 선임·감독에 있어서의 과실의 유무를 묻지 않고 무조건 본인에 대하여 책임을 져야 한다. 다만 「부득이한 사유」로 복대리인을 선임한 경우에는 임의대리인과 동일한 책임을 지움으로써 그 책임을 경감한다(제122조 단서).

나. 대리인과 복대리인과의 관계

복대리인은 대리인의 감독을 받는다. 그것은 복대리인이 대리인에 의하여 선임된 자이기 때문이다. 대리인과 복대리인간에는 보통 위임·고용 등 내부적·실질적인 기본적 계약관계가 존재하는 경우가 많다. 따라서 복대리인의 대리권은 대리인의 대리권을 초과할 수 없으며 대리인의 대리권이 소멸하면 복대리인의 대리권도 소멸한다.

다. 복대리인과 본인과의 관계

복대리인은 본인이나 제3자에 대하여 대리인과 동일한 권리의무를 가진다(제123조 2항). 그러므로 대리인이 본인에 대하여 수임인으로서의 내부관계에 있을 때에는 복대이인도 본인의 수임인으로서, 대리행위를 함에 있어서 선관주의의무(681조), 수령한 금전등의 인도의무(제684조), 비용상환청구권(제688조), 대리인이 받을 수 있는 것과 마찬가지의 보수청구권(제686조) 등을 갖는다.

(6) 복대리인의 복임권

복대리인은 다시 복대리인을 선임할 수 있다(다수설).

8) 특수대리권

(1) 의의 및 발생원인

상법에서 규정하고 있는 특수한 대리제도를 말한다. 특수대리관계가 성립하는 원인은 민법상의 임의대리인과 유사하게 본인의 지정행위에 의해서이다. 또한 특수대리권의 대리권은 법률의 규정에 의하여 그 내용이 정하여 진다는 점에선 오히려 법정대리인과 유사하기도 하다.

(2) 유형 및 대리권의 범위

계속적, 독립적 관계에서 상인의 영업활동을 보조하는 체약대리상제도와 계속적, 종속적 관계에서 상인의 영업활동을 보조하는 선장, 상업사용인, 선박관리인 제도가 있다.

가. 상업사용인

특정한 상인에 종속하여 그 대외적인 영업상의 업무를 보조하는 자를 말한다.

가) 상업사용인은 영업주와의 관계에서는 종속적이다.
나) 상업사용인을 선임할 수 있는 자는 상인이다.
다) 상업사용인은 상인의 대외적 영업활동을 보조하는 자로서 영업활동의 범위 내에서는 상인을 대리할 수 있다.

나. 지배인과 표현지배인

가) 지배인이라 함은 영업주에 갈음하여 그 영업에 관한 재판상, 재판외의 모든 행위를 하는 권한을 갖는 상업사용인을 뜻한다(상법 제11조 1항).
(가) 지배인을 선임할 수 있는 자는 상인인 영업주 또는 그 대리인이다(상법 제10조).
(나) 지배인은 행위능력을 갖지는 않아도 최소한 의사능력을 가지고 있어야 한다. 물론 자연인에 한 한다.
(다) 지배인의 선임과 종임은 등기사항이다(상법 제13조).

나) 지배인은 영업주에 갈음하여 그 영업에 관한 재판상(민소법 제87조) 또는 재판외의 모든 행위를 할 수 있으며, 이 지배인의 대리권에 대한 제한은 선의의 제3자에게 대항하지 못한다(상법 제11조 1항, 3항). 특히 지배인의 대리권은 영업전반에 걸치는 포괄적인 것으로 그 범위가 법률에 의하여 객관적으로 정해져 있으며(다만 여기서의 "영업"은 영업주의 모든 여업이 아니라 상호와 영업소에 의하여 개별화 된 특정영업을 의미함에 주의 할 것), 비록 영업주라 할지라도 이를 제한하지 못함이 특징이다.

다) 표현지배인

표현지배인이라 함은 본점 또는 지점이 영업주임 기타 유사한 명칭을 가진 사용인으로서 진실한 지배인이 아닌 자를 말한다. 표현지배인은 지배인이 아니더라도 재판상의 행위를 제외하고는 선의의 제3자에 대하여는 본점 또는 지점의 지배인과 동일한 권한이 있는 것으로 간주된다(상법 제14조). 다만 다음과 같은 요건을 갖추어야 한다.

(가) 본점 또는 지점의 영업주임 기타 유사한 명칭을 가지는 사용인의 행위일 것

(나) 지배인의 권한 내의 행위이고, 재판외의 행위일 것

(다) 표현지배인의 지배권 없음에 상대바이 선의일 것

다. 사용인

가) 물건판매점포의 사용인

(가) 특정한 점포에 있는 물건의 판매에 관한 모든 권한을 가진 상업사용인(상법 제16조) 으로서, 개별기업에선 일명 사원, 고원, 용원, 점원 등으로 불린다.

(나) 물건판매점포의 사용인은 물건판매에 관한 대리권이 있다는 강한 외관을 나타내고 있으므로 영업주의 위임이 있었는가의 여부를 묻지 않고 대리권이 있는 것으로 의제한 점이 특색이다. 다만 여기서의 "의제"는 상대방이 악의인 경우에는 적용되지 않는다(상법 제16조 2항, 제14조 2항).

나) 부분적 포괄대리권을 가진 사용인

(가) 상인으로부터 위임을 받은 영업의 특정한 종류 또는 특정한 사항에 관한 재판외의 모든 행위를 할 권한을 가진 상업사용인을 의미한다(상법 제15조). 개별기업에선 일명 과장, 계장, 서기, 주임 등으로 불린다.

(나) 상업사용인의 대리권은 특정한 영업의 전반에 미치지 않는 점에서 지배인과 다르지만 개개의 구체적인 상황이 아니고 특정한 종류 또는 특정한 사항(판매, 구입, 출납 등)에 한정되기는 하나 집단적, 포괄적으로 부과되는 점에서 임의대리권과 구별된다.

라. 선장과 선박관리인

가) 선장

(가) 선박소유자의 피용자로서 특정선박의 항해지휘를 하고 그 대리인으로서 사법상, 공법상의 직무권한을 가진 자를 말한다(상법 제773조). 선장의 지위는 선박소유자, 선박관리인, 선박임차인의 선임에 의하여 정하여 진다.

(나) 선장은 선적항외에서는 항해에 필요한 재판상 또는 재판외의 모든 행위를 할 권한이 있다(상법 제773조 1항). 선적항내에서는 특히 위임을 받은 사항과 해원의 고용과 해고를 할 권리만을 가진다(동법 제773조 2항). 다만 선하증권의 발행(동법 813조 1항), 적하의 인도, 운임 기타 체당금의 수령, 운송물의 유치(동법 제800조 2항), 운송물의 공탁(동법 803조)은 선적항의 내외를 불문하고 할 수 있다.

나) 선박관리인

(가) 선박관리인이라 함은 선박공유자의 대리인으로서 선박의 이용에 관한 재판상, 재판외의 행위를 할

권한이 있는 자를 말한다(상법 제761조 1항). 선박관리인의 선임과 그 대리권의 소멸은 등기사항이다(상법 제760조 2항).

(나) 선박의 이용에 관한 행위라 함은 선박의 의장, 양식, 연료의 구입, 선장의 선임, 발항의 준비, 운송계약의 체결, 선장에 대한 지위 등을 말한다.

마. 대리상(체약대리상)
상업사용인은 아니지만 상시 일정한 상인을 위하여 그 영업부류에 속하는 거래의 대리 또는 중개를 영업으로 하는 자를 말한다(상법 제87조). 그 지위는 대리인과 본인사이에 체결되는 대리상계약에 의하여 정하여 진다.

(3) 특유한 소멸원인
임의 대리의 소멸원인에 관한 내용은 특소대리에 관하여도 그대로 적용된다. 다만 특수대리의 경우에는 영업의 존재를 전제로 하는 것이므로 영업의 폐지나 회사의 해산이 있는 경우에도 그 특수대리관계가 종료되어 대리권이 소멸하게 된다.

9) 명의대여

(1) 의의
상법은 자기의 성명 또는 상호를 사용하여 영업을 할 것을 허락한 자는 자기를 영업주로 오인하여 거래한 제3자에 대하여 그 타인과 연대하여 변제할 책임이 있다(동법 제24조)고 규정하고 있다. 예컨대 명의대여라 함은 타인에게 자기의 성명 또는 상호를 사용하여 영업을 할 것을 허락하는 것을 의미 한다.

(2) 명의대여의 성립요건

가. 명의사용에 의한 영업의 허락을 하였을 것
명의대여자가 명의차용자에게 자기의 성명 또는 상호를 사용하여 영업을 할 것을 허락하여야 한다. 여기서의 성명 또는 상호는 예시적인 것으로 보아야 하므로, 예컨대 성명 또는 상호의 사용허락 이외에 명의대여자를 영업주로 오인시키는 외관을 가지는 것이면 모두 명의대여가 된다고 하겠다. 다만 사용허락은 영업에 관한 것이어야 한다. 따라서 단순히 자기의 성명 또는 상호를 1회에 한하여 사용하도록 허락하는 것은 명의대여가 되지 않고 대리 또는 표현대리가 된다. 명의사용의 허락은 적법한 것이건 위법한 것이건 묻지 않는다. 또한 명의사용의 허락은 구두 또는 서면에 의한 명시적인 것뿐만 아니라 묵시적인 것도 포함된다.

나. 영업으로서의 외관이 존재해야 한다.
명의대여자가 전혀 영업을 하지 않는 경우에는 명의의 동일성만 인정되면 충분하나 명의대여자가 영업을 하는 경우에는 영업외관의 동일성까지 인정되어야 한다. 그러나 이러한 영업외관의 의미는 엄격하게 해석할 것은 아니다.

다. 상대방의 선의 · 무과실
명의차용자와 거래하는 상대방이 명의대여자를 영업주로 오인하였어야 한다. 통설 · 판례에 의하면 오인은 선의 이어야 하고 무중과실을 의미한다.

(3) 명의대여자의 책임

명의대여자는 명의차용자와 연대하여 변제할 책임이 있다. 그러므로 거래상대방은 명의대여자와 명의차용자 중 그가 선택하는 누구에 대하여도 변제를 청구할 수 있다. 다만 이때 명의대여자가 변제한 경우에는 명의차용자에 대하여 구상권을 갖는다. 책임의 범위는 명의차용자의 영업상의 거래와 관련하여 생긴 채무에 한한다. 명의대여자와 명의차용자 사이에 사용자와 피사용자의 관계가 성립하면 명의대여자는 거래상대방에 대하여 민법 제756조(사용자배상책임)의 사용자배상책임이 발생할 수 있다.

제 3 절 계약서 작성과 각종 계약서 작성시 유의사항

1. 계약서의 중요성

1) 앞의 계약의 장에서 언급했듯이 계약은 청약과 승낙 등에 의한 의사표시는 명시적 이든 묵시적인 방법에 의하든 자유이다. 다만 거래관계에서 당사자 간에 분쟁이 발생했을 경우엔 서면에 의하지 않은 경우는 증거력이 약한 것이 사실이다. 따라서 증거력이 있는 계약서를 작성해 두어야 후일에 분쟁을 해결하는데 수월하다.

2) 사법적 의미에 있어서 계약은 광의의 계약과 협의의 계약으로 나눌 수 있다. 전자는 일정한 사법상의 권리·의무관계를 발생·변경·소멸시키는 2인 이상의 합의에 의하여 성립하는 법률행위로서 채권계약, 물권계약, 친족상속법상의 계약을 포함한다. 반면 후자는 채권계약만을 의미하며 일반적으로 계약이라고 하면 후자, 즉 협의의 계약을 말한다.

3) 계약서 작성의 장점

  (1) 계약의 성립여부와 내용에 관하여 당사자 사이에 다툼이 생길 경우에 증거자료로서의 기능을 한다.

  (2) 구두에 의한 계약보다 더 강한 효력을 발생하는 경우가 있다. 예컨대 구두에 의한 증여계약은 각 당사자가 이를 해제할 수 있으나 계약서를 작성하고서 한 증여계약은 각 당사자가 이를 해제할 수 없다(민법 제555조).

  (3) 계약서를 작성하여야만 계약의 효력이 발생되는 경우가 있다. 예컨대 근로자와 사용자간의 단체협약이 이에 해당된다.

2. 계약서 작성 요령

1) 계약서 작성의 기본원칙
특히 그 계약관계에서 발생할 수 있는 제반문제를 미리 예상하여 당사자의 충분한 협의 후 합의하여 분쟁이 없도록 구체적이고 명확한 문언으로 표시하여야 한다.

  (1) 행위능력이 있는 자와 계약서를 작성해야 한다.
  자연인은 본인 여부를 확인하여 본인과 거래해야 한다. 반드시 주민등록증을 확인하여 자필서명을 받도록 한다. 행위능력이 없는 자와의 계약은 행위무능력자 본인 또는 그 법정대리인이 취소할 수 있다. 즉, 행위능력이 없는 자, 이를테면 미성년자(만 20세 미만), 한정치산자, 금치산자는 독자적인 행위능력이 없으므로 이들의 행위는 취소할 수 있다. 따라서 법정대리인, 친권자 혹은 후견인을 통하여 행위를 하여야 한다. 친권을 행사하는 부 또는 모가 미성년자의 법정대리인이 된다. 취소된 법률행위는 처음부터 무효인 것으로 보기 때문에 행위무능력자와 계약하지 않도록 주의해야 한다.

(2) 계약서는 변조의 우려가 없도록 작성하여야 한다.
문단이 시작되는 부분이나 끝 부분에 문언이 추가될 수 없도록 하고, 숫자의 경우는 한글 또는 한자의 특수문자를 사용하여 표기하도록 한다.

(3) 법인과의 계약은 대표이사 등 대표기관과 해야 한다.
다만 대리권자는 위임장을 지참하여 제시하고 계약 할 수 있다. 계약서상의 문언은 구체적이고 명백하고 세밀하여야 한다.

(4) 오자 · 탈자 또는 자구의 삭제 · 추가 · 정정 등의 수정 방법
오자 · 탈자 또는 자구의 삭제 · 추가 · 정정 등의 수정을 하게 된 경우엔 수정을 한 후 그 뜻을 기재하고 계약당사자가 정정서명을 하거나 또는 정정인을 압날하도록 한다.

(5) 인지첨부의 계약성의 유효성 문제
인지세법은 각종의 계약서에 동법이 정하는 인지를 첨부하여야 할 것으로 정하여, 그 의무는 당해 계약의 작성명의인이 연대하여 부담하는 것으로 규정되어 있다. 그러나 인지의 첨부가 계약서의 유효요건인 것은 아니다. 인지미첨부시엔 다만 조세포탈로서 조세범처벌법에 의하여 벌금 · 과료의 처벌을 받게 되는 경우는 있다. 계약서를 수통 작성할 경우에는 인지도 각별로 첨부하여야 함은 물론이다.

2) 계약서의 구성

(1) 표제
계약서에는 일반적으로 표제를 붙인다. 표제의 명칭은 "계약서", "협정서", "합의서", "각서" 등으로 표시하여도 무방하며, 또한 예컨대 "매매계약서", "차용증서" 등 계약내용을 상징적으로 나타내는 문언을 병기해도 무방하다.

(2) 전문
전문은 그 계약의 목적이나 기본원칙을 선언하는 모두 문언을 의미한다. 계약서작성에 있어서 반드시 전문을 필요로 하는 것은 아니나, 이를 둘 경우 계약서의 각 조항을 구성하는 본문의 해석기준이나 계약서상에 미처 기재하지 않은 사항에 대한 처리기준으로 삼을 수 있다는 점에서 계약의 중요내용을 이루게 된다.

(3) 본문
계약의 핵심내용으로서 통상 조문형식으로 작성한다. 계약서 본문을 구성하는 각 조항은 계약의 종류와 합의 내용으로서 계약서의 본문에 반영하여야 할 내용을 표시한다.

3) 계약당사자의 표시
당해 계약에 따른 권리 · 의무자를 특정하기 위하여 계약서에 계약당사자를 표시한다. 특히 계약당사자의

동일성을 인식할 수 있어야 하고 필요한 경우 상호 연락이 가능하여야 한다. 구체적으로는 당사자의 성명과 주민등록번호를 반드시 기재하는 것이 유리하다. 전화번호(거주지, 사무실, 휴대전화), 팩스, 이메일 주소를 기재하면 더욱 좋을 것이다. 특히 자택주소와 전화번호를 밝히지 않는 경우 주의해야 한다.

4) 계약의 유효성과 당사자의 입증자료로서의 서명날인

(1) 자연인의 경우

계약서에는 계약당사자가 그 작성명의인으로서 서명한다. 서명날인은 동시에 해두는 것이 좋다. 인감의 날인은 동사무소나 법원에 신고 된 인감을 날인토록한 후 인감증명서를 첨부하여 두는 것이 좋다. 다만 부득이한 사유로 신고인감을 날인할 수 없는 때에는 자필서명과 무인(손도장)을 받는 것도 고려해 봄직 하다.

(2) 법인의 경우

법인과의 계약체결 시에는 그 법인의 대표자가 법원에 신고한 대표자인감을 날인토록 한다. 다만 부득이한 사유로 법원에 신고한 대표자 인감을 날인케 할 수 없는 경우엔 동사무소에 신고한 대표자 개인 인감을 날인케 하여도 무방하다. 특히 법인 아닌 사단이나 재단의 경우(권리능력없는 사단, 재단)는 법원에 대표자의 사용 인감신고를 할 수 없으므로 동사무소에 신고한 대표자 개인 인감을 날인해도 좋다.

(3) 상법상의 상업사용인의 경우

상법상의 특수대리인인 상업사용인에 관하여도 지배인 등의 사용인감에 대한 별도의 신고제도가 없다. 이 경우에는 본인인 자연인이나 법인의 대표자로부터 그 상업사용인의 사용인감계를 제출 받기도 한다. 부득이한 사유로 상업사용인이 업무상의 사용인감을 사용할 수 없는 때에는 동사무소에 신고한 상업사용인 개인인감을 날인하게 하면 된다.

(4) 대리

가. 법률상의 행위에 있어서 타인의 행위에 의하여 본인이 직접적으로 그 행위로 인한 법률 효과(권리 또는 의무)를 취득하게 하는 제도이다. 이는 계약체결능력이 부족한 무능력자도 완전한 계약체결능력을 갖추고 있는 자를 대리인으로 선임케 하고 완전한 계약체결능력을 갖춘 자도 전문적인 지식이나 재능을 갖춘 자를 대리인으로 선임케 하여 활동범위를 넓게 한다.

나. 대리인에 의한 경우

가) 대리인을 선임하는 경우 본인으로부터 대리권을 부여받았다는 위임장(위임계약서)을 작성한다. 변호사에게 소송을 의뢰하거나 등기신청을 의뢰하는 경우에는 반드시 위임장을 작성하여야 한다.

나) 위임장, 대리인의 주소와 성명을 기재하여 대리권을 수여하는 것을 명백하게 한다. 위임사항은 명확하고 간결하게 기재하여 후일에 위임사항의 범위에 관한 다툼을 방지하도록 한다. 부동산거래 위임의 경우에는 부동산의 표시라고 하여 토지의 소재, 지번, 지목, 지적을 기재한다. 이러한 경우 토지, 건물의 등기부상 기재를 그대로 전재하면 족하다. 또한 금전대차와 근저당권설정 위임의 경우에는 차용하는 금액과 부동산을 표시한다. 채권추심 위임의 경우에는 채권의 종류, 채권액, 채권성립의 시기 등을 기재한다.

다) 위임장을 약용하지 않게 연월일을 기재한다. 제3자에게 대항하기 위해서는 확정일자일부인을 부기하는 것이 필요하다. 서명은 본인이 하여야 하고 대리인의 서명, 날인은 필요하지 않다.

다. 인감의 부정사용의 주장의 경우

가) 특히 대리인과 계약을 체결하는 경우 계약서상에 대리인임을 표시하지 아니하고 대리인이 직접 본인의 이름을 적고 본인의 인감도장을 날인하는 경우가 있다. 이 경우에 있어서는 후일 본인이 협의의 무권대리(대리인이 대리권 없이 자신의 인감과 인감증명서를 무단으로 사용한 것임)를 주장하여 본인이 그 책임을 부인하는 경우가 있다.

나) 이러한 경우엔 앞에서 언급한 무권대리에 관한 법리를 적요하여 해결하면 될 것이다.

5) 문언의 수정

(1) 오자 · 탈자 또는 불필요한 부분이 발생할 때 지구의 삭제 · 추가 · 정정 등의 수정을 하게 된다. 이 경우 명확하게 해당 부분을 수정한 후, 그 뜻을 기재하고 쌍방의 당사자가 동시에 서명하고 정정인을 압날한다. 자구의 수정이라고 하여도, 대금액이나 확정일부 이행시기와 같은 중요한 부분의 정정은 불가피한 경우가 아니면 하지 않는 것이 좋다.

(2) 삭제는 해당 부분을 두 줄로 지우는 방식으로 하면 되고, 추가는 해당부분에 알기 쉽도록 병기 또는 삽입기호를 사용하는 방식으로 한다. 정정은 불필요한 부분은 두 줄로 지우고 새로이 기재하는 방식으로 한다. 그리고 삭제 · 추가 · 정정을 함에 있어서는 그와 아울러 해당 부분이 있는 행의 앞 여백에 삭 자 · 가(첨) 자 · 삭 자가(첨) 자 · 정정 자 등으로 표시하도록 한다.

(3) 주의해야 할 것은 미리 정정인을 날인하여 두고 상대방으로 하여금 정정하도록 하는 것은 피해야 한다. 불의의 손해를 볼 수가 있다.

3. 계약서 작성 시 주의사항

(1) 기본계약과 개별계약으로 구분할 것.
기본계약서는 계속적인 거래를 위해서 작성해 두고 채무의 범위와 성실이행, 상품의 검수, 소유권 유보, 대금지급방법, 담보제공, 계약의 해제 · 해지, 기한의 이익상실 사유, 재고상품의 반환 또는 회수, 재고상품의 임의처분, 손해배상, 연대보증, 합의관할(중재), 계약기간 등 기본적인 내용을 기재한다. 그리고 개별계약서는 수시로 변할 수 있는 내용들을 수정하기 용이하게 작성 관리한다.

(2) 정확 · 간결 · 명료한 문구를 사용하여 다른 해석이 나오지 않게 한다.

(3) 비영리법인이 재산의 처분, 채무부담, 담보제공, 연대보증 등의 행위를 하려면 설립을 허가한 감독관청의 허가가 필요하다.

(4) 학교법인의 교육용 재산은 허가대상 자체도 허가를 득하고 근저당권을 설정하더라도 무효라는 사실에

유의해야 한다.

(5) 농지의 소유권이전등기를 신청하려면 읍, 면, 동사무소에서 발급한 농지취득 자격증명서를 첨부한다는 사실에 유의하여야 한다.

4. 금전소비대차계약서

1) 소비대차의 개념
당사자 일방(차주)이 금전 기타의 대체물의 소유권을, 상대방은 동종·동질·동량의 물건을 반환할 것을 약정함으로써 성립하는 계약을 소비대차라고 한다(제598조).

2) 소비대차의 성립
(1) 소비대차는 낙성계약으로 대주가 일정액의 금전 또는 기타 일정품질의 일정량의 대체물의 소유권을 차주에게 이전하여 일정기간 동안 이용하게 하고, 차주는 반환시기가 도래하면 대차한 금전 기타 대체물을 반환하는 것이다.

(2) 소비대차의 목적물은 금전 기타의 대체물이다.

3) 법적 성격

가) 소비대차는 당사자 사이의 합의만으로 성립하는 낙성계약이고 불요식계약이다.
나) 소비대차는 원칙적으로 무이자소비대차이며 무상·편무계약이다.
다) 소비대차는 원칙적으로 무상계약이나, 법률 또는 특약으로 이자의 지급이 정하여진 경우에는 유상계약이 된다. 따라서 유상계약인 이자부소비대차에는 매매에 관한 규정이 준용된다(제567조). 상법상 상인 사이의 금전소비대차는 원칙적으로 이자부계약으로 이해되며, 이에 대한 약정이 없더라도 차주는 법정이자를 지급해야 한다(상법 제55조).

4) 효력
대주는 차주가 목적물을 이용할 수 있도록 하기 위하여 목적물의 소유권을 차주에게 이전하여야 한다(소유권이전의무). 차주는 목적물의 반환청구권을 행사할 때까지 목적물을 이용·소비할 수 있으므로 대주는 목적물을 일정기간 대여할 의무를 부담한다. 대주의 이러한 의무는 이자부소비대차에 한정되지 않는다.

5. 건물임대차계약서

임대차는 당사자의 일방(임대인)이 상대방에게 목적물(임차물)을 사용·수익하게 하는 약정을 하고, 상대방(임차인)이 이에 대한 대가로서 차임을 지급하는 약정을 하여 성립하는 계약이다(제618조). 특히 임대차는 소비대차와는 달리 목적물의 소유권을 상대방에게 이전하는 것이 아니므로, 임대인이 임대물에 대한 소유권이나 또는 그것을 처분할 권한을 가지고 있어야 할 필요는 없다.[41] 따라서 임차인은 일정한 경우에 임대물을 다시 임차 즉 전대할 수도 있다.

---

41) 대판 1991. 3. 27, 88다카30702

1) 임대차의 존속기간(최장기)은 원칙적으로 20년을 넘지 못하고, 당사자가 20년을 넘는 존속기간을 정한 때에는 20년으로 단축된다(제651조 1항). 당사자가 약정한 기간이 20년을 넘는 때에도 20년으로 단축된다(제651조 1항 단서).

2) 단기임대차의 존속기간
  (1) 관리권한은 있어도 처분권한이 없는 자가 한 임대차를 단기임대차라고 한다.

  (2) 물건의 지배권을 처분할 능력 또는 권한이 없는 자가 체결한 단기임대차는 다음의 존속기간을 넘지 못한다(제619조).

    가) 식목·채염 또는 석조·석회조·연와조 및 유사 건축을 목적으로한 토지임대차에는 10년, 기타 토지의 임대차에는 5년
    나) 건물 기타 공작물의 임대차에는 3년
    다) 동산의 임대차에는 6월을 넘지 못한다.

  (3) 제619조의 기간을 넘는 단기임대차를 한 경우에는 원칙적으로 기간을 넘는 부분만이 무효라고 볼 것이지만, 그러한 정도의 단기임대차라면 임차인 쪽에서 계약을 체결하지 않았으리라고 인정될 만한 사정이 있는 때에는 전부무효가 된다.

    가) 단기임대차의 당사자란 관리할 능력이나 권한은 있어도, 처분할 권한이나 능력이 없는 자를 말한다. 부재자재산관리인(제25조), 권한을 정하지 않은 대리(제118조), 후견인(제950조), 상속재산관리인(제1023조 2항, 제1047조 2항, 제1053조 2항)등 이다.

    나) 단기임대차의 기간을 당사자 사이의 계약으로 갱신할 수 있다(제620조 본문). 그러나 기간만료 전 토지에 대해서는 1년 이내, 건물 기타 공작물에 대해서는 3월 이내, 동산에 대해서는 1월 이내에 갱신하여야 한다(제620조 단서). 또한 갱신 후에도 제619조의 법정기간을 넘지 못한다.

3) 주택임대차보호법의 적용을 받는 경우는 임대차계약이 체결된 것만으로는 부족하고 임대인으로부터 임차인에게 목적물인 주택의 인도가 완료되었어야 대항력을 취득한다(동법 제3조 1항).

4) 주택임대차보호법의 적용을 받는 주택임대차는 기간의 정함이 없거나 기간을 2년 미만으로 정한 임대차는 그 기간을 2년으로 본다. 임대차기간이 종료한 경우에도 임차인이 보증금을 받을 때까지는 임대차관계가 존속한다. 또한 임대차가 종료된 후 보증금을 반환받지 못한 임차인이 법원에 임차권등기명령을 신청하여 법원의 명령에 따라 임차권등기를 경료하면 등기와 동시에 대항력을 취득한다(제3의 3 1항, 5항). 임차권등기명령을 신청할 경우에는 일정한 사항을 기재하여야 하며, 신청하는 이유 및 임차권을 소명하여야 한다(동법 제3의 3 2항).

5) 임대차의 갱신(기간연장)에는 당사자가 계약에 의한 갱신(합의갱신)과 묵시적 갱신(법정갱신)이 있다.

  (1) 계약에 의한 갱신(합의 갱신)
  가. 당사자는 존속기간이 만료되는 경우에 합의로 약정기간을 합의갱신 할 수 있다(제651조 2항). 다만 합의갱신기간은 갱신한 날로부터 10년을 초과할 수 없고(제651조 2항), 당사자는 합의갱신을 몇 번이든 하여도

좋다. 다만, 최장기의 제한을 받지 않는 일부 토지임대차의 경우에는(제651 전단) 존속기간의 갱신에 관한 규정이 명문화되지 않았으나 계약에 의한 갱신을 인정하여야 할 것이다(이 경우 존속기간의 갱신은 10년을 넘을 수 있다고 본다).

나. 특정한 경우에 간접적으로 그 기간의 갱신을 강제하는 경우가 있다. 즉, 건물 기타 공작물의 소유 또는 식목 · 채염 · 목축을 목적으로 한 토지임대차에서 그 기간이 만료 된 경우에 건물 · 수목 기타 지상시설이 현존하는 때에는 임차인은 계약의 갱신을 청구할 수 있고(임대차갱신청구권), 만약 임대인이 계약의 갱신을 원하지 않는 때에는 임차인은 상당한 가액으로 그 목적물이나 수목의 매수를 청구할 수 있다(제283조 · 제643조). 이 토지시설매수청구권은 형성권이며, 제643조는 강행규정이므로 이에 위반하여 임차인에게 불리하게 이루어진 약정은 그 효력이 없다.[42]

(2) 법정갱신(묵시의 갱신)

가) 임대차의 기간종료 후 임차인이 사용 · 수익을 그대로 계속하는 경우에 임대인이 사실을 알고도 이의를 제기하지 않는 때에는 전임대차와 동일한 조건으로 임대차를 갱신한 경우로 간주한다(제639조 1항 본문). 다만 그 존속기간은 2년으로 본다(2010. 5. 8 주택임대차보호법 개정).

나) 법정갱신에 의하여 존속기간의 약정이 없는 임대차가 되고, 당사자는 언제든지 계약해지를 통고할 수 있다(제639조 1항 단서 · 제635조). 법정갱신이 성립하는 경우에 전임대차에 대하여 제3자가 제공한 담보는 전임대차의 기간만료로 소멸한다(제639조 2항). 그러나 판례에 의하면 보증금은 여기에 포함되지 않는다.[43] 다만 제3자가 제공한 담보가 아니고 당사자가 제공한 담보는 이 경우에도 소멸하지 않고 갱신 후에도 계속 효력을 갖는다(제639조의 반대해석). 한편 주택임대차보호법과 농지법에는 특별규정이 있다(주택임대차보호법 제6조, 제6조의 2;농지법).

(3) 임차인이 2회의 차임을 연체하거나 의무를 현저히 위반한 경우는 갱신이 인정되지 않는다.

6) 건물 기타 공작물의 임차인은 임대인에 대하여 그 사용의 편익을 위하여 임대인의 동의를 얻어 부속한 물건이 있는 때, 임대인으로부터 매수한 부속물에 대하여 임대차종료 시에 그 부속물의 매수를 청구할 수 있다(제646조).

6. 상가건물임대차와 상가임대차계약서의 작성

상가나 점포는 주택과 달리 주택임대차보호법의 적용을 받지 못하므로 임대계약을 체결하기 전에 건물토지의 등기부등본을 반드시 열람해야 한다.

1) 상가임대차 일반
상가건물의 임대차에 관하여 민법에 대한 특례를 정하기 위해 "상가건물임대차보호법"이 2001년 12월 7일에 제225회 국회 제21차 본회의에서 의결되고 제정(2001.법 6542). 시행(2002. 11. 1)되었다. 동법의 입법취지는

---

42) 대판 1991. 4. 23. 90다19695
43) 대판 1977. 6. 7. 76다951

상가건물의 임대차에 있어서 사회적, 경제적약자인 임차인을 보호함으로써 임차인의 경제생활의 안정을 도모하기 위하여 민법에 대한 특례를 규정함이다. 대체로 주택임대차보호법과 유사한 내용을 정하고 있다.

 (1) 적용범위
　본법은 사업자 등록의 대상이 되는 상가건물에 대해 일시사용이 아닌 임대차에 적용하되, 대통령령이 정하는 보증금액을 초과하는 임대차에 대하여는 적용하지 아니한다.

　가) 상가건물이라 함은 동법 제3조 1항의 규정에 의한 사업자등록의 대상이 되는 건물을 말하며 임대차목적물의 주된 부분을 영업용으로 사용하는 경우를 포함한다. 다만 대통령령이 정하는 보증금액을 초과하는 임대차에 대해서는 그러하지 아니하다(상가건물임대차보호법 제2조 1항).

　나) 이 법은 등기하지 아니한 전세계약(미등기전세)에 대하여 준용하며 이 경우 전세금은 임대차의 보증금으로 본다(동법 제17조). 또한 일시사용을 위한 임대차임이 명백한 경우에는 이를 적용하지 아니한다(동법 제16조).

　다) 이 법은 2002년 11월 1일 후 체결되거나 갱신된 임대차부터 적용한다(부칙 제1조). 다만 대항력(동법 제3조. 우선변제권(동법 제5조). 최우선변제권(제14조)의 규정은 이 법 시행당시 존속중인 임대차에 대하여도 이를 적용하되, 이 법 시행전에 물권을 취득한 제3자에 대하여는 그 효력이 없다(부칙 제2조).

　라) 동법 제2조 1항 단서의 규정에 의한 보증금액을 정함에 있어서는 당해지역의 경제적 여건이나 임대차목적물의 규모 등을 감안하여 지역별로 구분하여 규정하되, 보증금 외에 차임이 있는 경우에는 그 차임액에 은행법에 의한 금융기관의 대출금리 등을 감안하여 대통령령이 정하는 비율을 곱하여 환산한 금액을 포함하여야 한다(동법 제2조 2항).

 (2) 대항력
　가) 임대차는 그 등기가 없는 경우에도 임차인이 건물의 인도와 사업자등록증을 신청한 때에는 그 다음 날부터 제3자에 대하여 효력이 생긴다(동법 제3조 1항).

　나) 임차건물의 양수인(그 밖에 임대할 권리를 승계한자를 포함)은 임대인의 지위를 승계한 것으로 본다(동법 제3조 2항).

　다) 대항력 또는 우선변제권을 갖춘 임차인은 민법 제621조 1항의 규정에 의하여 임대인의 협력을 얻어 임대차등기를 신청하는 경우에는 신청서에 부동산등기법 제156조에 규정된 사항 외에 사업자등록을 신청한 날, 임차건물을 점유한 날, 임대차계약서에 확정일자를 받은 날, 임대차의 목적이 건물의 일부인 경우에는 해당부분의 도면을 첨부하는 경우에는 대항력이 인정된다. 그리고 동법 제6조 5항 및 6항의 규정은 민법 제621조의 규정에 의한 건물임대차등기의 효력에 관하여 이를 준용한다(동법 제7조).

　라) 임차권은 임차건물에 대하여 민사집행법에 의한 경매가 행해진 경우에는 그 임차건물의 경락에 의하여 소멸한다. 다만, 보증금이 전액 변제되지 아니한 대항력이 있는 임차권은 그러하지 아니하다(동법 제8조).

 (3) 보증금의 회수 등

가) 위 대항요건을 갖추고 관할세무서장으로부터 임대차계약서상의 확정일자를 받은 임차인은 민사집행법에 의한 경매 또는 국세징수법에 의한 공매 시 임차건물(임대인소유 대지 포함)의 환가 대금에서 후순위권리자 그 밖의 채권자보다 우선하여 보증금을 변제받을 권리가 있다(동법 제5조 2항).임차인은 임차건물을 양수인에게 인도하지 아니하면 2항의 규정에 의한 보증금을 수령할 수 없다(동법 제5조 3항).

나) 주택임대차에서 정한 바와 같은 임차권등기명령제도와 민법의 규정에 의한 임대차등기의 효력을 규정한다(동법 제6조. 제7조).즉 동법 제2조 1항 단서에서 "대통령이 정하는 보증금액의 범위는 다음과 같다(동법 시행령 제6조). 다만 동법 제2조 2항의 규정에 의하여 보증금 외에 차임이 있는 경우의 차임액은 월 단위의 차임액으로 본다(2010. 7. 21개정, 동법 제6조 2항).
  (1) 서울특별시 : 3억원
  (2) 수도권정비계획법에 의한 수도권 중 과밀억제권역(서울특별시 제외) : 2억 5천 만 원
  (3) 광역시(수도권정비계획법에 의한 수도권 중 과밀억제권역제외, 군지역제외), 안산시, 용인시, 김포시, 광주시 : 1억 8천 만 원
  (4) 기타지역 : 1억 5천 만 원

2) 주의사항
  (1) 전세권설정등기
  임대계약을 체결하고 건물주인의 동의를 얻어 전세권 설정등기를 해두는 것이 좋다. 전세권설정등기를 하지 않은 상태에서 상가가 매매되면 새 주인에게 권리의무가 승계되지 않아 다시 임대계약을 체결해야 한다.

  (2) 권리금
  임대계약을 체결할 때 관행적으로 권리금은 이전 임차인에게 지급한다. 보증금과는 달리 건물 주인으로부터 돌려받을 수 없다.

  (3) 등기부등본을 확인
  저당권 설정, 압류, 가압류, 가처분, 가등기 된 상가를 임차했다가 전세금을 돌려받지 못하는 상황이 발생할 수 있다.

  (4) 건물주인과 계약
  상가임대는 이전에 장사하던 임차인과 계약하는 전전세 형태가 많으나 건물 주인이 동의하지 않으면 임차권을 넘겨받을 수 없으므로 주인과 직접 계약한다.

7. 저당권설정계약서

1) 저당권을 설정해 둔 저당권자는 채무자 또는 제3자가 점유를 이전하지 아니하고 채무의 담보로 제공한 자동차에 대하여 다른 채권자보다 우선 변제를 받을 수 있다.

2) 저당권설정계약서를 작성하는 방식은 부동산에 대한 저당권설정계약서와 근본적으로 같다. 다만, 자동차 저당의 경우는 저당자동차에 관하여 등록말소청구가 있었을 때 자동차등록관청은 즉각 그 취지를 저당권자에게 통지하여야 하고, 저당권자는 통지를 받은 즉시 당해 자동차에 저당권을 실행할 수 있다.

3) 자동차는 그 성질상 운행 중의 충돌에 의한 파손의 위험이 크고, 차량절도 피해도 예상되므로 자동차보험에 가입시킨 후 보험금지급청구에 대하여 질권을 설정해 두는 것이 필요하다. 「자동차등 특정동산 저당법」에 따라 저당권을 설정할 수 있다. 저당권설정계약은 자동차의 등록명의인과 채권자의 계약으로 성립되고, 채권자가 이 저당권을 제3자에게 주장하려면 자동차 등록원부에 저당권설정등록을 한다.

8. 건축도급계약서

건축대금 확보를 위하여, 건물신축공사의 대금지급청구권에 대하여 근저당권 설정규정을 두어 신축공사 전에 미리 등기해 두면 유리하다. 제8조의 하자담보책임의 기간간은 원칙적으로 건물의 인도를 받고 나서 2년 이내이다. 단, 당사자 간에 별도로 정할 수 있다. 계약서에 정하지 않은 사항 이 발생한 경우는 "쌍방협의 하에 성실히 본 공사의 완성에 노력할 것' 이라 규정해 둔다.

9. 대리점계약서

1) 본 계약서는 회사와 대리점과의 거래에 관한 계약서임을 명기한다.
2) 대리점에서 최저 판매책임액을 달성할 수 없을 경우는, 그 대책으로서 제조회사는 별도의 새로운 대리점 설치가 가능하도록 해 두면 좋다.
3) 취급상품은 계약의 목적물을 기재해 두어야 한다.
4) 부당할인판매 금지조항을 반드시 기재한다.
5) 주문의 최저 단위를 정하여 기재한다.
6) 반품에 관하여 기재한다.
7) 결재방법이 어음인 경우에는 지급일을 사전에 명확하게 정해둔다.

10. 부동산매매계약서

1) 의의
매매는 당사자의 일방이 어떠한 재산권을 상대방에게 이전할 것을 약정하고, 상대방은 그에 따른 대금의 지급을 약정함으로써 효력이 발생하는 낙성, 쌍무, 유상, 불요식의 계약이다. 목적물의 인도와 대금의 지급이 동시에 이루어지는 현실매매의 경우를 제외하고는 당사자의 일방이 재산권을 상대방에게 이전하는 채무를 부담하고, 다른 상대방은 대금을 지급할 채무를 부담하는 약정 계약이다. 대금의 액수를 정하지 않고 시가에 의하기로 약정하여도 무방하지만, 부당하게 고액이어서 사회상규에 위반되는 불공정한 계약인 경우 무효가 될 수 있다. 매매계약은 목적물의 특정과 대금액의 특정이 중요하다.

2) 목적물에 관한 주의사항

 (1) 목적물의 특정, 품명 · 종류 · 수량, 인도기한, 인도기일을 명확히 표시한다.

 (2) 매수인은 목적물을 수령한 후, 지체 없이 목적물의 검사를 해야 한다. 목적물이 기계 등인 경우 성능 표시, 목적물에 대한 '보증기간' 을 명기한다.

 (3) 민법 규정에 따르면 인도전에 당사자 쌍방에 책임이 없는 사유(불가항력)로 매매목적물이 멸실 · 훼손

되더라도 매수인은 대금의 지급을 면할 수 없다고 되어 있다. 이는 불가항력에 의한 이행불능의 경우 채무자 책임주의를 취하고 있는 민법의 대원칙에 의한다.

(4) 특정물 매매에 있어서는 인도 후에는 하자담보책임에 기초한 청구(수리, 손해배상, 계약의 해제)가 인정되고 동종의 다른 상품과 교환하려면 특약을 맺어야 한다.

3) 매매대금에 관한 주의 사항
  (1) 대금의 지급시기 · 대금의 지급방법 · 대금의 지급장소를 기재한다.

(2) 계약의 해제가 가능한 경우를 명확하게 해 둔다. 특약으로써 '최고'를 생략할 수 있도록 기재(자동해제 약정)해 두는 것이 좋다.

(3) 대금의 지급을 확보해 두기 위해 대금의 지급이 지체되는 경우에는 일정률 또는 일정액의 손해금을 지급토록 하는 특약을 해 둔다.

4) 토지매매계약서 사례
  (1) 토지의 경우엔 소유권이전등기절차가 필요하므로 등기부등본의 기재에 따라 특정 한다.
  (2) 대금 액수는 일괄하여 결정하는 경우와 1㎡당 일금 몇 원으로 결정하는 경우가 있다.
  (3) 부동산의 현황의 상황에 분쟁을 미연에 방지해 두는 것도 좋다.

(4) 계약금을 기재할 때, 당사자 간에 계약금의 성질을 정해 두지 않을 때에는 해약금으로 해석된다. 해약금인 경우 매수인은 계약금을 포기하고, 매도인은 계약금의 배액을 반환하고 계약을 해제할 수 있으나 당사자한 쪽이 계약의 이행에 착수했을 때에는 계약금(해약금)에 기초한 해제는 불가능하게 된다.

(5) 소유권이전은 매수인이 매매대금을 지급하고 소유권이전등기를 할 때 소유권이 매수인에게 이전된다.

(6) 등기부상 면적이 실측면적과 다를 때에는 면적의 불일치가 원인이 되어, 분쟁이 발생하는 경우도 있으므로 실측면적도 기재해 둔다.

제 4 절 계약금, 위약금, 손해배상예정액 등의 효력

1. 계약금

1) 의의
계약금이란 계약을 체결할 때에 당사자 일방이 상대방에 대하여 교부하는 금전 기타의 유가물을 말하며, 그 계약금지급을 약정하는 합의를 계약금계약이라고 한다.

2) 계약금의 종류
  (1) 해약계약금
  계약당사자 쌍방이 해제권을 가지며, 계약금을 교부한 자가 해제권을 행사하면 계약금을 잃고, 수령자가 해제권을 행사하는 경우에는 그 배액을 반환하여야 한다.

(2) 증약계약금

계약이 성립한 사실을 증명하는 계약금이며, 계약금의 교부에 의하여 계약이 성립한 사실, 즉 합의의 성립에 대한 증거가 된다.

(3) 성약계약금 · 위약계약금

가) 계약의 성립요건이 되는 계약금을 성약계약금이라 하며, 계약금을 지급하여야 계약이 성립한다. 그리고 위약계약금은 계약상의 채무를 이행하지 않는 경우에 몰수되는 계약금이다.

나) 위약계약금은 다시 계약금의 몰수만으로 종결되고 별도로 손해배상의 청구를 할 수 없는 손해배상의 예정의 성질을 가지는 경우와 계약금의 몰수 이외에 현실적으로 입은 손해의 배상청구가 가능한 위약벌에 해당하는 경우로 나눌 수 있다. 특히 위약금이 교부된 때에는 손해배상액의 예정을 약정한 경우로 추정한다(제398조 4항).

3) 해약금의 법적 성질

(1) 해약금의 추정

계약금에는 증약금 · 성약금 · 위약금 · 해약금과 같은 여러 가지 종류가 있다. 만약 교부를 하는 당사자가 그 취지를 분명히 하지 아니하여 계약금의 성질에 대하여 분쟁이 생긴 때에는 교부된 계약금은 해약금으로 추정한다(제565조). 판례 역시 계약금은 해약금의 성질을 가질 뿐이라고 하고, 다만 당사자일방이 위약한 경우 그 계약금을 위약금으로 하는 특약이 있을 때에 한하여 손해배상액의 예정의 성질을 함께 갖는 것으로 해석한다.

(2) 해약금에 의한 해제
가. 해제권의 행사

해약금은 당사자 쌍방에게 해제권을 유보하기 위하여 수수되는 계약금이다. 해약금이 교부된 경우에 계약당사자는 「당사자의 일방이 이행에 착수할 때까지」 계약금을 포기하거나 배액을 상환하고 계약을 임의로 해제할 수 있다(제565조 1항).

나. 해제권 행사의 기간

계약금이 해약금이라고 하더라도 「당사자의 일방이 이행에 착수할 때까지」만 해제할 수 있고, 이미 이행에 착수한 후에는 더 이상 해제할 수 없다(제565조 1항). 「당사자의 일방이 이행에 착수할 때까지」라 함은 객관적으로 외부에서 인식할 수 있을 정도로 채무의 이행행위의 일부를 행하거나 이행을 하기 위하여 필요한 전제행위(예 : 목재를 판 매도인이 산림의 벌채를 시작한 경우)를 하는 것을 말한다. 단순한 이행의 준비만으로는 부족하다. 그리고 이행에 착수한 당사자의 일방은 매매계약의 쌍방 중 어느 일방을 지칭하고 상대방에 국한하지 아니하여 매매계약의 일부이행에 착수한 당사자는 비록 상대방이 아직 이행에 착수하지 않은 경우에도 해제권을 행사할 수 없다.[44]

---

44) 대판 1970.4.28, 70 다 105

(3) 해약금에 의한 해제의 효과

해약금에 의한 해제도 채권관계를 소급적으로 소멸시키는 점에서 보통의 해제와 다르지 않다. 다만 원상회복의무의 문제는 발생할 여지가 없다. 그리고 해약금에 의한 해제는 채무불이행에 의한 법정해제와 달리 계약금을 포기하거나 그 배액을 상환하면 별도로 손해배상을 할 필요가 없다(제565조 2항). 그러나 판례는 채무불이행을 이유로 손해배상을 청구할 수 있다고 한다. 마찬가지로 해약금에 의한 해제권유보 그 자체로서는 법정해제권의 발생·행사·효과에 영향을 주지 않는다.

(4) 계약의 이행과 계약금의 반환

계약금의 수수에도 불구하고, 계약이 해제되지 않고 계약상의 채무가 이행된 때에는 계약금의 수령자는 계약금을 교부자에게 반환하여야 한다.

4) 계약의 비용

계약의비용이란 계약을 체결하는 데 일반적으로 소요되는 비용으로서 목적토지의 측량, 평가비용, 계약서작성비용 등이 이에 속한다. 부동산매매에 있어서의 등기비용과 같이 이행(변제)에 관한 비용은 계약비용에 포함되지 않는다(제473조 참조). 매매계약에 관한 비용은 당사자 사이의 특약이 없는 한, 당사자 쌍방이 균분하여 부담한다(제566조).

2. 계약보증금

계약불이행시 발생하는 담보하기 위한 것으로서 계약불이행시 발생한 손해를 공제하고 잔액이 있으면 반환하여야 한다.

3. 위약금

1) 의의

위약금은 채무불이행의 경우 채무자가 채권자에게 지급한다고 약정한 금전을 가리킨다. 채무불이행시 금전 이외의 것을 급부한다고 약정한 경우에도 위약금에 관한 규정이 준용된다(제398조 5항).

2) 법적 성질

위약금을 약정하는 목적에는 여러 가지가 있을 수 있으나, 넓게는 「위약벌」이거나 손해배상액의 예정인 경우로 귀착된다. 민법은 위약금을 손해배상액의 예정을 위하여 한 것으로 추정하고 있다(제398조 4항).

3) 효력

위약금이 손해배상액의 예정인 경우에는 배상액의 예정에 관한 규정이 적용되며, 위약벌인 경우에는 채무자는 손해의 유무에 불구하고 위약금을 지급해야 하며, 그밖에 채무자의 귀책사유로 인한 손해가 있는 때에는 그 손해도 배상해야 한다. 손해배상액의 예정과 달리 법원이 감액할 수도 없다. 위약벌의 약정에 의한 의무강제를 통해 얻어지는 채권자의 이익에 비하여 약정된 벌이 과도할 경우에는 일부 또는 전부가 공서양속에 반하여 무효로 될 수 있을 뿐이다.[45]

---

45) 대판 2002.4.23. 2000다56976 등

4. 손해배상 예정액

1) 거래사회에서는 당사자 간에 있을 수 있는 분쟁을 회피하기 위해서 미리 채무불이행이 있었던 경우의 손해배상을 정해 두는 경우가 있다. 이를 손해배상액의 예정이라 한다. 당사자는 법률의 규정이나 양속질서에 반하지 않는 한 자유로 손해배상액의 예정을 합의할 수 있다.

2) 손해배상액의 예정은 손해의 입증에 따른 곤란을 제거하고 분쟁을 예방하며, 결국 손해배상청구를 간이하게 하여 채무의 이행을 확보하기 위한 목적으로 운용된다.

3) 손해배상액의 예정이 있는 경우에 채권자는 채무불이행의 사실을 증명하면 손해의 발생 혹은 그 액을 증명하지 않더라도 예정배상액을 청구할 수 있다. 약관에서 손해배상 예정액을 총 계약금액의 10%를 초과하도록 정하는 경우에는 무효이다.

4) 예정된 손해배상액이 실제의 손해보다 과다한 경우에는 법원은 배상예정액을 적당히 감액할 수 있다(제398조 2항).

5. 위약벌

계약의 충실한 이행을 심리적으로 강제하는 기능과 계약불이행에 대한 제재금으로서 부과되는 금액을 말한다. 위약벌로 부과되는 금액이 아무리 과다하다 하더라도 그것이 신의성실의 원칙에 반하지 않는 경우에는 법원이 재량에 의하여 감액할 수 없다. 약관에서 고객에게 일방적으로 불리한 위약벌 조항은 무효이다.

6. 배상자대위

1) 의의
채권자가 손해배상으로써 물(物) 또는 권리의 가액의 전부를 받은 때는 채무자는 그 물 또는 권리에 대해 당연히 채권자에게 대위 하는 것을 배상자대위라고 한다(제399조).

2) 요건
  (1) 채권자가 채권의 목적인 물건 또는 권리의 가액 전부를 받은 경우에 인정된다. 민법이 규정하고 있는 「물건 또는 권리의 가액 전부」(제399조)는 물건 또는 권리의 인도를 목적으로 하는 채권에 관한 「전보배상」의 전부를 의미한다고 해석된다.

  (2) 앞에서도 언급했듯이 일부의 배상으로 인한 배상자대위는 발생하지 아니하고, 역시 일부대위도 성립하지 아니한다(상법 제682조). 한편 전부의 배상을 받는다는 것은 변제에 한하지 않고 대물변제 · 공탁 · 상계 등과 같이 변제와 동일시되는 사유로 채권의 만족을 얻게 되는 모든 경우도 무방하다.

3) 배상자대위의 효과
배상자대위가 성립하면 채권의 목적인 물건 또는 권리는 법률상 「당연히」 물건이나 권리의 이전에 필요한 양도행위 기타의 요건(등기 · 인도 혹은 채권양도의 통지 · 승낙)을 갖출 필요 없이 채권자로부터 배상자에게 이전한다. 보험청구권에 관해서도 배상자 대위를 인정할 것인지 의문이다.

보험금청구권에 대하여는 예컨대, 건물임차인이 그 건물을 소실하여 배상하여도 건물소유자의 보험청구권에는 대위하지 않고, 오히려 보험회사가 건물소유자의 손해배상청구권에 대위하게 된다(상법 제682조).

제 5 절   부동산매매계약 시 검토사항

1. 일반적인 사항

(1) 매매는 유상계약 가운데 가장 대표적인 계약으로서 매매에 관한 규정은 다른 유상계약에 대한 총칙적 의의를 가진다. 따라서 특별한 규정이 없는 경우에는 다른 유상계약에 매매의 규정이 준용된다(제567조).

(2) 매매는 원칙적으로 불요식계약이다.

(3) 매매의 양당사자는 계약상 재산권의 이전의무와 대금의 지급의무가 서로 견련관계가 있으므로 쌍무계약의 전형이다.

(4) 매매의 상환채무는 재산권양도의무와 대금지급의무로서 동시에 이행될 것을 원칙으로 한다.

2. 매도인 · 매수인의 권리의무

1) 매도인의 이행의무
(1) 재산권이전의무
매도인은 매수인에게 재산권을 이전할 의무를 부담한다(제568조 1항). 타인의 소유권에 속한 물건을 매각한 때에는 매도인은 목적물의 소유권을 취득하여 매수인에게 이전할 의무를 부담한다(제569조).

(2) 목적물인도의무
매도인은 별도의 특약이나 관습이 없는 한 매수인에게 매매목적물에 대한 직접점유를 취득케 할 의무를 부담한다. 인도는 현실의 인도나 간이인도와 같이 매수인에게 직접점유를 마련해 주는 경우 외에도 점유개정이나 반환청구의 양도에 의해 간접점유를 마련해 주는 경우까지 포함한다(제188조-제190조). 동산매매에서는 소유권이전의무와 목적물인도의무가 한꺼번에 이행된다. 화물상환증(상법 제128조) · 창고증권(상법 제156조) · 선하증권(상법 제813조)에 의한 인도는 현실의 인도와 같이 다룬다. 매도인은 소유권이전의무와 목적물인도의무를 부담한다.

(3) 종물 · 종 된 권리
종물 · 종된 권리는 주물 · 주된 권리의 처분에 따른다(제100조 2항). 따라서 특약이 없는 한 매도인은 주물의 재산권과 함께 종물 · 종된 권리도 이전하여야 한다.

(4) 목적물로부터 생긴 과실(果實)의 귀속
가) 과실은 원칙적으로 원물로부터 분리되는 때에 수취권을 갖는 자가 취득한다(제102조). 그러나 매매에서는 목적물로부터 생긴 과실의 인도와 대금의 이자의 지급을 간단하게 처리하기 위하여 「매매계약이 있은 후에도 인도하지 아니한 목적물로부터 생긴 과실은 매도인에게 속 한다」(제587조 전단)고 하고 있다.

나) 매수인이 대금을 지급한 때에는 대금의 이용과 과실의 취득이라는 이중의 이익을 매도인이 얻을 수는 없다. 따라서 매도인은 대금의 지급을 받은 때에는 목적물을 점유하고 있더라도 과실수취권을 상실하며 결국 과실수취권은 매수인에게 귀속된다.

2) 매수인의 이행의무

(1) 대금지급의무

가) 매수인은 매도인의 재산권이전과 목적물인도에 대한 반대급부로 대금지급의무를 부담한다(제568조 1항). 대금지급의무는 특약이 없는 한 매도인의 재산권이전의무와 동시이행의 관계에 있다(제568조 2항).

나) 대금지급시기는 특약이나 관습이 있으면 특약이나 관습에 의한다. 매매의 목적물의 인도에 대하여 기한이 있는 때에는 대금의 지급에 대하여도 동일기한이 붙은 경우로 추정한다(제585조). 다만 어느 의무에 대해서도 기한의 약정이 없다면, 당사자는 계약이 성립한 후에 언제든지 상환으로 이행을 청구할 수 있다(제387조 3항).

다) 대금지급장소는 특약이나 관습이 없는 한 지참채무의 원칙에 의하여 매도인의 주소가 된다(제467조 2항). 다만 매매의 목적물의 인도와 동시에 대금을 지급하여야 할 때에는 그 인도장소가 대금지급장소가 된다(제586조 : 제467조 2항 본문에 대한 특칙).

(2) 대금지급거절권

매수인의 대금지급의무와 매도인의 목적물인도·등기의무는 동시이행의 관계에 있다. 따라서 매수인은 매도인이 채무이행을 제공할 때까지 대금지급을 거절할 수 있다. 동시이행의 관계에 있지 않은 경우에도 매매의 목적물에 대하여 권리를 주장하는 권리주장자로 인하여 매수인이 매수한 권리의 전부 혹은 일부를 잃을 염려가 있는 때에는 매수인은 그 위험의 한도 내에서 대금의 전부 혹은 일부의 지급을 거절할 수 있다(제588조 본문). 특히 제3자가 주장하는 권리에는 소유권을 비롯하여 저당권 등 담보권도 포함된다(통설). 다만 권리주장자가 있는 경우에 매도인은 상당한 담보를 제공하고 대금의 지급을 청구하거나(제588조 단서), 대금의 공탁을 청구할 수 있다(제589조). 동시이행의 항변권과는 달리 대금지급거절권은 추탈의 위험에 대한 항변권이며, 담보적 성질을 갖는 권리이다.

(3) 이자지급의무

매수인은 원칙적으로 목적물의 인도를 받은 날로부터 대금의 이자를 지급할 의무를 부담한다(제587조 후단). 매도인의 과실수취권(제587조 전단)과 관련하여 매도인과 매수인의 이익균형의 형평성을 고려한 것이다. 그러나 대금지급에 관하여 기한이 정해져 있는 경우에는, 매수인은 그 기한이 지난 다음부터 지체에 대한 이자를 지급하여야 한다(제587조 단서).

(4) 목적물수령의무

매수인에게 목적물을 수령할 의무가 있는가 하는 문제에 대하여는 다수설은 매수인은 매도인이 제공하는 목적물을 수령할 의무가 있다고 본다. 매수인이 매매의 목적물을 수령하지 않는 경우에 매수인이 이미 대금지급을 한 경우 혹은 기한의 미도래로 대금채무를 지체하고 있지 않은 경우에도 매도인은 매수인의 수령의무 위반(채무불이행)을 이유로 계약을 해제하거나 손해배상을 청구할 수 있다.

3. 매도인의 담보책임

1) 담보책임의 의의

매도인의 담보책임이라 함은 매매에 의하여 매수인이 취득하는 권리 또는 권리의 객체인 물건에 하자(흠) 내지 불완전한 점이 있는 경우에 매도인(채무자)이 매수인에 대하여 과책유무에 관계없이 매도인이 부담하는 책임을 가리킨다. 매매의 담보책임규정은 매매 이외의 다른 유상계약에도 준용된다는 점에서(제567조)중요하다. 그러나 도급에 관해서는 별도의 담보책임규정을 두고 있다(제667조 이하).

(1) 권리하자담보책임

권리하자담보책임은 매매의 목적이 된 권리의 일부·전부가 매도인에게 속하지 않은 경우(제569조·제572조), 목적물의 수량부족·일부멸실 인 경우(제574조), 매매목적물이나 매매의 목적이 된 권리가 용익권·담보권에 의하여 제한되는 경우(제575조·제576조)에 발생한다.

(2) 물건하자담보책임

물건하자담보책임은 매매의 목적물 그 자체에 있는 하자로 인하여 그 교환가치·사용가치가 충분히 발휘되지 않는 경우에 성립한다. 권리나 물건의 흠결이 계약 성립 후에 매도인의 귀책사유(고의·과실)에 의하여 생긴 경우에는 매수인은 채무불이행책임을 추급할 수 있다(제374조·제390조). 매도인의 담보책임은 매수인에게 매도인의 과실을 요건으로 하지 않고 대금감액청구권·손해배상청구권·계약해제권을 부여하여 매매계약의 성립 이전부터 목적물에 존재하는 결함(하자)으로부터 매수인을 보호하는 제도이다.

2) 담보책임에 관한 면제특약의 효력

(1) 민법상 담보책임에 관한 규정은 강행규정으로 볼 수 없다. 따라서 당사자는 민법에 정한 담보책임을 배제, 경감 혹은 가중하는 특약을 체결할 수 있다.

(2) 예외적으로 담보책임에 대한 책임감면의 특약을 주장할 수 없는 경우가 있다. 매도인은 담보책임을 면하는 특약을 한 경우에도 매도인 자신이 알고 통지하지 아니한 사실 및 매도인이 제3자에게 양도하거나 저당권을 설정한 목적물을 제3자에게 매도한 경우에는 담보책임을 면하는 특약을 체결하더라도 무효가 된다(제584조).

제 6 절   계약체결과 약관

1. 약관의 의의

1) 약관이라 함은 계약의 일방당사자가 다수의 상대방과 계약을 체결하기 위하여 일정한 형식에 의하여 사전에 마련한 정형적인 계약조항을 말한다. 통상 불특정다수의 이용자를 거래상대방으로 하는 기업이 장차 다수의 동종의 거래를 신속·안전하게 행하기 위하여 약관을 이용한다.

2) 약관으로서의 실질적 요건을 갖추고 있으면 그 명칭, 형태, 범위에 관계없이 약관으로 인정된다. 예컨대, 공급계약(가스·전기·수도), 보험계약(화재·생명), 운송계약(지하철·버스·항공기), 이용계약(우편·전화),

입장계약(영화관·극장), 창고임치계약, 병원의 진료계약 등으로서 소비자는 이를 포괄적으로 부합함으로써 계약이 성립한다. 이러한 계약을 부합계약(프랑스), 보통거래약관(독일) 또는 표준형식계약서(영미)라고 한다.

2. 약관의 구속력

1) 약관의 법적 성질
현재는 계약설에 기초한 절충적 입장에서 규정하고 있다.

(1) 규범설
규범설에 의하면 사업자가 당해거래 종목을 위하여 미리 약관을 작성하여 놓고 있다는 사실 만에 의하여 법률과 마찬가지로 당연히 약관은 그 거래를 위한 계약에 적용된다. 규범설은 구체적으로 약관을 기업이 자주적으로 제정하는 법규라고 보는 자치법설, 약관이 존재하는 경우에는 그 약관에 의한다는 상관습이 있다고 하는 이유로 약관의 구속력을 인정하는 상관습법설로 구분된다.

(2) 계약설
당사자 사이의 합의에 의하여 약관은 계약의 내용을 구성하게 되고, 그 결과를 구속력이 인정된다고 보는 다수설이 이다. 판례는 보통거래 약관이 계약당사자에 대하여 구속력을 갖는 것은 그 자체가 법규범 또는 법규범적 성질을 가진 약관이기 때문이 아니라 보험계약 당사자사이에서 계약내용에 포함시키기로 합의하였기 때문이라고 한다(대판 1985. 11. 26. 84 다카 2543 : 동 1990. 4. 27. 89 다카 24070.).

(3) 다원설
약관이 구속력을 갖기 위해서 보통 당사자의 계약 내용으로 삼으려는 채용합의가 필요하지만, 예외적으로 법률의 수권으로 구속력을 갖게 되는 경우도 있다는 견해이다.

(4) 절충적 계약설(약관규제법의 입장)
계약설을 취하면서 사회적 기능을 고려하여·규범과 유사한 비자발적 구속성을 인정하여야 한다는 견해이다.

2) 계약에의 편입

(1) 약관이 계약의 내용으로 되어 구속력을 가지는 경우를 계약에의 편입이라 한다.
예컨대 약관의 내용이 상대방에게 효력을 미치기 위해서는 약관을 이용하는 사업자가 약관을 명시 또는 설명하고 상대방이 그 약관에 따라 계약을 체결하는데 동의한 경우에만 계약내용으로 편입된다(약관규제법 제3조 1항.2항). 명시설명에 대한 입증책임은 사업자가 부담함은 물론이다. 그러나 경제적 지위가 동등하여 불공정한 내용의 약관이 작성될 우려가 없는 경우에는 상대방이 계약의 존재를 알고 있는 한 작성자의 명시·설명이 없더라도 그 약관은 계약 내에 편입되어 구속력을 갖는다(동법 제3조의 반대해석). 또한 당사자 사이에 약관이 정하는 내용과 다르게 합의한 부분이 있는 경우에는 개별약정이 약관에 우선한다(동법 제4조 : 대판 1985. 11. 26. 84다카 2543).

(2) 명시의무가 면제되거나 설명의무가 없는 경우가 있다.
다른 법률의 규정에 의하여 행정관청의 인가를 받은 약관으로서 거래의 신속을 위하여 필요하다고 인정되어 대통령령이 정하는 약관에 관하여는 거래시 상대방에 대한 명시의무가 면제되고(약관규제법 제3조 1항 단서), 계약의 성질상 설명이 현저하게 곤란한 경우에는 설명의무가 없다(동법 동조 2항 단서). 다만 명시의무가 면제되는 업종의 약관이라 하더라도 사업자는 영업소에 약관을 비치하여야 하며, 고객의 요청이 있는 때에는 약관의 사본을 고객에게 교부하여 알 수 있도록 하여야 한다(동법시행령 제2조 2항).

3. 계약의 해석

약관은 법률행위의 해석방법에 의하여 해석되어야 한다. 약관을 해석할 때에는 신의성실의 원칙, 통일적해석, 작성자불리해석의원칙을 비롯한 약관에 특유한 해석원칙에 따라서 계약의 종류, 내용 기타 모든 사정을 고려하여 당사자의 진의를 객관적으로 탐구하여야 한다.

1) 신의성실의 원칙
약관은 그 약관이 적용되는 구체적 사안을 고려하여 신의성실의 원칙에 맞게 해석되어야 하지 어느 당사자의 일방의 이익에 치우쳐서는 안된다(약관규제법 제5조 제1항). 약관은 계약의 내용이 되는 일방당사자의 제안에 불과하므로 법률의 해석방법이 아닌 법률행위의 해석원칙에 따라 해석되어야 한다. 또한 약관의 해석에 있어서는 계약의 종류 및 기타 모든 사정을 고려하여 당사자의 진의를 객관적으로 탐구하여야 한다. 약관해석에 신의성실의 해석원칙을 취한 것은 약관해석에 법률행위의 해석원칙을 취해야 한다는 계약설에 입각한 것이다. 예컨대 사업자가 작성한 약관조항이 신의칙에 반하는 공정을 잃은 조항으로서 약관규제법상 무효라고 볼 수밖에 없는 경우에는 수정해석을 할 필요가 있다.

2) 통일적 해석의 원칙
약관은 상대방이 누구이든 관계없이 동일하게 해석되지 않으면 안 된다(약관규제법 제5조 제1항). 본래 약관은 같은 다수의 계약관계를 정형적으로 처리하기 위하여 마련되는 관계로 상대방이 누구인가를 묻지 않고 항상 동일하게 해석되어야 한다. 그러나 고객그룹별로 별개의 계약종류를 이루고 있는 경우, 고객그룹에 따라 다르게 해석하는 것이 합리적이라고 판단되는 경우에는 그렇게 하여도 무방하다. 통일적 해석의 원칙은 약관이 담당하고 있는 규범유사의 기능을 고려하여 약관의 사실상 기능에 맞는 해석원칙을 도출하려는 의도에서 만들어진 해석원칙이다

3) 고객유리해석의 원칙
약관의 의미가 불명확한 경우에는 상대방에게 유리하게 해석되어야 한다(약관규제법 제5조 제2항). 즉 고객보호의 측면에서 약관내용이 명백하지 못하거나 의심스러운 때에는 고객에게는 유리하게 그리고 약관작성자에게는 불리하게 해석하여야 한다.[46] 약관의 뜻이 불명확한 경우 모든 의문을 사업자에게 부담시키려는 것은 아니며, 계약의 해석을 진지하게 시도해 보아도 명확해지지 않고 몇 가지의 의미로 해석되는 경우에 그들 의미 중 가장 고객에게 유리한 의미로 결정한다는 취지이다.

4) 면책약관축소해석의 원칙
면책약관의 문언이 불명확하여 어떤 책임을 면책한 경우인지 분명하지 아니한 때에는 약관의 작성자가 최소한의 책임만을 면하도록 해석하여야 한다.

---

46) 대판 1998. 10. 23. 98다20752

5) 합의우선의 원칙

당사자가 약관조항과 서로 다른 내용의 합의를 한 경우에는 당사자의 합의가 약관조항에 우선하여 적용되어야 한다(약관규제법 제4조).

4. 불공정한 약관조항의 무효

1) 일반원칙

신의칙상의 의무에 위반하여 자신의 이익만을 추구하고 고객의 정당한 이익을 희생시키는 약관조항은 불공정조항으로 무효이다(약관규제법 제6조 제1항). 고객에 대하여 부당·불리한 조항, 기습조항(의외조항), 즉 고객이 계약의 거래형태 등 제반사정에 비추어 예상하기 어려운 조항, 계약의 목적을 달성할 수 없을 정도로 계약에 따르는 본질적 권리를 제한하는 조항은 불공정조항으로 추정된다(동법 제6조 제2항).

2)「약관의 규제에 관한 법률」상의 구체적인 무효조항(사법적 구제)

(1) 면책조항의 금지

사업자 이행보조자 또는 피용자의 고의 또는 중대한 과실로 인한 법률상의 책임을 배제하는 조항은 무효이다(약관규제법 제7조 1호). 이것은 채무불이행책임 또는 불법행위책임의 발생자체를 약관에 의해 배제하는 것을 금지하고자 한다(절대적 무효조항). 상당한 이유 없이 사업자의 손해배상범위를 제한하거나 사업자가 부담하여야 할 위험을 고객에게 이전시키는 조항 역시 무효이다(동법 제7조 2호 : 상대적 무효조항). 상당한 이유 없이 사업자의 담보책임을 배제 또는 제한하거나 그 담보책임에 따르는 고객의 권리행사의 요건을 가중하는 조항은 무효이다(동법 제7조 3호). 계약목적물에 관하여 견본이 제시되거나 품질·성능 등에 관한 표시가 있는 경우 그 보장된 내용에 대한 책임을 배제 또는 제한하는 조항은 무효이다.

(2) 손해배상액의 예정

고객에 대하여 사전에 부당·과중한 지연손해금과 같은 손해배상의무를 부담시키는 약관조항은 무효이다(약관규제법 제8조). 약관의규제에관한법률 제8조는 과중한 손해배상액의 예정조항을 무효로 한다. 손해배상의 예정에는 채무불이행에 따른 지연손해의 배상, 전보배상, 위약벌 및 불법행위에 기한 손해배상금, 기타 어떠한 명목에 의한 손해배상금이라도 고객이 부담하는 것은 모두 포함된다. 이 때 무효로 되는 부분은 적정한 금액을 초과하는 부분에 한하지 않고, 그러한 약관조항 자체를 무효로 하므로 손해배상의 예정이 없었던 것으로 된다.

(3) 계약의 해제·해지

법률의 규정에 의한 고객의 해제권 또는 해지권을 배제하거나 그 행사를 제한하는 조항(고객의 해제권 제한), 사업자에게 법률에서 규정하고 있지 아니하는 해제권·해지권을 부여하거나 법률의 규정에 의한 해제권·해지권의 행사요건을 완화하여 고객에 대하여 부당하게 불이익을 줄 우려가 있는 조항(사업자의 해제권 확대), 계약의 해제 또는 해지로 인한 고객의 원상회복의무를 상당한 이유 없이 과중하게 부담시키거나 원상회복청구권을 부당하게 포기하도록 하는 조항(해제, 해지의 효과), 계약의 해제·해지로 인한 사업자의 원상회복의무나 손해배상의무를 부당하게 경감하는 조항, 계속적인 채권관계의 발생을 목적으로 하는 계약에서 그 존속기간을 부당하게 단기 또는 장기로 하거나 묵시의 기간연장 또는 갱신이 가능하도록 정하여 고객에게 부당하게 불이익을 줄 우려가 있는 조항(계속적 채권관계)은 무효이다(약관규제법 제9조).

(4) 채무의 이행

상당한 이유 없이 급부의 내용을 사업자가 일방적으로 결정하거나 변경할 수 있도록 권한을 부여하는 조항(급부의 결정, 변경권), 상당한 이유 없이 사업자가 이행하여야 할 급부를 일방적으로 중지할 수 있게 하거나 제3자로 하여금 대행할 수 있게 하는 조항은 무효이다(약관규제법 제10조).

(5) 의사표시의 의제

일정한 작위 또는 부작위가 있을 때 고객의 의사표시가 표명되거나 표명되지 아니 한 것으로 보는 조항(고객의 권리제한), 고객의 의사표시의 형식이나 요건에 대하여 부당하게 엄격한 제한을 가하는 조항(기한이익의 상실), 고객의 이익에 중대한 영향을 미치는 사업자의 의사표시가 상당한 이유 없이 고객에게 도달된 것으로 보는 조항(체약자유의 제한), 고객의 이익에 중대한 영향을 미치는 사업자의 의사표시에 부당하게 장기의 기한 또는 불확정기한을 정하는 조항(비밀의 침해)은 무효이다(약관규제법 제12조).

(6) 고객의 권리보호

법률의 규정에 의한 고객의 항변권·상계권 등의 권리를 상당한 이유 없이 배제 또는 제한하는 조항(의사표시의 의제), 고객에게 부여된 기한의 이익을 상당한 이유 없이 박탈하는 조항(의사표시의 형식), 고객이 제3자와 계약을 체결하는 것을 부당하게 제한하는 조항(의사표시의 도달), 사업자가 업무상 알게 된 고객의 비밀을 정당한 이유 없이 누설하는 것을 허용하는 조항(의사표시의 기간)은 무효이다(약관규제법 제11조).

(7) 소제기의 금지 등

고객에 대하여 부당하게 불리한 소제기의 금지조항을 두거나 또는 재판관할의 합의조항을 두거나 상당한 이유 없이 고객에게 입증책임을 부담시키는 약관조항은 무효이다(약관규제법 제14조). 대리인은 원칙적으로 본인과 상대방과의 법률관계를 매개할 뿐 스스로는 아무런 법률효과나 책임을 지지 않는다, 일단 성립한 계약이 후에 무효·취소되더라도 그것은 본인과 상대방 사이의 법률문제일 뿐이지 대리인은 원칙적으로 그에 대한 책임을 지지 아니한다. 예컨대 계약의 무효·취소의 경우 체약대리인이 그에 대한 무과실의 손해배상책임을 져야 한다는 약관조항, 계약의 무효·취소의 경우 대리인과 상대방 사이에 동일내용의 계약이 체결된 것으로 본다는 약관조항 등은 무효이다. 다만 대리인이 고의·과실의 행위를 하여 스스로 불법행위책임을 져야 할 경우는 이에 해당하지 않는다. 대리인이 대리권한 없이 행위 한 무권대리의 경우에도 그 대리인의 상대방에 대한 책임을 민법 기타 특별법에 정해진 책임범위 보다 가중시킬 수 없다.

(8) 대리인의 책임가중

고객의 대리인에 의하여 계약이 체결된 경우에 고객이 그 의무를 이행하지 아니하는 때에는 대리인에게 그 의무를 전부 또는 일부를 이행할 책임을 지우는 내용의 약관조항은 무효이다(약관규제법 제13조).

가. 부제소의 합의

모든 법적 분쟁은 소송의 절차에 의해 해결하는 것이 원칙이다. 당사자 사이에 제소하지 않겠다는 개별약정은 유효하지만, 약관으로서 부제소의 약정을 한 것으로 간주하는 것은 고객의 제소권을 박탈하는 것이 되어 부당하다.[47]

---

47) 대판 1997. 2. 25, 96다24385: 중재조항을 포함하는 약관 등 다른 문서를 인용하는 경우도 당사자가 이를 계약의 내용으로 삼은 이상 허용된다.

나. 관할의 합의

통상 약관은 법적 분쟁에 대비하여 관할법원을 사업자 측에만 편리하도록 정하는데, 이는 약관에 의한 관할의 합의에 해당한다. 전속적 합의관할의 경우는 민사소송법이 피고의 주소지관할법원에 관할권을 부여하는 기본원칙(민소법 제1조)에도 상충되는 결과를 가져오므로 불공정한 것으로 판단된다. 약과조항의 내용이 전속적 합의관할을 정한 것인지 여부가 불분명한 경우에 그 약관조항은 부가적 합의관할로 해석된다.

다. 입증책임

입증책임은 법률의 규정 및 입증책임에 관한 학설·판례에 의해 각 당사자에게 공정하게 분배되어야 한다. 특히 사업자의 영역 내에 속하는 사항을 고객에게 입증시키도록 하는 것은 고객에게 책임을 전가시키는 것과 같은 불리한 효과를 야기하므로 불공정하다.

3) 무효의 효과

(1) 적용의 제한

가) 국제적으로 통용되는 약관 기타 특별한 사정이 있는 약관으로서 대통령령이 정하는 경우에는 약관의규제에 관한 법률 제7조 내지 제14조의 규정의 적용을 조항별·업종별로 제한할 수 있다(약관규제법 제15조).

나) 무효인 약관조항은 계약체결시 부터 계약내용을 구성하지 않은 것으로 되며, 어떠한 법적 효과도 생기지 않는다. 무효조항에 기초해 고객이 사업자에게 어떠한 급여를 한 경우에, 고객은 그 급여한 것을 부당이득으로서 반환청구 할 수 있다(제741조). 무효조항에 기한 고객의 급여는 민법 제746조의 불법원인급여 규정에 의해 반환청구가 제한되지 않는다. 사업자가 고의·과실로 불공정조항을 강요하여 고객에게 손해를 입힌 경우에는 고객은 사업자에 대하여 불법행위에 기한 손해배상청구를 할 수 있다.

(2) 일부무효의 특칙

가) 약관의 전부 또는 일부의 조항이 사업자가 약관의 명시의무·설명의무를 이행하지 아니하여 계약의 내용이 되지 못하는 경우 또는 불공정한 조항으로 약관의규제에관한법률 제6조 내지 제14조의 규정에 의하여 무효인 경우에는 계약은 나머지 부분만으로 유효하게 존속한다(약관규제법 제16조 본문). 그러나 유효한 부분만으로는 계약의 목적달성이 불가능하거나 일방에게 부당하게 불리한 경우에는 계약의 전부를 무효로 한다(동법 제16조). 동법에 의하여 무효로 되는 약관조항은 실체법상 당연 무효이다.

나) 그런데 약관에 관한 분쟁이 민사소송의 사건이 되기 위해서는 구체적 법률관계와 관련하여 그 조항의 효력이 다투어 진다. 무효조항으로 인해 고객이 손해를 입은 경우 불법행위에 기한 손해배상청구권 및 부당이득반환청구권이 발생함은 물론이다. 이 경우 불법원인급여에 관한 제746조는 적용되지 않는다.

(3) 행정적 구제

가. 약관의 심사청구 및 공정거래위원회의 약관심사
가) 심사청구
약관조항과 관련하여 법률상의 이익이 있는 자, 소비자보호법에 의하여 등록된 소비자 단체, 한국소비자

보호원 및 사업자단체는 이 법의 위반여부에 관한 심사를 공정거래위원회에 청구할 수 있다(약관규제법 제19조). 다만 이 심사청구는 공정거래위원회에 서면 또는 전자문서로 제출하여야 한다(동법 제21조).

나) 조사 및 의견진술

공정거래위원회는 약관의 규제에 관한 법률 제6조 내지 제14조에 해당하는 불공정한 약관조항에 대한 시정을 위한 조치를 명하거나 권고하기 위하여 필요하다고 인정되는 경우 및 심사청구권자로부터의 심사청구를 받은 경우에는 약관이 동법에 위반된 사실이 있는지의 여부를 확인하기 위하여 필요한 조사를 할 수 있다(약관규제법 제20조). 본 위원회는 약관의 내용이 약관의 규제에 관한 법률에 위반되는지의 여부에 대하여 심의하기 전에 당해 약관에 의하여 거래를 한 사업자 또는 이해관계인에 대하여 당해 약관이 심사대상이 되었다는 사실을 통지하여야 하고, 이 통지를 받은 당사자 또는 이해관계인은 공정거래위원회의 회의에 출석하여 그 의견을 진술하거나 필요한 자료를 제출할 수 있다(동법 제22조). 또한 본 위원회는 심사대상이 된 약관이 다른 법률에 의하여 행정관청의 인가를 받았거나 받아야 할 것인 때에는 심의에 앞서 그 행정관청에 대하여 의견의 제출을 요구할 수 있다(동법 제22조).

나. 행정적 시정명령 · 권고

가) 약관 일반의 경우
(가) 사업자가 불공정약관조항을 계약의 내용으로 하는 때에는 공정거래위원회는 건전한 거래질서의 확립을 위하여 사업자에게 약관조항의 삭제 · 수정 등 시정에 필요한 조치를 권고할 수 있으며, 시정에 필요한 조치를 명하거나 권고함에 있어서 필요한 때에는 그 사업자와 동종사업을 영위하는 다른 사업자에게 같은 내용의 불공정약관조항을 사용하지 말도록 권고할 수 있다(약관규제법 제17조 3항). 그러나 이 시정권고는 사업자에 대하여 그 권고에 따를 것을 강제하는 효력이 없고 행정지도의 성질을 가질 뿐이다.

(나) 한편 공정거래위원회는 약관의규제에관한법률 제17조의 규정을 위반한 사업자가 다음 중의 어느 하나에 해당하는 경우에는 사업자에게 당해 약관조항의 삭제 · 수정 등 시정에 필요한 조치를 명할 수 있다. 이 시정명령은 행정명령에 해당하므로 수명자는 이에 따라야 할 의무를 지며, 사업자가 불복절차를 밟는 경우에도 그 취소명령이 있기까지는 유효하게 그 효력을 발생한다.
① 사업자가 독점규제및공정거래에관한법률 제2조제7호의 시장지배적 사업자인 경우
② 사업자가 자기의 거래상의 지위를 부당하게 이용하여 계약을 체결하는 경우
③ 일반공중에게 물품 · 용역을 공급하는 계약으로서 계약체결의 긴급성 · 신속성으로 인하여 고객이 계약을 체결할 때에 약관조항의 내용을 변경하기 곤란한 경우
④ 사업자의 계약당사자로서의 우월적 지위가 현저하거나 고객이 다른 사업자를 선택할 범위가 제한되어 있어 약관을 계약의 내용으로 하는 것이 사실상 강제되는 경우
⑤ 계약의 성질 또는 목적상 계약의 취소 · 해제 또는 해지가 불가능하거나 그로 인하여 고객에게 현저한 재산상의 손해가 발생하는 경우
⑥ 사업자가 제1항의 규정에 의한 권고를 정당한 사유 없이 따르지 아니하여 다수 고객의 피해가 발생하거나 발생할 우려가 현저한 경우

또한 공정거래위원회는 위와 같은 시정권고나 시정명령을 함에 있어서 필요한 때에는 당해 사업자와 동종영업을 영위하는 다른 사업자에게 같은 내용의 불공정약관조항을 사용하지 말 것을 권고할 수 있다.

나) 관청인가 약관 등에 대한 특칙

공정거래위원회는 행정관청이 작성한 약관 또는 다른 법률에 의하여 행정관청의 인가를 받은 약관이 약
관의규제에관한법률 제6조 내지 제124조의 규정에 위반한 사실이 있다고 인정될 때에는 당해 행정관청에 그
사실을 통보하고 그 시정에 필요한 조치를 요청할 수 있으며 은행법의 규정에 의한 금융기관의 약관이 동법
제6조 내지 제14조의 규정에 위반한 사실이 있다고 인정될 때에는 금융감독기구의설치등에관한법률에 의하
여 설립된 금융감독원에 그 사실을 통보하고 그 시정에 필요한 조치를 취하도록 권고할 수 있다. 위와 같은 공
정거래위원회가 하는 시정에 필요한 조치의 요청 또는 권고는 그 내용을 명시한 서면으로 하여야 한다. 공정
거래위원회로부터 시정에 필요한 조치의 요청 또는 권고를 받은 행정관청이나 금융감독기구의설치등에관한
법률에 의하여 설립된 금융감독원은 그 요청 또는 권고를 받은 날로부터 60일 이내에 공정거래위원회에 서면
으로 처리결과를 보고하여야 한다.

다) 불공정약관조항의 공개열람

공정거래위원회는 약관의규제에관한법률에 위반된다고 심의·의결한 약관조항의 목록을 작성비치하고
필요한 때에는 이를 일반인에게 공개열람하게 할 수 있다.

라) 표준약관의 활성화
(가) 표준약관의 제정. 심사청구

사업자 및 사업자단체는 건전한 거래질서를 확립하고 불공정한 내용의 약관이 통용되는 것을 방지하기
위하여 일정한 거래분야에서 표준이 될 약관을 마련하여 그 내용이 약관의규제에관한법률에 위반되는지 여
부에 관하여 공정거래위원회에 심사를 청구할 수 있다. 또한 소비자보호법 제19조의 규정에 의하여 등록된
소비자단체 또는 제26조의 규정에 따라 설치된 한국소비자보호원(이하 "소비자단체 등"이라 한다)은 소비자
피해가 자주 일어나는 거래 분야의 표준이 될 약관을 마련할 것을 공정거래위원회에 요청할 수 있다. 공정거
래위원회는 소비자단체등의 요청이 있는 경우 또는 일정한 거래분야에서 다수의 고객에게 피해가 발생하는
경우에 이를 조사하여 약관이 없거나 불공정 약관조항이 있는 경우 사업자 및 사업자단체에 대하여 표준이
될 약관을 마련하여 심사청구 할 것을 권고할 수 있다(약관규제법 제19조의2 3항).

(나) 공정거래위원회의 표준약관 제정

공정거래위원회가 사업자 및 사업자단체에 대하여 표준이 될 약관을 마련하여 심사 청구할 것을 권고하
였음에도, 사업자 및 사업자단체가 그 권고를 받은 날부터 4월 이내에 필요한 조치를 하지 아니하는 때에는
공정거래위원회는 관련분야의 거래당사자 및 소비자단체 등의 의견을 듣고 관계부처의 협의를 거쳐 표준이
될 약관을 마련할 수 있다(약관규제법 제19조의2 4항).

(다) 표준약관의 사용권장

공정거래위원회는 사업자 및 사업자단체가 마련하여 공정거래위원회가 심사하거나 공정거래위원회가 마
련한 표준약관의 사용을 공시하고 사업자 및 사업자단체에 대하여 그 사용을 권장할 수 있다(약관규제법 제19
조의2 5항). 공정거래위원회로부터 표준약관의 사용을 권장 받은 사업자 및 사업자단체는 표준약관가 다른 약
관을 사용하는 경우에 표준약관과 다르게 정한 주요내용을 고객이 알기 쉽게 표시하여야 한다(동법 제19조의
2 6항). 공정거래위원회는 표준약관의 사용을 활성화하기 위하여 표준약관표지를 정할 수 있으며, 사업자 및
사업자단체는 표준약관을 사용하는 경우 공정거래위원회가 고시하는 바에 따라 표준약관표지를 사용할 수
있다(동법 제19조의2 7항). 사업자 및 사업자단체는 표준약관과 다른 내용을 약관으로 사용하는 경우 표준약
관표지를 사용하여서는 아니 된다(동법 제19조의2 8항). 사업자 및 사업자단체가 이에 위반하여 표준약관표지

를 사용하는 경우 표준약관의 내용보다 고객에게 더 불리한 약관의 내용은 무효로 한다(동법 제19조의2 9항).

4) 「약관의 규제에 관한 법률」과 사법이론의 적용

(1) 약관의 내용에 대한 착오

약관작성자의 상대방이 약관조항의 냉용이나 약관작성자의 명시 · 설명에 관하여 착오에 의해 의사표시를 한 경우에는 그 착오가 법률행위의 중요부분에 해당되는 것이면 의사표시를 취소할 수 있다(제109조). 그러나 고객의 부주의로 인해 약관의 내용을 승인하고 계약을 체결한 경우이거나 약관조항의 효과부분에 대해서만 착오가 있는 경우에는 의사표시를 취소 할 수 없다.

(2) 의외조항의 문제

계약당사자인 상대방이 전혀 예상하지 못한 비정상적 약관조항이 있는 경우에 그 조항은 계약내용이 될 수 없다(약관규제법 제6조 제2항). 약관조항이 계약내용에 편입되기 위해서는 당사자 간의 합의가 전제되어야 하므로, 도저히 당사자의 합의가 있었다고 볼 수 없는 약관조항은 신의성실의 원칙에 비추어 계약내용이 될 수 없다.

(3) 손해배상의무

약관작성자가 무효인 위반약관을 상대방이 그대로 수용할 것이라고 기대하면서 의도적으로 약관을 악용한 사업자는 계약의 유효를 믿음으로써 입은 손해에 관하여 계약체결상의 과실책임(제535조)을 부담할 수 있다.

제 7 절 계약관련 주요판례 소개

1. 계약일반

1) 계약담당공무원이 체결한 국가계약이 무효로 되기 위한 요건(대판 2001. 12. 11, 2001다33604)

단순히 계약담당공무원이 입찰절차에서 국가계약법 등의 법령이나 그 세부심사기준에 어긋나게 적격 심사를 하였다는 사유만으로 당연히 낙찰자 결정이나 그에 기한 계약이 무효가 되는 것은 아니고, 이를 위배한 하자가 입찰절차의 공공성과 공정성을 현저히 침해할 정도로 중대할 뿐아니라 상대방도 이러한 사정을 알았거나 알 수 있었을 경우, 또는 누가 보더라도 낙찰자의 결정 및 계약체결이 선량한 풍속 기타 사회질서에 반하는 행위에 의하여 이루어진 것임이 분명한 경우 등 이를 무효로 하지 않으면 그 절차에 관하여 규정이 국가계약법의 취지를 몰각하는 결과과 되는 특별한 사정이 있는 경우에 한하여 무효가 된다고 해석함이 상당하다.

2) 매매계약의 성립요건으로서 목적물과 대금의 특정 정도(대판 2002. 7. 12, 2001다7940)

매매계약에 있어서 그 목적물과 대금은 반드시 계약체결 당시에 구체적으로 특정할 필요는 없고 이를 사후에라도 구체적으로 특정할 수 있는 방법과 기준이 정해져 있으면 족한 것이고, 이 경우 그 약정된 기준에 따른 대금액의 산정에 관하여 당사자 간에 다툼이 있는 경우에는 법원이 이를 정할 수밖에 없다. 국 · 공유재산을 매각할 때 매매계약 체결 당시의 시가를 참작하여 당해 재산의 예정가격을 결정하여야 하고, 일정 금액 이상의 재산에 대하여는 2개 이상의 감정평가 법인에게 평가를 의뢰하고 그 평가액을 산술평균한 금액을 예정가격으로 하도록 관계법령에 규정되어 있다고 하더라도(국유재산법 제34조, 같은법시행령 제37조 제1항), 이러한 규정으로 인하여 잡종재산의 처분에 관한 매매계약의 사법상 효력에 영향을 미치는 것은 아니다.

3) 계약 성립 요건인 '의사의 합치'의 의미와 청약의 의사표시의요건(대판 2003. 4. 11, 2001다53059)

계약이 성립하기 위하여 는 당사자의 서로 대립하는 수개의 의사표시의 객관적 합치가 필요하고 객관적 합치가 있다고 하기 위하여 는 당사자의 의사표시에 나타나 있는 사항에 관하여는 모두 일치하고 있어야 하는 한편, 계약 내용의 '중요한 점' 및 계약의 객관적 요소는 아니더라도 특히 당시지기 그것에 중대한 의의를 두고 계약성립의 요건으로 할 의사를 표시한 때에는 이에 관하여 합치가 있어야 계약이 적법, 유효하게 성립하는 것이다. 그리고 계약이 성립하기 위한 법률요건인 청약은 그에 응하는 승낙만 있으면 곧 계약이 성립하는 구체적, 확정적 의사표시여야 하므로(대법원 1998. 11. 27. 선고 97누14132 판결, 1993. 10. 22. 선고 93다32507 판결, 1992. 10. 13. 선고 92다29696 판결 등 참조), 청약은 계약의 내용을 결정할 수 있을 정도의 사항을 포함시키는 것이 필요하다 할 것이다.

4) 명예퇴직을 신청한 근로자가 인사발령이 통보되기 전 명예퇴직 신청의 의사를 철회할 수 있는지 여부
(대판 2003. 4. 25, 2002다11458)

사용자측 내부에서는 근로자로부터 명예퇴직신청이 있을 경우 이를 모두 받아들이기로 하는 결정이 있었다 하더라도, 외부적으로는 일정한 경력이 있는 근로자 전원에 대하여 명예퇴직을 신청할 수 있고 그 명예퇴직 신청자 가운데 결격사유가 있는 자를 유보한 후 인사위원회의의결을 거쳐 명예퇴직 대상자를 정한다는 방침을 소속근로자에게 고지하고 명예퇴직 신청을 받은 사실 등 여러 가지 사정을 참작하여 볼 때 원고가 사직원에 의하여 신청한 명예퇴직은 근로자가 청약을 하면 사용자가 요건을 심사한 후 승낙함으로써 합의에 의하여 근로관계를 종료시키는 것으로서 사용자의 승낙이 있어 근로계약이 합의해지되기 전에는 근로자가 임의로 그 청약의 의사표시를 철회할 수 있다.

2. 약관에 대한 해석원칙

1) 지급보증보험계약상의 정액보상 특별약관과 일반적 면책사유와의 관계(대판 2001. 11. 13, 99다71672)

지급보증보험계약상의 정액보상 특별약관에서 보험회사는 피보험자가 지급보증금을 귀속시켜야 할 사유가 발생하였을 때에는 보통약관의 보험금 지급액에 관한 규정과 면책에 관한 규정에 불구하고 피보험자가 귀속시켜야 할 금액(청구금액)을 지급한다고 규정하고 있다면 이는 주계약에서 보험계약자(주계약상의 채무자)가 채무를 이행하지 아니하는 경우 일정한 금액을 지급 또는 귀속시키기로 하는 손해배상액의 예정 등에 관한 약정이 있는 경우 보통약관에서 정한 보험금지급액에 관한 규정에 불구하고 그와 같이 약정된 금액을 보험가입금액의 한도 내에서 정액으로 보상하고, 또한 보험계약자의 채무불이행이 보통약관소정의 면책사유로 인하여 발생한 것이라고 하더라도 보험회사로서는 이를 면책사유로 주장하지 않고 보험금을 지급하겠다는 취지로 해석할 것이지, 나아가 보험기간에 관한 약정이 있음에도 불구하고 보험계약자의 채무불이행이 보험기간 경과 후에 발생한 경우까지 보험금 지급책임을 부담하겠다는 취지로 해석할 것은 아니다.

2) 불법행위로 인한 손해배상사건에서 과실상계 사유에 관한 사실인정이나 그 비율을 정하는 것이 전권사항인지 여부
(대판 2002. 1. 8, 2001다62251, 62288)

1. 개인용자동차보험 중 무보험자동차에 의한 상해보험에 가입한 경우에 자동으로 적용되는 '다른 자동차 운전담보 특별약관'에 의하면, 보험자는 피보험자가 다른 자동차를 운전중 생긴 대인사고나 대물사고로 인하여 법률상 손해배상책임을 지거나 손해를 입은 때 피보험자가 운전한 다른 자동차를 보통약관 대인배상Ⅱ, 대물배상, 자기신체사고 규정의 피보험자동차로 간주하여 보통약관에서 규정하는바에 따라 배상하여 준다고 규정하고 있는바, 이 특약은 피보험자가 피보험자동차 이외의 자동차를 임시로 운전하는 때에도 대인, 대물배상보험, 자손사고보험을 확장하여 적용함으로써 피보험자의 편의를 꾀하고 동시에 자동차사고의 피해자를 구제하고자 하는 것을 그 목적으로 하는 것이므로 피보험자가 운전 중인 다른 자동차는 원래 피보험자동차가 아니지만 이를 피보험자동차로 보고, 피보험자동차에 관하여 발생하는 배상책임의 경우와 동일한 보험으로 보호하려고 하는 것이다.

2. 불법행위로 인한 손해배상사건에서 과실상계 사유에 관한 사실인정이나 그 비율을 정하는 것은 그것이 형평의 원칙에 비추어 현저히 불합리하다고 인정되지 않는 한 사실심의 전권사항에 속한다.

3) 구체적인 계약에서의 개별적 합의 등이 약관규제법의 규제 대상인 약관에 해당하는지 여부 (대판 2002. 10. 11, 2002다39807)

1. 약관의규제에관한법률의 규제 대상인 약관이라 함은 그 명칭이나 형태 또는 범위를 불문하고 계약당사자가 다수의 상대방과 계약을 체결하기 위하여 일정한 형식에 의하여 미리 마련한 계약의 내용이 되는 것으로서 구체적인 계약에서의 개별적 합의 등은 그 형태에 관계없이 약관에 해당한다고 할 수 없다.

2. 연대보증계약과 별도로 정한 연대보증인의 책임한도액이 약관에 해당한다고 할 수 없다.

4) 상법 제638조의3 제1항 및 약관의규제에관한법률 제3조의 규정의 명시, 설명의무의 효력 (대판 2001. 9. 18, 2001다14917, 14924)

1. 상법 제638조의3 제1항 및 약관의규제에관한법률 제3조의 규정에 의하여 보험자 및 보험계약의 체결 또는 모집에 종사하는 자는 보험계약의 체결에 있어서 보험계약자 또는 피보험자에게 보험약관에 기재되어 있는 보험상품의 내용, 보험료율의 체계, 보험청약서상 기재사항의 변동 및 보험자의 면책사유 등 보험계약의 중요한 내용에 대하여 구체적이고 상세한 명시 설명의무를 지고 있다고 할 것이어서, 만일 보험자가 이러한 보험약관의 명시 설명의무에 위반하여 보험계약을 체결한 때에는 그 약관의 내용을 보험계약의 내용으로 주장할 수 없다고 할 것이다

2. '다른 자동차 운전담보 특별약관' 중 보상하지 아니하는 손해인 '피보험자가 자동차정비업, 주차장업, 급유업, 세차업, 자동차판매업 등 자동차 취급업무상 수탁 받은 자동차를 운전중 생긴 사고로 인한 손해' 조항이 보험계약의 중요한 내용에 대한 것으로서 설명의무의 대상이 된다고 판단한 사례.

5) 이행보증보험의 약관이 규정하는 채무불이행의 의미 (대판 2003. 2. 26, 2000다12204)

보증보험계약이 형식적으로는 채무자의 채무불이행을 보험사고로 하는 보험계약이지만 실지적으로는 보증의 성격을 가지고 보증계약과 같은 효과를 목적으로 하는 것인 점에 비추어 보면, 이행보증보험의 보통약관 제1조에서 피고는 채무자인 보험계약자가 보험증권에 기재된 계약에서 정한 채무(이행 기일이 보험기간 안에 있는 채무에 한합니다)를 이행하지 아니함으로써 채권자인 피보험자가 입은 손해를 보험증권에 기재된 사항과 이 약관에 따라 보상하여 드립니다 라고 규정하고 있는 것은, 보험기간이 경과하기 전에 이행기가 도래하는 채무가 그 이행기일 까지 이행되지 아니하면 피고는 보험금을 지급한다는 의미로 해석되고, 피고가 상고이유로 주장하는 바와 같이 늦어도 보험기간 만료일의 전날까지 채무의 이행기가 도래하여 보험기간 만료일에는 채무자가 이행지체에 빠져야 보험기내에 보험사고가 발생한 것으로 볼 수 있는 것은 아니다.

6) 보험자의 약관 설명의무의 대상 (대판 2001. 7. 24, 99다55533)

보험자에게 약관의 설명의무가 인정되는 것은 어디까지나 보험계약자가 알지 못하는 가운데 약관에 정하여진 중요한 사항이 계약내용으로 되어 보험계약자가 예측하지 못한 불이익을 받게 되는 것을 피하고자 하는데 그 근거가 있는 것이므로 해상보험계약에서 사용하고 있는 약관이라 할지라도 개별적으로 그 내용이 거래상 일반적이고 공통된 것이어서 보험계약자가 별도의 설명이 없이도 충분히 예상할 수 있었던 사항이거나 혹은 이미 법령에 의하여 정하여진 것을 되풀이 하거나 부연하는 정도에 불과한 사항인지 등을 판별하여 그 경우에 한하여 설명의무의 대상이 아니라고 하여야 할 것이다

7) 전자게시판 관리의무위반 행위에 대하여 손해배상책임을 부담하는지 여부(대판 2001. 9. 7, 2001다36801)

전자게시판을 설치 · 운영하는 전기통신사업자는 그 이용자에 의하여 타인의 명예를 훼손하는 글이 전자게시판에 올려진 것을 알 수 있었던 경우에 이를 삭제하는 등의 적절한 조치를 취해야할 의무가 있고, 판시 하이텔의 공개게시판 플라자에 게재된 글들은 피고회사의 정보서비스약관 제21조에 정한 '다른 이용자 또는 제3자를 비방하거나 중상모략으로 명예를 손상시키는 내용인 경우'에 해당하고, 피고회사로서는 원고와 정보통신윤리위원회의 시정초치 요구에 따라 그러한 글들이 플라자에 게재된 것을 알았거나 알 수 있었음에도 불구하고 무려 5, 6개월 동안이나 이를 삭제하는 등 적절한 조치를 취하지 아니한 채 그대로 방치함으로써 원고로 하여금 정신적 고통을 겪게 하였을 것임은 경험칙상 명백하므로, 피고는 특별한 사정이 없는 한 원고에게 위와 같은 전자게시판 관리의무 위반행위로 인한 손해배상책임을 져야한다

8) 중대한 과실로서의 주의의무의 정도 (대판 2002. 4. 12, 98다57099)

1. 전기사업법은 다수의 일반 수요자에게 생활에 필수적인 전기를 공급하는 공익사업인 전기사업의 합리적 운용과 사용자의 이익보호를 위하여 계약자유의 원칙을 일부 배제하여 일반 전기사업자와 일반 수요자 사이의 공급계약조건을 당사자가 개별적으로 협정하는 것을 금지하고 오로지 공급규정의 정함에 따를 것을 규정하고 있는바, 이러한 공급규정은 일반 전기사업자와 그 공급구역 내의 현재 및 장래의 불특정 다수의 수요자 사이에 이루어지는 모든 전기공급계약에 적용되는 보통계약약관으로서의 성질을 가진다.

2. 한국전력공사의 전기공급규정 제51조 제3호, 제49조 제1항 제3호는 한국전력공사의 전기설비에 고장이 발생하거나 발생할 우려가 있는 때 한국전력공사는 전기의 공급을 중지하거나 그 사용을 제한할 수 있고, 이 경우 한국전력공사는 수용가가 받는 손해에 대하여 배상책임을 지지 않는다고 정하고 있는바, 이는 면책약관의 성질을 가지는 것으로서 한국전력공사의 고의 또는 중대한 과실로 인

한 경우까지 적용된다고 보는 경우에는 약관의규제에관한법률 제7조 제호에 위반되어 무효이나, 그 외의 경우에 한하여 한국전력공사의 면책을 정한 규정이라고 해석하는 한도에서는 유효하다고 보아야 한다.

3. 전기산업의 경우 한국전력공사가 일반 수요자들에 대한 공급을 사실상 독점하고 있고, 관련 시설의 유지 및 관리에 필요한 기술과 책임도 사실상 단독으로 보유하고 있는 등 그 특수성에 비추어 전기공급 중단의 경우 한국전력공사의 책임이 면제되지 않는 고의에 준하는 중대한 과실의 개념은 위와 같은 한국전력공사의 특수한 지위에 비추어 마땅히 해야 할 선량한 관리자의 주의의무를 현저히 결하는 것이라고 봄이 상당하다

4. 전주에 설치된 자동개폐로차단기에 대한 유지관리 소홀로 발생한 정전으로 인하여 딸기 등 재배농가가 피해를 입은 사안에서 한국전력공사가 정전사고의 원인이 된 자동개폐로차단기를 제대로 유지 관리하기 위한 순시 점검 측정 등의 업무를 면밀히 시행하여야 함에도 불구하고, 이와 같은 주의의무를 게을리한 채 자동개폐로차단기 내부의 손상 여부에 대한 점검은 사실상 포기한 상태였던 점 등을 인정하여 정전사고가 전기공급자인 한국전력공사의 면책을 규정한 전기공급규정의 적용을 배제하는 중대한 과실로 말미암아 발생한 것으로 본다.

9) 은행여신거래약관 9조 4항이약관의규제에관한법률에 의하여 무효인지 여부 (대판 2003. 7. 8, 2002다 64551)

민법 제493조 2항은 상계적상시에 자동채권과 수동채권이 대등액에서 소멸하는 것으로 규정하고 있으므로 이자나 지연손해금 등의 계산의 종기도 상계적상시가 되는 것인바, 은행여신거래기본 약관에서 은행이 상계를 하는 경우 상계로 인하여 소멸하는 채권·채무액수 계산의 복잡곤란성을 배제하고자 하는 등의 취지에서 위 민법 규정에 의한 경우와는 달리 채권·채무의 이자나 지연손해금 등의 계산의 종기를 달리 정하는 규정을 둘 경우에는 적어도 그 계산의 종기가 상계적상시로부터 과도하게 이탈하지 않도록 필요한 범위 내에서 이탈의 정도를 최소화함과 동시에 고객인 채무자가 어느 시점을 기준으로 이자나 지연손해금 등이 계산될 것인지를 예측할 수 있도록 하는등 채무자측의 이익도 배려하여야 할 뿐만 아니라 상당한 이유가 없는 한 채무자가 상계를 하는 경우와 사이에 형평을 유지하여야 할 것인데, 이 사건 은행여신거래기본약관 제9조 4항은 은행으로 하여금 아무런 시간적 제한 없이 이자나 지연손해금 등의 계산의 종기를 임의로 정할 수 있도록 함으로써 상계적상시부터 무제한으로 벗어나 당초의 여신거래에서 정한 고율의 연체이율에 의한 지연손해금 등이 산정되는 기간을 늘려 자동채권의 액수를 부당하게 증가시킬 우려가 있을 뿐만 아니라 채무자로서는 어느 시점까지의 이자나 지연손해금 등이 계산될 것인지 도무지 알 수 없게 되어 있고, 또한 채무자가 상계하는 경우에는 상계통지일을 종기로 하여 이자나 지연손해금 등을 계산하도록 되어 있는 위 은행여신거래기본약관 제10조 5항과 비교하여 볼 때 상당한 이유없이 형평에 반한다고 볼 수밖에 없어 결국 은행이 상계하는 경우 이자나 지연손해금 등의 계산의 종기를 임의로 정할 수 있도록 한 위 은행여신거래기본약관 9조 4항은 고객인 채무자에게 부당하게 불리하고 신의성실의 원칙에 반하여 공정을 잃은 조항으로서 약관의규제에관한법률 제6조 1항, 2항 1호에 의하여 무효라고 보아야 할 것이다

3. 계약체결상의 과실책임

실제면적이 계약면적에 미달하는 경우 대금감액청구외에 별도의 부당이득반환청구등이 가능한지 여부 (대판 2002. 4. 9, 99다47396)

부동산매매계약에 있어서 실제면적이 계약면적에 미달하는 경우에는 그 매매가 수량지정매매에 해당할 때에 한하여 민법 제574조, 제572조에 의한 대금감액청구권을 행사함은 별론으로 하고, 그 매매계약이 그 미달 부분만큼 일부 무효임을 들어 이와 별도로 일반 부당이득반환청구를 하거나 그 부분의 원시적 불능을 이유로 민법 제535조가 규정하는 계약체결상의 과실에 따른 책임의 이행을 구할 수 없다.

4. 동시이행의 항변권

1) 항소심에 소송계속 중이었다는 이유만으로 부적법한 이행최고라고 할 수있는지 여부(대판 2001. 4. 10, 2000다 64403)

매도인이 매수인에게 이행을 최고한 잔대금채무의 액수가 매수인이 급부하여야 할 정당한 금액이라면 당사자 사이에 그 액수에 관한 다툼이 있어 항소심에 소송계속 중이었다는 이유만으로 매수인이 본래 급부하여야 할 정당한 잔대금지급채무의 이행을 최고한 것을 가리켜 부적법한 이행최고라고 할 수는 없고, 다만 그 소송의 경과나 당사자의 태도 등 제반 사정에 비추어 보아 매수인이 최고기간 내에 이행하지 아니한 데에 정당한 사유가 있다고 여겨질 경우에는 신의칙상 그 최고기간 내에 이행 또는 이행의 제공이 없다는 이유로 해제권을 행사하는 것이 제한될 여지가 있을 것이다.

2) 매매계약의 취소에 따른 원상회복의무와 동시이행 (대판 2001. 7. 10, 2001다3764)

매매계약이 취소된 경우에 당사자 쌍방의 원상회복의무는 동시이행의 관계에 있다. 쌍무계약에서 쌍방의 채무가 동시이행관계에 있는 경우 일방의 채무의 이행기가 도래하더라도 상대방 채무의 이행제공이 있을 때까지는 그 채무를 이행하지 않아도 이행지체의 책임을 지지 않는 것이며, 이와 같은 효과는 이행지체의 책임이 없다고 주장하는 자가 반드시 동시이행의 항변권을 행사하여야만 발생하는 것은 아니므로, 동시이행관계에 있는 쌍무계약상 자기채무의 이행을 제공하는 경우 그 채무를 이행함에 있어 상대방의 행위를 필요로 할 때에는 언제든지 현실로 이행을 할 수 있는 준비를 완료하고 그 뜻을 상대방에게 통지하여 그 수령을 최고하여야만 상대방으로 하여금 이행지체에 빠지게 할 수 있는 것이다.

3) 매수인의 선이행의무인 중도금지급의무의 불이행 후 매도인의 소유권이전등기소요서류의제공없이 잔대금지급 기일이 도과된 경우, 매수인의 지체책임여부(대판 2002. 3. 29, 2000다577)

1. 매수인이 선이행의무 있는 중도금을 지급하지 않았다 하더라도 계약이 해제되지 않은 상태에서 잔대금 지급일이 도래하여 그 때까지 중도금과 잔대금이 지급되지 아니하고 잔대금과 동시이행관계에 있는 매도인의 소유권이전등기 소요서류가 제공된 바 없이 그 기일이 도과하였다면, 다른 별한 사정이 없는 한, 매수인의 중도금 및 잔대금의 지급과 매도인의 소유권이전등기소요서류의 제공은 동시이행관계에 있다 할 것이어서 그 때부터는 매수인은 중도금을 지급하지 아니한 데 대한 이행지체의 책임을 지지 아니한다

2. 매수인의 중도금 지급의무를 매도인의 소유권이전등기 소요서류 제공의무 보다 항상 선이행의 관계에 있는 것으로 하는 약정으로 보기 어렵다.

4) 매수인이 잔금지급의무를 이행하지 않고 있는 사이에 매도인의 소유권이전등기의무의 이행기가 도과한 경우, 동시이행 관계 여부(대판 2001. 7. 27, 2001다27784, 27791)

1. 쌍무계약인 매매계약에서 매수인이 선이행의무인 분양잔대금 지급의무를 이행하지 않고 있는 사이에 매도인의 소유권이전등기의무의 이행기가 도과한 경우, 분양잔대금 지급채무를 여전히 선이행하기로 약정하는 등 특별한 사정이 없는 한 매도인과 매수인 쌍방의 의무는 동시이행 관계에 놓이게 된다.

2. 소유권이전등기청구권이 가압류되어 있어 가압류의 해제를 조건으로 하여서만 소유권이전등기절차의 이행을 경료 받을 수 있는 자가 그 목적물을 매도한 경우, 위 가압류를 해제하지 아니하고서는 자신 명의로 소유권이전등기를 경료 받을 수 없고, 따라서 매수인 명의로 소유권이전등기도 경료하여 줄 수 없으므로, 그러한 경우에는 소유권이전등기청구권의 가압류를 해제하여 완전한 소유권이전등기를 경료하여 주는 것까지 동시이행관계에 있는 것으로 봄이 상당하고, 위 가압류가 해제되지 않는 이상 매수인은 매매잔대금의 지급을 거절할 수 있다.

5) 제536조 제2항 소정의 '상대방의 채무이행이 곤란할 현저한 사유가 있는 때' 의 의미(대판 2002. 9. 4, 2001다1386)

1. 계속적 거래관계에 있어서 재화나 용역을 먼저 공급한 후 일정 기간마다 거래대금을 정산하여 일정 기일 후에 지급받기로 약정한 경우에 공급자가 선이행의 자기 채무를 이행하고 이미 정산이 완료되어 이행기가 지난 전기의 대금을 지급받지 못하였거나 후이행의 상대방의 채무가 아직 이행기가 되지 아니하였지만 이행기의 이행이 현저히 불안한 사유가 있는 경우에는 민법 제536조 제2항 및 신의성실의 원칙에 비추어 볼 때 공급자는 이미 이행기가 지난 전기의 대금을 지급받을 때 또는 전기에 대한 상대방의 이행기 미도래채무의 이행불안사유가 해소될 때까지 선이행의무가 있는 다음 기간의 자기 채무의 이행을 거절할 수 있다.

2. 민법 제536조 제2항에서의 '상대방의 채무이행이 곤란할 현저한 사유' 라 함은 계약 성립 후 상대방의 신용불안이나 재산상태의 악화 등 사정으로 반대급부를 이행받을 수 없게 될지도 모를 사정변경이 생기고 이로 인하여 당초의 계약 내용에 따른 선이행의무를 이행하게 하는 것이 공평의 관념과 신의칙에 반하게 되는 경우를 말한다.

3. 공사도급계약에서 도급인이 기성고 해당 중도금 지급의무의 이행을 일부 지체하였다고 하여 바로 수급인이 일 완성의무의 이행을 거절할 수는 없다.

4. 천재지변이나 이에 준하는 경제사정의 급격한 변동 등 불가항력으로 인하여 목적물의 준공이 지연된 경우에는 수급인은 지체상금을 지급할 의무가 없다고 할 것이지만, 이른바 IMF 사태 및 그로 인한 자재 수급의 차질 등 그와 같은 불가항력적인 사정이라고 볼 수 없다.

5. 일반적으로 수급인이 공사도급계약상 공사기간을 약정함에 있어서는 통상 비가 와서 정상적으로 작업을 하지 못하는 것까지 감안하고 이를 계약에 반영하는 점에 비추어 볼 때 천재지변에 준하는 이례적인 강우가 아니라면 지체상금의 면책사유로 삼을 수 없다.

6. 수급인이 완공기한 내에 공사를 완성하지 못한 채 완공기한을 넘겨 도급계약이 해제된 경우에 있어서 그 지체상금 발생의 시기(始期)는 완공기한 다음날이다.

7. 지체상금에 관한 약정은 수급인이 그와 같은 일의 완성을 지체한 데 대한 손해배상액의 예정이므로, 수급인이 약정된 기간 내에 그 일을 완성하여 도급인에게 인도하지 아니하여 지체상금을 지급할 의무가 있는 경우, 법원은 민법 제398조 제2항의 규정에 따라 계약 당사자의 지위, 계약의 목적과 내용, 지체상금을 예정한 동기, 실제의 손해와 그 지체상금액의 대비, 그 당시의 거래관행 및 경제상태 등 제반 사정을 참작하여 약정에 따라 산정한 지체상금액이 일반 사회인이 납득 할 수 있는 범위를 넘어 부당하게 과다하다고 인정하는 경우에 이를 적당히 감액할 수 있다.

6) 압류 및 추심명령과 추심채무자의 제3채무자에 대한 동시이행항변권 (대판 2001. 3. 9, 2000다 73490)

금전채권에 대한 압류 및 추심명령이 있는 경우, 이는 강제집행절차에서 추심채권자에게 채무자의 제3채무자에 대한 채권을 추심할 권능만을 부여하는 것이므로, 이로 인하여 채무자가 제3채무자에 대하여 가지는 채권이 추심채권자에게 이전되거나 귀속되는 것은 아니므로, 추심채무자로서는 제3채무자에 대하여 피압류채권에 기하여 그 동시이행을 구하는 항변권을 상실하지 않는다.

5. 제3자를 위한 계약

제3자를 위한 계약의 효력 (대판 2002. 1. 25, 2001다30285)

제3자를 위한 계약에 있어서, 제3자가 민법 제539조 제2항에 따라 수익의 의사표시를 함으로써 제3자에게 권리가 확정적으로 귀속된 경우에는, 요약자와 낙약자의 합의에 의하여 제3자의 권리를 변경·소멸시킬 수 있음을 미리 유보하였거나, 제3자의 동의가 있는 경우가 아니면 계약의 당사자인 요약자와 낙약자는 제3자의 권리를 변경·소멸시키지 못하고, 만일 계약의 당사자가 제3자의 권리를 임의로 변경·소멸시키는 행위를 한 경우 이는 제3에게 대하여 효력이 없다.

6. 계약의 해제와 해지

1) 계약담당공무원이 체결한 국가계약이 무효로 되기 위한 요건 (대판 2001. 12. 11, 2001다33604)

단순히 계약담당공무원이 입찰절차에서 국가계약법 등의 법령이나 그 세부심사기준에 어긋나게 적격심사를 하였다는 사유만으로 당연히 낙찰자 결정이나 그에 기한 계약이 무효가 되는 것은 아니고, 이를 위배한 하자가 입찰절차의 공공성과 공정성을 현저히 침해할 정도로 중대할 뿐아니라 상대방도 이러한 사정을 알았거나 알 수 있었을 경우, 또는 누가 보더라도 낙찰자의 결정 및 계약체결이 선량한 풍속 기타 사회질서에 반하는 행위에 의하여 이루어진 것임이 분명한 경우 등 이를 무효로 하지 않으면 그 절차에 관하여 규정한 국가계약법의 취지를 몰각하는 결과가 되는 특별한 사정이 있는 경우에 한하여 무효가 된다고 해석함이 상당하다.

2) 계약 후 당사자 쌍방의 계약 실현 의사의 결여 또는 포기가 쌍방 당사자의 표시행위에 나타난 의사의 내용에 의하여 객관적으로 일치하는 경우의 계약의 묵시적 합의해제 여부 (대판 2002. 1. 25, 2001다63575)

계약이 합의해제 되기 위하여는 일반적으로 계약이 성립하는 경우와 마찬가지로 계약의 청약과 승낙이라는 서로 대립하는 의사표시가 합치될 것을 그 요건으로 하는 것이지만, 계약의 합의해제는 명시적인 경우뿐만 아니라 묵시적으로도 이루어질 수 있는 것이므로 계약 후 당사자 쌍방의 계약 실현 의사의 결여 또는 포기가 쌍방 당사자의 표시행위에 나타난 의사의 내용에 의하여 객관적으로 일치하는 경우에는, 그 계약은 계약을 실현하지 아니할 당사자 쌍방의 의사가 일치됨으로써 묵시적으로 해제되었다고 해석함이 상당하다. 사안의 분양계약은 계약해제통고에서 정한 내용에 관한 당사자 사이의 묵시적 합의에 의하여 해제되었다.

3) 부수적 채무불이행을 이유로 계약을 해제할 수 있는지 여부 (대판 2001. 11. 13, 2001다20394, 20400)

1. 민법 제544조에 의하여 채무불이행을 이유로 계약을 해제하려면, 당해 채무가 계약의 목적 달성에 있어 필요불가결하고 이를 이행하지 아니하면 계약의 목적이 달성되지 아니하여 채권자가 그 계약을 체결하지 아니하였을 것이라고 여겨질 정도의 주된 채무이어

야 하고 그렇지 아니한 부수적 채무를 불이행한 데에 지나지 아니하 경우에는 계약을 해제할 수 없다. 전대차계약을 체결한 후 중도금 수수시에 비로소 전차보증금의 반환을 담보하기 위하여 전대인이 그 소유 부동산에 근저당권을 설정하여 주기로 약정한 경우, 근저당권설정약정이 이미 전대차계약이 체결된 후에 이루어진 점에서 전대인의 근저당권설정약정이 없었더라면 전차인이 전대인과 사이에 전대차계약을 체결하지 않았으리라고 보기 어려울 뿐 아니라, 전대인의 근저당권설정등기의무가 전대차 계약의 목적달성에 필요불가결하다거나 그 의무의 이행이 없으면 전대차계약이 목적을 달성할 수 없다고 볼 만한 사정을 찾아볼 수 없으므로 전대인의 근저당권설정등기의무가 전대차계약에서의 주된 의무라고 보기 어렵고, 따라서 전차인은 전대인이 약정대로 근저당권을 설정하여 주지 않았음을 이유로 전대차계약을 해지할 수 없다.

2. 기간의 정함이 있는 전대차계약에 있어 권리금이 지급되고 그 권리금이 영업시설·비품 등의 유형물이나 거래처, 신용 또는 점포 위치에 따른 장소적 이익 등의 무형적 이익을 이용하는 대가로서의 성질을 가지는 경우에는, 계약기간 중에 전대차계약이 해지되어 종료되면 특별한 사정이 없는 한 지급된 권리금을 경과기간과 잔존기간에 대응하는 것으로 나누어, 전대인으로부터 수령한 권리금 중 전대차계약이 종료될 때까지의 기간에 대응하는 부분을 공제한 잔존기간에 대응하는 부분만을 반환할 의무를 부담한다고 봄이 공평의 원칙에 합치된다고 할 것이다.

4) 가압류 채무자의 계약합의해제 허용여부 (대판 2001. 6. 1, 98다17930)

채권에 대한 가압류는 제3채무자에 대하여 채무자에게의 지급 금지를 명하는 것이므로 채권을 소멸 또는 감소시키는 등의 행위는 할 수 없고 그와 같은 행위로 채권자에게 대항할 수 없는 것이지만, 채권의 발생원인인 법률관계에 대한 채무자의 처분까지도 구속하는 효력은 없다 할 것이지만, 채권의 발생원인인 법률관계에 대한 채무자의 처분까지도 구속하는 효력은 없다 할 것이므로 채무자와 제3채무자가 아무런 합리적 이유 없이 채권의 소멸만을 목적으로 계약관계를 합의해제한다는 등의 특별한 경우를 제외하고는, 제3채무자는 채권에 대한 가압류가 있은 후라고 하더라도 채권의 발생원인인 법률관계를 합의해제하고 이로 인하여 가압류채권이 소멸되었다는 사유를 들어 가압류채권자에 대항할 수 있다.

5) 합의해제의 청약이 실효된 것으로 본 사례 (대판 2002. 4. 12, 200다17834)

매매계약 당사자 중 매도인이 매수인에게 매매계약을 합의해제할 것을 청약하였다고 할지라도, 매수인이 그 청약에 대하여 조건을 붙이거나 변경을 가하여 승낙한 때에는 민법 제534조의 규정에 비추어 보면 그 청약의 거절과 동시에 새로 청약한 것으로 보게 되는 것이고, 그로 인하여 종전의 매도인의 청약은 실효된다.

6) 토지매매계약이 해제된 경우 매도인의 손해액 (대판 2001. 11. 30, 2001다16432)

토지의 매매계약이 매수인 측 귀책사유로 해제되는 경우에 매도인 측이 입는 통상의 손해액은, 그 계약이 해제되지 아니하고 이행된 경우에 매도인이 얻게 되는 경제적이익과 계약이 해제된 경우에 매도인에게 남아 있는 경제적 이익의 차액이라고 할 것이고, 이 사건에서와 같이 매매계약이 해제된 후에 매도인이 제3자에게 그 매매 목적물을 다시 매도한 경우라면, 제3자에의 매도가격이 시가에 비추어 현저히 저렴하게 책정된 것이라는 등의 특별한 사정이 없는 한, 매도인의 당초의 매매계약에 의하여 취득할 것으로 예상되었던 매매대금과 제3자와 사이의 매매계약에 의하여 취득하게 되는 매 매매대금과의 차액에 당초의 매매대금의 취득예정 시기로부터 후의 매매대금의 취득시기까지의 기간 동안의 법정이율에 의한 이자 상당액을 합한 금액이라고 할 것이다.

7) 계약해제에 따른 원상회복으로서 반환할 금전에 이자를 가할 것을 규정한 민법 제548조 제2항이 합의해지에도 적용되는지 여부 (대판 2003. 1. 24, 2000다5336)

합의해지 또는 해지계약이라 함은 해지권의 유무에 불구하고 계약 당사자 쌍방이 합의에 의하여 계속적 계약의 효력을 해지시점 이후부터 장래를 향하여 소멸하게 하는 것을 내용으로 하는 새로운 계약으로서, 그 효력은 그 합의의 내용에 의하여 결정되고, 여기에는 해제, 해지에 관한 민법 제548조 제2항의 규정은 적용되지 아니하므로, 당사자 사이에 약정이 없는 이상 합의해지로 인하여 반환할 금전에 그 받은 날로부터의 이자를 가하여야 할 의무가 있는 것은 아니다(대법원 1996. 7. 30. 선고 95다16011 판결 등 참조).

8) 해제와 '제3자'의 의미 (대판 2002. 10.11, 2002다33502)

1. 민법 제548조 제1항 단서에서 말하는 제3자란 일반적으로 그 해제된 계약으로부터 생긴 법률효과를 기초로 하여 해제 전에 새로이 이해관계를 가졌을 뿐 아니라 등기, 인도 등으로 완전한 권리를 취득한 자를 말한다.

2. 불법행위로 인한 손해배상액의 산정에 있어 손익공제를 허용하기 위하여는 손해배상책임의 원인인 불법행위로 인하여 피해자가 새로운 이득을 얻었고, 그 이득과 불법행위 사이에 상당인과 관계가 있어야 한다.

9) 계약해제에 따른 원상회복으로서의 반환할 금전에 이자를 가할 것을 규정한 민법 제548조 제2항이 합의해지에도 적용되는 지 여부
  (대판 2003. 1. 24, 2000다65189)

합의해지 또는 계약해지라 함은 해지권의 유무에 불구하고 계약 당사자 쌍방이 합의에 의하여 계속적 계약의 효력을 해지시점 이후부터 장래를 향하여 소멸하게 하는 것을 내용으로 하는 새로운 계약으로서, 그 효력은 그 합의의 내용에 의하여 결정되고 여기에는 해제, 해지에 관한 민법 제548조 제2항의 규정은 적용되지 아니하므로, 당사자 사이에 약정이 없는 이상 합의해지로 인하여 반환할 금전에 그 받은 날로부터의 이자를 가하여야 할 의무가 있는 것은 아니다(대판 1996. 7. 30, 95다16011등 참조).

10) 대지소유자의 승낙을 받아 건축업자가 신축한 건물을 분양받아 입주한 제3자에 대하여, 대지 소유자가 건축업자와의 매매계약을 해제하고 그 원상회복으로서 철거를 위하여 해당 점유 부분으로부터의 퇴거를 요구하는 것이 용인되는지 여부 :
  (대판 2003. 4. 11, 2003다2154)

일반적으로 대지 소유자가 건축업자에게 대지를 매도하고 건축업자는 대지 소유자 명의로 건축허가를 받아 다세대주택을 신축하여 그 분양대금 중 일부로 매매대금을 지급하되 그 지급을 담보하기 위하여 신축 주택에 관하여 대지 소유자 명의로 소유권보존등기를 경료하기로 약정한 경우, 대지 소유자는 그 소유의 토지에 관하여 건축업자로 하여금 건축을 신축하는 데 사용하도록 승낙한 것이라고 할 것이고, 건축업자가 이러한 승낙에 따라 다세대주택을 신축하여 제3자에게 분양하였다면, 대지 소유자는 건축을 신축하게 한 원인을 제공하였고 제3자들은 이를 신뢰하여 견고하게 신축한 건물 중 일부를 분양받은 것이므로, 대지 소유자가 그 대지에 관한 건축업자와의 매매계약을 해제하고 원상회복으로서 건축업자에 대하여 그 신축건물의 철거를 구할 수 있음을 전제로 하여 제3자들에 대하여 그 해당 점유부분으로부터의 퇴거를 요구하는 것은, 비록 그것이 토지에 대한 소유권에 기한 것이라 하더라도 신의성실의 원칙에 반하여 용인될 수 없다고 할 것이다(대판 1993. 7. 27, 93다20986, 20993 판결 참조).

11) 보험약관에서 정한 납입유예기간의 의미와 계속보험료 연체로 인한 보험계약 해지의요건(대판 2003. 4. 11, 2002다69419)

상법 제650조 제2항은 "계속보험료가 약정한 시기에 지급되지 아니한 때에는 보험자는 상당한 기간을 정하여 보험계약자에게 최고하고 그 기간 내에 지급되지 아니한 때에는 그 계약을 해지할 수 있다"라고 규정하고, 같은 법 제663조는 위의 규정은 당사자 간의 특약으로 보험계약자 또는 피보험자나 보험수익자의 불이익으로 변경하지 못한다고 규정하고 있으므로, 분납 보험료가 소정의 시기에 납입되지 아니하였음을 이유로 그와 같은 절차를 거치지 아니하고 곧바로 보험계약을 해지할 수 있다거나 보험계약이 실효됨을 규정한 약관은 상법의 그 규정에 위배되어 무효라고 할 것이다(대법원 1995. 11. 16. 선고 94다56852 전원합의체 판결 등 참조). 그러나 반대되는 약정이 없으면 보험약관(제2회부터의 보험료는 납입일이 속하는 달의 다음달 말일까지 납입유예기간을 둡니다. 그러나 보험료를 내지 아니하고 납입유예기간이 지나면 그 다음날부터 계약은 효력을 상실합니다)에서 정한 납입유예기간을 납입기한을 연장하는 효력을 갖는 기간으로 볼 수는 없고, 오히려 계약상 정하여진 보험료 납입기일을 경과하면 보험료 지급지체의 효과는 즉시 발생하나 단지 납입유예기간은 보험자가 적극적인 최고 등 계약의 해지조치로 나아가는 것을 유보하는 기간에 불과한 것으로 보아야할 것이므로, 특별한 사정이 없는 한 납입유예기간을 지난 일자를 기한으로 한 최고를 거쳐 그 기간이 지나면 별도의 의사표시 없이 해지의 효과가 생기게 하는 것은 상법 제633조에 위반되지 않는다.

7. 증여

증여자 사망 후 등기와 증여계약의 이행 종료 (대판 2001. 9. 18, 2001다29643)

민법 제555조는 "증여의 의사가 서면으로 표시되지 아니한 경우에는 각 당사자는 이를 해제할 수 있다."고 규정하고 있고, 민법 제558조는 "전 3조의 규정에 의한 계약의 해제는 이미 이행한 부분에 대하여는 영향을 미치지 아니한다."라고 규정하고 있으므로, 증여의 의사가 서면으로 표시되지 아니한 경우라도 증여자가 생전에 부동산을 증여하고 그의 뜻에 따라 그 소유권이전등기에 필요한 서류를 제공하였다면 증여자가 사망한 후에 그 등기가 경료되었다고 하더라도 증여자의 의사에 따른 증여의 이행으로서의 소유권이전등기가 경료되었다 할 것이므로 증여는 이미 이행되었다 할 것이어서 증여자의 상속인이 서면에 의하지 아니한 증여라는 이유로 증여계약을 해제하였다하더라도 이에 아무런 영향이 없다.

8. 매매

1) 매매목적물의 하자를 인정하기 위한 요건 (대판 2002. 4. 12, 200다17834)

매도인이 매수인에게 공급한 기계가 통상의 품질이나 성능을 갖추고 있는 경우, 그 기계에 작업환경이나 상황이 요구하는 품질이나 성능을 갖추고 있지 못하다 하여 하자가 있다고 인정할 수 있기 위해서는, 매수인이 매도인에게 제품이 사용될 작업환경이나 상황을 설명하면서 그 환경이나 상황에 필요한 품질이나 성능을 갖추고 있는 제품의 공급을 요구한 데 대하여 매도인이 그러한 품질과 성능을 갖춘 제품이라는 점을 명시적으로나 묵시적으로 보증하고 공급하였다는 사실이 인정되어야만 할 것이다.

2) 토지수용법과 하자담보책임 (대판 2001. 1. 16, 98다58511)

토지수용법에 의한 수용재결의 효과로서 수용에 의한 기업자의토지소유권취득은 토지수유자와 수용자와의 법률행위에 의하여 승계취득하는 것이 아니라, 법률의 규정에 의하여 원시취득하는 것이므로, 토지소유자가 토지수용법 제63조의 규정에 의하여 부담하는 토지의 인도의무에는 수용목적물에 숨은 하자가 있는 경우에도 하자담보책임이 포함되지 아니하여 토지소유자는 수용시기까지 수용 대상 토지를 현존 상태 그대로 기업자에게 인도할 의무가 있을 뿐이다.

3) 이행인수의 불이행과 매도인의 민법 제576조 소정의 담보책임 (대판 2002. 9. 4, 2002다11151)

매매의 목적이 된 부동산에 설정된 저당권의 행사로 인하여 매수인이 취득한 소유권을 잃은 때에는 매수인은 민법 제576조 제1항의 규정에 의하여 매맴계약을 해제할 수 있지만, 매수인이 매매 목적물에 관한 근저당권의 피담보채무를 인수하는 것으로 매매대금의 지급에 갈음하기로 약정한 경우에는 특별한 사정이 없는 한, 매수인으로서는 매도인에 대하여 민법 제576조 제1항의 담보책임을 면제하여 주었거나 이를 포기한 것으로 봄이 상당하므로, 매수인이 매매목적물에 관한 근저당권의 피담보 채무 중 일부만을 인수한 경우 매도인으로서는 자신이 부담하는 피담보채무를 모두 이행한 이상 매수인이 인수한 부분을 이행하지 않음으로써 근저당권이 실행되어 매수인이 취득한 소유권을 잃게 되더라도 민법 제576조 소정의 담보책임을 부담하게 되는 것은 아니다.

4) 민법 제574조에서 규정하는 '수량을 지정' 매매의 의미와 담보권실행을 위한 임의경매가 수량을 지정한 매매에 해당하는지 여부 (대판 2003. 1. 24, 2000다65189)

민법 제574조에서 규정하는 '수량을 지정한 매매' 라 함은 당사자가 매매의 목적인 특정물이 일정한 수량을 가지고 있다는데 주안을 두고 대금도 그 수량을 기준으로 하여 정한 경우를 말하는 것이므로, 토지의 매매에 있어 목적물을 등기부상의 면적에 따라 특정한 경우라도 당사자가 그 지정된 구획을 전체로서 평가하였고 면적에 의한 계산이 하나의 표준에 지나지 아니하여 그것이 당사자들 사이에 대상토지를 특정하고 그 대금을 결정하기 위한 방편이었다고 보일 때에는 이를 가리켜 수량을 지정한 매매라 할 수 없다고 할 것인바(대판 1991. 4. 9, 90다15433 등 참조). 일반적으로 담보권 실행을 위한 임의경매 있어 경매법원이 경매목적물인 토지의 등기 부상 면적을 표시하는 것은 단지 토지를 특정하여 표시하기 위한 방법에 지나지 아니한 것이고, 그 최저 경매가격을 결정함에 있어 감정인이 단위면적당 가액에 공부상의 면적을 곱하여 산정한 가격을 기준으로 삼았다 하여도 이는 당해 토지 전체의 가격을 결정하기 위한 방편에 불과하다 할 것이어서, 특별한 사정이 없는 한 이를 민법 제574조 소정의 '수량을 지정한 매매' 라고 할 수 없다.

5) 부동산의 매매가 민법 제574조의 소정의 '수량을 지정한 매매' 에 해당하기 위한 요건(대판 2001. 4. 10, 2001다12256)

1. 부동산 매매계약에 있어서 매수인이 일정한 면적이 있는 것으로 믿고 매도인도 그 면적이 있는 것을 명시적 또는 묵시적으로 표시하며, 나아가 계약당사자가 면적을 가격을 정하는 여러 요소 중 가장 중요한 요소로 파악하고, 그 객관적 수치를 기준으로 가격을 정하는 경우라면 특정물이 일정한 수량을 가지고 있다는 데에 주안을 두고, 대금도 그 수량을 기준으로 하여 정한 경우에 속하므로 민법 제574조에 정한 '수량을 지정한 매매' 에 해당한다.

2. 매매계약당사자가 목적토지의 면적이 공부상의 표시와 같은 것을 전제로 하여 면적을 가격을 정하는 여러 요소 중 가장 중요한 요소로 파악하여 가격을 정하였고, 만약 그 면적이 공부상의 표시와 다르다는 것을 사전에 알았더라면 당연히 그 실제 평수를 기준으로 가격을 정하였으리라는 점이 인정된다면 그 매매는 '수량을 지정한 매매' 에 해당되고, 매매계약서에 평당 가격을 기재하지 아니하였다거나 매매계약의 내용에 부수적으로 매도인이 매수인에게 인근 국유지에 대한 점유를 이전해 주고 이축권(이른바 딱지)을 양도하기로 하는 약정이 포함되어 있었다 하더라도 달리 볼 것은 아니다.

6) 민법 제574조에서 규정하는 '수량을 지정하는 매매'의 의미와 담보권 실행을 위한 임의경매가 수량을 지정한 매매에 해당하는지
여부(대판 2003. 1. 24, 2000다65189)

민법 제574조에서 규정하는 '수량을 지정한 매매'라 함은 당사자가 매매의 목적인 특정물이 일정한 수량을 가지고 있다는 데 주안을 두고 대금도 그 수량을 기준으로 하여 정한 경우를 말하는 것이므로, 토지의 매매에 있어 목적물을 등기부상의 면적에 따라 특정한 경우라도 당사자가 그 지정된 구획을 전체로서 평가하였고 면적에 의한 계산이 하나의 표준에 지나지 아니하여 그것이 당사자들 사이에 대상토지를 특정하고 그 대금을 결정하기 위한 방편이었다고 보일 때에는 이를 가리켜 수량을 지정한 매매라 할 수 없다고 할 것인바(대법원 1991. 4. 9. 선고 90다15433 판결 등 참조), 일반적으로 담보권 실행을 위한 임의경매에 있어 경매법원이 경매목적물인 토지의 등기부상 면적을 표시하는 것은 단지 토지를 특정하여 표시하기 위한 방법에 지나지 아니한 것이고, 그 최저 경매가격을 결정함에 있어 감정인이 단위면적당 가액에 공부상의 면적을 곱하여 산정한 가격을 기준으로 삼았다 하여도 이는 당해 토지 전체의 가격을 결정하기 위한 방편에 불과하다 할 것이어서, 특별한 사정이 없는 한 이를 민법 제574조 소정의 '수량을 지정한 매매'라고 할 수 없다.

9. 교환계약과 준소비대차

1) 교환계약 목적물의 시가와 불법행위 (대판 2001. 7. 13, 99다38583)

일반적으로 교환계약을 체결하려는 당사자는 서로 자기가 소유하는 교환목적물은 고가로 평가하고, 상대방이 소유하는 목적물은 염가로 평가하여, 보다 유리한 조건으로 교환계약을 체결하기로 희망하는 이행상반의 지위에 있고, 각자가 자신의 지식과 경험을 이용하여 최대한으로 자신의 이익을 도모할 것이 예상되기 때문에, 당사자 일방이 알고 있는 정보를 상대방에게 사실대로 고지하여야 할 신의칙상의 주의의무가 인정된다고 볼만한 특별한 사정이 없는 한, 일방 당사자가 자기가 소유하는 목적물의 시가를 묵비하여 상대방에게 고지하지 아니하거나, 혹은 허위로 시가보다 높은 가액을 시가라고 고지하였다 하더라도, 이는 상대방의 의사결정에 불법적인 간섭을 한 것이라고 볼 수 없으므로 불법행위가 성립한다고 볼 수 없다.

2) 어음할인의 성질 (대판 2002. 9. 4, 2000다49374)

어음할인의 성질이 소비대차에 해당하는지 아니면 어음의 매매에 해당하는 것인지 여부는 그 거래의 실태와 당사자의 의사에 의하여 결정되어야 한다.

3) 준소비대차계약의 요건으로 기존채무의 당사자와 준소비대차계약의 당사자가 동일하여야 하는 지 여부
(대판 2003. 2. 26, 2001다2846)

준소비대차는 소비대차에 의하지 아니하고 금전 기타의 대체물을 지급할 의무가 있는 경우에 당사자가 그 목적물을 소비대차의 목적물로 할 것을 약정함으로써 당사자 사이에 소비대차의 효력이 생기는 것을 말하는 것으로서 기존채무의 당사자가 그 채무의 목적물을 소비대차의 목적물로 한다는 합의를 할 것을 요건으로 하므로 준소비대차계약의 당사자는 기초가 되는 기존채무의 당사자이어야 한다.

10. 사용대차와 임대차

1) 민법 제613조 제2항 소정의 사용수익에 충분한 기간이 경과하였는지 여부의 판단 기준 (대판 2001. 7. 24, 2001다23669)

1. 민법 제613조 제2항에 의하며, 사용대차에 있어서 그 존속기간을 정하지 아니한 경우에는, 차주는 계약 또는 목적물의 성질에 의한 사용수익이 종료한 때에 목적물을 반환하여야 하나, 현실로 사용수익이 종료하지 아니한 경우라도 사용수익에 충분한 기간이 경과한 때에는 대주는 언제든지 계약을 해지하고 그 차용물의 반환을 청구할 수 있는 것인바, 민법 제613조 제2항 소정의 사용수익에 충분한 기간이 경과하였는지의 여부는 사용대차계약 당시의 사정, 차주의 사용기간 및 이용상황, 대주가 반환을 필요로 하는 사정 등을 종합적으로 고려하여 공평의 입장에서 대주에게 해지권을 인정하는 것이 타당한가의 여부에 의하여 판단하여야 할 것이다.

2. 무상으로 사용을 계속한 기간이 40년 이상의 장기간에 이르렀고 최초의 사용대차계약 당시의 대 주가 이미 사망하여 대주와 차주간의 친분 관계의 기초가 변하였을뿐더러, 차주측에서 대주에게 무상사용 허락에 대한 감사의 뜻이나 호의를 표시하기는커녕 오히려 자주점유에 의한 취득시효를 주장하는 민사소송을 제기하여 상고심에 이르기까지 다툼을 계속하는 등의 상황에 이를 정도로 쌍방의 신뢰관계 내지 우호관계가 허물어진 경우, 공평의 견지에서 대주의 상속인에게 사용대차의 해지권이 인정된다.

2) 건물의 소유를 목적으로 하는 토지임대차의 임차인이 지상건물을 등기하기 전에 토지에 관하여 처분금지가처분이 행하여져 있는 경우의 효력 (대판 2003. 2. 28, 2000다65802)

민법 제622조 제1항은 "건물의 소유를 목적으로 하는 토지임대차는 이를 등기하지 아니한 경우에도 임차인이 그 지상건물을 등기한 때에는 제3자에 대하여 임대차의 효력이 생긴다"고 규정하고 있는바, 이는 건물을 소유하는 토지임차인의 보호를 위하여 건물의 등기로써 토지임대차 등기에 갈음하는 효력을 부여하는 것일 뿐이므로, 임차인이 그 지상건물을 등기하기 전에 제3자가 그 토지에 관하여 처분금지가처분 등기를 한 때에는 임차인이 그 지상건물을 등기하더라도 그 제3자에 대하여 임대차의 효력이 생기지 아니한다.

3) 주택임대차의 공시방법 (대판 2001. 1. 19, 2000다55645)

주택임대차보호법 제3조 제1항의 대항력은 임차인이 당해 주택에 거주하면서 이를 직접 점유하는 경우뿐만 아니라 타인의 점유를 매개로 하여 이를 간접점유하는 경우에도 인정될 수 있을 것이나, 그 경우 당해 주택에 실제로 거주하지 아니하는 간접점유자인 임차인은 주민등록의 대상이 되는 '당해 주택에 주소 또는 거소를 가진자' (주민등록법 제6조 제1항)가 아니어서 그 자의 주민등록은 주민등록법 소정의 적법한 주민등록이라고 할 수 없고, 따라서 간접점유자에 불과한 임차인 자신의 주민등록으로는 대항력의 요건을 적법하게 갖추었다고 할 수 없으며, 임차인과의 점유매개관계에 기하여 주택에 실제로 거주하는 직접점유자가 자신의 주민등록을 마친 경우에 한하여 비로소 그 임차인의 임대차가 제3자에 대하여 적법하게 대항력을 취득할 수 있다.

4) 임대차계약이 성립한 것의 입증책임 (대판 2001. 8. 24, 2001다28176)

1. 임대차계약이 성립하였다면 임대인에게 임대차계약에 기한 임료채권이 발생하였다 할 것이고 임료를 지급하였다는 입증책임은 임차인이 부담한다.

2. 융통어음의 발행자는 피융통자로부터 그 어음을 양수한 제3자에 대하여는 선의이거나 악의이거나, 또한 그 취득이 기한 후 배서에 의한 것이라 하더라도 대가 없이 발행된 융통어음이라는 항변으로 대항할 수 없으나, 피융통자에 대하여는 어음상의 책임을 부담하지 아니한다 할 것이고, 약속어음금 청구에 있어 어음의 발행인이 그 어음이 융통어음이므로 피융통자에 대하여 어음상의 책임을 부담하지 아니한다고 항변하는 경우 융통어음이라는 점에 대한 입증책임은 어음의 발행자가 부담한다

5) 임차주택 소유자변경 시 주민등록의 대항력 발생 시기 (대판 2001. 1. 30, 2000다58026, 58033)

1. 주택임대차보호법 제3조 제1항에서 주택의 인도와 더불어 대항력의 요건으로 규정하고 있는 주민등록은 거래의 안전을 위하여 임차권의 존재를 제3자가 명백히 인식할 수 있게 하는 공시방법으로 마련된 것으로서, 주민등록이 어떤 임대차를 공시하는 효력이 있는가의 여부는 그 주민등록으로 제3자가 임차권의 존재를 인식할 수 있는 가에 따라 결정된다고 할 것이므로, 주민등록이 대항력의 요건을 충족시킬 수 있는 공시방법이 되려면 단순히 형식적으로 주민등록이 되어 있다는 것만으로는 부족하고, 주민등록에 의하여 표상되는 점유관계가 임차권을 매개로 하는 점유임을 제3자가 인식할 수 있는 정도는 되어야 한다.

2. 甲이 丙 회사 소유 임대아파트의 임차인인 乙로부터 아파트를 임차하여 전입신고를 마치고 거주하던 중, 乙이 丙 회사로부터 위 아파트를 분양받아 자기 명의로 소유권이전등기를 경료한 후 근저당권을 설정한 사안에서, 비록 임대인인 乙이 甲과 위 임대차계약을 체결한 이후에, 그리고 甲이 위 전입신고를 한 이후에 위 아파트에 대한 소유권을 취득하였다고 하더라도, 주민등록상 전입신고를 한 날로부터 소유자 아닌 임차권을 매개로 하는 점유라는 것을 인식할 수 있었으므로 위 주민등록은 甲이 전입신고를 마친 날로부터 임대차를 공시하는 기능을 수행하고 있었다고 할 것이고, 따라서 甲은 乙 명의의 소유권이전등기가 경료되는 즉시 임차권의 대항력을 취득하였다고볼수 있다.

6) 임차권 양도 금지특약과 임차보증금반환채권 양도 (대판 2001. 6. 12, 2001다2624)

임차인과 임대인간의 약정에 의하여 임차권의 양도가 금지되어 있다 하더라도 그러한 사정만으로 임대차계약에 따른 임차보증금반환채권의 양도까지 금지되는 것은 아니므로, 소외 회사가 원고에게 병원 영안실에 대한 임차권뿐만 아니라 이 사건 임차보증금반환채권을 양도하고, 피고에게 이 사건 임차보증금반환채권이 원고에게 양도되었다는 통지를 한 이상 그 후 소외 회사와 피고간의 임대차계약이 종료되는 경우 원고로서는 이 사건 임차보증금반화채권의 양수인으로서 피고가 소외 회사와 원고간의 임차권 양도에 동의하였는지 여부에 상관없이 피고에 대하여 이 사건 임차보증금의 반환을 구할 수 있다.

7) 전대기간 종료와 부당이득 (대판 2001. 6. 29, 2000다68290)

임대차는 당사자 일방이 상대방에게 목적물을 사용·수익하게 할 것을 약정하고 상대방이 이에 대하여 차임을 지급할 것을 약정하면 되는 것으로서 나아가 임대인이 그 목적물에 대한 소유권 기타 이를 임대할 권한이 있을 것을 성립요건으로 하고 있지 아니하므로, 임대차가 종료된 경우 임대목적물이 타인 소유라고 하더라도 그 타인이 목적물 반환청구나 임료 내지 그 해당액의 지급을 요구하는 등 특별한 사정이 없는 한 임차인은 임대인에게 그 부동산을 명도하고 임대차 종료일까지의 연체차임을 지급할 의무가 있음은 물론, 임대차 종료일 이후부터 부동산 명도 완료일까지 그 부동산을 점유·사용함에 따른 차임 상당의 부당이득금을 반환할 의무도 있다고 할 것인바, 이와 같은 법리는 임차인이 임차물을 전대하였다가 임대차 및 전대차가 모두 종료된 경우의 전차인에 대하여도 특별한 사정이 없는 한 그대로 적용된다.

8) 채무자의 비용과 노력으로 신축하는 건물의 건축허가명의를 채권자 명의로 한 경우, 담보권 설정의 합의로 볼 것인지 여부
(대판 2001. 1. 5, 2000다47682)

1. 채무의 담보를 위하여 채무자가 자기의 비용과 노력으로 신축하는 건물의 건축허가명의를 채권자 명의로 하였다면 이는 완성될 건물을 양도담보로 제공하기로 하는 담보권 설정의 합의로서, 완성된 건물에 관하여 자신 명의로 소유권보존등기를 마친 채권자는 채무자가 변제기를 도과하여 피담보채무의 이행지체에 빠졌을 때에는 담보계약에 의하여 취득한 목적 부동산의 처분권을 행사하기 위한 환가절차의 일환으로서 즉, 담보권의 실행으로서 채무자에 대하여 그 건물의 명도를 구할 수 있고, 제3자를 상대로 명도청구를 할 수도 있으며, 여기의 제3자에는 담보권설정 후에 대항요건을 갖춘 주택임차인도 당연히 포함된다.

2. 주택의 임대차는 그 등기가 없는 경우에도 임차인이 주택의 인도와 주민등록을 마친 때에는 그 익일부터 제3자 대하여 효력이 생기고, 그 경우 임차주택의 양수인은 임대인의 지위를 승계한 것으로 보게 되나, 이와 같은 대항요건을 갖춘 주택임차인이라고 하더라도 그에 앞서 담보권을 취득한 담보권자에게는 대항할 수 없고, 그러한 경우에는 그 주택임차인은 그 담보권에 기한 환가절차에서 당해 주택을 취득하는 취득자에 대하여도 자신이 임차권을 주장할 수 없다고 할 것인바, 이러한 법리는 채무의 담보로 부동산의 소유권을 이전하는 양도담보의 경우에도 그대로 타당하다.

3. 토지 매도인과 매수인이 매매대금의 지급을 담보하기 위하여 매도인 명의로 건축허가를 받아 건물을 신축하고 그 건물을 타에 처분하여 그 대금으로 토지 매매대금에 충당하기로 약정한 후 그약정에 기하여 매수인이 그 신축 건물을 제3자에게 임대한 경우, 그 건물에 대한 토지 매도인이 담보권은 이미 실행되어 소멸된 것으로 보거나 매도인이 그 부분에 한하여 담보권 주장을 포기한 것으로 볼 수 있다.

4. 가등기담보등에관한법률은 차용물의 반환에 갈음하여 다른 재산권을 이전할 것을 예약한 경우에 적용되는 것으로서, 매매대금의 지급을 담보하기 위하여 부동산의 소유권을 이전하는 경우에는 적용되지 아니한다.

9) 권리금의 성질과 임대인의 반환의무 (대판 2002. 7. 26, 2002다25013)

영업용 건물의 임대차에 수반되어 행하여지는 권리금의 지급은 임대차계약의 내용을 이루는 것은 아니고 권리금 자체는 거기의 영업시설·비품 등 유형물이나 거래처, 신용, 영업상의 노하우 혹은 점포 위치에 따른 영업상의 이점 등 무형의 재산적 가치의 양도 또는 일정 기간 동안의 이용대가라고 볼 것인바, 권리금이 그 수수 후 일정한 기간 이상으로 그 임대차를 존속시키기로 하는 임차권 보장의 약정하에 임차인으로부터 임대인에게 지급된 경우에는, 보장기간 동안의 이용이 유효하게 이루어진 이상 임대인은 그 권리금의 반환의무를지지 아니하며, 다만 임차인은 당초의 임대차에서 반대되는 약정이 없는 한 임차권의 양도 또는 전대차 기회에 부수하여 자신도 일정 기간 이용할 수 있는 권리를 다른 사람에게 양도하거나 또는 다른 사람으로 하여금 일정기간 이용케 함으로써 권리금 상당액을 회수할 수 있을 것이지만, 반면 임대인의 사정으로 임대차계약이 중도 해지됨으로써 당초 보장된 기간 동안의 이용이 불가능하였다는 등의 특별한 사정이 있을 때에는 임대인은 임차인에 대하여 그 권리금의 반환의무를 진다.

10) 영업용 건물의 임대차에서 수반되어 행하여지는 권리금의 성질 (대판 2001. 4. 10, 2000다59050)

영업용 건물의 임대차에서 수반되어 행하여지는 권리금의 지급은 임대차계약의 내용을 이루는 것은 아니고 권리금 자체는 거기의 영업시설·비품 등 유형물이나 거래처, 신용, 영업상의 노우하우 또는 점포 위치에 따른 영업상의 이점 등 무형의 재산적 가치의 양도 또는 일정 기간 동안의 이용대가라고 볼 것인바, 권리금이 임차인으로부터 임대인에게 지급된 경우에, 그 유형·무형의 재산적 가치의 양수 또는 약정기간 동안의 이용이 유효하게 이루어진 이상 임대인은 그 권리금의 반환의무를지지 아니하며, 다만 임차인은 당초 임대차에서 반대되는 약정이 없는 한 임차권의 양도 또는 전대차의 기회에 부수하여 자신도 그 재산적 가치를 다른 사람에게 양도 또는 이용케 함으로써 권리금 상당액을 회수할 수 있을 것이고, 따라서 임대인이 그 임대차의 종료에 즈음하여 그 재산적 가치를 도로 양수한다든지 권리금 수수 후 일정한 기간 이상으로 그 임대차를 존속시켜 그 가치를 이용케 하기로 약정하였음에도 임대인의 사정으로 중도 해지됨으로써 약정기간 동안의 그 재산적 가치를 이용케 해주지 못하였다는 등의 특별한 사정이 있을 때에만 임대인은 그 권리금 전부 또는 일부의 반환의무를 진다고 할 것이다.

11) 임대인의 권리금 반환 범위 (대판 2002. 7. 26, 2002다25013)

임대인이 반환의무를 부담하는 권리금의 범위는, 지급된 권리금을 경과기간과 잔존기간에 대응하는 것으로 나누어, 임대인은 임차인으로부터 수령한 권리금 중 임대차계약이 종료될 때까지의 기간에 대응하는 부분을 공제한 잔존기간에 대응하는 부분만을 반환할의무를 부담한다고봄이 공평의원칙에 합치된다.

12) 신축 중인 주택을 임차하여 주민등록을 마친 임차인의 주민등록이 그 후 소유권보존등기가 경료되고 등기부상 이해관계를 가지게 된 제3자에 대한 관계에서 효력을 가지기 위한 요건 (대판 2003. 3. 14, 2002다66687)

신축 중인 주택을 임차하여 주민등록을 마친 임차인의 주민등록이, 그 후 소유권보존등기가 경료되고 이를 바탕으로 저당권을 취득하여 등기부상 이해관계를 가지게 된 제3자에 대한 관계에서 임대차를 공시하는 효력이 있는지의 여부는 일반 사회통념상 그 주민등록으로 당해 주택에 임차인이 주소 또는 거소를 가진 자로 등록되어 있다고 인식할 수 있는가의 여부에 따라 판단되어야 하는바, 임대차계약서 및 외벽표기에 따라 주민등록상의 주소를 "현일맨션타운 104동 301호"로 하여 전입신고를 마쳤으나 그 후 위 건물이 건축물관리대장 및 등기부상으로 "에이(A)동 301호"로 표기됨에 따라, 주민등록상의 건축물 표시와 등기부상의 건축물 표시가 일치하지 않게 된 경우, 위 전입신고에 따른 주민등록은 유효한 임대차의 공시방법이 될 수 없다.

13) 토지임대차에 있어서 임차인의 채무불이행을 이유로 계약이 해지된 경우에 임차인이 임대인에 대하여 매수청구권을 행사할 수 있는가 여부 (대판 2003. 4. 22, 2003다7685)

공작물의 소유 등을 목적으로 하는 토지임대차에 있어서 임차인의 채무불이행을 이유로 계약이 해지된 경우에는 임차인은 임대인에 대하여 민법 제643조, 제283조에 의한 지상물 매수청구권을 행사할 수 없다.

14) 임차물 반환채무 이행불능시 입증책임 (대판 2001. 1. 19, 2000다57351)

임차인의 임차물 반환채무가 이행불능이 된 경우 임차인이 그 이행불능으로 인한 손해배상책임을 면하려면 그 이행불능이 임차인의 귀책사유로 말미암은 것이 아님을 입증할 책임이 있으며, 임차건물이 화재로 소훼된 경우에 있어서 그 화재의 발생원인이 불명인 때에도 임차인이 그 책임을 면하려면 그 임차건물의 보존에 관하여 선량한 관리자의 주의의무를 다하였음을 입증하여야 한다.

15) 임차목적물의 명도의 이행제공 (대판 2002. 2. 26, 2001다77697)

임차인의 임차목적물 명도의무와 임대인의 보증금 반환의무는 동시이행의 관계에 있다하겠으므로, 임대인의 동시이행의 항변권을 소멸시키고 임대보증금 반환 지체책임을 인정하기 위해서는 임차인이 임대인에게 임차목적물의 명도의 이행제공을 하여야만 한다 할 것이고, 임차인이 임차목적물에서 퇴거하면서 그 사실을 임대인에게 알리지 아니한 경우에는 임차목적물의 명도의 이행제공이 있었다고 볼 수는 없다.

16) 임차인이 저당권자의 신청에 의한 임의경매절차에서 스스로 2년 미만인 약정 기간 만료를 주장할 수 있는 지 여부 (대판 2001. 9. 25, 2000다24078)

1. "기간의 정함이 없거나 기간을 2년 미만으로 정한 임대차는 그 기간을 2년으로 본다."고 규정하고 있는 구 주택임대차보호법 (1999.1.21. 법률 제5641호로 개정되기 전의 것) 제4조 제1항은, 같은 법 제10조가 "이 법의 규정에 위반된 약정으로서 임차인에게 불리한 것은 그 효력이 없다."고 규정하고 있는 취지에 비추어 보면 임차인의 보호를 위한 규정이라고 할 것이므로, 위 규정에 위반되는 당사자의 약정을 모두 무효라고 할 것은 아니고 위 규정에 위반하는 임차인에게 불리하지 아니한 것은 유효하다고 풀이함이 상당하다 할 것인바(위 1999. 1. 21자 법률개정으로 위 법 제4조 제1항에 "다만, 임차인은 2년 미만으로 정한 기간이 유효함을 주장할 수 있다."는 명문의 단서규정이 신설되었다). 임대차기간을 2년 미만으로 정한 임대차의 임차인이 스스로 그 약정임대차기간이 만

료되었음을 이유로 임차보증금의 반환을 구하는 경우에는 그 약정이 임차인에게 불리하다고 할 수 없으므로, 같은 법 제3조 제1항 소정의 대항요건(주택인도와 주민등록전입신고)과 임대차계약증서상의 확정일자를 갖춘 임차인으로서는 그 주택에 관한 저당권자의 신청에 의한 임의경매절차에서 2년 미만의 임대차기간이 만료되어 임대차가 종료되었음을 이유로 그 임차보증금에 관하여 우선 변제를 청구할 수 있다.

2. 임대차가 종료된 경우에 배당요구를 한 임차인은 우선변제권에 의하여 낙찰대금으로부터 임차보증금을 배당받을 수 있으므로, 이와 같은 경우에 일반 매수희망자(낙찰자 포함)는 그 주택을 낙찰받게 되면 그 임대차에 관한 권리 · 의무를 승계하지 않을 것이라는 신뢰하에 입찰에 참가하게 되는 것인바, 이러한 믿음을 기초로 하여 낙찰자가 임차보증금을 인수하지 않을 것이라는 전제하에 낙찰이 실시되어 최고가 매수희망자를 낙찰자로 하는 낙찰허가결정이 확정되었다면, 그 후에 이르러 임차인이 배당요구시의 주장과는 달리 자신의 임대차기간이 종료되지 않았음을 주장하면서 우선변제권의 행사를 포기하고 명도를 구하는 낙찰자에게 대항력을 행사하는 것은, 임차인의 선행행위를 신뢰한 낙찰자에게 예측하지 못한 손해를 입게 하는 것이어서 위와 같은 입장 변경을 정당화할 만한 특별한 사정이 없는 한 금반언 및 신의칙에 위배되어 허용될 수 없다.

17) 임대차 종료 전 작성한 포기각서의 효력 (대판 2002. 5. 31, 2001다42080)

건물의 소유를 목적으로 한 토지의 임차인이 임대차가 종료하기 전에 임대기간에 건물 기타 지상 시설 일체를 포기하기로 약정을 하였다고 하더라도 임대차계약의 조건이나 계약이 체결된 경위 등 제반 사정을 종합적으로 고려하여 실질적으로 임차인에게 불리하다고 볼 수 없는 특별한 사정이 인정되지 아니하는 한 위와 같은 약정은 임차인에게 불리한 것으로서 민법 제652조에 의하여 효력이 없다.

18) 임차목적물 반환시 지급하기로 약정한 원상복구비용의 보증금 명목의 금액으로 임대차보증금에서 당연히 공제할 수 있는지 여부 (대판 2002. 12. 10, 2002다52657)

부동산임대차에 있어서 임차인이 임대인에게 지급하는 임대차보증금은 임대차관계가 종료되어 목적물을 반환하는 때까지 그 임대차 관계에서 발생하는 임차인의 모든 채무를 담보하는 것으로서, 임인의 임대차보증금 반환의무는 임대차관계가 종료되는 경우에 그 임대차보증금 중에서 목적물을 반환받을 때까지 생긴 연체차임 등 임차인의 모든 채무를 공제한 나머지 금액에 관하여서만 비로소 이행기에 도달하는 것이므로, 그 임대차보증금 반환 채권을 양도함에 있어서 임대인이 아무런 이의를 보류하지 아니한 채 채권양도를 승낙하였어도 임차 목적물을 개축하는 등 으로 하여 임차인이 부담할 원상복구비용 상당의 손해배상액은 반환할 임대차보증금에서 당연히 공제할 수 있다 할 것이나, 임대인과 임차인 사이에서 장래 임대목적물 반환시 위 원상복구비용의 보증금 명목으로 지급하기로 약정한 금액은, 임대차관계에서 당연히 발생하는 임차인의 채무가 아니라 임대인과 임차인 사이의 약정에 기하여 비로소 발생하는 채무에 불과하므로, 반환할 임대차보증금에서 당연히 공제할 수 있는 것은 아니라 할 것이어서, 임대차보증금 반환 채권을 양도하기 전에 임차인과 사이에 이와 같은 약정을 한 임대인이 이와 같은 약정에 기한 원상복구비용의 보증금 청구 채권이 존재한다는 이의를 보류하지 아니한 채 채권양도를 승낙하였다면 민법 제451조 제1항이 적용되어 그 원상복구비용의 보증금 청구 채권으로 채권양수인에게 대항할 수 없다 할 것이다.

19) 임대차가 종료된 상태에서 임차주택이 양도되었으나 임차인이 임대인의 지위승계를 원하지 않는 경우의 문제점 (대판 2002. 9. 4, 2001다64615)

1. 대항력 있는 주택임대차에 있어 기간만료나 당사자의 합의 등으로 임대차가 종료된 경우에도 주택임대차보호법 제4조 제2항에 의하여 임차인은 보증금을 반환받을 때까지 임대차관계가 존속하는 것으로 의제되므로 그러한 상태에서 임차목적물인 부동산이 양도되는 경우에도 같은 법 제3조 제2항에 의하여 양수인에게 임대차가 종료된 상태에서의 임대인으로서의 지위가 당연히 승계되고, 양수인이 임대인의 지위를 승계하는 경우에는 임대차보증금 반환채무는 소멸하는 것이지만, 임차인의 보호를 위한 임대차보호법의 입법 취지에 비추어 임차인이 임대인의 지위 승계를 원하지 않는 경우에는 임차인이 임차주택의 양도사실을 안 때로부터 상당한 기간 내에 이의를 제기함으로써 승계되는 임대차관계의 구속으로부터 벗어날 수 있다고 봄이 상당하고, 그와 같은 경우에는 양도인의 임차인에 대한 보증금 반환채무는 소멸하지 않는다.

2. 제반 사정에 비추어 임차인이 주택임대차보호법에 의하여 임차주택의 양수인이 임대인의 지위를 승계하는 것을 전제로 행동하였다고 봄이 상당하고 임대인의 지위승계에 대하여 이의를 제기한 것으로 단정하기는 어렵다.

20) 임대차계약의 해제조건의 성취와 임대차보증금반환채무 (대판 2001. 10. 12, 2001다7865)

임대차계약에서 임대차보증금이 수수된 경우에 그 임대차계약이 기간만료, 해지, 해제, 취소 또는 무효 등 어떠한 사유로든지 효력을 상실하게 되는 때에는 계약에 기초하여서 또는 원상회복, 부당이득으로 그 임대차보증금의 반환채무가 발생하는 것이고, 임대차계약의 효력을 상실하였다고 하여 곧바로 임대차보증금반환채무가 소멸하는 것은 아니므로, 임대차계약이 해제조건부였고 그 해제조건이 성취되어 임대차계약이 그 효력을 상실하였다면 이로 인하여 임대차보증금을 반환할 채무가 발생하거나 그 기한이 도래한 것이지, 이로 인하여 임대차보증금반환채무가 소멸하는 것은 아니다.

21) 임차인이 전입신고를 잘못함으로써 주택임대차보호법상 대항력을 인정받지 못한 경우 부동산 중 개인이 그 손해를 배상하여야 하는지 여부(대판 2003. 3. 28, 2003다3041)

이 사건 다세대주택은 반지하층을 포함하여 총 8세대로 구성된 건물로서 등기부상 지층 01호, 02호, 1층 101호, 102호, 2층 201호, 202호, 3층 301호, 302호로 되어 있으나, 각 세대의 현관문에는 반지하층이 101호, 102호로, 지상 1층이 201호, 202호로, 지상 2층이 301호, 302호로, 지상 3층이 501호, 502호로 표시되어 있었는데, 부동산 중개인인 피고가 건물의 등기부상 표시를 제대로 확인하지 아니한 채 현관문에 표시되어 있는 대로 임대차 건물을 301호라고 설명하, 계약서에도 동일하게 표기하였으며, 이에 따라 원고도 전입신고를 함에 있어 전입주소를 301호로 표시하는 바람에 나중에 진행된 경매절차에서 대항력이 인정되지 않음으로 인하여 원고가 임대차보증금 상당의 손해를 입은 경우 피고가 그 손해를 배상할 책임이 있다. 다만 임차인인 원고도 직접 등기부등본을 확인하여 보지 아니한 과실이 있으므로 이를 배상액 산정에 참작하여야 한다.

22) 주민등록이 직권 말소된 경우, 주택임차인의 대항력이 상실되는지 여부(대판 2002. 10. 11, 2002다20957)

1. 주택임대차보호법 제3조 제1항에서 주택의 인도와 더불어 대항력의 요건으로 규정하고 있는 주민등록은 거래의 안전을 위하여 임대차의 존재를 제3자가 명백히 인식할 수 있게 하는 공시방법으로 마련된 것이므로, 주민등록이 어떤 임대차를 공시하는 효력이 있는가의 여부는 일반 사회통념상 그 주민등록으로 당해 임대차 건물에 임차인이 주소 또는 거소를 가진 자로 등록되어 있는지를 인식할 수 있는가의 여부에 따라 결정된다.

2. 주택임대차보호법이 제3조 제1항에서 주택임차인에게 주택의 인도와 주민등록을 요건으로 명시하여 등기된 물권에 버금가는 강력한 대항력을 부여하고 있는 취지에 비추어 볼 때 달리 공시방법이 없는 주택임대차에 있어서 주택의 인도 및 주민등록이라는 대항요건은 그 대항력 취득시에만 구비하면 족한 것이 아니고 그 대항력을 유지하기 위하여서도 계속 존속하고 있어야 한다.

3. 주택임차인의 의사에 의하지 아니하고 주민등록법 및 동법시행령에 따라 시장 군수 또는 구청장에 의하여 직권조치로 주민등록이 말소된 경우에도 원칙적으로 그 대항력은 상실된다고 할 것이지만, 주민등록법상의 직권말소제도는 거주관계 등 인구의 동태를 상시로 명확히 파악하여 주민생활의 편익을 증진시키고 행정사무의 적정한 처리를 도모하기 위한 것이고, 주택임대차보호법에서 주민등록을 대항력의 요건으로 규정하고 있는 것은 거래의 안전을 위하여 임대차의 존재를 제3자가 명백히 인식할 수 있게 하기 위한 것으로서 그 취지가 다르므로, 직권말소 후 동법 소정의 이의절차에 따라 그 말소된 주민등록이 회복되거나 동법시행령 제29조에 의하여 재등록이 이루어짐으로써 주택임차인에게 주민등록을 유지할 의사가 있었다는 것이 명백히 드러난 경우에는 소급하여 그 대항력이 유지된다고 할 것이고, 다만, 그 직권말소가 주민등록법 소정의 이의절차에 의하여 회복된 것이 아닌 경우에는 직권말소 후 재등록이 이루어지기 이전에 주민등록이 없는 것으로 믿고 임차주택에 관하여 새로운 이해관계를 맺은 선의의 제3자에 대하여는 임차인은 대항력의 유지를 주장할 수 없다고 봄이 상당하다.

23) 임차인이 인접한 다른 토지의 지번으로 주민등록을 마친 경우 유효한 공시방법으로 볼 수 있는지 여부 (대판 2001. 4. 24, 2000다44799)

1. 주택임대차보호법 제3조 제항에서 주택의 인도와 더불어 임대차의 대항력 발생 요건으로 규정하고 있는 주민등록은 거래의 안전을 위하여 임대차의 존재를 제3자가 명백히 인식할 수 있게 하는 공시방법으로 마련된 것이라고 볼 것이므로 주민등록이 어떤 임대차를 공시하는 효력이 있는가의 여부는 일반사회의 통념상 그 주민등록으로써 임차인이 당해 임대차건물에 주소 또는 거소를 가진 자로 등록되어 있음을 인식할 수 있는지의 여부에 따라 결정된다.

2. 임차 주택의 부지를 비롯한 세 필의 토지가 같은 담장 안에 있고 그 지상에 임차 주택 이외에는 다른 건물이 건립되어 있지 않다 하더라도 임차인이 임차 주택의 부지가 아닌 인접한 다른 토지의 지번으로 주민등록을 마쳤다면 유효한 공시방법으로 볼 수 없다.

24) 등기부상 '에이(A)동' 이라고 표시된 연립주택의 임차인이 '가동' 이라고 전입신고를 한 경우 대항력 유무 :

(대판 2003. 5. 30, 002다59351)

이 사건 등기부상으로는 건물의 표제부에 '에이(A)동' 이라고 기재되어 있음에도 전입신고를 함에 있어 주소지를 '가동' 으로 신고한 사실은 인정되나, 이 사건 대지 위에는 2개 동의 연립주택 외에는 다른 건물이 전혀 없고, 그 2개 동도 층당 세대수가 한 동은 4세대씩, 다른 동은 6세대씩으로서 크기가 달라서 외관상 혼동의 여지가 없으며, 실제 건물 외벽에는 '가동' , '나동' 으로 표기되어 사회생활상 그렇게 호칭되어 온 경우, 사회통념상 '가동' , '나동' , '에이동' , '비동' 은 표시 순서에 따라 각각 같은 건물을 의미하는 것이라고 인식될 여지가 있다. 더욱이 경매가 진행되면서 원고를 포함하여 입찰에 참가하고자 한 사람들로서도 경매기록에서 경매목적물의 표시가 '에이동' 과 '가동' 으로 병기되고 있음이 기록상 분명한 이상, 피고들의 임대차를 대항력 있는 임대차로 인식하는 데에 아무런 어려움이 없었다고 하지 않을 수 없다.

25) 가장임대차의 주택임대차보호법상의 대항력 유무 (대판 2002. 3. 12, 2000다24184, 24191)

임대차는 임차인으로 하여금 목적물을 사용 · 수익하게 하는 것이 계약의 기본 내용이므로, 채권자가 택임대차보호법상의 대항력을 취득하는 방법으로 기존 채권을 우선변제 받을 목적으로 주택임대차계약의 형식을 빌려 기존 채권을 임대차보증금으로 하기로 하고 주택의 인도와 주민등록을 마침으로써 주택임대차로서의 대항력을 취득한 것처럼 외관을 만들었을 뿐 실제 주택을 주거용으로 사용 · 수익할 목적을 갖지 아니한 계약은 주택임대차계약으로서는 통정허위표시에 해당되어 무효라고 할 것이므로 이에 주택임대차보호법이 정하고 있는 대항력을 부여할 수는 없다.

26) 부대상고를 제기할 수 있는 시한의 종료시점 (대판 2001. 3. 23, 2000다30165)

1. 주택임대차보호법상 대항력과 우선변제권의 두 가지 권리를 겸유하고 있는 임차인이 먼저 우선변제권을 선택하여 임차주택에 대하여 진행되고 있는 경매절차에서 보증금 전액에 대하여 배당요구를 하였으나 그 순위에 따른 배당이 실시될 경우 보증금 전액을 배당받을 수 없었던 때에는 보증금 중 경매절차에서 배당받을 수 있었던 금액을 공제한 잔액에 관하여 경락인에게 대항하여 이를 반환받을 때까지 임대차관계의 존속을 주장할 수 있는바, 여기서 경락인에게 대항할 수 있는 보증금잔액은 보증금 중 경매절차에서 올바른 배당순위에 따른 배당이 실시될 경우의 배당액을 공제한 나머지 금액을 의미하는 것이지 임차인이 배당절차에서 현실로 배당받은 금액을 공제한 나머지 금액을 의미하는 것은 아니라 할 것이고, 따라서 임차인이 배당받을 수 있었던 금액이 현실로 배당받은 금액보다 많은 경우에는 임차인이 그 차액에 관하여는 과다 배당받은 후순위 배당채권자를 상대로 부당이득의 반환을 구하는 것은 별론으로 하고 경락인을 상대로 그 반환을 구할 수는 없다고 할 것이다.

2. 부대상고를 제기할 수 있는 시한은 항소심에서의 변론종결시에 대응하는 상고이유서 제출기간 만료시까지라고 보아야 할 것이다.

27) 임차인에 의한 임대차승계 배제(대판 2002. 9. 4, 2001다64615)

대항력 있는 주택임대차에 있어 기간만료나 당사자의 합의 등으로 임대차가 종료된 경우에도 주택임대차보호법 제4조 제2항에 의하여 임차인은 보증금을 반환받을 때까지 임대차관계가 존속하는 것으로 의제되므로 그러한 상태에서 임차목적물인 부동산이 양도되는 경우에는 같은 법 제3조 제2항에 의하여 양수인에게 임대차가 종료된 상태에서의 임대인으로서의 지위가 당연히 승계되고, 양수인이 임대인의 지위를 승계하는 경우에는 임대차보증금 반환채무도 부동산의 소유권과 결합하여 일체로서 이전하는 것이므로 양도인의 임대인으로서의 지위나 보증금 반환채무는 소멸하는 것이지만, 임차인의 보호를 위한 임대차보호법의 입법취지에 비추어 임차인이 임대인의 지위승계를 원하지 않는 경우에는 임차인이 임차주택의 양도사실을 안 때로부터 상당한 기간내에 이의를 제기함으로써 승계되는 임대차관계의 구속으로부터 벗어날 수 있다고 봄이 상당하고, 그와 같은 경우에도 양도인의 임차인에 대한 보증금 반환채무는 소멸하지 않는다.

28) 주택임대차의 대항요건인 주민등록의 유효 여부에 대한 판단 기준(대판 2001. 4. 24, 2000다44799)

1. 주택임대차보호법 제3조 제1항에서 주택의 인도와 더불어 임대차의 대항력 발생요건으로 규정하고 있는 주민등록은 거래의 안전을 위하여 임대차의 존재를 제3자가 명백히 인식할 수 있게 하는 공시방법으로 마련된 것이라고 볼 것이므로, 주민등록이 어떤 임대차를 공시하는 효력이 있는가의 여부는 일반사회의 통념상 그 주민등록으로써 임차인이 당해 임대차건물에 주소 또는 거소를 가진 자로 등록되어 있음을 인식할 수 있는지의 여부에 따라 결정된다.

2. 임차 주택의 부지를 비롯한 세 필의 토지가 같은 담장 안에 있고 그 지상에 임차주택 이외에는 다른 건물이 건립되어 있지 않다 하더

라도 임차인이 임차 주택의 부지가 아닌 인접한 다른 토지의 지번으로 주민등록을 마쳤다면 유효한 공시방법으로 볼 수 없다.

29) 경매법원이 이해관계인에게 배당요구의 사실을 통지하지 않은 것이 불법행위를 구성하는지 여부 (대판 2001. 9. 25, 2001다1942)

1. 배당요구의 사실을 경매법원이 이해관계인에게 통지하도록 규정한 민사소송법 제606조 제1항의 취지는 배당받을 자의 범위가 변경됨을 집행절차에 참가하고 있는, 당해 배당요구채권자 이외의 다른 채권자에게 알려 주어 채권의 존부와 액수를 다툴 수 있도록 하려는 데 있고, 이러한 통지가 결여된다고 하여도 배당요구의 효력에는 아무런 영향이 없으므로, 비록 경매담당공무원이 배당요구 사실을 채무자나 소유자 혹은 다른 배당요구채권자 등에게 통지하지 아니하였다 하여도, 당해배당요구채권자에 대한 관계에 있어서는 불법행위를 구성할 만한 직무상 주의의무위반이 있다고 볼 수 없다.

2. 구 주택임대차보호법(1999. 1. 21. 법률 제5641호로 개정되기 전의 것)하에서는, 임차인의 배당요구시까지 임대차가 종료되지 아니한 경우 임대인에 대한 배당요구 사실의 통지가 있게 되면 임대차계약의 해지가 있은 것으로 되어 배당요구 한 임차인은 우선변제권에 의하여 낙찰대금으로부터 임차보증금을 배당받을 수 있고, 그와 같은 통지가 없으면 아직은 임대차가 종료되지 아니한 것이어서 임차인이 낙찰대금으로부터 임차보증금을 배당받을 수는 없는 것이나, 원래 임대인의채무불이행 등을 이유로 하는 임대차계약의 해지는 임차인이 임대인에 대하여 통지를 함으로써 효력이생기는 것으로서 임대차계약의 해지를 이유로 배당요구를 하는 임차인으로서는 스스로 해지통지를 하여 임대차를 종료시킨 후 배당요구를 함이 원칙이고, 배당요구 통지를 통한 임대차의 해지는 미처 임대차를 종료시키지 않은 채 배당요구를 한 경우에 법원이 배당요구 사실의 통지를 하여 임대인에게 도달되면 이로써 임대차계약 해지의 효력을 발생할 수 있다는 것으로서, 그로 인하여 배당요구를 한 임차인이 어떤 이익을 얻는다고 하더라도 이는 반사적 이익에 지나지 않는다고 할 것이므로, 경매법원의 담당공무원이 민사소송법 제696조 제1항에 따라 임대인인 채무자 또는 소유자에게 배당요구 사실을 통지하지 아니하였고 그로 인하여 배당요구를 한 임차인의 법률상의 지위에 어떤 영향을 미쳤다고 하더라도 이것이 임차인에 대한 관계에서 의무위반이 된다고는 할 수 없다.

3. 구 주택임대차보호법상 대항력 있는 임차인이 임대차기간 중 배당요구를 하고 배당을 받았으나. 경매법원이 배당요구 사실을 채무자인 임대인에게 통지하지 아니하여 그 임대차관계가 종료되지 않음으로써 임차인의 우선변제권이 인정되지 않은 결과 다른 배당채권자가 제기한 부당이득금 반환청구 소송에서 패소한 경우, 임차인에 대한 국가배상책임을 인정하지 않은 사례.

4. 구 주택임대차보호법(1999. 1. 21. 법률 제6941호로 개정되기 전의 것)상 제3자에 대한 대항요건과 확정일자를 갖춘 선순위 임차인이 입찰기일까지 배당요구를 하지 않은 경우에 일반 매수희망자는 그 주택을 낙찰받게 되면 그 임대차에 관한 권리 의무를 승계하여야 할 것으로 예상하고 입찰에 참가하게 되는 것인바 위 임차인이 입찰이 끝난 후 낙찰기일 전에 배당요구를 하였으나 임대차가 아직 종료되지 아니하였고 법원에 의한 배당요구 사실의 통지가 임대인인 채무자 또는 소유자에게 도달되지도 아니한 결과 위 배당요구에도 불구하고 임차주택의 환가대금에서 임차보증금을 우선변제받을 수 없고, 따라서 일반 매수희망자(또는 최고가매수신고인)가 여전히 위 권리 . 의무를 승계하게 된다고 하더라도, 이는 당초부터 예상한 바와 같은 것이어서 입찰물건명세서에 임차인의 배당요구 사실이 기재되어 있지 않았다는 사정만으로는 일반 매수희망자가 그 매수의사나 매수신고가격을 결정함에 있어서 어떠한 영향을 받게 되었다고 보기는 어렵고, 뿐더러 배당요구 사실의 통지 여부나 그 도달 여부는 경매물건명세서의 기재사항이 아님은 민사소송법 제617조의2의 문언상 명백하므로, 물건명세서상 임차인의 배당요구나 그 통지에 관한 사항이 기재되지 아니하였다고 하여 낙찰불허가 사유가 되는 '물건명세서의 작성에 중대한 하자가 있는 때' 에 해당하는 것으로 볼 수는 없다고 할 것이다(만일 입찰 후 낙찰기일 전에 우선변제권 있는 임차인에 의한 배당요구가 있었고 그 임대차가 이미 종료된 것이거나 배당요구 사실이 임대인에게 통지됨으로써 임대차 종료의 효력이 발생되었다면, 경매법원으로서는 낙찰을 불허가하고 다시 경매에 부치는 등의 조치를 취하여야 할 것이다).

30) 주택임대차보호법 제3조 제1항 소정의 대항요건으로서의 주민등록의 유효 여부에 관한 판단 기준
(대판2002. 3. 15, 2001다80204)

주택임대차보호법 제3조 제1항에서 주택의 인도와 더불어 대항력의 요건으로 규정하고 있는 주민록은 거래의 안전을 위하여 임대차의 존재를 제3자가 명백히 인식할 수 있게 하는 공시방법으로 마련된 것이므로, 주민등록이 어떤 임대차를 공시하는 효력이 있는가의 여부는 일반 사회통념상 그 주민등록으로 당해 임대차 건물에 임차인이 주소 또는 거소를 가진 자로 등록되어 있는지를 인식할 수 있는가의 여부에 따라 결정된다.

31) 기존 채권을 임대차보증금으로 전환한 경우의 대항력 (대판 2002. 1. 8, 2001다47535)

주택임차인이 대항력을 갖는지 여부는, 주택임대차보호법 제3조 제1항에서 정한 요건, 즉 임대차계약의 성립, 주택의 인도, 주민등록의 요건을 갖추었는지 여부에 의하여 결정되는 것이므로, 당해 임대차계약이 통정허위표시에 의한 계약이어서 무효라는 등의 특별한 사정이 있는 경우는 별론으로 하고 임대차계약 당사자가 기존 채권을 임대차보증금으로 전환하여 임대차계약을 체결하였다는 사정만으로 임차인이 같은 법 제3조 제1항 소정의 대항력을 갖지 못한다고 볼 수는 없다.

32) 타인의 대항요건으로 인한 임차인의 대항력 인정 여부 (대판 2001. 1. 19, 2000다55645)

주택임대차보호법 제3조 1항에서 규정하고 있는 주민등록이라는 대항요건은 임차인 본인뿐만 아니라 그 배우자나 자녀 등 가족의 주민등록을 포함하며(대판 1988. 6. 14, 87다카3093 · 3094 ; 동 1987.10. 26, 87다카14 등 참고), (또한) 위 대항력은 임차인이 당해주택에 거주하면서 이를 직접 점유하는 경우뿐만 아니라 타인의 점유를 매개로 하여 이를 간접점유하는 경우에도 인정될 수 있을 것이나, 이 경우 당해주택에 실제로 거주하지 아니하는 임차인은 주민등록의 대상이 되는 '당해주택에 주소 또는 거소를 가진다' (주민등록법 제6조 1항)가 아니어서 주민등록법 소정의 적법한 주민등록을 할 수 없고, 따라서 간접점유자에 불과한 임차인 자신의 주민등록으로는 대항력의 요건을 적법하게 갖추었다고 할 수 없으며, 임차인과의 점유매개관계에 기하여 당해주택에 실제로 거주하는 직접점유자가 자신의 주민등록을 마친 경우에 한하여, 비로소 그 임차인의 임대차가 제3자에 대하여 적법하게 대항력을 취득할 수 있다

33) 임차인이 우선변제권을 가장 하여 배당요구를 하였으나 실제 배당을 받지 못한 경우 낙찰자에게 대항할 수 있는지 여부
(대판 2002. 1. 22, 2001다76427)

우선변제권이 있는 임차인이 경매절차에서 배당요구를 하였을 경우 그는 낙찰대금으로부터 임차보증금을 배당 받을 수 있으므로, 이와 같은 경우에 일반 매수희망자(낙찰자 포함)는 그 주택을 낙찰 받게 되면 그 임차인이 배당 받은 보증금 부분에 대하여는 임대차에 관한 권리 · 의무를 승계하지 않을 것이라는 신뢰하에 입찰에 참가하게 되는 것인바, 이러한 믿음을 기초로 하여 낙찰자가 임대차보증금을 인수하지 않을 것이라는 전제 아래 낙찰이 실시되어 낙찰허가결정이 확정되었다면, 이러한 매수인의 신뢰는 보호되어야 한다.

34) 주택임대차보호법에 의한 대항력과 우선변제권을 인정받기 위한 주택의 인도와 주민등록이라는 요건이 존속되어야 할 종기로서의
경락기일 (대판 2002. 8. 13, 2000다61466)

달리 공시방법이 없는 주택임대차에 있어서 임차인이 주택임대차보호법 의한 대항력과 우선변제권을 인정받기 위한 주택의 인도와 주민등록이라는 요건은 그 대항력 및 우선변제권의 취득시에만 구비하면 족한 것이 아니고 경매절차의 배당요구의 종기인 경락기일까지 계속 존속하고 있어야 하는데, 처음의 경락허가결정이 취소되어 실경매를 하였거나 경락허가결정의 확정 후 최고가 매수인이 경락대금을 납부하지 아니하여 재경매를 한 경우에 있어서, '배당요구의 종기의 경락기일' 이라함은 배당금의 기초가 되는 경락대금을 납부한 경락인에 대하여 경락허가결정을 한 마지막 경락기일을 말한다.

35) 임대차보증금반환 (대판 2001. 11. 27, 2001다62688)

건물 임대인이 현금보관증 소지인에게 임대차보증금 중 일부를 지급하기로 약정하였다고 하더라도 임차인의 건물 전대에 동의할 때 현금보관증 소지인의 동의를 받을 필요는 없다.

36) 미등기 건물인 임차주택에 임대차보호법 적용 여부 (대판 2001. 10. 30, 2001다39657)

주택임대차보호법 제8조에 의하여 다른 담보물권자 보다 우선변제를 받을 주택임차인은 제1항의 문언상 그 임차주택에 대한 경매신청의 등기 전에 주택을 인도받고 전입신고를 마쳐야 하는 것이며, 그 요건을 갖추었을 때에만 제3항에 의하여 주택의 경락가액(대지가액을 포함)의 2분의 1 범위 안에서 최우선 변제를 받게 되는 바, 소유권등기가 되지 아니한 임차주택에 있어서는 그 토지나 그 토지상의 지상건물의 등기부 기재로써는 그 주택의 유무나 임차인의 유무 등 대지의 부담사항이 파악되지 아니하므로, 주택임대차보호법 제8조의 규정에 의해 건물이나 토지의 경락대금에서 우선변제를 받기 위해서는 그 임대차의 목적물인 주택에 관하여 그 임대차 후에라도 소유권이전등기를 거쳐져 경매신청의 등기가 되는 경우이어야 한다.

37) 묵시적으로 갱신된 주택임대차계약의 존속기간 (대판 2002. 9. 24, 2002다41633)

주택임대차보호법 제6조 제1항에 따라 임대차계약이 묵시적으로 갱신되면 그 임대차기간은 같은법 제6조 제2항, 제4조 제1항에 따라 2년으로 된다.

38) 대항력과 우선변제권 (대판 2001. 3. 27, 98다4552)

주택임대차보호법의 대항력과 우선변제권의 두 가지 권리를 겸유하고 있는 임차인이 우선변제권을 선택하여 제1경매절차에서 보증금 전액에 대하여 배당요구를 하였으나 보증금 전액을 배당받을 수 없었던 때에는 경락인에게 대항하여 이를 반환 받을 때까지 임대차관계의 존속을 주장할 수 있을 뿐이고, 임차인의 우선변제권은 경락으로 인하여 소멸하는 것이므로 제2경매절차에서 우선변제권에 의한 배당을 받을 수 없다.

39) 주택임대차보호법의 대항요건으로서의 주민등록 (대판 2001. 12. 27, 2001다63216)

주택의 인도와 주민등록이라는 임대차의 공시방법은 어디까지나 등기라는 원칙적인 공시방법에 갈음하여 마련된 것이고, 제3자는 주택의 표시에 관한 사항과 주택에 관한 권리관계에 관한 사항을 통상 등기부에 의존하여 파악하고 있으므로, 임대차 공시방법으로서의 주민등록이 등기부상의 주택의 현황과 일치하지 않는다면 원칙적으로 유효한 공시방법이라고 할 수 없으나, 다만 주택의 소유권보존등기가 이루어진 후 토지의 분할 등으로 인하여 지적도, 토지대장, 건축물대장 등의 주택의 지번 표시가 분할 후의 지번으로 등재되어 있으나 등기부에는 여전히 분할 전의 지번으로 등재되어 있는 경우, 임차인이 주민등록을 함에 있어 토지대장 및 건축물대장에 일치하게 주택의 지번과 동호수를 표시하였다면 설사 그것이 등기부의 기재와 다르다고 하여도 일반의 사회통념상 임차인이 그 지번에주소를 가진 것으로 제3자가 인식할 수 있다고 봄이 상당하므로 유효한 임대차의 공시방법이 된다.

40) 미등기주택의 소액임차인의 우선변제권 (대판 2001. 10. 30, 2001다39657)

주택임대차보호법 제8조에 의하여 다른 담보물권자보다 우선변제를 받을 주택임차인은 제1항의 규정상, 그 임차주택에 대한 경매신청의 등기 전에 주택을 인도받고 전입신고를 마쳐야 하는 것이며 그 요건을 갖추었을 때에만 제3항에 의하여 주택의 경락가액(대지가액을 포함)의 2분의 1의 범위 안에서 최우선변제를 받게 되는바, 그 제1항의 요건이 설정된 것은 민사소송법 제608조 제1항이 압류채권자의 채권에 우선하는 채권에 관한 부동산의 부담을 경락인에게 인수하게 하거나 매각대금으로 그 부담을 변제함에 부족없음이 인정된 경우가 아니면 매각하지 못한다고 규정하고 있는 것과 관련하여 임차주택의 경매신청인이 그 부동산의 등기부 기재를 토대로 삼아 그 주택과 대지의 부담을 알아 볼 수 있게 함으로써 매각의 가능성을 판단하여 경매진행여부를 결정할 수 있도록 하려는 데 있으므로 소유권등기가 되지 아니한 임차주택에 있어서는 그 토지나 그 토지상의 지상건물의 등기부 기재로써는 그 주택의 유무나 임차인의 유무 등 대지의 부담사항이 파악되지 않으므로 주택임대차보호법 제8조의 규정에 의해 건물이나 토지 경락대금에서 우선변제를 받기 위해서는 그 임대차의 목적물인 주택에 관하여 그 임대차 후에라도 소유권등기가 거쳐져 경매신청의 등기가 되는 경우이어야 한다.

41) 우선변제권 있는 소액임차인에 해당여부 (대판 2001. 3. 23, 2000다53397)

임대건물의 구조상 5세대의 임차인이 있기는 어려운 점, 임차인의 전입신고가 임대인이 대출연체로 그 채권자로부터 법적 조치를 취하겠다는 최고장을 받은 이후 경매개시 전에 집중되어 있는 점, 협의이혼하여 따로 살고 있던 부부가 같은날 전입신고하면서 따로 각 방 1개씩을 임차하였다고 주장하는 점, 건물을 모두 임대하고 다른 곳에 거주한다는 임대인 부부가 경매개시결정정본 및 배당기일소환장을 같은 건물에서 받았고 채권자의 직원이 방문하였을 때에 임대인의 처가 위 건물에서 잠을 자고 있었던 점, 임차인 가족이 거주한다는 방에 침대 1개 및 옷 몇벌만 있었던 점 등에 비추어 이들을 우선변제권 있는 소액임차인으로 보기에 의심스러운 사정이 있다.

42) 소액임차인의 소액보증금반환채권이 민소법 제605조 제항의 배당요구채권에 해당하는지 여부(대판 2002. 1. 22, 2001다70702)

1. 민사소송법 제605조 제항에서 규정하는 배당요구가 필요한 배당요구채권자는, 압류의 효력발생 전에 등기한 가압류채권자, 경락으로 인하여 소멸하는 저당권자 및 전세권자로서 압류의 효력발생 전에 등기한 자 등 당연히 배당을 받을 수 있는 채권자의 경우와는 달리, 경락기일까지 배당요구를 한 경우에 한하여 비로소 배당을 받을 수 있고, 적법한 배당요구를 하지 아니한 경우에는 비록 실체법상 우선변제청구권이 있다 하더라도 경락대금으로부터 배당을 받을 수는 없을 것이므로 이러한 배당요구채권자가 적법한 배당요구를 하지 아니하여 그를 배당에서 제외하는 것으로 배당표가 작성 확정되고 그 확정된 배당표에 따라 배당이 실시되었다면 그가 적법한 배당요구를 한 경우에 배당받을 수 있었던 금액 상당의 금원이 후순위 채권자에게 배당되었다고 하여 이를 법률상 원인이 없는 것이라고 할 수 없다.

2. 주택임대차보호법에 의하여 우선변제청구권이 인정되는 소액임차인의 소액보증금반환채권은 현행법상 민사소송법 제605조 제항에서 규정하는 배당요구가 필요한 배당요구채권에 해당한다.

43) 주택임대차보호법 소정의 대항요건으로서의 주민등록 (대판2002. 5. 10, 2002다1796)

주택임대차보호법에서 대항력의 요건으로 규정하고 있는 주민등록이 임대차를 공시하는 효력이 있는가의 여부는 일반 사회통념상 그 주민등록으로 당해 임대차 건물에 임차인이 주소 또는 거소를 가진 자로 등록되어 있는지를 인식할 수 있는가에 따라 결정되는 바, 임차인이 집합건축물대장의 작성과 소유권보존등기의 경료 전에 연립주택의 1층 101호를 임차하여 현관문상의 표시대로 호수를 101호로 전입신고를 하였고 그 후 작성된 집합건축물대장상에도 호수가 101호로 기재되었으나 등기부에는 1층 101호로 등재된 경우, 임차인의 주민등록은 임대차의 공시방법으로써 유효하다.

44) 선순위 근저당권이 말소되어 후순위였던 임차권이 존속하게 된 사실을 고지하지 아니한 채무자가 낙찰자에 대하여 손해배상 책임을 부담하는지 여부(대판 2003. 4. 25, 2002다70075)

선순위 근저당권의 존재로 후순위 임차권이 소멸하는 것으로 알고 부동산을 낙찰받았으나, 그후 채무자가 후순위 임차권의 대항력을 존속시킬 목적으로 선순위 근저당권의 피담보채무를 모두 변제하고 그 근저당권을 소멸시키고도 이 점에 대하여 낙찰자에게 아무런 고지도 하지 않아 낙찰자가 대항력 있는 임차권이 존속하게 된다는 사정을 알지 못한 채 대금지급기일에 낙찰대금을 지급하였다면, 채무자는 민법 제578조 제3항의 규정에 의하여 낙찰자가 입게 된 손해를 배상할 책임이 있다 할 것이다.

45) 주택임대차보호법 상 대항요건으로서 주민등록의 유효 여부(대판 2002. 6. 14, 2002다15467)

주택임대차보호법 제3조 제1항에서 주택의 인도와 더불어 대항력의 요건으로 규정하고 있는 주민등록은 거래의 안전을 위하여 임차권의 존재를 제3자가 명백히 인식할 수 있게 하는 공시방법으로 마련된 것이라고 볼 것이므로, 주민등록으로 당해 임대차건물에 임차인이 주소 또는 거소를 가진 자로 등록되어 있다고 인식할 수 있는가의 여부에 따라 결정된다고 할 것이다. 다세대 주택의 임차인이 등기부상의 층·호수와 불일치하는 주소지로 전입신고를 하였으나, 등부상의 건물내역과 임차인의 주민등록 주소를 비교하여 볼 때 주민등록상의 층·호수가 등기부상의 층·호수를 의미한다고 인식할 수 있다는 이유로, 임차인의 주민등록이 임대차의 공시방법으로 유효하지 않다고 단정한 원심을 파기한다.

46) 주택임대차보호법 제8조 소정의 '주택가액'의 의의 (대판 2001. 4. 27, 2001다8974)

주택임대차보호법 제8조 소정의 우선변제권의 한도가 되는 주택가액의 2분의 1에서 '주택가액'이라 함은 낙찰대금에다가 입찰보증금에 대한 배당기일까지의 이자, 몰수된 입찰보증금 등을 포함한 금액에서 집행비용을 공제한 실제 배당할 금액이라고 봄이 상당하다.

47) 임대차의 유효한 공시방법인지 여부 (대판2002. 3. 15, 2001다80204)

원래 단독주택으로 건축허가를 받아 건축되고, 건축물관리대장에도 구분소유가 불가능한 건물로 등재된 이른바 구분건물로의 구분등기가 경료되었음에도 불구하고, 소관청이 종전에 단독주택으로 등록한 일반건축물관리대장을 그대로 둔 채 집합건축물관리대장을 작성하지 않은 경우에는, 주민등록법시행령 제9조 제3항에 따라 임차인이 위 건물의 일부나 전부를 임차하여 전입신고를 하는 경우 지번만 기재하는 것으로 충분하고, 그 전유부분의 표시까지 기재할 의무나 필요가 없으며, 임차인이 실제로 위 건물의 어느 부분을 임차하여 거주하고있는지 여부의 조사는 단독주택의 경우와 마찬가지로 위건물에 담보권 등을 설정하려는 이해관계인의 책임하에 이루어져야 할 것이므로, 임차인이 위건물의 지번으로 전입신고를 한 이상 일반사회 통념상 그 주민등록을 위 건물에 임차인이 주소 또는 거소를 가진 자로 등록되어 있는지를 인식할 수 있는 경우에 해당된다 할 것이고, 따라서 임대차의 공시방법으로 유효하다.

48) 기존채권을 회수를 위한 임대차계약 (대판 2001. 5. 8, 2001다14733)

주택임대차보호법의 입법목적은 주거용건물에 관하여 민법에 대한 특례를 규정함으로써 국민의 주거생활의 안정을 보장하려는 것이고(제1조), 주택임대차보호법 제8조 제1항에서 임차인이 보증금 중 일정액을 다른 담보물권자보다 우선하여 변제받을 수 있도록 한 것은, 소액임차인의 경우 그 임차보증금이 비록 소액이라고 하더라도 그에게는 큰 재산이므로 적어도 소액임차인의 경우에는 다른 담보권자의 지위를 해하게 되더라도 그 보증금의 회수를 보장하는 것이 타당하다는 사회보장적 고려에서 나온 것으로서 민법의 일반규정에 대한 예외규정인 바, 그러한 입법목적과 제도의 취지 등을 고려할 때, 채권자가 채무자 소유의 주택에 관하여 채무자와 임대차계약을 체결하고 전입신고를 마친 다음 그곳에 거주하였다고 하더라도 실제 임대차계약의 주된 목적이 주택을 사용수익하려는 것에 있는 것이 아니고, 실제적으로는 소액임차인으로 보호받아 선순위 담보권자에 우선하여 채권을 회수하려는 것에 주된 목적이 있었던 경우에는 그러한 임차인을 주택임대차보호법상 소액임차인으로 보호할 수 없다.

49) 동일지번내의 단독주택 임대차 공시방법으로서의 전입신고(대판 2002. 3. 15, 2001다80204)

하나의 대지 위에 단독주택과 다세대 주택이 함께 건립되어 있고, 등기부상으로 단독주택과 다세대 주택의 각 구분소유 부분에 대하여 지번은 동일하나 그 동·호수가 달리 표시되어 있으며, 나아가 위 단독주택에 대하여 위 등기부와 같은 지번과 동·호수로 표시된 집합건축물관리대장까지 작성된 경우라면, 위 단독주택의 임차인은 그 지번 외에 등기부와 집합건축물관리대장상의 동·호수까지 전입신고를 마쳐야만 그 임대차의 유효한 공시방법을 갖추었다고 할 것이다.

50) 채권회수를 주목적으로 임대차계약을 체결한 경우 소액임차인보호(대판 2001. 10. 9, 2001다 41339)

주택임대차보호법의 입법목적과 제도의 취지 등을 고려할 때, 채권자가 채무자 소유의 주택에 관하여 채무자와 임대차계약을 체결하고 전입신고를 마친 다음 그곳에 거주하였다고 하더라도 실제 임대차계약의 주된 목적이 주택을 사용·수익하려는 것이 아니고, 실제적으로는 소액임차인으로 보호받아 선순위의 담보권자에 우선하여 채권을 회수하려는 것에 주된 목적이 있었던 경우에는 그러한 임차인을 주택임대차보호법상의 소액임차인으로 보호할 수 없다

51) 주택임대차보호법 제3조 제2항의 임차주택의 양수인이 되기 위한 요건(대판2002. 4. 12, 2000다 70460)

주택임대차보호법 제3조 제2항은 임차주택의 양수인(기타 임대할 권리를 승계한 자를 포함한다)은 임대인의 지위를 승계한 것으로 본다라고 규정하는바, 위 규정에 의하여 임대인의 지위를 승계한 것으로 보게 되는 임차주택의 양수인이 되려면 주택을 임대할 권리나 이를 수반하는 권리를 종국적·확정적으로 이전 받게 되는 경우라야 한다.

52) 임대주택을 신탁법에 의거 신탁한 경우 수탁자의 임대인의 지위 승계 가능성(대판2002. 4. 12, 2000다70460)

신탁법상의 신탁은 위탁자가 수탁자에게 특정의 재산권을 이전하거나 기타의 처분을 하여 수탁자로 하여금 신탁 목적을 위하여 그 재산권을 관리·처분하게 하는 것이므로(신탁법 제1조 제2항), 부동산의 신탁에 있어서 수탁자 앞으로 소유권이전등기를 마치게 되면 대내외적으로 소유권이 수탁자에게 완전히 이전되고, 위탁자와의 내부관계에 있어서 소유권이 위탁자에게 유보되어 있는 것은 아니라 할 것이며, 이와 같이 신탁의 효력으로서 신탁재산의 소유권이 수탁자에게 이전되는 결과 수탁자는 대내외적으로 신탁재산에 대한 관리권을 갖는 것이고, 다만, 수탁자는 신탁의 목적 범위 내에서 신탁계약에 정하여진 바에 따라 신탁재산을 관리하여야 하는 제한을 부담함에 불과하다. 따라서 임대차의 목적이 된 주택을 담보목적으로 신탁법에 따라 신탁한 경우에도 수탁자는 주택임대차보호법 제3조 제2항에 의하여 임대인의 지위를 승계한다.

53) 별도로 전세권설정계약서를 작성하고 그 계약서에 등기관의 접수인이 찍혀 있는 경우 원래의 임대차계약에 관하여 확정일자 있는 것으로 볼 수 있는지 여부(대판 2002. 11. 8, 2001다51725)

주택에 관하여 임대차계약을 체결한 임차인이 자신의 지위를 강화하기 위한 방편으로 따로 전세권설정계약서를 작성하고 전세권설정등기를 한 경우에, 따로 작성된 전세권설정계약서가 원래의 임대차계약서와 계약일자가 다르다고 하여도 계약당사자, 계약목적물 및 보증금액(전세금액) 등에 비추어 동일성을 인정할 수 있다면 그 전세권설정계약서 또한 원래의 임대차계약에 관한 증서로 볼 수 있고, 등기필증에 찍힌 등기관의 접수인은 첨부된 등기원인계약서에 대하여 민법 부칙 제3조 제4항 후단에 의한 확정일자에 해당한다고 할 것이므로, 이와 같은 전세권설정계약서가 첨부된 등기필증에 등기관의 접수인이 찍혀 있다면 그 원래의 임대차에 관한 계약증서에 확정일자가 있는 것으로 보아야 할 것이고, 이 경우 원래의 임대차는 대지 및 건물 전부에 관한 것이나 사정에 의하여 전세권설정계약서는 건물에 관하여만 작성되고 전세권등기도 건물에 관하여만 마쳐졌다고 하더라도 전세금액이 임대차보증금액과 동일한 금액으로 기재된 이상 대지 및 건물 전부에 관하여 임대차의 계약증서에 확정일자가 있는 것으로 봄이 상당하다.

54) 소액임차인이 배당요구를 하지 아니하여 배당에서 제외된 경우, 후순위채권자를 상대로 부당이득반환 청구여부 (대판 2002. 1. 22, 2001다70702)

민사소송법 제605조 제1항에서 규정하는 배당요구가 필요한 배당요구채권자는 경락기일까지 배당요구를 한 경우에 한하여 비로소 배당을 받을 수 있고, 적법한 배당요구를 하지 아니한 경우에는 비록 적법상 우선변제청구권이 있다 하더라도 경락대금으로부터 배당을 받을 수는 없을 것이므로, 이러한 배당요구채권자가 적법한 배당요구를 하지 아니하여 배당에서 제외하는 것으로 배당표가 작성·확정되고 그 확정된 배당표에 따라 배당이 실시되었다면 그가 적법한 배당요구를 한 경우에 배당받을 수 있었던 금액 상당의 금원이 후순위채권자에게 배당되었다고 하여 이를 법률상 원인이 없는 것이라고 할 수 없으며, 주택임대차보호법에 의하여 우선변제청구권이 인

정되는 소액임차인의 소액보증금반환채권은 위와 같은 배당요구가 필요한 배당요구채권에 해당한다.

55) 소액임차인 해당 여부 (대판 2002. 3. 29, 2001다84824)

구 주택임대차보호법(1989. 12. 30. 법률 제4188호) 부칙 제3항에 의하면 이 법 시행 전에 임대주택에 대하여 담보물권을 취득한 자에 대하여는 종전의 규정에 의한다고 규정하고 있어 위 법률 시행 후에 설정된 근저당권에 대하여는 위 법률의 규정에 따라 소액임차인에 해당하는지 여부를 가리는 것이 원칙이라 할 것이지만, 위 법률 시행 후 어떤 범위에서 소액임차인에게 우선변제권을 인정해 줄 것인가에 관하여 위 법률의 위임에 따른 구체적인 요건을 정한 새로운 대통령령이 아직 시행되기 전에 근저당권이 설정된 경우 다른 특별한 사정이 없는 한 구 주택임대차보호법시행령(1990. 2. 19. 대통령령 제12930호로 개정되기 전의 것)은 신법인 위 법률의 취지에 반하지 않는 범위 내에서 새로운 대통령령이 시행될 때까지 여전히 그 효력을 유지한다고 볼 것이고, 그 이후 1990. 2. 19.부터 시행된 구 주택임대차보호법시행령(1990. 2. 19. 대통령령 제12930호로 개정된 것)에서 아무런 경과규정을 둔 바 없다고 하여 같은 개정 시행령의 규정이 막바로 위 법률의 시행시점으로 소급하여 위와 같은 근저당권에 대하여 적용될 수는 없다.

56) 임대차의 종료로 인한 임차인의 현존 건물에 대한 매수청구권의 행사방법(대판 2002. 5. 31, 2001다42080)

건물의 소유를 목적으로 한 토지 임대차가 종료한 경우에 임차인이 그 지상의 현존하는 건물에 대하여 가지는 매수청구권은 그 행사에 특정의 방식을 요하지 않는 것으로서 재판상으로 뿐만 아니라 재판 외에서도 행사할 수 있는 것이고 그 행사의 시기에 대하여도 제한이 없는 것이므로 임차인이 자신의 건물매수청구권을 제1심에서 행사하였다가 철회한 후 항소심에서 다시 행사하였다고 하여 그 매수청구권의 행사가 허용되지 아니할 이유는 없다.

57) 임차인의 매수청구권의 행사요건 (대판 2002. 5. 31, 2001다42080)

민법 제643조, 제283조에 규정된 임차인의 매수청구권은 건물의 소유를 목적으로 한 토지 임대차의기간이 만료되어 그 지상에 건물이 현존하고 임대인이 계약의 갱신을 원하지 아니하는 경우에 임차인에게 부여된 권리로서 그 지상 건물이 객관적으로 경제적 가치가 있는지 여부나 임대인에게 소용이 있는지 여부가 그 행사요건이라고 볼 수 없다.

11. 고용

1) 퇴직금청구권에 대한 소멸시효의 기산 시점 (대판 2001. 10. 30, 2001다24051)

소멸시효의 기산점이 '권리를 행사할 수 있을 때' 라 함은 권리를 행사함에 있어서 이행기 미도래, 정지조건 미성취 등 법률상의 장애가 없는 경우를 말하는 것인데, 근로기준법 제36조 소정의 금품청산제도는 근로관계가 종료된 후 사용자로 하여금 14일 내에 근로자에게 임금이나 퇴직금 등의 금품을 청산하도록 하는 의무를 부과하는 한편, 이를 불이행하는 경우 형사상의 제재를 가함으로써 근로자를 보호하고자 하는 것이지, 사용자에게 위 기간 동안 임금이나 퇴직금 지급의무의 이행을 유예하여 준 것이라고 볼 수는 없으므로, 이를 가리켜 퇴직금 청구권의 행사에 대한 법률상의 장애라고 할 수는 없고, 따라서 토직금청구권은 '퇴직한 다음날' 부터 행사할 수 있다고 봄이 타당하다.

2) 퇴직금산정기준과 퇴직금지급청구권 산정시기 (대판 2001. 2. 9, 2000다21512)

고용계약에 의하여 지방자치단체의 잡급직원 등으로 근무하다가 퇴직하고 그 다음날 지방공무원법에 의한 고용직 공무원으로 임용된 경우에 양자는 신분상 관계가 판이하여 그 고용관계가 계속된 것으로 볼 수 없으므로 잡급직으로서의 고용관계는 그 퇴직한 날 종료된 것으로 보아야 하며, 잡급직 등으로 근무한 기간 동안의 퇴직금은 그 퇴직할 당시의 임금을 기준으로 산정하여야 하고 퇴직금지급청구권은 잡급직에서 퇴직한 날 발생한다.

3) 사용자가 근로계약에 수반되는 신의칙상의 부수적 의무로서 피용자의 안전에 대한 보호의무를 지는지 여부
   (대판 2001. 7. 27, 99다56734)

1. 사용자는 근로계약에 수반되는 신의칙상의 부수적 의무로서 피용자가 노무를 제공하는 과정에서 생명, 건강을 해치는 일이 없도록 인적 · 물적 환경을 정비하는 등 필요한 조치를 강구하여야 할 보호의무를 부담하고, 이러한 보호의무를 위반함으로써 피용자가 손해를 입은 경우 이를 배상할 책임이 있다.

2. 보호의무위반을 이유로 사용자에게 손해배상책임을 인정하기 위하여는 특별한 사정이 없는 한 그 사고가 피용자의 업무와 관련성을 가지고 있을 뿐 아니라 또한 그 사고가 통상 발생할 수 있다고 하는 것이 예측되거나 예측할 수 있는 경우라야 할 것이고, 그 예측가능성은 사고가 발생한 때와 장소, 가해자의 분별능력, 가해자의 성행, 가해자와 피해자의 관계 기타 여러 사정을 고려하여 판단하여야 한다.

3. 야간에 회사 기숙사 내에서 발생한 입사자들 사이의 구타행위에 대하여 회사의 보호의무위반이나 불법행위상의 과실책임을 인정할 수 없다.

4) 선박에 대한 저당권자가 민법 제368조를 유추적용하여 근로자들의 임금채권 우선변제권을 대위행사할 수 있는지 여부
   (대판 2002. 10. 8, 2002다34901)

근로자의 임금채권 우선변제권이 선박경매절차에서 행사된 뒤 그 사용자의 부동산이 경매되는 경우에는 민법 제368조가 유추적용되지 아니하므로, 선박에 대한 경매절차가 먼저 진행되어 근로자들이 임금채권 우선변제권에 따라 배당 받음으로써 선박에 대한 저당권자가 부동산과 선박에 대한 경매절차가 함께 진행되어 동시에 배당이 이루어졌다면 받을 수 있었던 금액보다 적은 금액만을 배당 받거나 또는 배당을 받지 못하게 되었다고 하더라도 선박에 대한 저당권자는 사용자의 부동산에 대한 경매절차에서 그 근로자들의 임금채권 우선변제권을 대위 행사할 수 없다.

5) 사용자의 퇴직금규정 작성ㆍ보존의무 (대판 2003. 02. 14, 2001다59873)

퇴직금규정은 복무규율과 임금, 퇴직금 등 당해 사업의 근로자 전체에게 적용될 근로조건에 관한 준칙을 규정한 취업규칙의 일종으로서 근로기준법은 상시 10인 이상의 근로자를 사용하는 사용자에게 퇴직금 등에 관한 취업규칙을 작성하여 관할관청에 신고하도록 정하고 있으므로 위의 요건에 해당하는 사용자에게는 퇴직금규정의 작성 및 보존의무가 있다.

12. 도급

1) 어느 일방이 교섭단체에서 계약이 확실하게 체결되리라는 신뢰를 부여하여 상대방이 계약체결을 거부하여 손해를 입은 경우 불법행위를 구성하는지 여부 (대판 2001. 6. 15, 99다40418)

1. 공사금액이 수백억이고 공사기간도 14개월이나 되는 장기간에 걸친 대규모 건설하도급공사에 있어서는 특별한 사정이 없는 한 공사금액 외에 구체적인 공사시행 방법과 준비, 공사비 지급방법 등과 관련된 제반 조건 등 그 부분에 대한 합의가 없다면 계약이 체결되지 않았으리라고 보이는 중요한 사항에 관한 합의까지 이루어져야 비로소 그 합의에 구속되겠다는 의사의 합치가 있었다고 볼 수 있고, 하도급계약의 체결을 위하여 교섭당사자가 견적서, 이행각서, 하도급보증서 등의 서류를 제출하였다는 것만으로는 하도급계약이 체결되었다고 볼 수 없다.

2. 어느 일방이 교섭단체에서 계약이 확실하게 체결되리라는 정당한 기대 내지 신뢰를 부여하여 상대방이 그 신뢰에 따라 행동하였음에도 상당한 이유 없이 계약의 체결을 거부하여 손해를 입혔다면 이는 신의 성실의 원칙에 비추어 볼 때 계약자유원칙의 한계를 넘는 위법한 행위로서 불법행위를 구성한다고 할 것이다.

2) 민법 434조에 따른 주채무자의 기성금청구채권에 기한 상계권을 행사하지 못하게만든것과 신의칙

1. 하도급거래공정화에관한법률 제2조 제1항에 의하면, 일반적으로 흔히 하도급이라고 부르는 경우, 즉, 원사업자가 다른 사업자로부터 제조위탁 수리위탁 또는 건설위탁을 받은 것을 수급사업자에게 다시 위탁을 하는 경우뿐만 아니라, 원사업자가 수급사업자에게 제조위탁 수리위탁 또는 건설위탁을 하는 경우도 하도급거래로 규정하여 위 법률을 적용하고 있음을 알 수 있고, 같은 조 제2항에 의하면 위 법률의 적용 범위는 하도급관계냐 아니냐에 따르는 것이 아니라, 원사업자의 규모에 의하여 결정됨을 알 수 있으며, 같은 조 제10항에서 발주자라는 개념을 원사업자와 구별하여 사용하고 있기는 하나, 같은 조항에 의하면 위 발주자라는 개념 속에는 재하도급의 경우의 원하도급인도 포함됨을 알 수 있으므로, 발주자라는 개념이 있다고 하여 위 법률이 적용되는 하도급거래를 구성하는 원사업자의 개념을 발주자가 아닌 경우로 한정하는 것은 아님이 분명하다 할 것이어서, 위 법률은 그 명칭과는 달리 일반적으로 흔히 말하는 하도급관계 뿐만 아니라, 원도급관계도 규제하는 것이라고 봄이 상당하고, 따라서 위 법률 제3조의2 또한 원도급관계에 적용된다.

2. 도급계약상 "당사자는 보증인을 세워야 하며, 보증인은 당사자의 계약불이행으로 인하여 발생하는 금전채무에 대하여 당사자와 연대하여 책임을 진다."는 규정에서 말하는 당사자의 보증인 중 '수급인의 보증인' 이란 하도급거래공정화에관한법률 제3조의2에 따라 계약이행보증금의 지급을 보증한 자를 가리키는 것이 아니라, 위 계약서상 별도로 명기된 '수급인의 보증인' 을 가리키는 것이라 할 것이므로, 도급인이 보증인을 세우지 않았다 하더라도 위 계약조항을 내세워 수급인의 계약이행보증금의 지급을 보증한 자가 그 책임을 면할 수는 없다.

3. 공사도급계약을 해지하면서 그 동안의 기성고액을 수급인이 모두 수령한 것으로 하고, 그 대신 도급인이 수급인의 하수급인들에 대한 채무를 직접 지급하기로 정산합의를 한 경우, 당사자의 의사는 정산합의 시점에서 확정적으로 수급인의 기성금청구채권 포기의 효력이 생기도록 하고, 다만, 도급인이 하수급인들에 대한 채무의 이행을 하지 아니하는 것을 해제조건으로 하였다고 보는 것이 합당하다 할 것이므로, 일단 정산합의 시점부터 권리포기의 효과는 발생하였다고 봄이 상당하다.

4. 공사도급계약에서 " 이 계약으로부터 발생하는 권리 또는 의무는 제3자에게 양도하거나 승계할 수 없다. 다만, 상대방의 서면승낙과 보증인의 동의를 얻었을 때에는 그러하지 아니하다."고 규정하고 있다 할지라도, 원칙적으로 의무의 승계에 있어서는 의무이행자가 누구인가 하는 것이 보증에 있어서 중대한 요소이므로 보증인의 동의를 요한다고 봄이 상당할 것이나, 권리의 양도로 인하여 보증인에게 어떠한 책임이 가중되거나 하는 일은 없으므로, 권리의 양도에 보증인의 동의를 요한다고 보기는 어렵다 할 것이어서, 도급인과 수급인이 수급인의 기성금청구채권을 하수급인들에게 양도함에 있어 위 도급계약조항에 의하여 수급인의 보증인의 동의를 요한다고 할 수는 없다.

5. 공사도급계약을 해지하면서 그 동안의 기성고액을 수급인이 모두 수령한 것으로 하고, 그 대신 도급인이 수급인의 하수급인들에 대한 채무를 직접 지급하기로 정산합의를 함으로써 수급인의 도급인에 대한 기성금청구채권이 소멸하여 수급인의 보증인이 민법 제434조에 따른 주채무자의 채권에 기한 상계권을 행사하지 못하게 된 경우, 비록 상계가 담보적 기능을 가지고 있다 할지라도 그것만으로 위와 같은 결과를 신의칙에 반하는 것으로 볼 수는 없다.

3) 별도의 정함이 없이 하자보수보증금만이 약정된 경우, 이를 손해배상액의 예정으로 볼 수 있는지 여부
(대판 2001. 9. 28, 2001다14689)

1. 도급계약서 및 그 계약내용에 편입된 약관에 수급인이 하자담보책임 기간 중 도급인으로부터 하자보수 요구를 받고 이에 불응한 경우 하자보수보증금은 도급인에게 귀속한다는 조항이 있을 때 이 하자보수보증금이 손해배상액의 예정인지 위약벌인지는 도급계약서 및 위 약관 등을 종합하여 구체적 사건에서 개별적으로 결정할 의사해석의 문제이고, 위약금은 민법 제398조 제4항에 의하여 손해배상액의 예정으로 추정되므로, 위약금이 위약벌로 해석되기 위하여는 특별한 사정이 주장 입증되어야 한다

2. 도급계약의 내용으로 되어 있는 공사계약일반조건에 수급인이 하자보수의무를 이행하지 아니하는 경우 하자보수보증금이 도급인에게 귀속한다고만 규정되어 있을 뿐 이와 별도로 도급인이 입은 손해에 대하여는 따로이 배상하여야 한다는 취지의 규정이 있지도 아니하고, 오히려 도급계약상 도급인이 하자보수를 위하여 실제로 지출한 비용이 수급인이 예치한 하자보수보증금을 초과하더라도 그 이상의 책임을 수급인에게 물을 수 없다면, 위 하자보수보증금의 귀속규정은 수급인이 하자보수의무를 이행하지 아니하는 경우 그 보증금의 몰취로써 손해의 배상에 갈음한다는 취지로서, 하자보수보증금은 손해배상액의 예정으로서의 성질을 가진다.

4) 수급인의 하자보수책임의 인정 여부의 판단 기준 (대판 2001. 9. 18, 2001다9304)

1. 도급계약에 따른 수급인의 하자보수책임은 완성 전의 성취된 부분에 관하여도 성립되는바, 완성전의 성취된 부분이라 함은 도급계약에 따른 일이 전부 완성되지는 않았지만 하자가 발생한 부분의 작업이 완료된 상태를 말하는 것이고, 도급인이 하자보수를 주장하는 경우 법원은 보수하여야 할 하자의 종류와 정도를 특정함과 아울러 그 하자를 보수하는 적당한 방법과 그 보수에 요할 비용 등에 관하여 심리하여 봄으로써, 그 하자가 중요한 것인지 또는 그 하자가 중요한 것은 아니더라도 그 보수에 과다한 비용을 요하지 않는 것인지를 가려보아야 수급인의 하자보수책임을 인정할 수 있는지 여부를 판단하여야 할 것이다.

2. 기성고에 따라 공사대금을 분할하여 지급하기로 약정한 경우라도 특별한 사정이 없는 한 하자보수의무와 동시이행관계에 있는 공사대금지급채무는 당해 하자가 발생한 부분의 기성공사대금에 한정되는 것은 아니라고 할 것이다. 왜냐하면, 이와 달리 본다면 도급인이 하자발생사실을 모른 채하자가 발생한 부분에 해당하는 기성공사의 대금을 지급하고 난 후 뒤늦게 하자를 발견한 경우에는 동시이행의 항변권을 행사하지 못하게 되어 공평에 반하기 때문이다.

3. 일반적으로 동시이행의 관계가 인정되는 경우에 그러한 항변권을 행사하는 자와 상대방이 그 동시이행의 의무를 이행하기 위하여 과다한 비용이 소요되거나 또는 그 의무의 이행이 실제적으로 어려운 반면 그 의무의 이행으로 인하여 항변권자가 얻는 이득은 별달리 크지 아니하여 동시이행의 항변권의 행사가 주로 자기 채무의 이행만을 회피하기 위한 수단이라고 보여지는 경우에는 그 항변권의 행사는 권리남용으로서 배척되어야 할 것이다.

4. 미지급 공사대금에 비해 하자보수비 등이 매우 적은편이고 하자보수공사가 완성되어도 공사대금이 지급될 지 여부가 불확실한 경우, 도급인이 하자보수청구권을 행사하여 동시이행의 항변을 할 수 있는 기성공사대금의 범위는 하자 및 손해에 상응하는 금액으로 한정하는 것이 공평과 신의칙에 부합한다.

5. 계속적 거래관계에 있어서 재화나 용역을 먼저 공급한 후 일정기간마다 거래대금을 정산하여 일정기일 후에 지급받기로 약정한 경우에 공급자가 선이행의 자기 채무를 이행하고 이미 정산이 완료되어 이행기가 지난 전기의 대금을 지급받지 못하였거나, 후이행의 상대방의 채무가 아직 이행기가 되지 아니하였지만 이행기의 이행이 현저히 불안한 사유가 있는 경우에는 민법 제536조 제2항 및 신의성실의 원칙에 비추어 볼 때 공급자는 이미 이행기가 지난 전기의 대금을 지급받을 때 또는 전기에 대한 상대방의 이행기미도래 채무의 이행불안사유가 해소될 때까지 선이행의무가 있는 다음 기간의 자기 채무의 이행을 거절할 수 있다.

5) 공사도급계약에 있어서 반드시 수급인 자신이 직접 일을 완성하지 않으면 계약불이행이 되는지 여부
(대판 2002. 4. 12, 2000다82545, 82552)

1. 공사도급계약에 있어서 당사자 사이에 특약이 있거나 일의 성질상 수급인 자신이 하지 않으면 채무의 본지에 따른 이행이 될 수 없다는 등의 특별한 사정이 없는 한 반드시 수급인 자신이 직접 일을 완성하여야 하는 것은 아니고, 이행보조자 또는 이행대행자를 사용하더라도 공사도급계약에서 정한대로 공사를 이행하는 한 계약을 불이행하였다고 볼 수 없다

2. 수급인이 제3자를 이용하여 공사를 하더라도 공사약정에서 정한 내용대로 그 공사를 이행하는 한 공사약정을 불이행한 것이라고 볼 수 없으므로, 수급인이 그의 노력으로 제3자와의 사이에 공사에 관한 약속을 한 후 도급인에게 그 약속 사실을 알려주지 않았다고 하더라도 이를 도급인에 대한 기망행위라고 할 수 없다.

6) 도급인이 공고한 공사예산이 과소하게 책정되고 수급인이 그를 믿고 이를 기준으로 공사도급계약을 체결함으로써 손해를 입은 경우 도급인의 손해배상 책임 여부:소극(2003. 5. 30, 2002다7824)

설계 · 시공 일괄입찰(Turn-Key Base) 방식에 의한 도급계약은 수급인이 도급인이 의욕하는 공사의 목적을 이해한 후 그 목적에 맞는 설계도서를 작성하고, 이를 토대로 스스로 공사를 시행하여 결과적으로 도급인이 의욕한 공사목적을 이루도록 하는 계약을 의미하는 것으로서, 입찰 당시 공고된 공사예산이 피고의 잘못으로 인하여 과소하게 책정되었음에도 원고가 위 공사예산이 적정 공사비인 것으로 믿고 이를 기준으로 피고와 공사도급계약을 체결하였다가 공사금액보다 추가로 비용을 들여 이 사건 공사를 시공함으로써 결과적으로 손해를 보게 되었다고 하더라도 여기에 피고의 어떠한 위법행위가 있었다 볼 수 없다.

7) 공동수급체의 구성원이 발주자에 대한 계약상의 의무이행에 대하여 연대하여 책임을 진다고 규정되어 있는 경우의 법률 관계
(대판 2002. 1. 25, 2000다61623)

공동수급체의 구성원이 발주자에 대한 계약상의 의무이행에 대하여 연대하여 책임을 진다고 규정되어 있다고 하더라도, 도급계약의 내용에 선급금 반환채무 등에 관한 다른 구성원의 의무에 관하여는 명시적인 규정이 없고, 선급금에 관하여는 별도의 규정을 두어 그 반환채무의 담보방법으로 수급인이 제출하여야 할 문서로서 보험사업자의 보증보험증권이나 건설공제조합의 지급보증서 등 그 담보력이 충분한 것으로 제한하고 있다면, 공동수급체의 각 구성원의 연대책임의 범위는 선급금 반환채무에까지는 미치지 아니한다고 봄이 상당하므로, 공동수급체의 구성원으로서는 특별한 사정이 없는 한 다른 구성원의 선급금 반환채무에 관하여는 책임을 부담하지 않는다.

8) 제673조의 과실상계나 손해배상예정액 감액 허용 여부(대판 2002. 5. 10, 2000다37296, 37302)

민법 제673조는 도급인의 일방적인 의사에 기한 도급계약 해제를 인정하는 대신, 일방적인 계약해제로 인하여 수급인이 입게 될 손해, 즉 수급인이 이미 지출한 비용과 일을 완성하였더라면 얻었을 이익을 합한 금액을 전부 배상하게 하고 있으므로, 위 규정에 의하여 도급계약을 해제한 이상 특별한 사정이 없는 한 도급인은 수급인에 대한 손해배상에 있어서 과실상계나 손해배상예정액 감액을 주장할

수는 없다.

9) 감리비의 정기분할 지급 약정이 민법 제686조 제2항 소정의 기간으로 보수를 정한 공사감리계약에 해당되는지 여부
   (대판 2001. 5. 29, 2000다40001)

1. 건설기술관리법 제2조 제9호, 주택건설촉진법 제33조의6 제2항 내지 제5항, 제8항, 같은 법시행령 제34조의6 제3항, 제34조의7, 제34조의9, 제34조의10 등 제반 공사관계 법규의 규정들에 의하면 건설공사의 감리자는 제3자적인 독립된 지위에서 부실공사를 방지할 목적으로 정기적으로 당해 공사의 품질검사, 안전검사를 실시하여 만일 부적합한 공사가 시행되고 있는 경우라면 당해 공사에 대한 시정, 재시공, 중지 요청까지도 하여야 하는 등 공사의 진행에 제동을 걸어야 할 필요도 있고, 공정이 계획대로 진행되고 있는가를 면밀히 살펴 예정된 공기를 준수하지 못할 우려가 있는 경우에는 그 원인을 분석하고 그 결과를 보고하는 사무도 담당하고 있는 것이기 때문에 공사의 진척이 부진하거나 공정이 예정대로 진행되지 않는다고 하여 그에 병행하여 아무런 감리업무를 수행하지 아니한 채 이를 그대로 방치하거나 나아가 적법한 절차를 거치지 아니한 채 함부로 감리원을 공사현장에서 철수시켜서는 아니 되는 것을 그 기본적 사무의 내용으로 하고 있으므로, 감리의 대상이 된 공사의 진행 정도와 수행할 감리업무의 내용이 반드시 비례하여 일치할 수 없는 것은 그 업무의 속성상 당연하다 할 것이고, 따라서 주택 등 건설공사감리계약의 성격은 그 감리의 대상이 된 공사의 완성 여부, 진척 정도와는 독립된 별도의 용역을 제공하는 것을 본질적 내용으로 하는 위임계약의 성격을 갖고 있다고 봄이 상당하고, 한편 감리계약이 도중에 종료된 경우 그 사무에 대한 보수를 정함에 있어 민법 제686조 제2항 단서, 제3항의 규정에 따라 기간으로 보수가 정해진 경우에는 감리업무가 실제 수행되어 온 시점에 이르기까지 그 이행기가 도래한 부분에 해당하는 약정 보수금을 청구할 수 있고, 후불의 일시불 보수약정을 하였거나 또는 기간보수를 정한 경우에도 아직 이행기가 도래하지 아니한 부분에 관하여는 감리인에게 귀책 사유가 없이 감리가 종료한 경우에 한하여 이미 처리한 사무의 비율에 따른 보수를 청구할 수 있다.

2. 감리비를 계약금, 1회부터 7회까지의 각 중도금, 잔금으로 분할하여 정기에 지급하기로 한 것이어서 민법 제686조 제2항 소정의 기간으로 보수를 정한 공사감리계약에 해당된다

10) 부당이득과 수급인의 비용상환청구권 인정여부 (대판 2002. 8. 23, 99다66564, 66571)

유효한 도급계약에 기하여 수급인이 도급인으로부터 제3자 소유 물건의 점유를 이전 받아 수리한 결과 그 물건의 가치가 증가한 경우, 도급인이 그 물건을 간접점유하면서 궁극적으로 자신의 계산으로 비용지출과정을 관리한 것이므로, 도급인만이 소유자에 대한 관계에 있어서 민법 제203조에 의한 비용상환청구권을 행사할 수 있는 비용지출자라고 할 것이고, 수급인은 그러한 비용지출자에 해당하지 않는다.

11) 항변권이 부착된 채권을 자동채권으로 한 상계의 허용여부 (대판 2002. 8. 23, 2002다25242)

1. 항변권이 붙어 있는 채권을 자동채권으로 하여 타의 채무와의 상계를 허용한다면 상계자 일방의 의사표시에 의하여 상대방의 항변권행사의 기회를 상실케 하는 결과가 되므로 이와 같은 상계는 성질상 허용될 수 없다.

2. 도급인이 수급인과의 사이에 수급인이 그가 고용한 근로자들에 대한 노임지급을 지체한 경우 도급인이 수급인에 대한 기성공사대금에서 노임 상당액을 공제하여 근로자들에게 직접 지불할 수 있다고 약정하였다면, 수급인이 근로자들에게 노임지급을 지체한 상태에서 도급인에게 기성공사대금의 지급을 구할 경우 도급인으로서는 위 약정에 따라 적어도 수급인이 근로자들에게 노임을 지급할 때까지는 기성공사대금 중 수급인이 지체한 노임 상당액의 지급을 거절할 수 있다 할 것이므로, 수급인의 도급인에 대한 위 기성공사대금채권은 도급인이 위와 같이 일정한 경우 그 지급을 거절할 수 있는 항변권이 부착되어 있는 채권이라고 할 수 있을 것이고, 따라서 위 채권을 자동채권으로 한 상계는 허용될 수 없다.

12) 수급인도 민법 제203조에 의한 비용상환청구권을 행사할 수 있는 비용지출자에 해당하는지 여부
   (대판 2002. 8. 23, 99다66564, 66571)

1. 계약상의 급부가 계약의 상대방뿐만 아니라 제3자의 이익으로 된 경우에 급부를 한 계약당사자가 계약 상대방에 대하여 계약상의 반대급부를 청구할 수 있는 이외에 그 제3자에 대하여 직접 부당이득반환청구를 할 수 있다고 보면, 자기 책임하에 체결된 계약에 따른 위험부담을 제3자에게 전가시키는 것이 되어 계약법의 기본원리에 반하는 결과를 초래할 뿐만 아니라, 채권자인 계약당사자가 채무자인 계약 상대방의 일반채권자에 비하여 우대받는 결과가 되어 일반채권자의 이익을 해치게 되고, 수익자인 제3자가 계약 상대방에 대하여 가지는 항변권 등을 침해하게 되어 부당하므로, 위와 같은 경우 계약상의 급부를 한 계약당사자는 이익의 귀속 주체

인 제3자에 대하여 직접 부당이득반환을 청구할 수는 없다고 보아야 한다.

2. 유효한 도급계약에 기하여 수급인이 도급인으로부터 제3자 소유 물건의 점유를 이전받아 이를 수리한 결과 그 물건의 가치가 증가한 경우, 도급인이 그 물건을 간접점유하면서 궁극적으로 자신의 계산으로 비용지출과정을 관리한 것이므로, 도급인만이 소유자에 대한 관계에 있어서 민법 제203조에 의한 비용상환청구권을 행사할 수 있는 비용지출자라고 할 것이고, 수급인은 그러한 비용지출자에 해당하지 않는다고 보아야 한다.

13) 공사도급계약에 이미 추가공사비 지급에 관한 약정이 있었던 경우에는 나중에 공사도급금액을 증액하였더라도 '사업계획의 중요한 사항' 의 변경에 해당되는지 여부:소극(대판 2003. 5. 30, 002다53803)

연약지반, 터파기에 따른 토목공사 발생시 추가공사비는 주택조합이 부담한다"는 약정을 하였고 그후 시공회사가 추가공사를 한 다음 조합의 임원들과 구체적으로 공사비 증액을 합의한 경우, 위 추가공사비 증액 합의는 조합정관에서 총회결의사항으로 정한 '사업계획의 중요한 사항' 의 변경에 해당하지 않는다고 봄이 상당하다.

14) 도급인이 수급인의 불법행위로 인하여 제3자에게 가한 손해에 대하여 사용자책임을 부담하기 위한 요건
(2003. 7. 11, 2001다25436)

도급계약에 있어서 도급인은 도급 또는 지시에 관하여 중대한 과실이 없는 한 그 수급인이 그 일에 관하여 제3자에게 가한 손해를 배상할 책임이 없는 것이고 다만 도급인이 수급인의 일의 진행 및 방법에 관하여 구체적인 지휘감독권을 유보하고 공사의 시행에 관하여 구체적으로 지휘감독을 한 경우에는 도급인과 수급인의 관계는 실질적으로 사용자와 피용자의 관계와 다를 바가 없으므로, 수급인이나 수급인의 피용자의 불법행위로 인하여 제3자에게 가한 손해에 대하여 도급인은 민법 제756조 소정의 사용자 책임을 면할 수 없는 것으로서, 위 지휘감독이란 실질적인 사용자 관계가 인정될 정도로 구체적으로 공사의 운영 및 시행을 직접 지시, 지도하고 감시, 독려하는 등 공사시행 방법과 공사진행에 관한 것이어야 할 것이다.

13. 현상광고

1) 조건부 현상광고 (대판 2000. 8. 22, 2000다3675)

경찰이 탈옥수 甲을 수배하면서 '제보로 검거되었을 때에 신고인 또는 제보자에게 현상금을 지급한다' 는 내용의 현상광고를 한 경우, 현상광고의 지정행위는 甲의 거처 또는 소재를 경찰에 신고 내지 제보하는 것이고 甲이 '검거되었을 때' 란 지정행위의 완료에 조건을 붙인 것인데, 제보자가 甲의 소재를 발견하고 경찰에 이를 신고함으로써 현상광고의 지정행위는 완료되었고, 그에 따라 경찰관 등이 출동하여 甲이 있던 호프집 안에서 그를 검문하고 나아가 차량에 태워 파출소에까지 데려간 이상 그에 대한 검거는 이루어진 것이므로, 현상광고상의 지정행위 완료에 붙인 조건도 성취되었다고 볼 것이다

2) 당선자가 보수로서 받는 '기본 및 실시설계권' 의 의미 (대판 2002. 1. 25, 99다63169)

건축설계 우수현상광고에서 당선자가 보수로서 받는 '기본 및 실시설계권' 이란 당선자가 광고자에게 우수작으로 판정된 계획설계에 기초하여 기본 및 실시설계계약의 체결을 청구할 수 있는 권리를 말하는 것이므로, 광고자로서는 특별한 사정이 없는 한 이에 응할 의무를 지게 되어 당선자 이외의 제3자와 설계계약을 체결하여서는 아니 됨은 물론이고, 당사자 모두 계약의 체결을 위하여 성실하게 협의하여야 할 의무가 있다고 할 것이며, 만약 광고자가 일반 거래실정이나 사회통념에 비추어 현저히 부당하다고 보여지는 사항을 계약 내용으로 주장하거나 경제적 어려움으로 공사를 추진할 수 없는 등으로 인하여 계약이 체결되지 못하였다면 당선자는 이를 이유로 한 손해배상책임을 물을 수 있다.

14. 위임

1) 증권거래법 제54조에 따라 제정된 '위탁매매업무등에관한규정' 제12조.제13조의 의의 (대판 2002. 2. 26, 99다68096)

1. 금융실명거래및비밀보장에관한긴급재정경제 명령(금융실명제)이 시행된 후에는 금융기관과 금융거래를 하고자 하는 자는 원칙적으로 직접 주민등록증과 인감을 지참하고 금융기관에 나가 자기 이름으로 금융거래를 하여야 하고, 대리인이 본인의 주민등록증과 인감을 가지고 가서 본인의 이름으로 금융거래를 하는 것이 허용된다고 하더라도 이 경우 금융기관으로서는 특별한 사정이 없는 한

주민등록증을 통하여 실명확인을 한 명의자를 위 명령 제3조 제1항 소정의 거래자로 보아 그와 금융거래를 할 의도라고 보아야 할 것이지만, 특별한 사정으로서 출연자와 금융기관사이에 명의인이 아닌 출연자에게 금융자산을 귀속시키기로 하는 명시적 또는 묵시적 약정이 있는 경우에는 출연자를 예금주로 보아야 할 것이며, 이러한 법리는 위 명령 시행 전에 개설된 금융거래계좌에 관하여 위 명령 시행 후에 이를 실질적으로 지배하는 자가 변경된 경우에도 마찬가지라고 할 것이다.

2. 증권거래법 제54조에 따라 제정된 '위탁매매업무등에관한규정' 제2조(미수금발생 예방), 제3조(미수금의 충당)의 규정은 증권회사로 하여금 미수금을 신속히 회수하도록 하여 증권회사의 경영내실화를 도모함으로써 과도한 투기거래를 방지하고 공익 또는 투자자보호에 기여하려는 데에 목적이 있는 것으로서, 이 규정에 의하여 증권회사가 당해 고객과의 관계에서 매수유가증권을 지체 없이 처분하여야 할 의무를 진다고 볼 수 없다.

2) 해외로부터 국내 수취인의 예금계좌를 지정계좌로 한송금이 이루어진 경우 이로 인한 법률관계 (대판 2002. 1. 25, 99다53902)

1. 해외로부터 국내 수취인의 예금계좌를 지정계좌로 한 송금이 이루어진 경우 이로 인한 법률관계는 송금의뢰인과 송금은행 사이 및 송금은행과 수취은행 사이의 위임관계이고, 수취인은 그 송금관계의 직접 당사자가 아니라 다만 수취은행에 대한 예금자로서의 지위를 갖는 데 불과하고, 따라서 수취은행으로서는 송금은행에 대하여는 그 위임의 본지에 따라 송금통지에서 지정한 수취인의 예금계좌에 송금액을 입금시킬 조치를 할 의무를 부담하나, 수취인에 대하여는 그러한 절차 없이는 바로 송금액을 지급할 의무를 부담한다고 볼 수 없으므로, 수취은행이 송금사실을 확인하여 지정 예금계좌에 송금액을 입금하기 전까지는 그 송금액에 대한 수취인의 예금채권이 성립한다고 할 수 없다.

2. 채권자가 집행력 있는 채무명의에 터잡아 강제집행을 개시한 것을 알면서 채무자가 그 강제집행의 목적물을 손괴 은닉하는 등의 방법으로 그 강제집행의 실행을 방해하였다면 그 행위는 그 집행채권자에 대하여 불법행위를 구성하게 되는 것이며 그 이치는 강제집행의 목적물이 금전채권인 경우에도 마찬가지로 적용될 터인바, 금전채권에 대한 집행의 한 방법인 압류 전부명령은 실질적으로 채권자평등주의 원칙의 예외를 이루는 집행방법으로서, 조건부채권이나 기한부채권 등 장래의 채권에 대한 전부명령의 경우 전부명령이 채무자와 제3채무자에게 송달되어 확정되면 전부의 효력이 생기고 조건의 성취나 기한의 도래에 따라 그 채권이 구체화되는 데에 따라 그의 효력 범위가 특정되는 것이기에, 채무초과 상태에 빠진 채무자가 그 전부명령에 의한 강제집행개시 사실을 알고서 그 조건성취나 기한의 도래를 방해하는 행위를 하였다면 그 행위는 전부명령에 의한 채권에 대한 강제집행을 방해한 것이 된다.

3. 해외로부터 압류 전부명령의 대상이 된 장래의 예금채권의 예금계좌로 송금된 금액을 채무자인예금자의 요청으로 은행 직원이 그 예금계좌에 입금하지 아니하고 가수금계정을 설정하여 입금하였다가 인출하여 예금자와 그가 지정한 채권자들에게 지급한 경우, 채무자인 예금자가 그 예금계좌로의 입금이라는 조건의 성취를 저지함으로써 그 예금채권의 압류 전부의 강제집행을 방해하고 은행 직원이 그에 가담한 것으로 판단될 여지가 많다.

3) 약정된 변호사 보수액이 신의성실의 원칙이나 형평의 원칙에 반한다고 보아 감액을 인정한 원심의 조치의 정당성 여부 (대판 2002. 4. 12, 2000다50190)

1. 변호사의 소송위임사무처리에 대한 보수에 관하여 의뢰인과의 사이에 약정이 있는 경우에 위임사무를 완료할 변호사는 특별한 사정이 없는 한 약정된 보수액을 전부 청구할 수 있는 것이 원칙이기는 하지만, 의뢰인과의 평소부터의 관계, 사건 수임의 경위, 착수금의 액수, 사건처리의 경과와 난이도, 노력의 정도, 소송물의 가액, 의뢰인이 승소로 인하여 얻게 된 구체적 이익과 소속 변호사회의 보수규정, 기타 변론에 나타난 제반 사정을 고려하여 약정된 보수액이 부당하게 과다하여 신의성실의 원칙이나 형평의 원칙에 반한다고 볼 만한 특별한 사정이 있는 경우에는 예외적으로 상당하다고 인정되는 범위 내의 보수액만을 청구할 수 있다고 보아야 한다.

2. 약정된 변호사 보수액이 신의성실의 원칙이나 형평의 원칙에 반한다고 보아 감액을 인정한 원심의 조치는 정당하다

4) 대위변제청구권을 보전하기 위하여 위임인의 상계권을 대위행사 할 수 있는지 여부(대판 2002. 1. 25, 2001다52506)

甲은 주식회사인 乙의 이사이므로 그들 사이에는 상법 제382조 2항에 의하여 위임의 규정이 준용되고, 甲이 乙의 공장 매수대금 일부를 마련하기 위하여 丙으로부터 대출금을 차용하여 乙에게 교부함으로써, 甲은 위임사무의 처리에 관하여 대출금 채무를 부담한 것으로 되어, 민법 제688조 제2항 전단의 규정에 의하여 乙에게 자신에 갈음하여 대출금 채무를 변제할 것을 청구할 권리가 있다 할 것이고, 이 대변제청구권을 보전하기 위하여 乙의 丙에 대한 확정판결 상의 부당이득반환채권과 위 대출금 채무를 대등액에서 상계할 권리를 대위행사 할 수 있다

5) 실소유자가 아닌 자로부터 아파트 매도 중개를 의뢰받은 중개인이 그로 인하여 매수인이 입은 손해를 배상하여야 하는지 여부
   (2003. 2. 26, 2001다68990)

부동산 중개업자로서 미완성 아파트의 매매를 중개함에 있어서는 분양권자임을 자처하면서 매도를 의뢰한자에 대하여 관련 서류의 제시를 요구하거나 재건축추진위원회에 문의하여 과연 진정한 분양권자인지를 확인하여 보고 그 결과 진정한 분양권자가 따로 있다면 매수인에게 그러한 사정을 고지하여 계약을 체결할지 여부를 심사숙고할 기회를 주어야 할 의무가 있음에도, 매도의뢰인의 말만 믿고 아무 걱정하지 말라고 함으로써 매수인으로 하여금 손해를 입게 하였다면 그 손해를 배상할 책임이 있다. 다만 매수인 역시 나름대로 진정한 분양권자가 누구인지를 알아 보아야 할 의무가 있음에도 섣불리 계약을 체결한 과실이 있으므로 그 손해배상액을 제한하여야 한다.

6) 수임인의 대위변제청구권의 성질 및 위임인의 채권을 대위행사하는 경우 채무자의 무자력(대판 2002. 1. 25, 2001다52506)

수임인이 가지는 민법 제688조 제2항 전단 소정의 대위변제청구권은 통상의 금전채권과는 다른 목적을 갖는 것이므로, 수임인이 이 대위변제청구권을 보전하기 위하여 채무자인 위임인의 채권을 대위행사하는 경우에는 채무자의 무자력을 요건으로 하지 아니한다.

7) 중개의뢰인이 중개업자에게 소정의 수수료를 지급하지 아니하였다고 해서 손해배상책임이 당연히 소멸되는지 여부
   (대판 2002. 2. 5, 2001다71484)

부동산중개업법 제7조 제1항은 중개업자가 중개의뢰를 받은 경우에는 당해 중개대상물의 상태 입지권리관계 법령의 규정에 의한 거래 또는 이용제한사항 기타 대통령령이 정하는 사항을 확인하여 이를 당해 중개대상물에 관한 권리를 취득하고자 하는 중개의뢰인에게 서면으로 제시하고 성실 정확하게 설명하여야 한다고 규정하고, 같은 법 제9조 제1항은, 중개업자가 중개행위를 함에 있어서 고의 또는 과실로 인하여 거래 당사자에게 재산상의 손해를 발생하게 한 때에는 그 손해를 배상할 책임이 있다고 규정하고 있는바, 부동산중개계약에 따른 중개업자의 확인 설명의무와 이에 위반한 경우의 손해배상의무는, 이와 성질이 유사한 민법상 위임계약에 있어서 무상위임의 경우에도 수임인이 수임 사무의 처리에 관하여 선량한 관리자의 주의를 기울일 의무가 면제되지 않는 점과 부동산중개업법이 위 조항의 적용 범위를 특별히 제한하지 않고 있는 점등에 비추어 볼 때, 중개의뢰인이 중개업자에게 소정의 수수료를 지급하지 아니하였다고 해서 당연히 소멸되는 것이 아니다.

8) 변호사법 제31조 제1호 소정의 수임제한규정에 위배되는지 여부(대판 2003. 5. 30, 2003다15556)

변호사법 제31조 제1호에서는 변호사는 당사자 일방으로부터 상의를 받아 그 수임을 승낙한 사건의 상대방이 위임하는 사건에 관하여는 그 직무를 행할 수 없다고 규정하고 있고, 위 규정의 입법취지 등에 비추어 볼 때 동일한 변호사가 형사사건에서 피고인을 위한 변호인으로 선임되어 변호활동을 하는 등 직무를 수행하였다가 나중에 실질적으로 동일한 쟁점을 포함하고 있는 민사사건에서 위 형사사건의 피해자에 해당하는 상대방 당사자를 위한 소송대리인으로서 소송행위를 하는 등 직무를 수행하는 것 역시 마찬가지로 금지되는 것으로 볼 것이며(대법원 1962. 12. 27.자 62두12 결정, 1968. 8. 1.자 68두8 결정 등 참조), 이러한 규정은 같은 법 제57조의 규정에 의하여 법무법인에 관하여도 준용된다고 할 것이므로, 법무법인의 구성원 변호사가 형사사건의 변호인으로 선임된 그 법무법인의 업무담당변호사로 지정되어 그 직무를 수행한 바 있었음에도, 그 이후 제기된 같은 쟁점의 민사사건에서 이번에는 위 형사사건의 피해자 측에 해당하는 상대방 당사자를 위한 소송대리인으로서 직무를 수행하는 것도 금지되는 것임은 물론이고, 위 법무법인이 해산된 이후라도 변호사 개인의 지위에서 그와 같은 민사사건을 수임하는 것 역시 마찬가지로 금지되는 것이라고 풀이할 것이며, 비록 민사사건에서 직접적으로 업무를 담당한 변호사가 먼저 진행된 형사사건에서 피고인을 위한 직접적인 변론에 관여를 한 바 없었다고 하더라도 달리 볼 것은 아니라고 할 것이니, 이러한 행위들은 변호사법 제31조 제1호의 수임제한규정을 위반한 것이라고 할 것이다.

15. 임치 및 조합

1) 매도인과 매수인 쌍방으로부터 소유권이전등기 신청을 위임받은 법무사의 주의의무 (대판 2001. 2. 27, 2000다39629)

구분건물의 수분양자로부터 소유권이전등기신청절차를 위임받은 법무사가 그 절차를 경료하기 전에 건축주로부터 구분건물의 소유권보존등기절차를 이행하고 보관 중이던 등기권리증의 반환을 요구받은 경우, 수분양자가 매수인으로서의 의무이행을 완료한 사실을 알고 있었고 건축주가 등기권리증을 이용하여 구분건물을 담보로 제공하고 금원을 차용하려 한다는 것을 예상할 수 있었다면, 건축주의 요청을 거부하거나 그 취지를 수분양자에게 통지하여 권리보호를 위한 적당한 조치를 취할 기회를 부여할 의무가 있다

2) 조합원 개인채무와 조합재산 (대판 2001. 2. 23, 2000다68924)

민법상 조합의 채권은 조합원 전원에게 합유적으로 귀속하는 것이어서 특별한 사정이 없는 한 조합원 중 1인에 대한 채권으로써 그 조합원 개인을 집행채무자로 하여 조합의 채권에 대하여 강제집행을 할 수 없다.

3) 수인이 부동산을 공동으로 매수한 경우, 매수인들 사이의 법률관계(대판 2002. 6. 14, 2000다 30622)

수인이 부동산을 공동으로 매수한 경우, 매수인들 사이의 법률관계는 공유관계로서 단순한 공동매수인에 불과하여 매도인은 매수인 수인에게 그 지분에 대한 소유권이전등기 의무를 부담하는 경우도 있을 수 있고, 그 수인을 조합원으로 하는 동업체에서 매수한 것으로서 매도인이 소유권 전부의 이전의무를 그 동업체에 대하여 부담하는 경우도 있을 수 있다.

4) 조합업무집행자의 대리권에 관한 입증책임 (대판 2002. 1. 25, 99다62838)

1. 민법 제709조에 의하면 조합계약으로 업무집행자를 정하였거나 또는 선임한 때에는 그 업무집행조합원은 조합의 목적을 달성하는 데 필요한 범위에서 조합을 위하여 모든 행위를 할 대리권이 있는 것으로 추정되지만, 위 규정은 임의규정이라고 할 것이므로 당사자 사이의 약정에 의하여 조합의 업무집행에 관하여 조합원 전원의 동의를 요하도록 하는 등 그 내용을 달리 정할 수 있고, 그와 같은 약정이 있는 경우에는 조합의 업무집행은 조합원 전원의 동의가 있는 때에만 유효하다 할 것이어서, 조합의 구성원이 위와 같은 약정의 존재를 주장 입증하면 조합의 업무집행자가 조합원을 대리할 권한이 있다는 추정은 깨어지고 업무집행자와 사이에 법률행위를 한 상대방이 나머지 조합원에게 그 법률행위의 효력을 주장하기 위하여는 그와 같은 약정에 따른 조합원 전원의 동의가 있었다는 점을 주장 입증할 필요가 있다.

2. '판결에 영향을 미칠 중요한 사항에 관하여 판단을 유탈한 때' 라고 함은 당사자가 소송상 제출한 공격방어방법으로서 판결에 영향이 있는 것에 대하여 판결 이유 중에 판단을 명시하지 아니한 경우를 말하고, 판단이 있는 이상 그 판단에 이르는 이유가 소상하게 설시되어 있지 아니하거나 당사자의 주장을 배척하는 근거를 일일이 개별적으로 설명하지 아니하더라도 이를 위 법조에서 말하는 판단유탈이라고 할 수 없다.

5) 동업계약에 있어 이전등기 된 부동산의 제3자에 대한 소유권을 행사 여부(대판 2002. 6. 14, 2000 다30622)

부동산의 소유자가 동업계약(조합계약)에 의하여 부동산의 소유권을 투자하기로 하였으나 아직 그의 소유로 등기가 되어 있고 조합원의 합유로 등기되어 있지 않다면, 그와 조합 사이에 채권적인 권리의무가 발생하여 조합에 대하여 그 소유권을 이전할 의무 내지 그 사용을 인용할 의무가 있다고 할 수는 있지만, 그 동업계약을 이유로 조합계약 당사자 아닌 사람에 대한 관계에서 그 부동산이 조합원의 합유에 속한다고 할 근거는 없으므로, 조합원이 아닌 제3자에 대하여는 여전히 소유자로서 그 소유권을 행사할 수 있다.

6) 무허가건물의 사실상 소유자가 재개발조합을 상대로 행정소송을 제기할 수 있다고 하여 그와 대립되는 이해관계를 가지는 자를 상대로 제기한 민사소송이 부적합한 지 여부 (대판 2003. 2. 14, 2002다 23451)

도시재개발법에 의한 재개발사업을 수행하는 재개발조합이 무허가건물대장에 등재된 무허가건물의 사실상 소유자에게 조합원 자격을 부여함에 있어서, 무허가건물에 관한 사실상 소유권의 귀속에 관하여 다툼이 있는 경우에 재개발조합으로서는 일단 무허가건물대장상의 소유명의자에게 무허가건물에 대한 사실상 소유권 또는 조합원의 지위가 귀속되는 것으로 처리하고 후에 판결 등에 의하여 권리귀속관계가 확정되면 그에 따라 시정할 수밖에 없는 것이므로, 그와 같은 권리 내지 지위의 귀속에 관하여 개인간에 다툼이 있는 경우에 권리자가 채택할 수 있는 가장 유효하고도 적절한 분쟁해결 수단은, 재개발조합이 아닌 분쟁의 직접 당사자를 상대로 하여 무허가건물에 대한 사실상 소유권의 확인을 구하거나, 관리처분계획의 인가 고시에 의하여 무허가건물의 사실상 소유권이 이에 해당하는 아파트 등을 분양받을 조합원의 지위로 잠정적으로 바뀐 후에는 그 아파트 등을 분양받을 권리로서의 조합원지위의 확인을 구하거나, 또는 그러한 권리나 지위에 기하여 조합원명부상의 명의변경을 구하는 등의 민사소송을 제기하는 것이라고 할 것이고, 이 경우 재개발조합을 상대로하여 행정소송을 제기할 수 있다고 하여 위와 같은 민사소송이 부적법하다고 볼 수는 없다고 할 것이다(다만 분양 처분의 고시가 있은 후에는, 종전의 무허가건물에 대한 사실상의 소유권은 소멸하고 분양받은 아파트에 대한 소유권만이 남게 되는 분양처분의 법적 성격에 비추어, 권리자로서는 바로 새로운 아파트에 대한 권리관계의 확인이나 등기의 말소 또는 이전등기에 관한 소송을 제기하여야 할 것이므로, 이 단계에서는 위와 같은 무허가건물의 소유권 확인, 조합원지위의 확인 또는 조합원명부의 명의변경의 소는 부적합한 것으로 될 것이다).

7) 주택건설촉진법상의 재건축조합의 성격 (대판 2001. 5. 29, 2000다10246)

주택건설촉진법에 의하여 설립된 재건축조합은 민법상의 비법인사단에 해당하고, 재건축조합의 실체가 비법인사단이라면 재건축조합이 주체가 되어 신축 완공한 상가건물은 조합원 전원의 총유에 속하며, 총유물의 관리 및 처분에 관하여 재건축조합의 정관이나 규약에 정한 바가 있으면 이에 따라야 하고, 그에 관한 정관이나 규약이 없으면 조합원 총회의 결의에 의하여야 한다. 따라서 재건축조합의 대표자가 조합원총회의 결의 없이 한 조합재산의 처분행위는 무효이다.

8) 조합 탈퇴와 동시에 조합원들에게 그 지분에 관한 소유권이전등기를 경료하여 준 경우의 사해행위 여부 (대판 2002. 6. 14, 2000다30622)

동업 목적의 조합체가 부동산을 조합재산으로 취득하였으나 합유등기가 아닌 조합원들 명의로 공유등기를 하였다면 그 공유등기는 조합체가 조합원들에게 각 지분에 관하여 명의신탁한 것에 불과하므로 부동산실권리자명의등기에관한법률 제4조 제2항 본문이 적용되어 명의수탁자인 조합원들 명의의 소유권이전등기는 무효이어서 그 부동산 지분은 조합원들의 소유가 아니기 때문에 이를 일반채권자들의 공동담보에 공하여지는 책임재산이라고 볼 수 없고, 따라서 조합원들 중 1인이 조합에서 탈퇴하면서 나머지 조합원들에게 그 지분에 관한 소유권이전등기를 경료하여 주었다 하더라도 그로써 채무자인 그 해당 조합원의 책임재산에 감소를 초래한 것이라고 할 수 없으므로 이를 들어 일반채권자를 해하는 사해행위라고 볼 수는 없으며, 그에게 사해의 의사가 있다고 볼 수도 없다

9) 조합 취득한 재산의 소유형태 및 공유등기가 명의신탁인지 여부(대판 2002. 6. 14, 2000다30622)

민법 제271조 제1항은 법률의 규정 또는 계약에 의하여 수인이 조합체로서 물건을 소유하는 때에는 합유로 한다. 합유자의 권리는 합유물 전부에 미친다고 규정하고 이는 물권법상의 규정으로서 이것은 강행규정이고, 따라서 조합체의 구성원인 조합원들이 공유하는 경우에는 조합체로서 물건을 소유하는 것으로 볼 수 없다. 민법 제704조는 조합원의 출자 기타 조합재산은 조합원의 합유로 한다고 규정하고 있으므로 동업을 목적으로 한 조합이 조합체로서 또는 조합재산으로서 부동산의 소유권을 취득하였다면, 민법 제271조 제1항의 규정에 의하여 당연히 그 조합체의 합유물이 되고 이는 민법 제187조에 규정된 법률의 규정에 의한 물권의 취득과는 아무 관계가 없다. 따라서 조합체가 부동산을 법률행위에 의하여 취득한 경우에는 물론 소유권이전등기를 요한다. 다만, 그 조합체가 합유등기를 하지 아니하고 그 대신 조합원들 명의로 각 지분에 관하여 공유등기를 하였다면, 이는 그 조합체가 조합원들에게 각 지분에 관하여 명의신탁한 것으로 보아야 한다.

10) 신탁재산관리방법의 변경요건과 변경범위 (대판 2003. 1. 27, 2000마2997)

신탁법 제 36조 제1항은 신탁행위 당시에 예견하지 못한 특별한 사정으로 신탁재산의 관리방법이 수익자의 이익에 적합하지 아니하게 된 때에는 위탁자, 그 상속인, 수익자 또는 수탁자는 그 변경을 법원에 청구할 수 있다고 규정하고 있는바, 이는 위와 같은 사정변경이 있는 경우에 원래에 관리방법대로의 구속력을 인정하는 것은 신의칙 및 공평의원칙에 반하는 결과가 되기 때문에 법원의 재판에 의한 관리방법의 변경을 인정한 것으로서, 정해진 관리방법에 위반하여 재산을 관리한 결과 수익자의 이익이 침해되거나 침해될 우려가 생긴것에 불과한 경우는 여기서 말하는 예견하지 못한 특별한 사정에 해당한다고 할 수 없다.
그리고 위 법조항에 의한 관리방법의 변경을 하는 경우에도 신탁법의 취지나 신탁의 본질에 반하는 내용의 변경을 할 수는 없다고 할 것인데, 신탁법상의 신탁은 위탁자가 수탁자에게 특정의 재산권을 이전하거나 기타의 처분을 하여 수탁자에게 특정의 재산권을 이전하거나 기타의 처분을 하여 수탁자로 하여금 신탁 목적을 위하여 그 재산권을 관리·처분하게 하는 것이어서(신탁법 제1조 제2항), 신탁의 효력으로서 신탁재산의 소유권이 수탁자에게 이전되는 결과 수탁자는 대내외적으로 신탁재산에 대한 관리권을 갖는 것이고, 다만 수탁자는 신탁의 목적 범위 내에서 신탁계약에 정하여진 바에 따라 신탁재산을 관리하여야 하는 제한을 부담함에 불과하므로(대판 2002.4.12, 2000다70460 참조), 신탁재산에 관하여는 수탁자만이 배타적인 처분·관리권을 갖는다고 할 것이고, 위탁자가 수탁자의 처분·관리권을 공동행사하거나 수탁자가 단독으로 처분·관리를 할 수 없도록 실질적인 제한을 가하는 것은 신탁법의 취지나 신탁의 본질에 반한다.

16. 화해

1) 민법상 화해계약에 있어서 착오가 있음을 이유로 취소할 수 있는 '화해의 목적인 분쟁 이외의 사'의 의미 (대판 2002. 9. 4, 2002다18435)

민법상의 화해계약을 체결한 경우 당사자는 착오를 이유로 취소하지 못하고, 다만 화해 당사자의 자격 또는 화해의 목적인 분쟁 이외의

사항에 착오가 있는 때에 한하여 이를 취소할 수 있으며, 여기서 '화해의 목적인 분쟁 이외의 사항' 이라 함은 분쟁의 대상이 아니라 분쟁의 전제 또는 기초가 된 사항으로서, 쌍방 당사자가 예정한 것이어서 상호 양보의 내용으로 되지 않고 다툼이 없는 사실로 양해된 사항을 말하는 것이다.

2) 불법행위 당시에는 예견할 수 없었던 손해가 발생하거나 예상외로 손해가 확대된 경우, 손해배상청구권의 소멸시효기간의 진행시점 (대판 2001. 9. 4, 2001다9496)

1. 불법행위로 인한 손해배상청구권은 민법 제766조 제1항에 의하여 피해자나 그 법정대리인이 그 손해 및 가해자를 안 날로부터 3년간 행사하지 아니하면 시효로 인하여 소멸하는 것인바, 여기에서 그 손해를 안다는 것은 손해의 발생사실을 알면 되는 것이고 그 손해의 정도나 액수를 구체적으로 알아야 하는 것은 아니므로, 통상의 경우 상해의 피해자는 상해를 입었을 때 그 손해를 알았다고 보아야 할 것이지만, 그 후 후유증 등으로 인하여 불법행위 당시에는 전혀 예견할 수 없었던 새로운 손해가 발생하였다거나 예상외로 손해가 확대된 경우에 있어서는 그러한 사유가 판명된 때에 새로이 발생 또는 확대된 손해를 알았다고 보아야 할 것이고, 이와 같이 새로이 발생 또는 확대된 손해 부분에 대하여는 그러한 사유가 판명된 때로부터 민법 제766조 제1항에 의한 소멸시효기간이 진행된다.

2. 불법행위로 인한 손해배상에 관하여 가해자와 피해자 사이에 피해자가 일정한 금액을 지급받고 그 나머지 청구를 포기하기로 한 합의가 이루어진 때에는 그 후 그 이상의 손해가 발생하였다 하여 다시 그 배상을 청구할 수 없는 것이지만, 그 합의가 손해의 범위를 정확히 확인하기 어려운 상황에서 이루어진 것이고, 후발손해가 합의 당시의 사정으로 보아 예상이 불가능한 것으로서, 당사자가 후발손해를 예상하였더라면 사회통념상 그 합의금액으로는 화해하지 않았을 것이라고 보는 것이 상당할 만큼 그 손해가 중대한 것일 때에는 당사자의 의사가 이러한 손해에 대해서까지 그 배상청구권을 포기한 것이라고 볼 수 없으므로 다시 그 배상을 청구할 수 있다.

3. 교통사고로 심한 뇌손상을 입고 식물인간 및 사지마비 상태가 된 피해자의 여명이 위 사고시로부터 약 6년 2개월 정도로 예측된다는 감정결과를 기초로, 가해자와 피해자 사이에 피해자가 일정한 금액을 수령하고 위 사고로 인한 일체의 청구권을 포기하기로 합의하였으나, 그 후 피해자가 위 여명기간이 지나서도 계속 생존함에 따라 다시 감정해 본 결과, 증상이 호전되어 피해자의 여명이 종전의 예측에 비하여 약 8년 3개월이나 더 연장될 것으로 나온 경우, 그에 상응한 향후치료, 보조구 및 개호 등이 추가적으로 필요하게 된 중대한 손해가 새로이 발생하리라고는 위 합의 당시에 예상할 수 없었고 이를 예상하였더라면 위 합의금액으로는 합의하지 않았을 것이라고 봄이 상당하므로 이와 같은 후발손해에 대하여는 위 합의의 효력이 미치지 아니하며, 달리 위 후발손해를 예상할 수 있는 사정이 없는 한 그 배상청구권의 소멸시효는 종전에 예측된 여명기간이 경과한 때로부터 진행되는 것으로 본다

3) 민법 제673조에서 손익상계의 적용 여부 (대판 2002. 5. 10, 2000다37296, 37302)

채무불이행이나 불법행위 등이 채권자 또는 피해자에게 손해를 생기게 하는 동시에 이익을 가져다 준 경우에는 공평의 관념상 그 이익은 당사자의 주장을 기다리지 아니하고 손해산정에서 공제되어야만 하는 것이므로, 민법 제673조에 의하여 도급계약이 해제된 경우에도, 그 해제로 수급인이 들이지 않게 된 자신의 노력을 타에 사용하여 소득을 얻었거나 또는 얻을 수 있었음에도 불구하고, 태만이나 과실로 인하여 얻지 못한 소득 및 일의 완성을 위하여 준비하여 둔 재료를 사용하지 아니하게 되어 타에 사용 또는 처분하여 얻을 수 있는 대가 상당액은 당연히 공제되어야 한다.

4) 부당이득반환채권을 수동채권으로 하는 상계의 허용 여부(대판 2002. 1. 25, 2001다52506)

민법 제496조의 취지는, 고의의 불법행위에 의한 손해배상채권에 대하여 상계를 허용한다면 고의로 불법행위를 한 자까지도 상계권 행사로 현실적으로 손해배상을 지급할 필요가 없게 되어 보복적 불법행위를 유발하게 될 우려가 있고, 또 고의의 불법행위로 인한 피해자가 가해자의 상계권 행사로 인하여 현실의 변제를 받을 수 없는 결과가 됨은 사회적 정의관념에 맞지 아니하므로 고의에 의한 불법행위의 발생을 방지함과 아울러 고의의 불법행위로 인한 피해자에게 현실의 변제를 받게 하려는 데 있다 할 것인바, 법이 보장하는 상계권은 이처럼 그의 채무가 고의의 불법행위에 기인하는 채무자에게는 적용이 없는 것이고, 나아가 부당이득의 원인이 고의의 불법행위에 기인함으로써 불법행위로 인한 손해배상채권과 부당이득반환채권이 모두 성립하여 양채권이 경합하는 경우 피해자가 부당이득반환채권만을 청구하고 불법행위로 인한 손해배상채권을 청구하지 아니한 때에도, 그 청구의 실질적 이유, 즉 부당이득의 원인이 고의의 불법행위였다는 점은 불법행위로 인한 손해배상채권을 청구하는 경우와 다를 바 없다 할 것이어서, 고의의 불법행위에 의한 손해배상채권은 현실적으로 만족을 받아야 한다는 상계금지의 취지는 이러한 경우에도 타당하므로, 민법 제496조를 유추적용함이 상당하다.

제8절 임대차

1. 개념

1) 의의
임대차는 당사자의 일방(임대인)이 상대방에게 목적물(임차물)을 사용·수익하게 하는 약정을 하고, 상대방(임차인)이 이에 대한 대가로서 차임을 지급하는 약정을 하여 성립하는 계약이다(제618조). 특히 임대차는 소비대차와는 달리 목적물의 소유권을 상대방에게 이전하는 것이 아니므로, 임대인이 임대물에 대한 소유권이나 또는 그것을 처분할 권한을 가지고 있어야 할 필요는 없다(통설·판례). 따라서 임차인은 일정한 경우에 임대물을 다시 임차 즉 전대할 수도 있다.

2) 법적 성격
(1) 임대차는 당사자 사이의 합의 만에 의하여 성립하는 낙성·불요식계약이다. 다만, 주택의 임차인에게는 불리한 것을 계약의 내용으로 할 수 없다(주택임대차보호법 제10조).

(2) 임대차는 임대인이 임차인으로 하여금 목적물을 사용·수익하게 할 채무를 부담하고, 다른 한편 임차인은 임대인에게 사용·수익의 대가로 차임을 지급할 채무를 부담하는 쌍무·유상계약이다.

(3) 임대차는 사용대차와 더불어 계속적 계약관계이다. 그러므로 당사자의 신뢰관계가 계약관계에 중대한 영향을 끼치며, 사정변경이 고려된다.

3) 부동산임차권의 물권화

(1) 매매와 같이 임대차도 다양한 목적물을 대상으로 한다.
임대차의 목적물은 물건에 한정되지 않고 특허권과 같은 권리나 영업허가 등도 가능하다. 다만 광업권의 임대차는 금지된다(광업법 제11조). 우리 민법에 있어서는 부동산임대차가 중요한 지위를 차지한다.

(2) 우리 학설과 판례는 부동산임차인을 보호하기 위하여 부동산 임차권을 물권에 접근시키는 방법을 택하고 있다(임차권의 물권화). 그러나 임차권의 물권화로 임차인은 부동산양수인에게 대항할 수 있는 지위를 확보하지만, 이것만으로 임차인의 보호문제가 모두 해결되지는 않는다. 부동산임차권의 강화 혹은 물권화의 내용으로는 일반적으로 존속보호, 제3자에 대한 대항력의 부여, 양도성의 보장, 방해배제청구권의 인정을 들 수 있다.

가. 존속보호
임차권의 존속기간을 장기화하여야 하고, 최단기간을 제한하면 임차권이 강화될 수 있다. 그러나 민법상으로 임차권의 최단기간을 강행규정으로써 보장하고 있지 않다. 다만 주택임대차. 상가임대차와 농지임대차의 최단기간은 특별법에 의해 보장된다(주택임대차보호법 제4조 1항: 농지법 제24조). 특히 주택임대차보호법이 주택임대차에 대하여, 상가건물임대차보호법이 상가임대차에 대하여 최소한 1, 2년의 존속을 보호하고 있다(주택임대차보호법 제4조 1항 등).

나. 대항력

가) 부동산임대차는 등기한 때에는 제3자에게 대항할 수 있지만, 당사자 사이에 「반대의 특약이 없으면」 임차인은 임대인에 대하여 등기절차에 대한 협력을 청구할 수 있다(제621조 1항)고 규정하여 반대의 특약이 있으면 임차인이 단독으로 그 임차권에 대항력을 갖출 수 없는 약점이 있다.

나) 건물의 소유를 목적으로 하는 토지임대차는 이를 등기하지 않더라도 임차인이 그 지상건물을 등기한 때에는 제3자에 대하여 대지임차권을 가지고 대항할 수 있다(제622조). 또한 주택임차인은 일정한 요건 아래에서 주택의 양수인 등 제3자에게 대항할 수 있다(주택임대차보호법 제3조 1항 3의3).

(가) 「주택임대차보호법」

현행 민법은 임차권의 대항력취득요건을 인도가 아닌 등기로 함으로써(제621조)실제로 대항력을 취득할 수 있는 길을 매우 제한하였으며, 관행상 임대차에 부수하여 제공되는 보증금·전세금·권리금 등의 금품수수에 관하여 아무런 규정을 두지 않아 그에 관한 법률관계의 혼란과 임차인의 피해가 그대로 방치되고 있다. 이러한 문제를 해결하기 위하여 주택임대차보호법이 제정(1981) 되었으며, 이 법률은 그 후 1983년, 1989년 및 1997년, 1999년, 2000년, 2008, 2010년에 걸쳐 개정되었다. 또한 민사집행법이 제정(2002.1.26 법 6627)되고 시행(2002. 7. 1) 되므로 인해 역시 주택임대차보호법이 일부개정(2002. 1. 26) 되고, 2007년, 2010년에도 일부 개정되기도 하였다.

(나) 「농지법」의 제정

농지를 농민에게 분배하여 경자유전의 원칙을 실현하기 위해 농지개혁법이 제정되었다(1949년). 그러나 농지개혁법은 한시법이었고 농지법의 제정에 의하여 뒷받침되지 못했기 때문에 그 목적을 달성할 수 없었다. 즉, 농지임대차를 법률의 규율범위 밖에 방치함으로써 많은 문제가 발생되었고, 이에 농지임대차관리법을 제정하기에 이르렀다(1986년). 또한 농지소유에 관한 문제가 사회적으로 심각하게 대두되고 농지에 관한 종합적·체계적 입법이 요구되면서 최근에 농지법이 제정되었으며, 1996년 1월 1일부터 시행되었다. 동법에 의해 기존의 농지개혁법, 농지개혁사업정리에 관한 특별조치법, 농지의 보전 및 이용에 관한 법률, 농지임대차관리법 및 지력증진법은 폐지되었다.

(다) 「상가건물임대차보호법」

부동산임차인의 보호는 주택이나 농지를 임차하는 경우에만 한정되는 것은 아니다. 영세상인이 소자본을 가지고 확보할 수 있는 점포임차권의 보호도 사회적으로 중요시되지 않을 수 없다. 특히 우리나라에서 이루어지는 점포임대차에는 반대급부로서 보증금 외에 권리금이 수수되는 거래관행이 있어, 이를 합리적으로 규율할 것이 요청되기 때문이었다. 따라서 상가건물임대차보호법이 제정(2001. 12. 29 법6542)되어 2002년 11월1일부터 그 시행에 들어갔으며, 2008년 8월 21일 및 2010년 7월 21일에 개정되어 시행되고 있다.

다. 처분가능성(양도성)

임차권의 처분을 허용하면 임차권이 원칙적으로 양도성이 인정되는 물권에 접근하고, 임차인이 투하자본을 회수할 수 있다고 하는 의미가 된다. 임차권의 처분으로 임차권의 양도와 전대를 들 수 있다. 민법에 의하면 임차인은 임대인의 동의 없이 임차권을 양도할 수 없으며, 임차물을 전대 활 수 없다(제629조 1항). 마찬가지로 주택임대차보호법이나 농지법에서도 임차권의 자유로운 처분을 막고 있다. 다만 임차건물의 소부분을 타인에게 사용하게 하는 경우에만 임대인의 동의를 필요로 하지 않는다(제632조). 위의 어느 경우든 임차권의 물권화라고 볼 수 있을 정도의 자유로운 처분은 인정되지 않는다.

라. 방해배제

제3자가 임차권을 침해하는 경우에 임차인은 임차권이라는 본권에 기하여 방해배제를 청구할 수 있다고 하면 채권에 지나지 않는 임차권을 물권과 같이 보호할 수 있다. 우선, 임차권이 공시되어 대항력을 갖춘 경우에는 권한 없는 제3자의 방해를 배제할 수 있는 효력이 인정된다. 또한 임차권이 대항력을 갖추지는 못했으나 적법한 임차권에 기하여 목적물을 점유하는 경우에도, 점유권에 기하여 방해배제를 청구할 수 있다(제203조 이하). 그러나 임차권이 대항력이나 점유를 모두 갖추지 못한 경우에는 대외적으로 임차권의 존재를 객관적으로 인식할 수 있는 징표가 없으므로 채권인 임차권 자체에 기하여 방해배제를 청구할 수는 없다. 주의할 것은 임차권이 대항력이나 점유를 갖춰 방해배제를 청구할 수 있다고 하여도 임차권이 물권화되는 것은 아니라는 점이다. 단지 임차권의 등기, 주민등록 혹은 점유를 통하여 공시됨으로써 임차물에 대한 임차인의 지배기능이 대외적으로 인식되면서 임차권의 보호범위 내지 효력이 강화된다고 볼 수 있을 뿐이다.

마. 차임 및 보증금의 제한
민법은 임대인과 임차인의 차임증감청구권을 인정하고 있을 뿐이며(제628조), 주택임대차보호법. 상가건물임대차보호법 및 농지법에서는 이에 관한 특별규정을 두고 있다(주택임대차보호법 제7조: 농지법 제25조 등).

2. 존속기간

1) 계약으로 기간의 정함이 있는 경우
임대차의 존속기간(최장기)은 원칙적으로 20년을 넘지 못하고, 당사자가 20년을 넘는 존속기간을 정한 때에는 20년으로 단축된다(제651조 1항). 당사자가 약정한 기간이 20년을 넘는 때에도 20년으로 단축된다(제651조 1항 단서). 20년의 최장기의 제한을 받지 않는 임대차에서 임대차의 존속기간을 영구무한으로 약정하여도 유효한가에 대하여는 영구무한으로 하는 약정의 효력을 인정할 수는 없다고 본다(통설).

2) 임대차의 갱신
임대차의 갱신(기간연장)에는 당사자가 계약에 의한 갱신(합의갱신)과 묵시적 갱신(법정갱신)이 있다.

(1) 계약에 의한 갱신(합의 갱신)
가) 당사자는 존속기간이 만료되는 경우에 합의로 약정기간을 합의갱신 할 수 있다(제651조 2항). 다만 합의갱신기간은 갱신한 날로부터 10년을 초과할 수 없고(제651조 2항), 당사자는 합의갱신을 몇 번이든 하여도 좋다. 다만, 최장기의 제한을 받지 않는 일부 토지임대차의 경우에는(제651 전단) 존속기간의 갱신에 관한 규정이 명문화되지 않았으나 계약에 의한 갱신을 인정하여야 할 것이다(이 경우 존속기간의 갱신은 10년을 넘을 수 있다고 본다).

나) 특정한 경우에 간접적으로 그 기간의 갱신을 강제하는 경우가 있다. 즉, 건물 기타 공작물의 소유 또는 식목·채염·목축을 목적으로 한 토지임대차에서 그 기간이 만료된 경우에 건물·수목 기타 지상시설이 현존하는 때에는 임차인은 계약의 갱신을 청구할 수 있고(임대차갱신청구권), 만약 임대인이 계약의 갱신을 원하지 않는 때에는 임차인은 상당한 가액으로 그 목적물이나 수목의 매수를 청구할 수 있다(제283조·제643조). 이 토지시설매수청구권은 형성권이며, 제643조는 강행규정이므로 이에 위반하여 임차인에게 불리하게 이루어진 약정은 그 효력이 없다.

(2) 법정갱신(묵시의 갱신)

가) 임대차의 기간종료 후 임차인이 사용·수익을 그대로 계속하는 경우에 임대인이 사실을 알고도 이의를 제기하지 않는 때에는 전임대차와 동일한 조건으로 임대차를 갱신한 경우로 간주한다(제639조 1항 본문). 다만 그 존속기간은 기간의 약정이 없는 것으로 된다. 따라서 이 경우에는 제635조가 적용된다. 즉 당사자는 언제든지 계약해지를 통고할 수 있다(제639조 1항 단서·제635조).

나) 법정갱신이 성립하는 경우에 전임대차에 대하여 제3자가 제공한 담보는 전임대차의 기간만료로 소멸한다(제639조 2항). 그러나 판례에 의하면 보증금은 여기에 포함되지 않는다. 다만 제3자가 제공한 담보가 아니고 당사자가 제공한 담보는 이 경우에도 소멸하지 않고 갱신 후에도 계속 효력을 갖는다(제639조의 반대해석). 한편 주택임대차보호법과 농지법에는 특별규정이 있음에 유의해야 한다(주택임대차보호법 제6조, 제6조의 2 및 농지법).

3) 계약에 의한 기간의 정함이 없는 경우

(1) 임대차기간의 약정이 없는 때에는 당사자는 언제든지 계약의 해지를 통고할 수 있다(제635조 1항). 전세권의 경우도 마찬가지이다(제313조).

(2) 임대차의 해지통고가 있는 경우에 해지의 효력이 즉시 발생하지는 않고 명도유예기간이 필요하다. 상대방이 해지통고를 받은 날로부터, 부동산의 임대차에서는 임대인이 해지통고를 한 경우에는 6개월, 임차인이 해지통고를 한 경우에는 1개월이 경과한 때에 임대차 관계가 종료한다. 이 규정은 강행규정이며 이에 위반하는 약정으로서 임차인에게 불리한 효력이 없다(제652조, 제635조).

(3) 약정된 임대차기간의 만료로 임대차관계는 종료된다. 그러나 당사자의 일방 또는 쌍방이 그 기간 내에 해지할 권리를 유보한 경우에는 제635조의 해지통고기간을 준수하여야 한다(제636조).

4) 단기임대차의 존속기간

(1) 관리권한은 있어도 처분권한이 없는 자가 한 임대차를 단기임대차라고 한다.

(2) 물건의 지배권을 처분할 능력 또는 권한이 없는 자가 체결한 단기임대차는 다음의 존속기간을 넘지 못한다(제619조)
가) 식목·채염 또는 석조·석회조·연와조 및 유사 건축을 목적으로 한 토지임대차에는 10년, 기타 토지의 임대차에는 5년
나) 건물 기타 공작물의 임대차에는 3년
다) 동산의 임대차에는 6월을 넘지 못한다.

(3) 제619조의 기간을 넘는 단기임대차를 한 경우에는 원칙적으로 기간을 넘는 부분만이 무효라고 볼 것이지만, 그러한 정도의 단기임대차라면 임차인 쪽에서 계약을 체결하지 않았으리라고 인정될 만한 사정이 있는 때에는 전부무효가 된다.

가) 단기임대차의 당사자란 관리할 능력이나 권한은 있어도, 처분할 권한이나 능력이 없는 자를 말한다. 부재자재산관리인(제25조), 권한을 정하지 않은 대리(제118조), 후견인(제950조), 상속재산관리인(제1023조

2항, 제1047조 2항, 제1053조 2항)등이다.

　나) 단기임대차의 기간을 당사자 사이의 계약으로 경신할 수 있다(제620조 본문). 그러나 기간만료 전 토지에 대해서는 1년 이내, 건물 기타 공작물에 대해서는 3월 이내, 동산에 대해서는 1월 이내에 갱신하여야 한다(제620조 단서). 또한 경신 후에도 제619조의 법정기간을 넘지 못한다.

　(4) 차임의 문제
　차임은 금전 기타 물건으로 지급한다. 액수에 대해서는 민법에 제한이 없으므로 당사자가 자유롭게 정할 수 있으나 임차인의 보호를 위하여 일정한 제한을 가할 필요가 있다. 농지임차료의 상한을 제한하는 농지법(제25조)이 그 예이다. 차임의 지급시기도 당사자가 자유로이 정할 수 있으나, 특약이 없다면 제633조가 적용된다.

3. 효력

1) 임대인의 권리의무

　(1) 목적물을 사용 · 수익하게 할 의무
　임대인은 임대차관계가 존속하는 동안 임차인이 목적물을 사용 · 수익하게 할 의무를 부담한다.

　가. 목적물인도의무
　임대인은 임차인으로 하여금 목적물을 사용 · 수익하게 하기 위하여 우선 그 목적물을 임차인에게 인도하여야 한다(제623조). 목적물 인도의무는 주물 뿐만 아니라 종물에도 미친다(제100조 2항).

　나. 방해제거의무
　임대인은 임차인이 점유권을 가진다는 이유로 이 의무를 면하지 못하며, 임차인이 대항력이 있는 임차권에 기해서 스스로 방해배제청구권을 행사할 수 있더라도 방해제거의무를 면하지 못한다(통설). 따라서 만약 제3자가 임차인이 점유하는 임차물을 침탈하여 그 사용 · 수익을 방해하는 행위를 하는 경우에는 임대인은 임차인을 위하여 그 방해를 제거할 의무가 있다.

　다. 수선의무
　임대인은 목적물의 사용 · 수익에 필요한 수선을 하여야 할 의무를 부담한다(제623조). 임차물이 수선을 요하는 상태에 있는 경우에 임차인은 지체 없이 임대인에게 통지할 필요가 있고, 임대인이 행하는 임차물의 보존에 필요한 행위를 임차인은 거절하지 못한다(제624조). 다만 임대인이 임차인의 의사에 반하여 보존행위를 함으로써 임차의 목적을 달성할 수 없을 때에는 임차인은 계약을 해지할 수 있다(제625조).

　(2) 비용상환의무
　가. 필요비상환청구권
　임차건물의 지붕기와를 교환할 경우와 같이 통상의 용도에 적당한 상태로 목적물을 보존하기 위하여 필요한 비용(필요비)을 임차인이 지출한 때에는 임대차의 종료를 기다리지 않고 임대인에 대하여 즉시 그 상환을 청구할 수 있고, 임대인은 바로 상환하여야 한다(제626조 1항).

나. 유익비상환청구권

임차인이 목적물의 개량을 위한 비용(유익비)을 지출한 때에는 임대인은 목적물의 가격의 증가가 임대차종료시에 현존하는 때에 한에서 선택적으로 지출한 비용 혹은 증가액을 상환하여야 한다(제626조 2항 전단). 다만 유익비를 상환하는 경우에는 임대인의 청구가 있으면 법원은 상당기간을 유예할 수 있다(제626조 2항 후단). 한편 임차인이 임차물에 부속시킨 물건이 독립된 물건으로 인정될 경우에는 임차인은 그 물건 위에 소유권을 보유하므로 임대차종료시에 이를 철거할 수 있다(제654조, 제615조).

다. 비용상환청구권의 행사기간

임차인의 필요비·유익비상환청구권은 임대인이 목적물을 반환받은 날로부터 6개월 이내에 행사하여야 한다(제617조·제654조). 유익비의 상환에 대하여 법원이 기한을 유예한 경우에는 그 기한이 도래한 후부터 기산하면 된다.

라. 기타

가) 유치권

임차인은 비용상환청구권에 관하여 유치권을 가진다(제320조 1항). 그러나 임대차관계가 그 기간의 만료 또는 채무불이행으로 인한 해제 등으로 종료하여 점유할 권리를 상실한 것을 알면서 임차인이 비용을 지출한 때에는 유치권은 성립되지 않는다(제320조의 2). 그리고 임대차가 종료한 후에 점유할 권리 없음을 알면서 점유하는 때에는 불법점유가 되어 그 후에 지출한 비용에 관하여는 유치권이 생기지 않는다.

나) 임의규정

임차인의 비용상환청구권에 관한 규정은 강행규정이 아니다. 따라서 이와 다른 약정을 할 수 있을뿐만 아니라 이를 포기할 수도 있다.

(3) 담보책임

임대인은 임차인에게 임차권한 및 임대물의 적절한 사용·수익상태에 대하여 담보책임을 부담한다. 임대인의 담보책임에 관해서는 매도인의 담보책임에 관한 규정들이 준용될 수 있다(제567조).

(4) 타인소유물에 대한 임대차의 효력

타인의 소유물을 임대하는 경우에도 임대차계약은 성립한다(제567조, 제570조). 임차인이 임차목적물이 타인소유의 것임을 알고 있는 때(악의)에도 마찬가지이다(제567조, 제570조). 특히 채권적전세나 상당한 액수의 보증금을 지급하는 임대차에 있어서는 임대인이 목적물의 소유자인지의 여부가 임차인의 전세금 내지 보증금반환채권에 커다란 영향을 미칠 수 있다. 따라서 이 경우에 임차목적물이 타인의 소유라는 것을 임차인이 알았더라면 임대차계약을 체결하지 않았을 것이라고 판단되는 경우에는 취소할 수 있다(제109조 1항). 판례도 대체로 같은 태도를 취하고 있다.

2) 임차인의 권리의무

임차인은 임차물을 사용·수익하는 대가로서 임대인에게 차임을 지급할 의무를 부담하며(제618조), 이는 임차인의 가장 중요한 의무이다.

(1) 임차권(사용수익권)

가. 임차권의 법적 성질

민법은 부동산의 임대차에 대하여 등기의 가능성을 인정하여 등기를 가지고 그 후에 물권을 취득한 자에게 대항할 수 있는 효력을 인정하고 있다(제621조). 또한 주택임대차보호법(제3조 3의 3) 등은 임차권에 대항력을 인정하고 있다.

나. 내용

임차권의 중요한 내용은 목적물의 사용수익권이다. 임차권은 채권으로 채무자(임대인)에 대하여 사용·수익을 청구할 수 있는 권리에 불과하지만, 채무자로부터 급부가 있으면 채권자(임차인)는 목적물을 사용·수익할 수 있는 권능을 가진다고 해석된다.

다. 대외적 효력

임대차의 목적물에 대하여 제3자가 그 이용을 방해하는 행위를 한 경우에 만약 이미 임차인이 점유를 취득한 때에는 점유권에 의하여 방해배제와 손해배상을 청구할 수 있고(제204조-제206조), 또한 제3자에 의한 채권침해가 성립하면 불법행위에 기한 손해배상을 청구할 수도 있다. 또한 제3자가 임차권을 사실상 침해하고 있는 경우에 임대인이 가지는 물권적 청구권을 채권자대위권(제404조)에 의하여 대위행사 할 수도 있고, 대항력을 갖춘 임차권에는 방해배제·예방청구권이 인정된다.

(2) 임대차의 양도와 전대
가. 임대차의 양도와 전대의 의의

임차권의 「양도」는 임차권이 그 동일성을 유지하며 이전하는 계약이다. 그리고 임차물의 「전대」는 임대차 계약에 의하여 임대인으로부터 어떤 물건을 빌리고 있는 임차인이 다시 자신이 임대인(전대인)이 되어 그 임차물을 제3자(전차인)로 하여금 사용·수익하게 하는 계약이다. 민법은 원칙적으로 임차권의 무단양도·전대를 금지하고, 다만 임대인의 동의가 있는 경우에만 양도·전대를 허용하고 있다(제629조 1항).

나. 임대인의 동의 없는 양도·전대의 법률관계

임차인 B가 임대인 A의 동의를 얻지 않고 그 임차권을 양도하는 계약을 C와 체결한 경우에 이를 흔히 임차권의 무단양도라고 한다. 반면에 B가 전세권자인 경우에는 처분권을 보장받기 때문에 A의 동의를 얻지 않고 C에게 전세권을 양도할 수 있다(제306조 본문). 그런 의미에서 임차권의 양도와 전세권의 양도는 구별된다.

다. 임대인의 동의 있는 양도·전대의 법률관계

가) 임대인에 의한 임차권의 양도·전대의 동의는 임차인 혹은 임차권의 양수인이나 전차인의 누구에게 행하여도 된다. 임대인 A가 임차권의 양도에 동의한 경우에 계약관계는 양수인 C에게 이전하고, 종전의 임차인 B는 계약관계로부터 제외된다.

나) 전차인은 제630조 1항에 의해 임대인에게 의무를 부담하나 권리를 갖지 아니하므로 제630조는 임대인의 보호를 위한 규정에 지나지 않는다. 전차인의 전차권은 임대인의 임차권을 기초로 하는 결과 전대인의 임차권이 기간의 만료·채무불이행에 의한 해지와 같은 사유로 소멸하면 전차인의 전차권도 소멸하지만, 민법은 전차인의 보호를 위하여 전대차의 기초가 되는 임대인·전대인 사이의 임대차를 임대인과 전대인이 합의하여 종료하게 한 경우에도 전차인의 전차권은 소멸하지 아니한다(제631조). 제631조는 전차인을 보호하기 위한 강행규정이다(제652조).

라. 전차인의 보호를 위한 특별규정
　가) 해지통고의 전차인의 보호
　임대차계약이 해지의 통고로 인하여 종료된 경우에 임대물이 적법하게(임대인의 동의하에) 전대된 때에는 임대인은 전차인에 대하여 그 사유를 통지하지 아니하면 해지로 전차인에게 대항할 수 없다(제638조 1항). 다만 전차인이 해지의 통지를 받은 때에는 해지의 효력은 일정기간(부동산임대차 6월; 동산임대차 5일)이 경과하여야 생긴다(제635조 2항·제638조 2항). 제638조는 강행규정이다(제652조). 그러나 일시사용을 위한 전대차에는 적용되지 않는다(제653조).

　나) 전차인의 임대청구권·매수청구권
　건물 기타 공작물의 소유 또는 식목·채염·목축을 목적으로 한 토지임차인이 적법하게 그 토지를 전대한 경우에 임대차 및 전대차의 기간이 동시에 만료되고 건물·수목 기타 지상시설이 현존한 때에는 전차인은 임대인에 대하여 전전대차와 동일한 조건으로 임대를 청구할 수 있다(제644조 1항). 만약 임대인이 임대를 원하지 않을 때에는 전차인은 지상권자의 매수청구권(제283조 2항)에 준하여 임대인에 대하여 상당한 가격으로 건물·수목 기타 지상시설의 매수를 청구할 수 있다(제644조 2항).이러한 임대청구권과 지상시설매수청구권은 지상권자가 그 토지를 임대한 경우에도 준용된다(제645조).

　다) 전차인의 부속물매수청구권
　건물 기타 공작물의 임차인이 적법하게 전대한 경우에 전차인이 그 사용의 편익을 위하여 임대인의 동의를 얻어 부속시킨 물건, 임대인으로부터 매수하거나 그 동의를 얻어 임차인으로부터 매수한 부속물이 있는 때에는 전대차의 종료 시에 임대인에 대하여 그 부속물의 매수를 청구할 수 있다(제647조 1항). 이러한 매수청구권은 부속한 물건을 임대인으로부터 매수하였거나 그 동의를 얻어 임차인으로부터 매수한 경우에도 행사할 수 있다(제647조 2항). 제644조 내지 제647조의 규정들은 모두 강행규정이다(제652조). 그러나 제647조는 일시사용을 위한 전대차인 것이 명백한 경우에는 적용하지 않는다(제653조).

　(3) 부속물매수청구권
　건물 기타 공작물의 임차인은 임대인에 대하여 그 사용의 편익을 위하여 임대인의 동의를 얻어 부속한 물건이 있는 때, 임대인으로부터 매수한 부속물에 대하여 임대차 종료 시에 그 부속물의 매수를 청구할 수 있다(제646조).

　(4) 차임지급의무
　가. 차임의 내용·액
　임차인은 임차물에 대한 사용·수익의 대가로 차임을 지급하여야 한다(제618조). 차임지급의무는 임차인의 기본의무에 해당한다. 차임은 금전에 한하지 않고 금전 기타의 대체물이면 되고, 차임의 액은 계약으로 정하며 민법상 아무런 제한이 없다. 따라서 당사자가 자유로이 정할 수 있다.다만 임차인의 보호를 위하여 일정한 제한을 가할 필요가 있다(농지법 제25조는 임차료의 상한을 제한하고 있다).

　나. 차임증감청구권

　가) 임차인의 차임감액청구(제627조)
　민법은 임차물의 일부가 임차인의 과실 없이 멸실 기타의 사유로 사용·수익할 수 없게 된 때(제627조 1항)에는 임차인은 그 부분의 비율에 의한 차임의 감액을 청구할 수 있다(제627조 1항). 그 잔존부분만으로는 임대차의 목적을 달성할 수 없다면 임차인은 계약을 해지할 수 있다(제627조 2항). 또한, 임대물에 대한 공과부담이 증감 기타의 경제사정의 변동으로 약정한 차임이 상당하지 않게 된 때(제628조)에 차임증감청구권을 인정하고 있다. 본조는 강행규정이다.

나) 사정변경에 의한 차임증감청구
임대물에 대한 공과부담의 증감 기타 경제사정의 변동으로 인하여 약정한 차임이 상당하지 아니하게 된 때에는 당사자는 장래에 대한 차임의 증감을 청구할 수 있다(제628조). 제628조는 강행규정이며 이에 위반하는 약정으로서 임차인에게 불리한 것은 그 효력이 없다(제652조).

다. 차임의 지급시기
차임의 지급시기는 당사자가 계약으로 자유로이 결정할 수 있고, 특별한 관습이 있는 때에는 그 관습에 따를 수도 있다. 차임의 지급시기에 관한 특약이 없는 때에는 법정시기에 의하여 동산·건물 및 대지의 임대차는 매 월말, 기타 토지의 임대차에 있어서는 매 년 말에 지급하여야 한다(후급의 원칙). 한편 수확기가 있는 임대차의 경우에는 그 수확 후 지체 없이 지급하여야 한다(제633조).

라. 부동산임차인의 법정담보물권
민법은 임대인의 차임채권을 보호하기 위해서 다음과 같은 경우에 법정담보물권을 인정한다.

가) 임차지의 부속물·과실(果實)에 대한 법정질권
토지임대인이 임대차에 관한 채권에 의하여 임차지에 부속하거나 또는 그 사용의 편익에 공용한 임차인의 소유동산 및 그 토지의 과실을 압류한 때에는 질권과 동일한 효력이 있다(제648조). 다만 일시사용을 위한 임차의 경우에는 그 적용이 없다(제653조).

나) 임차지상의 건물에 대한 법정저당권
토지임대인이 변제기를 경과한 최후 2년의 차임채권에 의하여 그 지상에 있는 임차인소유의 건물을 압류한 때에는 저당권과 동일한 효력이 있다(제649조). 제653조는 적용되지 않는다.

다) 임차건물의 부속물에 대한 법정질권
건물 기타 공작물의 임대인이 임대차에 관한 채권에 의하여 그 건물 기타 공작물에 부속한 임차인소유의 동산을 압류한 때에는 질권과 동일한 효력이 있다(제650조). 일시사용을 위한 임대차에는 그 적용이 없다(제653조).

마. 공동임차인의 연대의무
수인이 공동으로 목적물을 임차한 때에는, 임대인을 보호하기 위하여 임차인이 연대하여 의무를 부담한다(제654조, 제616조).

바. 차임지급연체와 계약의 해지
임차인이 차임지급을 연체하면 건물 기타 공작물의 임대차에서는 임차인의 차임연체액이 2기의 차임액에 달하는 때에는 임대인은 계약을 해지할 수 있다(제640조). 차임지급연체에 의한 임대차의 해지를 규정한 민법 제640조·제641조는 강행규정이다. 그러므로 예컨대 1기의 차임을 연체한 때에는 임대차를 해지할 수 있다는 특약과 같이 임차인에게 불리한 특약을 무효이다.

(5) 임차물보관의무

임차인은 임대차관계의 종료로 임차물을 임대인에게 반환할 때까지 선관주의의무를 부담한다(제374조). 특히 부동산의 임대차에서 사용방법에 대하여 동물을 사육하지 못한다거나 이웃을 미혹하게 하는 행위를 하지 못한다는 특약을 정한 경우에는 그 특약이 임차인에게 불합리하지 않는 한 유효하다.

(6) 임차물반환의무

임대차기간이 경과한 계약이 갱신되지 않은 때·임대차계약이 종료한 때에는 임차인은 목적물을 빌린 임대인에게 반환할 계약상의 의무를 부담한다. 임차인이 반환하여야 할 물건은 빌린 물건 그 자체이고, 임차물을 반환할 때에는 임차인은 임차물을 원상으로 회복하여야 한다(제615조 전단·654조). 한편 임차인은 임차물에 부속시킨 물건을 철거할 수 있는 권리가 있을 뿐만 아니라(제615조 후단), 일정한 경우 매수청구권을 행사할 수 있다(제643조, 제645조, 제646조). 또한 임차인이 임차목적물에 행한 개량이 목적물의 구성부분으로 된 경우에는 유익비상환청구권을 행사할 수 있다(제626조).

4. 보증금 및 권리금

1) 보증금

(1) 의의

보증금에 대해서는 민법에 아무런 규정이 없고, 주택임대차보호법등에 몇 개의 규정이 마련되어 있다. 보증금제도는 임대차가 장기간 계속되므로 임대인이 임차인에 대한 차임청구권을 담보할 필요가 있을 뿐만 아니라, 임차인이 임차건물에 대해서 어떤 손해를 발생시켰을 경우에 그 손해의 배상방법을 확보한다는 의미에서 활용되고 있으나, 많은 경우에 차임지급의 기능을 대신하고 있다.

(2) 효력

가. 임차인의 채무의 담보

보증금계약에 의하여 보증금이 교부되면 보증금은 차임의 미지급이나 임차물의 멸실·훼손과 같은 임대차관계에서 발생되는 임차인의 모든 채무를 담보한다. 임대인은 원칙적으로 임대차가 종료한 후에 비로소 보증금을 가지고 임차인의 채무변제에 충당할 수 있다.

나. 보증금반환청구권

임대인은 계약종료 후 보증금에서 임차인의 채무를 공제한 잔액을 반환하여야 한다. 임차물의 소유권이 이전하여 임대인이 변경되고 임차인이 신임대인에 대항할 수 있는 때에는 실제로 보증금이 신·구임대인 사이에서 인계 되는가 아닌가를 묻지 않고 보증금반환청구권은 당연히 신임대인에게 승계된다. 다만 승계되는 액은 구임대인에 대한 채무액을 공제한 잔액이 된다.

다. 보증금반환채무와 임차물반환채무의 동시이행

보증금이 임차인의 채무불이행 또는 불법행위로 인한 채무를 담보할 목적으로 교부된 때에는 임차인이 임차물을 먼저 반환하여야 할 것이다. 종래 판례는 동시이행을 인정하기도 하고 부정하기도 하였으나 최근에는 일관하여 동시이행의 관계를 인정하고 있다.

라. 부동산소유권의 이전과 보증금반환채무의 승계

가) 부동산임차권에 대항력이 있는 경우

임대차기간 중에 임차부동산의 소유권이 이전될 경우에 임차권이 등기되어 있거나 주택임대차보호법상의 대항요건을 갖추고 있는 때에는 임차인은 임차부동산의 신소유자(양수인)에 대하여 임차권을 가지고 대항할 수 있다. 전임대인·양수인·임차인 사이에서 또는 양수인과 임차인 사이에서 양수인이 전임대인의 지위를 승계하는 합의가 있는 때에는 보증금에 관한 권리·의무도 당연히 신소유자에게 이전한다(이견 없음). 주택임대차보호법등은 이에 관한 간주규정을 두고 있다(주택임대차보호법 제3조 2항). 또한 건물의 소유를 목적으로 한 토지임대차의 임차인이 그 지상건물을 등기하면, 그 역시 토지의 양수인에 대해서도 임차권을 가지고 대항할 수 있으므로(제622조), 토지임차인과 그 양수인 사이에는 종전의 임대차관계가 그대로 유지된다. 한편, 양도인의 보증금반환채무는 부동산의 양도와 함께 양수인에게 면책적으로 이전한다(판례).

나) 부동산임차권에 대항력이 없는 경우

대항력을 갖추지 못한 임차인은 목적물의 양수인에 대하여 임차권을 주장할 수 없고, 양수인과 임대인 사이에 인수계약이 없는 한 보증금의 반환도 청구할 수 없다. 더욱이 임대차보증금은 임차물에 관하여 생긴 채권이 아니므로 유치권도 성립하지 않는다(제320조).

2) 권리금

(1) 권리금은 주로 도시에서 토지·건물(특히 점포)의 임대차에 수반하여 그 부동산이 갖는 특수한 장소적 이익의 대가로 임차인으로부터 임대인에게 지급된다. 이는 권리금 계약에 의해 지급되며, 권리금계약은 임차권양도계약내지 전대차계약에 부종한다. 권리금에는 영업을 포함하여 임차하는 경우에 지급하는 영업권의 대가로서의 성질을 가지는 경우, 차임의 선불적 성질을 가지는 경우, 임차권의 양도·전대의 승낙료로서의의 성질을 가지는 경우가 있다.

(2) 임차권의 양수인과 양도인 간에는 임차권의 매매관계가 성립하므로, 양수인은 임차인에 대하여 약정한 내용대로 임차권자의 지위를 승계 받을 수 있도록 협력해줄 것을 청구할 수 있다(제568조). 그러나 양수인은 권리금에 대한 반대급부를 임대인에게 청구할 수는 없다. 즉, 임대인은 권리금반환의무를 부담하지 않는다.

(3) 반면에 양수인은 권리금의 반대급부로 인수한 부속물에 대해서는 임대차 종료 시 임대인에게 부속물매수청구권을 행사할 수 있으며(제646조), 임차물에 대한 필요비와 유익비에 대해서도 그 상환을 청구할 수 있다(제626조 1항, 2항).

5. 임대차의 종료

1) 임대차의 종료원인

(1) 존속기간의 만료

기간을 정한 임대차는 기간만료에 의하여 소멸한다. 임대차의 갱신에 대한 당사자의 합의, 민법규정(제643조)에 의한 강제 또는 법정갱신이 성립해도 임대차는 존속한다.

(2) 해지의 통고

가. 임대차의 존속기간을 약정하지 않은 경우

가) 임대차의 존속기간을 약정하지 않은 때에는 당사자는 언제든지 계약해지의 통고를 할 수 있다(제635조 1항). 존속기간의 약정이 있는 경우에도 당사자의 일방 또는 쌍방이 그 존속기간 이내에 해지할 권리를 보유한 경우(제636조), 임차인이 파산선고를 받은 때(제637조)에는 민법 제635조의 규정에 의하여 계약해지의 통고를 할 수 있다.

나) 그러나 해지의 효력은 통고가 있은 날로부터 일정한 기간이 경과하여야 효력이 발생한다는 점에 주의해야 한다. 즉 토지·건물 기타의 공작물에 대한 임대인의 해지통고인 경우에는 6개월, 임차인의 해지통고인 경우에는 1개월, 동산에 대한 임대인·임차인의 해지통고인 경우에는 5일이 각각 경과하면 임대차는 종료한다(제635조 2항). 이 규정은 강행규정이며 이에 위반하는 약정으로서 임차인에게 불리한 것은 효력이 없다(제652조)

나. 임대차의 존속기간을 약정한 경우
가) 제635조의 규정은 기간의 약정이 있는 임대차라도 당사자의 일방 또는 쌍방이 해지권을 유보한 경우에 준용된다(제636조). 다만 제636조의 규정은 임의규정이므로 당사자는 이와 다른 약정을 할 수 있다.

나) 임대차기간을 약정한 임차인이 파산선고를 받은 경우에도 임대인 또는 파산관재인은 계약해지의 통고를 할 수 있으며(제637조 1항), 일정한 기간의 경과로써 해지의 효력이 생긴다(제635조 2항). 이 경우에 각 당사자는 상대방에 대하여 계약해지로 인하여 발생한 손해의 배상을 청구하지 못한다(제637조 2항).

다. 즉시해지
민법이 규정한 일정한 원인에 의하여 임대차를 해지하면 일정기간의 경과를 기다리지 않고 곧 계약해지의 효과가 발생한다. 민법상 인정되는 임대차의 해지원인으로는 다음과 같은 것을 들 수 있다. 즉 임대인이 임차인의 의사에 반하여 보존행위를 하는 때(제625조), 임차물의 일부가 임차인의 과실에 의하지 않고 멸실한 경우에 그 잔존부분만으로는 임차의 목적을 달성할 수 없는 때(제627조 2항), 임차인이 임대인의 동의 없이 제3자에게 임차권을 양도하거나 또는 임차물을 전대한 때(제629조 2항), 차임연체(제640조·제641조) 및 기타 당사자 일방의 채무불이행이 있는 때(제544조·제546조)가 있다. 판례는 임차인이 임대인의 가족묘소가 있는 환경을 훼손한 경우에 임대인의 즉시 해지권을 인정하였다.

2) 임대차의 종료효과
(1) 임대차의 종료원인과 관계없이 임대차가 해지에 의하여 종료하면 그 효력은 항상 장래를 향하여만 발생하고 소급효가 없다(제550조). 다만 임대차가 해제·해지된 경우에 당사자 일방에게 과실이 있는 때에는 손해배상을 청구할 수 있다(제551조).

(2) 임대차가 종료하면 임차인은 목적물을 원상회복하여 반환하여야 한다(제654조, 제615조). 반면에 임차인은 임대인에 대하여 유익비의 상환을 청구하거나 지상건물 또는 부속물의 매수를 청구할 수 있다. 임대인의 동의 없이 부착시킨 물건에 관해서는 매수청구권이 인정되지 않으면 철거권 만이 인정되거나(제654조, 제615조) 부합될 수 있다(제526조).

3) 일시임대차의 문제

(1) 임대차규정의 적용 여부

제628조(차임증감청구권), 제638조(전차인에 대한 해지통고의 통지), 제640조(차임연체와 해지), 제646조(임차인의 부속물매수청구권), 제647조(전차인의 부속물매수청구권), 제648조(임차지의 부속물·과실 등에 대한 법정질권), 제650조(임차건물 등의 부속물에 대한 법정질권) 및 제652조(강행규정)의 규정들은 일시사용을 위한 임대차 혹은 전대차에는 적용되지 않는다. 그 밖에 주택임대차보호법도 일시사용을 위한 주택임대차에는 적용되지 않는다(주택임대차보호법 제11조 참조). 위 규정들은 현행 민법에서 임차인과 전차인을 보호하기 위해서 신설된 규정이거나 강행규정들이다.

(2) 일시임대차의 판단
일시임대차란 임대차의 존속기간이 짧은 임대차를 말하는데, 존속기간이 짧은 일시임대차인지의 여부는 임대차의 목적, 임차물 기타의 사정을 객관적·종합적으로 고려하여 판단할 문제이다.

제 9 절 주택임대차

1. 「주택임대차보호법」의 적용범위

국민의 주거생활의 안정을 위하여 제정된 주택임대차보호법은 주거용 건물, 즉 주택의 전부 또는 일부의 임대차에 대하여 적용된다. 또한 임차주택의 일부가 주거 이외의 목적으로 사용되는 경우에도 주택임대차보호법의 적용대상에 포함된다(주택임대차보호법 제2조). 등기하지 아니한 주택의 전세계약에 적용된다(제12조). 그러나 일시사용을 위한 임대차인 것이 명백한 경우에는 적용되지 않는다(제11조).

2. 대항력

1) 임대차의 존속기간의 종료전의 대항력
주택의 사용 및 수익을 위한 양 당사자의 채권적 합의가 있으면 임대차계약이 성립한다. 그 법적 성질은 쌍무·유상·낙성·불요식계약이다. 따라서 임차권의 존속기간과 관련한 부분에 대해서는 주택임대차보호법이 적용될 것이고, 그 밖에 대부분의 경우에는 민법이 적용될 것이다. 임차권이 대항력을 갖추기 위해서는 원칙적으로 전세권(제303조)처럼 물권으로 성립하거나, 제621조에 기하여 임차권의 등기를 경료 하여야 한다. 주택임대차는 그 등기가 없더라도 임차인이 주택의 인도와 주민등록을 마친 때에는 그 익일부터, 즉 주택인도와 주민등록 두 요건을 갖춘 다음 날부터 제3자에 대한 대항력이 생긴다(동법 제3조 1항).

(1) 주택의 인도
임대차계약이 체결된 것만으로는 부족하고 임대인으로부터 임차인에게 목적물인 주택의 인도가 완료되었어야 대항력을 취득한다(동법 제3조 1항).

(2) 임차인의 주민등록

가) 임차인은 주민등록을 하여야 대항력을 취득하는데, 전입신고를 한 때에 주민등록이 된 것으로 본다(동법 제6조). 주민등록은 거래의 안전을 위하여 임대차의 존재를 제3자가 명백히 인식할 수 있게 하는 공시방법으로 마련된 것이고, 그 주민등록이 어떤 임대차를 공시하는 효력이 있는가의 여부는 일반사회통념상 그 주민등록이 당해 임대차 건물에 임차인이 주소 또는 거소를 가진 자로 등록되어 있는지를 인식 할 수 있는가

의 여부에 따라 결정된다.

   나) 주택인도 · 주민등록의 대항요건과 임대차계약증서상의 확정일자를 갖춘 임차인은 민사집행법에 의한 경매 또는 국세징수법에 의한 공매 시 임차주택의 환가대금에서 후순위권리자가 기타 채권자보다 우선하여 보증금을 변제받을 권리가 있다(동법 제3조의 2 2항).

2) 임대차의 존속기간의 종료 후의 대항력
   (1) 임대차가 종료된 후 보증금을 반환받지 못한 임차인이 법원에 임차권등기명령을 신청하여 법원의 명령에 따라 임차권등기를 경료하면 등기와 동시에 대항력을 취득한다(제3의 3 1항, 5항). 임차권등기명령을 신청할 경우에는 일정한 사항을 기재하여야 하며, 신청하는 이유 및 임차권을 소명하여야 한다(동법 제3의 3 2항).

   (2) 이와 같은 내용은 개정 법률의 시행(1999. 3. 1)당시 이미 존속중인 임대차에 대해서도 적용된다(동법 부칙 제2조). 임차권등기명령의 신청 및 그에 따른 임차권등기와 관련하여 소요되는 비용은 임대인이 부담한다(동법 제3의 3, 8항). 임차권등기명령신청을 기각하는 결정에 대하여 임차인은 항고할 수 있다(동법 제3의 3, 4항). 또한 임차권등기명령에 의하여 임차권을 등기하지 않고 민법 제621조의 규정에 의하여 주택임차권을 등기한 경우에도 제3조의3 5항 및 6항의 규정이 준용된다.

3) 경매에 의해 임차권이 소멸한 후의 대항력
   (1) 판례에 의하면 대항력과 우선변제권을 가진 임차인이 우선변제권을 선택하여 임차주택에 대하여 진행되고 있는 경매절차에서 보증금의 전액에 대하여 배당요구를 하였으나, 그 순위에 따른 배당이 실시되어 보증금의 전액을 배당받을 수 없을 때에는 그 잔액을 반환받을 때까지 매수인에게 대항할 수 있는 보증금잔액은 보증금 중 경매절차에서 올바른 배당순위에 따른 배당이 실시될 경우의 배당액을 공제한 나머지 금액을 의미하는 것이지, 임차인이 배당절차에서 현실로 배당받은 금액을 공제한 나머지 금액을 의미하는 것은 아니라 할 것이다. 또한 매수인(경락인)에 대하여 임대차관계의 존속을 주장할 수 있다고 한다.
   이 경우에 임차인의 배당요구에 의하여 임대차는 원칙적으로 종료되지만, 임차인이 그 보증금의 잔액을 반환받을 때까지 그 임대차관계는 존속하는 것으로 의제되므로(동법 제4조 2항) 매수인(경락인)은 임대인의 지위를 승계하게 된다(동법 제3조 2항). 개정되기 전에는 이와 같은 판례의 태도와 법률해석을 통하여 보증금의 전액을 배당받지 못한 대항력 있는 임차인을 보호하였으나, 개정 법률은 이를 명문화하였다. 즉 임차주택에 대하여 민사집행법상 경매가 행하여진 경우에 그 임차주택의 매각에 의하여 주택임차권은 소멸하나, 보증금이 전액 변제되지 않은 대항력 있는 임차권은 소멸하지 않는다(동법 제3의 5 참조). 다만, 임차인의 우선변제권은 매각으로 소멸하므로 제2경매절차에서 배당받을 수는 없다.

   (2) 경매에서 우선변제권을 취득하기 위한 대항요건은 주택인도 · 전입신고 이외에 확정일자까지 모두 갖추어야 취득된다.

   (3) 임차인이 임차보증금반환채권의 확정판결 기타 이에 준하는 집행권원에 기하여 경매신청을 하는 경우에는 반대의무의 이행 또는 이행의 제공을 집행개시의 요건으로 보지 않는다(동법 제3조의 2 1항). 그러므로 임차인은 주택을 비우지 않고도 임차주택에 대한 경매를 신청할 수 있다.

   (4) 임대차가 종료된 후 보증금을 반환받지 못한 임차인이 법원에 임차권등기명령을 신청할 수 있고(동법 제3조의 2 1항), 임차권등기가 경료 되면 등기와 동시에 대항력 또는 우선변제권을 취득한다(동법 제3조의 3

5항). 다만 임차인이 임차권등기 이전에 이미 대항력 또는 우선변제권을 취득한 경우에는 그 대항력 또는 우선변제권은 그대로 유지되며 임차권등기 이후에는 주택의 점유와 주민등록이 대항요건을 상실하더라도 이미 취득한 대항력 또는 우선변제권을 상실하지 않는다(동법 제3조의 3 5항 단서).

또한 민법 제621조에 의한 임대차등기에도 주택임대차보호법에 규정된 임차권등기명령에 의한 임차권등기와 동일한 효력이 인정된다(동법 제3조 4 1항). 그리고 임차권등기명령의 집행에 의한 임차권등기가 경료된 주택을 그 이후에 임차한 임차인은 우선변제권이 없다(동법 제3조의 3 4항).

(5) 보증금반환청구소송에 관하여는 소장송달과 기일지정과 같은 소액사건심판법의 일부규정이 준용되어 소송절차가 신속히 진행된다(동법 제13조).

3. 대항력의 내용

소유권을 새로 취득한 양수인에 대하여 대항력 있는 임차인은 대항할 수 있다. 저당권자·압류채권자 등과 같은 제3자에 대한 관계에서는 대항력과의 선후를 기준으로 그 우열이 정해진다. 한편, 임차권의 대항력을 갖춘 후 그 임차물에 대해 저당권설정등기가 경료 되고 그 후 임차보증금을 증액한 사안에서, 그 임차보증금의 증액부분은 저당권자를 해치는 것으로서 저당권자에게는 대항할 수 없다.

4. 임대차기간

1) 임대차기간을 정하지 않거나 2년 미만으로 정한 경우에 임대차기간을 2년으로 본다(동법 제4조 1항).

(1) 다만 2년 미만으로 주택임대차기간을 정한 당사자의 약정이 모두 무효로 되는 것은 아니다.
특히 주택임대차보호법은 명문으로 임차인은 2년 미만으로 정한 임대차기간의 유효를 주장할 수 있다고 규정함으로써 임차인의 주거안정과 임대차기간에 대한 선택권을 보장하고 있다(동법 제4조 1항 단서).

(2) 임대차가 종료한 경우에도 임차인은 보증금을 반환받을 때까지는 임대차관계가 존속하는 것으로 본다(동법 제4조 2항).

2) 임대차의 갱신은 양당사자의 약정에 의해 이루어진다.

(1) 임차인이 2기의 차임 액에 달하도록 차임을 연체하거나 기타 의무를 현저히 위반하지 않은 한 임대인이 임대차기간만료 전 6개월부터 1개월까지에 임차인에 대하여 갱신거절의 통지 또는 조건을 변경하지 아니하면 갱신하지 아니한다고 하는 사실을 통지하지 않은 때에는 기간만료 시 전임대차와 동일한 조건으로 다시 임대차한 경우로 보며, 이 경우 임대차의 존속기간은 정함이 없는 것으로 본다(동법 제6조).

(2) 또한 임차인이 임대차기간의 만료 전 1월까지 경신거절 등의 통지를 하지 아니한 때에도 마찬가지이다(동법 제6조 1항 후단). 그러나 임차인이 2기의 차임액에 달하도록 차임을 지체하고 있는 때와, 기타 임차인의 의무를 현저히 위반하고 있는 때에는 법정경신이 인정되지 않는다(동법 제6조 3항). 묵시적 갱신에 의한 임대차의 존속기간은 전임대차와 동일한 것으로 되지 않으며 기간의 약정이 없는 임대차가 된다(동법 제6조 2항).

3) 한편, 최근의 개정 법률은 이와 같은 해석에 대하여 명확한 태도를 취하고 있다.

(1) 묵시적 갱신에 의해 성립한 임대차의 존속기간에 대하여 판례 및 후자의 견해는 2년의 존속기간을 의제하고 있었으므로 계약해지를 원하는 임차인도 이에 구속되어야 하는 결과가 발생하였다. 따라서 제6조의 2의 규정을 신설하여 묵시적 갱신에 의하여 성립한 임대차에 대해서 2년으로 본다 하더라도 이와 관련 없이 임차임은 언제든지 임대인에 대하여 계약해지의 통고를 할 수 있으며, 임대인이 그 통고를 받은 날로부터 3월이 경과하면 그 효력이 생긴다고 규정하였다.

(2) 결국 묵시적 갱신에 의해 성립된 임대차의 존속기간은 이를2년으로 본다고 개정함으로 인해, 주택임대차보호법 제6조의 2를 적용하게 되었다.

5. 차임 · 보증금증감청구권

1) 약정한 차임 · 보증금이 임차주택에 관한 조세 · 공과금 기타 부담의 증감이나 경제사정의 변동으로 인하여 상당하지 않은 때에는 대통령령으로 정한 기준에 따른 비율을 초과하지 않는 범위에서 당사자는 장래를 향하여 그 증감을 청구할 수 있다.

2) 차임의 증액청구는 약정한 차임의 20분의 1의 금액을 초과하지 못하며, 그 밖에 임대차계약 또는 차임의 증액이 있은 후 1년 이내에는 다시 증액하지 못한다.

6. 보증금의 효력

1) 우선변제의 보장
(1) 주택에 관한 경매신청의 등기 전에 대항요건(동법 제3조 1항)을 갖춘 임차인은 보증금 중 일정액(소액보증금)을 다른 담보물권자보다 우선하여 변제받을 권리, 즉 최우선변제특권이 있다(동법 제8조 1항). 우선변제를 받을 임차인 및 보증금 중 일정액의 범위와 기준은 대지의 가액을 포함한 주택가액의 1/2의 범위 내에서 대통령령으로 정한다(동법 제8조 3항).

(2) 임대인의 채권자에 의한 강제집행이나 담보권의 실행 또는 임대인의 국세체납으로 인하여 임차주택(대지를 포함)이 공경매 또는 공매되는 경우, 확정일자 있는 증서로 임대차계약을 작성하고 있고 또한 주택임대차보호법 제3조 1항의 대항요건을 갖추고 있는 주택임차인은 후순위권리자나 일반채권자보다 우선하여 환가대금으로부터 그의 보증금을 변제받을 수 있다.
그러나 임차인은 임차주택을 양수인에게 인도하지 아니하면 우선변제 될 보증금을 수령할 수 없다(제3조의2 3항). 이 규정은 경매 또는 공매절차에서 임차인이 보증금을 수령하기 위하여 는 임차주택을 명도 한 증명을 하여야 한다는 것을 의미하는 것이고, 임차인의 주택명도의무가 보증금반환의무보다 선 이행되어야 하는 것은 아니다.[46] 동법 제3조 2항의 규정에 의한 우선변제의 순위와 보증금에 대하여 이의가 있는 이해관계인은 경매법원 또는 체납처분청에 이의를 신청할 수 있다(제3조의 2).

2) 임차주택의 양수인에 대한 임차인의 우선변제권
개정법률(1999년)에서는 판례의 태도를 명문화하고 구법률 제3조의2 1항 단서를 삭제하였다. 특히 1999년의 개정에서, '제3조의 5(경매에 의한 임차권의 소멸) 「임차권은 임차주택에 대하여 민사집행법에 의한 경매가

---

46) 대판 1994. 2. 22, 93다55241

행하여진 경우에는 그 임차주택의 경락에 의하여 소멸한다. 다만, 보증금이 전액 변제되지 아니한 대항력이 있는 채권은 그러하지 아니하다」는 규정이 신설되었다.

3) 임차인의 경매신청 시 집행개시의 요건

(1) 임대인이 임대차기간 만료 후 보증금을 반환하지 않는 경우, 다른 채권자에 의해 경매가 실시되면 임차인은 일정한 요건 하에 그 경매에 참여하여 우선 변제를 받을 수는 있지만, 임차인의 자격에서 경매를 신청할 권한은 없다. 이때는 임대인을 상대로 보증금반환청구소송을 제기하여 확정판결을 받거나 기타 이에 준하는 집행권원에 기해 강제경매를 신청하는 수밖에 없다.

(2) 그런데 임차주택의 명도와 보증금의 반환은 동시이행의 관계에 있기 때문에, 임대인의 보증금반환채무의 이행지체를 이유로 그 반환청구를 하려면 임차인이 먼저 임차주택을 명도하여야만 한다(536조 1항).

(3) 특히 민사집행법 제41조 1항은 집행권원에 기초한 집행개시의 요건으로, 「반대의무의 이행과 동시에 집행할 수 있다는 것을 내용으로 하는 집행권원의 집행은 채권자가 반대의무의 이행 또는 이행의 제공을 하였다는 것을 증명하여야만 개시할 수 있다」고 규정한다. 그러나 주택임대차보호법상으로는, 주택의 인도와 주민등록 및 임대차계약증서상의 확정일자를 모두 갖추는 것을 요건으로 하여 임차인이 임차주택의 환가대금에서 우선변제를 받게 되는데(동법 제3조의2 2항), 임차인이 위 법리에 따라 먼저 주택을 명도하게 되면 주택의 인도라는 요건을 상실하여 우선변제권을 잃게 되는 문제가 발생하고, 이것은 임차인의 보호에 역행하는 것이 된다. 그리하여 본조 1항은 민사집행법 제41조의 규정에 불구하고, 임차인이 주택을 명도하지 않고도 강제경매를 신청할 수 있는 것으로 특례를 정한 것이다

4) 소액보증금 중 일정액의 우선변제

(1) 우선변제권의 내용

가) 주택임차인은 소액의 보증금에 관하여 다른 담보물권자보다 우선변제를 받을 수 있다(동법 제8조 1항 전단). 또한 주택임차인은 보증금 중 일정액에 관해서는 국세 또는 가산금보다 우선하여 변제받을 수 있다(국세기본법 제35조 1항 4호).

나) 우선변제 받을 수 있는 소액보증금의 범위와 한도는 주택가액(대지가액)을 포함한다. 또한 주택가액은 매각대금에다가 입찰보증금에 대한 배당기일까지의 이자, 몰수된 입찰보증금의 총액에서 집행비용을 뺀 실제 배당할 금액이다.[47]

다) 우선변제 받을 수 있는 금액은 매각 대금 중 2분의 1의 범위 내에서 대통령령으로 정하도록 되어 있다(주택임대차보호법 제8조 3항). 물론 임차인은 주택에 대한 경매신청의 등기 전에 제3조 1항 상의 대항요건을 갖춰야 한다(동법 제8조 1항 후단). 따라서 대지에 관한 저당권의 실행으로 경매가 진행될 경우에도 그 지상건물의 소액임차인은 대지의 환가대금 중에서 소액보증금의 우선변제를 받을 수 있으나, 이런 법리는 대지에 관한 저당권설정당시에 이미 그 지상건물이 존재하는 경우에만 적용될 수 있는 것이고, 저당권설정 후에 비로소 건물이 신축된 경우에는 대지의 환가대금에 대하여 우선변제를 받을 수 없다.[48]

---

47) 대판 2001. 4. 27, 2001다8974
48) 대판 1999. 7. 23, 99다25532 참고

라) 2010년 7월 26일부터 시작되는 주택임대차보호법 시행령에 의하면, 우선변제를 받을 수 있는 임차인의 범위는 서울시는 7천500만 원, 수도권정비계획법에 의한 수도권 중 과밀억제권역의 경우에는 6천500만 원, 광역시(수도권정비계획법에 의한 과밀억제권역제외, 군단위는 제외)의 경우에는 5천500만 원, 그 밖의 지역의 경우에는 4천만 원으로 되어 있다. 다만, 임차인의 보증금 중 일정액이 주택가액의 2분의 1을 초과하는 경우에는 주택가액의 2분의 1에 해당하는 금액에 한하여 우선변제권이 있을 뿐이다(동법시행령 제3조 2항).

마) 한편 하나의 주택에 임차인이 2인 이상이고, 각 보증금 중 일정액의 합산액이 주택가액의 2분의 1을 초과하는 경우에는 각 보증금 중 일정액의 합산액에 대한 각 임차인의 보증금 중 일정액의 비율로 그 주택가액의 2분의 1에 해당하는 금액을 분할한 금액을 각 임차인의 보증금 중 일정액으로 본다(동법 시행령 제3조 3항). 하나의 주택에 임차인이 2인 이상이고 이들이 그 주택에서 가정공동생활을 하는 경우에는 이들을 1인의 임차인으로 보고 이들의 보증금을 합산한다(동법 시행령 제3조 4항).

(2) 경매신청의 개시요건
임대차가 종료하지 않더라도 소액보증금 중 일정액에 대하여 임차주택의 양수인에게 우선변제를 청구할 수 있다.

(3) 임차권등기가 경료 된 주택의 임차인에 대한 적용배제
임차권등기 명령에 의해 임차권등기가 경료 된 주택을 임차권등기의 경료 이후에 임차한 임차인에게는 위와 같은 우선변제권이 인정되지 않는다(동법 시행령 제3조의 3, 6항).

5) 보증금반환청구소송에 대한 소액사건심판법의 준용
주택임대차의 보증금반환청구소송을 보다 쉽고 신속하게 처리하기 위하여 소액사건심판법 제6조, 제7조, 제10조 및 제11조의 2의 규정을 이 소송에 준용한다(동법 제13조). 따라서 소장이나 제소조서는 지체없이 변론기일을 정하여야 하며 1회의 변론종결 후 즉시 할 수 있으며, 판결을 선고함에는 주문을 낭독하고 주문이 정당함을 인정할 수 있는 범위 안에서 그 이유의 요지를 구술로 설명하여야 한다. 또한 판결서에는 판결의 이유를 기재하지 않아도 된다(소액사건심판법 제11조의 2).

7. 주택임차권의 승계

1) 임차인이 상속권자 없이 사망하면 그 주택에서 가정공동생활을 하던 사실상의 혼인관계에 있는 자는 임차인의 사망 후 1개월 이내에 임대인에게 반대의사를 표시하지 아니하는 한 임차인의 권리의무를 승계한다(동법 제9조 1항 · 3항).

2) 임차인이 사망한 경우에 사망 당시 상속권자가 그 주택에서 가정공동생활을 하지 않은 때에는 임차인의 사망 후 1개월 이내에 임대인에게 반대의사를 표시하지 아니하면 그 주택에서 가정공동생활을 하던 사실상의 혼인관계에 있는 자와 2촌 이내의 친족이 공동으로 임차인의 권리의무를 승계한다(동법 제9조 2항 · 3항). 특히 동거하는 상속인뿐만 아니라 동거하지 않는 상속인도 있다면 민법의 상속원칙에 의해 해결되어야 한다(제1012조 이하). 즉, 이때에는 공동상속인 사이의 유산분할의 문제로 해결되므로 동거하지 않았던 상속인이 거주하게 되어도 임대인은 이의를 제기할 수 없다.

3) 보증금반환청구권의 승계 여부

(1) 명문의 규정이 없으므로 논란이 있다. 승계긍정설은 보증금의 지급 및 반환은 임대차에 부정하는 계약관계의 내용이며, 또한 동거가족이 비교적 안정된 주거를 보장받기 위해서는 보증금이 필수적이므로 임차권의 승계에는 당연히 보증금에 대한 권리·의무도 부종하여 승계된다.

(2) 반면 승계부정설은 임차인과 가정공동생활을 했다는 이유로 당해주택에서 주거를 계속하고(즉, 임차권의 승계) 그 위에 재산상의 이익까지 받는다는 것은 타당치 못하므로, 보증금의 권리·의무는 승계인에게 이전하지 않는다는 견해도 있다.

4) 승계 전 채무의 승계 여부

승계 전에 발생한 연체차임 또는 손해배상의무도 승계하는가? 보증금반환채권이 승계되므로 임대차의 모든 채무가 승계인에게 이전한다고 보아야 한다.

제 10 절 상가건물임대차

상가건물의 임대차에 관하여 민법에 대한 특례를 정하기 위해 "상가건물임대차보호법"이 2001년 12월 7일에 제225회 국회 제21차 본회의에서 의결되고 제정(2001.법 6542). 시행(2002.11.1)되었다. 동법의 입법취지는 상가건물의 임대차에 있어서 사회적. 경제적약자인 임차인을 보호함으로써 임차인의 경제생활의 안정을 도모하기 위하여 민법에 대한 특례를 규정함이다. 대체로 주택임대차보호법과 유사한 내용을 정하고 있다(2010년 7월 21일 개정).

1. 적용범위

본법은 사업자 등록의 대상이 되는 상가건물에 대해 일시사용이 아닌 임대차에 적용하되, 대통령령이 정하는 보증금액을 초과하는 임대차에 대하여는 적용하지 아니한다.

1) 상가건물이라 함은 동법 제3조 1항의 규정에 의한 사업자등록의 대상이 되는 건물을 말하며 임대차목적물의 주된 부분을 영업용으로 사용하는 경우를 포함한다. 다만 대통령령이 정하는 보증금액을 초과하는 임대차에 대해서는 그러하지 아니하다(동법 제2조 1항).

2) 이 법은 등기하지 아니한 전세계약(미등기전세)에 대하여 준용하며 이 경우 전세금은 임대차의 보증금으로 본다(동법 제17조). 또한 일시사용을 위한 임대차임이 명백한 경우에는 이를 적용하지 아니한다(동법 제16조).

3) 이 법은 2002년 11월 1일 후 체결되거나 갱신된 임대차부터 적용한다(부칙 제1조).다만 대항력(동법 제3조). 우선변제권(동법 제5조). 최우선변제권(제14조)의 규정은 이 법 시행당시 존속중인 임대차에 대하여도 이를 적용하되, 이 법 시행 전에 물권을 취득한 제3자에 대하여는 그 효력이 없다(부칙 제2조).

4) 동법 제2조 1항 단서의 규정에 의한 보증금액을 정함에 있어서는 당해지역의 경제적 여건이나 임대차 목적물의 규모 등을 감안하여 지역별로 구분하여 규정하되, 보증금 외에 차임이 있는 경우에는 그 차임액에 은행법에 의한 금융기관의 대출금리 등을 감안하여 대통령령이 정하는 비율을 곱하여 환산한 금액을 포함하여야 한다(동법 제2조 2항).

2. 대항력

1) 임대차는 그 등기가 없는 경우에도 임차인이 건물의 인도와 사업자등록증을 신청한 때에는 그 다음 날 부터 제3자에 대하여 효력이 생긴다(동법 제3조 1항).

2) 임차건물의 양수인(그 밖에 임대할 권리를 승계한자를 포함)은 임대인의 지위를 승계한 것으로 본다(동법 제3조 2항).

3) 대항력 또는 우선변제권을 갖춘 임차인은 민법 제621조 1항의 규정에 의하여 임대인의 협력을 얻어 임대차 등기를 신청하는 경우에는 신청서에 부동산등기법 제156조에 규정된 사항 외에 사업자등록을 신청한 날, 임 차건물을 점유한 날, 임대차계약서에 확정일자를 받은 날, 임대차의 목적이 건물의 일부인 경우에는 해당부 분의 도면을 첨부하는 경우에는 대항력이 인정된다. 그리고 동법 제6조 5항 및 6항의 규정은 민법 제621조의 규정에 의한 건물임대차등기의 효력에 관하여 이를 준용한다(동법 제7조).

4) 임차권은 임차건물에 대하여 민사집행법에 의한 경매가 행해진 경우에는 그 임차건물의 경락에 의하여 소 멸한다. 다만, 보증금이 전액 변제되지 아니한 대항력이 있는 임차권은 그러하지 아니하다(동법 제8조).

3. 보증금의 회수(우선변제권) 등

1) 위 대항요건을 갖추고 관할세무서장으로부터 임대차계약서상의 확정일자를 받은 임차인은 민사집행법에 의한 경매 또는 국세징수법에 의한 공매시 임차건물(임대인소유 대지 포함)의 환가 대금에서 후순위권리자 그 밖의 채권자보다 우선하여 보증금을 변제받을 권리가 있다(동법 제5조 2항). 임차인은 임차건물을 양수인 에게 인도하지 아니하면 2항의 규정에 의한 보증금을 수령할 수 없다(동법 제5조 3항).

2) 주택임대차에서 정한 바와 같은 임차권등기명령제도와 민법의 규정에 의한 임대차등기의 효력을 규정한 다(동법 제6조. 제7조). 즉 동법 제2조 1항 단서에서 "대통령이 정하는 보증금액의 범위는 다음과 같다(동법 시행령 제6조). 다만 동법 제2조 2항의 규정에 의하여 보증금 외에 차임이 있는 경우의 차임 액은 월 단위의 차 임 액으로 본다(동법 제6조 2항).
  (1) 서울특별시: 3억원
  (2) 수도권정비계획법에 의한 수도권 중 과밀억제권역(서울특별시 제외) : 2억 5천만 원
  (3) 광역시(수도권정비계획법에 의한 수도권 중 과밀억제권역 제외, 군단위는 제외), 안산시, 용인시, 김포 시, 광주시 : 1억 8천 만 원
  (4) 기타지역 : 1억 5천 만 원

제 11 절 특수채권(정리여신채권)의 관리

1. 의의

특수채권이라 함은 신용정보관리규약 상 금융기관이 보유하는 대손상각채권 및 그 부대채권과 미수이자채권 을 말한다. 즉 이미 상각한 여신, 가지급금 및 이에 대한 미수이자 또는 원금전액을 회수한 여신 및 그에 수반

하는 가지급금의 미수이자로서 불량채권상각승인 신청서를 제출하여 결재권자의 특수채권 편입 승인을 받은 여신을 말한다. 특수채권이라 하여 금융기관이(또는 채권자) 이미 그 회수를 포기한 것은 결코 아니며 따라서 그 관리를 소홀히 하여서도 아니 된다. 즉 금융기관이 채권을 대손상각 하거나 원금을 회수한 미수이자를 특수채권에 편입하여 관리하는 것은 금융기관의 내부적인 회계처리이지 채무관계자와의 채권·채무관계에 있어서 변화가 있는 것은 아니기 때문이다.

2. 특수채권의 관리와 회수위임

1) 특수채권의 관리
　(1) 특수채권은 원증서를 보존한다.
　(2) 특수채권 관리원장에 채무자별로 구분하여 정리한다.
　(3) 동일인에 대한 특수채권에는 동일번호를 붙인다.
　(4) 시효기일장을 비치하고 소멸시효에 유의하여야 한다.
　(5) 항상 채무관계자의 현황·자산상태를 조사 파악하여 일반채권과 같이 회수정리에 노력하여야 한다.
　(6) 미처분재산의 발견(예컨대 선순위과다 부동산, 가등기 있는 부동산 등)이 있는 경우에는 실익 있는 재산이 없어지지 않도록 주기적으로 조사를 실시한다.
　(7) 특수채권 편입이후에 발생한 미수이자 채권도 당연 관리한다.

참고 : 특수채권에 편입 된 채무자의 채무변제 협상 기법

특수채권에 편입 된 채권을 원채권자가 소유하고 있다면 채무감면 폭이 상대적으로 협소하다. 원금 감면은 없을 것이나 연체이자가 현재 원금을 넘어선 상태라면 상당부분의 이자감면은 가능할 것이다. 예컨데 실제적인 감면 폭은 채무자의 협상 능력에 따라서 많은 차이를 보이게 된다. 이때 일시 상환이 가능하다면 더 많은 감면을 기대할 수 있다. 원금 이상의 돈을 준비해서 당담자와 협상하는 것이 유리할 것이다. 만약, 특수 채권 편입 후 자산관리전문회사에 채권을 매각한 경우라면 오히려 감면 받기가 쉬워진다. 일시 상환 시 연체이자 전액 감면은 물론 원금의 상당부분도 감면을 받을 수 있다. 반면 분할 상환을 하더라도 연체이자는 전액 감면되며 상환기간 동안 이자 없이 원금에 대한 분할 상환을 할 수 있을 것이다. 이러한 상황에서도 역시 일시 상환을 위한 금원이 준비가 되었다면 좀 더 유리한 조건으로 협상이 가능하다.

2) 특수채권의 회수위임
　가. 사후관리상 필요시 자산관리공사 또는 "신용정보의이용및보호에관한법률"에서 규정한 신용정보업자에게 채권회수를 위임할 수 있다.
　나. 회수 위임의 경우에는 채무관계자에게 통지한다.
　다. 회수위임증서의 작성 및 교부한다(채권회수위임증서 2부를 작성하여 자산관리공사 등 수임자에게 송부하고 동 증서에 수임자의 서명날인을 받아 1부를 편철 보관한다).

3. 특수채권의 회수

1) 특수채권 회수 시 처리방법
특수채권을 회수하였을 때에는 기 상각한 대출금은 상각취소 하여 환원하고, 환원된 대출금을 회수한 것으로 처리한다. 변제충당순서는 일반적으로 가지급금, 원금, 미수이자 순으로 처리하며, 특수채권으로 처리한 미수이자 또는 특수채권에 대한 이자를 회수하였을 때에는 영업외수익 중 잡이익계정으로 처리한다. 반면 특수채권을 회수하기 위하여 소요되는 비용(재산조사비용, 소송비용 등)에 대하여 그 비용을 향후에 회수할 수 있는 발견재산 등이 있는 경우에는 가지급금계정으로 처리한다. 다만 회수재원이 없는 경우에는 등기소송비 등 비용계정으로 처리한다.

2) 특수채권의 소멸시효중단
채권소멸시효기일이 도래하는 특수채권은 미리 시효중단조치를 취할 실익이 있는지를 검토하여 시효중단조치를 취할 실익이 없는 때에는 시효완성 전에 전결권자의 승인을 얻어 소멸시효중단절차를 포기할 수 있다.

3) 특수채권의 포기
특수채권 중 채무자 및 보증인의 자산상태가 전무하여 채권회수 가망 등이 없을 경우에는 각 금융기관이 정한 기준에 따라 동 채권을 포기할 수 있으며, 이 경우에는 사후관리를 종결하여 원장을 기록·정리하여야 한다.

제 2 편

여신관리의 이론과 실무

01장 개 관

제 1 절 여신의 개념 정립

여신이란 용어는 초기엔 주로 "금융기관에서 고객에게 신용을 받는 것"으로 사용되었다. 그 후 그 성격과 질의 차이는 있으나 일반 기업에서 거래처에 신용을 부여하는 것도 모양은 같으므로 거래처와의 계약에 의하여 물품이나 자금을 일정기간동안 외상으로 거래처에게 제공하는 것을 여신이라 하였다. 예컨대 일반 기업에서 여신은 외상으로 물품을 판매하거나 자금지원(대여금, 선급금, 지급보증을 포함) 등에 의하여 발생하는 것이 전형적인 모습이다.

제 2 절 여신관리의 필요성

여신관리는 거래처 선정단계에서 부터 채권.채무관계를 종결짓는 최종단계까지의 일련의 관리업무로서 영업의 안정성 추구와 이윤확보의 조직적 관리행위를 말한다.

1. 내수부분의 확대

국제간 거래에서는 보증수단(L/C(신용장))에 의하여 거래되며, 동시에 또는 이시에 대금회수라는 등식이 성립될 수 있었다. 그러나 국제간의 거래와는 달리 국내 거래는 이러한 보증수단이 여의치 못함이 현실이다.

2. 낮은 매출순이익율

국내의 기업들에 있어서는 과다한 부실채권이 발생하면 회사의 존속을 위협하는 중대한 문제로 직결 된다. 그것은 매출액 대비 순이익율이 1% 전후로 매우 낮으므로, 예컨대 5천 만 원의 대손발생을 만회하기 위해서는 5십억원의 신규 매출을 일으켜야 하기 때문이다.

3. 여신관리의 필요성

1) 신용거래의 증가에 대한 안정적 매출신장 및 우량거래선의 확보
2) 사전예방에 따른 회사 매출액 및 이익의 확보
3) 사후관리에 따른 체계적이고 효율적이 신속한 부실채권의 관리

제 3 절   여신관리기법 및 요건

1. 여신관리기법

1) 미수채권의 효율적인 회수
   (1) 거래 개시 전 철저한 신용조사
   (2) 물적 담보의 징구 후 거래 진행
   (3) 외상 잔고와 미수금 파악
   (4) 유대 관계의 강화

2) 효율적인 수금관리
   (1) 회전기간 = {(이월미수+당월매출)/당월회수} × (365/12)
   (2) 회수율 = {당월회수/(이월회수+당월매출)} × 100
   (3) 평균 미수 누적율 = (당월증가분/이월미수) × 100

2. 여신관리의 요건

1) 거래처에 대한 철저한 신용상태를 파악한다.
철저한 신용조사를 통하여 이행가능성을 검토한다.

2) 신용상태의 변화를 주시한다.
신용상태는 유동적이므로 현재의 상태를 면밀히 검토함으로서 사전 관리를 통한 손실을 예방 할 수 있다.

3) 조직의 정비
심사부서를 통한 system 구축 및 통제와 견제조직의 정비로 객관적, 합리적인 업무집행

4) 여신 내용의 정확한 파악
위험(Risk) 관리를 통한 제도적 장치의 구축

5) 영업사원의 Risk Mind
영업사원의 자질과 능력을 높여 거래 선의 현재 상태를 점검한다.

제 4 절   올바른 여신관리를 위한 방향

   1) 여신관리규정의 정비 또는 재정비
   2) 거래처의 신용상태파악
   3) 심사조직, 영업관리조직의 데이터베이스 구축을 통한 통제와 견제
   4) 여신의 내용과 잔고의 정확한 파악
   5) 업무에서의 편견 · 과장 · 거짓 등은 금물
   6) 신용상태의 변화에 근거한 명확한 지시(계속 · 중지 · 축소)

7) 체계적인 영업사원의 관리 · 심사능력의 함양

참고 : 영업사원의 기본관리 자세

1. 거래처는 이익을 위한 고객인 동시에 금전이나 물품을 차입한 채무자라는 인식의 확립
2. 정형화된 거래처의 신용평가와 부실징후 예견 check-point에 의한 행동
3. 거래처에 대한 상품인도는 현금의 인도라는 인식의 확립
4. 결재수단으로서의 어음과 수표의 징구는 지급기일의 현금결제에 의해서만 거래가 종료된다는 철저한 인식의 확립
5. 거래처의 동향에 대하여 정기보고, 수시보고의 체계화 및 사전에 준비된 check-point를 근거로 한 구체적인 질문
6. 과거보단 현재의 거래처의 신용상태를 중시

02장 여신관리 제도

1. 신규 거래처 등록제도

거래처의 신용상태를 파악, 등록, 검토하고 부적격 사유가 없을 경우 거래를 개시할 수 있도록 하는 제도이다. 구체적으로는 거래선 등록의 일정한 요건을 심사(check)하고, 거래시작 전 거래의 기반을 판별하여 그의 적부를 파악한다.

2. 전결권 상승제도

여신한도 및 여신제공 심사시 심사부서가 부정적 의견 또는 반대의견을 제시하면 본래의 위임전결 규정상의 전결권한보다 한 단계 차상급자에게까지 전결권을 상승시켜 결재를 얻도록 하는 제도이다.

3. 여신한도제도

1) 여신한도의 의의

(1) 여신한도라 함은 회사가 거래처에 제공 가능한 외상채권의 최고 한도를 뜻한다. 이것은 분석, 검토된 거래 한도의 준수로 영업의 안정성을 확보하고 한도초과 시 위험한 여신을 조기에 발견할 수 있다. 즉 여신한도를 무시한 과다한 판매는 유통재고를 급증시킴으로서 결국 상품력을 약화시키고 가격체계를 붕괴시키는 결과를 가져오게 되어 거래수지 악화를 초래할 염려가 있다. 그러므로 일단 정해진 한도는 반드시 지켜져야 한다.

(2) 여신한도는 신용도, 담보, 판매능력 등을 종합적으로 판단하여 설정하여야 한다.

2) 여신한도의 목적

(1) 장점

가. 대손을 방지한다.

나. 판매목표활동의 구체적 지표가 된다.

다. 거래의 신속화를 도모할 수 있다.

라. 매출액이 증가된다.

마. 채권관리를 효과적으로 실시할 수 있다.

바. 거래처지원의 기준이 된다.

(2) 단점

가. 여신한도의 절대적인 맹신으로 인한 병폐

"거래한도까지는 무조건 팔아도 된다"는 식의 관념이 팽배해지면 거래처의 신용상태 악화, 거래조건의 변경, 자사의 형편 등이 등한시된 여신제공이 이루어지기 쉽다.

나. 잘못된 거래한도의 운용으로 인한 영업활동의 위축

거래한도의 결정은 명백한 산정기준이 없다. 따라서 항상 판단의 문제가 대두된다. 그러므로 대손방지라는 소극적 면만이 지나치게 강조되면 보수적, 안정적 여신운용이 이루어질 가능성이 있고, 결국 다양하고 급변한 상거래 시장에서 적절한 기회를 놓치게 되고, 심지어 판매활동 전체가 위축될 소지도 있다.

3) 여신한도 설정방법

방 법	내 용
거래실적법	전년도실적(또는 과거)을 기준으로 현재의 여신한도를 정하는 방법 (전년도월평균매출액 목표회전일) 전년비성장률 특수여건
지급능력기준법	거래처의 실제 지급능력을 조사, 그 한도 내에서 여신을 설정하고 거래하는 방법
담보액한도내기준법	1. 설정된 담보금액 한도 내에서 여신한도를 설정 2. 가장이상적인 방법 3. 신규거래처는 최소한 1년 이상 적용 4. 시장여건, 업계의 특수성, 경험 등을 감안조정
파산시회수가능액 기준법	거래처의 파산. 기타 정리되었을 경우 회수 할 수 있는 자산을 평가, 그 한도 내에서만 여신을 설정하는 방법

4. 여신한도의 종류

1) 매출채권 한도

매출채권 한도라 함은 거래 선에 공급할 수 있는 채권의 최고 한도액을 말한다. 담보의 유무 및 결재수단 그리고 거래처의 신용상태에 따라 담보한도, 타수어음한도, 신용한도로 구분한다.

(1) 타수어음한도

거래의 담보 또는 지급을 위하여 거래 개시 전 상거래에서 발생한 진성어음의 선입금 한도를 말한다. 즉 거래처가 거래의 담보 또는 지급을 위하여 거래개시 전에 상거래에서 발생한 진성 어음을 미리 입금시킨 경우 거래할 수 있는 최고한도를 타수어음 한도라 한다.

참고 사례 : (주) P기업의 타수어음 종류별 한도 산정기준 사례

타수어음 발행인	한 도	비 고

1. 정부ㆍ지방자치단체ㆍ정부투자기관
  종합상사 및 그 주력업체, 상장업체(2기 이
  상 연속 배당실적이 있을 것)
	액면금액의 100%	1부 종목에 국한

2. 상장 2부 종목 및 비상장업체 중 신용이 확 실하다고 객관적으로 인정되는 업체	액면금액의 90%	심사팀과 합의 인정
3. 기타 업체	액면금액의 50%이하	*심사팀과 합의 인정 *어음1장당 액면가 500만 원 이하발행인 기준 3,000만 원 이하 *소액진성타수어음은액면금액의 90%

(2) 담보한도

확실한 담보의 징구로 담보액 범위 내에서 제공하는 한도를 말한다. 즉 여신한도의 설정방법에서도 보았듯이 현금 및 지급보증어음(은행이나 신용보증기금의 보증어음), 지급보증서, 보증보험증권, 부동산 근저당 등 담보력 있는 확실한 담보를 징구하여 평가하고 설정한 후 담보액 범위 내에서 제공할 수 있는 한도이다.

(3) 신용한도

거래의 특성, 상품의 종류 등 거래의 필요성에 의해 신용거래가 불가피한 경우에 거래처의 신용 및 재력조사 결과를 감안하여 적절한 경우에 신용한도를 설정·운영할 수 있으며 이때는 가능한 어음공증 또는 재력 있는 법인 또는 개인의 연대보증 등의 인적 담보를 확보하도록 한다.

2) 선매발주한도

(1) 선매발주한도라 함은 선매계약을 체결한 업체에 매출하기 위하여 보유할 수 있는 최고 재고액을 말한다. 이것은 발주미착재고(발주하여 상품이 보세창고에 입고되기 전까지의 상태에 있는 상품)와 발주 도착재고(수입상품이 보세창고에 입고되어 거래업체가 인수하기 전까지의 상태에 있는 상품)의 합산이다.

(2) 발주한도의 산출방법

$$선매발주한도 = 거래한도 \times \frac{발주미착재고기간 + 30일}{여신기간}$$

참고 : 발주미착재고기간 : L/C 개설일로부터 보세창고 입고일 까지 소요되는 기간으로 6개월간의 평균치 적용
여신기간 : 최근 6개월간의 실제거래 평균 여신기간을 산출 적용

5. 거래처에 대한 적정거래한도 설정

1) 거래한도 심사 시 주요 고려사항
  (1) 거래처의 신용상태
  (2) 거래처와의 기존 거래내역 및 거래처의 실상 파악
  (3) 담보 및 보증의 취득금액 및 비율
  (4) 거래내용과 회수조건
  (5) 자사의 재무적 저항력
  (6) 영업방침이나 자사의 이윤정도

2) 거래한도 심사 시 주요 심사항목
  (1) 거래의 필연성, 사회성 및 그 성격
  (2) 거래의 비율 및 성격
  (3) 신청부서와의 관계
  (4) 채권보전
  (5) 거래선의 계열(질적 파악)
  (6) 경영상태
  (7) 종합적 검토

3) 거래처에 대한 적정거래한도 설정방법

(1) 자사의 재무적 저항력 범위 내에서 총거래처에 대한 총 여신규모의 우선적 산정

가. 자사의 재무적인 저항력에는 한계가 있다는 관념 하에 저항력 내에서 거래한도를 설정하는 방법이다. 즉, 자사의 자금조달력을 감안할 때 얼마까지 외상매출이나 받을 어음 등 수취채권으로 되어 있어도 자사의 자금운영이 안전한가에 따라 모든 거래처에 부여하는 거래한도의 총액을 우선적으로 결정한 다음, 총거래한도를 거래처의 양(良), 부(否)(신용 상태, 담보징구 여부)에 따라 배당하는 방법이다.

나. 자사저항력 기준법

과다한 영업행위로 말미암아 흑자도산 하는 기업이 늘어나고 있는 현실을 참고로 거래한도 설정 시 반드시 감안하여야 할 심사판정법이다. 그러나 자사저항력 기준법을 도입하려고 하면 자사저항력 범위 내에서 거래처의 신용상태, 지급능력 등이 충분히 고려된 안전, 필요성의 원칙이 지켜져야 한다. 저항력은 일반적으로 운영자금의 과부족에 따라 좌우되므로 운영자금을 기준으로 한 월간 거래한도액 산출법이 필요하다.

참고 : 2009년 월간 신용거래한도 산정 사례

2009 월간 신용거래 한도액

1개월간 신용(외상)판매 최고한도액 = 조달가능운전자금 × $\dfrac{30일}{운전자금\ 고정기간}$

1) 조달가능 운전자금 = 유동자산 − 유동부채
= (총유동자산 − 고정성유동자산) − (총유동부채 − 고정성 유동부채) + 증자 + 외부차입금

2) 운전자금 고정기간 = (매출채권 평균 회수기간 + 재고품 평균 재고기간) − 외상매입채무 평균 지급기간

적용사례 :

2008년 매출액	: 16,000	총유동자산	: 4,000
기말 채권잔액	: 4,000	고정성유동자산	: 1,400
기말 제품재고액	: 1,000	총유동부책	: 3,600
2008년 총매입액	: 14,000	고정성유동부채	: 3,000
기말 매입채무잔액	: 2,000		

1) 매출채권 평균회수기간 = $\dfrac{기말채권자액 × 365}{2008년\ 매출액}$ = $\dfrac{4,000}{16,000}$ × 365 = 91일

2) 제고품평균재고기간 = $\dfrac{기말제품재고액}{2008년\ 매출액}$ × 365 = $\dfrac{1,000}{16,000}$ × 365 = 23일

3) 외상매입채무 평균지급기간 = $\dfrac{기말매입채무잔액}{2008년\ 총매입액}$ × 365 = $\dfrac{2,000}{14,000}$ × 365 = 52일

1. 운전자금 고정기간 = (91 + 23) − 52 = 62
2. 조달가능운전자금 = (4,000 − 1,400) − (3,600 − 3,000) = 2,000

2008년 월간 신용거래 한도액 = 4,000 × $\dfrac{30}{62}$ = 968만 원

(2) 개개의 거래처에 대한 전년도(또는 과거) 거래실적을 감안한 거래처별 거래한도의 산정

참고 사례 : B기업의 2008년도 거래실적에 의한 2009년도 거래한도 산정 사례

B기업 2008년도 거래실적 : 200,000,000원
    2008.12.31. 외상잔액 : 100,000,000원
B기업의 월평균 매출액   : 16,666,666원
    회전일수(여신기간)는 : 164일

$$\text{계산근거 월평균 매출액} = \frac{\text{연간거래액}}{12개월} = \frac{200,000,000원}{12개월}$$

월평균 채권증가액 = 월평균매출액 + 부가가치세
    = 16,666,666 + 1,666,666 = 18,333,332원

$$\text{회전일수} = \frac{\text{받을 채권 잔고}}{\text{월평균 채권증가액} \div 30일} = 163.63일$$

2009년도 : B기업에 20% 증가한 매출계획의 수립과 여신기간을 20일 단축할 경우
2009년도 B기업에 대한 거래한도액(외상채권 평균잔고 예상액) : 105,328,668원
2009년도 예상 월평균 매출액 : 20,000,000원
2009년도 예상 월평균 채권증가액 : 22,000,000원
2009년도 예상 회전일수(여신기간) : 143.63일

(해설) : 산출근거
    2009년도 월평균 매출액 : 2008년도 월평균 매출액×1.2(20% 증가)
    2009년도 예상 월평균 채권증가액
    = 2009년도 월평균 매출액 + 부가가치세(10%)
    2009년도 회전일수(여신기간) = 2008년도 회전일수 - 20(단축)
    2009년도 예상 거래한도액(외상채권 평균잔고 예상액)
    = (2008년도 예상 월평균 채권증가액÷30)×143.63
    = 105, 328, 668원

6. 여신한도 심사 시 주된 고려사항

1) 거래의 필요성
  (1) 적법한 상거래인지여부
  (2) 반드시 필요한 거래인지의 여부
  (3) 거래경로 및 거래형태에 문제점 존재의 유무

2) 거래처 경영상태
  (1) 설비의 정상적인 가동여부
  (2) 판매부진, 악성재고 등에 의한 경영 애로점 여부
  (3) 과거의 부도, 도산경력 경험여부
  (4) 자기자본비율의 조사(과다한 부채 여부)
  (5) 정상적인 종업원의 임금지급 여부 확인
  (6) 거래은행을 통한 신용도재고 및 거래규모 확인
  (7) 노조활동의 정도(회사에 미치는 정도)

(8) 기업 내의 지분 등 경영권 다툼 여부

(9) 대표이사의 경업 및 연령 등 개인적인 신상

(10) 회사의 능력에 비해 부동산, 주식 등에 과대한 투자여부

(11) 위장회사인지의 여부 확인

(12) 비난 대상기업(동종업계에서)인지의 여부

3) 거래처내용

(1) 거래처 대금지급 등은 정상적으로 이루어 지는지 여부

(2) 거래처의 주요 거래처가 거래를 중지하여 어쩔 수 없이 자사와 거래하려는지 여부

(3) 거래처의 주요 거래처들은 양호한지 여부

(4) 거래조건이 자사의 여신관리 규정에 어긋남이 없는지 여부

(5) 거래한도 신청액이 거래처의 부채총액 및 자기자본에서 차지하는 비율 조사

(6) 거래한도 신청액이 거래처의 매입액에서 차지하는 비율 조사

(7) 각 부서 간에 중복, 경합 거래가 되고 있는지 여부

4) 기 타 고려사항

(1) 주주 분포상황

(2) 첨부서류의 정확한 기입 여부

(3) 기존 거래처에 대한 변경이 있을 경우(증액, 변경 등) 기존 거래한도의 결정, 부대조건들은 확실히 이행되었는지 여부

(4) 금융(구입자재를 시장에 덤핑처분해서 자금조달 하는 경우)을 위한 원자재 구매 여부

(5) 부실, 부도 징후의 위험성 여부

(6) 주요 그룹의 계열사일 경우 주주, 임원 융자보증, 거래내용 등의 조사

제 3 편

신용조사의 이론과 실제

01장

채권관리와 신용조사

제 1 절 신용조사의 개념

1. 의의

(1) 신용조사라 함은 한마디로 '거래처의 현재 및 장래에 걸쳐 채무변제 능력의 크기를 측정 또는 예측하기 위한 행위'를 말한다. 이러한 신용조사는 재무내용에 부가하여 물적, 인적의 비회계적인 면도 포함하는 기업 전반을 조사 분석의 대상으로 하는 것이다.

(2) 채권관리의 실무 면에 있어서 사전에 부도로 인한 손실을 예방하여야 한다. 그것은 부도 후에 채권을 회수하려고 할 때 이미 채무자는 재산을 매각 제3자에 대한 담보의 제공 등으로 지불능력을 상실시켜 채권자를 해하는 일이 발생하게 되는 경우가 많기 때문이다.

(3) 우리기업의 실정은 제공된 물품. 용역 등에 대한 그 대금을 현금으로 회수하는 것은 상당히 어려우며 외상으로 물품 용역을 제공하고 있는 것이 현실이다. 따라서 이런 경우 사전예방조치로서 기업 스스로가 거래처에 대한 지급능력여부를 진단해야 한다.

2. 목적

(1) 은행은 자금을 운용함에 있어서 예금자에 대해서뿐만 아니라 은행자신에 있어서도 안전성과 유리성을 고려함과 동시에 국민경제 전체의 건전한 성장과 발전(공공성)에 기여할 것을 요청받고 있다.

(2) 신용조사의 목적은 거래처의 현재 및 장래에 걸친 변제능력을 사전에 조사하는 것으로서 거래처를 믿을 수 있는 범위, 또한 부도로 인한 대손발생을 방지하고 우량거래처 발굴·육성을 통하여 기업체질을 강화하는 데 있다. 즉 상대방에게는 투명한 경영의 유도 및 계약조건의 이행을 위한 경각심을 일으킬 수 있고 또한 채권회수를 효율적으로 함으로써 기업의 자산에대한 건전성을 유지시킬 수 있다.

제 2 절 예방적 채권관리로서의 신용조사자의 자세

1. 예방적 채권관리

예방적 채권관리는 채권의 부실화를 예방하기 위한 조치로서 신용조사담보물권 확보, 계약관리 등을 통해서 거래처의 계약조건대로 계약을 이행하지 않을 경우에 채권의 회수를 완벽하게 하기 위한 사전조치 이다. 예컨대, 채권이 부실화 된 이후의 조치, 즉 사후적인 채권관리로서의 강제집행, 경매, 가처분은 이미 부도가 발생한 후에 이루어지는 조치이다. 그러므로 채권이 부실화 되면 전액 회수하기는 거의 불가능하다. 결국 사전에 채권의 부실화를 예방하는 조치가 기업경영과 영업 관리에서 더욱 효과적이라고 할 수 있겠다.

2. 신용조사자의 자세

신용조사자는 타인의 신용을 조사하는 만큼 어려움이 많을 뿐만 아니라 유혹도 받기 쉽다. 따라서 항상 높은 도덕률과 엄정한 자세의 유지와 함께 전문지식을 겸비하고 신용조사에 임하여야 한다. 신용조사자가 갖추어야 할 자세로는 대체로 객관성유지, 전문지식과 경험의 축적, 신중하고 성실한 태도, 청렴성 및 비밀준수의무 유지 등을 든다.

02장 각종신용조사 절차

제 1 절 신용조사 절차의 개관

신용조사는 일반적으로 조사계획 수립, 자료 및 정보수집, 자료 정보의 분석, 종합평가의 4단계로 나눌 수 있다. 각 조사 단계별 내용을 요약하면 다음과 같다.

단 계	내 용
1차 단계 : 자료제출 & 조사계획의 수립	1. 한정된 자료를 가지고 주어진 기간 내에 조사를 경제적이고 효율적으로 실시하기 위 하여는 사전에 조직적이고 합리적인 계획수립이 필요하다. 이것은 조사결과의 정확성에도 영향을 미친다. 2. 조사의 목적과 용도확인(채권관리부서) : 여신의 종류, 성격을 고려 조사방향설정 3. 조사사항의 선정 : 조사목적에 의거
2차 단계 : 자료정보의수집	광범위한 자료를 수집하여 조사하고 객관적으로 판단한다. 자료정보의 수집은 신용조사의 질적 측면을 갈음한다. 따라서 제한된 기간 내에 효율적인 정보수집이 성패를 좌우 한다. 이외에도 사업개요, 재무내용, 영업활동, 시장에서의 위치, 담보 등에 관련된 정보의 수집을 추가로 수집한다. 1. 기업실태파악 관련 자료: 정관, 회사연혁, 경영진의 이력, 주주명부, 등기부등본, 공장설비개요 등 2. 재무내용관련 자료: 감사보고서, 재무제표(최근3개년의 재무제표와 부속명세서), 신문공고사본(이중공고여부체크), 유가증권신고서 등 3. 담보에 관한 자료 : 담보물건 목록, 부동산등기부등본, 부동산감정서(사본), 공장부지, 건물, 기계설비배치도 4. 경영환경관련 정보자료: 업계동향 보고서, 신문·각종 경제정보지, 경제통계, 동업계 수급상황 5. 영업활동관련 자료: 제품생산·주거래처, 판매실적, 구매·판매실적, 수주상황, 주요원자재 매입소비실적, 판매경로, 금융기관 거래현황, 사업계획서
3차단계 : 자료정보분석	수집된 자료와 정보를 정리, 검토하여 기업경영전반을 효과적으로 파악할 수 있도록 가공하는 단계로서 자료 및 정보의 중요성, 신뢰도 등에 따라 분석할 자료를 선별한 후 상호비교 분석, 비율분석 등 다양한 분석기법을 활용하여 기업실태를 분석하는 단계이다. 실제 방문조사(현지조사), 제품, 측면조사, 재무 분석, 원재료 가격 등 대상기업이 시장에서 차지하는 위치 등을 면밀히 분석한다. 1. 실제조사 : 조사대상 기업을 직접 방문하여 그 기업의 현상그대로의 모습을 조사하는 것이다. 구체적으로는 설문이나 면담을 통해서 경영진의 정책, 경영태도, 노사관계, 공장이나 영업소의 입지 등을 조사한다. 2. 측면조사: 감독관청, 동업자, 업계조합, 구인. 판매처, 은행, 신용조사 기관 등을 통하여 업황, 경영자의 인물, 직무수행 태도, 업계의 현황, 기술, 기타 취급품의 특색, 제상품의 평판 등을 조사한다.

	3. 재무분석 1) I/S분석 – 판매실태, 매출액 변화, 이익변화분석 2) B/S분석 – 자본구조, 부채비율, 자금조달 등 3) 원가분석 – 부문별 원가율, 고정비, 변동비 분석 4. 경영환경예측 : 수요, 경제동향, 제품, 원재료가격 등을 예측
4차단계 : 종합평가 및 보고서 작성	조사대상 기업의 특색, 문제점을 평가하고 아울러 인적, 물적 담보를 평가하여 신용한도를 결정한다. 담 당자는 기안한 품의서를 작성하여 결제를 받는다. 1. 신용조사 목적에의 적합성 여부, 조사대상기업의 특색, 문제점을 평가하고 여신공여 시 적격성과 신용 한도를 결정한다. 2. 종합평가 후 객관성을 유지한 조사자의 소신으로 신용 조사보고서를 작성한다.

제 2 절   신용조사의 구체적 대상과 방법

1. 신용조사의 대상

1) 기업체 조사
   (1) 경영자의 사업능력 및 자금동원 능력
   (2) 자본, 재정상태, 재무구조
   (3) 경영관리 능력
   (4) 담보제공 시 권리분석 및 여신한도 조사

2) 거래처 위험과 생산 판매위험
해당 거래처의 기업을 유지하려고 할 때에 발생할 수 있는 위험을 기술적인 수준 · 원자재 구매 시 발생할 수
있는 위험 · 관련법규의 규제 및 지원정책의 변화 등을 조사한다. 제품의 선호도에 대한 변화, 무리한 설비투
자, 설비의 노후성 및 경쟁사를 의식한 광고비 지출, 무리한 판매 정책, 주요 거래 선의 부실(도산), 경쟁 상품
의 출현, 소비자의 선호도의 약화 등으로 위험이 발생할 수 있다.

3) 거래처의 재무위험
거래선이 계약조건을 충실히 이행하다가도 수익성의 악화, 현금흐름의 급격한 변화, 매출감소 및 정상적이
아닌 비용의 발생과 국내자금시장의 경색 및 대출이자율의 상승, 분식회계 등으로 추가적인 재무적인 위험이
발생할 수 있다.

2. 조사방법과 고려사항(체크포인트)

1) 고려사항 일반
   (1) 공부의 열람 : 부동산 주민등록초본, 등본, 등기부등본, 재산세증명, 토지대장, 가옥대장
   (2) 거래은행 조회 : 거래연수, 어음사고유무, 평균잔고, 신용카드 거래내역, 대출내역(연체상황. 신용불량
등제 여부)
   (3) 주위의 세평 : 평판 및 사회적 지위를 주변에서 수집한다.

(4) 면담조사 : 인품, 건강, 생활환경, 취미, 가족관계, 종교, 사회할동 등

(5) 재무제표 등의 조사: 채권관리 및 영업을 담당하는 담당자는 재무제표를 이해할 수 있는 회계에 대한 기본적인 지식을 습득하여야 한다. 손익계산서상에 나타난 당기순이익 및 비용의 발생 등을 직전 연도와 비교하고 대차대조표상에 나타난 자본의 증감 · 자산의 변동사항 등을 중점적으로 조사한다.

(6) 기타 사항 : 감정원, 신용조사 전문 업체, 신용평가회사, 감정평가사

(7) 주거지방문: 사무실, 거실 등 분위기 파악

(8) 채권자(개인. 법인) 자신이 조사(직접. 간접조사)

(9) 기업규모 및 시장 파악 : 업종에 따른 시장성 및 성장성, 종업원 수, 기업의 특허 보유유무, 경쟁관계, 다른 기업의 시장참여 여부 및 기술력의 수준 등

2) 예비조사

직접조사와 간접조사의 전 단계로서 조사대상처에 관한 광범위한 자료를 수집하는 과정으로서 조사 대상기업 등의 윤곽을 파악하고 포괄적이나마 문제점의 분석 및 조사, 검토하는 단계이다.

(1) 신용조사의 목적확인

(2) 기업 내용의 개괄적인 파악

(3) 기업외부 환경 분석

(4) 수집자료 미비사항 분석, 검토

(5) 중점조사사항 선정

(6) 현장조사 계획수립

3) 직접조사방법

예비조사를 통하여 당해기업에 대한 개황파악 후 구체적인 신용상태파악을 위하여 직접현장을 방문하여 면담. 실사를 하는 가장 중요한 조사과정의 하나로 정면조사 또는 현장조사라고도 한다. 이러한 직접조사에서는 예비조사단계에서 파악 된 문제점과 중점조사 사항 등을 추적하여 규명하면서 자료의 신빙성의 확보, 추가정보를 수집하는 과정이다. 직접조사방법에 의하면 거래 상대방으로 하여금 심리적인 부담을 느끼게 하여 본인이 상대방에게 제출하는 자료를 비교적 신뢰성이 있도록 하는 효과를 가져 온다.

(1) 현지를 방문, 조사하는 방법

가) 사무소, 공장, 작업현장, 창고, 종업원, 기술력, 합리화 등의 현황을 조사한다. 특히 사무실을 포함한 사내의 분위기 파악 및 부분에만 구애받지 말고, 전체적으로 파악하는 것이 중요하다.

나) 기계장치의 정비 상태, 가동상황, 재고수량의 현황, 영업방침, 재고관리의 상황, 화물의 이동, 정리정돈상태, 종업원의 도덕성, 노동조합의 활동현황, 상부단체에의 가맹상황, 기술수준, 합리화, 진척도 등을 조사한다.

(2) 상대방(경영진)을 직접 면담하여 조사하는 방법

가) 거래의 동기, 경영진의 자질, 능력 주요 주주, 계열관계, 경영철학, 경영 방침, 대표자의 자질과 능력, 기술개발력, 신제품 개발력, 담보, 보증 등을 조사

나) 거래동기의 이상성 유무, 임원의 경영능력과 업무분담 상황, 타사와의 계열관계의 유무(주식, 임원, 융자, 보증, 거래상황), 경영방침, 영업방법에 관한 이상성 유무, 최근의 영업실적, 대표자의 연령, 경험연수, 공

직의 겸직 여부, 업계, 주력제품, 관련사업, 경기 동향, 대표자의 노사관계방침, 신제품의 개발능력, 기술력의 유무. 시장개척능력, 물적 담보의 유무, 담보물의 환금성 유무, 개인보증 및 보증인의 개인재산 소유현황점검.

 (3) 상대방이 제공한 자료를 분석, 검토하는 방법
   가) 정관, 회사 경력서, 법인 등기부등본, 카다로그(회사안내서), 사업자등록증을 조사

   나) 사명, 자본금, 임원구성, 종업원 수. 업종, 주요제품, 본 지점의 소재지, 사업목적, 주요 구매처, 거래은행을 점검

(4) 공적장부열람 및 증명발급을 통한 조사 방법
가. 법인등기부, 상업등기부의 열람 및 등본교부신청

나. 부동산등기부 열람 및 등본교부신청

다. 재산세과세대장의 열람 및 증명청구

라. 소득공시제도를 활용한 납세완납증명, 세목별납세증명서 등의 교부

마. 회사의 등기여부, 상호 본·지점, 사업목적, 자본금현황, 대표이사의 주소, 성명, 등기된 임원의 명단
   가) 상대방이 개인이든, 법인이든 소유 부동산 유무확인
   나) 대표자의 소유부동산 유무조사
   다) 소유부동산상에 가등기, 가압류 등 처분제한등기 유무의 조사, 말소사실 유무
   라) 선순위 담보권 등의 유무조사
      시·군·구청·동사무소에 있는 재산세 과세사실 및 과세금액으로 소유재산을 조사
   마) 동사무소에서 발급받은 세목별납세증명서, 납세완납증명서 등에 의거 사업자등록 여부 및 소유재산 유무를 확인

참고: 행태별조사자료 정리

1. 개인인 경우
(1) 사업자등록증 원본 또는 사본
(2) 대표자 주민등록등본
(3) 부동산등기부등본
   (사업장, 대표자 거주주택)
(4) 대표자 인감증명
(5) 업체사용 인감신고서
(6) 세무서확인 재무제표
(7) 금융거래확인서
(8) 기업설명서
(9) 카탈로그, 제품설명서
(10) 소득세, 부가세 신고서
(11) 부가세공급가액증명서

2. 법인인 경우
(1) 사업자등록증 원본 또는 사본
(2) 대표자 가족관계 증명서
(3) 대표자 주민등록등본
(4) 법인등기부등본
(5) 부동산등기부등본
   (사업장, 대표자 거주주택)
(6) 법인 인감증명
(7) 감사보고서 또는 세무서확인
   (재무재표, 공시재무제표)
(8) 금융거래확인서
(9) 기업설명서
(10) 카탈로그, 제품설명서
(11) 납세완납증명서
   (재산세, 법인세, 부과세)
(12) 법인세, 부가세 신고서
(13) 부가세공급가액증명서

⑷ 간접조사방법

이것은 현지조사의 사전준비의 경우와 현지조사후의 확인과 보충이라고 하는 것의 양자를 포함하는 것으로 직접조사에 대한 간접조사라고 하는 의미를 갖는다. 즉 예비조사와 직접조사를 통하여 수집된 자료 중에는 불명확하고 합리성이 결여된 부분이 있을 수 있으므로 이러한 점을 보완하는 조사로서 측면조사라고도 한다. 따라서 직접조사를 통해서는 파악할 수 없는 정보는 측면조사로써 이하의 간접조사방법들을 중점적으로 조사하여 자료를 조사한다.

 (1) 은행 및 시중금융업자

은행에 문의하는 경우에는 주거래은행이 중요하지만 은행의 입장에서는 거래처에 대한 상세한 정보라든지 거래에 결과적으로 불리하게 될 것과 같은 대답은 회피하므로, 답변 방식 등의 기법으로부터 진실 된 내용을 찾아내는 것이 중요하다.

시중금융업자(대부업자 등)는 어음할인 등의 대금 업무를 통하여 항시 각 기업에 대한 소문을 동업자 사이의 정보로서 연락, 취합하므로 그 정보내용은 오히려 은행 측의 정보보다 비교적 구체적이므로 이를 이용하는 것도 유리하다.

 (2) 구입처나 판매처

제품 등의 품질이나 동업타사제품과의 비교, 서비스방식, 해당기업의 제품의 시장전망 등을 중심으로 구입처를 포함하여 해당회사의 직접거래처에 조회를 하는 경우엔 당해기업에 대하여 예상치 못한 손해를 주지 않도록 세심한 주의가 필요하다.

최근의 구입액과 결제방식의 상황 및 지급조건 등에 특별한 변화 여부 등 조사대상 기업에 대한 견해 등이 중심이 된다.

 (3) 감독관청 및 업계조합

업계의 지도방침과 전망, 향후의 주요사업 계획, 조사대상 기업의 업계지위 등으로 거시적인면이 중심으로 되는데, 비교적 공정한 참고의견을 수집할 수 있다.

또한 업계조합을 통한 방법도 고려 할 수 있으나, 특히 동업조합의 경우는 회원에게 불리한 정보를 적극적으로 제공하기 보단 오히려 동정적 이라고 하는 점을 인식해야 한다.

 (4) 동업자

경영실권자에 관한 인품, 평판, 경영자세, 기업의 특색을 중심으로 한 비교적, 구체적인 사항이며, 동업자간의 경우는 서로 경쟁상대라고 하는 입장에서의 정보인 점을 전제로 한 판단이 필요하다.

 (5) 기업연감의 활용

대규모의 신용조사기관이 자사에서 조사한 결과를 일정한 양식으로 취합하여 매년 발행하고 있는 것을 말한다. 주요한 것으로는 은행회사요록, 제국데이터뱅크, 동경상공리서치 등이 있다.

기업연감은 기업개요를 살피는 것으로는 아주 편리하므로 각 심사부 등에서는 상비서로서 비치해 두고 있는 것이다.

1. 광범위한 자료를 수집하여 조사한다.
    1) 거래은행과의 거래관계, 고객관계
    2) 대표자의 가족상황, 재산관계, 인적보증인
    3) 대표자의 건강상태, 경영능력 등

2. 객관적으로 판단한다.
    1) 신용조사 대상항목 기준을 계획하고 조사를 진행한다.
    2) 조사대상자의 거래선에 대하여 조사를 진행한다.
    3) 서류를 통한 신용조사 후에도 담보물건은 현장 확인이 필수다.
    4) 조사대상자와 특별한 관계가 있는 사람의 권유에 큰 비중을 두지 않는다.
    5) 상대방을 지나치게 과신하거나 인적 체면에 걸리지 말고 냉정하게 대응해야 한다.

3. 각종 법인 등의 공통된 신용조사

1) 대차대조표(B/S)조사
자산계정 중 특히 은행예금, 부동산, 외상매출대금, 자동차, 상품, 외상매입금, 임대차보증금 등 조사

2) 부동산
세무서의 과세대장(토지대장 및 가옥대장)열람 : 부동산의 소유유무조사, 과세대장에는 소유자 · 가옥 · 가옥번호 · 평수 · 과세를 위한 평가가액 등이 기재되어 있다. (감정서)

3) 외상대금
채무자의 장부, 경리부, 동업자의 풍문, 외상거래처방문, 정보에 의한 확인

4) 은행예금 : 거래은행의 조회

5) 자동차 : 차량등록원부 열람으로 소유주 등 확인

6) 전화가입권 : 전화가입원부 열람

7) 기타 비품 및 재고현황파악 : 고가의 비품, 즉 TV, 에어컨, 피아노, 컴퓨터, 오디오, 기계설비 등

4. 개인 신용조사

1) 개인 소재조사
  (1) 주민등록번호 최후주소지와 성명
      가) 이해관계 사실 확인서 및 집행권원(판결문, 약속어음공정증서, 가지급명령문, 인낙화해 조서 등)의 지참
      나) 계약서, 보증서, 차용증, 부도어음 등의 사문서 지참

다) 주소의 확인

라) 해당 각 읍ㆍ면ㆍ동사무소에서 주민등록색인부를 열람하거나 주민등록등본(호적등본)을 교부해 본다.

마) 관공서의 신원입력사항 체크

(2) 전화번호, 성명, 명함

가) 최후주소지의 조사, 계약 시 지역전화번호부의 열람 후 주민등록색인부의 열람

나) 자택 또는 회사주소를 파악 확인, 전화번호 추적

다) 거래계약 시 상대회사 대표자의 명함을 자연스럽게 입수해 둔다.

(3) 각종 인명사진, 신용카드

가) 주소, 학교, 연고지의 파악. 거래 시 관심을 가지고 채무자가 소속된 단체 혹은 조직 등을 파악해둘 것

나) 카드대금결제 주소의 파악

다) 백화점, 신용카드사의 고객 담당창구의 이용이나 신용카드 조회기로 조회하면 신용불량 상태 파악
가능

(4) 경찰의 신원조회

형사피의자(수표부도, 피고소인) 인지의 여부확인. 정상적인 방법으로는 실행불가(비공식)

(5) 사용자 입력 사항

가) 전기, 수도, 가스, 의료보험 등의 가입내역을 통한 주소의 파악

나) 각 관계기간의 지인을 통한 협조요망

다) 정상적인 방법으로는 불가

2) 개인재산의 조사

(1) 재산조사의 필요성

가. 필요성

채무자는 부도가 발생될 것을 미리 예측하고 자기의 재산을 제3자에 양도하거나 증여ㆍ담보의 제공 등 계획적인 재산도피 행위가 있다. 이런 경우에 대비하여 거래하기 전에 재산조사를 해 두어야 한다.

나. 동산과 부동산

동산과 부동산으로 구분하여 소유권이 누구에게 있는지를 조사한다. 부동산은 소재지의 위치 및 시세를 파악하여야 하며, 이를 위해 공시지가확인원 및 주변의 시세를 확인한다. 그리고 부동산 권리 상에 하자가 있는지 조사한다(압류, 가압류, 가처분 등). 담보가 과다하게 설정되어 있는지 여부를 조사한다(선순위 근저당권 조사). 동산에 대해서는 채무자 및 담보제공자의 소재지를 방문하여 법원의 유체동산경매 시 회수할 수 있는 금액을 판단한다. 또한 자동차를 할부 구입한 경우 할부금 잔액 규모도 조사한다.

(2) 재산조사 대상물건

채무자의 사업장 소재지 및 재산세과세증명서상 재산소재지, 채무관계자의 주민등록증(초) 본상에 기재된 모든 주소지 등을 대상으로 하여 부동산, 부동산에 준하는 물건(선박, 건설기계, 광업권, 비행기) 기타 실익이

있는 재산(무체재산권, 예금, 유가증권, 매출채권 등)을 조사한다.

참고 : 재산조사 및 확인방법

종별	조사자료	조사대상	비고
1) 토지 · 건물	조사서, 계약서, 약정서 재산세과세증명서, 주민등록등(초)본	본적지, 현주소지, 재산세과세증 명상 재산소재지, 사업장 소재지, 계약 당시 주소지, 계약 이후 주 거지, 계약 직전 주소지, 조사서 상 재산소재지, 기타 가족의 주거지	부동산등기부등본, 토지대장, 가옥대장. 임야대장
2) 자동차 · 중기	조사서, 검사증, 사업장소재지	차량, 중기번호	자동차등록원부. 중기등록원부
3) 항공기 · 선박	조사서, 수입면장, 운항 (항해)허가서	항공기, 선박의 회사소속, 톤수 등	항공등록원부, 선박등기부등본
4) 동산	조사서, 명함, 주민등록번호	사업장 소재지, 현주소 및 실거주지	소유여부확인
5) 임차보증금	조사서, 명함	임차사무실 및 공장	임차계약자명의, 임차계약서
6) 예금 · 적금	조사서, 무통장입금증	거래 금융기관	잔액유무확인
7) 유가증권	조사서, 잔고증명서 질권설정계약서	발행회사, 증권회사	주주 명부

(3) 재산 조사 시 유의사항

가. 비밀의 준수

가장 중요한 사항이라고도 할 수 있다. 채무자에게 재산조사를 하고 있는 것이 누설되면 재산을 은닉 · 도피시킬 염려가 있으므로 철저하게 비밀을 유지해야 한다.

나. 신속성의 유지

거래 중 채무자가 재산을 제3자에게 이전 및 담보의 제공 등으로 채무자 소유의 재산의 변동에 대비하여 필요한 때 채권의 보전조치로써 가압류 · 가처분조치 등을 신속히 할 수 있도록 하여야 한다.

(4) 재산조사 시기 및 범위

가. 거래 중에도 년 1회 정도 해야 하며 기업이 부도처리 되었을 때 신속히 재조사한다.

나. 제3자로부터 소제기를 당하거나 기업의 존속에 큰 영향을 미칠 때

다. 신용불량자 등록이 되었을 때

라. 계약의 이행을 하지 않을 때

마. 어음의 만기 연장을 요구하여 올 때

바. 다른 채권자가 압류 · 가압류 · 가처분 · 주요재산에 대한 경매신청이 있을 때

사. 기업이 영업을 중단할 때

아. 정기적으로 1년 마다 현장 방문 및 신용한도를 재평가 한다.

(5) 구체적 검토

가. 각종 등록부 : 자동차, 전화가입권, 기타 특허권 등의 무채재산권의 유무확인

　가) 자동차 : 각 관할등록 사무소(소유주)

　나) 전화가입권 : 각 지역 전화국

　다) 기타는 해당 소관사무소에서 조사

나. 법인등기부등본, 토지(가옥, 임야대장)

　가) 소유권의 파악 및 담보설정 유무의 확인, 목적물 소재지의 각 관할등기소

　나) 소유권 유무현황의 조사. 관할구청, 면, 읍사무소

다. 주식, 채권

주식, 채권 소지 유무와 그 액수의 조사, 주주명부 등의 열람

라. 지방세 과세대장, 재산세(농지세)과세증명원

　가) 취득세, 자동차세, 유흥음식세, 도축세, 면허세 등의 유무확인. 유흥음식세는 각 관할 세무서에서 그 외는 각 관할 구청에서 납세 내역을 조사

　나) 채무자의 소유재산 파악. 정상적인 방법으로는 불가능 하다. 동사무소의 지인, 세무서, 의료보험조합 등을 통한다.

3) 법인소재 및 재산파악

(1) 사업자등록사본

비법인사업체의 주소파악. 관할세무서

(2) 법인등기부등본

회사의 인적구성, 자본액 및 본·지점의 소재파악. 서울은 민사지원 서부지원 내 상업등기소, 지방은 각 상업등기소

(3) 법인세납부증명

법인세납부내역의 파악을 통한 회사자산의 조사 법인세과세대장. 해당관할세무서에 연고자가 있어야 가능 (원칙적으로는 불가능)

(4) 전문신용 평가기간

한국신용평가(주)의 기업신용평가자료의 분석. 신용보증기금의 신용평가 의뢰

(수수료 납부하여 조사의뢰)

(5) 회사연감(건설인명감)

본·지점, 공장, 이사진의 주소. 재무상태의 파악. 대한건설인협회 발행, 건설인명감의 열람

4) 거래상대방과 구성원의 지급책임 유무

거래상대방		책임구분	책임의 범위	대상
개인 · 개인 사업체		대표자	사업상 발생된 채무 전부를 지급할 책임이 있다.	대표자 개인
법인	주식회사	이사 · 대표이사. 주주 ·	회사채무에 대하여 지급책임이 없다. (갱인 연대보증, 불법행위의 경우 별도책임)	주식회사 그 자체 주식회사를 위한 연대보증인
	합명회사	무한책임사원	회사의 재산으로 회사의 채무를 완제할 수 없는 때에는 각 사원은 연대하여 변제할 책임이 있다.	합명회사 그 자체 무한책임사원 합명회사를 위한 연대보증인
	합자회사	무한책임사원	회사의 채무를 완제할 수 없는 때에는 각 사원은 연대하여 개인재산으로 변제할 책임이 있다(상법 제 269조, 제 212조).	합자회사 그 자체 무한책임사원
		유한책임사원	미출자액과 이익이 없음에도 불구하고 배당을 받은 금액의 한도 내에서 회사채무를 변제할 책임이 있다.	합자회사를 위한 연대보증인
	유한회사	유한책임사원 · 이사 · 대표이사	개인 자격으로 연대보증을 서거나 불법행위가 성립되지 않는 한 회사채무에 대하여 지급책임이 없다.	유한회사 그 자체 유한회사를 위한 연대보증인
	사단 · 재단 법인	출원자 · 이사	회사 채무에 대하여 지급책임이 없다. (불법해위, 개인자격 연대보증은 제외)	사단법인, 재단법인 그자체법인을 위한 연대보증인
조합		조합원	1. 조합의 민사상 채무: 조합원 지분의 비율에 따라 지급책임을 진다. 2. 조합의 상사채무: 연대채무로서 각각 전액을 변제할 책임을 진다(판례).	조합 그 자체 조합원 개개인
비법인 사단 또는 재단		대표자 · 구성원	사단, 재단 만이 책임 (개인책임 없음)	비법인 사단 · 재단 그 자체

5) 민법상의 조합과 권리능력 없는 사단(비법인사단)의 구별기준

민법상의 조합과 법인격은 없으나 사단성이 인정되는 비법인사단을 구별함에 있어서는 일반적으로 그 단체성의 강약을 기준으로 판단한다.

(1) 조합

조합은 2인 이상이 상호간에 금전 기타 재산 또는 노무를 출자하여 공동사업을 경영할 것을 약정하는 계약관계에 의하여 성립하므로(민법 제703조), 어느 정도 단체성에서 오는 제약을 받게 되는 것이지만 구성원의 개인성이 강하게 드러나는 인적 결합체이다. 조합의 채무는 조합원 개인이 이행하여야 하는데 민사채무는 지분채무이고 상사채무는 연대채무이다. 조합은 소송상 당사자가 될 수 없으며 그 소유형태는 합유이다.

(2) 권리능력 없는 사단

　　가) 권리능력 없는 사단이란 일반적으로 사단이라는 실체를 가지면서도 주무관청의 허가나 법인등기를 하지 않아 법인격이 없는 단체를 말하며,「법인격 없는 사단」또는「비법인사단」이라고도 한다.

　　(가) 권리능력 없는 사단은 형식상 법인으로서 인정되지 않는다는 점을 제외하고는 실질적으로 법인과 다름이 없다는 이유에서 그 내부적 법률관계에 관해서는 민법의 사단법인의 규정을 유추적용 해야 한다고 한다.

　　(나) 판례는 종중을 권리능력 없는 사단으로 본다(대판 1983. 4. 12. 83도195.). 따라서 종중은 등기하면 법인으로 되나, 종중명의로 등기하지 않는 것이 일반적이다. 따라서 대법원은 종중재산을 중심으로 야기되는 법률문제를 해결하기 위하여 조선고등법원이래의 판례를 발전시켜 명의신탁이론을 확립하였다.

　　나) 권리능력 없는 사단의 재산의 소유형태를 총유라고 하므로(종중재산의 소유에 관한 법적성질을 다수설이 총유로 보고 있으며, 판례 역시 총유로 본다(대판, 1996. 8. 20, 96다18656). 구성원 각자는 사용수익권은 있어도 처분할 수 있는 지분이 없다. 즉 재산의 관리·처분은 사단자체 즉 구성원의 총체로 할 수 있을 뿐이다(제276조). 그러나 실제로는 총사원이 총체적으로만 할 수 있다는 것은 곤란하므로 사단의 대표자를 정하여 이 대표자가 그 재산의 수탁자로서 신탁적으로 그 재산의 주체가 된다. 이때 특히 문제가 되는 것이 재산에 관한 권리관계의 공시방법이다.

　　다) 부동산의 공시방법은 등기이다. 따라서 부동산이 모든 사원의 총유가 되려면 등기를 하여야 함은 당연하다. 문제는 누구를 등기권리자로 할 것인가 이다. 민법은 제275조 1항에「법인 아닌 사단의 사원이 집합체로서 물건을 소유할 때에는 총유로 한다」는 규정을 두고 있다. 따라서 권리능력 없는 사단의 사원은 지분권이나 재산분할청구권을 갖지 않는다.

(3) 권리능력 없는 사단의 요건

　권리능력 없는 사단이기 위해서는 사회적 실체에 있어서 사단형이라고 할 수 있는 단체이어야 한다. 따라서 단체로서의 조직을 갖추고, 대표의 방법·사단의 명칭·사원총회의 운영·재산의 관리·기타 중요한 사항이 규칙이나 정관으로 확정되어 있어야 한다.

(4) 권리능력 없는 사단과 조합의 비교

　　가) 권리능력 없는 사단은 구성원의 변경과는 관계없이 존속하는 계속적 단체적인 조직인데 대하여 조합은 구성원의 개성을 중시하여 조합원 상호간에는 채권관계를 발생시키려는 계약관계이며 조합원의 개성이 현저한 단체이다.

　　나) 구성원의 총회가 내부의사의 결정에 최고의 권위를 가지고 업무집행권자도 총회의 선임에 의하여야 한다는 것이 권리능력 없는 사단이고, 조합은 내부규칙이 당사자 간의 계약의 모습을 취하는 것이다.

　　다) 권리능력 없는 사단은 기관을 통하여 행위를 하며 이 기관이 한 행위의 효과는 그 사단자체에 귀속되고 사단의 구성원에게는 그 효력이 미치지 않는다.

　　라) 권리능력 없는 사단의 자산은 일체 사단자체에 귀속되고 사단의 구성원과는 아무 상관이 없다. 조합

의 적극자산은 조합원전원이 공동으로 소유하고 소극자산은 구성원전원이 공통으로 부담한다. 다만 단체원은 공동목적에 의하여 결합되어 있으므로 전원의 의견이 합치하지 아니할 때에는 다수결에 의하지 않으면 안되는 수도 있고, 그 자산의 공동소유와 채무의 공동소유도 단체적 구속을 받는다. 그러나 그것은 모두 전원의 개별적인 운영참여권과 전원의 개별적인 소유와 채무부담을 전제로 하여 이에 대하여 필요한 한도의 구속을 가함에 불과한 것이다.

　　마) 권리능력 없는 사단에 있어서는 구성원의 사단재산에 대한 직접 또는 간접의 경제적 참여가 인정되지 않고, 사단원의 총유에 속하고 따라서 구성원은 지분권을 갖지 않는다. 이에 반하여 조합의 재산은 합유에 속하며, 조합원은 지분을 갖는다.

• 판 례

권리능력 없는 사단과 조합의 구체적 판단기준(대판 1999. 6. 25, 97누20854)

어떤 인적결합체가 조합인지, 비법인 사단인지 여부를 구별함에 있어서는 그 단체의 강약을 기준으로 판단하여야 하는 것으로서, 구체적으로는 고유의 목적을 가지고 사단적 성격을 가지는 규약을 만들어 이에 근거하여 의사결정기관 및 집행기관인 대표자를 두는 등의 조직을 갖추고 있고, 기관의 의결이나 업무집행 방법이 다수결의 원칙에 의하여 행하여지며, 구성원의 가입, 탈퇴 등으로 인한 변경에 관계없이 단체 그 자체가 존속되고, 대표의 방법, 총회나 이사회의 운영, 자본의 구성, 재산의 관리 기타 단체로서의 주요사항이 확정되어 있는 경우에는 비법인 사단으로 보아야 할 것이다.

민법상 조합과 권리능력없는 사단의 구별(대판 1994. 4. 23, 99다4504)

민법상의 '조합'과 법인격은 없으나 사단성이 인정되는 '비법인사단'의 구별은 일반적으로 그 단체성의 강약을 기준으로 판단하여야 한다. 따라서 조합은 2인 이상이 상호간에 금전 기타 재산 또는 노무를 출자하여 공동사업을 경영할 것을 약정하는 계약관계에 의하여 건립하므로(703), 어느 정도 단체성에서 오는 제약을 받긴 하지만 구성원의 개인성이 강하게 드러나는 인적 결합체임에 비하여, 비법인사단은 구성원의 개인성과는 별개로 권리의무의 주체가 될 수 있는 독자적 존재로서의 단체적 조직을 가지는 특성이 있다. 민법상 조합의 명칭을 갖는 단체라 하더라도 고유목적을 가지고 사단적 성격을 가지는 규약을 만들어 이에 근거하여 의사결정기관 및 집행기관인 대표자를 두는 등의 조직을 갖추고 있고, 기관의 의결이나 업무집행방법이 다수결원칙에 의하여 행해지며, 구성원의 가입. 탈퇴 등으로 인한 변경에 관계없이 단체 그 자체가 존속되고, 그 조직에 의하여 대표의 방법, 총회나 이사회 등의 운영, 자본의 구성, 재산의 관리 기타 단체로서의 주요사항이 확정되어 있는 경우에는 비법인사단으로서의 실체를 가진다.

구분		조 합	권리능력 없는 사단
공통점		등기안 된 조직 다수의 사람 공동목적 수행54.992	좌동
차 이 점	유형	동업자 걸설공사 공동수주자	주택조합, 택시조합, 등기안 된 협회, 종중
	구분기준	그 수준이 단체적 특성을 갖추지 못함	규약, 의사결정기관 존재, 구성원의 가입 · 탈퇴와 상관없이 조직존재, 대표의 방법, 총회나 이사회등의 운영, 자본의 구성, 재산의 관리 등 단체로서의 주요사항이 확정
	지급책임지는 자	조합, 조합원 개인 민사(개인+개인)채무-지분채무 상사(상인+상인, 상인+개인)채무-연대채무 연대채무-각각 전액 지급책임	비법인사단 만 책임짐
	소송상 지위	당사자 자격 없음	당사자 자격 있음
	소유 형태	합유-공유와 총유의 중간에 있는 것이다. 합유는 합유자 전원의 동의가 없이는 합유물을 처분 또는 변경할 수 없다(민법 제273조).	총유-정관 또는 규약에 정한 바가 없는 때에는 총유물의 관리 · 처분은 사원총회의 결의에 의한다. 각 사원은 정관 기타 규약에 따라 총유물을 사용 · 수익할 수 있다(민법 제276조).

5. 수집자료의 구체적 분석, 검토 (종합)

거래 상대방의 신용조사를 위한 자료가 확보되면 그 자료를 분석하는데, 분석자는 수집된 자료를 평가목적에 맞게 분석할 수 있는 전문적인 지식과 자질을 갖추고 있어야 한다.

1) 사업자 등록증 원본(사본)
 (1) 기본적 의무
  부가세납세의무자는 사업장별로 각각 세무서에 등록하여야 하고, 휴업, 폐업 등 등록사항에 변동이 있을 경우에는 이를 신고하여야 한다.

 (2) 검토사항
  가. 사업자종류와 사업자등록증 상의 대표자와 실제 대표자의 일치 여부를 확인한다.
    가) 사업자등록증상의 대표자와 실제 대표자가 일치하지 않으면 실제 대표자가 과거에 어음 · 수표를 발생하였다가 부도를 내서 당좌거래 정지중이거나 개인 명의로 채무를 부담하고 있으면서 아직까지 변제하지 않고 있기 때문이라고 일단 간주하고 정밀검토를 하는 것이 바람직하다. 다만 대기업인 경우에는 실제 대표자와 사업자등록증상의 대표자가 일치하지 않을 수 있다. 사업자등록은 사업장별로 하여야 하기 때문이다.

    나) 사업자등록증 상의 대표자(타인명의)와 실제대표자가 다른 경우
    실제 대표자와 사업자등록증상의 대표자가 일치하지 않을 경우에는 거래를 하지 않는 것이 바람직하나 부득이하게 거래를 할 수 밖에 없는 경우에는 첫째, 계약서에 실제 대표자가 연대보증인으로서 기명날인을 하게 하든가, 둘째 담보용으로 사업자등록증 상의 대표자가 발행한 백지어음을 징구하면서 어음표면에 실제 대표자가 기명날일을 하게 하면 어음상 보증이 되므로 부실채권발생시 실제 대표자에게도 청구할 수 있게 된다. 백지어음을 담보목적으로 청구하는 경우에는 부실채권 발생시 채권자가 일방적으로 어음금액을 보충하여 행사할 수 있다는 취지의 백지어음 보충권 위임장을 함께 받아 놓는 것이 실무상 필요하다.

     (가) 부도의 경우

2년간 당좌거래정지, 어음 · 수표 발행하지 못한다. 이 경우 타인 명의로 사업필요

(나) 채무불이행의 경우
(a) 개인사업자 개설 – 채권자는 사업장 내 재산 집행 할 수 있다.
(b) 주식회사 설립 – 채권자는 채무자 소유 주식을 집행할 수 있다. 즉 집행을 당하지 않으려고 타인 명의로 사업자등록을 하는 것이다.

나. 사업자등록번호 검색을 통해 진위 여부 및 회사설립 연월일을 확인 : 1년 미만의 회사와는 신용거래를 하지 않는다.

다. 지급책임을 지는 상대방 파악
가) 주식회사, 유한회사는 권리능력 없는 사단 또는 재단은 회사 또는 단체 그 자체
나) 개인사업자는 대표자 개인
다) 합명회사, 합자회사 – 회사 그 자체, 무한책임사원
라) 조합은 조합자체, 조합원

2) 법인등기부등본

(1) 내용
법인등기부등본에는 상호, 사업목적, 자본의 총액, 발행주식 수, 본 · 지점의 설치, 대표이사, 이사의 성명과 주민등록번호 등 회사 전반에 걸친 주요 내용을 공시하고 있다. 이사와 대표이사의 주민등록번호를 가지고 신용조회를 한다.

(2) 검토사항
가. 사업목적의 파악
가) 법인의 대표자는 정관이나 등기부상 사업목적의 범위 내에서 법인을 대표하여 행위를 할 수 있으나 법인의 대표자가 법인을 위하여 한 행위라 할지라도 사업목적과 전혀 관계없는 행위는 법인의 행위가 될 수 없다. 또한 법인이 사업목적을 수행하는데 필요한 영업의 전부 또는 중요한 일부의 양도에는 대표이사의 기명날인 만으로는 부족하고 주주총회의 특별결의가 있어야 한다.[49]

나) 당해 특허권을 이용한 공사의 수주를 회사의 주된 사업으로 하고, 위 특허권이 회사의 자산에서 대부분의 비중을 차지하는 경우 위 특허권의 양도는 주주총회의 특별결의가 필요하다.[50]

다) 주주총회의 특별결의가 없는 영업의 전부 또는 일부의 양도는 무효이다. 영업의 전부 또는 중요한 일부의 양도가 무엇인가에 대하여 판례는 「 '영업의 전부 또는 중요 한 일부의 양도' 라 함은 일정한 영업목적을 위하여 조직되고 유기적 일체로서 기능하는 재산의 전부 또는 중요한 일부를 총체적으로 양도하는 것을 의미하는 것으로서 이에는 양수회사에 의한 양도회사의 영업적 활동의 전부 또는 중요한 일부의 승계가 수반되어야 하는 것이므로 단순한 영업용 재산의 양도는 이에 해당되지 않는다」라고 하고 있다.[51]

---

49) 대판1998. 3. 24. 95다6885 : 상법 제374조
50) 대판2004. 7. 8. 2005다13717
51) 대판2004. 7. 8. 2004다 13717;동 2002. 4. 12. 2001다38807

나. 회사파산, 법정관리, 화의진행여부 파악

가)「채무자회생 및 파산에 관한법률」상 보전처분이나 개시결정이 난 업체와 부득이하게 거래를 하는 경우에는 보전관리인 또는 관리인과 계약을 체결하여야 공익채권(파산절차에서는 재단채권)으로서 보호받을 수 있다. 화의절차(2005. 3. 31. 폐지)는 대표권이 변경되지 않으므로 관재인의 동의를 받고 대표이사와 계약을 체결하여야 한다.

나) 대표권 귀속

회생절차는 관리인, 화의의 경우는 대표이사(개시에서 인가 시까지 중요한 행위시 관재인의 동의를 요함), 파산절차에 있어서는 파산관재인, 개인채무자 회생에 있어서는 채무자

다. 대표이사의 대표권 제한 및 공동대표 여부 파악

법인의 대표이사가 여러 명인 경우 각각 회사를 대표할 수 있는 각자 대표가 원칙이나 법인등기부등본상에 공동대표이사로 되어 있는 경우에는 공동대표이사 전원과 계약을 체결하여야 한다.

3) 법인인감증명

(1) 의무 등

법인의 인감증명은 상거래 계약 시 계약서상 날인의 진위 여부를 확인하는데 사용되며, 또한 회사가 사용하는 법인인감은 법원에 등록하여야 한다.

(2) 검토사항

우선 최근에 발급된 것인가를 확인하고, 또한 법인인감이 등기소의 관할법원에서 발급된 것인가를 확인하여야 한다. 그 외에도 주요계약서, 어음 · 수표상의 날인된 인장과 동일 여부를 확인하여야 한다.

4) 주민등록등초본(대표자)

(1) 내용

가. 대표의 가족 관, 계주소의 변동사항, 유사시 재산조사에 활용

나. 주소지의 부동산등기부를 열람하여 거주주택의 자기 소유 여부와 재산상태 확인

(2) 검토사항

가. 대표자 가족구성의 정상성 여부, 주소변동의 과다 여부

나. 대표자의 현재 성명의 변경 여부, 미성년자 등 행위무력자 여부를 확인한다.

(3) 파악사항

위에서 보았던 법인등기부등본상에 나타나는 이사와 대표이사의 성명과 주민등록번호를 가지고 개인신용 정보를 조회해 봄으로써 그 법인의 신용도를 어느 정도 파악할 수 있다. 즉, 중소기업의 이사와 대표이사는 공동으로 자본을 투자한 사람이거나 실제 오너의 가족일 가능성이 높은데 이러한 이사나 대표이사가 신용불량 거래자들이라면 이 법인은 거의 지급능력을 갖고 있지 못하다고 판단할 수밖에 없을 것이다.

5) 가족관계증명서

(1) 가족관계, 성명, 호적지의 변동사항을 알 수 있다.

(2) 이혼, 개명, 입양 등 특별한 사항이 있는가를 확인한다.

(3) 한정치산, 금치산선고 여부를 확인한다.

6) 공시재무제표
　(1) 법인의 결산재무제표는 공고를 의무화, 법인등기부등본상에 공고신문이 지정되어 있다.

　(2) 공고재무제표의 공고신문명, 공고일자, 감사의견을 확인한다. 기타 동명타사의 것이 아닌가를 주의한다.

7) 세무서확인 재무제표(최근 3년간)
　(1) 일반 법인 및 개인 기업의 경우에 소득세 신고를 위한 납세소득계산시 재무제표를 작성하여 제출한다.

　(2) 업체관할 세무서의 확인이 틀림없는가를 점검한다.

8) 감사보고서(최근 3년간)
　(1) 자산 70억 이상인 기업을 외부 감사, 대상법인이라 하며 공인회계사의 회계감사를 받도록 되어 있다.

　(2) 검토사항
　　가) 감사의견이 무엇인가를 확인, 한정의견인 경우는 수정재무제표가 있는가를 확인
　　나) 의견거절인 경우는 신용조사에 이용될 수 없다.

9) 법인세신고서 등
　(1) 사업자는 개인, 법인을 막론하고 연간 영업소득에 대하여 결산일로부터 일정 기간내 소득세 또는 법인세를 납부해야한다.

　(2) 년간 소득액 계산이 세무회계기준에 맞게 기재되어 있는가를 확인, 금액의 계산상 불일치, 소득액계산의 오류 등이 있는가를 점검

10) 부가세신고서
　(1) 사업자는 개인, 법인에 관계없이 분기마다 부가세의 예정(확정)신고를 해야 한다.

　(2) 매입세액과 매출세액을 통하여 구매, 판매동향을 파악할 수 있다.

　(2) 기업의 특성, 실제매출, 매입동향과 일치하는가를 확인, 부가세의 환급, 추납 등 상황과 규모를 본다.

11) 금융거래확인서
　(1) 기업의 은행거래내역을 알아보는 자료로서 소위 '부채잔액증명서' 라는 이름으로 발급되어 대출과목, 대출금액, 만기 및 담보내역 등이 기재되어 있다.

　(2) 거래은행의 증명인을 확인, 전거래은행의 자료를 모두 갖추었는가 확인, 부채의 총액을 확인

12) 부동산등기부등본
　(1) 대표자의 주택이나 사업자의 부동산상에 정부나 타채권자의 재산보전조치가 있는지를 알 수 있다.

(2) 부동산등기부의 구조

구분	공시내용 및 등기내용
표제부 (표시란)	목적물의 표시 토지: 접수일자, 소재지, 지목, 면적, 분할, 합병사항 건물: 접수일자, 소재지, 지목, 면적, 분할, 구분, 합병사항 사용승인을 받지 않은 미등기건물표시 ㎡ 0.3025=평, 1정=3,000평, 1단=300평, 1무=30평, 1보=1평
갑 구 (사항란)	소유권: 소유권에 관한 등기 가등기, 예고등기, 회복등기, 환매특약등기, 가압규, 가등기, 가처분, 강제관리, 압규, 경매, 파산, 화의 등에 관한 등기
을 구 (사항란)	소유권외의 권리: 지상권, 지역권, 전세권, 저당권, 임차권 등의 등기

(3) 부동산등기부 표제부 기재 사항
가. 지번
중복등기는 선등기가 무효가 아닌 한 후등기가 무효이다(2002. 7. 12. 2001다16913). 동일한 지번에는 부동산등기부가 하나만 있어야 하는데 2개 이상이 있는 것을 중복등기라 한다. 부동산등기부는 있는데 지적도 상에 같은 번지가 없는 경우 또는 일치하지 않는 경우에는 부동산등기부가 원칙적으로 무효이다.

가) 지적도 - 토지대장 - 토지등기부 작성
나) 임야도 - 임야대장 - 임야등기부 작성

나. 건물의 구조
부동산등기부상 건물의 구조와 실제 건물의 구조가 일치하는 않는 상태에서 토지와 건물에 대하여 공동근저당을 설정하면 건물에 대한 설정은 목적물의 동일성이 인정되지 아니하여 무효이다. 단, 기존 건물에 부합된 목적물과 종물에 대하여는 근저당권의 효력이 미친다. 다만, 미등기 건물은 미등기 건물의 건축자가 소유권을 가진다. 미등기 무허가건물의 양수인이라 할지라도 그 소유권이전등기를 경료 받지 않는 한 건물에 대한 소유권을 취득할 수 없고, 그러한 건물의 취득자에게 소유권에 준하는 관습상의 물권이 있다고 볼 수 없다(대판1999. 3. 23. 98다59118).

다. 용도란
용도가 학교, 유치원, 교회, 사찰 등으로 등기된 부동산에 대하여 근저당권을 설정할 때에는 감독관청의 허가를 득하여 한다. 학교의 교육재산에 대하여는 근저당권을 설정할 수 없다. 그런대 용도가 연립주택, 다세대주택, 아파트 등으로 되어 있는 경우, 이는 집합건물이므로 구분등기 된 부분이 각각 별개의 부동산으로 취급된다. 집합건물인 때에는 대지사용권이 있는지, 대지비율은 얼마나 되는지, 대지에 대하여 가압류, 압류, 가등기 등이 등기되어 있어서 별도등기가 되어 있지는 않은지 등을 확인하여야 한다.

가) 일반건물인 경우 - 건축물관리대장 - 건물등기부 작성
나) 집합건물인 경우 - 집합건축물관리대장 - 집합건물등기부 작성

라. 면적
㎡에 0.3025를 곱하면 평으로 환산된다. 가로·세로 각각 100m인 토지는 10,000㎡로서 3,025평이다.

마. 입목등기가 된 경우

입목등기가 되어 있는 때에는 매매계약을 체결할 때 지상의 입목이 포함됨을 명시하고 입목에 대한 소유권이전등기를 함께 하여야 한다. 근저당권을 설정할 때에는 토지와 입목에 대하여 공동근저당권을 설정하여야 한다. 또한 임야의 수목에 대하여 임목등기가 되어 있는 때에는 표제부에 '입목등기 별도 있음'이라고 등재된다.

바. 집합건물의 권리관계
가) 집합건물의 의의

하나의 건물이 구분소유의 대상이 되는 경우 이 건물을 집합건물이라 한다. 집합건물의 구성부분은 전유부분, 공용부분, 대지사용권으로 구분 된다.

나) 대지사용권의 존재 유무(대지권 미등기)

대지권미등기가 되려면 첫째, 시행자에게 집합건물의 대지에 관한 소유권이 있거나 소유권이전등기를 할 수 있는 상태에 있어야 하고 둘째, 분양받은 자가 분양대금을 전액 지급하여 소유권이전등기를 할 수 있는 상태에 있으나 지적정리의 지연 등 절차상 사유로 대지의 소유권이전등기를 하지 못하고 있는 상태여야 한다. 지적정리 후 분양받은 자 명의로 대지권이 등기된다. 대지권 미등기 상태에서 건물에 설정된 근저당권의 효력은 대지권이 등기되면 추가 조치 없이 대지권에도 효력이 미친다.[52]

(4) 점검사항

점검내용에 따라 기업의 신용도는 크게 달라진다. 부동산등기부등본의 갑구, 을구란에 소유권, 압류, 가압류, 경매, 근저당, 전세권 등 등기내용을 점검한다.

13) 부가세공급가액증명서
(1) 대상기업의 매출액 동향을 알 수 있다.

(2) 업체의 일정기간 동안의 매출을 확인한다.

14) 기업설명서
(1) 대상기업 스스로가 자신을 설명하는 것으로 기재내용을 확인하는 과정에서 주요정보를 얻을 수 있으며 조사의 주요항목을 정할 수 있다.

(2) 타조사자료와 비교하여 점검, 기재내용의 성실도, 충실도 점검

15) 재무제표 이외의 신용조사
재무제표를 조사하는 것도 중요하지만 현실적으로는 재무제표 이외의 사항을 조사하는 것도 중요하다.

(1) 경영자의 능력
가. 경영능력존재 여부 및 리더십의 유무, 조직관리 능력
나. 동종업종에 대한 경험 및 지식과 장래의 목표와 계획

---

52) 대판2005. 11. 14. 2004 그 31: 동 2000. 11. 16, 98다45652 : 민법 제358조

다. 추진력과 책임감

(2) 재정능력
가. 자본조달 : 은행, 신용금고, 보험회사. 새마을금고 등
나. 자산ㆍ부채 상황
다. 담보제공 능력(본인, 타인) 및 은행 신용도

(3) 경영자의 인격
가. 학력, 경력 등 (개인이력, 사업경력)
나. 가족사항, 사회활동, 봉사단체 활동, 종교 활동
다. 성실성, 신뢰성, 외상대금 지불의 심리상태
라. 신원조회(부도경험 등)
마. 사생활에서의 특성, 이혼여부
바. 교우관계, 동업자, 아는 사람들의 세평

(4) 경영관리와 사업현황
가. 현재의 경영 흑자 또는 적자 여부
나. 과거의 경영실적 (수출, 내수)
다. 현재의 경쟁상태 및 판촉활동 계획
라. 경영자의 건강상태 및 가족의 건강상태
마. 거래동기조사, 명의인과 실제운영인과의 관계 및 사유, 담보제공자와의 관계 등에 대하여 조사한다.

제 3 절 경영 분석을 통한 조사

1. 경영분석의 목적

공급자(채권자)는 거래처에 물품을 외상으로 공급하여 준 경우엔, 거래처의 외상매출대금을 적기에 회수할 수 있는지 고민 할 수밖에 없다. 특히 IMF로 기업이 연쇄부도라는 사태에 직면하게 되었던 경험이 있고, 현 시점(2008년)에서의 1베럴당 최고 약150달러에 근접한 유가의 고공행진으로 시작된 오일쇼크 등의 악재로 인하여 매우 불확실한 환경에 처해 있다. 따라서 기업의 외적인 환경 즉, 정치, 경제, 사회적인 변화에 대한 흐름을 미리 예측하여 채권에 대한 회수가능성을 사전에 파악하는 것이 중요한 문제로 부각되었다. 또한 거래처의 경영을 분석할 수 있는 능력이 채권관리 업무를 담당하는 담당자들에게는 더욱 중요하다고 볼 수 있다. 자신이 담당하고 있는 거래처의 현재업계에서 어느 정도의 위치에 속해 있으며, 계속적으로 거래를 지속할 것인지 여부, 거래규모의 확장, 축소 여부 등에 대한 판단능력은 영업 담당자뿐만 아니라 채권관리 담당자에게도 중요한 일이다.

2. 재무제표의 일반적 이해

1) 재무제표란 무엇인가?
  (1) 의의

회계는 회계실체의 이해관계자에게 회계실체에 관련된 유용한 재무적 정보를 제공하는 수단으로서 회계보고서를 작성·보고하는 것인데, 재무제표는 이러한 회계보고서의 가장 중심적이고 종합적인 체계를 이루고 있는 것이다. 즉 재무제표는 정보이용자가 경제적 의사결정을 하는데 유용한 정보를 제공하기 위해서 기업의 경제적 사건이나 거래를 기간별로 측정, 기록, 분류, 요약하여 이를 전달하는 수단으로 이용되는 보고서를 뜻한다.

(2) 내용 개관

가) 회계실체의 외부에 있는 이해관계자는 그 실체에 관한 정보를 얻을 수 있는 기회가 극히 제한되어 있기 때문에, 이들 외부 이해관계자에게 있어서 재무제표는 매우 중요하다. 따라서 이해관계자가 광범위하게 존재하는 기업이나 그 밖의 사회적 조직에 대하여는 재무제표 작성 및 보고가 법령으로 의무화되어 있으며, 또 그 작성 및 보고 방법에 관하여도 규제가 가해지는 것이 일반적이다.

나) 한국의 '기업회계원칙(증권관리위원회 제정)'은 재무제표 작성에 관하여 회계기간 동안의 사건을 나타내 주는 손익계산서, 재무상태변동표 및 제조원가명세서, 기말의 상태를 나타내주는 대차대조표, 이익잉여금처분계산서, 결손금처리계산서 등을 필수적인 것으로 정하고 있다. 그러나 이렇게 정형화된 양식에 따라서 작성된 재무제표가 때로는 정보이용자의 필요를 충분히 또는 적절하게 충족시켜 주지 못하는 경우도 있다. 따라서 이러한 경우에는 정해진 양식에 구애받지 않고 추가적인 내용을 보충하여 보고함으로써 정보이용자가 잘못 판단하는 오류를 방지하도록 요구되는데, 이때의 보충설명자료를 주기(註記)와 부속명세서라고 한다.

다) 재무제표는 기본적으로 회계실체의 경영자 또는 그 지배를 받는 사람에 의하여 작성되며 그 정보는 회계실체의 경영자를 포함한 여러 이해관계자의 이해관계에 직접·간접으로 영향을 준다. 따라서 경영자는 자신에게 유리한 방향으로 재무제표를 작성·보고할 가능성이 있다. 그러므로 이러한 문제점을 방지하기 위하여 오늘의 경제사회에서는 회계실체와 직접적 이해관계가 없는 독립적인 전문가에 의하여 그 정보의 타당성에 관한 감사를 받고, 감사사의 감사의견을 첨부하여 보고하는 경우가 있다. 여기서 감사인의 의견을 포함한 감사보고서는 재무제표 이용자의 정보 이해에 영향을 미치기 때문에 재무제표의 중요한 일부로 간주된다.

2) 재무제표의 종류(기업회계기준상)
재무제표는 대차대조표, 손익계산서, 이익잉여금처분계산서 또는 결손금처리계산서, 현금흐름표의 4종류가 있다. 이중 가장 중요시되는 것은 대차대조표와 손익계산서, 현금흐름표이다.

(1) 대차대조표(B/S)

가. 대차대조표의 구성
일정시점에 있어서 기업의 재무상태를 나타내는 보고서이다. 즉 대차대조표는 주주, 채권자, 기타 이해관계자에게 기업의 재무상태를 명확히 보고하기 위해 일정시점에 있어서 기업의 자산, 부채, 자본을 일정한 기준에 따라 분류, 배열하여 기재한 결산서이다. 대차대조표는 두 개의 난으로 구성되며, 차변은 자산으로 자금의 운용형태를 나타내며, 대변은 부채와 자본으로 자금조달의 원천을 타나냄으로써, 기업이 어떤 방법으로 자금을 조달하여 어떤 형태로 운용하였는지의 재무상태와 그 결과로서의 경영성과를 알 수 있다.

나. 대차대조표의 작성방법 및 표시방법
손익계산서와 함께 재무제표의 중심을 이루는 것이 대차대조표다. 일반적으로 그 시점에서의 모든 자산을 차변에, 그리고 모든 부채 및 자본을 대변에 기재하는 데서 대차대조표라는 말이 생겼다. 작성시점은 대부분 결산 시이지만, 개업·폐업·합병 때에도 작성된다.

가) 대차대조표의 작성방법
(가) 실지재고조사법(재산목록법)
개별요소마다 실지 재고조사를 하여 그 결과를 집적하여 작성하는 방법이다. 실지재고조사법의 경우는 회계장부등을 반드시 필요로 하지 않으며, 자산은 어디까지나 현금화될 가치 있는 것에 한정되고, 또한 부채도 법적 관점에 의한 부채에 한하게 된다. 그런데 이것은 기업의 해체가치계산을 하는 것으로, 현재 보유하고 있는 재산을 모두 환금하면 어떻게 될 것인가를 나타내는 것이다. 이런 식의 대차대조표는 폐업·합병 등의 특수한 경우에 작성된다.

(나) 유도법
회계기록에 의하여 유도적으로 작성하는 방법으로 유도법이라고 한다. 일반적으로 결산시에 작성되는 것은 유도법에 의한 것으로, 기간 중 거래금액에서 유도된 모든 계정의 기말 잔고금액을 대조·표시한 것이며, 장기적 시야에서 기업활동의 효율을 정밀하게 측정하기 위하여 이연자산·충당금 등 유도법 특유의 계정과목이 표시되어 있다. 다만 유도법 대차대조표에 기재되어 있는 자산가액은 취득원가로 계상되어 있으므로 당해자산의 현재 시장가치를 나타내고 있는 것은 아니라는 점에 주의하여야 한다.

나) 표시방식
(가) 보고식과 계정식
대차대조표의 표시방식에도 손익계산서와 마찬가지로 보고식과 계정식이 있다. 예를 들면, 보고식은 당기 말 이익의 표시도 전기이월 이익과 당기이익을 구분하여 명기하게 되어, 기재내용의 파악이 용이하다는 장점이 있는 반면에 지면이 많이 필요하므로 신문공고 등에는 계정식이 쓰일 경우가 많다. 한국에서는 양쪽을 다 사용한다(기업회계기준 제3조 참조).

(나) 유동성 배열법과 고정성 배열법
대차대조표에 기재하는 자산이나 부채의 배열방법에는 유동성 배열법과 고정성 배열법이 있다. 전자는 유동적인 것에서 고정적인 것의 차례로 배열하는 것으로, 자산은 현금·예금등 환금성이 빠른 것부터, 또 부채는 지급기일 도래가 빠른 계정과목부터 순차로 배열하고 마지막에 자본의 제항목을 기재한다. 후자는 이와 반대되는 방법이다. 한국의 기업회계기준에는 유동성 배열법에 의하도록 규정하고 있다. 별표는 기업회계기준 제10조의 규정에 의한 '별지 제1호 서식'에 따른 것으로, 가장 원형적인 대차대조표라 할 수 있으며, 기업의 필요성에 따라 이 표의 계정과목은 더 세분될 수 있다.

다. 대차대조표의 특징
가) 기업의 유동성 상태나 지급능력에 대한 정보를 제공하여 준다.
나) 기업의 자본구조의 건실성을 알 수 있다.
다) 대차대조표는 미래의 기업 활동의 자료를 제공하여 준다.
라) 대차대조표는 자산·부채 및 자본으로 구분하고, 자산은 유동자산 및 고정자산으로, 부채는 유동부채 및 고정부채로, 자본은 자본금·자본잉여금·이익잉여금 및 자본조정으로 각각 구분 한다.

참고 : 대차대조표(B/S)

자 산	부 채(타인자본)
1. 유동자산 　(1) 당좌자산 　(2) 재고자산 2. 투자와 기타자산 　(1) 기타유동자산 　(2) 투자자산 3. 고정자산 　(1) 기타자산 　(2) 유형고정자산 　(3) 무형고정자산 4. 이연자산	1. 유동부채 2. 고정부채 　　자 본(자기자본) 1. 자본금 2. 자본잉여금 3. 이익잉여금 4. 자본조정
총자산 (자본의 운용)	총자본 (자본의 조달)

(2) 손익계산서

가. 손익계산서의 구조

가) 손익계산서는 일정기간에 있어서 기업의 경영성과를 나타내는 보고서를 말한다. 손익계산서는 우선, 매출액에서 매출원가를 차감해서 매출총액을 산출하며, 매출총이익에서 판매비 및 일반관리비를 차감하여 영업이익을 산출한다.

나) 그리고 영업이익에 영업외수익을 가산하고 영업외비용을 차감하여 경상이익을 산출한다. 경상이익에 특별이익을 가산하고 특별손실을 차감하여 당기이익을 산출한다(법인세차감전 순이익).

다) 법인세차감 전 순이익에서 법인세차감후의 순이익을 산출함으로써 일정기간의 수익과 비용을 대응 표시하고 있다.

나. 작성방식

양식에는 계정식과 보고식이 있는데, 기업회계기준에서는 보고식을 원칙으로 하고 있다. 우선 계정식은 총 계정원장의 차변과 대변을 그대로 옮겨놓은 형식으로, 총비용과 총수익의 대조에 편리한 방식이나, 일반의 이해관계자가 이해하기 쉽고 편리한 형식을 채용하기 위해 보고식을 택하고 있다.

다. 특징

가) 손익계산서는 기업의 이익창출능력에 관한 정보 및 미래순이익 흐름을 예측하는 데에 유용한 정보를 제공한다.

나) 기업 내부적으로 경영계획이나 배당정책을 수립하는 데에 중요한 자료가 된다.

다) 정부의 조세 및 경제정책의 기초자료 제공.

라) 모든 수익과 비용은 그것이 발생한 기간에 정당하게 배분되도록 하여야 한다.

마) 손익계산서는 매출총손익, 영업손익, 경상손익, 법인세비용차감전 순손익과 당기순손익으로 구분 표시한다.

참고 : 손익계산서(P/L)

I.	매출액
II.	매출원가
III.	매출총이익
IV.	판매비 및 일반관리비
V.	영업이익
VI.	영업외 수익
	영업외 비용
VII.	경상이익
VIII.	특별이익
	특별손실
IX.	법인세 비용 차감 전 순이익
X.	법인세 비용
XI.	법인세 비용 차감 후 순이익
	법인세등
	당기순이익

(3) 이익잉여금처분계산서(또는 결손금처리계산서)

기업의 이월이익잉여금의 수정사항과 당기말 미처분이익잉여금의 처분사항을 명확히 보고하기 위해 이익잉여금의 총 변동사항을 표시하는 재무보고서이다.

(4) 현금흐름표

현금흐름표가 기업회계기준상 기본 재무제표의 하나로 요구된 것은 1994년부터 이나, 현금흐름에 대하여 기업 내부와 외부의 이해관계자들이 그 중요성을 인식하게 된 것은 구제금융이후라고 하겠다. 예컨대 현금흐름표는 일정기간 동안 기업의 재무상태가 어떻게 변화했는가를 보여주는 보고서로서 영업활동, 투자활동 및 재무활동으로 인한 현금의 유입, 유출과 현금의 순변동을 나타내는 재무보고서이다.

3) 재무제표의 검토사항

재무제표를 검토하는 것은 기업이 작성 제출한 재무제표가 기업회계기준에 부합되게 작성되었는지 여부, 비교성, 진실성 등을 구비하였는지를 확인하기 위해서 이다. 실무적으론 재무제표의 적정성검토와 아울러 계정상호간의 관련성을 파악하여 필요한 경우엔 기업회계기준에 의거 재무제표를 수정, 사용하는 경우도 있다. 재무제표의 각 항목에 대한 검토는 정확한 재무비율분석을 위한 기초자료를 제공해 준다.

3. 재무비율 분석의 활용

재무비율 분석은 거래선에 대한 영업성적을 바탕으로 주로 다음과 같이 판단한다.

1) 안정성비율

이것은 장·단기 채무의 상환능력을 판정하기 위한 분석이다. 상환능력의 안전성 분석은 기업 활동에 있어서의 자본의 조달, 조달된 자본의 운용, 자본의 조달과 운용 사이의 유기적이고도 합리적인 결합관계를 분석의 대상으로 한다. 따라서 채무를 상환하기 위해서는 상환에 충당할 수 있는 자산 (예 : 현금 또는 쉽게 현금화할 수 있는 자산)을 항상 보유하고 있어야 한다.

(1) 자본의 구성
자본구성의 안전성을 검토할 때 가장 중요한 것은 타인자본과 자기자본의 구성 상태와 타인자본의 성격이다. 재무상태의 안전성은 자본의 구성에 따라 영향을 받는다.

가. 자기자본비율
자본구성의 적정성을 측정하는 지표이며 표준비율은 50%이다. 자기자본은 자본금과 내부유보잉여금으로서 금융비용 부담이 없고, 또한 장기적운용 자본이므로 높을수록 안전성이 좋다. 자기자본의 구성은 자본금의 비중은 낮고 자본 · 이익잉여금 비중이 높은 쪽이 배당금 등의 부담이 낮아 건실한 내부유보를 형성한다.

나. 부채비율
자본구성의 균형을 측정하는 지표로서, 타인자본 및 자기자본의 규모에 의해 채권자의 위험부담 정도와 고정적인 금융비용 발생에 의한 손익확대효과의 가능성을 나타내는 비율이다. 낮을수록 양호하며 100% 이하이면 적정이다.

다. 유동부채비율
자본구성의 안전성 및 단기성 부채에 대한 위험부담 정도를 측정하는 지표이며 표준비율은 100% 이상이고 이 비율마저 100%를 초과하는 경우 재무 유동성이 불안한 상태로 판단되므로 안전성에 대한 정밀한 검토를 요한다. 대부분의 유동성 위험은 상환기간이 단기이면서 금리가 비교적 높은 유동부채에서 발생하기 때문이다.

라. 차입금의존도
기업의 외부에서 차입형식으로 조달되는 차입금의 총자본에 대한 비율이다. 차입금의존도가 높은 기업은 금융비용에 부담이 무거워 수익창출력이 떨어지고 장기적인 지급능력이 저하되어 안전성을 해치게 된다.

(2) 자본과 자산의 구성
기업이 재무구조의 건전성을 유지하기 위해서는 자본과 자산이 상호 유기적이고도 합리적인 관계에 있어야 한다. 자본의 구성과 자산의 구성과의 상호관계란 자본의 운용으로서 자산이 어떠한 원천으로부터 조달되었는가를 살피는 것으로 지급능력 자본의 배분에 관한 문제를 분석한다.

가. 유동비율
단기의 채무를 변제하기 위하여 단기간 내에 현금화될 수 있는 자산의 정도를 나타내며 채무자의 단기지급능력을 측정하는데 이용된다. 1908년 미국의 은행가들에 의해 사용되었으며 은행가비율이라고도 한다. 비율이 높을수록 지급능력이 양호하며 일반적으로 200% 이상이면 건전한 상태라고 보고 있다.

나. 당좌비율
유동자산중 현금화 속도가 빠른 당좌자산에 대한 유동부채의 비율로서 산성시험비율이라고도 한다. 채무자의 즉각적인 지급능력을 파악할 수 있으며 100% 이상이면 양호하다고 보며 유동비율과 상호보완적으로 사용된다.

다. 매출채권 대 매입채무비율

기업간 신용관계를 나타내는 매출채권을 매입채무로 나누어 계산한 것으로 기업의 자금관리에 유용한 지표가 된다. 일반적으로 이 비율이 높을수록 기업의 유동비율은 높게 나타나지만 매출채권의 과다한 보유는 자금사정의 악화를 불러일으키는 원인이 될 수 있다. 따라서 유동비율의 보조지표로 사용되어야 한다.

라. 고정비율

자금운용의 안전성을 위해 자금조달기관과 운용기간을 대응시켜 자본배분의 적정성 및 자금의 고정화를 측정하는 지표이다. 비교적 거액이며 회수와 회전속도가 느린 고정자산은 자기자본으로 조달하는 것이 이상적이므로 낮을수록 양호하며 100% 이하이면 적정하다. 자본집약적 장치산업 등은 높은 비율을 나타내므로 업종간 기업규모간의 특성을 감안하여 사용하여야 한다.

마. 고정장기적합률

자금운용의 안전성을 위해 자금조달기간과 운용기간을 대응시켜 장기자본 배분의 적정성 및 자금의 고정화를 측정하는 지표이고 고정자산의 보조지표이다. 고정자산은 장기자본으로 조달하는 것이 이상적이고 100% 이하이면 적정하다. 자본집약적 장치산업 등은 높은 비율을 나타내므로 업종간 기업규모간 특성을 감안하여야 한다.

2) 활동성비율

재무구성에 있어 균형이 잡혀있고 유동성이 풍부하다고 해서 경영이 반드시 안전한 것은 아니다. 즉 모든 자본이 충분히 활용되고 있어야 수익을 올릴 수 있고, 수익성이 좋아야 안전성도 유지되는 것이다. 기업의 경영을 분석할 때에는 자본 또는 그 운용형태로서의 자산이 얼마나 효율적으로 이용되고 있는가 하는 활용도를 측정 분석할 필요가 있는데 이것을 활동성 분석이라 한다. 활동성은 매출액과 자본이 일정기간에 매출을 통하여 몇 번이나 회전하는가에 의하여 측정한다. 이 회전수를 회전율이라 하며 1회전하는데 필요한 기간을 회전기간이라 한다. 회전율과 회전기간의 상호관계는 다음과 같다.

$$회전기간 \times 회전율 = 365일$$

(1) 자본의 활동성

이것은 자본 그 자체로서의 원천과 기능에 따른 활동성을 측정 · 분석하려는 것이다.

가. 총자본(총자산)회전율

총자본회전율은 총자본의 효율성을 총괄적으로 측정하는 지표이다. 즉 기업의 총자본이 일정기간에 몇 회 회전하였는가, 다시말해 총자본이 몇 배의 매출액을 실현하였는가를 나타냄으로써 경영활동에 투하된 총자본활용의 효율성을 총괄적으로 측정하는 지표이다. 예컨대, 총자본회전율이 높을수록 효율적인 것으로 판단되나 대규모 장치산업 등은 비교적 낮고 경공업 등은 상대적으로 높아 산업별로 차이가 있으므로 매출규모, 자산규모 등을 상호 비교 · 분석하여야 한다.

나. 자기자본회전율

자기자본의 회전속도 즉 자기자본이 일정기간 중 몇 회나 회전하는가를 나타내는 비율이며 자기자본의 이용효율성을 측정하는 지표이다. 자기자본회전율이 높다는 것은 표면적으로는 자기자본을 효율적으로 운용하고 있다는 것을 의미하지만, 이것은 뒤집어 해석하면 자기자본이 과소하다는 것을 의미한다는 점에 유의해야 한다.

(2) 자산의 활용성

이것은 자본의 활동성을 그 운용형태인 자산의 활용도로 파악하려는 것이다.

가. 고정자산회전율

고정자산회전율은 고정자산이 일정기간 중 얼마나 많은 생산·매출을 실현하는가 하는 공정자산의 활용도를 나타내는 지표로서 자본배분의 적합 여부를 판단하는데 이용된다. 고정자산은 기업이 생산 활동을 하는데 기반이 된다.

나. 재고자산회전율

재고자산의 회전속도를 나타내는 지표이다. 즉 제품 등의 재고자산이 일정기간에 몇 회나 현금, 매출채권 등 당좌자산으로 전환하였는가 하는 것이다. 재고자산회전율이 낮아지게 되면 그 만큼 재고보유기간이 길어진다는 것을 의미하고 따라서 보관유지비, 이자, 보험료, 재고품감모 등의 부담이 증가하여 결국 유동성과 수익성이 낮아지게 된다. 일반적으로 재고자산회전율은 연 9회 이상을 양호한 것으로 간주하고 있다. 이는 업종과 경기상황, 계절적 요인과 재고의 종류에 따라 차이가 있기는 하나 일반적으로 약 40일분의 매출액에 해당하는 재고를 적정 수준으로 하고 있는 데에 근거한 것이다.

다. 매출채권회전율

매출채권회전율은 소요운전자금의 계획이나 신용정책의 결정 등에 사용되는 것이다. 이것은 정상적인 영업활동의 순환과정에서 매출채권이 현금화되는 속도를 나타내는 효율적인 것으로 볼 수 있다. 물론 이 회전율은 업종과 경기상태, 기업의 신용정책과 상관습 등에 따라 차이가 있으나, 통상 10회전 내지 12회전 이상을 양호한 것으로 간주하면 된다. 그 근거는 매출채권의 결제기간을 평균 1개월 이내로 하는 것이 정상적 상거래라는 데에 기초하고 있다. 경쟁력이 있는 상품은 결제기일이 짧아 회전율이 높고 경쟁이 치열할수록 회전율이 낮은 편이다.

라. 매입채무회전율

정상적인 생산 활동과 관련하여 원재료 등 매입채무의 변제속도를 나타내는 비율이다. 즉 일정 기간 중 매입채무가 몇 번 회전되는가를 나타낸다. 매출채권 회전율과 함께 기업의 소요운전자금의 계획이나 신용정책의 결정 등에 사용되며, 회전율이 높을수록 단기적 지급능력이 양호한 것으로 판단할 수 있고 매출채권과의 균형관계를 고려하여 운영한다.

3) 수익성비율

이것은 기업의 수익창출능력을 측정하는 동태적 비율분석으로서 경영성과를 수익창출의 바탕이 되는 요소로 나누어 비율을 산출하고 분석한다. 예컨대 기업의 경영 활동은 자본을 투입하여 매출을 하고 매출을 통하여 이익을 실현하는 것이다. 따라서 수익성 분석은 자본과 매출과의 관계, 매출과 이익과의 관계, 자본과 이익과의 관계를 분석한다.

(1) 자본 수익성

자본 수익성이란 이익과 자본의 관계를 말하는 것이므로 자본에 대한 이익의 배분율로 측정한다. 분자가 되는 이이과 분모인 자본의 내용 또는 유형에 따라 산출되는 수익성비율에도 여러 가지가 있고, 그 내용과 의미에 따라 이용도 서로 다르게 된다. 수익성비율이 의미 있는 것이 되기 위해서는 자본과 그의 산물인 이익 사이에 상호 유기적이고도 합리적인 대응관계가 있어야 한다.

가. 총자본(총자산) 수익성

가) 총자본(총자산) 경상이익률

기업의 영업활동을 포함한 경상적인 상태에서 발생한 이익규모와 투하된 총자본과의 비율로서 경영효율성을 측정하는 대표적인 지표이다.

나) 기업순이익률

자본의 구성 여하에도 불구하고 기업에 투자된 총자본의 운용효율성을 측정하는 지표이다.

나. 자기자본 · 자본금 수익성

총자본, 경영자본 수익성비율이 채권자의 입장에서 보다 중요한 의미를 갖는다면, 자기자본과 자본금 수익성비율은 주주의 입장에서 투자지표로서보다 중요한 의미를 갖는다.

가) 자기자본경상이익률

기업의 영업활동을 포함한 경상적인 상태에서 발생한 이익규모와 투하된 자기자본과의 비율로서 경영효율성을 측정하는 지표이다.

나) 자기자본순이익률

기업에 의하여 달성된 총체적인 경영성과를 투하된 자기자본에 대비한 비율로서 자기자본 투자효율성을 측정하는 지표이며 ROE(return on equity)라고도 한다. ROE는 출자자의 입장에서 자기자본 이용효율성 분석, 배당정책, 주가형성에 영향을 미치는 비율이다. 이 비율은 높을수록 양호하나 너무 높을 경우 자기자본의 부족에 의한 재무구조의 안전성과 유동성을 해칠 수 있다.

다) 자본금경상이익률

납입자본금에 대한 경상이익의 비율이며 자본금의 효율적 활용도를 측정하는 지표이다. 이익의 배당과 사내유보를 결정하는데 사용한다.

라) 자본금순이익률

납입자본금에 대한 순이익의 비율이며 자본금의 효율적 측정하는 지표이다. 이익의 배당과 사내유보를 결정하는데 사용한다.

마) 배당률

발행된 주식의 총액과 당기 배당금과의 비율이다. 주식 투자자에게 시세차익과 투자수익률을 구성하게 되므로 투자결정의 지표가 된다.

(2) 매출액 수익성

일정기간의 영업활동으로 얻어진 매출액과 이로 인해 발생된 이익과의 관계를 말하며, 매출액이익률로 측정한다. 매출액이익률은 이에 대응되는 이익의 내용에 따라 여러 가지 이익률로 구분된다.

가. 매출액총이익률

매출액에서 매출원가를 차감하여 구한 매출총이익과 매출액을 대비하는 비율이다. 매출액이 기본적인 활동능력을 반영한 것이나 매출원가가 높을 경우에 매출의 증가가 반드시 이익의 증가를 수반하는 것은 아닌

바, 이 비율은 기업의 구매능력, 생산효율 등 기본적인 활동의 능력을 측정하는 지표이다.

나. 매출액경상이익률
기업의 경영성과를 표시하는 대표적인 지표로서 기업의 주된 영업활동외에 재무활동상의 경영성과도 포함한다.

(3) 수익 대 비용
수익 대 비용분석은 수익과 비용을 대비시켜 수익성을 가늠하는 분석으로 매출액이익률과 표리관계에 있다. 비용 대 수익비율은 수익과 이에 대응하는 비용의 선택에 따라 상이한 내용의 비율이 측정된다.

가. 영업비비율
판매비와 관리비가 매출액에서 차지하는 비율을 나타내며 판매와 관리활동의 효율성을 측정하는 지표이다.

나. 차입금평균이자율
장·단기차입금, 회사채, 외국차관의 평균잔액에 대한 금융비용 총액의 비율이다.

다. 이자부담률
기업이 부담하는 금융비용이 총부채 중에서 차지하는 비율을 나타낸다.

라. 금융비용 대 매출액비율
금융비용이 매출액에서 차지하는 비중을 나타내는 비율로 매출규모에 따른 부채수용능력을 측정하는 지표이다. 금융비용은 고정성 비용이므로 경영활동의 안정과 경기변동에 대한 적응력을 향상시키기 위해 이 비율은 낮을수록 양호하다.

4) 성장성비율
기업의 성장성은 일정기간 동안에 경영규모와 경영성과가 얼마나 증대되었는가를 말하는 것이다. 기업이 경쟁에서 살아남기 위해서는 계속 성장·발전하지 않으면 안 된다. 일반적으로 재무제표 각 항목의 증가율로 측정된다.

(1) 총자산증가율
총자산증가율은 경영활동결과로 기업이 투하하여 운영한 총자산의 규모와 성장능력을 측정하는 지표이다. 다만, 자산의 평가를 위한 회계기준이 서로 달라 총자산증가율이 왜곡될 수 있다. 따라서 자산재평가여부 및 총자산의 구성비율 등을 보완·검토하여 사용한다.

(2) 유형자산증가율
유형자산은 역사적 원가로 평가되기 때문에 인플레이션 기간 동안 오래된 자산일수록 과소평가되어 증가율이 과대평가되는 경향이 있으므로 주의를 요한다. 유형자산등가율은 유형 자산의 증가를 측정하는 지표이다.

(3) 자기자본증가율
당기 자기자본이 내부유보액, 유상증자 등으로 산장된 정도를 측정하는 지표이다. 타인 자본증가율과 비교하여 높을 경우 재무적 안전성이 높고 내부유보가 충실한 것으로 판단한다.

(4) 매출액증가율

기업의 외형적 신장세를 측정하는 대표적이 지표로서, 전기 매출액에 대한 당기 매출액의 증가정도를 나타내는 비율이다. 매출액 증가비율은 명목증가율로서 제품의 가격상승과 판매수량 증가에 의해 분석될 수 있다.

5) 생산성비율

생산요소는 노동과 자본으로 대별되며 생산은 유형, 무형의 재화와 용역을 포괄한다. 생산성은 생산에 투입된 생산요소가 얼마나 효율적으로 이용되었는가의 척도로 생산요소의 투입에 대한 생산의 비율로 측정한다. 예컨대, 경제학에서의 생산이란 노동과 자본을 말하며, 창출된 새로운 가치는 부가가치로 본다. 따라서 일반적으로 생산성이라 하면 노동과 자본의 부가가치가 생산성을 의미하게 된다.

(1) 종업원 1인당 매출액

(2) 종업원 1인당 매출액증가율

노동력 1단위당 매출액의 전년대비 증가정도를 나타내는 비율.

(3) 종업원 1인당 인건비

노동력 1단위당 지급된 인건비를 표시.

제 4 절   각종 사고발생 동향

1. 기업의 내부동향

1) 2000년도 초기부터 대형 금융사고가 연이어 발생하고 있고, 2008년 현재 오일쇼크 등으로 인해 기업의 수지가 악화되므로 인해 건당 금액의 대형화와 시재금 절취 등 수법이 갈수록 대범해 지고 있다. 계속되는 금융구조조정 과정에서의 내부직원 범죄사고는 향후 급증할 것으로 예상(2003년 초 부터 횡령사고 급증)된다.

2) 횡령, 유용 등 금융범죄 사고가 지속적으로 발생

2. 기업의 외부동향

1) 대출사기단에 의한 신분증, 대출관계서류 위조 대출사기가 급증하고, 외국의 경우처럼 권총 등 총기로 무장한 강도 침입, 현금탈취 등 점차 흉포화하고 잇다.

2) 가계대출 억제, 불량거래자, 카드연체자의 급증으로 인한 가계경제의 악화로 향후 범죄 증가가 예상된다.

3) 허술한 경비 등으로 인해 항상 범죄의 표적의 가능성이 있다.

제5절 재무분석

재무상황조사는 일정시점 현재의 투하자금과 그 조달원칙의 현황과 일정기간의 기업의 경영성과를 체계적으로 파악하는 것이다. 따라서 기업의 결산재무제표를 중심으로 수익성, 안정성, 활동성 등 경영전반을 진단한다. 특히 재무상황을 조사. 분석할 때에는 대체로 진실성, 통일성, 계속성, 비교성, 공개성 등의 원칙을 견지해야 할 것이다.

1. 신용분석

신용분석은 금융제도의 확충을 배경으로 하여 신용조사의 수단으로서 발달하였으며, 그 후 사채(社債)의 등급을 매기는 것이나 도산 예측에도 이용되었다. 기업의 지불능력이나 채무의 변재가능성을 검사하기 위해 기업의 재무요인이나 인적·기술적요인, 시장·산업의 경제요인 등이 분석된다. 특히 재무요인의 분석은 재무분석이라고도 하며, 실수법(實數法)이나 비율법 등을 이용하여 수익성·유동성·회전율 등이 조사된다. 일반적으로 유동비율(유동자산÷유동부채) 등의 유동성 지표나 자금운용표가 중시되는데 지속적으로 활동하는 기업에 있어서 지불 능력의 원천은 수익력이므로 수익성의 분석은 필수불가결하다.

2. 투자분석

투자분석에서는, 기본적으로 기업이나 증권의 평가가 대상이 되지만 그 밖에도 자산구성과 자본구성의 균형, 부채에 의한 '지레효과(레버레지 효과)'와 재무 리스크의 관계 등이 문제가 된다. 종래는 영업 리스크의 평가가 애매하였기 때문에 자본환원율 등을 이용한 기업이나 증권의 평가는 불완전하였으나 포트폴리오이론 출현에 의해 리스크가 증권이론에도 도입되었고 평가가 보다 현실적으로 되었다. 그 결과, 증권 가격과 재무정보와의 관련이 분석 가능하게 되었으며, 회계정보가 주가에 미치는 영향이 실증적으로 확인되었다.

3. 내부관리분석

내부관리분석은, 관리회계의 일환으로서 제조업의 규모 확대를 배경으로 하여, 미국의 철도업에서의 경험을 살려 20세기에 도입한 것으로, 제2차 세계대전 후 널리 보급되었다. 기업활동의 계획과 업적평가를 위한 분석이며, 자본이익률을 중심으로 하는 비율 연쇄, 자기자본이익률을 기축으로 한 비율체계, 손익분기점 분석, 자본예산, 표준원가에 의한 원가 분석 등이 이용된다. 신용분석이나 투자분석은, 일반적으로 기업 외부의 이해관계자에 의한 분석, 즉 외부분석인 데 대해 내부관리분석은, 경영관리자에 의한 분석으로 내부분석이다. 경영분석은 또한 대차대조표를 중심으로 한 정태분석과 손익계산서를 중심으로 한 동태분석으로 나누어진다. 실증적·귀납적 방법이 중시되는 것이 경영분석의 특징이다.

제 4 편

금융과 대부업

01장

대부업과 사금융

제1절 대부업의 개념

1. 제도권 금융의 변화

1) 제도권내의 대부업과 고금리

2010년 현재 TV광고에 나오는 저축은행과 캐피탈사(캐피탈은 예금기능은 없고 대출만 전문적으로 하는 여신전문금융회사로서 주력사업은 자동차 또는 기계설비의 할부리스금융이지만, 주력 사업 규모 내에서 개인과 기업 대상 신용대출도 할 수 있음이 특징이다.)의 대출광고를 보고 대출신청을 했다가 크게 실망했다는 사람이 많다. 광고에는 "최저 연 7%부터"라고 되어 있지만 실제 문의해보니 연40% 이상으로 대출이 가능하다는 실망스런 답변을 받는 경우가 대부분이라고 한다. 더욱이 일부 저축은행과 캐피탈사(2010년 8월 현재 전국에 50여개 이상의 업체가 등록되어 있다. 이 가운데 개인신용대출업무를 다루는 캐피탈사는 14곳 정도이다. 캐피탈사의 개인신용대출 잔액은 약3조원 정도이다.)는 광고에 최저금리만 크게 표기하고 최고금리는 아예 알리지 않고 있다. 최저금리만 표기하여 고객을 유인한 후 신용도가 낮다는 이유로 최저금리의 6~7배가 높은 40% 전후의 고금리로 대출을 해주고 있다. (본 저자의 입장에서는 그렇다고 하여 정당한 법적절차에 의한 제도권내의 대부업을 무조건 비난의 대상으로 삼는 것은 문제가 있다고 생각한다).

최근(2008년 경) 금융당국은 제도권금융사의 소액신용대출의 확대로 서민들이 비싼 이자를 부담해야 하는 사금융을 억제하기 위해 1금융권인 은행을 비롯해 저축은행, 캐피털사 등에 소액신용대출의 확대를 적극적으로 권유하고 있다. 그런데 정부의 이러한 정책은 제도금융권 대출금리가 사금융 보다 현격히 낮다는 것을 전제로 한 것이지만, 현실적으론 그렇지 않다는 것을 간과한 것이라 하겠다. 현재 저축은행과 캐피털사의 소액신용대출 금리는 대부업체와 동일한 수준으로 너무 과도하다. 서민대출을 예고한 은행권도 연30% 전후의 고금리를 책정하고 있다.

실제로 소액신용대출의 경우, H저축은행은 2008년 6월 현재 연 48.5%의 최고금리를 받고 있고, S저축은행, J저축은행, H캐피탈, D캐피탈 등은 연 39~40%의 금리에 3~5% 가량의 수수료를 별도로 받고 있다. 이것은 불법은 아니지만 대부업법이 정한 최고금리인 연 49%에 육박하는 수준의 금리로서 현재 대부업체의 대출금리와 별 차이가 없다.

2) 제도권금융의 이자의 허와 실

(1) 제도권금융의 고금리 정책

대부업체보다 대출원가가 낮은 제도금융사가 연 40% 이상의 고금리를 받는 것은 대부업체보다 더 큰 폭리를 취한다는 비난을 면하기 어렵다. 즉 제도금융사의 조달금리는 평균 4~7% 가량으로 대부업체의 조달금리인 15% 보다 훨씬 저렴하다. 그리고 은행, 저축은행 등 제도금융사가 서민금융을 명분삼아 고리 대부사업을 확대하면, 경쟁에서 밀려 양지에서 설 자리가 없어진 소형 대부업체들은 음성화될 수밖에 없다.

(2) 개선방안의 모색

가. 저금리정책으로의 전환

정부가 지난 8년간 대부업법을 제정하며 공들여 온 사금융 양성화의 성과가 위와 같은 문제점들로 인해 무너질 수도 있다. 따라서 정부는 바람직한 서민금융시장 조성을 위해, 지나치게 고금리를 받는 제도금융사의 대출금리를 대폭 낮추는 노력을 해야 할 것으로 생각된다. 그런데 어느 정도의 금리가 적당한지는 업체별로 다를 수 있으나, 공공성을 추구하는 제도권 서민금융기관의 취지를 살리려면 현행 이자제한법에서 규정하고 있는 연 30% 이하의 금리로 서민대출을 확대하는 것이 바람직하다. 그래야 서민들도 자신의 신용도에 맞는 적정 금리대의 대출상품을 고를 수 있는 선택권이 보다 넓어질 것이다.

나. 제도권금융사의 보호정책의 보완

제도금융사를 부실위험이 큰 저신용자 대출시장에 사회적 책임만을 강조하며 지원을 가조하는 행태도 가급적 자제해야 할 것이다. 그것은 채무상환 불능자에 대한 신용공여 문제는 시장 논리보다는 국가의 사회복지 논리로 풀어야 할 과제라고 생가 되기 때문이다. 특히 과거 저축은행들이 정부의 권유로 우여곡절 끝에 대부시장에 진출했다가 돌이킬 수 없는 상처를 입었던 것을 간과해서는 안 될 것이다.

3) 할부금융사(케피탈)들의 정부정책에 동조한 금리인하(2010. 7)

케피털업계가 2010년 7월 말부터 신용대출 금리를 잇 따라 인하하기 시작했다. 특히 금리인하대열에 앞장선 것은 은행계 케피탈사 들이다. 하나케피탈은 신용대출최고금리를 연36%에서 29%로 인하하였다. 또한 연 26%인 평균금리는 점진적으로 20%대 초반까지 인하하기로 하고 조정 작업에 들어갔다. 이것은 금리조정이 마무리되기 전에 우선 최고금리부터 인하하였다는 것이 특징이다. 그리고 BK케피탈(기업은행계열사)도 8월 초 금리인하안을 발표할 예정인데, 2010년 7월 말 현재 연29%수준인 평균금리를 1% 내지 2% 내릴 예정이다. 씨티그룹케피탈과 우리파이낸셜 역시 늦어도 8월 초 금리 인하를 결정했고, 아주케피탈은 최고금리와 평균금리를 모두 내리기로 하고 시뮬레인션작업을 진행 중이다. 케피탈사의 고민은 금리를 내리면서도 저신용고객을 흡수할 수 있느냐이다.

예컨대 통상 금리를 인하하면 업체의 수익이 줄어들기 때문에 리스크위험이 큰 저신용자에 대한 대출을 줄이는게 일반적이다. 즉 "초고금리를 낮추고 대신 신용이 나쁜 고객에게 대출을 하지 않으면 저신용자는 금리가 더 비싼 대부업체로 넘어가게 된다"는 것이다.

최근여신금융협회가 케피탈사들과 금리인하를 논의하는 회의를 열었지만, 별다른 방안을 찾지 못하는 것도 이런 이유 때문이다. 따라서 2010년 7월 말 현재 금융감독원은 현재의 신용대출 금리 수준이 적정한지를 위해 해외사례와 비교분석하는 방법 등으로 금리실태조사를 하는 등 금리 점검과정을 진행 중이다.

2. 대부업의 개념

1) 대부업의 개념

「대부업의등록 및 금융이용자보호에 관한 법률」(2002.10 : 이하 "대부업법")에 의하면 "대부업"은 금전의 대부 또는 그 중개(어음할인·양도담보 그 밖에 이와 유사한 방법에 의한 금전의 교부 및 금전수수의 중개를 포함한다)를 업으로 행하는 것으로 정의된다. 대부업의 개념은 한마디로 요약하면 무담보와 무보증으로 소액을 즉시 빌려준다는 것에 있다. 우리나라의 시장규모는 10조원 내지 약40조원 규모로 추산된다. 대부업의 수익성은 고리 조달해서 고리 대출하는데 있다. 만약 6퍼센트로 조달가능하다면 60퍼센트의 투하자본 수익률을 올릴 수 있는 사업이다.

2) 안정성의 논리
시장의 안정성은 고객의 안정성으로 직결된다고 할 수 있다. 설문조사 결과 고객의 66퍼센트가 정상 채무자로 간편한 대출방식을 선호하기 때문에(대부분 술값 등 소액대출을 원하는 30대) 직장인이 주류를 이룬다고 한다. 특히 대부업의 성장은 사채업에 대한 사람들의 인식변화로 최초 진입자 수가 계속 증가중이다. 미등록 사채 시장이 양성화되고 외국계 은행의 참가로 성장은 지속될 것으로 보인다. 따라서 법인의 설립이든 개인사업자의 방식에 의하든 법적 테두리 내에서 대부업을 하는 것은 어느 정도 성공의 길이 보장된다고 할 수 있다.

본 저자가 대부업경영관리서를 저술하게 된 것도 이런 확신에서 이다.

3) 위험요소
가장 큰 위험요소 중의 하나는 경쟁이 심화되고 있다는 점이다. 등록업으로 라이센스가 필요 없는 금융업인 관계로 그 경쟁자로서 특히 외국계 금융기관을 들 수 있다. 이들은 저리로 자금을 조달할 수 있고 선진화된 금융기법과 개인신용평정과 대금추심에 강점을 가지고 있다. 시민운동 차원에서 제기되는 마이크로 크레디트도 앞으로 경쟁요소가 될 것이다. 대부업을 하는 기업의 평판관리에도 부정적인 요소가 있으며 상한금리나 광고, 추심활동 규제 등 법률 규제도 위험요소로 작용할 것이다.

3. 대부업체의 급성장

1) 대부업체의 급성장
사금융 피해를 줄이고 불법 고금리 사채업자들을 제도권으로 끌어들이기 위해 만든 '대부업법'에 의해 설립된 대부업체들이 6년 만인 2008년부터 '주식시장 상장'을 적극적으로 추진하고 있다. 특히 'rush & cash' 브랜드로 유명한 대부업체 A&P파이낸셜은 2009년 하반기 유가증권시장 상장을 목표로 굿모닝신한증권 및 동양종합금융증권과 대표 주간사 선정 조인식을 가졌다. 러시앤캐시는 2008년엔 10개, 2009년 초 7개의 지점을 새로 개설하는 등 전국 약55개 지점을 운영하고 있는 국내 최대 대부업체다. 이 회사의 자산은 2006년도 회계연도(9월 결산 법인)기준 1601억원에서 2007년 회계연도에는 7149억원으로 3.46배 급증했다. 당기순이익도 이 기간 중 322억원에서 1299억원으로 3배가량 늘었다. '웰컴크레디라인'도 증권선물거래소에 예비심사청구서를 제출, 코스닥시장 상장을 노크했다.

2) 대부업의 전망
신용대란의 여진이 가라앉은 2004년부터 대부업 시장이 급성장하였으며 선두권 업체들을 시작으로 상장을 추진하는 대부업체들이 점점 늘어날 것은 분명하다. 러시앤캐쉬 외에 리드코프(1996년 석유판매 업체로 상장, 대부업체로 변신)까지 포함하면 유가증권시장 또는 코스닥시장에 진출할 대부업체는 3개에 이른다. 금융위원회 추산에 따르면 2007년 말 기준 대출 규모는 10조원, 대부업체 이용자는 128만명에 이른다. 문제는 등록 대부업체도 1만 8000여개나 되다 보니 법정이자율 한도(연 49% 이하)를 지키는 곳이 그리 많지 않다는 점이다. 아담스미스는 그의 저서(국부론)에서 "이자가 허용되는 나라에선 고리 수탈을 방지하려 최고 이율을 일반적으로 정해 놓고 있는데, 주의할 것은 법정 이자율이 시장 이자율보다 약간 높아야지, 훨씬 높아서는 안

된다."고 했다. 따라서 과다한 욕심을 내지 않음으로써 이러한 역기능에 휩쓸리지 않고 법적테두리 내에서 합리적인 방식으로 대부업을 경영함으로써 안전한 투자이익 역시 보장 될 수 있다고 하겠다.

3) 대부업의 순기능과 역기능

서민들이 부담한 평균 이자율은 68%. 대출 잔액 규모를 감안하면 대출자들이 연간 6조 8,000억 원을 이자로 냈다는 결론이 나온다. 물론 대부업의 순기능은 크다. 대부업체가 없었던 2002년 이전 일수 업체, 어음할인 업체, 음성 사채업자 등을 통해 연 180%가 넘는 금리에 돈을 빌렸던 것과 비교하면 서민들의 부담이 줄어든 측면도 있다. 대부업체가 제도권에 진입하면서 불법 채권 추심이 줄어든 것도 긍정적이다. 그러나 무등록 업체가 여전히 많고 이자 한도를 넘어선 고금리 대출이 성행하는 문제점도 안고 있다. 일본계 자금이 국내 대형 대부업체의 주요 주주라는 점에서 일본 사금융의 우회 상장이란 부작용도 우려된다. 한 금융 전문가는 "더 이상 몸집이 커지기 전에 감독 사각지대에 놓인 대부업체들을 체계적으로 관리하는 방안 마련이 시급한 과제"라고 지적하기도 했다.

제 2 절   고금리 규제 방안의 비교법적 검토

우리나라에선 대부업법에서 제한하고 있는 기본적인 제한규정에 위배되지 않는 한 누구나 대부업을 할 수 있고, 고금리까지 보장한 나라를 찾기는 쉽지 않다.

1. 일본

일본은 '이식제한법' 과 '대금업 규제에 관한 법률' 등으로 고금리를 규제한다. 일본의 법정 최고 금리는 연 20%지만, 대출금액마다 이율에 차이가 있다. 10만엔 미만을 빌리면 연 20%지만, 10만~100만엔은 연 18%, 100만엔 이상은 연 15%다. 법정 최고 이자를 초과하는 이자는 무효다.

2. 유럽

유럽의 고금리 규제는 다른 국가들 보다 더 엄격하다. 프랑스의 경우, 대부업자는 반드시 면허를 따야 하는 허가제가 시행중이다. 중앙은행이 분기별로 시장평균 금리를 조사해 발표하면, 정부는 이 금리의 1.33배를 넘는 금리를 폭리로 규정해 단속한다. 독일에선 법적 금리상한이 없지만, 법원이 폭리라고 규정한 금리의 경우 계약을 무효화하고 대부업자를 처벌할 수 있다(현재 법원 판례는 시장평균금리의 2배를 넘는 이자를 폭리로 규정하고 있다. 또 대부업자는 반드시 면허를 취득해야 한다).

제 3 절   국내의 현황

1. 사금융

1) 사금융의 개념

개인 또는 조직이나 중개인 · 친척 · 지인 등이 개인이나 기업에게 자금을 제공해주는 것으로 금융기관 등의 제도금융이 아닌 것을 말한다. 그리고 이들에 의해 조직된 보이지 않는 금융시장이 바로 사금융시장이다. 특히 기업에 자금을 공급해주는 원천은 개인조직을 갖고 있는 전문적인 사채업자, 친척 및 친지, 상호저축은행, 계 등이다. 이러한 사금융은 비교적 적은 자금을 단기에 급히 조달할 필요가 있을 때 임시방편으로 이용할 수 있다는 장점은 있지만 이자율이 높고 기간이 단기적이기 때문에 큰 위험이 수반된다. 이와 같은 사금융에는 예로부터 전통적으로 전해 내려오던 계, 상업적 형태로 발전한 객주, 제도화된 신용협동기관 등을 들 수 있다.

2) 사금융의 종류
가장 대표적인 사금융의 하나로서, 사금융 형태인 계를 제도금융으로 흡수·발전시킨 상호저축은행을 들 수 있다. 즉 신용협동기관의 하나로서 취급하는 금융상품도 계와 부금업무 위주로 되어 있는 상호저축은행은 도시의 영세 상공인들이나 서민들을 대상으로 하는 서민금융기관이다. 이들 금융기관의 금리는 은행금리 수준보다 다소 높게 책정되어 있으며, 영세기업의 자금조달을 원천으로 활용하고 있다. 상호저축은행 이외의 신용협동기관으로는 새마을금고·신용협동조합·상호금융이 있다. 새마을금고는 마을단위의 조직체로서, 신용협동조합은 직장 또는 마을단위로서 조합원들이 예금한 자금을 조합원들에게 대출해주는 기관이다. 또한 상호금융은 농업협동조합·축산업협동조합·수산업협동조합을 통하여 농어촌지역의 저축 및 융자업무를 취급하는 기관이다.

2. 사금융시장

1) 사금융시장의 지위
공식적인 금융제도상의 금융시장과는 달리 사금융시장은 금융기관의 보급이 충분하지 않거나, 금융기관에 의한 금융 서비스의 공급이 금리규제나 신용할당 등으로 제약되는 경제에서는 보통 사금융시장이 금융수요를 충족하는 데 중요한 위치를 차지하고 있다. 이러한 사금융시장의 특성으로 인해 우리의 금융구조는 공식적인 금융제도와 사금융시장이 공존한다는 의미에서 '이중적 금융구조'의 특성을 가진다고 지적되어왔다.

2) 사금융시장의 특성
금융제도상의 금융시장은 예금자보호와 신용질서의 유지를 위하여 법률로 설립·영업범위·가격 등의 규제와 감독을 받는 금융기관들을 중심으로 한 금융시장이다. 반면 사금융시장은 정형화된 거래조직이나 거래형태를 가지고 있지 않다는 점에서 비조직적인 시장인 동시에, 법적 인가를 받지 않은 사채업자와 중개인에 의해 금융거래가 이루어짐으로써 통화당국의 규제를 받지 않는다는 점에서 비규제시장의 특성을 가지고 있다. 그러나 사금융시장은 그 나름대로 금융거래의 조직과 질서를 가지고 있으며, 경우에 따라서는 보다 효율적인 금융기능을 수행할 수 있다는 점에서 비조직적인 시장의 성격보다는 비규제시장이라는 측면의 특성을 강하게 가지고 있다.

3) 사금융시장의 역기능과 순기능
금융기관에 의한 금융 서비스가 널리 공급된 이후에도 사금융시장이 상당한 비중을 차지하고 있는 원인으로는 저축자에게 예금은행의 예금금리가 저수준에 규제되어 있어 인플레이션 현상이 있을 때 오히려 손해를 볼 수 있으며, 예금은행들이 주로 장기금융의 공급에 치중하고 있어 신용차별로 담보제공능력이 미약한 가계나 중소기업 및 소상인들이 예금은행의 신용을 공급받기 어렵다는 점에 있다. 따라서 사금융시장은 제도금융시장이 충분하게 공급하지 못하는 단기금융과 예금은행의 대출을 얻기 어려운 계층에게 자금을 공급한다는 점에서 제도금융시장에 대하여 보완적인 기능을 수행한다고 하겠다. 그러나 예금은행의 저축동원을 제약하여 산업자금의 원활한 공급을 어렵게 하고, 지하경제를 팽창시키는 한편, 통화의 유통속도를 높임으로써 통화정책의 효과를 약화시키며 정부가 의도하지 않은 자원배분을 야기한다는 점에서 국민경제에 역기능을 한다.

4) 사금융시장의 구분

(1) 원시적인 개인신용시장

이질적이고 비상업적인 대부자(친척·친구·이웃)와 그 지역의 상업적인 대부자(전당포)에 의해 공급되는 시장이다.

(2) 계시장

가계의 비공식적인 저축조합으로 분 할부예금 및 대출방식에 의해 순서가 빠른 차입자와 순서가 늦은 저축자 간의 금융거래가 이루어진다.

(3) 비공식적인 상업어음시장

같은 업종의 영업자를 중심으로 진성어음이나 융통어음을 할인함으로써 직접 자금거래가 이루어지는 시장이다.

(4) 대규모 비공식 신용중개인시장

직업적인 사채중개인이 자금의 공급자로부터 자금을 공급받아 대기업의 융통어음을 할인함으로써 자금이 거래되는 시장으로, 흔히 말하는 사채시장은 이 시장을 지칭한 것이다. 특히 이 시장은 은행이나 단자회사 등 제도금융기관을 경유하는 자금거래형태를 취하기도 한다.

(5) 중간형태의 사금융

1972년 상호신용금고로 흡수되기 이전의 사설금융회사(서민금고)와 무진회사(無盡會社), 어촌의 객주 등 제도금융시장과 사금융시장 등의 중간형태도 있었다.

참고 : 계(契)

1) 계의 의의 및 연원

계는 공동체 속에 거주 있는 사람이나 서로 관련되어 있는 사람들이 어떤 사회적인 목적 하에 모여서 일정한 액수의 화폐나 곡물 또는 피륙 등을 내어 그것을 운영하고 불려 서로 이용하거나 분배하기도 하는 것을 말한다. 우리는 경조사가 있으면 어떤 조직을 만들어 이를 성취하고자 하며, 설령 특별한 일이 없더라도 어떤 동류 적 기반에 근거해 무리 짓기를 즐긴다. 이것은 계의 전통에서 유래한 것이다. 따라서 계는 역사적 변용을 거치면서 현재도 부단히 존속하고 있다. 더우기 '계' 라는 명칭을 사용하지 않는 다른 많은 조직들도 실제로는 계의 변형으로 간주할 수 있다. 계의 연원은 분명치 않지만 생활공동체로서의 계는 고대 원시공동체사회 이래 존속해왔다.

2) 공동체계

동계·족계·촌계 등이 있다. 우선, 동계는 임진왜란 직후부터 나타나며 사족(士族)들만이 참여하는 일종의 족계 형식이다. 즉 족계는 부계중심의 문중조직이 출현·발전하면서 등장한 동족 사이에 결성된 계이다. 족계의 명칭도 종계. 문중계. 대동계 (화수계 등 다양하다. 다음으로 촌계는 자생적인 것이고 여씨향약과 취지는 유사하나 본래는 무관했다. 10호 내지 수십 호의 자연촌에서 모든 주민은 촌계의 구성원이며 스스로 촌계를 관리할 존위 등 임원노동조직으로서의 두레·동회(洞會) 등을 주관하며 상호부조·상호규검하는 일상생활의 필요성에서 촌계를 조직했다.

3) 친목사교계

공통의 기반을 가지고 있는 사람들이 친목을 도모하고 그들 간에 결속력을 강화하기 위한 것이다. 갑계·동경계·화수계(금란계·돈의계·유계·사우계·문생계·청계·기로회 등이 있다. 특히 갑계. 동경계는 나이가 같은 동갑내기끼리

3. 금융감독원이 소개하는 '불법 사금융피해 예방요령'

(1) 정체불명은 위험하다. 거래상대방의 정체를 명확히 알자

금전을 맡길 때와 마찬가지로 빌릴 때도 상대방이 누구인지, 영업소의 소재지, 대부업 등록 여. 부 등을 반드시 확인한다. 금융회사인 경우 금융감독원 홈페이지의' 제도권금융기관조회' 코너를 이용하고, 대부업자인 경우 관할 시도에 문의하여 주소 · 전화번호 등이 일치하는지 대조확인 한다.

(2) 장래의 분쟁에 대비하여 계약서 및 영수증은 꼭 챙기자.

계약체결 시에는 계약서를, 금전을 상환했을 때는 영수증을 반드시 챙겨야 하며, 향후 민 · 형사상 피해구제가 어려우므로 이를 소홀히 하여서는 안 된다 .

(3) 무조건 서명 · 날인은 위험하다. 계약내용을 정확하게 알고 서명 · 날인하자.

대출액, 대출이율, 상환일, 중도상환조건 등 계약내용을 모르고 서명 · 날인하였다고 주장해도 구제받기 어렵다.

(4) 급할수록 돌아가자(빠른대출 유혹에 조심)

불법 사금융업체는 피해자의 급박한 사정을 교묘하게 이용하여 피해를 유발시키고 있다.

(5) 본인 신용도에 비해 상식적으로 납득이 가지 않는 유리한 조건을 제시하는 업체 조심 "누구나 대출", "신용불량자 가능" 및 "신용카드 연체자 대출" 등 건전한 상식수준을 벗어난 거래는 일단 의심해야 한다.

(6) 허위 · 과장 · 부실광고에 현혹되지 말 것

보통 대출사기 업체는 스팸메일 · 휴대폰 문자메세지등 불특정 다수인에게 접근하는 대출광고를 통해 피해자에게 접근한다. 상호, 대부업 등록번호, 주소, 전화번호, 연이율 등이 명확하게 기재되지 않은 광고는 대출사기업체일 가능성이 높다.

(7) 사금융피해 및 금융사기 피해 발생 시 즉시 신고

가) 경찰청, '생계침해형 부조리사범 통합신고센터' (국번없이 1379)

나) 금융감독원, '사금융피해상담센터' (02-3786-8655)

4. 각종 이율의 차이

1) 예금이율의 차이

은행은 기본적으로 고객들로부터 받은 예금으로 대출을 해줌으로써 이윤을 얻는데 이것을 예대마진이라고 한다. 은행은 예금 외에도 많은 자금조달수단을 가지고 있어서 콜(call), 금융채, CD 등으로 자금을 조달함으로써 상호저축은행보다 쉽게 자금을 많이 모을 수 있다. 반면 상호저축은행은 거의 모든 부분을 고객의 예탁금으로부터 자금을 충당하기 때문에 고객들에게 높은 이자를 주고 자금을 모아야 한다. 그럼에도 불구하고 고객들이 상호저축은행보다 은행에 일반적으로 예금거래를 하는 것은 은행의 공신력과 안정성 때문이다.

2) 대출이율의 차이

한마디로 예대마진 때문이다. 금융기관(은행, 증권, 보험, 등 포함)에서 대출을 해줄 때는 당연히 수익성이 있어야 하므로 자신들이 조달한 자금의 이율보다 높게 대출이자를 산출한다. 더구나 비싼 이자를 주고 자금을 빌려오고, 높은 예금이자를 고객들에게 주어야 하는 상호저축은행은 은행보다 더 높은 대출이자를 받을 수밖에 없는 것이다. 그런데 대출, 신용카드, 환전, 외환, 신탁, 수익증권, 공과금지로 수납 등 다양한 은행업무를 상호저축은행에서 전부 처리하는 데는 한계가 있다. 더구나 은행에서는 오랫동안 많은 예금실적을 가진 고객일수록 대출에 있어서 다소 유리한 혜택을 주고 있기 때문에 예금실적이 없이는 은행에서 신용대출을 받기가 쉽지는 않다.

제 4 절 신용정보의 조회

1. 개인신용정보회사를 통한 신용정보의 조회

신용정보 조회는 주로 대출이나 신용카드 발급을 받을 때 많이 하는데, 이것은 고객의 금융거래 안정성과 과도한 부채 및 연체를 판단하기 위해서이다. 은행들은 자체 평가사로부터 정보를 받아 자체신용평가가 부족한 경우, 개인 신용정보 회사기준을 참고하고 있다. 현재 개인신용정보회사 3곳이 이런 신용정보를 제공하고 있다. 다만 개인신용정보회사에서 제공하는 정보가 절대적인 것은 아니다.

2. 기타 기관을 통한 신용정보의 조회와 등급

(1) 금융회사 외에도 개인사업자 발급이나, 케이블 방송, 인터넷 사업자나, 휴대전화업체에서도 신용정보를 조회할 수 있다. 이것은 당사 연체 또는 거래불량자를 가려내기 위한 것 이다. 조회할 때마다 신용등급이 낮아지는 것이 아니라 우선적으로 점수가 하락한다. 물론 신용점수가 많이 하락할 경우 신용등급이 떨어진다. 신용정보 업체마다 해당 기준이 다르므로 제각각 이다.

(2) 개인신용정보회사 3곳 가운데 2곳(마이크레딧, 크레딧뱅크)이 금융권의 조회 시 신용점수를 차감한다. 신용조회 역시 신용평가의 중요 요소로 볼 수 있다. 대부업체는 물론이고, 은행과 카드사, 캐피탈, 저축은행 같은 금융회사도 신용정보를 조회할 경우에는 신용점수가 하락한다. 그리고 금융회사를 제외한 인터넷 사업자나 케이블 방송, 휴대전화업체 등이 조회한 것은 기록에는 남지만 점수에 전혀 반영되지 않는다.

(3) 신용등급의 등락

금융감독원은 최근 은행권 조회기록으로, 신용등급이 3등급 이상 하락했다는 주장이 있는데 실제 내용을 보면 조회기록만으로 하락한 경우는 없고 새로운 연체가 발생하거나 카드론 등 신규대출 사실이 반영된 결과로 확인된 바 있다. 은행에서도 조회하면 신용정보회사의 신용등급도 하락한다. 제1금융권의 경우 신용점수를 차감하는 폭이 작고, 대부업은 차감 폭이 큰 편이다. 또한 조회 빈도와 총 조회건수를 감안해서 차감되는 점수 폭이 커진다. 예컨대 점수를 최대 10점으로 보았을 때, 1금융권 2점, 2금융권 3점, 대부업 5점으로 정의를 내릴 수 있다. 이것은 신용조회에 한해서이다. 실질적으로 조회부터 융자까지 받은 후에는 점수가 아닌 등급이 일시적으로 떨어지는데, 그것은 일시적으로 과도한 융자거래를 막기 위해서이다. 등급은 3-6개월 이내 연체가 는 경우 다시 본래의 신용으로 회복된다.

02장 대부업등록절차

제 1 절 서론

(1) 대부업을 위해서는 관할지역의 자치단체에 대부업신고를 반드시 해야 한다. 즉 대부업자의 사업장 소재지 관할 자치단체의 홈페이지에 방문하면, 대부업등록 업체에 대하여(대부업체의 대표, 영업장소 등)고지하게 되어 있다. 홈페이지에 고지가 없다면 불법대부업체로 보면 된다. 정상적인 대부업체를 통하여 사채를 이용하게 되면, 대부업거래 표준약관(대표자 및 영업장소, 연락처의 명시)을 교부한다. 대부업등록을 안하고 하는 불법업체는 거의 표준약관을 미교부 할 것이나, 대부업을 등록한 대부업체도 대부분 표준약관의 교부를 게을리 하고 있는 게 현실이다.

(2) 파산신청은 채권자에게 파산신청에 대하여 법원송달이 미처야 확정되기 때문에 파산선고 시 포함시킨 대부업을 하려면 각시도의 도청이나 시청 등의 지자체에 신고를 하고 자본금을 신고하여야 한다. 대부업의 경우는 금전대부와 금전대부의 중개가 있고 대부 중계의 경우는 과세사업자 이다. 금전대부의 경우는 면세사업이고 대부업을 등록하면 중개나 금전대부를 할 수 있고, 중개의 경우는 대부업체와 계약을 맺고 대출의 중간 알선을 하고 대부업체로부터 수수료를 지급받을 수 있고, 고객에게 수수료를 받는 부분은 불법이다.

제 2 절 대부업의 등록순서

1) 개인사업자의 경우

(1) 우선 사업자등록관할세무서를 방문하여 대부업사업자등록 신청(가능한 한 대부업뿐만 아니라 대부중개업도 사업에 포함시키는 것이 유리하다)

(2) 관할 시청을 방문하여 대부업등록 신청(자치단체별로 관할부서가 다름에 주의)

(3) 관할시청 세무과를 방문 대부업등록세 납부 후 납부영수증을 관할세무서에 납부하고 영수증을 관할시청에 제출하고 대부업등록증을 발급받는다(기간은 1-7일 정도소요)

(4) 세무서를 방문 하여 대부업사업자등록증을 발부 받는다(지자체에 따라서는 대부업등록증을 확인 후 사업자등록증을 발급하는 경우도 있음에 유의)

2) 법인사업자의 경우

　(1) 개인사업자와 순서는 대체로 동일하나, 다만 법인의 경우에는 세무서에 법인설립신고 및 법인설립등기가 완료된 후에 관할시청을 방문하여야 한다. 그러므로 개인사업자의 경우보단 4-7일 정도 더 소요된다고 보아야 한다.

　(2) 법인설립의 경험이 없는 경우엔 법무사에게 법인설립절차를 의뢰하는 것이 좋을 것이다. 그것은 장래의 채권회수 및 서류작성과 관련하여 긴밀한 관계를 유지해야 하므로 초기부터 신뢰할 수 있는 법무사를 이용하는 것이 좋기 때문이다.

3) 대부업등록에 필요한 구체적 서류 및 절차
　(1) 법인의 경우
　가. 대표자 방문 시
　　가) 대부업 등록신청서
　　나) 법인등기부등본 1통
　　다) 법인인감증명서 1통
　　라) 법인인감도장
　　마) 등록수수료 10만 원
　　바) 신분증지참
　　사) 대표자 및 임원(감사포함)의 주민등록번호, 현주소 등을 정확히 기록 제출(신원조회)

　나. 대리인 방문 시
　　가) 인감증명
　　나) 인감날인 된 위임장
　　다) 대리인 신분증지참

　(2) 개인의 경우
　가. 본인 방문 시
　　가) 대부업 등록신청서
　　나) 인감증명서 1통
　　다) 인감도장
　　라) 등록수수료 10만 원
　　마) 신분증지참
　　바) 사업장주소, 본적지 등을 정확히 기록(신원조회)

　나. 대리인이 방문 시(추가)
　　가) 인감증명
　　나) 인감 날인된 위임장
　　다) 대리인 신분증지참
　　라) 공동대표등록불가(단, 부부 · 직계존비속은 가능 : 주민등록등본 첨부)

3) 절차

(1) 처리기간 14일(공휴일포함)

(2) 등록서류검토

(3) 접수 및 문서등록

(4) 신원 및 범죄경력조회 및 조회결과에 따른 조치(등록, 반려, 조건부, 약식명령 및 판결문 요청 범죄경력 상세 내용 확인)

(5) 등록증발급 및 면허세(45,000원) 부과(은행 납부: 납부기간은 정해져있지 않음)

(6) 직인날인 및 당사자 및 관계기관 통보

(7) 교부(대리인 방문 시 접수증, 신분증)

제 3 절 제한규정

다음의 각 호에 하나라도 해당되면 대부업의 등록은 제한되며, 등록되었다 하더라도 다음과 같은 사유가 발생하면 등록취소 된다.

1) 미성년자 · 금치산자 또는 한정치산자

2) 파산자로서 복권되지 않은 자

3) 금고 이상의 실형을 선고받고 그 집행이 종료되거나 면제된 날로부터 5년이 경과되지 아니한 자

4) 금고 이상의 형의 집행유예의 선고를 받고 그 집행유예기간 중에 있는 자

5) 금고 이상의 형의 선고유예를 받고 그 유예기간 중에 있는 자

6) 벌금형의 선고를 받고 2년이 경과되지 아니한 자

7) 이 법, 형법 제257조제1항 · 제260조제1항 · 제276조제1항 · 제283조제1항 · 제319조 · 제350조 · 제366조 (채권추심과 관련된 경우), 폭력행위등처벌에관한법률(채권추심과 관련된 경우), 신용정보의이용및보호에관한법률 제32조제1항 · 제2항제8호

8) 등록취소 처분을 받은 후 5년이 경과되지 아니한 자
(법인인 경우 그 취소사유 발생에 직접 책임이 있는 임원 포함)내용 작성 셀(이하 같음)

제 4 절 기타

1. 사업자등록증의 부활

대부업을 폐업했다가 다시 시작하면 신규등록에 해당된다. 따라서 새로이 대부업등록을 위한절차를 밟아야 한다.

2. 폐업신고

1) 법인, 개인
   (1) 대부업등록증 원본(분실, 훼손 시에는 분실, 훼손 사유서를 제출)
   (2) 신분증지참
   (3) 폐업신고서(시청 내 비치)를 작성

2) 대리인이 방문 시(추가)
   (1) 인감 날인된 위임장
   (2) 인감증명서 1통 첨부
   (3) 대리인 신분증지참
   (4) 처리기간 3일

3. 등록취소

1) 시도지사는 1년 이내의 기간을 정하여 업무의 전부 또는 일부의 정지를 명하거나, 청문을 거쳐 등록을 취소할 수 있다.

2) 등록이 취소되는 경우는 다음과 같다.
   (1) 속임수 또는 부정한 방법으로 등록(반드시 취소해야 함)

   (2) 대부업자가 등록제한 사유에 해당하게 된 경우

   (3) 6개월 이상 영업실적이 없는 경우

   (4) 영업정지명령을 위반한 경우

   (5) 대부업자의 소재를 확인할 수 없는 경우로서 소재확인을 위한 공고를 한 후 30일이 경과할 때까지 대부업자로부터 통지가 없는 경우(청문 불필요)

   (6) 거래상대방의 이익을 크게 해칠 우려가 있는 경우

   (7) 다른 시도지사에 등록한 영업소가 등록취소 처분을 받은 경우

4. 취하

등록증이 나가기 전에 취하를 하고 싶으면 신청인이 신분증 지참 방문하여 취하원을 제출하면 된다. 그러나 이미 제출된 서류나 수수료는 반환받지 못한다. 등록 처리된 후 취하는 폐업신고서 제출하면 된다(처리기간은 3일).

03장 대부업의등록 및 금융 이용자보호에 관한 법률

제 1 절 대부업시장의 현황

지방자치단체에 등록되어 있는 대부업체는 2006년 말 기준 17,000여 개로 그 수가 지속적으로 증가하고 있다. 2005년 9월 개정 "대부업의등록 및 금융이용자보호에관한법률"(이하 "대부업법")시행으로 등록대상이 확대되고 벌칙강화에 따른 음성업체의 양성화가 일부 이루어지면서 등록업체의 수가 증가 하였다. 행자부와, 금감위가 공동주관으로 2006년말 17,000개의 등록대부업자를 대상으로 실태를 조사한 결과 총 8,447개(49.1%) 대부업자가 회신하였으며, 25.9%의 업체만 대부실적을 보고 하였다. 이를 토대로 등록 대부업체 전체의 대부 규모와 이용자 수를 추정하면 등록대부업 시장의 규모는 약 8조 1천억원, 이용자수는 148만 여명 이다.

제 2 절 대부업법의 정의

(1) 대부업법은 "대부업의등록및금융이용자보호에관한법률"(2002년 8월 26일 공포, 10월 27일부터 시행)을 의미한다. IMF를 거치면서 시장경제 원리를 규제하는 '이자제한법'이 무효화 되면서 제정된 법률이다. 특히 본 법은 고리대의 폐단을 없애기 위한 목적 등으로 제정된 법률 인 만큼 대부업을 하고자 하는자(또는 법인)는 관할 시·도지사에 등록하고, 시·도지사의 감독을 받아야 한다.

(2) 본 법의 취지는 이자율의 제한은 1회 대부 원 금액을 기준으로 3천만 원 이하의 대출계약에 대한 이자율은 연 66% (월 5.5%, 일 0.18%에 해당) 이내로 하며 이를 초과하는 부분에 대한 이자계약은 무효이다. 그리고 채무자가 그 초과부분에 대한 이자를 변제하였을 경우에는 그 반환을 청구할 수 있다. 3천 만 원을 초과한 금액을 대부하는 경우, 3천만 원 까지는 최고 이자율이 적용되고, 3천만 원을 초과하는 금액에 대해서는 최고 이자이 적용되지 않는다.

참고 : 대부업법의 개정에 관한 입법예고

2009년 9월부터 대부업체들이 채무자들로부터 받을 수 있는 최고이자율이 현행 연 66%에서 49%로 인하되었다. 그 결과 대부업을 이용하는 서민들의 이자 부담이 상당부분 줄어들고 여신사와 저축은행 등 제도 금융권의 소액 신용대출 금리 수준도 동반하락 하는 효과가 있을 것으로 당시 재경부는 예상했다. 즉 재정경제부는 2009년 1월 5일 대부업 최고이자율 및 여신 금융기관의 연체이자율 상한을 연 66%에서 49%로 17%포인트 낮추는 내용의 대부업법을 입법예고했다. 이는 이자율 상한이 70%에서 60%로 하향 조정된 데 따른 시행령 상 후속 조치다. 참고로 대부업을 하면서도 무등록

제 3 절 대부업법의 제정경위

1) 제정목적

대부업법은 이자제한법의 폐지에 따른 문제를 해결하고 지하경제의 음성적인 고리대금업자를 양성화하여 건전한 경제실현을 위한 목적 등을 가지고 제정(2002.8)되어 동년 10월부터 시행되고 있다. 이에 따라 사금융업체의 대부업 등록을 의무화하고 최고이자율 준수 및 불법채권추심행위 금지를 법률로 규정함으로써 사금융시장의 투명성과 윤리성을 확보하고자 하였다.

2) 거래상대방의 보호

동법은 금전의 대부를 업으로 하는 일정 규모 이상의 대부업자(동법 시행령 제2조 참고)를 시·도지사에게 등록하도록 하고(동법 제3조, 제4조), 대부업자가 행하는 3,000만 원 이내의 소액대부에 대하여 이자율을 연 100분의 70의 범위 이내로 제한하는 한편(동법 제8조. 동시행령 제6조에 따르면 현재 연60%), 대부업자 및 여신금융기관의 불법적 채권추심행위를 금지하며(동법 제10조) 대부업자와 거래상대방 사이의 분쟁해결을 위하여 분쟁조정위원회를 두는 등 그 거래상대방을 보호하는 장치를 마련해 두고 있다(동법 제1조 참조).

제 4 절 대부업법의 시행 전·후의 동향

1. 대부업법이 시행되기 이전

대부업법이 시행되기 이전에는 사금융 이용자들은 사금융업체로 부터 수백퍼센트의 고금리로 대출을 받고 강압적인 불법추심행위 등을 당해도, 그것이 불법임을 생각조차 하지 못하거나 설령 알고 있었다 하더라도 하소연할 곳이 마땅치 않았다.

2. 대부업법의 시행이 후

대부업법의 시행은 사금융시장에 많은 변화를 가져왔다. 대부업법은 금융의 형태 중 가장 역사가 오래된 사금융시장을 명문화된 법률로 획일적인 영업준칙을 규정한 유례가 없는 법정신으로, 시행 당시에 법조항에 대한 적정성 여부를 놓고 각계각층에서 많은 논란이 있었고, 그 실효성에 대해서도 갖가지 의구심이 제기된 바가 있다. 그러나 대부업법의 시행에 따라 사금융시장의 자금공급자와 자금수요자 뿐만 아니라, 시장과 직접적으로 연관된 정책입안자, 시장감시자 등의 의식과 자세가 한층 더 발전하는 긍정적인 효과가 나타났다.

3. 현행 대부업법에 대한 보완

(1) 고리대부업 피해자를 무료법률구조 대상자로 지정하고 적극적인 피해구조시스템을 확충해야 한다.

(2) 대부업체 및 상호저축은행, 캐피탈사 등 여신전문금융기관의 금리상한을 옛 이자제한법령의 상한인 연 25%로 제한하고, 1,000만 원 이상 고액대출 및 무등록 대부업자에 대한 금리상한은 연 20% 범위내로 제한해야 한다.

(3) 대부업자들이 금융기관처럼 자신들을 현혹시킬 수 없도록 금융기관 유사상호의 사용금지 등 필요한 조치가 취해져야 한다. 또한 대부업자의 방송광고 등도 적절히 제한해야 하며, 불법광고에 대한 처벌 규정을 강화해야 한다.

(4) 병원비, 생계비, 자녀양육비, 학자금 등이 필요한 서민들이 더 이상 고리대에 의존하지 않도록, 정부는 '정부차원에서 제공하는 공적금융(예 : 저소득 근로자 생활안정자금 대출제도, 저소득층 전세자금 대출제도 등) 활성화를 위한 종합대책' 과 '민간차원의 대안금융 활성화 촉진 대책' 을 서둘러 마련해야 한다.

제 5 절 현행 대부업법의 특징

본 법은 대부업자의 양성화, 대부업자의 여신에 대한 이자율제한, 제도권 금융기관 및 대부업자의 불법적인 채권추심행위 금지 등의 금융이용자보호, 대부업자에 대한 감독 등의 네 가지 부분이 주요 골격을 이루고 있는데 부문별 주요 내용은 다음과 같다.

(1) 대부업법은 연 49%의 이자율을 초과하는 이자를 무효로 규정하고 있다. 사채업자를 통해 연 49% 초과 이자 지급조건으로 계약한 경우 제한 이자율을 위반한 것이 된다. 채무자가 그 초과부분에 대한 이자를 변제하였을 때에는 그 반환을 청구할 수 있다(동법 제8조 3항).

(2) 일정규모 이상의 대부업자의 경우에는 위 법률에 의해 대부업을 등록하지 않고 사실상 대부업을 영위하는 경우에도 최고이자율제한에 구속되며(동법 제11조), 그 이자율을 산정하는 데에서도 사례금 · 할인금 · 수수료 · 공제금 · 연체이자 · 선이자 등 그 명칭에 불구하고 대부와 관련하여 대부업자가 받은 것으로 최초의 공제금액을 원금에서 차감한 것을 말한다(동법 제11조).

(3) 다만, 대부거래의 체결과 변제에 관한 부대비용(담보설정비용, 「신용정보의 이용 및 보호에 관한 법률」 제4조 제4항 제1호의 업무 허가를 받은 자에게 거래상대방의 신용을 조회하는 경우의 신용조회비용)은 제외된다. 따라서 계약체결 후 이자율 위반사실을 알게 되거나 위반사실을 알고도 불가피하게 계약을 체결한 경우에는 이자율 위반이 불법행위이며 무효(49%를 초과하는 이자부분만 무효이며, 대부계약자체는 유효)임을 적극 주장하여 제한금리 이내에서 합리적인 수준의 재계약을 하여야 한다.

(4) 대부업자는 그의 거래상대방(대부계약과 관련된 보증계약을 체결하는 경우에는 보증인을 포함한다)과 대부계약 또는 이와 관련된 보증계약을 체결하는 때에는 계약일자, 대부업법은 일정규모 이상의 대부업(동 시행령 제2조 참고)을 영위하는 자가 대부를 하는 경우 최고 이자율을 규제하고 있으므로(동법 제8조 1항) 일반인 사이의 금전소비대차나 일정 규모 이하의 대부업자에 의하여 행해지는 대차에 대해서는 적용되지 않는다.

제 6 절   각종 대부업 관련 법률의 주요골자

1. 대부업의등록 및 금융이용자보호에관한법률

법률 제6706호 신규제정 2002. 08. 26.
법률 제7428호(채무자 회생 및 파산에 관한 법률) 일부개정 2005. 03. 31.
법률 제7523호 법제명변경 및 일부개정 2005. 5. 31.
법률 제8700호 일부개정 2007. 12. 21.
법률 제8852(정부조직법) 일부개정 2008. 02. 29.
법률 제8863호(금융위원회의 설치 등에 관한 법률) 일부개정 2008. 02. 29.
법률 제9418호 일부개정 2009.2.6.
법률 제9617호 일부개정 2009.4.1.
법률 제9970호 일부개정 2010.1.25.

1) 목적(제1조)
이 법은 대부업·대부중개업의 등록 및 감독에 필요한 사항을 정하고 대부업자와 여신금융기관의 불법적 채권추심행위 및 이자율 등을 규제함으로써 대부업의 건전한 발전을 도모하는 한편, 금융이용자를 보호하고 국민의 경제생활 안정에 이바지함을 목적으로 한다.

[전문개정 2009.1.21]

2) 정의(제2조)

이 법에서 사용하는 용어의 뜻은 다음과 같다.

　1. "대부업"이란 금전의 대부(어음할인·양도담보, 그 밖에 이와 비슷한 방법을 통한 금전의 교부를 포함한다. 이하 "대부"라 한다)를 업(業)으로 하거나 다음 각 목의 어느 하나에 해당하는 자로부터 대부계약에 따른 채권을 양도받아 이를 추심하는 것을 업으로 하는 것을 말한다. 다만, 대부의 성격 등을 고려하여 대통령령으로 정하는 경우는 제외한다.

　가. 제3조에 따라 대부업의 등록을 한 자(이하 "대부업자"라 한다)

　나. 여신금융기관

　2. "대부중개업"이란 대부중개를 업으로 하는 것을 말한다.

　3. "대부중개업자"란 제3조에 따라 대부중개업의 등록을 한 자를 말한다.

　4. "여신금융기관"이란 다른 법령에 따라 인가 또는 허가 등을 받아 대부업을 하는 금융기관을 말한다.

[전문개정 2009.1.21]

3) 대부업의 등록(제3조)

(1) 대부업을 영위하고자 하는 자(여신금융기관을 제외한다)는 영업소별로 해당 영업소를 관할하는 특별시장·광역시장 또는 도지사(이하 "시·도지사" 한다)에게 등록하여야 한다.

(2) 제1항의 규정에 의한 등록을 하고자 하는 자는 다음 각 호의 사항을 기재한 신청서와 증명서류를 시·도지사에게 제출하여야 한다(개정 2010.1.25).
  1. 명칭 또는 성명과 주소

  2. 등록신청인이 법인인 경우에는 출자자(대통령령으로 정하는 기준 이하의 주식 또는 출자지분을 소유하는 자는 제외한다)의 명칭 또는 성명, 주소와 그 지분율 및 임원의 성명과 주소

  3. 등록신청인이 개인인 경우로서 업무를 총괄하는 사용인이 있는 경우에는 사용인의 성명과 주소

  4. 영업소의 명칭 및 소재지(둘 이상의 영업소를 설치하는 경우 영업소 각각의 명칭 및 소재지를 포함한다)4의2. 영업소의 소재지 증명 서류(등기부등본 또는 임대차 등의 계약서 사본에 한정한다)

  5. 경영하려는 대부업 등의 구체적 내용 및 방법

  6. 제9조제2항 또는 제3항에 따른 표시 또는 광고에 사용되는 전화번호(홈페이지가 있으면 그 주소를 포함한다)

  ③ 제2항에 따라 등록신청을 받은 시·도지사는 신청인이 제4조 각 호의 등록 제한 사유 중 어느 하나에 해당하는 경우 외에는 다음 각 호의 사항을 확인한 후 등록부에 제2항 각 호에 규정된 사항과 등록일자·등록번호를 적고 지체 없이 신청인에게 등록증을 교부하여야 한다.

  1. 신청서에 적힌 사항이 사실과 부합하는지 여부. 이 경우 신청서에 적힌 사항이 사실과 다르면 30일 이내의 기한을 정하여 등록증 교부 전에 신청인에게 신청서의 수정·보완을 요청할 수 있으며, 그 수정·보완 기간은 처리기간에 산입하지 아니한다.

  2. 사용하려는 상호가 해당 특별시·광역시·도 및 특별자치도(이하 "시·도"라 한다)에서 이미 등록된 상호인지 여부. 이 경우 이미 등록된 상호이면 다른 상호를 사용할 것을 요청할 수 있다.

(3) 등록증의 교부
  제2항에 따라 등록신청을 받은 시·도지사는 신청인이 제4조 각 호의 등록 제한 사유 중 어느 하나에 해당하는 경우 외에는 다음 각 호의 사항을 확인한 후 등록부에 제2항 각 호에 규정된 사항과 등록일자·등록번호를 적고 지체 없이 신청인에게 등록증을 교부하여야 한다.

  1. 신청서에 적힌 사항이 사실과 부합하는지 여부. 이 경우 신청서에 적힌 사항이 사실과 다르면 30일 이내의 기한을 정하여 등록증 교부 전에 신청인에게 신청서의 수정·보완 요청할 수 있으며, 그 수정·보완 기간은 처리기간에 산입하지 아니한다.

  2. 사용하려는 상호가 해당 특별시·도지사 및 특별자치도(이하 "시·도"라 한다)에서 이미 등록된 상호인

지 여부. 이 경우 이미 등록된 상호이면 다른 상호를 사용할 것을 요청할 수 있다.

　3. 제3조의4제1항에 따른 교육의 이수 여부. 이 경우 제3조의4제1항 단서에 따라 등록 후 교육을 받는 경우에는 등록 후 그 이수 여부를 확인할 수 있다.

　(4) 등록부의 열람
　시·도지사는 제3항에 따른 등록부를 일반인이 열람할 수 있도록 하여야 한다. 다만, 등록부 중 개인에 관한 사항으로서 공개될 경우 개인의 사생활을 침해할 우려가 있는 것으로 대통령령으로 정하는 사항은 제외한다.

　(5) 등록부의 열람기간
　제1항에 따른 등록의 유효기간은 등록일 부터 3년으로 한다.

　(6) 등록의 갱신
　제5항의 규정에 따른 등록 유효기간 이후에도 계속하여 대부업을 영위하고자 하는 자는 시(도지사에게 유효기간 만료일 1월 전까지 해당 등록의 갱신을 신청하여야 한다.

　(7) 제1항 및 제6항에 따른 등록 등의 구체적 절차는 대통령령으로 정한다.
　[전문개정 2009.1.21]

4) 등록갱신(제3조의2)
　① 대부업자등이 제3조제5항에 따른 등록유효기간 이후에도 계속하여 대부업등을 하려는 경우에는 시·도지사에게 유효기간 만료일 3개월 전부터 1개월 전까지 등록갱신을 신청하여야 한다.

　② 제1항에 따른 등록갱신신청을 받은 시·도지사는 신청인이 제4조 각 호의 등록 제한 사유 중 어느 하나에 해당하는 경우 외에는 제3조제3항제1호 및 제3호의 사항을 확인한 후 등록부에 제3조제2항 각 호에 규정된 사항과 등록갱신일자·등록번호를 적고 지체 없이 신청인에게 등록증을 교부하여야 한다.

　③ 제1항에 따른 등록갱신과 관련하여 시·도지사는 유효기간 만료일 3개월 전까지 해당 대부업자 등에게 갱신절차와 기간 내에 갱신을 신청하지 아니하면 유효기간이 만료된다는 사실을 알려야 한다.

　④ 제1항에 따른 등록갱신의 구체적 절차는 대통령령으로 정한다.
　[본조신설 2009.1.21]

5) 등록증의 반납 등(제3조의3)
　① 제5조제2항에 따라 폐업하거나 제13조제2항에 따라 등록이 취소된 대부업자등은 지체 없이 시·도지사에게 등록증을 반납하여야 한다.

　② 제13조제1항에 따라 영업정지 명령을 받은 대부업자등은 등록증을 반납하여야 하고, 시(도지사는 그 영업정지기간 동안 이를 보관하여야 한다.

　③ 제1항 및 제2항에 따라 등록증을 반납하여야 하는 대부업자등은 등록증을 분실한 경우 제3조제6항에 따

라 분실신고를 하여야 한다.
　[본조신설 2009. 1. 21]

6) 등록증의 반납 등(제3조의3)
　① 제5조제2항에 따라 폐업하거나 제13조제2항에 따라 등록이 취소된 대부업자등은 지체 없이 시·도지사에게 등록증을 반납하여야 한다.

　② 제13조제1항에 따라 영업정지 명령을 받은 대부업자등은 등록증을 반납하여야 하고, 시〈도지사는 그 영업정지기간 동안 이를 보관하여야 한다.

　③ 제1항 및 제2항에 따라 등록증을 반납하여야 하는 대부업자등은 등록증을 분실한 경우 제3조제6항에 따라 분실신고를 하여야 한다.
　[본조신설 2009.1.21]

7) 등록의 제한(제4조)
다음 각 호의 어느 하나에 해당하는 자(등록신청인이 법인인 경우에는 그 임원이 다음 각 호의 어느 하나에 해당하는 자)는 대부업등의 등록을 할 수 없다.〈개정 2009. 4. 1, 2010. 1. 25〉

　1. 미성년자·금치산자 또는 한정치산자

　2. 파산선고를 받고 복권되지 아니한 자

　3. 금고 이상의 실형을 선고받고 그 집행이 끝나거나(집행이 끝난 것으로 보는 경우를 포함한다) 면제된 날부터 5년이 지나지 아니한 자

　4. 금고 이상의 형의 집행유예를 선고받고 그 유예기간 중에 있는 자

　5. 금고 이상의 형의 선고유예를 받고 그 유예기간 중에 있는 자

　6. 다음 각 목의 어느 하나에 해당하는 규정을 위반하여 벌금형을 선고받고 2년이 지나지 아니한 자
　가. 이 법의 규정
　나.「형법」제257조제1항, 제260조제1항, 제276조제1항, 제283조제1항, 제319조, 제350조 또는 제366조(각각 채권추심과 관련된 경우만 해당한다)
　다.「폭력행위 등 처벌에 관한 법률」의 규정(채권추심과 관련된 경우만 해당한다)
　라.「신용정보의 이용 및 보호에 관한 법률」제50조제1항제1호 또는 같은 조 제2항제7호

　7. 제13조제2항에 따라 등록취소 처분을 받은 후 5년이 지나지 아니한 자 또는 제5조제2항에 따라 폐업하지 아니하였다면 등록취소 처분을 받았을 상당한 사유가 있는 경우에는 폐업 후 5년이 지나지 아니한 자(등록취소 처분을 받은 자 또는 등록취소 처분을 받았을 상당한 사유가 있는 자가 법인인 경우에는 그 취소 사유 또는 등록취소 처분을 받았을 상당한 사유의 발생에 직접 책임이 있는 임원을 포함한다)

8. 대부업등을 위하여 대통령령으로 정하는 고정사업장을 보유하고 있지 아니한 자(등록신청인이 법인인 경우에는 법인이 고정사업장을 보유하고 있지 아니한 것을 말한다)
[전문개정 2009. 1. 21]

8) 변경등록 등(제5조)
(1) 제3조의 규정에 의하여 대부업의 등록을 한 자(이하 "대부업자"라 한다)는 동조제2항 각호의 기재사항에 변경이 있는 때에는 그 사유가 발생한 날부터 15일 이내에 변경된 내용을 시·도지사 변경등록 하여야 한다.

(2) 대부업자가 영업을 폐지하는 때에는 대통령령이 정하는 바에 따라 시·도지사 신고하여야 한다.

9) 상호 등(제5조의2)
① 대부업자(대부중개업을 겸영하는 대부업자를 포함한다)는 그 상호 중에 "대부"라는 문자를 사용하여야 한다.

② 대부중개업만을 하는 대부중개업자는 그 상호 중에 "대부중개"라는 문자를 사용하여야 한다.

③ 대부업등 외의 다른 영업을 겸영하는 대부업자등으로서 총영업수익 중 대부업등에서 생기는 영업수익의 비율 등을 고려하여 대통령령으로 정하는 기준에 해당하는 자는 제1항 및 제2항에도 불구하고 그 상호 중에 "대부" 및 "대부중개"라는 문자를 사용하지 아니할 수 있다.

④ 대부업자등은 타인에게 자기의 명의로 대부업등을 하게 하거나 그 등록증을 대여하여서는 아니 된다.
[전문개정 2009. 1. 21]

10) 대부계약의 체결 등(제6조)
① 대부업자가 그의 거래상대방과 대부계약을 체결하는 경우에는 거래상대방이 본인임을 확인하고 다음 각 호의 사항이 적힌 대부계약서를 거래상대방에게 교부하여야 한다. 〈개정 2010. 1. 25〉

1. 대부업자(그 영업소를 포함한다) 및 거래상대방의 명칭 또는 성명 및 주소 또는 소재지
2. 계약일자
3. 대부금액
4. 대부이자율(제8조제2항에 따른 이자율의 세부내역 및 연 이자율로 환산한 것을 포함한다)
5. 변제기간 및 변제방법
6. 제5호의 변제방법이 계좌이체 방식인 경우에는 변제를 받기 위한 대부업자 명의의 계좌번호
7. 해당 거래에 관한 모든 부대비용
8. 손해배상액 또는 강제집행에 관한 약정이 있는 경우에는 그 내용
9. 보증계약을 체결한 경우에는 그 내용
10. 채무의 조기상환 조건
11. 연체이자율
12. 그 밖에 대부업자의 거래상대방을 보호하기 위하여 필요한 사항으로서 대통령령으로 정하는 사항

② 대부업자는 제1항에 따라 대부계약을 체결하는 경우에는 거래상대방에게 제1항 각 호의 사항을 모두 설명하여야 한다.

③ 대부업자가 대부계약과 관련하여 보증계약을 체결하는 경우에는 다음 각 호의 사항이 적힌 보증계약서 및 제1항에 따른 대부계약서 사본을 보증인에게 교부하여야 한다.
  1. 대부업자(그 영업소를 포함한다·주채무자 및 보증인의 명칭 또는 성명 및 주소 또는 소재지
  2. 계약일자
  3. 보증기간
  4. 피보증채무의 금액
  5. 보증의 범위
  6. 보증인이 주채무자와 연대하여 채무를 부담하는 경우에는 그 내용
  7. 그 밖에 보증인을 보호하기 위하여 필요한 사항으로서 대통령령으로 정하는 사항

④ 대부업자는 대부계약과 관련하여 보증계약을 체결하는 경우에는 보증인에게 제3항 각 호의 사항을 모두 설명하여야 한다.

⑤ 대부업자는 제1항에 따른 대부계약을 체결하거나 제3항에 따른 보증계약을 체결한 경우에는 그 계약서와 대통령령으로 정하는 계약관계서류(대부업자의 거래상대방 또는 보증인이 채무를 변제하고 계약서 및 계약관계서류의 반환을 서면으로 요구함에 따라 이를 반환한 경우에는 그 사본 및 반환요구서를 말한다. 이하 같다)를 대부계약 또는 보증계약을 체결한 날부터 채무변제일 이후 2년이 되는 날까지 보관하여야 한다.

⑥ 대부계약 또는 그와 관련된 보증계약을 체결한 자는 대부업자에게 그 계약서와 대통령령으로 정하는 계약관계서류의 열람을 요구하거나 채무 및 보증채무와 관련된 증명서의 발급을 요구할 수 있다. 이 경우 대부업자는 정당한 사유 없이 이를 거부하여서는 아니 된다.

[전문개정 2009. 1. 21]

11) 중요 사항의 자필 기재(제6조의2)
  ① 대부업자는 그의 거래상대방과 대부계약을 체결하는 경우에는 다음 각 호의 사항을 그 거래상대방이 자필로 기재하게 하여야 한다.
  1. 제6조제1항제3호의 대부금액
  2. 제6조제1항제4호의 대부이자율
  3. 제6조제1항제5호의 변제기간
  4. 그 밖에 대부업자의 거래상대방을 보호하기 위하여 필요한 사항으로서 대통령령으로 정하는 사항

② 대부업자는 대부계약과 관련하여 보증계약을 체결하는 경우에는 다음 각 호의 사항을 그 보증인이 자필로 기재하게 하여야 한다.
  1. 제6조제3항제3호의 보증기간
  2. 제6조제3항제4호의 피보증채무의 금액
  3. 제6조제3항제5호의 보증의 범위
  4. 그 밖에 보증인을 보호하기 위하여 필요한 사항으로서 대통령령으로 정하는 사항

③ 대부계약 또는 이와 관련된 보증계약을 체결할 때 다음 각 호의 어느 하나에 해당하는 경우에는 대부업자는 제1항 각 호의 사항 또는 제2항 각 호의 사항을 거래상대방 또는 보증인이 자필로 기재하게 한 것으로 본다.

1. 「전자서명법」 제2조제8호에 따른 공인인증서를 이용하여 거래상대방 또는 보증인이 본인인지 여부를 확인하고, 인터넷을 이용하여 제1항 각 호의 사항 또는 제2항 각 호의 사항을 거래상대방 또는 보증인이 직접 입력하게 하는 경우

2. 그 밖에 거래상대방 또는 보증인이 본인인지 여부 및 제1항 각 호의 사항 또는 제2항 각 호의 사항에 대한 거래상대방 또는 보증인의 동의 의사를 음성 녹음 등 대통령령으로 정하는 방법으로 확인하는 경우
[본조신설 2009. 1. 21]

참고 : 과잉대부와 다중채무

대부업법 제7조는 과잉대부금지규정을 두고 있다. 그러나 이는 세부적인 기분이 제시되지 않은 선언적인 규정에 불과하여 실질적인 과잉대부 금지규정으로서의 역할을 하지 못하고 있다. 다중채무는 대금업자로 부터의 대부를 받은 금액이 많은 것을 말하는 것으로서, 다중채무 문제가 생기게 된 배경으로서는 대부받은 각각의 채무 리스크에 대한 전체적인 파악이 곤란하고, 채무계획에 있어서도 계획성이 부족하여 결국 채무가 변제능력을 초과하여 부담하게 되는 결과를 초래하게 된 점, 채무의 내역 면에서도 금리부담을 고려하지 않은 변제 시스템을 가지게 된 것 등을 들 수 있다.

12) 과잉 대부의 금지(제7조)

① 대부업자는 대부계약을 체결하려는 경우에는 미리 거래상대방으로부터 그 소득·재산 및 부채상황에 관한 것으로서 대통령령으로 정하는 증명서류를 제출받아 그 거래상대방의 소득·재산 및 부채상황을 파악하여야 한다. 다만, 대부금액이 대통령령으로 정하는 금액 이하인 경우에는 그러하지 아니하다.

② 대부업자는 거래상대방의 소득·재산·부채상황·신용 및 변제계획 등을 고려하여 객관적인 변제능력을 초과하는 대부계약을 체결하여서는 아니 된다.

③ 대부업자는 제1항에 따른 서류를 거래상대방의 소득·재산 및 부채상황을 파악하기 위한 용도 외의 목적으로 사용하여서는 아니 된다.
[전문개정 2009. 1. 21]

13) 담보제공 확인의무(제7조의2)
대부업자는 대부계약을 체결하고자 하는 자가 제3자의 명의로 된 담보를 제공하는 경우 그 제3자에게 담보제공 여부를 확인하여야 한다.
[본조신설 2010. 1. 25]

14) 대부업자의 이자율의 제한(제8조)
① 대부업자가 개인이나 대통령령으로 정하는 소규모 법인에 대부를 하는 경우 그 이자율은 연 100분의 50의 범위에서 대통령령으로 정하는 율을 초과할 수 없다. 〈개정 2010. 1. 25〉

② 제1항에 따른 이자율을 산정할 때 사례금, 할인금, 수수료, 공제금, 연체이자, 체당금(替當金) 등 그 명칭이 무엇이든 대부와 관련하여 대부업자가 받는 것은 모두 이자로 본다. 다만, 해당 거래의 체결과 변제에 관한

부대비용으로서 대통령령으로 정한 사항은 그러하지 아니하다.

③ 대부업자가 제1항을 위반하여 대부계약을 체결한 경우 제1항에 따른 이자율을 초과하는 부분에 대한 이자계약은 무효로 한다.

④ 채무자가 대부업자에게 제1항에 따른 이자율을 초과하는 이자를 지급한 경우 그 초과 지급된 이자 상당 금액은 원본(元本)에 충당되고, 원본에 충당되고 남은 금액이 있으면 그 반환을 청구할 수 있다.

⑤ 대부업자가 선이자를 사전에 공제하는 경우에는 그 공제액을 제외하고 채무자가 실제로 받은 금액을 원본으로 하여 제1항에 따른 이자율을 산정한다.
[전문개정 2009. 1. 21]

15) 대부조건의 게시와 광고(제9조)
① 대부업자는 대부이자율, 이자계산방법, 변제방법, 연체이자율, 그 밖에 대통령령으로 정하는 중요 사항을 일반인이 알 수 있도록 영업소마다 게시하여야 한다.〈개정 2010. 1. 25〉

② 대부업자가 대부조건 등에 관하여 표시 또는 광고(「표시·광고의 공정화에 관한 법률」에 따른 표시 또는 광고를 말한다. 이하 "광고"라 한다)를 하는 경우에는 다음 각 호의 사항을 포함하여야 한다.
 1. 명칭 또는 대표자 성명
 2. 대부업 등록번호
 3. 대부이자율(연 이자율로 환산한 것을 포함한다) 및 연체이자율
 4. 이자 외에 추가비용이 있는 경우 그 내용
 5. 그 밖에 대부업자의 거래상대방을 보호하기 위하여 필요한 사항으로서 대통령령으로 정하는 사항

③ 대부중개업자가 대부조건 등에 관하여 광고를 하는 경우에는 다음 각 호의 사항을 포함하여야 한다.
 1. 명칭 또는 대표자 성명
 2. 대부중개업 등록번호
 3. 중개를 통하여 대부를 받을 경우 그 대부이자율(연 이자율로 환산한 것을 포함한다) 및 연체이자율
 4. 이자 외에 추가비용이 있는 경우 그 내용
 5. 그 밖에 대부중개업자의 거래상대방을 보호하기 위하여 필요한 사항으로서 대통령령으로 정하는 사항

④ 대부업자등은 제2항 또는 제3항에 따라 광고를 하는 경우에는 일반인이 제2항 각 호의 사항 또는 제3항 각 호의 사항을 쉽게 알 수 있도록 대통령령으로 정하는 방식에 따라 광고의 문안과 표기를 하여야 한다.
[전문개정 2009. 1. 21]

16) 대부업에 관한 광고금지(제9조의 2)
① 대부업자 또는 여신금융기관이 아니면 대부업에 관한 광고를 하여서는 아니 된다.

② 대부중개업자가 아니면 대부중개업에 관한 광고를 하여서는 아니 된다.
[전문개정2009. 1. 21]

17) 허위 · 과장 광고의 금지 등(제9조의3)

① 대부업자등은 다음 각 호의 행위를 하여서는 아니 된다.

1. 대부이자율, 대부 또는 대부중개를 받을 수 있는 거래상대방, 대부중개를 통하여 대부할 대부업자, 그 밖에 대부 또는 대부중개의 내용에 관하여 다음 각 목의 방법으로 광고하는 행위

가. 사실과 다르게 광고하거나 사실을 지나치게 부풀리는 방법

나. 사실을 숨기거나 축소하는 방법

다. 비교의 대상 및 기준을 명시하지 아니하거나, 객관적인 근거 없이 자기의 대부 또는 대부중개가 다른 대부업자등의 대부 또는 대부중개보다 유리하다고 주장하는 방법

2. 대부 또는 대부중개를 받을 수 있는 것으로 오인하게 하거나 유인하여 다음 각 목의 방법으로 광고하는 행위

가. 이 법 또는 다른 법률을 위반하는 방법

나. 타인의 재산권을 침해하는 방법

3. 그 밖에 대부업자등의 거래상대방을 보호하거나 불법 거래를 방지하기 위하여 필요한 경우로서 대통령령으로 정하는 광고 행위

② 시 · 도지사는 제1항을 위반한 대부업자등에게 제21조에 따라 과태료를 부과한 경우에는 지체 없이 그 내용을 공정거래위원회에 알려야 한다.
[본조신설 2009. 1. 21]

18) 미등록대부업자로부터의 채권양수 · 추심 금지(제9조의4)

대부업자는 제3조에 따른 대부업의 등록 또는 제3조의2에 따른 등록갱신을 하지 아니하고 사실상 대부업을 하는 자(이하 "미등록대부업자"라 한다)로부터 대부계약에 따른 채권을 양도받아 이를 추심하는 행위를 하여서는 아니 된다.
[본조신설 2009. 1. 21]

19) 고용 제한 등(제9조의5)

① 대부업자등은 다음 각 호의 어느 하나에 해당하는 사람을 고용하여서는 아니 된다.

1. 「폭력행위 등 처벌에 관한 법률」 제4조에따라 금고 이상의 형을 선고받고 그 집행이 끝나거나(집행이 끝난 것으로 보는 경우를 포함한다) 면제된 날부터 5년이 지나지 아니한 사람

2. 제4조제6호 각 목의 어느 하나에 해당하는 규정을 위반하여 다음 각 목의 어느 하나에 해당하는 사람

가. 금고 이상의 실형을 선고받고 그 집행이 끝나거나(집행이 끝난 것으로 보는 경우를 포함한다) 면제된 날부터 2년이 지나지 아니한 사람

나. 금고 이상의 형의 집행유예 또는 선고유예를 선고받고 그 유예기간 중에 있는 사람

다. 벌금형을 선고받고 2년이 지나지 아니한 사람

② 대부업자등은 제1항 각 호의 어느 하나에 해당하는 사람에게 대부업등의 업무를 위임하거나 대리하게 하여서는 아니 된다.
[본조신설 2010. 1. 25]

20) 채권추심자의 소속·성명 명시 의무(제10조의2)

대부계약에 따른 채권의 추심을 하는 자는 채무자 또는 그의 관계인에게 그 소속과 성명을 밝혀야 한다.
[본조신설 2009. 1. 21]

21) 미등록대부업자의 이자율 제한 등(제11조)

① 미등록대부업자가 대부를 하는 경우의 이자율에 관하여는 「이자제한법」 제2조제1항및 이 법 제8조제2항부터 제5항까지의 규정을 준용한다.

② 미등록대부업자의 불법적 채권추심행위 금지 등에 관하여는 제10조를 준용한다.
[전문개정 2009. 1. 21]

22) 중개의 제한 등(제11조의 2)

① 대부중개업자는 미등록대부업자에게 대부중개를 하여서는 아니 된다.

② 대부중개업자는 중개의 대가(이하 "중개수수료"라 한다)를 대부를 받는 거래상대방으로 부터 받아서는 아니 된다.
[전문개정 2009. 1. 21]

23) 검사 등(제12조)

① 시·도지사는 대부업자등에게 그 업무 및 업무와 관련된 재산에 관하여 보고하게 하거나 자료의 제출, 그 밖에 필요한 명령을 할 수 있으며, 소속 공무원에게 그 영업소에 출입하여 그 업무 및 업무와 관련된 재산에 관하여 검사하게 할 수 있다.

② 시·도지사는 둘 이상의 시·도에 영업소를 설치한 대부업자등의 영업소에 대하여 검사하는 경우로서 대부업자등의 거래상대방을 보호하기 위하여 필요하다고 인정되는 경우에는 그 대부업자등의 다른 영업소를 관할하는 시·도지사에게 그가 관할하는 영업소에 대한 검사(공동검사를 포함한다)를 요청할 수 있다.

③ 시·도지사는 대부업자등에 대한 전문적인 검사가 필요한 경우로서 대통령령으로 정하는 경우에는 「금융위원회의 설치 등에 관한 법률」에 따른 금융감독원의 원장(이하 "금융감독원장"이라 한다)에게 대부업자등에 대한 검사를 요청할 수 있다.

④ 금융감독원장은 대부업자등의 자산규모 등을 고려하여 대부업자등에 대한 전문적인 검사가 필요한 경우로서 대통령령으로 정하는 경우에는 대부업자등의 업무 및 업무와 관련된 재산에 관하여 검사하고 그 결과를 시·도지사에게 알려야 한다.

⑤ 금융감독원장은 제3항 및 제4항에 따른 검사에 필요하다고 인정하면 대부업자등에 대하여 업무 및 업무와 관련된 재산에 관한 보고, 자료의 제출, 관계자의 출석 및 의견의 진술을 요구할 수 있다.

⑥ 제1항부터 제4항까지의 규정에 따라 출입·검사를 하는 자는 그 권한을 표시하는 증표를 지니고 이를 관계인에게 내보여야 한다.

⑦ 시·도지사는 제1항부터 제4항까지의 규정에 따른 보고 또는 검사 결과에 따라 필요하면 대부업자등에

게 감독상 필요한 명령을 할 수 있다. 이 경우 시·도지사에게 다른 시·도에 그 대부업자등의 영업소가 있으면 그 명령의 내용을 다른 영업소를 관할하는 시·도지사에게 알려야 한다.

⑧ 금융감독원장은 제4항에 따른 검사 결과 필요하다고 인정하면 시·도지사에게 해당 대부업자에 대하여 필요한 조치를 하도록 요구할 수 있다. 이 경우 시·도지사에게 특별한 사유가 없으면 이에 따라야 한다.

⑨ 대부업자등은 영업소별로 다음 각 호의 구분에 따른 사항을 적은 보고서를 대통령령으로 정하는 기간마다 대통령령으로 정하는 절차와 방법에 따라 관할 시·도지사에게 제출하여야 한다. 이 경우 주된 영업소에서는 해당 대부업자등이 운영하는 모든 영업소의 보고서를 함께 제출하여야 한다.

1. 대부업자의 경우
가. 대부금액
나. 대부를 받은 거래상대방의 수
다. 그 밖에 영업소의 업무현황을 파악하기 위하여 필요한 사항으로서 대통령령으로 정하는 사항

2. 대부중개업자의 경우
가. 대부를 중개한 금액
나. 대부를 중개한 거래상대방의 수
다. 그 밖에 영업소의 업무현황을 파악하기 위하여 필요한 사항으로서 대통령령으로 정하는 사항
[전문개정 2009. 1. 21]

24) 영업정지 및 등록취소(제13조)
① 시·도지사에게 대부업자등이 다음 각 호의 어느 하나에 해당하면 그 대부업자등에게 대통령령으로 정하는 기준에 따라 1년 이내의 기간을 정하여 그 영업의 전부 또는 일부의 정지를 명할 수 있다.
〈개정 2009. 2. 6〉

1. 별표 각 호의 어느 하나에 해당하는 경우, 「채권의 공정한 추심에 관한 법률」 제5조제1항, 제7조부터 제9조까지, 제10조제1항 및 제11조부터 제13조까지를 위반한 경우

2. 해당 대부업자등의 영업소 중 같은 시·도지사에게 등록한 다른 영업소 또는 다른 시·도지사에게 등록한 영업소가 영업정지 처분을 받은 경우

② 시·도지사는 대부업자등이 다음 각 호의 어느 하나에 해당하면 그 대부업자등의 등록을 취소할 수 있다. 다만, 제1호에 해당하면 등록을 취소하여야 한다. 〈개정 2010. 1. 25〉
1. 속임수나 그 밖의 부정한 방법으로 제3조 또는 제3조의2에 따른 등록 또는 등록갱신을 한 경우

2. 대부업자등이 제4조제1호부터 제6호까지 또는 제8호에 해당하게 된 경우

3. 6개월 이상 계속하여 영업실적이 없는 경우

4. 제1항에 따른 영업정지 명령을 위반한 경우

5. 제1항에 따라 영업정지 명령을 받고도 그 영업정지 기간 이내에 영업정지 처분 사유를 시정하지 아니하여 동일한 사유로 제1항에 따른 영업정지 처분을 대통령령으로 정하는 횟수 이상 받은 경우

6. 대부업자등의 소재를 확인할 수 없는 경우로서 시·도지사가 대통령령으로 정하는 바에 따라 소재 확인을 위한 공고를 하고 그 공고일부터 30일이 지날 때까지 그 대부업자등으로부터 통지가 없는 경우

7. 대부업자등이 제1항제1호에 해당하는 경우로서 대부업자등의 거래상대방의 이익을 크게 해칠 우려가 있는 경우

8. 해당 대부업자등의 영업소 중 같은 시·도지사가 등록한 다른 영업소 또는 다른 시·도지사에게 등록한 영업소가 등록취소 처분을 받은 경우

③ 시·도지사는 제2항에 따른 등록취소를 하려면 다음 각 호의 방법에 따른 의견청취 절차를 거쳐야 한다. 다만, 제2항제6호의 경우에는 그러하지 아니하다.
 1. 제2항제1호·제3호·제4호·제5호·제7호 및 제8호의 경우: 청문
 2. 제2항제2호의 경우: 의견제출 기회 부여

④ 제3항에도 불구하고 다음 각 호의 경우에는 의견청취 절차를 거치지 아니할 수 있다.
 1. 제2항제2호에 해당함이 재판 등에 따라 객관적으로 증명된 경우
 2. 의견청취가 매우 어렵거나 명백히 불필요하다고 인정되는 상당한 이유가 있는 경우
 3. 대부업자등이 의견청취 절차를 거치지 아니하여도 좋다는 의사를 명백히 표시하는 경우

⑤ 시·도지사는 둘 이상의 시·도에 영업소를 설치하고 있는 대부업자등에게 제1항 또는 제2항에 따른 영업정지 또는 등록취소 처분을 하는 경우에는 다른 영업소를 관할하는 시·도지사에게 그 사실을 미리 알려야 한다.
[전문개정 2009. 1. 21]

25) 등록취소 등에 따른 거래의 종결(제14조)
다음 각 호의 어느 하나에 해당하는 대부업자등(대부업자등이 개인인 경우에는 그 상속인을 포함한다)은 그 대부업자등이 체결한 대부계약에 따른 거래를 종결하는 범위에서 대부업자등으로 본다.
 1. 제3조제5항에 따른 등록의 유효기간이 만료된 경우
 2. 제5조제2항에 따라 폐업신고를 한 경우
 3. 제13조제2항에 따라 등록취소 처분을 받은 경우
[전문개정 2009. 1. 21]

26) 연체이자율의 제한(제15조)
 ① 여신금융기관은 연 100분의 50의 범위에서 대통령령으로 정하는 율을 초과하여 대부금에 대한 이자를 받을 수 없다. 〈개정 2010. 1. 25〉

 ② 제1항에 따른 이자율을 산정할 때에는 제8조제2항을 준용한다.

③ 여신금융기관은 대부자금의 조달비용, 연체금의 관리비용, 연체금액, 연체기간, 금융업의 특성 등을 고려하여 대통령령으로 정하는 율을 초과하여 대부금에 대한 연체이자를 받을 수 없다.

④ 금융위원회는 제1항 및 제3항을 위반하여 이자 및 연체이자를 받는 여신금융기관에 대하여 그 시정을 명할 수 있다.

⑤ 여신금융기관이 제1항 및 제3항에 따른 기준을 초과하여 이자 또는 연체이자를 받은 경우 그 이자계약의 효력 등에 관하여는 제8조제3항부터 제5항까지의 규정을 준용한다.
[전문개정 2009. 1. 21]

27) 대부업정책협의회 등의 설치 (제15조의2)
① 대부업등 관련 정책을 종합적인 관점에서 일관성 있게 수립·추진하고, 관계 행정기관 간의 협의가 필요한 사항을 효율적으로 협의·조정하기 위하여 금융위원회에 대부업정책협의회를 둔다.

② 대부업정책협의회는 회의의 효율적 운영을 위하여 대부업정책실무협의회를 둘 수 있다.

③ 대부업등 관련 업무의 효율적 수행과 위법행위의 효과적 예방·단속에 관한 사항을 협의하기 위하여 시·도에 대부업관계기관협의회를 둔다.

④ 제1항에 따른 대부업정책협의회, 제2항에 따른 대부업정책실무협의회 및 제3항에 따른 대부업관계기관협의회의 구성·운영, 그 밖에 필요한 사항은 대통령령으로 정한다.
[본조신설 2009. 1. 21]

28) 대부업자의 실태조사 등(제16조)
① 시·도지사는 수시로 대부업자등의 영업실태를 조사하여야 하며 그 결과를 매년 행정안전부장관 및 금융위원회에 제출하여야 한다.

② 행정안전부장관과 금융위원회는 시·도지사, 관계 행정기관 또는 공공단체의 장에게 대부업자등의 현황 파악과 제도 조사를 위하여 필요한 자료의 제공을 요청할 수 있다.
[전문개정 2009. 1. 21]

29) 등록수수료 등(제17조)
① 제3조에 따른 등록을 하려는 자는 대통령령으로 정하는 바에 따라 수수료를 내야 한다.
② 제12조제1항부터 제4항까지의 규정에 따라 검사를 받는 대부업자등은 대통령령으로 정하는 검사수수료를 시·도지사나 금융감독원장에게 내야 한다.
[전문개정 2009. 1. 21]

30) 분쟁조정(제18조)
① 대부업자등과 거래상대방 간의 분쟁을 해결하기 위하여 해당 영업소를 관할하는 시·도지사 소속으로 분쟁조정위원회를 둔다.

② 대부업자등과 거래상대방은 제1항에 따른 분쟁조정위원회에서 분쟁이 해결되지 아니하는 경우에는 「소

비자기본법」제60조에 따른 소비자분쟁조정위원회에 분쟁 조정을 신청할 수 있다.

③ 제1항에 따른 분쟁조정위원회의 구성·운영과 분쟁 조정의 절차·방법 등 분쟁 조정에 관하여 필요한 사항은 대통령령으로 정한다.
[전문개정 2009. 1. 21]

31) 대부업 및 대부중개업 협회 설립 등(제18조의 2)
① 대부업등의 업무질서를 유지하고, 대부업등의 건전한 발전과 이용자 보호를 위하여 대부업 및 대부중개업 협회(이하 "협회"라 한다)를 설립한다.

② 협회는 법인으로 한다.

③ 협회는 그 주된 사무소를 서울특별시에 두되, 각 시·도에 지회(支會)를 둘 수 있다.

④ 협회는 대통령령으로 정하는 바에 따라 주된 사무소의 소재지에서 설립등기를 함으로써 성립한다.

⑤ 이 법에 따른 협회가 아닌 자는 대부업 및 대부중개업 협회 또는 이와 비슷한 명칭을 사용하지 못한다.
[본조신설 2009. 1. 21]

32) 업무(제18조의3)
협회는 다음 각 호의 업무를 한다.
  1. 이 법 또는 관계 법령을 준수하도록 하기 위한 회원에 대한 지도와 권고
  2. 대부업등의 이용자 보호를 위한 회원에 대한 업무방식 개선·권고
  3. 대부업등의 이용자 민원의 상담·처리
  4. 그 밖에 협회의 목적을 달성하기 위하여 대통령령으로 정하는 업무
[본조신설 2009. 1. 21]

33) 정관(제18조의4)
① 협회의 정관은 창립총회에서 작성한 후 금융위원회의 인가를 받아야 한다. 이를 변경하려는 경우에도 또한 같다.

② 협회의 정관에는 다음 각 호의 사항이 포함되어야 한다.
  1. 목적, 명칭 및 주된 사무소의 소재지
  2. 임직원에 관한 사항
  3. 임원의 선출에 관한 사항
  4. 회원의 권리와 의무에 관한 사항
  5. 업무와 그 집행에 관한 사항
  6. 회비의 분담과 예산 및 회계에 관한 사항
  7. 회의에 관한 사항
  8. 그 밖에 협회의 운영에 관한 사항
[본조신설 2009. 1. 21]

34) 가입 등(제18조의5)

① 대부업자등은 협회에 가입할 수 있다. 다만, 제12조제4항에 따라 금융감독원장의 검사대상이 되는 대부
업자등은 검사대상에 해당되는 즉시 협회에 가입하여야 한다.

② 협회는 대부업자등이 협회에 가입하려는 경우 정당한 사유 없이 그 가입을 거부하거나 가입에 부당한
조건을 부과하여서는 아니 된다.

③ 협회는 회원에게 정관으로 정하는 바에 따라 회비를 징수할 수 있다.
[본조신설 2009. 1. 21]

35)「민법」의 준용(제18조의6)

협회에 대하여 이 법에 특별한 규정이 없으면 「민법」 중 사단법인에 관한 규정을 준용한다.
[본조신설 2009. 1. 21]

36) 업무의 위탁(제18조의 7)

① 이 법에 따른 시·도지사의 업무의 일부는 대통령령으로 정하는 바에 따라 협회에 위탁할 수 있다.

② 협회는 제1항에 따라 위탁받은 업무의 처리 결과를 매 분기별로 시·도지사에게 보고하여야 한다.
[본조신설 2009. 1. 21]

37) 관계 기관에의 협조 요청(제18조의8)

시·도지사는 대부업자등의 관리·감독 등을 위하여 관계 기관의 사실 확인이 필요하면 해당 기관에 그 확인
을 요청할 수 있다. 이 경우 해당 기관은 특별한 사유가 없으면 사실을 확인하여 통보하여야 한다.
[본조신설 2009. 1. 21]

38) 양벌규정(제20조)

법인의 대표자나 법인 또는 개인의 대리인, 사용인, 그 밖의 종업원이 그 법인 또는 개인의 업무에 관하여 제
19조의 위반행위를 하면 그 행위자를 벌하는 외에 그 법인 또는 개인에게도 해당 조문의 벌금형을 과(科)한
다. 다만, 법인 또는 개인이 그 위반행위를 방지하기 위하여 해당 업무에 관하여 상당한 주의와 감독을 게을리
하지 아니한 경우에는 그러하지 아니하다.
[전문개정 2009. 1. 21]

[별표] 대부업자등에 대한 영업정지 처분 사유(제13조제1항제1호 관련)
<개정 2010.1.25> (제13조제1항제1호 관련)

1. 제3조제6항을 위반하여 분실신고를 하지 아니한 경우
2. 제3조의4제1항 단서에 따른 교육을 받지 아니한 경우
3. 제5조제1항 본문을 위반하여 변경등록을 하지 아니한 경우
4. 제5조의2제1항 또는 제2항을 위반하여 상호 중에 "대부" 또는 "대부중개"라는 문자를 사용하지 아니하거나, 같은 조 제4
   항을 위반하여 타인에게 자기의 명의로 대부업등을 하게 하거나 그 등록증을 대여한 경우
5. 제6조제1항 또는 제3항을 위반하여 대부계약서 또는 보증계약서를 교부하지 아니한 경우, 같은 조 제1항 각 호 또는 같
   은 조 제3항 각 호의 사항 중 전부 또는 일부를 적지 아니하거나 거짓으로 적어 대부계약서 또는 보증계약서를 교부한
   경우

6. 제6조제2항 또는 제4항을 위반하여 설명의무를 이행하지 아니한 경우
7. 제6조제5항을 위반하여 계약서와 계약관계서류를 보관하지 아니한 경우
8. 제6조제6항을 위반하여 계약서와 계약관계서류의 열람을 거부하거나 관련 증명서의 발급을 정당한 사유 없이 거부한 경우
9. 제6조의2를 위반하여 거래상대방 또는 보증인이 같은 조 제1항 각 호의 사항 또는 같은 조 제2항 각 호의 사항을 자필로 기재하게 하지 아니한 경우
10. 제7조제1항을 위반하여 미리 거래상대방으로부터 소득燒澌 및 부채상황에 관한 증명서류를 제출받지 아니한 경우
11. 제7조제3항을 위반하여 서류를 용도 외의 목적으로 사용한 경우
12. 제8조에 따른 이자율을 초과하여 대부계약을 체결하거나 이자를 받은 경우
13. 제9조제1항을 위반하여 게시의무를 이행하지 아니한 경우
14. 제9조제2항 또는 제3항을 위반하여 광고를 한 경우
15. 제9조제4항을 위반하여 광고의 문안과 표기에 관한 의무를 이행하지 아니한 경우
16. 제9조의3제1항을 위반하여 같은 항 각 호에 해당하는 행위를 한 경우
17. 제9조의4를 위반하여 미등록대부업자로부터 대부계약에 따른 채권을 양도받아 이를 추심하는 행위를 한 경우
17의2. 제9조의5제1항 또는 제2항을 위반하여 종업원을 고용하거나 업무를 위임하거나 대리하게 한 경우
18. 제10조제1항을 위반하여 같은 항 각 호의 어느 하나에 해당하는 방법을 사용하여 채권을 추심한 경우
19. 제10조제2항을 위반하여 채무자의 관계인에게 채무자의 소재 등을 문의하거나 채무 사실을 알린 경우
20. 제11조의2제1항 또는 제2항을 위반하여 대부중개를 하거나 중개수수료를 받은 경우
21. 제12조제1항부터 제4항까지의 규정에 따른 검사에 불응하거나 검사를 방해한 경우
22. 제12조제1항 또는 제7항에 따른 명령을 위반한 경우
23. 제12조제5항에 따른 요구에 응하지 아니한 경우
24. 제12조제9항을 위반하여 보고서를 제출하지 아니한 경우 또는 거짓으로 작성하거나, 기재하여야 할 사항의 전부 또는 일부를 기재하지 아니하고 제출한 경우
25. 그 밖에 대부업자등의 거래상대방을 보호하거나 건전한 영업질서를 유지하기 위한 경우로서 대통령령으로 정하는 경우

2. 대부업의 등록 및 금융이용자보호에 관한 법률 시행령

대통령령 제17765호 신규제정 2002. 10. 28.
대통령령 제18312호(전자적민원처리를위한가석방자관리규정등중개정령) 일부개정 2004. 03. 17.
대통령령 제19019호 법제명변경 및 일부개정 2005. 08. 31.("대부업의등록및금융이용자보호에관한법률시행령"에서 변경)
대통령령 제20313호 일부개정 2007. 10. 04.
대통령령 제20653호(금융위원회의 설치 등에 관한 법률 시행) 일부개정 2008. 02. 29.
대통령령 제20758호 일부개정 2008. 03. 28.
대통령령 제21673호 일부개정 2009.8.5.
대통령령 제22135호 일부개정 2010.4.20.
대통령령 제22298호 일부개정 2010.7.21.

1) 목적(제1조)
이 영은 「대부업 등의 등록 및 금융이용자 보호에 관한 법률」에서 위임된 사항과 그 시행에 필요한 사항을 규정함을 목적으로 한다.
[전문개정 2009. 4. 21]

2) 대부업에서 제외되는 범위(제2조)
「대부업 등의 등록 및 금융이용자 보호에 관한 법률」(이하 "법"이라 한다) 제2조제1호 각 목 외의 부분 단서에서 "대통령령으로 정하는 경우"란 다음 각 호의 어느 하나에 해당하는 경우를 말한다.

1. 사업자가 그 종업원에게 대부하는 경우
2. 「노동조합 및 노동관계조정법」에 따라 설립된 노동조합이 그 구성원에게 대부하는 경우
3. 국가 또는 지방자치단체가 대부하는 경우
4. 「민법」이나 그 밖의 법률에 따라 설립된 비영리법인이 정관에서 정한 목적의 범위에서 대부하는 경우
[전문개정 2009. 4. 21]

3) 출자자의 범위(제2조의2)
법 제3조제2항제2호에서 "대통령령으로 정하는 기준"이란 발행주식총수 또는 출자총액의 100분의 1을 말한다.
[본조신설 2009. 4. 21]
[종전 제2조의2는 제2조의3으로 이동 <2009. 4. 21>]

4) 등록 등의 절차(제2조의3)
① 법 제3조제1항에 따라 대부업 또는 대부중개업(이하 "대부업등"이라 한다)을 등록하려는 자는 금융위원회가 정하여 고시하는 대부업등 등록신청서에 제2조의5제4항에 따른 교육이수증 사본과 그 밖에 금융위원회가 정하여 고시하는 서류를 첨부하여 영업소의 소재지를 관할하는 특별시장 · 광역시장 · 도지사 또는 특별자치도지사(이하 "시 · 도지사"라 한다)에게 제출하여야 한다. 다만, 법 제3조의4제1항 단서에 해당되어 교육을 받은 경우에는 교육을 받은 날부터 1주일 이내에 제2조의5제4항에 따른 교육이수증 사본을 제출하여야 한다.

② 제1항에 따라 제출하는 교육이수증 사본은 등록신청일 전 6개월 이내의 교육에 대한 교육이수증(해당 영업소의 소재지를 관할하지 아니하는 시 · 도지사가 교부한 것을 포함한다) 사본이어야 한다.

③ 법 제3조제3항에 따른 등록증 서식은 금융위원회가 정하여 고시한다.

④ 법 제3조제4항 단서에서 "대통령령으로 정하는 사항"이란 다음 각 호의 사항을 말한다.
1. 법 제3조제2항제1호에 따른 등록신청인의 주소
2. 법 제3조제2항제2호에 따른 출자자 및 임원의 주소
3. 법 제3조제2항제3호에 따른 사용인의 주소

⑤ 법 제3조제6항에 따라 등록증을 다시 교부받으려는 자는 금융위원회가 정하여 고시하는 대부업등 등록증 분실신고서를 영업소의 소재지를 관할하는 시 · 도지사에게 제출하여야 한다.
[전문개정 2009. 4. 21]
[제2조의2에서 이동 <2009. 4. 21>]

5) 등록갱신 절차(제2조의4)
① 법 제3조의2제1항에 따라 등록갱신을 신청하려는 자는 금융위원회가 정하여 고시하는 대부업등 등록갱신신청서에 제2조의5제4항에 따른 교육이수증 사본과 그 밖에 금융위원회가 정하여 고시하는 서류를 첨부하여 영업소의 소재지를 관할하는 시 · 도지사에게 제출하여야 한다.

② 제1항의 경우에는 제2조의3제1항 단서 및 같은 조 제2항을 준용한다.
[본조신설 2009. 4. 21]

6) 대부업등의 교육(제2조의5)

① 법 제3조의4제1항 단서에서 "대통령령으로 정하는 부득이한 사유"란 다음 각 호의 어느 하나의 사유를 말한다.

1. 천재지변
2. 본인의 질병 · 사고, 업무상 국외 출장 등 부득이한 사유
3. 교육기관의 인적 · 물적 사정 등으로 교육을 받기 어려운 경우

② 법 제3조의4제1항 단서에서 "대통령령으로 정하는 기간"이란 등록 또는 등록갱신 후 1개월을 말한다.

③ 법 제3조의4제1항에 따른 대부업등의 준수사항 등에 관한 교육은 대표자 및 업무를 총괄하는 사용인(이하 "업무 총괄 사용인"이라 한다)을 대상으로 시 · 도지사가 다음 각 호의 사항을 내용으로 실시하는 집합교육으로 한다. 이 경우 법 제3조제1항 및 제3조의2제1항에 따라 등록 또는 등록갱신을 하려는 영업소가 법인인 대부업자등의 지점인 경우에는 지점의 업무 총괄 사용인을 교육 대상으로 한다. 〈개정 2009. 8. 5, 2010. 4. 20〉

1. 법 제8조에 따른 대부업자의 이자율 제한 및 이자율 계산 방법
2. 「채권의 공정한 추심에 관한 법률」에 따른 불법적 채권추심행위의 금지
3. 법 제12조제9항에 따른 보고서 작성 방법
4. 그 밖에 대부업자 또는 대부중개업자(이하 "대부업자등"이라 한다)가 대부업등을 경영하는 데에 필요하다고 판단되는 사항

④ 시 · 도지사는 제3항에 따른 교육을 받은 사람에게 금융위원회가 정하여 고시하는 교육이수증을 교부하여야 한다.
[본조신설 2009. 4. 21]

7) 변경등록 등(제3조)
① 법 제5조제1항 본문에 따라 변경등록을 하려는 대부업자등은 금융위원회가 정하여 고시하는 대부업등 변경등록신청서에 변경 사항을 증명하는 서류를 첨부하여 영업소의 소재지를 관할하는 시 · 도지사에게 제출하여야 한다.

② 법 제5조제1항 단서에서 "대통령령으로 정하는 경미한 사항"이란 대표자, 임원, 출자자 및 업무 총괄 사용인의 주소를 말한다.

③ 법 제5조제2항에 따라 폐업하려는 대부업자등은 폐업한 날부터 15일 이내에 금융위원회가 정하여 고시하는 대부업등 폐업신고서(「전자거래기본법」 제2조제1호에 따른 전자문서를 포함한다)를 해당 영업소를 관할하는 시 · 도지사에게 제출하여야 한다.
[전문개정 2009. 4. 21]

8) 상호 등(제3조의2)
① 법 제5조의2제3항에서 "대통령령으로 정하는 기준"이란 총영업수익 중 대부업등에서 생기는 영업수익의 비율이 100분의 50 미만인 경우를 말한다.

② 제1항에 해당하여 상호(商號) 중에 "대부" 또는 "대부중개"라는 문자를 사용하지 아니한 대부업자등이 대부업등과 관련하여 광고 등의 영업행위를 할 때에는 상호와 함께 "대부" 또는 "대부중개"라는 글자를 쉽게

알아볼 수 있도록 적어야 한다.

③ 제1항의 영업수익의 비율은 직전 사업연도 말 손익계산서를 기준으로 하여 대부업등에서는 이자수익, 대부업등 외의 영업에서는 매출액으로 계산한다. 이 경우 유가증권에 대한 투자 및 금융회사에의 예치금 등 금융상품의 운용에 따른 수익은 영업수익의 비율 계산에서 제외한다.
[본조신설 2009. 4. 21]

9) 대부계약서의 기재사항(제4조)

① 법 제6조제1항제11호 및 같은 조 제3항제7호에서 "대통령령으로 정하는 사항"이란 다음 각 호의 사항을 말한다.
 1. 대부업등 등록번호
 2. 연체이자율
 3. 기한의 이익 상실에 관한 약정이 있는 경우에는 그 내용
 4. 대부원리금의 변제 순서에 관한 약정이 있는 경우에는 그 내용

② 법 제6조제5항 및 같은 조 제6항 전단에서 "대통령령으로 정하는 계약관계서류"란 다음 각 호의 서류를 말한다.
 1. 대부계약대장
 2. 채무자와 날짜별로 원리금 및 부대비용을 주고 받은 내역
 3. 담보 관련 서류 등 거래상대방(보증인을 포함한다)이 대부계약 또는 그와 관련된 보증계약의 체결과 관련하여 제출한 서류(채무자가 채무를 변제하고 관련 서류의 반환을 서면으로 요구하여 반환한 경우에는 그 반환요구서)
[전문개정 2009. 4. 21]

10) 중요 사항의 자필 기재(제4조의2)
법 제6조의2제1항제4호 및 같은 조 제2항제4호에서 "대통령령으로 정하는 사항"이란 연체이자율을 말한다.
[본조신설 2009. 4. 21]

11) 과잉 대부의 금지(제4조의3)
① 법 제7조제1항 본문에서 "대통령령으로 정하는 증명서류"란 다음 각 호의 구분에 따른 서류를 말한다.
 1. 거래상대방이 개인인 경우
  가. 「소득세법」 제143조에 따른 근로소득 원천징수영수증, 같은 법 제144조에 따른 사업소득 원천징수영수증, 소득금액증명원, 급여통장 사본, 연금증서 중 어느 하나의 소득증명서류

  나. 법 제6조제6항 전단에 따른 증명서로서 부채 잔액 증명서. 다만, 신용조회로 부채상황을 알 수 있으면 신용조회로 대신한다.

  다. 부동산 등기권리증, 부동산 임대차계약서 등 재산상 권리관계를 증명할 수 있는 서류
(담보대출인 경우만 해당한다)

  라. 그 밖에 소득, 재산 및 부채상황을 파악할 수 있는 서류

 2. 거래상대방이 법인인 경우

가. 감사보고서(「주식회사의 외부감사에 관한 법률」 제2조에 따른 외부감사의 대상인 법인만 해당한다)

나. 「부가가치세법 시행령」 제7조제3항에 따른 사업자등록증, 지방세 세목별 과세증명서 및 지방세 납세증명서

다. 제1호나목부터 라목까지의 서류

② 법 제7조제1항 단서에서 "대부금액이 대통령령으로 정하는 금액 이하인 경우"란 해당 대부업자가 대부계약을 체결하려는 거래상대방에게 이미 대부한 금액의 잔액과 새로 대부계약을 체결하려는 금액의 합계가 5백 만 원 미만인 경우를 말한다.
[본조신설 2009. 4. 21]

12) 이자율의 제한(제5조)
① 법 제8조제1항에서 "대통령령으로 정하는 소규모 법인"이란 「중소기업기본법」 제2조제2항에 따른 소기업에 해당하는 법인을 말한다.

② 법 제8조제1항에서 "대통령령으로 정하는 율"이란 연 100분의 49를 말하며, 월 이자율 및 일 이자율은 연 100분의 49를 단리로 환산한다.

③ 법 제8조제2항 단서에서 "대통령령으로 정한 사항"이란 다음 각 호의 비용을 말한다.
  1. 담보권 설정비용
  2. 신용조회비용(「신용정보의 이용 및 보호에 관한 법률」 제4조제1항제1호의 업무를 허가받은 자에게 거래상대방의 신용을 조회하는 경우만 해당한다)
[전문개정 2009. 4. 21]

13) 대부조건의 게시 등(제6조)
① 법 제9조제1항에서 "대통령령으로 정하는 중요 사항"이란 다음 각 호의 사항을 말한다.
  1. 대부업 등록번호
  2. 삭제〈2010.4.20〉: 연체이자율
  3. 대부계약과 관련한 부대비용의 내용

② 법 제9조제2항제5호에서 "대통령령으로 정하는 사항"이란 다음 각 호의 사항을 말한다.
  1. 영업소의 주소와 전화번호「2 이상의 특별시·광역시·도 또는 특별자치도(이하 "시·도"라 한다)에 영업소를 설치한 대부업자인 경우에는 본점의 주소와 전화번호를 말한다」
  2. 대부업을 등록한 시·도의 명칭

③ 법 제9조제3항제5호에서 "대통령령으로 정하는 사항"이란 다음 각 호의 사항을 말한다.
  1. 영업소의 주소와 전화번호(2 이상의 시·도에 영업소를 설치한 대부중개업자인 경우에는 본점의 주소와 전화번호를 말한다)
  2. 대부중개업을 등록한 시·도의 명칭
  3. "중개수수료를 요구하거나 받는 것은 불법"이라는 문구
[전문개정 2009. 4. 21]

14) 대부업자등의 광고(제6조의2)

법 제9조제4항에서 "대통령령으로 정하는 방식"이란 다음 각 호의 방식을 말한다.

　　　1. 대부업자등의 상호의 글자는 상표의 글자보다 크게 하고, 쉽게 알아볼 수 있도록 할 것

　　　2. 등록번호, 전화번호, 대부이자율 및 대부계약과 관련된 부대비용은 상호의 글자와 글자 크기를 같게

하고, 그 밖의 광고사항과 쉽게 구별할 수 있도록 할 것

[본조신설 2009. 4. 21]

15) 금융감독원장에 대한 검사요청대상(제7조)

법 제12조제3항에서 "대통령령으로 정하는 경우"란 다음 각 호의 어느 하나에 해당하는 경우를 말한다.

〈개정 2010. 4. 20〉

　　　1. 2 이상의 시 · 도지사에게 등록한 대부업자등에 대하여 시 · 도지사가 법 제12조에 따른 검사를 하기

어려운 경우

　　　2. 매월 말을 기준으로 대부업자등의 월평균 대부금액의 잔액이 금융위원회가 정하는 금액을 초과하는

경우

　　　3. 대부업자등의 영업행위가 법령에 위반되거나 거래상대방(대부계약과 관련된 보증계약을 체결하는

경우에는 보증인을 포함한다)에게 불이익을 줄 가능성이 크고, 「금융위원회의 설치 등에 관한 법률」 제38조

에 따라 금융감독원의 검사를 받는 기관(이하 "금융기관"이라 한다)과 연계되어 있는 경우

　　　4. 동일인이 2 이상의 등록업체의 대주주인 경우 등 분사(分社) 등의 수단을 통하여 법 제12조제4항에

따른 검사를 피하려는 의도가 있다고 의심되는 경우

[전문개정 2009.4.21]

16) 금융감독원장의 검사대상(제7조의 2)

　① 법 제12조제4항에서 "대통령령으로 정하는 경우"란 다음 각 호의 어느 하나에 해당하는 경우를 말한다.

　　2. 법인인 대부업자등이 2 이상의 시 · 도지사에게 등록한 경우

　　2. 직전 사업연도 말 기준으로 법인인 대부업자등의 자산 규모가 70억원 이상인 경우

　② 금융감독원장은 시 · 도지사에게 제1항 각 호와 관련된 자료의 제출을 요청할 수 있다.

[전문개정 2009. 4. 21]

17) 대부업자등의 보고서 제출(제7조의 3)

　① 법 제12조제9항에 따라 대부업자등은 금융위원회가 정하여 고시하는 보고서를 6월 30일 및 12월 31일을

기준으로 작성하여 그 기준일의 다음 달 말일까지 관할 시 · 도지사에게 제출하여야 한다.

　② 법 제12조제9항제1호다목 및 같은 항 제2호다목에서 "대통령령으로 정하는 사항"이란 제1항에 따른 보

고서에 기재된 영업소 일반현황 및 대부현황 · 대부중개현황 · 차입현황 등의 사항을 말한다.

[본조신설 2009. 4. 21]

18) 영업정지 및 등록취소 기준(제7조의4)

　① 법 제13조제1항 각 호 외의 부분에서 "대통령령으로 정하는 기준"이란 별표 1에 따른 기준을 말한다.

　② 법 제13조제2항제5호에서 "대통령령으로 정하는 횟수"란 별표1에서 정한 횟수를 말한다.

[본조신설 2009. 4. 21]

19) 공고내용 및 방법(제8조)

법 제13조제2항제6호에 따라 시·도지사는 해당 대부업자등이 소재지를 통지하지 아니하는 경우 등록이 취소될 수 있다는 내용의 소재 확인을 위한 공고를 작성하여 시·도의 공보 또는 일간신문에 실어야 한다.
[전문개정 2009. 4. 21]

20) 여신금융기관의 이자율 등의 제한(제9조)

① 법 제15조제1항에서 "대통령령으로 정하는 율"이란 연 100분의 49를 말한다.

② 제1항의 율을 월 또는 일 기준으로 적용하는 경우에는 연 100분의 49를 단리로 환산한다.

③ 법 제15조제3항에서 "대통령령으로 정하는 율"이란 다음 각 호의 어느 하나의 연체이자율을 말한다. 이 경우 연 100분의 49를 초과할 수 없다.
    1. 「한국은행법」 제11조에 따른 금융기관의 경우에는 한국은행이 정하는 연체이자율
    2. 제1호에 따른 금융기관 외의 여신금융기관의 경우에는 금융위원회가 각 금융업의 특성을 반영하여 금융업별로 정하는 연체이자율
[전문개정 2009. 4. 21]

21) 등록수수료 등(제10조)

① 대부업등의 등록을 하려는 자는 법 제17조제1항에 따라 각각의 사업에 대하여 영업소당 10만 원의 수수료를 내야 한다. 다만, 10만 원 이내에서 시·도의 조례로 그 금액을 다르게 정할 수 있다.

② 법 제17조제2항에서 "대통령령으로 정하는 검사수수료"란 검사일을 기준으로 연평균 대부금액 잔액의 1천분의 1 이내에서 금융위원회가 정하는 금액을 말한다. 다만, 시·도지사가 받는 검사수수료의 경우에는 연평균 대부금액 잔액의 1천분의 1 이내에서 시·도의 조례로 그 금액을 다르게 정할 수 있다.
[전문개정 2009. 4. 21]

22) 분쟁조정위원회의 구성 및 운영(제11조)

① 법 제18조제1항에 따른 분쟁조정위원회는 다음 각 호의 어느 하나에 해당하는 사람으로서 시·도지사가 선임하는 5명의 위원으로 구성한다.
    1. 금융기관에서 3년 이상 근무한 경력이 있는 사람
    2. 변호사 또는 공인회계사
    3. 소비자단체에서 3년 이상 근무한 경력이 있는 사람
    4. 금융·대부업 또는 소비자보호 분야에서 3년 이상 근무한 경력이 있는 공무원
    5. 금융 또는 법학을 전공하여 대학에서 전임강사 이상의 직(職)에 3년 이상 재직한 경력이 있는 사람

② 위원장은 위원 중에서 호선(互選)하며, 위원장 및 위원의 임기는 1년으로 하되 연임할 수 있다.

③ 분쟁조정위원회는 재적위원 3분의 2의 찬성으로 분쟁에 대한 조정안을 의결하며, 분쟁당사자에게 그 조정안의 수락을 권고할 수 있다.

④ 제1항부터 제3항까지에서 규정한 사항 외에 분쟁조정위원회의 효율적인 운영에 필요한 세부사항은 분쟁조정위원회가 정한다. [전문개정 2009. 4. 21]

23) 대부업및 대부중개업 협회 (제11조의 2)

  ① 법 제18조의2제4항에 따라 대부업 및 대부중개업 협회(이하 "협회"라 한다)는 정관을 작성하여 금융위
원회의 인가를 받은 날부터 2주일 이내에 주된 사무소의 소재지에서 설립등기를 하여야 한다.

  ② 제1항에 따른 설립등기에는 다음 각 호의 사항이 포함되어야 한다.
    1. 목적
    2. 명칭
    3. 주된 사무소 및 지회(支會)의 소재지
    4. 임원의 성명 및 주소
    5. 공고의 방법

  ③ 제1항에 따른 설립등기의 신청서에는 다음 각 호의 서류를 첨부하여야 한다.
    1. 정관
    2. 정관인가서 사본

  ④ 법 제18조의3제4호에서 "대통령령으로 정하는 업무"란 다음 각 호의 업무를 말한다.
    1. 대부업자등의 임직원에 대한 교육
    2. 대부업등의 발전을 위한 조사 · 연구
    3. 그 밖에 협회의 목적을 달성하기 위하여 필요한 업무
[본조신설 2009. 4. 21]

24) 업무의 위탁(제11조의 3)
시 · 도지사는 법 제18조의7제1항에 따라 법 제3조의4에 따른 대부업등의 준수사항 등에 관한 교육 업무를 협
회에 위탁한다.
[본조신설 2009. 4. 21]

25) 과태료 부과 · 징수절차(제12조)

  (1) 시 · 도지사는 법 제21조제3항의 규정에 의하여 과태료를 부과하고자 하는 때에는 당해 위반행위를 조
사 · 확인한 후 위반사실 · 과태료금액 등을 서면으로 명시하여 이를 납부할 것을 과태료처분대상자에게 통지
하여야 한다.

  (2) 시 · 도지사는 제1항의 규정에 의하여 과태료를 부과하고자 하는 때에는 10일 이상의 기간을 정하여 과
태료처분대상자에게 구술 또는 서면(전자문서를 포함한다)에 의한 의견진술의 기회를 주어야 한다. 이 경우
지정된 기일까지 의견진술이 없는 때에는 의견이 없는 것으로 본다.

  (3) 과태료의 부과기준은 별표 2와 같다.
[전문개정 2009. 4. 21]

  (4) 시 · 도지사는 위반행위의 동기 · 내용 및 그 횟수 등을 참작하여 제3항의 규정에 의한 금액의 2분의 1
범위 내에서 이를 가중 또는 감경할 수 있다. 이 경우 과태료의 총액은 법 제21조제1항 및 제2항의 규정에 의
한 금액을 초과할 수 없다.

(5) 과태료는 국고금관리법령의 수입금 징수에 관한 절차에 따라 징수한다. 이 경우 납입고지서에는 이의방법 및 이의기간 등을 함께 기재하여야 한다.

3. 대부업정책협의회 등의 구성 및 운영에 관한 규정

대통령령 제20167호 신규제정 2007. 07. 18.
대통령령 제20653호(금융감독기구의 설치 등에 관한 법률 시행령) 일부개정 2008. 02. 29.
대통령령 제21446호 일부개정 2009. 04. 21.

1) 목적(제1조)
이영은 「대부업 등의 등록 및 금융이용자 보호에 관한 법률」 제15조의2에 따라 대부업 및 대부중개업 관련 주요 정책의 수립·추진을 위하여 관계 행정기관 간 긴밀한 협조체제를 구축함과 아울러 대부업 및 대부중개업 관련 위법행위를 효과적으로 예방·단속하기 위한 관계 기관 간의 협력 등을 위하여 대부업정책협의회 및 지역별 대부업관계기관협의회를 설치하고, 그 운영에 관한 사항을 규정함을 목적으로 한다.〈개정 2009.4.21〉

2) 대부업정책협의회의 구성·기능 등(제2조)

(1) 대부업등 「대부업 등의 등록 및 금융이용자 보호에 관한 법률」 제2조제1호 및 제2호에 따른 대부업 및 대부중개업을 말한다. 이하 같다) 관련 정책을 종합적인 관점에서 일관성 있게 수립·추진하고, 관계 행정기관 간의 협의가 필요한 사항을 효율적으로 협의·조정하기 위하여 금융위원회 소속으로 대부업정책협의회 (이하 "협의회"라 한다)를 둔다.〈개정 2008.2.29, 2009.4.21〉

(2) 협의회는 다음 각 호의 사항을 협의·조정한다.〈개정 2009.4.21〉
가. 대부업등 관련 정책의 총괄 및 조정
나. 대부업등 관련 법령·지침 및 제도의 마련과 개선
다. 대부업등 관련 정책의 추진상황 점검 및 평가
라. 그 밖에 대부업등 관련 정책을 효율적으로 수립·추진하기 위하여 필요한 사항

(3) 협의회의 위원은 금융위원회위원장·기획재정부차관·법무부차관·행정안전부차관 및 공정거래위원회부위원장이 된다.

(4) 협의회의 의장은 금융위원회위원장이 된다.

(5) 협의회의 사무를 처리하기 위하여 간사 1명을 두되, 간사는 금융위원회 사무처장이 된다.

3) 협의회의 회의 등(제3조)
(1)협의회의 의장은 회의에 상정할 안건을 선정하여 회의를 소집하고, 그 회의를 주재한다. 협의회의 의장이 부득이한 사유로 직무를 수행할 수 없을 때에는 의장이 미리 지명한 위원이 그 직무를 대행한다.

(2) 회의는 정례회의와 수시회의로 구분한다. 정례회의는 매분기 1회 개최하는 것을 원칙으로 하고, 수시회의는 필요에 따라 개최한다. 협의회는 재적위원 과반수의 출석으로 개의하고, 출석위원 과반수의 찬성으로 의결한다. 협의회의 위원이 회의에 출석하지 못하는 경우에는 그 바로 하위직에 있는 자가 대리로 출석하여

그 직무를 대행할 수 있다.

(3) 그 밖에 협의회의 운영에 필요한 사항은 협의회의 의결을 거쳐 의장이 정한다.

4) 의안 제출(제4조)

협의회의 회의에 안건을 상정하려는 자는 회의 개최 3일 전까지 금융위원회에 안건을 제출하여야 한다. 다만, 긴급한 안건의 경우에는 그러하지 아니하다. [개정 2008.2.29 제20653호(금융감독기구의 설치 등에 관한 법률 시행령)]

5) 대부업정책실무협의회의 구성 및 운영(제5조)

(1) 협의회의 협의사항을 미리 연구·검토하고, 협의회에서 위임하는 사항을 처리하기 위하여 협의회에 대부업정책실무협의회(이하 "실무협의회"라 한다)를 둔다.

(2) 실무협의회의 위원은 다음 각 호의 자가 된다.

가. 금융위원회 사무처장

나. 법무부에 소속된 검사 중 법무부장관이 지명하는 자 1명

다. 기획재정부·행정안전부·공정거래위원회·경찰청 및 국세청의 고위공무원단에 속하는 공무원(이에 상당하는 특정직 공무원을 포함한다) 중 해당 기관의 장이 지명하는 자 각 1명

라. 「금융위원회의 설치 등에 관한 법률」에 따른 금융감독원(이하 "금융감독원"이라 한다)의 부원장보 중 금융감독원의 장(이하 "금융감독원장"이라 한다)이 지명하는 자 1명

(3) 실무협의회의 의장은 금융위원회 사무처장이 된다. 실무협의회의 운영에 관하여는 제3조제1항·제2항 및 제5항을 준용한다. 이 경우 "협의회"는 "실무협의회"로 본다. 그 밖에 실무협의회의 운영에 필요한 사항은 실무협의회의 의결을 거쳐 의장이 정한다.

6) 대부업관계기관협의회의 구성 및 운영(제6조)

(1) 대부업등 관련 업무의 효율적 수행과 위법행위의 효과적 예방·단속에 관한 사항을 협의하기 위하여 특별시·광역시·도 및 특별자치도(이하 "시·도"라 한다)에 대부업관계기관협의회(이하 "시·도"라 한다)를 둔다. 〈개정 2009.4.21〉

(2) 시·도협의회는 다음 각 호의 사항을 협의한다. 〈개정 2009.4.21〉

가. 대부업등의 등록·과리 및 감독업무와 관련된 관계 기관 간 협력방안
나. 대부업등 관련 위법행위의 효과적 단속 및 예방을 위한 관계 기관 간 협력방안
다. 대부업등 관련 법령·지침 및 제도의 개선 건의에 관한 사항
라. 그 밖에 대부업등 관련 업무를 효율적으로 수행하기 위하여 필요한 사항

(3) 시·도협의회의 위원은 다음 각 호의 자가 된다. 〈개정 2009.4.21〉

가. 다음 각 목의 자

가) 해당 시·도의 대부업등 관련 업무를 담당하는 부시장 또는 부지사

나) 해당 시·도를 관할하는 지방경찰청·지방국세청 소속 4급 이상 국가공무원 또는 고위무 원단에 속하는 공무원(이에 상당하는 특정직 공무원을 포함한다) 중 해당 기관의 장이 지명하는 자 각 1명

다) 해당 시·도를 관할하는 지방공정거래사무소의 소장. 다만, 서울지방공정거래사무소가 관할하는 시·도의 경우에는 서울지방공정거래사무소 소속 4급 이상 국가공무원 중 서울 지방공정거래사무소의 소장이 지명하는 자 1명으로 한다.

나. 해당 시·도 소속 3급 이상 지방공무원 중 특별시장·광역시장·도지사 또는 특별자치도지사가 지명하는 자 1명(시·도협의회의 의장이 필요하다고 인정하는 경우에 한한다)

다. 금융감독원(「금융감독기구의 설치 등에 관한 법률」 제25조제2항에 따라 지원 또는 출장소를 둔 경우에는 해당 시·도를 관할하는 지원 또는 출장소를 말한다) 소속 집행간부 또는 직원 중 금융감독원장(「금융감독기구의 설치 등에 관한 법률」 제25조제2항에 따라 지원 또는 출장소를 둔 경우에는 해당 시·도를 관할하는 지원장 또는 출장소장을 말한다)이 지명하는 자 1명

(4) 시·도협의회의 의장은 제3항제1호가목의 자가 된다. 시·도협의회의 운영에 관하여는 제3조제1항·제2항 및 제5항을 준용한다. 이 경우 "협의회"는 "시·도협의회"로 본다. 그 밖에 시·도협의회의 운영에 필요한 사항은 시·도협의회의 의결을 거쳐 의장이 정한다.

7) 관계 기관 등에 대한 협조요청(제7조)
협의회·실무협의회는 또는 시·도협의회는 업무를 수행하기 위하여 필요한 때에는 전문적인 지식과 경험이 있는 관계 공무원 또는 전문가의 의견을 듣거나 관계 기관·단체 등에 자료 또는 의견의 제출 등 필요한 협조를 요청할 수 있다.

8) 수당(제8조)
협의회·실무협의회 또는 시·도협의회에 출석한 위원과 관계 공무원 및 전문가에게는 예산의 범위에서 수당과 여비를 지급할 수 있다. 다만, 공무원이 그 소관 업무와 직접적으로 관련되어 출석하는 경우에는 수당과 여비를 지급하지 아니한다.

참고 : 위반행위의 종류별 과태료

위반행위와 벌칙 / 금액

1. 법 제5조의 규정을 위반하여 법 제3조제2항제1호 내지 제3호의 변경사항에 대하여 변경등록을 하지 아니한 자(법 제21조 제1항 제1호), 500만 원
2. 법 제5조의 규정을 위반하여 법 제3조제2항 제4호 및 제5호의 변경사항에 대하여 변경등록을 하지 아니하거나 폐업신고를 하지 아니한 자(법 제21조 제1항 제1호), 1,500만 원
3. 법 제6조제1항의 규정을 위반하여 계약서를 교부하지 아니하거나 동조 동항 제1호 내지 제11호에서 정한 내용중 일부 또는 전부가 기재되지 아니한 계약서를 교부한 자(법 제21조 제1항 제2호), 500만 원
4. 법 제9조제1항의 규정의 규정을 위반하여 게시 또는 설명을 하지 아니한 자(법 제21조 제1항 제3호), 1,500만 원

4. 보증인 보호를 위한 특별법

법률 제8918호 신규제정 2008. 03. 21. 시행 2008년 9월 22일
법률 제9418호 (타)일부개정 2009. 02. 6.
법률 제10186호 일부개정 2010. 03. 24.
법률 제10303호 (타)일부개정 2010. 05. 17. 시행일 2011년 11월 18일

1) 목적(제1조)
이 법은 보증에 관하여 민법에 대한 특례를 규정함으로써 아무런 대가 없이 호의(호의)로 이루어지는 보증으로 인한 보증인의 경제적·정신적 피해를 방지하고, 금전채무에 대한 합리적인 보증계약 관행을 확립함으로써 신용사회 정착에 이바지함을 목적으로 한다.

2) 정의(제2조)
이 법에서 사용하는 용어의 뜻은 다음과 같다(개정 2010.5.17).

(1) "보증인"이란 민법(제429조 1항)에 따른 보증채무(이하 "보증채무"라 한다)를 부담하는 자로서 다음 각 목에서 정하는 경우를 제외한 자를 말한다.
신용보증기금법(제2조 1항)에 따른 기업(이하 "기업"이라 한다)이 영위하는 사업과 관련된 타인의 채무에 대하여 보증채무를 부담하는 경우

나) 기업의 대표자, 이사, 무한책임사원, 국세기본법(제39조 2항)에 따른 과점주주(과점주주) 또는 기업의 경영을 사실상 지배하는 자가 그 기업의 채무에 대하여 보증채무를 부담하는 경우

다) 기업의 대표자, 이사, 무한책임사원, 국세기본법(제39조 2항)에 따른 과점주주 또는 기업의 경영을 사실상 지배하는 자의 배우자, 직계 존속·비속 등 특수한 관계에 있는 자가 기업과 경제적 이익을 공유하거나 기업의 경영에 직접·간접적으로 영향을 미치면서 그 기업의 채무에 대하여 보증채무를 부담하는 경우

라) 채무자와 동업 관계에 있는 자가 동업과 관련한 동업자의 채무를 부담하는 경우

마) 나목부터 라목까지의 어느 하나에 해당하는 경우로서 기업의 채무에 대하여 그 기업의 채무를 인수한 다른 기업을 위하여 보증채무를 부담하는 경우

바) 기업 또는 개인의 신용을 보증하기 위하여 법률에 따라 설치된 기금 또는 그 관리기관이 보증채무를

부담하는 경우

　(2) "보증계약"이란 그 형식이나 명칭에 관계없이 채무자가 채권자에 대한 금전채무를 이행하지 아니하는 경우에 보증인이 그 채무를 이행하기로 하는 채권자와 보증인 사이의 계약을 말한다.

　(3) "금융기관"이란 다음 각 목에서 정하는 것을 말한다.
　　가) 은행법 에 따른 인가를 받아 설립된 은행(같은법 제59조에 따라 은행으로 보는 자를 포함한다)
　　나) 한국산업은행법에 따라 설립된 한국산업은행
　　다) 한국수출입은행법에 따라 설립된 한국수출입은행
　　라) 중소기업은행법에 따라 설립된 중소기업은행
　　마) 종합금융회사에 관한 법률에 따른 종합금융회사
　　바) 상호저축은행법에 따른 상호저축은행. 농업협동조합법에 따른 조합과 그 중앙회
　　사) 수산업협동조합법에 따른 조합과 그 중앙회. 산림조합법에 따른 조합
　　아) 신용협동조합법에 따른 신용협동조합. 새마을금고법에 따른 금고 및 그 연합회
　　자) 증권거래법 에 따른 증권회사 · 증권금융회사, 보험업법에 따른 보험회사
　　차) 여신전문경영업법에 따른 여신전문금융회사(동법 제3조 3항 1호에 따라 허가를 받거나 등록을 한 자를 포함한다)
　　카) 간접투자자산운용업법에 따른 자산운용회사
　　타) 중소기업창업지원법에 따른 중소기업창업투자회사 및 중소기업창업투자조합
　　파) 우체국예금 · 보험에 관한 법률에 따른 체신관서
　　하) 중소기업협동조합법 에 따른 중소기업협동조합

　(4) "채무관련 신용정보"란 대출정보, 채무보증정보, 연체정보, 대위변제(대위변제) · 대지급정보(대지급정보) 및 부도정보(불도정보)를 말한다.

3) 보증의 방식(제3조)
　(1)보증은 그 의사가 보증인의 기명날인 또는 서명이 있는 서면으로 표시되어야 효력이 발생한다.

　(2)보증인의 채무를 불리하게 변경하는 경우에도 제1항과 같다.

　(3)보증인이 보증채무를 이행한 경우에는 그 한도에서 제1항과 제2항에 따른 방식의 하자를 이유로 무효를 주장할 수 없다.

4) 보증채무 최고액의 특정(제4조)
보증계약을 체결할 때에는 보증채무의 최고액(최고액)을 서면으로 특정(특정)하여야 한다. 보증기간을 갱신할 때에도 또한 같다.

5) 채권자의 통지의무 등(제5조)
　(1) 채권자는 주채무자가 원본, 이자 그 밖의 채무를 3개월 이상 이행하지 아니하는 경우 또는 주채무자가 이행기에 이행할 수 없음을 미리 안 경우에는 지체 없이 보증인에게 그 사실을 알려야 한다.

(2) 채권자로서 보증계약을 체결한 금융기관은 주채무자가 원본, 이자 그 밖의 채무를 1개월 이상 이행하지 아니하는 경우에는 지체 없이 그 사실을 보증인에게 알려야 한다.

(3) 채권자는 보증인의 청구가 있으면 주채무의 내용 및 그 이행 여부를 보증인에게 알려야 한다.

(4) 채권자가 제1항부터 제3항까지의 규정에 따른 의무를 위반한 경우에는 보증인은 그로 인하여 손해를 입은 한도에서 채무를 면한다(신설 2010. 3. 24).

6) 근보증(제6조)
(1)보증은 채권자와 주채무자 사이의 특정한 계속적 거래계약이나 그 밖의 일정한 종류의 거래로부터 발생하는 채무 또는 특정한 원인에 기하여 계속적으로 발생하는 채무에 대하여도 할 수 있다. 이 경우 그 보증하는 채무의 최고액을 서면으로 특정하여야 한다.

(2)제1항의 경우 채무의 최고액을 서면으로 특정하지 아니한 보증계약은 효력이 없다.

7) 보증기간 등(제7조)
(1) 보증기간의 약정이 없는 때에는 그 기간을 3년으로 본다.

(2) 보증기간은 갱신할 수 있다. 이 경우 보증기간의 약정이 없는 때에는 계약체결 시의 보증기간을 그 기간으로 본다. 〈개정 2010. 3. 24〉

(3) 제1항 및 제2항에서 간주되는 보증기간은 계약을 체결하거나 갱신하는 때에 채권자가 보증인에게 고지하여야 한다. 〈신설 2010. 3. 24〉

(4) 보증계약 체결 후 채권자가 보증인의 승낙 없이 채무자에 대하여 변제기를 연장하여 준 경우에는 채권자나 채무자는 보증인에게 그 사실을 알려야 한다. 이 경우 보증인은 즉시 보증채무를 이행할 수 있다.

참고: 제7조의 보증기간의 해석

보증인보호를 위한 특별법 제7조(보증기간등) 제1항에 의하면 보증기간의 약정이 없는 때에는 그 기간을 3년으로 본다고 규정되어 있다. 그런데 여기서 보증기간의 의미는 보증채무금의 발생기간의 한정이라는 의미인지 아니면 보증채무금을 청구할수 있는 유효기간이라는 의미인지가 의문이다.

예컨대 보증기간을 주채무자와의 대출기간 + 6개월로 한 경우 즉, 보증기간을 대출기간(대출기간이 30개월이라고 가정할때) + 6개월로 하여 36개월로 기재한 경우 36개월이 도과되면 채무금 잔액이 있더라고 보증인에게 청구자체를 할 수 없다는 것인지, 아니면 보증기간안에 즉 36개월안에 발생한 채무금으로 보증채무금이 한정되어 보증채무금이 확정되고 그 보증기간 이후에 발생한 채무는 보증인에게 책임을 물수 없다는 의미인지 의문이다. 후자로 해석한다면 보증기간 안에 발생한 채무로 보증채무금이 확정되므로 확정된 보증채무가 변제되지 않은 이상 보증기간 이후에도 보증인에게 청구할수 있는 것인지 의문이다

이러한 의문에 대해 법무부 법무심의관실은 다음과 같이 해석 하였다.
1. 질의의 요지
보증인보호를위한특별법 제7조 보증기간의 의미가 무엇인지에 관한 질의로 판단.
2. 검토의견

가. 보증보증인보호를위한특별법 제정의 주요 목적들 중 하나는 보증인의 경제적, 정신적 피해를 방지하기 위한 것이다.

나. 이와 관련하여 동법 제7조는 단순히 '보증기간'이라고만 규정되어 있어서 이 보증기간의 의미가 무엇인지에 관해서는 별도의 해석이 필요한 상황이다.

다. 보증채무란 주채무자의 채무불이행을 전제로 한 인적담보제도라는 점을 고려한다면 보증기간안에 발생한 주채무금으로 보증채무금이 한정되어 확정되고 그 보증기간 이후에 발생한 주채무는 보증인에게 책임을 물을 수 없을 것이다. 그리고 보증기간안에 발생한 주채무에 의해 확정된 보증채무는 변제되지 않은 이상 보증기간이후에도 청구가능한 것이다.

<자료 : 법무부 제공>

8) 금융기관 보증계약의 특칙(제8조)

(1) 금융기관이 채권자로서 보증계약을 체결할 때에는 「신용정보의 이용 및 보호에 관한 법률」에 따라 종합신용정보집중기관으로부터 제공받은 채무자의 채무관련 신용정보를 보증인에게 제시하고 그 서면에 보증인의 기명날인이나 서명을 받아야 한다. 보증기간을 갱신할 때에도 또한 같다.

(2) 금융기관이 제1항에 따라 채무자의 채무관련 신용정보를 보증인에게 제시할 때에는 채무자의 동의를 받아야 한다.

(3) 금융기관이 제1항에 따라 보증인에게 채무관련 신용정보를 제시하지 아니한 경우에는 보증인은 금융기관에 대하여 보증계약 체결 당시 채무자의 채무관련 신용정보를 제시하여 줄 것을 요구할 수 있다.

(4) 금융기관이 제3항에 따라 채무관련 신용정보의 제시요구를 받은 날부터 7일 이내에 그 요구에 응하지 아니하는 경우에는 보증인은 그 사실을 안 날부터 1개월 이내에 보증계약의 해지를 통고할 수 있다. 이 경우 금융기관이 해지통고를 받은 날부터 1개월이 경과하면 해지의 효력이 생긴다.

9) 불법적 채권추심행위의 금지(제9조)

(삭제 2009. 2. 6)

10) 벌칙(제10조)

(삭제 2009. 2. 6)

11) 편면적 강행규정(제11조)

이 법에 위반하는 약정으로서 보증인에게 불리한 것은 효력이 없다.

5. 채권의 공정한 추심에 관한 법률

법률 제9418호, 2009. 2. 6 제정, 시행 2009. 8. 7

1. 목적(제1조)

이 법은 채권추심자가 권리를 남용하거나 불법적인 방법으로 채권추심을 하는 것을 방지하여 공정한 채권추심 풍토를 조성하고 채권자의 정당한 권리행사를 보장하면서 채무자의 인간다운 삶과 평온한 생활을 보호함을 목적으로 한다.

2. 정의(제2조)

이 법에서 사용하는 용어의 뜻은 다음과 같다.

1) "채권추심자"란 다음 각 목의 어느 하나에 해당하는 자를 말한다.
　가. 「대부업 등의 등록 및 금융이용자 보호에 관한 법률」에 따른 대부업자, 대부중개업자, 대부업의 등록을 하지 아니하고 사실상 대부업을 영위하는 자, 여신금융기관 및 이들로부터 대부계약에 따른 채권을 양도받거나 재양도 받은 자
　나. 가목에 규정된 자 외의 금전대여 채권자 및 그로부터 채권을 양도받거나 재양도 받은 자
　다. 금전이나 그 밖의 경제적 이익을 대가로 받거나 받기로 약속하고 타인의 채권을 추심하는 자(채권추심을 목적으로 채권의 양수를 가장한 자를 포함한다)
　라. 가목부터 다목 까지에 규정된 자들을 위하여 고용, 도급, 위임 등 원인을 불문하고 채권추심을 하는 자

2) "채무자"란 채무를 변제할 의무가 있거나 채권추심자로부터 채무를 변제할 의무가 있는 것으로 주장되는 자연인(보증인을 포함한다)을 말한다.

3) "관계인"이란 채무자와 동거하거나 생계를 같이 하는 자, 채무자의 친족, 채무자가 근무하는 장소에 함께 근무하는 자를 말한다.

4) "채권추심"이란 채무자에 대한 소재파악 및 재산조사, 채권에 대한 변제 요구, 채무자로부터 변제 수령 등 채권의 만족을 얻기 위한 일체의 행위를 말한다.

5) "개인정보"란 「공공기관의 개인정보보호에 관한 법률」 제2조제2호의 개인정보를 말한다.

6) "신용정보"란 「신용정보의 이용 및 보호에 관한 법률」 제2조제1호의 신용정보를 말한다.

3. 국가와 지방자치단체의 책무(제3조)

1) 국가와 지방자치단체는 공정한 채권추심 풍토가 정착되도록 제도와 여건을 마련하고 이를 위한 시책을 추진하여야 한다.

2) 국가와 지방자치단체는 권리를 남용하거나 불법적인 채권추심행위를 하는 채권추심자로 부터 채무자 또는 관계인을 보호하기 위하여 노력하여야 한다.

4. 다른 법률과의 관계(제4조)

채권추심에 관하여 다른 법률에 특별한 규정이 있는 경우를 제외하고는 이 법에서 정하는 바에 따른다.

5. 채무확인서의 교부(제5조)

1) 채권추심자(제2조제1호가목에 규정된 자에 한한다. 이하 이 조에서 같다)는 채무자로부터 원금, 이자, 비

용, 변제기 등 채무를 증명할 수 있는 서류(이하 "채무확인서"라 한다)의 교부를 요청받은 때에는 정당한 사유가 없는 한 이에 응하여야 한다.

2) 채권추심자는 채무확인서 교부에 직접 사용되는 범위에서 채무자에게 그 비용을 청구할 수 있다.

6. 수임사실 통보(제6조)

1) 채권추심자(제2조제1호다목에 규정된 자 및 그 자를 위하여 고용, 도급, 위임 등 원인을 불문하고 채권추심을 하는 자를 말한다. 이하 이 조에서 같다)가 채권자로부터 채권추심을 위임받은 경우에는 채권추심에 착수하기 전까지 다음 각 호에 해당하는 사항을 채무자에게 서면(「전자거래기본법」 제2조 제1호의 전자문서를 포함한다)으로 통지하여야 한다. 다만, 채무자가 통지가 필요 없다고 동의한 경우에는 그러하지 아니하다.

  (1) 채권추심자의 성명·명칭 또는 연락처(채권추심자가 법인인 경우에는 채권추심담당자의 성명, 연락처를 포함한다)
  (2) 채권자의 성명·명칭, 채무금액, 채무불이행 기간 등 채무에 관한 사항
  (3) 입금계좌번호, 계좌명 등 입금계좌 관련 사항

2) 제1항에도 불구하고 채무발생의 원인이 된 계약에 기한의 이익에 관한 규정이 있는 경우에는 채무자가 기한의 이익을 상실한 후 즉시 통지하여야 한다.

3) 제1항에도 불구하고 채무발생의 원인이 된 계약이 계속적인 서비스 공급 계약인 경우에는 서비스 이용료 납부지체 등 채무불이행으로 인하여 계약이 해지된 즉시 통지하여야 한다.

7. 동일 채권에 관한 복수 채권추심 위임 금지(제7조)

채권추심자는 동일한 채권에 대하여 동시에 2인 이상의 자에게 채권추심을 위임하여서는 아니 된다.

8. 채무불이행정보 등록 금지(제8조)

채권추심자(제2조제1호가목 및 다목에 규정된 자 및 그 자를 위하여 고용, 도급, 위임 등 원인을 불문하고 채권추심을 하는 자를 말한다. 이하 이 조에서 같다)는 채무자가 채무의 존재를 다투는 소를 제기하여 그 소송이 진행 중인 경우에 「신용정보의 보호 및 이용에 관한 법률」에 따른 신용정보집중기관이나 신용정보업자의 신용정보전산시스템에 해당 채무자를 채무불이행자로 등록하여서는 아니 된다. 이 경우 채무불이행자로 이미 등록된 때에는 채권추심자는 채무의 존재를 다투는 소가 제기되어 소송이 진행 중임을 안 날부터 30일 이내에 채무불이행자 등록을 삭제하여야 한다.

9. 폭행·협박 등의 금지(제9조)

채권추심자는 채권추심과 관련하여 다음 각 호의 어느 하나에 해당하는 행위를 하여서는 아니 된다.
1) 채무자 또는 관계인을 폭행·협박·체포 또는 감금하거나 그에게 위계나 위력을 사용하는 행위
2) 정당한 사유 없이 반복적으로 또는 야간(오후 9시 이후부터 다음 날 오전 8시까지를 말한다. 이하 같다)에 채

무자나 관계인을 방문함으로써 공포심이나 불안감을 유발하여 사생활 또는 업무의 평온을 심하게 해치는 행위

3) 정당한 사유 없이 반복적으로 또는 야간에 전화하는 등 말 · 글 · 음향 · 영상 또는 물건을 채무자나 관계인에게 도달하게 함으로써 공포심이나 불안감을 유발하여 사생활 또는 업무의 평온을 심하게 해치는 행위

4) 채무자 외의 사람(제2조제2호에도 불구하고 보증인을 포함한다)에게 채무에 관한 거짓 사실을 알리는 행위

5) 채무자 또는 관계인에게 금전의 차용이나 그 밖의 이와 유사한 방법으로 채무의 변제자금을 마련할 것을 강요함으로써 공포심이나 불안감을 유발하여 사생활 또는 업무의 평온을 심하게 해치는 행위

6) 채무를 변제할 법률상 의무가 없는 채무자 외의 사람에게 채무자를 대신하여 채무를 변제할 것을 반복적으로 요구함으로써 공포심이나 불안감을 유발하여 사생활 또는 업무의 평온을 심하게 해치는 행위

10. 개인정보의 누설 금지 등(제10조)

1) 채권추심자는 채권발생이나 채권추심과 관련하여 알게 된 채무자 또는 관계인의 신용정보나 개인정보를 누설하거나 채권추심의 목적 외로 이용하여서는 아니 된다.

2) 채권추심자가 다른 법률에 따라 신용정보나 개인정보를 제공하는 경우는 제1항에 따른 누설 또는 이용으로 보지 아니한다.

11. 거짓 표시의 금지 등 (제11조)

채권추심자는 채권추심과 관련하여 채무자 또는 관계인에게 다음 각 호의 어느 하나에 해당하는 행위를 하여서는 아니 된다.

1) 무효이거나 존재하지 아니한 채권을 추심하는 의사를 표시하는 행위

2) 법원, 검찰청, 그 밖의 국가기관에 의한 행위로 오인할 수 있는 말 · 글 · 음향 · 영상 · 물건, 그 밖의 표지를 사용하는 행위

3) 채권추심에 관한 법률적 권한이나 지위를 거짓으로 표시하는 행위

4) 채권추심에 관한 민사상 또는 형사상 법적인 절차가 진행되고 있지 아니함에도 그러한 절차가 진행되고 있다고 거짓으로 표시하는 행위

5) 채권추심을 위하여 다른 사람이나 단체의 명칭을 무단으로 사용하는 행위

12. 불공정한 행위의 금지(제12조)

채권추심자는 채권추심과 관련하여 다음 각 호의 어느 하나에 해당하는 행위를 하여서는 아니 된다.

1) 혼인, 장례 등 채무자가 채권추심에 응하기 곤란한 사정을 이용하여 채무자 또는 관계인에게 채권추심의 의사를 공개적으로 표시하는 행위

2) 채무자의 연락두절 등 소재파악이 곤란한 경우가 아님에도 채무자의 관계인에게 채무자의 소재, 연락처 또는 소재를 알 수 있는 방법 등을 문의하는 행위

3) 정당한 사유 없이 수화자부담전화료 등 통신비용을 채무자에게 발생하게 하는 행위

4) 「채무자 회생 및 파산에 관한 법률」에 따른 회생절차, 파산절차 또는 개인회생절차에 따라 전부 또는 일부 면책되었음을 알면서 법령으로 정한 절차 외에서 반복적으로 채무변제를 요구하는 행위

5) 엽서에 의한 채무변제 요구 등 채무자 외의 자가 채무사실을 알 수 있게 하는 행위

13. 부당한 비용 청구 금지(제13조)

1) 채권추심자는 채무자 또는 관계인에게 지급할 의무가 없거나 실제로 사용된 금액을 초과한 채권추심비용을 청구하여서는 아니 된다.

2) 제1항과 관련하여 필요한 사항은 대통령령으로 정한다.

14. 손해배상책임(제14조)

채권추심자가 이 법을 위반하여 채무자 또는 관계인에게 손해를 입힌 경우에는 그 손해를 배상하여야 한다. 다만, 채권추심자가 사업자(제2조제1호가목 및 다목에 규정된 자 및 그 자를 위하여 고용, 도급, 위임 등에 따라 채권추심을 하는 자를 말한다. 이하 같다)인 경우에는 사업자가 자신에게 고의 또는 과실이 없음을 입증한 때에는 그러하지 아니하다.

15. 양벌규정(제16조)

법인의 대표자나 법인 또는 개인의 대리인, 사용인, 그 밖의 종업원이 그 법인 또는 개인의 업무에 관하여 제15조의 위반행위를 하면 그 행위자를 벌하는 외에 그 법인 또는 개인에게도 해당 조문의 벌금형을 과(科)한다. 다만, 법인 또는 개인이 그 위반행위를 방지하기 위하여 해당 업무에 관하여 상당한 주의와 감독을 게을리 하지 아니한 경우에는 그러하지 아니하다.

부칙 <제9418호, 2009. 2. 6>

제1조(시행일) 이 법은 공포 후 6개월이 경과한 날부터 시행한다.
제2조(수임사실 통보에 관한 적용례) 제6조는 이 법 시행 후 채권자로부터 채권추심을 위임받은 것부터 적용한다.
제3조(동일 채권에 관한 복수 채권추심 위임 금지에 관한 적용례) 제7조는 이 법 시행 후 채권추심을 위임한 것부터 적용한다.
제4조(벌칙 및 과태료에 관한 경과조치) 이 법 시행 전의 행위에 대한 벌칙 및 과태료의 적용에 있어서는 종전의 규정에 따른다.
제5조(다른 법률의 개정)
　　① 보증인 보호를 위한 특별법 일부를 다음과 같이 개정한다.
　　② 법률 제9344호 대부업의 등록 및 금융이용자보호에 관한 법률 일부개정법률 일부를 다음과 같이 개정한다.

04장 대부업법과 제도권 제2금융권 (저축은행, 할부금융사 등)의 동향

제1절 금융권의 분류

1. 금융권의 분류

1) 제1금융권(통화금융기관)

(1) 제1금융과 제2금융의 분류

금융기관(돈의 융통을 중개하는 기관)중에서 은행을 제1금융권이라 한다. 예금통화창출 기능이라는 거시적인 표준에 의해 제1금융권과 제2금융권으로 분류된다. 일반적으로 우리가 은행이라고 부르는 곳은 예금통화창출 기능을 한다.

(2) 일반은행과 특수은행

제1금융권, 즉 은행은 특수은행, 일반은행, 지방은행으로 분류되는데 특수은행은 정부가 특별한 목적으로 설립한 은행을 말한다. 수출입업무를 전담하는 수출입은행, 중소기업을 전담하는 중소기업은행이 대표적인 예이다. 일반은행은 국민은행, 우리은행, 하나은행, 신한은행 등을 말한다. 또한 지방은행이란 대구은행, 부산은행과 같이 지방의 금융을 원활히 하기 위해서 설립된 은행을 뜻한다.

또한 슈퍼뱅크와 리딩뱅크라는 말도 사용하는데 슈퍼뱅크란 자본금도 크고, 지점도 많은 규모가 큰 은행을 가리키는 말이다. 반면 리딩뱅크(선도은행)란 규모와는 상관없이 새로운 금융상품의 개발이나 새로운 경영방법의 개발 등에서 다른 은행보다 앞서가는 은행을 가리키는 말이다.

2) 제2금융권(비통화금융기관)

2금융권은 전형적인 금융기관인 은행과 대비하여 1980년대 이후 급신장 한 보험회사, 신탁회사(투자신탁운용, 자산운용회사 포함), 증권회사, 종합금융회사, 여신금융회사(카드회사, 캐피탈회사, 리스회사, 할부회사, 신기술금융회사), 상호저축은행(과거 신용금고로 불리던 금융기관) 등을 일컫는 비공식 용어이다. 이 역시 주로 언론을 통해 보급된 말이다.

이와 비슷한 의미로 통용되는 말로는 비은행 금융기관이 있다. 예를 들면, 삼성생명보험, 동부화재보험, 대한투자신탁운용, 현대증권, 한솔상호저축은행, 삼성카드, 현대캐피탈, 산업리스, 롯데할부금융 등이 이에 속한다.

3) 제3금융권 (비제도권 금융기관 : 대부업체, 사채업체 등)

일명사금융권으로서 제도권 금융기관인 은행, 보험사, 상호저축은행, 캐피탈사에서도 대출이 힘들 경우 이용하게 되는 비제도권 금융기관을 제3금융권이라 한다(최근에는 각종의 대부업체에서 "소비자금융"이란 용어를 사용하기도 한다). 따라서 대출이자가 금융기관 중 가장 높다. 주로 대출 전문 대부업체와 사채업체가 이에 속한다. 특히 여성 대출은 대출시장의 블루오션'이다. 대부업체들은 여성전용 대출상품을 잇따라 출시했고, 제2금융권도 가세했다." 이로인해 서민경제의 위험이 되고 있다. '소비자금융'이라는 용어가 '대부업체'의 부정적인 의미를 희석하기 위한 기만적인 위장술로 통용된다는 비판을 받기도 한다.

2. 조합금융

1) 조합금융과 협동조합
(1) 개념정립
협동조합은 경제적으로 약소한 처지에 있는 일반 소비대중들, 농민, 중·소 상공업자들이 상부상조의 정신으로 경제적 이익을 추구하기 위하여, 물자 등의 구매·생산·판매·소비등의 일부 또는 전부를 협동으로 영위하는 조직단체를 말한다. 또한 농·수산업자나 영세사업자는 사업이 소규모이므로 일반 금융기관의 융자대상에서 제외되는 경우가 많고, 자금융통의 어려움으로 사채에 의존하는 경우가 많다. 이와 같은 곤란한 문제를 해결하기 위한 상호협동을 목적으로 협동조합을 조직한다. 이렇듯 조합원이 예금과 적금을 가입하면서 동시 또는 이시에 필요한 자금을 융자받는 것을 조합금융이라고 한다.

(2) 조합금융의 종류
한국의 조합금융 조직의 대표적인 것으로는 농업협동조합을 들 수 있는데 그 밖에 수산업협동조합·신용협동조합이 각자 설립근거법인 수산업·신용협동조합의 규정에 따라 신용사업으로 예금·적금의 수입, 조합원이 필요로 하는 자금의 대출을 할 수 있도록 하고 있다(수산업협동조합법 65조 4항 : 신용협동조합법 31조 1항). 또한 이들 협동조합이 필요하다고 느낄 때에는, 공동신용을 기초로 다른 기관에서 자금을 차입하여 조합원에게 공급할 수도 있도록 되어 있다.

2) 내용과 목적
대기업의 경제적 압박이나 중간상인의 농간을 배제하는 것이 주된 목적이다. 조직·운영에는 다음과 같은 원칙이 있다.
(1) 원칙
가. 사업의 비영리성
사업의 목적이 영리에 있지 않고 경제적 약자 간의 상호부조에 있다. 협동조합의 특징은 자본구성체가 아니고 인적 구성체이기 때문에 진정한 민주적 운영을 의도하는 데 있다. 이는 영리를 목적으로 하는 것이 아니므로 조합의 운영은 실비주의를 원칙으로 한다. 그러나 현실적으로는 약간의 위험부담을 위한 비용이 가산되기 때문에 잉여금이 생긴다. 이것은 말하자면 실비의 과징이었던 것이니까 조합사업의 이용분량에 안배하여, 쓰고 남은 비용을 조합원에게 반환하는 것인데, 이것이 형식적으로는 마치 잉여금 분배처럼 보이는 것에 불과하다.

나. 임의로 설립되며 조합원의 가입·탈퇴가 자유로워야 한다.

다. 조합원은 출자액의 다소에 관계없이 일인일표의 평등한 의결권을 가진다.

라. 잉여금을 조합원에게 분배함에 있어서는 출자액의 다소에 의하지 않고 조합사업의 이용분량에 따라서

실시한다는 것 등이다.

나. 협동조합의 분류
가) 상업의 성격에 의한 분류
협동조합은 여러 방법에 의하여 분류할 수 있지만 일반적으로는 사업의 성격에 따라 크게 사업협동조합·신협동조합·협동조합연합회·기업조합으로 분류된다. 사업협동조합에는 산업별로 농업협동조합·수산업·축산업·상공업 등의 소규모 생산업자들에 의해 결성되는 농업협동조합·산업협동조합·상업협동조합 등 또는 그에 관련되는 각종 협동조합이 있어 다음과 같은 사업의 일부 또는 전부를 영위한다.

나) 사업협동조합의 목적
(가) 생산·가공·판매·구매·보관·운송·검사 등의 공동시설,
(나) 조합원에 대한 자금대부와 조합원을 위한 자금의 차입,
(다) 복리후생시설,
(라) 경영·기술의 개선, 지식의 보급을 위한 교육과 정보의 제공,

(5) 조합원의 경제적 지위를 개선하기 위한 단체협약의 체결

(6) 기타 이상의 사업에 부대되는 사업 등이다.

다) 협동조합연합회
신용협동조합은 조합원을 위한 금융이 사업의 중심이 된다. 이상의 협동조합은 단위협동조합인데, 이 단위조합이 일정한 지역 등을 기반으로 연합체를 결성한 것이 협동조합연합회이다. 이 같은 연합체도 단위조합이 영위하는 각종 사업을 직접 영위할 수 있다. 기업조합은 협동조합의 이념을 보다 고차적으로 구체화한 것이다. 기업조합 이외의 일반협동조합은 작은 생산업체들이 제각기 독립된 자기사업을 가지고 참여한 연합체로, 일종의 복합기업형태인 데 비하여 기업조합은 조합원의 2/3 이상이 조합의 종업원이어야 하고 또 조합종업원의 1/2 이상이 조합원이어야 한다. 이는 바로 조합원이 독립된 작은 생산자로서의 지위를 지양하고 하나로 뭉쳐진 독립사업체로서의 기업조합을 중심으로 결집하려는 것을 기본적으로 기도하는 것이라고 할 수 있다. 여기서 협동의 실효는 더욱 높아질 수 있는 가능성을 갖게 된다. 그러나 기업조합들이 실제로 이와 같은 기도를 꼭 실천하고 있다고는 할 수 없다.

가) 협동조합의 기능별로 분류
생산조합과 소비조합(생활협동조합)으로 크게 나눌 수 있다.
(가) 생산조합
생산조합은 다시 다음과 같이 분류할 수 있다.
a) 조합원의 생산물을 협동하여 판매하는 판매조합이 있는데, 이에는 단순히 출하·판매만을 하는 것과 간단한 가공을 하여 출하 판매하는 가공판매조합이 있다.
b) 조합원의 사업에 필요한 물자를 협동하여 구입하기 위한 구매조합이 있다.
c) 이용조합인데, 여기서 이용조합이란 조합원이 단독으로서는 갖추지 못하거나 단독사용이 비경제적인 시설을 공동으로 설치하여 공동으로 사용하는 것이다.
d) 신용협동조합인데, 이는 조합원을 위한 금융 사업만을 한다.
e) 조합원이 협동하여 생산 활동을 하는 생산적 조합인데, 기업조합은 이 같은 생산조합을 기도하려는 것

이라 볼 수 있다.

(나) 소비조합

조합원의 생활에 필요한 물자를 싼값으로 공동구입하는 것을 목적으로 한다. 이와 같은 협동조합운동은 산업혁명 이후 자본주의사회 형성기에 자본을 소유하지 못한 노동자들이 생활안정 및 경제적 편익을 도모할 목적으로 시작하였다(1844년 영국에서 28명의 로치데일의 광산노동자에 의하여 결성된 소비협동조합이 대표적임). 이처럼 소비조합은 대체로 각 직장 중심으로 또는 지역을 기반으로 하여 결성된다. 대부분의 소비조합은 소매조합으로 구성되지만 간혹 여러 조합이 연합하여 도매조합을 결성하는 경우도 있다.

나) 협동조합의 기능

협동조합에는 단일기능 만을 하는 단일조합이 있으며, 각종 기능, 즉 구매·판매·가공 등 복합적인 기능을 하는 것도 있다. 즉 협동의 범위·정도가 낮은 것은 단일협동의 정도에 머물러 있고, 정도가 높은 것은 다각적인 협동기능으로 발전하는데, 한국의 농업협동조합은 신용·구매·소비 등의 복합적인 넓은 범위에서 기능하고 있다.

3. 제도권 제2금융의 개관

1) 상호저축은행
(1) 상호저축은행법의 제정

상호저축은행은 중소기업과 서민의 금융편의 및 저축증대를 목적으로 하고 있으며, 주식회사의 형태로 설립되는 서민금융기관이다. 연혁 적으로는 '상호신용금고법'(1972년 8월)에 의해 설립된 금융기관을 상호저축은행(상호신용금고)라 한다. 그 후 상호신용금고법(2001.3)을 개정하여 상호저축은행법을 제정하였다(2002년 3월 부터 기존 상호신용금고들이 대부분 상호저축은행으로 명칭을 변경함). 물론 설립초기에는 금융중개기관으로서의 기능을 제대로 발휘하지 못했다. 그러나 상호신용금고법과 시행령의 개정(1975.7)으로 감독기능이 강화되면서 허가취소 또는 합병정리가 진행되었다. 그 후로도 대주주 중심의 지배구조와 허술한 감독체계로 로 숱한 금융사고가 발생하자 급기야 대주주의 권한을 제한(2001.3)하고 감독기능을 강화하는 것을 골자로 하는 상호저축은행법을 제정하게 되었다.

(2) 상호저축은행의 업무
가. 상호저축은행의 업무

상호저축은행의 업무로는 신용부금업무, 신용계업무, 예금과 적금의 수입업무, 자금의 대출업무, 내·외국환 업무, 보호예수업무, 어음의 할인업무, 국가·공공단체 및 금융기관의 대리업무가 있다.

나. 상호저축은행의 감독

상호저축은행은 금융감독위원회가 감독한다. 금융감독위원회는 상호저축은행에 대하여 거래자의 권익을 해할 우려가 있다고 인정할 때에는 주의·경고 조치내지는 영업인가 취소조치까지 취할 수 있다.

다. 상호저축은행중앙회

상호저축은행 상호간의 업무협조와 신용질서의 확립 및 거래자의 보호를 위하여 상호저축은행을 회원으로 하는 법인체인 상호저축은행중앙회가 있다. 상호저축은행중앙회의 주요 업무로는 상호저축은행에 대한 대출, 상호저축은행이 보유 또는 매출하는 어음의 매입, 상호저축은행에 대한 지급보증, 상호저축은행으로부터의 예탁금 및 지급준비예탁금의 수입 및 운용 등이 있다.

2) 새마을금고
(1) 설립과정과 목적
새마을금고는 재건국민운동본부가 농촌을 중심으로 조합원의 저축을 장려하고, 조성된 자금을 생산·자금으로 저리융자하기 위해 마을금고를 조직(1963.4)한 것이 그 효시이다. 전통사회의 상부상조정신에 입각하여 자금의 조성 및 이용과 회원의 경제적·사회적·문화적 지위 향상 및 지역사회개발을 통해 국가경제 발전에 기여할 목적으로 설립한 비영리법인. 서민금융의 한 형태이다. 그 후 '새마을금고법'(1982.12)에 따라 명칭이 새마을금고로 바뀌었다.

(2) 주요사업
새마을금고의 주요 사업은 회원들의 예탁금 및 적금을 자금으로 하여 회원에게 대출해주는 신용사업이다. 금고의 연합체로서 새마을금고연합회가 있으며, 금고의 신용사업에 대한 감독은 행정자치부 장관이 금융감독위원회와 협의하여 하도록 되어 있다.

3) 신용협동조합
우리나라에서는 1960년 부산에 성가신용협동조합, 서울에 가톨릭 중앙신용협동조합이 그 효시다(신협은 독일에서 고리채 추방과 농민의 자립을 위한 저축운동에 그 유래를 둠). 그 후 사단법인 신용협동조합연합회가 창립(1964)되었으며, 신용협동조합법(1972)이 제정되자 이 후 특수법인으로 재설립(1973)되었다. 1989년 지금의 명칭으로 바꾸고 시·도 지부를 시·도 연합회로 개편하여 재창립하였다.

4) 수산업협동조합
(1) 설립과정과 목적
수협은 조선어업조합(1937.5)으로 출발해 조선수산업회(1944.4)로 개편한 뒤, 한국수산협회(1949)를 지금의 회원조합과 중앙회를 동시에 발족하였고 수산업협동조합법(1962.1.21)에 의거 발족(1962.4.1)하였다. 수산업협동조합은 수산업의 생산력 증강을 도모함으로써 국민 경제를 균형 있게 발전시키며, 어민과 수산제조업자의 협동 조직을 촉진해 경제적·사회적 지위를 향상시키는 것을 목표로 설립되었다. 수협은 수산제조업자들이 조직하는 1차 단계 협동조합과 이들을 회원으로 하는 2차 단계 협동조합인 중앙회로 다시 나뉜다. 이후 여신업무를 시작으로 수신·군납·상호금융·외국환 업무까지 범위를 확대하고, 국제협동조합연맹에 가입하는 한편, 1984년부터는 온라인 업무를 시작하였다. 1992년 8월 수협유통을, 1995년 수협문화사·수협용역을, 1997년 수협사료를 각각 설립하였다.

(2) 업무와 조직구성
가. 수협중앙회는 여신 업무에서 시작해 수신·군납·상호금융·외국환 업무 등으로 업무 범위를 확대했으며 지도사업, 경제사업, 신용사업, 공제사업을 주 업무로 하고 있다. 어민과 수산제조업자의 협동조직을 촉진해 경제적·사회적 지위 향상과 수산업의 생산력 증강을 도모함으로써 국민경제의 균형 있는 발전을 목적으로 한다. 조직은 어업인(또는수산제조업자)들이 조직하는 1차 단계 협동조합인 지구별조합·업종별조합·제조업조합과 이들을 회원으로 하는 2차 단계 협동조합인 중앙회로 구성된다.

나. 일정한 지역(시·군 등)을 단위로 하는 지구별 수산업협동조합과 특정 어업을 경영하는 업종별 수산업협동조합, 수산물제조업을 경영하는 수산물제조 수산업협동조합 및 수산업협동조합중앙회가 있다. 2008년

현재 66개 지구별 조합에 조합원 16만 1951명, 19개 업종별 조합에 조합원 4, 490명, 2개 제조업 조합에 조합원 221명 등 총 16만 6662명의 조합원으로 이루어져 있다.

다. 중앙회는 회장 1인, 부회장 2인이 있고 산하조직에는 감사실, 종합기획부, 총무부, 홍보부, 지도검사부, 어업통신부, 유통기획부, 판매사업부, 바다마트사업부, 금융기획부, 수산자원부, 여신지원부, 채권관리부, 상호금융부, 공제사업부 등이 있다. 중앙회 회장은 회원조합장들이 직접선거로 선출하고, 회원조합장은 중앙회 이사회의 일원으로서 경영에 참가한다.

라. 사업내용
  가) 지도사업
  어업인 소득증대, 회원조합 지도·육성, 어촌지도자·휴계자 양성, 임직원 교육, 안전조업지도, 홍보활동, 조사연구, 국제협력, 전산업무 확충 등.

  나) 경제사업
  어업용 면세유류 공급 지원, 선수물자·조합물자 공급, 선박용기자재 공동 구매, 산지 공동판매, 산지 소비자 유통 확대, 내륙지 공판장 운영, 가격지지 안정 사업, 유통기능 강화, 공판사업, 이용가공사업, 군납, 수출 등.

  다) 신용사업
  저축추진, 수산자금 관리, 여신관리, 외환업무, 상호금융, 신탁, 증권업무 등.

  라) 공제사업
  공제가입 확대, 공제금 지급, 공제금 환원사업, 공제금제도 개선 등이다.

(3) 수산업협동조합법
수산업협동조합의 설립과 조직, 업무 등에 관하여 규정하고 있는 법률(1962. 1. 20, 법1013호).
  가) 어업인과 수산물 제조업자의 협동조직을 촉진하여 경제적·사회적 지위의 향상과 수산업의 생산력 증강을 도모함으로써 국민경제의 균형 있는 발전을 기하기 위하여 제정되었다. 이 법에 의하면 수산업협동조합은 영리 또는 투기 목적의 업무를 할 수 없으며, 정치에 관여할 수 없다. 기타 임직원의 겸직금지, 공과금의 면제, 해양수산부장관의 감독 등에 관하여 규정하고 있다.

  나) 이 법에 의한 조합의 종류에 지구별·업종별 수산업협동조합과 수산물가공 수산업협동조합 및 수산업협동조합중앙회가 있다. 지구별 수산업협동조합은 일정한 지역 내에 거주하는 어업인이 설립하는 지구별 조합이다. 업무구역은 원칙적으로 시·군의 구역에 의한다. 지구별 조합원은 행정구역·경제권 등을 중심으로 어촌계를 조직할 수 있다. 업종별 수산업협동조합은 특정어업을 경영하는 어업인 이 설립하는 조합이다. 업무구역은 정관이 정하는 바에 따르는데, 설립, 조합원, 기관, 사업, 분할·합병, 해산, 청산, 등기 등에 관한 사항을 절로 구분하여 규정하고 있다.

  다) 수산업협동중앙회는 지구별 수산업협동조합·업종별 수산업협동조합 및 수산물가공 수산업협동조합을 회원으로 하여 설립된 조합으로, 회원조합의 업무를 지도감독하고, 공동이익의 증진과 그 건전한 발전을 도모한다. 중앙회에는 이밖에 해양수산 관련법인·단체 등 일정한 자격을 가진 준회원이 있다.

라) 수산물가공 수산업협동조합은 대통령령이 정하는 특정한 종류의 수산물 가공을 업으로 하는 자가 설립하는 조합이다. 조합원은 정관이 정하는 업무구역 안에 주소나 거소 또는 사업장을 가진 자로서 정관이 정하는 바에 의하여 출자 1좌 이상을 가져야 한다. 설립, 구역, 조합원의 자격, 출자, 사업의 종류를 제외하고는 지구별 및 업종별 수산업협동조합에 관한 규정을 준용한다.

마) 총칙, 지구별 및 업종별 수산업협동조합, 수산물가공 수산업협동조합, 수산업협동조합중앙회, 회계, 감독, 벌칙의 7장으로 나뉜 전문 166조와 부칙으로 구성되어 있다. 하위법령에 수산업협동조합법시행령과 시행규칙이 있다.

5) 농업협동조합
(1) 개요
농협은 농업인이 모여 협동을 통하여 경제적 이익을 얻고 자신의 권리를 지켜나가기 위하여 만든 농업생산자 단체로, 농민을 지원하기 위해 조직(1961)되었다. 농업 및 생활자재 구입, 생산농산물 판매, 필요자금 조달 등 가입 조합원의 경제활동과 관련된 사업을 하고 있다. 특히 신토불이를 슬로건으로 하는 농협은 민주적으로 운영되는 조직으로서 주식회사와(최대이윤의 추구)는 근본적으로 다르다. 농민 지원을 위해서 농협 하나로마트를 비롯, 은행 및 보험업무도 다루고 있다. 농협은 조직의 기반을 굳히기 위해서 축산업협동조합(NLCF)과 "한국인삼협동조합"을 통합했다(2000. 7).

(2) 조직
가. 구조
농협은 회원농협과 중앙회의 2단계 구조를 갖고 있다. 회원농협은 면 또는 시·군지역 내의 일반 농업인의 조합원으로 하는 지역농업협동조합(지역농협)과 지역농협보다 넓은 업무구역(군·도 단위)을 가지고 특정품목 재배농가를 조합원으로 하는 전문농업협동조합(전문농협)이 있다.

나. 조직
중앙회는 지역농협과 전문농협을 회원으로 하는 전국 연합조직으로 농업협동조합중앙회라고 한다. 회원농협은 활동성의 여하에 따라 좌우되는 가장 핵심적인 위치에 있는 기본적인 조직이다. 읍과 면에서 가장 큰 민간조직 중의 하나로 조합원의 농업생산 지원, 농산물 판매 및 가공, 조합원에 대한 자금공급, 조합원의 생활지원 등 조합원 생활의 모든 면에 걸쳐 경제적·사회적 서비스 기능을 수행함으로써 지역사회에서 중요한 역할을 하고 있다. 중앙회는 개별 회원농협의 지역적 한계를 극복하기 위한 연합조직으로 전국에 도 단위 지역본부와 시·군지부를 두고 있으며, 회원조합을 위한 자금의 수급조절, 농업자재와 생활물자 구매·공급, 농산물 판매·가공 지원, 농정활동 등 연합체로서의 기능을 수행하고 있다. 산하단체에 농협대학, 농민신문사, 농협유통(1995. 4 설립), 농업기술교류센터(1991. 1 개관), 농협무역, 농협아그로(1995. 2 설립), 농협선물, 남해화학(경영 참여) 등이 있다.

(3) 특수성
가) 전국적 계통조직으로 운영되고 있으며, 농가의 영농과 가계에 관련된 다양한 사업을 수행하고 있다.

나) 농협은 신용사업과 경제 사업을 경영하는 종합농협이다. 따라서 농협은 농가영농과 가계의 종합지원에 유리하며, 각종 사업의 연계를 통하여 유기적 상호보완이 가능하다.

다) 농협은 운동체적 성격과 경영체적 성격을 공유하고 있으므로 운동체로서 봉사위주의 농민지도와 농촌개발을 중시하는 한편, 경영체로서 수지균형 유지와 능률·경영성과를 중시하고 있으며, 정부의 각종 농촌개발사업을(식량증산·유통개선·농촌복지 등 정책사업)위촉받아 수행하고 있다. 또한 농업생산자조합과 지역조합으로서의 기능을 수행하고 있으므로 농촌지역의 종합지원 및 개발센터의 역할도 수행하고 있다.

(4) 주요시설
　　가) 회원조합의 경우 주사무소와 지사무소를 운영.

　　나) 농산물의 공동판매를 위해 농산물집하장, 농산물공판장, 농협슈퍼마켓을 설치·운영

　　다) 농산물과 농업생산용 자재의 안전보관과 적기공급을 위해 양곡창고·비료창고 등을 운영.

　　라) 농민의 일상생활에 필요한 각종 생필품을 적정가격으로 공급하여 간접적으로 농가소득증대에 기여하고 있는 생활물자 연쇄점을 전국적으로 운영.

　　마) 농산물의 부가가치를 높이기 위한 가공공장, 미곡종합처리장 등의 가공시설도 운영.

　　바) 농기계의 고장수리, 부품교체, 부품공급 등 사후봉사를 위해 마련된 농기구서비스센터, 농기계용 유류의 수요증가에 효율적으로 대처하고 농업에 필요한 유류를 원활하게 공급하기 위하여 유류취급소 및 주유소를 설치·운영

　　사) 중앙회는 소비지의 농산물유통 활성화를 위해 농산물물류센터와 하나로클럽 등 농산물직거래판매장과 집배센터 등을 운영

아) 그 밖의 주요시설로는 연수원·교육원 공제수련소 등이 있다.

(5) 역할
　　가) 지도·경제·신용사업
　　농협은 국민경제적인 관점에서 매우 중요한 역할을 수행하고 있다. 즉 농민조합원의 경제·복지·문화 증진을 위한 각종 사업을 추진하여 조합원의 권익주장을 대변하고 있다. 전개하는 사업은 크게 지도·경제·신용사업으로 나눌 수 있다.

　　나) 지도사업
　　농협은 자원절약형농업, 벤처농업, 지역농업종합개발사업, 관광농업 등을 추진하여 영농과 생활을 지원하고, 생활문화 교육사업, 도농교류사업, 농도불이운동을 추진하며, 농업지도자교육원을 통해 농협운동의 주역인 창의적인 인재를 개발하고 있다.

　　다) 경제사업
　　농산물의 공동출하로 유통비용절감, 저온저장고·청과물종합유통시설·산지집하장·미곡종합처리장·수송차량 등 농산물 산지유통시설을 운영하고 있다. 농산물 유통단계를 대폭 단축하여 불필요한 유통비용을 줄이고 생산자와 소비자를 만족시키기 위해 농산물 직거래사업을 전개하고 있고, 농산물가공을 통해 농

산물의 수급을 조절하며 부가가치를 제고하고 있다. 영농에 필요한 각종자재를 적기에 안정된 가격으로 공급하기 위해 영농자재 현장주문배달제를 실시하고 있다. 또한 새로운 품종과 영농기술을 보급함으로써 농업생산력의 제고를 통한 식량의 원활한 확보에 크게 기여하고 있다.

라) 신용사업

불의의 재난에 대비할 목적으로 생명공제와 손해공제사업을 실시하고 있다. 특히 공제복지사업으로 공제장학금 지급과 공제가입자의 심신 단련을 위한 수련원을 운영하고 있으며, 공제가입자 무료건강검진 등 각종 의료지원사업을 실시하고 있다. 농업인을 위한 각종 사업추진에 필요한 자금을 마련해주고 있으며, 저축증대에 주력하고, 농업부문에 대한 투·융자업무를 전담함으로써 국내저축동원과 농업·농촌개발을 효율적으로 지원하고 있다. 국내 외국환 취급점과 전세계 4,500여개 은행과의 환거래계약 체결을 통해 원활한 국제금융업무를 수행하고 있으며, 대형 유통업체를 운영하여 우량생필품을 적정가격으로 공급함으로써 농촌소비시장의 가격안정과 농가소비생활의 합리화를 도모하고 있다.

6) 축산업협동조합

축산업협동조합법(1980.12.15. 법률 제3276호)에 의거, 양축가의 협동조직을 육성하고, 축산업 진흥과 그 구성원의 경제적·사회적 지위향상을 통해 국민경제의 균형 있는 발전을 꾀하고자 1981년 1월 발족한 특수법인이다. 주요사업으로는, 축산 기술 향상과 경영합리화를 위한 생산지도·생활개선·교육향상·문화향상 등 지도사업과 우량축종, 양질의 배합사료, 목초 종자, 축산기자재 등과 관련된 구매사업을 들 수 있다. 그러나 인삼협동조합중앙회와 함께 농업협동조합으로 통합(2000. 7)되었으며 중앙회 본부는 농협중앙회 서울지역본부로 바뀌었다.

7) 산림조합

(1) 설립과정

지속적인 삼림경영을 촉진하고 삼림생산력을 증진하며 조합원의 경제적·사회적·문화적 지위 향상을 위해 설립한 사단법인이다. 그 후 산림조합법(1980)이 제정되어 산림법에서 분리되었고, 산림조합법(1993. 12)이 임업협동조합법으로 바뀜에 따라 임업협동조합으로 개편되었으며, 다시 산림조합법으로 개정(2000. 5)되어 현재의 산림조합으로 변경되었다.

(2) 주요업무

주요업무는 회원조합의 육성·발전을 위한 지도 및 지원, 임산물 직거래를 통한 생산자 및 소비자 보호, 임산물 생산·공급·알선 및 수출입, 임직원의 능력 배양을 위한 교육훈련, 조합원의 산림경영 기술 보급, 임업용 종·묘의 생산·공급, 회원조합 상호금융업무 지도, 임도의 시공 등 산림토목사업, 산촌종합개발 사업과 휴양림 조성, 경제림 육성과 산림자원보호, 해외임산자원 개발사업, 버섯 종균사업 등 이다.

(3) 조합설립요건

조합원의 자격을 가진 자 30명이 발기하여 정관을 작성하고 창립총회를 거친 후 대통령령이 정하는 바에 따라 시·도지사의 승인을 받아야 한다. 조합은 산림조합중앙회와 시·도 단위 지역조합(지역조합·전문조합)으로 구성되며, 의결기관은 총회이다. 임원은 조합장 1명, 이사 약간명, 상무이사 1명, 감사 2명을 둔다.

8) 국제협동조합연맹(ICA)

협동조합사업을 보급하고 조합원의 이익 증진을 위해 활동하는 국제적인 협동조합 연합체이다. 세계 각국에 협동조합사업을 보급하며, 협동조합의 원리와 방법을 연구·보급하고, 가맹조합 사이의 우호를 유지하고, 조합운동 및 소비자 이익을 옹호하기 위한 목적으로 설립되었다. 총회, 지역총회, 위원회, 감사규제위원회 등으로 조직되어 있으며, 최고 정책기관인 총회는 2년마다 개최된다. 소비자협동조합, 농업협동조합, 주택협동조합, 신용협동조합, 노동자생산협동조합, 직인협동조합, 어업협동조합, 기타 조합 등 103개국 230여 개의 단체들이 회원으로 가입되어 있다. 본부는 스위스 제네바에 있다. 한국은 현재 신용협동조합(1992. 10 가입), 새마을금고(1994. 4 가입), 농업협동조합(농협), 산림조합, 수산업협동조합(수협)이 회원으로 가입되어 있다.

제 2 절   제도권 제2금융권의 구체적 검토

1. 상호저축은행

1) 대부업법과 상호저축은행의 역할과 지위
 (1) 서언
 외환위기 이후 기업 및 금융구조조정에 따른 실직자의 증가, 신용불량정보 규제의 강화 등으로 인한 신용불량자가 급증하게 되었고 노무현정부를 거쳐 현재의 이명박정부에 이르기 까지 사회문제화 되어있다. 이처럼 신용불량자가 양산된 주된 이유는 외환위기 이후 극심한 경기침체에 따른 자산가치의 하락, 최근엔 1베럴에 150달러 까지 치솟은 고유가 등의 경기침체와 더불어 제도권 금융기관의 여신공여기준이 대폭 강화된 것도 큰 역할을 한 것으로 생각된다.
 한편 이러한 어려운 경제상황을 틈타 이들 서민금융이용자를 대상으로 한 악덕 사금융업자들이 기승을 부리면서 급전대출을 미끼로 초고금리를 요구하는 것은 물론 채권회수를 위해 폭력배를 동원하는 등 각종 경제적, 사회적 문제를 야기하고 있다. 따라서 정부는 부당한 고리대금행위 및 불법적인 채권추심행위에 대한 단속을 강화하기 위해 "사금융피해신고센타"를 설치하여 피해사례의 신고를 받아 서민금융이용자를 보호하고 건전한 여신관행을 정착시키기 위해서 "대부업의등록및금융이용자보호에관한법률"이 제정되기에 이르렀다. 그런데 동 법은 특히 상호신용금고업계에 미치는 영향이 지대하므로 이로 인한 상호신용금고의 역할과 지위를 검토해 보는것도 실익이 있다고 생각된다.

 (2) 상호신용금고의 설립과 특징
1972년에 제정된 상호신용금고법은 사채동결을 위한 8.3 대통령 긴급명령조치와 더불어 소위 "사금융양성화 3법" 중의 하나로써 제정됨에 따라 상호신용금고가 설립되었으므로 초기 상호신용금고의 대주주 중에서는 사채업에 종사하는 자가 많았으며, 이후에도 제도권 금융기관 중에서 유일하게 이자제한법에 저촉되지 않으면서 영업을 하기도 하는 등 전통적으로 이자제한법 및 사채시장과 가장 연관이 깊은 금융기관으로 분류될 수 있다. 한편 대금업자 양성화를 위한 대금업법의 도입문제는 과거에도 수차례 거론된 적이 있었으며 특히 1990년대 중반 대금업법의 도입을 위한 관련기관의 연구결과가 발표되고 이에 대한 여론이 조성되기 시작하였을 때 상호신용금고업계에서는 대금업법의 도입에 반대의 입장을 표명하였다. 당시 상호신용금고업계의 반대 입장은 만약 대금업자들이 양성화 될 경우 제도권 금융기관 중에서 가장 경쟁관계에 놓여 있는 금고업계의 여신시장을 잠식하지 않을까 하는 우려에 기인한 것으로 여겨진다.

 (3) 대부업법이 상호신용금고 등에 미치는 영향
 동 법이 제정되어 많은 사채업자들이 대부업자로 등록은 하였지만 이들이 기존의 상호신용금고의 여신시장을 크게 잠식하진 못하고 있다. 그것은 현재 사채시장을 이용하고 있는 금융이용자들은 대부분 제도권 금융기관에서 여신이 용이하지 않은 부류로 판단되며 따라서 향후 양성화된 대부업자의 고객군은 주로 기존의 음성적인 사채업을 이용하던 금융이용자들로 구성되었으며, 기존의 상호신용금고 고객들이 대부업자의 양성화이후 대부업자에게로 대거 이동하는 상황은 발생하지 않았기 때문이다. 또한 구조적 업무행태 상으로 상호신용금고와 양성화된 대부업자들을 비교해 보면 전자는 수신을 통해서 저비용의 자금조달이 가능하므로 대부업자에 비해 낮은 여신금리를 제시할 수 있어 여신시장에서 구조적으로 대부업자에 비해 상대적 경쟁우위적인 위치를 차지할 수밖에 없다. 그러나 일본계 자금이 투자한 대부업자, 또는 전국적인 점포망을 보유한 일부 대형 대금업자들은 일본계 자금 또는 회사채발행 등을 통해 저비용 자금조달이 가능할 수 있으므로 향후 상호신용금고업계와 여신시장에서 경쟁상대로 부각 될 가능성도 있다. 특히 이들은 신속한 업무처리 및 서비스 제공 등의 장점을 부각시키면서 급속한 영업확대정책을 추진하고 있다.

2) 상호저축은행 등의 업무방향

(1) 기준

대부업법의 제정으로 인해 잠재적 경쟁상대로 부각될 수 있는 대형 대부업자와의 경쟁에 대비하여 상호신용금고들은 어떠한 대응방안을 강구해야 한다. 우선 대부업자를 이용하는 고객의 성향 및 특성에 대한 분석이 선행되어야 할 것이다. 즉 대부업자를 이용하는 고객은 신용불량 전과기록 등으로 인해 제도권 금융기관에서 여신이 여의치 않은 개인들이 그 주류라고 해도 과언이 아니다.

(2) 이분법적 정책수립

현재는 대부분의 제도권 금융기관들이 신용불량 전과가 없는 우량고객들만을 대상으로 하는 여신업무에 주력하기 때문에 불량 신용기록을 가진 개인들이 어쩔 수 없이 높은 금리를 지급하면서도 사채업자 또는 대부업자의 고객이 된다. 그러므로 상호신용금고를 포함한 제도권 금융기관들은 신용우량자와 신용불량자의 이분법적인 구분을 지양하고 과거 신용불량기록이 있는 고객에 대한 정보축적을 통해 신용불량자그룹을 더욱 세분화하고 각 세분화된 그룹에 적정한 금리차별화를 통해 현재의 신용불량자그룹을 고객으로 편입하는 노력을 기울여야 할 것이며 현재도 어느 정도 성과를 거두고 있다. 아울러 세분화된 신용불량자들의 데이터를 장기간 분석, 관리함으로써 세분화된 그룹간의 전이확률들을 추정하고 이를 신용위험관리에 적극 활용하여야 할 것이다.

(3) 단기급전 필 고객

매우 단기간동안 필요한 급전을 빠른 시간 이내에 구하고자 하는 부류로써 이들은 신속하고 편리함으로 인해 대부업자의 고객이 되는 부류라고 할 수 있다. 이러한 고객을 상호신용금고업계가 수용하기 위해서는 금고업계에서도 탄력적인 조직을 통한 신속한 업무능력을 배양하여 1~2일 이내에 대출을 제공할 수 있을 정도의 업무의 신속화가 필요할 것으로 생각된다.

(4) 특수직군

특정한 업종에 종사하는 특수직군의 고객부류라고 판단되는데, 예컨대 전통적으로 유흥업소 종사자들 중에서는 사채업을 이용하는 경우가 많다고 한다. 이러한 특정직군에 속하는 고객에 대해서는 상호신용금고가 각각의 특정직군에 대한 니즈를 정확히 파악하여 이들을 대상으로 하는 상품을 개발하여 각 직군을 개별적으로 공략하는 영업전략이 필요할 것이다.

(5) 여신금융을 위한 제도적 장치마련

상호신용금고가 현재의 대부업자 고객군을 상대로 영업을 확대하기 위해서는 이상과 같은 대부업자 고객군의 특성에 맞는 영업전략을 채택하는 것과 더불어 이들 여신에 대한 적정한 대손충당금 설정 및 대손관리를 통한 유의한 위험관리가 필수적이라는 점이다. 또한 현재 상호신용금고의 적기 시정조치 등이 BIS비율에 근거하여 결정됨을 감안할 때 이들 고객군에 대한 영업확대에 따른 BIS비율에의 영향을 고려하여 위험관리를 통한 건전성 기준 충족도 동시에 충실히 하여야 할 것으로 생각된다.

3) 대부업법의 개정(2008년) 과 제도권 2금융권의 지위

지금까지 저축은행과 할부금융사, 대부업체의 금리 상한선은 66%였으나 대부업법의 개정으로 인하여 대부업체의 최고 이자율은 49%로 소급 적용되었다. 한마디로 대부업체들이 큰 타격을 입게 되었다. 그런데 본 법에 의하면 이들과 유사한 '고리대금' 업자인 저축은행들과 할부금융사들은 소급 대상에서 제외됨으로 인하여 기존에 40~50%의 고금리로 대출을 받았던 대출자들은 아무런 혜택을 받을 수 없는 불합리성을 가져왔다. 이러한 결과 상호저축은행들과 할부금융사들은 '웃고' 대부업체는 '우는' '희비쌍곡선'이 그려질 전망이다. 상호저축은행들과 할부금융사는 외관적으로는 저신용자들이 실제로 이용 가능한 금리는 30~40%선이지만 여기다 각종 수수료를 더하면 1년 미만 단기 대출자들의 실질금리는 대부업체 상한금리인 연49%를 훨씬 넘어선다. 금융권 관계자는 "저축은행과 할부금융사는 공식적으로 7~39% 금리를 제시하지만 대부분의 고객은 35% 안팎의 금리로 빌려간다"며 "여기에 1~5%의 취급수수료와 조기상환 수수료를 추가로 요구하면서 단기 대출자에게 연 50%가 넘는 이자를 받는 다"고 한다. 그러나 저축은행들은 개정대부업법이 시행되고는 있지만, 최고 이자율이 적용 되지 않아49%를 초과하는 이자율에 대해서 계속해 이자를 받아 낼 수 있는 상태다. 이에 대해 저축은행과 할부금융사 소비자들은 형평성에 문제가 있음을 지적한다.

참조사례

화물운송업자인 양진수(경기도 성남시 거주)는 노후 된 화물차를 교체하면서 차 값의 일부인 2천 만 원을 B 할부금융사(케피털)로부터 연 이자율 39.9%에 2년 약정으로 대출받았다가 이자 부담이 커지자 조기 상환을 결심했다. 12개월 만에 상환하는데도 불구, 양진수씨는 12개월분 이자 39만9천원과 취급수수료 약3만 원, 중도 상환수수료 2만 원 등 약 45만 원을 지급했다. 양씨가 대출금 조기 상환으로 지급한 실질금리는 무려 약50%였다. 양씨처럼 상호저축은행이나 할부금융사로부터 돈을 빌린 사람들은 대부업법 개정안의 혜택을 전혀 누리지도 못하고 향후에도 혜택을 기대할 수 없는 상황이다.

반면 대부업체로부터 돈을 빌린 사람들은 조기상환 하더라도 정산해서 49%가 넘는 이자는 반환조치 하도록 법상으로 규정돼 있어 상대적으로 유리한 입장이다. 이처럼 저축은행, 할부금융사 등 일부 2금융회사와 대부업체간 대부업법의 최고 이자율 적용에 대한 형평성 논란이 대두되고 있다. 상호저축은행들은 고금리 신용대출 고객들의 조기상환 비율이 높아지자 이를 막기 위해 임시방편으로 중도 상환 수수료 제도를 도입, 운영하고 있지만, 저신용자 계층을 대상으로 지나친 고금리 장사를 하고 있다는 우려의 목소리가 만만치 않다. 여기에 취급수수료까지 더해지면 대부업상한금리 49%를 훌쩍 상회하는 것으로 전해지면서 이들 금융회사로부터 돈을 빌린 사람들의 불만이 거셀 수밖에 없다.

이와 관련, 할부금융 관계자들은 "30%대 고금리 신용대출의 경우 높은 이자 부담 때문에 고객들의 대출금 조기 상환비율이 높은 편"이라며 "1년 약정으로 1천 만 원을 빌려간 고객이 1개월 만에 대출금을 전액변제 해 버린다면 회사 입장에서는 에이전시 중계수수료 지급 등 영업비용 등을 고려해 적자구조가 불 보듯 뻔 하다" 면서 취급 및 조기 상환 수수료의 필요성을 강조하고 있는 것이 현실이다.

4) 대부업법과 제2금융권의 여신관련법규

   (1) 상호저축은행법의 주요골자

법률 제6203호 일부개정 2000. 01. 28.
법률 제8863호(금융위원회의 설치 등에 관한 법률) 일부개정 2008. 02. 29 (10차 개정)
법률 제10175호 일부개정 2010. 3. 22 (18차 개정)

1. 목적(제1조)

이 법은 상호저축은행의 건전한 운영을 유도하여 서민과 중소기업의 금융편의를 도모하고 거래자를 보호하며 신용질서를 유지함으로써 국민경제의 발전에 이바지함을 목적으로 한다(전문개정 2010. 3. 22).

2. 용어의 정의(제2조)

1) "중소기업"이라 함은 「중소기업기본법」 제2조제1항의 규정에 의한 중소기업을 말한다.

2) "신용계업무"라 함은 일정한 계좌수와 기간 및 금액을 정하고 정기적으로 계금을 납입하게 하여 계좌마다 추첨·입찰 등의 방법에 의하여 계원에게 금전의 급부를 약정하여 행하는 계금의 수입과 납부금의 지급업무를 말한다.

3) "신용부금업무"라 함은 일정한 기간을 정하고 부금을 납입하게 하여 기간의 중도 또는 만료 시에 부금자에게 일정한 금전을 급부함을 약정하여 행하는 부금의 수입과 급부금의 지급업무를 말한다.

4) "자기자본"이란 국제결제은행의 기준에 따른 기본자본과 보완자본의 합계액으로서 대통령령으로 정하는 기준에 따라 금융위원회가 정하는 금액을 말한다.〈시행일 2010. 7. 1〉

5) "예금 등"이라 함은 계금·부금·예금 및 적금 기타 대통령령이 정하는 것을 말한다.

6) "신용공여"란 급부, 대출, 지급보증, 자금지원적 성격의 유가증권의 매입, 그 밖에 금융거래상의 신용위험을 수반하는 상호저축은행의 직접적·간접적 거래로서 대통령령으로 정하는 것을 말한다. 이 경우 누구의 명의로 하든지 본인의 계산으로 행하는 신용공여는 이를 그 본인의 신용공여로 본다.

7) "거액신용공여"란 개별차주에 대한 신용공여로서 상호저축은행 자기자본의 100분의 10을 초과하는 신용공여를 말한다.

8) "불법·부실신용공여"란 다음 각 목의 어느 하나에 해당하는 신용공여 또는 가지급한 금액(이하 "가지급금"이라 한다)을 말한다.
　가. 개별차주에 대한 신용공여로서 제12조제1항 및 제3항에 따른 한도를 초과하는 금액(이하 "개별차주한도초과신용공여"라 한다)
　나. 거액신용공여의 합계로서 제12조제2항에 따른 한도를 초과하는 금액(이하 "불법거액신용공여"라 한다)
　다. 제37조를 위반하여 행한 신용공여와 가지급금(이하 "대주주신용공여"라 한다)
　라. 금융위원회가 정하는 기준에 따라 회수가 곤란하거나 손실로 추정되는 신용공여와 가지급금(이하 "부실신용공여"라 한다)

9) "경영지도"라 함은 상호저축은행의 경영에 관한 다음 각 목의 사항에 대하여 지도하는 것을 말한다.
　가. 불법·부실신용공여의 회수 및 채권의 확보
　나. 자금의 수급 및 여·수신에 관한 업무
　다. 기타 상호저축은행의 경영에 관하여 대통령령이 정하는 사항

10) "경영관리"라 함은 제24조의3제1항의 규정에 의한 관리인(이하 "관리인"이라 한다)이 부실 상호저축은행의 경영정상화를 위하여 당해 상호저축은행의 경영을 맡아 업무를 집행하거나 재산을 관리ㆍ처분하는 것을 말한다.

11) "대주주"란 다음 각 목의 어느 하나에 해당하는 주주를 말한다.
   가. 최대주주 : 상호저축은행의 의결권 있는 발행주식 총수를 기준으로 본인 및 그와 대통령령으로 정하는 특수한 관계에 있는 자(이하 "특수관계인"이라 한다)가 누구의 명의로 하든지 자기의 계산으로 소유하는 주식을 합하여 그 수가 가장 많은 경우의 그 본인

   나. 주요주주 : 누구의 명의로 하든지 자기의 계산으로 상호저축은행의 의결권 있는 발행주식 총수의 100분의 10 이상의 주식을 소유하는 자 또는 임원의 임면 등의 방법으로 상호저축은행의 주요 경영사항에 대하여 사실상의 영향력을 행사하는 주주로서 대통령령으로 정하는 자

3. 상호저축은행의 형태(제3조).

상호저축은행은 주식회사로 한다.
[전문개정 2010. 3. 22]

4. 지점 등 설치의 제한(제4조)

상호저축은행은 주된 영업소를 제외한 지점ㆍ출장소(사무의 일부만을 행하는 지사ㆍ관리사무소 기타 이와 유사한 장소를 포함하며, 이하 "지점 등"이라 한다)를 설치할 수 없다. 다만, 제5조 2항의 요건에 해당하는 경우로서 대통령령이 정하는 바에 의하여 금융위원회의 인가를 받은 경우에는 그러하지 아니하다. 금융위원회는 제1항 단서의 규정에 의한 인가에 조건을 붙일 수 있다.

5. 상호저축은행의 자본금(제5조)

1) 상호저축은행의 자본금은 다음 각 호의 구분에 따른 금액 이상이어야 한다.
   (1) 본점이 특별시에 있는 경우 : 120억원
   (2) 본점이 광역시에 있는 경우 : 80억원
   (3) 본점이 도 또는 특별자치도에 있는 경우 : 40억원

2) 상호저축은행은 본점이나 제7조제1항에 따른 지점등을 동일한 영업구역 내에서 다음 각 호의 어느 하나에 해당하는 지역으로부터 다른 각 호의 지역으로 이전하는 경우에는 이전한 해당 지역에 적용되는 자본금, 그 상호저축은행의 자기자본 등을 고려하여 대통령령으로 정하는 요건을 갖추어야 한다.
   1. 특별시
   2. 광역시
   3. 도 또는 특별자치도

3) 제1항 및 제2항의 자본금은 납입된 자본금으로 한다.
[전문개정 2010. 3. 22]

6. 영업의 인가(제6조)

1) 제11조제1항 각 호의 업무를 영리를 목적으로 조직적·계속적으로 하려는 자는 다른 법률에 특별한 규정이 없으면 금융위원회로부터 상호저축은행의 인가를 받아야 한다.

2) 제1항의 인가(이하 "본인가"라 한다)를 받으려는 자는 대통령령으로 정하는 바에 따라 신청서를 금융위원회에 제출하여야 한다.

3) 제2항에 따라 본인가를 신청하려는 자는 금융위원회에 예비인가를 신청할 수 있다. 이 경우 금융위원회는 2개월 이내에 심사하여 예비인가 여부를 알려야 한다. 다만, 금융위원회가 정하는 바에 따라 그 기간을 연장할 수 있다.

4) 금융위원회는 본인가 또는 예비인가를 하려는 경우에는 상호저축은행의 건전한 운영과 거래자 보호 등을 위하여 필요한 조건을 붙일 수 있다.

5) 금융위원회는 예비인가를 받은 자가 본인가를 신청하는 경우에는 예비인가의 조건을 이행하였는지를 확인한 후 본인가를 하여야 한다.

6) 본인가 및 예비인가의 세부절차 등에 관하여 필요한 사항은 금융위원회가 정한다.

7) 제4항에 따라 조건이 붙은 상호저축은행 본인가 또는 예비인가를 받은 자는 사정의 변경, 그 밖에 정당한 사유가 있는 경우에는 금융위원회에 제4항에 따른 조건의 취소 또는 변경을 신청할 수 있다. 이 경우 금융위원회는 2개월 이내에 조건의 취소 또는 변경 여부를 결정하고, 그 결과를 지체 없이 신청인에게 문서로 알려야 한다.
[전문개정 2010. 3. 22]

7. 제6조의2(인가의 요건)

① 제6조제1항에 따른 인가를 받을 수 있는 자는 다음 각 호의 요건을 모두 갖추어야 한다.
  1. 제5조제1항에 따른 요건을 충족할 것
  2. 거래자를 보호하고 경영하려는 업무를 하기에 충분한 전문 인력과 전산설비 등 물적 시설을 갖추고 있을 것
  3. 사업계획이 타당하고 건전할 것
  4. 대주주(최대주주의 특수관계인인 주주를 포함하며, 최대주주가 법인인 경우에는 그 법인의 중요한 경영사항에 대하여 사실상 영향력을 행사하고 있는 주주로서 대통령령으로 정하는 자를 포함한다)가 충분한 출자능력, 건전한 재무상태 및 사회적 신용을 갖추고 있을 것

② 제1항에 따른 인가의 세부 요건에 관하여 필요한 사항은 대통령령으로 정한다.
[전문개정 2010. 3. 22]

8. 제6조의3(인가 등의 공고) 금융위원회는 제6조제1항에 따른 인가를 하거나 제24조제2항에 따라 인가를

취소한 경우에는 지체 없이 그 내용을 관보에 공고하고 인터넷 홈페이지 등을 이용하여 일반인에게 알려야 한다. [전문개정 2010. 3. 22]

8. 지점 등 설치의 제한(제7조)

1) 상호저축은행은 본점을 제외한 지점·출장소(사무의 일부만을 하는 지사·관리사무소, 그 밖에 이와 비슷한 장소를 포함하며, 이하 "지점등"이라 한다)를 설치할 수 없다. 다만, 대통령령으로 정하는 바에 따라 금융위원회의 인가를 받아 해당 상호저축은행이 제4조에 따른 영업구역 내에 설치하는 경우에는 그러하지 아니하다.

2) 제1항 단서에도 불구하고 대통령령으로 정하는 상호저축은행이 대통령령으로 정하는 바에 따라 인가를 받은 경우에는 제4조에 따른 영업구역 외에 지점등을 설치할 수 있다.

3) 상호저축은행이 제1항 단서 또는 제2항에 따라 지점등을 설치하려는 경우에는 지점등마다 대통령령으로 정하는 금액 이상의 자본금을 증액하여야 한다. 이 경우 자본금은 납입된 자본금으로 한다.

4) 금융위원회는 제1항 단서 및 제2항에 따른 인가에 조건을 붙일 수 있다.[본조신설 2010. 3. 22]

9. 명칭의 사용 등(제9조)

① 상호저축은행은 그 명칭 중에 "상호저축은행" 또는 "저축은행"이라는 명칭을 사용하여야 한다.

② 이 법에 따른 상호저축은행이 아닌 자는 상호저축은행, 저축은행, 상호신용금고, 무진회사(無盡會社), 서민금고 또는 이와 비슷한 명칭을 사용하지 못한다.[전문개정 2010. 3. 22]

10. 인가사항(제10조)

1) 상호저축은행이 다음 각 호의 어느 하나에 해당하는 행위를 하려면 금융위원회의 인가를 받아야 한다.
  (1) 해산·합병
  (2) 영업 전부(이에 준하는 경우를 포함한다)의 폐지·양도 또는 양수
  (3) 자본금의 감소
[전문개정 2010. 3. 22]

2) 금융위원회는 제1항의 규정에 의한 인가에 조건을 붙일 수 있다.

11. 신고 사항 등(제10조의2)

1) 상호저축은행은 다음 각 호의 어느 하나에 해당하면 미리 금융위원회에 신고하여야 한다.
  (1) 정관을 변경(금융위원회가 정하는 경미한 사항을 변경하는 경우는 제외한다)하는 경우
  (2) 업무의 종류 및 방법을 변경(금융위원회가 정하는 경미한 사항을 변경하는 경우는 제외한다)하는 경우
  (3) 영업 일부를 양도하거나 양수하는 경우
  (4) 지점등을 동일한 영업구역 내에서 이전하는 경우로서 다음 각 목의 어느 하나에 해당하는 경우

가. 제5조제2항 각 호의 어느 하나에 해당하는 지역에서 같은 항 다른 각 호의 지역으로 이전하는 경우

나. 광역시에서 다른 광역시로 이전하는 경우

다. 특별자치도에서 도로 이전하거나 도에서 특별자치도로 이전하는 경우

라. 도에서 다른 도로 이전하는 경우

(5) 그 밖에 거래자를 보호하기 위하여 필요한 경우로서 대통령령으로 정하는 경우

2) 금융위원회는 제1항에 따라 신고받은 내용이 관계 법령에 위반되거나 상호저축은행 거래자의 권익을 침해하는 것이라고 인정되면 해당 상호저축은행에 시정을 명하거나 보완을 권고할 수 있다.

3) 상호저축은행은 다음 각 호의 어느 하나에 해당하면 금융위원회가 정하는 바에 따라 금융위원회에 보고하여야 한다.

(1) 대통령령으로 정하는 주주가 변경된 경우

(2) 최대주주가 변경된 경우

(3) 대주주 또는 그의 특수관계인의 소유주식이 의결권 있는 발행주식 총수의 100분의 1 이상 변동된 경우

(4) 본점을 이전하거나 지점등을 이전 또는 폐쇄하는 경우(제1항제4호에 따라 미리 신고하여야 하는 경우는 제외한다)

(5) 본점 및 지점등의 업무를 정지하거나 재개(再開)하는 경우

(6) 임원(「상법」 제401조의2제1항제3호에 따른 자로서 대통령령으로 정하는 자를 포함한다. 이하 이 조 및 제35조의2에서 같다)을 선임 또는 해임한 경우

(7) 그 밖에 상호저축은행의 경영에 중요한 영향을 미치는 경우로서 대통령령으로 정하는 경우

[전문개정 2010. 3. 22]

12. 사외이사의 선임(제10조의3)

1) 상호저축은행(자산규모 등을 고려하여 대통령령으로 정하는 기준에 해당하는 상호저축은행만 해당한다. 이하 이 조에서 같다)은 상호저축은행의 자산규모 등을 고려하여 대통령령으로 정하는 수 이상의 사외이사(해당 상호저축은행의 상시적인 업무에 종사하지 아니하는 이사로서 제4항 각 호의 어느 하나에 해당하는 자가 아닌 자를 말한다. 이하 같다)를 두어야 한다. 이 경우 사외이사의 수는 이사 총수의 2분의 1 이상이 되어야 한다.

2) 상호저축은행은 사외이사 후보를 추천하기 위하여 「상법」 제393조의2에 따른 위원회(이하 "사외이사후보추천위원회"라 한다)를 설치하여야 한다. 이 경우 사외이사후보추천위원회는 사외이사가 총 위원의 2분의 1 이상이 되도록 구성하여야 한다.

3) 사외이사는 사외이사후보추천위원회의 추천을 받은 자 중에서 주주총회에서 선임한다.

4) 다음 각 호의 어느 하나에 해당하는 자는 상호저축은행의 사외이사가 되지 못하며, 사외이사가 된 후 이에 해당하게 되면 그 직을 상실한다.

(1) 미성년자 · 금치산자 또는 한정치산자

(2) 파산선고를 받은 자로서 복권되지 아니한 자

(3) 금고 이상의 실형을 선고받고 그 집행이 끝나거나 집행을 받지 아니하기로 확정된 후 2년이 지나지 아니한 자

(4) 이 법에 따라 해임되거나 면직된 후 2년이 지나지 아니한 자

(5) 최대주주

(6) 최대주주의 특수관계인

(7) 주요주주 및 그의 배우자와 직계 존속 · 비속

(8) 그 상호저축은행 또는 계열회사「독점규제 및 공정거래에 관한 법률」에 따른 계열회사를 말한다. 이하 같다)의 상근 임직원이거나 최근 2년 이내에 상근 임직원이었던 자

(9) 그 상호저축은행의 상근 임원의 배우자 및 직계 존속 · 비속

(10) 그 상호저축은행과 대통령령으로 정하는 중요한 거래관계가 있거나 사업상 경쟁관계 또는 협력관계에 있는 법인의 상근 임직원이거나 최근 2년 이내에 상근 임직원이었던 자

(11) 그 상호저축은행의 상근 임직원이 비상임이사로 있는 회사의 상근 임직원

(12) 그 밖에 사외이사로서 직무에 충실하기 어렵거나 그 상호저축은행의 경영에 영향을 미칠 수 있는 자로서 대통령령으로 정하는 자

5) 상호저축은행은 사외이사의 사임이나 사망 등의 사유로 이사회의 구성이 제1항의 요건에 적합하지 아니하게 된 경우에는 그 사유가 발생한 날 이후에 최초로 소집되는 주주총회에서 이사회의 구성이 제1항의 요건에 적합하도록 하여야 한다.

6) 최초로 제1항의 요건에 해당되어 사외이사를 두어야 하는 상호저축은행이 해당 사외이사를 선임하는 경우에는 제2항 후단을 적용하지 아니한다.
[전문개정 2010. 3. 22]

13. 감사위원회(제10조의4)

1) 상호저축은행(자산규모 등을 고려하여 대통령령으로 정하는 기준에 해당하는 상호저축은행만 해당한다. 이하 이 조에서 같다)은 감사위원회(「상법」 제415조의2에 따른 감사위원회를 말한다. 이하 이 조에서 같다)를 설치하여야 한다.

2) 감사위원회는 다음 각 호의 요건 모두에 적합하여야 한다.
  (1) 재적위원의 3분의 2 이상이 사외이사일 것
  (2) 위원 중 1명 이상은 대통령령으로 정하는 회계 또는 재무 전문가일 것

3) 제10조의3제4항제1호부터 제4호까지 및 제7호부터 제9호까지의 어느 하나에 해당하는 자는 감사위원회의 사외이사가 아닌 위원이 되지 못하며, 감사위원회의 사외이사가 아닌 위원이 된 후 이에 해당하게 되면 그 직을 상실한다. 다만, 상근 감사 또는 감사위원회의 사외이사가 아닌 위원으로 재임(在任) 중인 자는 제10조의3제4항제8호에 해당함에도 불구하고 감사위원회의 사외이사가 아닌 위원이 될 수 있다.

4) 감사위원회의 사외이사인 위원의 사임이나 사망 등의 사유로 감사위원회의 구성이 제2항의 요건에 적합하지 아니하게 된 경우에는 그 사유가 발생한 날 이후 최초로 소집되는 주주총회에서 감사위원회의 구성이 제2항의 요건에 적합하도록 하여야 한다.

5) 제1항에 따른 감사위원회의 구성에 관하여는「상법」제415조의2제2항단서를 적용하지 아니한다.

6) 감사위원회의 위원이 되는 사외이사의 선임에 관하여는「상법」제409조제2항 및 제3항을 준용한다.
[전문개정 2010. 3. 22]

14. 소수주주권의 행사(제10조의 5)

1) 6월 이상 계속하여 상호저축은행(자산규모 등을 감안하여 대통령령이 정하는 기준에 해당하는 상호저축은행에 한한다. 이하 이 조에서 같다)의 발행주식총수의 10만분의 5 이상에 해당하는 주식을 대통령령이 정하는 바에 의하여 보유한 자는 상법 제403조에서 규정하는 주주의 권리를 행사할 수 있다.

2) 6월 이상 계속하여 상호저축은행의 발행주식총수의 100만분의 250 이상(대통령령이 정하는 기준에 해당하는 상호저축은행의 경우에는 100만분의 125 이상)에 해당하는 주식을 대통령령이 정하는 바에 의하여 보유한 자는 상법 제402조에서 규정하는 주주의 권리를 행사할 수 있다.

3) 6월 이상 계속하여 상호저축은행의 발행주식총수의 10만분의 50 이상(대통령령이 정하는 기준에 해당하는 상호저축은행의 경우에는 10만분의 25 이상)에 해당하는 주식을 대통령령이 정하는 바에 의하여 보유한 자는 상법 제466조에서 규정하는 주주의 권리를 행사할 수 있다.

4) 6월 이상 계속하여 상호저축은행의 발행주식총수의 10만분의 250 이상(대통령령이 정하는 기준에 해당하는 상호저축은행의 경우에는 10만분의 125 이상)에 해당하는 주식을 대통령령이 정하는 바에 의하여 보유한 자는 상법 제385조 및 제539조에서 규정하는 주주의 권리를 행사할 수 있다.

5) 6월 이상 계속하여 상호저축은행의 발행주식총수의 1만분의 50 이상(대통령령이 정하는 기준에 해당하는 상호저축은행의 경우에는 1만분의 25 이상)에 해당하는 주식을 대통령령이 정하는 바에 의하여 보유한 자는 주주의 권리를 행사할 수 있다. 이 경우주주의 권리를 행사할 때에는 의결권 있는 주식을 기준으로 한다.

6) 6월 이상 계속하여 상호저축은행의 발행주식총수의 1만분의 150 이상(대통령령이 정하는 기준에 해당하는 상호저축은행의 경우에는 1만분의 75 이상)에 해당하는 주식을 대통령령이 정하는 바에 의하여 보유한 자는 상법 제366조 및 제467조에서 규정하는 주주의 권리를 행사할 수 있다. 이 경우 상법 제366조에서 규정하는 주주의 권리를 행사할 때에는 의결권있는 주식을 기준으로 한다.

15. 대주주의 자격심사 등(제10조의6)

1) 상호저축은행의 의결권 있는 주식의 취득·양수(실질적으로 해당 주식을 지배하는 것을 말하며, 이하 이 조에서 "취득등"이라 한다)로 해당 상호저축은행의 의결권 있는 발행주식 총수의 100분의 30을 초과하거나 대통령령으로 정하는 대주주가 되려는 자는 제6조의2제1항제4호에 따른 대주주의 요건과 같은 조 제2항에 따른 인가의 세부 요건 중 금융사고 방지를 위하여 대통령령으로 정하는 요건(이하 이 조에서 "금융사고방지요건"이라 한다)을 갖추어 미리 금융위원회의 승인을 받아야 한다.

2) 제1항에 따른 주식의 취득등이 기존 대주주의 사망 등 대통령령으로 정하는 사유로 인한 때에는 취득등을

한 날부터 3개월 이내에서 대통령령으로 정하는 기간 이내에 금융위원회에 승인을 신청하여야 한다.

3) 금융위원회는 대통령령으로 정하는 대주주에 대하여 대통령령으로 정하는 기간마다 제6조의2제1항제4호에 따른 대주주의 요건과 금융사고방지요건 중 대통령령으로 정하는 요건(이하 이 조에서 "대주주적격성유지요건"이라 한다)에 부합하는지 여부를 심사하여야 한다. 이 경우 금융위원회는 심사에 필요하면 상호저축은행 또는 대주주에 대하여 필요한 자료나 정보의 제공을 요구할 수 있다.

4) 금융위원회는 제1항에 따른 승인을 받지 아니하거나 제2항에 따른 승인신청을 하지 아니한 주식에 대하여 6개월 이내의 기간을 정하여 처분을 명할 수 있다.

5) 제1항에 따른 승인을 받지 아니하고 주식의 취득등을 한 자는 승인 없이 취득등을 한 주식(제2항에 따라 주식의 취득등을 한 자의 승인을 받지 아니한 주식을 포함한다)에 대하여 의결권을 행사할 수 없다.

6) 금융위원회는 제3항에 따른 심사 결과 대주주적격성유지요건을 충족하지 못하고 있다고 인정되는 대주주에 대하여 6개월 이내의 기간을 정하여 대주주적격성유지요건을 충족할 것을 명할 수 있다.

7) 제6항에 따른 명령을 받은 대주주는 상호저축은행의 의결권 있는 발행주식 총수의 100분의 10 이상 보유하는 주식에 대하여는 의결권을 행사할 수 없다.

8) 금융위원회는 제6항에 따른 명령을 받은 대주주가 해당 명령을 이행하지 아니하는 경우에는 6개월 이내의 기간을 정하여 해당 대주주가 보유하는 상호저축은행의 의결권 있는 발행주식 총수의 100분의 10 이상에 해당하는 주식을 처분할 것을 명할 수 있다.

9) 제1항에서 제8항까지의 승인, 승인신청, 자료나 정보의 제공요구 및 명령에 관하여 그 밖에 필요한 사항은 대통령령으로 정한다.
[본조신설 2010. 3. 22.]

16. 업무(제11조)

상호저축은행은 영리를 목적으로 조직적·계속적으로 다음 각호의 업무를 영위할수 있다.
   (1) 신용계업무
   (2) 신용부금업무
   (3) 예금 및 적금의 수입업무
   (4) 자금의 대출업무
   (5) 어음의 할인업무
   (6) 내·외국환업무
   (7) 보호예수업무
   (8) 국가·공공단체 및 금융기관의 대리업무, 전자금융거래법에서 정하는 직불전자지급수단의 발행·관리·판매 및 대금의 결제, 선불전자지급수단의 발행·관리·판매 및 대금의 결제

17. 개별차주 등에 대한 신용공여의 한도(제12조)

1) 상호저축은행은 개별차주에 대하여 자기자본의 100분의 20 이내에서 대통령령이 정하는 한도를 초과하는 신용공여를 할 수 없다. 개별차주(대통령령으로 정하는 자를 제외한다)에 대한 거액신용공여의 합계액은 상호저축은행의 자기자본의 5배를 초과하여서는 아니 된다. 상호저축은행은 개별차주 및 그와 대통령령이 정하는 신용위험을 공유하는 자(이하 "동일차주"라 한다)에 대하여 당해 상호저축은행의 자기자본의 100분의 25 이내에서 대통령령이 정하는 한도를 초과하는 신용공여를 할 수 없다.

2) 다음 각 호의 어느 하나에 해당하는 경우로서 대통령령이 정하는 경우에는 위의 1)부터 3) 까지의 규정을 적용하지 아니한다.
　(1) 국민경제 또는 상호저축은행의 채권확보의 실효성 제고를 위하여 필요한 경우

　(2) 상호저축은행이 추가로 신용공여를 하지 아니하였음에도 불구하고 자기자본의 변동, 동일차주 구성의 변동 등으로 인하여 제1항부터 제3항까지의 규정에 따른 한도를 초과하게 되는 경우

3) 상호저축은행이 제4항 제2호에 따라 제1항부터 제3항까지에서 규정한 한도를 초과하게 되는 경우에는 그 한도를 초과하게 된 날부터 1년 이내에 제1항부터 제3항까지에서 규정한 한도에 적합하도록 하여야 한다.

4) 상호저축은행은 신용공여의 기한 및 규모 등에 따른 부득이한 사유가 있는 경우에는 금융위원회의 승인을 받아 그 기간을 연장할 수 있다.

5) 제6항에 따른 승인을 받으려는 상호저축은행은 제5항에 따른 기간이 만료되기 3개월 전까지 제1항부터 제3항까지의 규정에 따른 한도에 적합하도록 하기 위한 세부계획서를 금융위원회에 제출하여야 하고, 금융위원회는 세부계획서를 제출받은 날부터 1개월 이내에 승인 여부를 결정 · 통보하여야 한다.

18. 대주주가 발행한 주식의 취득요건 등(제12조의 2)

1) 상호저축은행은 그의 대주주(그의 특수관계인을 포함한다. 이하 이 조, 제12조의3 및 제22조의4에서 같다)가 발행한 주식을 대통령령으로 정하는 금액 이상으로 취득하려는 경우에는 미리 이사회의 결의를 거쳐야 한다. 이 경우 이사회는 재적이사 전원의 찬성으로 의결한다.

2) 상호저축은행은 그의 대주주가 발행한 주식을 대통령령으로 정하는 금액 이상으로 취득한 경우에는 그 사실을 금융위원회에 지체 없이 보고하고, 인터넷 홈페이지 등을 이용하여 공시하여야 한다.

3) 상호저축은행은 제2항에 따른 보고사항 중 대통령령으로 정하는 사항을 종합하여 분기별로 금융위원회에 보고하고, 인터넷 홈페이지 등을 이용하여 공시하여야 한다.
[전문개정 2010. 3. 22]

19. 대주주의 부당한 영향력 행사의 금지(제12조의 3)

상호저축은행의 대주주는 상호저축은행의 이익에 반하여 대주주 자신의 이익을 목적으로 다음 각 호의 어느 하나에 해당하는 행위를 하여서는 아니 된다.

1) 부당한 영향력을 행사하기 위하여 상호저축은행에 대하여 외부에 공개되지 아니한 자료 또는 정보의 제공을 요구하는 행위. 다만, 제10조의5제3항에 해당하는 경우는 제외한다.

2) 경제적 이익 등 반대급부의 제공을 조건으로 다른 주주와 담합하여 상호저축은행의 인사 또는 경영에 부당한 영향력을 행사하는 행위

3) 그 밖에 제1호 및 제2호에 준하는 행위로서 대통령령으로 정하는 행위
[전문개정 2010. 3. 22]

20. 금지업무(제17조)

1) 자기자본을 초과하는 유가증권(금융위원회가 정하는 것을 제외한다)에 대한 투자. 이 경우 금융위원회는 상호저축은행의 건전한 경영을 위하여 필요한 범위 내에서 유가증권의 종류별로 투자한도를 따로 정할 수 있다.

2) 업무용부동산외의 부동산의 소유. 다만, 담보권의 실행으로 인하여 취득하는 경우를 제외한다.

3) 채무의 보증 또는 담보의 제공(보증 또는 담보의 제공에 따른 신용위험이 현저하게 낮은 경우로서 대통령령이 정하는 보증 또는 담보의 제공을 제외한다)

21. 여유금의 운용 방법(제18조)

상호저축은행은 여유금이 있는 경우에는 다음 각 호의 방법으로 운용하여야 한다.
  (1) 금융위원회가 정하여 고시하는 금융기관에의 예치
  (2) 금융위원회가 정하는 유가증권의 매입
  (3) 제25조에 따른 상호저축은행중앙회에의 예탁
  (4) 그 밖에 금융위원회가 정하는 방법
[전문개정 2010. 3. 22]

22. 금지 행위(제18조의2)

상호저축은행은 다음 각 호의 행위를 하여서는 아니 된다.
  (1) 자기자본을 초과하는 유가증권(금융위원회가 정하는 것은 제외한다)에 대한 투자. 이 경우 금융위원회는 상호저축은행의 건전한 경영을 위하여 필요한 범위에서 유가증권의 종류별로 투자 한도를 따로 정할 수 있다.
  (2) 업무용부동산 외의 부동산의 소유. 다만, 담보권의 실행으로 취득하는 경우는 제외한다.
  (3) 채무의 보증이나 담보의 제공(보증이나 담보의 제공에 따른 신용위험이 현저하게 낮은 경우로서 대통령령으로 정하는 보증이나 담보의 제공은 제외한다)
  (4) 직접·간접을 불문하고 그 상호저축은행의 주식을 매입하도록 하기 위한 신용공여 또는 그 상호저축은행의 주식을 담보로 하는 신용공여
  (5) 상품 또는 유가증권에 대한 투기를 목적으로 하는 신용공
  (6) 타인의 명의를 이용한 신용공여

(7) 정당한 이유 없이 제37조제1항에 따른 대주주등에게 금전, 서비스, 그 밖의 재산상 이익을 제공하는 행위. 다만, 대주주등에 대한 신용공여 금지 및 가지급금 지급 금지에 관하여는 제37조에 따른다.
[전문개정 2010. 3. 22]

23. 약관의 개정 등(제18조의3)

1) 상호저축은행은 금융이용자의 권익을 보호하여야 하며, 금융거래와 관련된 약관(이하 "약관" 이라 한다)을 제정하거나 개정하려는 경우에는 미리 금융위원회에 신고하여야 한다. 다만, 다음 각 호의 어느 하나에 해당하는 경우에는 약관을 제정하거나 개정한 후 10일 이내에 금융위원회에 보고하여야 한다.
   (1) 약관내용 중 금융이용자의 권리ㆍ의무와 관련이 없는 사항을 개정하는 경우
   (2) 제3항에 따른 표준약관을 그대로 사용하는 경우
   (3) 제정하거나 개정하려는 약관의 내용이 다른 상호저축은행이 금융위원회에 신고한 약관
    의 내용과 같은 경우
   (4) 제6항의 변경명령에 따라 약관 또는 표준약관을 변경한 경우

2) 상호저축은행은 약관을 제정하거나 개정한 경우에는 인터넷 홈페이지 등을 이용하여 공시하여야 한다.

3) 상호저축은행중앙회(제25조에 따라 설립된 상호저축은행중앙회를 말한다. 이하 이 조에서 "중앙회"라 한다) 회장은 건전한 거래질서를 확립하고 불공정한 내용의 약관이 통용되는 것을 막기 위하여 상호저축은행업 금융거래와 관련하여 표준이 되는 약관(이하 "표준약관" 이라 한다)을 제정하거나 개정할 수 있다.

4) 중앙회 회장은 표준약관을 제정하거나 개정하려는 경우에는 금융위원회에 미리 신고하여야 한다.

5) 금융위원회는 제1항 및 제4항에 따라 신고 또는 보고받은 약관 또는 표준약관을 공정거래위원회에 통보하여야 한다. 이 경우 공정거래위원회는 통보받은 약관 또는 표준약관이 「약관의 규제에 관한 법률」 제6조부터 제14조까지의 규정에 위반되는 사실이 있다고 인정되면 금융위원회에 그 사실을 통보하고 그 시정에 필요한 조치를 하도록 요청할 수 있으며, 금융위원회는 특별한 사유가 없으면 요청에 따라야 한다.

6) 금융위원회는 약관 또는 표준약관이 이 법 또는 금융 관련 법령에 위반되거나 그 밖에 금융이용자의 이익을 해칠 우려가 있다고 인정하면 상호저축은행 또는 중앙회 회장에 대하여 그 내용을 구체적으로 적은 서면으로 약관 또는 표준약관을 변경할 것을 명할 수 있다. 이 경우 금융위원회는 변경명령을 하기 전에 공정거래위원회와 협의하여야 한다.
[본조신설 2010. 3. 22]

24. 이익금의 처리(제19조)

1) 상호저축은행은 자본금의 총액이 될 때까지 매 사업연도의 이익금의 100분의 10 이상을 적립금으로 적립하여야 한다.

2) 제1항의 적립금은 손실금의 보전과 자본전입의 경우 외에는 사용하지 못한다.
[전문개정 2010. 3. 22]

25. 해산(제21조)

 상호저축은행은 다음 각 호의 어느 하나에 해당하는 사유가 있으면 해산한다.
   (1) 제24조제2항에 따른 영업인가의 취소
   (2) 제10조제1항제1호에 따른 합병 또는 같은 항 제2호에 따른 영업전부의 폐업 · 양도
   (3) 제24조의9제3항, 제24조의11제1항 또는 제24조의15제2항에 따른 계약의 전부이전
   (4) 「금융산업의 구조개선에 관한 법률」 제14조제2항에 따른 계약이전(계약의 전부이전만 해당한다) 또는 같은 법 제26조에 따른 영업의 전부양도
[전문개정 2010. 3. 22]

26. 감독(제22조)

1) 상호저축은행은 금융위원회가 감독한다.

2) 금융위원회는 상호저축은행에 대하여 거래자의 권익을 해칠 우려가 있다고 인정되면 감독상 필요한 명령을 할 수 있다.
[전문개정 2010. 3. 22]

27. 경영건전성 기준(제22조의2)

1) 금융위원회는 상호저축은행의 건전한 경영을 유도하고 금융 사고를 예방하기 위하여 대통령령으로 정하는 바에 따라 다음 각 호에 해당하는 경영건전성의 기준을 정할 수 있다.
   (1) 재무건전성 기준
   (2) 자산건전성 분류 기준
   (3) 회계 및 결산 기준
   (4) 위험관리 기준
   (5) 유동성 기준 〈시행일 2010. 7. 1〉

2) 상호저축은행은 제11조에 따른 업무를 할 때 제1항에 따른 경영건전성 기준을 준수하여야 한다.
[전문개정 2010. 3. 22]

28. 내부통제기준(제22조의3)

1) 상호저축은행은 법령을 준수하고, 자산 운용을 건전하게 하며, 거래자를 보호하기 위하여 임직원이 그 직무를 수행할 때 따라야 할 기본적인 절차와 기준(이하 이 조에서 "내부통제기준" 이라 한다)을 정하여야 한다.

2) 상호저축은행은 내부통제기준의 준수 여부를 점검하고 그 위반 사항을 조사하여 감사 또는 감사위원회에 보고하는 자(이하 "준법감시인" 이라 한다)를 1명 이상 두어야 한다.

3) 상호저축은행은 준법감시인을 임면하려면 이사회의 결의를 거쳐야 한다.

4) 준법감시인은 다음 각 호의 요건에 적합한 자이어야 한다.

(1) 다음 각 목의 어느 하나에 해당하는 경력이 있을 것

가. 한국은행 또는 「금융위원회의 설치 등에 관한 법률」 제38조에 따른 검사대상기관(이에 준하는 외국금융기관을 포함한다)에서 10년 이상 근무한 경력

나. 금융 관계 분야의 석사학위 이상의 학위 소지자로서 연구기관 또는 대학에서 연구원이나 전임강사 이상의 직에 5년 이상 근무한 경력

다. 변호사나 공인회계사의 자격을 가진 자로서 그 자격과 관련된 업무에 5년 이상 종사한 경력

라. 기획재정부, 금융위원회, 「금융위원회의 설치 등에 관한 법률」에 따른 증권선물위원회(이하 "증권선물위원회"라 한다), 같은 법에 따라 설립된 금융감독원(이하 "금융감독원"이라 한다) 또는 「예금자보호법」에 따라 설립된 예금보험공사(이하 "예금보험공사"라 한다)에서 5년 이상 근무한 경력(해당 기관에서 퇴임하거나 퇴직한 후 5년이 지난 자만 해당한다). 다만, 「예금자보호법」 제2조에 따른 부실금융기관 또는 부실우려금융기관과 같은 법 제36조의3에 따른 정리금융기관의 업무 수행을 위하여 필요한 경우에는 예금보험공사의 직원으로서 5년 이상 근무 중인 자를 포함한다.

(2) 제35조의2제1항 각 호의 어느 하나에 해당하지 아니할 것

(3) 최근 5년간 금융 관련 법령을 위반하여 금융위원회 또는 금융감독원의 원장(이하 "금융 감독원장"이라 한다)으로부터 주의·경고의 요구 등에 해당하는 조치를 받은 사실이 없을 것

5) 내부통제기준과 준법감시인에 관하여 필요한 사항은 대통령령으로 정한다.
[전문개정 2010. 3. 22]

29. 상호저축은행 등에 대한 자료제출 요구 등(제22조의4)

1) 금융위원회는 상호저축은행 또는 그의 대주주가 제12조의2·제12조의3 또는 제37조를 위반한 혐의가 있다고 인정하는 경우에는 상호저축은행 또는 그의 대주주에게 필요한 자료의 제출을 요구할 수 있다.

2) 금융위원회는 상호저축은행의 대주주(회사만 해당한다)의 부채가 자산을 초과하는 등 재무구조의 부실로 그 상호저축은행의 경영건전성을 현저하게 해칠 우려가 있는 경우로서 대통령령으로 정하는 경우에는 그 상호저축은행에 대하여 다음 각 호의 조치를 할 수 있다.
(1) 대주주가 발행한 유가증권의 신규 취득 금지
(2) 그 밖에 대주주에 대한 자금지원 성격의 거래제한 등 대통령령으로 정하는 조치
[전문개정 2010. 3. 22]

30. 업무보고서의 제출(제22조의5)

1) 상호저축은행은 매월의 업무 내용을 적은 보고서를 다음 달 말일까지 금융감독원장이 정하는 바에 따라 금융감독원장에게 제출하여야 한다.

2) 제1항에 따른 보고서에는 대표자와 담당책임자 또는 그 대리인이 서명 또는 날인하여야 한다.
[본조신설 2010. 3. 22]

31. 검사(제23조)

1) 금융감독원장은 그 소속 직원으로 하여금 상호저축은행의 업무와 재산에 관하여 검사하게 할 수 있다.

2) 금융감독원장은 제1항에 따른 검사를 할 때 필요하다고 인정하면 상호저축은행에 대하여 업무나 재산에 관한 보고, 자료의 제출, 관계자의 출석 및 의견의 진술을 요구할 수 있다.

3) 제1항에 따라 검사를 하는 자는 그 권한을 표시하는 증표를 지니고 이를 관계자에게 내보여야 한다.
[전문개정 2010. 3. 22]

32. 경영 공시(제23조의2)

상호저축은행은 거래자 보호와 신용질서 유지를 위하여 필요한 사항으로서 대통령령으로 정하는 사항을 금융위원회가 정하는 바에 따라 공시하여야 한다.
[전문개정 2010. 3. 22]

33. 위법행위의 신고 및 신고자 보호(제23조의3)

1) 누구든지 이 법 위반행위를 알게 되었거나 이를 강요 또는 제의받은 경우에는 대통령령으로 정하는 바에 따라 금융위원회 또는 금융감독원장에게 신고 또는 제보할 수 있다.

2) 금융위원회 또는 금융감독원장(그 상호저축은행의 임직원을 통하여 신고 또는 제보를 한 경우에는 그 임직원을 포함한다)은 제1항에 따라 신고 또는 제보를 받은 경우 신고자 또는 제보자(이하 이 조에서 "신고자등"이라 한다)의 신분 등에 관한 비밀을 유지하여야 한다.

3) 신고자등이 소속된 기관·단체 또는 회사는 그 신고자등에 대하여 그 신고 또는 제보와 관련하여 직접 또는 간접적인 방법으로 불리한 대우를 하여서는 아니 된다.

4) 금융위원회 및 금융감독원장은 대통령령으로 정하는 바에 따라 신고자등에게 포상금을 지급할 수 있다.
[본조신설 2010. 3. 22]

34. 청산(제23조의11)

1) 상호저축은행이 다음 각 호의 어느 하나에 해당하는 사유로 해산하면 금융위원회는 청산인을 선임한다.
  (1) 제24조의9제3항에 따른 계약이전의 인가, 제24조의11제1항 또는 제24조의15제2항에 따른 결정
  (2) 제24조제2항에 따른 영업인가의 취소

2) 청산인은 취임 후 지체 없이 상호저축은행의 재산상태를 조사하고 재산 목록과 대차대조표를 작성하여 주주총회의 승인을 받아야 한다. 청산 사무가 종결된 때의 결산보고서에 관하여도 또한 같다.

3) 제2항의 경우 2회 이상의 소집에도 불구하고 주주총회가 성립되지 아니하거나 주주총회의 승인을 받지 못하면 청산인의 신청에 따른 금융위원회의 승인으로 주주총회의 승인을 받은 것으로 본다.

4) 금융위원회가 청산인을 선임한 경우에는 상호저축은행으로 하여금 보수를 지급하게 할 수 있다.

5) 금융위원회는 필요하면 직권으로 또는 이해관계인의 청구에 따라 청산인을 해임할 수 있다.

6) 상호저축은행의 청산에 관하여는 이 법에 정한 것 외에는 「상법」중 청산에 관한 규정을 준용한다.
[전문개정 2010. 3. 22]

35. 행정처분(제24조)

1) 금융위원회는 상호저축은행 또는 그 임직원이 별표 1 각 호의 어느 하나에 해당하면 다음 각 호의 어느 하나에 해당하는 조치를 할 수 있다.
   (1) 상호저축은행에 대한 주의 · 경고 또는 그 임직원에 대한 주의 · 경고 · 문책의 요구
   (2) 해당 위반행위의 시정명령
   (3) 임원의 해임 권고 또는 직무정지의 요구
   (4) 직원의 면직 요구
   (5) 6개월 이내의 영업의 일부정지

2) 금융위원회는 상호저축은행이 다음 각 호의 어느 하나에 해당하면 6개월 이내의 기간을 정하여 영업의 전부정지를 명하거나 영업의 인가를 취소할 수 있다.
   (1) 거짓이나 그 밖의 부정한 방법으로 영업의 인가를 받은 경우
   (2) 결손으로 자기자본의 전액이 잠식(蠶食)된 경우
   (3) 인가를 받지 아니하고 제10조제1항 각 호의 어느 하나에 해당하는 행위를 한 경우
   (4) 제1항제2호에 따른 시정명령을 이행하지 아니한 경우
   (5) 영업의 정지기간 중에 그 영업을 한 경우
   (6) 그 밖에 법령 또는 정관을 위반하거나 재산상태 또는 경영이 건전하지 못하여 공익을 크게 해칠 우려가 있는 경우
[전문개정 2010. 3. 22]

36. 경영지도(제24조의2)

1) 금융위원회는 상호저축은행이 다음 각호의 어느 하나에 해당하면 경영 지도를 할수 있다.
   (1) 제23조제1항에 따른 검사 결과 대통령령으로 정하는 개별차주한도초과신용공여 · 불법거액신용공여 또는 대주주신용공여를 보유하는 경우
   (2) 임원이 제24조제1항제1호 또는 제3호에 따른 처분(대통령령으로 정하는 처분만 해당한다)을 받은 경우
   (3) 제23조제1항에 따른 검사 결과 경영지도가 필요하다고 인정되는 경우
   (4) 상호저축은행이 「금융산업의 구조개선에 관한 법률」 제10조에 따라 적기시정조치를 받은 경우

2) 제1항에 따른 경영지도의 종료 요건, 방법, 기간 및 절차 등에 관하여 필요한 사항은 대통령령으로 정한다.
[전문개정 2010. 3. 22]

37. 경영관리(제24조의3)

1) 금융위원회는 상호저축은행이 다음 각 호의 어느 하나의 요건에 해당하면 지체 없이 관리인을 선임하여 해당 상호저축은행에 대하여 경영관리를 하게 할 수 있다.

(1) 제23조제1항에 따른 검사 결과 상호저축은행이 불법·부실신용공여를 보유하여 자본의 전부가 잠식될 우려가 있고, 이를 단기간에 통상적인 방법으로는 회수할 가능성이 없어 자력으로 경영정상화를 추진하는 것이 어렵다고 인정되는 경우

(2) 제24조제2항에 따른 영업인가 취소의 사유에 해당하는 경우로서 예금자보호를 위하여 경영관리의 필요성이 인정되는 경우

(3) 경영지도를 장기간 또는 반복하여 받거나 이 법을 위반하여 시정명령을 받고도 상당 기간 시정하지 아니하여 경영관리를 통하여 시정할 필요성이 인정되는 경우

(4) 제37조제1항 각 호의 어느 하나에 해당하는 자에게 같은 조 제1항 또는 같은 조 제2항에 따라 신용공여 또는 교차신용공여를 반복하거나 그 신용공여금액이 과다하여 공익 또는 는 예금자보호를 위하여 경영관리의 필요성이 인정되는 경우

2) 제1항제1호·제3호 및 제4호에 따른 경영관리의 구체적인 요건은 대통령령으로 정한다.

3) 제1항에 따른 경영관리가 시작되면 관리인은 지체 없이 상호저축은행의 재산현황을 조사(이하 "재산실사"라 한다)한다.

4) 경영관리의 기간은 6개월 이내로 하되, 금융위원회가 경영정상화를 추진하기 위하여 불가피하다고 인정하면 6개월의 범위에서 한 번만 연장할 수 있다. 다만, 제24조의13에 따라 파산신청을 한 경우에는 「채무자 회생 및 파산에 관한 법률」 제355조에따른 파산관재인(破産管財人)이 선임될 때까지 경영관리 기간을 연장할 수 있다.

5) 상호저축은행은 제1항에 따라 경영관리를 받게 되면 지체 없이 대통령령으로 정하는 바에 따라 그 요지를 공고하여야 한다.

6) 제1항에 따른 관리인의 선임에 관하여는 「금융산업의 구조개선에 관한 법률」 제14조의3제2항 및 같은 법 제14조의6제1항·제2항을 준용한다.
[전문개정 2010. 3. 22]

38. 지급정지 등(제24조의4)

1) 제24조의3제5항에 따른 경영관리의 공고가 있으면 그때부터 채무의 지급(제세공 과금 등 대통령령으로 정하는 경우는 제외한다), 임원의 직무집행 및 주주명의개서는 정지된다.

2) 금융위원회는 재산실사 결과 해당 상호저축은행의 경영정상화가 가능한 경우 등 대통령령으로 정하는 사유가 있으면 제1항에 따른 정지의 전부 또는 일부를 해제할 수 있다.
[전문개정 2010. 3. 22]

39. 관리인의 권한 등(제24조의5)

1) 해당 상호저축은행과 이해관계가 있거나 특수한 관계에 있는 자는 관리인으로 선임될 수 없다.
2) 관리인은 경영관리를 받는 상호저축은행의 업무를 집행하고 그 재산을 관리·처분하는 권한을 가진다. 이

경우 관리인은 제24조의6에 따른 등기를 마친 후가 아니면 상호저축은행의 재산의 처분 등 법률행위를 할 때 제3자에게 대항하지 못한다.

3) 관리인은 불법·부실신용공여에 관한 채권을 확보하기 위하여 필요하면 제37조의3에 따라 예금등과 관련 된 채무에 대하여 연대하여 변제할 책임을 지는 자, 「상법」 제399조제1항, 제414조제1항에 따라 손해를 배상 할 책임이 있는 자 또는 채무자의 재산을 조사하여 가압류신청 등 필요한 조치를 할 수 있다.

4) 관리인은 상호저축은행의 임원이나 대주주에게 2주 이상 1개월 이내의 기간을 정하여 증자, 추가담보의 제 공 등 해당 상호저축은행의 경영정상화 방안을 제출하도록 요구할 수 있다.

5) 관리인이 그 권한 내의 행위를 할 때에는 경영관리를 받는 상호저축은행을 위하여 하는 것임을 표시하여야 한다.

6) 관리인이 제5항의 표시를 하지 아니하면 그 행위는 자기를 위하여 한 것으로 본다.

7) 금융위원회는 필요하다고 인정하면 관리인을 해임할 수 있다.

8) 관리인에 관하여는 「민법」 제35조제1항, 「상법」 제11조제1항 및 「채무자 회생 및 파산에 관한 법률」 제30 조, 제360조부터 제362조까지의 규정을 준용한다. 이 경우 「채무자 회생 및 파산에 관한 법률」 제30조, 제360 조 및 제362조 중 "법원"은 "금융위원회"로 본다.
[전문개정 2010. 3. 22]

40. 경영관리의 통지 및 등기(제24조의6)

1) 금융위원회는 제24조의3에 따라 경영관리를 시작하게 한 경우에는 지체 없이 그 관리를 받는 상호저축은 행의 본점 소재지를 관할하는 지방법원에 그 취지를 알리고 본점 및 지점 소재지를 관할하는 등기소에 그 등 기를 촉탁하여야 한다.

2) 등기소는 제1항에 따른 촉탁을 받으면 지체 없이 그 등기를 하여야 한다.
[전문개정 2010. 3. 22]

41. 경영관리의 종료(제24조의7)

1) 금융위원회는 제24조의3에 따른 경영관리의 요건을 해소하고 자력으로 경영정상화를 추진하는 것이 가능 하다고 인정되어 경영관리가 필요 없게 된 때에는 지체 없이 이를 종료하게 하여야 한다.

2) 제1항에 따른 경영관리 종료의 통지 및 등기에 관하여는 제24조의6을 준용한다.
[전문개정 2010. 3. 22]

42. 계약이전의 요구(제24조의8)

1) 금융위원회는 제24조의3에 따라 경영관리를 받는 상호저축은행에 대한 재산실사 결과 상호저축은행의 재

산으로 그 채무를 전부 변제할 수 없는 경우로서 다음 각 호의 어느 하나에 해당하는 경우에는 계약이전을 받을 자를 지정하여 계약의 이전(이하 "계약이전"이라 한다)을 해당 상호저축은행에 요구할 수 있다.

  (1) 계약이전을 받으려는 상호저축은행이 있는 경우

  (2) 대통령령으로 정하는 기준에 따라 상호저축은행이 파산하는 것보다 계약이전하는 것이 바람직하다고 인정되는 경우

2) 제1항에 따른 계약이전을 받으려는 상호저축은행은 금융위원회에 신청하여 그 지정을 받아야 한다.

3) 제2항에 따른 지정의 기준과 절차 등은 대통령령으로 정한다.

4) 제1항에 따른 계약이전 요구의 공고에 관하여는 제24조의3제5항을 준용한다.
[전문개정 2010. 3. 22]

43. 계약이전의 협의와 인가(제24조의9)

1) 상호저축은행은 제24조의8제1항에 따라 계약이전의 요구를 받으면 계약이전의 지정을 받은 상호저축은행과 계약이전에 관한 협의(이하 이 조에서 "협의"라 한다)를 하여야 한다.

2) 협의는 쌍방의 상호저축은행이 「상법」 제434조에 따른 결의(합자회사의 경우에는 총 사원의 3분의 2 이상의 동의)를 받아야 한다.

3) 협의가 성립된 때에는 쌍방의 상호저축은행은 지체 없이 금융위원회로부터 계약이전의 인가를 받아야 한다.
[전문개정 2010. 3. 22]

44. 자금지원의 요청 등(제24조의10)

1) 금융위원회는 제24조의8제2항에 따라 계약이전을 받을 상호저축은행을 지정할 때 자금지원이 필요하다고 인정하면 예금보험공사에 「예금자보호법」 제38조에 따라 자금지원의 내용과 조건 등을 미리 정하여 주도록 요청할 수 있다.

2) 예금보험공사는 제1항의 요청을 받으면 지체 없이 자금지원의 내용과 조건 등을 결정하여 금융위원회에 통지하여야 한다.

3) 금융위원회는 제24조의9제3항에 따른 인가 또는 제24조의11제1항에 따른 결정을 할 때 필요한 경우에는 「예금자보호법」 제38조에도 불구하고 제2항에 따라 예금보험공사가 통지한 최고한도의 범위에서 자금지원의 내용과 조건을 결정할 수 있다.

4) 금융위원회는 상호저축은행에 예금인출 사태가 발생하거나 발생할 우려가 있어 자금 지원이 필요하다고 인정하면 제25조에 따른 상호저축은행중앙회에 대하여 해당 상호저축은행에 자금을 지원하도록 요청할 수 있다.
[전문개정 2010. 3. 22]

45. 계약이전의 결정(제24조의11)

1) 제24조의8에 따라 계약이전의 요구를 받은 상호저축은행과 계약이전을 받을 자로 지정된 상호저축은행 간에 협의가 성립되지 아니하거나 협의를 하지 아니한 경우에는 금융위원회는 계약이전의 결정을 할 수 있다.

2) 금융위원회는 제1항에 따라 계약이전의 결정을 하는 경우 계약이전 받을 상호저축은행에 대하여 지원이 필요한 자금의 내용과 조건이 제24조의10제2항에 따라 예금보험공사가 통지한 내용과 조건의 최고한도를 초과하는 경우에는 미리 예금보험공사와 협의하여야 한다.

3) 금융위원회는 제1항의 결정을 한 경우에는 결정의 내용을 쌍방의 상호저축은행과 예금보험공사에 통지하여야 한다.
[전문개정 2010. 3. 22]

46. 계약이전의 효력과 공고(제24조의12)

1) 계약이전은 제24조의9제3항에 따른 인가 또는 제24조의11제1항에 따른 결정이 있는 때에 그 효력이 발생한다.

2) 제1항에 따른 인가 또는 결정을 받은 상호저축은행은 각각 대통령령으로 정하는 바에 따라 그 취지와 해당 계약이전에 관한 인가 또는 결정의 요지를 공고하여야 한다.
[전문개정 2010. 3. 22]

47. 파산신청(제24조의13)

금융위원회는 제24조의3에 따라 경영관리를 받는 상호저축은행에 대한 재산실사 결과 해당 상호저축은행의 재산으로 그 채무를 전부 변제할 수 없는 경우로서 제24조의8제1항 각 호의 어느 하나의 요건에 해당되지 아니하거나 제24조의9제3항에 따른 인가 또는 제24조의11제1항에 따른 결정이 이루어지지 아니한 경우에는 직권으로 또는 예금보험공사의 건의에 따라 해당 상호저축은행의 본점 소재지를 관할하는 지방법원에 파산신청을 할 수 있다.
[전문개정 2010. 3. 22]

48. 감사인의 지명(제24조의14)

「주식회사의 외부감사에 관한 법률」에 따라 외부감사를 받아야 하는 상호저축은행이 대통령령으로 정하는 사유에 해당하는 경우 금융위원회는 증권선물위원회에 같은 법 제4조의3에 따라 해당 상호저축은행의 감사인의 지명을 의뢰할 수 있다.
[전문개정 2010. 3. 22]

49. 경영정상화 추진의 조정(제24조의15)

1) 금융위원회는 예금자보호와 신용질서의 확립을 위하여 필요하다고 인정하면 제24조의2부터 제24조의12까지의 규정에 따라 경영정상화를 추진하고 있는 상호저축은행에 영업 또는 주식의 양도나 합병을 권고하거나 알선할 수 있다.

2) 금융위원회는 상호저축은행의 경영 또는 재산상태가 현저하게 불건전하거나 해당 상호저축은행의 임직원 또는 대통령령으로 정하는 주주가 재산을 도피시킬 우려가 있는 등 예금자보호를 위하여 필요하다고 인정하면 경영관리를 거치지 아니하고 제24조의11제1항에 따른 계약이전의 결정이나 제24조의13에 따른 파산신청, 영업양도·합병의 알선, 그 밖에 경영정상화를 추진하기 위하여 필요한 조치를 할 수 있다.

3) 제2항의 결정이나 조치에 따른 자금지원에 관하여는 제24조의10을 준용한다.
[전문개정 2010. 3. 22]

50. 설립(제25조)

1) 상호저축은행의 건전한 발전을 도모하고 상호저축은행 상호간의 업무협조와 신용질서의 확립 및 거래자의 보호를 위하여 상호저축은행중앙회(이하 "중앙회"라 한다)를 설립한다. 중앙회는 법인으로 한다. 상호저축은행은 중앙회의 회원이 된다. 중앙회는 그 주된 사무소를 서울특별시에 두고 필요한 곳에 지회를 둘 수 있다.

2) 중앙회는 대통령령이 정하는 바에 따라 주된 사무소의 소재지에서 설립등기를 함으로써 성립한다.

51. 업무(제25조의 2)

1) 중앙회는 이 법의 목적을 달성하기 위하여 다음 각호의 업무를 행한다.
   가. 상호저축은행의 업무의 개선과 발전을 위한 연구·조사업무
   나. 상호저축은행 상호간의 업무협조와 신용질서의 확립 및 거래자보호를 위한 업무
   다. 상호저축은행으로부터의 예탁금 및 지급준비예탁금의 수입 및 운용
   라. 상호저축은행에 대한 대출, 상호저축은행이 보유 또는 매출하는 어음의 매입
   마. 상호저축은행에 대한 지급보증
   바. 내국환업무 및 국가·공공단체 또는 금융기관의 대리업무
   사. 증권거래법 제2조 1항 1호 및 제2호의 규정에 의한 유가증권의 모집·인수 및 매출
   아. 상호저축은행의 공동이익을 위한 자회사의 설립·운영 또는 다른 법인에의 출자
   자. 전자금융거래법에서 정하는 직불전자지급수단의 발행·관리 및 대금의 결제
   차. 전자금융거래법에서 정하는 선불전자지급수단의 발행·관리 판매 및 대금의 결제
   카. 국가기관, 지방자치단체 기타 공공단체가 위탁하는 업무
   타. 제1호 내지 제6호의 업무에 부수되는 업무
   파. 기타 대통령령이 정하는 업무

2) 중앙회가 제1항의 업무를 행하고자 하는 때에는 대통령령이 정하는 바에 의하여 업무방법서를 작성하여 금융감독위원회의 승인을 얻어야 한다. 이를 변경하고자 하는 때에도 또한 같다.

52. 회계의 원칙(제25조의 6)

1) 중앙회의 회계는 기업회계기준에 따라 계리하여야 한다. 중앙회는 지급준비예탁금의 수입 및 운용업무를 함에 있어서는 별도의 계정을 설치하여 구분 계리하여야 한다.

2) 금융위원회는 제2항의 규정에 의한 지급준비예탁금의 수입 및 운용업무와 관련하여 자산의 건전성, 대손충당금의 설정등에 관한 구체적인 기준을 정할 수 있다.

53. 대리인의 선임(제25조의 10)

중앙회 회장은 이사회의 결의를 얻어 전무이사·이사 또는 직원중에서 중앙회의 업무에 관한 일체의 재판상 또는 재판외의 행위를 할 수 있는 대리인을 선임할 수 있다.

54. 정치활동의 금지 등(제28조)

1) 중앙회는 정치에 관여하는 모든 행위를 하여서는 아니 된다.
2) 중앙회의 임원은 정당이나 그 밖의 정치단체에 가입하지 못한다.
[전문개정 2010. 3. 22]

55. 중앙회 및 그 임직원에 대한 행정처분(제29조)

금융위원회는 중앙회 또는 그 임직원이 별표 2 각 호의 어느 하나에 해당하면 다음 각 호의 어느 하나에 해당하는 조치를 할 수 있다.
  (1) 중앙회에 대한 주의·경고 또는 그 임직원에 대한 주의·경고·문책의 요구
  (2) 해당 위반행위의 시정명령
  (3) 임원의 해임 권고 또는 직무정지의 요구
  (4) 직원의 면직 요구
  (5) 6개월 이내의 업무의 일부정지[본조신설 2010. 3. 22]

56. 권한의 대행(제34조의2)

1) 제23조의11제1항·제3항부터 제5항까지, 제24조의2제1항, 제24조의3제1항·제4항, 제24조의4제2항, 제24조의5제7항·제8항, 제24조의6제1항, 제24조의7, 제24조의8제1항·제2항, 제24조의9제3항, 제24조의10, 제24조의11, 제24조의13, 제24조의14 및 제24조의15에 따른 금융위원회의 권한은 부실 상호저축은행의 경영정상화를 추진할 때 전문지식과 효율적인 업무 수행이 필요하다고 인정되는 경우에는 대통령령으로 정하는 바에 따라 금융감독원장이 대행하도록 할 수 있다. 이 경우 금융감독원장이 대행한 행위는 금융위원회가 한 것으로 본다.

2) 금융감독원장은 제1항에 따라 권한을 행사할 때에는 금융위원회를 대행하여 하는 것임을 표시하여야 한다.

3) 금융감독원장이 제2항의 표시를 하지 아니하면 그 행위는 자기를 위하여 한 것으로 본다.

4) 금융감독원장은 제1항에 따른 금융위원회의 권한을 대행할 때 중요 사항은 금융위원회에 보고하여야 한다.

5) 제1항에 따른 금융위원회의 권한대행에 관한 업무처리의 기준과 절차, 그 밖에 필요한 사항은 대통령령으로 정할 수 있다.

6) 금융감독원장은 제1항의 업무를 대행할 때 필요하면 예금보험공사, 중앙회 등 관련 기관으로 구성되는 협의회를 운영할 수 있다.

7) 금융감독원장은 제1항에 따라 부실 상호저축은행에 대한 경영정상화를 추진하는 경우에는 이에 필요한 자료를 중앙행정기관의 장에게 요청할 수 있다. 이 경우 요청을 받은 중앙행정기관의 장은 특별한 사유가 없으면 요청에 따라야 한다.[전문개정 2010. 3. 22]

57. 권한의 위탁(제35조)

1) 금융위원회는 제34조의2제1항에 따른 권한이 아닌 권한의 일부를 대통령령으로 정하는 바에 따라 금융감독원장, 중앙회 회장 또는 예금보험공사 사장에게 위탁할 수 있다.

2) 금융감독원장은 제1항의 권한을 행사할 때 상호저축은행이 제24조제1항·제2항 각 호의 어느 하나 또는 제40조제1항·제2항 각 호의 어느 하나에 해당함을 알게 된 때에는 금융위원회에 필요한 행정조치를 건의하여야 한다.

3) 금융감독원장, 중앙회 회장 또는 예금보험공사 사장은 제1항의 권한을 행사할 때 중요 사항은 금융위원회에 보고하여야 한다.
[전문개정 2010. 3. 22]

58. 임원의 결격사유(제35조의2)

1) 다음 각 호의 어느 하나에 해당하는 자는 상호저축은행의 임원이 되지 못한다. 다만, 제12호는 감사 및 감사위원에게만 적용한다.
  (1) 미성년자·금치산자 또는 한정치산자

  (2) 파산선고를 받고 복권되지 아니한 자

  (3) 금고 이상의 실형을 선고받고 그 집행이 끝나거나(집행이 끝난 것으로 보는 경우를 포함한다) 집행이 면제된 날부터 5년이 지나지 아니한 자

  (4) 이 법 또는 대통령령으로 정하는 금융 관련 법령(이하 이 조에서 "금융관계법령"이라 한다)을 위반하여 벌금 이상의 형을 선고받고 그 집행이 끝나거나(집행이 끝난 것으로 보 는 경우를 포함한다) 집행이 면제된 날부터 5년이 지나지 아니한 자

  (5) 금고 이상의 형의 집행유예를 선고받고 그 유예기간 중에 있는 자

  (6) 이 법 또는 금융관계법령에 따라 해임되거나 징계면직된 날부터 5년이 지나지 아니한 자

  (7) 이 법 또는 금융관계법령에 따라 영업의 허가·인가 또는 등록이 취소된 법인 또는 회사 의 임직원이었던 자(그 취소사유의 발생에 직접 또는 이에 상응하는 책임이 있는 자로서 대통령령으로 정하는 자만 해당한

다)로서 해당 법인 또는 회사에 대한 취소가 있었던 날 부터 5년이 지나지 아니한 자

(8) 「금융산업의 구조개선에 관한 법률」 제10조제1항에 따라 금융위원회로부터 적기시정조치를 받거나 같은 법 제14조제2항에 따라 계약이전의 결정 등 행정처분을 받은 금융기관(같은 법 제2조제1호에 따른 금융기관을 말한다)의 임직원으로 재임하거나 재직하였던 자(그 적기시정조치 등을 받게 된 원인에 대하여 직접 또는 이에 상응하는 책임이 있는 자로서 대통령령으로 정하는 자만 해당한다)로서 그 적기시정조치 등을 받은 날부터 2년이 지나지 아니한 자

(9) 이 법 또는 금융관계법령에 따라 재임 또는 재직 중이었더라면 해임 요구, 개선(改選) 요구 또는 징계면직 요구의 조치를 받았을 것으로 통보된 퇴임한 임원 또는 퇴직한 직원으로서 그 통보가 있었던 날부터 5년 (통보가 있었던 날부터 5년이 퇴임 또는 퇴직한 날부터 7년을 초과한 경우에는 퇴임 또는 퇴직한 날부터 7년으로 한다)이 지나지 아니한 자

(10) 이 법 또는 금융관계법령에 따라 정직014업무집행정지·직무정지의 요구에 해당하는 제재 조치를 받은 자로서 조치를 받은 날부터 3년이 지나지 아니한 자

(11) 이 법 또는 금융관계법령에 따라 재임 또는 재직 중이었더라면 제10호에 따른 정직·업무집행정지·직무정지의 요구에 해당하는 제재 조치 요구를 받았을 것으로 통보된 퇴임한 임원 또는 퇴직한 직원으로서 그 통보가 있었던 날부터 3년(통보가 있었던 날부터 3년이 퇴임 또는 퇴직한 날부터 5년을 초과한 경우에는 퇴임 또는 퇴직한 날부터 5년으로 한다) 이 지나지 아니한 자

(12) 상호저축은행의 제37조의3제2항에 따른 과점주주(寡占株主)와 과점주주 또는 대표이사의 배우자, 직계 존속·비속, 형제자매

2) 임원(감사 및 감사위원은 제외한다)이 된 후 제1항 각 호(제12호는 제외한다)의 어느 하나에 해당하게 되거나 감사 또는 감사위원이 된 후 제1항 각 호의 어느 하나에 해당하게 되면 즉시 면직된다. 다만, 제10호에 따른 정직·업무집행정지 이상의 제재 조치를 받은 임원의 당시 재임기간 동안에는 그러하지 아니하다.

3) 제2항에 따라 면직된 임원이 면직 전에 관여한 행위는 그 효력을 상실하지 아니한다.
[전문개정 2010.3.22]

59. 대주주등에 대한 신용공여 등의 금지(제37조)

1) 상호저축은행은 다음 각 호의 어느 하나에 해당하는 자(이하 "대주주등" 이라 한다)에 대하여 신용공여 및 예금등을 하거나 가지급금을 지급하지 못하며, 대주주등은 상호저축은행으로부터 신용공여 및 예금등을 받거나 가지급금을 받지 못한다. 다만, 대주주등에 대한 자금지원의 목적이 없는 것으로서 대통령령으로 정하는 예금등과 채권의 회수에 위험이 없거나 직원의 복리후생을 위한 것으로서 대통령령으로 정하는 신용공여의 경우는 제외한다.
(1) 대주주(대통령령으로 정하는 주주를 포함한다)
(2) 상호저축은행의 임직원
(3) 제1호와 제2호의 자 또는 상호저축은행과 대통령령으로 정하는 친족 또는 특수한 관계에 있는 자

2) 상호저축은행은 제1항에 따른 신용공여 및 예금등의 금지 또는 가지급금의 지급 금지를 피할 목적으로 다른 상호저축은행과 서로 교차하여 다른 상호저축은행의 대주주등에게 신용공여 및 예금등을 하거나 가지급금을 지급하여서는 아니 된다.
[전문개정 2010. 3. 22]

60. 임원 등의 연대책임(제37조의3)

1) 상호저축은행의 임원은 그 직무를 수행하면서 고의나 과실로 상호저축은행 또는 타인에게 손해를 입힌 경우에는 상호저축은행의 예금등과 관련된 채무에 대하여 상호저축은행과 연대하여 변제할 책임을 진다.

2) 상호저축은행의 과점주주(「국세기본법」 제39조제2항에 규정된 과점주주에 해당하는 자를 말한다)는 상호저축은행의 경영에 영향력을 행사하여 부실을 초래한 경우에는 상호저축은행의 예금등과 관련된 채무에 대하여 상호저축은행과 연대하여 변제할 책임을 진다.
[전문개정 2010. 3. 22]

61. 임원의 겸직 제한(제37조의4)

상호저축은행의 상근 임원은 다른 영리법인의 상시적인 업무에 종사할 수 없다. 다만, 다음 각 호의 어느 하나에 해당하는 경우에는 그러하지 아니하다.
  (1) 그 상호저축은행이 의결권 있는 발행주식 총수 또는 출자총액의 100분의 15를 초과하는 주식 또는 출자지분을 보유하고 있는 다른 상호저축은행의 임직원이 되는 경우
  (2) 그 상호저축은행을 자회사(子會社)로 하는 「금융지주회사법」에 따른 금융지주회사(이하 "금융지주회사"라 한다)의 임직원이 되는 경우
  (3) 그 상호저축은행을 자회사로 하는 금융지주회사의 다른 자회사인 금융기관의 임원이 되는 경우
  (4) 「채무자 회생 및 파산에 관한 법률」에 따라 관리인으로 선임되는 경우
  (5) 제23조의11에 따라 청산인으로 선임되는 경우
[본조신설 2010. 3. 22]

62. 수뢰 등의 금지(37조의5)

상호저축은행의 임직원은 직무와 관련하여 횡령, 배임, 직접·간접을 불문하고 증여, 그 밖에 수뢰의 요구, 취득 또는 이에 관한 약속을 하여서는 아니 된다.
[본조신설 2010. 3. 22]

63. 과징금의 부과(제38조의2)

금융위원회는 상호저축은행이 다음 각 호의 어느 하나에 해당하는 경우에는 각 호의 구분에 따라 과징금을 부과할 수 있다. 〈개정 2008. 2. 29〉
  (1) 제12조에 따른 신용공여의 한도를 초과하여 신용공여를 한 경우 : 초과한 신용공여 금액의 100분의 10 이하
  (2) 제37조를 위반하여 신용공여를 하거나 가지급금을 지급한 경우 : 신용공여를 하거나 가지급한 금액의 100분의 20 이하

64. 과징금의 부과기준 등(제38조의3)

1) 제38조의2에 따른 과징금의 부과기준은 다음 각 호의 사항을 고려하여 대통령령으로 정한다.
　(1) 위반행위의 내용 및 정도
　(2) 위반행위의 기간 및 횟수
　(3) 위반행위로 인하여 취득한 이익의 규모

2) 그 밖에 과징금의 부과에 관하여 필요한 사항은 대통령령으로 정한다.
[본조신설 2007. 7. 19]

65. 의견제출(제38조의4)

1) 금융위원회는 과징금을 부과하기 전에 미리 당사자 또는 이해관계인 등에게 의견을 제출할 기회를 주어야 한다.〈개정 2008. 2. 29〉

2) 당사자 또는 이해관계인 등은 금융위원회의 회의에 출석하여 의견을 진술하거나 필요한 자료를 제출할 수 있다.〈개정 2008. 2. 29〉
[본조신설 2007. 7. 19]

66. 이의신청(제38조의5)

1) 제38조의2에 따른 과징금 부과처분에 대하여 불복하는 자는 그 처분을 고지받은 날부터 30일 이내에 그 사유를 갖추어 금융위원회에 이의를 신청할 수 있다.〈개정 2008. 2. 29〉

2) 금융위원회는 제1항에 따른 이의신청에 대하여 이의신청을 받은 날부터 30일 이내에 결정을 하여야 한다. 다만, 부득이한 사정으로 그 기간 이내에 결정을 할 수 없을 경우에는 30일의 범위 내에서 그 기간을 연장할 수 있다.〈개정 2008. 2. 29〉
[본조신설 2007. 7. 19]

67. (제38조의6)

1) 금융위원회는 과징금을 부과받은 자(이하 "과징금납부의무자"라 한다)가 다음 각 호의 어느 하나에 해당하는 사유로 과징금의 전액을 일시에 납부하기 어렵다고 인정하는 때에는 그 납부기한을 연장하거나 분할납부하게 할 수 있다. 이 경우 필요하다고 인정하는 때에는 담보를 제공하게 할 수 있다.〈개정 2008. 2. 29〉
　(1) 재해 등으로 인하여 재산에 현저한 손실을 입은 경우
　(2) 사업여건의 악화로 사업이 중대한 위기에 처한 경우
　(3) 과징금의 일시납부에 따라 자금사정에 현저한 어려움이 예상되는 경우
　(4) 그 밖에 제1호부터 제3호까지에 준하는 사유가 있는 경우

2) 과징금납부의무자가 제1항에 따른 과징금납부기한의 연장을 받거나 분할납부를 하려는 경우에는 그 납부기한의 10일 전까지 금융위원회에 신청하여야 한다. 〈개정 2008. 2. 29〉

3) 금융위원회는 제1항에 따라 납부기한이 연장되거나 분할납부가 허용된 과징금납부의무자가 다음 각 호의 어느 하나에 해당하게 된 때에는 그 납부기한의 연장 또는 분할납부 결정을 취소하고 과징금을 일시에 징수할 수 있다. 〈개정 2008. 2. 29〉
  (1) 분할납부 결정된 과징금을 그 납부기한 내에 납부하지 아니한 때
  (2) 담보의 변경, 그 밖에 담보보전에 필요한 금융위원회의 명령을 이행하지 아니한 때
  (3) 강제집행, 경매의 개시, 파산선고, 법인의 해산, 국세 또는 지방세의 체납처분을 받는 등 과징금의 전부 또는 잔여분을 징수할 수 없다고 인정되는 때
  (4) 그 밖에 제1호부터 제3호까지에 준하는 경우로서 대통령령으로 정하는 사유가 있는 때

4) 제1항부터 제3항까지의 규정에 따른 과징금납부기한의 연장, 분할납부 또는 담보 등에 관하여 필요한 사항은 대통령령으로 정한다. [본조신설 2007. 7. 19]

68. 과징금의 징수 및 체납처분(제38조의7)

1) 금융위원회는 과징금납부의무자가 납부기한 내에 과징금을 납부하지 아니한 때에는 납부기한의 다음 날부터 납부한 날의 전 날까지의 기간에 대하여 대통령령으로 정하는 가산금을 징수할 수 있다. 〈개정 2008. 2. 29〉

2) 금융위원회는 과징금납부의무자가 납부기한 내에 과징금을 납부하지 아니하는 때에는 기간을 정하여 독촉을 하고, 그 지정한 기간 내에 과징금 및 제1항에 따른 가산금을 납부하지 아니하는 때에는 국세 체납처분의 예에 따라 징수할 수 있다. 〈개정 2008. 2. 29〉

3) 금융위원회는 제1항 및 제2항에 따른 과징금 및 가산금의 징수 또는 체납처분에 관한 업무를 국세청장에게 위탁할 수 있다. 〈개정 2008. 2. 29〉

4) 그 밖에 과징금의 징수에 관하여 필요한 사항은 대통령령으로 정한다. [본조신설 2007. 7. 19]

69. 이행강제금(제38조의8)

1) 금융위원회는 제10조의6제4항 또는 제8항에 따른 주식처분명령을 받은 자가 그 정한 기간 이내에 해당 명령을 이행하지 아니하는 때에는 매 1일당 그 처분하여야 하는 주식의 장부가액에 1만분의 3을 곱한 금액을 초과하지 아니하는 범위에서 이행강제금을 부과할 수 있다.

2) 이행강제금은 주식처분명령에서 정한 이행기간의 종료일의 다음 날부터 주식처분을 이행하는 날(주권교부일을 말한다)까지의 기간에 대하여 부과한다.

3) 금융위원회는 이행강제금을 징수함에 있어서 주식처분명령에서 정한 이행기간의 종료일부터 90일을 경과하고서도 이행이 이루어지지 아니하는 경우에는 그 종료일부터 기산하여 매 90일이 경과하는 날을 기준으로

하여 이행강제금을 징수한다.

4) 이행강제금의 부과 및 징수에 관하여는 제38조의3부터 제38조의7까지의 규정을 준용한다.
[본조신설 2010. 3. 22]

70. 양벌규정(제39조의2)

법인의 대표자나 법인 또는 개인의 대리인, 사용인, 그 밖의 종업원이 그 법인 또는 개인의 업무에 관하여 제39조의 위반행위를 하면 그 행위자를 벌하는 외에 그 법인 또는 개인에게도 해당 조문의 벌금형을 과(科)한다. 다만, 법인 또는 개인이 그 위반행위를 방지하기 위하여 해당 업무에 관하여 상당한 주의와 감독을 게을리하지 아니한 경우에는 그러하지 아니하다.[전문개정 2010. 3. 22]

2. 새마을금고법의 주요골자

법률 제5633호 일부개정 1999. 01. 18.
법률 제8863호(금융위원회의 설치 등에 관한 법률) 일부개정 2008. 02. 29
법률 제9197호 일부개정2008. 12. 26

1. 목적(제1조)

이 법은 국민의 자주적인 협동 조직을 바탕으로 우리나라 고유의 상부상조 정신에 입각하여 자금의 조성과 이용, 회원의 경제적·사회적·문화적 지위의 향상, 지역사회 개발을 통한 건전한 국민정신의 함양과 국가경제 발전에 이바지함을 목적으로 한다.

2. 정의와 명칭(제2조)

이 법에서 "금고"란 제1조의 목적을 달성하기 위하여 이 법에 따라 설립된 비영리법인인 새마을금고를 말한다. "지역금고"란 제1항의 금고 중 동일한 행정구역, 경제권 또는 생활권을 업무구역으로 하는 금고를 말한다. "연합회"란 모든 금고의 공동이익 증진과 지속적인 발전을 도모하기 위하여 이 법에 따라 설립한 비영리법인인 새마을금고연합회를 말한다. 금고나 연합회는 그 명칭 중 "새마을금고" 또는 "새마을금고연합회"라는 문자를 사용하여야 한다. 금고나 연합회가 아니면 제4항에 따른 명칭이나 이와 유사한 명칭을 사용할 수 없다.

3. 금고의 설립(제3조)

금고는 50명 이상의 발기인이 연합회장이 정하는 정관례에 따라 정관을 작성하여 창립총회의 의결을 거친 뒤에 행정안전부장관(이하 "주무부장관"이라 한다)의 인가를 받아 그 주된 사무소의 소재지에서 설립등기를 함으로써 성립한다. 창립총회의 의사(議事)는 발기인에게 금고 설립 동의서를 개의 전까지 제출한 자 과반수의 출석과 출석자 3분의 2 이상의 찬성으로 의결한다. 그리고 창립총회의 공고·의결사항과 설립인가 신청 절차, 인가 제한 사유 등 금고 설립에 필요한 사항은 대통령령으로 정한다. 제1항에 따라 설립인가를 받은 뒤 그 인가일부터 3개월이 지나도 그 등기를 하지 아니하면 주무부장관은 그 인가를 취소할 수 있다. 금고는 정관으로 정하는 바에 따라 주된 사무소를 두며, 필요한 곳에 분사무소를 둘 수 있다.

4. 정관의 기재사항(제4조)

1) 목적
2) 명칭
3) 사무소의 소재지
4) 해당 금고의 업무구역
5) 회원의 자격과 가입, 탈퇴 및 제명(除名)에 관한 사항
6) 출자(出資) 1좌(座)의 금액과 납입 방법
7) 기관에 관한 사항 및 임원의 수와 선출에 관한 사항
8) 사업의 종류와 회계에 관한 사항
9) 공고 방법
10) 해산에 관한 사항
11) 그 밖에 필요한 사항

5. 제7조(설립)

① 금고는 50명 이상의 발기인이 연합회장이 정하는 정관례에 따라 정관을 작성하여 창립총회의 의결을 거친 뒤에 행정안전부장관(이하 "주무부장관" 이라 한다)의 인가를 받아 그 주된 사무소의 소재지에서 설립등기를 함으로써 성립한다.〈개정 2008. 2. 29〉

② 창립총회의 의사(議事)는 발기인에게 금고 설립 동의서를 개의(開議) 전까지 제출한 자 과반수의 출석과 출석자 3분의 2 이상의 찬성으로 의결한다.

③ 창립총회의 공고·의결사항과 설립인가 신청 절차, 인가 제한 사유 등 금고 설립에 필요한 사항은 대통령령으로 정한다.

④ 제1항에 따라 설립인가를 받은 뒤 그 인가일부터 3개월이 지나도 그 등기를 하지 아니하면 주무부장관은 그 인가를 취소할 수 있다.

⑤ 금고는 정관으로 정하는 바에 따라 주된 사무소를 두며, 필요한 곳에 분사무소를 둘 수 있다.

6. 제8조(정관의 기재사항) 금고의 정관에는 다음 각 호의 사항을 적어야 한다.

1. 목적
2. 명칭
3. 사무소의 소재지
4. 해당 금고의 업무구역
5. 회원의 자격과 가입, 탈퇴 및 제명(除名)에 관한 사항
6. 출자(出資) 1좌(座)의 금액과 납입 방법
7. 기관에 관한 사항 및 임원의 수와 선출에 관한 사항
8. 사업의 종류와 회계에 관한 사항

9. 공고 방법
10. 해산에 관한 사항
11. 그 밖에 필요한 사항

7. 회원과 자본금(제9조)

1) 금고의 회원은 그 금고의 정관으로 정하는 업무구역에 주소나 거소(居所)가 있는 자 또는 생업에 종사하는 자로서 출자 1좌 이상을 현금으로 납입한 자로 한다. 한 금고의 회원 수는 100명 이상으로 한다. 금고는 정당한 사유 없이 회원이 될 수 있는 자격을 가진 자의 가입을 거절할 수 없으며, 가입에 관하여 필요한 사항은 정관으로 정한다. 출자 1좌의 금액은 정관으로 정하며, 한 회원이 가질 수 있는 출자좌수의 최고한도는 총출자 좌수의 100분의 15를 초과할 수 없다.

2) 회원은 출자좌수에 관계없이 평등한 의결권과 선거권을 가진다. 다만, 정관으로 정하는 바에 따라 미성년자 또는 해당 금고의 회원 자격을 유지한 기간이 6개월 미만인 회원에 대하여만 의결권과 선거권을 제한할 수 있다. 회원은 다른 회원을 대리인으로 하여 의결권을 행사할 수 있다. 이 경우 한 회원이 대리할 수 있는 회원의 수는 두 명을 초과할 수 없다. 회원이 금고에 납입할 출자금은 금고에 대한 채권과 상계하지 못한다. 출자금은 질권의 목적이 될 수 없다. 회원은 이사장의 승인을 받아 그의 출자금을 다른 회원에게 양도할 수 있다. 이 경우 양수인은 양도인의 출자금에 관한 재산상의 권리와 의무를 승계한다. 회원의 책임은 그 납입 출자액을 한도로 한다. 금고의 자본금은 회원이 납입한 출자금의 총액으로 한다.

8. 탈퇴(제10조)

회원은 언제라도 정관으로 정하는 바에 따라 금고에서 탈퇴할 수 있다. 회원이 다음 각 호의 어느 하나에 해당하는 경우에는 당연히 금고에서 탈퇴한 것으로 본다.
1) 사망한 경우(법인은 해산한 경우)
2) 파산선고를 받은 경우
3) 금치산선고를 받은 경우
4) 회원의 자격을 잃은 경우

9. 총회(제11조)

1) 금고에 총회를 둔다. 총회는 정기총회와 임시총회로 하며, 정기총회는 매년 1회 정관으로 정하는 바에 따라 소집하고, 임시총회는 필요하다고 인정할 때에 소집한다. 총회는 회원으로 구성하며 이사장이 소집한다.

2) 다음 각 호의 사항은 총회의 의결이 있어야 한다.
 (1) 정관의 변경
 (2) 해산, 합병 또는 휴업
 (3) 임원의 선임과 해임
 (4) 기본 재산의 처분
 (5) 결산보고서(사업보고서 · 대차대조표 · 손익계산서와 잉여금처분안 또는 손실금처리안을 포함한다)의 승인

(6) 사업계획, 예산의 결정

(7) 경비의 부과와 징수 방법

(8) 그 밖의 중요한 사항

10. 제12조(총회)

① 금고에 총회를 둔다.

② 총회는 정기총회와 임시총회로 하며, 정기총회는 매년 1회 정관으로 정하는 바에 따라 소집하고, 임시총회는 필요하다고 인정할 때에 소집한다.

③ 총회는 회원으로 구성하며 이사장이 소집한다.

④ 다음 각 호의 사항은 총회의 의결이 있어야 한다.
  1. 정관의 변경
  2. 해산, 합병 또는 휴업
  3. 임원의 선임과 해임
  4. 기본 재산의 처분
  5. 결산보고서(사업보고서 · 대차대조표 · 손익계산서와 잉여금처분안 또는 손실금처리안을 포함한다)의 승인
  6. 사업계획, 예산의 결정
  7. 경비의 부과와 징수 방법
  8. 그 밖의 중요한 사항

⑤ 제4항제1호의 사항은 연합회장을 거쳐 주무부장관의 인가를 받지 아니하면 그 효력을 발생하지 아니한다.

⑥금고는 대통령령으로 정하는 바에 따라 총회 의사록을 작성하여야 한다.

11. 제13조(총회의 개의와 의결)

① 총회는 이 법에 다른 규정이 있는 경우 외에는 재적회원 (在籍會員) 과반수의 출석으로 개의(開議)하고 출석회원 과반수의 찬성으로 의결한다. 다만, 재적회원이 300명을 초과하는 경우에는 151명 이상 출석으로 개의하고 출석회원 과반수의 찬성으로 의결할 수 있다.

② 제12조제4항제1호 및 제2호의 사항은 재적회원 과반수(제1항 단서의 경우에는 151명 이상의 회원)의 출석과 출석회원 3분의 2 이상의 찬성으로 의결하여야 한다.

③ 총회에서는 제15조제2항에 따라 공고한 사항에 대하여만 의결할 수 있다. 다만, 긴급한 사항으로서 재적회원 과반수(제1항 단서의 경우에는 151명 이상의 회원)의 출석과 출석회원 3분의 2 이상의 찬성이 있는 경우에는 그러하지 아니하다.

④ 금고와 특정회원과의 관련 사항을 의결하는 경우에는 그 회원은 의결권이 없다.

12. 총회의 소집 요구(제14조)

회원은 회원 3분의 1 이상의 동의를 받아 회의의 목적과 이유를 적고 서명날인한 서면을 제출하여 임시총회의 소집을 이사장에게 요구할 수 있다. 제1항의 요구가 있으면 이사장은 요구가 있는 날부터 2주일 이내에 총회를 개최하여야 한다. 총회를 소집할 자가 없거나 제2항의 기간에 정당한 사유 없이 이사장이 총회를 개최하지 아니하면 감사가 5일 이내에 총회를 소집하여야 하며, 이 경우 감사가 의장의 직무를 대행한다. 감사가 제3항의 기간에 총회를 소집하지 아니하면 제1항에 따라 총회 소집을 요구한 회원의 대표가 총회를 개최하며, 이 경우 그 회원의 대표가 의장의 직무를 대행한다. 감사나 회원대표가 총회를 소집할 때에는 소집 공고 전에 연합회장에게 알려야 한다.

13. 이사회(제17조)

금고에 이사회를 둔다. 이사회는 이사장, 부이사장을 포함한 이사로 구성하며, 이사장이 이를 소집한다. 다음 각 호의 사항은 이사회의 의결이 있어야 한다.

1) 규정의 제정, 변경 또는 폐지
2) 사업 집행에 대한 기본 방침의 결정
3) 소요 자금의 차입. 다만, 연합회에서 차입할 경우는 최고한도
4) 정관으로 정하는 간부 직원의 임면(任免)과 직원의 징계
5) 총회로부터 위임된 사항과 총회에 부칠 사항
6) 그 밖에 이사장이 회의에 부치는 사항

14. 임원의 선임 등(제18조)

1) 금고의 임원으로 이사장 1명, 부이사장 1명을 포함한 7명 이상 15명 이하의 이사와 3명 이하의 감사를 두며, 임원은 금고의 다른 직(職)을 겸할 수 없다. 금고의 자산 규모 등을 고려하여 대통령령으로 정하는 지역금고의 경우에는 정관으로 정하는 바에 따라 임원 중 1명 이상을 상근으로 하되, 상근하는 임원의 수는 이사장을 포함한 이사 중 2명, 감사 중 1명을 초과할 수 없다. 이사장이 상근하지 아니하는 지역금고의 경우에는 제4항에 따라 선임된 상근이사를 두어야 한다. 상근하는 임원 중 이사장이 아닌 이사는 금고 업무에 대한 전문지식과 경험이 풍부한 자로서 대통령령으로 정하는 요건에 맞는 자 중에서 이사회의 추천을 받아 총회에서 선임한다.

2) 임원은 총회에서 무기명 비밀투표로 선임하되, 이사장과 부이사장은 출석선거인의 과반수 득표자로 하며, 그 밖의 임원은 다수 득표자 순으로 임원의 정수에 해당하는 자로 한다. 다만, 제1항에 따른 이사장, 부이사장, 이사 및 감사의 후보자가 각각 그 정수 이내일 경우에는 총회가 따로 정하는 방법에 따라 선임할 수 있다. 투표 결과 이사장과 부이사장 선임을 위한 투표에서 과반수 득표자가 없을 경우에는 1위와 2위 다수 득표자만을 후보로 다시 투표를 실시하여 당선자를 결정한다. 금고의 임원은 명예직으로 한다. 다만, 제2항에 따라 상근하는 임원에게는 급여를 지급할 수 있다. 임원의 선임 방법과 절차 등에 관하여 이 법에서 정한 사항 외에 필요한 사항은 정관으로 정한다.

15. 제19조(임원과 직원)

① 이사장은 금고를 대표하고, 금고의 업무를 총괄한다.

② 이사장은 총회와 이사회의 의장이 된다.

③ 이사장의 자리가 비거나 사고가 있으면 부이사장이, 이사장과 부이사장이 사고가 있으면 이사회가 정하는 이사가 그 직무를 대행한다. 다만, 이사장이 구속되거나 60일 이상의 장기입원 등의 사유로 금고의 업무를 집행할 수 없고 총회를 소집할 여유가 없을 때에는 연합회장은 임원 중에서 임시대표이사를 지정할 수 있다.

④ 감사는 금고의 재산과 업무 집행상황에 대하여 분기마다 1회 이상 감사하고 그 결과를 총회와 이사회에 보고하여야 한다.

⑤ 감사의 직무에 관하여는 「상법」 제402조와 제412조의4를 준용한다.

⑥ 금고와 이사장 사이에 소송, 계약 등의 법률행위를 하는 경우에는 감사가 금고를 대표한다.

⑦ 감사는 총회나 이사회에 출석하여 그 의견을 진술할 수 있다.

⑧ 임원은 총회의 의결로써 해임하며, 그 절차나 그 밖에 필요한 사항은 대통령령으로 정한다.

⑨ 금고의 직원으로서 전무, 상무 및 그 밖의 직원을 둘 수 있으며, 전무나 상무를 둘 수 있는 금고와 직원의 자격 등 필요한 사항은 대통령령으로 정한다.

16. 임원의 결격 사유(제21조)

1) 미성년자·금산지자 또는 한정치산자
2) 파산선고를 받고 복권되지 아니한 자
3) 금고 이상의 실형을 선고받고 그 집행이 끝나거나(집행이 끝난 것으로 보는 경우를 포함한다) 집행이 면제된 날부터 2년이 지나지 아니한 자
4) 금고 이상의 형의 집행유예를 선고받고 그 집행유예 기간이 끝난 날부터 1년이 지나지 아니한 자
5) 금고 이상의 형의 선고유예를 받고 그 선고유예 기간 중에 있는 자
6) 금고나 연합회의 사업과 관련된 죄를 범하여 금고 이상의 실형을 선고받고 그 집행이 끝나거나(집행이 끝난 것으로 보는 경우를 포함한다) 집행이 면제된 날부터 5년이 지나지 아니한 자
7) 제6호의 죄를 범하여 금고 이상의 형의 집행유예를 선고받고 그 집행유예 기간이 끝난 날부터 3년이 지나지 아니한 자
8) 제6호의 죄를 범하여 벌금형을 선고받고 3년이 지나지 아니한 자
9) 기타

17. 제22조(임원의 선거운동 제한)

① 임원의 선거운동은 공영제(公營制)를 원칙으로 한다.

② 누구든지 특정인을 임원으로 당선되게 하거나 당선되지 못하게 할 목적으로 선거인이나 후보자에게 금품·향응 등을 제공하지 못한다.

③ 임원의 선거운동 방법, 비용 등에 관하여 필요한 사항은 정관으로 정한다.

18. 제23조(선거관리위원회의 설치·운영 등)

① 금고는 임원 선거를 공정하게 관리하기 위하여 선거관리위원회를 구성·운영한다.

② 선거관리위원회는 이사회가 회원(임원은 제외한다) 중에서 위촉한 자를 위원으로 구성하되, 필요한 경우에는 선거 관리에 경험이 풍부한 외부인사를 위원으로 위촉할 수 있다.

③선거관리위원회의 위원 정수, 직무 및 운영에 필요한 사항은 정관으로 정한다.

19. 경업자의 임직원 취임 금지(제24조)

금고의 사업과 실질적으로 경쟁관계에 있는 사업을 경영하거나 이에 종사하는 자는 금고의 임원이나 직원이 될 수 없다. 실질적인 경쟁관계에 있는 사업의 범위는 대통령령으로 정한다.

20. 사업의 종류 등(제28조)

1) 신용사업
    가. 회원으로부터 예탁금과 적금 수납
    나. 회원을 대상으로 한 자금의 대출
    다. 내국환과 외국환거래법에 따른 환전 업무
    라. 국가, 공공단체 및 금융기관의 업무 대리
    마. 회원을 위한 보호예수

2) 문화 복지 후생사업
3) 회원에 대한 교육사업
4) 지역사회 개발사업
5) 회원을 위한 공제사업
6) 연합회가 위탁하는 사업
7) 국가나 공공단체가 위탁하거나 다른 법령으로 금고의 사업으로 정하는 사업
8) 그 밖에 목적 달성에 필요한 사업으로서 주무부장관의 승인을 받은 사업

21. 동일인 대출한도(제29조)

금고의 동일인에 대한 대출은 출자금 총액과 적립금 합계액의 100분의 20 또는 총자산의 100분의 1 중 큰 금액을 초과하지 못한다. 다만, 주무부장관이 정하는 기준에 따라 연합회장의 승인을 받은 경우에는 그러하지 아니하다. 본인의 계산으로 다른 사람의 명의에 의하여 행하는 대출은 그 본인의 대출로 본다.

22. 제36조(해산 사유 등)

금고는 다음 각 호의 어느 하나에 해당하는 사유가 있을 때에는 해산한다.
 1. 정관에 정한 해산 사유의 발생
 2. 총회의 해산 의결
 3. 합병이나 파산
 4. 설립인가의 취소

23. 제37조(합병)

① 금고가 합병(合倂)하려면 합병계약서를 작성하여 총회의 의결을 거쳐야 한다.

② 제1항에 따라 합병에 따른 금고의 설립이 의결되면 각 총회는 설립위원을 선출하여야 한다. 이 경우 설립위원의 정수는 20명 이상으로 하고, 합병하려는 각 금고의 회원 중에서 같은 수로 선출한다.

③ 제2항에 따라 선출된 설립위원은 설립위원회를 개최하여 연합회장이 정하는 정관례에 따라 정관을 작성하고 임원을 선임하여 제7조제1항에 따른 인가를 받아야 한다.

④ 설립위원회에서 임원을 선출하는 경우에는 설립위원이 추천하는 자 중에서 설립위원 과반수의 출석과 출석위원 과반수의 찬성이 있어야 한다.

⑤ 제2항부터 제4항까지의 규정에 따른 금고의 설립에 관하여는 그 합병계약의 취지에 위배되지 아니하는 한 제2장제1절의 신규 설립에 관한 규정을 준용한다.

24. 제41조(청산인)

① 금고가 해산한 때에는 파산으로 인한 경우 외에는 총회에서 청산인을 선임한다.

② 제1항의 경우에 총회를 2회 이상 소집하여도 총회가 구성되지 아니하는 경우에는 연합회장이 청산인을 선임할 수 있다.

③ 연합회장은 금고의 청산 사무를 감독한다.

25. 제42조(청산인의 직무)

① 청산인은 취임 후 지체 없이 재산 상황을 조사하고, 재산 목록과 대차대조표를 작성하여 재산 처분 방법을 정하고 총회에 제출하여 승인을 받아야 한다.

② 제1항의 경우에 총회를 2회 이상 소집하여도 총회가 구성되지 아니하는 경우에는 연합회장의 승인으로써 이를 갈음할 수 있다.

26. 설립등기(제45조)

설립인가를 받은 경우에는 그 설립인가서가 도달한 날부터 3주간 내에 다음 각 호의 사항을 등기하여야 한다.
1) 목적
2) 명칭
3) 업무구역
4) 사무소의 소재지
5) 설립인가 연월일
6) 출자 1좌의 금액
7) 존립 시기나 해산 사유를 정할 때에는 그 시기나 사유
8) 임원의 성명과 주소
9) 공고 방법

27. 제50조(해산등기와 청산종결등기)

① 금고가 해산한 경우에는 합병과 파산의 경우 외에는 청산인은 그 취임일부터 3주간 내에 그 사무소의 소재지에서 다음 각 호의 사항을 등기하여야 한다.
   1. 해산의 사유와 해산 연월일
   2. 청산인의 성명·주소
   3. 청산인의 대표권을 제한한 경우에는 그 제한에 관한 사항

②청산이 종결된 경우에는 청산인은 사무소의 소재지에서 2주간 내에 청산종결등기를 하여야 한다.

28. 정관의 기재 사항(제55조)

1) 목적
2) 명칭
3) 사무소의 소재지
4) 출자에 관한 사항
5) 금고의 가입과 탈퇴에 관한 사항
6) 금고의 권리와 의무에 관한 사항
7) 기관 및 임직원에 관한 사항
8) 회비의 부과 및 징수에 관한 사항
9) 사업의 종류와 회계에 관한 사항
10) 공고 방법에 관한 사항

11) 그 밖에 필요한 사항

29. 총회(제58조)

1) 연합회에 총회를 둔다.

2) 총회는 정기총회와 임시총회로 구분하며, 정기총회는 매년 1회 정관으로 정하는 바에 따라 소집하고, 임시총회는 필요하다고 인정되는 때에 소집한다.

3) 총회는 연합회장(이하 "회장"이라 한다)과 금고로 구성하며, 회장이 이를 소집하고 그 의장이 된다.

4) 총회는 이 법에 다른 규정이 있는 경우 외에는 금고 과반수의 출석으로 회의를 개의(開議)하고 출석한 금고 과반수의 찬성으로 의결한다. 다만, 제59조제1항제1호의 사항은 금고 3분의 2 이상의 출석과 출석한 금고 3분의 2 이상의 찬성으로 의결하여야 한다.

5) 총회에서는 제6항에 따라 공고한 사항에 대하여만 의결할 수 있다. 다만, 긴급한 사항으로서 금고 3분의 2 이상의 출석과 출석한 금고 3분의 2 이상의 찬성이 있는 때에는 그러하지 아니하다.

6) 연합회에 관하여는 제13조제4항, 제14조제1항부터 제4항까지, 제15조, 제16조제1항부터 제3항까지甦f5항을 준용한다. 이 경우 제14조제3항 및 제4항 전단 중 "감사"는 각각 "감사위원회 대표자"로 본다.

30. 총회의 의결 사항(제59조)

1) 다음 각 호의 사항은 총회의 의결을 거쳐야 한다.
   (1) 정관의 변경
   (2) 회비의 부과방법 및 금액의 결정
   (3) 사업계획·예산 및 결산의 승인
   (4) 임원의 선임과 해임
   (5) 금고 5분의 1 이상의 동의로 회의에 부치는 사항
   (6) 정관으로 정하는 사항 및 이사회에서 회의에 부치는 사항
   2) 제1항제1호의 정관의 변경은 주무부장관의 인가를 받아야 한다.
   3) 회장은 전시·사변이나 천재지변, 그 밖에 이에 준하는 사태에 처하여 총회를 소집할 수 없으면 제1항제2호와 제3호에 관하여 필요한 조치를 취할 수 있다

31. 이사회(제60조)

1) 연합회에 이사회를 두고, 회장이 이를 소집하며 그 의장이 된다. 이사회는 회장, 부회장 및 신용·공제사업 대표이사를 포함한 이사로 구성한다.

2) 다음 각 호의 사항은 이사회의 의결을 거쳐야 한다.
   (1) 규정의 제정·변경 또는 폐지

(2) 차입금의 최고 한도

(3) 총회로부터 위임된 사항과 총회에 부칠 사항

(4) 정관으로 정하는 간부 직원의 임면(任免)과 보수의 결정

(5) 정관으로 정하는 직원의 징계

(6) 그 밖에 회장이 필요하다고 인정한 사항

32. 내부통제기준 등(제63조)

1) 연합회는 법령을 지키고 자산의 운용을 건전하게 하기 위하여 연합회 임직원이 그 직무를 수행할 때 지켜야 할 기본적인 절차와 기준(이하 "내부통제기준"이라 한다)을 정하여야 한다.

2) 연합회는 내부통제기준을 지키는지 점검하고 내부통제기준을 위반하는 경우 이를 조사하여 감사위원회에 보고하는 자(이하 "준법감시인"이라 한다)를 1명 이상 두어야 한다.

3) 회장은 준법감시인을 임면(任免)하려는 경우 이사회의 의결을 거쳐야 한다.

4) 내부통제기준과 준법감시인의 자격 요건 및 그 밖에 필요한 사항은 대통령령으로 정한다.

33. 사업(제67조)

연합회는 그 목적을 달성하기 위하여 다음 각 호의 사업의 전부 또는 일부를 행한다.
1) 금고의 사업 및 경영의 지도
2) 교육훈련·계몽 및 조사연구와 보급·홍보
3) 금고의 감독과 검사
4) 금고 사업에 대한 지원
5) 신용사업
　가. 금고로부터의 예탁금·적금 등의 수납
　나. 금고 및 금고의 회원을 위한 자금의 대출
　다. 금고 및 금고의 회원을 위한 내국환 및 외국환거래법에 따른 외국환업무
　라. 금고 및 금고의 회원을 위한 보호예수
　마. 국가·공공단체 또는 금융기관의 업무의 대리
　바. 지급보증과 어음할인
　사. 「증권거래법」 제2조제1항제1호·제2호에 따른 유가증권의 인수·매출
　아. 「여신전문금융업법」에 따라 허가받은 신용카드업

6) 금고 및 금고의 회원을 위한 공제사업
7) 국가나 공공단체가 위탁하거나 보조하는 사업
8) 다른 법령에서 연합회의 사업으로 정하는 사업
9) 금고의 회계방법이나 그 밖에 장부·서류의 통일 및 조정
10) 제1호부터 제8호까지의 사업에 딸린 사업
11) 그 밖에 목적 달성에 필요한 사업으로서 주무부장관의 승인을 받은 사업

34. 공제분쟁조정심의위원회의 설치 · 운영(제69조)

1) 공제사업 시행과 관련한 분쟁을 신속 · 공정하게 해결하기 위하여 연합회에 공제분쟁조정심의위원회를 둔다.

2) 제1항에 따른 공제분쟁조정심의위원회의 구성과 운영, 그 밖의 조정심의절차 등에 필요한 사항은 대통령령으로 정한다.

35. 예금자보호준비금 설치 등(제71조)

1) 연합회는 금고의 회원(제30조에 따른 비회원을 포함한다)이 납입한 예탁금, 적금, 그 밖의 수입금과 연합회의 자기앞수표를 결제하기 위한 별단예탁금에 대한 환급(還給)을 보장하며 그 회원의 재산을 보호하고 금고의 건전한 육성을 도모하기 위하여 연합회에 예금자보호준비금(이하 "준비금"이라 한다)을 설치 · 운영〈개정 2007. 7. 27〉

2) 금고 및 연합회는 제1항에 따른 준비금에 가입하여야 한다.〈개정 2007. 7. 27〉

3) 연합회는 준비금의 운용에 관한 중요 사항을 심의 · 결정하기 위하여 준비금관리위원회를 두며, 준비금의 운용과 준비금관리위원회의 구성 · 운영 등 그 밖에 필요한 사항은 대통령령으로 정한다.

4) 회장은 금고가 예탁금, 적금, 그 밖의 수입금을 지급할 수 없거나 연합회가 자기앞수표를 결제할 수 없는 경우에는 준비금관리위원회가 결정하는 바에 따라 그 금고 또는 연합회를 갈음하여 변제할 수 있다.〈개정 2007. 7. 27〉

5) 제4항에 관하여는 「민법」 제482조부터 제485조 까지의 규정을 준용한다.

36. 제72조(준비금의 조성 등)

1) 준비금은 다음 각 호의 자금으로 조성한다.〈개정 2007. 7. 27〉
  (1) 금고 및 연합회가 납입하는 출연금
  (2) 타회계(他會計)에서 넘어온 전입금 및 차입금
  (3) 준비금의 운용에 의하여 생기는 수익금
  (4) 국가로부터의 차입금
  (5) 그 밖의 수입금

2) 제1항 각 호의 자금 조성에 관하여 필요한 사항은 대통령령으로 정한다.

3) 금고 및 연합회는 제1항제1호에 따라 납입한 출연금의 반환을 청구할 수 없다.〈개정 2007. 7. 27〉

37. 손해배상청구권의 행사 등(제73조)

1) 연합회는 제71조제3항과 제5항에 따라 준비금관리위원회에서 금고에 대한 자금 지원, 대출 또는 대위변제를 결정한 경우에는 그 금고의 부실에 대하여 책임이 있다고 인정되는 전·현직 임직원 및 「상법」 제401조의 2제1항각 호의 어느 하나에 해당하는 자, 그 밖의 제3자에 대하여 손해배상을 청구하도록 그 금고에 요구할 수 있다.

2) 연합회는 금고가 제1항에 따른 요구를 이행하지 아니하면 즉시 그 금고를 대위(代位)하여 손해배상을 청구할 수 있다.

3) 연합회는 제1항 및 제2항에 따른 손해배상 요구 및 손해배상청구권을 대위행사하기 위하여 필요하면 해당 금고의 업무 및 재산 상황을 조사할 수 있다.

4) 연합회는 금고가 제1항에 따른 손해배상청구를 소송으로 하는 경우에는 그 소송의 계속(係屬) 중 그 금고를 보조하기 위하여 소송에 참가할 수 있다. 이 경우 「민사소송법」 제71조부터 제77조까지의 규정을 준용한다.

5) 연합회가 제2항에 따라 손해배상청구권을 대위 행사하여 승소하거나 해당 금고의 요청으로 제4항에 따른 소송에 참가하는 경우 그 비용은 그 금고가 부담한다.

38). 경영건전성 기준(제77조)

1) 금고와 연합회는 경영건전성을 유지하고 금융사고를 예방하기 위하여 다음 각 호의 사항에 관하여 대통령령으로 정하는 바에 따라 주무부장관이 정하는 경영건전성 기준을 지켜야 한다.
  (1) 재무구조의 건전성에 관한 사항
  (2) 자산의 건전성에 관한 사항
  (3) 회계 및 결산에 관한 사항
  (4) 위험 관리에 관한 사항
  (5) 그 밖에 경영의 건전성 확보를 위하여 필요한 사항

2) 주무부장관은 연합회가 제1항에 따른 경영건전성 기준을 충족시키지 못하는 등 경영의 건전성을 크게 해칠 우려가 있다고 인정되면 회장에게 경영건전화를 위한 계획을 수립하고 그 추진사항을 보고하도록 명령할 수 있다.

3) 주무부장관은 금고가 제1항에 따른 경영건전성 기준을 충족시키지 못하는 등 경영의 건전성을 크게 해칠 우려가 있다고 인정되면 자본금 증가, 보유자산의 축소 등 경영상태의 개선을 위한 조치를 이행하도록 명령할 수 있다.

39. 연합회의 지도감독(제79조)

1) 회장은 이 법과 이 법에 따른 명령 또는 정관으로 정하는 바에 따라 금고를 지도·감독하며 이에 필요한 규정을 제정하고 지시할 수 있다.

2) 회장은 제1항의 직무를 수행하기 위하여 필요하다고 인정하면 금고에 대하여 그 업무 및 재산상황에 관한

보고서를 제출하도록 명하거나 그 소속 직원에게 금고를 검사하게 할 수 있다.

3) 회장은 금고가 그 업무를 집행할 때 이 법과 이 법에 따른 명령이나 정관에 위배된다고 인정되면 그 금고에 대하여 시정을 명할 수 있다.

4) 회장은 금고의 재산상의 손실이 과중하여 제3항에 따른 시정명령으로 그 시정이 곤란하다고 인정되면 관계 임원의 개선(改選)이나 직무정지를 명할 수 있다.

5) 회장은 금고가 제3항의 명령에 복종하지 아니하면 기간을 정하여 업무의 전부 또는 일부를 정지시키거나 관계 임원의 개선 또는 직무의 정지를 명할 수 있다.

6) 회장은 금고의 경영상태를 평가하고 그 결과에 따라 그 금고에 대하여 경영 개선을 요구하거나 합병을 권고하는 등 필요한 조치를 요구할 수 있다.

40. 경영지도(제80조)

1) 주무부장관은 금고가 다음 각 호의 어느 하나에 해당되어 회원의 보호에 지장을 줄 우려가 있다고 인정되면 그 금고에 대하여 경영지도를 한다.
  (1) 금고가 자기자본을 초과하는 부실대출을 보유하고 있고 이를 단기간 내에 통상적인 방법으로 회수하기가 곤란하여 자기자본이 잠식될 우려가 있다고 인정되는 경우
  (2) 금고 임직원의 위법·부당한 행위로 금고에 재산상의 손실이 발생하여 자력(自力)으로 경영정상화를 추진하는 것이 어렵다고 인정되는 경우
  (3) 금고의 파산 위험이 뚜렷하거나 임직원의 위법·부당한 행위로 금고의 예탁금, 적금, 그 밖의 수입금에 대한 인출이 쇄도하여 금고의 자력(資力)으로 예탁금, 적금, 그 밖의 수입금을 지급할 수 없는 상태에 이른 경우
  (4) 제79조제2항에 따른 검사 결과 경영지도가 필요하다고 인정되어 회장이 건의하는 경우

2) 제1항에서 "경영지도"란 다음 각 호의 사항에 대하여 지도하는 것을 말한다.
  (1) 자금의 수급 및 여·수신에 관한 업무
  (2) 불법·부실대출의 회수 및 채권 확보
  (3) 그 밖에 금고의 경영에 관하여 대통령령으로 정하는 사항

3) 주무부장관은 제1항에 따른 경영지도가 시작된 경우에는 6개월의 범위에서 예금 등 채무의 지급을 정지하거나 임원(제26조제2항에 따른 간부직원을 포함한다. 이하 이 조에서 같다)의 직무를 정지할 수 있다. 이 경우 주무부장관은 지체 없이 회장에게 해당 금고의 재산상황을 조사(이하 "재산실사"라 한다)하게 할 수 있다.

4) 회장은 제3항 후단에 따른 재산실사 결과 위법·부당한 행위로 금고에 손실을 끼친 임직원에 대하여는 재산 조회 및 가압류 신청 등 손실금 보전을 위하여 필요한 조치를 취하여야 한다.

5) 주무부장관은 제3항 후단에 따른 재산실사 결과 해당 금고의 경영 정상화가 가능한 경우 등 특별한 사유가 있다고 인정되면 제3항 전단에 따른 채무의 지급정지 또는 임원의 직무정지의 전부 또는 일부를 해제하여야 한다.

6) 주무부장관은 제1항에 따른 경영지도에 관한 업무를 회장에게 위탁할 수 있다.

7) 제1항부터 제3항까지의 규정에 따른 경영지도의 방법, 채무의 지급정지 또는 임원의 직무정지의 방법ㆍ기간 및 절차 등에 관하여 필요한 사항은 대통령령으로 정한다.

41. 설립인가 취소(제82조)

주무부장관은 금고가 다음 각 호의 어느 하나에 해당하는 경우에는 회장의 의견을 들어 그 설립인가를 취소할 수 있다.
  (1) 거짓으로 설립인가를 받은 경우
  (2) 회원이 1년 이상 계속하여 100명 미만인 경우
  (3) 1년 이상 휴업한 경우
  (4) 제79조제5항에 따른 명령을 이행하지 아니한 경우
  (5) 제79조제6항에 따른 합병 권고를 받은 날부터 6개월 내에 총회의 의결을 거치지 아니한 경우

42. 청문(제83조)

주무부장관이나 회장은 제74조제5항이나 제79조제5항에 따른 업무정지, 관계 임원의 직무정지ㆍ개선(改選) 명령 또는 제82조에 따라 설립인가를 취소하려면 대통령령으로 정하는 바에 따라 미리 그 처분의 상대방 또는 그 대리인에게 의견을 진술할 기회를 주어야 한다. 다만, 그 처분의 상대방 또는 그 대리인이 정당한 사유 없이 이에 응하지 아니하거나 주소불명 등으로 의견 진술의 기회를 줄 수 없는 경우에는 그러하지 아니하다.

제 5 편

채권담보관리

01장

담보제도

제 1 절 담보제도일반

1. 채권담보제도

1) 개념

채권자는 채무자가 이행기를 도과하여 변제를 하지 않는 경우에 채권의 효력에 의하여 채무자의 일반재산에 대하여 강제집행을 함으로써 채권의 만족을 얻을 수 있다. 그런데 채권의 경제적 가치는 궁극적으로 채무자의 일반재산의 다과에 의존하게 되므로 민법은 그 부당한 감소를 방지하기 위하여 채권자대위권(제404조)과 채권자취소권(제406조)이란 두 제도를 인정하고 있다. 그러나 채무자의 일반재산은 모든 채권자가 그것으로부터 평등한 지위에서 각각의 채권액에 비례하여 변제를 받을 뿐이므로(채권자평등의 원칙), 일반재산으로써 특정의 채권을 담보한다는 것은 극히 불충분하고도 불안전하다. 여기서 채권자는 좀 더 확고한 채권의 실현을 확보하기 위한 수단을 마련하게 된 것이다.

2) 담보취득 시 일반적 점검사항
 (1) 상대방이 자연인인 경우
  가. 무능력자
  상대방이 무능력자인 경우에는 법정대리인의 대리 또는 동의를 얻어야 하며 법정대리인이 후견인일 때에는 대리 또는 동의에 관하여 친족회의 동의를 얻어야 한다(제950조 1항). 그 결과 친족회의 동의를 얻어야 하는 경우 동의를 얻지 못하면 피후견인(무능력자)에 갈음하여 후견인이 한 차금, 보증 또는 부동산 등 중요 재산상에 담보권 설정 등의 법률행위는 무효로 된다.

  나. 판례에 의하면 친권자와 자(子)간, 또는 수인의 자간에 의해 상반행위를 하는 경우에는 법원이 선임한 특별대리인과 계약을 체결해야 한다. 만일 친권자가 미성년자와 이해상반 되는 행위를 특별대리인에 의하지 않고 한 경우에는 특단의 사유가 없는 한 무효이다. 그리고 국가유공자나 원호대상자가 국가로부터 대부받은 돈으로 조성된 재산을 다른 사람에게 양도하거나 담보로 제공할 수 없고 다른 사람이 이를 압류할 수 없다(국가유공자예우 등에 관한 법률 제58조). 다만 국가보훈처장의 승인이나 은행법 제3조 규정에 의한 예외가 있지만 그 이외의 자는 국가유공자의 대부재산을 담보로 취득하는 행위는 무효이다. 또한 외자도입법에 의한 외자는 재무부장관의 허가를 얻지 않고 담보로 제공한 경우, 즉 근저당권을 설정한 행위는 무효이다

  다. 법정대리와는 달리 임의대리의 경우에는 대리인에게 정당한 대리권 유무를 확인해야 함에 유념하여야

한다.

(2) 법인
가. 공법인(지방자치단체, 공공단체)과 거래할 경우

공법인의 채무부담행위가 지방의회나 이사회, 총회의 의결을 요하는 행위인지와 당해 주무관청의 승인을 얻어야 하는 것인지를 면밀하게 검토하고 거래해야 한다.

나. 회사와 거래할 경우

반드시 등기부상 등재된 권한 있는 대표와 거래행위를 하여야 한다. 또한 회사의 대표가 공동대표일 경우에는 공동대표전원을 상대하여 거래하여야 한다. 합자회사와 거래 시, 합자회사의 유한책임사원은 회사의 대표권이 없기에 유한책임사원과는 거래행위를 하여서는 안 된다. 회사의 유형 중 비교적 소규모이며 사원은 회사에 대하여 원칙적으로 출자전액을 한도로 하는 책임만 있는 유한회사와 거래 시는 대표이사 개인의 연대보증 및 어음상의 개인배서를 득해 놓는 것이 필수적이다. 그것은 사고발생시 회사의 자산으로 채권확보가 전액 가능치 못할 경우 대표이사 개인재산에 대하여 집행이 가능하기 때문이다.

다. 학술, 종교, 자선, 사교 기타 영리 아닌 사업을 목적으로 하는 사단법인 또는 재단법인과 거래할 경우

정관이나 등기부상에 대표권이 인정된 사람과 거래를 해야 하며 또한 이 경우에도 이사회의 결의서를 첨부하여야 하고 특히 사단법인인 경우에는 총회의 의결에 의하지 않는 한 거래효과를 법인에 귀속시킬 수 없다. 또한 사립학교와 거래할 경우 사립학교법에 의거 건물, 교실, 체육장, 실습 또는 연구시설 기타 교육에 직접 사용되는 시설 또는 설비에 대해서는 이를 매도하거나 담보에 제공할 수 없고 또한 채권자가 임의로 압류할 수도 없다.

(3) 법인 이외의 단체(권리능력없는 사단 등)
가. 대표자 등의 확인과 연대보증

정당한 대표자를 확인하고 사단의 채무부담, 재산처분행위에 관하여는 내부규칙에 의한 의결기관의 결의를 얻어야 하기에 이에 관한 하자는 없는지 여부를 검토한 후, 사단의 대표자와 임원들을 개인 자격의 연대보증인으로 세워야 한다. 즉 전형적인 권리능력없는 사단인 종중, 문중과 거래할 경우에는 먼저 거래의 상대방이 종중규약에 의거 적법하게 선정된 종중대표인지를 다각도로 조사, 확인하여야 하며 종중재산의 처분행위에 관해서는 종중규약이나 종중관습에 정해진 절차와 법업에 좇아서 종중재산의 처분에 관한 결의를 얻어야 할 것이다. 이러한 사항을 검토하는 것은 권리능력없는사단은 법인격이 없으므로 채권채무의주체가 되지 못하기 때문이다.

나. 고도의 주의력

그러나 공동선조의 후손은 전국에 산재하여 있는 관계로 후손 중 성인남녀를 전부 소집하는 것 자체가 어렵고 또한 종회를 개최하여 이러한 종중재산의 처분행위를 통과시켰다 하더라도 후일 종회소집통보를 받지 못한 타종중원으로부터 이의가 제기될 소지가 많으므로 이러한 종중재산을 담보로 취득함에는 고도의 주의를 기울여야 한다.

다. 민법상의 조합

권리능력 없는 사단과는 달리 민법상 조합의 경우에는 조합원 전원을 상대로 거래하는 것이 안전하다. 다만 현실적으로 볼 때 불가능하고 일반적으로 조합을 대표하는 특정의 조합원을 상대로 하여 거래하는 경우가 대부분이므로 이 경우 조합계약서와 조합규약 상에 진정한 조합대표인지 여부의 확인과 조합의 대표자가 다른 조합원들로부터의 대리권수여가 있었는지 여부를 위임장 등으로 확인 후 거래하여야 한다.

3) 인적담보제도와 물적담보제도(채권담보를 목적으로 하는 제도)

채무자의 책임재산을 확대하여, 책임재산의 총액을 채무총액보다 크게 함으로써 채권자가 완전한 변제를 받을 수 있는 방법도 고려할 수 있다(인적 담보). 또한 채무자의 특정재산으로부터 다른 채권자에 우선해서 자기 채권의 변제를 받는 방법도 생각할 수 있다(물적 담보). 이하에서 검토해 보기로 한다.

2. 인적담보제도

1) 의의

인적 담보제도는 책임재산으로서 채무자의 일반재산 이외에 제3자의 일반재산을 책임재산으로 추가하여 금전채권의 실현을 확보하는 담보제도이다. 보증채무, 연대채무 및 의사표시에 의한 불가분채무를 대표적인 예로 들 수 있다. 특히 인적 담보제도는 책임재산의 총액을 확대하는 방법의 담보제도로서 채무자의 지급불능의 위험이 분산되므로 금전채권 실현이 더욱 확실해진다. 그러나 인적 담보제도는 채무자 이외의 제3자의 상태가 어떠한가에 따라서 책임재산의 충실도가 결정되며, 채권자평등의 원칙이 여전히 인정되기 때문에 담보로서의 효력이 불확실한 문제점을 갖고 있다.

2) 인적담보취득 시 체크포인트

(1) 일반적 사항

인적 담보 중 채권자의 권리확보가 가장 확실한 것은 연대보증이다. 연대보증의 성립은 보증계약에 있어서 특히 '연대'라고 하는 뜻을 표시하여야 한다(상법상 예외였으나 '연대' 표시가 안전하다). 보증계약은 반드시 본인이 해야 하는 것은 아니며 대리인이나 사자(使者)와도 맺을 수 있다. 따라서 보증계약을 하는 경우에는 반드시 보증인 본인의 보증의사와 그 범위를 확인해야 한다. 장래의 다툼을 막기 위해서는 보증인이 서명날인(인감증명서 첨부)한 문서로 하는 것이 기본이다.

(2) 보증인의 능력(무능력) 및 자력(무자력) 파악

보증인은 행위능력이 있어야 하며 만약 무능력자이면 법정대리인의 동의를 받았거나 법정대리인이 대리해야 한다. 또한 보증인이 법인일 경우에는 보증채무가 그 법인의 정관의 목적범위내인지 여부, 특별한 절차를 밟아야 하는 경우라면 그 절차, 법규상의 제한여부, 대표기관, 이해상반행위에 해당하지 않는지 여부 등을 확인해야 한다. 보증인은 변제자력이 있는 사람으로 선정해야 하며 자연인인 경우에는 신분, 직업 등을 참작하여 거래상황, 납세액, 자산 등으로 파악 가능하며, 법인인 경우 재산목록, 대차대조표, 신용도 등을 조사하여 확인하면 된다.

(3) 수취서류

연대보증서, 보증인 인감증명(연대보증용), 보증인 자격증명자료(재산세과세증명서, 재직증명서 등) 등이다.

(4) 견질어음

견질어음상 어음흠결유무를 확인한다. 또한 보증인은 반드시 금융, 보험기관이나, 우량상장법인이어야 한다.

3. 물적담보제도

1) 물적담보제도의 법적형태

(1) 민법은 채무자에게 물건의 소유권을 유보함으로써 제한물권으로서의 질권 및 저당권을 설정하는 형태를 인정하고 있을 뿐이다. 그러나 환매(제590조 이하)나 재매매의 예약(제564조) 또는 전세권(제303조 이하)도 실질적으로 물적 담보제도로서 이용되는 경우가 있고, 또한 오늘날 거래사회의 수요에 부응하여 양도담보권이나 가등기담보권 등에 관해서는 특별법에 의한 규제가 마련되어 있다.

(2) 담보목적물의 소유권은 물론 점유도 이전하지 않고 오로지 담보목적물의 환가권만을 양도하는 저당권의 형태로 발전하여 왔다. 이러한 발전된 저당권 형태의 담보물권은 담보목적물이 갖는 교환가치만을 지배하는 가치권으로서 폭리행위의 위험성도 없으며 심리적 강제도 필요치 않고 채무자는 오로지 자기 채권액만큼을 담보목적물로부터 우선적으로 변제받을 수 있을 뿐이다. 그러므로 저당권 형태의 담보물권이 가장 발달된 담보물권제도이다.

2) 물적담보제도의 작용적 태양

(1) 심리적 압박에 의하는 것

주관적 가치가 많은 목적물을 채무자로부터 빼았음으로써 심리적 압박을 가하여 변제를 촉구하는 경우이다. 유치권은 오직 이러한 수단에 의존하는 것이며, 동산질권은 이러한 수단과 아울러 아래 3)의 수단을 병용하는 것이다. 이러한 경우에는 채무자가 목적물에 대한 사용 · 수익권을 가지지 못할 것은 당연하다.

(2) 목적물로부터의 수익에 의하는 방법

목적물을 채무자로부터 빼았음으로써 채권자가 수익하고 그 수익으로 인한 이득을 채권의 변제에 충당하는 경우이다. 예컨대 전세권(담보물권성)과 환매(제590조)가 이러한 작용을 치르는 것이다.

(3) 물건이 갖는 교환가치의 지배에 의한 방법

목적물의 교환가치 만에 의하여 우선변제를 받고자 하는 경우이다. 저당권 · 양도담보권 · 가등기담보권 등이 이에 속한다.

(4) 새로운 담보방법의 개발

금융거래의 실무에서는 새로운 담보방법의 개발을 요청하고 있다. 기존의 제한물권의 방법 내지 소유권 이전의 방법에 의한 물적 담보권의 설정 이외에 다양한 물적 담보방법의 개발이 필요하다. 그 중에서도 특히 신탁의 방법에 의한 담보권의 설정과 기업 그 자체를 담보로 제공하는 방법의 제도화가 요청되고 있다. 즉 담보신탁의 개발과 기업담보의 방법의 제도화가 요청되고 있다. 이러한 새로운 유형의 담보권의 개발을 위해서는 무엇보다도 등기제도의 보완과 개선이 필요하다.

3) 물적 담보취득 시 체크포인트

(1) 물적 담보의 수취우선순위

담보가치 및 사고발생시 환가정도에 따라 다음과 같다. 현금보증금, 은행지급보증서, 보증보험증권, 각종 유가증권(국, 공채, 지방채), 상장회사발행 어음, 주식, 부동산, 동산, 어음. 수표 순이다.

(2) 부동산 담보

가. 특징

부동산은 비교적 영속성을 갖고 있으므로 한번 담보로 설정해 놓으면 보증증권과 같이 갱신절차가 필요 없다. 특히 최근의 장기적인 경기침체에서 보여지듯 이와 동반하여 부동산역시 환가성이 유동적이므로 담보로서 제기능을 수행하지 못할 수도 있다. 따라서 부동산 담보취득 시에는 각종 권리제한사항 및 시가, 감정가 파악 등 복잡하고 번거로운 노력이 많이 든다.

나. 담보부적격 부동산

등기부상 권리설정이 많은 부동산, 환가절차가 난해한 논, 밭, 임야 등, 개발제한구역내 부동산, 특수법인(재단법인, 학교법인, 비영리법인) 소유 부동산, 종중재산, 국내비거주자 소유 부동산

다. 담보취득 시 기본적 필수서류 확인
  가) 등기부등본의 확인
  나) 등기부등본의 진위여부 확인(발부일자 확인)

제 2 절   담보물권의 개관

1. 담보물권의 종류

1) 물건은 사용가치와 교환가치를 갖고 있다. 양자의 가치를 전부 지배하는 물권이 소유권이고, 양자 중 어느 하나의 가치만을 지배하는 물권이 제한물권이다. 제한물권 중 사용가치를 지배하는 물권이 용익물권이며, 교환가치를 지배하는 물권이 담보물권이다. 민법은 담보물권으로서 유치권(제320조-제328조)・질권(제329조-제355조)・저당권(제356조-제372조)의 세 가지를 인정한다. 그러나 이밖에도 전세권(제303조-제319조)이 담보물권으로서의 성질을 겸유하고 있고 또 환매(제590조)등도 물적담보제도의 하나로 보아야 하며, 판례법의 이론을 기초로 하여 특별법상 양도담보권과 가등기담보권에 대한 규제가 확립되고 있다.

2) 제한물권의 법리에 의한 담보물권은 다시 법정담보물권과 약정담보물권으로 나누어진다.
  (1) 법정담보물권
  법정담보물권은 일정한 채권에 관하여, 당사자의 약정이 없더라도, 법률의 규정에 의하여, 당연히 성립되는 담보물권이다.
    가) 유치권
    타인의 물건의 점유자가, 그 물건에 관하여 생긴 채권을 가진 경우에는 그 채권의 변제를 받을 때까지 그 물건을 유치할 수 있는 담보물권이 유치권이다. 유치권에는 민법상의 유치권(제320조-제328조) 이외에 상법상의 상사유치권(상법 제58조, 제91조, 제111조, 제120조, 제800조 2항)이 있다.

    나) 법정질권, 법정저당권
    법정질권은 토지임대인이 임차인에 관한 채권에 의하여 임차지의 부속물・과실 등을 압류한 때(제648조) 또는 건축물의 임대인이 임대차에 관한 질권에 의하여 임대건축물의 부속물을 압류한 때(제650조)에 성립된다. 그리고 법정저당권은 토지임대인이 변제기를 경과한 최후 2년의 차임채권에 의하여 임차인 소유의 건물을 압류한 때에 성립한다(제649조).

다) 우선특권

목적물을 유치하지 않고 등기하지 않더라도 채무자의 일반재산 또는 특정재산으로부터 우선변제권이 인정되는 담보물권이 우선특권으로서 약소채권자의 보호에 그 목적이 있다. 우선특권의 구체적인 예로서는 주택의 임차인(또는 전세임차인)에게 인정되는 보증금(또는 전세금) 중 일정액의 최우선특권(주택임대차보호법 제8조, 제12조) 및 순위에 의한 보증금(또는 전세금) 전액의 우선특권(동법 제3조의 2), 근로자의 임금우선특권(근로기준법 제37조), 국가·공공단체의 조세 기타 공과금의 우선특권(국세기본법 제35조 1항; 지방세법 제31조; 관세법 제20조), 상법상의 회사사용인의 우선특권(상법 제468조), 해난구조자의 우선특권(상법 제858조), 선박우선특권(상법 제861조 이하), 우편요금 체납금액에 대한 우편관서의 우선특권(우편법 제24조 3항), 신탁계약상의 수익자의 우선특권(신탁업법 제17조), 보험계약자 등의 우선특권(보험법 제40조), 증권거래법상의 우선특권(증권거래법 제70조의 4) 등이 있다.

(2) 약정담보물권

당사자간의 약정에 의하여 성립하는 담보물권으로서는, 다음의 세 가지가 있다.

가) 질권

채권자가 그 채권의 담보로서 채무자 또는 제3자로부터 인도받은 물건을 점유하고 채무불이행시에 그 물건을 환가하여 다른 채권자에 우선하여 자기의 채권을 변제받는 담보물권이다(제329조-제355조). 질권은 동산질권, 권리질권, 상사질권(상법 제59조), 전당포영업법에 의한 질권 등으로 나누어 볼 수 있다. 오늘날 질권의 중심영역은 권리질권, 그 중에서도 증권질로 옮겨져 있다.

나) 저당권

채무자 또는 제3자가 점유를 이전하지 아니하고 채무의 담보로서 제공한 부동산에 관하여 다른 채무자에 우선하여 자기 채권의 변제를 받는 담보물권이다(제356조 내지 제372조). 저당권은 담보제도에 있어서 제왕적인 지위를 차지하고 있다. 저당권은 민법상의 그것 이외에 입목저당(입목법 제3조 이하), 선박저당권(상법 제871조), 어업권의 저당(수산업법 제24조 2항·3항, 제31조, 제32조), 광업권의 저당(광업법 제13조), 재단저당(공장저당법에 의한 공장재단저당, 광업재단저당법에 의한 광업재단저당), 동산저당(자동차저당법에 의한 자동차저당, 건설기계저당법에 의한 건설기계저당, 항공기저당법에 의한 항공기저당) 등이 있다.

다) 전세권

본질적으로 전세권은 용익물권이지만, 전세금 반환채권을 확보하기 위하여, 전세권자에게 우선변제권을 인정하고 있어서(제303조 1항), 담보물권으로서의 성질도 함께 지니고 있다.

3) 민법 이외에도 수많은 특별법에 의하여 입목저당권·재단저당권·동산저당권 등과 같은 특수한 담보물권을 인정하고 있다. 민법상 가장 특별법이 많은 분야를 형성하게 되었고 나아가서는 독자적인 이론구성 아래 물권법과는 독립된 법영역을 형성할 가능성을 내포하고 있는 것이다.

2. 담보물권의 성질

1) 담보물권의 특질

(1) 우리민법에 있어서 담보물권은 제한물권으로서 구성되고 타물권으로서의 성질을 가진다. 따라서 자기의 소유물 위에 담보물권을 가지는 현상은 혼동의 경우의 예외(제191조 1항 단서)를 제외하고는 원칙적으로 인정되지 않는다. 그런데 민법이 규정하는 세 가지의 담보물권에는 유치적 효력을 갖는데 지나지 않는 것(유

치권), 목적물의 교환가치로부터 우선변제를 받는 효력만을 갖는 것(저당권), 그리고 위의 양 효력을 병용하는 것(질권)이 있기 때문에 그 본질을 통일적으로 파악한다는 것은 곤란한 일이다.

(2) 저당권에 관해서는 약간의 문제가 있지만 유치권자도 경매권과 변제충당권이 인정되고 있을 뿐만 아니라(제322조 1항·2항) 또한 경락인으로서는 유치권자의 채권은 변제함으로써 유치권을 소멸시키지 않는 이상 유치권자로부터 그 목적물을 인도받을 수 없기 때문에 사실상 유치권자도 우선변제권을 가지는 것과 동일한 결과가 된다.

2) 담보물권의 통유성
담보물권이 공통적으로 갖는 성질로서 부종성·불가분성·물상대위성·수반성의 네 가지를 들 수 있다. 그러나 불가분성은 모든 담보물권이 공통되지만 물상대위성은 유치권에는 인정되지 않고 또한 부종성은 약정 담보물권에 있어서 완화된다.

(1) 부종성
담보물권이 피담보채권의 존재를 전제로 하여야만 존재할 수 있는 성질을 피담보채권에 대한 부종성 이라 한다.

(2) 불가분성
담보물권은 피담보채권의 전부에 대한 변제가 있을 때까지 목적물의 전부에 대하여 효력이 미친다. 이것을 담보물권의 불가분성이라 한다. 민법은 유치권에 대하여 이에 관한 규정을 두고(제321조), 그것을 다른 담보물권에 준용하고 있다(제343조·제370조). 그 취지는 담보물권의 효력을 강대하게 하기 위한 것이다.

(3) 물상대위성
담보물권은 목적물의 멸실·훼손·공용징수에 의하여 그 목적물에 갈음하는 금전 기타의 물건이 목적물 소유자에게 귀속하게 된 경우에 그 목적물에 갈음하는 금전 기타의 물건에 관하여 존속한다. 물상대위성은 질권과 저당권에만 인정되고 유치권에는 인정되지 않는다. 민법은 질권에 관하여 「질권은 질물의 멸실·훼손 또는 공용징수로 인하여 질권설정자가 받을 금전 기타 물건에 대하여도 이를 행사할 수 있다」(제342조)고 규정하여 물상대위성을 인정하고 저당권에 질권의 물상대위에 관한 민법 제342조를 준용하고 있다(제370조).

(4) 수반성
담보물권은 피담보채권이 제3자에게 이전하면 피담보채권의 이전에 수반하여 담보물권도 이전한다. 예를 들어 수반성에 의하여 「저당권은 그 담보한 채권과 분리하여 타인에게 양도하거나 다른 채권의 담보로 하지 못한다」(제361조).

3) 유치적 효력
담보물권설정자로 부터 목적물의 점유를 빼앗아 채무자로 하여금 채무를 변제하도록 심리적 압박을 가하는 담보물권의 효력을 유치적 효력이라고 한다. 담보물권 중 유치권은 유치적 효력만이 있고 질권에는 유치적 효력 이외에 우선변제적 효력도 있다. 그러나 저당권과 같이 목적물의 점유를 요소로 하지 않는 담보물권에서는 유치적 효력이 문제가 되지 아니한다.

4) 수익적 효력
담보권자가 담보의 목적물로부터 수익을 얻고 수익을 변제에 충당하는 효력을 담보물권의 수익적 효력이라고 한다. 민법이 인정하는 담보물권으로 수익적 효력을 갖는 경우는 없고 전세권을 용익물권인 동시에 담보물권의 성질도 가지고 있다고 이해하면 전세권이 수익적 효력이 있는 담보물권이라고 볼 수 있다.

5) 담보물권에 기한 청구권
(1) 담보물권에 의거하는 물권적청구권

유치권과 같이 목적물의 점유를 요건으로 하는 담보물권에 있어서는 제3자가 목적물의 점유를 침탈한 경우에는 담보물권자는 점유보호청구권에 의하여 그 물건의 반환을 청구할 수 있을 것은 명백하다(제204조). 그러나 유치권은 현실적 점유만을 근거로 하는 담보물권이므로 점유의 상실로서 유치권은 소멸하고(제328조), 따라서 유치권에 의거하는 물권적 청구권은 인정될 여지가 없다. 반면 질권의 경우에는 타 물권(지상권·지역권·전세권·저당권)에 대하여 소유권에 의거하는 물권적 청구권이 인정되어야 할 것으로 해석하여야 한다.

(2) 담보물권에 의거하는 채권적청구권

담보물권자는 제3자가 고의·과실로 인하여 담보물권의 목적물을 멸실 또는 훼손하는 등의 이유로 불법하게 담보물권을 침해하는 경우에는 그 제3자에 대하여 불법행위로 인한 손해배상청구권을 행사할 수 있다(제750조). 다만 손해배상청구권의 범위는 피담보채권의 총액을 초과할 수 없다(통설).

3. 담보물권의 순위

1) 담보물권의 순위의 의의
담보물권의 순위라 함은 동일 목적물 위에 두 개 이상의 동종의 담보물권이 존재하는 경우에 그들 상호간의 우열의 관계를 말한다.

2) 담보물권순위의 결정
담보물권의 순위는 다른 물권의 경우와 마찬가지로 그 성립의 선후에 따라서 결정되는 것이 원칙이다.
(1) 먼저 성립된 담보물권은 후에 성립된 담보물권에 우선한다(제333조·제370조). 그러나 등기와 관련되는 경우의 담보물권의 순위는, 등기의 선후뿐만 아니라 등기와 압류의 선후(예: 법정저당권과 일반저당권 사이)에 의하여 결정되는 경우도 있다.

(2) 민법과 같이 담보물권을 주로 채권담보의 목적을 위하여 인정하는 입법례에 있어서는 순위의 문제는 순위승진의 원칙이 적용된다.

4. 담보권의 실행과 민사집행법

1) 「민사집행법」의 제정
민사소송법에 있던 담보권의 실행에 관한 규정들이 새로이 민사집행법에서 규율되게 되었다. 민사집행법이 새로이 제정되었으나, 담보권의 실행과 관련하여서는 기존의 민사소송법의 내용과 크게 달라진 점은 없다.

(1) 채무자의 재산을 쉽게 파악할 수 있도록 하였다(제74조·제77조).

(2) 미등기건물 중 건축신고나 허가를 마쳤으나 보존등기를 못한 건물에 대하여 강제 집행을 가능하게 하였

다(제81조).

(3) 기간입찰제도 및 경락대금의 지급기한제도를 도입하고 경락부동산의 인도명령 대상을 권원이 없는 모든 점유자로 확대함으로써 간이 한 방법으로 부동산을 인도받을 수 있도록 하는 등 경매 제도를 개선하였다(제103조 · 제136조 · 제142조).

(4) 채권을 압류한 경우에 제3채무자는 채권자가 경합하지 아니하더라도 압류채권액 상당액 또는 전액을 공탁할 수 있도록 하여 제3채무자가 채무로부터 해방될 수 있도록 하였다(제248조).

(5) 보전처분 집행 후 10년 내에 소를 제기하지 아니하는 경우 채무자 또는 이해관계인의 신청에 따라 보전처분을 취소하도록 하던 것을 5년(2005.1.27 부터는 3년)이 지나면 취소하도록 함으로써 가압류 · 가처분을 한 후 이를 장기간 방치하는 사례를 방지하였다(제288조).

2) 담보권의 실행과 경매
(1) 민사집행에는 크게 강제집행(동법 제24조-제26조), 담보권실행을 위한 경매(동법 제264조-제275조), 민법이나 상법 또는 그 밖의 법률의 규정에 의한 경매가 있다.

(2) 강제집행은 금전채권이나 금전채권 외의 채권에 기초하여 이루어진다. 따라서 강제집행은 확정된 종국판결이나 가집행의 선고가 있는 종국판결을 기초로 집행문 있는 판결정본이 있어야 할 수 있다.

(3) 담보권실행을 위한 경매(임의경매)에는 저당권 · 질권 · 전세권 · 유치권 등의 물권에 기하여 이루어진다.

(4) 임의경매에도 강제경매에 관한 규정이 준용된다(동법 제268조). 저당권이나 질권 전세권에 기한 경매는 우선변제권을 실현하기 위한(채권의 만족을 위한) 경매인 반면 유치권에 의한 경매는 환가의 수단으로서 이루어지는 경매의 성격이 강하다.

제 3 절 저당권

1. 총설

1) 저당권의 의의
저당권이라 함은 채무자 또는 제3자(물상보증인)가 채무의 담보로 제공한 부동산 기타의 목적물의 점유를 채권자에게 이전하지 않고, 그 목적물을 관념상으로만 지배하여 채무의 변제가 없는 경우에, 그 목적물로부터 우선변제를 받을 수 있는 담보물권이다(제356조). 원칙적으로 당사자간의 계약에 의하여 성립하는 약정담보물권이며, 예외적으로는 법률상 당연히 성립하는 법정저당권도 있다(제649조).

2) 근대적저당권의 특질
(1) 공시의 원칙
가. 저당권의 존재는 반드시 등기 · 등록에 의하여 공시되어야 한다는 원칙이다.
나. 저당권공시의 원칙은 우리 민법에 있어서도 엄격하게 지켜져 있고(제186조), 다만 극히 제한된 경우에

법정저당권이 인정될 뿐이다(제649조). 그런데 민법 이외의 법률에서 우선특권을 인정하여 아무런 공시방법을 갖추지 않고서도 저당권에 우선하는 경우가 있어서 문제이다. 예컨대, 조세우선특권(국세기본법 제35조: 지방세법 제31조)은 공시방법을 갖추지 않고서도 납세의무자의 전 재산에 대하여 우선권을 가지며 일반저당권의 성질을 가지고 있기 때문에 특정의 원칙까지 깨뜨린다. 그리고 주택임대차에 있어서 보증금 중 일정액의 최우선특권(주택임대차보호법 제8조) 및 보증금전액에 관한 순위에 의한 우선특권(동법 제3조의 2)이 그것이다.

(2) 특정의 원칙
저당권은 1개 또는 수 개의 특정·현존하는 목적물 위에만 성립할 수 있다는 원칙이다. 이러한 특정의 원칙은 우리 민법에 있어서도 원칙적으로 지켜지는 결과로서 피담보채권액이나 저당목적물은 확정된 상태로 등기가 행해질 것을 요구하고 있다(제186조 : 부등법 제140조).

(3) 순위확정의 원칙
동일목적물에 대한 수 개의 저당권은 각각 확정된 지위를 차지하고 서로 침범하지 않는다는 원칙이다. 민법은 한번 주어진 순위라도 그 선순위의 저당권이 소멸하는 경우에는 원래의 순위가 올라가는 순위승진의 원칙을 인정하고 있다.

(4) 독립의 원칙
저당권으로 하여금 널리 유통성에 대한 장해로부터 독립된 지위를 보유하도록 하여야 한다는 원칙이다. 민법은 원칙적으로 독립의 원칙을 인정하지 않는다. 즉 저당권을 피담보채권과 분리하여 타인에게 양도하거나 또는 다른 채권의 담보로 제공하는 것을 금지하고(제361조), 또한 피담보채권의 소멸로 인하여 저당권도 당연히 소멸하는 것으로 함으로써(제369조), 저당권의 부종성은 오히려 엄격하게 유지되고 있다. 다만 저당권의 성립에 있어서 이른바 근저당을 인정하는(제357조) 정도로 부종성이 완화되고 있을 따름이다. 독립의 원칙은 후순위저당권의 실행에 의하여 선순위저당권자가 그의 피담보채권의 변제를 강요당하지 않으며 투자자로서의 지위를 계속해서 유지할 수 있는 것을 내용으로 한다. 우리 민사집행법에서는 매각부동산위의 모든 저당권은 매각으로 소멸된다(민사집행법 제91조 2항)고 규정하여 투자자의 지위를 보전할 수가 없다.

(5) 유통성의 확보
가) 저당권이 특정의 담보가치를 파악하고 이를 금융시장에 유통하는 작용을 하게 하기 위해서는 저당권의 유통성이 확보되어야 한다. 저당권의 유통성이 확보되면 저당권에 의하여 투자를 하는 자는 그의 투하자본을 유동화 할 수 있다. 이러한 요청에 부응하기 위하여 근대적저당권은 두 개의 제도를 이용하게 되었다. 즉 하나는 공신의 원칙이고 다른 하나는 저당권의 증권화이다.

나) 공신의 원칙과 저당권의 증권화 중 공신의 원칙이 저당권의 증권화보다도 저당권의 유통을 위해서 훨씬 더 근본적인 것이다. 그러나 공신의 원칙을 인정하지 않는다 하더라도 권원보험에 의해서 저당권의 유통성을 확보할 수 있다. 민법은 저당권의 증권화와는 거리가 멀다. 다만 담보부사채신탁법(1962. 법 991)에 의하여 회사가 부동산을 담보로 하여 사채를 발행하는 경우에는 증권으로 화현되는 것은 채권이지만 그 채권은 저당권에 의하여 담보되기 때문에 간접적으로나마 저당권의 증권화현상이 나타나게 된다.

4) 저당권의 법적성질
(1) 저당권은 물권의 일종으로서 제한물권이며 담보물권으로서는 약정담보물권에 속한다.

(2) 저당권은 담보물권의 일종으로서 담보물권으로서의 통유성을 갖는다.

　가. 제한물권이다.

　나. 부종성이 있다.

　다. 불가분성이 있다(제370조·제321조).

　라. 물상대위성이 있다(제370조·제342조).

　마. 수반성이 있다.

2. 저당권의 성립

민법상 저당권의 성립에는 첫째 당사자 사이의 저당권설정의 합의와 등기에 의한 성립, 둘째 민법 제666조에 의한 부동산공사수급인의 저당권설정청구권의 행사와 등기에 의한 성립, 셋째 민법 제649조에 의해 부동산임대인이 임대토지 위에 임차인이 건축하여 소유하고 있는 건물을 압류함으로써, 법률상 당연히 성립하는 경우의 세 가지이다. 첫째의 경우가 가장 일반적인 약정저당권이고, 둘째는 법률의 규정에 의하여 수급인에게 저당권설정청구권이 발생은 하나, 도급인과의 저당권설정의 합의 및 등기가 있어야 저당권이 성립된다. 따라서 민법 제666조에 의한 저당권도 설정합의와 등기를 요하는 약정저당권이나 도급인이 합의를 하지 않을 때에는, 수급인도 도급인의 합의에 갈음하는 판결에 의해서(제389조 2항) 직접 등기할 수 있다. 셋째의 경우에는 법률의 규정에 의하여 성립하는 법정저당권이다. 저당권은 약정담보물권이므로, 당사자간의 저당권설정의 합의와 등기에 의하여 성립하는 것이 원칙적이다.

1) 저당권설정계약

　(1) 성립원인

　저당권은 약정담보물권이므로 물권변동의 일반원칙에 따라(제186조), 당사자 간의 저당권설정을 목적으로 하는 물권계약과 등기에 의하여 성립된다.

　(2) 계약의 당사자

　당사자는 저당권을 취득하고자 하는 자(저당권자)와 목적인 재산에 대하여 저당권의 부담을 설정하고자 하는 자(저당권설정자)이다. 물상보증인의 지위는 질권의 경우(제341조)와 전혀 같다(제370조). 저당권의 설정은 일종의 처분행위이므로 당사자는 목적물을 처분할 수 있는 권리 또는 권능을 가져야 할 것도 질권의 경우와 같다.

　(3) 설정계약과 채권과의 관계

　저당권이 피담보채권에 부종하므로, 저당권 설정을 목적으로 하는 저당권 설정계약도 피담보채권을 발생시키는 계약 내지 법률관계에 부종하는 종된 계약이다. 따라서 피담보채권을 발생시키는 계약이 무효 또는 취소되는 경우에는 저당권설정계약도 무효로 되거나 소급해서 효력을 잃게 된다. 민법은 장래에 증감·변동하는 다수의 채권을 위하여 그 최고액의 한도에서 저당권의 설정을 가능하게 하는 이른바 근저당에 관해서도 명문으로써(제357조)그 유효성을 인정하고 있다.

2) 저당권 설정등기

　(1) 일반원칙

　　가) 저당권의 설정계약은 물권계약이므로 저당권설정에 관한 합의만으로는 효력이 생기지 않고 등기함으로써 비로소 효력이 생긴다(제186조). 등기가 없으면 저당권은 성립하지 아니 한다. 동일목적물 위에 성립

한 저당권과 다른 물권 혹은 저당권 상호간의 우열관계는 등기의 선후에 의하여 결정한다.

나) 등기하여야 할 사항은 채권자, 채무자 또는 물상보증인, 채권액, 변제기, 이자 및 그 발생 시기 또는 지급시기, 원본 또는 이자의 지급장소, 저당권의 효력이 미치는 범위에 관한 특약을 한 경우(제358조 단서)에는 그 약정, 채권이 조건부인 때에는 그 조건의 내용 등이다(부등법 제140조 1항). 저당권설정등기에 관한 비용은 다른 약정이 없으면 원칙적으로 채무자가 부담하는 것이 거래관행이다.

(2) 무효등기의 유용

가) 저당권의 설정등기가 행하여진 후에, 피담보채권이 성립하지 않거나 또는 소멸하게 되면 저당권의 부종성에 의하여 그 저당권은 당연히 소멸하게 된다(제369조). 또한 피담보채권의 전부 또는 일부가 변제 기타의 사유로 소멸하면 저당권등기의 말소등기나 변경등기를 하지 않더라도 저당권의 담보범위도 그 한도에서 당연히 소멸한다. 그런데 피담보채권이 소멸하여 이미 그 효력을 잃은 무효가 된 저당권의 등기가 말소되지 않고 그대로 남아 있는 경우에 당사자 사이의 계약으로 무효가 된 그 등기를 다른 채권의 담보를 위한 유효한 저당권등기로 이용할 수 있는지 문제이다. 이것이 바로 무효인 저당권등기의 유용문제이다.

나) 판례는 무효인 등기의 유용은 등기가 무효로 된 후 당사자가 그 무효등기를 유용하기로 합의할 때까지의 사이에 등기부상 이해관계가 있는 제3자가 나타나지 않는 한 유효하다고 한다.[53]

(3) 등기의 불법말소 또는 유탈

가. 저당권설정등기가 유효하게 경료 되었으나, 그 저당권등기가 불법으로 말소되었거나, 또는 유탈된 경우에 저당권은 소멸하게 되는가, 아니면 저당권은 소멸되지 않고, 말소된 등기의 회복등기를 인정할 수 있는가가 또한 문제된다. 판례는 저당권설정등기가 불법말소 된 경우에는 말소등기가 실체관계에 부합하지 않기 때문에 무효이며, 따라서 권리자는 저당권을 잃지 않고 말소된 등기의 회복등기를 할 수 있다[54]고 한다. 다만 저당권설정등기가 원인 없이 말소된 이후에 저당목적물인 부동산에 관하여 다른 저당권 등 권리자의 신청에 따라서 경매절차가 진행되어 경락허가결정이 확정되고 경락인이 경락대금을 완납하면 원인 없이 말소된 저당권은 소멸한다.

3) 법정저당권과 저당권설정청구권

(1) 법정저당권

민법상 법정저당권의 성립이 인정되는 것은 단 하나뿐이다. 즉 그 것은 법정질권의 경우와 마찬가지로 특수한 채권을 보호하고 그 우선변제를 확보하기 위해서이다. 즉 법정저당권은 토지임대인이 변제기를 경과한 최후 2년의 차임채권에 의하여 그 지상에 있는 임차인 소유의 건물을 압류한 때에 성립한다(제649조). 그러므로 임차인이 임차지에 자기 소유의 건물을 가지는 경우에 한하여 또한 연체된 차임 중 최후 2년분의 차임채권에 관해서만 법정저당권은 성립되고 그 성립시기는 압류등기시이다. 법정저당권에 의하여 담보되는 차임채권을 이와 같이 제한한 것은 제3자에게 불측의 손실이 발생하는 것을 방지하려는 데 그 이유가 있다.

(2) 저당권설정청구권

가) 부동산공사의 수급인이 공사를 완료하면 도급인(부동산소유자)은 그에게 보수를 지급하여야 하는데(제665조), 이 때 수급인은 그 보수에 관한 채권을 담보하기 위하여 그 부동산을 목적으로 하는 저당권의 설정

---

53) 대판 1961. 12. 14, 1293 민상 893 ; 동 1963. 10. 10, 63다583
54) 대판 1982. 9. 14, 81다카923

을 청구할 수 있다(제666조). 이 제도는 부동산공사의 수급인을 보호하기 위한 것이며, 구민법에서는 이를 선취특권으로 규정하였다(구민 제325조 2항).

나) 그런데 이 청구권의 행사로 당연히 저당권이 성립하는 것이 아니고 도급인이 수급인의 청구에 응하여 저당권설정등기를 하여야 비로소 저당권이 성립한다(다수설). 따라서 이 청구권의 행사에 의한 저당권도 보통의 약정저당권이다. 다만 수급인은 법률의 규정에 의하여 저당권설정청구권을 취득하고, 이 청구권의 행사에 도급인이 응하지 않으면, 의사표시에 갈음하는 판결을 구할 수 있다(제389조 2항).

4) 저당권의 목적물
(1) 민법이 인정하는 저당권의 목적물
민법은 부동산(토지ㆍ건물)과 부동산물권(지상권ㆍ전세권)이 저당권의 객체가 될 수 있음을 규정하고 있다(제356조, 제371조).

(2) 민법 이외의 법률에서 인정되는 저당권의 목적물
가) 상법상 등기된 선박(상법 제871조)에는 저당권을 설정할 수 있다.

나) 입목등기가 이루어진 입목은 그 지반인 토지와는 별개의 부동산이므로(입목법 제3조) 독립하여 저당권의 객체가 된다(입목법 제4조).

다) 광업권(공장및광업재단저당법 제13조), 어업권(수산업법 제24조), 댐사용권(특정다목적댐법 제21조) 등의 권리도 저당권의 목적이 된다.

라) 특별법상의 공장재단(공장및광업재단저당법), 광업재단(공장및광업재단저당법 제1조)은 물건 및 권리의 집합체로서 하나의 부동산으로 다루어지며 저당권의 목적이 된다.

마) 등록에 의하여 공시되는 특수한 동산도 저당권의 목적물이 된다. 즉 자동차, 항공기, 건설기계(자동차등 특정 동산저당법 제3조)가 이에 속한다.

5) 저당권의 피담보채권
(1) 금전채권이 아닌 채권도 채무불이행으로 인하여 손해배상채권으로 전환이 되면 모두 금전채권으로 변하기 때문에 저당권의 피담보채권은 처음부터 금전채권일 필요는 없고 그 밖의 채권이라도 상관이 없다. 그러나 피담보채권이 일정한 금액을 목적으로 하지 아니한 채권인 때에는 등기신청서에 그 채권의 가액을 기재하여야 하고 등기부에도 이를 표시하여야 한다(부등법 제143조). 이는 목적부동산에 관하여 다시 이해관계를 가지게 되는 자에게 저당권의 내용을 알려 그들을 보호하고자 함에 그 목적이 있다. 따라서 채권의 실제가액이 등기된 가액을 넘는 경우에도 그 등기된 가액의 한도에서 우선변제권을 주장할 수 있을 뿐이다. 반면 실제가액이 등기된 가액에 미치지 못하는 경우에는 실제가액에 의하여야 한다.

(2) 피담보채권의 태양으로서는 채권의 일부라도 좋고 수개의 채권을 합계로서 피담보채권으로 할 수도 있다.

(3) 채무자가 각각 다른 수 개의 채권에 관하여 물상보증인이 1개의 저당권을 설정할 수도 있다. 채권자가

각각 다른 수 개의 채권을 1개의 저당권으로 담보할 수 있는가가 문제이다. 이에 관해서는 A·B는 1개의 저당권을 준공유하는 것이 되고 각자는 저당부동산에 대해 각자의 피담보채권의 비율로 지분권을 갖는 것으로 보아야 할 것이다.

(4) 장래의 채권을 담보하기 위한 저당권은 2가지로 구별할 수 있다. 하나는 장래의 특정채권을 위하여 저당권을 설정하는 경우이고 다른 하나는 장래의 증감변동 하는 다수의 불특정의 채권을 담보하기 위하여 그 최고액만을 정하고 채권액의 확정은 장래에 유보하면서 설정하는 저당권이 있다. 후자에 관해서는 명문의 규정(제357조)이 있으므로 의문의 여지가 없다.

(5) 민법은 장래의 채권의 담보를 인정하는 규정(제26조 1항, 제206조 1항, 제443조, 제588조, 제639조 2항, 제662조 2항, 제918조 4항, 제956조)을 두고 있는 것을 보더라도, 장래의 특정채권을 담보하기 위한 저당권은 유효하다고 하여야 한다.

3. 저당권의 효력

1) 저당권의 효력이 미치는 범위
 (1) 피담보채권의 범위
 가. 원본
 담보되는 원본의 액·변제기·지급장소는 등기하여야 한다(부등법 제140조). 피담보채권이 금전채권이 아닌 경우에는 미리 그 가액을 금전으로 평가하여 그 평가액을 등기하여야 한다(부등법 제143조).

 나. 이자
 이자에 관한 특약이 있는 경우에는 이자·발생기·지급시기·지급장소를 등기하여야 한다(부등법 제140조). 현행민법은 피담보채권으로서의 이자채권의 범위에 관하여 아무런 제한도 인정하지 않기 때문에 연체이자 전부를 저당부동산의 매득금으로부터 변제받을 수 있다. 따라서 민법은 저당권자의 보호를 철저히 하고 있는 것으로 볼 수 있다.

 다. 손해배상청구권
 채무불이행으로 인한 손해배상, 즉 지연배상(지연이자)은 원본의 이행기일을 경과한 후의 1년분에 한한다(제360조 단서). 지연이자는 원본채무의 불이행으로 법률상 당연히 발생하므로 그 등기는 필요로 하지 않는다. 약정이자에 관한 등기가 있으면 그 이율에 의한 지연이자가 발생한다.

 라. 위약금
 위약금의 등기에 관해서는 명문의 규정이 없으나 위약금의 약정이 있는 경우에는 등기한 경우에 한하여 저당권에 의하여 담보된다(통설).

 마. 저당권실행의 비용
 저당권을 실행하는 때에는 저당부동산 감정비용, 경매신청등록세 등의 비용이 든다는 것은 당연히 예상되므로, 이러한 비용도 저당권에 의하여 담보됨을 제360조는 명문으로 규정하고 있다. 그러나 그것을 등기할 길은 없다. 따라서 저당권의 실행비용은 등기하지 않더라도 당연히 저당권에 의하여 담보된다. 피담보채권이 전부 변제될 때까지 저당권자는 저당목적물의 전부에 관하여 저당권을 행사할 수 있다. 그러므로 피담보채권이 약간이라도 남아 있는 한 저당권설정자는 저당권등기의 말소를 청구할 수 없다. 그러나 공동저당에 있어서는 불가분성이 제한된다. 즉 공동저당의 실행에 있어서 동시배당을 할 때에는, 각 부동산의 경락대금에 비례하여 피담보채권을 분담하도록 하고 있다(제368조 1항).

(2) 목적물의 범위

가. 부합물

가) 원칙

저당권의 효력은 목적부동산에 결합되어 부동산소유권의 내용을 구성하는 부합물(제256조 본문)에 대하여 당연히 미친다(제358조). 토지의 부합물은 아니나 환지로 인하여 토지 자체가 증가된 경우에 저당권의 효력은 그 증대된 지적에도 미친다.[55] 그러나 성숙한 농작물은 토지에 부합하지 않는다는 것이 판례의 태도이다. 토지와 건물은 각각 별개의 부동산이다. 따라서 토지의 저당권은 건물에 미치지 아니한다.[56] 또한 명인방법을 한 수목의 집단이나 입목은 거래상 토지로부터 독립한 물건으로 토지에 관한 저당권의 효력을 미치지 아니한다. 토지가 홍수·해일에 의하여 포락된 후 다시 나타난다고 하더라도 저당권의 효력은 상실되고 물상대위의 법리가 적용된다.

나) 예외

(가) 법률에 특별한 규정이 있는 경우(제358조 단서).

하나는 민법상의 특별규정이고 다른 하나는 특별법상의 규정이다. 전자의 예로서는 민법 제256조 단서가 있다. 즉 타인이 권원에 의하여 부속시킨 것은 부합물이 아니다. 예컨대 지상권자, 전세권자 또는 부동산임차인이 식수한 수목 또는 축조한 건물 기타의 공작물이나 부속시킨 물건 등은 이들 부동산 사용권자의 소유에 속하고, 부동산소유권에는 흡수되지 않으므로 저당권의 효력은 이에 미치지 않는다. 후자의 예로서는 공장저당법 제8조에서 특별한 규정을 두고 있다. 즉 공장저당권의 목적물이라 하더라도, 저당권자의 동의를 얻어 토지 또는 건물과 일체를 이루었던 물건을 토지 또는 건물과 분리하면 공장저당권은 그 분리된 물건에 대하여 소멸한다.

(나) 설정행위에 다른 약정이 있는 경우(제358조 단서).

당사자는 저당권설정계약에 의하여 저당권의 효력이 부합물에 미치지 않는 것으로 할 수 있다. 그러나 그러한 약정은 등기를 하여야만 제3자에게 대항할 수 있다(부등법 제140조 1항).

(다) 부동산에서 분리된 부합물

목적부동산으로부터 부합물을 분리하는 것이 목적물의 사용을 위한 정당한 범위에 속하는 경우에는 분리된 물건은 저당권의 효력을 벗어난다.

나. 종물

가) 민법은 저당권의 효력은 저당부동산의 종물에도 미친다는 내용을 명문으로 규정하고 있다(제358조 본문). 다만, 법률상의 특별한 규정 또는 설정행위에 의한 다른 약정이 있으면 저당권의 효력이 종물에 미치지 않는다(제358조 단서).

나) 저당권의 효력은 종된 권리에도 미친다.

---

55) 대판 1968. 7. 30, 67다1183
56) 대판 1997. 9. 26, 97다10314

판례는 「저당권의 효력은 저당부동산에 부합된 물건과 종물에 미친다」고 규정하고 있는 민법 제358조 본문은 저당부동산에의 종된 권리에도 유추적용 된다고 본다.

다. 과실
가) 저당권의 효력은 천연과실에 대하여 미치지 않는 것이 원칙이다.
민법은 저당권의 실행이 착수되어 목적부동산에 대한 압류가 있은 후에는 설정자가 그 부동산으로부터 수취한 과실 또는 수취할 수 있는 과실에 저당권의 효력이 미치는 것으로 규정하고 있다(제359조 본문).[57] 그러나 저당부동산에 대한 소유권, 지상권, 전세권을 취득한 제3자 대해서는 압류한 사실을 통지한 후가 아니면 이로써 대항하지 못한다(제359조 단서).

나) 저당권의 효력은 법정과실에 대해서도 미치지 않는다(통설).

라. 목적토지상의 건물
가) 목적 토지 위의 건물에 대해서는 저당권의 효력이 미치지 않는다(제358조). 그러나 토지를 목적으로 하는 저당권을 설정한 후에 그 설정자는 저당 토지 위에 건물을 축조한 경우에는 저당권자는 토지와 함께 그 건물에 대해서도 경매를 청구할 수 있다(제365조 본문). 이것을 일괄매각권이라 한다.

나) 저당권설정자가 건물을 축조한 후에 그 건물을 제3자에게 양도한 경우.
저당권설정자가 건물을 축조한 후, 그 건물을 제3자에게 양도한 경우에도, 토지와 함께 일괄매각할 수 있는가에 관하여는 부정적으로 해석하고 있다.

마. 물상대위
질권의 물상대위성에 관한 규정(제342조)은 저당권에 있어서도 준용된다(제370조). 따라서 저당권은 본래의 목적물 외에도 그 가치대표물에도 효력이 미친다.

바. 종된 권리
건물에 대한 저당권은 그 건물의 소유를 목적으로 설정된 지상권에 그 효력이 미친다.[58] 판례는 건물의 소유를 위하여 지상권을 설정하고, 그 건물에 대하여 저당권이 설정된 경우에 지상권은 건물소유권에 대하여 종된 권리라고 판결하고 있다.

2) 우선변제적 효력
(1) 우선변제권
가. 우선변제를 받을 권리
저당권자는 목적물로부터 우선변제를 받을 수 있다(제356조). 이것이 저당권의 본체적 효력이다.

나. 우선변제의 순위
가) 일반채권자에 대한 관계
저당권자는 일반채권자에 대해서는 언제나 우선한다. 다만, 주택임대차보호법에 의하여 보증금 중 일정액 또는 전세금 중 일정액에 관하여 최우선특권이 인정되는 주택임차인은 저당권자에 우선한다(주택임대차

---

57) 대판 1968. 8. 23, 68다867; 동 1971. 12. 10, 71다757
58) 대판 1992. 7. 14, 92다527

보호법 제8조, 제12조). 그리고 주택임대차계약 또는 전세계약에 관하여 확정일자를 받으면, 그 확정일자를 기준으로 하여 보증금 또는 전세금 전액에 대해서 저당권과 그 우선순위를 결정하게 된다(동법 제3조의 2).

나) 전세권자에 대한 관계
전세권은 전세금반환청구권에 대하여 우선변제권이 인정되므로(제303조 1항) 저당권과의 우선순위는 등기의 선후에 의한다.

다) 유치권에 대한 관계
① 유치권은 우선변제력이 없으므로, 이론상으로는 저당권과의 경합 내지 우열의 문제는 생기지 않는다. 그러나 매수인(경락인)은 유치권자에게 변제하지 않으면, 경매의 목적물을 수취할 수 없으므로, 사실상에 있어서는 우선변제적 효력이 인정된다. 따라서 유치권자는 사실상 우선변제를 받게 된다.

② 유의할 것은 저당권은 매각으로 인해 항상 소멸하지만(민사집행법 제91조 2항) 전세권과 대항력 있는 임차권의 경우에는 용익권으로서의 성질도 있기 때문에 저당권 또는 압류채권에 대항할 수 있는 경우, 즉 먼저 설정되거나 대항력을 갖춘 때에는 소멸되지 않고 매수인이 이를 인수한다(민사집행법 제91조 4항 : 주택임대차보호법 3조의 5). 다만 이 경우에도 전세권자가 배당요구를 하면 그 전세권은 매각으로 소멸되며(민사집행법 제91조 4항 단서), 주택임차권의 경우에도 같은 취지의 규정이 있다(주택임대차보호법 3조의 5).

라) 저당권상호간의 순위
동일한 부동산 위에 수 개의 저당권이 경합하는 때에는 그 우선변제의 순위는 각 저당권의 설정등기의 선후에 의한다(제370조, 제333조). 순위승진의 원칙을 취하고 있는 우리나라도 먼저 등기된 저당권은 후에 등기된 저당권에 의하여 그 순위를 빼앗기지 않으므로 그러한 의미에서는 순위확정의 원칙이 인정된다. 그렇지만 선순위의 저당권이 변제 기타의 사유로 소멸하면 후순위의 저당권은 그 순위가 올라간다. 이러한 의미에서는 순위확정의 원칙이 인정되지 않고 순위승진의 원칙이 인정된다. 따라서 우리 민법상의 저당권의 순위는 영구·고정적인 것이 아니라, 장차 승진하게 될 가능성이 있다. 이러한 의미에서 우리 민법상의 저당권에는 순위확정의 원칙이 채용되지 않고 있다.

마) 조세우선특권과의 관계
저당권과 조세우선특권의 순위는 저당권설정등기일과, 조세의 종류에 따라서 조세채권의 발생일 또는 납세고지서 발송일과의 선후에 의하여 결정된다. 그런데 주의하여야 할 것은, 구국세기본법 제35조 1항 제3호의 내용 중 「국세의 납부기한으로부터 1년」이라는 부분만이 위헌인 것이지, 국세우선특권이 부인된 것은 아니다. 그리하여 이제는 국세우선특권과 저당권의 우선순위는 저당권의 설정등기와 국세채권의 근거법률의 규정에 따라 조세채권의 발생일 또는 납세고지서의 발송일의 선후에 따라서 결정되게 되었다.[59]

바) 파산채권자에 대한 관계
저당부동산의 소유자가 파산한 경우 저당권자는 별제권을 행사할 수 있다(채무자의회 생및 파산에 관한 법률 제411조).

사) 다른 채권자의 집행과 저당권자의 우선변제권

---

59) 헌재 1997. 4. 24, 93헌마83

(가) 저당권자가 그의 저당권에 기하여 우선변제를 받는 가장 전형적인 방법은, 저당권자 자신이 저당목적물을 실행하는 것이다.

(나) 저당권자가 직접 그의 저당권을 실행하지 않더라도, 저당부동산에 관하여 일반채권자가 강제집행을 한다든가, 저당부동산의 전세권자가 경매를 신청하거나 또는 후순위저당권자가 저당권의 실행(경매)을 하는 것을 막지는 못한다. 이들 경우에 저당권자는 그가 가지는 우선순위에 따라서, 매각대금으로부터 우선변제를 받을 수 있고 변제를 받음으로써 저당권은 소멸하게 된다. 그러나 저당권의 인수는 집행법원의 재량에 의하여 결정될 뿐이다. 그리고 저당부동산에 대한 일반채권자에 의한 집행에 관하여서는 저당권자가 완전히 변제받을 수 있는 경우가 아니면 경매절차를 취소한다는 제한이 있다. 또한 후순위저당권자가 저당부동산의 경매를 신청하는 경우에도 역시 이와 같은 제한이 있다(민사집행법 제91조 2항). 이러한 경매신청의 제한규정이 있다 하더라도 일반채권자 또는 후순위저당권자의 경매에 의하여 저당권자는 아무런 불이익을 받지 않을 것 같이 생각되지만 그렇지 않다.

아) 저당목적물 이외의 일반재산에 대한 집행

(가) 저당권자가 저당목적물의 매각대금으로부터 배당을 받았으나 그 배당으로 피담보채권이 완전히 변제를 받지 못한 경우에는 변제받지 못한 잔액 채권은 무담보의 채권으로 남게 된다. 이 잔액채권의 변제를 받기 위하여 저당권자는 단순한 일반채권자로서 채무자의 일반재산에 대하여 강제집행을 하거나 또는 타인이 집행하는 경우에 그 배당에 참가할 수 있다.

(나) 저당권자가 저당목적물에 대하여 그의 저당권을 실행함이 없이 먼저 채무자의 일반재산에 대하여 일반채권자로서 집행권원을 얻어 집행할 수 있는가에 관하여 질권에 있어서와 같은 제한규정이 있으나(제370조, 제340조) 가능하다고 해석하여야 할 것이다.

(2) 저당권의 실행
가. 서설
저당권의 실행이라 함은 저당권자가 스스로 저당목적물을 환가하여 그 대가로부터 피담보채권의 변제를 받는 것을 말한다. 저당권의 실행은 민사집행법의 경매절차에 의한 방법과, 경매절차에 의하지 아니하고 유저당에 의한 실행방법이다. 민사집행법의 경매방법이 원칙적인 저당권의 실행방법이다. 경매에 의한 실행과 유저당에 의한 실행의 근본적인 차이점은 전자가 국가기관(즉, 법원)의 직접적인 관여로 행하여지는 절차인 데 대하여 후자는 그렇지가 않다는 데 있다.

나. 경매의 종류
가) 담보권실행등을 위한 경매
(가) 과거에는 임의경매는 「경매법」에 의해, 강제경매는 「민사소송법 제7편 강제집행」규정에 의해 따로 규율되어 왔었다. 양자는 경매청구의 요건과 그 대상을 달리하기는 하지만, 금전채권의 만족을 얻기 위해 국가가 그 경매절차를 관장한다는 점에서 공통점이 있다. 따라서 민사소송법을 개정하면서(1990. 1. 13, 법 4202호), 경매법을 폐지하고 그에 관한 내용을 민사소송법 제7편 강제집행 제5장 '담보권의 실행 등을 위한 경매'의 제목으로 이를 신설하였는데(동법 제724조 - 제735조), 그 내용은 임의경매에 맞는 특칙을 정하면서 그 밖의 절차에 관해서는 민사소송법이 정하는 강제집행의 규정을 준용하는 것으로 함으로써, 양자가 원칙적으로 같은 절차에 의해 규율되도록 하였었다.

(나) 채권자가 채무자에 대해 가지는 확정판결 등 집행권원(과거 : 채무명의 라함)에 기초하여 채무자 소유의 일반재산을 강제집행의 일환으로서 매각하는 것을 「강제경매」라 하고, 질권·저당권에 기초하여 제공된 담보물에 대해 경매가 이루어지는 것을 강제경매에 대응하여 강학 상「임의경매」라고 한다.

(다) 임의경매에 관해서도 강제경매에 관한 규정이 준용되지만(민사집행법 제268조 등) 양자는 다음 두 가지 점에서 차이가 있다.

a) 강제경매에서는 집행할 수 있는 일정한 집행권원이 있어야 하지만(동법 제80조 3호), 임의경매에서는 담보권에 내재하는 환가권에 기초하여 경매신청권이 인정되는 것이므로 따로 집행권원이 필요 없고 경매신청 시 담보권의 존재를 증명하는 서류를 제출하면 된다(동법 제264조 1항),

b) 강제경매는 확정판결 등 집행권원에 기초하여 이루어지는 것이어서, 경매 절차가 완결된 경우에는 실체상의 청구권이 없거나 무효·소멸된 때에도 매수인은 목적물의 소유권을 취득한다. 즉 강제경매에는 공신적 효과가 있다. 이에 대해 임의경매에서는 담보권에 내재하는 환가권의 실행을 국가기관이 대행하는 것에 불과하므로, 담보권에 이상이 있으면 그것은 경락의 효력에 영향을 미치게 되고 따라서 경매의 공신적 효과는 부정되는 것이 원칙이다. 그러나 이에 대해서는 예외가 있다. 민사집행법 제267조에서 「매수인의 부동산 취득은 담보권 소멸로 영향을 받지 아니한다」고 정한 것이 그것이다.

(라) 그러나 강제경매나 임의경매는 어느 것이나, 사법상의 권리의 강제적 실현을 목적으로 하는 것으로서 근본적으로는 그 성질이 유사한 것이므로, 경매개시의 요건이나 개시결정에 대한 이의사유 등의 차이는 부득이하다 하더라도 경매절차나 경매의 효과에 관하여 구태여 차이를 두어야 하는지 의문이었다. 더욱이 양절차가 경합하는 경우의 처리에 있어서 여러 문제가 발생하므로 양절차를 통합하여 절차를 가능한 한 통일시킬 필요가 절실하여 경매법은 폐지하고 임의경매절차를 담보권실행 등을 위한 경매라 하여 민사소송법으로 흡수 규정하여 원칙적으로 강제경매절차와 동일한 원칙에 따라 규율하였다. 지금은 민사소송법에 규정되었던 경매에 관하여 민사집행법을 제정(2002. 법 6627)하여 2002년 7월 1일 부터 시행하고 있다.

(마) 동법은 총칙, 강제집행, 담보권실행 등을 위한 경매, 보전처분의 4개장, 312개 조문으로 구성되어 있다.

나) 담보권실행을 위한 경매·유치권 등에 의한 경매
(가) 임의경매는 전세권·질권·저당권 등 담보물권이 가지는 우선 변제권을 실현하기 위해 하는 실질적 경매와 단순히 물건을 금전으로 현금화하기 위해 경매의 수단을 이용하는 데 지나지 않는 형식적 경매로 나뉜다. 민사집행법에서도 이 두 가지의 구별을 전제로 하여 정하는데 전자를 '담보권실행경매'(동법 제264조 이하), 후자를 '유치권 등에 의한 경매'(동법 제274조)로 표현한다.

(나) 담보권과는 무관하게 법률에서 경매를 할 수 있는 경우로 정하는 것이 있다. 예컨대 민법 제269조 2항·제490조·제1037조(상속재산의 경매), 집합건물의소유 및 관리에 관한법률 제45조 등이 그러하다. 상법에도 이러한 내용의 규정이 있다(제67조·제70조·제109조·제142조 등).
이들 규정에 의한 경매는 물건을 금전으로 바꿀 필요에 의해 경매의 수단을 빌리는 데 불과하고 따라서 경매도 환가 즉 현금화함으로써 완료되는 것이고 담보권실행경매처럼 채권의 만족을 위한 절차를 밟지 않는다. 다만 그 경매는 담보권실행경매의 예에 따라 실시한다(민사집행법 제274조 제1항).

(다) 민법 제322조 제1항은 「유치권자는 채권의 변제를 받기 위하여 유치물을 경매할 수 있다」고 규정하는데, 민사집행법 제274조에서는 유치권에 의한 경매를 위와 같은 환가를 위한 경매의 범주에 넣고 있다. 다시 말해서 우선변제를 받기 위한 경매가 아니라 물건을 단순히 금전으로 바꾸기 위한 경매로 보고, 따라서 그 금전을 유치하기 위한 수단으로써 유치권자에게 유치물의 경매신청권을 인정한 것이다.

참고 : 민사집행법 제3편 「담보권실행 등을 위한 경매」의 개요

1. 담보권실행을 위한 경매

담보권실행을 위한 경매에서는 그 대상에 따라 '부동산 · 선박 · 자동차 · 유체 동산 · 채권과 그 밖의 재산권' 으로 나누어 경매절차를 규정한다.

1) 부동산에 대한 경매절차와 효과
가) 경매신청
첫째, 부동산을 목적으로 하는 담보권을 실행하기 위한 경매신청을 함에는 담보권이 있다는 것을 증명하는 서류(예: 저당권 등기가 된 등기부등본)를 내야 한다 (동법 제264조 제1항).

둘째, 담보권을 승계한 경우에는 이를 증명하는 서류(예: 호적등본 · 채권양도증서 등)를 내야 하고(동법 제264조 제2항), 부동산 소유자에게 경매개시결정을 송달할 때에는 이 서류의 등본을 붙여야 한다(동법 제264조 제3항). 소유자에게 그 사실을 알리고 불복의 기회를 주기 위해서이다.

나) 경매개시결정에 대한 이의신청사유
경매절차의 개시결정에 대한 이의신청사유로 담보권이 없다는 것 또는 소멸되었다는 것을 주장할 수 있다(동법 제265조).

다) 경매절차의 정지 및 취소
다음 중 어느 하나가 경매법원에 제출되면 경매절차를 정지하여야 하고(동법 제266조 제1항), 이미 실시된 경매절차는 원칙적으로 이를 취소하여야 한다(동법 제266조 제2항). 즉 첫째, 담보권의 등기가 말소된 등기부등본, 둘째, 담보권 등 기를 말소하도록 명한 확정판결의 정본, 셋째, 담보권이 없거나 소멸되었다는 취지의 확정판결의 정본, 넷째, 채권자가 담보권을 실행하지 아니하기로 하거 나 경매신청을 취하하겠다는 취지 또는 피담보채권을 변제받았거나 그 변제를 미루도록 승낙한다는 취지를 적은 서류, 다섯째, 담보권실행을 일시 정지하도록 명한 재판의 정본이 그것이다.

라) 대금완납에 따른 부동산취득의 효과
매수인의 부동산 취득은 담보권 소멸로 영향을 받지 않는데(동법 제267조), 이 내용에 대해서는 전술하였다.

마) 준용규정
그 밖의 내용에 대해서는 부동산에 대한 강제경매의 규정(동법 제79조 – 제162조)이 준용된다(동법 제268조). 준용되는 조문으로서 중요한 것을 설명한다.

i) 경매법원
부동산에 대한 경매는 그 부동산이 있는 곳의 지방법원이 관할한다(동법 제79조 제1항)

ii) 현금화
첫째, 법원은 감정인에게 부동산을 평가하게 하고, 그 평가액을 참작하여 최저매각가격을 정한다(동법 제97조 제1항). 둘째, 법원은 매각기일과 매각결정기 일을 정하여 이를 공고하고(동법 제106조), 그에 따라 매각이 진행된다. 특히 민법은 이 경우 저당물의 제3취득자도 매수인이 될 수 있다고 정한다(363조 2항). 다만 목적 부동산의 소유자인 채무자는 매수의 신청을 할 수 없다는 제한이 있다(민사집행규칙 제59조). 셋째, 법원은 매각결정기일에 매각의 허가 여부를 결정하고, 매각허가결정이 확정되면 법원은 대금지급기한을 정하여 대금을 낼 것을 명한다(동법 제126조 – 제128조)

iii) 배당요구

집행력 있는 정본을 가진 채권자, 경매개시결정이 등기된 뒤에 가압류를 한 채권자, 민법·상법 그 밖의 법률에 의하여 우선변제 청구권이 있는 채권자는 배당요구를 할 수 있다(동법 제88조 제1항). 동조에서 정하는 '우선변제청구권이 있는 채권자'는 임차보증금반환채권이나 임금채권과 같이 법률에서 우선변제권을 인정하고 있으나 배당요구를 하지 않으면 그 내용을 알 수 없는 경우를 말하는 것이며, 등기된 저당권처럼 채권의 존부와 액수를 알 수 있는 경우에는 배당요구 없이도 당연히 그 순위에 따라 배당을 받는다.

iv) 채무자의 매수신청금지

그 부동산의 소유자인 채무자는 매수의 신청을 할 수 없다(민사집행규칙 제59조).

v) 잉여주의·삭제주의·인수주의
ⓐ 잉여주의 : 채무자의 부동산을 경매하더라도 집행비용과 압류채권자의 채권에 우선하는 채권액을 변제하고 나머지가 없으면 강제집행을 압류채권자의 채권에 우선하는 채권액을 변제하고 나머지가 없으면 강제집행을 신청한 채권자에게는 아무런 이익이 없는 집행이 되며, 압류채권자에 우선하는 다른 채권자로서도 원하지 않는 시기에 변제를 강요당하는 문제가 발생한다. 그래서 이러한 경우에는 그 부동산을 매각하지 못하는데, 이를 잉여주의라고 한다(동법 제91조 제1항).
ⓑ 삭제주의 : 그 부동산의 물적 부담을 매각으로 소멸시키는 것을 삭제주의라고 하는데, 매각 부동산 위의 모든 저당권과, 저당권·압류채권·가압류 채권에 대항할 수 없는 권리(지상권·지역권·전세권·등기된 임차권)는 매각으로 소멸된다(동법 제91조 제2항·3항).
ⓒ 인수주의 : 그 부동산에 압류채권자의 채권에 우선하는 채권에 관한 부담이 있는 경우에 그 부담을 매수인 인수하는 것을 인수주의라고 하는데, 압류채권에 대항할 수 있는 권리와 유치권은 매수인이 인수한다(동법 제91조 제4항 본문·5항).

vi) 소유권의 취득시기
매수인은 매각대금을 다 내 때에 매각의 목적인 권리를 취득한다(동법 제135조).

바) 매각의 효과
i) 매수인의 권리취득
매수인은 매각대금을 다 낸 때에 매각의 목적인 권리를 취득한다(동법 제135조). 매각대금이 지급되면 법원의 촉탁에 의해 매수인 앞으로 소유권이전등기가 되지만(동법 제144조), 매수인이 부동산소유권을 취득하는 시기는 그 등기가 된 때가 아니라 매각대금을 완납한 때이다.

ii) 경매목적물 위의 다른 권리
경매목적물 위에 존재하고 있던 권리와 매수인의 관계는 경매신청의 근거가 된 저당권설정등기일을 표준으로 하여 결정된다. 즉 그 전에 대항력을 갖춘 용익권은 매수인이 인수하지만, 다른 저당권(그 전후를 불문)과 위 저당권등기 후에 설정된 용익권은 소멸한다.

iii) 공신적 효과
대금의 완납에 의한 매수인의 부동산 취득은 담보권의 소멸로 영향을 받지 아니한다(동법 제267조). 즉 실체상 존재하는 저당권에 기초하여 경매가 진행되고, 그 사이에 변제 등으로 저당권이 소멸하게 되었음에도 적절한 이의제기가 없어 경매 절차가 정지되거나 취소되지 않은 채 완료된 경우, 매수인이 적법하게 부동산소유권을 취득하는 것으로 하여, 담보권 실행경매가 저당권에 기초하는 것이지만 예외적으로 경매절차에서의 공신적 효과를 인정한 것이다. 주의할 것은, 처음부터 무효인 저당권에 기해 경매가 진행된 경우에는 그것은 무효이고, 위 규정의 적용이 없다.

2) 선박·자동차·유체동산에 대한 경매
선박의 경매절차에는 선박의 강제집행에 관한 규정(동법 제172조-186조)과 부동산임의 경매에 관한 규정(동법 제264조-268조)을 준용하고, 자동차·건설기계·항공기의 경우에는 담보권실행경매에 준해 대법원규칙으로 정하면(동법 제270조), 유체동산의 경매는 채권자가 그 목적물을 제출하거나 그 목적물의 점유 자가 압류를 승낙한 때에 개시하고(동법 제271조), 유체동산에 대한 강제집행의 규정(동법 제189조-222조)을 준용한다(동법 제272조).

3) 채권과 그 밖의 재산권에 대한 담보권의 실행
i) 채권 그 밖의 재산권을 목적으로 하는 담보권의 실행은 담보권의 존재를 증명하는 서류가 제출된 때에 개시한다

(동법 제273조 제1항). 채권질권의 경우에는 민법에서 그 실행방법을 정하고 있으므로(제353조), 위 규정은 채권 이외의 재산권을 목적으로 하는 경우에 특히 의미가 있다(제354조).

ii) 질권과 저당권에 인정되는 物上代位에 관해 민법(제342조·제370조)은 압류를 하여야 한다고만 정할 뿐인데, 이 때에도 담보권의 존재를 증명하는 서류를 제출한 때에 개시한다(동법 제273조 제2항).

iii) 위의 권리실행절차에는 채권과 그 밖의 재산권에 대한 강제집행의 규정(동법 제223조 – 제251조)을 준용한다(동법 제273조 제3항).

2. 유치권 등에 의한 경매
이 경매가 물건을 단순히 금전으로 바꾸기 위한 형식적 경매인 점은 전술하였다. 특히 유치권에 의한 경매가 이 범주에 포함되는 것임을 유의하여야 한다(동법 제274조 제1항).
민법 제322조 1항은 "유치권자는 채권의 변제를 받기 위하여 유치물을 경매할 수 있다"고 정하지만, 유치권에는 우선변제권이 없으므로, 위 경매는 우선변제를 받기 위한 것이 아니라 단순히 물건을 금전으로 바꾸기 위한 것으로 파악하는 데 민사집행법 제274조의 취지가 있다.

다. 경매에 의하지 않는 저당권의 실행(유저당)
가) 유저당계약
저당권설정계약 또는 피담보채권의 변제기가 도래하기 전의 특약에 의해 저당채권의 불이행의 경우 저당목적물의 소유권을 저당권자가 그대로 취득하는 것으로 하거나, 또는 경매에 의하지 않는 임의의 방법으로 저당목적물을 처분 내지 환가하여도 좋다는 내용의 약정을 유저당계약이라 한다. 이 유저당계약은 경매절차를 회피할 목적으로 행하여지는 저당권의 사적 실행에 관한 계약이다. 민법에서는 유저당계약을 금지하는 규정이 없고, 유질계약을 금지하는 제339조를 준용하고 있지도 않다. 그런데 유저당계약의 유효성이 인정된다 하더라도, 저당부동산의 가액과 피담보채권액 사이에 불균형이 있을 때에는 어떻게 처리할 것인가에 관하여, 구민법시대의 통설과 판례는 폭리행위가 되는 경우에는 무효로 한다고 하였다.

나) 저당권과 병용되는 대물변제의 예약
(가) 저당목적물에 관하여 당사자 간에 대물변제의 예약을 하는 경우가 있다. 대물변제의 예약은 가등기할 수 있다. 따라서 저당목적물에 대한 대물변제의 예약에는 다시 가등기를 하는 경우와 단순히 합의만을 하고 가등기를 하지 않는 경우가 있다. 가등기를 하게 되면 가등기담보 등에 관한 법률에 의하여 저당권자는 또 하나의 담보물권인 가등기담보권을 취득하게 된다. 이 가등기담보권은 독립한 담보물권 으로 동일 목적물 위에 저당권과 가등기담보권이 병존적으로 설정된다. 이 가등기담보권은 독립한 담보권이므로 유저당계약이라고 볼 수는 없다. 그러므로 가등기를 갖추지 않은 대물변제의 예약만을 유저당계약이라고 보아야 한다.

(나) 그런데 유저당계약에 의하여 저당권자가 목적물의 소유권을 취득할 때 피담보채권액과 목적물가액 사이에 차액이 있을 때 이를 어떻게 할 것인지 문제된다. 민법 제607조 및 제608조가 바로 그 규정이다. 제607조에 의하면 대물변제의 예약은 그 목적재산의 예약 당시의 가액이 차용액 및 이에 붙인 이자의 합산액을 넘지 못한다고 하고 제608조는 위와 같은 제607조에 위반한 약정으로서 채무자에게 불리한 것은 그 효력이 없다고 규정하고 있다. 판례는 민법시행 초기에는 제607조에 위반하면 그 대물변제에 전부가 무효가 된다고 하였다.[60] 그러나 지금은 차용액 및 이에 붙인 이자의 합산액을 초과하면, 그 대물변제예약은 제608조에 의하여 무효이지만, 채권담보계약으로서는 유효하다고 한다.[61] 이는 무효행위의 전환(제138조)을 인정한 것이라 보

---

60) 대판 1962. 5. 31, 62다153; 동 1962. 10. 11, 62다290
61) 대판1966. 2. 15, 62다2431; 동 1967. 3. 21, 66다2645; 동 1968. 4. 2, 68다238; 동 1982. 7. 13, 81다254

아야 한다.

(다) 가등기담보 등에 관한 법률은 민법 제607조 및 제608조의 실체적 규정을 실천하는 절차를 규정하고 있는데 피담보채권액을 초과하는 목적물 가액을 청산금으로 지급하게 하거나, 경매에 의하여 목적물에 대한 가등기담보권을 실행하도록 하고 있다. 따라서 유저당계약으로서의 대물변제예약의 경우에, 저당권자는 피담보채권액과 그것에 대한 이자의 합산액을 초과하는 저당목적물의 가액은 채무자 또는 물상보증인에게 반환해야 할 청산의무를 부담한다.

(라) 청산의 방법은 저당권자가 저당부동산에 대한 소유권이전등기와 동시에 청산금을 지급하는 귀속청산에 의하게 된다. 이때 저당권설정자는 청산청구권을 가지게 되나 그 성질은 부당이득반환청구권이며 저당권자의 소유권이전등기청구와 저당권설정자의 청산금청구 사이에는 동시이행의 관계에 있다고 해석된다. 또한 피담보채권이 확정적으로 소멸하는 것은 저당권자명의로 소유권이전등기가 된 때라고 하여야 한다.

(마) 다만 이러한 유저당계약에 의한 청산은 선순위 혹은 후순위 저당권자나 전세권자가 없는 경우에만 가능하다고 하여야 할 것이다. 그리고 피담보채권의 변제기 도래 후에 당사자의 특약에 의하여 저당목적물의 소유권을 저당권자로 하여금 취득하게 하는 것은 대물변제로서 유효하고 이때에는 채무자의 궁박을 이용한 폭리행위의 문제는 원칙적으로 생기지 않는다.

다) 임의환가의 약정
유저당의 또 하나의 경우로서 저당부동산의 환가를 경매에 의하지 않고 임의환가의 방법, 즉 제3자에게 매각한 후 청산하는 특약이며 이것도 청산형의 대물변제예약과 마찬가지로 유효하다. 이를 위해서는 저당권자는 미리 자기 앞으로 저당부동산의 소유권 이전등기를 하고 목적물을 인도받아 제3자에게 처분하거나 목적물의 소유권 및 점유를 설정자에게 그대로 둔 채 저당권자가 제3자에게 그 저당목적물을 매각처분하여 그 매각대금에서 피담보채권액을 공제하고 잔액을 저당권설정자에게 반환하게 된다.

3) 법정지상권
(1) 법정지상권의 의의
민법은 「저당물이 경매로 인하여 토지와 그 지상건물이 다른 소유자에 속한 경우에는 토지소유자는 건물소유자에 대하여 지상권을 설정한 것으로 본다」(제366조 본문)고 규정한다. 이것이 법정지상권이다.

(2) 법정지상권의 성립요건
가) 저당권설정 당시에 토지 위에 건물이 존재하고 있어야 한다.
나) 저당권설정 당시 토지와 그 위에 건물이 존재하는 경우에는 양자의 소유권이 동일인에게 귀속되어 있어야 한다.
다) 토지와 건물의 한쪽 또는 양쪽에 저당권이 설정되어야 한다.
라) 매각의 결과로서 토지와 건물이 각각 다른 자에게 귀속되어야 한다.
마) 제366조는 강행규정이다.

(3) 법정지상권의 성립시기와 등기
가. 성립시기
법정지상권의 성립시기는 토지나 건물의 경매로 인하여 그 소유권이 경락인에게 귀속한 때이다. 따라서 매수인(경락인)이 경락대금을 완납한 때에 법정지상권은 성립한다.

나. 등기와의 관계

법정지상권은 법률의 규정에 의한 물권의 취득이므로 그 성립에 등기를 요하지 않는다(제187조). 판례는 건물의 전득자를 보호하는 방향으로 원칙을 점차 완화하고 있다.

(4) 법정지상권의 내용

제366조의 요건을 갖추면 토지소유자는 건물소유자에 대하여 당연히 지상권을 설정한 것으로 본다(제366조 본문). 법정지상권의 범위는 반드시 그 건물의 대지에 한정되지 않고, 건물이용에 필요한 한도에서 대지 외에도 미친다. 지상건물이 창고인 경우에는 창고로서 사용하는 데 일반적으로 필요한 둘레의 대지에 미친다.[62] 지료는 당사자의 협의에 의하여 결정하나 협의가 성립하지 않는 때에는, 당사자의 청구에 의하여 법원이 결정한다(제366조 단서). 법정지상권의 존속기간에 관해서도 당사자의 협의에 의하여 정할 수 있다. 그러나 협의가 성립되지 않으면, 존속기간을 약정하지 않은 지상권으로 볼 수 있기 때문에 민법 제281조의 규정에 의하여 존속기간이 결정된다. 즉 민법은 법정지상권의 존속기간에 관하여 명문의 규정을 두고 있지 않다. 법정지상권의 존속기간은 석조·석회조·연와조 또는 이와 유사한 견고한 건물이면 30년, 기타 건물이면 15년이 된다.

4) 저당권과 제3취득자

(1) 제3취득자의 지위

제3취득자의 지위는 상당히 특이하다. 즉 저당권이 실행되기 전에는 그 저당권은 단순히 존재하고 있을 뿐이므로 제3취득자가 소유권을 취득하거나, 저당부동산을 용익 하는 데 아무런 제한이 없다. 뿐만 아니라 채무자가 변제기에 채무를 변제하면 저당권을 소멸하고 제3취득자의 지위는 그대로 유지된다. 그러나 만약 채무자가 변제하지 않음으로 인하여 저당권이 실행되어 경락되면 제3취득자는 취득했던 소유권, 지상권, 전세권 등을 상실하게 된다.

가) 저당권이 실행될 때 제3취득자도 매수인이 될 수 있다(제363조 2항).
나) 제3취득자가 적극적으로 피담보채권을 변제하고 저당권의 소멸을 청구할 수 있다(제364조).
다) 제3취득자가 저당목적물의 보존 및 개량을 위하여 지출한 필요비 및 유익비의 우선상환을 받을 수 있다(제367조).

(2) 일반 제3자로서의 변제

제3자에 의한 변제로서(제469조) 특히 저당부동산의 제3취득자는 이해관계 있는 제3자이므로 채무자의 의사에 반해서도 그 변제를 할 수 있다(제469조 2항). 그러나 이해관계 없는 제3자는 채무자의 의사에 반하여 변제할 수 없는데(제469조 1항), 제3취득자는 이해관계 있는 제3자이므로 채무자의 의사에 반해서도 변제할 수 있다. 또한 제3취득자는 목적부동산의 시가로부터 저당채무액을 공제한 잔액만을 지급하고 저당채무를 인수하는 방법으로, 저당목적물을 매매하는 경우도 없지 않다.

(3) 제3취득자로서의 변제

민법은 제364조에서 저당부동산의 제3취득자는 「그 부동산으로 담보된 채권을 변제하고 저당권의 소멸을

---

62) 대판 1977. 1. 26, 77다791

청구할 수 있다」고 규정한다. 민법 제364조는 저당권자가 저당권을 실행하는 경우보다, 저당권자에게 유리하게는 하지 않겠다는 것이다. 그러나 제 364조에 관해서는 제3취득자는 피담보채권의 변제기 전에도 변제하여 저당권을 소멸시킬 수 있는지 의문이다. 판례는 근저당부동산의 제3취득자는 민법 제364조에 의하여 결산기에 이르러 확정되는 피담보채무를 변제하고 근저당권설정등기의 말소등기를 구할 수 있으나 근저당권설정계약의 종료 전에 근저당권설정계약을 해지하고 그 당시까지의 채무액만을 변제하는 조건으로 그 말소를 구할 수 없다[63]고하여 제한설과 같은 입장을 취하고 있다. 저당부동산의 제3취득자는 변제를 하면 당연히 채권자를 대위한다(제481조). 즉 제3취득자는 채권자인 저당권자를 대위함으로써 구상권을 행사할 수 있게 된다.

(4) 제3취득자의 비용상환청구권
저당물의 제3취득자가 그 부동산의 보존 및 개량을 위하여 필요비 또는 유익비를 지출한 경우에는, 제203조 1항 . 2항의 규정에 따라서 저당물의 경매대가에서 우선상환을 받을 수 있다(제367조).

5) 저당 토지 위의 건물에 대한 일괄경매권
(1) 제도적 의의
건물소유자의 보호 외에 저당권설정 후에 축조된 건물의 존재로 인해 토지의 경락인을 구할 수 없는 경우에 대비하여 저당권의 효력이 미치지 않는 건물에도 경매권을 인정함으로써 토지저당권의 실행을 쉽게 하도록 하기 위한 것이다.

(2) 요건
가) 저당권설정 당시 지상에 건물이 없을 것.
나) 저당권설정자가 축조하고 소유하는 건물일 것.
다) 일괄경매권은 저당권자의 권리이지 의무는 아니다.

(3) 일괄경매의 효력
저당권의 효력은 어디까지나 토지에만 미치므로, 토지와 함께 건물이 경매되더라도, 그 건물의 경매대가로부터는 우선변제를 받지 못한다(제365조 단서). 저당권의 목적인 토지만을 경매하여도 그 대금으로부터 충분히 피담보채권의 변제를 받을 수 있는 경우에도 일괄경매를 신청할 수 있다.

6) 저당권의 침해에 대한 보호수단
(1) 물권적청구권
저당권자는 그 물권에 의거하여 침해의 제거 또는 예방을 청구할 수 있다(제370조). 그리고 유해등기의 말소를 청구할 수 있다.

(2) 손해배상청구권
가) 저당목적물에 대한 침해에 있어서 침해자의 고의 · 과실이 있는 경우에는 제750조에 의하여 불법행위를 이유로 하는 침해의 배상을 청구할 수 있을 것은 물론이다. 그러나 주의할 점이 있다. 즉 첫째 손해배상청구권이 발생하기 위해서는 목적물의 침해로 인하여 저당권자가 채권의 완전한 만족을 얻을 수 없게 되어야 한다. 둘째 손해배상청구권의 행사는 저당권의 실행전이라도 허용되어야 할 것이 통설이다.

---

63) 대판 1979. 8. 21, 79다783

나) 저당권이 설정된 자동차의 등록을 고의로 말소한 경우에는 저당권을 침해한 경우가 되고 그로 인한 손해배상책임을 면할 수 없다.[64] 또한 타인의 불법행위로 인하여 근저당권이 소멸되는 경우에 근저당권자가 입게 되는 손해는 근저당목적물인 부동산의 가액의 범위 내에서 채권 최고액을 한도로 하는 피담보채권이다.

(3) 담보물보충청구권

저당권설정자의 책임 있는 사유로 인하여 저당물의 가액이 현저히 감소 된 경우에는 저당권자는 저당권설정자에 대하여 그 원상회복 또는 상당한 담보제공을 청구할 수 있다. 제 362조의 청구권을 행사하는 경우에는 침해배상청구권이나 기한의 이익의 상실로 인한 즉시변제청구권을 행사하지 못한다는 것이 통설이다.

(4) 즉시변제청구권

저당권의 침해가 채무자의 책임 있는 사유로 인하여 발생한 경우에는 채무자는 기한의 이익을 상실하기 때문에(제388조 제1호), 저당권자는 곧 변제를 청구할 수 있고 따라서 저당권을 실행할 수도 있게 된다. 이러한 즉시변제청구권은 손해배상청구권과 함께 행사할 수 있으나 담보물보충청구권과는 선택적으로 행사할 수 있을 뿐이다.

4. 저당권의 처분과 소멸

1) 저당권의 처분
(1) 처분의 제한

민법은 제361조에서「저당권은 그 담보한 채권과 분리하여 타인에게 양도하거나 다른 채권의 담보로 하지 못한다」고 명시함으로써 저당권의 부종성을 오히려 강화하고 있기 때문에 저당권처분의 자유는 극히 제한된다. 제361조는 강행규정이다.

(2) 저당권부채권의 양도

저당권부채권의 양도는 저당권의 양도란 측면에서 부동산물권변동의 일반원칙에 따라 물권적 합의와 등기를 하여야 효력이 생긴다(제186조).

(3) 저당권부채권의 입질

가) 저당권부채권의 입질에 있어서는 저당권부채권의 양도의 경우와 동일한 이론에 의하여 물권의 입질과 채권의 입질이 결합된 형태로써만 행해질 수 있다. 따라서 저당권부 채권의 입질에는, 부동산물권변동에 관한 규정과 권리질권에 관한 규정이 함께 적용된다. 다만 저당권부 채권의 입질에 있어서의 등기는, 저당권 등기에 권리질권의 부기등기를 하여야 한다(제348조).

나) 저당권부채권입질에 있어서의 질권자는 채권의 추심권을 가지는 동시에(제353조) 그 채권담보의 실현으로서 저당권을 실행할 수 있다. 한편으로 질권설정자는 비록 그 저당권에 의하여 담보된 채권액이, 질권에 의하여 담보된 채권액을 초과하더라도 그 차액에 대하여 추심할 권한을 가지지 못한다. 그리고 질권을 설정한 채권자는, 질권이 존재하는 한 그 저당권을 실행할 권능도 가지지 못한다.

(4) 저당권순위의 양도 및 포기

---

64) 대판 1978. 9. 26, 78다835

가. 저당권순위의 양도

동일 채무자에 대한 후순위의 저당권자를 위하여 선순위의 저당권자가 저당권의 순위만을 양도하는 저당권순위의 양도는 저당권설정자, 다른 후순위담보권자 기타 제3자의 이해관계에 영향을 주지 아니한다. 저당권순위의 양도가 있으면 양도인과 양수인이 본래의 담보권에 의하여 취득할 배당금의 합계액으로부터 양수인이 선순위로서 변제를 받고 잔액이 있으면 양도인이 취득한다.

나. 저당권순위의 포기

저당권순위의 포기가 있으면 저당권의 순위를 포기한 자는 포기 받은 자에 대한 관계에서 같은 순위로 되고, 양자는 본래의 담보권에 의하여 취득한 배당금의 합계를 각 피담보채권액에 따라서 배분한다.

2) 저당권의 소멸

(1) 소멸사유일반

저당권은 물권일반 및 담보물권 일반에 공통되는 소멸원인에 의하여 소멸하는 외에, 경매, 제3취득자의 변제 등에 의해서도 소멸한다. 이에 관해서는 이미 앞에서 설명하였으므로, 이하에서는 기타 소멸원인에 관해서만 검토하기로 한다.

(2) 시효

피담보채권이 소멸시효로 인하여 소멸하면 저당권도 소멸한다(제369조). 그러나 피담보채권이 소멸시효에 걸리지 않는 한 저당권만이 단독으로 소멸시효에 걸리는 일은 없다(통설). 제3자(채무자 또는 채무자 이외의 저당권설정자가 아닌 자)가 취득시효로 인하여 저당목적물에 대한 소유권을 취득하는 경우에는 저당권은 소멸한다. 취득시효로 인한 소유권의 취득은 원시취득으로서 하등의 부담이 없는 소유권을 취득하는 것이므로 저당목적물을 시효취득하면 저당권은 소멸하게 된다.

(3) 포기

저당권을 포기하는 것은 타인의 권리를 해치지 않는 이상 원칙적으로 가능하다. 그러나 포기는 단독적물권 행위이기 때문에 등기를 하여야 저당권소멸의 효력이 생긴다(제186조). 지상권 또는 전세권을 저당권의 목적으로 한 경우에는 저당권설정자는 저당권자의 동의 없이 지상권 또는 전세권의 포기기타 그것을 소멸시키는 행위를 하지 못한다(제371조 2항).

제 4 절 특수한 저당권

1. 근저당권과 공동저당

특수저당권으로서는 민법에서 규정하고 있는 공동저당(제368조), 근저당(제357조)이 있고, 특별법에서 규정하는 입목저당, 재단저당, 동산저당 그리고 광업권의 저당, 어업권의 저당, 댐사용권의 저당 등이 있다. 이러한 특수저당권 중에서 특별법상의 저당권에 관해서는 민법의 저당권에 관한 규정이 준용된다(제372조).

1) 근저당

(1) 근저당의 의의

근저당이라 함은 계속적인 거래관계로 부터 발생하는 다수의 불특정채권을 담보하는 제도를 근담보라 한다. 이러한 근담보에는 인적 담보로서는 근보증이 있고 물적담보로서는 근저당·근질 그리고 근가등기담보를 들 수 있다.

(2) 근저당의 특질

가) 근저당은 피담보채권이 장래 증감·변동하는 것이 예정되고 있는 점에 근본적 특색이 있다.

나) 근저당은 증감·변동하는 채권이 결간기에 이르렀을 때에 그 총화를 일정한 한도액까지 담보한다. 따라서 거래 중에 채권액이 한도액을 초과하거나 또는 변제·상계 등으로 말미암아 영이 되는 경우가 있더라도 저당권에 영향을 미치는 것은 아니다(제357조 1항 후단).

(3) 근저당의 설정

근저당권설정계약은 근저당권자(채권자)와 근저당권설정자간에 체결된다. 근저당권설정자는 채무자일 수도 있고, 물상보증인이 될 수도 있다.

가) 근저당의 설정도 보통의 저당권을 설정하는 경우와 같이 부동산물권변동의 일반원칙에 따라서 물권적 합의와 등기가 있어야 한다(제357조). 다만 그 등기에는 반드시 근저당이란 뜻의 등기를 하고 또한 피담보채권의 최고액을 명시하지 않으면 안 된다(부등법 제140조 2항). 여기에 최고액으로서 등기되는 것은 채권원본만의 한도액이 아니라 이자를 포함하는 원리금의 한도액이다(제357조 2항).

나) 근저당의 기간에 관한 등기가 있으면 그 기간만료시가 결산기이다. 따라서 그 후의 채권은 근저당에 의하여 담보될 수 없다. 그러나 존속기간 또는 결산기의 등기를 한 때에는 그 기간이 경과한 후에 발생한 채권은 피담보채권에 포함되지 않는다. 그러나 당사자의 합의로 등기된 존속기간 또는 결산기를 연장할 수 있다. 즉 등기의 유용이 가능하다. 그러나 유용 전에 이해관계 있는 제3자, 특히 후순위저당권자에게는 대항할 수 없다.[65] 존속기간을 등기하지 않은 경우에는 근저당권설정계약의 해지에 의해서 근저당권이 확정되고, 그 때부터 보통의 저당권으로 전환된다.

(4) 근저당의 효력

가) 피담보채권의 범위

근저당권에 의하여 담보되는 채권은, 계속적으로 유통하고 교체되는 것이 특징이다. 이렇게 유통·교체되는 채권의 확정총액을 최고액까지 담보하게 된다.

나) 근저당권의 확정과 전환

근저당권을 실행해서 피담보채권의 우선변제를 받기 위해서는 유동, 교체하는 채권이 확정되어야 한다. 이것이 바로 근저당권의 확정이다. 피담보채권이 확정되면, 그 후에 발생하는 채권은 그 근저당권에 의해서 담보되지 못하며, 확정시로부터 근저당권은 보통저당권으로 전환된다.

(5) 근저당의 처분

근저당권에 있어서는 피담보채권의 유동, 교체는 문제가 되지 않기 때문에, 근저당권에 의하여 담보되는 개별채권의 양도가 있으면, 그 채권은 근저당권의 피담보채권에서 제외된다. 판례에 의하면 피담보채권이 없는 근저당권의 양도는 무효이다.[66]

---

65) 대판 1961. 12. 14, 4293 민상 893
66) 대판 1968. 2. 20, 67다2543

(6) 근저당의 소멸

근저당권은 피담보채권이 확정되기 전에는 비록 채권이 모두 변제되었다 하더라도 소멸하지 않는다.[67] 피담보채권이 확정되기 전에도, 사정변경의 원칙에 의한 해지권의 행사에 의해서, 근저당권을 소멸시킬 수 있다. 예컨대 채권이 모두 변제되고 채무자가 더 이상 계속적 거래를 할 의사가 없는 경우에는 설정자는 기본계약을 해지하고, 근저당권의 등기의 말소를 청구할 수 있다.[68] 근저당권이 확정되어 근저당권(실질은 보통저당권)을 소멸시킬 수 있기 위해서는 확정된 피담보채권액을 변제하여야 한다. 이 때 제3취득자도 피담보채권을 변제하고 근저당권을 소멸시킬 수 있다(제364조). 채무자 겸 근저당권설정자가 근저당권의 소멸을 구하기 위하여 변제해야 할 채무액은, 채권최고액을 넘는 채권 전액이다.[69]

2) 포괄근저당

(1) 거래계의 현황

일정한 기본적인 계속적인 거래관계 없이, 특정한 채권자에 대하여 채무자가 부담하는 일체의 채무를 담보하기 위해 근저당권이 이용되는 경우가 있다. 그러한 근저당권을 포괄근저당이라 한다. 포괄근저당은 은행거래실무에서는 담보책임의 범위와 당사자의 의사(담보제공자가 제3자인 경우)를 명백히 하기 위하여 특정근저당, 한정근저당, 포괄근저당으로 구별·운용하고 있다. 가장 극단적인 예로는 채무자가 채권자에 대하여 부담하는 현재 및 장래의 일체의 채무를 담보함을 내용으로 하는 포괄근저당이다. 그러나 실제로는 이것은 채무자가 담보제공자인 경우에 한할 뿐이고, 보통은 다음 두 경우에 주로 이용되고 있다. 즉 현재 A·B사이에 체결되고 있는 일정한 종류의 거래에 의하여 발생하는 채무(예: 소비대차거래·당좌대월거래 등)에 한정하여 담보함을 내용으로 하는 한정근저당이나, 또는 어음 할인계약 등과 같은 특정된 계속적 거래계약에 의하여 발생하는 채무(예: 어음할인거래·소비임차거래 등)를 담보함을 내용으로 하는 특정근저당이 그것이다.

(2) 포괄근저당의 유효성

판례와 다수설은 은행거래에 이용되는 포괄근저당권의 유효성을 인정하고 있다. 근저당권설정계약서에 그 피담보채권으로서 근저당권설정 당시의 차용금채무뿐만 아니라 기타 각종의 원인으로부터 장래 부담하게 될 모든 채무까지 담보한다고 기재되어 있으며 위 계약서의 내용은 위 차용금채무뿐만 아니라 원고가 피고에 대하여, 현재 또는 장래 부담하게 될 보증채무를 포함한 모든 채무를 담보하기 위하여 위 근저당권이 설정된 것이라고 해석하여야 하고 다른 특별한 사유 없이 약관의 해석을 달리하여 위 근저당권의 피담보채무는 저당권설정 당시의 차용금채무에 국한된다고 할 수 없다.[70] 근저당권의 설정계약서 내용이 소외 회사가 현재 또는 장래 부담할 모든 채무를 담보하는 것이라면 근저당권설정계약이 유효하게 해지되지 않는 한 위 근저당권은 소멸되지 않고 발생한 모든 채무를 유효하게 담보한다.[71]

3) 공동저당

(1) 공동저당의 의의와 기능

가) 공동저당이라 함은 동일한 채권의 담보로서, 수 개의 부동산, 예컨대 수필의 토지 또는 토지와 그 지상건물 등 위에 설정된 저당권을 공동저당이라 한다.

나) 토지와 건물을 별개의 부동산으로 취급할 뿐만 아니라 토지 자체로 현저하게 세분되어 있기 때문에

---

67) 대판 1965. 4. 20, 64다1698
68) 대판 1966. 3. 22, 66다68
69) 대판 1981. 11. 10, 80다2712
70) 대판 1982. 12. 14, 82다카413
71) 대판 1982. 7. 27, 81다카1117

한 개의 채권을 담보하기 위하여 한 개의 부동산이 저당권의 목적이 되는 경우(단독저당)보다는 오히려 동일한 채권의 담보로서 수 개의 부동산에 대한 담보가치의 총체를 일괄하여 이용하는 경우가 극히 많다. 부동산등기법도 공동담보목록제도를 채용하여 공동담보의 설정절차를 용이하게 함으로써(부등법 제145조-제147조·제149조-제152조) 이러한 실제의 수요에 응하고 있다.

다) 공동저당에 있어서 유의할 것은, 공동저당은 각 부동산마다 각각 하나씩의 저당권이 설정되고 복수의 저당권은 피담보채권을 공통으로 하고 있기 때문에, 서로 일정한 제약을 받으면서 존재한다. 그러나 독일민법에서의 총괄저당권은 하나의 채권을 담보하기 위하여 수 개의 부동산 위에 하나의 저당권을 설정하는 것이다(독민 제1132조 1항).

(2) 후순위저당권자와의 관계
가. 동시배당의 경우
공동저당의 목적물의 전부를 경매하여 그 경매대가를 동시에 배당하는 경우에는 각 부동산의 경매대가에 비례하여 피담보채권의 분담을 정한다(제368조 1항). 동시배당에 있어서는 공동저당권자의 자유선택권을 제한하여 후순위저당권자와의 이익을 조화시키고 후순위저당권자 상호간의 공평을 유지하고자 한다. 그런데 부동산의 경매대가의 배당에 참가하는 자는 저당권자에 한하지 않으며 다른 담보채권자 집행권원을 가진 배당요구자 가압류채권자 등도 있다. 동시배당에 있어서는 이들 여러 배당권자들도 보호되어야 한다.

나. 이시배당의 경우
가) 공동저당의 목적부동산 중에서 어느 부동산만이 경매되어, 그 대가를 먼저 배당하는 경우에는, 공동저당권자는 그 대가로부터 채권 전액의 변제를 받을 수 있다. 그러나 이 경우에 경매된 부동산의 후순위저당권자는 만일 동시에 배당을 하였더라면, 다른 부동산이 공동저당채권을 부담하였을 금액의 한도에서 공동저당권자에 대위하여 그 저당권을 실행할 수 있다(제368조 2항). 공동저당의 목적부동산 중에서 어느 일부의 부동산만이 경매되어 그 대가를 먼저 배당하는 경우에는 공동저당권자는 그 대가로부터 채권 전액의 변제를 받을 수 있다(제368조 2항 전단). 다만 경매된 부동산의 후순위저당권자는 만약 동시배당을 하면 다른 부동산이 공동저당채권을 부담할 금액의 한도에서 공동저당권자에 대위하여 그 저당권을 실행할 수 있다(제368조 2항 후단).

나) 여기서 대위라 함은 공동저당권자가 가지고 있던 저당권이 후순위저당권자에게 이전하는 것을 말한다. 그리고 여기서 후순위저당권자라는 것은(제368조 2항은 "차순위저당권자"라고 함), 공동저당권자의 바로 다음 순위의 저당권자뿐만 아니라, 그 이하의 저당권자를 모두 포함하는 것으로 해석하여야 한다.

(3) 선순위저당권자와의 관계
공동저당의 목적물 가운데 하나 또는 몇 개의 부동산 위에 선순위저당권자가 존재하는 경우에는 공동저당권자는 모든 부동산을 일괄경매 할 수 없고, 선순위저당권이 존재하는 부동산만은 별도 경매하여야 한다(통설). 그것은 이러한 경우에 일괄경매를 허용하게 되면 오히려 선순위저당권자가 불이익을 받을 염려가 있기 때문이다.

(4) 공동저당물이 채무자 이외의 자의 소유인 경우
가. 공동저당의 목적물의 전부나 일부가 채무자 이외의 자, 즉 물상보증인이나 제3취득자의 소유에 속하는 경우에는 대위권행사에 관해서 특수한 문제가 생긴다. 물상보증인 또는 제3취득자는 저당권이 실행되어 채

권자가 변제받은 때에는, 구상권의 범위에서 변제대위자의 규정(제481조, 제482조)에 의하여 다른 목적물 위의 공동저당권에 대위하게 된다.

나. 문제는 경매되는 부동산 또는 제3자에 의하여 대위되는 부동산에 후순위저당귀자가 있는 경우에 제3자의 대위권과 후순위저당권자의 대위권과의 관계이다.

채무자 소유의 부동산과 물상보증인 소유의 부동산에 공동저당이 설정되고 다시 채무자 소유의 부동산에 후순위저당권이 설정된 경우에 물상보증인의 변제자대위가 우선하여 물상보증인 소유의 부동산에 관하여 먼저 경매가 이루어져 저당권자가 모두 변제를 받은 경우에는 물상보증인은 후순위저당권자보다 우선하여 저당권자를 대위하여 채무자 소유의 부동산에 대한 저당권을 실행할 수 있고, 만일 물상보증인 소유의 부동산에 대한 후순위저당권자가 있으면 그 후순위저당권자는 저당권자가 취득하는 채무자 소유의 부동산에 대한 저당권에 대하여 물상대위를 할 수 있다.[72]

참조 : 공동저당권의 배당례

1. 동시배당의 경우

A가 600만원의 채권에 관하여 각각 450만원 · 300만원 · 150만원의 가치 있는 X · Y · Z 3개의 부동산 위에 1번의 공동저당권을 가지고, B는 150만원의 채권에 관하여 X 위에 2번저당권, C는 100만원의 채권에 관하여 Y 위에 2번저당권, D는 50만원의 채권에 관하여 Z 위에 2번저당권을 각각 가지는 것으로 한다. 이러한 경우에 A가 X · Y · Z를 동시에 경매한다면 A의 600만원의 채권에 대하여 X가 300만원, Y가 200만원, Z가 100만원을 각각 부담하게 된다. 그 결과 2번저당권자인 B · C · D도 X · Y · Z의 대가의 잔액으로 채권의 만족을 얻을 수 있게 된다.

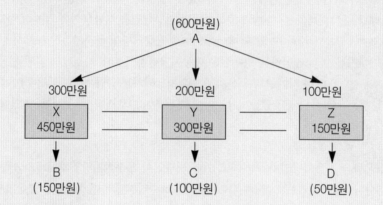

2. 이시배당의 경우

위의 예에서 A가 X만을 경매에 붙여 그 대가로써 먼저 변제를 받는 경우에는 A는 X의 대가인 450만원 전액을 변제받는다. 한편 B는 Y · Z가 공동저당권을 부담하였을 금액의 한도에서 공동저당권자에 대위할 수 있기 때문에 결국 Y로부터 100만원, Z로부터 50만원까지 A에 대위하여 1번 저당권을 행사할 수 있다. 그밖에 Y의 잔액은 C에게 돌아가고, Z의 잔액 중 50만원은 A에게, 또 50만원은 D에게 돌아가게 된다.

---

72) 대판 1994. 5. 10, 93다25417

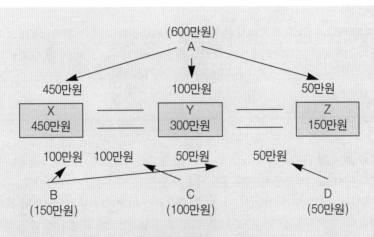

3. 저당물이 물상보증인 소유인 경우

예컨대 A의 600만원의 채권에 관하여 B 소유의 부동산 X와 물상보증인 C 소유의 부동산 Y 위에 공동저당권이 설정되고 X 위에는 D가 300만원의 채권에 관하여 2번 저당권을 가지며, X · Y의 가격을 각각 450만원이라고 한다. 이러한 경우의 대위에 관하여 본문에서와 같은 해석론에 의거한다면 X가 먼저 경매될 때에는 D는 150만원만 Y에 대위하고, Y가 먼저 경매될 때에는 C는 300만원만 X에 대위하는 결과가 된다.

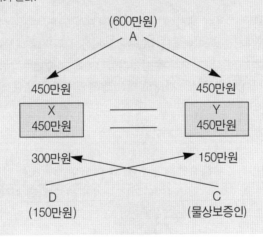

2. 특별법에 의한 저당권

1) 입목저당

(1) 입목저당의 의의와 기능

입목법에 의하면 수목의 집단으로서 소유권의 보존등기를 경료 한 것을 「수목」이라 하여(동법 제2조), 그것을 지반으로부터 독립된 부동산으로 본다(동법 제3조 1항). 그리고 이에 의해 지반에 대한 소유권이나 지상권의 처분의 효력이 입목에 미치지 않는 것으로 하는 것과 동시에(동법 제3조 3항) 지반과 분할하여 양도 또는 저당권의 목적으로 할 수 있는 것으로 하고 있다(동법 제3조 2항). 이와 같이 입목에 관하여 등기의 길을 마련한 것과 대응하여 각 등기소에는 입목등기부가 비치되어 있다(동법 제12조). 그러나 현실적인 거래사회에 있어서는 입목의 양도에 관해서는 공시방법으로서 등기보다 명인방법이 많이 이용되고 있다. 따라서 수목의 집단이 입목법에 의거하여 등기되는 것은(동법 제8조 이하), 양도를 위한 것이 아니라 저당권의 설정을 위하여 행해지는 경우가 많을 것으로 여겨진다. 입목법의 규정으로서도 저당에 관한 것이(동법 제4조~제7조) 중심적인 위치를 차지하고 있다.

(2) 입목저당권의 설정

입목저당권은 채권자(저당권자)와 채무자 또는 제3자(물상보증인)간의 입목저당권설정의 합의와 입목등기부에의 등기에 의하여 설정된다. 입목에 대해 저당권을 설정하려는 자는 그 입목을 산림보험에 붙어야 한다(동법 제22조).

(3) 입목저당권의 효력
가. 수목의 벌채
가) 협정된 방법에 의한 경우

입목이 저당권의 목적으로 된 경우에는 당사자 사이에 협정된 시업방법에 따라서 입목소유자가 이를 조림·육성하여야 할 책임을 부담한다(동법 제5조 1항). 다만 천재·지변기타 불가항력으로 인하여 입목에 손실이 발생한 경우에 한하여 그 책임을 면할 수 있을 뿐이다. 그러나 저당권자의 동의가 있는 때에는 행정기관의 허가를 얻어 벌채할 수 있다(동법 시행령 제2조). 이 경우에는 저당권자는 피담보채권의 변제기일 도래 전이라도 벌채된 입목을 경매할 수 있다. 그러나 경락대금은 이를 공탁하여야 하며(동법 제4조 2항) 곧 변제에 충당하지는 못한다. 한편 입목의 소유자는 상당한 담보를 공탁하고 경매의 면제를 신청할 수 있다(동법 제4조 3항).

나) 협정위반의 경우

해석상 문제되는 것은 벌채된 수목에 대하여 선의취득에 관한 규정(제249조-제251조)의 적용을 인정할 수 있는가라는 점이다. 이에 관해서는 특칙이 없을뿐만아니라 선의 취득의 대상에서 제외하여야 할 이유도 없기 때문에 선의 취득이 성립하는 이상 그 수목은 선의취득자에게 귀속된다. 따라서 저당권의 추급적 효력은 소멸하는 것으로 해석하는 것이 타당하다는 견해도 있고 벌채된 입목에 대한 선의취득은 인정되지 않는다고 하여야 할 것이라는 견해도 있다.

나. 법정지상권

토지와 그 지상의 입목이 동일 소유자에 속하는 경우에, 그 어느 한쪽만 또는 양쪽 모두가 저당권의 목적이 되어 저당권의 실행으로 경매가 이루어져 입목토지와의 소유자가 다르게 된 때에는 토지소유자는 입목소유자에게 지상권을 설정한 것으로 본다(동법 제6조 1항). 이 때 지료는 당사자의 약정에 의한다(동법 제6조 2항). 이러한 법정지상권의 인정은 민법 제366조와 같은 취지이다.

다. 지상권자·임차권자에 대한 효력

지상권자나 토지임차인에게 속하는 입목이 저당권의 목적으로 되어 있는 경우에는 지상권자나 임차인은 저당권자의 승낙 없이 자기의 지상권이나 임차권을 포기하지 못하고 또한 토지소유자와의 사이에서 그 설정계약을 합의해지하지 못한다(입목법 제7조). 이것은 설정자의 자의에 의하여 저당권자의 권리가 침해당하지 않도록 하기 위한 조치이다.

2) 공장 및 광업재단저당
(1) 재단저당의 제도적 의의

재단저당이라 함은 기업을 구성하는 물건이나 권리를 1개의 통일적 재산으로 함으로써 그 위에 설정된 저당을 말한다. 재산의 집합물에 대하여 저당권의 설정을 인정하는 이유는 첫째 전체로서의 가치를 갖는 재단을 개개의 재산으로 분해하는 경우에 야기되는 가치의 감손을 방지하고, 둘째 분해된 재산위에 개별적으로 저당권을 설정하는 경우에 요구되는 과대한 노력과 비용을 절감하고자 하는데 있다.

(2) 입법적 상황과 과제

우리 나라에 있어서의 재단저당 관계 입법은 선진제국의 경우와 비교할 때 아직도 초기적 단계를 벗어나지 못하고 있음을 부인할 수 없다. 재단저당제도가 지니는 문제점을 보구할 수 있는 제도가 기업담보이다. 그것은 곧 「살아 있는 기업」으로서의 기업의 전체적 가치를 시기적인 변동에 따라서 파악한다.

(3) 공장 및 광업재단저당법(법 제9520 전부개정 2009.3.25)의 내용

가. 목적

재단저당에 관한 통합 법률인 「공장 및 광업재단저당법」은 공장재단 또는 광업재단의 구성, 각 재단에 대한 저당권의 설정 및 등기 등의 법률관계를 적절히 규율함으로써 공장 소유자 또는 광업권자가 자금을 확보할 수 있게 하여 기업의 유지와 건전한 발전 및 지하자원의 개발과 산업의 발달을 도모함을 목적으로 한다(동법 제1조).

나. 재단의 구성

재단을 구성하는 것은 일정한 기업의 경영을 위하여 존재하는 물적설비와 권리이다.

가) 공장에 속하는 토지, 건물, 그 밖의 공작물, 기계, 기구, 전봇대, 전선(電線), 배관(배관), 레일, 그 밖의 부속물, 항공기, 선박, 자동차 등 등기나 등록이 가능한 동산, 지상권 및 전세권, 임대인이 동의한 경우에는 물건의 임차권, 지적재산권 등이다(동법 제13조 1항). 공장에 속하는 토지나 건물로서 미등기된 것이 있으면 공장재단을 설정하기 전에 그 토지나 건물의 소유권보존등기를 하여야 한다(동법 제11조). 다만 타인의 권리의 목적인 물건, 압류, 가압류 또는 가처분의 목적인 물건은 구성물이 될 수 없다(동법 제13조 3항).

나) 광업재단은 광업권과 그 광업에 관하여 동일한 광업권자에 속하는 것의 전부 또는 일부로 구성할 수 있다. 즉 토지, 건물, 그 밖의 공작물, 기계, 기구, 그 밖의 부속물, 항공기, 선박, 자동차 등 등기 또는 등록이 가능한 동산, 지상권이나 그 밖의 토지사용권, 임대인이 동의하는 경우에는 물건의 임차권, 지적재산권 등 이다(동법 제53조).

다. 기본적 효력

가) 공장 소유자가 저당권자의 동의를 받아 토지나 건물에 부합된 물건을 분리한 경우 그 물건에 관하여는 저당권이 소멸한다. 공장 소유자가 저당권자의 동의를 받아 토지나 건물에 설치한 기계, 기구, 그 밖의 공용물을 분리한 경우 그 물건에 관하여는 저당권이 소멸한다. 공장 소유자가 저당권의 목적인 토지, 건물이나 제3조 또는 제4조에 따라 저당권의 목적이 되는 물건에 대한 압류, 가압류 또는 가처분이 있기 전에 저당권자의 이익을 위하여 정당한 사유를 들어 제1항 또는 제2항의 동의를 요구하면 저당권자는 그 동의를 거절하지 못한다(동법 제9조).

나) 공장 소유자는 하나 또는 둘 이상의 공장으로 공장재단을 설정하여 저당권의 목적으로 할 수 있다. 공장재단에 속한 공장이 둘 이상일 때 각 공장의 소유자가 다른 경우에도 같다. 공장재단의 구성물은 동시에 다른 공장재단에 속하게 하지 못한다(동법 제10조).

다) 공장재단은 공장재단등기부에 소유권보존등기를 함으로써 설정한다. 그리고 이에 따른 공장단의 소유권보존등기의 효력은 소유권보존등기를 한 날부터 10개월 내에 저당권설정등기를 하지 아니하면 상실된다(동법 제11조).

라) 공장재단은 1개의 부동산으로 본다. 공장재단은 소유권과 저당권 외의 권리의 목적이 되지 못한다. 다만, 저당권자가 동의한 경우에는 임대차의 목적물로 할 수 있다(동법 제12조).

마) 공장 소유자는 여러 개의 공장에 설정한 1개의 공장재단을 분할하여 여러 개의 공장재단으로 할 수 있다. 다만, 저당권의 목적인 공장재단은 그 저당권자가 동의한 경우에만 분할할 수 있다. 공장 소유자는 여러 개의 공장재단을 합병하여 하나의 공장재단으로 할 수 있다. 다만, 다음의 어느 하나에 해당하는 경우에는 하나의 공장재단으로 할 수 없다. 즉 합병하려는 공장재단의 등기용지에 소유권등기와 저당권등기 외의 등기가 있는 경우 또는 합병하려는 여러 개의 공장재단 중 둘 이상의 공장재단에 이미 저당권이 설정되어 있는 경우가 그것이다. 이 경우 분할 이나 합병은 등기함으로써 효력이 생긴다.

바) 지식경제부장관은 광업법에 따른 광업권 취소의 등록을 하면 지체 없이 저당권자에게 통지하여야 한다. 저당권자는 제1항에 따른 통지를 받으면 즉시 그 권리를 실행할 수 있다. 이 경우 통지를 받은 날부터 6개월 내에 그 절차를 밟아야 한다. 광업권은 광업권 취소 등록 통지를 받은 날부터 6개월이 지날 때까지 또는 저당권의 실행이 끝날 때까지 저당권 실행의 목적 범위에서 존속하는 것으로 본다. 이러한 권리 실행에 따라 매수인이 취득한 광업권은 광업권 취소 등록일에 취득한 것으로 본다. 다만 공익상의 이유에 따른 광업권 취소에 관하여는 적용하지 아니한다(동법 제55조).

사) 경매의 목적이 된 광업권을 목적으로 하여 대한민국의 법률에 따라 법인을 설립하려는 자가 그 경매에 참가하는 경우에는 경매 신청과 동시에 그 뜻을 집행법원에 신고하여야 한다. 경매에 참가하는 자는 경매 신청에 관하여 연대책임을 진다(동법 제57조).

참고: 협의의 공장저당

1. 공장저당권은 공장재단저당권과는 별도로 재단을 설정함이 없이 토지와 그 토지에 설치된 기계 · 기구기타의 공장공용물을 일체로 하는 방법으로써, 또는 공장에 속하는 건물을 각각 저당권의 목적으로 할 수 있는 특칙을 두고 있다. 이것을 협의의 공장저당이라고 한다. 공장저당법에 의하여 저당권이 설정된 공장토지와 그에 인접한 공장 토지가 아닌 타인 소유의 토지에 걸쳐서 설치되어 있는 폐수처리시설은 그 구조, 형태 또는 기능에 비추어 볼 때, 공장저당의 목적인 공장에 속하는 토지와 건물 및 기계, 기구와 함께 일체를 이루는 기업시설로서 그 공장에 속하는 토지와 건물 및 기계, 기구 위에 설정된 공장저당권의 효력은 그 폐수처리시설에도 미친다.[73]

2. 부가물이나 공용물은 토지 또는 건물과 일체를 이루어 각각의 효용을 보족하고 있다. 따라서 목적물이 토지인 경우이거나 건물인 경우이거나 묻지 않고, 저당권의 효력은 그 부가물과 공용물에 대해서도 미친다. 그러므로 토지나 건물에 대한 집행도 그 부가물과 공용물에 미치게 되고, 반대로 그러한 물건은 토지나 건물과 함께 하지 않는 이상 집행, 즉 압류 · 가압류 · 가처분 등의 목적이 될 수 없다. 다만, 저당권 설정자는 저당권자의 동의를 얻음으로써 부가물을 분리할 수 있다(동법 제8조). 만약 동의 없이 부가물을 분리할 경우에는 저당권의 효력에는 영향이 없고, 그것들이 제3자에게 인도된 후라 하더라도 추급력을 가진다. 그러나 민법상의 선의취득의 요건을 갖춘 경우에는 저당권의 추급은 인정되지 않는다(민법 제249조 - 제251조).

3. 공장저당 물건인 토지 또는 건물과 그에 설치된 공장의 공용물은 반드시 일괄하여 경매하여야 하는가? 예컨대 공장저당법에 의한 저당권의 실행으로 경매가 이루어지는 경우에 공장저당 물건인 토지 또는 건물과 그에 설치된 기계, 기구 기타 공장의 공유물과는 유기적인 일체성이 있으므로 반드시 일괄하여 경매하여야 한다.[74]

---

73) 대판 1997. 10. 10, 97다3750
74) 대결 1992. 8. 29, 92마576

3) 증권저당

(1) 증권저당의 의의와 기능

증권저당은 저당권에 의하여 채권을 담보함으로써 그 경제적 가치를 확보하는 것과 동시에 그 저당권을 붙인 채로 채권을 양도할 수 있게 하는 것이다. 증권저당은 결국 채권과 더불어 저당권까지도 증권화 함으로써 유통성을 확보하는데 그 특색이 있다. 우리나라에서는 저당권의 증권저당이라고는 할 수 없으나, 담보부사채만은 크게 활용되고 있다.

2) 담보부사채

물적담보가 붙은 사채를 담보부사채라 하고 그것이 없는 사채를 무담보사채라고 하여 양자를 구별하는데, 일반적으로는 전자가 발행되고 있다.

(1) 담보부사채라고 하여 개개의 사채권에 관하여 물적담보를 붙인다는 것은, 그 절차가 번잡할 뿐더러 사채의 유통성을 유지하게 되는 경우, 담보권에 관한 법률관계는 복잡해지지 않을 수 없다. 이러한 점을 고려하여 사채를 발행하는 회사(위탁회사)와 다수의 사채권자 사이에 신탁회사(수탁회사)를 둠으로써 법률관계의 간략화를 꾀하는 것이 담보부사채신탁법(1962. 법 991)이다(동법 제60조 1항, 제4조)이다.

(2) 동법에 의하면 사채는 위탁회사와 수탁회사간의 신탁계약에 따라서 발행되고(동법 제3조), 사채권의 물적담보는 총사채권자의 이익을 위하여 수탁회사에 귀속된다. 수탁회사로서는 총사채권자의 이익을 위하여 물적담보를 보존·실행하여야 할 의무를 부담하는 것과 동시에(동법 제60조 2항), 총사채권자는 각각의 채권액에 따라서 평등하게 담보의 이익을 향수한다(동법 제61조).

(3) 담보부사채는 사채권에 대하여 실질적으로 물적담보가 붙어있고, 더욱이 사채권이 채권 화되어 있는 점에 있어서는 증권저당과 유사하다. 그러나 개개의 사채권 자체에 담보권이 설정되어 있는 것은 아니기 때문에 담보권을 증권화 할 수 없을뿐더러, 실질적인 물적담보도 저당권 만에 한정되어있기 때문에 증권저당과 담보부사채는 구별이 가능하다.

4) 동산저당

(1) 동산저당의 의의와 입법

민법은 부동산 및 부동산 위의 용익물권(지상권·전세권)에 대해서만 저당권의 설정을 인정하고(제371조), 동산을 점유의 이전 없이 담보로 제공하는 동산저당에 관한 제도는 인정하지 않는다. 즉, 민법상 동산에 관한 약정담보물권은 질권에 한정되고 저당권에는 인정되지 않는 것이다(제329조·제356조).

(2) 동산저당의 법리

동산저당에 있어서는 소유자(저당권설정자)가 목적물을 점유하고 그 소재를 변경할 수 있기 때문에 목적물의 동일성에 대하여 의문이 있기 쉽다. 따라서 자동차·중기 등에 대해서는 「각자」를 함으로써 목적물에 대한 동일성을 인식케 하는 방법을 취하고 있다(도로운송차량법 제29조: 건설기계관리법 제9조). 동산저당에 있어서는 저당권자는 점유를 취득하지 않기 때문에 저당권의 공시는 등기 또는 등록, 즉 공부상의 기재의 방법에 의하지 않으면 안 된다. 이러한 경우의 등기·등록은 근본적으로 소유권의 변동을 공시하는 등기를 선행시켜야 할 것은 물론이다. 따라서 관계 법률에서는 각각 소유자에 대하여 자동차·항공기·중기의 등록을 강제하고(동법 제4조·항공법 제3조·건설기계관리법 제3조), 등록된 것에 관해서는 저당권뿐만 아니라 소유권의 이전에 관해서도 등록을 효력발생요건으로 하고 있다.

(3) 각종의 동산저당법

가. 상법상의 선박저당권

　가) 상법 제871조 내지 제874조는 선박저당권에 관한 규정을 두고 있다. 즉, 등기한 선박(상법 제741조-제745조)과 장차 등기 할 수 있게 될 건조 중의 선박에 대해서는 저당권의 설정이 가능하다(동법 제741조 1항·제745조). 선박저당권에 관해서도 원칙적으로 민법상의 저당권에 관한 규정이 준용된다(자동차등 특정동산저당법 제12조).

　나) 그러나 이에 관해서는 몇 가지의 특별규정이 있다. 즉 첫째 선박저당권의 효력은 그 속구에 대해서도 미치고(동법 제871조 2항), 둘째 선박저당권이 선박채권자의 우선특권(동법 제861조)과 경합하는 경우에는 후자가 우선하며(동법 제872조), 셋째 등기된 선박은 질권의 목적으로 할 수 없다(동법 제873조)는 점 등이다. 한편 20톤 미만의 선박에 관해서는 선박등기법상의 규정에 의하여 저당권·질권·임차권 등을 설정할 수 있다(자동차등 특정동산저당법 제3조 2호).

나. 자동차저당

　가) 자동차저당권의 목적이 될 수 있는 자동차는 자동차관리법에 의하여 자동차등록원부에 등록된 자동차이다(자동차등 특정동산저당법 제3조 3호). 등록된 자동차에 대해서는 질권의 설정이 금지되고(동법 제9조), 저당권만을 설정할 수 있다. 그러나 승용자동차와 승합자동차는 저당권의 객체에서 제외된다.

　나) 자동차(이륜소형자동차는 제외)는 자동차등록원부에 등록하지 않으면 운행하지 못하고, 그 소유권의 득실변경은 등록을 하여야 효력이 발생한다(자동차관리법 제4조, 제5조, 제6조). 자동차저당권의 변경도 자동차소유권이 변경과 마찬가지로, 자동차등록원부에 등록하여야 성립 내지 효력발생을 한다(동법 제5조).

　다) 자동차저당권에는 특수한 저당권실행이 개시사유가 규정되어 있다. 즉 등록자동차의 소유자가 그의 자동차의 운행을 중지한 때에는, 등록의 말소를 신청할 수 있고(동법 제14조), 이 신청을 받은 관할관청은 그것을 지체 없이 저당권자에게 통지하여야 하고(동법 제6조), 그 통지를 받은 저당권자는 채권의 변제기가 도래하기 전이라도 곧 저당권을 실행할 수 있다(동법 제7조). 자동차저당권의 실행에 관해서는 부동산에 관한 경매절차 및 선박에 대한 경매절차(민사집행법 제78조 - 제187조)에 준하여 대법원규칙으로 정한다.

다. 항공기저당

　항공기저당권은 자동차등 특정동산저당법에 의하여 규율되며, 항공기저당권의 목적물이 될 수 있는 것은 항공법에 의하여 항공기등록원부에 등록된 비행기와 회전식항공기(헬리콥터)이다(항공법 제2조, 제3조).등록된 항공기에 대해서는, 질권의 설정이 금지되며(자동차등 특정동산저당법 제9조) 저당권만 설정할 수 있다. 항공기저당권의 내용은 자동차저당권의 그것과 대체로 동일하다. 항공기저당권의 실행은 자동차저당권의 실행과 동일한 절차에 의한다(민사집행법 제187조).

라. 건설기계저당권

　건설기계의 동산신용을 증가시킴으로써 건설사업의 원활한 수행을 위하여, 자동차등 특정동산저당법에 의하여 건설기계저당권이 인정되고 있다. 건설기계저당권의 목적물이 될 수 있는 건설기계는 건설기계관리법에 의하여 등록된 건설기계를 말한다. 건설기계저당권의 내용 및 효력은 자동차·항공기의 저당권의 그것들과 거의 동일하다. 건설기계저당권의 실행은 역시 자동차저당권의 실행과 동일한 절차에 의한다(민사집행법 제187조).

참고 : 자동차등 특정동산 저당법(제정 2009.3.25 법률 제9525호)

제1조(목적) 이 법은 건설기계, 「선박등기법」이 적용되지 아니하는 선박, 자동차, 항공기 등 등록의 대상이 되는 동산(動産)의 저당권에 관한 사항을 정하여 그 담보제공에 따른 자금 융통을 쉽게 하고, 저당권자ㆍ저당권설정자 및 소유자의 권익을 균형 있게 보호함을 목적으로 한다.

제2조(정의) 이 법에서 사용하는 용어의 뜻은 다음과 같다.
1. "특정동산"이란 등록의 대상이 되는 건설기계, 소형선박, 자동차, 항공기를 말한다.
2. "등록관청"이란 특정동산에 대한 저당권의 설정등록ㆍ변경등록ㆍ이전등록 및 말소등록 업무를 담당하는 관청을 말한다.

제3조(저당권의 목적물) 다음 각 호의 특정동산은 저당권의 목적물로 할 수 있다.
1. 「건설기계관리법」에 따라 등록된 건설기계
2. 「선박등기법」이 적용되지 아니하는 다음 각 목의 선박(이하 "소형선박"이라 한다)
　　가. 「선박법」 제1조의2제2항의 소형선박 중 같은 법 제26조 각 호의 선박을 제외한 선박
　　나. 「어선법」 제2조제1호 각 목의 어선 중 총톤수 20톤 미만의 어선
　　다. 「수상레저안전법」 제2조제4호의 동력수상레저기구 중 같은 법 제30조에 따라 등록된 모터보트
3. 「자동차관리법」에 따라 등록된 자동차
4. 비행기와 회전익 항공기로서 「항공법」에 따라 등록된 항공기

제4조(저당권의 내용) 저당권자는 채무자나 제3자가 점유를 이전하지 아니하고 채무의 담보로 제공한 특정동산에 대하여 다른 채권자보다 자기채권에 대하여 우선변제를 받을 권리가 있다.

제5조(저당권에 관한 등록의 효력 등) ① 저당권에 관한 득실변경은 담보목적물별로 다음 각 호에 등록하여야 그 효력이 생긴다.
1. 「건설기계관리법」에 따른 건설기계등록원부
2. 「선박법」에 따른 선박원부
3. 「어선법」에 따른 어선원부
4. 「수상레저안전법」에 따른 수상레저기구 등록원부
5. 「자동차관리법」에 따른 자동차등록원부
6. 「항공법」에 따른 항공기등록원부
② 특정동산의 저당권에 관한 등록은 설정등록, 변경등록, 이전등록 및 말소등록으로 구분한다.
③ 특정동산의 저당권에 관한 등록의 절차 및 방법에 관하여 필요한 사항은 대통령령으로 정한다.

제6조(등록의 말소에 관한 통지) 등록관청은 저당권이 설정된 특정동산이 다음 각 호의 구분에 따른 어느 하나에 해당하는 경우에는 등록말소의 뜻을 미리 저당권자에게 통지하여야 한다. 다만, 저당권자가 그 특정동산에 대한 등록의 말소에 동의한 경우에는 그러하지 아니하다.
1. 건설기계 : 「건설기계관리법」 제6조제1항에 따라 등록을 말소하려는 경우
2. 소형선박 : 「선박법」 제22조, 「어선법」 제19조 또는에따라 등록을 말소하려는 경우
3. 자동차 : 「자동차관리법」 제13조에 따라 등록을 말소하려는 경우
4. 항공기 : 「항공법」 제12조제1항제3호에 해당하게 되어 말소등록의 신청을 수리한 경우 또는 같은 조 제2항에 따른 최고를 한 후 해당 항공기의 소유자가 기간 내에 말소등록의 신청을 하지 아니하여 직권으로 등록을 말소하려는 경우

제7조(저당권의 행사 등) ① 저당권자는 제6조에 따른 통지를 받으면 그 특정동산에 대하여 즉시 그 권리를 행사할 수 있다.
② 저당권자가 제1항에 따라 저당권을 행사하려는 경우에는 제6조에 따른 통지를 받은 날부터 다음 각 호의 구분에 따른 기간 내에 각각 저당권의 행사 절차를 개시하여야 한다.
1. 자동차: 1개월
2. 소형선박: 2개월
3. 건설기계 및 항공기: 3개월
③ 등록관청은 제2항에 따른 저당권행사의 개시 기한까지 저당권의 행사 절차가 개시되지 아니한 경우에는 특정동산에 대하여 말소의 등록을 할 수 있다. 다만, 저당권자가 그 기간 내에 저당권의 행사 절차를 개시한 경우에는 그 행사 절차가 완료될 때까지 말소등록을 하여서는 아니 된다.

④ 등록관청은 저당권자가 저당권을 행사하여 경매의 매수인이 그 특정동산에 대한 소유권을 취득한 경우에는 특정동산에 대하여 말소등록을 하여서는 아니 된다.

⑤ 매각허가결정이 확정된 경우에는, 건설기계에 관하여는 「건설기계관리법」 제6조제1항에 따른 등록말소신청이 없었던 것으로 보며, 항공기에 관하여는 「항공법」 제12조제1항제3호의 사유가 발생하지 아니한 것으로 본다.

제9조(질권설정의 금지) 특정동산은 질권의 목적으로 하지 못한다.

제10조(저당권 말소등록 등의 서류 교부) 저당권자는 채무를 변제하거나 그 밖의 원인으로 저당 채무가 소멸되어 특정동산에 대한 저당권의 말소등록 또는 이전등록의 사유가 발생하면 등록권리자에게 그 특정동산에 대한 저당권의 말소등록 또는 이전등록에 필요한 서류를 지체 없이 교부하여야 한다.

제11조(수수료) ① 저당권에 관한 등록을 하려는 자는 대통령령으로 정하는 바에 따라 등록관청에 수수료를 내야 한다.
② 제1항에 따른 수수료의 부과 및 면제 기준에 관하여 필요한 사항은 대통령령으로 정한다.

제12조(준용규정) 특정동산의 저당권에 관하여는 이 법에 규정한 것을 제외하고는 「민법」중 저당권에 관한 규정을 준용한다.

(부칙)
제1조(시행일) 이 법은 공포 후 6개월이 경과한 날부터 시행한다.

제2조(다른 법률의 폐지) 다음 각 호의 법률은 각각 폐지한다.
1. 건설기계저당법
2. 소형선박저당법
3. 자동차저당법
4. 항공기저당법

5) 권리저당
광업법(1951. 법 234)과 수산업법(1953. 법 2950)은 각각 광업권·어업권에 대하여 저당권을 설정할 수 있는 것으로 하고 있다(광업법 제13조 : 수산업법 제29조). 이것은 광업권·어업권은 직접 지배성·이익독점성·불가동성에 있어서 부동산물권에 준하는 점(광업법 제12조 이하·수산업법 제24조)을 전제로 한 것이다. 광업권·어업권에 대하여 저당권을 설정하는 경우의 그 이론은 민법상의 지상권·전세권을 목적으로 하는 전세권(제371조)의 경우와 유사한 것으로 이해할 수 있다. 따라서 광업법이나 수산업법도 민법규정의 준용을 명시하고 있는 것이다(광업법 제12조 : 수산업법 제24조).

제 5 절 질권

1. 총설

1) 질권의 의의
질권이라 함은 채권자가 채권의 담보로 채무자·제3자(물상보증인)로부터 받은 물건·재산권을 채무의 변제가 있을 때까지 유치하여 채무의 변제를 간접적으로 강제하는 동시에 변제가 없는 때에는 그 목적물로 부터 우선적으로 변제를 받는 권리이다(제329조·제345조). 질권은 유치권과 같이 법률상 당연히 발생하는 법정담보물권이 아니라(제648조·제650조), 저당권과 같이 당사자 사이의 계약에 의하여 성립하는 약정담보물권이다.

2) 질권의 법적성질

(1) 질권은 제한물권이며 약정담보물권이다.

질권은 저당권과 마찬가지로 목적물이 가지는 교접가치를 직접, 배타적으로 지배하는 권리이다. 질권은 목적물의 인도를 받고(제330조) 또 그것을 피담보채권의 변제가 있을때까지 유치하는 권능을 수반하는 점(제329조)에 있어서 저당권과 다르다. 질권은 목적물의 교접가치로부터 우선변제를 받는 권능을 포함한다. 그러나 우선변제를 받는 방법은 질권의 종류에 따라서 다르다. 그 방법은 원칙적으로는, 목적물을 경매하여 그 경락대금으로부터 우선변제를 받는다. 그러나 예외적으로 유질이 인정되는 경우에는 목적물로써 곧 변제에 충당할 수 있고(제339조), 채권질권에 있어서는 객체인 채권을 추심하여 변제에 충당할 수도 있다(제353조). 질권은 당사자의 의사에 의거하여 성립되기 때문에 약정담보물권이다. 이 점에서 저당권과 동일하고, 유치권, 법정질권, 법정저당권과 같은 법정담보물권과는 다르다.

(2) 질권은 부종성을 갖고 수반성이 있으며 불가분성, 물상대위성이 있다.

(3) 민법은 질권이 원래 동산에 관하여 발달한 것이기 때문에 각종의 질권에 공통되는 규정은 동산질권에 두고 권리질권에 이를 준용하고 있다(제355조). 뿐만 아니라 동산질권에 관한 민법의 규정은 다른 법률의 규정에 의하여 설정되는 질권에 대해서도 준용된다(제344조).

3) 질권의 종류
(1) 목적물에 의한 분류
가. 동산질권
동산질권은 동산을 목적으로 하는 질권이다. 민법은 동산질권에 관하여 일반적인 규정을 두고(제329조-제343조), 이것을 다른 종류의 질권에 관하여 준용하도록 하고 있다(제344조·제355조). 실제로 동산질권은 대부분 전당포영업자에 의하여 이용되고 있고, 따라서 동산질권은 전당포영업법의 특별규정에 의하여 규제되고 있다.

나. 권리질권
채권·주식·사채 기타의 권리를 목적으로 하는 질권이 권리질권이다. 이것은 사회경제상 특히 중요한 기능을 하므로 민법상의 질권 중에서도 특히 중요한 것이다. 질권의 목적으로 될 수 있는 권리로서는 채권·주식·사채등 외에도 무체재산권(특허권·의장권·실용신약권·저작권등) 또는 전화가입권 등을 들 수 있다. 그러나 부동산물권(제345조 단서)·어업권(수산업법 제24조)·광업법(광업법 13조) 등은 권리질의 목적이 될 수 없다.

다. 부동산질권
토지·건물 등 부동산을 목적으로 하는 질권이다.

(2) 적용법규에 의한 분류
가. 민사질권
민사질권에 관한 일반이론은 다음의 상사질권이나 영업질권에 대해서도 통상적으로서 적용된다(제344조).

나. 상사질권
상사질권에 관해서는 우선 상법이 적용되고 그 규정이 없는 경우에는 민법이 적용된다. 상사질권에 관하여 특히 주의하여야 할 것은, 민사질권과는 달리 유질계약이 금지되지 않고 있다는 점(상법 제59조)과 증권으로 화체된 동산 또는 권리의 입질 기타 입질증권(즉 증권질권)에 관한 규정이 있다는 점이다.

다. 영업질권

전당포영업법(1961 법 763)에 의하는 질권을 영업질권이라 한다. 영업질권에 관해서는 우선 전당포영업법의 규정이 적용되고 그 규정이 없는 경우에는 민법이 적용된다. 영업질권의 특색은 당연히 유질이 허용되고 질물의 가격이 채권액에 부족하더라도 전당포주는 그 부족액을 청구하지 못하는 한편 그것이 채권액을 초과하더라도 설정자는 그 초과액의 반환은 청구할 수 없다는 점에 있다(동법 제1조). 이러한 질권의 특질을 물적 대당책임이라 한다. 그리고 전당포주는 전당계약이 성립하는 경우, 전당물주에게 전당표 또는 통장을 교부하여야 하나(동법 제18조), 그 교부는 전당계약의 성립요건은 아니며 면책증권에 불과하다. 전당포영업자의 질권은 민사질권의 경우와 같이 목적물(즉, 전당물)의 인도 및 점유의 계속이, 질권의 성립 및 존속요건이다.

(3) 기타의 분류
(1) 점유질과 수익질

전자는 질권자가 단순히 질물을 점유할 권리를 가질 뿐이고, 원칙적으로 사용·수익하지는 못한다. 민법상의 동산질권이 이에 해당한다. 후자는 질권자가 점유할 권능뿐만 아니라 질물을 사용·수익할 권능도 가지며 다시 이질권과 소각질권으로 나누어 볼 수 있다. 구민법상의 부동산질권은 이질에 속하는 것이었다.

(2) 약정질권과 법정질권

현행민법은 양자를 모두 인정하고 있으나 법정질권은 예외적인 것에 지나지 않는다(제648조·제650조).

참고 : 질권과 저당권의비교

구 분	질 권	저 당 권
본 질	목적물의 점유가 질권자에게 이전 (제329조).	목적물의 점유가 저당권자에게 존속(제356조).
기 능	서민의 금융수단	투자의 수단
성 립	•설정계약과 목적물의 인도 •선의취득에 의한 성립이 가능(제343조·제249조 이하). •동일물 위에 수 개의 성립이 원칙적으로 불가능.	•설정계약외에 점유이전 불요 •선의취득에 의한 성립이 불가능. •동일물 위에 수 개의 성립이 가능(선후순위가 있음).
공시방법	인도	등기
목 적 물	원칙적으로 동산(제329조)	원칙적으로 부동산(356조)
효 력	•유치적 효력·우선변제적 효력이 있음. •보존에 필요한 범위 내에서 사용이 가능(제324조의 2 단서·제343조) •과실에 효력이 미침(제323조·제343조)	•유치적 효력이 없고, 우선변제적 효력이 있다. •사용·수익권이 없음. •원칙적으로 과실에 효력이 미치지 아니함(제359조).
소 멸	목적물의 반환·질권설정자의 질권의 반환(제324조·제343조)과 같은 특유한 소멸사유가 있음.	특유한 소멸사유가 없음.

2. 동산질권

1) 동산질권의 성립
(1) 질권설정계약

동산질권은 원칙적으로 당사자 간의 질권설정계약과 목적물인 동산의 인도에 의하여 설정된다. 그러나 예외적으로 법률의 규정에 의하여 당연히 성립되는 법정질권이 있다.

가. 질권설정계약의 당사자

가) 질권설정계약의 당사자는 질권자와 목적동산에 질권을 설정하는 질권설정자이다. 질권설정자는 채무자가 일반적이며 소유자임이 보통이다. 그러나 소유자 아닌 자가 질권을 설정하는 경우에도 질권자가 선의로 목적물의 인도를 받은 때에는 선의취득의 법리에 의하여 질권을 취득한다(제343조·제249조).

나) 타인의 채무를 위하여 자기의 재산 위에 질권을 설정하는 자를 물상보증인이라 한다. 물상보증인은 자신의 채무를 부담하지 않으므로 채무자는 물상보증인에 대하여 채무의 이행을 청구하지 못한다. 이 점에서 보통의 보증인과 다르다. 민법은 보증인의 구상권에 관한 제441조 내지 제447조 및 제481조 내지 제485조의 규정을 물상보증인의 구상권에 준용하고 있다. 질권자는 채권자에 한하지만 질권설정자는 채무자에 한하지 않고 제3자라도 무방하다(제329조).

나. 물권계약으로서의 질권설정계약

질권설정계약은 이른바 물권계약이다. 따라서 당사자 사이에 질권의 설정을 목적으로 하는 물권적 합의와 인도가 있어야 한다(제330조). 제332조에 의하여 점유개정만은 금지하는 것으로 명시하기 때문에 간이인도는 반환청구권의 양도에 의한 인도라도 무방한 것으로 해석하는 것이 타당하다(통설).

(2) 법정질권
가. 법정질권이 인정되는 경우
현행 민법상 법정질권이 인정되는 것은 전부 부동산 임대인의 채권에 관한 것이다.
가) 토지임대인의 법정질권
토지임대인이 임대차에 관한 채권에 의하여, 임차지에 부속시키거나 또는 임차지 법정사용의 편익에 공용한, 임차인 소유의 동산 및 그 토지의 과실을 압류한 때에 법정질권의 성립을 인정한다(제648조).

나) 건물 등 임차인의 법정질권
건물 기타 공작물의 임대인이 임대차에 관한 채권에 의하여 그 건물 기타 공작물에 부속한 임차인 소유의 동산을 압류한 때에 법정질권의 성립이 인정된다(제650조).

나. 법정질권의 성립
피담보채권은 임대인의 임대차에 관한 채권이다. 즉 차임, 위약금, 임대차에 기하여 임대인이 가지게 되는 손해배상청구권 등이다. 그리고 법정질권의 목적물은 임차인 소유의 일정한 동산과 과실이다.

다. 법정질권에 관해서도 동산질권에 관한 규정이 준용되는 것으로 해석하는 것이 타당하다(통설).

(3) 동산질권의 목적물(질물)
가. 양도할 수 있는 동산은 모두 동산질권의 목적으로 할 수 있다(제331조).

나. 각종의 특별법은 국가의 정책적 이유에서 일정한 동산에 대하여 입질을 금하고 있다.
특히 등기선박(상법 제873조·제874조)·자동차·항공기·건설기계 등의 저당을 통합한 자동차등 특정동산저당법(2009년 제정)을 들수 있다. 이것은 질권자에게 점유를 이전함으로써 유치시키는 것을 방지하고 권리자 스스로가 사용·수익하도록 하기 위한 취지이다.

(4) 동산질권의 피담보채권

가. 채권일반

질권에 의하여 담보되는 채권, 즉 피담보채권에 관하여는 법률상 아무런 제한이 없다.

나. 장래에 성립하는 채권

질권에 있어서의 피담보채권은 반드시 현재 존재하는 것이어야 하는지 여부. 민법은 저당권에 관해서는 이른바 근저당을 명문으로 인정하지만(제357조), 질권에 관해서는 아무런 규정도 없다. 그러나 학설은 사회경제적인 현실을 고려하여 조건부채권이나 기한부채권을 위해서도 담보권을 유효하게 설정할 수 있다는 점에 완전히 일치하고 있다.

다. 근 질

일정한 계속적인 거래관계에 있어서, 장래 발생하는 다수의 불특정채권을 담보하기 위하여 설정되는 담보권을 근담보라 한다. 이에는 근질·근저당·근보증 등이 포함된다. 현행 민법은 이러한 근담보에 관하여, 저당권에서는 근저당을 인정하는 명문의 규정을 두고 있으나(제357조), 질권에 관해서는 명문의 규정이 없다. 그러나 질권에 있어서도 장래의 불특정의 채권을 담보하는 근질의 유효성을 인정하는 데 학설은 일치하고 있다. 근질은 장래 성립하는 다수의 불특정채권을 담보하는 점에서, 기한부 또는 조건부 채권의 담보와 같이 장래의 특정채권을 담보하는 질권과 구별된다.

2) 동산질권의 효력

동산질권자는 채권의 담보로 채무자 또는 제3자가 제공한 동산을 점유하고, 그 동산에 대하여 다른 채권자보다 자기채권의 우선변제를 받을 권리가 있다(제329조).

(1) 피담보채권의 범위

가. 동산질권은 피담보채권의 원본뿐만 아니라 그 이자·위약금·질권실행의 비용·질물보존의비용(제325조·제343조)·채무불이행으로 인한 손해배상채권(제390조) 또는 질물의 하자로 인한 손해배상청구권까지도 담보한다(제334조 본문). 그러나 이 범위는 당사자의 특약으로써 변경할 수 있다(제334조 단서).

나. 동산질권은 그 불가분성으로 말미암아 피담보채권의 전부에 관하여 목적물의 전부에 걸쳐 효력을 미친다(제343조·제321조).

(2) 목적물의 범위

가. 질권 성립 후에 생긴 목적물의 증감변경의 경우에 질권의 효력범위는 그 목적물 위의 소유권의 범위와 같다고 해야 할 것이다. 종물은 주물의 처분에 따르기 때문에(제100조 2항), 설정계약에서 다른 약정을 하지 않고 또한 그 종물이 인도된 경우에 한해서는 질권의 효력은 종물에도 미친다고 보아야 한다. 과실에 관해서는 유치권의 규정(제323조)이 준용 되므로 동산질권은 과실에 대해서도 그 효력을 미친다(제343조). 질권자는 질물로부터 생기는 과실을 수취하여 다른 채권자보다 먼저 자기 채권의 변제에 충당할 수 있다.

나. 질권은 질물의 멸실·훼손 또는 공용징수로 인하여 질권설정자가 받을 금전 기타 물건에 대해서도 이를 행사할 수 있다(제342조 전단). 본조는 질권에 대하여 담보물권의 일종으로서 물상대위성이 있음을 명시한 것이며, 저당권에 관해서도 준용된다(제370조).

(3) 유치적효력

동일인을 직접점유자로 하여 소유물반환청구권의 양도에 의한 점유이전을 통하여 순차로 수 개의 질권을 수 개의 채권 담보를 위하여 동일한 동산에 설정할 수 있다. 동일한 동산에 수 개의 동산질권이 성립한 때에는 설정의 선후에 의하여 그 순위를 정한다(제333조). 동산질권자는 피담보질권의 전부를 변제받을 때까지 질물을 유치할 권리를 갖는다(제335조 본문). 동산질권은 유치권과 공통된 성질을 가지기 때문에 유치권에 있어서의 과실수취권(제323조)·유치물의 관리 및 사용(제324조)·비용상환청구권(제325조)에 관한 규정들은 모두 질권에 준용된다(제343조).

(4) 우선변제적효력

가. 동산질권자는 질물에 대하여 다른 채권자보다 우선변제를 받을 권리가 있다(제329조). 동산질권자는 언제나 일반채권자에 대하여 우선할 것은 물론이지만, 동일물에 대하여 수개의 동산질권이 경합하는 경우에는 그 순위는 질권설정의 선후에 따라서 결정된다(제333조).

나. 동산질권자는 스스로 경매를 하지 않더라도 일반채권자가 목적물에 대하여 집행을 하거나 또는 다른 담보물권자가 목적물을 경매에 부치는 경우에도, 경락인에 대하여 유치적 효력을 주장함으로써, 우선변제를 받는 것과 동일한 효과를 거두거나 또는 경락대금으로부터 그 순위와 효력에 따라서 우선변제를 받을 수 있다. 또한 질권설정자가 파산한 경우에는 질권자는 별제권을 가진다(채무자의회생 및 파산에 관한법률 제411조). 동산질권자는 물질로부터 우선변제를 받을 권리를 가진다는 이유로 말미암아, 채무자의 일반재산으로부터 변제를 받을 권리가 부인되는 것은 아니다.

(5) 유질계약의 금지

가. 질권설정자는 설정행위나 채무변제기 전의 계약으로, 채권자에게 채권의 변제에 갈음하여 질물의 소유권을 취득하게 하거나, 법률에 정한 방법에 의하지 않고 질물을 처분할 것을 약정하지 못한다(제339조). 이러한 약정을 하였다 하더라도 그 계약은 무효이다. 이것이 유질계약의 금지이다.

나. 유질계약의 금지는 민법상의 원칙이지만 다른 법률에서 유질계약을 인정하는 경우가 있다. 상행위에 의하여 생긴 채권을 담보하기 위하여 설정된 질권에 관해서는 유질계약을 허용한다(상법 제56조). 또한 전당포영업법의 적용을 받는 질권에 있어서는 전당포주는 당연히 유질권을 갖는 것으로 하고 있다(전당포영업법 제1조·제19조·제21조). 이것은 소액금융의 수단인 전당포질에 대해 경매를 요구하는 것은 전당포영업의 기능을 해할 염려가 있을 뿐만 아니라 전당포영업에 대해서는 엄중한 행정감독(동법 제7조, 제19조)으로 인하여 질권설정자가 부당한 착취를 당할 염려가 없기 때문이다(동법 제20조).

다. 민법상으로도 채무의 변제기가 도래한 후에 유질계약을 하는 것은 유효하다(제339조의 반대해석). 이때에는 채권자가 채무자의 궁박을 이용한다는 사정이 없기 때문이다. 변제기 도래 후의 유질계약은 일종의 대물변제(제466조)이다.

(6) 동산질권자의 전질권

가. 전질에 관한 민법의 규정

질권자는 그 권리의 범위 내에서 자기의 책임으로 질물을 전질할 수 있다(제336조 본문). 이것이 이른바 전질권이다. 이 전질권은 질권자로 하여금, 일단 그 질물에 고정된 그의 자금을 피담보채권의 변제 이전에, 다시 유통케 하는 작용을 한다.

나. 책임전질

가) 성질

책임전질은 질권자가 질권설정자의 승낙 없이, 오로지 자기의 책임으로 하는 전질로서, 그 성질에 관해서는 학설이 대립하고 있다. 그러나 그 성질에 관해서는 채권질권공동입질설(다수설)과 질물재입질설 등이 대립되고 있다.

나) 성립요건

전질은 질권자의「권리의 범위 내에서」만 할 수 있다(제336조 전단). 따라서 전질권의 피담보채권은 원질권의 피담보채권을 초과할 수 없고, 전질권의 존속기간은 원질권의 존속기간 내이어야 한다. 또한 전질은 하나의 질권설정이므로, 원질권자(전질권설정자)와 전질권자 사이에 물권적 합의와 질물의 인도가 있어야 한다. 그리고 전질은 당연히 피담보채권의 입질을 포함하는 것으로 보아야 하기 때문에 권리질권설정의 요건을 갖추어야 한다. 즉 질권자(전질권설정자)가 채무자(원질권설정자)에게 전질의 사실을 통지하거나 채무자가 이를 승낙하지 않으면, 전질로써 채무자, 보증인, 질권설정자 및 그 승계인에게 대항할 수 없다(제337조 1항).

다) 효과

질권자는 전질을 하지 않았더라면 생기지 않았을 불가항력으로 인한 손해에 대해서도 배상의 책임을 져야 한다(제336조 후단). 전질권자는 자기의 피담보채권의 변제를 받을 때까지 질물을 유치할 수 있다(제335조). 질권자가 전질의 사실을 채무자에게 통지한 경우에는 그 전질로써 채무자·보증인·질권설정자 및 그 승계인에게 대항 할 수 있다(제337조 1항). 한편 그 통지를 받은 채무자로서는 전질권자의 동의 없이 질권자에게 채무를 변제하였더라도 그것으로써 전질권자에게 대항하지 못한다(제337조 2항). 전질권자가 전질권을 실행하려면, 자기의 채권은 물론 원질권자의 채권도 그 변제기가 도래하고 있어야 한다. 원질권이 소멸하게 되는 경우에는 전질권도 당연히 소멸한다.

다. 승낙전질

가) 성질

승낙전질은 질권자가 질권설정자의 승낙을 얻어서 자기의 채무를 담보하기 위하여 그 질물 위에 다시 질권을 설정하는 것이다(제343조, 제324조 2항).

나) 성립요건

질물소유자의 전질에 대한 승낙이 필요하며 승낙 없이 전질을 한 경우에는 원질권설정자는 질권의 소멸을 청구할 수 있다(제343조·제324조 2항). 원질권이나 그 피담보채권과는 전혀 관계가 없기 때문에 그 태양 또는 범위에 관하여 어떠한 제한도 받지 않는다. 그러므로 초과전질도 유효하다. 그리고 원질권의 존속기간과는 관계없이 존속기간을 약정할 수 있다.

다) 효과

책임전질에서와 같은 질물에 관한 질권자의 책임이 가중되지 않는다. 따라서 불가항력에 의한 손해배상 의무를 부담하지 않는다. 승낙전질은 원질권과는 무관한 신질권이므로, 원질권설정자는 자기의 채무를 원질권자에게 변제함으로써, 질권을 소멸시킬 수 있다. 그러나 원질권자의 질권이 소멸하여도 전질권자의 질권에는 영향이 없다.

(7) 동산질권의 침해에 대한 효력

가. 동산질권은 물권이며, 그것은 성질상 당연히 점유할 권리를 포함한다. 따라서 동산질권에 대한 침해가 있는 경우에는, 점유보호청구권에 의하여 보호되며(제204조-제206조), 동산질권의 침해로 인하여 손해가 발생한 경우에는 손해배상청구권(제350조)이 발생한다.

나. 질권에 기한 물권적청구권의 요건 및 내용에 관해서는 소유권에 기한 물권적 청구권에 준하여 이해하면 된다. 그리고 질권자의 점유보호청구권에 관해서도, 점유권에 기한 물권적청구권에 관한 일반이론과 마찬가지이다.

다. 질물의 훼손으로 인한 손해배상청구권이 발생하는 경우로서는 침해자가 질권설정자인 경우와 제3자인 경우로 나누어 살펴볼 수 있다. 전자의 경우에는 기한의 이익을 잃게 되므로(제388조 제1호), 질권자는 잔존물이 있으면 곧 질권을 실행할 수 있고 피담보채권의 이행을 청구할 수 있고 또한 질권의 침해를 이유로 손해배상을 청구할 수도 있다. 그러나 손해배상의 액은 피담보채권액을 한도로 하며, 또한 배상청구의 시기는 침해행위가 있으면 곧 청구할 수 있고 피담보채권의 변제기가 도래할 때까지 기다릴 필요는 없다고 해석된다. 그리고 후자의 경우에도 질권의 침해로 손해배상청구권이 발생함은 물론이며, 그 손해배상액·청구시기 등도 침해자가 질권설정자인 경우와 다를 것이 없다.

(8) 동산질권자의 의무
가. 질물보관의무
동산질권자는 목적물에 대한 보관의무를 진다. 그 내용에 관해서는 유치권에 관한 규정(제324조)이 준용된다(제343조). 따라서 질권자는 질물을 선량한 관리자의 주의의무를 다하여 점유하여야 하며(제343조, 제324조 1항), 질권설정자의 승낙 없이 질물을 사용·임대하거나 담보로 제공하지 못한다(제343조, 제324조 2항). 그러나 전질의 경우에는 예외이다(제336조).

나. 질물반환의무
동산질권자는 질권이 소멸한 경우에는, 질물을 질권설정자에게 반환하여야 한다. 질물의 반환은 채권의 변제와 동시이행의 관계에 있는 것이 아니고 채권의 완제가 있는 후에 비로소 질물반환청구권을 행사할 수 있을 뿐이다.

3) 동산질권의 소멸
(1) 동산질권의 소멸사유일반
동산 질권의 소멸사유로서는 물권일반에 공통되는 것, 즉 목적물의 멸실·몰수·첨부·취득시효·포기·혼동이외에도 담보물권에 공통되는 것, 즉 경매·변제 기타 피담보채권의 소멸 등을 들 수 있다.

(2) 동산질권에 특유한 소멸사유
동산질권에 특유한 소멸원인으로서 주의하여야 할 것은 질권자가 목적물을 질권설정자에게 반환함으로써 소멸한다는 것과 질권자가 그 의무를 위반한 경우에 질권설정자의 소멸청구(제343조·제324조 3항)로 소멸하게 된다는 것이다.

(3) 동산질권의 소멸과 질권의 반환
동산질권이 소멸하는 경우에는, 질권자는 질물을 질권설정자에게 반환하여야 한다.

4) 증권에 의한 동산질권과 화환

(1) 증권에 의한 동산질권
가. 동산질권은 주지했던 바와 같이 그 기능이 제한적일 수밖에 없다.
　가) 그러나 근대 상거래에서는, 이러한 제한적 기능밖에 발휘할 수 없는 동산질권을 생산신용을 위한 다액의 채권을 담보할 수 있는 제도로의 활용이 요구되었다. 이러한 요구에 부응하여 출현한 것이 증권에 의한 동산질권이다. 즉 우송중의 상품 또는 임치되어 있는 상품을 운송증권(화물상환증과 선하증권) 또는 창고증권 등에 의하여 표상하여 이러한 증권의 배서·교부에 의하여, 운송중인 물건 또는 임치되어 있는 물건을 입질하는 것이다.

　나) 이러한 증권에 의한 입질의 경우에는 질권자는 상품을 표상하는 증권만을 점유하게 되므로 입질 후에도 질권설정자는 상품을 매각·운송하는 등의 이용을 할 수 있으므로 이러한 증권질은 마치 동산에 저당권을 설정한 것과 비슷한 기능을 하게 된다. 따라서 동산의 저당을 인정하지 않는 우리 민법에서 이러한 증권질에 의하여 그 제도상의 결함을 어느 정도 보충할 수 있을 것이다.

　나. 운송증권에 의하여 표상되는 운송물의 입질방법에 관해서는 상법에 아무런 특칙도 없다. 따라서 운송물의 양도와 동일한 형식, 즉 증권의 배서·교부에 의하게 된다(상법 제132조·제133조·제820조). 그리고 화물상환증과 선하증권을 총칭하여 운송증권이라고도 한다.

　다. 창고증권은 창고업자에 대한 임치물반환청구권을 표상하는 유가증권을 말한다. 창고증권은 임치인의 청구로 창고업자가 발행하며(상법 제156조), 화물상환증, 선하증권과 동일한 법률적 성질을 가진다(상법 제157조).

　라. 이상과 같은 증권질에 의하여 우선변제를 받는 방법은, 증권 자체의 처분에 의해서 변제에 충당하게 하거나 또는 질권자가 그 증권에 의하여 상품의 인도를 받아 이를 처분하는 방법에 의한다. 그러나 이러한 증권의 처분에 관해서는 유질계약금지(제339조)의 규정이 적용된다.

(2) 화환
가. 화환(화환어음)이라 함은 격지매매에 있어서 매도인이 대금채권을 추심하거나 또는 대금채권을 가지고 금융을 얻기 위하여, 매수인 또는 그가 지정한 은행을 지급인으로 하여서 발행되고 당해 매매의 목적물을 표상하는 운송증권(화물상환증, 선박증권)에 의하여 담보되는 환어음을 말한다. 이 화환어음은 보통의 환어음과 법률적 성질은 동일하다.

　나. 다만 운송중인 물건을 표상하는 운송증권에 의하여 담보되고 있는 것이 특징이다. 따라서 운송증권을 첨부한 환어음에 의하여, 매매대금의 융통(환어음의 할인)을 받은 경우에는 운송증권에 의하여 표상된 상품 위에 질권이 성립한다.

　다. 이 질권은 화물상환증 또는 선하증권에 의한 입질과 다르지 않으며 그 성질은 증권질이고 그 효력은 이들 운송증권이 환어음에 첨부되어 인도됨으로써 생긴다. 다만 매수인이 환어음대금의 지급을 거절하는 때에는 곧 질권을 실행하지 못하고 우선 환어음의 발행인에 대하여 상환을 청구하고, 만족을 얻지 못할 경우에 비로소 질권을 실행할 수 있다는 점에 약간의 특이성이 있다.

3. 권리질권

1) 서 설
권리질권이라 함은 재산권을 목적으로 하는 질권을 말한다(제345조). 질권은 원래 유체물에 관하여 발달하였으나 근대의 자본주의 경제체제는 무형의 재산권, 특히 채권과 각종의 유가증권에 독립한 교환가치를 인정하여, 이것을 목적으로 하는 질권, 즉 권리질권을 발전시켰다. 이러한 담보물권으로서 권리질권의 기능은 저당권에 접근하고 있고, 금융거래의 실제에 있어서, 저당권과 같은 중요한 작용을 담당하고 있다.

2) 채권질권
(1) 채권질권의 설정
권리질권의 설정은 법률에 별도의 규정이 없으면, 그 권리의 양도에 관한 법에 의하여야 한다(제346조). 본조는 권리질권 일반의 설정방법에 관한 규정이므로 채권질권에도 적용된다. 그러나 본조가 채권질권의 성질에 관한 권리양도설을 뒷받침하는 규정은 아니다.

가. 지명채권
가) 지명채권을 목적으로 하는 질권의 설정은 채권양도의 경우와 마찬가지로 질권설정을 제3채무자에게 통지하거나 또는 제3채무자가 입질을 승낙하지 않으면 이로써 제3채무자 기타 제3자에게 대항하지 못한다(제349조 1항). 통지나 승낙의 효력 등은 채권양도의 경우와 같다(제349조 2항, 제451조).

나) 지명채권에 있어서는, 그 채권증서는 단순히 채권의 증거방법에 불과하고 채권의 실체를 좌우하는 것은 아니다.

다) 통지는 언제나 통지시의 상태에서 입질채권을 구속하는 데 비하여(제452조 2항), 승낙은 이의를 유보하지 않고 행해진 경우에는 아무런 항변권도 따르지 않는 채권으로서 질권을 구속하게 될 것이다(제451조 1항). 그리고 제3채무자이외의 제3자에게 대항하기 위해서는 통지·승낙은 모두 확정일자 있는 증서로써 하여야 한다(제450조 2항).

나. 지시채권·무기명채권
가) 지시채권의 입질은 양도에 있어서와 같이 증서에 배서하여 질권자에게 교부하여야 효력이 생기고(제350조·제508조) 무기명채권의 입질도 역시 그 양도에 있어서와 같이 증서를 질권자에게 교부하여야 효력이 생긴다(제351조·제523조). 무기명채권의 입질은 증서를 질권자에게 교부함으로써 효력이 생긴다(제351조, 제523조).

나) 지시채권이나 무기명채권의 증서의 교부는 채권의 처분권능을 빼앗고 질권의 성립을 공시하는 작용을 한다. 그러나 입질의 사실을 증권에 기재하여 질권의 성립을 완전하게 공시하는 점에서는, 지시채권의 무기명 채권보다 우수하다. 그러나 증권교부의 목적(채권의 양도·추심·입질 등)을 증권에 기재함으로써 질권의 성립을 완전하게 공시하기 위해서는 지시채권이 무기명 채권보다 유리할 것이다(어음법 제11조·제18조·제19조).

다. 사채(社債)
가) 사채에는 무기명식과 기명식이 있다(상법 제480조). 무기명사채의 입질은 일반적인 무기명채권의 경

우와 같이 증서를 질권자에게 교부함으로써 효력이 생긴다(제351조).

나) 기명사채는 지명채권의 일종으로서 그 입질은 증서를 교부함으로써 효력이 생긴다(제347조). 그러나 기명사채의 입질의 대항요건에 관해서는 상법상의 특별규정이 있다. 즉 질권자의 성명·주소를 사채원부에 기재하고 또 사채권에 그 성명을 기재하지 않으면 회사 기타의 제3자에게 대항할 수 없다(상법 제479조). 무기명사채의 입질은 일반적인 무기명채권의 경우와 같이 증서를 질권자에게 교부함으로써 효력이 생긴다(제351조).

라. 저당권부채권
민법은 저당권부채권을 입질하는 경우에는 그 저당권등기에 질권을 설정하였다는 부기등기를 하여야만 질권의 효력이 저당권에도 미치는 것으로 특칙을 두고 있다(제348조). 따라서 이러한 부기등기가 없으면 질권자는 저당권의 담보가 없는 채권에 대해서만 질권을 취득한 것이 된다(부등법 제142조의 2).

(2) 채권질권의 목적
채권질권의 목적으로 될 수 있는 채권은 권리질권의 일반원칙에 의하여 양도할 수 있는 채권이다(제355조·제331조).

(3) 채권질권의 효력
가. 효력의 범위
가) 피담보채권의 범위
채권질권이 담보하는 채권의 범위는 이론상 동산질권의 경우와 다를 바 없다(제355조·제334조). 불가분성이 있다는 것도 전혀 같다(제355조·제350조·제321조 참조).

나) 효력이 미치는 목적의 범위
피담보채권액이 입질채권액보다 적은 경우라 하더라도 질권의 구속력이 입질채권의 전부에 미칠 것은 불가분성(제343·제321조)에 비추어 당연하다. 입질채권이 이자부인 경우에는 제100조 2항의 규정에 비추어 질권의 효력은 원칙적으로 그 이자에도 미치는 것으로 해석하여야 한다(독민 제1289조·스민 제904조 1항·프민 제2081조). 그리고 질권자는 원본채권과 동일한 조건으로 이를 직접 추심하여 우선변제에 충당할 수 있다(제353조 1항, 2항·제343조·제323조). 입질채권이 보증채무 또는 담보물권을 수반하는 경우에는, 채권질권의 효력은 이들 종된 권리에도 미치는 것은 담보물권의 수반성에 비추어 당연하다. 그러나 입질채권이 저당권부 채권인 때에는, 저당권등기에 질권의 부기등기를 하여야만 저당권에 대하여 질권의 효력이 미친다(제348조). 또한 채권질권에도 물상대위의 규정(제355조, 제342조)이 적용됨은 이론상 당연하다.

나. 유치적효력
채권질권자는 질권설정을 위하여 교부받은 채권증서를 점유하고, 피담보채권의 전부가 변제될 때까지 그것을 유치할 권리를 가진다(제355조·제335조). 그리고 그것을 질권설정자에게 반환하더라도 질권이 당연히 소멸하지는 않고(즉 제332조는 준용되지 않는다) 그것을 상실하더라도 질권 자체에 의거하여 그 반환을 청구할 수 있다.

다. 질권설정자의 권리처분제한
가) 채권질권자는 질권의 추심권능과 환가권능을 가지므로(제353조, 제354조), 채권질권의 정자 및 제3채무자는 채권질권자의 위 권능을 해하는 행위를 하지 못한다. 이것이 설정자 및 제3채무자에 대한 채권질권

의 구속력이라 할 수 있으며 이것은 채권질권의 유치적 효력과 관련하여, 채권질권자를 보호하는 데에 목적이 있다.

나) 제352조의 명문으로서는 질권설정자의 권리처분에 대한 제한만을 규정할 따름이고 제3채무자를 포함시키지는 않고 있다. 질권설정자는 채권을 추심하지 못하므로 제3채무자에 대해서도 이행을 청구하지 못한다. 따라서 제3채무자에 대하여 이행의 소를 제기하지 못한다.

라. 우선변제적 효력
가) 채권질권자는 입질채권의 이자를 수취하여 이를 우선변제에 충당할 수 있다(제355조, 제343조, 제323조). 그러나 채권질권자가 우선변제를 받는 중심적 수단은 역시 채권자체로부터 우선변제를 받는 것이다. 민법은 채권질권의 실행방법으로 채권을 직접 청구하는 방법(제353조)과 민사집행법이 정하는 집행방법(제354조)의 두 가지를 규정하여 질권자는 임의로 선택하여 행사할 수 있도록 하였다. 그리고 수개의 채권질권이 경합하는 경우에는 우선변제는 설정의 선후에 의한다(제355조, 제333조).

나) 채권질권에 관해서도 유질계약금지의 규정(제39조)은 적용된다. 수개의 채권질권이 경합하는 경우에 그 우선변제의 순위는 설정의 순위에 따라서 결정된다(제355조ㆍ제333조).

마. 전질
채권질권자 역시 전질권을 갖는다(제356조, 제336조). 이것은 동산질권의 경우와 동일하다.

바. 채권질권은 채권 자체에 대해서 뿐만 아니라, 교부받은 채권증서에 대해서도 물권적 지배가 미친다. 그러므로 그 어느 것에 대한 침해에 대해서도, 채권질권자는 물권적청구권과 손해배상청구권을 행사할 수 있다.

사. 채권질권자의 의무
채권질권자는 교부받은 채권증서를 선량한 관리자의 주의로써 보관하고, 피담보채권이 소멸하는 경우에는, 그것을 질권설정자에게 반환하여야 한다. 그리고 채권의 실행으로서 직접 추심을 하는 경우에도, 선량한 관리자의 주의로써 하여야 함은 물론이다.

3) 기타의 권리질권
(1) 주식질권
가. 주식질권에 관한 규정
원래 주식은 무기명인 경우는 물론 기명식인 경우에도 원칙적으로 양도성이 인정되어야 할 사회경제적인 기능을 가지기 때문에(상법 제335조), 질권의 객체가 될 수 있을 것은 당연하다. 상법은 특히 주식의 양도를 금지하거나 제한하는 것은 정관으로써도 할 수 없는 것으로 명시하고 있다(동법 제335조).

나. 주식질권의 설정
가) 주식은 양도성을 가지고 있으므로 이를 입질할 수 있다(동법 제335조 1항). 그러나 자기 주식에 관하여는 제한이 있다(동법 제341조의 2). 무기명주식과 기명주식에 있어 각자 질권설정방법이 다르다. 즉 무기명주식은 무기명채권에 준하는 것이므로, 무기명채권의 입질과 동일하게, 주권을 질권자에게 교부함으로써 그 효력이 생긴다. 기명주식의 입질방법에 관하여 상법은 특칙을 두어 이하에서 설명하는 두 가지 방법을 인정한다.

나) 기명주식 중에서도 약식질권은 그 주권의 교부로써 성립되며(동법 제338조 1항) 점유의 계속을 대상 요건으로 한다(동법 제338조 1항). 따라서 그 주권을 질권설정자에게 반환하면 질권은 소멸한다. 그러나 등록 질권에 있어서는 회사가 질권설정자의 청구에 의하여 질권자의 성명·주소를 주주명부에 부기하고 그 성명을 주권에 기재하는 방법에 의하여 설정된다(동법 제340조).

다. 주식질권의 효력
가) 우선변제
주식질권자는 그 주식에 의한 이익배당을 받아서 우선변제에 충당할 수 있다. 특히 기명주식의 경우에는 특칙이 있다. 즉 등록질권자는 회사로부터 이익이나 이자의 배당, 잔여재산의 분배, 전술한 물상대위의 대상인 금전의 지급을 받아서 이를 다른 채권자에 우선하여 자기 채권의 변제에 충당할 수 있다(동법 제340조 1항). 만약 주식질권의 피담보채권의 변제기가 뒤에 도래할 때에는, 질권자는 회사로 하여금 변제의 금액을 공탁하게 할 수 있다. 이때에는 질권은 그 공탁금 위에 존재하게 된다(동법 제340조 2항, 민법 제353조 3항). 또한 등록질권자는 주식의 소각, 병합, 전환, 준비금의 자본전입에 의하여 종전의 주주가 받게 되는 주식에 대한 주권의 교부를 회사에 대하여 청구할 수 있다(동법 제340조 3항). 약식질권자에게는 등록질에서와 같은 등록 절차를 거치지 않으므로 위와 같은 보호가 인정되지 않는다.

나) 물상대위
주식질권의 효력은 주식의 대표물로 되는 것에 대해서도 미친다. 이에 관하여 상법에 특칙이 있다. 즉 주식의 소각, 병합, 전환, 준비금의 자본전입 등이 있는 때에는 종전의 주식을 목적으로 하는 질권은 이 경우에 주주가 받을 금전이나 주식 위에 존재한다(동법 제339조, 제461조 1항). 이와 같은 경우에 민법(제342조 후단)이 요구하는 지급 또는 인도 전의 압류는, 등록질의 경우에는 요구되지 않는다고 할 것이다.

다) 권리처분제한
주식질권의 설정자는 질권자의 권리를 소멸 또는 변경하게 될 행위를 할 수 없을 것은 당연하다(제352조). 그러나 의결권에 관해서는 질권자에게 이를 행사하게 할 이유가 없고 또한 설정자로부터 의결권을 빼앗을 권리도 없으므로 의결권은 입질에 의하여 영향을 받지 않는다.

라) 실행방법
주식질권의 실행방법으로서는 민사집합법이 규정하는 환가뿐이다(제354조). 그러나 유가증권에 관해서는 간이 환가방식이 인정되고 있다(민소법 제544조·제545조).

라. 백지위임장부기명주식의 입질
주식은 오늘날 거래에서 상품으로 중요한 역할을 담당하고 있는데 기명주식은 무기명주식에 비하면 그 상품성의 제약을 받고 있다. 그러한 제약을 배제하여 양도상의 번거로운 절차를 피하기 위해서 기명주식에다가 명의개서의 백지위임장과 처분허락서를 첨부하여 마치 무기명주식처럼 널리 유통시키는 것이 거래상 관용되고 있다. 이러한 상관습은 주식의 양도뿐만 아니라 주식의 입질의 경우에도 행하여지고 있다. 이러한 백지위임장을 첨부하여 이루어지는 기명주식의 입질은 그 설정이나 효력에 있어서는 백지위임장이 첨부되지 않은 기명주식의 입질에 있어서와 다를 바 없다. 다만 질권자는 백지위임장을 이용하여 임의로 환가하여 피담보채권의 변제에 충당할 수 있으므로 질권자는 사실상 유질권을 가지는 것이 된다.

(2) 무체재산권 위의 질권

가. 무체재산권 위의 질권의 설정

특허권·실용신안권·의장권·저작권 등과 같은 무체재산권도 입질할 수 있다(특허법 제67조 : 실용신안법 제17조 : 의장법 제30조 : 저작권법 제43조 등).

나. 무체재산권 위의 질권효력

가) 질권자는 질권의 목적인 지적재산권을 행사하여 이익을 얻을 수 있는가 문제이다. 예컨대 이들 지적재산권을 목적으로 하는 질권에도 유치권에 관한 제323조·제324조를 준용하여(제343조·제355조) 질권설정자의 승낙이 있는 경우에 한하여 수익을 할 수 있으며 그것으로써 피담보채권의 우선변제에 충당할 수 있는 것으로 해석하는 것이 타당하다(통설).

나) 무체재산권 위의 질권의 실행방법으로서는 민사집행법 및 민사소송법이 규정하는 바에 따른 환가의 방법이 있을 뿐이다(제354조 : 민소법 제584조·제574조).

제 6 절　변칙담보

1. 총설

1) 변칙담보의 개념

광의의 의미에 있어서 변칙담보라 함은 민법기타의 법률에 의하여 본래 담보를 위한 제도로서 규정된 물적담보이외의 것으로서, 실제거래계에서 생겨난 물적담보라고 여겨진다. 이러한 유형에 속하는 것으로는 양도담보(매도담보)·가등기담보·소유권유보·담보적 상계·대리수령·납입지정 등을 들 수 있었다. 변칙담보에는 첫째 담보설정과 동시에 목적물의 소유권을 이전하는 양도담보, 둘째 채무를 이행하지 않을 때에는 소유권을 이전할 것을 약정하고 미리 소유권이전의 가등기를 하여 두는 가등기담보, 셋째 매매대금을 변제할 때까지 소유권을 매도인(채권자)에게 유보하는 소유권유보부 매매, 넷째 매도인(채무자)이 매매의 형식으로 물건을 팔아 매매대금의 형식으로 채무를 부담하고, 매수인(채권자)으로부터 다시 그 물건을 되사는 방법으로 변제하는 환매 또는 재매매의 예약 등이 있다.

2) 변칙담보의 규제

가. 현행 민법의 규정과 민법 제607조·제608조

가) 현행 민법에는 구민법에 없던 제607조와 제608조를 신설하였다. 제607조와 제608조는 채권자가 부당하게 큰 초과이득을 취할 목적으로 대물변제의 예약을 이용하는 것을 방지하기 위하여 규정되었다. 그리하여 초기의 판례는 제607조와 제608조는 대물변제의 예약에 관한 규정이었기 때문에 양도담보, 매도담보에는 적용이 없다고 하였으나,[75] 후에 판례를 변경하여 정산을 요하지 않는 유담보형 양도담보와 매도담보에도 적용된다고 하였다.[76] 이와 같이 판례가 민법 제607조 및 제608조를 대물변제의 예약 내지 가등기담보뿐만 아니라 정산을 요하지 않는 유담보형 양도담보 및 매도담보에도 적용함으로써, 비전형담보에 의한 폭리행위를 구민법에서보다는 훨씬 효과적으로 규제할 수 있게 되었다.

나) 그런데 민법 제607조와 제608조를 운용함에 있어서, 판례는 초기에는 대물변제예약의 목적물의 예약

---

75) 대판 1962. 2. 22, 4294 민상 943; 동 1964. 9. 22, 64다548; 동 1965. 11. 9, 65다1445
76) 대판 1966. 2. 15, 65다2431; 동 1966. 4. 6, 66다218; 동 1967. 3. 28, 67다61; 동 1970. 12. 22, 70다2295; 동 1980. 7. 22, 80다998

당시의 가액이 채권액과 그에 붙인 이자의 합산액을 초과하면, 그 대물변제예약 전부를 무효로 하였다.[77] 그러나 점차 전부무효의 이론을 채권자에게 가혹할 뿐만 아니라 선의의 제3자에 대해서도 불측의 손해를 줄 염려가 있다는 점에서 대물변제의 예약으로서는 무효라 하더라도 무효행위의 전환(제138조)에 의하여 채권담보계약으로서는 유효하다고 인정하여 채권의 원리금을 초과하는 목적물의 가액은 채권자가 목적물의 소유자에게 청산하도록 하였다.[78] 이처럼 민법 제607조와 제608조는 채권액을 초과하여 목적물의 소유권을 취득하는 경우에는 그 초과액을 반환하도록 하는 청산의무를 채권자에게 부과 함으로써, 채권자가 부당한 이득을 취할 수 있는 비전형담보를 적절히 규제할 수 있게 되었다.

라) 그러나 금융실무에 있어서는, 제소전화해조서를 작성하여 채무자의 채무불이행시에 청산절차를 거치지 않고 채권자가 곧바로 본등기를 하여 목적물의 소유권을 취득하는 것이 일반화되었다. 그런데 판례는 제607조 및 제608조를 위반한 제소전화해조서의 유효성을 인정하였다.[79] 현행 민법이 제607조와 제608조를 신설하여 비전형담보에 대한 실체법적 규제규정을 두어 채권액을 초과하는 목적물의 가액의 정산의무를 채권자에게 부과하고는 있으나 구체적 정산절차에 관해서는 규정을 하지 않았다. 그리하여 구체적인 정산절차에 관한 규정과 제소전화해조서에 의한 제607조·제608조의 회피에 대하여 적절한 절차법규의 마련이 요청되었다.

나.「가등기담보등에 관한 법률」
가) 민법 제607조 및 제608조를 구체적으로 실천하는 절차규정을 담고 있는 법률이「가등기담보 등에 관한 법률」(이하 가등기 담보법)이다. 그리고 동 법률의 규정에 의해서 비전형담보를, 그 형식에 따라서 법이론 구성하였던 종래의 통설과 판례의 태도를 벗어나서, 비전형담보는 비록 소유권이전의 형식에 의한다 하더라도 그 실질은 채권담보가 목적이므로 형식보다는 실질을 존중하여 비전형담보를 제한물권으로서의 담보물권인 특수한 저당권으로 파악하고 있다. 그리하여 형식은 소유권 이전이라 하더라도 비전형담보권자는 목적물의 소유권을 취득하는 것이 아니라, 제한물권으로서의 담보물권을 취득할 뿐이다. 이 법률의 적용범위는 가등기담보뿐만 아니라 양도담보, 매도담보에도 적용된다(가담법 제1조, 제2조 제1호). 따라서 비전형담보 모두가 동법에 의해 규율되고 있다.

나) 본 법률은 등기·등록에 의해서 공시될 수 있는 물건이나 재산권을 목적으로 하는 비전형담보를 규율할 수 있도록 규정하고 있지만, 등기·등록에 의해서 공시될 수 없는 물건이나 재산권을 목적으로 하는 비전형담보에도 유추적용된다고 해석된다. 또한 본법률은 형식 여하를 불문하고, 그 실질이 채권담보이면 동법의 적용을 받고 비전형담보의 권리자는 목적물의 소유권을 취득하는 것이 아니라, 제한물권인 담보물권을 취득할 뿐이다. 비전형담보권자가 우선변제를 받는 방법은 소유권취득의 귀속청산의 방법과 경매의 방법 중 선택적으로 행사할 수 있도록 하고 있다. 소유권취득은 법정의 청산절차를 거쳐서만 가능하며 비전형담보의 설정자는 청산절차의 마지막 절차인 채권자로부터 청산금의 지급을 받을 때까지는 채무를 변제해서 목적물을 회수할 수 있다. 또한 후순위권리자의 보호를 위한 제도도 함께 규정하고 있다.

다) 전문 18개조로 구성된 가등기담보법은 그 내용이 매우 치밀하게 규정되어 있다. 그러나 비전형담보가 폭리행위로 이용되는 것을 방지하기 위한 입법취지에 비추어 볼 때, 입법론상 전혀 문제가 없는 것은 아니다.

---

77) 대판 1962. 5. 31, 62다153; 동 1962. 10. 11, 62다290
78) 대판 1964. 11. 10, 64다613; 동 1966. 4. 6, 66다218; 동 1967. 4. 2, 68다238
79) 대판 1969. 12. 9, 69다1565

다. 「부동산실권리자명의등기에 관한 법률」에 의한 변칙담보의 규율

가) 가등기담보법의 제정에 의하여 변칙담보를 제한물권으로 입법을 하였으나, 등기부상의 공시에 있어서는 그것이 청구권보전의 가등기인지 담보가등기인지 구분이 되지 않고, 양도담보등기인지 진정한 소유권이전의 등기인지 명의신탁의 등기인지 구분이 되지 않는 문제점을 내재하고 있었다.

나) 본법을 제정하여 명의신탁을 무효화하면서 이와 함께 변칙담보의 방법에 의하여 명의신탁을 하는 탈법행위를 방지하기 위한 조치를 취하였다. 즉, 가등기담보 또는 양도담보의 등기신청시에, 채권자는 채무자, 채권금액 및 채권담보의 뜻을 기재한 서면을 등기공무원에게 제출하도록 하였다(동법 제6조 2항). 그리고 기존의 가등기담보권자 및 양도담보권자는 채무자, 채권금액 및 채권담보의 뜻을 기재한 서면을 1995년 7월 1일부터 1년의 유예기간 내에 등기공무원에게 제출하도록 하였다(동법 제14조). 그러나 채권자가 채무자, 채권금액 및 채권담보의 뜻이 기재된 서면을 제출하지 아니하고, 가등기담보 또는 양도담보등기가 완료되었다 하더라도, 그 가등기담보 또는 양도담보의 사법상의 효력은 아무런 영향을 받지 아니한다고 해석된다.

2. 재산권이전형의 변칙담보

1) 양도담보

(1) 양도담보권의 개념

양도담보권은 소유권이전의 방식에 의하는 담보제도라는 통유성을 가지는 것으로 보는 점에 있어서 대체로 일치된 태도를 취하고 있다. 예컨대 A가 B에게 금전을 대여하는 경우에 차용금을 반환하면 소유권을 반환한다는 약속 아래 A는 B가 소유하는 물건의 소유권을 취득하고, 만일 B가 채무를 이행하지 않는 때에는 A가 그 목적물로부터 우선변제를 받지만 B가 채무를 이행하면 A는 그 목적물의 소유권을 반환하는 담보방법을 [양도담보]라고 한다.

(2) 양도담보권의 설정

가. 양도담보권 설정계약

양도담보설정계약에 있어서는 당사자 사이의 권리·의무에 관한 채권계약, 즉 신탁계약도 반드시 따르게 되므로 그것은 물권행위와 채권행위와의 혼합계약이라 하기도 한다(이설있음). 양도담보설정계약은 채권자와 채무자 혹은 제3자(물상보증인) 사이에서 이루어지는 낙성 불요 식계약이다. 양도담보권에 의하여 담보되는 피담보채권은 금전채권이 보통이지만 반드시 금 전채권에 한정되지는 않는다. 양도담보권의 목적물은 그 종류를 묻지 않고, 동산·부동산·채권등 양도할 수 있는 모든 재산권을 포함한다.

나. 양도담보권의 공시방법

가) 목적물이 동산인 경우에는 인도가 있어야 한다(제188조·제189조·제190조). 그러나 민법은 동산소유권이전에는 점유개정의 방법에 의하는 인도는 무방하다고 하지만, 동산질권의 경우에는 이를 허용하지 않는 것으로 하고 있다(제332조).

나) 목적물이 부동산인 경우에는 그 등기를 갖추어야 한다(제186조·제187조). 그러나 현행등기제도로서는 특히 「담보」를 위한 것이란 등기원인을 인정하지 않기 때문에 「매매」로써 단순한 이전등기를 하는 것이 관행되고 있는 실정이다. 부동산실권리자 명의 등기에 관한 법률에 의하여 채무의 변제를 담보하기 위하여 채권자가 부동산에 관한 물건을 이전받는 경우에는 채무자·채권금액 및 채무변제를 위한 담보라는 뜻이 기재된 서면을 등기신청서와 함께 등기공무원에게 제출하여야 한다(부동산실명법 제3조 2항). 목적물이 채권

기타의 재산권인 경우에는 권리의 이전에 필요한 공시방법을 갖추어야 할 것은 당연하다.

(4) 양도담보권의 일반적 효력
가. 양도담보권의 효력이 미치는 범위
　가) 피담보채권의 범위에 관해서는 제한이 없다. 양도담보의 효력이 미치는 목적물의 범위로서는 채무자가 목적물에 부속시킨 물건은 물론, 종물에도 미친다.

　나) 양도담보권은 일종의 담보물권으로 당연히 물상대위성이 있다. 다만 양도담보권에서는 형식상 소유권이 양도담보권자에게 귀속하여 물상대위에 관한 민법 제342조 본문은 유추적용 되지만 단서는 적용되지 아니한다.

나. 담보목적물의 이용관계
목적물의 점유 또는 이용은 양도담보의 요소가 아니다. 목적물의 점유 또는 이용은 양도담보설정자가 하는 것이 보통이지만 구체적인 이용관계는 양도담보설정계약에 의하여 정해질 것이다.

다. 이용자의 목적물보관의무
양도담보권자는 양도담보권설정자로부터 이전받은 목적권리를 담보목적의 범위 내에서 행사하여야 할 의무를 부담한다. 양도담보권설정자가 목적물을 점유 · 이용하는 경우에도 양도담보권자로 하여금 담보목적을 달성할 수 있도록 목적물을 보관 · 관리할 의무를 부담한다.

(4) 양도담보권의 대외적 효력
가. 당사자에 의한 목적물의 처분
양도담보권설정자는 목적물이 동산인 경우에 처분이 용이하고 부동산에 대하여는 보통 양도담보권자의 명의로 등기되어 있어서 처분하기가 곤란하다. 반면에 양도담보권자는 변제기도래 전에 목적물이 동산인 경우에는 목적물의 점유가 없어서 처분이 곤란하고, 부동산에 대하여는 등기명의를 가지고 있어서 처분이 용이하다.

나. 양도담보권자와 제3자
　가) 양도담보권설정자에 의한 처분
양도담보권설정자는 목적물을 제3자에게 처분할 수 있다. 다만 양도담보권설정자로부터 목적물을 취득한 제3자는 양도담보권의 부담이 있는 소유권을 취득할 뿐이고, 양도담보권자는 제3자에 대하여 추급력을 행사할 수 있다.

　나) 양도담보권설정자의 일반채권자에 의한 압류
양도담보권설정자의 점유 하에 있는 목적동산을 일반채권자가 압류한 경우에 양도담보권자는 제3자 이의의 소(민소법 제509조)를 제기할 수 없고, 우선변제청구의 소만을 제기할 수 있다. 그러나 판례는 동산에 관하여 양도담보계약이 이루어지고 양도담보권자가 점유개정의 방법으로 인도를 받았다면 그 청산절차를 마치기 전이라 하더라도 담보목적물에 대한 사용수익권은 없지만 제3자에 대한 관계에서는 그 물건의 소유자임을 주장하고 그 권리를 행사할 수 있다고 보고, 제3자가 양도담보의 목적물에 관하여 강제집행을 하는 경우에 양도담보권자는 강제집행을 한 제3자에 대하여 그 소유권을 주장하여 제3자 이의의 소를 제기함으로써 그 강제집행의 배제를 구할 수 있다고 본다.[80]

다. 양도담보권설정자와 제3자

양도담보권자는 목적물에 대하여 제한물권인 담보물권만을 취득하여 청산금을 지급할 때까지는 목적물을 처분할 수 없다. 다만 양도담보는 형식상 소유권이전의 방식을 취하여 양도담보권자가 자기의 소유재산으로 처분하는 경우가 있을 수 있다. 판례는 건물이 양도담보로 제공되어 등기까지 마친 이상, 양도담보권자가 대세적으로 소유권자이고 그로부터 이를 매수하여 그 소유권이전등기를 경료 받은 매수인에 대하여는 양도담보권설정자는 그 소유권을 주장할 수 없고, 설사 양도담보가 정산형으로서 정산문제가 남아 있다 하더라도 이는 담보목적물을 매수한 자에게 대항할 성질이 아니라고 본다.[81]

라. 양도담보권의 실행과 양도소득세의 납세의무자

양도담보권자가 양도담보의 실행으로 양도담보의 목적물을 제3자에게 처분한 경우에 그 양도담보권자에게 어떤 양도소득이 있다고는 할 수 없다. 그러므로 양도담보권자에게 목적물의 처분을 원인으로 하여 양도소득세가 부과되면 이는 위법한 처분이고, 그로 인한 양도소득세의 본래의 납세의무자는 양도담보설정자라고 보아야 한다.[82]

마. 제3자에 의한 침해
가) 목적물을 침탈한 경우

양도담보의 목적물을 제3자가 침탈한 경우에 양도담보권자는 양도담보권에 기하여, 양도담보권설정자는 소유권에 기하여 그리고 목적물을 점유하는 자는 점유권에 기하여 각각 물권적 청구권을 행사할 수 있다. 판례도 양도담보권설정자는 그 부동산의 등기명의가 양도담보권자 앞으로 되어 있다고 할지라도 그 부동산의 불법점유자인 제3자에 대하여는 그 실질적 소유자임을 주장하여 불법점유의 상태에 배제권을 행사할 수 있다고 본다.[83]

나) 목적물을 멸실 · 훼손한 경우

제3자가 목적물을 멸실 · 훼손한 경우에 양도담보권자 · 양도담보권설정자는 모두 제3자에 대하여 손해배상청구권을 취득한다.

(5) 양도담보권의 실행(우선변제)

초기의 판례에 의하면 양도담보를 약한 양도담보와 강한 양도담보로 구별하여 전자의 경우에는 청산이 필요하고, 후자의 경우에는 양도담보권자에게 당연하고도 완전하게 소유권이 귀속되는 것으로 이론구성하고 있었다. 그러나 최근에 이르러 판례는 양도담보권자에게 청산의무를 부과함으로써 청산에 관한 한 약한 양도담보와 강한 양도담보의 구별을 하지 않고 있다. 현재로서는 가등기담보법이 양도담보의 경우 그 목적물의 소유권은 양도담보설정자가 보유하는 것이라고 하는 전제아래(가담법 제4조 2항 · 제11조), 양도담보의 유형이 어떤 것인가를 묻지 않고 획일적으로 법원의 청산을 요구하고 있다.

가. 실행방법
가) 청산통지

피담보채권의 변제기가 경과한 후에 양도담보권자는 청산금의 평가액을 채무자 등에게 통지하여야 한다

---

80) 대판 1994. 8. 26, 93다44739
81) 대판 1984. 9. 11, 83다카1623
82) 대판 1992. 5. 12, 90다8855
83) 대판 1988. 4. 25, 87다카2696 · 2697

(동법 제3조 1항 전단). 통지에는 통지 당시의 목적부동산의 평가액과 민법 제360조의 규정에 의한 채권액을 밝혀야 한다(동법 제3조 2항).

나) 소유권의 취득

2개월의 청산기간이 경과되기까지는 양도담보권자가 담보목적물의 소유권을 취득할 수 없다. 즉 그 소유권을 취득하는 것은 청산기간이 경과함으로써 청산금액이 확정되고 그 금액을 채무자 등에게 지급한 때이다(동법 제4조 2항 전단).

다) 소유권취득의 저지

채무자 등은 양도담보자로부터 청산금채권을 변제받을 때까지 채무액을 지급함으로써 그 채무담보의 목적으로 경료 된 소유권이전등기의 말소를 청구할 수 있다(동법 제11조 본문). 그러나 채무액의 지급이 있는 때에 인정되는 소유권이전등기의 말소청구에 관해서는 그 것이 부인되는 다음과 같은 두 경우의 예외가 있다(동법 제11조 단서). 즉 채무의 변제기로부터 10년이 경과한 경우이거나 선의 제3자가 소유권을 취득한 경우 등이다.

라) 강행규정성

가등기담등에 관한 법률 의하면 양도담보에 있어서 채무자에게 청산금을 지급하기 이전에 채권자의 소유권 취득을 인정하는 계약은 무효인 것으로 하고 있다(동법 제4조 4항 본문). 그러나 청산기간이 경과한 후에 행해진 특약으로서 제3자의 권리를 해하지 않는 것은 유효로 인정한다(동법 제4조 4항 단서).

나. 청산금채권

실행통지를 한 후 2개월의 청산기간이 경과한 후, 채권자는 목적물의 가액과 채권액의 가액을 청산금으로 채무자 등에게 지급하여야 한다(동법 제4조 1항).

(6) 양도담보권의 소멸
가. 채권의 소멸에 따르는 법률관계
가) 동산인 경우

채무의 변제로 동산저당이 소멸하면, 설정자가 점유·이용 중일 때에는 특별한 절차가 필요 없다. 그러나 양도질의 경우에는 설정자는 양도담보권자에게 목적물인도청구권을 행사하게 된다.

나) 부동산인 경우

일반적으로 피담보채권의 소멸로 인하여 양도담보권이 소멸 한 경우에는, 설정자는 담보의 목적으로 경료 된 소유권이전등기의 말소를 청구할 수 있다(동법 제11조 본문). 양도담보권자가 채무자에게 청산금을 지급함으로써 소유권을 취득한때에는(동법 제4조 2항), 양도담보권은 소멸한다. 피담보채권의 변제기가 도래한 날로부터 10년이 경과되면 담보의 목적으로 경료 된 소유권이전등기는, 원래의 뜻으로서의 소유권이전등기로 변질한다. 양도담보권자의 청산금의 변제를 받기 이전에 담보목적으로 이전등기 한 소유권을 처분한 결과, 선의의 제3자가 그 소유권을 취득하게 된 때에도 동일하다(동법 제11조 단서).

나. 목적물이 멸실·훼손된 경우의 법률관계

양도담보의 목적물이 멸실하면 피담보채권에는 영향이 없으나, 양도담보권은 소멸한다. 그리고 목적물이 훼손되면, 그 잔존물 위에 양도담보권이 존속한다. 그리고 멸실, 훼손된 목적물에 갈음하는 대표물이 있는 때에는, 양도담보권은 그 위에 물상대위 한다.

2) 가등기담보
 (1) 가등기담보의 개념
 A가 B에게 금전을 대여하는 경우에 만일 B가 약정한 기일에 차용금을 반환하지 아니하면 B 또는 제3자(물상보증인)에 속한 목적물에 대한 소유권 기타의 권리를 채권자 A에게 이전하여 본래의 채무의 이행에 갈음한다는 대물변제의 예약·매매예약을 체결하고, A가 가지는 목적물의 소유권이전청구권을 보전하는 가등기를 하는 형식을 취하는 담보방법을 가등기담보라고 한다.

 나. 가등기담보의 유형
  가) 대물변제예약과 매매예약

  나) 정지조건부대물변제(또는 매매)계약과 진정한 대물변제(또는 매매)의 예약 이러한 양자의 구별은, 채무자의 환매가능한 시기를 채무자에의 소유권이전시기까지라고 해석하는 경우에 그 실익이 있다. 그러나 가담법에서는 환가처분의 절차를 규정함으로써 일단 환매기간을 명시하고 있기 때문에(동법 제3조 1항), 정지조건부대물변제 또는 계약과 진정한 대물변제(또는 매매)의 예약을 구별하여야 할 실익은 없다.

  다) 취득청산과 처분청산

 (2) 가등기담보의 법적구성
 가. 담보물권성
 가등기담보는 담보형태로서는 제한물권이 아니고 소유권이전형식의 담보방법이다. 가등기담보등에 관한 법률은 가등기담보가 담보물권임을 명시적으로 규정하고 있지는 않으나 동법의 내용으로 보아 일종의 담보물권이라 할 수 있다.

 나. 법적근거
  가) 담보가등기에 있어서는 피담보채권을 당연한 전제로 한다(동법 제2조 제2호).

  나) 채무불이행의 경우에는 가등기담보권자에게 목적부동산에 대한 경매청구권의 행사를 인정한다(동법 제12조).

  다) 제3자에 의하는 경매절차에 있어서도 가등기 담보권자는 가등기의 순위를 가지고 우선변제를 받게 된다(동법 제13조).

  라) 파산절차에 있어서는 별제권이 인정된다(동법 제17조 1항).

  마)국세기본법·국세징수법·지방세법·회사정리법의 적용에 있어서도 가등기담보권을 담보물권으로서 취급하고 있다(동법 제17조 3항)는 점 등이 있다.

 다. 담보물권의 통유성
 가등기담보권은 특수저당권인 일종의 담보물권이므로, 담보물권의 통유성을 가진다. 따라서 가등기담보권에도 부종성, 수반성, 불가분성, 물상대위성의 성질이 있다.

(3) 가등기담보의 설정
가. 의의
채권담보를 위하여 채무자가 채무를 이행기에 이행하지 않는 경우에 채무자(또는 제3자)에 속하는 소유권 기타의 권리를 채권자에게 이전한다는 내용으로 체결되는 대물변제예약·매매의 예약 기타의 계약이 가등기담보계약이다. 매매계약에 기하여 소유권이전등기청구권을 보전하기 위한 가등기를 경료한 후에 그 매매계약을 합의해제하여 매도인이 매수인으로부터 지급받은 매매대금을 반환할 경우에 매수인이 그 매매계약에 기한 가등기를 말소하기로 약정한 경우만으로는 매도인과 매수인 사이에 그 가등기를 담보가등기로 유용하기로 한 합의가 있다고 볼 수는 없다.

나. 가등기담보계약
가) 적용되는 가등기담보 등에 관한 법률의 피담보채권으로 될 수 있는 채권의 종류에 관하여는 학설이 대립된다. 즉 동법의 적용을 받는 채권을, 소비대차에 의하여 생긴 채권에 한정하여야 한다는 설과, 소비대차 이외의 사유로 생긴 채권에도 적용된다는 설이 대립하고 있다.

나) 권리이전의 계약을 내용으로 하는 계약
가등기담보계약은 권리를 이전할 것을 내용으로 하는 계약이다. 그러므로 소비대차계약을 체결하면서, 동시에 그로부터 발생하는 채권을 담보할 목적으로 소유권을 이전하는 형식을 취하기로 하는 양도담보계약은, 여기서 말하는 가등기담보계약이 아니다. 또한 그 명목 내지 명칭 여하는 묻지 않는다. 따라서 대물변제예약 뿐만 아니라 한하지 않고, 그밖에 같은 효력이 있는 매매예약이나 매매계약이더라도 상관없으며 증여예약이나 증여계약도 가등기담보계약이 될 수 있다.

다) 가등기담보계약은 채권담보의 목적으로 이루어진 계약이다(가담법 제2조 제1호). 담보의 목적 유무는 구체적인 계약마다 개별적으로 판단하여야 한다. 대물변제의 예약을 하는 경우에는, 일반적으로 담보의 목적이 있는 것으로 추정할 수 있을 것이다.

라) 부동산등기법 제2조에 열거되어 있는 부동산에 관한 권리 중 권리질권, 저당권, 전세권을 제외한(가담법 제18조) 그 밖의 권리, 즉 소유권, 지상권, 지역권 등의 권리가 그것이다. 이외에도 입목에 관한 법률에 의한 입목, 등기한 선박, 자동차, 항공기, 일정한 건설기계, 공장재단, 광업재단, 특허권, 실용신안권, 의장권 등도 가등기 또는 가등록이 가능하다. 그러나 실제로 이용되는 것은 거의 대부분이 부동산소유권이다.

다. 가등기
가등기담보의 공시방법은 부동산등기법 제3조에 의한 소유권이전청구권보전의 가등기(또는 특별법에 의하는 가등기·가등록)이다. 가등기는 일반적으로 순위보존의 효력이란 등기절차의 효력을 가지는데 불과하다. 즉 가등기담보의 목적물이 다른 채권자에 의하여 경매에 부쳐진 경우에, 가등기담보권자는 가등기인 채로 그 가등기의 순위를 가지고 우선변제권을 행사할 수 있다(동법 제13조). 이 때 담보가등기는 가등기이지만 본등기와 같은 기능과 효력을 갖는다. 그러나 가등기담보의 공시방법으로서의 담보가등기는 실체법상 독자적인 효력을 가진다는 점을 유의하여야 한다.

라. 가등기담보의 이전

가) 가등기담보권부 채권의 양도는 채권양도뿐만 아니라, 가등기담보의 양도도 포함된다. 가등기담보의 양도는 부동산물권변동의 일반원칙에 따라 물권적 합의와 등기를 하여야 효력이 생긴다(제186조). 그런데 등기는 예약상의 권리의 가등기가 있을 뿐이므로, 가등기에 권리이전의 부기등기를 하게 된다. 피담보채권의 양도는 채권양도에 관한 규정이 적용된다(제449조 내지 제452조). 따라서 당사자 사이의 양도는 의사표시만으로 양도의 효력이 생기지만, 채무자 기타 제3자에게 대항하기 위하여는, 양도인이 채무자에게 통지하거나 또는 채무자가 승낙하여야 한다(제450조 1항). 그리고 위의 통지나 승낙을 가지고 제3자에게 대항하려면, 통지나 승낙은 확정일자 있는 증서에 의하여야 한다(제450조 2항).

나) 그러나 가등기담보권이 특정의 채권을 담보할 것을 목적으로 하는 이상 담보물권으로서의 부종성도 당연히 인정되어야 한다. 그러므로 가등기담보권은 피담보채권과 분리하여 양도할 수 없다는 점을 비롯하여 그 처분에 관해서는 저당권의 처분에 관한 규정(제361조 참조)을 유추적용 할 수 있는 것으로 본다.

(4) 가등기담보의 일반적 효력
가. 가등기담보의 효력이 미치는 범위
가) 본법 제1조 및 제2조 1항은, 소비대차에 의하여 발생한 채권을 담보하기 위한 가등기담보, 양도담보 등에만 본법이 적용되는 것으로 규정되어 있으나, 소비대차계약에 의하지 않고 발생한 채권을 담보하기 위하여 설정된 가등기담보, 양도담보 등에도 적용된다고 해석된다. 그러나 판례는 가등기담보법의 적용범위를 좁게 인정하고 있다. 즉 가등기담보법은 피담보채권이 소비대차, 준소비대차에 의하여 발생한 경우에만 적용된다고 하며,[84] 가등기담보의 목적물의 가액이, 대물변제예약 당시에 차용액과 그에 붙인 이자의 합산액을 넘지 않는 경우(즉 민법 제608조를 위반하지 않는 경우)에는, 역시 적용되지 않는다고 한다.[85]

나) 피담보채권의 범위에 관해서는 민법 제360조의 규정이 적용된다(가담법 제3조 2항). 따라서 가등기담보는 원본, 이자, 위약금, 채무불이행으로 인한 손해배상, 담보권실행비용을 담보한다. 채무불이행에 의한 손해배상, 즉 지연배상은 원본의 이행기를 경과한 일년분에 한한다(제360조 단서). 그런데 저당권의 경우에는 이것은 모두 등기사항이다. 그러므로 등기 없이는 제3자에게 대항할 수 없다(부등법 제140조). 그러나 가등기 담보에 있어서는 이들을 등기할 길이 없다. 이것이 가등기담보권의 공시의 한계이다.

나. 담보목적물의 이용관계(대내적 효력)
가) 가등기담보가 설정되어도, 목적물의 소유권은 그 가등기담보의 실행이 있게 될 때까지는, 설정자에게 귀속한다. 따라서 저당권의 경우와 같이 설정자가 자유로이 이용할 수 있다. 제3자를 위한 용익권의 설정도 가능하다. 공조·공과는 설정자가 부담한다. 설정자가 목적물의 담보가치를 감소시킨 때에는, 가등기담보권자는 손해배상을 청구할 수 있으며, 그 배상액은 피담보채권을 한도로 한다.

나) 특히 문제되는 것은 임대차의 경우이다. 가등기담보법에 의하면 부동산임차권을 등기하거나(제621조), 또는 주택임대차보호법에 의하여 임차인이 보호되고 있는 경우와 같이 대항력 있는 임차인의 권리를 보호하고 있다(가담법 제5조 5항).

다) 토지 및 그 지상의 건물이 동일소유자에게 속하는 경우에 그 토지 또는 건물에 대하여 소유권을 취득하거나(동법 제4조 2항), 담보가등기에 기인한 본등기가 행해진 경우에는 그 건물의 소유를 목적으로 그 토지

---
84) 대판 1991. 9. 24, 90다13765
85) 대판 1991. 2. 26, 90다카24526; 동 1993. 10. 26, 93다27611

위에 지상권이 설정된 것으로 보며, 그 존속기간 및 지료는 당사자의 청구에 의하여 법원이 정하게 되는 것이다(동법 제10조).

다. 대외적 효력
가) 담보권자의 처분
채권자는 가등기담보권을 그 피담보채권과 함께 제3자에게 양도할 수 있다.

나) 국세우선특권과의 관계
가등기담보는 국세기본법, 국세징수법, 지방세법의 적용에 있어서는 이를 저당권으로 본다(동법 제17조 3항). 따라서 국세채권의 등기와 가등기담보의 등기일자(즉, 가등기일자)의 선후에 의하여 그 우선순위가 결정된다.

다) 설정자의 파산, 회사정리
가등기담보를 설정한 자가 파산한 때에는, 가등기담보권자는 별제권을 가지고(동법 제17조 1항; 채무자회생 및 파산에관한법률 제411조), 파산재단에 속하지 않는 파산자의 부동산 또는 권리에 가등기담보를 취득한 자는 준별제권을 갖는다(동법 제17조 2항;채무자회생 및 파산에관한법률 제411조).

(5) 가등기담보의실행(우선변제)
가. 개관
가등기담보의 실행방법에 관해서는 가등기담보법은 담보권자가 첫째, 직접 담보부동산의 소유권을 취득하는방법과, 둘째 경매에 의하는 방법을 인정하고 있다. 전자는 취득 귀속청산형에 속하며 후자는 처분청산형에 속한다. 취득청산형은 저당권에 있어서의 유저당과 동일한 범주에 포함시킬수 있지만, 가등기담보권에 있어서는 청산의무가 명문으로 인정되고 있는 점에서 다르다.

나. 권리취득에 의한 실행
가) 구체적인 절차는 채무자가 채무를 불이행하였을 때에 채무자 등에게 일정한 사항을 통지하는 실행통지를 하고, 통지 후 2개월의 청산기간이 경과하고 목적부동산의 가액이 피담보채권액을 초과하면 그 차액을 청산금으로서 채무자 등에게 지급한 후, 가등기에 기하여 본등기를 함으로써, 비로소 목적부동산의 소유권을 취득하게 된다.

나) 법정의 청산절차를 통하여 채권자가 가등기에 의한 본등기를 하여 목적물의 소유권을 취득함으로써 채권의 만족을 얻는 가등기담보를 귀속(취득)청산형가등기담보라고 한다(가담법 제3조).
(가) 채무자가 변제기에 변제를 하지 않는 경우에 가등기담보권자는 청산금의 평가액을 채무자 등에게 통지하여야 한다(동법 제3조 · 제2조 제2호).

(나) 가등기담보권자가 하는 담보권실행의 통지에는 주관적으로 평가한 통지 당시의 목적부동산의 가액과 피담보채권액을 명시하여 청산금의 평가액을 통지하면 족하다. 또한 가등기담보권자가 나름대로 평가한 청산금의 액수가 객관적인 청산금의 평가액에 미치지 못한다고 하더라도 담보권실행의 통지로서의 효력에는 아무런 영향이 없고 다만 채무자 등에 정당하게 평가된 청산금을 지급받을 때까지 목적부동산의 소유권이전등기 및 인도채무의 이행을 거절하면서 피담보채무 전액을 가등기담보권자에게 지급하고 채권담보의 목적으로 마쳐진 가등기의 말소를 구할 수 있을 뿐이다.

(다) 가등기담보권자는 그의 권리를 실행해서 목적물의 소유권을 취득할 수 있지만, 목적물의 전가치를 취득하는 것은 허용되지 않고 피담보채권액의 범위 내에서만 목적물의 가치를 취득할 수 있을 뿐이다.

(라) 가등기담보권의 설정자, 제3취득자, 후순위권리자가 청산금청구권자이다. 그러나 그밖에 담보가등기 후에 성립한 대항력 있는 임차권자도, 청산금의 범위 내에서 보증금의 반환을 청구할 수 있는 것으로 하고 있다.

(마) 청산금지급청구권자인 채무자 등은 청산기간이 경과하기 전에는 청산금청구권을 처분하지 못하며 처분을 하여도 그것을 가지고 후순위권리자에게 대항하지 못한다(동법 제7조 1항). 채권자도 후순위권리자에게 제6조의 통지를 하지 아니하고 채무자 등에게 청산금을 변제하더라도, 이로써 후순위권리자에게 대항하지 못한다(동법 제7조 2항).

(바) 후순위권리자는 청산기간이 경과한 후, 청산금이 채무자에게 지급되기 전에 제3조 1항의 실행통지 시에 채권자가 통지한 평가액의 범위 내에서 우선순위에 따라서 자기 채권의 명세와 증거를 제시하여 변제를 채권자에게 청구할 수 있고, 채권자는 후순위권리자의 이러한 변제청구가 있는 때에는 이를 지급하여야 한다(동법 제5조 1항, 2항).

(사) 채무자의 일반채권자가 채무자의 청산금청구권을 압류 또는 가압류한 경우에는, 제3채무자인 채권자는 채무자에게 청산금을 지급하는 것이 금지되고, 또한 채무자는 청산금을 추심하여 영수하는 것이 금지된다(민소법 제561조 1항). 그렇게 되면 채권자는 청산금을 채무자에게 지급하고, 목적부동산의 소유권을 취득할 수 없게 된다. 그러므로 가등기담보 등에 관한 법률은 채권자가 청산금을 공탁함으로써 그 한도에서 채무를 면하고 소유권을 취득할 수 있도록 하여 채권자의 권리를 보호하고 있다(가등기담보법 제8조 1항).
이 때 공탁은 청산기간 경과 후 채무이행지를 관할하는 지방법원 또는 지원에 한다(동법 제8조 1항). 청산금이 공탁된 때에는, 채무자 등의 공탁금출급청구권이 압류 또는 가압류된 것으로 봄으로써 압류채권자 등의 이익의 보호도 꾀하고 있다(동법 제8조 2항). 채권자가 청산금을 공탁한 경우에는, 채무자 등과 압류채권자 또는 가압류채권자에게 지체없이 공탁의 통지를 하여야 한다(동법 제8조 4항).
채권자는 담보가등기가 된 부동산에 대하여, 경매개시결정이 있는 경우(동법 제14조)를 제외하고는 공탁금의 회수를 청구할 수 없다(동법 제8조 3항). 그것은 경매개시가 결정된 때에는, 채권자는 목적부동산의 소유권을 취득할 수 없기 때문이다.

(아) 가등기담보권자는 실행통지를 하고 청산기간이 경과한 후 청산금을 지급하게 되면 담보가등기에 기하여 소유권이전의 본등기를 함으로써 목적부동산의 소유권을 취득하게 된다.

(자) 가등기담보권자는 청산금평가액의 통지를 한 후 2개월의 청산기간이 경과하고 채무자 등에게 청산금을 지급하는 변제절차를 거친 후 가등기에 기한 본등기를 하여 목적부동산의 소유권을 취득한다. 다만 청산기간이 경과한 후에도 채무자 등은 채무의 변제기로부터 10년이 경과하거나 선의의 제3자가 소유권을 취득한 때를 제외하고는 정당하게 평가된 청산금을 변제받을 때까지 목적부동산의 소유권이전등기 및 인도채무의 그 채무액을 채권자에게 지급하고 채권담보의 목적으로 경료된 가등기의 말소청구를 할 수 있다(동법 제11조).

(차) 가등기담보법 제3조, 제4조에 위반하여 청산절차를 거치지 않고 담보가등기에 기한 본등기가 이루어진 경우에는 그 본등기는 무효이고, 설령 그와 같은 본등기가 가등기권리자와 채무자 사이에 이루어진 특약에 의하여 성립한 경우라고 할지라도 만일 그 특약이 채무자에게 불리한 경우로서 무효라고 한다면 그 본등기는

여전히 무효일 뿐이며, 이른바 약한 의미의 양도담보로서 담보의 목적 내에서는 유효하다고 할 수도 없다.[86]

다. 법정지상권

토지 및 그 지상의 건물이 동일한 소유자에 속하는 경우에 그 토지 또는 건물의 어느 한쪽에 가등기담보권이 설정되어 실행된 결과 가등기담보법 제4조 2항의 규정에 의하여 소유권을 취득하거나 담보가등기에 기한 본등기가 행하여진 때에는 건물을 위하여 지상권이 설정된 경우로 본다(동법 제10조).

라. 경매에 의한 실행

가등기담보권자는 권리취득에 의한 실행을 하지 아니하고 목적부동산의 경매를 청구할 수 있고(동법 제12조 1항 전단), 그 경락대금으로부터 자기채권의 우선변제를 받을 수 있다. 경매에 의한 실행에서는 가등기담보권을 저당권으로 본다(동법 제12조 1항 후단).

마. 후순위권리자의 경매청구와 가등기담보권자의 배당참가

다른 권리자의 신청에 의하여 개시된 경매절차에 가등기담보권자도 참가할 수 있다. 가등기담보권자가 배당참가를 하기 위하여는 법원에 의한 채권신고의 최고에 따라서 채권신고를 하여야 한다(동법 제16조 1항·2항). 다른 권리자에 의한 경매절차에서 가등기담보권자는 이해관계인으로 본다(동법 제16조 3항).

(6) 가등기담보의 소멸
가. 가등기의 말소청구

채무자등은 청산금채권을 변제받을 때까지는 그 채무액을 채권자에게 지급하고 채권담보의 목적으로 행해진 담보가등기 또는 소유권이전등기의 말소를 청구할 수 있다(동법 제11조). 그러나 피담보채권이 변제기일로부터 10년을 경과하거나 또는 선의의 제3자가 소유권을 취득한 경우에는 등기의 청구를 청구할 수 없게 된다.

나. 목적물의 매각

담보가등기가 행해진 부동산에 대하여 경매가 있는 경우에는 가등기담보권은 그 부동산의 매각으로 말미암아 소멸한다(동법 제15조·제16조)

다. 본등기

가등기담보권의 실행에 의하여 채무자가 청산금을 지급받고 채권자가 가등기에 의거한 본등기를 하게 되면 가등기담보권은 당연히 소멸한다(동법 제4조).

4) 소유권유보
(1) 소유권유보의 개념

소유권유보라 함은 매매대금의 완제 전에 매매목적물의 점유는 매도인으로부터 매수인에게도 이전하고, 매매대금채권의 담보를 위해서 목적물의 소유권을 매도인이 유보하는 형식의 담보방법이다. 소유권유보의 방법에 의한 담보에 있어서는 매수인이 잔금을 지급하지 않으면 매도인은 소유권을 회수하여 이것을 대금채권에 충당함으로써 담보목적을 달성하게 된다.

(2) 소유권유보의 담보적 효력

---

86) 대판 1994. 1. 25, 92다20132

가. 대내적 효력

대내관계는 제1차적으로는 계약에 의하여 결정된다.

나. 대외적 효력

가) 목적물의 처분

매수인은 담보권의 부담이 있는 목적물을 소유하고 있으므로, 목적물을 처분하면 제3자는 담보권의 부담이 있는 소유권을 취득하게 된다. 그러나 제3자가 소유권유보와 담보권이 있음을 알지 못하고 선의취득의 요건을 갖추게 되면, 동산의 경우에는 담보권이 없는 완전한 소유권의 취득이 인정된다고 하여야 할 것이다.

나) 일반채권자에 의한 압류

목적물이 매수인의 일반채권자에 의하여 압류가 된 경우 매도인은 우선변제청구의 소를 제기할 수 있을 것이다. 그런데 할부매매약관에서는 압류를 해제원인으로 하는 것이 일반적이다. 이러한 경우의 해제는 실질적으로 담보권의 실행으로서의 기능을 갖는다. 매도인의 일반채권자의 목적물의 압류는 피담보채권과 함께 담보권의 압류로 이해하여야 할 것이다.

다) 파산

매수인에 대하여 파산절차가 개시되면 매도인은 별제권을 행사할 수 있다(채무자회생및파산에관한법률 제411조).

(3) 유보소유권의 실행

담보권의 실행으로서 행해지는 목적물이 인도를 청구함에 있어서는, 이미 지급한 대금액으로부터 위약손해금액을 공제한 액을 매주에게 반환하여야 할 필요가 있다. 실제로는 매매대금의 불지급을 이유로 하여 최고 없이(제544조)목적물의 반환을 청구할 수 있다는 실권약관이 많다.

3. 기존법제이용형의 변칙담보

1) 담보적 상계

(1) 담보적상계의 의의

상계는 원래 채권·채무의 간결하고도 공평한 결제수단(소멸원인)으로서 채무자가 자기의 채무를 소멸시키는 제도이다. 그러나 일방적 의사표시로써 채무자가 가지고 있는 채권을 자동채권으로 하고 채권자가 가지는 채권을 수동채권으로 하여 쌍방의 채권·채무를 대등액에서 결제함으로써 소멸시킨다는 것은, 상호간에 유치권이나 질권이 있는 것과 동일한 작용을 사실상 영위하는 것이 된다. 이러한 현상을 상계의 담보적 작용이라고 한다. 상계가 담보적작용을 한다고 해서 모든 경우를 담보적상계라고 할 수는 없다.

즉 그것은 원래의 결제적 수단으로서의 상계와 구별하지 않으면 안 된다. 예컨대 그 기준은 다른 채권자가 담보목적물인 수동채권에 대하여 채권추심을 실행(예 : 압류)해 오더라도 그 채권자보다 언제나 우선변제적 효력을 주장할 수 있는 효력이 인정되고 있는가의 여부에 두어야 할 것이다. 이러한 효력이 있는 것이 곧 담보적 상계이다.

(2) 담보적상계의 담보력

가. 피담보채권(자동채권)

담보적상계에 있어서도 자동채권(피담보채권)은, 수동채권(담보적채권)에 대한 제3자채권에 의하는 압류가 있기까지 발생하고 있지 않는 이상, 상계로써 사실상 우선변제를 받을 수 없다. 그러므로 압류 후에 발생한 채권을 자동채권으로 하여 상계할 수 없다는 점에서 그 담보력에 한계가 있다. 대금채권이 압류 전에 이미 존재하고 있는 것이라면 압류채권자에 대하여 언제나 상계로써 대항함으로써 수동채권에 의하여 우선적으로 변제를 받을 수 없다. 이 점에서 담보적 상계의 담보력이 발휘되는 것을 볼 수 있다.

나. 담보목적채권(수동채권)

담보적 상계에 있어서의 담보목적이 될 수 있는 채권, 즉 수동채권에 관해서는 제한할 필요가 없다. 즉 우선 법정상계의 경우에 있어서 수동채권으로 될 수 없는 채권에 관해서는 담보목적채권이 될 수 없을 것은 당연하다. 그 밖의 채권에 관해서는 그것이 채권의 담보가 될 수 있다는 합리적인 기대가 주어지고 있는 채권이라면 제한할 필요가 없을 것이다.

2) 대리수령
(1) 대리수령의 담보성

대리수령이라 함은 담보의 목적에 의하여 성립된 채권수령권의 위임을 말한다. 실제거래계에 있어서는 채무자가 제3채무자에 대하여 가지고 있는 대금 채권에 관하여 채무자가 추심위임을 받아 대리권을 취득하고 이에 의거하여 추심한 금전으로써 채무자에 대한 채권의 변제에 충당하는 방법이 적지 않게 행해지고 있는 듯하다. 이것이 대리수령의 실제상의 모습이다.

(2) 대리수령의 담보적 효력
가. 위임인(채무자)에 대한 효력

위임인은 스스로 지급을 받을 수 없을 뿐만 아니라, 목적채권을 면제·경개·상계등에 의하여 소멸시킬수 없고, 이에 위반하는 경우에는 채무불이행 책임을 지게 된다.

나. 제3자에 대한 효력

위임인의 채권자가 목적채권을 압류한 경우에는 대리수령권자는 그 압류채권자에게 대항할 수 없다. 또 위임인이 목적채권을 제3자에게 양도·질입한 경우에는 위임인에 대하여 책임을 추구할 수 있을 것은 별론 으로 하고, 그 제3자가 선의인 이상 유효한 처분이 된다(제449조 2항).

(3) 대리수령권의 실행

대리수령권자가 제3채무자로부터 대금을 추심함에 있어서 제3채무자가 임의지급을 하지 않는 경우에는 어떻게 해야 하는지 문제이다.

3) 납입지정
(1) 납입지정의 담보성

납입지정이라 함은 채권자가 채무자의 거래상대방에 대하여 가지는 대금채권을 담보로 잡는 경우에 채무자의 거래상대방이 특정의 은행에 개설되어 있는 채무자의 예금구좌에 납입함으로써 지급할 것을 약정하는 담보방법을 말한다. 이러한 경우의 납입금은 채무자와의 사이에 변제충당 또는 상계의 특약을 함으로써 결과적으로는 담보적 기능을 치르게 된다.

(2) 납입지정의 담보적효력
가. 채무자에 대한 효력

채권담보를 위하여 행해진 납입지정에 있어서는 납입지정 된 채권을 채무자가 스스로 추심수령할 수 없을 것은 물론이고, 납입이 없는 동안에 그 채권을 타인에게 질입 또는 양도할 수 없다.

나. 제3채무자에 대한 효력

납입지정에 있어서는 추심권이 없기 때문에, 제3채무자에 대하여 채권의 추심을 청구할 수 없다. 다만 납입지정에 있어서는 일반적으로 제3채무자의 승인을 얻는 것이 보통이기 때문에, 제3채무자가 납입지정의 방법에 의하지 않고 변제한 경우에는 채무불이행으로 인한 손해배상을 청구하거나, 재차의 지급을 청구할 수 있는 것으로 해석한다.

다. 제3자에 대한 효력

납입지정에 있어서도 대리수령의 경우와 동일하게, 제3자에 대해서는 그 담보적 효력으로서 대항할 수 없다. 따라서 납입지정 된 채권을 제3자가 압류하더라도 그 압류채권자에 대한 대항력은 인정될 수 없다. 또 채무자가 약정을 위반하여 그 채권을 양도·입질하였다 하더라도 채무자에 대하여 책임을 추구할 수는 있을지언정, 제3자에 대해서는 그러한 처분의 무효를 주장할 수 없다.

(3) 담보적효력의 실행

납입지정의 담보적 효력은 오르지 납입된 자금을 대출금의 회수를 위하여 충당한다는 점에 있어서만 그 효력을 발휘하는 데 지나지 않는다. 그러므로 담보적 효력의 실행이라 하더라도 그것은 약정에 의거하는 변제충당권 내지 상계권의 행사에 관한 문제로 귀착될 따름이다.

4. 매도담보

1) 매도담보의 의의

넓은 의미에서의 양도담보 중에서, 그 신용의 수수를 매매대금의 형식으로 하는 것을 매도담보라 한다. 그리하여 신용의 수수를 소비대차에 의하고 그 담보를 소유권이전의 형식에 의하는 것을, 좁은 의미의 양도담보라 한다. 보통 양도담보라 함은 좁은 의미의 양도담보를 의미한다. 구체적으로는 환매권유보부 매매(환매특약부 매매)와 재매매예약부 매매를 합쳐서 매도담보라 한다. 그러므로 매도담보에 있어서는 환매와 재매매의 예약이 담보의 기능을 한다.

2) 환매
(1) 의의

환매라 함은 매도인이 매매계약과 동시에 특약으로 환매할 권리, 즉 환매권을 보류한 때에, 그 환매권을 환매기간 내에 행사하여 매매목적물을 다시 사오는 것을 말한다(제590조). 환매권의 행사로 두 번째의 매매가 성립하는데 이 두 번째의 매매가 환매인 것이다. 환매를 위와 같이 이해하는 것은, 환매권을 일종의 매매완결권 내지 예약완결권의 성질을 갖는 것으로 보는 것이다. 이에 대하여 다수설은 환매권을 일종의 해제권으로 이해하고 있다.

(2) 요건
가. 목적물

부동산, 동산, 기타의 재산권(채권, 지적재산권 등)이나, 주로 부동산이 이용된다.

나. 환매특약

매매계약과 동시에 하여야 한다(제590조 1항). 매매계약과 동시에 하지 않은 특약이 모두 무효는 아니며 재매매의 예약으로서 유효할 수 있다. 특약의 변경은 매매계약의 동일성이 상실하지 않는 범위에서 가능하며, 합의에 의하여 특약만을 해제, 소멸케 하는 것은 무방하다.

다. 환매대금

매매대금과 매수인이 부담한 매매비용이 환매대금이 되지만(제590조 1항), 당사자 사이에 다른 특약이 있으면 이에 의한다(제590조 2항).

라. 이자와 과실(果實)

매매대금의 이자와 목적물의 과실은 특별한 특약이 없다면 상계한 것으로 본다(제590조 3항).

마. 환매기간

부동산은 5년, 동산은 3년을 넘지 못하며(제591조 1항 전단), 약정기간이 이 기간보다 긴 때에는 각각 5년, 3년으로 단축한다(제591조 1항 후단). 또한 한번 정한 환매기간은 이를 연장하지 못한다(제591조 2항). 그리고 환매기간을 정하지 않은 때에는, 부동산은 5년, 동산은 3년으로 한다(제591조 3항). 이와 같이 환매기간을 엄격히 제한하는 것은, 목적물의 소유권의 귀속이 장기간에 걸쳐서 불안정한 상태에 있는 것을 방지하기 위함에 있다.

바. 대항요건

환매는 매매계약과 동시에 특약에 의하여 성립한다. 이 때 매매목적물이 부동산이면, 매매로 인한 소유권이전등기와 동시에 환매권의 보유를 등기할 수 있고 이를 등기한 때에는 제3자에 대하여도 그 효력이 있다(제592조). 환매권의 등기는 매매에 의한 이전등기와 동시에 신청하여야 하고, 매매에 의한 소유권이전등기와 이를 함께 부기등기하게 된다. 그리고 환매권의 양도가 있는 경우에는, 그 이전을 등기하여야 제3자에게 대항할 수 있고, 환매권의 등기와 같이 양도의 등기는 소유권이전의 부기등기에 의한다.

3) 재매매의 예약

(1) 의의

물건 또는 권리를 타인에게 매각하여 그 목적물의 소유권이나 가타의 권리를 매수인에게 이전하면서, 장차 매수인으로 하여금 그 매매의 목적물을 다시 한번 매도인에게 매각(재매매)케 하는 내용의 예약을 재매매의 예약이라 한다.

(2) 요건

재매매의 예약은 환매와 같은 제한은 없다. 즉 재매매의 예약은 매매와 동시에 체결할 필요가 없고, 예약완결권의 존속기간은 제한되지 않으며, 부동산환매권은 등기가 가능하나, 예약완결권의 보전을 위해서는 가등기할 수밖에 없다.

(3) 행사

예약의무자(매수인)에 대한 예약완결의 의사표시에 의한다.

환매와 재매매의 예약

구 분	환 매	재매매의 예약
의의	매도인이 매매계약과 동시에 특약으로 환매권을 유보하고 그 존속기간 내에 환매권을 행사하여 매매목적물을 다시 매입하는 계약	물건·권리를 타인에게 매각하여 그 목적물의 소유권 기타 권리를 매수인에게 이전하고 장차 매수인이 매매목적물을 다시 매도인에게 매각하게 하는 예약
목적물	부동산·동산 기타 재산권	부동산·동산 기타 재산권
계약시기	매매계약과 동시(제590조)	언제든지 가능
공시방법	소유권이전등기의 부기등기(제592조)	가등기
대금	원매매의 대금+계약비용(제590조 1항)	제한 없음
존속기간	부동산 5년, 동산 3년(제591조)	제한 없음

4) 매도담보의 효력

(1) 개설

매도담보는 매매의 형식에 의하여 소유권을 이전하고, 아울러 환매권보류 또는 재매매예약의 특약을 함으로써 설정되는 담보권이다. 이러한 매도담보권은 그 실질은 채권담보를 목적으로 하면서, 형식은 매매에 의한 소유권이전방식에 의한다. 그러므로 이 매도담보권은 그 실질이 양도담보권과 다를 바 없다. 따라서 양도담보권의 효력, 소멸 등에 관한 설명을 그대로 매도담보권에도 타당하다.

(2) 환매의 실행

가. 환매권의 행사방법

환매는 환매권자가 환매기간 내에 매매대금과 매매비용을 환매의무자에게 제공하고, 환매의 의사표시를 함으로써 행사한다(제594조). 환매권은 양도할 수 있으므로, 양도된 때에는 양수인이 환매권을 행사한다. 그리고 환매의 목적물이 부동산인 때에는 환매등기를 할 수 있고 이를 한 때에는 제3자에 대해서도 효력이 있다(제592조). 따라서 환매목적부동산이 이전된 때에는, 환매권자는 전득자에 대하여 환매권을 행사할 수 있다.

나. 환매권의 대위행사

환매권은 양도성이 있고, 또한 일신전속권이 아니므로, 환매권자(매도인)의 채권자는 이를 대위행사할 수 있다(제404조). 환매권자의 채권자가 매도인을 대위하여 환매하고자 하는 때에는 환매의무자(매수인)는 법원이 선정한 감정인의 평가액에서 매도인이 반환할 금액을 공제한 잔액으로 매도인의 채무를 변제하고 잉여액이 있으면 이를 매도인에게 지급하여 환매권을 소멸시킬수 있다(제593조).

다. 공유지분의 환매

공유자 1인이 환매권을 보류하고 그의 지분을 매도한 후 공유물의 분할이나 경매가 있는 때에는, 매도인은 매수인이 받은, 또는 받을 지분이나 대금에 대하여 환매권을 행사할 수 있다. 그러나 매도인에게 통지하지 아니한 매수인은, 그 분할이나 경매로써 매도인에게 대항하지 못한다(제595조). 환매권자는 분할이나 경매가 없었던 것과 같이 여전히 공유지분을 환매할 수 있다. 분할이나 경매는 이를 원인으로 하여 그 효력을 잃는다.

제 7 절   전세권

1. 총설

1) 전세권의 개념

전세권이라 함은 전세금을 지급하고 타인의 부동산을 점유하여 그 부동산을 용도에 좇아 사용·수익하며, 그 부동산전부에 대하여 후순위권리자 기타 채권자보다 전세금에 관한 우선변제권이 인정되는 특수한 용익물권을 말한다(제303조 1항). 전세권은 기본적으로는 용익물권이지만, 한편으로는 담보물권으로서 성질도 갖고 있다. 그러나 용익물권으로서의 성질이 기본적이고, 담보물권성은 부수적·종적인 것에 지나지 않음에 유의하여야 한다.

2) 전세권의 법적성질

(1) 전세권은 「타인의 부동산」위에 설정되는 권리이다.
(2) 전세권은 타인의 부동산을 점유하여 그 부동산을 「용도에 좇아 사용·수익」하는 권리이다.
(3) 전세금의 지급은 전세권의 요소이다(제303조 1항).
(4) 전세권은 용익물권이다.
(5) 전세권은 담보물권성이 부가된 특수한 물권이다.

3) 전세금

전세금이라 함은 전세권자가 전세권설정자에게 교부하고(제303조 1항), 전세권이 소멸하는 경우에는 그 반환을 받게 되는 금전을 가리킨다(제317조·제318조). 전세금은 본질적으로 보증금과 동일한 기능을 갖는다. 다만 전세금과 보증금의 차이점은 보증금은 임대차 존속 중에서도 보증금을 가지고 이행되지 않는 채무에 충당할 수 있으나, 전세금은 전세권 소멸 후에만 전세금을 가지고 이행되지 않은 채무에 충당할 수 있다(제315조 2항). 관행상으로는 전세금은 목적부동산의 시가의 절반을 상회하는 금액으로써 치루어진다고 한다. 뿐만 아니라 전세금반환에 관해서는 우선변제적효력까지 인정되고 있다(제303조).그러므로 전세권 설정자는 그의 부동산을 담보로 제공하고, 전세금에 해당하는 융자를 받는 것이 되고, 한편 전세권자는 고액의 전세금을 일시에 담보해 줌으로써, 목적부동산을 유치·사용하는 것과 같은 관계가 당사자 사이에 있게 되고, 따라서 전세권은 부동산질권의 실질을 갖게 된다.

2. 전세권의 취득과 법정경신

1) 전세권의 취득사유일반

전세권은 부동산 소유자와 비소유자(전세권 취득자) 사이의 설정계약과 등기에 의하여 설정·취득함이(제186조) 보통이다. 그리고 전세권은 물권이기 때문에 전세권의 양도·상속에 의해서도 승계취득 할 수 있다.

2) 설정계약에 의한 취득

(1) 전세권설정계약은 물권계약이므로, 전세권 설정에 대한 합의와 등기가 필요함은 물론이다. 그러나 특히 유의하여야 할 것은, 전세권은 전세금의 지급을 요소로 하는 것이므로 전세금의 지급은 전세권설정계약의 성립요건이 된다는 점이다.

(2) 전세권의 객체인 부동산은 1필의 토지 또는 1동의 건물의 일부라도 상관없다. 다만 전세권의 목적이 부동산의 일부인 때에는, 전세권의 등기신청시에 그 도면을 첨부하여야 한다(부등법 제139조 2항).

(3) 전세권은 목적부동산을 점유할 권리를 포함하나, 목적부동산의 인도는 전세권의 성립요건이 아니다. 목적물의 인도는 전세권의 성립요건이 아니므로 전세권설정과 동시에 목적물을 인도하지 아니한 경우라고

하더라도 장차 전세권자에 의한 목적물의 사용·수익을 완전히 배제한 경우가 아니라면 그 전세권은 효력이 있다.[87]

3) 전세권의 법정경신

(1) 법정경신의 의의

민법 제312조 4항은「건물의 전세권설정자가 전세기간 만료 전 6월부터 1월까지 사이에 전세권자에 대하여 경신거절의 통지 또는 조건을 변경하지 않으면 경신하지 아니한다는 뜻의 통지를 아니 한 경우에는 그 기간이 만료한 때에 전전세권과 동일한 조건으로 다시 전세권을 설정한 것으로 본다. 이 경우의 존속기간은 그 정함이 없는 것으로 본다」고 규정한다. 이것이 전세권의 법정경신이다. 전세권의 법정경신은 법률의 규정에 의한 부동산에 관한 물권의 변동이므로 전세권 경신에 관한 등기를 필요로 하지 아니하고 전세권자는 그 등기 없이도 전세권설정자나 그 목적물을 취득한 제3자에 대하여 그 권리를 주장할 수 있다.[88]

이러한 법정경신제도는 주택임대차보호법에 있어서도 볼 수 있다(주택임대차보호법 제6조). 즉 이것은 임대차 계약의 법정경신(동법 제6조)과 동일한 제도이다.

(2) 법정경신의 성립과 효과

가. 법정경신의 성립요건

가) 법정경신은 합의경신이 없는 경우에 한하여 적용될 수 있다.

나) 법정경신은 전세권의 목적이「건물」인 경우에 한해서만 인정된다.

다) 법정경신은 전세권설정자가 전세권자에 대하여 일정기간 사이에 경신거절 또는 조건변경이 부여된 경신의 통지를 하지 않는 경우에만 인정된다.

라) 전세권자에 대한 전세권설정자의 경신거절 또는 조건변경경신에 관한 통지는, 전세권의 존속기가의 만료일로부터 소급하여 6개월부터 1개월 사이에 하여야 한다.

마) 법정경신의 경우에는 전세권의 경신에 관한 등기를 필요로 하지 않는다.

나. 법정경신의 효과

법정경신으로 인하여 인정되는 전세권은 전전세의 내용과 동일한 것으로 본다(제312조 4항 전단). 따라서 전세건물, 전세금액, 전세건물의 용도에 관해서도 전전세권과 동일한 것으로 다루어진다. 다만 법정경신으로 인한 전세권의 존속기간에 관해서만은 그 정함이 없는 것으로 본다(제312조 4항 후단). 따라서 제313조의 규정에 의하여 각 당사자는 언제든지 전세권의 소멸을 통고할 수 있고 이 통고가 있는 후 6개월이 경과되면 전세권은 소멸하게 되는 것으로 해석하여야 한다.

3. 전세권의 존속기간

1) 민법의 규정

전세권의 존속기간에 관해서는 당사자가 설정행위로써 임의로 정할 수 있는 것이 원칙이다(제312조). 그러나

---

87) 대판 1995. 2. 10, 94다18508
88) 대판 1989. 7. 11, 88다카2109

존속기간은 반드시 설정행위로써 정하여야 하는 것은 아니며 민법은 그 정함이 없는 경우에 관하여 별도의 규정을 두고 있다(제313조). 또한 법정경신(제230조)으로 인한 전세권의 보존기간에 관해서도 그 정함이 없는 경우로서 보게 된다(제312조 3항). 그런데 당사자가 설정행위로써 보존기간을 정하는 경우에는 일정한 제한이 있고 그것은 토지전세권과 건물전세권에 있어서 다르다. 즉 토지전세권에 관해서는 최장기간과 최단기단의 제한이 있다(제312조). 전세권과 존속기간은 등기하여야 제3자에게 대항할 수 있다(부등법 제139조).

2) 설정행위로써 존속기간을 정하는 경우
 (1) 토지전세권의 경우
 가. 토지전세권의 존속기간에 관해서는 당사자가 임의로 정할 수 있지만, 그 최장기간에 대해서는 일정한 제한이 있다. 즉 토지전세권의 존속기간은 10년을 넘지 못하며, 당사자에 의하여 약정된 기간이 10년을 넘는 경우에도 10년으로 단축된다(제312조 1항). 그러나 최단기간에 관해서는 지상권의 존속기간과 정반대로 규정되어 있다. 즉 토지전세권은 최장기간에만 제한을 두고 최단기간에 관해서는 제한을 두지 않고 있는 반면, 지상권의 존속기간에 관해서는 최단기간에만 제한을 두고(제280조), 최장기간에 관해서는 전혀 규정을 두고 있지 않다. 전세권의 존속기간은 등기하여야만 제3자에게 대항할 수 있으며(부등법 제139조 1항), 존속기간의 등기가 없으면 존속기간의 약정이 없는 것으로 다루어진다.

 나. 토지전세권의 존속기간이 만료하면 설정계약을 경신할 수 있다. 그러나 그 경우에도 존속기간은 경신한 날로부터 10년을 넘지 못한다(제312조 3항).

 (2) 건물전세권의 존속기간
 건물전세권의 존속기간도 역시 당사자가 임의로 정할 수 있는 것이 원칙이다. 건물전세권의 최단기간은 1년이다.

3) 설정행위로써 존속기간을 정하지 않은 경우
설정계약으로써 존속기간을 약정하지 않은 경우에는 각 당사자는 언제든지 상대방에 대하여 전세권의 소멸을 통고할 수 있고 상대방이 이 통고를 받은 날로부터 6개월이 경과하면 전세권은 소멸한다(제313조).법정경신제도에서는 법정경신으로 인한 전세권의 존속기간에 관해서는, 당사자가 설정행위로써 그 기간을 정하지 않은 것으로 본다(제312조 4항 후단). 따라서 제313조의 규정은 법정경신의 경우에도 적용되고, 또한 위에서와 같은 이론도 그대로 원용될 수 있는 것으로 본다.

설정행위로써 기간을 정하는 경우				존속기간을 정하지 아니한 경우 법정경신에 의한 경우
토지전세권		건물전세권		
최장기간	최단기간	최장기간	최단기간	
10년	제한 무	10년	1년	소멸통고가 있은 후 6개월이 경과하면 전세권이 소멸

4. 전세권의 효력

1) 전세권의 효력이 미치는 범위
 (1) 서설
 민법은 건물전세권의 효력은 그 토지 위에 지상권 또는 임대권에 미칠 것을 규정하고(제304조), 전세권의 목적인 건물의 소유자와 대지의 소유자가 다르게 되는 경우에는 지상권의 성립을 인정하고 있다(제305조).

(2) 건물전세권의 지상권·임차권에 대한 효력

가. 타인의 토지 위에 건물을 소유하는 자가 그 건물에 전세권을 설정한 경우에는 전세권의 효력은 건물의 소유를 목적으로 하는 지상권 또는 임차권에도 미친다(제304조 1항). 제304조 1항의 이른바 전세권이「지상권 또는 임차권에 미친다」는 점에 관해서는 학설간의 대립이 있다. 다수설은 전세권자는 그 지상권 또는 임차권자체에 대하여 법률상 당연히 전세권을 취득하는 것으로 이해한다. 이러한 경우의 전세권의 효력확장은 법률의 규정에 의하는 것이므로 별도의 등기가 필요 없음은 물론이다(제187조).

나. 위에서와 같이 전세권의 효력이 지상권 또는 임차권에 미치는 경우에는 전세권 설정자는 전세권자의 동의 없이 그 지상권 또는 전세권을 소멸하게 하는 행위를 하지 못한다(제304조 2항). 전세권자가 동의함으로써 전세권설정자가 지상권 또는 임차권을 소멸시킨 때에는 그 지상권자 또는 임차인으로서 지상권을 수거하고 토지를 원상으로 회복하여 반환하여야 할 경우가 생길 수도 있다(제285조 1항·제615조). 이러한 경우에는 전세권도 따라서 소멸할 것이며, 그것이 전세권의 존속기간이 만료하기 전에 일어난 사태라면 전세권자가 기한의 이익을 포기한 경우라고 보아야 할 것이다(제153조 2항).

(3) 법정지상권

가. 대지와 건물이 동일한 소유자에 속한 경우에 있어서 그 중 건물 만에 대하여 전세권을 설정한 때에는 그 대지소유권의 특별승계인은 전세권 설정자에 대하여 지상권을 설정한 것으로 본다(제305조 1항 본문 : 제366조). 이것이 법정지상권이다. 민법이 전세권자에게 법정지상권을 인정하는 취지는 건물사용자의 토지이용을 법적으로 현실화하기 위한 데 있다.

나. 건물과 대지의 소유자가 그 대지만을 처분하는 경우에는, 대지양수인과의 계약으로 지상권 또는 임차권을 취득해 두는 것이 일반적이다. 법정 지상권은 법률의 규정에 의하여 당연히 취득되는 것이므로, 등기를 요하지 않는다(제187조).

2) 전세권자의 사용·수익의 권리·의무
(1) 전세권자의 점유권과 사용·수익권

전세권은 목적부동산을 점유하여 그 부동산의 용도에 좇아 사용·수익할 권리이기 때문에(제303조 1항) 전세권자는 점유할 권리, 즉 점유권을 전제로 하여 본체적으로 사용·수익권을 갖는다. 전세권자가 설정계약 또는 부동산의 성질에 의하여 정해진 용도에 따라서 사용·수익하지 않는 경우에는 전세권설정자는 전세권의 소멸을 청구할 수 있다(제311조 1항).

(2) 전세권자의 현상유지·수선의무

전세권자는 목적물의 현상을 유지하고 그 통상의 관리에 속한 수선을 하여야 한다(제309조). 전세권자가 현상유지의무를 위반하는 경우는 결국 목적부동산의 용도에 따르지 않는 사용·수익이 될 것이므로 전세권설정자는 그 의무반환을 이유로 하여 전세권의 소멸을 청구하고 원상회복 또는 손해배상을 청구할 수 있을 것이다(제311조).

전세권자는 수선의무를 부담하기 때문에, 목적부동산에 대하여 필요비를 지출하였다 하더라도, 필요비상환청구권을 행사할 수 없다. 수선의무 위반의 효과에 관해서는, 수선을 소홀히 한 것만으로는, 전세권 소멸청구나 손해배상청구의 원인으로 하지 못할 것이다. 그러나 수선을 소홀히 함으로써, 파손 또는 멸실 등의 사태가 발생한 경우에는, 손해배상책임이 있다고 할 것이다.

3) 전세금증감청구권
(1) 민법의 규정여부
민법은 지상권과 임차권에 관해서는 지료 또는 차임의 증감청구권에 관한 규정(제286조·제628조)을 두고 있는데도 불구하고 전세권의 전세금증감청구권에 관해서는 아무런 규정도 없었다. 형성권설(다수설)에 의하면 전세권은 지상권에 비하여 그 존속기간이 단기이지만 민법 제286조와 비교하여 그 해석을 특히 달리할 이유가 없고 당사자 간에 증감된 전세금을 지급할 의무가 증감청구 시로부터 발생한다고 볼 때 전세금증감청구권은 형성권으로 이해하여야 한다고 본다.

(2) 증감청구권의 적용
전세금증감청구권을 형성권으로 본다 할지라도, 증감청구에 대하여 상대방이 불응할 때에는 법원에 제소할 수밖에 없다. 그리하여 법원의 결정에 의하여 전세금의 증액은 그 증감청구를 한때에 하여 효력이 생기는 것으로 해석하여야 한다. 전세금액의 변경이 있는 경우에는 기존의 전세권등기에 대하여 변경등기를 하여야 할 것이다. 변경등기가 없는 동안은 종전의 전세금액만으로써 제삼자에게 대항할 수 있는 것이라고 해석하는 것이 타당하다(부등법 제129조).

(3) 전세금증액의 제한
민법은 사회경제적인 여건변화에 따르는 전세금증감청구권을 인정한다. 이는 사정변경의 원칙을 구체화한 경우이다. 특히 전세권 설정자가 전세금의 금액을 청구하는 데에는 일정한 제한이 있다. 즉 전세권 설정계약이 있은 날 또는 전세권의 금액이 있은 날로부터 1년 이내는 증액청구를 하지 못하며, 증액청구의 비율은 재의 전세금의 5%를 초과하지 못한다(민법 제312조의 2 단서의 시행에 관한 규정).

4) 물권적 청구권과 상린관계
(1) 전세권자의 물권적 청구권
전세권은 물권이기 때문에 그 내용의 실현이 방해당하는 경우에는 물권청구권을 행사할 수 있을 것은 당연하다(제319조). 전세권에 기한 목적물반환청구권, 방해제거청구권, 방해예방청구권의 세 가지가 인정됨은 소유권에 있어서와 같다.

(2) 상린관계규정의 준용
토지전세권은 물론 건물전세권도 토지이용을 수반한다. 그러므로 인접하는 토지와의 이용의 조절을 꾀하는 상린관계의 규정(제216조 제244조)은 당연히 전세권자와 인지전세권자 사이 또는 전세권자와 인지소유자 및 지상권자와의 사이에 준용된다(제319조). 그러나 경계선상에 설치된 경계표·담·구거에 관한 공유추정의 규정(제239조)은 전세권이 설정된 후 전세권자가 설치한 것에 대해서만 준용되는 것으로 보아야 한다는 것이 통설이다.

5) 전세권자의 투하자본의 회수
(1) 전세권의 양도·임대·담보제공
가) 전세권 설정 행위로써 금지되어 있지 않는 이상 전세권자는 전세권설정자의 동의 없이 자유로이 양도할 수 있다(제306조). 양도의 방법은 부동산물권변동의 일반원칙에 의하여 양도의 합의가 있고 등기함으로써 효력이 생긴다(제186조). 전세권의 양도는 전세권자의 권리의무의 총체를 양수인에게 이전하는 것이므로

양수인은 전세권설정자에 대하여 양도인(원래의 전세권자)와 동일한 권리의무를 가지게 된다(제307조).

나) 전세권자는 전세권을 임대할 수 있다(제306조). 그러나 전세권의 임대차에 관해서는, 첫째 전세권설정행위에 의하여 금지된 경우에는 할 수 없고(제306조 단), 둘째 그 기간은 전세권의 존속기간 내이어야 한다(제306조 본문)는 제한이 있다.

(2) 전전세
가) 의의
전전세라 함은 전세권자가 전세권을 그대로 유지하는 한편 타인을 위하여 그 전세부동산을 목적으로 하는 전세권을 다시 설정하는 행위를 말한다. 전세권자는 전세권설정행위로써 금지되어 있지 않은 이상 그 전세권의 존속기간 내에서 전전세권을 설정할 수 있다(제306조).

나) 요건
(가) 전전세권도 물권으로서의 전세권이기 때문에 그 설정도 역시 물권행위로써 부동산물권변동의 일반원칙에 따라서 전전세권설정의 합의와 등기를 필요로 한다(제186조).

(나) 전전세권설정행위의 당사자는 전세권자와 전전세권자이며 원전세권설정자는 관계가 없다. 또한 전전세권 설정에 대하여, 원전세권 설정자의 동의도 필요로 하지 않는다. 다만 전세권의 설정행위에 의하여 전전세권의 설정을 금지하고 있는 경우에는 전전세권을 설정하지 못한다(제306조 단서).

(다) 전전세권의 존속기간은 원전세권의 존속기간 내이어야 한다(제306조 본문). 전전세권의 존속기간은 이를 등기하여야 대항할 수 있으며(부등법 제139조 1항), 그 등기를 하지 않은 때에는, 존속기간을 정하지 않은 전전세로 다루어지게 될 것이다. 전전세권의 당사자가 원전세권의 존속기간을 넘는 기간을 약정한 경우에는, 원전세권의 존속기간으로 단축되는 것으로 해석하여야 할 것이다.
전세권설정자의 승낙이 있으면 전전세권이 존속기간을 원전세권의 존속기간을 넘는 기간으로도 약정할 수 있는지 문제이다. 다수설은 전세권설정자의 승낙이 있더라도 전전세권의 존속기간이 완전채권의 존속기간을 초과하지 못한다고 본다. 다만 소수설로서 전세권설정자의 승낙이 있으면 원전세권의 존속기간과 관계없이 전전세권의 존속기간을 정할 수 있다고 보는 견해가 있다.

(라) 전세금의 지급이 전세권의 요소가 되는 것은 전전세권의 경우에 있어서도 다를 바가 없다. 그러나 전전세금의 액수에 관해서는 민법에 명문의 규정이 없기 때문에 학설이 대립된다. 전전세금은 원전세금의 금액을 한도로 하여야 한다(다수설).

(마) 전전세권은 원전세권의 범위 내에서 유효하기 때문에 원전세권의 일부를 목적으로 하는 전세권도 당연히 유효하게 인정되어야 할 것이다(부등법 제139조 2항).

다) 효과
(가) 전전세권이 설정되더라도 원전세권은 소멸되지 않고, 전전세권으로 말미암아 그 범위 내에서 권리행사가 정지될 따름이다. 전전세권이 존재하는 동안에 전세권자는 원전세권을 소멸시키는 행위를 하지 못한다. 그러나 전전세권을 해하지 않는 범위 내에서 처분행위를 하는 것은 상관없다.

(나) 전전세권이 소멸한 때에는, 전전세권자는 원전세권자에게 목적부동산의 인도 및 전전세권 설정등기의 말소등기에 필요한 서류의 교부와 동시에, 전전세금을 반환할 것을 전전세권자에게 청구할 수 있다(제317조). 그리고 원전세권자가 전전세금의 반환을 지체한 때에는, 전전세권의 목적부동산을 경매해서 전전세금의 우선변제를 받을 수 있다(제318조, 제303조 1항). 전세권자는 전전세권을 설정하지 않았더라면 면할 수 있었을 불가항력으로 인한 손해에 대해서도 그 책임을 부담한다(제308조).

3) 전세권자의 우선변제권
전세권자는 전세금의 반환에 관하여 우선변제권이 있다(제303조 1항). 전세권자는 대항력이 없는 일반채권자보다는 항상 우선하고, 대항력 있는 채권, 예컨대 등기 있는 임차권(제621조), 주택임대차보호법에 의한 대항력을 갖춘 주택임차권이 경합하는 경우에는 순위에 의하여 해결한다.

5. 전세권의 소멸

1) 전세권의 소멸사유
전세권은 물권의 일반적 소멸원인에 의하여 소멸한다. 즉 존속기간의 만료ㆍ소멸시효(제162조 2항)ㆍ혼동(제192조)ㆍ토지수용(토지수용법 제67조 1항)ㆍ전세권에 우선하는 저당권의 실행으로 인한 경매 등을 들 수 있다. 그밖에 전세권설정자의 소멸청구(제311조)ㆍ전세권의 소멸통고(제313조)ㆍ목적 부동산의 멸실(제314조, 315조)ㆍ전세권의 포기(제371조 2항) 등의 특유한 소멸원인에 의하여 소멸되기도 한다.

2) 전세권설정자의 소멸청구
(1) 전세권자가 전세권설정계약 또는 목적물의 성질에 의하여 정해진 용법으로 사용ㆍ수익하지 않는 경우에는 전세권설정자는 전세권의 소멸을 청구할 수 있다(제311조 1항).

(2) 전세권 설정자가 소멸청구를 한 경우에, 전세권자가 설정계약 또는 목적부동산의 성질에 의하여 정하여진 용법으로 사용ㆍ수익하지 않음으로써 목적부동산에 변경이 생겼거나 또는 손해가 발생한 때에는 전세권설정자는 전세권자에 대하여 목적부동산의 원상회복 또는 손해배상을 청구할 수 있다(제311조 2항).

3) 전세권의 소멸통고
전세권의 존속기간을 약정하지 않은 경우에는 각 당사자는 상대방에 대하여 전세권의 소멸을 통고할 수 있고 상대방이 이 통고를 받는 날로부터 6개월이 경과되면 전세권은 소멸한다(제313조).

4) 목적부동산의 멸실
(1) 멸실의 태양
전세권도 일반 물권과 마찬가지로 목적물의 멸실에 의하여 소멸한다. 그러나 목적물 멸실의 법적 효과는 목적부동산의 전부 멸실의 경우와 일부 멸실의 경우에 따라서 다르고 또 불가항력으로 인한 멸실의 경우와 전세권자의 귀책사유로 인한 멸실의 경우에 따라서 각각 다르다.

(2) 전부멸실의 경우
가) 목적부동산이 전부멸실 된 경우에는 전세권이 소멸할 것은 당연하다. 이 점에 있어서는 목적 부동산 멸실의 원인이 불가항력의 사유로 인하는 것이든(제314조 1항) 또는 전세권자에게 책임 있는 사유로 인하는 것이든 아무런 차이가 없다.

나) 목적부동산이 전세권자에게 책임 있는 사유로 멸실된 경우에는 손해배상책임이 있다(제315조 1항). 이때에 전세권 설정자는 전세금으로 그 손해배상에 충당하고, 나머지가 있으면 반환하여야 하나, 부족하면 그 부족액을 청구할 수 있다(제315조 2항).

다) 목적부동산이 불가항력으로 멸실된 경우에는 전세권자에게 책임이 없으므로 손해배상 책임이 생기지 않으며 다만 전세금 반환의 문제가 생길 뿐이다. 그러나 전세권자가 목적부동산에 대하여 전전세 또는 임대를 한 경우에는, 불가항력으로 인한 손해에 대해서도 그 책임을 부담한다(제308조).

(3) 일부멸실의 경우

가. 목적부동산이 일부멸실 된 경우에 있어서도 그 멸실된 부분에 관한한 그 원인이 불가항력의 사유로 인한 것이든 또는 전세권자 에게 책임이 있는 사유에 의한 것이든 묻지 않고 전세권이 존속할 수 없을 것은 당연하다(제314조 1항). 문제는 이때에 잔존부분에 관하여 전세권이 존속하는가, 또한 존속한다면 전세금은 감액되는가에 있다.

나. 잔여부분만으로 목적을 달성할 수 있는 경우

이러한 경우에는, 그 멸실 원인의 여하를 묻지 않고, 그 잔존부분에 관하여 전세권이 존속할 수 있을 것이지만, 다만 목적부동산의 일부멸실 이 전세권자의 귀책사유로 인한 경우에는 특수한 문제가 있다. 즉 전세권설정자가 목적부동산의 일부멸실 을 초래한 전세권자에게 전세권을 존속시키는 것을 원하지 않는 경우에는 용법위반을 이유로 소멸청구를 할 수 있을 것이다(제311조 1항).

소멸청구를 한 경우에는 손해배상의 계산(제315조 2항)을 하게 될 것은 물론이다. 목적부동산의 일부멸실 에 있어서 그 잔여부분만으로써 전세권의 목적을 달성할 수 있고 또한 실제로 잔여부분에 대한 전세권이 존속하는 경우에는 전세금을 감액할 수 있다고 보아야 한다.

다. 잔여부분만으로는 목적을 달성할 수 없는 경우

목적부동산의 일부멸실이 불가항력의 사유로 인한 경우에는 전세권자는 전세권설정자에 대하여 전세권 전부의 소멸청구를 할 수 있다(제314조 2항). 목적부동산의 일부멸실이 전세권자에게 책임있는 사유로 인한 경우에 관해서는 민법에 규정도 없다. 그러나 이때에도 역시 전세권을 존속시킨다는 것은 무의미하므로, 전세권자는 전세권 설정자에 대하여, 제311조에 의한 전세권 전부의 소멸을 청구할 수 있다고 하여야 할 것이다. 전세권자가 소멸청구를 하는 경우에는, 전세권 설정자로서는 손해배상을 청구할 수 있다.

5) 전세권의 포기

전세권도 원칙적으로 자유로이 포기할 수 있다. 그러나 전세권이 제삼자의 권리의 목적으로 되어 있는 경우에는 포기할 수 없을 것은 물론이다(제371조 2항).

6) 전세권소멸사유의 약정

전세권에 있어서도 당사자 간에 전세권 소멸사유를 약정할 수 있고, 약정된 소멸사유가 발생하면 전세권은 소멸한다. 이러한 경우에도 등기를 하여야 효력이 발생할 것은 물론이다.

7) 전세권소멸의 효과

(1) 동시이행

전세권이 소멸하면 전세권설정자의 전세금 반환과 전세권자의 목적물인도 및 전세권설정등기의 말소등기에 필요한 서류교부는 서로 동시이행 관계에 있다. 그러므로 전세권의 소멸 시 전세권설정자는 전세권자로부터 그 목적물의 인도 및 전세권설정등기의 말소등기에 필요한 서류의 교부를 받는 동시에 전세금을 반환하여야 한다.

(2) 전세금의 경매청구권 · 우선변제권

가. 전세권설정자가 전세권의 반환을 지체하는 때에는 전세권자는 민사집행법에 의하여 전세권의 목적물의 경매를 청구할 수 있는 경매청구권이 있다(제318조).

나. 전세권자는 후순위권리자 기타 채권자보다 전세금의 우선변제를 받을 수 있는 우선변제권이 있다(제303조 1항). 그러므로 전세권자는 전세금반환청구권에서는 대항력 있는 채권에 대하여도 우선적 지위에 있다. 전세권과 저당권이 경합하는 경우에 어느 권리가 우선하는지에 대하여는 구체적으로 결정하여야 한다.

(3) 부속물수거권 · 부속물매수청구권

가. 전세권이 소멸하면 전세권자는 그 목적부동산을 원상에 회복하여야 하고, 지상물 기타 목적부동산에 부속시킨 물건을 수거하여야 할 의무를 부담한다(제316조 1항 본문).
다만 전세권설정자가 그 부속물건의 매수를 청구한 때에는 전세권자는 정당한 이유 없이 거절하지 못한다(제316조 1항 단서). 전세권자의 부속물수거권은 전세권설정자가 부속물매수청구권을 행사한 때에는 소멸한다(제316조 1항 단서).

나. 전세권자는 첫째, 부속물을 전세권설정자의 동의를 얻어 부속시킨 경우, 둘째, 부속물을 전세권설정자로부터 매수한 경우에는 전세권설정자에 대하여 부속물매수청구권을 가진다(제316조 2항).

(4) 유익비상환청구권

전세권자는 필요비의 상환을 청구할 수 없지만, 목적물의 개량을 위하여 지출한 금액 기타 유익비에 대하여는 그 가액의 증가가 현존한 경우에 한하여 전세권 설정자의 선택에 따라서 그 지출액이나 증가액의 상환을 청구할 수 있다(제310조 1항). 전세권자가 필요비 상환을 청구하는 때에는 법원은 전세권설정자의 청구에 의하여 상당한 상환기간을 허여할 수 있다(제310조 2항).

제 8 절   유치권

1. 유치권의 의의와 법적 성질

1) 유치권의 의의
(1) 유치권이라 함은 타인의 물건 또는 유가증권을 점유한 자가 그 물건이나 유가증권에 관하여 생긴 채권을 가지는 경우에 그 채권을 변제받을 때까지 그 물건이나 유가증권을 유치할 수 있는 권리이다(제320조 1항).

(2) 민법이 유치권을 인정하는 것은 공평의 원칙에 그 기초를 두는 것이며, 이러한 뜻에서는 동시이행의 항변권과 동일한 취지이다.
가) 그러나 유치권은 목적물로부터 생긴 채무가 이행될 때까지, 그 목적물 자체를 유치할 수 있는 물권이기 때문에, 피담보채권의 채무자에 대해서 뿐만 아니라 제3자에 대해서도, 역시 채권의 변제가 있을 때까지

인도를 거절할 수 있다. 반면 동시이행의 항변권은 쌍무계약으로 인하여 발생하고, 서로 대가관계에 있는 채권에 대하여 상대방의 채무의 이행이 있을 때까지 자기의 채무의 이행을 거절할 수 있는데 그치기 때문에, 쌍무계약에 대해서만 행사할 수 있다는 점에서 양자 간의 근본적인 차이가 있다.

　　나) 그런데 유치권의 물권성·담보물권성을 강조한다면 상대방의 목적물인도청구에 대하여 유치권이 있는 경우에는, 원고패소의 판결(청구기각)을 하게 되나 동시이행의 항변권이 주장되는 경우에는 상환적 급부판결(원고일부패소판결)을 하게 된다. 그러나 유치권의 목적 내지 공평의 견지에서 유치권의 경우에도 상환적 급부판결을 하여야 한다는 것이 통설·판례이다.

(3) 상법상으로는 상사유치권이 인정되고 있다.
상법에서는 상인간의 상행위로 인한 채권이 변제기에 있는 때에 다른 약정이 없으면 채권자는 채권의 변제를 받을 때까지, 그 채무자에 대한 상행위로 인하여 자기가 점유하는 채무자 소유의 물건 또는 유가증권을 유치할 수 있다(상법 제58조)고 규정하고 있다. 이와 같은 상법상의 유치권을 상사유치권이라 한다.
상사유치권은 민법상의 유치권과 그 효력에 있어서는 동일하지만, 그 성립요건이 완화되어 있는 점이 특징이다. 그러나 그 효력은 민법상의 유치권과 다를 바가 없다. 상사유치권에는 일반상사유치권(동법 제84조)과 특별상사유치권(상법 제91조·제111조·제147조)이 있다. 채무자의 회생 및 파산에 관한법률으로는 민사유치권과 상사유치권에 따른 구별 없이 별제권이 인정되고 있다(동법 제411조 참조).

2) 유치권의 법적성질
(1) 유치권은 목적물을 점유할 수 있는 독립된 물권이다.

(2) 유치권은 법정담보물권이며, 부종성이 강하다. 또한 수반성을 갖고 불가분성이 있다. 아울러 유치권자는 채권전부의 변제를 받을 때까지 유치물 전부를 유치할 수 있다(물상대위성은 없다).
유치권은 목적물을 유치할 것을 본체로 하고 목적물의 교환가치를 목적으로는 하지 않기 때문이다. 따라서 유치권자에게 경매권은 인정하지만(제322조 1항), 우선변제권은 인정되지 않는다. 그러나 파산법은 유치권에 관하여 별제권을 인정한다(동법 제411조).

2. 유치권의 성립

1) 서설
유치권은 법정담보물권으로 법정요건을 갖추면 당연히 발생한다(제320조). 당사자의 합의에 의하여는 유치권을 성립시킬 수 없다. 다만 당사자가 유치권의 발생을 배제하는 특약을 한 경우에 그 특약은 유효하다.

2) 유치권의 성립요건
(1) 유치권의 목적물
유치권의 목적물이 될 수 있는 것은 동산, 부동산 및 유가증권이다(제320조 1항).

(2) 피담보채권과 목적물과의 견련관계
피담보채권은 유치권의 목적물에 관하여 생긴 것이어야 한다(제320조 1항).
가. 채권이 목적물 자체로부터 발생할 경우
예컨대 물건을 위하여 지출된 보존비 또는 유익비 등의 상환청구권, 물건의 하자로 말미암아 생긴 손해의 배상청구권 또는 유가증권의 유상수치로 인하여 생긴 보수청구권 등이 이에 속한다.

　나. 채권이 목적물의 반환청구권과 동일한 법률관계 또는 생활관계로부터 발생한 경우 예컨대 물건 또는
유가증권의 매매계약이 취소된 경우에 부당이득에 의한 매매대금의 반환청구권과 목적물의 반환의무는 매매
계약의 취소라는 동일한 법률관계에서 생긴 것이므로 서로 견련관계를 가지고 있으며 대금반환청구권자는
그의 채권을 위하여 목적물 위에 유치권을 취득한다.

　(3) 피담보채권이 변제기에 있을 것(제320조 1항)

　(4) 유치권자가 타인의 물건 또는 유가증권을 점유할 것(제320조 1항). 유치권자의 점유는 계속되어야 하며
점유를 상실하면 유치권도 소멸한다(제328조).

　(5) 점유가 불법행위로 인하여 취득된 것이 아닐 것(제320조 2항)

3. 유치권의 효력

1) 유치권자의 권리
　(1) 목적물의 유치
　유치권자는 그의 채권의 변제를 받을 때까지 목적물을 유치할 수 있다. 이것이 유치권의 중심적 효력이다.

　(2) 경매권과 간이변제충당권
　유치권자는 그 채권의 변제를 받기 위하여 목적물을 환가할 수 있다. 환가의 방법으로서는 경매에 의하는
것이 원칙이지만, 특수한 경우에는 간이변제충당에 의할 수도 있다(제322조).

　(3) 과실수취권
　유치권자는 유치물의 과실을 수취하여 다른 채권보다 먼저 그 채권의 변제에 충당할 수 있다(제323조 2항
본문). 따라서 유치권자는 과실수취의 방법에 의해서도, 우선변제를 받을 수 있는 셈이다.

　(4) 유치물사용권
　　가) 유치권자는 보존에 필요한 범위 내에서 유치물을 사용할 수 있다(제324조 2항 단서). 경우에 따라서
는 이러한 사용을 하지 않으면, 오히려 그것이 선량한 관리자의 주의의무(제324조 1항)를 게을리 하는 결과가
될 수도 있다. 판례는 유치권자가 유치물에 대한 보존행위로서, 목적물을 행사하는 것은 적법행위로써, 불법
행위가 되지 않는다고 하고, 건물임차인이 건물에 관한 유익비상환청구권에 기하여 취득하는 유치권은, 임차
건물의 유지사용에 필요한 범위 내에서, 임차대지부분의 이용에도 그 효력이 미친다고 한다.

　　나) 건물임대차계약의 해제 후 임차인이 비용상환청구권에 의하여 유치권을 행사하는 경우에 종전대로
건물을 사용할 수 있는지 의문이다. 판례는 건물의 점유자가 그 건물의 점유 중 그 건물에 지출한 비용을 상환
받기 위하여 유치권을 행사하는 경우에는 계속 그 건물을 점유사용 하더라도 불법행위가 되지는 않으나 그 점
유사용으로 인한 실질적 이익은 이로 인하여 건물소유자에게 손해가 있는 한 이를 상환하여야 한다고 본다.

　(5) 비용상환청구권

가. 유치권자가 유치물에 관하여 필요비를 지출한 경우에는 소유자에게 그 상환을 청구할 수 있다(제325조 1항).

나. 유치권자가 유치물에 관하여 유익비를 지출한 경우에는 그 가액의 증가가 현존하는 때에 한하여 소유자의 선택에 좇아서 그 지출한 금액이나 또는 증가액의 상환을 청구할 수 있다(제325조 2항 본문). 그러나 법원은 소유자의 청구에 의하여 상당한 상환기간을 허여할 수 있다(제325조 2항 단서). 상환기간이 허여되면, 유치권자는 유익비에 관하여 유치권을 행사할 수 없다.

2) 유치권자의 의무
(1) 의무의 내용
유치권자는 선량한 관리자의 주의로써 유치물을 점유하여야 한다(제324조 1항). 유치권자는 채무자의 승낙 없이 유치물의 사용·대여 또는 담보제공을 하지 못한다(제324조 2항 본문). 다만 유치물의 보존에 필요한 사용만은 유치권자가 소유자의 승낙 없이 할 수 있다(제324조 2항). 그러므로 유치권자는 유치물에 대한 보존행위로서 목적물을 사용하는 행위는 적법행위로서 불법점유로 인한 손해배상책임이 없다.

(2) 의무위반의 효과
유치권자가 이상과 같은 의무를 위반한 경우에는 채무자(유치물의 소유자)는 유치권의 소멸을 청구할 수 있다(제324조 3항). 의무위반으로 인하여 손해가 발생하였는가의 여부는 묻지 않는다. 이러한 소멸청구권은 형성권이므로, 유치권자에 대한 소유자의 일방적 의사표시에 의하여 유치권소멸의 효과가 생기는 것으로 해석하여야 한다(통설). 따라서 유치권자에 대한 소멸청구는 단독적물권행위가 된다.

4. 유치권의 소멸

1) 유치권의 소멸사유일반
(1) 물권으로서의 소멸사유
유치권은 물권의 일종이므로 물권일반의 소멸사유, 즉 목적물의 멸실·공용징수·혼동·포기 등으로 인하여 소멸한다. 그러나 유치권은 시효로 인하여 소멸하는 일이 없음에 유의하여야 한다. 또 한편 유치물의 점유를 상실하면, 유치권은 곧 소멸하므로(제328조), 유치권은 소멸시효에 걸리지 않는다. 또한 유치권의 시효취득도 있을 수 없다.

(2) 담보물권으로서의 소멸사유
유치권은 담보물권이므로, 담보물권에 공통되는 소멸사유로 유치권도 소멸한다. 담보물권의 공통된 소멸사유는 피담보채권의 소멸이다. 따라서 피담보채권이 소멸하면 유치권도 소멸하게 된다. 주의하여야 할 것은 채권자가 유치권을 행사하고 있더라도, 그로 인하여 피담보채권의 소멸시효의 진행이 방해되지는 않는다(제326조). 따라서 목적물을 유치하고 있더라도, 피담보채권의 불행사는 진행하는 것이다.

2) 유치권에 특유한 소멸사유
(1) 유치권자의 의무위반으로 인한 소멸청구(제324조).

(2) 상당한 담보의 제공(제327조).

(3) 점유의 상실

유치권은 점유의 상실로 인하여 소멸한다(제328조). 목적물의 점유를 빼앗긴 경우에는, 점유물반환청구권을 행사하여 점유를 회복하면 점유는 상실되지 않았기 때문에(제192조 2항 단서), 유치권도 소멸하지 않았던 것이 된다. 유치권자의 점유는 직접점유이든 간접점유이든 상관이 없다.

일반적 소멸사유	물권일반의 소멸사유	목적물의 멸실 · 혼동 · 포기 · 토지수용 · 몰수
	담보물권공통의 소멸사유	피담보채권의 소멸
특유한 소멸사유	채무자의 소멸청구(제324조)	
	다른 담보의 제공(제327조)	
	점유의 상실(제328조)	

02장 보증제도

제 1 절 보증의 의의

1) 민법상 보증이라 함은 채무자(주채무자)가 채무를 이행하지 않는 경우에 타인(보증인)이 대신하여 이행해야 할 주된 채무가 아닌 종된 채무를 부담하는 일제(428조 1항)를 말한다. 보증에는 보통의 보증 이외에 연대보증·공동보증·근보증(신용보증)·부보증(副保證)·구상보증(역보증)·배상보증등 여러 가지 종류가 있으며, 거래관계의 필요에 따라 이러한 보증이 혼합된 계약으로 이루어지는 경우도 있다. 보증인이 보증채무를 이행한 경우에는 주채무자에 대해서 구상권을 가진다(제441조 제446조). 이러한 보증인의 구상권을 보증하는 것을 구상보증이라고 한다.

2) 보증채무는 주채무의 존재를 요건으로 하며, 인적담보수단 중 가장 대표적인 것이다. 손해담보계약이나 신원보증은 주채무의 존재를 반드시 요건으로 하지 않고 보증인이 독립된 채무를 부담하는 점에서 민법상의 보증과는 다른 제도이지만, 보통 이들도 보증이라고 일컫는 경우가 많다.

제 2 절 연대채무

1. 연대채무의 개념

1) 연대채무의 의의
연대채무란 수인의 채무자가 동일내용의 가분급부에 대해 각자 독립해서 전부 급부해야 할 채무를 지지만(전부급부의무)그 중의 1인이 급부하면 총채무자의 채무가 소멸한다고 하는 다수당사자채무이다(제413조). 예컨대 A·B·C 3인이 공동으로 사업을 시작할 생각으로 D로부터 3,000만 원의 융자를 받고 그 변제에 대하여는 3인이 연대채무자가 된다고 D와 약정한 경우에 A·B·C는 각자 독립하여 3,000만 원 전액을 변제할 채무를 부담하고, 만약 A가 3,000만 원을 변제하면 B·C도 D에 대한 채무를 면하게 된다. 특히 부부가 일상의 가사에 관해서 부담하지 않으면 안 되는 것 등은 그 전형 예이다.

2) 법률적 성질
 (1) 연대채무의 독립성
  가. 통설인 채무복수설에 의하면 연대채무는 채무자의 수에 대응하여 복수의 독립한 채무가 존재한다. 예컨대 A·B·C 3인이 X로부터 150만 원을 빌리는 경우에 그 반환에 대하여 연대채무를 부담하면 A·B·C는

각각 150만 원에 대한 별개의 채무를 부담하여 합계 3개의 채무가 성립한다. 그리고 연대채무에서 각각의 채무는 독립성이 있고 주된 채무와 보증채무 사이에서와 같은 주종의 구별이 없다.

나. 연대채무는 그 독립성에 의하여 첫째 예컨대 A의 채무가 민사채무이고 B의 채무가 상사채무이거나 A·B의 채무가 무이자이고 C의 채무가 이자부인 경우와 같이 각 채무자의 채무의 태양에 차이가 있어도 되고, 둘째 채무자의 1인에 대하여만 물적 담보가 설정되거나 보증인이 존재할 수 있고, 셋째 채무자의 1인에 대한 채권만을 분리하여 양도할 수 있고, 넷째 채무자의 1인에 대하여 법률행위의 무효 혹은 취소의 원인이 있더라도 다른 채무자에게 영향을 미치지 아니한다.

(2) 전부급부의무

각 채무자가 부담하는 채무가 전부급부를 내용으로 하는 것을 말한다. 이 점에서 있어서 불가분채무와 비슷하나 연대채무는 불가분채무와 같이 그 급부가 불가분이기 때문에 전부의 급부를 부담할 의무를 부득이 지는 것이 아니고 급부의 가분·불가분을 불문하고 본질상 전부급부의 의무를 부담한다.

(3) 급부의 단일성

1인이 급부하면 총채무자의 전채무가 소멸하는 것을 말한다. 이는 연대채무자의 채무가 각각 독자의 목적을 가지고 있는 것이 아니라 객관적으로 채권자의 채무의 만족이란 단일한 목적을 달성하기 위한 여러 개의 수단에 불과하기 때문이다.

(4) 절대적 효력

채무자의 일인에 대해서 생긴 사유는 일정의 범위로 다른 채무에게도 영향을 미치는 것이다. 어떠한 사유가 절대적 효력을 갖는가는 각국의 법정책에 의존하는 것이지만 우리 민법은 청구·경개·상계·면제·혼동·시효를 규정하고 있다.

(5) 구상권의 발생

각 채무자에게는 부담부분이 있고 1인이 자기의 출연에 의해 전 채무를 소멸시킨 경우에는 다른 채무자에게 부담부분에 맞는 구상을 할 수 있다(제424조-제427조).

3) 복수채무의 단일한 목적과 채무자의 결합관계

(1) 연대채무에서 각 채무는 별개독립한 채무로 인정되지만 전혀 무관계하게 존재하지는 않는다.

(2) 각 채무가 가지는 「객관적으로 단일한 목적」에 의하여 채권자에게 만족을 주면 개개의 채무는 그 목적을 달성하여 존재의의를 상실한다. 뿐만 아니라 연대채무자 상호간에 존재하는 「결합관계」에 의하여 채권자에게 만족을 주는 사유 이외의 연대채무자의 1인에 대하여 생긴 사유에도 광범하게 절대적 효력을 인정하고, 변제를 한 채무자는 다른 채무자에 대하여 구상을 청구할 수 있다.

2. 연대채무의 성립

당사자의 의사표시에 의한 경우와 법률의 규정에 의한 경우가 있다.

1) 의사표시(법률행위)에 의한 성립

(1) 연대채무가 발생하는 가장 중요한 원인은 법률행위이다. 법률행위에 의하여 연대채무가 발생하는 경우

에 법률행위는 보통 계약이지만 유언과 같은 단독행위에 의하여도 연대채무가 성립할 수 있다. 특히 계약으로 연대채무가 발생하는 경우에도 그 계약은 반드시 1개의 계약일 필요는 없고(통설) 복수의 계약이더라도 상관없다. 예컨대 A·B·C 3인이 채권자 D와 각각 별개의 계약을 체결하여 연대채무를 부담하여도 상관없다. 다만 수인이 각각 별개의 계약을 채권자와 체결하여 연대채무가 성립하는 때에는 발생하는 채무가「누구의 어떤 채무와 연대하는가」에 대하여 채무자 전원의 합의 혹은 동의가 필요하다.

(2) 비록 연대채무가 1개의 계약에 의하여 성립한 경우라고 하더라도 A·B·C의 1인에게 무효 혹은 취소의 원인이 있는 때에도 다른 채무자에 대하여 영향을 미치지 아니한다(제415조). 따라서 무효원인·취소원인이 붙은 의사표시만이 효력이 부정되어 1인의 채무만이 불성립 혹은 소멸하고 계약 전체의 효력은 유효하여 다른 채무자에 대하여는 완전한 연대채무가 성립한다.

(3) 어떤 계약에 의하여 복수의 채무가 생긴 경우에 그 복수의 채무가 연대채무인가 아닌가는 당사자의 의사해석에 의하여 결정한다.

2) 법률의 규정에 의한 성립
(1) 법률의 규정에 의하여 연대채무가 성립하는 경우는 민법에도 있지만 상법(제81조·제138조·제212조 등) 기타의 법률에도 많이 있다. 이것은 공동의 사무 내지 사업 또는 공동불법행위에 관하여 다수인에게 공동의 책임을 부담시킴으로써 그 행동에 신중을 기하게 하는 동시에 채권자의 보호를 두텁게 하기 위한 것이다. 또한 채무자의 전원이 전부이행의 의무를 부담하고 있더라도 그 채무자 사이에 공동의 목적이 없으면 여기서 말하는 연대채무가 아니라 후술하는 부진정연대채무이다.

(2) 민법에서 규정하고 있는 연대채무로서는 민법 제35조 제2항(법인의 사원·이사 및 기타 대표자의 책임), 민법 제616조(공동차주의 연대책임), 민법 제654조(공동임차인의 연대책임), 민법 제760조(공동불법행위자의 책임), 민법 제832조(가사로 인한 채무의 연대책임)를 들 수 있다. 다만 민법 제760조에 관하여는「연대하여 그 손해를 배상할 책임이 있다」고 규정하고 있지만 통설은 민법 제760조에서 말하는「연대」를「부진정연대」로 해석하여 공동불법행위책임은 부진정연대채무가 된다고 이해한다.

3) 연대채무에 대한 사고
연대채무에서는 각자가 독립해 채무(전부급부의무)를 지지만, 일정한 위에서 1인에 대하여 생긴 사유가 다른 채무자에게도 영향을 미치고(절대적 효력) 또한 내부적으로 따로 구상할 수 있다(구상권의 발생).

3. 연대채무의 효력

1) 대외적 효력
(1) 청구의 독립성
채무의「연대」에 있어서는 채권자는 채무자의 1인에 대해서 전부 또는 일부의 이행을 청구할 수 있으며 총채무자에 대해서 동시에 전부씩을 청구하고 또는 일부씩을 청구할 수 있으며 각 채무자에 대해서 순차로 전부 또는 일부씩을 청구할 수도 있다(제414조). 여기서의 이행청구는 재판 외에서도 할 수 있고 재판상으로도 할 수 있다. 이러한 연대채무의 효력에 의할 경우에 채권자취소권(제406조)과의 관계가 문제가 된다. 연대채무자의 한 사람이 자산감소행위를 한 경우에 다른 채무자의 자력에 관계없이 그 취소를 소구할 수 있다고 해석하여야 한다.

(2) 연대채무자가 파산선고를 받은 경우

연대채무자의 전부 또는 그 중의 수인이나 한 사람이 파산선고를 받은 때에는 채권자는「파산선고시의 채권 전액」에 관하여 각 파산재단의 배당에 가입하여 파산채권자로서의 그 권리를 행사할 수 있다(채무자회생 및파산에관한법률 참조). 예컨대 연대채무자 A · B · C 전원이 파산하였을 때에는 채권자는 A · B · C의 각 파산재단에 대하여 각각 채권 전액으로 가입할 수 있다. 그리고 그 중 어느 한 파산재단으로부터 일부의 변제를 받더라도 다른 파산재단에 대한 배당참가액을 감액할 필요는 없다.

2) 연대채무자 1인에 대해서 생긴 사유
(1) 절대적 효력 사유

민법은 일정의 범위에서 채무자의 1인에 대해서 생긴 사유가 다른 채무자에게도 효력(절대적 효력)을 미치게 한다.

가) 변제 및 그것과 동일시해야 할 사유

「변제」는 채권의 소멸을 초래하는 채권본래의 목적이므로 민법에는 규정이 없지만 절대적 효력을 미치는 것은 당연하다(통설). 따라서 변제와 동일시해야할「공탁」·「대물변제」도 절대적 효력을 발생한다. 또 그 효과(예: 변제제공의 효과로써의 채권자지체)도 절대적 효력을 미친다고 하여야 할 것이다(통설). 예컨대 B · C · D가 연대채무자인 경우에 B가 1,200만 원을 채권자 A에게 변제하거나 1,200만 원 상당의 보석을 가지고 대물변제를 하면 C · D는 채무를 면하고 B에 의한 1,200만 원이 급부를 A가 수령하지 아니하여 B가 공탁을 하면 C · D도 채무를 면한다.

나) 상계(제418조)

채무자의 1인이 채권자에 대한 반대채권으로 상계한 경우에는 변제의 효과를 발생시키므로 그 한도에서 연대채무는 절대적으로 소멸한다(제418조 1항). 상계는 변제와 동일한 결과를 낳기 때문이다. 예컨대 1200만 원의 채권자 A에 대하여 B · C · D의 1인 B가 A에게 800만 원의 반대채권을 가지고 있는 경우에 B가 대등액으로 상계하면 C · D도 800만 원의 채무를 면하게 되어 이후 B · C · D는 400만 원의 연대채무를 부담하게 된다 그리고 만약 B가 스스로 상계를 하지 아니하여도 C · D는 B의 A에 대한 반대채권을 B이 부담부분에 한하여 상계할 수 있다. 다만 B가「상계를 원용」(상계권의 행사)하지 않는 동안은 C, D는 B의 부담부분(400만 원)에 대해서만「상계를 원용」할 수 있다(제418조2항).

다) 청구

연대채무자의 1인에 대한 청구(재판상 · 재판 외)는 다른 채무자에 대해서도 절대적으로 효력을 발생한다(제416조). 따라서 그 효과인 이행지체「기한의 규정이 없는 채무」(387조 2항) · 시효중단(제186조 1항)도 절대적 효력을 발생하다.

라) 경개(제417조)

채무자와 채권자의 사이에서 채무내용을 변경하는 경개가 있었던 경우는 채권은 총채무자의 이익을 위해서 소멸하다(제417조). 예컨대 B가 금전채무의 대신으로 자기의 부동산을 취득시킨다고 하는 채무를 부담하는 것을 A와 계약한 경우이다. 이것에 의해 B뿐만 아니라 C · D의 전 연대채무도 소멸한다. 이 규정은 임의규정이다(이설 없음). 다만 경개의 효력을 상대적인 것으로 하는 특약은 유효하다고 풀이되므로(통설) 위 경개계약을 A · B간에서만 효력을 갖는다고 하는 것은 가능하다. 이 경우는 B는 부동산을 인도할 채무를 지고 C · D는 각 1,200만 원의 채무를 부담하게 된다.

마) 면제(제419조)

채권자가 연대채무자의 1인에 대해서 채무를 면제한 때는 그 채무자의 부담부분에 대해서만 다른 채무자의 이익을 위해서도 효력을 발생한다. 전 채무액이 그 부담부분만 감소하는「부담부분형 절대적 효력」이다. 예컨대 채권자 A가 연대채무자 B에 대하여 채무 전액(1,200만 원)에 대하여 면제를 하면 다른 연대채무자 C·D도 B의 부담부분(400만원)에 대하여 채무를 면하여 C·D는 이후 600만 원에 대하여만 연대채무를 부담한다.

바) 혼동(제420조)

연대채무자의 1인과 채권자와의 사이에 혼동이 생긴 때에는 그 채무자는 변제한 것으로 간주된다. 즉 채무전액에 대해 절대적 효력을 발생시키는 것이다. 따라서 그 채무자의 부담부분에 한하여 다른 채무자도 채무를 면한다(제420조). 예컨대 B가 A로부터 채권을 양수하기로 하고 A의 지위를 상속한 경우가 그 예이다. 이 경우에 B는 변제한 것이라 간주되므로 C·D에 대해서 3분의 1(400만 원)씩 구상할 수 있다. 이는 복잡한 구상관계의 발생을 피하기 위한 편의규정으로서 프랑스민법(제1301조)를 계수한 것이다.독일민법(제425조)은 혼동에 상대적 효력을 인정 할뿐이다.

사) 시효의 완성(제421조)

연대채무자의 1인을 위해서 시효가 완성된 때는 그 채무자의 부담부분에 대해 다른 채무자도 그 의무를 면한다. 소멸시효의 완성에 의하여는 부담부분의 한도에서 절대적 효력이 발생한다. 예컨대 채권자 A에 대하여 B·C·D가 1,200만 원의 연대채무를 부담하는 경우에 B·C·D의 부담부분이 평등하게 3분의 1인 경우에 B의 채무가 시효에 의하여 소멸하면 C·D는 800만 원의 연대채무만을 부담한다. 시효의 완성은 채무자마다 다를 수 있다. 청구이외의 시효중단사유(승인·압류 등)이 상대적 효력을 발생하기 때문이다. 또한「시효의 완성」이란 원용에 의해 생긴다. 그러나 채권자가 내부적인 부담부분을 모를 경우, 예컨대 C·D는 채무를 승인하고 있었지만 B만이 부담부분을 갖고 있고(그것을 A는 모른다) B의 채무의 시효가 완성한 경우에는 A는 불측의 손해를 입을 수도 있다.

아) 계약의 해제·해지

해지권·해제권은 전원으로부터 혹은 전원에 대하여 행사하여야 하고 그 효과도 역시 전원에 대하여 미친다(제547조). 따라서 연대채무자로부터 혹은 연대채무자에 대한 해지권·해제권의 행사도 불가분적으로 행사하여야 하며, 연대채무에서 계약의 해지·해제는 마치 절대적 효력이 있는 경우와 같은 결과가 되지만 그 결과는 연대채무의 특성에 기인하는 효력이 아니고 해지·해제의 특성에 기인한다.

자) 채권자지체

어느 연대채무자에 대한 채권자의 연대(수령연대)는 다른 연대채무자에게도 효력이 있다(제424조). 채무자에 의한 이행 제공만으로는 채권의 목적이 달성될 수는 없다. 그러나 채무자가 제공을 수령하면 변제가 되고 그 변제는 모든 연대채무자를 위하여 효력을 발생하므로 이를 수령하지 않는 효과가 모든 채무자에 관하여 생긴다고 하는 것은 정당하다. 민법은 독일민법(제424조)을 본받아 채권자연대에 절대적 효력을 인정하고 있다. 따라서 연대채무자의 한 사람에 의하여 행하여진 이행의 제공을 수령하지 않는 채권자는 다른 채무자에 대하여 채무불이행에 의한 책임추급은 할 수 없다고 본다.

(2) 상대적 효력사유

이상의 사유 외에는 연대채무자의 1인에 대해서 생긴 사유는 그 자에 대해서 효력이 발생할 뿐이므로 다른 채무자에게 영향을 주지 않는다. 이를 상대적 효력이라 한다(423조).

가) 무효 · 취소

연대채무자의 1인에 대해 법률행위의 무효 또는 취소원인이 있더라도 다른 채무자에게는 영향을 미치지 않는다. 연대채무가 1개의 계약에서 생긴 경우도 각자의 채무는 별개독립 한 것이기때문이다.

나) 시효의 중단 · 정지 · 포기

다른 채무자에게 효력을 미치지 못한다. 즉 이행청구에 의한 소멸시효의 중단 이외에 소멸시효의 중단과 그 정지는 상대적 효력이 생길 뿐이다. 단 시효의 중단에 대해 「청구」만이 절대적 효력을 갖는 것은 전술했다. 이외의 「승인, 압류, 가압류, 가처분」에 의해 시효가 중단되었다 하더라도 상대적 효력을 발생시킬 뿐이다. 이러한 사항에 절대적 효력을 인정한다면 채권의 효력을 강화하는 것이 되지만 이는 입법정책상의 문제이다. 그리고 소멸시효이익의 포기도 상대적 효력만 생긴다.

다) 연대채무자의 1인의 과실과 채무불이행

연대채무자의 한 사람에게 과실이 있거나 또는 그에게 책임 있는 사유로 이행지체 · 이행불능이 생기더라도 다른 채무자에게 과실 있는 것으로 되지 않고 또한 다른 채무자가 불이행의 책임을 지지도 않는다. 다만 청구에 의한 연대는 절대적 효력이 있다. 예컨대 불확정기한의 도래를 안 연대책임은 그 도래를 모르는 다른 연대채무자에게 영향을 미치지 못한다. 또한 확정기한 있는 채무는 그 기한의 도래로 인하여 당연히 이행연대가 발생하나 그 효력은 상대적으로 연대채무자 중 아직 이행기가 도래하지 아니한 채무자에게는 아무런 영향을 미치지 아니한다. 연대채무가 동일계약에 의하여 발생한 경우에는 계약의 해제는 모든 채무자에 대해서만 할 수 있기 때문에(제547조 1항) 모든 연대채무자가 이행연대에 빠지지 아니하는 한 계약은 해제할 수 없게 된다.

라) 채권양도 및 채무인수

연대채무에 대한 채권의 양도는 보통 그 연대채무자 전원에 대한 채권의 양도를 뜻한다. 그러나 어느 연대채무자에 대한 채권만을 분리하여 양도할 수도 있다. 모든 연대채무자에 대한 대항요건을 갖추려면 각 연대채무자에 통지하거나 각 연대채무자의 승낙을 받아야 한다(제450조). 제3자가 연대채무자 중 1인의 채무를 인수한 경우에는 다른 연대채무자에게는 영향이 없다. 다만 제3자가 모든 채무를 인수하고 채권자의 승낙을 얻은 경우에는 이로 인하여 모든 연대채권관계가 소멸함은 물론이다.

마) 확정판결

채무자의 1인에 대한 확정판결의 기판력은 그 채무자를 구속할 뿐이다. 즉 다른 연대채무자에 대하여 기판력이 미치지 못한다(상대적 효력).

3) 지체채무의 대내적 효력(구상관계)

(1) 구상권의 의의

어느 연대채무자가 변제 기타 자기의 출재로 공동면책이 된 때에는 다른 연대채무자의 부담부분에 대하여 그 상환을 청구할 수 있다(제425조 1항). 이 권리가 구상권이다. 민법은 공동면책을 한 연대채무자에 구상권을 인정하고 있다.

(2) 구상권과 부담부분

연대채무에 있어서는 외부적으로는 채무자각자가 모든 급부의무를 지지만 내부적으로는 각 채무자에게는 「부담부분」이 있다. 따라서 전부급부를 한 자는 다른 채무자에 대해서 각 부담부분에 대해 구상을 할 수 있다. 이것을 구상권이라 한다. 공평의 관념에서 이다. 그러나 이 부담부분의 본질은 아직 충분히 밝혀져 있지 않지만 연대채무에 있어서 각 채무자의 채권자에 대한 보증의무이고 부담부분은 고유의무로서의 성격을 띠게 된다.

(3) 부담부분과 그 비율

가) 연대채무자가 내부관계에서 출재를 분담하는 비율이 부담부분이고 부담부분은 그 비율을 당사자 사이의 특약으로 결정할 수 있다. 따라서 연대채무자의 1인이 전부의 부담부분을 부담하고 다른 연대채무자의 부담부분은 零(0)으로 하여도 상관없다. 다만 부담부분의 비율에 관한 특약이 없는 경우에는 부담부분이 균등한 경우로 추정한다(제424조).

나) 이상과 같은 표준에 의하여 결정되는 부담부분은 연대채무자 간의 내부관계에 있어서 절대적 효력이 있는 것이 일반적이다. 또한 채권자와의 관계에 있어서도 민법은 이 부담부분에 대하여 절대적 효력이 있는 것으로 한 경우가 많다.

(4) 부담부분의 변경

부담부분의 비율이 위의 표준에 의하여 일단 결정된 후에도 채무자 사이의 합의로 그것을 변경하는 것은 인정하여야 할 것이다(이설 없음). 부담부분의 변경을 채권자에게 대항하기 위하여는 채권자에 대한 항변요건을 갖추어야 한다(이설 없음).

(5) 구상권의 요건
가) 출재에 의한 공동면책을 얻었을 것

연대채무자 B · C · D 중 B가 채무를 변제하거나 기타 자기의 출재에 의하여 총채무자를 위하여 공동면책을 얻은 때에는 다른 채무자 C · D에 대하여 그 부담부분에 대응하여 상환을 구할 수 있는 권리, 즉 구상권이 발생한다. 출재란 자기의 재산상의 손실(혹은 부담)에 의하여 타인에게 이득을 얻게 하는 경우를 가리키며 변제를 비롯하여 대물변제 · 공탁 · 갱개 · 상계 · 혼동이 해당한다. 그러나 면제나 시효의 완성과 같은 경우에는 출재에 해당하지 아니하여 구상권이 생길 수 없다

나) 구상권과 부담부분의 관계

연대채무에서 출재한 연대채무자에게 구상권이 성립하기 위하여는 자기의 부담부분을 넘어서 공동의 면책을 얻게 하여야 하는가? 다수설은 자기의 부담부분을 초과한 출재가 구상권의 성립요건은 아니라고 보고 공동면책이 있으면 출재액이 부담부분의 범위 내인 때에도 언제나 출재액에 관하여 부담부분의 비율로 구상할 수 있다고 보는 견해이다. 예컨대 A · B · C가 연대채무 1,200만 원을 부담하고 그 부담부분이 평등한 경우(각 1/3씩 400만 원)에 A가 300만 원을 변제하더라도 A는 B · C에 대하여 100만 원씩을 구상할 수 있다.

(6) 구상권의 범위

출재한 연대채무자의 구상권의 범위에는 공동면책을 얻은 출재액 면책된 날 이후의 법정이자 .필요비 기타의 손해가 포함된다(제425조 2항).

(7) 구상권의 제한(Ⅰ)

각 연대채무자는 공동의 면책을 얻기 위해서 출연행위를 할 때에는 다른 채무자에 대해서 「사전 및 사후의 통지」를 하지 않으면 안 된다.

가) 사전의 통지를 게을리 한때.

① 연대채무자의 1인이 다른 채무자에게 통지하지 않고 변제 그 밖의 공동의 면책을 얻은 경우에 있어서 다른 채무자가 채권자에게 「대항할 수 있는 사유」를 갖는 때에는 그 채무자는 자기의 부담부분에 대해 이것으로써 변제한 채무자에게 대항할 수 있다(제426조1항).

② 한편 제426조 1항은 채권자에 대하여 항변권을 가지는 채무자로 하여금 그의 권리를 행사할 수 있는 기회를 잃지 않도록 하려는 것이 그 목적이다. 채권자의 청구가 있었음을 알고 있는 다른 채무자에 대하여는 사전의 통지를 요하지 않으며 통지를 하지 않아도 구상권의 제한을 받지 않는다고 해석한다. 예컨대 C가 A에 대해서 상계를 위한 반대채권을 갖을 경우에 B가 C에게 통지하지 않고 변제한 때는 C는 자기의 부담부분(400만 원)만은 A에 대한 반대채권으로 B의 구상권채권과 상계할 수 있다. 그리고 C가 이 상계를 주장한 경우에는 C의 A에 대한 반대채권은 그 부담부분(400만 원)의 범위도 B에게 이전하고 B는 A에 대해서 청구할 수 있게 된다(제426조 1항단서).

나) 사후의 통지를 게을리 할 때

자기의 출연에 의해 공동의 면책을 얻은 연대채무자의 1인 B는 사후적으로 그것을 다른 채무자 C·D에게 통지하지 않으면 안 된다. C·D의 이중변제를 방지하기 위해서이다. 이 통지를 게을리 함으로 인해 다른 채무자 C가 선의로 즉 공동의 면책이었던 것을 모르고 또 사전의 통지를 하여 A에게 변제한 때는 C는 자신의 변제를 유효한 것이라 간주할 수 있다(제426조2항).

다) 사후의 통지가 없는 동안에 사전통지 없이 한 면책행위

B가 변제를 하고 사후의 통지를 늦게 해 그 결과 C가 이중변제를 했지만 C가 사전의 통지를 하지 않았다고 할 경우 제2변제자 C는 자기의 변제를 유효하다고 간주할 수 있는가에 대하여 통설에 의하면 일반원칙에 따라서 먼저 변제한 제1의 출재채무자의 면책행위를 유효하다.

(5) 구상권의 확장(Ⅱ)

구상권의 확장의 문제로서 연대채무자중에 무자력자가 있는 경우와 연대면제의 경우를 들 수 있는데 이 경우에 구상관계는 특별한 비율이 된다.

가) 무자력자가 있는 경우

① 연대채무자중에 무자력자(구상의 상환을 할 자력이 없는자) D가 있을 때는 그 상환할 수 없는 부분(400만 원)은 구상자 B 및 다른 자력있는자 C사이에 그 부담부분에 맞게 분할 한다(제427조1항). 민법은 출재한 연대채무자만이 상환무자력자의 부담부분을 부담한다고 하면 공평에 반하여 다른 자력 있는 연대채무자의 분담을 규정하고 있다. 그 결과 D의 부담액 400만 원은 B와 C로 1/2씩 분할되므로 B는 C에 대해 600만원을 구상청구할 수 있다. 여기에 구상자력이 없는 자(상환무자력자)란 지불불능 또는 지불정지등의 파산원인이 있을 때 또는 강제집행 등에 의해 지불자력이 없는 것을 확정한 것을 말한다. 제427조 1항은 무자력에 의한 상환불능의 경우에 관하여서만 언급하고 있지만 무자력 이외의 사유에 의한 상환불능의 경우(예 : 어떤 채무자가 한정승인을 하였거나 또는 행방불명이 된 경우 등)에도 마찬가지로 해석하여야 한다.

② 상환불능자의 부담부분은 다른 채무자가 각자의 부담부분에 비례하여 부담하게 되므로 부담부분이 영인 채무자의 부담액은 역시 영이 된다. 상환불능자 이외의 다른 채무자의 부담부분이 모두 영인 때에는 부담부분이 영인 채무자 사이에서 균등하게 분담하여야 한다고 해석한다(이설 없음). 또한 만약 무자력인 연대채무자를 제외하고는 부담부분이 있는 자가 1인 밖에 없고 그 외의 연대채무자는 모두 부담부분이 영인 때에는 부담부분이 있는 그 1인이 단독으로 상환하게 된다. 다만 구상자 B에게 과실이 있을 때는(변제후 곧 구상하면 D는 자력을 갖고 있었는데 구상을 늦추기 위해 상환불능이 되었다) C에 분담을 청구 할 수 없으므로(제427조 1항 단서) C에 대한 구상은 300만 원뿐이 된다.

나) 연대의 면제(제427조 2항)

연대의 면제에는 모든 연대채무자에 대하여 면제하는 「절대적 연대면제」와 연대채무자 중의 한 사람 또는 수인에 대하여 면제하는 「상대적 연대면제」가 있다. 전자는 연대채무가 분할채무로 되고 구상관계가 생기지도 않는다. 따라서 부담부분이 零(0)인 채무자는 전적으로 채무를 면하게 된다. 한편 상대적 연대면제의 경우에는 면제를 받은 채권자만이 그의 부담부분에 해당하는 액에 관해서만 채무를 부담하며 면제를 받지 않은 다른 채무자는 여전히 채무의 전부를 이행하여야 할 의무를 진다. 따라서 연대의 면제와 관련하여 채권자에 대한 구상관계가 문제로 되는 것은 사해적 연대면제인 경우에 한함을 알 수 있다.

연대채무자의 1인이 채권자로 부터 연대의 면제를 받은 경우에 다른 채무자 중 무자력자가 있으면 그 무자력자가 변제할 수 없는 부분에 대하여 연대의 면제를 받은 자가 분담할 부분은 채권자가 부담한다(제427조 2항). 예컨대 채권자 甲이 1,200만 원의 연대채무를 부담하는 A · B · C(부담부분은 각 1/3)의 A에게만 연대의 면제를 한 경우에 B가 1,200만 원의 전액을 변제하고 C가 무자력이면 본래 A · B가 C의 부담부분인 400만 원에 대하여 200만 원씩 분담하여야 하지만 연대의 면제를 받은 A가 분담할 200만 원은 채권자 甲이 부담한다.

(6) 구상권자의 대위권

연대채무자의 1인이 다른 연대채무자에 대하여 구상권을 가지는 경우에는 그 범위에서 당연히 채권자를 대위한다(제481조). 그러나 대위할 수 있는 범위는 각 채권자에 대한 청구권의 범위에 한하게 됨은 물론이다.

4. 부진정연대채무

1) 「부진정연대채무」의 개념

(1) 의의

부진정연대채무라 함은 수인의 채무자가 동일한 내용의 급부에 관하여 각각 독립해서 전부의 급부를 하여야 할 채무를 부담하고 그 중에 한 사람 또는 수인이 1개의 급부를 하면 모든 채무자의 채무가 소멸하는 다수당사자의 채무관계로서 민법이 규율하는 연대채무에 속하지 않는 것이다. 부진정연대채무자 사이에는 공통목적에 의한 주관적공동관계가 없고 각 채무의 독립성이 강하다. 부진정연대채무는 연대채무와 같이 수인의 채무자가 동일한 내용의 급부에 관하여 각각 독립하여 전부의 급부를 하여야 할 채무를 부담하고 채무자 중 1인 또는 수인이 1개의 급부를 하면 모든 채무자의 채무가 소멸된다고 하는 점에서는 연대채무와 동일하다.

(2) 부진정연대채무를 발생시키는 경우

가. 계약책임의 경합

a) 타인의 가옥을 소실케 한자의 불법행위로 인한 손해배상의무(제750조)와 보험회사의 계약으로 인한

보험금지급의무가 경합하는 경우

　　b) 임치물을 부주의로 도난당한 수치인의 반환채무불이행으로 인한 손해배상의무(제390조)와 절취자의 불법행위로 인한 손해배상의무(제750조)가 경합하는 경우

　　c) 약혼불이행으로 인한 손해배상의무와 약혼이행방세의 불법행위로 인한 손해배상의무가 경합하는 경우 등에는 각각 부진정연대채무가 발생한다.

　나. 법률행위책임과 법정배상지체채무

　　a) 책임무능력자의 가해행위에 대한 법정감독의무자의 배상의무와 대리감독자의 배상의무(제755조)

　　b) 사용자책임에서 사용자와 피용자의 손해배상채무(제750조 · 제756조)

　　c) 동물의 가해행위에 대한 점유자와 보관자의 손해배상채무(제759조)

　　d) 피용자의 가해행위에 대한 사용자와 감독자의 손해배상채무(제756조)

　　e) 이행보조자가 고의 · 과실로 목적물을 훼손 · 멸실시킨 경우에 있어서 이행보조자의 손해배상의무(제750조)와 채무자의 손해배상의무(제390조 · 391조)

　　f) 공동불법행위에 대한 가해자들의 손해배상의무(학설과 판례가 인정)

　　g) 원채무자의 부탁이 없는 병존적 채무인수의 경우에 원채무자의 채무와 인수인의 채무(견해대립)

　　h) 임대인의 동의를 얻어 목적물이 전대된 경우에 임차인과 전차인의 목적물반환의무(제630조 1항) 등을 들 수 있다.

　다. 단체법에 의한 채무의 병존

　　a) 법인의 불법행위책임과 이사 기타의 대표기관 개인의 책임(제35조)

　　b) 법인격 없는 사단의 책임과 대표기관 개인의 책임

　　c) 법인격 없는 조합의 채무에 대한 조합재산에 의하는 단체책임과 각조합원의 개인책임

　　d) 공동상속 중의 상속재산에 의하는 책임과 각상속인의 고유재산에 의하는 책임 등이 병존하는 경우에는 부진정연대채무가 발생한다.

　라. 병존적 채무인수의 경우

　병존적 채무인수에 있어서 원채무자의 의뢰에 의하여 채무인수가 행하여졌을 경우에는 원채무자와 인수채무자 사이에는 연대채무가 발생된다. 반면에 원채무자의 의뢰가 없거나 또는 그의 의사에 반하여 병존적 채무인수가 행해진 경우에는 부진정연대채무가 발생한다.

　마. 공동불법행위의 경우

　수인이 공동의 불법행위를 한 경우에 있어서의 공동불법행위책임(제760조)의 성격에 관해서는 연대채무설, 부진정연대채무의 대립이 있다.

(3) 판례의 현황

　가. 임대인의 이행보조자가 임차물인 그 점포의 출입을 봉쇄하고 내부시설공사를 중단시킨경우에는 임차인으로 하여금 이행보조자의 불법행위책임과 동일한 사실관계에 기인하여 부진정연대채무관계에 있다고 본다.

　나. 토지가 하천구역으로 편입되어 국가의 소유로 된 경우 하천관리청인 건설부장관이 속한 국가와 보상절차상의 관리청인 서울특별시장이 속한 서울특별시는 보상청구권자와의 관계에서 부진정연대채무자로서 하천구역으로 편입된 토지에 대한 손실보상금을 지급할 의무가 있다.

2) 연대채무자와의 구별
 (1) 구분의 실질적 표준
  부진정연대채무는 민법상의 연대채무(제413조~제427조)를 진정한 것으로 보고 이와 유사한 것으로서 독일 민법학으로부터 도입한 관념임에는 틀림이 없다. 그러나 양자를 구별할 수 있는 실질적 기준은 명확하지가 않다. 대체로 우리나라의 학자들은 양자를 구별하는 표준으로서 연대채무에는 채무자 사이에 공동목적에 의한 주관적인 관련이 있으나 부진정연대채무에는 그러한 관련이 없다는 것을 드는 것이 보통이다.

 (2) 양자의 차이점
  가) 성립에 있어서 차이
   연대채무에 있어서는 합의나 법률규정에 의해 성립하나 부진정연대채무는 합의나 법률규정인 명문에 의해 성립되는 것이 아니라 각 채무는 별개의 원인에 의해 성립한다. 또한 연대채무는 그 발생원인이 동일한 경우가 보통이나 부진정연대채무는 언제나 그 발생원인이 서로 다르다

  나) 주관적 공동관계
   연대채무자 사이에는 목적공동이 아니라 어떤 종류의 주관적 관계가 있음을 말한다. 그러나 부진정연대채무에는 상호 이러한 관련이 없다.

  다) 대외적 효과
   연대채무에 있어서는 목적을 달성시킬 수 있는 사항에 대해 널리 절대적 효력을 인정하지만 부진정연대채무에 있어서는 채무자 중의 한 사람에 대하여 생긴 사항은 원칙적으로 다른 채무자에 영향을 미치지 않는다. 물론 부진정연대채무에 있어서도 변제 · 공탁 · 상계의 경우에는 절대적 효력이 발생한다.

  라) 대내적 효과
   연대채무에 있어서는 채무자는 서로 구상권이 있고 부담부분이 있다. 구상관계는 법률관계에 맡긴다. 그리고 부담부분은 불법행위의 경우 과실의 정도 채무발생 손해발생에의 기여 정도로 결정된다. 그러나 다수설에 의하면 부진정연대채무에 있어서는 주관적 공동관계가 없어 원칙적으로 각 채무자 사이에는 아무런 관계가 없기 때문에 구상권이 없고 부담부분도 없다.

3) 부진정연대채무의 효력
 (1) 대외적 효력(채무자의 1인에 대해서 생긴 사유)
  연대채무의 경우와 같다. 즉 채권자는 채무자의 1인에 대해서 전부 또는 일부의 이행을 청구할 수 있으며 동시 또는 순차적으로 총채무자에 대해서 전부 또는 일부의 이행을 청구할 수 있다.

 (2) 대내적 효력(구상관계)
  부진정연대채무에서는 각 채무자에게 내부적으로 부담부분이 존재하지 아니하여 보통 구상관계가 부진정연대채무 자체의 효력으로 발생하지는 아니한다. 다만 사용자책임에서 사용자로부터 피용자에 대한 구상권(제756조 3항)과 같이 법률의 규정에 의하여 특별히 구상관계가 인정될 수는 있다. 판례는「공동불법행위」에 관하여는 공동불법행위자 상호간에 그 과실의 비율에 따른 부담부분을 가진다고 구성하여 구상권을 인정한다.

 (3) 부진정연대채무의 변제통지의 불필요

부진정연대채무는 연대채무와는달리 출원분담에 관한 주관적인 관련관계가 없고 단지 채권만족이라는 목적만을 가지므로 부진정연대채무에 있어서는 그 변제에 관해서 통지의무를 인정할 수 없다. 따라서 변제로 인한 공동제책의 경우 채무자 상호간에 어떤 대내적인 특별관계에서 혹은 형평의 관점에서 손해를 분담하는 관계가 있게 되는데 불과하다.

5. 연대채권

1) 연대채권의 의의
연대채권이란 연대채무의 반대개념으로 복수의 채권자가 「연대」를 구성하고 있는 다수당사자의 채권관계이다. 민법 기타 법률상 당연히 연대채권관계가 성립하는 경우는 없지만, 계약에 의해서는 얼마든지 연대채권관계를 성립하게 할 수 있다.

2) 연대채권의 효력
각 채권자의 권리는 독립적으로 취급된다. 채권자 1인에 관하여 생긴 사유 중 변제와 같이 채권자에게 만족을 주는 사유는 절대적 효력이 있고 기타 사유에 대하여는 연대채무에 관한 규정이 유추적용 된다고 본다. 역시 내부관계에서도 수령한 급부는 다른 채권자에게 분배하여야 한다고 해석된다.
(1) 각 채권자의 권리는 독립된 것으로 취급된다.

(2) 채권자의 한 사람에 관하여 생긴 사항 가운데 채권을 만족케 하는 것은 절대적 효력을 가짐은 물론이다. 또한 그 밖의 사항에 관해서도 연대채무의 규정은 유지하여 일정한 범위에서 절대적 효력을 인정하는 것도 타당할 것이다.

(3) 대내적 효력에 있어서는 수령한 급부를 공동채권자 사이에서 분급하는 것이 원칙이라고 보아야 한다.

제 3 절   보증채무

1. 보증채무의 개념

1) 보증채무의 의의
(1) 「보증」인이 되는 것의 의미
보증채무란 주채무와 동일한 급부를 목적으로 주채무가 이행되지 않는 경우에 이행할 의무를 부담하는 종된 채무를 의미한다(제428조 1항). 따라서 보증채무는 주된 채무자 이외의 자가 부담하는 채무이며 주채무를 담보하는 기능을 가지고 있다. 통상 이 「보증」은 B · C간의 보증위탁계약에 의해 생기는 것이지만 위탁을 받지 못할 경우데도 가능하다. 이 경우 A, B간을 주요 채권(채무)관계, A · C간을 보증관계, B · C간을 보증위탁관계(위탁에 의하지 않을 경우는 사무관리관계)라고 부른다. 「보증」제도가 오로지 주채무를 「담보」할 목적으로 이용되기도 한다(인적담보). 따라서 보증채무는 인적 담보의 기능을 하는 가장 전형적인 제도이다.

(2) 보증채무의 성질
가) 개별독립성
보증채무는 주채무와는 별개 · 독립의 존재이며 단일채무에 수인의 채무자가 존재하는 관계가 아니다(통설). 따라서 보증채무의 범위와 태양은 주채무와 반드시 일치하는 것은 아니며 그 당사자는 언제나 다르다. 보증채무를 다시 보증하는 것(부보증)도 가능하다. 그러나 보증채무의 독립성은 보증채무가 지닌 부종성·수반성으로 인하여 연대채무의 독립성만큼 완전하지는 않다. 예컨대 주채무가 민사채무이고 보증채무가 상사채무인 경우에는 소멸시효기간은 전자에서는 10년이며 후자에서는 5년이 되는 등의 차이가 생긴다.

나) 동일내용의 동일성

보증채무는 주채무와 동일한 내용의 급부를 목적으로 하고 있다. 제428조 1항은 「보증인은 주채무자가 이행하지 아니하는 채무를 이행할 의무가 있다」고 규정하고 있다. 이것은 보증채무가 주채무 그 자체를 이행하여야 한다는 것은 아니며 단순히 보증채무의 내용은 주채무의 내용과 동일하다는 규정이다. 예컨대 주채무가 금전의 지급을 내용으로 하면 보증채무도 역시 금전의 지급을 내용으로 하여야 하는 경우처럼 양채무는 동일한 내용을 가져야 한다. 채무자체는 개별독립이지만 급부내용은 동일한 것이어야 한다.

다) 부종성
(가) 성립상의 부종성

주채무가 성립하지 않으면 보증채무도 성립하지 않는다. 주채무가 무효·취소의 경우에는 그 운명에 따른다. 다만 민법은 예외적으로 보증인이 보증계약을 체결할 당시에 주채무에 취소의 원인이 있음을 안 경우에는 주채무가 이행되지 않거나 취소되더라도 보증인은 주채무와 동일한 목적의 독립채무를 부담한다고 규정하고 있다(제436조).

(나) 내용상의 부종성

보증채무는 내용상으로도 주채무에 대하여 주종관계에 있다.
ⅰ) 보증채무의 범위(예 : 채무액)는 주채무보다 적으면 상관없지만 클 수 없고 보증채무가 주채무보다 무거우면 주채무의 한도로 감축되고(제430조),
ⅱ) 보증채무는 그 형태(예 : 이행기·이행장소·조건)에서도 주채무보다 과중할 수 없고,
ⅲ) 주채무의 내용에 변경(예 : 변제기의 연장)이 생기면 그에 따라서 보증채무이 내용도 변경되고,[89]
ⅳ) 보증인은 주채무자가 가지는 항변권으로 채권자에게 대항할 수 있고,
ⅴ) 보증인은 주채무자의 채권에 의한 상계로 채권자에게 대항할 수 있고,
ⅵ) 주채무자가 채권자에 대하여 취소권·해지권·해제권이 있는 동안에 보증인은 채권자에 대하여 채무의 이행을 거절할 수 있고(제435조),
ⅶ) 주채무자에 대한 시효의 중단은 보증인에 대하여도 그 효력이 있다(제440조).

(다) 소멸상의 부종성

보증채무는 주채무에 대하여 주종의 관계에 있다. 주채무가 소멸한 때에는 이유 여하를 묻지 아니하고 보증채무도 역시 소멸한다.

라) 수반성

보증채무는 일종의 채권담보로써 수반성이 있다. 예컨대 보증채무에 의하여 담보된 채권(채권자 A의 주채무자 B에 대한 채권)이 D에게 양도되면 보증인 C에 대한 채권도 수반하여 D에게 이전한다. 다만 채무인수에 의하여 주된 채무자에 변경이 있는 경우에는 보증인의 승낙이 없는 한 보증채무는 수반하지 않고 소멸한다.

---

89) 대판 1996. 2. 23, 95다49141

마) 보충성

보증채무는 주채무의 이행이 없는 경우에 한하여 보충적으로 이행된다. 그리고 채권자가 보증인에게 변제를 요구해 온 경우에는 보증인은 최고의 항변권과 검색의 항변권이 주어지고 있다. 즉 채권자가 보증인에게 채무의 이행을 청구한 때에 보증인은 우선 주채무자에게 청구하도록 항변할 수 있고(최고의 항변권), 채권자가 보증인의 재산에 대하여 집행하려고 하는 경우에 주채무자에게 자력이 있고 그 집행이 용이하다는 사실을 증명하여 우선 주채무자의 재산을 집행하도록 항변할 수 있다(검색의 항변권)(제437조). 연대보증에는 보충성은 없고 또 상사보증에서는 연대보증이 원칙이 되고 있다.

2) 「보증」의 현대적 전개

(1) 기관보증

보증인이 없어서 신용공여(금전의 차임)를 받을 수 없는 자(예: 중소기업자, 중소어업자, 농업자)를 위해서, 공적기관내지 협동적기관이 보증인(보증기관)이 되고, 보증기관은 보증료를 받고, 피보증인에 대해 「신용」보증을 하는 것이다. 중소기업신용보증, 농업신용보증 등이 있고, 이를 기관보증이라 불리고 있다. 예컨대 B가 A로부터 금전을 빌린 것에 있어서 C기관이 보증인이 되고(보증위탁계약), B는 그 「보증」을 받은 대가로써, C에게 매월보증료를 지불한다. 이와 같은 보증료를 지불해 「보증」(신용)을 취득한다고 하는 신용보증제도는 「신용공여」의 면을 제쳐두면 채무자에 있어서는 불이행보험(보증보험)적인 의미를 갖는 것이다. 보증기관 C는 한편에서 D보험기관과의 사이에 신용보증보험계약을 체결하고 있으므로 B의 채무불이행의 결과 A에게 변제하고 B로부터 구상을 받을 수 없는 위험은 그 보험으로 보호되게 된다. 기관 보증은 현재의 사회에서는 큰 역할을 다하고 있고 어느 의미에서는 보증의 현대적 형태라고도 할 수 있다.

(2) 신용보험 · 보증보험

보험제도이지만 보증(담보)적 기능을 영위하는 것이다. 「신용보험」은 신용(여신)을 준 채권자가 채무자의 채무불이행에 의해 입은 손해를 보험원리에 의해 보험기관에 의해 인수시키고자 하는 손해배상전보계약으로 채권자와 보험기관과의 사이에서 계약이 체결되는 것이다. 신용보증에 연결한 신용보증보험제도 외에 민간에서는 개인적 신용보험 할부판매대금보험 주택자금대부보험 등을 생각할 수 있다. 보증보험은 물품납입계약 · 공사청부계약 · 금전소비대차계약 등의 채무자가 있을 수 있는 채무불이행에 의한 손해배상의무를 보험원리에 의해 보험회사에게 인수해 받는 손해보험계약이며 채무자와 보험회사와의 사이에 체결된다(예 : 주택loan, 보증보험, 이행보증보험, 입찰보증보험). 채무자는 이러한 보험계약의 체결을 채권자에게 이행의 담보로써 제공하는 것이고 실질적으로 채무자에 대한 신용공여이며 보증에 가깝다. 이와 같이 보증과 보험과는 법률구성은 전혀 다르지만 그 기능면에서는 구별을 짓기 어려운 경우가 있다.

3) 손해담보계약

보증계약과 유사한 것으로 손해담보계약이 있다. 이것은 계약당사자의 한 쪽 C가 타방 당사자인 A에 대해서 A와 채권관계에서는 B가 야기시키는 손해를 전보할 것을 목적으로 하는 것이다. 주채무의 존재를 전제로 하지 않으므로(따라서 부종성도 없다) 보증채무가 아니다. 신원보증 · 신원인수 등이 대표적인 예이다.

4) 보증채무의 종류

(1) 보통의 보증과 연대보증

연대보증채무는 주채무자와 연대하여 부담한 부종적 채무를 말한다. 따라서 연대보증채무도 주된 채무에 대하여 부종성을 가진다는 점에서는 보통의 보증채무와 같다. 그러나 연대보증채무는 보통의 보증과는 달리 연대보증인에게 최고와 검색의 항변권이 없다(제437조 단서). 또한 연대보증인 경우에는 변제한 연대채무자의 구상권을 규정한 민법 제425조 내지 제427조를 준용한다.

(2) 단독보증과 공동보증

공동보증은 동일한 주채무에 대하여 수인의 보증인이 있는 보증을 말한다. 이 경우에 특히 문제되는 것은 공동보증인간의 보증채무의 비율 각 보증인상호간 및 변제한 보증인과 주채무자간의 구상관계이다. 특히 공동보증에 있어서는 분별의 이익이 인정되기 때문에 채권자로서는 불리하다.

(3) 일시적 보증과 계속적 보증

계속적 보증은 일정한 계속적인 거래관계 또는 법률관계로부터 장래에 있어서 발생하게 될 불특정·다수의 채무를 보증하는 것으로서 계속적 채권계약으로서의 성질을 가지며 담보물권에 있어서의 근저당·근질에 대응하는 것이다. 예컨대 신원보증, 신원인수, 임차보증 등이 이에 속한다. 한편 일시적 보증은 일시적 금전채무를 보증하는 경우와 같이 일시에 발생한 채무를 보증한다. 계속적 보증에 있어서는 보증인의 책임이 광범위하므로 이에 관한 특별한 규제가 필요하다. 따라서 신원보증법과 같은 특별법이 제정되어 있으나 그 외의 계속적 보증을 위하여는 아직 특별한 입법이 없는 경우도 많다.

(4) 무한보증과 유한보증

보증채무가 주채무의 원본, 이자, 위약금, 손해배상 기타 주채무에 종속한 모든 채무를 포함하는 때를 무한보증이라 하고(제429조 1항), 채권자와 보증인간의 특약에 의하여 보증채무의 목적 및 그 형태를 제한한 때를 유한보증이라고 한다. 따라서 보증채무의 범위는 당사자가 특히 유한보증으로 제한하지 아니하는 한 무한보증의 책임을 진다. 전자를 「전부보증」, 후자를 「일부보증」이라고도 한다.

(5) 정보증과 부보증

부보증 또는 재보증이라고 함은 보증채무에 대한 보증을 말한다. 부보증은 보증인이 채권자에 대하여 부담하는 보증채무를 보증하는 것이기 때문에 보증채무의 존재를 전제로 하여 성립되는 부종적 채무이다. 따라서 보증채무가 소멸하면 당연히 부보증채무도 소멸하는 것 외에는 통상의 보증과 다를 것이 없다.

(6) 민사보증과 어음보증

민법상의 보증채무인가 어음법상의 보증채무인가에 따르는 분류방식으로 특히 후자에 있어서는 보증인이 어음상에 직접으로 보증의 취지를 표시하여야 하도록 되어 있다(어음법 제30조-제32조 참조). 따라서 채권자가 소지하는 어음에 대하여 책임을 부담하는 취지의 보증서를 별도로 제시하는 경우에는 민사보증임에 불과하다. 또한 보증채무가 어음보증으로 되어 있는 경우에는 실질적으로 주채무가 무효이더라도 그 보증채무는 유효하게 존속한다.

(7) 이행보증과 배상보증

배상보증은 채권자가 주채무자로부터 완전한 이행을 받을 수 없는 때에 그 부족부분에 대하여 배상한 것을 내용으로 하는 보증채무로 일종의 정지조건부 보증채무라고 할 수 있다. 이는 채권자와 배상보증인 사이의 계약에 의하여 성립되며 채권자는 주채무자로부터 완전한 이행을 받을 수 없음을 증명하고 그 배상을 청구하여야 한다. 이에 대하여 이행보증은 주채무자가 채무를 이행하지 아니하는 경우에 보통적으로 이행키로 하는 보증채무이다.

2. 보증채무의 성립

1) 「보증」의 성립

보증채무는 보증인과 채권자와의 「보증」의 합의(보증계약)에 의해 성립한다. 유언에 의해서도 성립한다. 예컨대 특정의 자에게 금전을 유증하고, 장남을 주 채무자, 차남을 보증인으로 할 수도 있다. 한편, 합명회사의 사원의 변제책임, 무한회사의 이사의 책임 등이 법정「보증」채무라고 해석되고 있지만, 여기에서의 「보증」이란 「본래의 채무자의 이행 또는 자력을 담보 한다」는 것 이상의 의미는 없고, 「채무」구성을 취하는 보증채무에 불과하다(민법상의 「보증」규정이 어느만큼 적용되는가는 불명) 보증채무는 책임규범에 채무구성을 더한 특수한 책임제도(인적담보제도)이므로 당사자의 의사에 의해 발생하는 것이라고 해야 한다.

2) 보증계약의 성립요건

보증계약이 성립하려면 채권자와 보증인 사이에 합의가 있어야 한다. 따라서 법률의 규정 또는 법원의 명령에 의하여 보증인을 세울 의무가 있는 경우(제24조 2항·3항, 제26조 1항 등)에도 관계인에게 보증계약을 체결할 의무를 부과하는데 그치고 당연히 보증채무가 성립되는 것이 아니다. 또한 보증계약이 유효하게 성립하려면 계약의 일반적 성립요건을 갖추어야 한다. 보증계약은 반드시 주채무와 동시에 성립되어야 하는 것은 아니다. 따라서 보증계약은 주채무가 성립된 후에도 할 수 있고, 또 주채무에 앞서 할 수 있다.

(1) 보증계약의 당사자

보증채무는 보증인과 채권자 사이의 보증계약에 의하여 성립한다. 보통 채권자 A와 주채무자 B사이의 계약이 체결되고 주채무자 B가 제3자 C에게 보증인이 되도록 의뢰하여 보증계약이 체결된다. 즉 주채무자 B와 보증인인 C와의 관계는 보증관계에 영향을 미치지 아니한다. 따라서 보증계약의 당사자는 어디까지나 채권자 A와 보증인 C이고 주채무자와 보증인 사이의 사정은 보증계약의 내용이 되지 아니한다.

(2) 보증인의 자격
가) 일반의 경우

(가) 보증인이 될 수 있는 자격에 관하여는 원칙적으로 아무런 제한이 없다. 다만 보증채무는 보증계약에 의하여 성립하므로 보증계약을 체결함에 있어서 일반적 계약능력·행위능력을 필요로 한다. 또한 보증채무의 목적이 법률행위를 하는 것일 때에는 보증채무의 이행에 있어서 행위능력을 가지고 함은 물론이다.

(나) 보증인을 세울 의무 있는 경우

채무자가 당사자 사이의 계약·법률의 규정 또는 법원의 명령으로 보증인을 세울 의무가 있는 경우에 있어서는 민법은 특별규정을 두고 있다.
a) 능력자일 것
b) 변제의 자력을 갖일 것
c) 위의 두 요건은 채권자가 보증인을 지명한 때에는 적용되지 않는다(제431조 4항). 보증인의 자격은 채권자를 보호하려는 것이 목적이므로 채권자가 스스로 보증인을 지명한 경우에는 보호할 필요가 없기 때문이다.

(3) 부종성

성립에 관한 부종성으로써, 특히 이하의 점이 문제가 된다.

3) 주채무에 관한 요건

(1) 주채무가 존재하여야 한다.

(2) 주채무는 대체적 급부를 내용으로 하는 것일 것

(3) 장래채무·정지조건부채무의 보증

가) 주채무는 보증계약 성립 당시에 발생할 필요는 없고 장래에 발생할 채무라도 무방하다(제428조 2항). 부종성의 이론 위에 서 있는 근대법에서도 많은 입법례가 이를 명문으로 규정하고 있다(독민 제765조 1항, 스채 제494조 2항).

나) 주채무를 위한 보증채무는 계속적 거래에서 생기는 일체의 채무라도 좋고[90] 보증기간의 약정이없어도 상관없다.[91] 이처럼 일정한 결산기, 일정한 최고한도를 정하여 장래에 발생할 채무를 담보하는 것을 「근보증」, 「신용보증」이라 한다.

(4) 취소할 수 있는 채무의 보증

주채무자가 무능력자인 경우에도 보증계약 자체는 유효하게 성립하지만, 주채무가 무능력을 이유로 취소된 때에는 보증채무도 또한 소멸한다. 다만 주채무에 무능력을 이유로 하는 취소원인이 있다는 사실을 보증인이 안 경우에는 보증인은 주채무의 취소가 있더라도 「주채무와 동일한 목적의 독립채무」를 부담한 경우로 간주한다(제436조).

가) 주채무가 불이행인 경우

민법은 취소할 수 있는 채무를 보증한 자가 보증계약 당시에 취소의 원인 있음을 안 경우에는 주채무의 불이행이 있는 때에 보증인은 주채무와 동일한 목적의 독립채무를 부담한 것으로 간주하고 있다. 그러나 불이행이 주채무의 귀책사유에 기인한 때에는 주채무는 손해배상채무로 전환시 보증인은 이를 보증하면 되며(제492조), 보증인으로 하여금 이에 갈음하거나 또는 이와 함께 독립채무를 부담시킬 필요는 없다.

나) 주채무가 취소된 경우

보증인이 보증계약 당시 주채무에 취소원인이 있음을 안 경우에 주채무가 취소되지도 않고, 또한 주채무자가 주채무을 이행하지도 않은 경우에 보증인은 주채무와 동일한 목적의 독립채무를 부담하는가엥 대하여는 학설간의 대립이 있다.

3. 보증채무의 내용

1) 서설

보증채무의 내용(목적·태양·범위)은 원칙적으로 보증채무의 부종성과 보증계약에 의해 결정된다. 보증채무는 그 성립시에 있어서 주채무와 동일한 내용을 가질 뿐만 아니라 그 후에 있어서도 주채무가 그의 동일성을 잃지 않고서 그 목적·범위·태양 등에 변경이 생긴 때에는 보증채무도 그에 따라서 변경된다. 보증채무의 내용은 보증계약에 의하여서도 주채무의 내용보다 중하게 하지 못한다(제430조). 그러나 주채무의 내용보다 가볍게 하는 것 (예: 주채무의 일부를 보증하는 것, 원본에 대한 이자를 저율로 하는 것 등)은 보증계약에 의하여 임의로 할 수 있다.

---

90) 대판 1972. 10. 2, 72다1471; 동 1933. 7. 26, 82다카1772
91) 대판 1957. 10. 21, 4290 민상 349

2) 보증채무의 목적 및 상태

(1) 여기서 「목적」이라는 것은 보증채무가 금전채무인가 부대체물인가 등의, 급부내용을 의미하고, 또한 「상태」라는 것은 그것이 조건 · 기한부인가 이자부인가 등 급부형태를 말한다.

(2) 특정물매매의 매도인의 보증인은 목적물의 급부의무를 지지만 매도인이 보증인에게 목적물의 소유권을 이전하여 이행불능이 되었을 때에는 주채무자는 전보배상의무를, 보증인은 목적물의 급부의무를 부담하므로 목적을 달리하게 된다. 이러한 경우에는 전보배상의 성질상 양자의 경제적 가치는 일단 같다고 할 수 있겠으나 손해배상의 산정시점, 목적물의 가액의 변동 등에 의하여 목적물의 가액이 전보배상액보다 상회할 수 있다.

(3) 주채무에 대하여 경개계약이 맺어져서 그 목적이 변경된 경우에는 주채무와 경개계약에서 발생하는 채무와는 동일성이 없기 때문에 보증채무가 소멸하는 것은 물론이다. 화해계약이 맺어진 때에 급부내용에 변화가 생긴 경우에는 보통 동일성이 없다고 할 수 있다. 그러나 화해계약에 의하여 주채무의 범위(금액이나 이율의 변경의 경우) · 형태(변제기의 변경 같은 경우)의 변화를 가져오는데 지나지 않는 경우에는 화해계약전의 주채무보다 중한가의 여부에 따라 결정하여야 한다.

3) 보증채무의 범위

보증채무의 범위는 당사자의 합의에 의하여 결정할 수 있다. 다만 주채무의 범위보다 클 수 없다. 따라서 보증채무의 범위가 주채무의 범위보다 크면 주채무의 한도로 감축된다(제430조).

(1) 손해배상의무

주채무자가 부담해야 할 손해배상의무에 대해서는 보증인은 책임을 지지 않으면 안된다. 즉 보증채무의 범위에 대하여 당사자가 명확한 약정을 하지 않은 때에는 주채무 이외에 주채무의 이자 · 위약금 · 손해배상 기타 주채무에 종속한 채무가 보증채무에 포함된다(제429조 1항).

(2) 해제 · 무효 · 취소에 의한 원상회복의무

문제는 계약의 해제 또는 무효 · 취소에 의해 발생하는 원상회복의무는 보증채무의 범위에 들어가는가의 여부이다. 예컨대 매매계약의 해제 · 무효 · 취소에 있어서 매수인 또는 매도인이 이미 수령한 물건을 반환해야 할 때에 각각의 보증인은 그 반환의무에 대해 책임을 져야 하는가의 문제이다. 주채무의 발생원인이 되는 계약이 어떤 이유로 해제된 경우에 계약의 해제로 인한 원상회복의무와 손해배상의무에 대하여도 보증채무가 미치는가?

가) 긍정설(다수설, 판례)

이 설은 해지 · 해제에서의 원상회복의무와 손해배상의무의 성질론에 구애되지 않고 보증인은 원칙적으로 원상회복의무와 손해배상의무에 대하여도 보증채무를 부담한다고 본다. 이 설에 의하면 ⅰ) 계약당사자를 위한 보증은 그 계약에서 생기는 특정의 채무만을 보증하는 취지인 경우는 오히려 예외이며 보통 그 계약당사자가 부담하는 모든 채무를 보증하는 취지라고 해석하고, ⅱ) 본래의 채무와 해제의 효과로서 발생한 채무 사이에 동일성이 유지되어 본래의 채무의 보증인은 해제로 인한 원상회복의무와 손해배상의무를 보증한다고 본다.

나) 부정설

이 설은 임대차의 「해지」와 같이 소급효가 없는 경우에는 임차인의 목적물반환의무나 손해배상의무는 모두 본래의 채무 혹은 그 확장에 지나지 아니하여 보증인의 담보책임이 당연히 미치지만 매매계약의 「해제」

와 같이 소급효가 생기는 경우에는 손해배상의무에 대하여는 보증인의 책임이 미치고 원상회복의무는 본래의 채무와 동일성이 없는 별개의 채무로서 원칙적으로 보증인의 책임이 미치지 아니한다고 본다.

(3) 일부보증

예컨대 주채무자 B가 1,000만 원의 채무를 지고 있을 때에 보증인 C가 그 일부 500만 원을 보증한다고 하는 경우이다. 두 가지의 보증이 있을 수 있다. 하나는 500만 원까지의 변제를 담보하는 것이며, B의 500만 원의 변제가 있다면 C는 보증책임을 면한다고 하는 것. 다른 하나는 C가 출연하는 한도액은 500만 원이라고 하는 것으로 B가 600만 원을 변제한 경우는 C의 부담액은 400만 원이 된다. 그 어떤 것인가는 당사자의사의 해석에 위임되지만, 통상은 후자일 것이다.

(4) 임대차보증은 사회실제에 있어서 차가보증·차지보증 등과 같은 경우에 흔히 볼 수 있다. 그리하여 임차인의 채무로서는 차임채무·임차물보관의무·임차물의 사용수익의무·전대차로 발생하는 의무 등을 생각할 수 있으나 임차물반환의무도 역시 임대차계약상의 의무 중의 하나가 될 것은 분명하다. 따라서 반대의 특약이 없는 이상 임차보증인은 원칙적으로 임차물반환의무에 관해서도 보증채무을 부담하여야 하는 것이다.

4) 보증채무의 형태 및 종 된 권리관계

(1) 조건·이행기·이행지와 같은 채무의 형태도 보증채무는 주채무와 원칙적으로 동일하다. 당사자의 합의에 의하여 별도의 형태를 정할 수 있지만, 주채무보다 과중할 수는 없다. 만약 보증채무의 태양이 과중한 때에는 주채무와 동일한 형태로 감축된다(제430조). 따라서 주채무의 이행기보다 먼저 보증채무의 이행기를 설정할 수 없고, 당사자가 설정하더라도 주채무의 이행기까지 보증채무의 이행기도 연장된다.

(2) 보증채무의 이행을 확보하기 위하여 보증채무에 대하여만 위약금·손해배상액의 예정을 할 수 있다(제429조 2항). 또한 보증채무에 대하여 다시 보증인을 세우는 부보증을 하거나 담보물권을 설정할 수 있다. 보증채무는 주채무와의 별개의 채무이기 때문에 보증채무 만을 위하여 이와 같은 종된 권리관계를 수반케 하는 것은 무방하며, 또 그것이 보증채무의 내용자체를 확장하는 것은 아니기 때문에 보증채무의 부종성에 반하는 것도 아니다.

4. 보증채무의 효력

1) 대외적 효력(보증인의 항변권)

(1) 채권자의 권리

가) 보증채무의 이행기가 도래하면 채권자는 보증인에 대하여 이행을 청구할 수 있다.

나) 주채무·보증채무가 모두 이행기에 있는 경우에 채권자는 주채무자·보증인에 대하여 채무의 일부 혹은 전부를 동시에[92] 혹은 순차로 청구할 수 있다. 또한 보증인과 주채무자를 공동피고로 하여 소를 제기할 수도 있다.

다) 주채무자 및 보증인이 파산선고를 받은 때에는 채권자는 피산선고시의 채권의 전액에 관하여 각 파산재단에 대하여 파산채무자로서 그의 권리를 행사할 수 있다(채무자회생및파산에관한법률 참조). 보증인만이 파산선고를 받은 때에는 채권자는 파산선고 시에 가지는 채권의 전액에 관하여 파산채권자로서의 권리를 행사할 수 있다(동법 제411조). 주의할 것은 주채무가 상속의 한정승인(제1028조) 또는 법인의 해산(제88조-

---

92) 대판 1960. 4. 21. 4292민상619

제92조)으로 그 책임이 한정된 경우에는 채권자는 보증인에 대하여 여전히 이행을 청구할 수 있다는 점이다.

(2) 보증인의 권리
가) 보충성에 기초한 항변권
(가) 최고의 항변권
채권자가 보증인에게 채무의 이행을 청구한 때에는 보증인은 주채무자가 변제자력이 있다는 사실, 그 집행이 용이하다는 것을 증명하여 우선 주채무자에게 최고하라고 청구할 수 있다(제437조). 이것을 최고의 항변이라 한다.
a) 요건
채권자가 이미 채무자에게 최고를 하고 있거나 또는 채무자와 보증인에게 동시에 이행을 청구할 때는 이 항변권은 기능하지 않는다. 보증인이 최고의 항변권을 행사하기 위하여는 채권자가 주채무자에게 먼저 이행청구를 하지 않고 보증인에게 이행을 청구하여야 하고, 또한 주채무자의 변제자력 및 그 집행이 용이하다고 하는 사실을 증명하여야 한다.

b) 효과
항변권이 행사되면, 채권자는 우선 채무자에게 최고하지 않으면 안 된다. 그러나 최고는 재판 외라도 좋고 그 결과를 증명할 필요도 없다. 또한 이 항변권이 행사되었음에도 불구하고 채권자가 최고를 게을리하고 그 때문에, 그 후 주채무자에게 전부의 변제를 받을 수 없게 된 때는 보증인은 채권자가 곧 최고를 하면 변제를 받을 것이라는 한도에 있어서 그 의무를 면한다(제438조). 이 경우에 청구를 게을리 하였다는 사실과 변제를 받지 못하였다는 사실 사이에 상당인과관계가 있어야 한다. 그리고 보증인이 항변권을 가지는 동안 채권자는 보증인에 대하여 상계로써 항변하지 못한다.

c) 항변권을 갖지 못하는 경우
보증인이 연대보증인인 때(제437조 단서), 주채무자가 파산선고를 받은 때, 주채무자의 행방을 알 수 없는 경우, 보증인이 최고의 항변권을 포기한 경우 등이다.

(나) 검색의 항변권
채권자가 주채무자에게 최고를 한 후에 보증인에게 청구한 경우에도 보증인은 주채무자에게 변제의 자력이 있고, 또 그것에 대한 집행이 용이함을 증명한 때는 채권자는 우선 주채무자의 재산에 집행하지 않으면 안 된다(제437조). 이것을 검색의 항변권이라 한다. 검색의 항변권도 최고의 항변권과 마찬가지로 연기적 항변권으로서의 성질을 갖는다. 우리 민법에서는 최고의 항변권과 검색의 항변권을 각각 독립된 것으로 하고 있으므로 최고의 항변권을 행사하지 않고 곧 검색의 항변권을 행사할 수도 있다. 이 검색의 항변권은 보증인에게는 강력한 보호수단이 되는 것이다.

a) 요건
보증인이 검색의 항변권을 주장하여야 하며, 재판상 재판외이거나를 불문하고 행사할 수 있다. 보증인은 검색의 항변권을 행사하기 위하여 주채무자의 변제자력과 그 집행이 용이하다고 하는 사실을 증명하여야 한다(제437조). 주채무자에게 변제의 자력이 있어야 한다. 주채무자의 재산의 집행이 용이하여야 한다. 용이한가의 여부는 법률상의 절차적 판단이 아니라 현실로 변제를 받을 수 있는 가의 여하로부터 판단해야 한다(통설).

b) 효과

채권자가 주채무자의 재산에 대하여 집행하였으나 채권의 완제를 받지 못하면 그 잔액에 관하여 다시 보증인에게 청구할 수 있다. 그러나 이 경우에 보증인은 주채무자에게 청구할 수 있음은 물론이다. 그러나 이 경우에 보증인은 주채무자의 재산상태가 양호해졌다고 해서 다시 검색의 항변권을 행사 하지는 못한다. 이 항변권이 행사되었음에도 불구하고 채권자가 집행을 게을리 하므로 채무자로부터 전부의 변제를 얻을 수 없었던 때는 보증인은 채권자가 곧 집행하면 변제을 얻을 것이라는 한도에 있어서 그 의무를 면한다(제438조). 그리고 보증인이 이 항변권을 가지고 있는 동안은 채권자는 보증인에 대하여 상계로써 대항하지 못한다.

c) 항변권을 갖지 못할 경우
연대보증의 경우에는 검색의 항변권은 없고(제437조 단서), 또 보증인이 이것을 포기하는 것은 자유이다. 만약 보증의 보충성을 약화시킬 것을 원한다면 채권자가 미리 보증인으로 하여금 검색의 항변권을 포기하게 하는 특약을 하여도 무방할 것이다.

나) 부종성에 기초한 항변권(주채무자가 갖는 항변권의 행사)
보증채무는 주채무에 부종하는 것이므로 주채무자가 갖는 항변권을 원용할 수 있다. 즉 주채무자의 항변권으로 채권자에게 대항할 수 있다(제433조 1항). 그리고 보증채무는 주채무와는 별개의 독립한 채무이므로 비록 주채무자가 그의 항변권을 포기하더라도 그것은 보증인에게 효력이 없다(제433조 2항).
(가) 주채무의 불성립의 항변권
주채무의 발생원인인 법률행위가 무효·취소되면 주채무가 처음부터 성립하지 아니하므로 역시 보증인도 주채무의 불성립을 원용하여 보증계약을 무효로 할 수 있다. 주채무자 자신이 아직 행사하지 않은 취소권을 보증인이 행사할 수 있는지 문제된다. 이에 대해서는 견해의 대립이 있다. 통설은 보증인이 민법 제140조에 규정된 취소권자가 아니라고 하는 이유로 부정한다. 반면 주채무자가 아직 취소를 하지 않은 이유만으로 무조건 보증인에게 이행을 강요한다고 하면 불합리하다고 하여 보증인에게 취소권을 인정하는 소수의 견해가 있다. 민법상으로는 보증인에게 취소권을 인정할 필요가 없고, 다만 주채무가 취소되는가 아닌가가 불확정한 동안에는 보증인에게 「이행거절권」을 인정하면 충분하다(제435조)고 본다.

(나) 주채무소멸의 항변권
동시이행의 항변권(제536조), 기한유예의 항변권 등 일반적으로 주채무에 부착하는 항변권은 보증인이 이것을 원용할 수 있다. 시효이익의 원용·포기는 상대적 효력을 가질 뿐이므로 각자는 독립해서 그 원용·포기를 할 수 있다. 따라서 주채무가 시효로 소멸한 경우에 있어서 주채무자가 시효를 원용하지 않더라도 보증인은 독자로 그 원용을 할 수 있다. 주채무자가 시효를 포기하더라도 보증인은 시효를 원용할 수 있다. 이 경우에는 보증이 없는 채무가 된다. 보증인은 주채무자가 갖는 반대채권으로서 채권자에 대해서 상계로서 대항할 수 있다(제434조) 주채무자가 채권자에 대하여 취소권 또는 해제권이나 해지권이 있는 동안은 보증인은 채무자에 대하여 채무의 이행을 거절할 수 있다(제435조).

2) 주채무자 보증인에게 생긴 사유
(1) 주채무자에게 생긴 사유
주채무자에게 생긴 사유는 원칙으로써 보증인에게 효력을 미친다(부종성 으로부터의 절대적 효력). 그러나 주채무가 성립한 후에 채권자와 주채무자의 합의에 의하여 주채무의 목적·범위·태양 등이 변경되었다 하더라도 그것이 보증채무를 가중하게 하는 것이라면 보증채무에 영향을 미치지 않음은 앞에서 설명하였다.

(2) 보증인에 대하여 발생한 사유

보증인에게 생긴 사유는 원칙으로써 주채무자에게 영향을 주지 않는다. 따라서, 보증인이 채무의 승인을 하더라도 주채무의 시효는 중단되지 않으므로 그 후 주채무의 시효가 완성되면 보증인은 시효의 원용을 할 수 있다. 채권자에게 만족을 주는 사유는 변제ㆍ대물변제ㆍ공탁ㆍ상계이다. 보증인이 변제ㆍ대물변제ㆍ공탁ㆍ상계를 하면 주채무도 소멸하며(절대적 효력), 다른 사유에는 상대적 효력밖에 생기지 아니하여 주채무가 소멸하지 않는다. 예컨대 보증인에 대하여 채권양도의 통지를 하여도 주채무자에 대한 통지로는 효력이 생기지 아니하고 보증인이 자기의 보증채무를 승인하여도 주채무의 시효중단이 되지 아니한다.

3) 대내적 효력(구상관계)

(1) 보증인의 구상권의 근거

구상권의 법적 근거는 보증인과 주채무자의 관계에 따라서 구별하고 있다. 즉 보증인이 주채무자의 부탁을 받아 보증인이 된 경우에는 양자의 관계는 위탁관계에 기초한 위임사무처리하고 하게 된다. 따라서 보증인의 구상권은 위임사무의 처리에 필요한 비용의 상환청구권(제687조ㆍ제688조)으로서의 성질을 가지며 이에 준하여 규율한다. 반면 보증인이 주채무자의 부탁 없이 보증인이 된 경우에는 주채무자를 위하여 사무관리를 한 것이 되므로 그 구상권은 사무관리법의 비용상환청구권으로(제739조)서의 성질을 지니며 또한 이에 준하여 규율한다.

(2) 수탁 보증인의 구상권

위임을 받은 보증의 법적성질은 「위임사무」이며, 따라서 구상권도 위임사무처리의 비용상환청구권적 성격을 갖고 있다. 이 구상권에는 통상의 구상권(사후구상권)과 사전구상권이 있다.

가) 사후구상의 원칙

수탁보증인은 자기의 출재로 주채무를 소멸하게 한 후에 구상하는 것이 원칙이다. 그러나 주채무자의 승낙을 얻어 변제기 전에 변제를 한 경우에는 변제기 전이라 하더라도 구상권을 행사할 수 있다.

나) 구상권의 취득ㆍ제한ㆍ범위

우선 일반적인 구상권, 즉 변제한 후에 얻는 구상권(사후구상권)이다.

(가) 자기의 출연에 의한 채무의 소멸(구상권의 성립요건)

주채무자의 부탁을 받아 보증인이 된 예를 수탁보증인이라 한다. 주채무자의 보증인에 대한 부탁은 명시 또는 묵시에 의하여 할 수 있지만, 단순한 사실에 기하여 추정되지는 않는다. 수탁보증인이 주채무자에게 구상권을 행사하기 위하여는 수탁보증인이 주채무자에 대신해 변제를 행하고 그 밖의 자기의 출연으로써 채무를 소멸시켜야 하는 행위를 한 때는 주채무자에 대해서 구상권을 취득한다(제441조 1항)

(나) 통지를 늦게 한 경우의 구상권의 제한(면책통지와 구상)

보증인이 주채무자에게 미리 통지하지 않고 변제 기타의 출재로 주채무를 소멸하게 한 경우에는 주채무자가 채권자에게 대항할 수 있는 사유가 있었을 때에는 그 사유로써 보증인에게 대항할 수 있다(제445조 1항 전단). 그리고 대항사유가 상계인 때에는 그 상계로써 소멸할 채권은 보증인에게 이전된다(제445조 1항 전단). 또 보증인이 변제 기타 자기의 출재로 주채무자를 면책하게 한 후에 그것을 주채무자에게 통지하지 않은 경우에 주채무자가 선의로 채권자에게 이중으로 변제 기타 유상의 면책행위를 한 때엔느 주채무자는 자기의 면책행위를 무효하다고 주장할 수 있다(제445조 2항). 주채무자가 유상이든 무상이든 자기의 행위로 면책하는 경우에 사전의 통지의무는 없고, 다만 사후에 그 사실을 수탁보증인에게 통지하지 않은 경우에 수탁보증인이 선의로 채권자에게 이중의 변제 기타 유상의 면책행위를 한 때에는 보증인은 자기의 면책행위가 유효하다는 것을 주장할 수 있다(제446조).

(다) 구상권의 범위

　연대채무자의 구상권의 범위에 관한 규정이 준용된다(제425조 2항). 즉 보증관계의 구상은 변제 그 밖의 면책행위가 있었던 일 이 후의 법정이자 및 피할 수 없었던 비용 그 밖의 손해의 배상을 포함한다(제425조 2항).

다) 사전구상권(예외)의 행사

　보증인은 반드시 언제나 주채무자를 위하여 면책행위를 한다고는 할 수 없으므로 민법은 사후구상을 원칙으로 하고 있다. 수임인에게는 원칙적으로 위임사전처리 비용의 선급청구권이 인정되고 있다(제687조 참조). 다음으로 위탁을 받은 보증인은 예외적으로 주채무자에 대해서 미리 구상권을 행사할 수 있다(제442조). 이것을 사전구상권이라 한다.

　a) 보증인이 과실없이 채무자에게 변제하여야 할 재판을 받은 때(제442조 1항 1호)

　b) 주채무자가 파산선고를 받은 경우에 채권자가 파산재단에 가입하지 않은 때(제442조 1항 2호)

　c) 채무의 이행기가 불확정하고 그 최장기도 확정할 수 없는 경우에 보증계약 후 5년을 경과한 때(제442조 1항 3호)

　d) 채무의 이행기가 도래한 때(제442조 1항 3호) 이다. 그러나 보증계약 후에 채권자가 주채무자에게 허여한 기한으로 보증이에게 대항하지 못한다(제442조 2항). 다만 주채무자는 보증인이 사전구상권을 행사하는 경우에 무조건 사전구상권에 응하여야 할 필요는 없다. 주채무자가 보증인의 사전구상에 응하여도 보증인이 채권자에게 변제를 하지 않을 가능성도 있다. 따라서 주채무자는 보증인의 변제를 확실하게 하기 위하여 보증인에게 담보의 제공을 청구하거나 자기의 면책을 청구할 수 있고, 또는 보증인에 대하여 배상할 금액을 공탁하거나, 담보를 제공하거나, 보증인을 면책하게 하여 사전의 구상을 거절할 수 있다(제443조).

(3) 부탁을 받지 않은 보증인의 구상권

　부탁을 받지 않은 보증의 법적 성질은 「사무관리」이다. 따라서 그 구상관계도 사무관리의 비용상환청구권적 성질을 갖고 있다. 기본적으로는 위탁을 받은 보증의 경우와 같다. 다만 보증인은 변제를 하기에 있어 주채무자에 대해서 사전 및 사후의 통지를 하는 것이 필요하며(제445조1항) 사전통지를 늦게 한 경우는 채무자는 채권자에 대해서 갖는 항변사유로써 보증인에게 대항할 수 있고(제445조1항), 또 사후통지를 늦게 한 결과 채무자가 이중으로 변제한 때는 채무자는 자기의 변제행위를 유효하게 주장할 수 있다(제445조2항). 그러나 주채무자가 이러한 위탁을 하지 않는 보증인에게 통지 등을 할 필요는 없으므로 이러한 의무를 부담하지 않는다(제446조).

(4) 수인의 주채무자가 있는 경우의 구상권
　가) 채무자전원을 보증할 경우

　이 경우의 사전구상권에 관하여 민법에 명문의 규정이 없다. 예컨대 주채무가 분할채무라면 보증인이 취득하는 구상권도 각채무자의 분할채무가 된다. 동시에 불가분채무 내지 연대채무라면 구상권도 불가분채무 내지 연대채무가 된다(통설).

　나) 채무자의 1인을 보증할 경우
　주채무가 분할채무라면 보증한 채무자에 대해서 부담액의 구상권을 취득한다. 만약에 보증한 주채무자가 부담하는 채무액을 초과하여 보증인이 출재에 의한 면책행위를 한 경우에는 보증한 채무자 이외의 자의 부담부분에 관하여는 제3자의 변제 또는 면책행위(제469조 참조)로 될 뿐이다. 또한 불가분채무 내지 연대채무라면, 보증인은 보증한 채무에 대해서 전액의 구상을 행할 수 있는 것은 당연하지만 다른 채무자에 대해서도 그 부담부분만에 대해 구상권을 갖는다(447조).

(5) 보증인의 대위권

채권자가 주채무자에 대하여 그 채무의 이행을 확보하기 위하여 달리 저당권·질권과 같은 담보를 가지는 경우에는 변제를 한 보증인은 채권자를 대위하여 그 담보권을 행사할 수 있다(제481조·제482조).

5. 보증채무의 특수형태

1) 연대보증

(1) 연대보증의 의의

연대보증이란 주채무자의 채무에 대해 보증인이 「연대」해 보증채무를 부담하여 주채무의 이행을 담보하는 보증채무를 말한다. 「연대」이므로 보증채무의 보충성(최고의 항변·검색의 항변)은 없으나(제436조), 보증인·채무자간에 연대채무와 같은 절대적 효력을 발생시킨다. 이러한 연대보증은 주채무의 이행을 담보하는 점에 있어서는 보통의 보증채무와 마찬가지지만 보통의 담보채무가 가지는 「보충성」이 없으므로 채권자의 권리가 현저하게 강화되는데 그 특색이 있다. 이와 같이 연대보증은 보통보증제도를 강화한 것이므로 채권자에게 유리하며, 따라서 현재의 사회에서 사용되는 보증의 대부분이 연대보증이다.

(2) 연대보증의 성립

가) 특약에 의한 성립

연대보증이 성립하기 위해서는 보증계약에 연대보증인·채권자 사이의 특약, 즉 보증인이 주채무자와 「연대하여」 채무를 부담한다고 하는 연대의 특약을 할 필요가 있다. 보증인은 사전 또는 사후에 최고·검색의 항변권을 포기할 수 있는데, 그러한 포기가 있는 때에는 결국 연대보증이 성립하는 것으로 된다.

나) 법률의 규정에 의한 성립

연대보증은 보증인과 채권자와의 연대보증계약에 의해 성립한다. 주채무 또는 보증채무가 상행위에 의해 생긴 때는 주채무 및 보증인이 각 개의 행위로써 채무를 부담한 때라도 연대보증이 된다(상법 제57조 2항). 판례는 차용증서에 갈음하여 어음을 발행하고 그 사정을 알면서 원인채무를 담보하는 의미에서 어음에 배서를 한 경우에는 특별한 사정이 없는 한 그 배서인은 원인채무에 대하여 연대보증의 책임도 지고[93], 수표발행인이 수표를 담보로 타인으로부터 돈을 빌린다는 사실을 알면서 그 수표의 지급을 보증한 보증인은 민법상의 연대보증을 한 경우라고 본다.

(3) 연대보증의 효력

가) 대외적 효력(연대보증인과 채무자사이의 관계)

(가) 채권자가 연대보증인에 대하여 가지는 권리는 연대채무자에 대하여 가지는 권리와 차이가 없다. 그리고 연대보증에 보충성이 없으므로 연대보증인은 최고·검색의 항변권을 가지지 못한다. 따라서 채권자는 주채무자·연대보증인 누구에 대하여도 이행을 청구할 수 있고, 채권자가 주채무자에게 최고 혹은 그 일반재

---

93) 대판 1987. 8. 25, 87다카 891

산에 집행을 하지 않은 경우라고 하더라도 연대보증인은 이행을 거절할 수 없다. 또한 연대보증인이 수인인 경우에도 채권자는 각각에 대하여 전액의 청구를 할 수 있다. 그러나 부종성은 있으므로 주채무자가 채권자에 대하여 가지는 항변 및 항변권을 주장할 수 있다.

(나) 연대보증인의 채무의 범위는 보증채무의 경우와 마찬가지로 주채무의 원본·이자·위약금·손해배상 기타 주채무에 종속된 채무를 포함한다(제429조 1항 참조). 그 밖에 연대보증의 목적·태양에 관해서도 제430조가 적용된다. 또한 분별의 이익이 없다. 주채무자에 대한 채권의 집행보전에 채권자에게 과실이 있다고 하더라도 그 이유로 연대보증인이 그 채무를 면할 수는 없다.

나) 주채무자·연대보증인에 대해서 생긴 사유

연대보증도 그 본질은 보증으로 주채무자와 연대보증인 사이에 생긴 사유의 효력은 보증채무와 같다. 수인의 연대보증인이 있는 경우에 연대보증인 사이에 연대관계의 특약이 있는 경우가 아니면, 채권자가 연대보증인의 1인에 대하여 채무의 전부 또는 일부를 면제하더라도 다른 연대보증인에 대하여는 그 효력이 미치지 아니한다.[94] 또한 연대보증인의 1인에 대한 채권포기는 주채무자나 다른 연대보증인에게는 효력이 미치지 아니한다.[95] 연대보증도 보증의 일종으로 주채무자에 대한 시효의 중단은 민법 제440조에 의하여 연대보증인에 대하여도 그 효력이 있다.[96]

다) 대내적 효력(구상관계)

연대보증인의 주채무자에 대한 구상관계는 보증채무와 동일하다(제441조 이하 규정의 적용).

2) 공동보증
(1) 공동보증의 의의

공동보증이란 동일한 주채무에 대해서 수인이 보증채무를 부담하는 것이다. 그 수인의 보증내용에서 다음의 세 가지 형태가 있을 수 있다.

가) 보통보증인 경우 : 통상의 보증이다.

나) 연대보증인 경우 : 「연대」의 효력이 강력하다.

다) 보증연대인 경우 : 보증인간에 연대성이 있을 뿐이므로 채권자와의 관계는 보통의 보증이다.

공동보증은 채권자와 공동보증인간의 계약으로 성립하는 것은 말할 것도 없지만, 일개의 계약에 의할 뿐만 아니라 일부의 자가 추가적으로 별개의 계약으로 보증인이 될 경우도 있다. 공동보증도 그 성질에 있어서는 보통의 보증과 기본적으로 다른 것은 아니지만 보증인이 수인인 까닭에 보증인의 채권자에 대한 관계 및 보증인 상호간의 관계에 있어서 보통의 보증과는 다른 특수성을 가진다.

(2) 공동보증의 성립

공동보증인은 수인이 1개의 계약으로 동시에 보증인이 되거나 별개의 계약으로 보증인이 되는 경우에 성립하고, 양자 사이에 차이는 없다. 공동보증은 매우 다양하게 성립한다. 수인이 하나의 계약으로 동시에 보증인이 되는 수도 있으며, 순차로 별개의 계약으로 보증인이 될 수도 있다. 또 수인의 보증인 중의 일부의 자만을 보통의 보증인으로 하고 다른 자는 연대보증인으로 하는 경우도 있을 것이고, 또 수인 중의 일부의 자와만 보

---

94) 대판 1992. 9. 25, 91다37553
95) 대판 1994. 11. 8, 94다37202.
96) 대판 1978. 1. 31, 77다2053

증연대의 특약을 하는 경우도 있을 것이다.

(3) 공동보증의 효력
가) 채권자에 대한 관계
공동보증인과 채권자와의 관계에서는 보증인은 원칙으로써 「분별의 이익」을 갖는다.
(가) 「분별의 이익」
수인의 보증인이 있는 경우에 있어서는 그 보증인이 공동으로 보증한 경우라도 (각별히 보증한 경우에도) 채권자에 대해서는 주채무에 대해 평등한 비율로써 분할한 액에 대해서만 보증채무를 부담한다(제439조). 이것을 「분별의이익」이라 한다. 예컨대 C·D 2인이 B의 A에 대한 1,500만 원의 채무에 대하여 공동보증을 한 경우에 2인이 각각 750만 원을 부담하면 된다. 분별의 이익은 공동보증인 C·D가 B의 채무에 대하여 2인이 함께 채권자 A와 보증계약을 체결한 경우에도 개별적으로 계약을 체결한 경우에도 동일하게 성립한다.

(나) 「분별의 이익」이 없는 예외
위에서 살펴본 바와 같이, 각 공동보증인의 보증채무는 분할채무가 된다. 따라서 보증채무가 분할채무가 될 수 없는 다음 각 경우에는 보증인에게 「분별의 이익」은 없다고 하게 된다(제448조 2항).
ⓐ주채무가 불가분일 경우
ⓑ보증연대의 경우
ⓒ대보증의 경우

공동보증인 각자가 주채무자와 연대하여 채무를 부담할 것을 채권자와의 보증계약에서 약정한 경우 그 보증인은 주채무의 전부를 변제할 의무가 있으므로 분별의 이익을 가질 수 없다.

나) 공동보증인간의 구상관계
그러나 이 경우 변제한 보증인은 더욱 다른 공동보증인에 대해서도 구상할 수 있다고 한 것임에 유의하여야 한다(제448조). 다만 이 경우의 구상범위에 대해서는 보증인이 분별의 이익을 갖는가의 여부에 의해 다르다.
(가) 분별의 이익을 갖지 못할 경우(제448조 2항)
주채무의 불가분(448조 1항), 보증연대(448조 1항), 연대보증(통설)의 경우에는 제425조 내지 제427조가 준용되는 결과, 연대채무자간의 구상관계와 같게 된다. 즉 1인의 공동보증인이 전액 혹은 자기의 부담부분을 초과하는 액을 변제하여 다른 공동보증인을 면책하게 한 경우에는 다른 공동보증인에 대하여 연대채무자 상호간에서와 동일한 구상권이 있다(제448조 2항).

(나) 분별의 이익을 갖는 경우(제448조 1항)
분별의 이익이 있는 때에는 공동보증인은 주채무자에 대하여 각자가 변제할 부담부분에 대하여 구상권을 취득한다. 그리고 만약 공동보증인의 1인이 자기의 부담부분 이상을 변제한 경우에는 다른 공동보증인에 대한 관계에서는 사무관리가 되고, 마치 주채무자의 부탁을 받지 않은 보증인이 변제한 경우와 유사하여 민법 제444조(부탁 없는 보증인의 구상권)를 준용하며(제448조 1항), 부담부분 이상을 변제한 공동보증인은 다른 공동보증인에 대하여도 구상권을 취득한다. 이 경우에 구상에 응한 보증인이 다시 주채무자에게 구상할 수 있는 것은 물론이다. 출재한 각 공동보증인은 주채무자에 대한 청구권을 모두 동시에 가지며 선택하여 행사할 수도 있다. 그러나 양자의 관계는 부진정연대채권이지 선택채권은 아니다.

3) 계속적 보증(근보증)
 (1) 의의
　계속적 보증은 일시적 보증에 대비되는 개념으로 민법상 명문규정이 없지만, 통설·판례[97]는 그 유효성을 인정한다. 계속적 보증이란 계속적인 일정기간 내에 생길 수 있는 불특정의 채무(내지 의무)를 보증(장래채무의 보증이라도 무방). 계속적 보증은 계속적 계약관계(예: 고용계약·당좌대월계약·임대차계약)가 채권자와 주채무자 사이에 있는 경우에 그 계속적 계약관계로부터 개별적 채무가 발생할 때마다 계속하여 담보한다고 하는 약정을 한 보증을 가리킨다. 이러한 보증은 엄밀히는 계속적 거래에서 생기는 채무의 보증(근보증 내지 신용보증), 임대차계약상의 임차인의 채무의 보증, 신원보증의 세 가지로 나눌 수 있다.

 (2) 계속적 보증의 성질
　계속적 보증의 최대의 특징은 보증인의 책임의 범위가 광범하고, 기간도 상당히 장기라고 하는 점이다.
　가) 보증채무의 미필성
　근보증에 있어서 보증채무가 실제로 발생하는지의 여부는 불확정적이고 또한 보증채무의 수액도 불확정적이다. 이러한 의미에서 근보증채무는 미필적인 채무이다.

　나) 보증채무의 영속성
　근보증에 있어서 보증인은 보증계약이 존속하는 동안 전기간을 통하여 계약에서 정한 사유가 발생할 때마다 기본적 보증책임에서 파생하는 구체적·개별적인 보증채무를 부담한다. 따라서 보증책임에서 파생하는 구체적·개별적인 보증채무를 부담한다. 그러나 보증계약에 관한 존속기간 또는 기타의 종원인이 정해져 있지 않을 때에는 보증인은 장기에 걸쳐 구체적 보증채무를 부담하여야 하는 위험성이 있다. 특히 기본적 보증채무가 상속성을 가진다고 하면 그 상속인까지도 그 위험을 부담하게 된다.

　다) 보증책임의 광범성
　근보증에 있어서 어떤 사유로 어떤 한도에서 보증인이 보증책임을 지는가를 계약에서 자세하게 규정하지 않는 경우가 많아 보증문언만으로 보면 보증인은 「보증무한」의 책임을 부담하게 된다. 계속적 보증계약에서는 보증계약 후 당초 예기하지 못한 사정변경이 생긴 경우에 사정변경의 원칙에 기한 해지권을 행사하여 보증계약을 해지할 수 있다.[98]

 (3) 계속적 보증의 종류
　가) 신용보증(근보증)
　(가) 신용보증의 의의
　당좌대월계약·어음할인계약·계속적 공급계약 등 계속적 거래관계에서 장래 발생하는 불특정채무를 보증할 계약을 근보증 또는 신용보증이라 한다.

　(나) 신용보증의 내용
　신용보증은 거래의 과정에서 보증되는 채무가 증감한다고 하는 사실이 예정되어 있다고 하는 측면에서 신원보증이나 임대차계약에서 임차인의 보증과 같은 계속적 보증과 차이가 있다. 신용보증에서는 보증계약에 의하여 기본적 신용보증채무가 성립하고 여신계약에 기하여 주채무자가 채무를 부담하는 때에 보증채무의 내용이 구체화된다.

---

97) 대판 1976. 8. 24. 76다1178;
98) 대판 1992. 7. 14, 92다8668; 동 1996. 12. 10, 96다27858

a) 보증의 범위(피보증채무의 범위)

보증채무의 범위는 보증계약에 의하여 결정된다. 계속적 거래 중에 신용보증이 된 경우에 보증인은 그
때까지 이미 생긴 채무에 대하여도 책임을 부담한다. 그런데 계속적 거래계약 도중에 보증인이 된 경우에는
보증 전에 발생한 채무에 대해서도 보증책임이 미치는가가 문제이다. 이것도 보증계약에 있어서의 당사자의
의사변제의 문제이다(은행거래약정서의 보증조항에는 일체의 채무를 보증한다고 하고 기존채무에 관해서도
보증한다고 명시하고 있다). 보증계약을 할 때에 보증인이 보증하는 거래관계에서 이미 채무가 발생하고 있
는 것을 알고 있는 경우에는 특별한 의사표시가 없는 한 기존채무에 대해서도 보증한다는 의사가 있다고 보
는 것이 타당하다. 보증계약의 기간만료 후에 발생한 채무에는 보증책임이 미치지 않지만 기간종료 전에 발
생한 채무로부터 생긴 이자 · 연체이자는 기간만료 후에 발생하더라도 보증책임이 미친다.

b) 보증기간
ⓐ보증기간을 정한 경우

보증기간도 원칙적으로 보증계약에 의하여 결정되며 보증계약 자체에 혹은 여신계약에 기간을 정한 때
에는 보증인은 그 기간 내에서 생긴 채무에 대하여만 책임을 부담한다(기본적 보증채무가 이 시점에서 당연
히 소멸한다). 채권자와 보증인 사이에서 보증기간을 연장할 수는 있다. 그러나 채권자와 주채무자와의 사이
에 거래기간을 연장하더라도 보증기간연장의 효력은 생기지 않는다. 다만, 여신계약 연장의 경우에는 보증기
간도 연장한다는 특약이 있을 때에는 채권자와 주채무자 사이에 연장계약만으로 보증기간은 연장한다.

ⓑ보증기간을 정하지 않은 경우

기간을 정하지 않은 신용보증인 경우에는 사정의 변경에 의하여 보증인에게 가혹한 책임을 부담시킬 우
려가 있다. 따라서 임의해지권. 특별해지권을 가진다.

ⅰ) 임의해지권

보증기간을 정하지 않은 신용보증인 경우에 보증계약을 체결한 후 상당한 기간의 경과로 해지권이 발생
한다고 본다. 보증인에 의한 해지권행사의 효력은 장래를 향하여만 미치고, 신용보증관계가 소멸할 때까지
아직 이행되지 않은 주채무자의 채무에 대하여는 보증책임을 면할 수 없다. 장래에 대해서만 해지의 효력이
발생하기 때문에 보증관계가 소멸할 때까지 발생한 채무에 대해서는 보증인은 주채무자의 채무에 대한 보증
책임을 부담한다.

ⅱ) 특별해지권

보증기간이나 책임한도액의 유무를 묻지 않고 주채무자의 자산상태 혹은 영업상태가 보증계약의 성립
시와 비교하여 현저하게 악화된 경우와 같이 계속하여 보증인에게 보증책임을 부담시키는 것이 신의칙에 반
하는 경우에는 특별해지권이 인정 된다[99]. 특별해지권을 인정할 수 있는 사유가 있는 때에는 보증인은 해지
통고기간 없이 즉시 신용보증계약을 해지할 수 있다. 판례는 특별해지권은 주채무자에 대한 신뢰관계가 파괴
된 경우나 보증인의 지위에 중대한 변화가 있는 경우와 같은 사정변경이 있는 때에 인정된다.[100] 다만 사정변
경을 이유로 한 특별해지권은 포괄근보증이나 한정근보증과 같이 채무액이 불확정적이고 계속적인 거래로
인한 채무에 대하여 한 보증에 한하여 인정된다. 따라서 예컨대 회사의 이사로서 보증 당시 그 채무액과 변제
기가 특정되어 있는 회사의 확정채무에 대하여 보증을 한 경우에는 그 후 이사직을 사임한다고 하더라도 사

---

99) 대판 1978. 3. 28. 77다22983
100) 대판 1990. 2. 27, 89다카1381; 동 1992. 7. 14, 92다8668; 동 1996. 10 .29, 95다17533

정변경을 이유로 보증계약을 해지할 수 없다.[101]

나) 임차인의 채무의 보증

임대차계약에서 생기는 차임채무·손해배상채무 등의 보증도 일단 장래채권의 보증이라 하게 된다. 이와 같은 보증은 기간의 규정이 없는 경우에도 당연한 것이지만, 임대차계약의 종료 전에 보증인으로부터의 해약고지는 원칙으로써 인정될 수 없다(판례·통설). 임차인이 임료지불을 늦추고 또 재산상태도 매우 악화해 있는 등 특별의 사정이 있으면 별개이다. 또 보증인에 대해 상속이 개시된 경우에는 보증채무는 상속된다(판례).

임차인의 채무의 보증에서는 피담보채무의 중심이 되는 차임채무의 액이 확정되어 있는 관계로 보증인이 예상하지 못한 다액의 보증책임을 지는 경우가 거의 없다. 따라서 임차인의 채무의 보증에서는 보증인의 보호라는 요청이 크지 않고, 보통 피담보채무의 범위가 확정되어 있다고 하는 측면에서 신용보증과 차이가 있다. 임차인의 채무의 보증에서는 그 보증기간이 원칙적으로 임대차계약의 존속기간과 일치한다. 보증기간을 정하지 않은 임대차관계의 임차인의 채무를 보증한 때에는 보증인의 책임기간이 한정되지 않은 경우라도 보증인은 임대차관계가 종료되기 전까지는 보증관계를 해지할 수 없다. 보증인에 관하여 상속개시가 있는 경우에는 그 상속성을 인정하여도 무방할 것이다. 주채무자에 관하여 상속개시가 있는 경우에는 기본적 보증채무는 존속하는 것으로 보는 것이 타당하다. 즉 상속인이 임대차계약을 승계하더라도 이로 말미암아 보증인의 책임이 특히 가중되는 것은 아니기 때문이다.

다) 신원보증

(가) 의의

신원보증이란 피용자가 사용자에게 손해를 준 경우에 그것을 보증하는 것을 총칭하고 있다. 이를 광의로 이해하면 다음의 세가지 유형이 있다. 첫째, 협의의 신원보증, 즉 피용자의 직무태만에 의한 채무불이행이나 횡령에 의한 불법행위에 의하여 피용자가 사용자에 대하여 부담하는 손해배상채무를 주채무로 하는 일종의 근보증계약, 둘째, 손해배상채무의 보증에 더하여 피용자의 질병에 의하여 사용자가 입은 치료비 기타의 손해와 같이 사용자가 피용자를 고용하여 입은 일체의 손해를 담보하는 일종의 손해담보계약, 셋째, 피용자의 신상에 관한 모든 책임을 인수하는 신원인수가 있다. 셋째의 형태가 신원보증의 원칙적 유형이라고 한다. 그러나 신원인수는 전근대적으로 고용관계에서 행하여졌던 유형의 잔재이며 실제에 있어서는 피용자가 재직중 고의 또는 과실로 사용자에게 발생케 한 손해에 대한 보증을 그 내용으로 한다. 따라서 위 ⅰ)의 유형이 기본적 모습이라고 할 수 있다.

(나) 신원보증의 구체적 성격

구체적으로 체결된 신원보증계약이 신원보증인지, 손해담보계약인지 혹은 신원인수인지 명확하지 않은 경우에는 문제가 된다. 학설상으로는 신원보증설, 신원인수설, 손해담보계약설이 대립하고 있다. 판례는 신원보증계약은 부종성 있는 보증계약이고 손해담보계약이 아니라고 본다. 그리고 예컨대 피보증인이 「재직중 고의 또는 과실로 인하여 회사에게 손해를 끼친 경우에 보증인은 일체의 민사상 책임을 부담하고자 연대보증한다」라는 내용의 신원보증계약은 독립적 보증계약인 손해담보계약이 아니라 피보증인이 사용자에 대하여 배상책임을 부담하게 될 경우에 한하여 신원보증인으로서 그 채무를 이행한다는 이른바 부종적 보증계약이라고 본다.

---

101) 대판 1994. 12. 27, 94다46008; 동 1996. 2. 9, 95다27431

(다) 신원보증법(2002년 전면개정: 법 제9363호 2009년 일부개정)

a) 적용범위

신원보증법이 적용되는 신원보증계약은 피용자가 업무를 수행하는 과정에서 그의 책임 있는 사유로 사용자에게 입힌 손해를 배상하는 것을 약정하는 계약을 의미하는데(신원보증법 제2조), 피용관계, 업무수행행위 및 귀책사유라는 요건이 문제된다. 우선, 신원보증계약은 피용자가 사용자에게 끼친 손해의 배상을 담보하는 것이므로 피용자와 사용자 사이에 '피용관계'가 있어야 한다. 피용관계라 함은 피용자가 사용자의 지시·명령을 받으면서 그의 감독 하에 노무를 제공하는 종속관계를 말한다(국가공무원도 포함). 판례는 단지 민법상의 전형적 고용계약에 한정하지 않고 사용자와 피보증인 사이에 지휘·감독관계가 있는 경우에도 피용관계의 성립을 인정하고 있다.[102] 등 또한 신원보증인이 채권자에게 보증책임을 지는 것은 「피용자의 업무수행행위」로 인하여 사용자가 받은 손해이어야 한다. 구법시대의 판례와는 달리[103] 신법에서는 명문으로 「업무를 수행하는 과정」에서 발생한 손해로 엄격하게 한정하고 있다. 또한 업무수행과 관련해서는 피용자에게 「귀책사유가 있는」 부정행위에 한하여 신원보증의 대상이 될 수 있다. 더욱이 귀책사유는 고의와 중과실에 한정된다(동법 제6조 1항).

b) 신원보증기간

기간을 정하지 아니한 신원보증계약은 원칙적으로 그 성립일로부터 2년간 효력을 가질 뿐이다(동법 제3조 1항). 기간을 정한 신원보증의 경우에도 그 기간은 2년을 초과하지 못하며, 이보다 긴 기간을 정한 때에는 2년으로 단축한다(동법 제3조 2항). 한편 신원보증계약에 대해서도 갱신이 허용되나 그 기간은 갱신한 때부터 2년을 초과하지 못한다(동법 제3조 3항). 따라서 기간갱신의 예약 또는 기간만료 후 당연갱신특약은 존속기간을 최장 2년으로 제한하고 있는 취지에 반하므로 동법의 강행성에 비추어 무효라고 하여야 한다. 마찬가지로 사용자가 근로자에게 퇴직금을 지급한 경우에는 특별한 사정이 없는 한 사용자와 신원보증인 사이의 신원보증계약은 사용자와 근로자 사이의 근로관계가 퇴직금의 지급 후에도 계속되는지 여부에 관계없이 당연히 해지되어 효력을 상실한다.[104]

c) 사용자의 통지의무와 보증인의 해약해지권

사용자는 첫째 피용자가 업무상 적임이 아니거나 불성실한 사적이 있어 이로 말미암아 신원보증인의 책임을 야기할 염려가 있음을 안 때, 둘째 피용자의 임무 또는 업무수행장소를 변경함으로써 신원보증인의 책임을 가중하거나 또는 그 감독이 곤란하게 된 때에는 지체 없이 신원보증인에게 그 사정을 통지하여야 한다(동법 제4조 1항).

d) 보증책임의 한도

신원보증인은 보증계약기간중 피보증인의 고의 또는 중과실로 인한 행위에 의하여 발생한 손해를 배상할 책임이 있다(동법 제6조 1항).

신원보증인은 피용자의 귀책사유로 인하여 사용자가 입은 손해를 배상할 의무를 부담하나, 그 손해의 전부에 대하여 배상책임이 있는지 아니면 여러 사정을 참작하여 상당액의 한도내에서 배상책임을 부담하여야 할 것인가의 문제가 생긴다. 특히 법원은 신원보증인의 손해배상액은 피용자의 감독에 관한 사용자의 과실의 유무, 신원보증인이 신원보증을 하게 된 사유 및 이를 함에 있어서 주의를 한 정도, 피용자의 임무 또는 '신원의 변화, 그리고 그 밖의 사정을 참작하여 결정하여야 한다(동법 제6조 3항). 그리고 특별한 의사표시가 없는

---

102) 대판 1987. 4. 28, 86다카2023
103) 대판 1967. 7. 11. 66다974 참고
104) 대판 2000. 3. 4, 99다68676 참고

한 2인 이상의 신원보증인은 각각 균등한 비율로 손해배상의무를 부담한다(법 제6조 2항). 이러한 명문규정이 없었던 구법시대의 판례도 같은 취지이었는데, 「수인의 신원보증인이 있는 경우에 각 보증인이 주채무와 연대하여 채무를 부담하거나 신원보증인 사이에 연대관계가 존재하지 않는 한 분별의 이익을 갖는다」고 보았다.[105] 신원보증계약관계는 신원보증인의 사망으로 그 효력을 잃는다(동법 제7조). 다만, 신원보증인이 사망하기 전에 신원보증계약관계로부터 이미 발생한 신원보증채무는 상속인에게 상속된다. 다만, 신원보증인이 사망하기 전에 이미 발생한 신원보증채무는 상속인에게 상속된다.[106]

신원보증법은 신원보증인을 위하여 제정된 강행규정이므로 사용자와 신원보증인 사이의 특약이 동법의 규정에 반하여 신원보증인에게 불이익한 경우에는 모두 무효이다(동법 제8조).

라) 손해담보계약

(가) 손해담보계약은 계약당사자의 일방(낙약자·담보인수인)이 타방(요약자)에 대하여 일정한 사항에 관한 위험을 인수하여 후자로부터 생기는 손해를 전보할 목적으로 체결되는 계약을 가리킨다. 이러한 손해담보계약은 원래 담보자가 채권자에 대하여 독립된 전보책임을 부담하는 것이므로 주채무의 존재를 전제로 하지 않으며, 담보자는 독립하여 전보책임을 부담한다. 그러나 그 책임은 채무자의 귀책사유를 요건으로 하는 채무불이행 책임으로서의 손해배상책임이 아닌 계약내용을 실현하는 이행책임이다. 따라서 주채무에 대한 부종성과 보완성이 없는 점에 있어서 보증계약과 본질적으로 다르다[107] 손해담보계약의 법적 성질은 편무·무상·불요식계약이다. 손해담보계약이 쌍무·유상인 경우를 특히 「보험계약」이라고 한다. 손해담보계약은 보증계약과 유사하지만, 손해담보계약은 보증계약과 달리 주채무를 전제로 하지 아니하며 주채무에 대한 부종성·보충성을 갖지 아니한다고 하는 점에 차이가 있다.

(나) 손해담보계약의 목적물은 언제나 채권자가 입은 손해 내지 손실이나 그 액은 반드시 처음부터 확정되어 있을 필요는 없다. 일정한 사항으로 부터 발생한 손해로서 확정할 수 있는 것이면 불확정 손해를 담보할 수 있다(이러한 점에서 손해담보계약은 근보증과 유사하다). 그 외에 손해담보계약의 내용은 당사자의 의사에 따를 것이다. 그러나 담보의 범위 또는 기간이 불확정한 경우에는 불확정한 계속적 보증, 그 중에서도 특히 신원보증의 경우에서와 같은 담보의무자의 보호를 위한 고려가 필요할 것이다.

(다) 손해담보계약에 부수하여 목적물의 품질·무하자를 담보하는 단순한 것으로부터 쌍무·유상의 보험계약에 이르기까지 상당히 적용범위가 넓다. 또 이것은 보증계약도 포괄될 수 있다. 그러나 민법상의 보증은 다수 당사자의 채권관계로서의 구성을 취하고 있는 연혁적 이유에서 신원보증은 보증을 중심으로 하고 있기 때문에 손해담보계약은 이와 구별되고 있음을 주의하여야 한다.

---

105) 대판 1966. 9. 6, 66다782 참조
106) 대판 1972. 2. 29, 71다2747
107) 대판 1974. 4. 9. 74다2008.

제 4 절 지급보증

1. 지급보증의 의의

지급보증은 수표의 지급제시기간 내에 수표가 제시된 경우 수표의 지급인이 수표금액의 지급을 약속하는 수표행위를 말한다. 즉 원래 수표는 신용증권이 아니고 지급증권이므로 항상 일람출급증권이며 제시기간이 짧고 환어음 같은 인수가 인정되지 않는다. 그러나 지급위탁증권인 수표의 경우, 지급인에게 지급의무를 부담시키고 수표의 확실성을 보장하는 제도가 없으면 유통의 원활을 기할 수 없으므로 지급보증이라는 제도를 둔 것이다.

2. 지급보증의 특징

1) 타보증과의 비교
'지급보증'은 수표보증과 인수와는 다르다. 특히 수표보증은 지급인 아닌 사람이 타인의 채무 존재를 전제로 하여 그것을 보증하는 것이므로 지급보증과는 근본적으로 다르다. 지급보증은 지급의무를 부담하는 행위이므로 환어음의 인수와 유사하다. 그런데 수표법은 수표를 소지인이 제시한 때에 지급해야 하는 일람출급으로 규정하고(제28조), 제시기간을 짧게 하는 동시에(제29조), 환어음과 같은 인수제도를 금지하고 있어(제4조) 그 신용이 매우 미약하다

2) 지급보증의 방식 등
(1) 지급보증은 무조건이어야 하며, 지급보증에 의해 수표의 기재사항에 변경을 가해도 그 변경의 기재는 없는 것으로 본다(제54조). 따라서 수표금액의 일부에 대한 지급보증은 전액의 지급보증으로 보게 된다. 그러나 은행실무에서는 금융단협정에 의해 소지인이 지급보증을 요구한 때에는 이를 대신하여 은행의 자기앞수표를 발행한다고 정하고 있으므로 지급보증제도는 잘 활용되고 있지 않다.

(2) 수표 표면에 '지급보증', 기타 지급을 할 뜻을 기재하고 일자를 부기하여 지급인이 기명날인하여야 한다(수표법 53조 2항). 지급보증인의 지급의무는 제시기간 경과 전에 수표를 제시한 경우에만 발생한다(수표법 제55조 1항).

(3) 지급보증인이 지급할 금액은 본래의 수표금액이지만, 지급거절로 인하여 수표의 소지인이 권리보전절차를 밟은 경우에는 상환의무자가 지급할 금액(수표법 제55조 3항, 제44조·제45조)과 같다. 지급보증인에 대한 수표상의 청구권은 제시기간 경과 후 1년간 행사하지 아니하면 소멸한다(제58조).

(4) 지급제시기간 내에 수표의 소지인이 지급보증인에게 제시한 경우에 지급거절이 있으면 지급거절증서 또는 그와 동일한 효력을 가진 선언에 의하여 수표의 제시를 증명하여야 한다(수표법 제55조 2항). 지급인이 지급보증을 하여도 발행인이나 그 밖의 수표상의 채무자는 그 책임을 면하지 못한다(제56조). 수표상의 각 채무자는 소지인에 대하여 합동책임을 진다(제43조).

제 5 절 보증보험

1. 보증보험의 의의

보증이 가지는 채권담보 기능을 보험의 방법에 의하여 부담하는 일종의 기업보증으로서 실질은 보증이고 형식은 보험이다. 부동산 근저당 등 다른 담보에 비하여 안전하고 환가성이 높다는 점과 손해가 발생하면 지체 없이 보험금을 수령할 수 있으므로 인적, 물적 추가 손실을 줄일 수 있다는 점 때문에 오늘 날 그 이용은 부동산담보나 보증을 능가하고 있다. 그러므로 영업의 안정성의 확보를 위해 보증보험의 종류와, 이용방법, 그리고 여기에 수반되는 각종 지식을 터득함이 절실히 요구된다.

2. 보증보험상 용어의 정리

1) 주계약 : 채권자와 채무자 사이에 체결된 계약으로 보증계약의 근본이 되는 계약을 말한다.

2) 보험자 : 보험계약 체결의 당사자로서 보험사고가 발생할 경우 보험금을 지급하여야 하는자

3) 보험계약자 : 보험자의 계약상대방으로서 보험자와 보험계약을 체결하고 보험료를 지불할 의무를 지는 자이다. 즉, 주계약상의 채무자이다.

4) 피보험자 : 보험사고 발생 시 손해를 보상받는 자로서 즉, 보험금 수령권자를 말한다.

5) 보험가입금액 : 보험계약 당사자 간에 약정한 금액으로 손해보상의 최고한도액이다. 보험가입금액은 당사자 간의 약정에 의하여 주계약상의 채무액 중 일부만 보험가입 할 수도 있다.

6) 보험기간 : 보험자는 보험계약에 의하여 일정한 기간 내에 발생한 보험사고에 대하여만 보험금을 지불할 것을 약속하는 바 그 보험계약에서 정한 일정기간을 보험기간이라 한다. 보증보험의 경우 보험기간은 통산 주 계약기간이다.

3. 보증보험 종목

보험종목	보증금의종류
이행(입찰)보증보험	• 도급계약 및 매매계약 등에 수반하는 입찰보증금
이행(계약)보증보험	• 도급계약 및 매매계약 등에 수반하는 계약보증금
이행(차액)보증보험	• 도급계약 및 매매계약 등에 수반하는 차액보증금
이행(하자)보증보험	• 도급계약 및 매매계약의 이행과 관련하여 준공검사 또는 검수후 하자담보책임기간 동안 하자보수 또는 보완을 위한 자보증금
이행(선금급)보증보험	• 도급계약에 수반하여 지급 또는 전도되는 선금(전도금), 전도 자재대가 반환채무
이행(상품판매대금)보증보험	• 매매계약에 수반하는 대금지급 채무
이행(지급)보증보험	• 도급, 매매, 임대차, 위임, 임치, 소비대차계약, 기타 계약에 수반하여 발생하는 기타 채무

4. 보험가입 금액

보험종목	보험가입금액	가산금액 또는 한도금액
이해(입찰)보증보험	• 입찰시방서에 명시되어 있는 금액 • 입찰금액에 대한 일정비율 해당액	• 최고한도 : 입찰금액
이행(계약)보증보험	• 계약금액의 일정비율 해당액	• 최고한도 : 계약금액
이행(차액)보증보험	• 예정가격-낙찰금액(계약금액)	• 최고한도 : [예정가격-낙찰금액 (계약금액)의 2배]
이행(하자)보증보험	• 계약금액의 일정비율 해당액	• 최고한도 : 계약금액의 30%

이행(선금급)보증보험	• 주계약에 따라 지급 보증을 필요로
	  하는 금액
		• 주계약에서 가산금액을 정하는 규정이 따로 있는
		  경우에는 보증금액에 가산금액을 합산한 금액을
		  보험가입금액의 한도로 함

이행(상품판매대금) 보증보험		
이행(지급)보증보험		

5. 보험기간

보험상품	보험기간	가산기간
이행(입찰) 보증보험	• 개시일 : 입찰서 제출 마감일 이전일 • 종료일 : 1. 입찰서 제출 마감일로부터 30일 이상이 되는 날. 단, 국가를 당사자로 하는 계약에 관한 법률시행령 제78조의 규정에 의한 공사입찰의 경우 종료일은 입찰서 제출마감일로부터 90일 이상이 되는 날 2. 입찰공고 또는 입찰유의서에서 입찰 유효기간 이내에 입찰서를 철회할 수 없도록 정한 경우에는 그 유효기간을 포함하여 전1항에 따라 산정된 날	• 관계법령, 피보험자의 회계규정이나 계약사무처리규정 또는 당사자간에 체결된 주계약서 등에 보험기간 또는 가산기간에 관한 규정이 있을 때에는 이에 따름. <예> 피보험자가 '국가를 당사자로 하는 계약에 관한 법률'을 적용받는 경우 1. 보험기간 개시일 • 이행(선금급):선금급 지급일 이전 • 이행(하자):목적물을 인수한 날과 준공검사를 완료한 날 중에서 먼저 도래한날 2. 가산기간 가. 이행(계약) • 이행기간에 60일 가산 나. 이행(하자) • 하자담보 책임기간에 60일 가산 다. 이행(선금급) • 선급금 지급보증의 경우 주계약 이행기간에 60일 가산 라. 이행(지급) • 철도운임 후급보증의 경우 주계약 이행기간에 60일가산 마. 이행(상품판매대금) • 축산업협동조합의 사료 외상판매 대금 지급보증의 경우 주계약 이행기간에 30일 가산
이행 (계약.차액) 보증보험	• 개시일 : 증권기재 계약 체결일. 단, 계약문서 등에서 보험기간 개시일을 따로 정하고 있거나 기타사유로 회사에 필요하다고 인정되는 경우, 업무지침 제030211조(심사위임전결액 적용예외)에 의거 보험기간 개시일을 달리 정할 수 있음. • 종료일 : 이행기간 말일	
이행(하자) 보증보험	• 개시일 : 증권기재 계약의 준공검사 또는 물품검수를 필한 날. 단, 주계약 등에서 하자담보기간을 따로 정하고 있거나 기타사유로 회사에 필요하다고 인정되는 경우, 업무지침 제030211조(심사위임전결액 적용예외)에 의거 보험기간 개시일을 달리 정할 수 있음. • 종료일 : 하자담보 책임기간의 말일	
이행 (선금급) 보증보험	• 개시일 : 선금급(전도금)지급일, 전도자재공급일 • 종료일 : 이행기간 말일 또는 주계약서에선금급 정산일이 명기된 경우에는 선금급 최종 정산일	
이행 (상품판매 대금) 보증보험	• 개시일 : 매매계약일 또는 주채무자가 타담보를 이용하다가 계약 이행중도에 보증보험에 가입시, 피보험자 (또는 보험계약자)의 요구가 있는 경우에는 보험청약일 • 종료일 : 이행기간 말일	
이행(지급) 보증보험	• 개시일 : 지급보증을 필요로 하는 계약체결일, 주채무자가 확정분할지급채무인 경우 또는 주채무자가 타담보를 이용하다가 계약 이행 중도에 보증보험 가입시, 피보험자(또는 보험계약자)의 요구가 있는 경우에는 보험청약일 • 종료일:이행기간 말일	

6. 이행보증 보험요율

1) 기본요율 (보험가입금액에 대하여)

보 험 상 품		기 본 요 율
이행(입찰)보증보험		연 0.035% ~ 연 0.189%
이행(계약)보증보험		연 0.175% ~ 연 1.926%
이행(차액)보증보험		연 0.280% ~ 연 0.8%
이행(하자)보증보험		연 0.175% ~ 연 1.232%
이행(선금급)보증보험		연 0.175% ~ 연 2.357%
이행(상품판매대금)보증보험		연 0.770% ~ 연 3.0%
이행(지급) 보증보험	• 후순위채권에 대한 환매(Putback)이행 지급보증	연 0.088%~0.250연%
	• 군장학생 지원장학금 반환 지급보증	연 0.105%~연 0.3%
	• 방산물자 공급계약에 따른 관급품 반환 지급보증 • 국가 또는 지방자치단체의 각종 단체에 대한 보조금 등 반환지급보증	연 0.175%~연 0.5%
	• 농업기반공사의 임대료 반환 지급보증 • 농업기반공사의 농지임대차에 따른 임차료 지급보증보험	연 0.210%~연 0.6%
	• 보험회사 대리점 영업보증금	연 0.280%~연 0.8%
	• 건설공사 하도급 영업보증금 지급보증	연 0.35%~연 1.0%
	• 특수목적 회사(SPC)에 대한 자금 대여(신용공여)지급보증 • BSP 가입 대리점의 국제선 항공권 매표대금 지급보증 • CASS 가입 대리점의 국제선 항공화물 운송장 판매대금 지급보증	연 0.525%~연 1.5%
	• 유학생 학자금 대출 지급보증	연 0.560%~연 1.6%
	• 이동통신 대리점 영업보증금	연 0.595%~연 1.7%
	• 디지털 TV 구입대금 지급보증 / 보험기간 1년 이내	연 0.910%~연 2.6%
	• 국민컴퓨터 구입대금 지급보증 / 보험기간이 1년을 초과	연 0.105%~연 0.3%
	• 기금 및 자금보증	연 1.260%~연 3.6%
	• 기타계약	연 1.840%~연 2.4%

2) 이행(입찰)보증보험의 계속참가담보 특별약관요율
  (1) 정산보험요율 : 0.189%
  (2) 예치보험요율 : 0.567%

7. 보증보험 담보관리 전략

1) 보증보험증권 수취 시 점검사항
  (가) 보험계약자, 피보험자, 보험가입금액, 보험기간, 부담위험내용 등이 애초에 당사자가 의도한 대로 되어 있는지 여부를 체크한다.

  (나) 추가위험부담특약시 특별약관란에 「추가위험부담」로 기재되어 있는가 여부를 점검한다.

  (다) 주 계약내용란의 계약명, 계약체결일자, 계약기간, 지급기일(이행기일) 등이 주계약서와 동일한가 여

부를 체크한다.

(라) 보증보험증권도 위조나 변조될 가능성이 있으므로 보험사에 증권번호를 조회하여 정당하게 발급되었는지 여부를 체크한다.

(마) 보증보험증권 발급시에 주계약서가 첨부되는데 계속적인 거래가 예상될 때에는 기본계약서를 첨부하여야 한다.

2) 보험기간과 추가위험부담 특약
(1) 추가위험부담특약이 없는 경우
위 '예'에서 보증보험증권에 의해 보상받을 수 있는 경우는 (나)뿐이다. 왜냐하면 채무의 발생과 이행기일(지급기일)이 보험기간 안에 있는 손해에 대해서만 보험가입금액 범위 내에서 보상하기 때문이다.

(2) 추가위험부담특약이 있는 경우
추가위험부담특약이란, 보험기간의 개시 전에 발생된 손해라 할지라도 지급기일(이행기일)이 보험기간 안에 도래하는 손해에 대해서는 보험가입금액 범위내에서 보상하는 것으로서 위 '예'에서 보상받을 수 있는 손해는 (나)와 (다)이다. (가)이 보상받을 수 없는 것은 채무의 지급기일은 보험기간 안에 이루어졌으나 발생이 보험기간 안에서 이루어지지 않았기 때문에 보상받을 수 없다. (라)가 보호받을 수 있기 위해서는 다시 갱신보험계약을 체결하면서 갱신보험계약상에 추가위험부담특약이 들어가 있어야 한다.

(3) 이행(상품판매대금)보증보험 추가위험부담 특별약관

1. (적용범위)
이 특별약관은 보증증권에 기재된 계약(이하'주계약'이라 한다)이 물건 또는 용역을 주계약기간 동안 계속적으로 공급함으로써 채무의 발생과 이행이 계속적으로 이루어지는 공급계약인 경우에 적용합니다.

2. (보상하는 손해)
1) 우리 회사는 이행(상품판매대금)보증보험 보통약관 1의 규정에 의한 손해를 보상하는 외에 채무자인 보험계약자가 보험증권에 기재된 보험기간 안에 발생시킨 채무중 지급기일이 보험기간 종료일 익일부터 90일 이내에 도래하는 채무를 이행하지 아니함으로써 채권자인 피보험자가 입은 손해에 대하여도 보험가입금액을 한도로 보상하여 드립니다.

2) 이 특약이 첨부된 보험계약의 보험기간에 연이어 갱신보험계약이 체결된 경우에는 갱신보험계약 직전 보험계약에 대한 회사의 보험책임은 종료하며 갱신보험 계약의 보험기간 개시 전에 발생한 채무에 대하여는 갱신보험계약의 보험가입금액을 한도로 보상하여 드립니다.

3. (준용규정)
이 특별약관에 정하지 아니한 사항은 이행(상품판매대금)보증보험 보통약관을 따릅니다.

3) 보증보험증권 관리
(1) 보험회사는 보험기간내에 주계약 내용에 부합되는 채무가 발생되고 변제기일이 도래하는 채무에 대해

서만 주채무자가 지급치 않을 때 책임을 지므로 변제기일이 보험기간 안에 있도록 하여야 한다.

(2) 보험회사는 보험계약자(주채무자)가 피보험자(채권자)에게 지급해야 할 채무액이 아무리 많다 하더라도 보험가입금액 범위내에서만 책임을 지므로 보험가입금액을 초과하는 여신은 신용여신으로 특별관리해야 한다.

(3) 물품대금이나 기타 여신을 어음이나 선일자수표로 변제키로 하였다면 어음이나 선일자수표의 지급기일이 보험기간 안에 있도록 관리해야 한다.

(4) 보험증권 발급시 첨부되는 주계약에서는 반드시 기한의 이익상실 조항과 계약의 해지, 해제 조항을 삽입해야 거래처의 부도, 도산, 법정관리 신청시, 어음이나 선일자수표의 지급기일까지 기다리지 않고 사유발생 즉시 보험금을 청구할 수 있다.

(5) 계속적인 거래에서 보증보험증권을 담보로 징구하고 거래할 때 보험기간 만료시까지 채권의 회수가 이루어질 가능성이 없다고 판단할 시는 거래처를 설득하여 확장위험담보 특약있는 신규 증권을 구증권보험기간 만료 7일 전까지 교부받도록 한다.

(6) 보험사고 발생시를 대비해 채권증서인 세금계산서, 물품인수증, 개별계약서, 잔고확인서, 어음 등을 철저히 관리해야 한다.

4) 보험금청구
(1) 보험금청구
피보험자 또는 대리인이 보험사고가 발생하였음을 알았을 때에는 즉시 보험회사 소정양식의 보험금 청구서, 보험증권(사본)과 손해액을 증명하는 근거서류를 보험회사 보상사무소 및 지점에 제출하여 보험금을 청구할 수 있다.

(2) 청구금액
보험가입금액 범위내에서 원금, 이자, 비용, 전매차손 등을 청구할 수 있다.

(3) 보험금 청구채권
어음이나 수표를 지급을 위하여 또는 지급확보조로 채무자가 채권자에게 지급하였을 때에는 어음금청구권과 물품대금청구권이 병존한다고 하고 있다. 따라서 보험금청구는 어음금청구로 하든지 물품대금청구로 하든지 피보험자가 선택적으로 할 수 있다고 본다. 여기서 주의를 요할 것은 어음금은 요식증권성, 만기일까지 기한의 이익 등에서 오히려 채권자에게 불리할 때가 많이 있으니 증빙서류가 명확하다면 물품대금청구로 하는 것이 효과적일 수 있다.

(4) 보험분쟁해결
보험에 관한 분쟁이 있을 때에는 보험사의 소비자 보호실을 1차 이용하고 그래도 해결되지 않을 때는 2차로 금융감독위원회에 분쟁조정을 신청한다. 금융감독위원회를 통해서도 해결되지 않는 분쟁은 최종적으로 법원에 소송을 제기해서 해결토록 한다.

03장

소멸시효제도

제 1 절 총설

1. 시효의 의의

일정한 사실상태가 오랜 기간에 걸쳐 계속되는 경우에는 그것이 진실한 권리관계와 일치하는지의 여부를 묻지 않고 그 사실상태를 그대로 권리관계로서 인정하는 제도이다. 시효에는 취득시효와 소멸시효가 있다. 취득시효는 타인의 권리를 마치 자신이 권리자인 것처럼 장기간권리를 행사하고 있는 경우, 권리자로서 권리를 행사하고 있다는 외관을 근거로 진정한 권리자의 여부를 묻지 않고, 처음부터 그를 진정한 권리자로 인정하는 제도이다. 반면 소멸시효는 권리부행사의 사실상태를 근거로 하여 권리가 소멸하는 것으로 인정하는 경우이다.

2. 시효의 특질

1) 시효는 일정한 사실상태가 계속할 것을 요건으로 한다.

2) 시효는 사실상태가 일정기간 동안 계속할 것을 요건으로 한다.

3) 시효는 재산권에 관한 것이다. 신분관계는 성질상 진실에 의거하여 판단되어야 할 법률관계이기 때문에 이를 인정할 수 없다.

4) 시효에 관한 규정은 강행법규이다. 민법은 소멸시효에 관하여, 특약으로 이를 배제·연장 또는 가중할 수 없으나, 단축·경감 할 수는 있다(제184조 2항)고 규정하는 것도 같은 취지이다.

5) 시효는 제척기간과 다르다.

3. 시효제도의 존재이유

1) 법질서의 원칙과는 달리 시효제도에 있어서는 사실상태를 존중, 사회질서의 안정을 위하여 일정한기간 동안 계속된 사실상태를 그대로 법률관계로서 인정해야 할 필요성이 있다. 사실상태가 오래 계속되면 그 동안에 정당한 권리관계에 대한 증거가 소멸되기 쉽기 때문이다.

2) 오랫동안 자기의 권리를 주장하지 않은 자는 이른바 「권리 위에 잠자고 있던 자」로서 시효로 인한 희생을 감수하여야 한다는 점이다.

4. 소멸시효와 제척기간

제척기간이란 일정한 권리에 관하여 법률이 예정하는 존속기간이다. 따라서 이 기간이 만료하면 그 권리는 당연히 그리고 절대적으로 소멸된다.

1) 제척기간과 소멸시효의 판별
  (1) 양자의 판별기준은 조문의 문구에 두어야 한다는 것이 통설이다. 따라서 조문에 「시효로 인하여」로 규정되어 있는 경우에는 언제나 소멸시효기간이고, 그러한 표현이 없는 경우에는 제척기간으로 보아야 한다는 것이다. 그러나 규정의 취지와 권리의 성질에 비추어 신중히 검토 · 결정되어야 한다. 예컨대 제146조(취소권의 단기소멸)는 제척기간이라는 것이 통설이다.

  (2) 그런데 146조의 특별규정이라 할 수 있는 제 1024조 2항, 제 1075조 2항에 대해서는 제척기간으로 보는 견해와 시효기간으로 보는 견해가 대립되고 있다. 이는 제척기간인 제146조의 특별규정이므로 제척기간이라는 견해가 우세하다. 그리고 불법행위에 의한 손해배상청구권의 소멸시효(제766조 2항)에 관하여는 학설은 제척기간으로 이해하나 판례는 소멸시효로 이해한다.[108]

  (3) 이외에도 유류분반환청구권의 소멸시효(제1117조 후단) 및 선박우선특권의 소멸시효 (상법 제870조 1항)에 관하여 학설은 제척기간으로 보나 판례는 소멸시효로 본다.[109] 제척기간의 법적성질에 관하여는 기간 내에 권리가 재판상 행사되어야 하는 출소기간(제소기간)으로 보아야 한다(통설).

2) 제척기간과 시효기간의 차이점

	소멸시효	제척기간
제도의 취지	일정한 사실상태를 현상대로 보호하여 법률생활의 안정과 평화를 달성하고 아울러 증거보전의 곤란을 구제하기 위한 것이다.	일정한 권리를 중심으로 하는 법률관계를 조속히 확정시키고자 하는데 있다.
원용의 필요성 여부	절대적소멸설에 의하면 시효의 완성으로 권리가 소멸한다고 보기 때문에 원용이 필요 없다. 상대적소멸설에 의하면 시효의 완성으로 원용권이 발생한다고 보기 때문에 원용이 필요하다고 보게 된다. 그러나 재판의 기초로 하기 위하여는 당사자의 원용이 있어야 한다. 절대적소멸설에 의하면 민소법의 변론주의 때문이고, 이는 상대적소멸설에 의하면 논리적 필연이다	원용에 관계없이 당연히 권리가 소멸한다. 그러므로 법원은 직권으로 이를 고려하여야 한다.
소급효	소멸시효로 인한 권리소멸은 소급한다.	권리소멸의 효과는 소급하지 않고 장래에 향하여 발생한다.
중단의 적용여부	인정된다.	인정되지 않는다.

---

108) 대판(전원)1996.12.19.94 다 22927 참조
109) 대판 1993.4.13. 92 다 3595 등 참조

	소멸시효	제척기간
정지의 적용여부	인정된다.	① 준용부정설(다수설)은 명문규정이 없는 현행민법하에서는 해석상긍정할 필요가 없다(곽윤직, 550면: 이영준, 733면: 김용한, 497면: 김기선, 380면: 이영준, 422면). ② 준용긍정설(소수설)은 제척기간은 재판상 행사하여야 할 권리라는 점 외에도, 제척기간만료 전에 천재 등의 사정이 발생한 경우에 그 유예기간을 주지 않는다면 권리자에게 너무 가혹하며 또한 그 유예기간은 비교적 짧게 한정되어 있으므로 제척기간의 정지를 인정하더라도 권리관계를 조속히 확정하려는 목적에 반하지 않는다는 점 때문에 제182조의 준용을 허용해야 한다(고상용, 719면: 김주수, 454면: 김증한, 337면: 장경학, 702면. 제182조뿐만 아니라 소멸시효의 정지에 관한 모든 규정을 유추적용하자는 견해도 있다. 김상용, 806면).
권리의 소멸	상대적소멸설에 의하면 권리부인권 내지 시효원용권이 생길 뿐이고 이를 행사하여야 권리는 소멸하게 된다. 절대적소멸설에 의하면 소멸시효의 완성으로 권리는 소멸한다.	기간이 경과하면 당연히 권리는 소멸한다.
이익의 포기	시효기간완성 후의 소멸시효 이익의 포기제도가 있다(제184조 참조).	이익의 포기가 인정되지 않는다.
기간의 단축	법률행위에 의하여 이를 단축 또는 경감할 수 있다(제184조 2항).	단축 또는 경감할 수 없다.
입증책임	소멸시효의 항변권을 주장하는 자(의무자)에게 입증책임이 있다.	권리자가 제척기간이 아직 경과하지 않았음을 입증하여야 한다.

제 2 절 소멸시효의 요건

1. 요건의 정리

1) 권리가 소멸시효의 목적이 될 수 있는 것일 것(소멸시효에 걸리는 권리).

2) 권리자가 법률상 그 권리를 행사할 수 있음에도 불구하고 행사하지 않을 것(권리의 불행사).

3) 위의 권리불행사의 상태가 일정기간 동안 계속될 것 등의 요건이 필요하다 (소멸시효기간).

4) 권리의 불행사의 사실상태가 소멸시효의 기산점으로부터 그 완성을 향하여 경과하는 과정을 「소멸시효의 진행」이라고 한다. 위의 요건을 구비하면 시효로 인하여 권리는 소멸되는 것이다.

5) 그런데 일정한 경우에는 시효의 완성 또는 진행을 방해하는 수가 있다. 이것을 방해하는 것으로는 이른바 「시효의 중단」과 「시효의 중지」가 있다.

2. 소멸시효에 걸리는 권리

1) 어떤 권리가 소멸시효에 걸리는지는 입법례에 따라서 반드시 동일하지는 않다. 대체적으로 채권에 관해서만 소멸시효를 인정하는 것이 일반적인 경향이라고 할 수 있다. 그러나 우리 민법은「채권」뿐만 아니라(제162조 1항),「채권 및 소유권 이외의 재산권」에 대해서도 소멸시효를 인정하고 있고(동조 2항), 소멸시효의 대상이 되는 권리는「재산권」에 한하고, 신분권·인격권과 같은 비재산권은 소멸시효의 대상이 되지 않는다. 그리고 재산권 중에도 소멸시효의 대상이 될 수 없는 것이 있다.

2) 소유권은 소멸시효의 목적으로 되지 않는다(제162조 2항). 이것은 소유권의 항구성으로부터 도출되는 효과이다. 따라서 소유권에 기한 물권적 청구권도 소멸시효에 해당하지 않는다.

3. 채권의 소멸시효

1) 채권의 불행사
소멸시효는 권리를 행사할 수 있는 때로부터 진행한다(제166조 1항). 권리를 행사할 수 있다는 것은 권리를 행사하는 데 있어서 법률상의 장애가 없다는 의미이다.

2) 여러 가지 채권에 있어서의 소멸시효기간의 기산점
　(1) 확정기한부채권
　장래의 일정기일을 변제기한으로 한 채권, 다시 말해서 확정기한부채권의 경우에는 그 채권의 소멸시효는「변제기한도래시」로부터 진행한다. 그런데 채권자단독의 의사, 또는 양당사자의 합의, 조정 그 밖의 절차에 의하여 확정기한이 연장된 때에는 그「연장기한도래시」로부터 소멸시효가 진행한다는 것은 물론이다.[110]

　(2) 불확정기한부채권
　이 경우에도 객관적으로는 그 기한이 도래한 때이다. 채무자가 기한의 도래를 알았는가의 여부는 묻지 않으며, 기한의 도래에 대한 채권자의 지·부지 또는 과실의 유무와도 관계없다. 예컨대「성공하면 자립한다」라고 한 경우에는 객관적으로 판단하여 성공한 때로부터 시효는 진행한다.

　(3) 기한의 정함이 없는 채권
　채권자는 언제라도 청구할 수 있으므로 소멸시효의 기산점은 채권이 성립한 때이다. 이것은 법률의 규정에 의하여 발생하는 채권에 관해서도 동일하다.
　가) 부당이득반환청구권은 그 발생과 동시에 시효가 진행된다. 불법행위에 의한 손해배상청구권에 있어서도 권리가 객관적으로 발생한 그때(불법행위시)로부터 각각 시효가 진행한다.

　나) 채무불이행에 의한 손해배상청구권은 본래의 채권의 변형물에 불과하므로 본래의 이행을 청구한 때로부터 시효가 진행된다.

　(4) 청구 또는 해지통고를 한 후 일정기간이나 상당한 기간이 경과한 후에 청구할 수 있는 채권 이러한 채권의 시효진행은 전제가 되는 청구 또는 해지통고를 할 수 있는 때로부터 그 유예기간에 해당하는 기간이 경과

---

110) 대판 1992.12.22, 92 다 40211

한 때로부터 소멸시효가 진행하는 것으로 해석한다(통설).

(5) 할부종합채권의 경우

기한이익상실약관부채권의 경우에는, 1회의 불이행으로 잔액 전부에 관한 시효는 언제부터 진행할 것인가에 대하여는 두 가지의 견해가 있다. 즉 1회의 불이행이 있을 때로부터 잔액의 채권전부에 관하여 소멸시효가 진행한다고 해석하는 방법(통설)과 1회의 불이행이 있어도 잔액의 채권전부에 관하여 당연히 시효가 진행하지 않고 채권자가 특히 잔액의 전채무의 변제를 청구할 때로부터 진행한다고 해석하는 방법이 그것이다. 판례는 후자의 견해를 따른다.

(6) 정지조건부채권

선택채권을 행사할 수 있는 때 시효가 진행된다. 또한 정지채권부 채권은 조건이 성취된 때부터 소멸시효는 진행한다.

(7) 부작위채권

부작위를 목적으로 하는 채권의 소멸시효는 그 위반행위를 한 때로부터 진행한다(제166조 2항).

(8) 구상권

보증인의 구상권은 그 권리가 발생되어 이를 행사할 수 있는 때로부터 시효가 진행된다. 또한 구상권의 소멸시효 기간은 일반원칙에 따라 10년이다.

(9) 당좌예금

예금에 관하여서도, 보통의 경우라면 대체로 위의 통설과 같이 해석할 것이다. 그러나 당좌예금에 관하여는 상당히 문제가 있다. 당좌예금은 당좌대월계약과 결부되고 있다는 점, 수표지급의 자금이 된다는 점에서 단순한 소비임치와 다르다. 따라서 당좌예금채권은 그 계약이 존속한다는 한, 예금자는 수표에 의하지 않고서는 함부로 그 반환을 청구할 수 없고, 그 계약종료시에야 비로소 반환청구를 할수 있다. 그러므로 그 소멸시효도 역시 그 때부터 진행을 개시하는 것으로 해석할 수 있는 것이다(통설).

3) 채권적 청구권

채권이 소멸시효에 걸리는 한 채권적 청구권도 당연히 10년의 소멸시효에 걸리게 됨은 당연하며, 의문의 여지가 없다. 그러나 부동산소유권이전등기청구권이 소멸시효에 걸리는가에 대하여는 등기청구권의 법적성질과 관련하여 학설의 대립이 있다. 채권적청구권설은 등기청구권은 채권관계로부터 발생하는 것으로 그 성질은 채권적인 것이며 따라서 소멸시효의 대상이 된다하고, 반면 물권적청구권설은 등기청구권은 이른바 물권적 합의에 의하여 물권적기대권을 갖게 되고 이 물권적기대권이 구체화된 것이므로 소멸시효에 걸리지 않는다고 한다. 또한 절충설은 판례의 입장으로서 매도인으로부터 부동산을 인도받아 사용·수익하고 있으면 등기청구권은 다른 채권과는 달리 소멸시효에 걸리지 않는다고 한다.

4) 소멸시효기간
(1) 일반채권

일반채권의 소멸시효기간은 10년이다(162조1항). 여기서의 일반채권이란 단기소멸시효기간에 걸리는 채권, 즉 민법 제163조 내지 제165조에 규정하는 채권, 그 밖의 민법상의 특별채권(제766조 1항) 또는 기타의 법률상의 특별채권을 제외(상법상 상행위로 생긴 채권, 예컨대 상법 제64조 등) 한 모든 채권을 가리킨다.

(2) 3년의 시효에 걸리는 채권(제163조)

　가) 이자, 부양료, 급료, 사용료 기타 1년 이내의 기간으로 정한 금전 또는 물건의 지급을 목적으로 하는 채권.

　나) 의사, 조산원, 간호사 및 약사의 치료, 근로 및 조제에 관한 채권. 여기서 의사라 함은 의료법·수의사법 중에서 말하는 자격있는 의사·한의사·수의사 등이다.

　다) 도급받은 자, 기사 기타 공사의 설계 또는 감독에 종사하는 자의 공사에 관한 채권

　라) 변호사, 변리사, 공증인, 공인회계사 및 법무사에 대한 직무상 보관한 서류의 반환을 청구하는 채권

　마) 변호사, 변리사, 공증인, 공인회계사 및 법무사의 직무에 관한 채권

　바) 생산자 및 상인이 판매한 생산물 및 상품의 대가

　사) 수공업자 및 제조자의 업무에 관한 채권

(3) 1년의 시효에 걸리는 채권(제164조)

　가) 음식점, 여관, 대석, 음식료, 오락장의 숙박료, 입장료, 소비물의 대가 및 체당금의 채권

　나) 의복, 침구 기타 동산의 사용료의 채권

　다) 노역인, 연예인의 임금 및 그에 공급한 물건의 대금채권

　라) 학생 및 수업자의 교육·의식 및 유숙에 관한 교주·예주·교사의 채권

(4) 판결 등으로 확정된 채권

판결에 의해서 그 확정된 채권은 단기의 소멸시효에 해당하는 것이라도 그 소멸시효는 10년이다(제165조 1항). 파산절차에 의하여 확정된 채권 및 재판상의 화해 또는 조정 기타 판결과 동일한 효력이 있는 것에 의하여 확정된 채권도 10년이다(제165조 2항). 그러나 판결확정당시에 아직 변제기가 도래하지 않는 채권에 대해서는 예외이다(제165조3항).

4. 채권·소유권 이외의 재산권의 소멸시효

1) 서설

소유권은 항구성이 있기 때문에 소멸시효의 대상이 될 수 없다. 그리고 소유권은 소멸시효의 대상은 되지 않지만 취득시효의 대상은 된다(제245조·제246조). 따라서 취득시효의 반사적효과로서 소유권이 소멸할 수는 있다. 채권 및 소유권 이외의 재산권은 20년간 행사하지 않으면 소멸시효가 완성된다(제162조 2항).

2) 제162조 2항의 적용례

(1) 일정한 법률관계 또는 사실상태가 존재하는 경우에 반드시 이에 수반하여 존재하는 권리

　가. 점유권(제192조)·상린권(제215조 이하)·공유물분할청구권(제268조)·유치권(제320조 이하)등은 단순한 불행사로 인해 소멸시효에 걸릴 수 없다(통설). 질권과 저당권은 피담보채권이 존속하는 한, 독립하여 소멸시효의 대상이 되지 않는다(통설). 그러나 지역권은 소멸시효에 걸린다(제296조).

　나. 물권의 내용의 실현이 어떤 사정으로 인하여 방해되거나 방해당할 우려가 있는 경우에 물권자가 방해자에 대하여 그 방해의 제거 또는 그 예방에 필요한 일정한 행위(작위 또는 부작위)를 청구할 수 있는 권리를 물권적 청구권이라 한다. 그런데 물권적청구권이 소멸시효에 걸리느냐에 대해 견해가 나뉜다. 소유권에 기한 물권적청구권은 소멸시효에 걸리지 않는다는 것이 통설이다.

(2) 형성권

가. 형성권이란 권리자의 일방적 행위에 의하여 법률관계의 발생·변경·소멸을 생기게 하는 권리이다. 예컨대 취소권, 해제권, 매매예약완결권, 환매권 등이다.

나. 형성권은 소멸시효에 걸리지 않는다. 그러나 형성권에 있어서 문제되는 점은 대체로 다음과 같다.
　가) 형성권에 존속기간이 정해져 있는 경우에 그것은 제척기간이다(통설).

　나) 형성권으로서 그 행사기간이 정해져 있지 않는 경우 형성권에 관해서 존속기간이 정해져 있지 않은 경우에 그 기간을 어떻게 해석해야 할 것인가에 대하여도 견해가 대립된다. 통설과 판례는 10년의 제척기간에 걸린다고 한다.

　다) 형성권에 관하여 해제기간이 정해져 있는 경우에 그 기간 내에 형성권을 행사하면 그 효과로서 원상회복청구권이나 손해배상청구권 등의 채권적 권리가 생기게 되는데, 이들 채권을 채권이 발생한 때로부터 다시 소멸시효가 진행한다고 해석할 것이냐, 또는 형성권의 해제기간은 그 형성권 행사의 결과로 생기는 권리관계를 처리하여야 할 기간도 포함하는 것으로 해석할 것이냐의 문제가 된다.

(3) 담보물권

피담보물권이 존속하는 이상, 담보물권만이 소멸시효에 걸리는 일은 없다(제369조). 이것은 담보물권의 부종성에서 오는 효력이다.

(4) 특별법에 의하여 물권과 동일시되는 재산권·무체재산권

광업권·특허권·어업권·상표권 등은 그 불행사로 말미암아 소멸시효에 걸리는 일이 없는 것으로 해석한다. 그러나 대부분 이러한 권리에 관해서는 특별법으로써 각각 그 권리의 존속기간이 정해져 있다(광업법 제14조·특허법 제46조·수산업법 제14조·상표법 제20조 등).

(5) 신분권 - 신분권은 신분관계가 존재하는 한 존속하는 권리이므로 소멸시효에 걸리지 않는다.

(6) 항변권 - 항변권에 기간의 제한을 인정하지 않는 것을 소위「항변권의 영구성」이라고 한다.

일반적으로 항변권의 영구성을 인정하는 것은 무리라고 하면서「보증인의 최고·검색의 항변권」(제437조)과「동시이행의 항변권」(제536조) 등에 관해서는 이를 긍정한다.

제 3 절 소멸시효의 중단

1. 서설

소멸시효의 중단이란 소멸시효가 진행하는 도중에 권리의 불행사라는 소멸시효의 기초가 되는 사실을 깨뜨리는 사정이 발생한 경우에 이미 진행한 시효기간의 효력을 상실케 하는 제도이다. 소멸시효가 중단되면 중단까지 경과한 시효기간은 이를 산입하지 아니하고 중단사유가 종료한 때로부터 새로이 진행한다(제178조 1항).

2. 소멸시효의 중단사유

1) 서설
민법은 제168조에서 소멸시효의 중단사유로서「청구」,「압류·가압류·가처분」,「승인」을 규정하고 있다. 전 2자는 권리자가 자기의 권리를 주장하는 것이고, 후자는 의무자가 상대방의 권리를 인정하는 것이다. 이러한 것을 중단사유로서 인정하는 근거는 ⅰ) 진실한 권리자가 권리를 주장하였거나 또는 적어도 권리행사를 태만 히 한 것으로 볼 수 없다는 점, ⅱ) 계속된 사실상태가 지니는 증거력에 우월하여 그것을 부정하는 데 충분한 증거력을 제시하는 자료가 된다는 점에 있다.

2) 청구
여기서 청구라 함은 권리자가 시효의 완성으로 이익을 얻는 자에 대하여 그 권리내용을 주장하는 행위, 즉 재 판상 및 재판외의 행위를 말한다. 그러나 중단의 효력을 발생하기 위하여는 각각 일정한 요건이 필요하다.

(1) 재판상청구
재판상의 청구란 재판상에서 자기의 권리를 주장하는 것 즉, 소를 제기하는 것이다. 청구는 민사재판이어 야 한다. 따라서 행정사건소송에 있어서의 소의 제기는 중단사유가 되지 않는다. 또한 형사재판, 예컨대 사기 의 피해자가 가해자를 고소(형소법 제223조)한다든가 고소에 기하여 형사재판이 개시되어도 사법상의 시효 는 중단되지 않는다고 봄이 통설이다.

가. 소의 형태·종류 등
소의 형태로 최초로는 제기하는 소뿐만 아니라 소송계속 중에 청구의 변경·확장의 형태로 주장되어도 무 방하다. 소의 종류에 있어서도 이행의 소·확인의 소·형성의 소·반소 등은 모두 시효중단의 효력이 있다. 또한 채무자에 의하여 제기된 채무부존재확인소송에 있어서 피고인 채권자가 자기에게 권리가 존재함을 주 장하여 승소한 경우에는 채권에 대한 시효중단의 효력이 있다고 본다(통설).

나. 재판상의 청구가 시효중단의 효력을 일으키는 시기는 소제기의 때이며(민소법 제238조), 반소의 경우 도 동일하다(민소법 제243조). 또한 소의 변경·중간확인의 소에 있어서는 그 서면을 법원에 제출한 때이다 (민소 제235조2항·제237조2항·제238조).

다. 기타
재판상의 청구가 있더라도 소의 각하·기각 또는 취하가 있는 경우에는 시효중단의 효력이 없다(제170조 1 항).[111] 그러나 이러한 경우라도 6개월 내에 재판상의 청구·파산절차참가·압류 또는 가압류·가처분을 한 때에는 시효가 최초의 재판상청구로 인하여 중단된 것으로 본다(제170조 2항).

(2) 파산절차참가(제171조)
파산절차참가는 청구의 일종에 해당하는 것으로서 시효중단의 효력이 인정된다. 여기서 파산절차란 파산 법 제201조에 의하는 파산채권의 신고를 가리킨다. 중단의 효력이 발생하는 시점은 신고한 때이다. 그러나 파 산채권자가 그 신고를 취소하거나 또는 그 청구가 각하되는 경우에는 중단의 효력은 생기지 않는다(제171조).

다. 기타
파산선고의 신청이 중단사유가 되느냐에 관해서는 민법에 규정이 없다. 그러나 파산절차참가보다도 강력

---

111) 대판 1992.4.24, 92다6983

한 권리실행방법인 파산선고의 신청은 당연히 중단의 사유가 된다고 봄이 통설이다. 또한 강제집행절차에서 배당요구를 하는 것(민사집행법 제88조)도 파산절차참가와 동시 하여야 하므로 이때에도 역시 시효중단의 효력이 있다고 하여야 한다(통설).

(3) 지급명령(제172조)

지급명령은 금전 기타 대체물이나 유가증권의 일정한 수량의 지급을 목적으로 하는 청구에 대하여 통상의 소송절차에 의하지 아니하고 채권자로 하여금 그 권리를 행사케 하려는 법원의 독촉절차이다. 독촉절차에 의한 지급명령의 신청은 시효중단의 효력이 있다. 지급명령으로 인하여 시효중단의 효력이 발생하는 것은 지급명령신청서를 관할법원에 제출하였을 때이다. 그러나 채권자가 30일 내에 그 가집행신청을 하지 않으면 지급명령은 효력을 잃는다. 그러나 1990년 민사소송법의 개정으로 지급명령에 가집행선고를 붙이지 못하게 되었으므로 민법 제172조의 규정은 의미를 상실하게 되었다.

(4) 화해를 위한 소환(제173조)

가. 화해(민소 제161조1항)를 신청하면 소멸시효는 중단된다.

그러나 신청을 받은 법원이 상대방을 소환하였음에도 불구하고 상대방이 출석하지 않거나 또는 출석하더라도 화해가 성립하지 않는 경우에 화해신청인이 1개월 내에 소를 제기하지 않으면 중단의 효력은 발생하지 않는다(제173조). 소를 제기하면 화해를 신청한 때를 기준으로 중단의 효력이 생긴다.

나. 조정은 재판상의 화해와 동일한 효력이 있으므로 조정신청도 화해신청과 마찬가지로 시효중단의 효력이 있는 것으로 본다(통설).

다. 임의출석이란 당사자 쌍방이 임의로 법원에 출석하여 소송에 관하여 구두변론함으로써 소를 제기하는 방식을 말하는데, 임의출석에 의해서도 화해를 위한 소환의 경우처럼 시효가 중단된다. 그러나 화해가 성립하지 않을 경우에는 1월 내에 소를 제기하지 아니하면 중단의 효력이 생기지 않는다(제173조). 예컨대 구민사소송법은 이러한 제기방식을 두고 있었는데(동법 제354조), 현행 민사소송법(민법전보다 후에 제정되었음)은 이 방식을 폐기하였기 때문에, 민법의 이에 관한 상기 제173조 후단은 사문화되었었다.

라. 그런데 그 후에, 순회판사제도를 새로 두어(법조법 제33조 및 제34조 참조), 이 순회법원으로 하여금 소액사건(소송물의 가격이 2,000만 원 이하의 민사사건)을 심판케 하고 있으며(소액사건심판법 제2조, 동규칙 제1조의 2참조), 소액사건심판법(1973법 2547)은 임의출석에의한 소의 제기를 인정하고있다(동법 제5조).

(5) 최고(제174조)

가. 최고라 함은 채무자에 대하여 이행을 청구하는 채권자의「의사의 통지」이다.

나. 최고할 수 있는 자는 권리자이며, 그 상대방은 시효이익을 받을 자이다.

다. 어떠한 행위가 최고로 인정되는지에 관해서는 결국 이행을 청구하는 의사의 통지로 인정할 수 있느냐 어떠냐의 해석문제이다. 예컨대, 제88조의 채권의 신고 등은 물론 최고로 된다. 그러나 이 최고는 후일 다시 명료한 중단사유가 생기는 것을 요건으로 하는 것이므로, 넓게 해석하는 것이 타당하다. 일부의 청구, 일부의 상계 등은 이에 포함된다. 즉 최고의 일부 만에 대하여 최고를 하더라도 채권전부에 대한 중단을 인정한다(통설).

라. 최고는 상대방에 도달한 때에 시효중단의 효력이 발생한다. 그러나 중단의 효력은 「6개월 내에 재판상의 청구·파산절차참가·화해를 위한 소환·임의출석·압류 또는 가압류·가처분」을 한 경우에 한하여 중단의 효력을 일으킨다(제174조).

3) 압류·가압류·가처분(제168조 2호)

(1) 압류·가압류·가처분은 반드시 재판상의 청구를 전제로 하지 않을 뿐만 아니라, 또한 판결이 있는 경우일지라도 그 후 새로이 시효가 진행되는 것이므로 따라서 이들을 독립하여 시효중단사유로 삼을 필요가 있어서 독립된 시효중단사유로 삼고 있는 것이다. 즉 압류는 확정판결 기타 집행권원에 의거하여 행하는 강제집행행위이며, 가압류와 가처분은 강제집행이 불가능하거나 현저하게 곤란하게 될 염려가 있는 경우에 강제집행을 보전하기 위하여 취해지는 수단이다.

(2) 압류 등이 중단사유가 되기 위해서는 그것이 시효가 문제되는 그 권리의 권리자에 의하여 행해진 것이어야 한다.

(3) 압류·가압류·가처분은 시효의 이익을 받은 자에 대하여 하지 아니한 때에는 그에게 통지한 후가 아니면 시효중단의 효력이 없다(제176조). 예컨대, 물상보증인에 대한 이러한 절차는 통지에 의하여 채무자에 대하여도 중단력을 발생한다.

(4) 압류·가압류·가처분이 시효중단의 효력을 일으키는 시기는 명령을 신청한 때이다.

(5) 압류·가압류·가처분은 그것이 「권리자의 청구에 의하여 또는 법률의 규정에 따르지 아니함으로 인하여 취소된 때에는」 시효중단의 효력은 없다(제175조).

4) 승인(제168조 3호)

(1) 승인이란 시효의 완성 전에 시효의 이익을 받을 자가 시효로 말미암아 권리를 상실한 자에게 그 권리가 존재함을 알고 있다는 것을 표시하는 것이다.[112] 그 법적 성질은 「관념의 통지」이다. 따라서 중단하려는 효과의사는 필요하지 않다.

(2) 승인자

승인을 하는 자는 시효의 이익을 받을 자 본인 이외에 그 대리인도 승인을 할 수 있다고 본다(통설). 즉 이 범위에서는 비록 승인이 의사표시는 아니더라도 민법 제114조 2항이 준용되는 것으로 새기는 것이다. 승인을 함에 있어서는 「상대방의 권리에 관하여 처분의 능력이나 권한이 있음을 요하지 아니한다(제177조). 판례는 소멸시효의 중단사유인 승인은 이를 할 권한 있는 자가 적법한 절차에 의하여 하는 것이 아니면 효력이 없다고 한다.[113] 승인은 상대방의 권리의 존재를 인식하고 있을 것이 필요하다.

(3) 승인의 상대방

승인의 표시는 시효중단에 의하여 이익을 받을 권리자본인 및 그 대리인에 대하여 행하여야 한다.

---

112) 대판 1995. 9. 29, 95다30178 참조
113) 대판 1970. 3. 10, 69다401.

(4) 승인의 방법과 태양

승인에는 일정한 방법·형식이 요구되지도 않는다(대판 1999.7.9.99 다 12376 참조). 따라서 명시·묵시이거나(통설·판례), 또는 재판상·재판 외에서 행해지거나를 묻지 아니한다. 예컨대 이자를 지급하는 행위, 증서를 다시 작성하는 행위, 담보의 제공, 일부면제[114] 등은 모두 묵시적 승인이 된다. 다만 승인은 반드시 상대방에 대하여 하여야 한다. 승인이 있었음에 관한 입증책임은 시효로 인하여 권리를 상실할 권리자 측에 있다.

(5) 승인은 의사표시는 아니지만 상대방에게 도달한 때에 중단의 효력이 발생한다. 특히 시효중단이 되는 승인은 시효의 완성전에는 있을 수 있음을 주의하여야 한다. 시효가 완성된 후에는, 후술하는 바와 같이 시효이익의 포기의 문제가 될 뿐이다.

3. 시효중단의 효과

1) 중단의 기본적 효과
시효중단사유가 발생하면 시효의 완성은 저지되고 그 때까지 경과한 시효기간은 그 후에는 무의미한 것이 된다.

2) 중단후의 시효
(1) 시효가 중단한 후에도, 시효의 기초가 되는 사실상태가 존재하는 이상, 새로이 시효가 진행된다(제178조 1항). 청구의 경우에는 판결이 확정된 때부터 새로이 시효가 진행된다(제178조 2항). 압류·가압류·가처분의 경우에는 그 절차가 종료한 때 새로이 시효가 진행한다. 승인의 경우에는 승인한 때로부터 새로이 시효는 진행한다.

(2) 중단 후에 진행을 개시하는 시효는 새로운 시효이며, 시효기간은 0에서 출발한다.

3) 시효중단의 효과가 미치는 범위
(1) 물적 범위
시효중단의 효과가 미치는 물적 범위로서 특히 일부청구의 경우 그 전부에 대하여 중단의 효과가 생기지 않는다(판례).

(2) 인적 범위
가. 원칙
시효의 중단은 당사자 및 승계인 사이에서만 그 효력이 발생한다(제169조). 여기서 당사자란 시효중단행위를 한 자와 그 상대방을 가리키고, 승계인이란 시효중단에 관여한 당사자로 부터 중단의 효과를 받는 권리를 그 중단효과의 발생 이후에 승계한 자를 말한다(통설)[115] 따라서 예컨대 우선특권이 있는 선박채권자의 선박소유자에 대한 재판상 청구로서는 그 선박의 근저당권자에 대하여 그 우선특권에 대 한 소멸시효중단의 효력을 주장할 수 없다[116] 포괄승계인과 특정승계인을 포함한다(통설).

나. 예외

---

114) 대판 1980. 5. 13, 78다1790.
115) 판례도 동일한 태도를 취하고 있다. 대판 1973. 2. 13, 72다1549.
116) 대판 1978. 6. 13, 78다314.

중단의 효력이 확장되는 경우로서는 연대채무(제416조 · 제421조) · 보증채무(제440조)가 있다. 중단의 효력이 축소되는 경우로는 지역권(제295조 2항 · 제296조)이 있다.

제 4 절 소멸시효의 정지

1. 서설

시효의 정지란 시효가 완성할 무렵에 이르러 일정한 사정을 이유로 그 사정이 소멸한 후 일정기간이 경과하는 시점까지 시효의 완성을 유예하는 것을 말한다.

2. 시효정지의 사유

1) 무능력자의 권리의 경우
소멸시효의 기간만료 전 6개월 내에 무능력자의 법정대리인이 없는 때에는 그가 능력자로 되거나 또는 법정대리인이 취임한 때로부터 6개월 내에는 시효가 완성되지 않는다(제179조).이러한 경우 무능력자는 대리인이 없으면 시효를 중단할 수 없기 때문에 이러한 규정을 둔 것이다. 그러나 미성년자나 한정치산자가 법정대리인의 허락을 얻어 영업을 하는 경우에는(제8조, 제10조 참조) 시효기간만료 전 6개월 내에 들어가서 법정대리인이 없는 사유가 생겨도 시효정지는 되지 않는다.

2) 재산관리자에 대한 무능력자의 권리의 경우
(1) 재산을 관리하는 부모 또는 후견인에 대한 무능력자의 권리는 그가 능력자로 되거나 또는 후임의 법정대리인이 취임한 때로부터 6개월 내에는 소멸시효가 완성되지 않는다(제180조1항).

(2) 본조의 취지는 무능력자의 권리의 보호책임이 있는 자는 법정대리인이며, 법정대리인과의 관계에 있어서 무능력자의 권리를 옹호하도록 당해 법정대리인에게 기대할 수 없기 때문에 특히 이러한 자에 관한 관계에 있어서 무능력자를 보호할 필요가 있기 때문이다.

3) 부부간의 권리의 경우
(1) 부부의 일방이 타방에 대한 권리는 혼인관계가 종료한 때로부터 6개월 내에는 소멸시효가 완성되지 않는다(제180조 2항). 혼인관계가 계속하고 있는 동안에는 소멸시효중단의 절차를 밟는 것이 곤란하다는데서 인정되는 정지사유이다.

(2) 혼인관계의 종료란 이혼뿐만 아니라 배우자 일방의 사망이나 혼인의 취소의 경우도 포함한다.

4) 상속재산에 관한 권리의 경우
상속재산에 속한 권리나 상속재산에 대한 권리는 상속인의 확정(제1019조 이하) · 관리인의 선임(제1053조) 또는 파산선고가 있은 때로부터 6개월 내에는 소멸시효가 완성하지 않는다(제181조).상속재산을 관리할 자가 정해지기 까지는, 상속재산에 속하는 권리나 상대방의 권리에 관해서도 시효중단의 절차를 취하지 못하기 때문이다.

5) 천재 · 사변의 경우

천재 기타 사변으로 인하여 소멸시효를 중단할 수 없을 때에는 그 사유가 종료한 때로부터 1개월 내에는 시효가 완성되지 않는다(제182조). 여기서 사변이란 천재에 비할 수 있는 전란 · 폭동 등의 객관적인 사태를 말하며 권리자의 주관적인 사정을 포함하지 않는다.

제 5 절 소멸시효의 효과

1. 소멸시효완성의 효과

소멸시효의 완성으로 인하여 채권 기타 일정한 권리의 소멸이라는 효과가 발생한다.

2. 소멸시효의 소급효

소멸시효의 완성으로 권리가 소멸하는 시기는 시효기간이 만료한 때이지만, 그 효과는 시효기간의 개시 시에 소급한다. 본래 소멸시효는 그 시효기간 동안 계속한 사실상태 를 본래 소멸시효는 그 시효기간 동안 계속한 사실상태 를 보호하려는 제도이므로 이와 같은 소급효를 인정함이 당연하다 할 수 있겠다.소멸시효는 위와 같은 소급효가 인정되나, 다음과 같은 점을 주의하여야 한다.

1) 소멸시효의 효력은 그 기산일에 소급한다(제167조).

2) 주된 권리의 소멸시효가 완성한 때에는 종속된 권리에 그 효력이 미친다(제183조). 그러므로 소멸시효로 채무를 면하게 되는 자는 기산일 이후의 이자를 지급할 필요가 없게 된다(통설).

3) 소멸시효가 완성된 채권이 그 완성전에 이미 상계적상에 있는 경우에 그 채권자는 자동채권으로써 상계할 수가 있다(제495조). 이것은 상계의 성질에 의거한 소급효에 대한 예외이기도 하다.

3. 소멸시효의 이익의 포기

1) 시효이익의 포기의 성질
시효이익의 포기는「소멸시효완성의 이익을 받지 않겠다는 일방적 의사표시」로서, 이에 의해 처음부터 소멸시효완성의 이익이 생기지 않았던 것으로 된다. 그러나 이 설은 시효이익포기에 소급효가 있다는 점을 충분히 설명할 수 없다는 비판이 있다. 이에 대하여 상속포기의 소급효(제1042조)를 유추적용하면 된다는 견해(절대적 소멸설)가 다수설이다.

2) 시효완성전의 포기
　(1) 소멸시효의 이익은 미리 포기하지 못한다(제184조 1항).

　(2) 시효는 이미 경과한 시간의 효과에 기한 제도이기 때문에 미리 시효이익의 포기를 인정하는 것은 본제도의 취지에 맞지 않는다.

(3) 소멸시효는 법률행위에 의하여 이를 배제·연장 또는 가중할 수 없다(제184조 전단). 이를 위반하는 특약은 어느 것이나 무효이다.

(4) 그러나 소멸시효를 법률행위에 의하여 단축 또는 경감하는 것은 무방하다(제184조 2항).

3) 시효완성후의 포기
  (1) 제184조의 반대해석으로 소멸시효완성 후에는 시효의 이익을 포기할 수 있다(통설).
  즉 소멸시효완성후의 포기는 전술한 바와 같은 폐해는 존재하지 않는다. 그렇기 때문에 시효이익을 받을 것인지의 여부에 대하여는 무엇보다도 당사자의 의사가 존중되어야 하며, 소송상 소멸시효가 완성되어 권리가 소멸하였다는 항변을 한 후에도 이러한 포기를 금지해야 할 이유는 없다고 본다.

  (2) 포기의 방법·능력
  소멸시효완성 후의 시효이익의 포기는 일종의 의사표시이며 상대방 있는 단독행위이다. 이러한 시효의 포기는 재판상·재판 외에서도 할 수 있고, 명시적·묵시적으로 가능하다. 예컨대 당사자가「채무의 승인」이란 말을 사용하더라도 여기서 말하는 시효완성후의 포기로 볼 수 있는 경우가 있을 것이다.[117] 시효이익의 포기를 위해서는 처분능력 또는 처분권한이 있을 것이 필요하다(통설).

  (3) 시효이익의 포기의 효과
  가. 인적범위
  시효이익의 포기의 효과는 상대적이다. 따라서 시효이익을 받을 자가 수인 있는 경우에는 그 중의 1인이 포기하더라도 그 효과는 다른 자에게 미치지 않는다(통설).

  나. 물적범위
  물적 범위에 관하여는 금전채권의 경우와 같은 가분채권의 일부에 대하여 채무자가 취한 행위가 그 전부에 대한 포기로 볼 수 있는가가 문제되는 경우가 있다.

  (4) 시효이익의 포기의 주장은 소멸시효완성으로 불이익을 받을 자로부터 시효의 효과의 발생장해사유 내지 소멸사유로서 주장되는 것이므로, 그 자에게 포기의 의사표시가 명시·묵시적으로 있었다는데 대한 주장·입증책임이 있다.

---

117) 대판 1967. 2. 7, 66다2173.

제 6 편

어음·수표의 이론과 실무

제 1 절 어음. 수표의 개념

1. 어음 · 수표의 의의

어음과 수표는 편리한 점도 많지만 상대적으로 악용의 가능성도 높으므로 현재와 같이 경제가 어려울 땐 특히 세심한 주의를 필요로 한다. 어음이란 발행인(어음의 작성자)이 일정한 기일에 일정한 금액을 지명인(수취인 또는 피배서인)에게 지급하기로 약속하거나, 제3자에게 그 지급을 위탁하는 유기증권이다. 수표는 발행인이 지급인에게 일정한 금액을 수표상의 권리자에게 지급할 것을 무조건 위탁하는 유기증권으로 법률상의 형식으로는 환어음과 같은 지급위탁증권이다. 경제가 발전함에 따라 거래의 실제에 있어서 어음 및 수표가 지급이나 신용의 도구로서 큰 역할을 하고 있다. 현행법상으로는 두 종류의 어음, 즉 환어음과 약속어음과 이들과 는 별개의 개념으로서 수표가 있다.

1) 어음
우선 어음은 일정한 금액의 지급을 목적으로 하는 유가증권으로서 환어음과 약속어음이 있다. 어음은 그 권리가 증권에 화현되어 긴밀하게 결합되어 있기 때문에 수표와 함께 완전유가증권이라고 한다. 어음은 그 요식증권성에 따라 엄격한 법정기재사항을 갖추어야 하므로 그 하나라도 흠결이 있으면 불완전어음으로 무효가 된다. 환어음이란 발행인이 기명날인을 하고 지급인에 대하여 일정한 금액을 수취인에게 지급할 것을 의뢰하는 형식의 어음을 말한다.

2) 수표
수표는 은행 등 금융기관에 당좌예금을 자금으로 하여 일정금액의 지급을 의뢰하는 증권을 말한다. 이러한 수표는 순수한 지급결제의 도구로서 이용되고 있는 성격을 지니고 있으므로 다음과 같은 특색이 있다. 항상 일람출급(제시하면 곧 지급한다는 성격)이다. 지급제시기간이 매우 짧다(10일간). 인수가 금지되어 있다(신용의 이용을 금함). 제시기간이 지난 후에도 발행인이 지급위탁을 취소하지 않는 한 당좌예금을 자금으로서 지급할 수 있다.

3) 현행 실정법상의 규정
우리나라는 제네바의 통일법을 채용하였기 때문에 어음법은 환어음과 약속어음만을 대상으로 하고 수표에 관하여는 수표법에서 규정하고 있다. 다만 수표법의 내용을 보면 어음법과 동일한 내용을 반복하여 규정한 것이 적지 않음에 유의하여야 한다.

2. 어음, 수표의 경제적 기능과 특성

1) 경제적 기능
어음, 수표는 화폐제도를 전제로 하여 기업거래에서 생성한 법기술적인 제도로서 일정한 금액의 지급을 목적으로 하는 유가증권이다. 따라서 어음, 수표는 사회경제적으로 중요한 기능을 가지고 있다.

(1) 지급작용
원래 어음은 지급의 수단으로서 발생되었고 지금도 국제거래에서는 환어음이 아직 지급수단으로 이용되고 있다. 그러나 국내거래에 관한 한 어음보다는 수표등 다른 지급수단이 많이 이용되고 있다. 현금의 운반, 보관 또는 출납사무등의 불편을 피하기 위하여 은행과 어음거래약정을 체결하고 그 은행을 지급장소로 한 약속어음을 발행하여 채무자에게 교부하거나 동일한 환어음을 작성하여 채무자로 하여금 인수를 하게한 후 교부함으로 인하여 지급용구로서의 기능을 할 수 있다.

(2) 송금작용

서울의 A가 부산의 B에게 송금하는 경우 A는 서울지역의 은행에 지급하고 동은행이 부산의 자기지점에 대하여 발행한 환어음을 매수하여 이것을 B에게 송부하면 B는 부산에서그 어음의 지급을 받게 됨으로서 송금의 목적을 달성할 수 있다. 그러나 수표, 우편환, 전신환, 당좌이체 등이 있어서 국내에서는 많이 사용되지 않고 있으나 국제적으로는 외국환어음을 많이 사용한다.

(3)신용작용

현재의 상거래는 대부분이 신용거래이므로 매도인은 상품인도와 동시에 현금으로 대금지급 받는일은 적다. 그 대신 일정기간 후를 만기일로 하는 어음의 교부를 받아 필요에 따라 이 어음을 타인에게 양도하거나 자기의 채무의 지급에 충당하거나 혹은 은행에서 할인을 받는다. 이는 자금회전이 용이하기 위하여 어음의 양도를 인정한다.

2) 특성

어음(수표)는 신용을 바탕으로 장래의 대금의 지급을 목적으로 하는 유가증권으로 다음과 같은 특성(특징)을 가지고 있다.

(1) 문언증권성

어음권리의 내용은 증권에 기재된 것 만에 의해 정해진다. 즉 어음(수표)의 효력은 발행인과 수취인과의 합의가 있다 하더라도 어음(수표)상에 기재된 문언에 의해서만 확정되므로 이것을 어음의 문언증권성 또는 문언성이라 한다.

(2) 지시증권성

지시성(지시증권성)이라 함은 어음(수표)상에 특정인 또는 그 특정인에 의해서 타인을 다시 권리자로 지시할 수 있음을 기재할 수 있는 증권으로서 약속어음과 환어음이 여기에 해당된다.

(3) 절대적 요식증권성

법정기재사항 중 하나라도 기재하지 않으면 효력이 없다는 것을 절대적 요식증권성이라 한다. 즉 완전한 어음(수표)로서의 유통성을 지니기 위해선 법정 기재사항을 빠짐없이 갖추어야 한다. 따라서 만약 이러한 기재사항을 기재하지 않았을 경우에는 어음(수표)으로서의 효력을 발휘할 수 없게 된다.

(4) 무인증권성

증권상에 기재되어 있는 권리가 원인관계의 존부 또는 무효, 유효에 영향을 받지 않는다. 즉 어음(수표)를 발행하게 된 원인이 무효 또는 취소되었을 때에도 그 법률관계와는 상관없이 발행된 어음, 수표상의 권리는 그대로 존재하게 되는데 이것을 어음(수표)의 무인성 또는 무인증권성이라 한다.

3. 어음의 종류

어음을 실제로 작성하여 발행할 경우에는 약속어음이나 환어음 중 어느 한 가지를 택해서 발행하게 되는 데 이는 어음법에 그 근거를 두고 있음. 그러나 상거래 행위에 있어서 어음은 사용목적(거래목적)에 따라 그 명칭을 달리하고 있다.

1) 환어음
(1) 환어음의 의의
환어음은 지급위탁증권으로서 수령인은 증권에 기재한 취지에 따라 지급인에 대하여 어음금액의 지급을 청구할 수 있다. 지급인으로 지시된 자는 그 지시만으로는 오직 지급을 의뢰받은 데에 지나지 않는다. 따라서 환어음에 있어서는 지급인이 인수를 할 때까지는 주된 어음채무자가 존재하지 아니하고 지급인이 인수를 할 때에 비로소 주된 어음 채무자가 생기게 되는 것이다. 환어음의 지급인이 인수거적이나 지급거절을 할 경우에는 발행인이 대신하여 지급할 책임 즉 상환의무를 부담하므로 인수전의 환어음은 발행인의 신용에 의하여 유통된다.

(2) 환어음의 기재사항
가. 증권의 본문 중에 그 증권의 작성에 사용하는 국어로 환어음임을 표시하는 문자
나. 일정한 금액을 지급할 뜻의 무조건의 위탁
다. 지급인의 명칭
라. 만기의 표시
마. 지급지
바. 지급을 받을 자 또는 지급을 받을 자를 지시할 자의 명칭
사. 발행인과 발행지
아. 발행인의 기명날인 또는 서명

2) 약속어음
(1) 약속어음의 의의
약속어음은 발행인 자신이 수령인 기타증권의 정당한 소지인에게 일정한 금액을 지급할 것을 약속하는 증권이다. 약속어음과 환어음의 근본적인 차이는, 후자가 지급위탁증권인 반면전자는 지급약속증권이라는 데에 있다. 약속어음의 발행인은 환어음의 발행인과 인수인을 겸하고 있다고 보아야 한다. 그것은 처음부터 어음금액을 지급할 것을 약속하고 있기 때문이다.

(2) 약속어음의 기재사항
가. 증권의 본문 중에 그 증권의 작성에 사용하는 국어로 약속어음임을 표시하는 문자
나. 일정한 금액을 지급할 뜻의 무조건의 약속
다. 만기의 표시
라. 지급지
마. 지급을 받을 자 또는 지급을 받을 자를 지시할 자의 명칭
바. 발행일과 발행지
사. 발행인의 기명날인 또는 서명

3) 백지어음
(1) 의 의
백지어음이라 함은 한마디로 견질의 목적으로 제공된 어음으로서 거래금액이나 지급기일을 확정키 곤란할 경우 활용되며 장래 발생할 채무이행을 보증키 위해 징구하는 어음이다. 즉 후일 어음소지인으로 하여금 보

충시킬 의사로 어음 요건의 전부 또는 일부를 기재하지 아니하고 백지로 하여 어음이 될 서면에 기명날인 하여 발행한 미완성의 어음이다.

(2) 요건

가. 기명날인이 존재해야 한다.

나. 보충권이 존재해야 한다.

다. 어음요건이 불비이어야 한다.

(3) 효과

가) 백지부문을 보충할 수 있는 권한을 보충권이라 하며 백지어음을 취득한 사람은 누구든지 보충권을 가지고 있고, 백지어음 상태에서 다른 사람에게 양도할 수도 있다. 백지어음을 보충하지 않고 지급제시 한 경우에는 지급을 거절당해도 이행지체의 문제는 생기지 않는다.

나) 백지를 보충하지 않고 소를 제기하면 시효중단의 효력이 없고, 승소를 할 수도 없다.

다) 백지어음의 보충기간은 만기의 기재가 없는 경우엔 학설간의 대립은 있으나 보충권을 행사 할 수 있는 날로부터 5년 이내에 행사하여야 하고, 만기가 기재된 경우엔 지급제시 기간 내, 발행인에게는 3년 이내에 행사하여야 한다.

(4) 실무상 주의할 점

가. 백지어음의 수취 시 보충권위임을 반드시 받아두어야 한다. 즉 "어음금액이 백지인 어음을 취득하여 어음금액을 보충한 경우에는 보충권의 내용에 관하여 어음의 발행자에게 직접 조회하지 않았다면 중대한 과실이 있었다고 보아야 할 것이다."[118]

나. 발행인난의 자필 기명날인을 받아 둔다.

다. 수입인지를 부착하여야 한다.

4) 융통어음

자금을 필요로 하는 자에게 자기의 신용을 이용하여 자금을 융통할 수 있도록 하기 위하여 발행한 어음, 할인어음이다. 특히 물건의 거래 없이 단순히 돈을 빌리고 발행한다는 것이 가장 큰 특징이다. 융통어음의 판단은 구체적 거래사실관계에 따라 판단하며, 일반적으로 약속어음을 발행하고 있다. 이를테면 전자의 경우는 갑이 을에게 자금을 대부해줄 경우 을로 하여금 갑을 수취인, 을을 지급인으로 하는 어음을 발행토록 하는 것이고, 후자는 갑과 을 둘 사이에 상품의 매매나 또는 자금의 대차가 없다고 하더라도 갑을 수취인, 을을 지급인으로 하는 어음을 작성하여 갑이 이것을 은행에서 할인 받는 형식이다.

5) 표지어음

금융기관이 할인하여 보유하고 있는 상업어음과 무역어음을 분할 또는 통합하여 금융기관을 지급인으로 하는 새로운 어음으로 발행되는 약속어음이다. 일반적으로 건당 5백 만 원 이상으로 원 어음의 잔여 만기일을

---

118) 대법원 1978.3.14.선고. 77다2020판결

범위로 한 30일 이상 180일 이내에서 발행되고 어음배서에 의해 양도가 가능하다.

6) 견질어음
채무자가 채권자에게 확실한 채권회수를 보장하기 위해 제공하는 담보용 어음으로 유가증권 담보의 일종이다. 금융기관에는 단기성 대출과 당좌차월을 해줄 때 신속한 채권 회수 및 채권상환자금을 마련하기 위한 수단으로 견질어음을 받아두고 있다. 견질어음은 정식 법률용어가 아니고 금융 관행에서 생긴 용어로 견질어음 담보라고도 불리운다. 견질어음은 채무자가 발행할 수도 있고 신용 있는 사람의 발행이나 배서를 받아 제공할 수도 있다. 견질어음은 자금 조달을 위해 발행되는 일종의 융통어음 이다. 진성어음은 제3자할인 이나 한국은행 재할인 되는 반면 견질어음은 두 가지 모두 받을 수 없다.

   (1) 담보로 제공된 어음으로 대부분 백지어음으로 수취한다.
   (2) 개인일 경우 인감증명서 첨부하여 확인한다(인감증명서의 유효기간은 3 개월이며 보증용으로 징구한다).
   (3) 법인일 경우 사용인감계를 수취한다.

7) 단명어음과 복명어음
전자는 지급의무자가 한 명인 어음이다. 후자는 지급의무자가 두 명 이상으로서 배서인과 보증인이 있는 어음이다. 부도 발생 시 배서인과 보증인은 대금지급의 의무가 있다.

8) 자유기업어음
자유기업어음 일반적으로 말하는 CP는 상업어음과 달리 현실적인 상거래는 수반하지 아니하지 아니하며 자금의 융통을 위해 자기의 신용으로 발생한 어음이다. 융통자금의 필요로 거래처나 아는 사람에게서 어음을 발행 받아 현금으로 전환하거나 결제를 하도록 하는 융통어음이다. 금유기관이 선정한 우량적격업체가 기업자금의 조달을 위해 발행하고 단자회사 또는 투자금융회사를 통하여 고객에게 매출하는 어음이다.

9) 상업어음(실어음, 진성어음)
   (1) 상거래의 지불수단으로 발행한 어음으로 상품이나 원재료 등의 구입대금을 지급하기 위하여 약속어음 또는 환어음의 형식으로 발행한 어음을 말한다. 상거래를 할 때만 발행할 수 있다는 점에서 단기 운전자금 확보를 목적으로 발행하는 융통어음과는 구별 된다. 상업어음의 대표적인 경우로 대기업이 하청업체로부터 물건을 납품 받고 현금대신 발행하는 어음을 꼽을 수 있다.

   (2) 상업어음을 받은 납품 업체는 약정된 기일에 현금을 받을 수 있으나 자금순환을 위해 할인을 받아 현금화하는 것이 보통이다. 은행들은 할인어음을 한국은행에서 재할인 받아야 하기 때문에 그 한도를 규제해 왔다. 따라서 중소기업들은 보유 어음이 많더라도 현금화에 어려움을 겪게 된다.

10) 타수어음
   (1) 거래처의 거래처가 발행하고 거래처가 배서한 어음을 말하며 거래처에 대한 신뢰성 또는 안전상 미흡할 경우에도 활용된다.

   (2) 타수어음은 실무에선 담보조로 활용되며 물품대금으로써의 타수어음 즉 진성 타수어음은 거래처가 부도가 나더라도 거래처의 거래처는 거의 부도가 나지 않는다.

(3) 그러나 타수어음을 거래처가 발행한 것만 아니면 무조건 타수어음이라고 인식하는 데서 사고가 발생되고 있다. 즉, 대부분 융통어음을 타수어음이라 생각하여 수취하는데 거래처 부도 시 타수어음인 융통어음은 100% 부도처리 되고 있다.

11) 공증어음

(1) 의의

공증어음이라 함은 공정증서를 부여받아 채무자가 채무를 불이행시 법원의 판결이 없이 공증인으로부터 직접 집행문을 부여 받아 채무자의 재산에 즉시 강제집행 할 수 있는 어음을 말한다.

(2) 효과

가. 집행문 부여는 당일에 가능하고 가압류기간보다 빠르며 본안소송 없이 채권회수가 가능하므로 채권회수의 신속성이 가능하다.

나. 가압류시 공탁금이 필요하나 공증어음은 바로 압류가 집행되기 때문에 공탁금이 불필요하다.

다. 확정판결과 같은 효력으로 소송이 불필요하므로 소송비용이 절감된다.

라. 타 채권자에 우선하여 제3채무자에게 채권압류 및 전부명령을 신청하면 타채권자 보다 우선하여 회수 가능하다. 그러나 공증어음을 수취한 것이 대금회수라고 판단하면 안된다.

4. 수표의 종류

1) 수표의 의의

수표라 함은 발행인이 지급인인 거래은행에 대하여 수취인 또는 소지인에게 일정한 금액을 지급하는 지급증권을 뜻한다. 따라서 요식의 유가증권이며, 수표도 발행인이 지급인에 대하여 수령인, 기타 증권의 정당한 소지인에 대하여 일정한 금액의 지급을 위탁하는 증권이다. 즉, 지급위탁증권으로서 이점은 환어음과 동일하다. 그러나 정제적으로는 그 취지를 달리한다. 어음과 같이 비교적 장기의 유통을 목적으로 하지 아니하고 단지 지급수단으로서 이용되는 데에 지나지 못한다. 수표의 이 같은 성질 때문에 수표에는 인수라는 재도가 인정되지 아니한다. 수표는 금전의 간이, 신속한 지급을 그 목적으로 하고 있으므로 금전의 대물인 성질을 가지고 있다.

2) 수표의 발행 방법

수표에는 다음의 사항을 기재하여야 한다.
 (1) 증권의 본문 중에 그 증권의 작성에 사용하는 국어로 수표임을 표시하는 문자
 (2) 일정한 금액을 지급할 뜻의 무조건의 위탁
 (3) 지급인의 명칭
 (4) 지급지
 (5) 발행일과 발행지
 (6) 발행인의 기명날인 또는 서명

3) 당좌수표

자신의 거래은행에 당좌예금계좌를 가지고 있는 자가 은행에서 교부한 수표용지에 발행인이 필수기재 사항을 기재하여 기명날인 또는 서명한 수표로 지불의 책임은 발행인에게 있다.

(1) 실무상 가장 많이 활용되며 당좌거래가 있는 은행에서 교부한 수표 용지에 기명날인한 수표를 말한다.

(2) 수취 시 10일 이전에 발행된 수표는 수취를 거절함. 왜냐하면 지급제시기간이 지나면 수표상의 권리는 무효가 되기 때문이다.

4) 자기앞수표
(1) 의의
발행인과 지급인이 은행으로 되어 있는 수표로서 은행의 신용을 담보로 하므로 가장 안전성이 높다. 이러한 자기앞수표는 지급인인 금융기관이 발행의뢰인으로부터 예금으로 받고 발행하여 보증수표라고도 한다.
가. 은행을 지불인으로 발행한 수표로 은행이 지급 책임을 진다.

나. 수표금액이 큰 경우 지급은행에 확인을 하여본다(도난, 위조수표에 대비).

다. 수표 금액이 큰 경우 근거서류 또는 분실 시의 대비책으로 은행명, 수표번호를 기록 또는 사본한 후 보관 하여야 한다.

(2) 자기앞수표의 법률관계
가. 발행의뢰인과 은행의 관계
발행의뢰인이 수표상의 당사자는 아니므로 은행과 사이에 수표상의 관계는 없다. 실질관계에 있어서는 발행의뢰인이 지급위탁자가 되지만, 수표관계에서는 어디까지나 발행은행이 지급위탁자가 된다. 그러므로 의뢰인이 자기앞수표를 분실 또는 도난당하고 은행에 대하여 수표금의 지급의 중지를 요구하는 것은 단순한 사고신고의 의미 밖에 없다.

나. 소지인과 은행의 관계
가) 발행인으로서의 은행
(가) 제시기간이 경과한 경우에는 발행인으로서의 소구의무가 없으므로 소지인에 대하여 수표금을 지급할 의무가 없다(이득상환청구권의 발행은 별개). 그러나 이상과 같은 법률적 측면과는 달리 은행은 자기앞수표를 발행할 때 그 자금을 확보하고 있고 예금부족으로 부도될 염려가 없으므로 제시기간경과 후에도 지급위탁의 취소가 있을 수 없으므로 실제상으로는 그 피지급성이 확보된다.

(나) 지급제시기간 내에 지급거절이 되면 발행인으로서의 은행은 소구의무를 부담하게 된다(수표법 39조). 따라서 지급제시기간 내에 지급제시가 있으면 소지인이 정당한 소지인이 아니라고 증명하지 못하는 한 전소지인으로부터 도난 분실의 신고가 있거나 공시최고의 신청이 있었다는 이유만으로는 상환의무를 면하지 못한다.

나) 지급인으로서의 은행
지급제시기간 동안 및 위 기간이 경과한 후에도 지급위탁의 취소가 없는 동안은 소지인에게 수표금을 지급할 수 있다. 다만 지급제시기간 경과 후에는 소지인이 은행에 대하여 지급을 청구할 권리가 없는 것은 다른 수표와 동일하다.

(3) 자기앞수표의 효용

가) 현금의 대용

현금에 비하여 보관, 휴대, 계산에 있어서 편리하고 안전하므로 현금대용으로 통용 된다. 기타 송금용, 납입용 등 그 용도는 다양하다.

나) 지급보증의 대용

지급보증 시 거래처로부터 받은 자금을 별단계정이나 당좌계정의 지급보증계좌에 확보한다고 해도 거래처가 파산을 하거나 위 자금에 대해 압류가 있을 때에는 위 자금이 은행에 귀속하는가 또는 별제권, 상계권 등의 권리를 행사할 수 있는가 하는 까다로운 문제가 발생하므로 은행은 지급보증의 방법을 회피 한다. 수표의 소지인이 은행에 대하여 지급보증을 청구한 때에는 은행은 지급보증을 하는 대신에 수표발행인의 당좌계정으로부터 그 금액을 공제하고 은행의 자기앞수표를 발행하여 교부하고 있다.

(4) 수표의 일람출급성 등

수표에는 만기의 개념이 없고 만기의 기재는 효력이 없다(동법 제28조 1항). 선일자 수표는 유효성에 문제가 있으나 기재된 발행일자가 반드시 진실한 날짜와 합치되어야 하는 것은 아니므로 유효로 본다. 그러나 수표법은 선일자 수표의 경우에도 기재된 발행일 전에 지급제시할 수 있도록 하고 있다(동법 제28조 2항). 수표의 제시기간은 10일(동법 제29조 1항)이며 일람출급환어음이 1년인 점과 비교해서도 단기이다. 단 제시기간 경과 후에도 지급위탁의 취소가 없는 한 지급할 수 있다. 시효기간이 어음에 비하여 짧다. 즉 소구권의 소멸시효가 어음은 1년, 수표는 6월(동법 제51조 1항)이며, 인수인에 대한 청구권의 소멸시효는 3년, 수표의 지급보증인은 1년이다.

5) 가계수표

개인이 가계종합예금 계좌를 거래은행에 개설한 후 은행에서 교부한 용지로 당좌수표와 같이 거래은행을 지급인으로 발행하는 수표로써 자기앞수표와 당좌수표에 비하여 신용도가 낮다. 주로 급여자와 중소자영업자가 이용하는 대금결제수단이다. 당좌수표제도에서 파생된 가계수표제도는 수표의 발행방법, 결제방법, 교환제도, 부도처리 절차 등 방법과 운용에서 차이는 없다.

(1) 일정한 자격을 갖춘 개인이 은행에 가계종합예금계좌를 개설한 후 일정한 금액의 한도 내에서 발행한 수표를 말한다.

(2) 금액이 넘을시 한도 초과로 지급이 거절된다.

6) 선일자수표

선일자수표는 발행인이 미래의 도래일을 발행일로 기재하여 발행한 수표로, 기재한 일자 이전에도 지급제시하면 수표상의 금액을 지급 받을 수 있다. 당사자 사이에 수표상의 발행인 이전에는 제시하지 않기로 합의함으로써 수표상의 발행일 이전에 제시하였다면 손해배상의 문제가 발생할 수 있다.

(1) 발행인이 미래의 날을 기재하여 발행한 수표를 말한다.

(2) 기재일자 이전에도 제시하면 지급을 받을 수 있다.

7) 횡선수표

(1) 일반횡선수표
수표의 표면에 두 줄의 평행선을 그은 수표로 그 줄의 평행선 안에 아무것도 기재하지 않거나 단순히 은행 또는 이와 동일한 의미가 있는 문자를 기재한 것을 말하며 지급인이 은행 또는 지급인의 거래처에 대해서만 지급할 수 있다. 이것은 은행 또는 지급인의 거래처에 대하여만 지급할 수 있다.은행은 다른 은행 또는 자기의 거래처에서만 횡선수표를 취득할 수 있고, 이들을 위해서만 추심을 할 수 있다.

(2) 특정횡선수표
수표의 표면에 두 줄의 평행선을 그어서 그 횡선 내에 특정한 은행의 명칭을 기재한 경우이다. 그 지정은행에 대해서만 지급이 가능하다. 이 수표는 도난과 분실방지를 목적으로 이용되어 추심에 의해서만 지급 받을 수 있다.취득에 제한은 위의 경우와 동일하다. 지급인은 지정된 은행 또는 지정된 은행이 지급인인 경우는 자기의 거래처에 대해서만 지급 할 수 있다.

(3) 기타
일반횡선은 특별횡선으로 변경이 가능하다. 즉 발행인과 소지인은 횡선이 없는 수표에 횡선을 그어 일반 횡선수표를 만들거나 특정 횡선수표로 전환시킬 수 있으나 특정 횡선수표를 일반 횡선수표로, 다시 이를 횡선이 없는 일반수표로 전환시키지는 못한다. 횡선이나 지정된 은행의 말소는 이를 말소하지 아니한 것으로 본다. 횡선안의 지급인(은행)은 말소했더라도 말소하지 않은 것으로 본다. 횡선을 지우기 위하여 횡선부분을 오려낸 것도 횡선의 말소로 인정한다.

(4) 기타 특수한 문구
가. 이자의 약정
어음의 만기가 확정되어 있지 않고 소지인이 어음을 제시한 직후 또는 어음을 제시하고 나서 일정기간 후 어음금을 지급하게 되는 경우에는, 발행일로부터 어음지급일까지의 이자를 약정하여 어음에 기재할 수 있다. 만기가 확정되어 있는 경우에는 이자의 약정을 기재하여도 무효다. 반드시 이율을 기재하여야 하며 일자를 기재하지 않은 때에는 발행일로부터 이자를 계산한다. 어음상에 이자의 약정 및 이율이 기재되어 있는 때에는 어느 누가 어음을 소지하던지 발행인은 소지인에게 어음기재 금액과 함께 이자를 지급하여야 한다.

나. 제3자방지급
어음상에 지급장소를 따로 기재하는 것을 말한다. 이때에는 어음 소지인은 그 장소에서 지급을 청구해야 한다. 보통 은행을 제3자방으로 기재하여 발행하는 것이 보통인데, 은행에 당좌계좌 등을 개설한 후 어음을 발행하고 은행이 그 어음의 소지인에게 지급하는 방식이다.

8) 백지수표
수표요건을 백지로 하여 기명날인 또는 서명된 미완성의 수표를 백지수표라 한다. 이것은 후일에 소지인이 그 요건을 보충시킬 의사로 발행한다.

9) 국고수표
국고수표는 예산회계법에 의한 세입세출예산을 집행하기 위하여 세입세출공무원이 발행하고 지급지를 한국은행 또는 한국은행국고대리점으로 하는 지정수표이다.

제 2 절 어음법, 수표법의 개념

1. 어음법, 수표법의 의의

1) 실질적 의의
어음 · 수표 행위가 환어음에는 5가지, 약속어음에는 3가지, 수표에는 4가지 등으로 다양하기 때문에 이들의 공통되는 요소를 추출하여 하나의 개념으로 정립하는 것은 용이하지 아니하다. 가령 약속어음의 발행은 일정액의 무조건의 지급채무를 부담하는 의사인 데 비해 환어음이나 수표의 발행은 일정액의 지급을 위탁하는 것이기 때문에 서로 다르며, 배서는 자신의 권리를 타인에게 양도하려는 것이 그 목적이기 때문에 발행이나 인수와 다르다. 또 보증은 주채무자의 채무불이행시 이를 대신하여 채무의 이행을 부담하는 것이다. 이와 같이 각종 어음 · 수표 행위의 실질적인 목적이 서로 다르기 때문에 실직적인 면에서 이들을 하나의 공통적인 개념으로 묶는 것이 불가능하다고 보는 부정설도 있다.

2) 형식적 의의
이와 같이 행위의 실질적인 측면에서는 각종 어음 · 수표 행위의 공통적인 요소를 찾기가 어렵기 때문에 그 형식적인 면, 다시 말하면 객관적으로 증권 상에 기재된 사항의 측면에서 공통성을 찾아 개념화하려는 견해가 현재 주류를 이루고 있다. 이에 의하면 어음 · 수표 행위란 "기명날인 또는 서명을 최소한의 요건으로 하는 요식의 증권적 법률행위"라고 설명한다. 즉 모든 어음 · 수표 행위는 최소한 어음 · 수표 상에 기명날인 또는 서명을 함으로써 이루어지는 법률행위라는 것이다.

2. 어음법, 수표법의 역사

1) 어음법은 관습법으로서 성립한 것인데 당초의 거래를 독점한 것은 환은 상이었다. 이들은 상호간에 거래관계를 가지고 있었으며 이로 인하여 정기 시장에는 각지로부터 환전상이 모여들게 되었기 때문에 각지의 관습법은 대체로 동일한 것이었다. 그러나 그 후 어음은 환전상의 독점을 떠나 일반적으로 이용되게 됨에 따라 각지에는 가지각색의 어음법이 제정되어 통일을 결하게 되었다. 그러나 17세기에 이르러 근대 국가의 성립과 아울러 국가적 법전의 제정과 동시에 어음법도 각국 내에서 그 통일을 보게 되었다.

2) 7세기후반 프랑스, 19세기중반 독일, 19세기후반 영국 및 미국이 각국의 어음법을 통일하게 된다.

3) 통일 어음법
19세기 후반 이래 어음법은 국제적 통일의 필요성을 절감하고 1910년 및 1912년에 네덜란드정부 주최 하에 헤이그통일 규칙이 성립하게 되고, 이어 1930년 제네바의 국제회의에서 어음법통일조약이 성립을 보게 되었다. 오늘날 영국, 미국을 제외한 제국이 이 조약에 기하여 종래의 어음법을 개정하였다.

3. 어음법, 수표법의 지위

1) 어음법, 수표법과 상법의 관계
현행상법에는 어음수표행위를 절대적 상행위로 규정하고 있지 않으므로 어음법, 수표법을 실질적 의의의 상법에 속한다고 볼 수 없다. 어음, 수표행의는 실질적인 거래의 수단과 객체로서 증권과의 결합을 실현한 권리의 발생, 행사, 이전에 관한 것이므로 일반의 상행위와는 전혀 다른 성질을 가지고 있다. 따라서 어음, 수표 행위에는 일반 상행위에 관한 상행위총칙의 여러 규정을 적용할 수 없다.

2) 어음법, 수표법과 민법의 관계
어음법, 수표법은 일반법인 민법에 대하여 특별법으로서의 지위에 있다. 즉 어음법, 수표법은 어음, 수표채권
에 관한 법률인 점에서 채권법적 규정을 가지고 있고, 어음수표라는 증권에 관한 법률인 점에서 물권법적 규
정을 가지고 있다. 어음, 수표법은 민법의 채권법과 물권법의 원칙을 어음.수표 거래의 특수한 수요에 따라
보충. 변경한 것이다. 따라서 어음법, 수표법에 규정이 없는 사항은 민법의 보충적 적용을 받게 된다.

4. 어음법, 수표법의 법적성격

1) 강행법규
일반사법의 영역에서는 당사자의 사적자치에 위임된 부분이 많아 계약자유의 원칙이 행하여 지고 있다. 이에
반하여 어음법, 수표법은 그 대부분이 채권법적 규정임에도 불구하고 어음. 수표행위에 정형성이 요구되고
행위의 순서와 시기가 엄격하게 정해져 있다.

2) 합목적성과 기술성
어음법, 수표법은 어음, 수표의 임무를 달성시키기 위하여 유기적으로 통합되고 그 목적달성 때문에 가장 편
하고 가장 합리적인 것처럼 구성되어있어 합목적성을 가지고 일관되어 있다. 따라서 그 성질은 지극히 기술
적인 것으로 되어있다. 기술적 목적을 가장 완전하게 또 확실하게 달성시키는 것이 기술적인 어음법, 수표법
이 바라는 바이므로 그 내용에 있어서 윤리적 요소는 전혀 없다고 한다.

3) 통일성
어음, 수표는 세계 각국에 유통하는 유가증권이므로 그 통일의 필요는 크다. 그래서 각국의 어음법, 수표법의
모법인 제네바 통일어음조약과 수표법통일조약이 이루어 졌다.

4) 수단성
어음, 수표는 거래결제의 수단이라는 점에서 수단적 성질이 있다고 본다.

참고 : 어음과 수표의 비교

구 분	환 어 음	약 속 어 음	수 표
1. 경제적 기능	신용의 수단 -송금. 추심 수단	신용의 수단 -대금지급, 어음할인	지급의 수단
2. 지급인	제한이 없다. 개인도 지급인이 될 수 있다	제한이 없다. 개인도 지급인이 될 수 있다	제한이 있다. 은행과 同一時되는 자 만이 지급인이 될 수 있다
3. 주채무자	인수인	발행인	없음 단, 지급보증인이 있는 수표는 지급보증인
4. 인수제도	있음	없음	없음
5. 지급보증 제도	없음	없음	있음
6. 만기	있음	있음	없음
7. 만기 전 소구여부	일정한 기간 인정	일정한 기간 인정	불인정

구 분	환 어 음	약 속 어 음	수 표
8. 시효기간	인수인에 대한 청구권 : 3년 배서인에 대한 청구권 : 1년 배서인의 배서인에 대한 청구권 :6월	발행인에 대한 청구권 : 3년 배서인에 대한 청구권 : 1년 배서인의 배서인에 대한 청구권: 6월	발행인, 배서인에 대한 청구권 : 6월 배서인의 배서인에 대한 청구권 : 6월 지급보증인에 대한 청구권 : 1년
9. 이자문구 기재	일람지급, 일람후정기지급어음의 이 율기재 있는 경우에만 효력	좌동	기재해도 효력이 없다
10. 지급거절시 제재	개인어음 :부도처분없음 은행도어음 :부도처분 있음	좌동	부도처분, 형사처벌 (부정수표단속법)

제 3 절 어음 수표의 구체적 검토

1. 어음 · 수표행위

1) 의의
어음행위는 형식적으로 증권적 법정요건을 구비하고 기명날인함으로써 어음상의 채무를 부담하게 되는 서면행위이다. 즉 환어음에 있어서는 발행 · 인수 · 배서 · 보증 · 참가인수, 약속어음의 경우에는 발행 · 배서 · 보증 등이다.

2) 행위의 요건
(1) 형식적 요건
가) 형식적 요건이라 함은 어음 · 수표 상에 어떠한 사항을 기재하여야 어음 · 수표 행위가 유효하게 성립할 수 있는가 하는 요건을 말한다. 어음 · 수표행위는 어음. 수표 상에 의하여야 하나 어음 · 수표 자체가 아닌 보전 또는 등본에 기재 할 수 있는 것도 있다(배서 · 보증 등).

나) 기재의 방식은 어음 · 수표행위 마다 다르지만 모든 어음. 수표행위에 공통되는 방식은 행위자의 기명날인이다.

(2) 실질적 요건
어음 · 수표 행위의 실질적 요건에 관하여는 어음 · 수표법에 명문의 규정이 없다. 따라서 민법의 일반규정이 적용된다.

가) 어음행위와 행위능력
어음 · 수표 행위가 유효하기 위하여 는 행위능력자의 하자 없는 의사에 의한 것이어야 한다. 따라서 행위무능력자의 어음행위는 취소 할 수 있다.그러나 미성년자라고 법정대리인의 허락을 받아 영업을 하고 있는 경우는 어음행위의 능력이 있다.

나) 반사회질서와 관련하여
어음 · 수표 행위는 추상적 성질을 띠므로 행위의 목적의 가능. 적법 여부 또는 사회적 타당성 여부는 문제되지 아니한다. 즉 어음은 본래 무인증권이므로 원인관계와는 무관하다. 사회질서에 반하는 사항을 내용으로 할때에는 당시자 간에서 원인무료를 이유로 지급을 걸절 할 수 있다(예 : 매춘행위, 도박, 유괴 등의 원인으로 어음발행, 약속 한 경우). 그러나 선의의 제3자에게는 대항하지 못한다.

다) 독립의 원칙 인정 이유

실질적 요건은 형식적 요건과는 달리 어음·수표 상 기재되지 아니하여 어음·수표 취득자가 알 수 없는 사유를 이유로 하여 추후적으로 어음·수표 행위의 효력을 상실시키는 것이므로 어음·수표의 유통보호에 장애가 된다. 따라서 그 보완책으로 실질적 요건의 흠결로 인한 어음·수표 행위의 무효를 후속행위와 차단시킬 필요에서 어음·수표 행위의 독립의 원칙이 인정되는 것이다.

2. 어음. 수표의 기재사항의 법적효력

1) 어음수표의 필요적 기재사항

어음·수표의 발행은 어음·수표면에 요건을 기재하고 발행인이 기명날인하여 그것을 상대방에게 양도함으로써 이루어진다. 어음에 필수적인 기재사항을 기재하지 않고 발행한 경우에는 효력이 없는 것이 원칙이다. 다만, 다음과 같은 경우에는 그러하지 아니하다. 만기를 기재하지 않은 경우에는 '일람출급어음'으로 본다. 지급지를 기재하지 않은 경우에는 지급인의 명칭에 부기한 곳을 지급지로 본다. 발행지를 기재하지 않은 경우에는 발행인의 명칭에 부기한 곳에서 발행한 것으로 본다.

(1) 약속어음

약속어음은 어음에 국어로 약속어음임을 표시하는 문자와 일정한 금액을 '무조건' 지급할 뜻의 약속을 기재하고, 만기의 표시, 지급지, 지급받을 자 또는 지급받을 자를 지시할 자의 명칭, 발행일, 발행지를 기재하고 발행인이 기명날인 또는 서명하여야 한다. 현재 은행이 사용하는 약속어음용지나 문방구에서 구입하는 약속어음용지에는 필수기재사항이 서식화되어 있으므로 그대로 기재하면 된다.

가. 어음(수표)문언

채권증서와의 구별을 위하여 약속어음임을 표시하는 문자의 기재를 필요로 한다. 그리고 이 표시는 증권의 작성에 사용한 국어로 기재하여야 한다.

나. 지급할 일정액의 금액

어음금액은 어떠한 국가의 통화로 표시되어도 상관없으나, 반드시 "일정한 금액"이어야 한다. 예컨대 "500만 원 또는 600만 원"이라고 하거나, "500만 원 이상 600만 원 이하"라고 적는 경우는 무효이다. 그리고 문자와 문자, 숫자와 숫자로 병기되었을 경우 작은 금액을 어음금액으로 하고 문자와 숫자의 금액이 다른 경우에는 문자로 기재한 금액을 우선한다.

다. 만기일(지급기일)
가) 지급기일 표시방법(만기의 종류)
① 확정일 출급어음
특정한 날을 만기일로 기재하는 어음

② 일람출급어음(표시일 지급)
어음의 소지인이 지급을 위하여 어음을 제시한 날을 만기로 하는 어음

③ 일람 후 정기지급

어음의 소지인이 일람을 위하여 어음을 제시한 날로부터 어음에 기재된 일정한 기간을 경과한 날을 만기로 하는 어음

④ 발행일자 후 정기지급

발행일자로부터 어음에 기재된 일정한 기간이 경과한 날을 만기일로 한 어음

나) 법률상 인정 되는 구체적 예

① 만기의 기재가 없는 어음은 일람출급어음으로 한다.

② 어음용지 상에 "지급기일 년 월 일"로 인쇄되어 있으나 구체적인 일자를 기입하지 않았을 때는 소지인에게 보충권을 위임한 백지어음으로 추정한다.[119]

③ 확정일 지급어음의 지급기일은 숫자 및 문자 모두 유효(예 99년 광복절)하다.

④ 발행일이 지급기일 보다 늦은 어음은 무효이다.

⑤ 달력에 없는 날자(예 2. 30. 로 기재한 어음은 유효하다고 판결한 사례)[120]가 있다.

라. 지급지

지급지는 지급일에 지급제시 한 지역으로 최소독립단위 행정구역이다(서울시. 대전시.강릉시). 따라서 실제 하지 않는 지역을 적거나 지급지를 2개 이상 중복적으로 기재하면 무효이며, 지급지가 없으면 발행지를 지급지로 본다. 또한 반드시 행정상의 명칭이 아니라도 통칭으로 기재하여도 무방하다. 이것은 지급을 위한 제시와 소구권의 보전절차를 밟아야 되는 지역을 표시하기 위한 것이다.

마. 발행일과 발행지

기재된 일자가 반드시 발행일이 아니라도 무방하다. 발행일이 기재되지 않은 어음은 백지어음으로 추정하며 반드시 보충 후 지급 제시하는 것이 좋다. 지급일과 기재방법이 동일하며 실제 발행일 이후로 기재하여도 무방하다. 발행지는 사실상 어음이 발행된 곳과 일치하지 않아도 된다. 발행지는 지급지의 기재방법과 대체로 같다.

바. 수취인 또는 그 지시인

수취인은 어음을 지급받을 자로서 약속어음에는 수취인을 반드시 기재하여야 한다. 수취인을 특정 하는데 충분한 정도이면 무방하다. 수취인의 이름(성명, 통칭, 별명, 아호, 상호 등)이나 법인의 경우 법인명만 기재하면 된다(발행인, 배서인이 법인인 경우 대표자 기명날인이 없으면 무효가 된다.). 그러나 수표에는 주민등록상 성명만 사용된다.

사. 지급인

---

119) 대법원 1976.3.9. 판결 75다984
120) 대법원 1981. 7. 28. 판결 80다 1295

약속어음의 지급인은 발행인이다. 환어음의 경우 발행인과 지급인이 다르므로 지급인은 반드시 기재해야 한다. 수표의 경우에도 지급인과 발행인이 다르므로 지급인을 기재하여야 하며 지급인은 은행, 우체국, 농협, 수협에 한한다.

아. 발행인의 기명날인

어음의 유효한 발행을 위하여는 발행인이 반드시 기명날인해야 한다. 날인대신 지장을 찍은 것은 무효이다. 수표의 경우 발행인은 주민등록상(법인은 법인등기부상)의 이름과 같아야 하며 은행 등에 신고한 것과도 같아야 한다. 중첩적으로 기재할 수 있으나(공동발행) 선택적으로 기재할 수 없다. 기명날인은 반드시 어음(수표)상에 하여야 하며 보전 상에 할 수 없다. 미성년자가 발행인 일 경우는 친권자의 기명날인이 있어야 한다.

2) 임의적 기재사항

가. 유의적 기재사항

어음. 수표에 기재됨으로써 기재한 대로의 효과가 주어지는 사항을 말한다. 유익적 기재사항으로는 발행인의 주소지, 이자문구, 제3자 지급문구, 지시금지문구(배서금지문구), 일람출급어음 지급제시기간변경, 일람출급어음 지급제시일시금지, 지급할통화의 환산율, 역어음의 발행금지, 거절증서작성면제 등이다.

가) 약속어음의 경우
(가) 이자문구

일람출급, 일람 후 정기출급의 경우 이자문구를 기재할 수 있고 반드시 이율을 기재하여야 한다. 이것은 일람출급과 일람 후 정기출급 어음에서만 인정 된다. 기산일에 대한 기재가 없으면 발행일로부터 계산한다. 약정이율은 이자제한법의 적용을 받으며 약정이율이 없는 경우는 상법상 연6%의 이자를 받을 수 있다.

(나) 지급장소 : 금융관계점포가 통례이다.

(다) 지시(배서)금지문구 : 어음표면, 이면배서란에 배서 양도금지 표시한다.

(라) 환율 및 외국통화 현실 지급문구

외국통화로 지급하는 것이 원칙적으로 하나 환율이 어음에 지재된 때에는 그 율에 의한다. 단, 발행인이 어음에 외국통화만 지급요망 기재 시는 반드시 외국통화에 의한다.

나) 수표의 경우
(가) 수취인의 표시는 어음과 동일
(나) 지시금지문구 역시 어음과 동일

나. 어음 · 수표의 무익적 기재사항

어음 · 수표에 기재하더라도 효력이 생기지 않는 사항이며 어음의 효력에도 영향을 미치지 않는 것이다. 즉 이율의 기재가 없는 이자지급의 기재, 발행인의 지급무담보 문구, 통지문구 등이다.

가) 약속어음의 경우
(가) 약속어음의 발행인에 대한 거절증서 작성의무 면제문구

본래 약속어음 발생인은 주 채무자로 발행인에 대하여 소구 시는 거절증서 작성의무가 불필요하다.

(나) 배서에 붙인 조건은 이를 기재하지 않은 것으로 간주한다.

(다) 일람출급 또는 일람후정기출급 이외의 어음에 기재한 이자문구는 기재 안한 것으로 본다(어음법 제5조 1항, 제77조 2항).

나) 수표의 경우
(가) 만기의 기재
(나) 이자문구
(다) 무담보문구 : 수표의 발행인은 최종소구 의무자

다. 어음 · 수표의 유해적 기재사항
기재되면 어음 · 수표자체가 무효가 되는 사항이다.
　가) 약속어음의 경우
　(가) 어음의 효력을 원인관계에 의존시키는 등의 기재
　(나) 조건부지급의 기재는 무효
　(다) 어음법 제33조 1항에 정한 4가지 이외의 만기를 기재하는 경우(예 : 2008년 5월 16일 이후)
　(라) 분할지급의 기재 (예 : "어음금 6,000,000을 6회에 분할하여 지급하겠음" 의 기재는 무효이다.)

나. 수표의 경우
　(가) 수표상의 효력을 원인관계에 의존시키는 등의 기재
　(나) 분할지급의 기재
　(다) 조건부지급의 기재

3. 어음 · 수표의 배서

1) 서언
수표는 환어음과 동일하게 기명식, 지시식, 배서금지식이 인정되어 있으나, 기타 수표에 특유한 소지인출급식(기무명식)및 지명소지인출급식(선택무기명식)이 허용되고 있다. 양도방법은 어음과 대체로 동일하지만 수표의 지급증권성에 비추어 다소의 차이점이 인정된다.

2) 배서의 정의
　(1) 배서라 함은 어음의 이면에 배서인이 어음금액을 피배서인에 대하여 지급할 것을 의뢰하는 뜻의 기재를 하여, 어음을 배서인이 피배서인에게 교부하는 방법에 의하여 어음에 표창된 모든 권리를 피배서인에게 이전하는 것을 말한다. 배서인의 날인 또는 서명을 하지 아니한 배서는 무효이므로 손도장을 제외한 날인 또는 서명은 반드시 필요하다.

　(2) 수표는 지급만을 목적으로 하므로 어음의 배서와는 차이점이 있다. 즉, 수표배서인은 지급담보책임만을 부담하므로 지급인(보통은행)은 배서할 수 없고, 지급인에 대한 배서는 영수증의 효력만이 있다. 소지인출급식 수표 또는 무기명식 수표(수표에 위 수표금액을 수표소지인에게 지급하라는 뜻의 문구가 있는 수표)는 양도함에 있어 배서할 필요가 없고 수표를 인도하면 된다. 보통 은행에서 이들 수표에도 전화번호 또는 주소와 이름을 쓰라고 요구하는데 이것은 수표의 입금경로를 명확히 하려는 것이지 법률상 필요에서 하는 것은

아니다. 기명식 수표 또는 지시식 수표(수표에 위 수표금액을 ○○○에게 또는 ○○○가 지시하는 사람에게 지급하라는 뜻의 문구가 있는 수표)는 어음과 같이 배서에 의하여 양도된다. 배서란이 부족하여 추가로 배서하기 곤란할 경우에는 부전을 붙여 배서하되 붙인 사람이 이음매에 간인을 한다.

3) 배서의 종류

(1) 양도배서

양도배서에는 보통양도배서와 특수양도배서가 있다. 특히 후자에는 배서금지배서, 무담보배서, 환배서(역배서), 기한후배서 등이 있다. 배서금지배서는 발행인이 어음에 지시금지 또는 이와 동일한 뜻의 문자를 기재하여 그 배서성을 박탈할 수 있는 배서금지어음 또는 지시금지어음이라 하고 배서란에 배서인이 한 지시금지의 기재를 말한다. 배서방법은 배서란의 목적 또는 부기사항에 '배서금지', '지시금지', '○○○에게만 지급'이라는 문구를 기재한다. 배서금지어음은 지명채권 양도의 방법으로만 양도할 수 있으며, 추심위임배서는 할수 있으나 입질배서는 항변의 절단이 인정된다. 무담보배서는 배서인이 어음상의 책임을 지지 않는 다는 기재를 함으로써 담보 책임을 면할 수 있는 것을 말한다. 환배서는 어음의 유통에 있어 현재 어음의 소지자가 그 어음의 발행인, 인수인, 배서인, 보증인 등의 어음채무자에게 재양도하는 배서를 말한다. 기한후배서는 지급거절증서 작성 후의 배서 또는 지급거절증서 작성기간 경과 g수의 배서를 말한다. 기한 후 배서는 일정한 기간이 경과하였거나 그 이전이라도 증권 상으로 부도가 되었다는 것이 명백하게 된 다음에 한 배서에 대하여는 배서의 일반적 효력을 인정하여 그 유통을 보호할 필요가 없으므로 효력을 제한하고 있다. 지급기일 후 2거래일의 제시기간이 경과한 어음에 배서하는 것이 기한 후 배서가 된다.

(2) 양도배서형식의 특수배서

숨은추심위임배서와 숨은질권설정배서가 있다.

(3) 특수배서

특수배서에는 질권설정배서와 추심위임배서가 있다. 특히 추심위임배서는 배서인이 피배서인에게 어음·수표금을 회수할 수 있는 대리권을 수여하는 배서를 말한다. 최종소지인이 거래은행에 추심을 의뢰시키기 위하여 배서란에 '회수하기 위하여', '대리를 위하여' 등 문구를 기재한다.

4) 기명식 배서와 백지식 배서

(1) 기명식 배서

기명식배서라 함은 백지식배서에 대립되는 말로서 피배서인의 명칭을 기재한 배서를 말한다. 일명 정식배서 또는 완전배서라고도 한다. 피배서인의 표시는 거래사회에서 그 본인이 누구인가를 식별할 수 있는 정도이면 된다. 일자의 기입은 요건이 아니다. 그러나 저당증권에 있어서는 배서인의 주소 및 배서의 연월일을 부기함을 요하는 것이 특징이다.

(2) 백지식 배서

백지식배서라 함은 피배서인을 지정하지 않는 배서를 말한다. 일명 무기명배서·약식배서 또는 백지배서라고도 한다. 효력은 배서의 효력과 같지만, 백지식배서에 의한 어음·수표의 소지인에게는 자기의 명칭 또는 타인의 명칭으로 백지를 보충할 수 있고, 백지식에 의하여 또는 타인을 표시하여 다시 어음·수표에 배서할 수 있다. 특히 백지식 배서의 어음소지인이 백지를 보충하는 경우에는 최후의 백지식 배서의 피배서인을 보충할 수 있을 뿐이고 그 이전의 백지식 배서의 피배서인을 보충한 때에는 변조에 해당된다. 백지를 보충하지 않고 또 배서도 하지 아니하고, 어음·수표를 제3자에게 단순한 교부에 의하여 양도할 수 있는 간편한 어음·수표 양도의 편법이 인정되고 있다(어음법 제14조 2항: 수표법 제17조 2항).

5) 양도배서의 효력

(1) 자격 수여적 효력
배서가 연속하는 어음소지인은 소지한 사실만으로도 적법한 권리자로 추정을 받는다.

(2) 담보적 효력
환어음에서는 인수와 지급을 약속어음과 수표에서는 지급을 담보하는 효력을 말한다.

(3) 권리이전적 효력
어음·수표상의 모든 권리가 배서인으로부터 피배서인에게 이전 된다. 피배서인은 배서로서 인적 항변이 절단되므로 인해 배서인이 가졌던 권리보다 더 큰 권리를 갖는다.

6) 수표의 배서
수표는 어음과 같이 뒷면에 배서란이 인쇄되어 있지 않다.

7) 어음. 수표 수취 시 주의사항
(1) 배서의 유해적 기재사항 역시 반드시 점검할 것
(2) 배서의 연속여부를 반드시 점검할 것
(3) 배서금지를 한경우의 어음은 선의취득이나 인정항변의 절단이 있음에 유의할 것
(4) 무담보배서인지 여부를 수취 시 반드시 점검할 것
(5) 지명채권으로 전환되어 피해를 볼 수 있는 기한 후의 배서인지 여부를 점검한다.

4. 어음·수표의 지급제시

1) 지급제시
지급제시 라 함은 어음. 수표의 수취인이 어음의 발행인 또는 지급담당자에게 지급을 청구하는 행위를 말한다. 지급제시가 없는 한 발행인은 설령 만기가 도래하였더라도 지급의무가 없으며 따라서 이행지체의 책임을 지지 아니 한다.

2) 지급제시 방법
(1) 완전한 어음자체를 피제시자에게 제시하여야 한다.
어음·수표는 지급제시기간 내에 제시하여야 하며 어음의 경우에는 수취인, 금액, 발행일, 발행지, 지급기일, 지급지 등이 기재되고 수표의 경우에는 지급지, 지급인, 금액, 발행지, 발행일 등이 기재된 완전한 것이어야 한다. 미완성 어음·수표는 지급제시의 효력이 없다.

(2) 지급장소에 어음을 가지고 갔으나 지급인을 만나지 못한 경우엔 지급제시를 한 것과 동일한 효력이 주어진다.

3) 지급제시 장소
지급장소가 은행으로 되어 있는 경우에는 은행에 소지인이 지급일 날 직접 지급 제시하여 지급을 받는다. 지

급장소로 기재되어 있는 금융기관에 제시할 수 있는 것은 제시기간 내에 제시한 경우에 한한다. 지급 제시기간이 경과하고 제시할 때에는 발행자의 영업소 또는 주소나 거소에서 지급제시를 하여야 한다.

4) 지급제시 기간

(1) 어음의 지급제시기간은 어음만기에 따라 구분되는 확정일지급어음, 발행일자 후 정기지급어음, 일람 후 정기지급어음의 경우 지급을 한날 또는 이에 이은 그 거래일 내에 제시하여야 한다. 지급제시기간이 지난 후에 지급제시를 해도 발행인은 절대적으로 지급할 의무가 있다. 다만 배서인은 지급거절 할 수 있다. 지급기간 내에 지급제시가 없었음을 증명하는 책임은 배서인에게 있다.

(2) 수표 : 일람지급의 경우

수표법에 의거한 국내수표는 일람출급식이다. 따라서 만기일은 기재되지 아니하며, 발행일로부터 10일 이내에 지급을 위한 제시를 하여야 한다. 여기서 10일은 발행일을 포함하지 아니한 기간이므로 수표는 발행일에도 제시할 수 있기 때문에 지급 제시할 수 있는 날은 결국 11일간이 된다.

(3) 지방소재 발행지 은행에서는 어음·수표의 소지인이 거래은행에 추심 위임하여 어음금을 받을 때에는 추심위임배서를 하여 적어도 어음·수표가 우송될 수 있는 기간을 감안하여 지급만기일 수일 전에 거래 은행 창구에 입금시켜야 한다. 이때 거래은행은 지급지 관할 어음교환소를 통하여 결제은행인 발급지 은행 해당 지점으로 어음·수표를 우송하고 발급지 은행은 도착된 우송물에 따라 지급결제하고 있으므로 지급 만기일과 우송기일을 감안하여 제시하여야 한다.

(4) 수표는 만기일이 없다. 제시기간이 경과하면 수표상의 권리는 소멸한다. 이때에도 발행인은 이득상환금이 있으면 부당이득으로 청구가능 하다. 지급제시 기간 내 지급제시 하여 부도시 6개월간 유효하다.

5) 금융기관의 지급책임

어음·수표에 지급장소로 기재된 금융기관은 발행자의 발행어음이 적법하고 제시기간 내에 제시된 어음·수표가 당좌계좌에 지급가능 금액이 남아 있을 때에는 금융기관에서 지급을 하여야 하는 의무를 부담한다. 그러나 소지인에 대하여는 어떠한 지급의무도 없다.

5. 어음·수표의 위조와 변조 책임

1) 어음·수표의 위조
(1) 위조의 개념

위조라 함은 권한 없는 자가 어음. 수표행위자의 기명날인을 도용하여 어음행위를 하는 것을 말한다. 즉 어음의 위조란 「권한 없는 자가 타인의 기명날인 또는 서명을 위작하여 마치 그 타인이 어음행위를 한 것과 같은 외관을 만드는 행위」를 말한다.

(2) 위조의 방법

타인의 도장을 훔치거나 도장을 위조하거나 본인이 다른 목적으로 기명날인 한 어음. 수표용지를 사용하거나 그 방법은 묻지 않는다.

(3) 위조의 효력

가. 위조자는 민·형사상의 책임을 면할 수 없다.

타인의 명의나 가설인의 명의로 어음·수표가 발행되면 어음·수표행위의 위조자로서 형사상의 책임을 지며, 위조행위로 인하여 제3자에게 손해가 발생하면 불법행위책임(민법 제750조)을 진다.

나. 위조당한 자(피위조자)의 지급책임은 없다.

어음·수표를 위조당한 자는 본인이 직접 어음·수표를 위조하지 아니하였고 타인에게 대행시키지 않았으므로 제시인 으로부터 지급청구가 되더라도 지급책임을 지지 않는다.[121]

다. 보증 또는 배서한 자는 지급책임을 진다.

위조한 자는 위조의 사실에 대한 선의·악의를 불문하고 어음·수표행위 독립의 원칙에 의하여 기재된 문언에 따라 책임을 지므로 본인의 이름과 인장을 사용하지 아니한 어음금에 대하여는 지급책임이 없고 민법상의 불법행위책임(민법 제750조)과 형법상의 유가증권위조죄(형법 제214조)가 성립된다고 본다. 판례역시 어음의 최후소지인은 그 어음의 최초의 발행행위가 위조되었다고 하더라도 어음행위독립의 원칙상 그 뒤로 유효하게 배서한 배서인에 대하여는 소구권을 행사할 수 있다(대판 1977.12.12, 77다1753)고 본다. 또한 직원(경리 등)의 행위에 대해 사용자는 배상책임(민법 제756조)을 진다. 주식회사의 경리담당 직원이 그 회사의 대표이사 명판과 인감을 도용하여 위조어음을 발행하여 소지인에게 손해를 입혔을 경우에는 소지인이 배서인에 대한 어음상의 청구권을 가지게 되고 사용자는 배상 책임이 있다.[122]

(4) 위조의 입증책임

위조의 입증책임이 어음소지인(원고)에게 있는 가 또는 피위조자(피고)에게 있느냐에 대해서는 우리 어음법상 규정이 없어 견해의 대립이 있다.

2) 어음·수표의 변조

(1) 변조의 의의 및 방법

변조라 함은 권한 없이 어음문언을 변경하는 것을 말한다. 즉 어음·수표의 기재사항 중 기명날인 또는 서명 이외의 것을 권한 없는 자가 원칙적으로 완성된 어음·수표에 대하여 그 내용을 변경하는 것을 말한다. 변조의 방법으로는 기존 문언의 말소, 변개, 새로운 문언의 첨가 등이 있다.

(2) 변조의 효력

변조된 뒤에 기명날인 한 자는 변조문언에 따라 변조전에 기명날인 한 자는 본래의 문언대로 책임을 진다. 구체적으로 설명하면 다음과 같다.

가. 변조의 경우에도 지급책임은 진다

기재사항을 단순히 수정만 하고 자신이 직접 어음상에 보증인으로서 또는 배서인으로서 기명날인 또는 서명을 하지 아니한 하였다면 어음상의 책임은 지지 않는다. 또한 변조를 하고 그 어음에 기명날인 또는 서명까지 하였다면 변조 후 내용대로 어음상의 권리자에게 어음금 지급책임을 진다.

(3) 변조시점과 기명날인자의 지급책임

어음상의 명백한 문언의 개서가 되어 있다면 어음소지인은 기명날인 자체가 개서 후에 행한 것인지 또는

121) 대판 1965.10.19.65다1726
122) 대판 1966.9.20, 96다1166)

기명날인자가 개서에 동의하였는지를 입증하여야 하며, 입증할 수 없을 경우에는 그 불이익을 어음소지인이 부담하여야 한다.[123]

6. 어음 · 수표 행위와 대리

1) 무권대리

(1) 의의

무권대리라 함은 대리권 없이 타인을 대리하여 어음수표행위를 하는 것을 말한다. 이에는 광의의 무권대리와 협의의 무권대리가 있다. 전자는 협의의 무권대리는 물론 월권대리, 표현대리가 포함 된다. 후자는 대리권 없이 타인을 대리하여 어음수표행위를 하고 본인에게 표현책임도 부담시킬 수 없는 경우의 무권대리이다.

(2) 협의의 무권대리

가. 의의

대리권 없이 타인의 대리인으로 어음 또는 수표에 기명날인 또는 서명한 자는 그 어음 또는 수표에 의하여 의무를 부담한다. 어음수표행위의 무권대리의 경우 원칙적으로 민법의 규정이 적용되지만 민법 제135조에 대한 특칙으로 어음법 제8조(수표법 제11조)가 규정하고 있다. 민법 135조는 상대방의 선택에 따라 무권대리인에게 계약의 이행 또는 손해배상의 책임을 부과하는 것과는 달리, 어음법(수표법)은 무권대리인에게 직접 어음(수표)상의 책임을 지우고 있다.

나. 요건
가) 대리권이 없을 뿐만 아니라 본인의 추인도 없어야 한다.
나) 타인의 대리인으로 어음수표 상에 기명날인 또는 서명을 하여야 한다.
다) 대리행위 자체에 하자가 없어야 한다.
라)상대방이나 어음 소지인이 선의이어야 한다.

다. 책임의 내용
가) 협의의 무권대리인은 만일 그가 대리권이 있었더라면 본인이 부담하였을 책임과 동일한 책임을 진다. 따라서 무권대리인은 발행인으로서의 책임을 지고 배서를 한 경우에는 배서인으로서의 책임을 진다.

나) 그 결과 협의의 무권대리인은 본인과 동일한 책임을 지므로 본인이 어음수표소지인에 대하여 가지는 항변을 원용할 수 있으나 어음수표행위 및 그 원인관계와 관계없는 사유로 본인이 갖고 있는 항변사유(상계의 항변이나 본인이 무능력자라는 항변)로는 어음수표소지인에게 대항할 수 없다.

마. 책임의 보전절차
가) 무권대리인에게 책임을 추궁하는 경우 그에 대한 권리를 보전하기 위하여 소구권의 보전 절차나 시효중단의 절차를 밟아야 한다.

나) 소구권보전절차나 시효중단의 절차를 본인과 협의의 무권대리인 중 누구에게 취할 것인가가 문제된다.
(가) 통설에 의하면 전자의 경우에는 지급인에 대한 거절증서의 작성으로만 되므로 후자에 대하여는 아

---

123) 대판 1987.3.21., 86다카37)

무런 절차를 취할 필요가 없다(통설).

(나) 시효중단의 절차의 경우에는 협의의 무권대리인에게 취해야 한다.

(다) 상환청구의 통지의 경우에도 어음수표 소지인이 협의의 무권대리인에게 통지하여야 하나(어음법 제 45조, 수표법 제41조) 대개 어음면에 협의의 무권대리인의 주소가 기재되지 않은바 이러한 경우에는 통지하지 않은 것에 대한 과실이 없음으로 손해배상책임을 지지 아니한다. (어음법 제45조 6항: 수표법 제41조 6항)

바. 본인의 협의의 무권대리인에 대한 권리
본인이 어음수표상의 권리를 갖지 아니한 경우에 협의의 무권대리인이 어음수표행위를 본인의 이름으로 하더라도 본인은 어떠한 손해를 입지 않으므로 문제가 없다. 그러나 본인이 어음수표상의 권리를 갖는 경우에 협의의 무권대리인이 어음수표행위를 본인의 이름으로 하면 본인은 어음수표의 소지를 상실하므로 본인은 손해를 입을 수 있다. 이에 관하여는 본인은 협의의 무권대리인에 대하여 어음수표의 반환청구권을 가진다(다수설).

사. 어음수표상의 책임을 이행한 협의의 무권대리인의 권리
협의의 무권대리인이 어음수표상의 책임을 이행한 때에는 본인과 동일한 권리를 가진다(어음법 제8조, 제 77조 2항: 수표법 제11조).

(3) 표현대리
가. 의의
대리권이 없는 자가 대리행위에 의하여 어음수표행위를 한 경우에는 본인으로 표시된 자는 어음수표상의 책임을 원칙적으로 지지 아니한다. 다만 예외적으로 본인이 그러한 무권대리행위를 추인한 경우와 표현대리가 성립하는 경우에는 본인이 어음수표상의 책임을 진다. 통설에 의할 겨우 이에 관하여 어음법(수표법)에 특별한 규정이 없으므로 민법과 상법의 표현대리에 관한 규정을 적용하거나 유추적으로 적용해야 한다.

나. 민법상의 표현대리와 상법상의 표현대리 및 표현대표
가) 앞에서도 언급했듯이 민법상의 표현대리(민법 제125조, 제126조, 제128조)가 성립하기 위하여는 상대방이 선의, 무과실이어야 한다. 반면 어음(수표)은 전전유통 된다는 점을 감안하여 중대한 과실이 없으면 선의로 인정하여 상대방(제3자)을 보호하여야 한다.

나) 상법에서는 외관주의에 입각하여 민법상의 개별적인 표현대리에 관한 규정을 정형화하여 여러 가지의 특별한 규정을 두고 있다. 표현지배인(동법 제14조), 고의 또는 과실로 인하여 부실등기 된 자(제39조), 대리권이 제한된 지배인이나 대표권에 제한이 있는 대표이사(동법 제11조 3항, 제389조 3항, 제209조 2항)의 어음수표행위에 관하여 본인 또는 회사는 선의의 제3자에 대하여 책임을 진다.

7. 어음·수표의 항변

1) 항변의 정의
어음항변이라 함은 어음대금을 청구 받은 자가 채권자인 어음소지인의 청구를 거절하기 위하여 주장할 수 있는 모든 사유를 말한다. 어음·수표항변을 주장할 수 있는 자는 배서인뿐만 아니라 발행인, 인수인 기타 모든

어음채무자를 포함한다. 그러나 지급인이나 지급담당자는 제외된다.

2) 인적 항변

　(1) 인적항변이라 함은 어음채무자와 특정어음청구자 사이에 개인적, 실질적 관계를 이유로 하는 항변으로 이를 모르는 선의의 제3자에게 배서하면 항변이 단절 된다는 것이다.

　(2) 원인관계에 기한 항변에는 원인관계의 무효 · 취소 또는 해제의 항변, 원인관계상의 채무의 전부 또는 일부를 이행하였다는 항변, 불법원인에 기한 어음행위라는 항변 등이 있다.

　(3) 어음 · 수표행위 성립하자로 인한 항변 즉 의사의 흠결 또는 하자, 백지어음 · 수표의 부당보충 등도 인적항변사유에 해당하고 어음 · 수표의 권리 소멸의 항변 즉 어음 · 수표상 기재하지 아니한 지급, 상계, 면제 등과 무권리의 항변(채권자가 파산자인 경우, 직전의 배서가 무효인 경우, 절취나 습득 등의 항변인 경우)도 인적항변이다.

3) 물적 항변

물적항변이라 함은 어음의 청구자가 누구이든 묻지 않고 대항 할 수 있는 것을 말한다.
　(1) 기본어음의 요건 흠결의 항변
　(2) 소멸시효 완성의 항변
　(3) 만기 미도래의 항변
　(4) 배서 불연속의 항변
　(5) 어음면상 명백한 지급필 또는 일부지급의 항변
　(6) 무담보 문언이 있다는 항변 등

　가. 어음 · 수표상의 기재에 기한 사유

　어음 · 수표요건의 흠결, 대리인의 기명날인 또는 서명만 있고 본인의 표시가 없는 것, 어음 · 수표 상 상 명백한 지급필의 기재, 만기일의 미도래, 일부지급의 기재, 배서의 불연속, 권리보전절차의 흠결, 시효의 완성 등이 이에 속합니다.

　나. 어음, 수표의 효력에 기한 사유

　행위무능력, 대리권의 흠결, 위조 또는 변조, 제권판결, 법령위반으로 발행된 어음이라는 항변 등에 기한 것입니다.

8. 어음 · 수표의 보증

1) 보증의 개념

어음.수표의 보증이라 함은 어음 · 수표의 발행, 배서에 의하여 발생된 채무의 지급을 담보하기 위하여 용지면 또는 보전지상에 하는 보증을 말한다. 인수인이나 발행인, 배서인의 신용만으로는 불충분한 경우에 어음의 신용을 높이기 위하여 하는 어음행위이다. 수표의 지급보증은 지급인만이 할 수 있다.

2) 보증의 당사자의 의무와 책임

　(1) 보증인의 자격요건은 제한이 없으므로 피보증인 이외의 자는 누구라도 보증인이 될 수 있다.보증인이

될 수 있는 자는 제한이 없다. 따라서 어음상의 채무자도 보증인이 될 수 있다. 단 어음상의 주된 채무자, 전자가 후자를 위하여 보증인이 되는 것은 무의미하다. 약속어음 발행인을 위한 보증은 발행인과 동일하게 만기로부터 3년간 어음상의 채무를 부담한다. 환수한 날 또는 소송을 제기당한 날로부터 6개월간 첫 번째 배서인과 동일한 상환의무를 져야 한다. 피보증인은 어음채무자이다. 어음채무자 아닌 자를 피보증인으로 한 어음보증은 무효이다.

(2) 어음 · 수표금채무가 시효완성, 지급, 상계, 변제 등으로 소멸한 경우에는 보증채무도 소멸한다. 그러나 주 채무자인 약속어음 발행인을 위한 어음보증인은 소지인이 소구권보전절차를 이행하지 않았더라도 소멸시효가 완성되기 전에는 발행인은 지급책임을 면할 수 없으므로 보증인도 지급책임을 면할 수 없다.

(3) 어음 · 수표의 보증행위는 보증된 채무가 그 방식에 하자가 있는 경우 외에는 어떠한 사유로 인하여 무효가 된 때에도 그 효력이 있다. 따라서 보증인은 어음상 권리자에게 어음금 지급책임을 져야한다. 다만 원인관계의 부존재, 무효, 취소사유가 있다는 것을 알고 어음 · 수표를 취득한 자에 대하여는 보증인도 어음 · 수표금 지급을 거절할 수 있다.

(4) 수표의 경우 발행인과 배서인을 위한 보증은 최종소지인에 대하여는 제시기간 경과 후 6개월 간 자기가 보증한 발행인, 배서인과 동일하게 상환의무를 져야 하며, 배서인을 위한 보증인이 된 자는 약속어음과 동일한 상환의무를 져야 한다.

3) 민사보증과의 차이점
(1) 민사보증이 계약임에 반해 어음보증은 단독행위이다.
(2) 어음보증은 피보증채무의 유효한 성립을 필요로 하지 않는다(제32조 제 2항)
(3) 어음보증은 최고와 검색의 항변권이 없다(제32조 제 1항)
(4) 어음보증은 요식행위이다(제 31조)
(5) 어음보증은 불특정한 어음소지인에 대한 책임이 있다.
(6) 어음보증은 민사보증과는 달리 공동보증 시에 분별의 이익 없다.
(7) 어음보증은 피보증인의 특정을 필요로 하지 않는다(제31조 제 4항)
(8) 어음보증은 어음요건불비 이외의 어떤 사유로 무효이더라도 독립하여 성립한다.
(9) 어음보증은 단기소멸시효 제도가 있다.

4) 보증의 방식
(1) 어음과 당해 등본. 보전에 보증이라 기재하고 보증인이 직접 기명날인하여야 한다.
(2) 피보증인을 표시하여야 한다. 그러나 표시가 없으면 발행인을 위한 것으로 본다.
(3) 어음보증은 어음금액의 일부에 대하여도 할 수 있다. 다만 그 금액을 표시하여야 한다.

5) 단순보증과 어음보증의 비교

구 분	민법상 단순보증	어음보증
1. 성립	채권자와 보증인 간의 계약	단독행위
2. 주채무자와의 관계	주 채무자가 계약의 무효, 취소 등으로 불성립하면 보증채무도 불성립한다.	주 채무자가 계약의 무효, 취소 등으로 불성립하여도 보증채무는 어음 · 수표가 형식상 무효가 아닌 한 책임져야 한다.

구 분	민법상 단순보증	어음보증
3. 보증수익자	피보증인의 거래처	피보증인 이후 어음관리자 전원에 대한 책임부담
4. 최고 · 검색항변권	있다	없다
5. 형식행위	불 요식행위	요식행위
6. 책임	특정 상대방에 대하여 책임진다	불특정 어음소지인에 대하여 책임진다.
7. 채무소멸	보증인이 변제하면 주 채무자의 채무도 소멸한다.	채무자의 어음채무는 소멸하지 않는다.

6) 어음보증의 효력

(1) 보증채무의 부종성

어음보증인은 피보증인과 동일한 채무를 부담한다(제32조 1항).

(2) 어음보증의 독립성(어음행위독립의 원칙)

피보증인의 어음행위가 형식상 존재하는 한 어음상의 채무가 실질적으로 무효 · 취소되더라도 독립적으로 유효하게 성립한다.

(3) 보증채무를 이행한 경우의 효력

가. 어음채무의 소멸

보증인 자신의 채무와 피보증인의 채무가 소멸한다. 어음보증인이 무권리자 또는 수령권한 없는 자에게 지급한 경우에는 지급인에 관한 규정(제40조 제3항)이 그대로 적용된다.

나. 어음보증인의 구상권

어음보증인이 보증채무를 이행한 때에는 피보증인 및 피보증인의 채무자인 전자에 대하여 어음상의 권리를 취득한다. 어음외의 실질관계에 기한 구상권은 피보증인에 대해서만 행사할 수 있다.그러므로 어음보증인은 실질관계에 기한 구상권과 어음법에 의한 구상권을 선택적으로 행사 가능하다. 일부보증의 경우에는 지급한 부분에 한하여 어음상의 권리를 취득하고 잔부는 여전히 어음소지인에게 귀속한다. 그리고 공동보증의 경우에는 공동보증인 중 1인이 어음채무를 이행한 때에는 다른 보증인에 대하여 어음상의 권리를 가지는 것이 아니라 민법의 일반원칙으로 해결한다.

9. 수표의 지급보증

1) 의의

수표의 지급보증이란 지급인이 그 수표 발행인이 발행한 수표채무를 지급보증하는 수표행위를 말한다. 지급보증의 방식은 수표면에 '지급보증' 기타 지급을 할 뜻을 기재하고 일자를 부기하여 지급인이 기명날인 또는 서명을 한다. 어음. 수표보증처럼 제3자나 그 수표의 다른 수표채무자는 지급보증을 할 수 없다.

2) 수표의 지급보증 받는 방법

지급보증요건은 지급보증 또는 기타 지급하겠다는 뜻의 문구, 지급보증일, 지급인의 기명날인의 요건을 모두 구비하여야 한다. 특히 지급보증장소는 뒷면에 하면 무효가 된다. 따라서 반드시 수표전면에 하여야 하며, 지급보증은 무조건 하여야 한다.

10. 어음 · 수표의 소멸시효

1) 소멸시효의 정의
소멸시효라 함은 시간의 흐름에 대하여 권리가 소멸하는 효과를 부여한다는 의미로서 어음 · 수표상 청구권에도 일정기간이 지나면 지급에 대한 청구권이 소멸된다.

2) 소멸시효의 기산점
어음 · 수표는 일반채권과는 달리 시효기간에 관하여는 그 초일을 산입하지 아니한다. 어음 · 수표면에 기재된 만기일은 언제나 만기일의 익일로, 완성한 때는 완성한 날의 익일로 해석한다.

3) 어음의 경우
어음법은 배서인보다 발행인의 책임을 무겁게 하기 위하여 시효기간을 길게 하고 있고, 상환의무는 소구와 재소구의 경우 후자의 기간을 단축하고 있다.

(1) 발행인에 대한 어음상의 권리는 만기로부터 3년의 시효로 소멸 된다.

(2) 상환한 배서인의 앞배서인에 대한 청구권은 어음환수일로부터 6개월간 행사하지 않으면 소멸된다.즉 부도 후 어음을 되돌려 받은 배서인이 자기보다 전의 배서인 또는 소구의무를 이행한 배서인으로부터 재소구, 그리고 소구의무를 이행한 보증인으로부터 청구를 받고 상환을 하여 어음을 환수한 때는 그 자의 전자에 대해 청구할 경우의 시효기간은 어음을 되돌려 받은 날 또는 제소된 날(소장의 송달일)로부터 6월간 행사하지 아니하면 시효에 의하여 소멸한다.

(3) 어음소지인의 배서인에 대한 청구권은 거절증서 작성일로부터 1년, 거절증서작성이 면제된 경우에는 만기로부터 1년의 시효에 의하여 소멸한다.

(4) 위의 각 시효기간이 경과하여도 소멸시효에 의하여 발행인 또는 배서인이 이득을 얻었을 경우엔 어음소지인은 어음상권리의 소멸 시로부터 10년간 그 이득의 상환을 청구 할 수 있다.

4) 수표의 경우

(1) 수표의 소지인은 제시기간 내에 수표의 지급제시를 하고 지급인의 지급거절선언이나 어음교환소의 부도선언이 있으면 수표소지인이 발행인, 배서인, 기타 보증인 등에게 청구할 수 있다. 이때 시효기간은 제시기간 경과 후 6월간 이다. 수표의 배서인이 소지인에 대하여 상환의무를 이행하고 수표를 환수하여 자기의 전자인 다른 배서인, 발행인 또는 이들을 위한 보증인에 대하여 제2차적인 재소구권을 행사하는 경우에는 수표환수일로 부터 또는 제소된 날로부터 6개월간 이다.

(2) 지급보증인(수표보증인이 아님에 유의)에 대한 청구는 제시기간 경과 후 1년이다.

1. 약속어음의 소멸시효
- 발행인에 대한 청구권 : 만기일로부터 3년
- 배서인에 대한 소구권 : 만기일로부터 1년
- 상환의무자(배서인)의 전자(앞 배서인)에 대한 재소구권 : 어음을 환수한 날 또는 제소된 날로부터 6개월

2. 수표의 소멸시효
- 발행인과 배서인에 대한 소구권 : 제시기간 경과 후 6개월
- 발행인과 배서인에 대한 재소구권 : 수표를 환수한 날 또는 제소된 날로부터 6개월
- 지급보증인에 대한 청구권 : 제시기간 경과 후 1년

3. 소멸시효 중단 방법
- 어음금 청구소송을 제기하거나 지급명령을 신청
- 채무자 소유재산에 대해 압류, 가압류 또는 가처분을 신청
- 채무자가 자신의 채무를 승인하도록 하면 됩니다. 승인이란 서면에 의한 변제유예신청,
- 어음금의 일부지급 또는 이자의 지급 등이 승인에 해당

5) 소멸시효기간의 계산

(1) 약속어음의 경우의 시효기간은 지급기일로부터 3년이다. 기간의 계산 시 첫날의 지급기일은 산입하지 아니하고 만기의 날이 법정휴일이거나 만기의 날에 지급제시를 하지 않는 경우, 만기 전의 소구가 가능한 때의 시효는 만기의 익일(다음날)로부터 기산된다. 시효기간만료일이 법정휴일인 때에도 이에 이은 제1의 거래일까지 시효기간이 연장된다.

(2) 수표의 경우에는 제시기간 경과 후 6개월이다. 따라서 어음과 동일하게 기간을 계산하고 있다.

6) 소멸된 경우의 구제수단
어음 · 수표상의 권리가 절차의 흠결 또는 시효로 소멸한 때에는 다음과 같은 구제수단이 있다.
(1) 어음할인의 경우 환매청구권의 행사
(2) 어음채권자의 어음발행의 원인채권을 행사
(3) 이득상환청구권

참고 : 이득상환청구권

유효하게 존재하였던 어음상의 권리가 권리보전절차의 흠결 또는 시효로 소멸 한 경우 어음소지인은 발행인 등에 대하여 이득 상환청구권을 행사할 수 있다.

1) 의의
어음상의 권리가 소구권 보전절차의 흠결 또는 시효에 의하여 소멸한 경우에 어음소지인이 발행인 · 인수인 · 배서인에 대하여 어음상의 권리가 소멸함으로서 받은 이익의 상환을 청구할 수 있는 권리를 말한다. 이득상환청구를 할 수 있는 자는 어음상의 권리가 절차의 흠결 또는 시효로 인하여 소멸한 당시의 정당한 소지인이다. 이때 소지인은 최후의 배서에 의하여 취득한 소지인뿐만 아니라 자신에 대한 거절증서의 작성을 해태한 지급인, 상환의무를 이행하고 어음을 환수한 배서인과 보증인, 상속 · 합병 · 전부 · 경락, 기한 후 배서에 의한 양수, 입질배서와 추심위임배서의 피배서인 등을 포함한다. 이득상환의무자는 발행인 · 인수인 또는 배서인이다. 보증인과 참가인수인, 지급인과 지급담당자는 제외된다.

2) 발생요건

이득상환청구권이 발생하기 위하여 유효하게 존재하였던 어음상의 권리가 권리보전절차의 흠결 또는 시효로 소멸하였어야 하므로 기타의 사유로 인하여 엄상의 권리가 소멸한 경우에는 청구권이 생기지 않는다. 그리고 이득상환청구권이 성립하려면 어음채무자에게 이득이 있어야 한다. 청구권의 요건이나 손해발생 여부는 어음만을 기준으로 소지인의 손해를 판단하여야 한다. 또한, 어음소지인에게는 민법 기타 다른 법률에 의한 구제방법도 없어야 한다는 것이 판례의 태도이다. 어음소지인의 과실 여부는 묻지 아니하나 보충될 수 없는 형식적으로 무효인 어음과 항변사유로 인하여 엄상의 권리를 행사할 수 없는 경우에는 이득상환청구권은 발생하지 않는다.

3) 권리행사

어음소지인은 권리발생의 모든 요건과 채무자가 받은 이득의 한도 및 자신의 손해를 입증하여야 하고, 단순히 어음상의 권리자였다는 입증만으로 불충분하다. 이득상환청구권의 이행장소는 채권의 이행지 또는 이행장소를 어음에 기재된 지급지 또는 지급장소로 할 수 없고, 민법의 일반원칙에 따라 채무자의 영업소 또는 주소로 보아야 할 것이다. 소멸기간은 일반채권의 소멸원인과 동일한 원인에 의하여 소멸되며, 시효기간의 기산은 어음상의 권리보전절차의 만료일의 익일부터 진행한다.

11. 어음 · 수표채권의 시효의 중단

1) 시효중단의 의의
시효중단이라 함은 이미 진행된 시효기간을 소멸시키고 새로이 시효기간을 진행시키는 방법이다.

2) 시효중단사유
(1) 청구
재판상. 재판외의 것을 불문한다. 그러나 재판 외 청구 시에는 청구 후 6월 이내에 재판상 청구, 압류, 가압류, 가처분 등의 방법을 행하지 아니하면 시효는 중단되지 아니한다.

(2) 승인
학설간의 대립은 있으나 다수설에 의하면 어음금의 지급의무자가 어음금의 지급의무가 있다는 사실을 승인했을 때 시효가 중단되며, 채무자의 일방적인 관념의 표시에 의하는 것이므로 어음의 제시가 필요 없게 된다.

(3) 소송고지
소송고지란 민사소송에 있어서 당사자가 재판부에 신청하여 소송참가를 할 수 있는 이해관계가 있는 제3자에게 그 소송이 계속되고 있다는 것을 법원을 통하여 통지하는 것을 말하며 시효중단의 사유가 된다.

12. 어음 수표의 실질 관계

1) 의의
어음 · 수표의 기명날인 또는 서명자가 채무를 부담하기에 이른 원인인 거래관계를 말한다. 광의로는 원인이 된 거래관계 이외에 어음 · 수표 내용이나 결제방법을 결정하는 특약(어음예약)이나 환어음과 수표의 지급인과 발행인과의 지급을 의뢰하는 계약관계(자금관계)를 포함 한 의미로 사용되고 있다. 협의로는 어음 · 수표 수하는 원인이 된 거래관계를 말한다. 은행 거래에서 어음을 주고받는 원인으로서 어음할인과 어음대부에 주의하여야 한다. 또 실질적 인 거래는 없으나 추심의 대리권을 수여하는 계약을 원인으로 하여 어음이 발행되거나 배서되는 경우(숨은 추심위임배서)도 있다. 일단 어음·수표의 기명날인 또 는 서명한다는 것을 인식하고 기명날인 또는 서명을 한 이 상은 당연히 채무를 부담한다는 성격(추상성)이 있다.

2) 원인관계와 어음관계
통상 실체법상 채무자가 어음의 발행인이 되고, 채권자가 어음의 수취인이 된다. 그러한 원인관계가 없는 경우가 융통어음이다. 특히 제3채무자가 있는 경우에는 지급의 편의를 위해서 제3채무자를 지급인(인수한 이후에는 인수인이 됩니다)으로 하는 환어음이 발행되는 경우가 많다.

  (1) 어음관계가 원인관계에 미치는 영향
  원인관계의 채무이행수단으로 어음을 발행 양도한 경우에 원인채권이 소멸하는지 여부와 소멸하지 않는다면 원인관계상 채권의 행사와 어음관계상 채권의 행사가 선택적인지 아니면 보충적인지의 문제 등이 발생한다. 보통 어음이 원인채무의 지급을 위하여, 지급을 담보하기 위하여, 지급에 갈음하여 발행 배서된 것 중 어디에 해당하는 지의 문제로 다루게 된다.

  (2) 원인관계가 어음관계에 미치는 영향
  어음 발행의 원인이 된 원인관계는 인적항변, 소구권의 인정, 이득상환청구권의 인정과 같은 경우에 한해서 예외적으로 어음수표관계에 영향을 미치고 그 외에는 서로 영향을 미치지 않는 것이 원칙이다(어음행위의 무인성).

3) 자금관계
환어음의 발행인 또는 그 발행의 위탁자와 지급인 사이에 존재하는 실질관계로서 환어음의지급인이 어음의 인수 또는 지급을 하는 원인이 되는 법률관계를 말한다. 어음관계와 자금관계는 서로 독립별개의 것이므로 지급인이 자금관계상의 의무를 지고 있더라도 어음소지인 에 대하여 당연히 인수를 하지 않는 한, 어음상의 의무를 부담하지 않는다. 또한 자금관계상의 의무가 없을 때에라도 발행 인수는 유효하다. 수표에도 이와 같은 자금관계는 있지만 다만 자금이 없는 수표의 발행에는 제재가 행하여진다.

4) 화환어음
화환어음은 매도인이 발행인, 매수인이 지급인, 외국환은행이 수취인으로 되어 있는 환어음이며, 수송도중 화물을 증권화한 운송서류가 환어음의 담보물이 된다. 화환어음이라 함은 환어음에 화물이 실렸다는 증거인 운송서류 (B/L, AWB)를 첨부하여 제출하는 어음을 말한다. 환어음에 상품을 상징하는 선적서류(선하증권, 보험증권, 상업송장 및 기타 필요한 서류)를 첨부하여 상품의 대금을 회수하는 방법이며, 이 경우의 환어음을 화환어음이라고 한다. 화환어음에는 신용장부 화환어음과 화환추심어음이 있다.

  (1) 신용장부 화환어음
  신용장(L/C)은 무역거래에서 가장 널리 이용되는 결제형태로서 화환어음에 은행의 조건부 지급확약이 추가로 붙는 것이어서 신용장부 화환어음이라고도 한다. 화환어음은 어디까지나 수입업자 개인의 신용에 의해 결제되나 신용장에 의한 결제는 환어음에 대한 수입업자의 대금지급을 신용장 개설은행이 확약하는 것이기 때문에 만일 수입상이 대금지불을 못하더라도 개설은행이 그 책임을 지고 지불하여 주므로 수출지의 환어음 매입은행은 안심하고 어음대금 전액을 수출업자에게 지급해 준다.

  (2) 화환추심어음

수출업자가 선적을 완료하고는 관계 선적서류와 환어음을 발행하여 거래은행을 통해 수입지은행에 수출대금의 추심을 의뢰하게 되는데, 이때에 발행되는 환어음을 화환추심어음이라고 하며, 그 관계 선적서류의 인도조건에 따라지급도 호환어음(D/P)과 인수도 환어음(D/A)으로 구별된다. 본래의 화환어음과는 약간의 성질의 차이가 있다. 신용장에 의한 화환어음은 개설은행이 보증을 하기 때문에 매입은행이나 인수은행이 하등의 위험 없이 매입 또는 인수를 하나 위의 어음의 추심은행은 어디까지나 수출지의 추심의뢰은행의 지시에만 따르며 어음의 지급에 대해서는 하등의 책임을 지지 않는다.

13. 어음 · 수표의 지급과 부도

1) 부도의 의의 및 부도사유

(1) 의의

어음. 수표의 부도라 함은 어음 · 수표의 소지인이 지급기일에 어음 · 수표금의 지급제시를 하였으나 이를 지급받지 못한 경우를 말한다. 서울어음교환소 규약에서는 교환소에 교환중인 어음 · 수표 지급에 응하지 못할 어음 · 수표 · 부도어음이라 한다. 그 원인은 대부분이 지급능력의 부족으로 인한 경우 이다. 부도가 나면 은행도 어음이나 수표는 지급은행에서 부동사유를 기재하여 어음 · 수표의 소지자에게 다시 반환한다.

(2) 부도사유와 부도 시 대책

가. 예금부족 사유 또는 지급자금 부족의 경우

가) 수표 · 어음금을 지급할 자금이 부족함으로 인하여 나는 부도는 대부분 도산으로 이어짐이 특징이다.

나) 어음소지인이 제시은행에 교환의뢰를 하면 제시은행은 어음교환소를 통해 지급은행에 지급제시를 한다.

다) 영수증제시 및 부도어음신고서 제출

(가) 지급은행은 교환일 영업시간(평일 오후 4시 30분, 토요일 오후 1시30분)까지 입금되지 않으면 교환일의 영업시간(토요일은 영업시간 종료 후 30분)까지 제시은행에 유선과 FAX로 통보한다. 지급은행으로부터 부도사실이 통보되면 제시은행은 부도 통보시각으로부터 30분 이내에 부도확인번호를 부여하고 지급은행에 유선 및 FAX로 통보한다.

(나) 지급은행지점은 약속어음은 부전에, 수표는 표면에 부도사유와 부도표시란 상단에 부도확인번호임을 명시하여 적색으로 부도확인 번호를 부기하고 부도어음회수용 영수증을 첨부하여 부도어음신고서와 함께 지급은행본점에 제출한다. 그리고 지급은행 본점은 어음교환소에 부도어음신고서를 제출한다.

(다) 지급은행 본점은 어음교환소를 통하여 제시은행본점에 영수증 및 부도어음을 제시하면 제시은행 본점은 제시은행지점에 보낸다. 제시은행지점은 제시은행본점으로부터 영수증 및 부도어음을 수취한다. 어음 입금인은 제시은행지점에서 부도어음을 교부 받는다.

라. 은행의 조치 및 소지인의 구제방법

가) 부도자 거래정지처분

어음 · 수표교환을 위하여 어음교환소(금융결제원)에 제시된 어음 · 수표 부도의 경우에 약속어음과 수표의 발행인 및 환어음의 인수인은 거래정지처분이라는 경제적 제재를 받게 된다.

나) 고소, 고발

(가) 부정수표단속법에 의한 형사고발

부도 사유가 부정수표단속법에 의하여 고발대상이 되는 경우에는 부도어음반환과 동시에 은행은 고발조치를 한다. 고발시간은 부정수표를 발견한 때로부터 48시간 이내로 하고 부정수표단속법 제2조 제2항의 수표는 30일 이내로 한다. 만약 고발하지 않으면 100만 원 이하의 벌금의 처벌을 받게 된다. 수표를 부도 낸 사람은 5년 이하의 징역 또는 수표금액의 10배 이하의 벌금형에 처할 수 있다.부도난 수표를 나중에라도 회수되거나, 회수되지 아니하여도 수표소지인이 처벌을 원하지 않을 경우에는 공소를 제기할 수 없다.

(나) 강제집행면탈죄에 의한 고소

발행인이 부도처리를 면하기 위하여 제3자와 공모하여 허위의 공정증서를 작성하고 그 제3자로 하여금 사고신고담보금에 대한 압류 및 전부 명령을 얻어 이를 집행한 경우에 채권자는 이들을 강제집행면탈죄로 고소할 수 있다.

다) 청구권 및 소구권의 행사

어음의 주채무자는 만기로부터 3년간 어음상의 채무를 부담하기 때문에 어음소지인은 주채무자에 대한 지급의 청구를 할 수 있다. 수표의 소지인은 발행인에게 절대적인 지급의무가 부여된 것이 아니므로 지급제시 된 수표가 지급거절 된 채 제시기간이 지나면 소지인은 수표발행인에 대하여 청구권을 행사할 수 없고 소구권을 가지게 된다. 약속어음, 환어음, 수표의 배서인과 환어음, 수표발행인에게 소구권을 행사한다. 이러한 자는 제권판결을 얻지 못한 이상 분실·도난 등의 항변으로 소지인에게 대항할 수 없다. 특히, 자기앞수표는 발행은행에 대하여 소구권을 행사할 수 있다.

라) 이득상환청구권

이득상환청구권을 행사할 수 있는 요건이 구비되었다면 이득상환청구권을 행사한다.

마) 가압류·가처분

발행인은 지급제시 전이나 부도반환 직후(교환일로부터 3영업일 내)에 해당금을 은행 별단예금계정에 사고신고담보금으로 입금하게 된다. 소지인은 발행인의 사고신고담보금에 우선 가압류하는 것이 유리하며 후속조치 한다.

가. 우선 가압류한다.
나. 어음 발행자에게 자발적으로 지급토록 협상한다.
다. 어음·수표금 청구소송을 제기한다.
라. 어음금 청구소송 제기 후 소제기 증명원을 지급은행에 제시한다.
마. 승소판결 후 강제집행으로 회수한다.

바) 소의 제기

어음·수표 소지인이 청구권 또는 소구권을 행사하지 못하고 시효기간이 경과된 경우에 어음·수표 소지인은 피고가 되는 어음·수표의 발행인 내지 배서인을 상대로 피고의 주소지 또는 어음·수표의 지급지를 관할하는 법원에 어음·수표금청구의 소를 제기하거나 지급명령제도를 이용하면 빠른 시간에 승소판결(지급명령의 경우에는 결정)을 받아 피고의 재산에 강제집행을 할 수 있다. 민사사건처리절차 소액재판, 지급명령제도를 참조하시기 바랍니다.

사) 환매청구권

할인의뢰인인 거래처 또는 주채무자에게 신용의 악화를 나타내는 일정한 사실이 발생하거나 당해 어음에 관하여 채권보전의 필요가 있다고 인정되는 때에, 은행이 할인의뢰인인 거래처에 대하여 할인어음의 환매를 청구할 수 있는 권리를 말한다.

아) 사전의 어음공증

집행력이 있는 공정증서의 작성은 일정한 금전 등의 지급을 목적으로 하는 각종 계약 등 법률행위에 관한 공정증서와 어음수표공정증서를 작성할 경우에 강제집행을 인정한 문구를 기재하여 약정대로 지급되지 않을 경우, 재판을 하지 않고 집행문을 부여 받아 강제집행할 수 있는 제도이다. 따라서 처음에 어음消置ⅠⅠ킹】첼Y 공증을 해두면 편리하다.

나. 무거래

어음이 지급은행에 제시된 때에 어음발행인의 당좌예금이 그 은행에 없는 경우이다. 이미 도산한 상태에 있다고 해야할 것이다.

다. 형식불비

가) 서명 또는 기명의 누락, 인감의 누락, 인감불선명, 배서불비, 금액 또는 발행일자 오기, 정정인 누락 또는 상이, 지시금지위배, 횡선조건위배 등 형식의 불비는 어음 무효의 효과를 가져 온다.

나) 불비점이나 하자를 보완한 후 다시 지급제시 한다.

다) 어음. 수표를 재발행 받는다.

라) 특히 인감, 서명의 상이로 인한 부동의 경우에는 발행인에게 정당한 인감으로 서명해 줄 것을 요구하거나 부도처리 된 어음. 수표에 갈음하는 어음. 수표를 재발행 받는다.아울러 청구권, 소구권, 원인채권행사를 한다.

라. 피사취부도의 경우

가) 어음·수표의 발행인이 어음. 수표를 발행하기 전에 전제되었던 원인관계의 불이행, 무효나 취소를 이유로 부도를 내는 것을 피사취부도라 한다. 어음·수표의 제시자가 발행인으로부터 직접 어음·수표를 수취한 자일 경우에는 원인관계의 이행이나 충족 없이는 어음·수표금을 지급받을 수 없게 된다.

나) 어음·수표금청구소송을 제기한다.

다) 부정수표단속법으로 고소한다.

14. 어음·수표상의 권리(선의취득)

1) 개관

(1) 어음선의취득의 의의

정당하게 어음상의 권리를 취득한 어음소지인이 어음의 점유를 상실한 자에 대하여 어음의 반환의무를 지지 않는 것을 어음의 선의취득이라고 한다(어음법 제16조 2항).어음소유자가 어음의 점유를 상실한 때에는 원칙적으로 그 어음의 점유자에 대하여 어음의 반환청구를 할 수 있다(어음법 제16조 제2항). 그런데 형식적 자격이 있는 어음소지인은 그가 어음을 악의 또는 중대한 과실에 의하여 취득한 경우가 아닌 한 어음의 정당한 소유자가 된다. 한마디로 어음선의취득은 양도행위가 무효이어서 어음의 승계취득이 인정되지 않는 경우에 어음의 원시취득을 가능하게 하는 제도라고 할 수 있다.

(2) 민법상의 선의취득과의 차이

어음은 민법의 규정과 달리 경과실이 있어도 선의취득이 인정된다. 즉, 민법에서는 동산의 선의취득을 위하여는 취득자가 경과실도 없어야 하지만 어음의 경우는 취득자의 경과실이 있어도 선의취득이 가능하다(어음법 제16조 제2항). 또한 동산이 금전 이외의 도품이나 유실물인 경우에는 피해자 또는 유실자가 도난 또는 유실한 날로부터 2년 이내에 반환을 청구할 수 있고(민법 제250조), 도품 또는 유실물을 경매나 공개시장에서 또는 동종류의 물건을 판매하는 상인에게서 선의로 매수한 때에는 피해자 또는 유실자는 양수인이 지급한 대가를 변상하고 그 물건의 반환을 청구할 수 있다(동법 제251조). 이와 같이 동산의 선의취득은 제한된다. 그러나 어음법에는 이러한 규정이 없으므로 어음의 선의취득자가 넓게 보호된다. 평온·공연한 취득에 대하여도 명문의 규정을 두고 있지 않다(동법 제249조).

2) 선의취득의 요건
  가. 어음법적인 양도방법에 의한 취득
    가) 선의취득은 어음거래의 안전을 도모하기 위한 것이므로 어음법에서 정하고 있는 방법으로 어음을 취득한 때에만 인정된다. 즉, 배서 또는 교부(백지식배서의 경우)에 의하여 형식적 자격이 있는 자로부터 어음을 취득(양수)하였어야 한다. 백지어음도 선의취득이 인정되며 환배서에 의하여 어음을 취득한 경우는 물론이고 무담보배서 및 배서금지배서의 경우에도 권리이전적 효력이 있으므로 선의취득의 규정이 적용되며 입질배서의 경우에도 피배서인의 질권에 대한 선의취득이 인정된다.

    나) 상속, 합병 등의 포괄승계나 전부명령에 의하여 어음을 취득한 경우와 어음법적인 방법이 아닌 지명채권양도의 방법만으로 양도할 수 있는 지시금지 어음(어음법 제11조 2항)이나 기한후배서의 경우에는 지명채권양도의 효력밖에 없으므로(동법 제20조 1항 단서) 선의취득이 인정되지 않는다. 추심위임배서의 경우에는 어음상의 권리를 이전하는 것이 아니라 단순히 추심의 권한을 준 것에 불과하므로 선의취득을 인정할 여지가 없다.

  나. 형식적 자격이 있는 자로부터의 취득
    가) 배서의 연속
    배서의 연속에 의하여 형식적 자격이 있는 소지인으로부터 어음을 양수하였어야 한다. 배서의 연속이 흠결된 경우에는 그 부분에 대한 실질적 권리의 이전을 형식적으로 입증하면 선의취득이 인정된다고 본다.

    나) 양도인의 범위
    선의취득은 양도인이 무권리자인 경우에만 적용된다고 할 수 없다. 양도인이 무능력자인 경우에도 선의취득은 인정된다. 어음법 제16조 2항(수표법 제21조)에서는 사유의 여하를 불문하고 어음의 점유를 잃은 자라고 규정하고 있다. 따라서 어음이 도난 또는 분실된 경우 뿐만 아니라 유효한 교부계약이 없이 어음이 타인의 수중에 있게 된 때에도 그 자로부터의 선의취득이 인정된다. 양도인에게 의사표시의 하자가 있는 경우 어음의 보관자가 권리자의 의사에 반하여 유통시킨 때나 대리권의 흠결이 있는 경우도 같다.

    다) 악의 또는 중대한 과실이 없는 취득
    (가) 어음의 취득 시 양수인에게 악의 또는 중대한 과실이 없어야 한다. 여기서 악의는 교부계약의 흠결이 있다는 것을 알고 있었던 경우이다. 중대한 과실은 구체적인 사정에 따라 다르지만 터무니없는 부주의로 거래관계에 있어서 가장 기본적으로 필요한 주의를 해태하여 어음을 취득한 경우라고 할 수 있다. 그 판단은 어음과 수표의 경우가 각기 다르고 수표 중에도 소위 개인발행 수표인가 자기앞수표인가에 따라 다를 수 있다. 그러나 선의취득을 위한 공통적인 기준은 그 금액이 상당한 경우에 소지인의 신분을 확인하는 것이어야 한다고 본다.

(나) 입증책임 등

악의 또는 중대한 과실은 선의취득을 방해하는 소극적 요건이므로 입증책임은 어음취득자가 형식적 자격을 구비하고 있는 한 악의 또는 중과실을 주장하는 측(어음의 반환청구자)에 있다. 악의 또는 중대한 과실은 직접의 양도인과의 관계에서만 문제가 되며 그 이전 단계에서 절취된 것이라는 것을 알았더라도 직접의 양도인이 선의취득자라는 것을 악의·중대한 과실이 없이 믿은 경우에는 선의취득이 인정된다. 그러나 악의 취득자 자신이 다시 어음을 취득하는 경우에는 직접의 양도인이 선의취득자라도 선의취득의 규정이 적용되지 않는다. 악의 또는 중대한 과실의 유무는 어음의 취득시를 기준으로 하여 판단하여야 한다. 그러므로 어음의 취득 후에 무권리 등의 사정을 알게 되었더라도 선의취득에는 아무런 영향이 없다.

라) 독립된 경제적 이익의 존재

선의취득은 어음취득자가 고유한 경제적 이익을 갖는 때에 인정된다. 그러므로 추심의 권한밖에 없는 추심위임배서의 피배서인에게는 선의취득의 규정이 적용되지 않는다. 또한 어음을 무상으로 취득한 때에는 어음을 지급하기 위하여 교부한 경우가 아니면 어음의 반환의무가 있다. 그러나 입질배서의 피배서인에게는 독립된 경제적 이익이 있으므로(어음법 제19조) 질권의 선의취득이 인정된다.

3) 선의취득의 효과

이상의 요건을 구비하고 있는 어음취득자는 어음을 반환할 의무가 없다(어음법 제16조 2항). 선의취득에 의한 어음상의 권리의 취득은 원시취득이다.

15. 어음 · 수표의 분실 . 도난

1) 어음수표의 분실, 도난 시 대책강구

(1) 경찰에 피해신고를 제출

공시최고 시 필요한 분실신고증명원 발급신청

(2) 은행 및 발행인에 분실. 도난 사실의 고지 및 별단예금의 예치

어음의 경우 은행도 발행인과 분실전 최종소지인이 연명하여 지급위탁취소와 함께 어음(수표)금의 상당액의 현금을 거래은행은 별단계에 예치한다.

(3) 어음사본, 경찰서분실신고증명서 첨부하여 공시최고 신청

(4) 가능한 한 공시최고 기간 내 제권판결신청

2) 효과

(1) 제권판결선고에 의한 분실어음 무효

가. 어음수표의 원본이 없어도 권리행사를 할 수 있다.

나. 선의취득이 부인된다.

다. 수표의 경우 교환기간이 발행일로부터 10일 이내라고 정해져 있고 그 사이에 교환제시가 없었을 경우에 지급할 의무가 없어지므로 수표의 분실, 도난은 공시최고 후 제권판결 절차를 밟지 않는 사람도 있다. 다만, 예외로 발행일로부터 10일간 기다리고 그 사이에 교환제시가 없었을 경우에 발행인은 원래 외상매출금의 지급을 위해 수표를 발행했기 때문에 수표를 잃어버린 사람에 대하여 수표가 없어도 지급해 주는 경우가 있다.

(2) 발행자에 재발행 청구가능

(3) 어음 없이 권리행사 가능

3) 공시최고의 신청

공시최고란 어음·수표의 분실, 유실, 도난으로 소재불명이 된 경우나 그 동일성이 상실될 정도로 말소, 훼손된 경우에 당사자의 신청에 의해 불특정 또는 불분명한 상대방에 대하여 청구 또는 권리의 신고를 최고하고 그 신고가 없을 때에는 실권의 효력이 발생할 수 있다는 취지의 경고를 붙여 공고하는 재판상의 최고를 말한다. 공시최고의 신청은 어음. 수표의 분실이나 도난, 화재 등으로 인해 멸실한 경우에 한 해서 인정되고 횡령, 사취 당한 경우에는 신청을 할 수 없다. 공시최고의 신청은 어음·수표의 최종소지인과 약속어음의 발행인이 어음·수표에 기재된 지급지의 지방법원에 신청하나, 지급지가 없을 경우에는 발행인의 주소가 있는 지방법원에 신청하되 지급자가 외국인 경우에는 신청할 수 없다고 본다. 공시최고의 신청은 서면으로 하여야 하고 신청서에는 신청의 원인과 제권판결을 구하는 취지를 명시하여야 한다. 신청서에 도난, 분실 또는 멸실된 증서의 등본을 첨부하거나 증서의 중요한 취지와 증서를 충분히 해득할 수 있을 정도의 필요사항(금액, 만기일, 지급지, 발행일, 발행지, 발행인, 최종소지인 등)을 기재한 발행증명서를 제출하고, 증서의 도난, 멸실, 분실의 사실을 지급은행의 미지급확인증명으로 소명토록 한다. 또한 다음과 같은 서류를 제출하여야 한다.

(1) 어음. 수표사본(사본이 있는 경우에 한함)
(2) 분실. 도난 신고 증명서
(3) 발행인의 발행사실증명서(어음. 수표사본이 없는 경우에 한함)
(4) 지급은행발행의 미지급증명서
(5) 위임장, 인감증명서(본인의 경우엔 제외)

2) 공시최고의 절차

최고에 의하여 경고한 실권을 제권판결에 따라 배서·교부에 의한 양도가 가능한 증권이 도난, 분실 또는 멸실된 때에는 증권을 무효화할 수 있다. 다만, 사기 당하거나 횡령당한 경우에는 공시최고신청은 할 수 없고 사기죄나 횡령죄로 고소해야 한다.

3) 법원의 공시최고

(1) 신청이 이유 있으면 법원은 공시최고를 한다.
법원은 3월의 최고 기간을 정하고 기간 내에 신고나 청구를 하지 아니하면 증서의 무효선언을 할 뜻을 소정의 기재사항과 함께 최고, 공고 한다.

(2) 공시최고 방법은 법원게시판과 신문에 2회 이상 게재하며 공시최고 기일은 공고일로부터 2월 이후의 날로 정한다.

(3) 공시최고의 기간 내에 어음·수표를 가지고 있는 사람이 법원에 신고하면 공시최고절차는 끝나고 어음·수표를 잃어버린 사람과 현재의 소지인 중에서 어느 쪽이 정당한 권리자인가를 새로운 소송으로 결말을 짓게 된다. 신고가 없을 때에는 공시최고를 신청한 사람은 법원에 제권판결을 신청하게 되고 법원은 이 신청에 따라 그 어음·수표에 무효라는 제권판결을 내리고 관보에 공시함으로써 신청자의 권리가 인정된다.

(4) 공시최고기간중이라도 증권의 선의취득이 가능하며 선의취득자는 증권 상의 채무자에 대하여 증권 상의 권리를 행사할 수 있고 채무자는 형식적 자격을 갖춘 소지인에게 채무를 이행함으로써 면책된다.

제 7 편

부실채권관리와 채권회수

01장

부실채권 관리

제1절 부실채권의 개관

부실채권이라 함은 거래발생 시점에 매도자가 계약체결 한 거래조건대로 정상적으로 대금이나 대출금 및 이자를 회수할 수 없는 채권을 말한다. 담보여력이 충분하거나 또는 보증인이 있거나 거래처의 자산규모에 대비하여 회수불능채권이 아니더라도 회사규정과 당사자 간에 체결한 계약에 의거 대금지급기일에 지급이 이루어지지 않는 채권은 일단 부실채권으로 분류하는 것이 타당하다. 부실채권의 대표적인 것으로는 악성채권과 중단채권이 있다. 전자는 거래활동이 이루어지고 있는 거래처 중에서 채권확보나 판매력, 신용도가 현저하게 불량하여 회사에서 공식적으로 정리대상 거래처로 지정한 거래처의 채권이다. 후자는 부도 또는 도주 등 사고로 거래가 중단되었거나, 3개월 이상 매출이 이루어 지지 않는 상태가 되어 회사의 영업방침으로 중단거래처로 결정한 거래처에 대한 채권이다.

1. 부실기업과 부실채권

참고 : 부실업체와 부실채권

분류	내 용	부실채권의 발생시기
부도업체	자기발행 어음이나 수표가 부도 처리된 업체	부도발생일
타인어음부도업체	입금된 타인발행 배서어음	부도발생일로부터 7일이 경과한 날
연체업체&재고 미인수 업체	1) 사전에 매도자와 협의 없이 결제일을 경과한 업체, 이자연체고객 2) 사전합의 없이 선매재고, 수매재고 등의 계약상의 인수기일을 경과한 업체	약속된 결제일 계약서상의 인수기일
법정관리업체	1) 법원에 회사정리절차 개시신청을 제출한 업체 2) 법원에서 회사재산보전처분이 결정된 업체	보전처분 결정일
체납처분을당한업체	국세, 지방세 등이 체납되어 관공서로부터 강제집행을 당한 업체	체납처분일(압류일)
기타	채무자의 잠적, 행방불명, 영업중단, 임금체불, 기타 계약불이행 등으로 인하여 정상적인채무변제가 불가능한 업체	정상적 채권회수가 불가능하다고 판단한 일자

2. 기업부실(도산)의 단계와 원인

1) 의의

　(1) 기업경영은 기업내부의 복합적 요인에 큰 영향을 받으며, 도산의 원인도 다종. 다양하고 통상 어떤 특정한 하나의 원인에 의하는 것보다는 오히려 여러 가지 원인이 복합적으로 작용하여 도산하는 경우가 대부분이다. 특히 외적인 경기 금융정세의 변화에 기인하는 것보다 기업자체의 방만한 경영이나 구조적인 요인에 의하여 도산하는 경우가 더 많다.

　(2) 중소기업의 경우는 임금비용의 상승, 노동력부족, 유통구조의 변화, 채산성저하에 의한 대응력부족, 수요구조의 급변에 따른 대응력부족, 생산구조의 변화(기술혁신과 공장자동화에 따른 과잉생산 과다경쟁) 등이 대표적인 요인으로 분류된다.

2) 기업부실의 단계

구 분	단 계	특 징	해결방안
제1단계	경영부실단계	기업의 투자수익률이 자본비용보다 낮음	1) 구조조정을 통한 자산 및 비효율적 사업부문의 매각 2) 경영혁신을 통한 수익 구조의 개선
제2단계	지급불능단계	만기도래 채무를 상환하지 못하거나, 채권과 어음 등이 부도처리됨	1) 일시적인 유동선부족에 기인한 경우 운전자금의 긴급 조달을 통한 해결 2) 구조적 비효율성에 기인하는 경우 채권단과의 채무재정 협의
제3단계	파산단계	만기도래 채무를 상환하지 못하거나, 채권과 어음 등이 부도처리됨	1) 법원이 법정관리 요구를 수용하면 법정관리 절차를 통해 재조직의 가능성을 모색함 2) 수용되지 않는 경우 청산을 통해 해산됨

3) 기업부실의 원인

최근의 기업부실의 원인 중 일반적인 사항으로는 매출채권회수부진, 판매부진, 주요거래처
도산, 채산성악화, 지금수급불균형 기타 원인을 들 수 있다.

　(1) 단계적 원인에 의한 분류

　가. 1차적 원인(내재적 원인)

　1차적 원인으로는 크게 경영자요인과 기업외적요인으로 구분할 수 있다. 전자는 지식, 경영, 의사결정능력 부족과 무리한 사업다각화, 방만경영 등을 들 수 있다. 후자로는 자금사정의 악화, 주력부문의 매출감소 등이 대표적이다. 이러한 1차적 원인은 결국 수익성악화(순손실 발생), 유동성 및 재무구조악화로 이어진다.

　나. 2차적 원인(거래과정, 관리과정)

　관리과정으로는 구조적 결함, 업무비협조에 의한 조직상의 결함, 회계 및 재무제도의 결함(기장 상 오류, 자본 부족 등)을 들 수 있고, 거래과정에서는 불리한 거래조건을 비롯하여 불량제품 유통, 재고관리 불량 등을 들 수 있다. 이러한 2차적 원인은 불량재고 및 불량품증가, 매출액 급감, 클래임 증가, 이월결손금 증가와 자본잠식, 주가하락, 자본조달의 어려움, 직원의 이직률 증가 등을 가져온다.

　다. 3차적 원인(최종단계)

　경영코스트, 판매감소, 자본구성의 부적정 등이 그 원인이다.

　(2) 구조적 요인에 의한 분류

　가. 기업내부의 요인

　　가) 경영자의 원인

(가) 지식, 경험, 의사결정, 판단능력 부족

(나) 1인 경영체제, 가족 또는 친인척 중심의 경영

(다) 부하 통제능력 부족, 건강, 노령

(라) 정치 등 경영외적 일에 더 신경

(마) 경영철학의 부족, 방만한 경영

(바) 친인척간의 분쟁, 기업자금의 사외 유출

나) 조직내부 통제 불능

(가) 경영이 한 개인이나 소수그룹에 지나치게 집중화

(나) 부서 간 견재기능 부재 및 부서 간 이기주의 팽배

(다) 조직의 직무 · 편재의 불합리, 노사분규, 조직 구성원간의 마찰

(라) 사기저하, 높은 이직률, 적정한 인력배치 실패

(마) 복지후생시설 미비, 임금수준 동업계 대비 저하

(바) 기업에 대한 조직원들의 애사심 부족

(사) 전문 고급인력 및 기술자 양성 미흡

(아) 경영통제기능 부재, 장 · 단기 경영계획 수립 결여

(자) 사조직의 회사내부 간여

(차) 기업 다각화의 실패, 무분별한 기업확장

(카) 원청 및 하청업체와의 마찰

다) 생산 및 판매활동

(가) 숙련된 기술인력 부족, 낙후된 생산시설

(나) 부적절한 생산시설의 확충, 신제품개발의 실패, 연구개발 투자에 인색

(다) 원자재 조달의 실패 및 가격 상승, 재고관리의 실패

(라) 임금 및 금융비용 등 고정비 부담 가중, 적정한 가격 책정의 실패

(마) 주요 거래처 확보의 실패, 특정 거래처에 대한 의존도 심화

(바) 과당 경쟁, 매출채권 누증 및 회수지연, 할인판매 급증

(사) 마케팅 전략 실패, 과대광고 및 광고정책 실패, 에프터서비스 미흡

(아) 거래처 개척에 실패, 시장조사에 태만

라) 재무상태

(가) 체계적이고 합리적인 회계제도 불채택

(나) 예산 및 자금계획 결여, 분식 결산

(다) 차입금과다로 금융비용부담 가중, 외상매출금 증가(불량채권 누증)

(라) 재고자산 누증(불량재고 누증), 채권회수 태만

(마) 자금부족 현상 심화, 자금조달에 실패

(바) 자금조달 방법의 불합리, 사채시장에서 자금조달

(사) 수익발생저조, 결손, 자본잠식, 매출액증가율 감소

(아)융통어음을 통한 자금조달 및 관계사간 어음수수

(자) 과다한 부동산 투자

나. 기업의 외부적 요인

　가) 정치, 경제적 원인
　　(가) 금융긴축, 수요 감소, 수출부진, 시장성의 요인, 경기불황, 경제성장 하향국면
　　(나) 무역자유화, 자본자유화, 인플레이션, 통화긴축 및 금리상승
　　(다) 주식시장의 침체, 정부의 기업에 대한 규제
　　(라) 정치불안, 치안부재, 경제 블록화 및 통상마찰
　　(마) 석유류 등 원자재 가격 상승, 중국, 인도 등 후발개도국의 저임을 바탕으로 추격
　　(바) 환율변동으로 환차손 발생
　　(사) 스타일, 유행의 변화, 신제품, 대체품 출현, 대기업의 중소기업 영역 침범
　　(아) 수요정체 및 감소, 유통업의 낙후, 특허권 침해, 기업간의 과당경쟁
　　(자) 받을 어음의 부도, 시황악화로 인한 판매부진, 거래선의 부도로 인한 연쇄부도 등

　나) 노동력 부족, 계열 및 하청의 재편성, 신제품, 외국제품의 진출 등
　　(가) 노동인력의 고령화, 인건비 상승
　　(나) 복수노조 인정 등 노동정책의 변화
　　(다) 원청기업의 어음기일 연장 및 대금지연

다. 우발적요인
직원(경리)의 횡령, 경영자의 갑작스런 사망 등

4) 기업부실원인분석
최근에 한국은행과 신용평가회사 등에서 당좌거래 정지 또는 당좌 부도업체, 연체업체, 최종 부도업체 등을 대상으로 부실화 원인을 분석한 결과, 다음과 같은 것을 기업부실의 공통된 원인으로 제시하였다.
　가) 판매부진과 이에 따른 재고누적
　나) 매출채권의 회수기간 증가와 부실채권 발생의 증가
　다) 비관련 분야로의 무리한 사업다각화 및 과잉 시설투자
　라) 관련기업의 도산으로 인한 연쇄도산
　마) 금융기관차입금이 연간매출액 수준을 초과
　바) 타인자본 의존도 증대로 인한 금융비용부담의 증가
　사) 대차대조표의 심각한 변동
　아) 기타 기업의 계속성에 영향을 초래할 사유가 발생

5) 부실채권 예방전략 과 기본원칙
　(1) 신용한도 관리부분과 대체
　가. 신용한도는 담보액·판매능력 및 대금지급능력 등을 종합평가하여 설정해야 한다. 한번 설정된 기준은 특별한 사정이 없으면 지속적으로 준수되어야 하며, 외상으로 거래처에 나간 물품은 회사재산, 개인의 재산이라고 생각해야 한다.

　나. 신용한도 관리가 제대로 지켜지지 않으면, 후에 거래 선의 부도 시 경매를 통한 담보처분을 하여도 막대한 손실의 발생을 피하기는 어려우며, 여신한도를 담당하는 관리자는 확보된 1년에 2회 이상은 재평가하여 새로운 신용한도를 조정할 필요가 있다. 담보물의 가치는 사회여건의 변동 등으로 변한다. 특히 부실채권예

방을 위한 7원칙을 준수해야 한다.

 (가) 조사선택의 원칙: 복수거래처 희망자 중에서 선별한다.

 (나) 담보취득의 원칙: 불의의 사고에 대비하여 꼭 취득해야 한다.

 (다) 계약체결 엄수원칙: 구두약속은 믿을 가치가 없다.

 (라) 여신한도 엄수원칙: 여신한도 초과 때는 사전보완 조치해야 한다.

 (마) 정기회수의 원칙: 약속 날짜에 회수해야 한다.

 (바) 외상 잔액 확인의 원칙: 발생주의원칙, 부정, 오류, 착오, 부실채권을 방지한다.

 (사) 부실징조 예견 및 결단의 원칙: 신속, 정확한 판단이 필요하다.

(2) 부실 · 도산 징후 의 유형

가. 유형의 구분

 가) 경영자와 경영관리 층에 나타나는 징후

 나) 종업원에 나타나는 징후

 다) 재무구조나 또는 자산상의 징후

 라) 구매 또는 판매상의 징후

 마) 금융기관거래와 지급 상에 나타나는 징후

 바) 재무비율 상 나타나는 징후

나) 종합적인 정리

 (가) 거래량. 재고량이 갑자기 증감하거나, 뚜렷한 이유 없이 재고를 덤핑 처리할 때

 (나) 주가조작이나 분식회계, 대주주의 지분을 처분

 (다) 자기업소, 자기명의가 아닌 경우이거나 주거래은행 등 거래 금융기관이 변경될 때

 (라) 급료체불이나 종업원의 빈번한 이직 또는 종업원의 근무, 급료에 대한 불만

 (마) 사업자등록증상의 대표자와 실제대표자가 다르거나 신용카드 등을 빌려서 사용할 때

 (바) 대금지불을 한꺼번에 몰아서 하겠다고 약속하는 경우 및 거랭은행의 빈번한 변경

 (사) 지급일의 변경이나 어음개서의 요청이 있거나, 융통어음의 남발 등 어음거래의 불량

 (아) 관련이 없는 상품의 취급 등 사업과는 무관한 신규사업에 투자할 때

 (자) 회사채 발행에 대한 지급보증을 거절하였다.

 (차) 회계법인의 감사의견이 한정의견 또는 의견거절이다.

 (카) 주요 판매거래처의 도산, 담보로 제공된 부동산에 대한 교체 요구.

 (타) 사옥신축, 공장신축을 과다한 부채를 동원하여 했을 때

(3) 단계별 대책

위의 항목 중 해당사항에 따라 단계별 전략이 필요하다.

가. 부실화 초기단계(5개 이하인 경우): 중단 시를 대비하여 채무자의 인적조사, 재산조사를 하여야 한다. 채권의 증가도 막아야 한다.

나. 위험단계(5-10이하 인 경우) : 위험한 거래처로 항상 세심한 관찰과 매일 매일의 거래 현황을 체크함으로서 잔고를 줄여나간다. 또한 거래처의 재산과 신용을 재조사하여 부실화 징후가 나타나면 담보물관리를 철저히 함과 동시에 채권증가를 막고 기존의 외상대금채권이나 수취어음의 양도를 받는 등의 조치를 취하여야 한다.

다. 경영악화 단계(10이상인 경우) : 거래처의 경영이 극히 악화되어 있다는 것이므로 도산에 대비하여 채권회수계획을 세우고 추가담보를 요구하거나 거래중단조치를 취하는 등의 조치를 강구하여야 한다.

(4) 부실채권 방지 위기관리 기법
　가. 법인과 개인조합의 채무변제 책임을 알고 거래해야 한다.
　　가) 개인사업체의 대표자는 사업상 발생된 채무 전부를 지급할 책임이 있다.

　　나) 주식회사의 주주, 이사, 대표이사는 개인자격으로 연대보증을 서거나 불법행위가 없으면 회사 채무에 지급책임이 없다.

　　다) 유한회사의 유한책임사원, 이사, 대표이사는 주식회사와 같다.

　　라) 합자회사는 무한책임사원과 유한책임사원으로 구성되며 무한책임사원은 회사의 재산으로 채무를 완제할 수 없는 때 각 사원은 연대하여 변제할 책임이 있다. 반면 유한책임사원은 미출자액과 이익이 없음에도 불구하고 배당을 받은 금액의 한도 내에서 회사채무의 변제 책임이 있다.

　　마) 합명회사는 무한책임사원으로 구성되며 회사의 재산으로 회사의 채무를 완제할 수 없는 때에는 각 사원은 연대하여 변제할 책임이 있다.

　　바) 사단법인, 재단법인의 출원자, 이사는 개인자격으로 연대보증을 서거나 불법행위가 성립되지 않는 한 회사 채무에 대하여 지급책임이 없다.

　　사) 조합의 조합원은 조합의 민사상 채무에 대하여는 조합원 지분의 비율에 따라 지급책임을 지는 것이나 조합의 상사채무에 대하여는 연대채무로서 각각 전액을 변제할 책임을 진다.

　　아) 비법인사단 또는 재단의 대표자, 구성원은 비법인 사단 또는 재단의 채무는 비법인 사단 또는 재단 스스로가 책임을 질 뿐 구성원은 변제 책임이 없다.

　나. 재무 분석 자료와 법인·개인의 신용상태에 따라서 거래처의 건전성과 위험성을 예측하고 거래개시전이나 거래도중에 거래안전을 위한 보완책을 강구하면서 거래해야 한다.

제 2 절 부실채권 관리를 위한 대응

1. 부실발생시 행동지침

1) 거래처 부실(도산)예상 시 조치사항
　(1) 회수가능액 산정
　거래처의 부실징후 감지 단계에서 회수가능한 채권의 액수를 산정하기에는 특히 시간부족, 정보부족 등으로 어려움이 있음은 물론이다. 다만 다음과 같은 방법이 최선책이 될 수 도 있을 것이다.
　　가) 미수금과 받을어음 중 미지급간능액 및 부도가 확실시 되는 금액 산출

나) 담보로 확보치 못한 거래처 자산 중 법적조치 등 적절한 방법을 강구 시 회수재원화 가능액

다) 보증인등에 의한 채권회수 가능액 산정

라) 경매신청 등 처분시 실질회수가능액 산출(담보물이 있을 경우)

마) 거래처에 대한 상계가능한 금액 산정

(2) 거래방침의 결정

거래처가 도산위기의 징후가 최종 판단될 경우 채권보전의 효율화를 위해 당해 거래처에 대한 거래방침의 결정이 선행되어야 한다(다만, 거래방침은 거래처 현황과 회수가능액을 사전에 검토한 후 설정할 것).

가) 거래방침의 결정을 위한 검토사항

예컨대 거래현황, 기업현황, 회생가능성, 업체악화의 원인, 회수가능액, 변제의욕 및 타거래처 동향 등을 검토한다.

나) 도산예상의 단계에서의 적절한 거래방침의 결정

(가) 거래처와 원만한 관계에서 즉시 거래를 중단함과 동시에 채권회수액 강구

(나) 거래를 중단 없이 거래처회생을 도모(거래량 축소)

(다) 방침을 결정 없이 거래처 및 주변상황변화에 따라 대처

(라) 제한된 범위 내에서 당분간 거래를 계속하면서 회수책 강구

위와 같은 유형 중에서 어떠한 거래방침이 결정되느냐에 따라 채권보전의 방법이 달라지게 된다.

2) 신속한 채권보전책 강구

거래처가 도산의 우려가 있으나 아직 확실시 되지 않은 단계 즉 도산예지 단계에 있어서는 먼저 소극적 보전조치 방법으로서 증서 없는 채권에 대해 채권명세서나 증거서류 등을 보완하고 기 확보한 담보 및 보증 등의 회수재원을 재검토하고, 다음, 적극적 보전조치방법으로서 새로운 회수재원을 조사, 포착하고 거래중단 등의 조치방법이 있다.

참고 : 점검사항

- 채권증서를 받아 둔다(어음, 외상잔고 확인서 등).
- 채권을 더 이상 증가시키지 않고 담보나 보증을 받도록 한다.
- 외상대금 채권이나 수취어음의 양도를 받는다.
- 중단 시를 대비하여 채무자의 인적, 재산조사를 하여 둔다.
- 기 확보된 담보권을 점검한다.

가. 채권증빙자료 구비

거래처중단이 예상되는 경우에는 채권증빙자료를 완비해 놓아야 한다. 그래야 후일 거래처가 도산하면 증빙자료에 의한 권리행사가 가능하고 채권의 액수 등에 관한 다툼이 생기는 것을 예방할 수 있다. 특히 어음을 받아 두면 강제집행을 위한 소송 시 비교적 간단히 집행권원을 얻을 수 있으므로 유리하다. 최고서의 발송도 한 벙법이 될 수 있다.

나. 인적, 물적담보 점검 및 추가

가) 이미 작성된 계약서 등의 채권증서나 어음상에 신용 있는 회사나 개인의 보증을 거래처에 요구

나) 거래처나 제3자 소유의 부동산에 근저당권 설정을 요구하거나 기계류 등 동산양도담보를 설정 받고, 주식이나 국공채 등에 질권설정을 받는다.

다) 기 확보된 담보물에 대해서도 증빙서류의 완비여부를 점검하고 등기부등본을 열람하여 권리관계 변동사항을 파악하고 담보물 실사를 통해 훼손여부 등을 체크하고 현재시가 및 경매처분 시 실질회수가능액을 파악.

다. 추가납품 시 현금거래

추가납품시에는 현금거래를 원칙으로 하고, 부득이 한 경우에는 물품대금 완납 시까지 소유권유보부 매매계약으로 하여 도산 시 유보약관에 의거 소유권을 행사하여 타채권자와 권리다툼 없이 매도하였던 물품을 회수할 수 있도록 한다.

라. 거래처 재산과 신용의 세밀한 조사

거래처가 도산의 위험성이 감지될 경우 거래처의 재산일체와 경제적 신용과 변제능력 등의 신용상태를 재조사하여야 한다.

가) 재산조사 방법

1. 거주지 파악	1) 개설시 구비된 서류에 의한 소재지 파악 2) 주민등록번호를 알 경우 경찰서 컴퓨터추적 의뢰 3) 전화번호를 통한 소재파악 4) 사업자등록번호를 통한 파악 5) 차량번호에 의한 파악
2. 서류에 의한 재산 조사 방법	1) 부동산 등기부등본 - 법원 · 등기소 2) 토지대장, 건축물관리대장 - 구 · 시 · 군 · 읍사무소 3) 재산세 과세증명 - 동사무소 4) 전화가입원부 - 해당 전화번호 관할 전신전화국 5) 차량등록원부 - 해당차량 관할 차량등록사업소 6) 기타 - 회사원의 봉급, 임대보증금 등
3. 탐문에 의한 실거주지 및 재산파악	1) 사업장이나 주소지 주위지역 탐문 2) 가족관계(자녀의 학교관계, 예비군 민방위 관계 등)를 면밀히 파악하면 상당한 효과

나) 재산조사 대상

항 목	조 사 내 용
대차대조표 조사	자산계정 중 특히 부동산, 자동차, 외상대금, 은행예금, 상품, 외상매입금 등 조사
부 동 산	세무서의 과세대장열람 부동산의 소유유무조사, 과세대장에는 토지대장 및 가옥대장이 있고, 소유자 · 지목 · 가옥번호 · 평수 · 과세를 위한 평가가액 등이 기재되어 있다.
자 동 차	차량등록원부 열람, 누구의 소유인지 확인
은행예금	거래은행을 통하여 채무자의 거래은행에 조회
전화가입권	전화기입원부 열람
외상대금	채무자의 장부, 동업자의 풍문, 외상거래처방문 등으로 확인
기타 비품 및 재고 현황파악	

다) 거래처유형별 소재 및 재산조사 방법

	종류	수 단	체크포인트	방 법
개 인	소재 의 파악	주민등록번호최후주소지와 성명	1) 법무사발행의 이해관계사실확인서 및 채무명의(판결문, 공증부어음, 가지급명령문, 공증인낙조서 등)의 지참 2) 계약서 등 사문서 지참 3) 주소의 확인	1) 해당 각 읍·면·동사무소에서 주민등록색인부를 열람하거나 주민등록등본을 교부해본다. 2) 관공서의 신원입력사항 체크
		전화번호와 성명	최후주소지의 조사	1) 계약 시 지역전화번호부의 열람 : 주민등록색인부의 열람 2) 전화가입원부의 열람 : 추진불가
		명 함	자택 또는 회사주소를 파악확인, 전화번호 추적	거래계약시 상대회사 매표자의 명함을 교환의 방식으로 자연스럽게 입수
		각종인명 사전	주소, 학교, 연고지의 파악	거래시, 관심을 가지고 채무자가 소속된 단체 혹은 조직 등을 파악해둘 것
		신용카드	카드대금결제 주소의 파악	백화점, 신용카드사의 고객담당창구의 이용이나 신용카드 조회기로 조회하면 신용불량상태 파악 가능
		경찰의 신원조회	형사피의자(수표부도, 피고소인) 인지의 여부	정상적인방법으로는 실행불가
		각종의 조직편성표	예비군(민방위) 중대, 종교단체, 조합원 등의 조사	거래계약시 취미, 고향, 종교 등의 여부를 파악한 후 해당지역의 조직가입여부를 조사
		사용자 입력사항	전기, 수도, 가스, 의료보험 등의 가입내역을 통한 주소의 파악	각 관계기관의 지인을 통한 협조 요망. 정상적인 방법으로는 불가

	종류	수 단	체크포인트	방 법
개 인	재산 의 조사	등기부등본	소유권의 파악 및 담보설정유무의 확인	목적물소재지의 각 관할등기소
		토지	소유권 유무현황의 조사	관할구청, 면, 읍사무소
		재산세과세증명원	채무자의 재산파악	정상적인 방법으로는 불가, 동사무소의 지인을 통할 수 밖에 없음
		지방세 과세대장	취득세, 자동차세, 유흥음식세, 도축세, 면허세 등의 유무확인	유흥음식세는 각 관할세무서에서 그 외는 각 관할구청에서 납세내역을 조사
		각종등록부	자동, 전화가입권, 기타 무체재산권 (특허권, 실용신안권, 의장권, 상표권등)의 유무조사	자동차 : 각 관할등록사무소 전화가입권 : 각 지역전화국 기타는 해당 소관사무소에서 조사
		주식·채권	소유 유무와 그 액수의 조사	주주명부 등의 열람
법 인	소재 및 재산 파악	법인등기부등본	회사의 인적구성, 자본액 및 본·지점의 소재파악	1)서울 : 민사지원 서부지원내 상업등기소 2)지방: 각, 상업등기소
		사업자등록사본	비법인사업체의 주소파악	관할사무서
		법인세과세대장	법인세납부내역의 파악을 통한 회사자산의 조사	해당관할세무서에 연고자가 있어야 가능 (원칙적으로는 불가능)
		회사연감	본·지점, 공장, 이사진의 주소 및 재무상태의 파악	대한건설인협회발행, 건설인명감의 열람
		전문신용평가 기관	한국신용평가의 기업 신용평가자료의 분석, 신용보증기금의 신용평가의뢰	수수료 납부하여 조사의뢰

3) 보고

부도, 대표자의 도피, 파산 등의 부실채권이 발생하면 기 확보한 보증채권이나 물적 담보권을 행사하여 채권을 회수하면 되나 사전에 도산할 것을 전혀 감지하지 못했고 충분한 채권확보가 되어 있지 않을 경우 당황하게 된다. 이럴수록 침착하게 채권회수계획을 수립하여야 하며 해당부서는 즉시 사업부 및 심사팀에 중단보고를 한다.

가. 대손예상액 산정

부실채권 중 반품액, 실담보액, 지급확실 한 미결제어음, 기타 회수 가능한 채권을 제외한 금액을 대손예상액으로 한다.

나. 중단보고 시 구비서류

기 본 서 류	필 요 서 류
1) 중단보고서	1) 거래처 관리대장
2) 채권증서(백지어음, 잔고확인서 등)	2) 거래처 개설품의서
3) 채무자인적사항공부(주민등록등본 등)	3) 신용조사서(신용평가, 이력서 등)
4) 채무자재산사항공부(등기부등본 등)	4) 연대보증관련서류
5) 사업자등록증 사본	5) 담보관련서류
6) 집행 및 긴급조치 내용증명 공부	6) 기타 채권관련 서류

4) 긴급조치사항

신규 여신제공 중단, 소유권유보부 물품 · 양도담보물품 회수, 재산조사 및 가압류, 변제유도

5) 부도, 도산

어음 및 수표 부도, 법정관리, 영업폐쇄, 업주 도주

6) 현황파악

자사의 미회수 채권액 산정, 담보액 산정, 거래처의 총 부도액 및 부채총액, 재산조사 및 현황파악, 임직원 동정, 타거래처의 동향 파악

7) 대책수립

가. 구체적 대책수립이 필요

아래 사항 중 어느 것을 선택하는 것이 효율적인가에 따라 구체적 대책수립

가) 임의회수와 강제회수 : 전자는 변제, 상계 받을 채권 양수, 재고자산 수령 등 이고, 후자는 담보권 실행, 집행권원(판결, 화해조서, 공정증서, 지급명령) 획득하여 강제집행 등을 들 수 있다.

나) 채권보전 : 가압류, 가처분, 채권자대위권, 취소권 행사, 재산관계명시신청, 재산조회신청, 추가담보 및 보증인 징구, 소멸시효 중단조치

다) 심리적 압박 : 부정수표단속법, 강제집행면탈죄로 형사고발, 채무불이행자명부 등재신청

1) 실무상 적용 시 유의점

① 위험이 예상되면 제품재고를 반품 받고 매출취소 시킨다.

② 도산적이면 가장 효과가 있으면 최우선으로 회수하는 것이 좋다.

③ 재고 확보시 유의사항을 숙지하여 법적문제가 발생하지 않게 해야 한다.

④ 잘못하면 형사문제가 될 수도 있다.

2) 재고자산 확보

① 부도나 도산이 발생하기 전에는 가장 효과적인 방법이다. 최우선 생각하여 업무진행

② 부도 후에는 재고자산에선 효과가 적은 경우가 있다. 많은 비용, 시간, 노력만 투입

③ 자기회사 제품부터 반환요구를 하고 동의하면 즉시 이동시키는 것이 좋다. 거래처 사장는 동의를 하였어도 종업원이 반대하면 이동에 지장이 초래될 수 있다.

④ 타채권자의 참여시 안분배당이 되므로 실익이 적어진다.

⑤ 변질되는 제품은 실익이 적다. 소송이 진행되면 장기간이 소요되므로 변질되어 가치를 상실한다.

⑥ 타사제품 반출도 가능하므로 거래처가 동의하면 금전적 가치가 있는 타사 상품이라도 회수하는 것이 좋다.

3) 업무처리 시 숙지할 점

① "소유권유보부매매" 조항이 있는 경우 세금계산서를 발행하지 않았으므로 자사물품이라고 오인하기 쉽다.

② 계속적 거래관계에선 거래처에 물건을 주면 거래처에 점유권이 있다.

③ 물품공급업체는 단순히 '돈만 받을 권리' 가 있는 채권자이다.

4) 거래처에 소유권이 있는 경우(소유권유보부매매 조항이 없는 경우)

① 거래처의 동의를 얻어 거래처가 보관하고 있는 상품을 회수하도록 한다. 거래처의 동의로는 반품, 대물변제, 처분위탁 등이 있다. 물품양도승낙서 또는 제품반품확인서를 반드시 수취해야 한다.

② 동의가 없을 경우 절도, 강도, 주택침입 등 형사문제가 될 우려가 있다. 증인확보가 곤란하면 형사문제가 될 수 있다. 증인은 같은 회사 직원은 안 된다.

③ 제3채권자 등의 참가를 배제키 위해 신속한 조치가 필요하다. 채권금액에 비례하여 나누어 배당된다.

④ 채무자는 동의하였으나 종업원들이 봉급 및 퇴직금의 사유로 점유하는 경우에는 물품회수에 차질이 발생할 수도 있다. 이런 것에 대비하여 소유권 유보부매매조항을 삽입해 두는 것이 필요하다.

⑤ 채무자는 동의가 있고 타채권자가 점유하고 있을 때 양도공증을 먼저하고 경찰관 입회하에 인수할 수 있다.

⑥ 타채권자가 물품을 출고하려 할 때 가압류, 가처분 등 보전조치를 하거나 절도, 강도죄 등 고발조치하고 채무자로 하여금 상품반환 청구의 소를 제기토록 하거나 채무자가 소를 제기하지 않을 경우에는 채권자 대위권에 의거 반환청구의 소 및 채권자 취소하의 소를 제기할 수 있다.

5) 회사가 소유권을 갖는 경우(소유권 유보부매매 조항이 있는 경우)

① 거래선과 소유권유보부매매가 체결되어 있고 별도의 계약이 아니라 계약서 조항에 삽입한 상태

② 거래처가 부실해지면 계약해지를 채무자에게 내용증명으로 통보하여야 한다.

③ 계속적 거래관계에서 통상 남아있는 재고와 미이행채무를 대응시킬 수 없는 경우에는 거래처 동의를 받아 재고를 회수하거나 필요한 경우에는 가처분 신청 등도해야 한다.

④ 회사가 소유권이 있다하여 방심은 금물이다.
종업원이 팔아넘길 수도 있고 타채권자가 가압류 시 분쟁이 발생될 수도 있다.

⑤ 자사물건이라도 때로는 협상이 필요한 경우가 있으며 재고에 대한 신속한 이동이 요구된다.

⑥ 이 경우에도 상황판단을 잘 해야 한다.

6) 소유권유보부매매조항의 의의

① 소유권유보부매매라 함은 대금 완납 시까지 목적물의 소유권이 매도인에게 유보된다는 특약을 담고 있는 특수한 형태의 매매이다.

② 이와 같은 특약에도 불구하고 매수인이 목적물을 제3자에게 매도한 경우에는 제3자의 선의취득으로 매도인은 목적

물에 대한 소유권을 상실할 위험에 빠지게 된다.

③ 그렇게 되면 매수인은 형령죄에 따른 처벌을 받을 수도 있고 매도인에 대하여는 계약위반으로 인한 손해배상책임을 부담하게 되기도 한다.

④ 매도인이 대금채권의 확보를 위하여 목적물을 회수하려면 매수인과 합의를 하여 매수인으로부터 목적물을 인도받던 가 아니면 우선 법원에 점유이전금지 가처분신청을 하고 그 결정을 받은 이후 본안소송 등을 통하여 동 목적물을 회수할 수 밖에 없다.

⑤ 만인 매도인이 매수인의 동의 없이 실력으로 목적물을 회수한다면 주거침입죄나 권리행사 방해죄 등의 형사책임을 지게 될 위험이 따른다.

⑥ 매수인의 타채권자가 목적물을 압류한 경우에는 매도인은 법원에 집행정지의 가처분 신청을 함과 동시에 제3자 이의의 소를 제기하여 두어야 한다.

7) 불량채권 회수시 유의점

① 임의경매나 강제적 회수방법은 모두 협의로 회수하는 방법이 필요하다.

② 근저당권에 의한 임의 경매로 경락받아 회수하면 손실이 발생할 우려가 있다.

③ 불량채권 금액이 크든지 작든지간에 상기 회수 방법 중 일부 또는 대부분이 적용되고 있다.

④ 채권자로서는 전체적인 기본흐름과 기법을 숙지하여 현장상황에 맞는 최선의 방법을 선택하여 최대한 회수하여 대손을 줄여야 한다.

나. 채권회수계획수립

거래처 도산 시에는 기발생채권에 대한 구체적인 회수계획을 체계적으로 수입하여 실행에 옮긴다.

첫째, 거래처의 협조를 통한 채권회수의 방법

둘째, 거래처의 협조 없이 일방적인 강제집행 등에 의한 회수방법

셋째, 특수절차에 의한 회수방안으로서 채권자들의 임의단체인 채권자단회의에 가입하여 그 결정에 따르는 방법과 회사정리절차에 따르는 방법 등이 있으므로 채권자는 적절한 방법을 선택한다.

가) 채권회수계획의 시기

채권회수계획은 기본적으로 채권의 발생 시에 계획이 서 있어야 하며, 그 구체화 시기는 채권에 객관적 불안성이 예견되거나 발견되었을 때이다. 채권의 회수는 채권발생 시부터 통보한 자료와 정보를 얻어야 하며 평상시에도 주의를 기울여야 한다. 이상 징후가 발견될 시는 즉시 채권회수 계획을 구체화시켜야 한다.

나) 채권회수계획서의 작성

(가) 채권표 작성

(나) 채권표부표의 작성

채권표의 부표에는 채권의 증거서류나 담보권의 증거서류, 등기부등본 등을 채권표에 기재한 순서대로 기입한다.

(다) 회수자원표의 작성

채권표나 부표를 만든 다음 채무자의 지불능력을 점검하는 회수자원표를 작성한다. 채권표상의 담보권 등의 기재는 채권자의 권리의 점검으로서 기입이고, 회수자원표는 아직 채권자의 권리가 되어 있지 않은 확보하지 못한 채무자의 재산을 확인하는 것이다. 회수자원표기는 회수확실한 자원과 불확실한 회수자원으로 구별하여 기재한다.

(라) 회수자원부표의 작성

회수자원표는 자원일람표이며, 부표는 그것을 뒷받침하는 서류 등을 표로 만든 서류일람표이다. 즉, 첨부 서류들을 일람표로 만들어서 근거서류들을 일목요연하게 준비하고 보관한다.

8) 대책의 실행
변제협상, 가압류, 가처분, 담보·보증징구, 소송제기, 고발

9) 대손처리
대손요건 구비 시 대손처리

10) 사후관리
채권의 완전회수 또는 시효소멸까지 계속 추적 회수집행

2. 강제집행면탈죄

1) 형법 제327조 개요
강제집행을 면할 목적으로 재산을 은닉, 손괴, 허위양도 또는 허위의 채무를 부담하여 채권자를 해한 자는 3년 이하의 징역 또는 1천 만 원 이하의 벌금에 처한다. 강제집행을 피할 목적으로 재산을 은닉, 손괴, 허위양도 또는 허위의 채무를 부담하여 채권자를 해하는 죄, 단 현실로 채권자를 해하였음은 요하지 않는다.
   (1) 도산이나 부도를 전후로 친척에게 재산을 도피시키는 경우에 해당된다. 쌍벌규정이다.
   (2) 재산을 맡은 사람이 공무원이나 준공무원인 경우 협상이 쉽다.
   (3) 실무에서는 채무자와 받은 자간에 약간의 관련이 있어도 이 죄가 성립이 안 되어 '무혐의' 처리되는 경우가 있다. 이 경우에도 '채권자 취소권'에 의해 별도소송이 가능하다.

2) 요건
   (1) 채권자가 소송제기, 압류, 가압류, 가처분을 하였거나 하려는 상태이어야 한다.
   (2) 강제집행을 면할 목적이 있어야 한다.
   (3) 허위양도, 허위채무부담, 은닉, 손괴 등이 발생하여야 한다.

3) 공금횡령죄
   (1) 회사직원이 회사 돈을 개인용도로 사용하여 성립 된다.
   (2) 타인과 공동으로 사용, 사업을 했던가 하여 회사직원과 제3자까지 '형사' 문제가 되면 배임죄가 성립된다.
   (3) 이런 경우엔 형사범의 공범으로 고소예정을 통보하거나 고소를 하여 협상을 유도하거나 또 제3자가 있을 경우에는 직접 면담하면서 고소장 등을 보이면 효과가 크다.

4) 배임죄
배임죄라 함은 타인의 사무를 처리하는 자가 그 책임을 위배하는 행위로써 재산상의 이익을 취득하거나 제3자로 하여금 이를 취득하게 하여 본인에게 손해를 가하는 죄를 말한다.

5) 사기죄

(1) 사기죄의 성립

사람을 기망하여 재물의 교부를 받거나 재산상의 이익을 취득하거나 또는 같은 방법으로 제3자로 하여금 재물의 교부를 받게 하거나 재산상의 이익을 취득하게 하는 죄이다.

(2) 사기죄의 실무적용

가. 실무에서는 현금보관증이나 각서를 수취한 후 제 날짜에 '돈'을 안갚으면 '사기'로 된다고 생각하는 경우가 있는데 일반적인 생각과 달리 사기죄가 성립되는 것은 굉장히 까다롭다.

나. 예컨대 처음부터 지불능력이 없는 사람이 돈을 빌려서 사업을 하다가 부도가 나서 돈을 못 갚았다는 것이 되어야 한다. 즉, 처음부터 사기, 나중에도 사기, 손해 입혔다는 세 가지 요건이 되어야 한다.

참고 : 형사적 채권회수 접근기법

1) 실무상 적용 시 유의점
① 민사보다 형사측면이 효과가 빠르다.
② 진행요령과 방법을 숙지해야 한다.
③ 실무적으로 활용시 채권회수를 극대화할 수 있다.

2) 형사범의 적용범위
① 부정수표 단속법 – 당좌수표 부도시
② 강제집행 면탈죄 – 채무자재산 허위양도, 처분시
③ 공금횡령, 공금횡령죄 – 회사 돈을 쓰고 갚지 않을 때
④ 사기죄 – 상대방을 기망하고 금품을 착복한 경우
⑤ 공무상 비밀표시 무효죄 – 가압류 등 법적 조치된 물건을 동의 없이 처분했을 때

3) 형사범으로 인지케하여 회수하는 전략
① 채무자나 이에 관련된 자를 형사범으로 고소하든가 고소예정으로 인지케 하여 심리적으로 위축시켜 회수하는 방법
② 먼저 내용증명으로 '형사로 몬다는 내용'을 통보하거나 전화로 통보한다.
③ 가능한 고소장을 만들어서 보여주면 더욱더 효과가 있을 수 있다.

4) 부도 당좌수표에 대한 실무처리
① 수표는 '최후의 무기'가 될 수도 있다.
② 특히 단독으로 당좌수표를 갖고 있는 경우에는 효과가 더 좋다.
③ 거래처가 당좌수표 부도처리 후 채무자에게 '부정수표단속법'에 의거 처벌된다는 내용을 내용증명으로 통보 후 협상을 유도한다.
④ 부도난 당좌수표를 반환조건으로 채권회수를 한다.

제 3 절 채권회수절차

신용조사 – 계약 – 채무불이행 – 재산조사 – 채권보전(현상유지) – 집행권원획득 – 강제집행(환가배당)

1) 계약서, 어음 · 수표 : 채권증빙 자료
동사무소 : 주민등록초본발급

부동산등기부열람 또는 발급, 주소지 탐문조사

2) 집행권원 획득

재산관계명시신청, 재산조회신청

제 4 절 거래도중 및 사고 후 재산조사

1. 주요정보처

1) 거래처의 영업담당자, 경리담당사원 및 여직원, 사장 비서

2) 거래처의 퇴직 임직원, 매입처, 판매처, 동종업계, 사채시장 루머

3) 거래처의 주거래 은행 담당대리

4) 거래처 주변 다방, 술집, 음식점

5) 지방법원 민사신청과 직원(가압류, 가처분, 경매신청 사실)

2. 주소파악 자료

1) 전화번호부, 매매계약서상 주소, 사업자등록증상 주소, 전화가입증명

2) 전국경제인연합회의 인명사전

3) 법인등기부등본 상 법인주소, 임원 주소

4) 주거래은행과의 당좌거래신청서상 주소, 신용카드회사에 카드신청 시 기재된 주소

5) 기업연감(매일경제신문사, 생산성 본부, 능률협회)상 법인의 주소

6) 기타 회사와의 거래개시 시점에 제출한 각종 서류에 기재된 주소

7) 경찰서에 신원조회 의뢰

　　과거의 주소는 주민등록초본을 발급받으면 확인 할 수 있고 주민등록등본 상 본적지에서 호적등본을 발급받으면 채무자의 출생 당시 주소부터 알 수 있게 된다.

제 5 절 법적 조치방법

1. 채권증빙

1) 계약서, 차용증서, 어음 · 수표, 변제각서, 보증서, 잔액확인서, 인수증채무자

2) 재산: 부동산, 동산, 채권,

3) 소유권유보 · 양도담보 · 중도금까지 지급한 부동산

4) 가압류, 가처분/ 법원민사신청과, 민사신청과

2. 집행권원

판결문, 금전소비대차공증, 공증어음, 양도담보공증, 지급명령, 계약이행공증, 제소전화해조서, 조정조서, 중재판정에 대한 집행판결

3. 강제집행

1) 채무자재산: 부동산, 유체동산, 채권채무를 변체치 않을 때, 재산발견이 용이하지 아니할 때

2) 압류신청
  (1) 채권압류 및 추심명령. 강제경매신청. 채권압류 및 전부명령
  (2) 재산관계명시명령신청
  (3) 재산조회신청채무불이행자명부 등재신청
  (4) 법원민사집행과, 집행관사무소, 법원민사집행과, 법원 민사신청과

4. 재산의 은닉 · 도피

1) 강제집행 면탈 목적으로 재산의 허위양도, 허위채무부담, 은닉 · 손괴
2) 강제집행면탈죄로 형사고소(형법 제 327조)
3) 경찰, 검찰

5. 채권발생 후 채무자의 재산감소 행위

1) 채무초과 상태에서 채무자가 행한 재산의 염가처분, 담보제공의 무효화
2) 채권자취소권 행사:채권자취소소송(민법제406조)
3) 법원민사신청과

6. 가압류 · 압류재산처분

1) 가압류 · 압류된 재산의 임의처분, 봉인 훼손
2) 형사고소: 공무상비밀표시무효죄(형법제140조)
3) 경찰. 검찰

7. 타인명의 채무자 재산

1) 분양, 상속, 명의신탁에 의하여 채무자재산이 타인명의로 등기된 부동산
2) 채권자대위권 행사: 채무자명의로 등기이전 신청(민법 제404조)
3) 등기소

02장 임의회수기법

제 1 절 임의회수와 강제회수

1. 임의회수

1) 채무자 및 제3자의 협력에 의한 채권회수
   (1) 매출채권, 임차보증금 등의 채권양도
   (2) 중첩적 채무인수, 면책적 채무인수
   (3) 신규담보 및 보증인 추가 징구
   (4) 임의변제, 또는 보관상품, 기계 등에 의한 대물변제
   (5) 제소전화해, 동산양도담보공정증서, 공증약속어음 작성

2) 채권자의 일방적 가능조치
   (1) 선일자 당좌수표의 지급제시
   (2) 이미 부동가 난 거래처에 대한 기한미도래 어음, 수표의 지급제시

2. 강제회수

1) 채권자의 일방적인 채권회수 및 법적 조치
   (1) 타인의 물품이나 채권에 대한 가압류
   (2) 가처분(소유권유보부 매매상품이나 기타 자신의 소유상품 및 권리)
   (3) 집행권원에 의한 압류 및 강제경매신청
   (4) 임의경매(근저당, 질권, 가등기담보 등 물적 담보가 있을 때)
   (5) 지급명령신청, 중재신청, 소송제기, 형사사건으로 인한 배상명령신청
   (6) 타채권자의 강제집행 절차에 참가(압류경합, 배당요구)
   (7) 부정수표단속법 위반에 의한 고소
   (8) 강제집행면탈죄(형법 제327), 공무상비밀표시 무효죄(형법 제140조), 권리행사방해죄(형법 제323조)

2) 사적(私的)정리-채무자의 도산 시 채권자들의 합의에 의하여 채권회수

제 2 절 임의회수기법 개관

1. 방문수금기법

(1) 계약체결당시의 결제조건 점검
당사자 간에 계약체결당시의 대금지급조건을 확인한다. 즉 거래개시 시점에 회사와 거래처(매수자)사이에 체결된 결제조건을 기준으로 수금한다.

(2) 사전에 유효한 청구서의 발송 여부를 점검한다.
거래처 방문 전에 반드시 유효한 청구서의 사전발송 여부를 체크하고 사본을 지참한다.

(3) 적절한 수금 방문일시의 사전 협의 또는 통보
에컨대 거래처의 지급일 및 시간이 미리 정하여져 있지 않을 때에는 거래처의 타거래처에 대한 대금지급기일이 월말이라면 월중을 선택하는 것이 효과적이다. 또한 수금방문은 사전에 통보하여 수금준비를 하도록 하고 다른 약속이나 업무 차 장소를 이탈하지 않도록 하여야 한다.

(4) 수금일의 철저한 준수

(5) 정중한 예절과 정확한 전달, 정확한 영수
정중히 인사하고 수금을 위해 방문하였음을 명확히 밝힌다. 회수한 현금이나 어음·수표는 거래처의 면전에서 착오가 없는지 확인한다. 가영수증이나 보관증 등은 가급적 피하고 반드시 정확한 영수증을 발행한다.

(6) 지불의사를 유발하도록 한다.
기일을 엄수하여 성실하게 결제하는 거래처에 대하여는 향후 물품가격과 여신기간에서 우대를 해주지만 그 반대인 경우엔 불이익이 있음을 주지시킨다.

2. 대금회수를 위한 독촉기법

(1) 거래처의 지불의사를 자극시킨다.
채무불이행은 지급의사가 없어 변제하지 않는 경우와 지급능력이 없어 변제하지 못하는 경우가 있다. 현재는 지급능력이 없는 자라도 장래에는 지급능력이 있을 수 있고 거래처 자체는 지급능력이 없을지라도 거래처와 인간관계로 얽혀 있는 부모, 형제자매, 처, 친족, 선·후배, 계열회사 등을 동원하면 변제할 수 있는 경우도 있을 수 있다. 따라서 채무자의 변제의사 유무가 채권 임의회수에 무엇보다 중요한 요소이다.
가. 거래처의 명예심에 호소한다.
나. 수금하지 못하면 조직인으로서 상사로부터 개인적인 책임추궁을 당하게 된다는 사실을 각인시켜라.
다. 타거래처에는 지급하면서 자사에만 지급하지 않을 때는 공정심에 호소한다.
라. 타사에 대하여는 대금회수가 차질 없이 잘 되고 있다고 말하여 자존심을 자극시킨다..
마. 악질거래처에 대하여는 법적 조치를 취하게 됨을 통보하여 공포감을 유발한다.
바. 법적 테두리내에서 채무자가 가장 난처한 시간에 가장 난처한 장소를 찾아 독촉한다.

(2) 독촉수단

가. 전화 또는 핸드폰

나. 일반 문서에 의한 독촉

초기에는 담당자 명의로 일반우편에 의한 공손한 내용으로 독촉하는 것이 좋다. 몇 차례 독촉에도 불구하고 지불에 응하지 않는 경우에는 차츰 청구서면의 정도를 강하게 하고 또 발신인도 담당 영업사원에서 부서장 명의나 법제 · 심사팀 또는 회사 사장의 명의로 변경한다.

다. 배달증명부 내용증명우편에 의한 청구

실무상 독촉할 때는 배달증명부 내용증명우편으로 독촉장을 발송하여야 한다. 독촉장은 모두 3통을 작성하여 우체국에 제출하면 우체국에서 내용증명우편임을 기재하여 1부는 보관하고 1부는 채무자에게 발송하고 1부는 채권자에게 반환한다.

라. 변호사 등을 통한 독촉

악성 채무자에 대한 최후의 독촉방법으로써 법적 조치를 취하기 전단계 조치로 취하는 방법의 일종이다. 즉 고문변호사 등을 통한 독촉방법이 그것이다. 다만 주의할 것은 통상 변호사는 채권회수를 위해 사건을 수임하면 그 후 소송제기 전단계에서 변호사의 변제독촉이나 권고를 채무자가 받아들여 임의변제 하거나 제소전화해를 해도 변호사 수임료를 전액 청구하는 것이 관행으로 되어 있다. 따라서 사건을 맡기기전 사전에 충분한 협의가 선행되어야 한다.

(3) 독촉의 효과

독촉을 하면 채권의 소멸시효 중단, 변제기의 정함이 없는 채권의 이행지체의 책임발생, 계약해지 · 해제권 발생 등의 효과가 발생한다. 독촉에 의한 시효중단의 효과는 시효만료일을 중단일로부터 6개월 연장시키는 효과가 있음에 지나지 않고, 이 기간 내에 법적 조치(소송제기, 가압류 등)를 취하지 않으면 시효소멸 한다(민법 제174조).

참고 : 채무이행 최고기법

1) 실무상 적용 시 유의점
① 협의회수의 첫 단계로서 실무적으로 가장 많이 활용토록 한다.
② 가능한 채무이행 단계에서 해결토록 유도하는 것이 유리하다.
③ 다양한 최고의 기법을 숙지하여 유효적절하게 최고해야 한다.

2) 독촉 · 최고의 의미
① 거래처가 채무의 변제기가 지났는데도 변제를 하지 않을 경우에 채무자에게 끈길기게 독촉하여 지겨워서 갚게 하는 방법이기도 하다.
② 채무자와 면담을 하여 채무변제를 하도록 유도하는데 가능한 채무자를 회사로 오도록 하는 것이 더 효과적이다.
③ 돈 달라고 하는 편지, 보통 내용증명을 발송하는 것으로 채무자에 대해 변제하여 달라고 재판외의 청구를 하는 것이다.

3) 최고의 법률적 효과
① 채권의 소멸시효를 중단한다.
단, 구두통보 시 증거문제로 입증이 곤란하다.
② 내용증명일 때 독촉일로부터 6개월 연장시키는 효과는 있지만 6개월내에 재판상 청구하여야 소멸실효를 중단하게 된다.

③ 변제기일을 지정하지 않은 채권의 이행연대책임의 발생 시점을 확정하게 된다.
: 계약해지, 해제권의 발생
④ 경매 신청 시 유용한 서류로 활용하는데 채권원본 서류대신 내용증명으로 경매신청 할 수 있다.

4) 최고서 내용에 포함시킬 사항
① 채권의 기한이 도래되었고 그 이행을 최고하는 내용
② 채권금액 및 연체이자가 언제까지 얼마라고 분명히 명기한다.
: 가능한 연체이자 20%로 청구할 수 있다.
③ 계속적인 거래관계일 경우에는 상대방의 채무불이행으로 거래관계가 종료되었다는 내용과 거래처에 대한 '기한의 이익이 상실' 되었다는 내용, 그리고 거래처가 언제까지 변제하지 않을 경우 법적 조치하겠다는 내용을 제시한다.

5) 최고서의 작성기법
(1) 내용증명
① 문서를 3부 작성하여 내용증명으로 발송한다.
② 발송인의 기명날인 및 여러 장일 경우 각장마다 간인이 필요하다.
③ 법적인 증거력은 없지만 간접적인 의사표시가 된다.

(2) 고문변호사 활용
① 변호사 이름을 빌어 독촉하는 경우 더욱 효과적이다.
② 최고서 내용에 '회사로부터 법적절차를 위임받았으나 귀하에게 한 번 더 임의 변제할 기회를 부여하니 법적절차전에 채무를 변제하시오' 라고 기재한다.

(3) 가장 심적인 압박을 많이 받는 장소와 시간을 이용하여 방문, 독촉한다.
① 가장 난처한 장소
직장인은 근무처
가족이 있는 집 / 자영업인 경우는 점포
② 가장 난처한 시간에 방문하는 것이 효과적이다.
저녁시간(식사시간) / TV보는 시간(재미있는 프로그램)
아침 이른 시간(집, 가게)
단, 법에 위반되지 않도록 해야 한다.

(4) 기타 고려사항
① 연대보증인이 있으면 채무자와 따로 내용증명을 발송하거나 방문 독촉한다.
② 가끔 전보를 이용하면 효과적이다.
③ 명예심을 이용한 자존심을 자극시킨다.

제 3 절 구체적 회수방법

1) 거래처 협조를 통한 회수방법
다른 채권자들이 알지 못하는 회수자원을 자기만이 알고 있거나 도산한 채무자와 특별한 관계에 있는 경우에는 거래처의 협조를 구하여 채권회수를 용이하게 할 수 있다. 물론 거래처가 이미 도산한 경우에는 거래처의 협조를 얻어서 채무의 변제를 받거나 담보 등을 확보하기가 용이하지 않다.

(1) 거래처가 보관 중인 재고물품을 회수
강제집행으로 배당을 받는 경우에는 모든 채권자가 평등하게 배당을 받으므로 충분한 채권회수가 어렵기 때문이다. 따라서 부도가 발생하면 우선 환가 가능한 재고물품을 확보해야 한다. 다만 회수에 있어서는 절차상 하자가 없도록 신중하게 처리하여야 한다.

　가. 채무자로부터 양도승낙을 얻는다. 양도승낙 없이 임의로 반출하면 형사상 절도죄를 구성하게 된다. 채무자가 행방불명된 경우 승낙을 얻기 어려우므로 이해관계 없는 제3자를 증인으로 세운 후 종업원 등의 간접점유자의 승인을 얻어서 회수한다.

　나. 채무자가 승낙해도 타채권자들의 점유로 물품회수가 곤란한 경우는 양도공증을 하고 경찰관 입회하에 인수하면 된다. 회수한 물품으로 채무변제하고 잔액이 있으면 반환하여야 한다.

　다. 채무자의 승낙을 얻으면 자사제품 뿐만이 아니라 타사제품도 회수가 가능함을 잊지 말아야 한다.

　라. 타채권자가 상품을 반출할 경우에는 먼저 가압류신청 및 집행을 하고, 채무자로 하여금 상품의 반환청구의 소를 제기하도록 한다. 만약 채무자가 소를 제기하지 않을 경우 채권자대위권(민법 제404조) 또는 채권자취소권(동법 제406조)을 행사하여 채무자로 하여금 강도·절도의 고소를 하게 하거나 채권자 자신이 고발을 한다.

(2) 채권양도

　제3자에 대하여 가지고 있는 대여금이나 외상물품대금 등의 채권을 거래처와 협의 하여 양도받는다. 예컨대 지명채권인 경우엔 제3자의 동의를 얻거나 채무자 명의로 제3채무자에게 양도한다는 내용의 통지를 하여야 추후 제3채무자의 항변에 대항할 수 있다. 또한 내용증명으로 발송하거나 채권양도 증서 상에 즉시 확정일자를 받아야만 제3채무자는 물론 제3자나 타채권자들에게 대항할 수 있고, 원칙적으로 양수채권은 양도금지 특약 등이 없어야만 유효하게 양수받을 수 있다.

(3) 대물변제

　도산한 채무자가 물품대금채무의 이행능력은 없으나 부동산이나 자동차, 기계류 등의 유체동산을 소유하고 있고 타채권자들이 이에 대해 법적 조치를 않고 있을 경우 채무자의 협조를 얻어 기존 물품대금지급 채무에 갈음하여 이들 물건을 대물변제의 방식으로 취득할 수 있으며, 이 경우 기존의 물품대금채무는 소멸하게 된다.

(4) 독촉
가. 독촉의 의의

　채권의 변제기 경과 후에도 채무자의 채무변제가 없을 경우에 채권자가 채무자에 대하여 임의변제를 하도록 하는 재판 외의 청구를 독촉 또는 최고라 한다. 따라서 금융기관에서의 채무자에 대한 독촉이라 함은 여신채권의 변제기가 도래하였음에도 임의로 변제하지 않는 경우에 금융기관이 채무자에 대하여 변제할 것을 청구하는 것을 말한다. 독촉은 채무자의 기한이익을 상실시키기 위하여도 필요하다. 즉, 금융기관여신거래기본약관은 기한이익상실사유를 당연기한이익상실사유와 청구이한이익상실사유로 구분하고 있는 바, 청구에 의하여 채무자의 기한이익을 상실시키기 위하여 독촉장을 이용할 수가 있다.

나. 독촉의 내용과 방법

　일반적인 독촉의 방법으로는 금융기관이 소정의 독촉장을 발송하는 방법과 민사소송법상의 지급명령제도를 이용하는 방법이 있다. 독촉장은 배달증명부 내용증명우편을 이용하여 발송하여야 한다. 지급명령은 금융기관이 본안이 소송을 제기하기에 앞서 법원에 그 명령을 신청함으로써 채권회수의사를 강력하게 표현하는 수단이 된다.

가) 독촉장의 내용

독촉장의 내용에는 여신채권의 변제기가 도래하고 있다는 점과 그 이행을 촉구하는 뜻을 포함하고 있으면 충분하지만 일반적으로 다음 사항을 명확히 하는 것이 좋다.

(가) 기한이익의 상실 내용, 기한도래 및 그 이행의 최고하는 내용 명시하여야 한다.

(나) 채권금액, 연체이자의 기간 및 금액 등을 분명히 명기한다.

(다) 일정 유예기간 후 변제가 없을 경우에는 법적조치할 예정이라는 내용을 통고한다.

다. 독촉의 시기 및 효력

가) 독촉의 시기

금융기관은 통상 10일이 경과하도록(상환기일 후) 채무자가 대출금을 상환하지 아니하는 경우에는 채무관계자에게 독촉장을 발송하여 변제를 독촉한다. 그리고 상환기일 후 20일이 경과하도록 대출금을 상환하지 아니하면 정해진 양식에 따라 담보권 실행을 경고하는 대출금변제독촉장을 내용증명우편으로 발송하고 그 증빙서는 채권서류와 함께 보관한다.

나) 독촉의 법률적 효력

최고는 권리의 행사에 해당하므로 최고가 있게 되면 채권의 소멸시효는 그 진행이 중단된다. 그러나 독촉을 수차례 반복한다고 하여도 6개월간 씩 매회 시효완성이 연장되는 효력이 있는 것은 아니므로 금융기관은 이 경우에는 6개월 내에 다시 재판상 청구를 하거나, 압류·가압류·가처분의 절차를 밟지 않으면 안 된다. 독촉을 구두통보에 의하는 경우에는 후일 증거문제로 입증이 곤란할 소지가 있으므로 최고시에는 반드시 서면으로 하되, 그것도 내용증명 등의 방법을 통하여 입증의 구제를 받을 수 있도록 하여야 한다.

라. 독촉장의 송부 와 장단점

가) 독촉의 송부

(가) 내용증명우편의 방법을 취함으로써 도달여부 확인이 명확하게 되도록 하여야 한다.

(나) 채무자 외 연대보증인 존재시 연대보증인에도 필히 최고서를 송부하여야 한다.

(다) 서면 외의 전보 등 기타 방법도 입증의 여지가 있다면 신속성 도모라는 측면에서 고려할 만하다.

(라) 담보제공만 하고 보증은 하지 아니한 채무관계자의 경우에는 금융기관에 대하여 물적담보책임만 질 뿐 채무를 부담하는 자가 아니므로, 법이론 상으로는 채무의 이행청구로서의 의미를 갖는 독촉은 할 수 없을 것으로 해석된다. 그러나 이론적인 측면에서가 아니라, 채권회수라는 측면에서 이들에게도 독촉장을 발송해 둘 필요가 있다고 본다. 왜냐하면 이들도 담보권실행을 저지하기 위하여 스스로 제3자로서 변제를 할 가능성이 있기 때문이다.

나) 독촉의 장단점

(가) 법적 절차의 진행에 비하여 시간과 비용이 절감된다.

(나) 단호한 법적 절차로 인한 관계 단절 없이 은행거래의 계속이 가능하다.

(다) 회수 방법별로 보아 여신을 최대한 회수하는 것이 가능할 수 있다.

(라) 단기간의 연체상황에 효과적으로 대처할 수 있다.

(마) 변제기일의 지정 등을 채무자의 주장에 의존하게 됨으로써 여신회수가 곤란할 여지가 있다.

(바) 채무자가 재산을 도피할 가능성이 있어 법적 절차의 착수에 곤란을 줄 여지가 있다.

(사) 채무자가 재산을 도피할 가능성이 있어 법적 절차의 착수에 곤란을 줄 여지가 있다.

2) 거래처 협조 없는 강제적 회수방법

거래처 도산 시 거래처의 협조를 얻을 수 없는 경우에 채권자는 거래처의 동의를 필요치 않는 강제적 방법에 의한 채권회수절차에 착수하게 되나, 협의에 의한 회수방법보다는 실행비용이 많이 들고, 회수에 장시간이 소요되고, 타채권자와의 경합 등으로 채권전액의 회수가 쉽지 않은 단점이 있다.

(1) 상계

(2) 가압류

가. 개 요

가압류를 할 수 있는 것은 물품매매대금, 어음, 수표금, 대여금, 손해배상채권 등 금전채권이나 금전으로 환가할 수 있는 채권이면 가능하다. 가압류를 하기 위해서는 그 타당성이 인정되어야 한다. 즉 채무자가 재산을 매각·은닉·낭비 등 후일 강제집행 불능의 염려가 있어 보전의 필요성이 있을 경우에 인정된다. 따라서 채권자가 충분한 담보를 가지고 있거나 채무명의가 있을 경우에는 가압류가 인정되지 않는다. 채무명의(판결문, 어음공증, 지급명령문)가 있을 경우에는 바로 압류하여 환가조치 할 수 있다. 가압류대상 목적물은 부동산, 기계류, 가재도구, 기타 유체동산, 자동차, 중기, 선박, 채권(채무자가 제3채무자로부터 받을 물품대금, 대여금, 은행예금, 전세보증금, 기타) 등 이다. 그러나 법률상 압류가 금지된 채권은 가압류도 할 수 없다. 채무자의 생활에 필요한 2개월간의 식료품, 연료 등, 의복, 침구, 가구, 그릇 등 생활필수품, 퇴직금, 급료 등 근로자 임금의 2분의 1, 기타 생활보호법 제28조에 의한 보호금품, 공무원연금법 제32조에 의한 제한도 있고 의료법 제13조에 의한 의료기재의 압류금지제한이 있다.

나. 부동산가압류

가) 구비서류로는 채권증서사본1부(부도어음, 잔고확인서, 외상카드 등), 부동산(토지, 건물) 등기부등본 각1부, 회사등기부등(초)본 1부

나) 절차

(가) 사전답사 및 가압류 채권약정

사전답사(현시가, 경매예상가, 전세권 등 파악). 등기부등본열람(선순위 담보권, 가등기, 압류 등의 유무 조사)

(나) 등록세를 납부한다. 등록세는 채권가액의 1000분의 2, 교육세는 등록세의 100분의 20이다.

(다) 관할 법원 민사과에 가압류를 접수 (법무사나 법률사무소에 위임)

(라) 공탁금을 납입한다. 공탁서 사본 법원공탁과에 제출(공탁금 : 신청채권의 8분의 1)

(마) 법원이 직권으로 해당부동산의 관할등기소에 가압류, 결정문 송달, 가압류사실 등기부 기재함으로서 가압류의 효력이 발생한다.

다. 유체동산 가압류

가) 구비서류로는 채권증서사본 1부 (부도어음, 잔고확인서, 외상카드), 회사등기부 등(초)본 1부, 채권자 사인, 인감이 아니라도 상관없다.

나) 절차

(가) 물건소재지 관할 민사지법 민사과에 가압류 신청

(나) 법원은 가압류 이유가 타당하다고 인정되면 변론 없이 가압류결정을 재판하며, 공탁금 납입통지를 한다(신청일로부터 1~2일 소요).

(다) 지정금융기관에 공탁금을 납입한다. 공탁서사본 법원에 제출(공탁금 : 동산의 경우 신청채권액의 3

분의 1, 공탁보증보험으로도 대체 가능)

　　(라) 법원으로부터 가압류명령을 받고 집행관실에 가서 집행신청

　　(마) 법원은 집행관을 선정, 집행장소 안내, 채무자 또는 채무자의 친족의 입회가 있어야 집행가능, 긴급 시는 경찰관등 공증인 1인 이상 입회로 집행할 수 있음

　다) 대상물은 상품, 가재도구, 귀금속, 가축 등 환가 가능한 물건이면 가능하다. 그러나 채무자 동거친족의 생활에 필요 불가결한 의복류, 침구, 3개월간의 식량, 연료 등은 가압류할 수 없으며, 양도담보가 되어 있거나 소유권이전이 되었을 경우에는 제3자 외의 소가 제기될 수 있다.

　라) 주의해야 할 사항

　가압류 시 채무자의 점유가 불안하면 집행관에 목적물 이전신청을 하여 채권자가 보관할 수도 있다. 목적물이 부패·현저한 가치하락, 과다한 보관비용이 들 경우 물건을 환가하여 공탁할 수도 있다. 채무자가 가압류 대상물을 훼손, 도피시킬 경우에는 점검집행 신청을 한다. 채무자 측에서 제소명령을 신청 시에는 기간 내 소의 제기, 지급명령 등의 신청을 해야 한다. 신청을 하지 않으면 가압류는 자동 취소된다. 금전을 가압류한 경우에는 집달관은 이를 공탁하여야 한다.

　라. 자동차의 가압류

　　가) 준비서류로는 채권증서사본 1부, 자동차 등록원부 1부(시·도등록사업소 발급), 회사등기부 등(초)본 1부

　　나) 절차

　　(가) 가압류채권액 산정은 자동차의 현상, 미납입금, 세금체납관계 등을 조사 후 결정한다.

　　(나) 부동산과 동일한 방법을 가압류 신청

　　(다) 보통 동산채권액의 8분의 1의 공탁금 납입

　　(라) 법원이 직권으로 자동차 등록사업소에 가압류 결정분 송부, 가압류 사실 기재 촉탁으로 효력 발생한다.

　　다) 주의사항

　시간이 경과할수록 담보가치가 하락하게 되므로 조속히 집행권원을 얻어 강제 집행한다. 가압류 집행 후 별도로 자동차 감수 보전 신청하면, 채권자가 직접 인수보관(사용은 금지, 선량한 관리자로서의 주의의무를 부담). 가능하면 가압류보다는 채무자로부터의 등록에 의한 양도가 좋다. 건설기계에 대한 가압류집행에는 자동차에 대한 가압류집행규정을 준용한다.

　마. 채권가압류

　채권에 대한 가압류집행은 가압류명령을 발한 관할법원에서 가압류명령을 채무자 및 제3채무자에게 송달하여야 한다. 가압류의 효력은 가압류명령이 제3채무자에게 송달된 때에 발생한다. 채권의 가압류명령을 신청한 경우에 가압류채권자는 가압류의 목적인 채권의 존부를 확인하기 위하여 제3채무자로 하여금 가압류명령의 송달일로부터 7일 내에 채권인락의 여부 등의 사항을 진술하게 할 것을 법원에 신청할 수 있다. 진술의 최고를 받은 제3채무자가 이를 해태한 때에는 법원에서 이를 심문할 수 있다(민소법 제570조, 제3채무자의 진술의무). 채권가압류 대상물은 예금·전세권, 전화가입권, 급여 등이다. 채무자의 생명보험, 부양료 등은 생존유지의 견지에서 가압류가 제한되어 있다. 저당권 있는 채권에 대하여도 가압류할 수 있으면 그 집행은 채권가압류 취지를 등기부에 기입하여야 한다. 등록을 필요로 하는 권리(특허권, 의장권)에 관해서는 공부상에 가압류를 기입하여야 한다. 기타 매매대금, 도급대금, 대여금, 급료, 퇴직금 법원의 공탁금에 대해서도 채권가

압류가 가능하다.

마. 기타

가압류는 즉시 하지 아니하면 채무자가 재산도피 등의 우려가 있어 판결을 득하더라도 그 집행이 현저히 곤란한 경우 등 긴급을 요하는 경우에만 인정되므로 가압류채무자에게 불측의 손해를 줄 수 있고 채권자의 권리행사남용 등을 방지하기 위해 관할법원은 채권자로 하여금 일정한 보증의 공탁을 명하게 되며 보증(담보)의 종류는 금전, 법원이 정하는 유가증권, 금융기관의 지급보증서 또는 보험회사의 공탁보증보험증권 등이다. 각 법원에서 가압류, 가처분 결정시 제공케 하는 담보공탁금은 가압류채권액에 비례하여 사안별로, 법원마다 약간의 차등이 있다. 가압류채권자가 가압류를 집행한 채로 본안소송을 제기하지 않은 경우에는 채무자는 채권자가 본안소송을 제기할 것을 압류법원에 신청할 수 있고, 압류법원은 상당기간 내에 본안소송을 제기할 것을 채권자에게 명하게 되며 채권자가 본안소송제기기간을 도과한 때에는 채무자의 신청에 의해 가압류취소 판결을 내리게 된다.

(3) 가처분

가. 분쟁대상물에 대한 가처분

특정한 급여를 목적으로 하는 청구권에 대하여 장래에 강제집행을 위해 보전할 필요가 있는 때, 가처분에 의해 보전될 수 있는 청구권은 가압류에 의하여 보전될 수 있는 금전지급 등을 제외한 물건을 대상으로 하여 급여를 목적으로 하는 청구권이라야 한다. 분쟁 중인 양도 담보물에 대해서는 양도금지, 가처분, 점유이전가처분, 훼손, 은닉 등이 금지된다.

나. 임시의 지위를 정하는 가처분으로는 임금지급가처분, 가옥명도 금지가처분 등

다. 관할법원은 본안의 관할법원이다. 긴급 시 소재지 관할 지방법원이 가처분의 당부에 관한 변론을 하기 위하여 본안 관할 법원에 상대방을 소환할 신청기간을 정하고 가처분을 명할 수 있다.

라. 신청 및 집행절차 : 가압류와 같다.

나) 담보취소 결정은 결정정본송달일로부터 7일이 경과하여야 확정된다.

다) 공탁금 회수 청구

담보취소 결정정본과 동 확정증명서에 공탁서를 첨부하여 법원공탁과에 공탁금 회수청구서 3통 작성 제출, 공탁금 회수 청구서 1통에 공탁공무원의 회수 청구 인가를 받아 공탁금 취급은행에서 회수.

3) 지급보증을 통한 채권회수

(1) 지급계약보증보험

각종 계약상 채무지급을 보증하는 것으로서 입찰 · 계약 · 차액 · 하자 보증금을 제외한 각종 민간기업체간의 계약상의 채무를 보증하는 보험이다.

(2) 보험청약

가. 구비서류로는 보험청약서 및 약정서, 법인등기부 등본 또는 사업자등록증 사본, 주계약서(사본), 기타 필요서류, 대차대조표 및 손익계산서

나. 활용사례로는 임차료 지급 보증, 각종 생산·판매업체의 대리점·특약점 등의 영업보증금, 기타 금전 지급 채무보증

(3) 보험금의 청구 및 수령
가. 보험금 청구절차는 즉시 심사팀에 통보하고, 미회수 외상물품대금 등 손해액 증명서류 준비한다. 보증 보험회사 본·지점에 청구

나. 구비서류로는 보험금 청구서 및 청구금액 계산서, 보험증권 증서 사본

다. 보험금 수령시 구비서류로는 보험금 영수증 2부, 보험대위승낙서 1부, 위임장 1부, 회사인감증명서, 보험증권증서

4) 특수절차에 의한 회수
채무회사가 도산한 경우에 그 도산처리방법은 회사정리절차, 파산절차 등의 법적절차를 통한 정리방법이 있고, 채무자 임의로 법적 절차를 거치지 않고 처리되는 경우도 있다.

(1) 임의정리절차
법적 절차에 의하지 않고 사적 정리방법에 의해 채무자와 채권자들 임의로 도산처리하는 방법으로 대개의 경우 도산기업의 규모가 소규모라서 법적 정리를 하는데 소요될 많은 비용과 오랜 시일이 소요되는 등의 복잡한 절차를 거칠 필요성이 적거나 회사정리절차나 파산절차를 신청함에 필요한 예납금이 없는 경우 등에 주로 이용된다. 채권자는 이러한 사적 정리절차인 채권자집회에 참여하느냐 참여하지 않느냐의 결정은 자유로이 할 수 있으며, 참여여부의 실익을 엄격히 판단하여 대처하여야 한다. 예컨대, 채권자가 충분한 물적·인적 담보를 확보하고 있을 경우나 채무자나 일부 채권자가 브로커를 고용하여 타채권자의 권리를 해할 목적으로 사적 정리를 주도하고 있을 때, 소수의 채권자만이 참가하고 있을 경우 등에는 채무자는 사적 정리에 참가할 실익이 적다고 볼 수 있다. 따라서 채권자는 이와는 별도로 기확보된 담보권을 실행하거나 채무자 및 보증인의 재산을 파악, 가압류, 가처분이나 강제경매 등을 신청하도록 한다.

(2) 법적 정리절차
가. 회사정리절차
주식회사가 회사채무를 변제할 자력이 없거나 하여 파산의 상태에 직면한 경우에 그 기업이 해체되게 되면 주주나 회사종업원 및 회사채권자에게 큰 손실을 초래할 수 있으므로, 재건의 가망이 있는 주식회사에 대해서는 법원의 감독 하에 채권자, 주주, 종업원 등의 협력을 얻어서 이들간의 이해를 조정하여 회사의 유지, 재건을 도모하는 제도이다. 따라서 담보권을 가진 자도 그 권리행사를 하지 못하며, 정리절차개시 전에 발생한 채권은 권리행사를 임의로 할 수 없고, 정리계획에서 확정된 채권자와 그들이 채권만이 변제를 받을 수 있게 되고 이들 간에는 채권자평등의 원칙이 적용되며, 회사 재건을 도모코자 하는 제도이므로 이들 채권액은 일부 삭감되고 그 변제기도 수년에 걸쳐 분할상환하게 된다.

나. 파산절차
파산은 채무자가 그의 총채무를 완제할 전망이 없는 때에 채무자의 전재산으로 채권자들에게 공평하게 변제하는 것을 목적으로 하는 재판상의 절차이나 실무상 자주 이용되지는 않고 있다.

03장 채권양도

제 1 절 서설

채권양도라 함은 채권의 동일성을 유지하며 계약에 의하여 채권을 이전하는 경우를 가리킨다. 예컨대 채권자 A가 채무자 B에 대한 채권을 그 동일성을 변경하지 않으면서 제3자 C에게 양도하여 양수인 C가 신채권자가 되는 계약을 채권양도라고 한다. 채권양도는 양도인(구채권자)과 양수인(신채권자) 사이의 계약에 의하여 발생하여야 한다. 채권의 이전이 상속(제1005조), 손해배상자의 대위(제399조), 변제자대위(제481조)와 같이 법률의 규정에 의하여 법률상 당연히 일어나거나 전부명령과 같은 법원의 명령 혹은 유언에 의하여 발생하는 경우나 종된 채권(예; 이자채권·보증채권)이 부종적 이전은 채권양도에 해당하지 아니한다.

제 2 절 채권양도의 성질

1. 처분행위

1) 채권양도의 법적 성질은 「준물권계약」 혹은 「준물권행위」라고 할 수 있다. 따라서 채권양도가 있으면 채권은 직접 양도인(구채권자)으로부터 양수인(신채권자)에게 이전되고 별도로 이행의 문제를 남기지는 않는다.

2) 민법은 채권의 양도성을 승인하는 한편, 채권의 종류에 의하여 양도를 전제로 하는 채권과양도를 전제로 하지 않는 채권을 구분하여 규정하고 있다. 특정의 채무자가 특정의 채권자에게 이행하도록 상정되어 있는 일반의 채권(지명채권)은 본래 빈번하게 양도된다는 사실이 예정되어 있지 아니하여 양도의 절차(대항요건)도 어느 정도 엄격하다. 그러나 지시채권·기명채권·지명소지인출급채권 어느 정도 전전하며 유통된다는 사실을 전제로 하여 양도의 절차가 간단하게 규정되어 있다.

2. 요식성의 문제

1) 지명채권의 경우
지명채권의 경우는 채권자와 양수인 사이에 낙성·불요식의 계약이며 채무자는 계약당사자가 아니다. 다만 채무자에 대한 통지 또는 채무자의 승낙을 대항요건으로 한다(제405조 1항).

2) 증권적 채권의 경우

증권적 채권의 경우는 당사자 사이의 양도계약과 증서의 배서·교부 또는 단순한 증서의 교부가 있어야 한다. 그런데 여기서 배서·교부 또는 단순한 증서의 교부의 성격을 어떻게 이해하느냐에 따라 증권적 채권의 양도계약이 요식계약이라는 견해와 배서·교부를 법률이 요구하는 양도의 합의 이외의 또 하나의 양도의 요건에 지나지 않는 불요식계약이라는 견해가 있다.

제 3 절 지명채권의 양도

지명채권이란 채권자가 특정되어 있는 채권을 가리킨다. 지명채권은 증권적 채권과 달리 증권의 작성·교부를 필요로 하지 않는다.

1. 채권의 양도성 원칙

1) 장래 발생할 채권이라도 양도 당시 기본적 채권관계가 어느 정도 확정되어 있어서 현재 그 권리의 특정이 가능하고 가까운 장래에 채권이 발생한다고 상당한 정도로 기대되는 경우에는 채권양도의 대상이 될 수 있다.[124] 또한 조건부·기한부채권도 그 조건·기한과 함께 양도될 수도 있다.[125] 복수의 채권을 일괄하여 양도하는 집합채권의 양도도 가능하다.

2) 채권의 일부양도도 가능하다. 채권의 목적이 가분급부인 때에는 채권의 일부양도에 의하여 다른 약정이 없는 한 분할채권이 되고(제408조), 불가분급부인 때에는 불가분채권으로 된다(제409조).

2. 채권양도의 독자성·무인성

채권양도는 채권의 이전 그 자체를 목적으로 하는 계약이고, 그 원인행위인 채권이전의 채무를 발생하게 하는 채권의 매매·증여와 같은 채권계약과는 이론상 구별된다. 채권양도가 채권의 매매·증여와 같은 원인행위와 어떠한 관계에 있는가에 관하여는 지명채권에서든 증권적 채권에서든 독자성과 무인성을 완전하게 인정하는 학설과 지명채권과 증권적 채권 사이에 차이를 인정하는 학설이 대립한다.

3. 동일성의 유지

1) 채권양도가 효력을 발생하면 채권은 그 동일성을 잃지 않고서 양수인에게 이전한다. 이 점에서 채권자의 변경으로 인한 경개(제502조)와 다르다. 따라서 종 된 권리, 예컨대 기본적인 이자채권·위약금채권·담보물권·보증채권 등의 권리도 원칙적으로 양수인에게 이전하므로 별도의 양도행위를 할 필요가 없다.

2) 다만 유치권과 질권은 목적물의 점유를 양수인에게 이전하여야 함은 점유를 성립·존속의 필수적인 요건으로 하는 유치권·질권의 성질에 비추어 당연하다. 또 저당권은 그 담보한 채권과 함께 양도할 수 있으므로 채권양도와 동시에 저당권이전의 등기를 하여야 한다. 그리고 이미 변제기에 도달한 이자채권은 독립성을 가지고 있으므로, 특별한 의사표시가 없는 한 당연히 수반하지 않는다. 그리고 이전한 채권은 동일성을 유지하

---

124) 대판 1991. 6. 25, 88다카6358; 동 1996. 7. 30, 95다7932
125) 대판 1997. 7. 25, 95다21624

므로 그 채권에 붙어 있는 각종의 항변(동시이행 · 기한유예 등)도 그대로 존속한다. 따라서 채무자가 양도인에 대하여 반대채권을 가지고 있었던 때에는 양수인에 대하여서도 상계로써 대항할 수 있다(제451조 · 제515조 · 제524조 참조).

4. 원인행위자의 담보책임

채권양도의 목적인 채권이 존재하지 않으면 그 양도는 무효가 되고, 또한 채무자가 무자력인 때에는 양수한 채권은 무가치한 것이 되어 버린다. 따라서 채권양도에서 이러한 일이 있게 되면 양도인의 책임이 문제된다. 그러나 이는 채권양도와 합체되어 있는 또는 그것에 선행하는 원인행위인 매매 · 증여 등에 있어서의 매도인 · 증여자 등의 담보책임의 문제이며, 채권의 이전을 내용으로 하는 채권양도 자체의 문제는 아니다.

5. 지명채권의 양도제한

1) 성질상의 비양도성
채권의 성질이 양도를 허용하지 않을 경우 그 채권을 양도하지 못한다(제449조1항 단서).
   (1) 원칙
   가. 채권자가 변경되면 급부의 내용이 완전히 달라지는 채권
   예컨대 A에게 B의 초상화를 그리게 하는 채권, 계약에 의하여 C를 부양하게 할 채권, 부작위채권등은 채권자가 바뀌면 급부내용이 양적 · 질적으로 변경되어 채권이 그 동일성을 잃고 채무자에게 현저한 불이익을 주는 결과, 그 양도가 인정될 수 없다. 그러나 채권자 · 양수인(신채권자) · 채무자의 3자 사이에 이전의 합의가 있었을 경우에는 양도성을 인정해도 무방할 것이다. 부작위채권은 대체로 이에 속한다.

   나. 채권자의 변경에 의해 권리의 행사에 현저한 차이를 발생시키는 채권
   민법은 사용차주의 채권(제610조 2항), 임차인의 임차권(제629조 2항), 사용자의 채권(제657조 2항)에 관하여 채무자의 승낙이 없으면 채권자가 제3자에게 채권을 양도하지 못한다고 규정하여 양도성을 제한하고 있다. 그러나 이들 채권에 대하여도 채무자의 동의가 있는 경우에는 양도할 수도 있다. 그리고 이들 채권이라 하더라도 채무자의 승낙 없이 양도한 경우에는 그 양도가 당연무효로 되는 것이 아니고 그 양수인이 채무자에 대하여 그 채권의 취득으로써 대항하지 못하는 데 그치는 것으로 해석한다.

   다. 특정의 채권자와의 사이에 결제되어야 할 특수한 사유가 있는 채권
   예컨대 상호계산(상법 제72조 이하)에 들어 있는 채권이나 당좌대월계약상의 채권과 같이 특정의 채권자와의 사이에서 결제되어야 할 특별한 사유가 있는 채권은 양도될 수 없다.

   라. 채권 사이의 주종관계가 있는 경우
   원칙적으로 종된 채권만을 주된 채권으로부터 분리하여 단독으로 양도하지 못한다. 따라서 예를 들어 기본적 이자채권은 원본채권과 수반하여 이전할 뿐이고 원본채권으로부터 분리하여 양도할 수 없다. 다만 변제기가 도래한 지분적 이자채권은 원본채권으로부터 분리하여 양도할 수 있다. 역시 채권자는 보증인에 대한 채권만을 주채무자에 대한 채권과 분리하여 양도할 수 없다.

   (2) 구체적인 예
   가. 판례 · 학설상 지명채권의 양도성이 특별히 문제되는 경우로 임금채권과 전세금반환청구권, 임차보증

금반환채권이 있다. 임금채권에 관하여 판례는 임금채권의 양도성을 인정하고 있다. 다만 양수인이라고 할지라도 스스로 사용자에 대하여 임금의 지급을 청구할 수는 없다고 본다. 또한 공법상의 권리인 공무원의 보수청구권은 비록 법률상 금지규정이 없다고 하더라도 양도성이 부인된다.

나. 전세금반환채권을 전세권과 분리하여 양도할 수 있는가?
학설상으로는 긍정설, 부정설과 절충설이 대립한다. 판례는 전세권이 담보물권적 성격도 가진다는 점을 감안한다면, 전세권을 그 담보하는 전세금반환채권과 분리하여 이를 양도하는 것은 허용되지 않는 반면 전세금반환채권의 양도는 담보물권의 수반성의 성질상 원칙적으로 전세권의 양도를 수반하는 것으로 본다.

다. 임대차보증금반환채권의 경우는 임차권의 존속 중에도 임차인은 임대차보증금반환채권만을 제3자에게 유효하게 양도할 수 있다. 임대인이 임대차보증금반환채권의 양도통지를 받은 후에는 임대인과 임차인 사이에 임대차계약의 갱신이나 계약기간연장에 관하여 명시적 또는 묵시적 합의가 있더라도 그 합의의 효과는 임대차보증금반환채권의 양수인에 대하여는 미칠 수 없다.

2) 특약에 의한 양도의 금지
채권은 당사자가 반대의 의사표시, 즉 양도금지의 의사표시가 있는 때에는 양도하지 못한다(제449조 2항 본문). 그러나 이와 같은 양도금지특약에 의해 압류, 전부명령이 방해받지 않는다.[126]

3) 법률에 의한 양도의 금지
(1) 법률이 일정한 정책적 이유에 기하여 채권의 양도를 금지하고 있는 경우가 있다. 예컨대 민법에 의한 부양청구권(제979조), 노동법에 의한 재해보상청구권(근로기준법 제89조), 산업재해보험급여를 받을 권리(산업재해보상보험법 제55조 2항), 선원의 실업수당·퇴직금·송환비용·송환수당·상병보상 또는 재해보상을 받을 권리(선원법 제124조), 국민연금법에 의한 급여를 받을 권리(국민연금법 제54조), 공무원연금법·군인연금법·사립학교교원연금법에 의한 급여를 받을 권리(공무원연금법 제32조; 군인연금법 제7조; 사립학교교원연금법 제40조)는 양도·압류가 금지된다.

(2) 법률에 의하여 양도가 금지되는 채권은 압류도 할 수 없고, 그 채권에 대하여 전부명령이 있더라도 무효이다. 다만 압류금지채권이 반드시 양도가 금지되는 채권이라고 할 수는 없고[127], 압류금지채권의 양도성 유무는 채권의 특수성을 고려하여 판단된다. 특별법이 양도를 금지하는 경우에는 동시에 압류도 금하고 있는 것이 일반적이다.

6. 지명채권양도의 효력발생요건

1) 대내적 효력
양도인(채권자)과 양수인(제3자)간에 생기는 효력을 채권양도의 대내적 효력이라고 한다.
(1) 지명채권양도계약은 채권의 이전을 목적으로 하는 처분적 행위(준물권행위)이며, 채권의 주체를 변경한다고 하는 구채권자(양도인)와 신채권자(양수인)의 합의에 의하여 효력이 발생한다.

(2) 채권양도에 의하여 이전되는 권리는 양도 이전과 동일한 것이므로 당사자 간의 특약이 없는 한 그 채권

---

126) 대판 2002.8.27, 2001다71699
127) 대판 1990. 2. 13, 88다카8132

에 부종된 모든 권리는 함께 이전된다.

(3) 지명채권을 양도하기 위하여는 채권자가 양도가능 한 채권을 가지고 있어야 한다. 다만 ⅰ) 채권이 현존하거나 특정된다고 하는 조건으로 미리 장래채권에 관한 채권양도계약을 체결하여도 유효하고, ⅱ) 양도금지 특약이 있는 경우에도 양수인이 선의·경과실인 한 효력이 있다고 보고, ⅲ) 양도인이 처분권한을 가지고 있지 않은 경우에는 채권양도의 효력이 생기지 아니하여 양도권한이 있다고 오신하더라도 양수인은 보호를 받지 못한다.

2) 통지·승낙의 의의
(1) 통지
「통지」는 채권이 A(채권자)로부터 C(양수인)에게 양도된다고 하는 사실을 채무자B에게 알리는 것이다. 그 법률적 성질은 관념의 통지[128] 로서 준법률행위에 해당한다. 따라서 의사표시에 관한 규정을 유추적용해도 좋다(통설).

가) 다만 통지에 대하여는 의사표시에 관한 규정을 유추적용하여 통지는 도달에 의하여 효력이 발생하여(제111조 1항) 채무자가 통지를 현실적으로 인식할 필요가 없고, 대리의 규정이 적용되어 양도인의 대리인 혹은 사자에 의한 통지도 가능하고,[129] 행위능력이 요구된다고 본다.

나) 민법 제450조 2항의 통지를 위해서는 서면에 의하여야 하고, 그 서면에 확정일자가 있어야 한다. 그러나 민법 제450조 제1항의 통지에 대하여는 아무런 방식도 요구되지 아니한다. 후일의 분쟁을 방지하기 위하여 어떤 증거를 남겨두는 형식을 갖출 필요가 있지만, 규정상으로는 구두의 통지도 가능하다.

(2) 채무자의 승낙
가. 채권이 양도된 경우
ⅰ) 「승낙」은 채무자가 채권양도의 사실에 대해서 인식한 것을 표명한 것이다. 그러나 채권양도는 특히 채권양도의 청약에 대한 승낙과 구별된다. 따라서 그 법률적 성질은 관념의 통지이지만, 다만 실질적으로는 통지와 같이 의사표시에 관한 규정을 유추적용 하여 대리인에 의한 승낙도 가능하다고 본다. 대리인·사자에 의한 승낙도 가능하다. 「이의를 남기지 않는 승낙」에 대해서도 그 성질이 바뀐다고 생각해서는 안 된다. 승낙의 상대방은 양도인A·양수인C의 어느 쪽이든 무방하다(승낙을 의사표시로 해석하면).

ⅱ) 또한 승낙의 시기는 양도보다 늦더라도 지장이 없는 것은 통지와 같지만 「미리 승낙」에 대해서는 견해를 달리한다. 채권자의 일방적인 통지와 달리, 승낙은 채무자자신이 하는 것이기 때문이다. 양도채권과 양수인이 특정하고 있는 한 「미리 승낙」은 그 시점에서 대항요건이 될 수 있다. 채권양도의 대항요건에 관한 제450조 1항은 채무자만의 이익을 보호하는 규정이므로 채무자가 그와 같은 이익을 포기하고 채권자와의 사이에서 채권을 양도한 경우에도 통지 또는 승낙이 없이 대항할 수 있다는 특약을 하는 것은 무방하다(통설). 그러나 그 특약은 채무자 이외의 제3자에 대하여는 효력이 없다. 대항요건으로서 채무자에 대한 통지나 채무자의 승낙이 있었음은 양수인이 입증해야 한다.

나. 승낙의 방식

---

128) 대판 2000.4.11, 2000다2627
129) 대판 1994.12.27, 94다19242; 동 1997.6.27, 95다40977

통지와 같이 민법 제450조 2항의 승낙에 대하여는 서면이 필요하고, 또한 그 서면에 확정일자가 있어야 한다. 그러나 민법 제450조 제1항의 승낙에 대하여는 아무런 방식도 요구되지 아니하여 구두에 의한 승낙도 가능하다.

다. 승낙의 주체와 객체
승낙의 주체는 당연히 채무자가 되고 채무자는 통지가 없더라도 채무자가 양도를 한 사실을 알고 승낙을 하면 된다. 승낙의 상대방은 양도인·양수인의 누구에게 하여도 무방하다(통설).

(3) 통지·승낙이 없는 동안의 효력
이 경우 양수인은 채권양도로써 채무자에게 대항할 수 없다. 채무자가 통지나 승낙 이전에 양도인에 대하여 한 변제 기타 면책행위는 유효하고 양도인이 채무자에 대하여 한 상계·면제도 유효하다. 다만, 양수인은 통지나 승낙이 없는 한 채무자에 대하여 변제 기타 면책행위를 구할 수 없다. 채무자는 채권양도의 사실을 인정 양도인에게 변제하는 것은 물론 가능하다.

3) 「통지」의 효력
「통지」는 채무자에 대한 대항요건이므로, 채권의 양수인 C는 채무자 B에 대해서 채권자로써 정당한 권리를 행사할 수 있다. 그 때 채권은 동일성을 갖고 C에게 이전하는 것이 원칙이므로 채권에 부착되어 있던 항변 등은 그대로 C에게 승계된다. 따라서 B는 A에 대해서 주장할 수 있었던 항변사유 예컨대 채무불성립, 무효·취소, 동시이행의 항변권, 해제, 변제·상계 등에 의한 채무의 소멸 등을 C에게 주장할 수 있다.

4) 승낙의 효력
채무자가 채권양도를 승낙한 경우에는 양수인은 그 승낙을 안 때로부터 채무자에 대하여 채권의 취득을 주장할 수 있다. 채권양도에 대한 채무자의 승낙에는 「이의를 보류한 승낙」과 「이의를 보류하지 않은 승낙」두 가지가 있다.

(1) 이의를 유보한 승낙 의 효력
민법은 이에 대한 명문의 규정이 없다. 이의를 유보한 승낙이란 채무자가 승낙을 할 때에 양도인에 대하여 주장할 수 있는 항변을 유보하고 승낙을 하는 경우로서 그 효력은 통지의 효력과 같다.

(2) 이의를 유보하지 않은 승낙의 효력
이의를 보류하지 않은 승낙이란 채무자가 채권양도의 승낙을 할 때에 채권의 불성립, 성립상의 하자, 채권의 소멸과 같은 항변을 양도인에 대하여 가지고 있다는 사실을 보류하지 않고 한 승낙을 가리킨다. 따라서 이의를 보류하지 않은 승낙을 한 때에는 채무자는 양도인에 대하여 대항할 수 있는 사유(항변사유)를 가지고 있더라도 그 사유를 들어 양수인에 대하여 대항할 수 없다(제451조 1항). 대항할 수 없는 사유는 협의의 항변권에 한하지 않고, 넓게 채권의 성립, 존속, 행사를 저지하거나 배척하는 사유를 포함한다.

4) 채무자이외의 제3자에 대한 [대항] 요건
채권양도의 제3자에 대한 대항요건은 채권의 배타적 귀속의 공시방법이다. 지명채권에는 등기·점유·증권 등과 같은 권리존재의 표상이 없으므로 채권양도의 제3자에 대한 대항요건은 결국 채무자에 대한 통지 또는 채무자의 승낙의 방법에 의하는 수밖에 없다. 그러나 통지 또는 승낙의 방법만으로는 제3자의 지위를 불안정하게 만들기 때문에 법률은 통지 또는 승낙에 특별한 형식을 요구하고 있다.

제 4 절   증권적 채권의 양도

1. 의의

1) 증권적 채권의 의의
증권적채권이란 채권이 특정한 지명채권과 다르고, 채권자체를 증권으로 화체시킨 것이다. 즉 채권의 성립·존속·양도·행사를 그 채권을 표창하는 증권에 의하여 하여야 하는 채권을 가리킨다. 증권적 채권은 주로 채권의 양도성을 증대하기 위하여 고안된 제도이며, 채권자를 결정하는 방법에 의하여 기명채권·지시채권·지명소지인출급채권 ·무기명채권 4종으로 구분할 수 있다.

2) 민법의 규정
민법은 채권을 화체 시키는 증권 자체의 방면에서 그 유통성을 주안점으로 하여 규정함으로써 오늘날의 실정에 맞게 상법·어음법·수표법상의 증권적 채권·유상증권의 이론에 충실하게 규정하고 있다. 그런데 민법은 기명채권(증권 상에 특정되어 있는 채권자일 것 변제하여야 하는 증권적 채권)의 양도에 관해서는 아무런 규정도 두지 않고 있다. 따라서 이론으로서는 지명채권의 양도방법에 의할 수밖에는 없을 것이다.

2. 지시채권의 양도

1) 지시채권의 의의
지시채권은 증서가 있는 채권으로 증서에 기재된 채권자 혹은 그 채권자가 지정한 지시인에게 변제하여야 하는 증권적 채권, 즉 화물상환증(상법 제13조)·창고증권(상법 제157조)·선하증권(상법 제820조)·어음(어음법 제11조·제71조)·수표(수표법 제41조)을 가리킨다. 따라서 이러한 전형적 지명채권의 양도에 관하여는 제1차적으로는 상법·어음법·수표법의 규정이 적용된다. 이론상으로는 이러한 상법증권 외에 오직 민법의 적용만을 받는 지명채권의 가능하지만 실제로는 거의 그 예를 찾아볼 수가 없다.

2) 지시채권의 양도방법
민법상 지시채권의 양도는 그 증서(증권)에 배서하여 양수인에게 교부하여야 그 효력이 발생한다. 배서는 채권양도의 의사표시를 증권에 기재하는 행위이고, 교부는 증권의 점유를 이전하는 행위이다. 따라서 증권의 배서·교부는 지시채권의 양도를 위한 성립요건(효력발생요건)이다.

3) 배서
(1) 배서의 방식
배서는 보통 증권의 이면에 기재하지만, 그 보충지에 기재하여도 상관없다. 다만 배서에는 반드시 배서인이 서명 혹은 기명날인하여야 한다(제510조 1항).

(2) 배서의 태양
배서는 피배서인을 지정하여 하는 기명식배서를 원칙으로 하지만, 피배서인의 지정 없이 배서인의 서명 혹은 기명날인만으로 하는 약식배서(백지식배서)도 가능하다(제510조 2항·제511조). 그리고 배서에는 증서(증권)의 소지인에게 배서·양도한다는 뜻을 기재하는 소지인출급식배서(제512조), 채무자를 피배서인으로 하는 환배서(제509조)가 있다.
가. 약식배서

약식배서는 피배서인을 지정하지 않은 배서이며, 백지식배서 또는 무기명식배서라고도 한다. 이배서에는 배서문구의 기재는 있으나 피배서인의 기재가 없는 것과 배서문구의 기재도 없이 단순히 배서인의 서명 또는 날인만이 있는 두 가지가 있다(제510조 2항). 약식배서에서는 ⅰ) 증서의 소지인은 자기나 타인의 명칭을 피배서인으로 기재할 수 있고, ⅱ) 약식으로 또는 타인을 피배서인으로 표시하여 다시 증서에 배서할 수 있고, ⅲ) 피배서인을 기재하지 아니하고 배서 없이 증서를 제3자에게 교부하여 양도할 수 있다(제511조).

나. 소지인출급배서

증서의 소지인에게 지급하여야 할 뜻을 기재하는 소지인출급배서는 약식배서와 같은 효력이 있다(제512조). 그러한 배서를 한 지명채권증서의 소지인도 약식배서와 같은 방법으로처리할 수 있다.

다. 환배서

채무자(발행인·배서인·보증인)를 피배서인으로 하는 배서를 환배서(A·B·C·B)라고 한다. 환배서를 하면 채무자가 동시에 채권자가 되는 것이므로 채권은 혼동에 의하여 소멸하여야 할 것이지만(제507조), 민법은 예외적으로 증권적 채권의 보통성을 높이기 위하여 배서로 지명채권을 양수한 채무자는 그 지명채권을 다시 배서하여 양수할 수 있게 하였다(제509조). 환배서가 있더라도 채권은 혼동으로 소멸하지 않고, 피배서인인 채무자는 다시 배서하여 양도할 수 있다(제509조 2항).

(3) 배서의 효력

민법은 배서의 효력으로 권리이전적 효력과 자격수여적 효력(제513조)을 인정하고 있지만, 담보적 효력은 인정하지 않고 있다.

4) 지시채권양도의 특칙(양수인의 보호)

양수인을 보호하고 지명채권의 유통성을 높이기 위하여 인적항변의 제도와 선의취득의 제도를 두고 있다.

(1) 인적 항변의 제한

인적 항변이란 유가증권상의 채무자가 청구권에 대항할 수 있는 항변 중에서 특정의 청구권에 대해서만 대항할 수 있는 항변이다. 지시채권의 채무자는 전소지인에 대한 인적 관계의 항변으로 현소지인에게 대항하지 못한다(제515조 본문). 그러나 현소지인이 그 채무자를 해함을 알고 지시채권을 취득한 때에는 채무자는 현소지인에게 인적 대변으로 대항할 수 있다(제515조 단서).

(2) 선의취득

가. 의의

지시채권은 그 융통성이 특히 강한 관계로 거래의 안전을 위하여 선의취득을 인정할 필요가 있다. 민법은 동산거래에 관한 선의취득보다 그 요건을 완화하여 소지인이 무권리자로부터 증서를 취득한 경우에도 선의·무중과실인 한 그 증권상의 권리의 취득을 인정하고 있다(제514조).

나. 요건

가) 지시채권증서에 특유한 유통방법, 즉 취득자로서 배서 또는 최후의 배서가 백지식의 지명증권의 교부에 의하여 증서를 취득하여야 한다.

나) 증서상의 권리자로서의 외관, 즉 형식적 자격을 가진 자로부터 증서를 취득하고, 따라서 취득자 자신도 형식적 자격을 가져야 한다.

다) 무권리자로부터 권리를 취득하여야 한다.

라) 증서취득자에게 악의 또는 중대한 과실이 없어야 한다(제514조 단서).

다. 효과
선의취득자는 증서상의 권리를 취득하고, 반면에 도난·과실 기타의 사유로 증서의 점유를 상실한 자는 그 권리를 상실한다. 따라서 누구든지 증서의 선의취득자에 대하여 그 반환을 청구하지 못한다(제514조 본문).

5) 채무자의 보호
채권자는 배서의 연속 여부를 조사할 의무가 있으며 배서인의 서명 또는 날인의 진위와 소지인의 진위를 조사할 권리는 있으나 의무는 없다(제518조 본문). 민법 제518조에서 채무자에게 「권리가 있다」는 뜻은 진위의 조사를 위하여 필요한 상당한 기간 동안은 변제가 지체되더라도 이행지체가 되지 아니한다는 의미이고, 「의무를 지지 않는 다」는 뜻은 만약 진실한 권리자가 아닌 자에게 변제하더라도 악의 혹은 중과실이 아닌 한 변제는 유효하다는 의미이다(제518조 단서).

6) 지시채권의 변제
증서에 변제장소를 정하지 않은 때에는 채무자의 현영업소를 변제장소로 하고, 영업소가 없는 때에는 현주소를 변제장소로 한다(제516조).

7) 증권의 과실·상실
멸실한 증권이나 소지인의 점유를 이탈한 증권은 공시최고절차에 의하여 무효로 할 수 있다(제521조). 공시최고의 신청이 있는 때에는 채무자로 하여금 채무의 목적물을 공탁하게 할 수 있고, 소지인이 상당한 담보를 제공하면 변제할 수 있다(제522조).

3. 무기명채권의 양도

무기명채권이란 특정의 채권자를 지정하지 않고 증권의 정당한 소지인에게 변제하여야 하는 증권적 채권(예; 무기명사채·무기명식수표와 같은 상법·수표법상의 전형적인 유가증권, 상품권, 철도승차권, 극장의 입장권)을 가리킨다. 「정당한 소지인」은 절취자·습득자와 그 승계인을 배척한다는 의미이다. 무기명채권이 배서채권과 다른 점은 채권자가 증서면에 특정되지 않은 점이다. 따라서 무기명채권의 양도에는 배서가 필요 없으며, 그 증서의 교부만으로 양도의 효력이 생긴다(제523조). 또한 무기명채권은 성질상 지시채권과 다를 바 없으므로 배서를 제외한 지시채권의 양도에 관한 규정(제514조 - 제522조의 규정)이 무기명채권에 준용된다(제524조).

4. 지명소지인출급채권의 양도

채권자를 증서로 지명해도 그 증서의 소지인에게 변제해야 할 것을 부기한 채권을 말한다. 무기명채권의 한 형태라 할 수 있다. 사업과 수표법상의 전형적인 유가증권 이외에는 그 실례가 적다. 지명소지인출급채권의 효력은 무기명채권의 효력과 같다(제525조). 따라서 그 양도는 그 증서의 교부로 효력이 생기며, 그 밖에 배서를 제외한 지명채권의 규정이 준용된다.

제 5 절 면책증서(자격증서)

1. 의의

면책증권은 증권의 소지인에게 변제하면 그 소지인이 진정한 채권자가 아닌 경우에도 채무자가 선의의 한 그 책임을 면하는 증권(예: 수하물상환증·휴대품예치증)이다. 면책증권은 유통을 목적으로 하지 않는 증권으로 채권이 증권에 화체된 증권적 채권이 아니고, 증권이 없더라도 채권자는 자기가 채권자라는 사실을 증명할 수 있으면 채권을 행사할 수 있다. 이 증서는 그 소지인이 진정한 권리자인지의 여부를 조사하기 어려운 경우에 채무자로 하여금 조사의무를 면하게 하기 위하여 발행하는 것이지 채권의 유통성을 증대시키는 것을 목적으로 하는 것이 아니다. 따라서 채권이 증서에 화체된 증권적 채권이라고 할 수 없으며 지시채권의 일변형에 지나지 않는다.

2. 양도의 요건

면책증권의 양도에 관하여는 지명채권의 규정이 적용되며, 증권의 교부를 필요로 하지 않고 양수인에 대한 특별한 보호도 없다. 다만 민법은 면책증권이 증권적 채권과 유사한 성질을 가지고 있다고 하는 이유로 지시채권에 관한 규정(제526조·제516조·제517조·제520조)을 일부 면책증권에 준용하고 있다.즉 면책증서는 일반의 채권에 있어서 보다는 채권의 증서에 의존하는 도가 높으므로 민법은 지시채권의 변제의 장소에 관한 규정(제516조), 지시채권증서를 제시와 이행연대에 관한 규정(제517조) 및 지시채권의 영수기입청구권에 관한 규정(제520조)을 면책증서에 준용할 것으로 하였다(제526조).

참고 : 채권양도양수기법

1) 실무상 적용 시 중요성
(1) 긴급회수 시 채권양도가 가장 유익한 방법이다.
(2) 긴급성을 요하며 제3채무자 파악이 급선무이다.
(3) 사례습득을 통한 채권양도 기법을 반드시 숙지해 두어야 한다.
(4) 채권양도 방법이 실무적용에서 여러 가지 활용도가 많다.
(5) 적법하게 진행하여야하며 분쟁에 대비하여야 한다.
(6) 최상책은 채권양도, 차선책은 전부명령, 최하책은 가압류이다.

2) 채권양도의 성질
(1) 채권양도는 채권이 귀속하는 주체를 직접 변경케 한다.
(2) 즉 제3채무자에게서 받을 돈을 채무자에게 채권자로 이전한다.
(3) 지명채권의 양도
지명채권이란 유가증권 등 확실한 것을 의미한다. 또한 금액의 확정이 되어야 된다. 향후 발생할 임가공료, 주선료는 문제가 있다.

3) 채권양도의 진행절차
(1)채권자와 채무자간에 양도계약을 체결한다.
가. 양도계약서에 의거
나. 금액확정, 거래처 확정해야 한다.
다. 계약서는 공증을 원칙으로 하고 안 되면 확정일부라도 받아 둔다.

(2) 제3채무자에게 통지하고 승낙을 받는 것이 유리하다.
가. 통지는 반드시 내용증명으로 해야 한다. 법적근거와 날짜확인 용이
나. 채권양도 통지서에 의거 실무에서는 채권양도 계약시 통지서도 도장 받아 둔다.
다. 통지서의 발송인 명의는 반드시 양도인으로 해야 한다.
라. 원래는 양도인이 통보까지 해야 하나 실무에서는 채권자가 발송하는 사례가 많다.

(3) 제3채무자 도착순 효력
가. 채권양도의 효력은 제3채무자 도착순이다.
나. 제3채무자가 인정하여야 유리하다. 양도통지서 도착이후 만일 채무자에게 지급하면 채권자에게 또 지급해야 할 문제가 발생할 수 있다.

(4) 제3채무자가 처음부터 채권양도를 승낙하게 한다.
가. 채권자, 채무자, 제3채무자와 함께 양도계약체결하고
나. 분쟁에 대비하여 양도계약서에 공증 또는 확정일부라도 해놓으면 된다.

5) 채권양도의 대항요건
(1) 제3채무자에 대한 대항요건
양도인이 제3채무자에 양도사실을 통지하면 거절당하는 경우도 있다.
제3채무자의 승낙을 받도록 한다.

(2) 제3채무자 이외의 타채권자에 대한 대항요건
제3채무자에 대한 통지는 확정일자가 있는 증서(원칙 내용증명)로 한다.
제3채무자의 승낙은 확정일자가 있는 증서(원칙 공증)가 안전하다.
통지는 양도인만이 해야 하며 양수인과 공동명의로 하면 더 좋다.

(3) 채권양도 계약서 작성 즉시 반드시 계약서상에 확정일자라도 받아둔다.

(4) 양도인으로 하여금 즉시 내용증명 우편으로 제3채무자에게 통지토록 해야 한다.
채권자(양수인)가 속히 제3채무자에게 통지해도 된다.

(5) 제3채무자의 승낙서에 확정일자라도 받아두거나 공증해 둔다.

6) 채권양도 시 주의점
(1) 양도가 곤란한 것인지 확인한다.
양도금지 특약 등

(2) 이중 채권양도 여부를 확인한다.
다른 채권자에게 먼저 양도했으면 문제가 발생할 수 있다.

(3) 제3채무자에게 통지하는 방법보다 처음부터 제3채무자 승낙을 받는 방법으로 업무를 추진함이 더욱 바람직하다.

(4) 채권의 양도가 제한되는 경우는 아닌지 확인한다.
가. 법률의 명문규정이 양도를 금지하는 경우는 압류도 불가능한 것이 있다(공무원 연금 등).
나. 다만, 압류가 금지되는 채권이 반드시 양도가 금지되는 것은 아니다.
다. 당사자의 의사표시로 양도를 금지하고 있는 경우는 양도할 수 없다. 단, 양도금지특약이 있는 채권에 대하여는 전부명령은 할 수 있다.

7) 이중 채권양도의 제3자에 대한 우선순위

(1) 제1원칙 제3채무자에게 도착순서이다.

같은 날에 되었으면 안분계산을 해주고 있다.

(2) 제2원칙 도착이 같은 날인 경우

가. 제3채무자에 대한 양도통지가 확정일자 있는 총지와 확정일자 없는 통지가 경합 시는 확정일자 있는 통지가 우선한다.

나. 2개의 채권양도에 관하여 모두 확정일자 있는 통지를 갖추고 있을 때의 우선순위는 채권양도의 확정일자 선후순위에 의해 결정된다.

(3) 제3원칙 양도 시 공증일(확정일부)

가. 양도증서의 날짜가 중요하며 확정일자를 받아두는 것이 유리하다.

나. 모두 확정일자를 받아둔 경우는 확정일자의 선후에 의한다.

다. 어느 일방만 확정일자가 있는 경우는 확정일자 있는 쪽지 우선한다.

8) 임차보증금에 대한 양도방법과 서식

(1) 임차보증금에 대한 유의점

가. 양도계약서는 공정증서로 한다.

나. 집주인에게 통보하고 승낙을 받도록 한다(내용증명).

다. 집세는 언제라도 먼저 공제당할 수 있다(해지, 명도될 때까지).

라. 월세가 있는 경우 담보로서 부적격하다.

(2) 임차보증금의 성질

가. 임차보증금은 부동산 특히 건물의 임대차에 있어서 임차인의 임대인에 대한 채무를 담보하기 위하여 임차인 또는 제3자가 임대인에게 교부하는 금전 기타 유가물이다.

나. 임대차계약 기간동안 임차인의 채무불이행이 없으면 임대차 계약의 종료 시 임대인이 그 전액을 임차인에게 반환해야 한다.

다. 만약 채무불이행이 있으면 임대인이 그 금액 중에서 자신의 손해액에 충당하고 나머지 금액만을 임차인에게 반환하게 된다.

(3) 임차보증금 반환청구권

가. 판례는 '임차보증금의 반환청구권은 임대차계약의 종료 시 또는 임대차 목적물의 명도 시에 발생하는 장래의 채권이긴 하지만 양도를 인정하여도 임대인에게 불이익한 것이 아니라는 이유로 양도성을 인정'하고 있다.

나. 따라서 채권양도의 방법에 의하여 임차보증금 담보취득이 가능하다.

채권양도의 합의와 확정일자 있는 증서에 의한 건물주에의 통지 또는 건물주의 승낙이 필요하다.

(4) 임차보증금 담보부적격

가. 임차보증금은 그 실질상 담보적 성격이 있으므로 임대인은 다른 채권자보다 우선적 지위를 갖고 있다.

나. 임대차계약의 종료 시에 임차인의 채무불이행으로 인한 임대인의 손해액이 있으면 임대인은 임차 보증금에서 우선 공제하게 되고

다. 임차기간 만료 전에는 양수인이 양수금을 청구할 수 없다.

라. 임차보증금을 담보로 또는 채권회수 목적으로 양도받은 것은 확실한 담보확보의 수단이 되지 않는 경우도 있다. 예컨대 임대인과 임차인간에 양도금지의 특약이 있으면 원칙적으로 채권양도의 목적이 되지 않음에 유의해야 한다.

04장 채무인수

제 1 절 채무인수의 일반

1. 채무인수의 의의

1) 의의

(1) 일반적으로 채무인수란 채무의 동일성을 보호하고 채무를 B로부터 C에게 이전하고 그것에 의해 B가 채무를 면하는 계약을 말한다(면책적채무인수). 채무자의 채무를 제3자 C가 인수하고 C가 스스로 이행의무를 부담한다고 하는 것이므로, 채무인수는 채무의 성질이 그것을 가능하게 하는 것 즉, 대체적급부가 가능한 것이 전제이다. 현실적으로는 금전채무 등으로 행해진다.

(2) 채무인수에는 채무인수에 의하여 채무가 이전되어 구채무자는 채무를 면하는 면책적 채무인수 이외에 채무자가 면책되지 않고 인수인 채무자와 동시에 동일내용의 채무를 부담하는 병존적 혹은 중첩적 채무인수도 있다. 넓은 의미에서 채무인수라고 하면 병존적 채무인수도 포함하지만, 본래의 채무인수라고 하는 경우에는 면책적 채무인수를 지칭한다. 다만 채무의 인수에서 면책적 인수인지 병존적 인수인지 분명하지 아니한 때에는 병존적 채무인수로 본다.[130]

2) 법적 성질

(1) 3면계약(즉 채권자 · 채무자 · 인수인)인 경우 채권자 · 인수인간의 계약의 경우 인수계약이 인수인의 의무부담행위 내지 채권행위로서의 성질을 가짐과 아울러 인수계약으로 채권자가 그의 채권을 처분한다고는 할 수 있으므로 처분행위(준물권행위)의 성질도 겸한다.

(2) 채무자와 인수인만이 계약당사자인 경우에는 양자의 계약에 의하여 당사자 사이의 내부관계에 있어서만 인수의 효력이 생길 뿐이고 채권자에 대하여 채권자의 승낙이 있어야 그 효력이 생긴다. 이 경우 채무자와 인수인의 인수계약은 채권행위이며 채권자의 승낙은 준물권행위로서의 성질을 가진다.

(3) 채권인수계약은 낙성 · 불요식의 계약이므로 특별한 방식을 필요로 하지 않는다.

2. 동일성유지의 원칙

---

130) 대판 1988. 5. 24, 87다카3104.

면책적 채무인수에 에서는 채무가 동일성을 유지하며 채무자로부터 인수인에게 이전한다. 면책적 채무인수가 되더라도 급부의 내용은 물론 이행장소, 소구가능성 여부에 아무런 변화가 없고, 채권자에 대하여 구채무자가 가진 모든 항변권도 인수인에게 이전한다(제458조). 다만 구채무자의 채무에 대한 보증이나 제3자가 제공한 담보는 면책적 채무인수로 인하여 원칙적으로 소멸한다(제459조 1항).

3. 채무인수의 요건

채무인수는 유효한 채무의 존재를 전제로 하며, 다만 불완전채무·장래의 채무도 인수될 수 있다.

1) 채무에 관한 요건
  (1) 채무의 유효성
  채무인수가 유효하기 위해서는 채무가 유효한 것이어야 한다. 장래의 채무·불완전채무 등도 인수될 수 있으나 이에 의하여 성질이 변경되는 것은 아니다.

  (2) 채무의 이전가능성
    가) 채무인수의 대상이 되는 채무는 채무자 이외의 자에 의하여도 실현될 수 있어야 한다. 원칙적으로 채무의 이전성은 인정되며, 다만 채무의 성질이 인수를 허용하지 않는 경우에는 그 채무를 인수하지 못한다(제453조 1항 단서). 예컨대 유명한 화가가 초상화를 그릴 채무나 가수가 극장에 출연할 채무와 같이 채무자의 개성·기능이 중요시되어 채무자가 변경되면 그 급부의 내용이 전혀 달라지는 채무(대부분의 작위채무)는 이전성이 없다. 고용·위임·임치와 같이 채무자의 변경으로 채무의 이행에 현저한 차이가 생기는 채무도 이전성이 없다. 상호계산에 개입 된 채무(상법 제72조)
와 같이 특정의 채무자와의 사이에서 결제되어야 할 특별한 사유가 있는 채무도 이전성이 없다.

    나) 당사자가 채무인수금지의 특약을 한 경우에는 채무인수를 할 수 없다. 금전채무나 불특정물의 급부를 목적으로 하는 채무와 같이 급부 자체는 채무자의 개성이 문제가 되지 않는 경우에도 계약자유의 원칙으로부터 당연히 인정되는 채무인수금지의 특약을 한 때에는 채무의 이전성이 부정된다. 그러나 이 특약은 제3자에게 대항하지 못한다(제499조 2항).

    다) 법률로 채무인수를 금지한 때에는 그 채무는 이전성이 없다. 법률상 노무자의 노무급부의무(제657조 2항), 수임인의 복임권의 제한(제682조)이나 임치에서 제3자에 의한 보관의 제한(제701조)은 직접적으로는 이행대행자의 사용을 제한하는 규정이지만, 당연히 채무인수를 제한하는 취지도 포함하고 있다고 해석된다.

2) 인수계약의 당사자에 관한 요건
채무인수에서는 채권자·채무자·인수인 3인이 당사자가 될 수 있다.
  (1) 채권자·채무자·인수인의 제3자에 의한 3면계약
  가장 완벽한 인수계약의 형태이나, 민법이 채무인수를 채권자·채무자·인수인 사이의 3면 계약으로 하는 경우에 관하여는 규정을 두고 있지 않다. 그러나 당연히 계약자유의 원칙상 채권자·채무자·인수인 3인에 의한 3면 계약으로 채무인수계약을 할 수 있다.

  (2) 채권자·인수인에 의한 계약
    가) 채무자의 관여 없이 채권자와 인수인 사이에서만 채무인수를 하더라도 그 계약은 유효하다(제453조

1항 본문). 채권자와 인수인 사이의 계약에 의한 이러한 채무인수가 본래의 채무인수 혹은 채무인수의 기본적 형태에 해당한다.

　　나) 채권자·인수인 사이의 계약에 의한 채무인수에서는 채무자의 동의 혹은 수익의 의사표시가 필요 없다. 다만 이해관계 없는 제3자의 변제(제469조 2항), 채무자의 변경에 의한 갱개(제501조)에서와 마찬가지로 이해관계 없는 제3자는 채무자의 의사에 반하여 채무를 인수하지 못한다(제453조 2항). 채무인수가 채무자의 의사에 반하는가 아닌가는 채무인수계약 당시를 표준으로 하여 결정하여야 하고, 그 입증책임은 주장자부담설(다수설)에 의하면 채무자의 의사에 반한다는 주장을 하는 자가 부담한다. 다만 소수설(채무자부담설)은 채무자의 의사에 반한다는 사실에 대한 입증책임은 채무자가 부담한다고 한다.

　(3) 채무자·인수인에 의한 계약(제454조 1항)
　　가) 채무인수는 채무자의 책임재산의 변경이므로, 채권자의 이익을 해할 위험성이 있고, 따라서 채권자의 「승인」을 조건으로 하고 이 승인이 있으면 인수계약은 소급적으로 효력을 발생한다. 그래서 미리 승인이 있으면 물론 인수계약 후에 이루어지는 사후적 승인(추인)이라도 유효하다.

　　나) 채무자와 인수인이 채무인수계약을 한 경우에 채무자나 인수인은 상당한 기간을 정하여 승낙 여부를 채권자에게 최고할 수 있고(제455조 1항), 그 기간내에 채권자가 확답을 발송하지 않으면 승낙을 거절한 경우로 본다(제455조 2항).

　　다) 채무인수계약을 한 채무자와 인수인은 채권자의 승낙이 있을 때까지는 그 계약을 철회 또는 변경할 수 있다(제456조).

4. 채무인수의 효과

1) 채무의 이전
채무는 동일성을 유지하면서 인수당시의 상태로 인수인에게 이전한다.

2) 채권자·인수인 사이의 효과
　(1) 채무이전의 시기
　채권자·채무자·인수인의 3자를 당사자로 하거나 또는 단순히 채권자·인수인만을 당사자로 하는 채권인수에 있어서는 당사자 사이에 특별한 의사표시가 없는 이상 인수의 효력은 인수계약의 성립과 동시에 발생한다. 그러나 채무인수가 채무자·인수인 사이의 계약에 의하는 경우에는 그 계약은 채권자의 승낙으로 효력이 생기나(제454조 1항), 채무이전의 효과는 인수계약이 성립한 때로 소급하여 발생하고(제457조 본문), 다만 그 소급효로 제3자의 권리를 해하지 못한다(제457조 단서).

　(2) 동일한 채무의 이전
　채무인수에 의하여 이자채무·위약금채무 등, 그 채무에 종속하는 채무는 당연히 이전한다. 다만 이미 구체적으로 발생한 이자채무는 독립성을 가지는 결과, 채무인수에 의하여 당연히 이전되지는 않는다.

　(3) 인수인의 권한(항변적이전)
　인수인은 전채무자가 가지고 있던 항변으로써 채권자에게 대항할 수 있다(제458조). 따라서 인수인이 채무의 성립존속 또는 이행을 저지 · 배소하는 모든 사유를 주장할 수 있다.

3) 담보권

(1) 인적 담보

보증은 보통 보증인과 구채무자와의 개인적 신뢰관계를 바탕으로 성립하고, 채무자의 교체는 실질적으로 보증인의 이익에 영향을 미친다. 따라서 구채무자의 채무에 대한 보증은 채무인수로 인하여 소멸한다(제459조 본문).다만 보증인이 채무자의 교체를 감수하고 채무인수에 동의한 경우에는 그 보증인은 소멸하지 않는다(제459조 단서).

(2) 물적 담보

가) 유치권 · 법정질권 · 법정저당권과 같은 법정담보물권은 특정의 채무의 보전을 위하여 법률이 정책적으로 인정하고 있는 담보로서 채무인수가 있더라도 소멸하지 않고 그대로 존속한다.

나) 제3자가 담보를 제공한 경우

약정담보물권(질권 · 저당권 · 양도담보 등)에 대해서는 물상보증인이 설정한 것은 보증과 같이 개인적관계에 기초하고 있으므로 동의가 없는 한 존속하지 않는다(판례 · 통설).

다. 채무자가 담보를 제공한 경우

다만 물상보증인이 채무인수에 동의한 때에는 제3자가 제공한 담보가 그대로 존속한다(제459 단서). 그리고 물상보증인이 인수인이 된 경우에는 그 물적 담보는 언제나 존속한다(통설).

4) 인수인의 채무자에 대한 구상관계

(1) 채무자 · 인수인간에 행해질 경우, 보통은 양자 간에 특약이 있다.

이론적으로 문제인 것은 저당부동산의 매각 시에 이루어지는 채무인수의 경우에 구상권이 발생하는가이다(매각액이 저당채무를 공제한 액의 경우). 이 경우 구상권이 발생하지 않는다고 설명하는 설도 있지만, 인수인이 제3자변제하는 것에 의해 취득하는 구상권은 인수채무액상당이라 상계되는 사전의 특약이 있는 것이라고 풀이하는 것이 타당하다.

(2) 채권자 · 인수인간에 행해질 경우.

인수인의 채무자에 대한 채무의 변제로 채무인수가 된 경우에는 인수인이 그 채무를 소멸시키더라도 구상권은 생기지 않는다. 그러나 채무인수가 인수인의 채무자에 대한 채무의 변제와 관계가 없는 경우에는 인수인은 원칙적으로 채무자에게 구상할 수 있다. 그리고 채무인수가 채무자의 위탁에 기한 때에는 위임사무비용의 선급청구권(제687조)으로 사전구상권을 행사할 수 있다.

제 2 절   면책적 채무인수

1. 면책적 채무인수

면책적 채무인수란 채무의 동일성을 유지한 채 채무를 이전하는 계약을 가리킨다. 면책적 채무인수계약에 의하여 채무자는 채무를 면한다. 면책적 채무인수에 의한 채무자의 교체는 그 책임재산에 변동이 생긴다는 의미에서 채권자의 이해에 큰 영향을 미친다는 점에 그 특징이 있다.

2. 계약에 의한 채무의 이전

1) 면책적 채무인수는 채무를 구채무자로부터 신채무자에게 이전시키는 낙성·불요식의 계약이다. 민법은 면책적 채무인수계약으로 첫째 채권자와 인수인 사이의 계약에 의한 채무인수(제453조 1항), 둘째 채무자와 인수인 사이에서 채무인수계약을 체결하고 채권자의 승낙을 얻는 방법(제454조 1항) 두 가지를 인정하고 있고, 실제로는 채무자와 인수인 사이에서 채무인수를 행하고 채권자의 승낙을 얻는 방법이 주로 이용된다.

2) 면책적 채무인수계약의 법적 성질
   (1) 채권자·인수인 사이의 계약 혹은 채권자·채무자 인수인의 3면계약으로 채무인수계약을 하는 때에는 인수인이 채권자에게 구채무자가 부담한 채무와 동일한 채무를 부담하는 의무부담행위 혹은 채권행위인 동시에, 채권자가 채권을 처분한다고 하는 의미에서 처분행위, 즉 준물권행위가 된다.

   (2) 채무자·인수인 사이의 계약에 의하여 채무인수가 되는 때에는 채권자의 승낙이 있어야만 그 효력이 생기는 결과, 채무인수계약 자체는 채권행위로서의 성질을 가지고 채권자의 승낙이 준물권행위에 해당한다.

제 3 절 병존적 채무인수(중첩적 채무인수)

1. 의의
1) 병존적채무인수란 무엇인가
병존적 채무인수(중첩적채무인수)란 채권자A·채무자B의 채권관계에 대해 제3자 C가 B와 병렬적으로 A에 대해서 B의 채무와 동일의 채무를 부담(채무의 추가)하는 계약을 말한다. 이는 채무의 이전이 되는 면책적채무인수와는 채무의 이전 여부에 따라 구분된다. 이렇듯 면책적채무인수와 달리 B는 채무를 피할 수 없다.

2) 법적성질
병존적 채무인수는 인수인이 종래의 채무자와 함께 동일한 내용의 채무를 부담하게 되어 채무의 이전이 없으므로 일종의 「인적 담보」로서의 성질을 가진다. 따라서 연대채무나 보증채무와 마찬가지로 채무자의 의사에 반하여도 이를 할 수 있다.

2. 병존적채무인수의 요건

1) 채무의 이전성
병존적 채무인수가 되기 위하여는 그 채무의 내용이 제3자에 의하여도 실현될 수 있어야 한다. 따라서 전속적·부대체적 급부를 내용으로 하는 채무는 병존적 채무인수가 불가능하다. 또한 원채무는 장래에 발생할 채무이더라도 무방하다. 원채무의 일부에 대한 인수도 가능하다. 다만 인수채무의 범위가 원채무의 범위를 초과할 수 없을 것이다.

2) 당사자의 합의
   (1) 채권자·채무자·인수인의 3자에 의한 3면 계약

채무인수계약이 채권자와 채무자, 인수인 3당사자에 의한 때에도 그 계약은 물론 유효하다.

(2) 채권자·인수인에 의한 계약

면책적채무인수에서는 채무자의 의사에 위반할 수 없지만, 보증인은 채무자의 의사에 위반해도 될 수 있으므로, 실질적으로 담보인 이상, 보증에 준해 다루는 것이 타당하다. 채무자가 관여하지 않고 채권자와 인수인 사이에서만 채무인수계약이 되어도 유효하다. 그리고 채권자와 인수인 사이의 병존적 채무인수는 채무의 면책적인 인수와 달라서 채무자의 의사에 반하여도 할 수 있다.[131]

(3) 채무자·인수인에 의한 계약(제3자를 위한 계약)

면책적채무인수와 달리 이 경우 인수인이 부담하는 채무는 법률적으로는 채무자의 채무와는 별개의 것이다. 즉 보증인의 보증채무와 유사하다. 거기에 착안해서 제3자(채권자)에게 이익(이중채무)을 초래하는 「제3자를 위한 계약」으로 구성하는 것이 통설이다. 따라서 채권자가 관여하지 않은 채무인수계약도 유효하며, 물론 채권자가 인수인에 대한 채권을 취득하기 위해서는 채권자의 수익의 의사표시가 필요하다(제539조 2항).

3. 병존적 채무인수의 효과

모두 계약에 의해도 채무자의 채무와 그것과 동일내용의 인수인의 채무가 병렬적으로 존재하는 것은 말할 것도 없다. 문제는 양자의 채무의 관계이다. 다수설은 그것을 연대채무관계로 본다. 따라서 채무자의 채무의 소멸시효의 효과는 그 절대적 효력에서 인수인의 채무에 미친다고 한다.

1) 채무
병존적 채무인수에 의하여 채무자 B의 채무는 그대로 존속하는 동시에 인수인 C는 채무자와 동일내용의 채무를 부담한다.

2) 항변권
인수인은 채무자와 동일내용의 채무를 부담한다. 즉 종래의 채무자가 그 채무관계에 기하여 가졌던 모든 항변권을 가지며, 인수인과 종래의 채무자 사이의 원인관계로부터 생기는 사유에 관하여는 인수계약이 채권자와 인수인 사이에서 행하여진 경우에는 원칙적으로 항변사유로 할 수 없으나 그 원인관계가 인수계약의 조건 내지 내용으로 되어 있는 특별한 경우는 별개의 문제이다. 따라서 인수 당시 채무자가 가진 일체의 항변사유를 가지고 채권자에게 당연히 대항할 수 있다.

3) 담보
병존적 채무인수에서는 채무가 그대로 존속하여 면책적 채무인수에서와 같은 담보의 소멸은 문제가 되지 아니한다.

4) 채무자와 인수인 사이의 구상관계
인수인과 채무자가 연대채무관계에 있다고 하면 채무를 변제한 인수인은 민법 제425조에 의하여 채무자에게 구상할 수 있다. 그리고 병존적 채무인수를 부진정연대채무로 보는 견해에 의하여도 면책적 채무인수에서와 같은 이론에 의하여 구상권이 인정된다.

---

131) 대판 1966. 9. 6, 66다1202; 동 1962. 4. 4. 4294민상1087; 동 1965. 3. 9. 64다1702

제 4 절   이행인수

1. 이행인수란 무엇인가

이행인수란 인수인·채무자간의 계약으로 인수인이 채무자에 대해서 채무자의 채무를 이행하는 것을 약정하는 것을 말한다. 이 경우 제3자변제이므로 제3자를 위해서 하는 계약구성은 필요치 않다(단, 현실에서 행해지는 약정의 문언 상에서는 불명한 경우도 적지 않지만).

2. 요건

제3자가 대신하여 이행할 수 있는 채무에 대하여 채무자와 인수인 사이에서 채무를 이전하는 합의가 필요하고, 채권자는 전혀 관계가 없다.

3. 이행인수의 효과

1) 인수인과 채무자간에는 이행인수에 대해서 채권관계가 발생한다.

2) 직접적인 법률행위가 채권자와 인수인과이 사이에 성립하지 않는다. 따라서 채권자는 인수인에 대하여 직접 아무런 권리도 취득하지 아니한다.

3) 채무자의 인수인은 함께 채권자에 대하여 채무를 부담하게 된다.

제 5 절   계약인수(계약상의 지위의 양도)

1. 계약인수란 무엇인가

계약상의 지위의 이전을 보통 「계약인수」 혹은 계약양도라고 한다. 계약인수는 계약당사자인 지위의 승계를 목적으로 하는 계약으로 예컨대 임대차계약에서 임대인이 가지는 권리의무의 일체를 이전하는 계약을 가리킨다. 계약인수는 계약관계에 있는 당사자A 또는 B가 그 채권관계의 지위자체를 제3자C·D에게 이전하는 것이다. 따라서 인수한 C·D는 채권관계에서 생기는 일절의 권리·의무를 승계하게 된다. 반대로 양도인 A·B는 그 채권관계에서 탈락하게 된다.

2. 계약인수의 요건

1) 매매계약의 매수인의 지위의 이전
계약상의 지위가 채권·채무와 함께 제3자에게 이전할 수 있어야 한다. 계약상의 지위는 일반적으로 자유양도성이 인정된다.

2) 당사자의 합의
계약상의 지위가 계약상의 당사자 쌍방과 양수인과의 3면 계약으로 양도되는 때에는 문제가 없다. 계약상의 지위가 계약당사자의 일방과 양수인 사이의 계약 만에 의하여도 양도되는가에 관하여는 다른 당사자의 승낙을 정지조건으로 효력이 발생한다고 보는 견해에 이론이 없다.

3) 계약인수의 효과

계약인수가 성립하면 이전의 대상이 되는 계약으로부터 생긴 채권·채무 그 밖의 일절의 권리·의무나 거기에서 생기는 장래적인 채권·채무는 모두 승계인에게 귀속한다. 또한 계약당사자에게 발생하는 것으로 계약해제권이나 취소권도 당연히 이전한다. 앞에서도 언급했듯이 이 관계에서는 양도인(채권자 또는 채무자)은 채권관계에서 완전히 이탈하고 책임을 면한다. 물론 특약이 있으면 예외이다.

4) 계약가입

계약가입이란 가입자가 계약관계에 가입하여 새로이 당사자가 되지만, 종래의 당사자가 계약관계에서 벗어나지 않고, 가입자와 더불어 당사자의 지위에 머물게 되는 경우를 가리킨다.

제 6 절   상계

1. 상계란 무엇인가

1) 상계의 의의
  (1) 채무의 부담액소멸
  상계라 함은 채무를 지는 채무자B가, 자신도 또 채권자A에 대해서 동종의 채권, (반대채권)을 갖는 경우에, 그 반대채권에 의해, 그 채무를 대당액에 있어서 소멸시키는 일방적인 의사표시(단독행위)이다(제492조·제493조). 예컨대 A로부터 500만 원 차금하고있던 B가, 후에 거래관계에서 A에 대해서 300만 원의 매매대금을 갖기에 이르러, 그 양채권이 변제기에 있는 경우에는 B(또는 A)는, 일방적으로 300만 원을 한도로써 자기의 채무를 소멸시킬 수 있다고 하면 서로 변제하는 시간도 수고도 덜 수 있으며, 당사자의 의사에 맞는 것이다. 실질적으로 변제와 같은 것이다. 이것이 상계의 기본원리이다.

  (2) 상계의 법적성질
  상계는 상대방에 대한 일방적인 의사표시(단독행위)에 의해 이루어진다. 따라서 상계는 채무자에게 준 하나의 「권리」(상계권)이다. 당사자의 의사표시를 요하지 않고 상계적상이 있으면 양채권은 당연히 대당액으로 소멸한다(당연소멸주의).

2) 상계의 기능
  (1) 결제방법의 간편화(간이결제)
  상계제도를 인정하면 채권자·채무자는 동종의 채권·채무를 서로 청구·집행하거나 이행하는 무용한 절차를 생략하고 「간이 한 결제」를 할 수 있다. 어음교환은 상계제도를 이용한 것이다.

  (2) 당사자 간의 공평을 꾀한다.
    가) A가 파산한 경우
  만약, 상계제도가 없다고 가정한다면, 예컨데 B는 5만 원 금액을 변제하지 않으면 안 되는 반면, 자기의 3만 원의 채권은 파산재단에 들어가 강제관리를 받고, 거기에서 일 채권자로써 배당을 받기에 지나지 않는다.

따라서 전액회수는 우선 할 수 없다. 이것으로는 동종의 채권을 서로 갖는 A · B간의 법률관계의 해결은 불공평하다. 상계는 이러한 불공평을 회피하고 있는 제도이기도 하다.

나) 채권을 서로 가지고 있는 당사자의 일방(B)이 재산상태가 악화되고 상대방(A)에 대한 변제가 곤란하게 된 경우 쌍방(A · B)의 채권이 각각 변제되어야 한다고 하면 A는 사실상 자기의 채권에 대하여는 만족한 변제를 받을 수 없지만, 자기의 채무(B의 채권)는 완전한 변제를 강요당하게 되어 A가 일방적으로 불이익을 입게 된다. 그러나 채권자 · 채무자가 서로 채권 · 채무를 변제하여야 한다고 하면 2당사자(A · B)가 서로 채권을 가지고 있는 경우에 보통 「양채권은 이미 대등액에서 서로 결제된다고 서로 기대하고 신뢰하는 관계」가 형성된다고 하는 관점에서 볼 때 불공평한 결과라고 하지 않을 수 없고, 결국 당사자의 기대와 신뢰를 보호하고 불공평한 결과로부터 당사자를 구제하기 위하여 상계제도를 인정할 필요가 있다.

(3) 담보적 기능
가) 그런데 A가 파산한 경우나, B가 300만 원의 반대채권으로써 상계할 수 있다고 하면, B의 채권(반대채권)은 상계라고 하는 제도에 의해 확실히 담보 · 보전되게 된다. 상계제도에는 본래 이와 같은 담보적 기능이 내재해있다.

나) 융자자(은행)B는 A가 파산하든 차액을 받든 미리 상계를 할 수 있는 상황을 만들어두는(파산 · 압류 등의 일정한 사정이 생긴 경우에는 상계 할 수 있는 특약을 체결한다)한, 그 융자금은 확실하게 회수할 수 있게 된다. 이것이 상계제도에서 연원한 「상계예약」이다.

다) 그러나 상계의 이러한 담보적 기능은 당사자 사이에서는 충분히 타당성을 가지게 되지만 제3자에 대하여는 그 이익을 해할 염려가 있다.

(4) 채권회수기능
상계에 의하여 2개의 채권이 소멸하지만, 그 효과를 다른 관점에서 보면 2개의 채권이 서로 변제되고 함께 만족을 얻는 경우와 같은 결과가 생긴다고 할 수 있다. 결국 상계는 상계자 측에서 보면 「상대방에 대한 자기의 채권(자동채권)에 대하여 일방적 의사표시만으로 일순간에 만족을 얻는 결과」가 된다. 동시에 상계에 의하여 상대방의 상계자에 대한 채권(수동채권)은 소멸하지만, 수동채권은 실은 상대방의 책임재산의 일부라고도 볼 수 있다. 따라서 상계자는 상계를 통하여 마치 상대방의 책임재산으로부터 자기의 채권을 회수하는 경우와 거의 동일한 결과를 얻을 수 있다.

3) 상계계약(계약에 의한 상계)
(1) 의의 및 성질
상계적 효과는 「계약」(쌍방행위)에 의해서도 발생한다. 즉 당사자 간의 합의로 장래의 일정기 또는 일정한 사유가 생긴 경우에는 상계를 행한다고 하는 상계계약이다. 이러한 계약의 유효성은 계약자유의 원칙을 제기할 것도 없다. 상계의 조건 · 내용 · 요건 등은 합의로 결정되므로 낙성 · 유상계약이다. 단독행위에 의한 상계에 필요한 요건(상계적상)도 필요치 않다. 불법행위에 의한 손해배상채권압류금지채권 등도 금지의 취지를 잠탈 하는 등 공서양속에 위반 하지 않는 한은 가능할 것이다.

(2) 요건
상계계약은 당사자의 합의에 의하여 서로 대립되는 채권을 소멸시키는 것이기 때문에 계약 일반의 요건을 갖추면 족하고, 민법이 정하고 있는 상계의 요건에 부합할 필요는 없다. 따라서 상계계약은 민법에 정한 상계요건을 겸한 경우, 특히 상계가 금지되고 있는 경우에 그 기능을 발휘하게 된다.

4) 효과

(1) 상계계약에 의하여 그 대상이 되었던 쌍방의 채권은 대등액에서 소멸한다.

(2) 상계계약에 소급효를 인정할 것이냐의 여부도 계약내용에 따라 판단하여야 할 것이나 당사자의 의사가 불분명할 경우에는 원칙적으로 소급효를 인정할 것이다.

5) 상계예약

「장래 일정한 사유가 발생한 때는」 서로 대립하는 채권을 즉시 상계한다고 하는 당사자 간의 합의를 총칭해서 「상계예약」이라 한다.

(1) 상계계약의 예약

일방의 예약)제도를 이용해, 일정의 사유가 생긴 때에는, 그 예약완결권의 행사(상계의 의사표시)에 의해 상계계약효력을 발생한다고 하는 것이다. 예약에 의해 효력이 발생하는 것은, 당사자 간에 합의된 본계약(상계계약)인 것은 말할 것도 없다.

(2) 정지조건부상계계약

일정한 사유가 생긴 때에는, 상계의 의사표시를 필요로 하지 않고, 곧 상계계약의 효력은 발생한다는 계약이다. 쌍방사유가 생긴 때에는 상계의 의사표시를 필요로 하지 않고, 곧 상계계약의 효력을 발생한다고 하는 계약이다. 쌍방의 채권 등이 특정되어 있는 한에 있어서는 유효성을 갖는 다고 하는 설도 있지만, 일반적으로는 그 유효성에는 의문이 있다고 할 수 있고, 현재의 은행거래에서는 사용되지 않는다고 할 수 있다.

(3) 준법정상계

A에게 일정한 사유 즉, 발행어음의 부도, 파산, 압류 등의 신용실추가 생긴 때에는 A는 당해채권의 기한의 이익을 상실하고, 또한 B는 반대채권의 이익을 포기해)상계할 수 있는 것이라 하는 것의 특약이다.

2. 상계의 요건 · 방법 · 효과

1) 상계적상

쌍방이 서로 같은 종류의 목적으로 한 채무를 부담하는 경우에 그 쌍방의 채무의 이행기가 도래한 때에는 각 채무자는 대등액에 관하여 상계할 수 있다(제492조 1항 본문). 상계를 할 수 있는 제요건을 구비한 채권의 대립상태를 가리켜 상계적상이라고 한다.

(1) 양 채권의 대립(제492조 1항 본문)

가) 예외적으로 상계를 하는 자의 채권(자동채권)에 대하여는 타인이 상대방에 대하여 가지고 있는 채권에 의한 상계를 인정하는 경우가 있다. 예컨대 보증인은 주채무자의 상대방에 대한 채권으로 상계할 수 있고(제434조), 연대채무자는 다른 연대채무자의 상대방에 대한 채권으로 상계할 수 있다(제418조 2항). 상대방 이외의 자에 대한 채권으로 상계할 수 있는 경우도 있다. 변제를 보증인의 주채무자에 대한 구상에 대하여 주채무자는 채권자에 대한 채권으로 상계 할수 있는 경우가 있고(제445조 1항), 연대채무자의 구상에 대하여도 역시 동일규정이 있다(제426조 1항). 또한 채권양도의 경우에도 채무자는 양수인(신채권자)의 청구에 대하여

양도인(구채권자)에 대하여 가지는 채권으로 상계 할 수 있다(제451조 2항).

나) 수동채권은 피상계자가 상계자에 대하여 가지는 채권이어야 한다.

다) 양채권은 상계 상 유효한 것이 아니면 안 된다.

(2) 양채권이 동종의 목적을 갖는 것(제492조 1항 본문)

쌍방의 채권이 그 목적에 있어서 동일한 종류가 아닌 이상 상계적상은 인정되지 않는다. 따라서 상계는 동종채권(특히 금전채권) 상호간에 있어서 행하여진다. 판례에 의하면 백미의 인도를 목적으로 한 채권은 그 내용이 금전채권으로 변경되지 않는 한 금전채무와 상계할 수 없다고 한다.[132] 채권의 목적이 동종이면 족한 것이지 채권발생의 원인·채권액·이행기·이행지까지 동일할 필요는 없다. 다만 이행지가 다른 경우에는 상대방이 이행지에서 이행을 받지 않음으로써 받은 손해를 배상하여야 한다(제494조 단서).

(3) 양 채권이 변제기에 있는 것(제492조 1항 본문)

가. 자동채권

자동채권에 변제기의 도래가 요구되는 것은 당연하다. 그렇지 않으면, 상대방의 기한의 이익을 빼앗기게 되기 때문이다. 그러나 다만 기한의 정함이 있는 경우에도 법률(제388조) 또는 특약으로 정한 일정한 사유의 발생에 의하여 기한의 이익을 상실한 때에는 그 사유가 발생한 때로부터 언제든지 상계할 수 있다. 그리고 기한의 정함이 없는 채권은 성립과 동시에 변제기에 있기 때문에 채권자는 언제든지 상계할 수 있다.

나. 수동채권

수동채권은 그 채무자인 상계자가 기한의 이익을 포기할 수 있으므로 변제기에 있는 것을 요하지 않는다고 해야 한다. 따라서 채무자가 변제기가 도래하지 않는 채무에 대해 상계의 의사 표시를 할 때는 그때에 기한의 이익을 포기해 청산할 의사를 포기한 것이라 풀이된다. 다만 기한이익의 포기에 의하여(제153조 2항) A로부터는 기한이 도래한 자기의 채권을 자동채권으로 기한미도래의 B의 채권을 수동채권으로 하여 상계를 할 수 있다. 또한 자동채권에 대한 담보의 훼손과 같은 민법이 규정한 기한의 이익상실사유(제388조)가 있으면 상계도 당연히 가능하다.[133]

다. 시효소멸채권의 특칙

시효로 소멸한 채권은, 본래라면 상계는 할 수 없다고 해야 하지만, 그 소멸 전에 이미 상계적상에 있었던 경우에는 이것으로써 상계할 수 있다. 그 당시의 상계의 의사표시가 없더라도, 당사자 간에는 거의 청산된 것으로 하는 것이 사회의 법감정에도 합치하기 때문이다.

(4) 채권의 성질상 상계가 허락되는 것

「채무의 성질이 상계를 허락하지 않는다」(제492조 1항 단서)라 함은 그 채권이 현실로 이행되지 않으면, 채권을 성립시킨 의미가 없다고 하는 것이다. 따라서 이하의 채권은 원칙적으로 상계에 이바지 할 수 없다.

가) 소위 「행하는 채무」

예를 들면, 서로 경업하지 않는다고 하는 부작위채무나 노무제공채무 등.

---

132) 대판 1962. 7. 19. 4294민상403
133) 대판 1979. 6. 12. 79다662

나) 항변권이 부착한 자동채권

항변권(최고 · 검색의 항변권, 동시이행의 항변권 등)이 부착한 채권을 자동채권으로써 상계할 수 없다.[134] 일방적인 의사표시에 의해, 상대방은 이것들의 항변권을 잃기 때문이다.

(5) 이상과 같은 요건을 갖춘 상계적상은 원칙적으로 상계의 의사표시가 행하여지는 당시에 현존해야 한다.

2) 상계의 방법

(1) 상계의 의사표시

상계는 상계적상에 있는 채권을 갖는 당사자의 일방이 상대방에 대한 의사표시로 행해지는 단독행위이다 (제493조 1항 전문).

(2) 조건 · 기한을 붙인 상계의 금지

가) 상계의 의사표시에는 조건 또는 기한을 붙이지 못한다(제493조 1항 후단). 단독행위인 상계에 조건을 붙이면 일방적 의사표시에 의하여 상대방을 불안정한 지위에 놓이게 하는 결과가 되고, 또한 상계는 소급효에 의하여 그 효과가 상계적상의 개시 시에 소급하여 기한을 붙여도 무의미하다. 따라서 「채무가 있으면 상계한다」는 식의 조건은 허용하여도 무방할 것이다.

나) 상계의 의사표시는 일방적으로 철회할 수 없다. 그러나 상계의 의사표시 후에 상대방과 상계가 없었던 것으로 하기로 한 합의는 계약자유의 원칙상 유효하다.

(3) 상계충당

상계하는 자동채권이 수동채권의 총액에 미치지 못할 경우에는 변제충당에 관한 규정이 준용된다. 이것을 「상계충당」이라 한다. 그 취지 · 방법은 변제충당과 같기 때문에 반복하지 않는다. 단 상계충당의 채권액은, 상계적상을 발생시킨 때를 기준으로 하는 것에 주의해야 한다.

3. 상계의 금지

1) 당사자의 의사표시에 의한 금지

당사자는 계약에 의해 발생하는 채권에 대해서는 합의에 의해 단독행위에 의해 발생하는 채권에 대해서는 일방적인 의사표시에 의해 상계를 금지할 수 있다(제492조 2항 본문). 따라서 당사자가 상계할 수 없다는 의사표시(보통은 계약)를 한 경우에는 상계를 할 수 없다(제492조 2항 본문). 그러나 당사자의 이러한 금지행위는 선의의 제삼자에게 대항할 수 없다. 즉 다만 채권양도에 의하여 상계금지의 특약이 있는 채권이 선의의 양도된 경우에는 상계금지가 있다는 사실을 가지고 양수인인 제3자에게는 대항할 수 없다(제492조 2항 단서).

2) 법률에 의한 금지

(1) 불법행위에 의한 손해배상채권(제496조)

불법행위의 가해자 B(채무자)는 피해자A(채권자)로부터 손해배상의 청구를 받은 때는 A에 대한 다른 채권을 다른 채권으로써 그것을 상계할 수 없다. 즉 A의 손해배상채권을 수동채권으로 하는 것이 금지된다.

따라서 현실로 변제하지 않으면 안 된다(제496조).

---

134) 대판 1975. 10. 21. 75다48

이것은 불법행위의 피해자로 하여금 현실의 변제를 받게 하는 동시에 불법행위의 유발을 방지하려는 취지에서이다. 그러나 「과실」의 불법행위로 인한 손해배상채권은 이를 수동채권으로 하여 상계할 수 있다. 그리고 금지되는 것은 「고의」의 불법행위채권을 「수동채권」으로 하는 것이며, 자동채권으로서 피해자가 상계하는 것은 허용 된다.[135] 불법행위에서의 고의는 객관적으로 위법이라고 평가되는 일정한 결과가 발생한다는 사실에 대한 인식의 존재만으로 충분하고 기타 그것이 위법한 것으로 평가된다는 것까지 인식을 요하지는 않는다.[136] 수동채권과 자동채권이 모두 고의의 불법행위로 생긴 것인 경우에는 상계가 허용되지 않는다는 것이 통설·판례이다.[137]

(2) 압류금지채권

채권이 압류하지 못할 것인 때에는 그 채무자는 상계로 채권자에게 대항하지 못한다(제497조). 부양료·급료·임금·퇴직금과 같이 그 전부 혹은 일부에 대하여 압류가 금지되는 채권(민사집행법 제246조:자동차손해배상보장법 제15조:공무원연금법 제32조:근로기준법 제86조)은 그 채권을 수동채권으로 하여 상계할 수 없다. 그러나 압류금지채권이더라도 이를 자동채권으로 하여 상계하는 것은 무방하다.

예컨대 근로자가 받을 퇴직금은 임금의 성질을 가지므로 근로기준법상 사용자는 그 수령권자에게 직접 전액을 지급하여야 하며, 사용자가 자기 직원으로 근무하다가 사망한 근로자의 퇴직금에 대하여 사용자의 근로자에 대한 대출금채권으로 상계 충당할 수 없다.[138]

(3) 지급금지의 채권(제498조)

채권이 압류(혹은 가압류)된 경우에 지급금지명령을 받은 제3채무자는 그 후에 취득한 채권에 의한 상계를 가지고 압류채권자에게 대항할 수 없다(제498조). 지급금지명령을 받은 채권이란 압류 또는 가압류를 당한 채권을 가리킨다. 이는 압류 또는 가압류의 효력을 유지하기 위한 규정으로, 압류채무자와 제3채무자가 공모하여 허위의 채권을 만들어 낸 뒤 이를 자동채권으로 하여 상계를 하면 지급금지명령을 받은 수동채권에 대한 압류·가압류의 효력이 상실되므로 이를 방지하기 위한 것이다. 제3채무자가 지급금지명령이 있기 전에 압류채권자에 대하여 가지고 있는 채권으로는 상계할 수 있다.

(4) 질권이 설정된 채권

질권이 설정된 채권은 질권의 효력으로서 지급금지의 효력이 생기므로 지급금지명령을 받은 채권과 마찬가지로 다루어진다.

(5) 주금납입채권(상법 제334조)

주주는 주금의 납입에 관하여 상계로써 회사에 대항하지 못한다(상법 제334조). 이는 주식회사에 있어서 자본의 충실을 기하기 위한 것이다. 상법 제596조에 의하여 위 상법 제334조의 상계금지규정은 유한회사 회원의 재산출자의무에도 준용된다. 그러나 회사가 상계를 하거나 또는 위 상계금지채권에 대하여 상계계약이 체결은 가능하다.

4. 상계의 효과

---

135) 대판 1975. 6. 24, 75다103).
136) 대판 2002.7.12, 2001다46440)).
137) 대판 1994.2.25. 93다38444))
138) 대판 1990. 5. 8, 88다카26413))

1) 채권의 대등액소멸
상계의 의사표시에 의하여 쌍방의 채권은 그 대등액에서 소멸한다(제492조 1항).
2) 상계의 소급효
상계의 의사표시는, 상계적상이 생긴 최초로 거슬러 올라가 효력을 발생한다(제493조2항). 이를 상계의 소급
효라 한다. 상계후의 상계(상계의 경합)가 경합할 경우에는, 먼저 상계의 의사표시가 된 것이 우선하고, 상계
적상의 선후는 기준이 되지 못한다.

3) 이행지가 다른 상계
상계는 쌍방의 채무의 이행지가 동일하지 않은 경우에도 할 수 있지만, 상계를 하는 당사자는 그 상대방에 대
하여 생긴 손해를 배상하여야 한다(제494조).

제 7 절 상속

1. 서설

1) 상속의 의의
현행법상 상속이라 함은 자연인의 사망을 원인으로 하여 행해지는 포괄적인 재산상의 법률관계의 승계를 의
미한다. 상속에는 법정상속과 유언상속이 있다. 다수설은 상속의 기본을 피상속인의 의사에서 구하여 그 의
사에 의하여 상속재산이 이전하는 유언상속을 상속의 원형으로 본다.

2) 상속의 형태
　(1) 신분상속 · 재산상속
　민법은 신분상속과 재산상속을 모두 인정하고 있다. 다만 민법은 신분상속은 「호주승계」라고 하여 친족편
에서 규정하고 있다. 그러나 실질적 의미에서는 이것 역시 상속이다.

　(2) 생전상속 · 사후상속
　상속제도는 피상속인의 사망을 상속개시의 원인으로 하는 사후상속을 원칙으로 한다. 구관습법은 물론,
1990년 개정 이전의 민법에서 호주상속에 관하여 생전상속을 인정하고 있다(제980조).

　(3) 법정상속 · 유언상속
　민법은 법정상속과 유언상속을 모두 인정하고 있다.

　(4) 단독상속 · 공동상속
　단독상속에서는 그 1인이 누구인가에 따라서 장자상속 · 말자상속과 같은 구분이 있다. 민법은 호주승계에
대하여는 단독상속제를 채택하고, 재산상속에 대하여는 공동상속제를 채택하고 있다.

　(5) 강제상속 · 임의상속
　민법은 1990년의 개정에 의하여 호주승계를 포기할 수 있도록 하였기에(제991조) 호주승계나 재산상속에
대하여 모두 임의상속제를 채택하고 있다(제1019조 이하).

(6) 분할상속 · 불분할상속

분할상속 · 불분할상속은 공동상속을 세분하는 분류로 분할하는 비율이 평등한가 아닌가는 별개의 문제이다.

(7) 균분상속 · 불균분상속

민법은 균분상속을 원칙으로 하여 직계비속의 상속분을 남녀, 동일가적과 호주승계의 여부에 관계없이 균등하게 규정하고 있다(제1009조 1항).

(8) 본위상속 · 대습상속

상속인이 자기의 고유한 권리에 기하여 하는 상속을 본위상속이라고 한다. 반면 본래의 상속인이 사망 혹은 상속권을 상실한 경우에 사망 혹은 상속권을 상실한 자의 순위에 갈음하여 그 직계비속이나 배우자가 하는 상속을 대습상속 이라고 한다. 민법은 상속인이 될 직계비속 · 형제자매가 상속개시 전에 사망하거나 결격자가 된 경우에 그 직계비속이 사망 혹은 결격된 자의 순위에 갈음하여 상속인이 되는 대습상속을 인정하고 있다(제1001조). 역시 상속개시 전에 사망 혹은 결격된 자의 배우자에게도 대습상속이 인정된다(제1003조 2항).

3) 재산상속제도의 특징

(1) 상속인의 범위축소

민법의 제정 당시 상속인의 범위를 동일가적내의 유무와 관계없이 직계비속 · 배우자 · 직계존속 · 형제자매 · 8촌 이내의 방계혈족으로 확대한 규정을 1990년의 민법개정을 통하여 직계비속 · 배우자 · 직계존속 · 형제자매 · 4촌 이내의 방계혈족으로 축소하여 규정하고 있다.

(2) 균분상속제

민법은 호주상속과 재산상속을 분리하여 호주의 독점상속제를 폐지하고 공동균분상속제를 적용하고 있다. 호주에 대한 5할 가산제는 폐지하고, 종전 동일가적 내에 없는 여자의 상속분이 남자상속분의 4분의 1이었던 것을 균분상속으로 전환하였다(제1009조).

(3) 여자상속권의 확립

상속순위에서 남녀를 평등시하고(제1000조), 동일가적 내에 없는 여자의 상속분의 차 등을 없애고 다른 상속인과 평등하게 하였으며, 부의 상속분과 처의 상속분을 평등하게 하여 상속분의 불평등을 해소하였다(제1009조).

(4) 적서에 대한 상속분의 균등취급

민법은 혼인중의 자와 혼인 외의 자의 상속분에 대하여 차등을 두고 있지 않다. 다만, 이에 대해서는 일부다처제를 조장한다는 비판이 있다.

(5) 유류분제도(1977개정)

유류분제도를 신설하고(제1112조~제1118조) 이에 따라 특별수익자로 하여금 유류분할 여부를 이행하게 하기 위하여 제1008조 단서를 삭제 하였다.

(6) 기여분제도(1990년 개정)

피상속인의 재산의 유지나 증가에 대하여 특별히 기여하거나 피상속인을 부양한 자가 있는 경우에, 그 자에게 그 기여한 만큼의 재산을 가산하여 상속분을 인정하는 기여분제도(제1008조의 2)를 두고 있다.

(7) 특별연고자에 대한 분여제도(1990년 개정)

상속인이 없는 경우에 피상속인과 생계를 같이 하거나 피상속인의 요양·간호를 한 자 또는 기타 피상속인과 생계를 같이 하거나 피상속인의 요양·간호를 한 자 또는 기타 피상속인과 특별한 연고가 있던 자에게 상속재산의 전부나 일부를 나누어주는 특별연고자에 대한 분여제도를 두고 있다.

2. 상속의 개시

1) 서설
상속개시의 효과는 상속인이 상속의 개시를 알았는지의 여부에 관계없이, 또한 피상속인에게 속한 재산에 적극재산이 없고 단지 소극재산만이 있는 경우에도 상속은 개시된다. 상속은 피상속인의 사망을 원인으로 개시된다(제997조). 재산상속은 생전사유를 원인으로 하는 상속개시를 일체 인정하지 않고, 사망만을 상속의 개시원인으로 인정하는 사망상속에 한한다(제997조).

2) 상속개시의 시기와 장소
(1) 상속개시의 시기
상속은 피상속인의 사망을 원인으로 개시하여 역시 그 개시시기도 상속원인이 발생한 때, 즉 피상속인이 사망한 때가 된다. 상속개시의 시기를 확정하는 것은 아래 사항을 결정하는 기준이 된다.

가) 상속인의 자격·범위·순위·능력을 결정하는 기준이 된다.

나) 상속에 관한 소권과 청구권의 소멸시효·제척기간의 기산점이 된다. 예컨대 상속회복청구권(제999조)·재산분리청구권(제1045조)·유류분반환청구권(제1117조) 등이다.

다) 상속의 효과발생, 상속재산 또는 유류분의 산정기준이 된다.

라) 유언의 효과발생시기(제1073조)가 되기도 한다.

(2) 상속개시의 장소
상속은 피상속인의 주소지에서 개시한다(제998조). 상속개시의 장소를 정하는 것은 상속소송(민소법 제20조)이나 파산사건의 재판관할을 결정하거나 상속세 부과의 기준지가 된다. 상속개시장소를 정하는 것은 상속사건(민소법 제20조; 가소법 제31조). 파산사건(채무자회생및파산에 관한 법률 제3조)에 관한 재판관할을 확정하는 데 필요하다.

3) 상속 비용
(1) 상속에 관한 비용은 상속재산 중에서 지급한다(제998조의2). 이 규정(제998조의 2)은 한정승인, 상속포기, 상속재산의 파산, 재산분리 등의 경우에 실익이 있다. 특히 상속인 이 수인인 때에는 누가 어떤 비율로 비용을 부담하느냐를 해결하는데 실익이 있을 것이다.

(2) 상속인은 상속의 개시에 의하여 「피상속인의 재산에 관한 포괄적 권리의무」를 승계한다(제1005조). 그러나 피상속인의 일신에 전속한 권리의무(제1005조 단서)와 제1008조의 3에 해당하는 재산은 상속재산에서 제외된다.

4) 상속회복청구권
  (1) 상속회복청구권의 의의
  상속권이 참칭상속권자로 인하여 침해된 때에는 상속권자 또는 그 법정대리인은 상속회복의 소를 제기할 수 있다(제999조 1항). 상속회복청구권은 침해를 안 날부터 3년, 상속권의 침해가 있은 날로부터 10년을 경과하면 소멸된다(제999조 2항).

  (2) 상속회복청구권의 당사자
  가. 상속회복청구권자
  상속회복청구권자는 진정상속인 또는 그 법정대리인이다(제999조 1항).

  나. 상속회복청구권의 상대방
  상속회복청구권의 상대방은 참칭상속인이나, 참칭상속인으로부터 상속재산을 취득한 제3 취득자이다. 먼저 상속인이라고 참칭하며 상속재산의 전부나 일부를 점유하는 자는 선의 · 악의, 과실 · 무과실에 관계없이 상속회복청구권의 상대방이 된다(통설).

  (3) 상속회복청구권의 행사
  상속회복청구권의 행사방법에 관하여 민법상 특별규정이 없다. 통설은 실제로 상속회복청구권은 보통 소송상 행사되지만 반드시 재판상 행사할 필요는 없다고 한다. 상속회복청구권을 소송상 행사할 때에는 민사소송법에 의한 이행의 訴로 한다. 소송의 관할은 일반법원이다(민소법 제20조).

  (4) 상속회복의 효과
  가. 참칭상속인에 대한 효과
  원고승소판결이 확정되면, 참칭상속인은 취득한 상속재산을 진정상속인에게 반환하고, 또한 호적상의 정정이나 등기 · 등록의 말소를 하여야 한다. 진정상속인이 다수일 때에는 상속인의 상속분에 따라서 반환하여야 한다.

  나. 제3자에 대한 효과
  참칭상속인으로부터 제3자가 양수한 재산이 동산 · 지시채권 · 무기명채권 · 지명소지인출급채권 또는 유가증권이면 선의취득(제249조 · 제514조 · 제524조 · 제525조;어음법 제16조;수표법제21조)에 의하여 보호되나, 부동산의 경우에는 비록 상속등기가 있더라도 보호되지 않는다(등기공신력의 부재). 공동상속인은 무권리자가 아니기 때문에 공동상속인으로부터 상속재산을 양수한 제3자는 동산을 취득한 경우에도 선의취득에 의하여 보호될 수 없다.

  (5) 상속회복청구권의 소멸
  가. 상속회복청구권의 포기에 의한 소멸
  진정상속인은 상속회복청구권을 포기할 수 있고, 진정상속인이 상속회복청구권을 포기하면 상속회복청구권은 소멸한다. 다만 상속개시 전에는 상속포기와 유류분권의 포기를 허용하지 않는 태도와의 균형상 상속개시 전의 상속권회복청구권의 포기는 인정되지 아니한다고 본다.

  나. 제척기간의 경과에 의한 소멸
  상속회복청구권은 상속인 또는 그 법정대리인이 상속권의 침해를 안 날로부터 3년, 상속권의 침해행위가 있은 날로부터 10년의 기간이 경과하면 소멸한다(제999조 2항). 이 소멸기간은 제척기간이라고 보는 것이 통설이다.

(3) 상속회복청구권 소멸의 효과

상속회복청구권이 소멸하면, 진정상속인은 상속권을 상실하며, 참칭상속인에 관련되는 기존의 법률관계는 확정되어 상속에 있어서 정당한 권리를 취득하게 된다.

3. 상속인

상속이란 피상속인의 재산상의 지위를 승계한 자를 말한다. 상속인은 단순히 상속인이 될 수 있는 자격을 갖는 자와 구별된다. 우리 민법은 상속인에 대하여는 유언에 의한 지정을 인정하지 않는다. 따라서 상속인은 민법의 규정에 의하여 그 범위와 순위가 정하여져 있는 법정상속인을 말한다. 다만 피상속인은 유언으로 재산의 전부 또는 일부를 임의로 일정한 자에게 유증할 수 있으므로, 유언에 의하여 포괄수유자가 된 자는 상속인과 동일한 권리의무가 있어 실질적으로 상속인과 동일한 취급을 받게 된다.

1) 상속의 순위

(1) 제1순위 : 피상속인의 직계비속

제1순위의 상속인은 피상속인의 직계비속이다(제1000조 1항 1호). 직계비속이 수인 있는 경우에 촌수가 같으면 그 직계비속은 동순위로 상속인이 되고(제100조 2항 전단), 촌수가 다르면 촌수가 가까운 직계비속이 먼저 상속인이 된다(제1000조 2항 후단). 직계혈족은 자연혈족(친생자), 법정혈족(양자), 혼인중의 출생자, 혼인 외의 출생자, 기혼 · 미혼을 차별하지 않고 동순위로 상속인이 된다. 단, 계모자 사이와 적모서자 사이에는 상속권이 없다. 그리고 태아는 상속순위에 관하여는 이미 출생한 경우로 본다(제1000조 3항).

(2) 제2순위 : 피상속인의 직계존속

제2순위의 상속인은 피상속인의 직계존속이다(제1000조 1항 2호). 여기에서 직계존속은 피상속인의 양친 외에도 조부모 · 증 부모를 포함하는 직계존속전체를 말하는 것이지만 우리 민법은 직계존속이 수인인 경우에는 촌수가 같으면 동순위로 하고, 촌수를 달리하면 최근친이 먼저 상속인이 된다(제1000조 2항)고 정하고 있다. 직계존속이면 부계이건 모계이건 불문하며, 이혼한 부모도 상속권이 있다. 그리고 직계존속은 자연혈족(생가)이건 법정혈족(양가)이건 불문하여 사망하면 친생부모와 양부모가 공동으로 상속인이 된다. 예컨대 친생부모와 양부모를 모시고 있는 자가 제1순위의 상속인 없이 사망한 경우에는 친생부모와 양부모가 공동상속인이 된다.

(3) 제3순위 : 피상속인의 형제자매

제3순위의 상속인은 피상속인의 형제자매이다(제1000조 1항 3호). 형제자매가 수인인 때에는 모두 동순위로 공동으로 공동상속인이 되고(제1000조 2항), 형제자매는 피상속인에게 직계비속 · 배우자 · 직계존속이 모두 없는 경우에 한하여 상속인이 된다. 태아는 역시 형제자매에 대하여도 이미 출생한 경우로 본다(제1000조 3항). 형제자매이면 남녀의 성별, 기혼 · 미혼 의 차별. 가족관계등록부의 이동(異同), 자연혈족 · 법정혈족의 차별, 동복 · 이복의 차별을 묻지 아니한다.

(4) 제4순위 : 피상속인의 4촌 이내의 방계혈족

제4순위의 상속인은 피상속인의4촌 이내의 방계혈족이다(제1000조 1항 4호). 4촌 이내의 방계혈족은 피상속인에게 직계비속 · 배우자 · 직계존속 · 형제자매가 없는 경우에만 상속인이 된다. 4촌 이내의 방계혈족 사이에서는 근친자가 원친자보다 우선하여 상속인이 되고, 동일한 촌수의 혈족이 수인 있는 때에는 공동상속인이 된다. 4촌 이내의 방계혈족이면 남녀의 성별, 기혼ㆍ미혼, 호적의 이동. 부계ㆍ모계의 차별을 묻지 아니한다.

(5) 배우자

배우자는 그 직계비속과 동순위(제1순위)로 공동상속인이 되고, 직계비속이 없는 경우에는 피상속인의 직계존속과 동순위(제2순위)로 공동상속인이 되며, 피상속인의 직계비속도 직계존속도 없는 경우에는 배우자가 단독상속인이 된다(제1003조). 사실혼의 배우자는 夫 또는 처로서의 상속권이 인정되지 않는다. 다만, 사실혼의 배우자는 상속인이 없는 경우에 특별연고자로서 상속재산에 대한 분여청구권을 갖는다. 특별연고자의 분여청구가 없거나 분여하고 남은 재산이 있으면 상속재산은 국가에 귀속한다(제1058조).

2) 대습상속

(1) 대습상속의 의의

상속인이 될 직계비속 또는 형제자매가 상속개시 전에 사망하거나 결격자가 된 경우에 그 직계비속이 있는 때에는 그 직계비속이 사망 또는 결격된 자의 순위에 갈음하여 상속인이 되고(제1001조), 상속개시 전에 사망 또는 결격된 자의 배우자도 그 직계비속과 함께 동순위로 공동상속인이 되며 그 상속인이 없는 때에는 단독상속인이 되는(제1003조 2항) 상속제도를 대습상속이라 한다.

(2) 대습상속의 종류

가. 직계비속의 대습상속

상속인이 될 직계비속ㆍ형제자매가 상속개시 전에 사망하거나 결격자가 된 경우에 그 직계비속이 있는 때에는 그 직계비속이 사망 또는 결격된 자의 순위에 갈음하여 상속인이 된다(제1001조ㆍ제1004조 1호ㆍ2호)

나. 배우자의 대습상속

상속개시 전에 사망하거나 결격된 자의 배우자는 그 직계비속과 함께 동순위로 공동상속인이 되고, 그 직계비속이 없을 때에는 단독상속인이 된다(제1003조 2항).

(3) 대습상속의 요건

가. 상속인이 상속개시 전에 사망하거나 결격자가 되어야 한다(제1001조ㆍ제1003조 2항).

나. 대습상속인은 피대습인의 직계비속이나 배우자이어야 한다.

다. 대습자는 상속개시 당시에 존재하면 충분하다(동시존재의 원칙).

라. 대습인은 상속인의 자격
대습상속인에게 상속인의 결격사유(제1004조)가 있는 경우에는 대습상속이 인정되지 아니한다.

(4) 대습상속의 효과

대습상속권자는 대습상속에 의하여 사망 또는 결격된 직계존속 또는 배우자에 갈음하여 피상속인의 재산에 관한 권리의무를 승계한다(제1005조). 대습상속인의 상속분은 피대습인인 직계존속이나 배우자가 받을 상속분과 동일하다(제1010조 1항). 따라서 동 순위에 대습상속인이 여러 명 있는 경우에는 그 범위 내에서 공동대습상속하게 되고 그 상속분은 균분으로 한다(제1009조)

3) 상속인의 자격
 (1) 상속능력
 가. 의의
 상속능력이란 상속인이 될 수 있는 자격으로서, 권리능력이 있는 자는 모두 상속능력이 인정된다. 그러나 법인은 권리능력이 있더라도 상속능력이 없다. 다만 법인은 포괄적 수증자자가 될 수 있으며, 포괄적 수증자는 상속인과 동일한 지위에 있으므로(제1078조) 실질적으로는 상속과 동일한 결과를 가져오게 할 수 있다. 국적을 상실한 경우에도 상속능력을 잃지 않는다. 자연인인 한 대한민국의 국적을 갖지 않은 외국인도 상속능력이 있다.

 나. 태아의 상속능력
 상속은 상속개시 당시에 상속인이 권리능력자이어야 하지만, 민법은 예외적으로 「태아는 상속순위에 관하여는 이미 출생한 것으로 본다」(제1000조 3항)고 규정하여 태아의 상속능력을 인정하고 있다.

 (2) 상속의 결격
 가. 상속결격의 의의
 민법은 본래 상속인이 될 자라고 하더라도 상속에 관하여 부정한 행위(예:상속인인 子가 父를 살해한 경우)를 한 경우에는 그 자의 상속인자격을 박탈하는 상속결격제도를 두고 있다.

 나. 상속결격사유(제1004조)
 가) 피상속인에 대한 부덕행위
 고의로 직계존속, 피상속인, 그 배우자 또는 상속의 선순위나 동순위에 있는 자를 살해하거나 살해하려 한 자(제1004조 1호), 낙태와 같이 낙태와 같이 「살해의 고의」만 있으면 상속결격사유에 해당하고, 「상속에 유리하다는 인식」은 필요로 하지 아니한다.[139] 고의로 직계존속, 피상속인과 그 배우자에게 상해를 가하여 사망에 이르게 한 자(제1004조 2호),

 나) 피상속인의 유언에 대한 부정행위
 사기·강박으로 피상속인의 양자 기타 상속에 관한 유언 또는 유언의 철회를 방해한 자(제1004조 3호), 여기에서 특히 제110조에 의한 사기·강박을 이유로 그 유언이 취소되는 경우에도 본 규정의 적용이 있을지 문제이다. 예컨대 제110조에 의한 취소의 유무에 의해 본 규정이 적용되기도 하고 적용되지 않기도 하다는 것은 타당하지 않다고 생각하므로 그 어느 경우이든 본 규정이 적용된다고 본다.

3) 상속결격의 효과
상속결격자는 피상속인에 대하여 상속인이 될 수 없는 동시에 수증결격자가 되어(제1064조) 유증도 받지 못한다. 상속결격의 효과는 인적 관계에서 상대적으로 특정의 피상속인에 대한 관계에만 미친다. 상속결격의 효과는 결격자의 일신에만 그치므로 결격자의 직계비속과 배우자가 대습상속하는데에는 지장이 없다. 피상속인이 상속결격자를 용서하여 상속결격을 소멸시킬 수 있는가? 이에 대하여는긍정설(다수설)과 부정설이 대립한다.

---

139) 대판 1992. 5. 22, 92 다 2127

4. 상속의 효과

1) 일반적 효과

(1) 상속재산의 포괄승계

상속인은 상속이 개시된 때로부터 피상속인의 모든 재산에 대한 포괄적 권리의무가 상속인에게 이전된다 (제1005조). 물권·채권·지적재산권 등이 재산권의 주된 내용이 된다. 피상속인의 일신에 전속한 것은 그러하지 아니하다(제1005조 단서).

(2) 상속재산의 범위

가. 재산적 권리

가) 물권

물권은 원칙적으로 전부 상속된다. 상속으로 인한 부동산물권의 취득은 등기를 필요로 하지 않고(제187조), 동산물권도 인도를 요하지 않고 상속인에게 이전된다.

나) 채권

채권은 원칙적으로 상속되고, 다만 부작위채무자든가 특정인에게 연주를 들을 채권과 같이 채무자가 변경되면 이행의 내용이 변경되는 채권은 상속성이 없다. 또 부양청구권도 상속성이 없다고 본다. 그러나 재산분할청구권은 상속성이 있다고 본다.

다) 지적재산권 등

특허권·상표권·저작권·광업권·어업권과 같은 지적 재산권도 원칙적으로 상속된다. 취소권·해제권·해지권과 같은 형성권도 상속 된다. 유가증권법상의 권리는 피상속인의 사망으로 인하여 증권 상에 기입하지 않고도 당연히 상속된다.

나. 재산적 의무

상속재산 중에 적극재산이 없고 소극재산만 있는 경우에 소극재산도 일반적으로 상속된다. 소극재산은 사법상의 채무뿐만 아니라 국세 또는 그 독촉수수료·체납처분비(국세징수법 제10조)와 같은 공법상의 채무도 역시 상속된다. 또한 채무는 작위채무·부작위채무를 묻지 않고 상속된다.

다. 재산적인 계약상 및 법률상의 지위

가) 계약상의 지위

당사자 간의 신뢰성이 강한 위임계약에서는 계약상의 지위가 단지 피상속인에게만 귀속하며 피상속인의 사망으로 위임계약이 종료되고(제690조), 상속인에게 위임계약상의 권리의무가 승계되지 아니한다. 고용계약으로부터 생긴 권리·노무제공의무도 원칙적으로 상속성이 없다. 다만 사용자의 지위는 노무의 내용이 사용자의 일신에 전속하거나 사용자의 노무실현을 지시하는 권능에 중요한 차이를 생기게 하는 경우를 제외하고는 상속된다. 임차권은 재산적 가치를 갖는 채권으로서 상속재산에 포함되어 상속인에게 승계 된다.[140]

나) 무권대리

무권대리인이 본인을 상속하는 경우에 있어서는 단독상속인 경우에는 무권대리인이 한 대리행위는 본인

---

140) 대판 1966.9.20, 66다1203

자신이 스스로 한 행위가 되어 완전히 유효로 되고, 신의칙상 본인으로서의 지위에서 무권대리행위의 추인을 거절할 수 없다고 본다. 공동상속인 경우에는 다른 공동상속인의 추인거절권을 무시할 수 없으므로 다른 공동상속인 중 1인이라도 추인을 거절하려면 무권대리인이 민법 제135조의 무권대리책임을 진다.

다) 매도인의 지위

타인의 권리의 매매에서 매도인이 사망하여 권리자가 그 매도인을 상속한 경우에 권리자는 상속에 의하여 매도인의 의무 혹은 지위를 승계하더라도 상속전과 같이 그 권리의 이전에 대한 기부의 자유를 갖고, 신의칙에 반한다고 인정할 수 있는 특별사정이 없는 한 매매계약상의 매도인으로 가지는 이행의무를 거부할 수 있다고 본다.

라) 사원권 및 소송상의 지위

단체의 성질에 따라 다르다. 합자회사의 유한책임사원의 사원권(상법 제238조)과 주식회사의 주주권(동법 제335조) 등은 상속이 인정되고, 무한책임사원(동법 제269조), 민법상의 조합원(제717조 1호) 등은 상속이 인정되지 않는다. 소송은 당사자의 사망을 원인으로 중단된다. 따라서 상속인 등은 소송절차를 수계하여야 소송을 계속할 수 있다(민소법 제211조 1항).

라. 일신전속권
가) 신분상의 지위에 따른 권리의무

가족법상의 지위 또는 그 지위에 의거하는 권리의무는 일신전속인 것이 원칙이다. 자의 약혼·혼인·입양에 대한 부모의 동의권(제802조, 제808조, 제870조), 부부 사이의 계약취소권(제828조)·이혼청구권(제840조)·친권(제913조) 등은 상속되지 않으며, 약혼의 부당파기로 인한 위자료청구권(제806조 3항), 혼인무효·혼인취소(제825조에 의한 제806조 준용) 등으로 인한 위자료청구권도 상속되지 않는다. 그러나 당사자 간에 이미 그 상속에 관한 계약이 성립되었거나 소를 제기한 경우에는 상속된다(제806조 3항 단서). 재산권이 아닌 권리는 일신전속적인 것이 원칙이다. 따라서 유언집행자·후견인 또는 친족회원의 권한 등은 상속되지 않는다.

나) 상속권

상속권은 재산법적인 지위이지만 일신전속이나, 대습상속권도 대습상속인이 피상속인을 직접 상속하는 것이고 피대습자의 상속권을 상속하는 것은 아니다.

다) 타인에 대한 신뢰관계를 전제로 한 권리

타인에 대한 두터운 신뢰관계를 전제로 한 권리는 상속되지 않는다. 예컨대 무상으로 자기물건을 사용·수익하게 한 경우에 대주는 차주가 사망하면 계약을 해지할 수 있다(제614조). 위임관계도 상속되지 않는다(제690조). 종신정기금의 채권관계(제725조)도 당사자 사이의 두터운 신뢰관계를 전제로 하므로 당사자 또는 제3자의 사망으로 인하여 소멸하는 것이 원칙이다. 대리권도 상호 신뢰관계를 전제로 하므로 본인이나 대리인의 사망으로 인하여 소멸 된다.

라) 인격권과 결합된 채무

예술가·저술가·기술자의 예술상·저술 상·기술상의 작위의무나 후견인의 임무, 상속재산관리인·유언집행자의 임무와 같이 피상속인의 인격에만 연결되어 있는 급부를 내용으로 하는 의무는 성질상 상속될 수 없다.

(3) 제사를 위한 특별재산의 승계

분묘에 속한 1정보 이내의 금양임야와 600평 이내의 묘토인 농지, 족보와 제구의 소유권은 제사를 주재하는 자가 이를 승계한다(제1008조의 3).「금양임야」는 분묘가 소재하거나 설치될 예정으로 벌목을 금하고 나무를 기르는 임야를 의미하고,「묘토」(제전·묘전)는 위토, 즉 제사 또는 관계되는 사항을 집행·처리하기 위하여 설정된 토지를 가리킨다.「족보」는 일가의 역사를 표시하고 가계의 연속을 명확히 하는 책부를 일컫는다.「제구」는 조상의 제사에 사용되는 도구이다.

2) 공동상속
(1) 공동상속의 의의

상속인이 수인인 경우에 상속재산은 분할할 때까지 수인의 상속인의 공유(제1006조)로 하고, 그 공동상속인이 각자의 상속분에 응하여 피상속인의 권리의무를 승계하는 상속 형태를 공동상속이라고 한다.

(2) 상속재산공유의 성질

민법은「상속인이 수인인 때에는 상속재산은 그 공유로 한다」(제1006조)고 규정하고 있다.

3) 상속분
(1) 상속분의 의의

상속분이란 각 공동상속인이 전 상속재산에 대하여 가지는 권리·의무의 비율(제1007조)을 가리킨다.

(2) 상속분의 결정
가. 지정상속분

피상속인의 의사에 의하여 상속분을 결정하는 것을 지정상속분이라 한다. 피상속인은 유언으로 공동상속인의 지정상속분을 지정할 수 있다.

나. 법정상속분
가) 동순위상속인 사이의 상속분

동순위의 상속인이 수인인 때에는 균분상속주의가 적용된다(제1009조1항 본문). 현행법은 1990년의 일부개정으로 완전 균분상속주의를 채택하였다. 따라서 호주승계인인 상속인과 호주승계인이 아닌 상속인 사이, 남자와 여자 사이, 기혼·미혼, 동일호적 내에 있든 없든, 나이가 많든 적든 차별이 없으며, 혼인중의 자와 혼인외의 자 사이에서도 차별을 두지 않는다.

나) 배우자의 상속분

배우자의 상속분은 직계비속과 공동으로 상속하는 때에는 직계비속의 상속분의 5할을 가산하고, 배우자의 직계존속과 공동으로 상속하는 때에는 직계존속의 상속분의 5할을 가산한다(제1009조 2항). 따라서 배우자의 상속분은 다른 공동상속인의 상속분보다 많고(1.5배), 부부 사이에는 균등하다(제1009조 1항).

다) 대습상속인의 상속분

대습상속인(제1001조)의 상속분은 피대습상속인(사망 또는 결격된 자)의 상속분에 의한다(제1010조 1항). 그리고 피대습상속인의 직계비속이 수인인 때에는 그 상속분은 피대습상속인의 상속분의 한도에서 제1009조의 법정대리인에 의하여 결정된다(제1010조 2항 전단). 배우자가 대습상속 하는 경우에도 동일하다.

라) 호주상속인의 상속분가산제도의 폐지

민법개정에 의하여 재산상속인이 동시에 호주상속을 하는 경우에 상속분을 그 고유의 상속분에 5할을 가산하는 호주상속인의 상속분가산제도(구민법 제1009조 1항 단서)는 폐지되었다.

마) 동일가적 내에 없는 여자의 상속분의 차별제도폐지

민법개정에 의하여 동일가적 내에 없는 여자의 상속분을 남자의 상속분의 4/1로 한 상속분차별제도(구민법제1009조 2항)는 더 이상 인정되지 아니한다.

(3) 특별수익자의 상속분
가. 특별수익자의 상속분의 의의
가) 특별수익자의 상속분의 산정

민법은 「공동상속인 중에 피상속인으로부터 재산의 증여 또는 유증을 받은 자가 있는 경 우에 그 수증재산이 자기의 상속분에 달하지 못한 때에는 그 부족한 부분의 한도에서 상속분이 있다」(제1008조)고 규정하고 있다.

나) 특별수익자가 있는 경우에 각 공동상속인의 구체적 상속분은 피상속인이 상속개시 시에 가진 재산(유증도 포함)의 가액에 특별수익으로 볼 수 있는 증여의 가액을 더하여 상속 재산으로 보고, 그 상속재산을 추상적 상속분으로 나누어 각 공동상속인의 상속분을 계산하고, 계산된 상속재산의 분배액에서 특별수익이 되는 유증 혹은 생전증여의 액을 공제하여 계산한다.

> **예** 피상속인이 9,000만 원의 유산을 남기고 사망하고 상속인으로 妻와 子 A · B · C를 둔 경우 만약 A가 생계자금으로 900만 원의 생전증여를 받고 B가 500만 원의 유증을 받은 경우에 각 공동상속인의 구체적 상속분을 계산하면
> 처 =(9,000 + 900) * 3/9 = 3,300만 원, A =(9,000 + 900) * 2/9 − 900 = 1,300만 원,
> B =(9,000 + 900) * 2/9 − 500 = 1,700만 원, C =(9,000 + 900) * 2/9 = 2,200만 원이 된다.

나. 특별수익분의 반환의무자
가) 공동상속인

특별수익자는 피상속인으로부터 유증을 받거나 생전증여를 받은 공동상속인에 한한다. 다만 수증자 · 수유자라고 하더라도 상속을 승인한 경우에 한하여 특별수익자가 되고, 상속을 포기한 자는 다른 공동상속인의 유류분을 침해하지 않는 한(제1114조) 반환의무를 부담하지 않는다.

나) 포괄적 대습자

공동상속인인 한 피상속인의 직계비속이건 배우자이건 상관없이 특별수익자가 될 수 있다. 그리고 특별수익자의 반환의무는 공동상속인이 증여 · 유증을 받은 경우에만 생기고, 공동상속인의 직계비속 · 배우자 · 직계존속이 증여 · 유증을 받은 경우에는 공동상속인이 반환의무를 부담하지 아니한다.

다. 특별수익재산 범위
가) 생전증여

민법은 생전증여 재산의 반환 범위에 대하여 명문규정을 두고 있지 않다. 고정 또는 유통의 영업자본을 증여한 경우뿐만 아니라, 널리 생계자본도 모두 증여에 포함된다. 생명보험금이나 사망퇴직금을 수령한 자가

있는 경우에 있어서는 생명보험금은 유증 내지 사인증여에 준하는 것이므로 특별 수익재산에 포함된다고 보며, 사망퇴직금의 수령도 역시 특별수익에 포함된다고 보는 견해가 유력하다.

나) 유증

유증인 경우에는 유증의 대상이 되는 재산은 피상속인이 상속개시 시에 가진 재산에 포함되어 있는 결과 반환한다고 하더라도 유증분을 상속재산에 가산하는 조작은 필요 없다.

라. 특별수익의 평가시기와 방법

가) 증여재산의 가액산정시기에 관하여는 상속재산분할시(프민 제860조 · 제868조), 증여시(독민 제2055조), 상속개시 시(스민 제630조; 일민 제904조)를 표준으로 하는 입법례가 있다. 우리 학설은 상속개시시설과 분할시설로 견해가 대립된다. 전자는 상속재산의 평가는 상속개시시를 기준으로 하므로, 역시 증여의 평가도 상속개시를 기준으로 함이 타당하다고 한다. 반면 후자는 전설에 의하면 분할 시와의 평가에 차이가 있을 수 있기 때문에 분할 시로 하여야 한다고 한다. 민법은 특별수익의 평가시기에 대하여 명문규정을 두고 있지 않지만, 판례도 역시 상속개시시를 기준으로 상속재산과 특별수익재산을 평가하여 구체적 상속분의 산정을 위한 기초로 삼아야 한다고 본다.

나) 수증자의 행위에 의하여 그 목적인 재산이 멸실 또는 변경이 있는 때에는 상속개시 당시 역시 원상태로 존재한다고 본다.

다) 증여된 물건이 금전인 경우에도 상속개시시의 시가의 금액으로 평가한다고 하는 견해가 있는가 하면, 그러나 증여시의 금액을 상속개시시의 화폐가치로 환산한 가액으로 평가하여야 한다고 보는 견해도 있다. 수증자의 행위에는 고의에 의한 경우뿐만 아니라 과실에 의한 경우도 포함된다. 수증재산이 수증자의 행위에 의하여 멸실되거나 그 가액의 증감이 있는 경우, 즉 천재지변과 같은 불가항력에 의한 때에는 수증재산의 가액은 가산되지 아니한다고 보는 견해가 다수설이지만, 그 시기까지 이용한 이용이익을 가지고 반환하여야 한다고 하는 견해도 있다.

라) 특별수익자가 있는 경우에도 공동상속인간의 상속채무는 원칙적으로 법정상속분(제1009조)에 따라 승계한다. 제1008조는 적극재산에 대해서만 적용된다.

마) 특별수익자가 있는 경우의 구체적 상속분의 산정

먼저 계산의 기초가 되는 피상속인의 총상속재산액을 상속개시 당시의 현존하는 상속재 산의 상속가액에 특별수익인 생전증여재산의 가액을 가산하여 구한다. 이것을 각 공동상 속인의 상속분율로 나누면 각 상속인의 본래의 상속분이 나오고, 이 본래의 상속분에서 특별수익자의 생전증여액과 유증액을 빼면 특별수익자의 구체적인 상속분이 산출된다. 만약 특별수익액이 본래의 상속분에 달하지 못하면 그 부족분만을 상속개시 당시의 현존상속재산에서 더 받는다(제1008조). 그렇다면 특별수익액이 본래의 상속분을 초과한 경우에는 이를 반환하여야 할 것인가가 의문이다. 예컨대 유류분제도를 두고 있는 현실에서 특별수익자의 상속분을 초과한 초과분이 다른 상속인이 유류분을 침해하고 있는 경우에는 이를 반환하여야 할 것이다. 따라서 다른 상속인의 유류분을 침해하지 않는다면 비록 특별수익자의 상속분을 초과하고 있더라도 이를 반환할 필요는 없다고 해석 한다.[141]

---

141) a) 상속재산 분배액 = (상속재산의 가액 + 생전증여) 상속분배 - (생전증여 + 유증)
    b) 구체적인 상속분 = 상속재산 분배액 + 생전증여 또는 유증

(4) 기여상속인의 상속분(기여분제도)

가. 의의

기여분제도라 함은 공동상속인 중에 피상속인의 재산의 유지·증가에 기여하거나 특별히 부양한 자가 있을 때에는 상속분의 산정에 그러한 특별한 기여나 부양을 참작하는 제도를 말한다. 현행의 기여분제도는 상속개시당시 피상속인의 재산 가액으로 부터 공동상속인의 협의 또는 가정법원의 심판으로 정한 기여상속인의 기여분을 공제한 재산을 상속재산으로 보고 제1009조(법정상속인) 및 제1010조(대습상속분)에 의하여 산정된 상속분에 기여분을 더한 액을 가지고 기여상속인의 상속분으로 정하고 있다(제1008조의2 1항).

나. 기여분권리자의 범위

기여분권리자는 공동상속인 중에서 피상속인의 재산의 유지·증가에 관하여 특별히 기여한 자 혹은 피상속인을 특별히 부양한 자이다. 기여분권리자는 공동상속인에 한하고, 사실혼의 배우자·포괄적 수증자·상속결격자·상속포기자와 같이 공동상속인이 아닌 한 아무리 피상속인의 재산의 유지·증가에 기여하거나 피상속인을 부양한 자이더라도 기여분을 청구할 수 없다. 한사람에 한하지 아니하고, 이때 기여분액이 동일해야 하는 것도 아니다. 대습상속인은 피해자의 기여도 주장할 수 있다.

다. 기여의 내용과 정도

민법은 「피상속인의 재산의 유지 또는 증가에 특별히 기여한 자」는 물론 「피상속인을 특별히 부양한 자」도 포함한다고 규정하고 있을 뿐이고, 구체적으로 규정하지 않고 있다. 민법이 「특별히 기여한 자」 혹은 「특별히 부양한자」라고 한 표현에 비추어 그 정도가 통상의 기여에 불과한 경우에는 기여분이 인정되지 아니하고, 기여분이 인정되기 위하여는 그 기여에 해당하여야 한다. 특별한 정도는 본래의 상속분에 따른 분할이 기여자에게 명백히 불공평한 경우를 뜻한다. 특별성 결정을 위한 비교대상은 통상의 가족관행이 아닌, 다른 공동상속인이다.

라. 기여분의 결정

기여분은 공동상속인의 협의 혹은 가정법원의 심판으로 결정한다. 기여분을 결정하려면 우선 모든 공동상속인이 기여분에 관하여 협의를 하여야 한다(제1008의2 1항). 공동상속인이 기여분에 관하여 협의가 되지 않거나 협의할 수 없는 때에는 가정법원은 기여자의 청구에 의하여 기여분을 결정한다(제1008조의2 1항: 가소법 제2조 1항 마류 9호). 기여분의 결정은 가정법원의 조정사항이다(가소법 제50조). 기여분의 결정은 상속재산분할의 전제가 되므로 상속재산분할심판이 진행되는 가운데 기여분결정의 심판청구를 별도로 할 수도 있지만, 상속재산분할청구와 기여분결정심판청구를 동시에 할 수도 있다.

마. 기여분의 산정방법

기여분은 기여의 시기·방법·정도와 상속재산의 액 기타의 사정을 참작하여 산정하여야 한다(제1008조의2 1항). 피상속인이 상속개시 당시에 가지고 있던 재산의 가액에서 기여상속인의 기여분액을 공제한 것을 상속재산으로 보아 공동상속인 각자의 상속분액을 산정하고, 기여상속인의 상속분에다 기여분을 합한 액이 기여상속인의 상속분이 되는 것이다(제1008조의 2의 1항). 다만 기여분은 상속이 개시된 때의 피상속인의 재산가액에서 유증의 가액을 공제한 액을 넘지 못한다(제1008조의2 3항). 따라서 기여상속인이 1인이든지 또는 2인 이상이든지 기여분의 가액은 피상속인의 재산가액에서 유증을 공제한 액을 넘어서는 안 된다. 예컨대 상속재산이 2억원이고 유증이 7천 만 원인 경우, 기여분 가액은 2억원에서 7천 만 원을 공제한 1억3천 만 원을 초과할 수 없다는 것이다. 즉 기여분과 유증과의 관계에서 유증우선주의를 채택하고 있다.

바. 기여분과 유류분의 관계

유증은 기여분에 우선하고(제1008조의 2 3항), 유류분은 유증에 우선한다(제1115조) 그러나 기여분은 유류분과 관계가 없다.

사. 기여분의 양도 · 승계

공동상속인의 협의나 가정법원의 심판에 의하여 결정된 후에는 그 기여분은 양도가 가능하고 상속도 된다.

아. 기여분의 포기

기여분의 포기에 대하여 명문규정은 없지만, 상속개시 후에 상속포기가 가능한 사실에 비추어(제1019조 1항) 볼 때 기여분의 포기도 가능하다고 해석된다.

자. 기여분과 유언의 관계

민법이 기여분을 정하는 방법으로 공동상속인 사이의 협의 또는 가정법원의 심판만을 규정하고 있고, 또한 기여분은 유언으로 정하는 사항으로 되어 있지 않다고 하는 사정을 고려할 때 피상속인이 기여분을 지정하는 유언은 법률상 효력이 없다.

(5) 기여분의 양도 · 양수

가. 상속분의 양도

상속인은 유산분할 전에 자기의 상속분을 양도할 수 있다. 상속분의 양도는 상속개시일로부터 유산분할 사이에 자기의 상속분을 양도하여 금전을 얻기 위하여 필요하다.

나. 상속분의 양수(제1011조)

가) 상속분양수의 의의

공동상속인은 상속개시 후 상속재산의 분할 전에 상속분에 해당하는 비율액을 자유로이 양도할 수 있다. 이때 상속분이란 소극재산까지 포함시킨 포괄적인 상속재산 전체에의 상속분을 뜻한다. 공동상속인중에 그 상속분을 제3자에게 양도한 자가 있는 때에는 다른 공동상속인은 그 사유를 안 날로부터 1개월, 그 사유가 있은 날로부터 1년 이내에 그 가액과 양도비용을 상환하고 그 상속분을 양수할 수 있다(제1011조).

나) 상속분양수의 요건

a) 상속분의 양도가 있을 것
b) 제3자에 대한 상속분의 양도가 있을 것
c) 상속재산분할 전의 양도일 것

다. 양수방법

양수권은 형성권으로 양수권을 행사하는 때에는 양수인(전득자)에 대하여 일방적으로 양수의 의사표시를 하면 되고, 제3자의 승낙이나 동의는 필요로 하지 아니한다. 상속분을 양수할 때에는 양도된 상속분의 가액과 양도받은 제3자가 지출한 양도비용을 상환하여야 한다(제1011조 1항). 양수권은 상속분의 양도를 안 날로부터 3월, 그 사유가 있은 날로부터 1년의 제척기간이 경과하면 더 이상 행사할 수 없다(제1011조 2항). 이 기간은 제척기간이다.

라. 양수의 효과

양수권의 행사에 의하여 제 3자에게 양도된 상속분은 양도인 이외의 공동상속인 전부에게 그 상속분에 따라서 귀속된다. 그 양수권행사에 사용한 상속분의 가액과 비용도 상속분에 따라 공동상속인이 부담한다. 그러나 양수권의 행사로 인하여 양도인과 제3자 사이의 양도행위가 무효로 되는 것은 아니다.

4) 상속재산의 분할
(1) 상속재산분할의 의의
상속재산의 분할은 각 공동상속인에 대하여 상속분에 따른 분배·귀속을 확정할 것을 목적으로 하는 일종의 청산행위라고 볼 수 있다.

(2) 상속재산분할의 요건
가. 공동 상속인이 확정되어 있어야 한다.
나. 상속재산의 범위가 확정되어 있어야 한다.
다. 분할금지가 존재하지 않아야 한다.
피상속인은 유언으로 상속개시의 날로부터 5년을 초과하지 않는 기간내에서 상속재산의 분할을 금지할 수 있다(제1012조 후단). 5년을 초과하는 분할금지의 유언이 있는 경우에는 분할금지를 무효로 할 것이 아니라, 5년을 기간으로 하는 분할금지의 유언이 있었던 것으로 해석함이 타당할 것이다.

(3) 분할청구권자
상속을 승인한 공동상속인 뿐만 아니라 포괄적 수유자도 상속재산분할청구권이 있다(제1078조). 공동상속인의 상속인, 상속분을 양도받은 제3자도 재산분할청구권이 있고, 상속인의 채권자도 상속인에 대위하여(제404조) 재산분할청구권을 행사할 수 있다.

(4) 상속재산분할의 방법
가. 유언에 의한 분할(제1012조 전단)
피상속인은 유언으로 상속재산의 분할방법을 정하게 하거나, 이를 정할 것을 제3자에게 위탁할 수 있다(제1012조). 특정의 상속재산을 특정한 상속인에게 「상속시킨다」고 하는 취지로 된 유언은 유언서의 기재로부터 그 취지가 유증이라고 하는 사실이 분명하면 유증으로 보지만, 유증이라고 하는 특별한 사정이 없는 한 민법 제1012조에 의한 상속재산분할을 지정한 경우라고 본다. 다만 특정의 재산이 특정한 상속인의 법정 상속분을 초과하는 때에는 상속분의 지정을 수반하는 상속재산분할을 정한 경우라고 해석된다.

나. 협의에 의한 분할(제1013조 1항)
가) 협의분할의 의의
유언에 의한 분할지정이 없거나 무효인 경우에는 공동상속인은 언제든지 협의에 의하여 상속재산을 분할할 수 있다(제1013조 1항).

나) 협의참가자
공동상속인 이외에 상속인과 동일한 권리의무를 가지는 포괄적 수증자도 포함된다고 본다(제1078조).

다) 협의의 방법
협의는 전원의 동의가 있어야 한다.[142] 상속인 중에 미성년자와 친권자가 있는 경우에 분할협의는 이해

---

142) 대판 1995.4.7, 93다 54736

상반행위에 해당하여 미성년자를 위한 특별대리인의 선임이 필요하다(제921조). 구술에 의한 협의도 유효하지만 보통「상속재산분할협의서」를 작성한다.

라) 상속재산분할의 대상

피상속인이 남겨 놓은 재산의 전부가 상속재산분할의 대상이 된다. 즉, 채권·채무가 모두 분할의 대상이 된다. 채권을 분할로 취득한 공동상속인에게 담보책임이 부과됨에 유의하여야 한다(제1016조 이하).

마) 상속재산분할의 기준·방법

협의에 의한 상속재산분할은 반드시 각 공동상속인의 상속분에 따라서 하지는 아니한다. 따라서 공동상속인의 1인이 상속재산분할의 협의에 의하여 본래의 법정상속분보다 적게 받을 수도 있고, 전혀 받지 않을 수도 있다. 법정상속분보다 적게 받거나 전혀 받지 않는 공동상속인은 자기상속분의 포기가 되고, 자기상속분보다 많이 받게 되는 공동상속인은 상속분을 포기한 다른 공동상속인으로부터 실질적으로 증여를 받는 결과가 된다. 그러나 판례는 증여로 보지 아니하고 상속개시에 피상속인으로부터 승계한 것으로 본다.[143]

바) 분할협의의 무효·취소

분할협의에 참가한 상속인이 무자격자이든가, 상속인의 일부를 제외하고 분할협의가 된 경우에 분할협의는 민법 제1014조의 경우를 제외하고 무효이다. 이때에는 상속회복청구가 아닌 분할무효확인 및 재분할을 청구할 수 있다(가소법 제2조 마류 10호). 분할협의의 의사표시에 하자가 있는 경우에는 표의자는 의사표시의 취소나 무효를 주장할 수 있으며, 따라서 분할은 없었던 것으로 된다.[144]

(3) 심판분할

상속재산분할에 대하여 공동상속인 사이에 협의가 성립하지 않은 경우에는 각 공동상속인은 가정법원에 상속재산분할을 청구할 수 있다(제1013조 2항·제269조). 다만 각 공동상속인은 우선 조정을 신청하여야 하고(가소법 제21조항 마류 10호), 조정이 성립되지 않으면 심판을 청구할 수 있다.

(5) 상속재산분할의 효과

가. 상속재산분할의 소급효

민법은「상속재산의 분할은 상속개시 된 때에 소급하여 그 효력이 있다」(제1015조 본문)고 하여 선언주의를 채택하고 있다. 다만 상속재산분할의 소급효는 제3자의 권리를 침해하지 못한다(제1015조 단서). 제3자는 상속재산분할 전에 이해관계를 맺은 자로서 그의 선의·악의는 묻지 않는다. 제3자가 권리를 주장하기 위해서는 권리변동의 효력발생요건(제186조·제187조)과 대항요건(제450조)을 갖추어야 한다. 판례는 분할 후 그 분할등기 전에 선의로 이해관계를 맺은 제3자도 보호하고 있다.[145]

나. 분할 후의 피인지자의 청구

상속개시 후에 인지 또는 재판의 확정에 의하여 공동상속인이 된 자도 아직 상속재산분할 전이면 당연히 상속인의 1인으로 다른 공동상속인과 함께 상속재산분할에 참가할 수 있다. 민법은 인지 또는 재판의 확정에 의하여 공동상속인이 된 자에게 다른 공동상속인에 대하여 상속분에 상당한 가액의 지급을 청구할 권리를 인정하고 있다(제1014조).

---

143) 대판 1995.4.7, 93다54736
144) 대판 1985.10.8, 85누70
145) 대판 1987.3.10, 85므80

다. 후순위상속인의 분할 기타 처분의 무효

피인지자보다 후순위상속인의 상속권은 제860조 단서에 따라 인지의 소급효제한으로 보호받는 제3자의 기득권에 포함되지 않고, 후순위 상속인은 제1014조의 공동상속인에 포함되지 않는 표현상속인이다(다수설).[146] 표현상속인이 참여한 상속재산의 분할은 상속권 없는 자의 분할로서 무효이고 피인지자는 상속회복청구를 할 수 있다. 이때 거래의 안전을 위해 제1014조를 유추하여 가액지급청구만을 인정하자는 견해가 있다. 후순위상속인이 제3자에게 이미 상속재산을 처분하거나 채권을 추심한 경우에는 그 거래의 상대방은 선의취득법리나 채권의 준점유자에 대한 변제(제470조) 등에 의하여 보호받을 수 있다(통설·판례).

라. 공동상속인의 담보책임
가) 매도인과 동일한 담보책임

공동상속인은 다른 공동상속인이 분할로 인하여 취득한 재산에 대하여 그 상속분에 응하여 매도인과 동일한 담보책임을 부담한다(제1016조). 매도인과 같은 담보책임이란 하자담보책임을 말한다. 그 내용으로서는 단순한 손해배상책임뿐만이 아니고, 분할계약의 전부 또는 일부의 해제청구권까지도 포함하는 것으로 해석한다. 각 공동상속인은 상속분에 응하여 담보책임을 부담하므로 공동상속인 중의 1인이 분할에 의하여 취득한 재산을 제3자에게 추탈당한 경우에도 다른 공동상속인에 대하여서만 전부의 배상을 청구할 수 있는 것이 아니고, 본인도 역시 그 상속분에 상당한 액을 부담하여야 한다.

나) 상속채무자의 자력에 의한 담보책임

분할에 의하여 채권을 받은 공동상속인이 채무자의 무자력으로 인하여 그 채권을 회수할 수 없을 경우에는 다른 공동상속인은 그 상속분에 응하여 분할 당시의 채무자의 자력을 담보한다(제1017조 1항). 다만 분할 당시에 아직 변제기에 달하지 않은 채권이나 정지조건이 있는 채권에 대하여는 변제를 청구할 수 있는 때의 채무자의 자력을 담보한다(제1017조 2항).

다) 무자력공동상속인의 담보책임의 분담

담보책임이 있는 공동상속인 중에 상환의 자력이 없는 자가 있는 때에는 그 부담부분은 구상권자와 자력이 있는 다른 공동상속인이 그 상속분에 응하여 분담한다(제1018조 본문). 그러나 구상권자의 과실로 인하여 상환을 받지 못할 때에는 다른 공동상속인에게 분담을 청구하지 못한다(제1018조 단서).

5. 상속의 승인·포기

1) 개관

상속이 개시되면 상속인은 상속의 효과로서 상속개시의 사실을 알거나 모르거나 또는 상속인이 희망하거나 않거나를 묻지 않고 법률상 당연히 피상속인에 속하고 있는 재산상의 지위를 일단 승계하게 된다. 피상속인의 사망과 동시에 피상속인에게 속한 권리의무 일체(물론 일신전속권은 제외)가 상속인에게 당연히 승계된다(제1015조). 그리고 다른 한편, 민법은 일정기간 내에 일정한 절차를 밟으면 상속을 포기할 수 있다고 하여 상속인의 의사를 존중하고 있다. 상속승인에 있어서 이 권리·의무의 귀속을 전면적으로 승인하면 단순승인이 되고, 제한적으로, 즉 상속에 의하여 취득한 재산의 한도 내에서 피상속인의 채무와 유증을 변제할 것을 유보하여 승인한다면 한정승인이 된다. 상속의 포기란 상속개시에 의하여 발생하는 효과를 상속개시 시에 소급하여 소멸시키기 위하여 재산상의 권리의무의 승계를 거부하는 의사표시를 말한다.

---

146) 대판 1985. 4. 9, 84다가130

2) 단순승인

(1) 단순승인의 의의

상속인이 단순승인을 한 때에는 제한 없이 피상속인의 권리의무를 승계한다(제1025조). 단순승인이란 상속의 효력을 전면적으로 승인하는 상속형태, 즉 상속인이 피상속인의 권리의무를 무제한 또는 무조건으로 승계하는 상속방법을 가리킨다.

(2) 의제단순승인

가. 상속재산에 대한 처분행위를 한 때(제1026조 1호) 상속인이 상속재산에 대한 처분행위를 한 때에는 단순승인을 한 경우로 본다.

나. 상속인이 고려기간을 도과한 때(제1026조 2호)

제1019조 3항은 상속인이 중대한 과실 없이 피상속인의 채무초과 사실을 모르고 단순승인을 하거나 또는 법정단순승인이 인정되게 되었다면, '상속개시 있음을 안 날로부터 3월 내'에의 예외를 인정하여 '그 사실을 안 날로부터 3월내'에 한정승인을 할 수 있도록 하고 있다.

다. 한정승인 · 포기 후 상속재산을 은닉 · 부정소비하거나 고의로 재산목록에 기입하지 않은 때(제1026조 3호)

(3) 단순승인의 효과

단순승인이 되면 상속인은 일신전속권을 제외하고 피상속인의 모든 권리의무를 무제한으로, 즉 전면적으로 승계한다(제1025조).

3) 한정승인

(1) 한정승인의 의의

한정승인이란 상속인이 상속으로 인하여 취득할 재산의 한도에서 피상속인의 채무와 보증을 변제하는 조건으로 상속을 승인하는 것을 의미한다(제1028조).

(2) 한정승인의 방식

상속인이 한정승인을 하려면 3개월(고려기간)이내에 상속재산의 목록을 첨부하여 가정법원에 한정승인의 신고를 하여야 하고(제1030조 · 가소법 제44조 3호), 한정승인의 의사표시는 상속인 또는 그 대리인(가소규 제75조 2항)이 서면으로 하여야 한다. 상속인이 이 재산목록을 작성하면서 일부 재산을 고의로 기입하지 않은 때에는 한정승인은 무효로 되고, 단순승인 한 것으로 본다(제1026조 3호).

(3) 한정승인의 효과

가. 상속재산과 고유재산의 분리

한정승인을 하면 상속인이 피상속인에게 속한 모든 권리의무를 승계하지만, 상속인은 상속에 의하여 얻은 재산의 한도에서만 피상속인의 채무와 유증을 변제할 책임을 부담한다(제1028조). 따라서 한정승인을 한 상속인은 자기의 고유재산으로 피상속인의 채무와 유증을 변제할 책임이 없고, 피상속인에 대한 상속인의 재산상 권리의무도 소멸하지 아니한다(제1031조).

나. 상속재산의 관리

고유재산에 대한 주의와 동일한 주의로 상속재산을 관리하여야 한다(제1022조 단서). 한정승인자가 수인인 경우에는 가정법원은 각 상속인 기타 이해관계인의 청구에 의하여 공동상속인 중에서 상속재산관리인을 선임할 수 있다(제1040조 1항).

(4) 상속재산의 청산

한정승인으로 인한 상속재산의 청산절차는 다음과 같은 순서와 방법에 의하는 데 한정승인자가 청산절차상의 과실로 채권자에게 불이익을 준 때에는 그 한도 내에서 고유재산으로 변상하여야 하므로 이러한 사태를 되도록 막기 위하여 대체로 비영리법인의 해산의 경우(제88조 2항·3항, 제89조)와 같은 청산절차의 규정이 적용된다(제1032조).

4) 상속의 포기

(1) 상속포기의 의의

상속의 포기란 상속개시를 원인으로 하여 발생한 모든 권리·의무의 승계를 부인하고 처음부터 상속인이 아닌 효력을 발생하게 하려는 단독의 의사표시를 의미한다. 현행법은 호주승계권의 포기를 인정하고(제991조), 또한 재산상속에 관하여도 상속포기의 자유를 인정한다.

(2) 상속포기의 방식

상속포기를 할 수 있는 자는 상속권이 있고 또 상속순위에 해당한 자에 한 한다. 그러나 상속인이 무능력자인 경우에는 법정대리인이 할 수 있다(제1020조). 민법은 상속포기에 대하여 요식주의를 도입하여 상속포기는 상대방 없는 단독행위이지만 반드시 가정법원에 대한 신고를 하여야 하고, 사인에 대한 상속포기는 무효이다. 상속인이 상속을 포기할 때에는 이해관계인 또는 검사 등에 의하여 가정법원에 대한 기간연장의 청구가 없는 한 상속포기는 상속개시 있음을 안 날로부터 3개월의 고려기간 이내에 하여야 한다(제1041조·제1019조). 상속개시 전에 이루어진 상속포기약정은 가정법원에의 신고와 같은 일정한 절차와 방식에 따르지아니한 경우로서 그 효력이 없다.[147]

(3) 상속포기의 효과

가. 포기의 소급효

상속포기자는 상속포기의 소급효에 의하여 처음부터 상속인이 아닌 경우로 된다. 포기의 효력발생으로 인하여 상속포기자에 대한 가처분의 결정 등은 확정되고 취소된다.

나. 포기한 상속재산의 귀속

상속인이 수인인 경우에 어느 상속인이 상속을 포기한 때에는 그 상속분은 다른 상속인의 상속분의 비율로 그 상속인에게 귀속된다(제1043조).

6. 재산의 분리

1) 서설

재산의 분리라 함은 상속개시 후에 상속채권자·유증 받은 자 또는 상속인의 채권자의 청구에 의하여 가정법원이 상속재산과 상속인의 고유재산을 분리시키는 가정법원의 처분을 말한다.

---

147) 대판 1994.10.14, 94다 8334

2) 재산분리의 청구

(1) 청구권자 및 상대방

상속채권자, 유증 받은 자, 또는 상속인의 채권자이다. 여기서 포괄적으로 유증받은 자는 상속인과 동일한 지위에 있으므로 제외된다. 상대방은 상속인 또는 상속재산관리인·파산관재인·유언집행자 등이다. 청구기간은 상속이 개시된 날로부터 3월 내, 다만 상속인이 상속의 승인이나 포기를 하지 않은 동안은 3월이 경과하여도 재산분리가 허용된다(제1045조).

(2) 청구기간

재산분리의 청구기간은 상속이 개시된 날, 즉 피상속인이 사망한 날로부터 3개월 이내이다(제1045조 1항). 재산분리의 청구기간은 상속의 승인 또는 포기의 경우와 달라서, 상속개시를 안 날로부터가 아니고 상속개시의 날, 즉 피상속인의 사망일로부터 3월내라는 것에 주의하여야 한다. 다만 상속인이 상속의 승인·포기를 하지 않은 동안은 3개월의 청구기간이 경과한 후라도 재산분리가 허용된다(제1045조 2항).

(3) 재산분리의 대상

재산분리의 대상이 되는 재산은 상속개시 당시에 피상속인에게 속하고 있던 모든 재산이다. 또한 환가된 금전·채권·상속재산의 훼손으로 인한 상속인의 손해배상청구권 등도 그 대상이 될 수 있다. 재산분리청구는 상속재산 전체에 대하여 포괄적으로 하여야 하고, 특정의 상속재산에 한정된 재산분리청구는 허용되지 아니한다.

(4) 재산분리의 심판

가정법원은 재산분리의 청구가 있으면 상속재산과 상속인의 고유재산의 상태 기타 모든 사정을 종합하여 그 필요성을 판단한 다음에 재산분리를 명하는 심판을 하여야 한다(가소법 제2조 1항 라류11호).

3) 재산분리의 절차

(1) 법원의 분리명령과 그 공고

법원은 재산의 분리청구가 있는 때에는 재산분리를 명하고, 재산분리청구자는 법원의 분리명령 후 5일 내에 일반 상속재산자와 유증 받은 자에 대하여 재산분리의 명령이 있는 사실과 일정한 기간 내에 그 채권 또는 수증을 신고할 것을 공고하여야 한다(제1046조 1항 전단). 그 기간은 2월 이상이어야 한다(제1046조 후단).

(2) 공고절차와 최고

분리공고절차는 비영리법인의 해산규정을 준용한다(제1046조 2항). 분리공고는 법원의 등기사항의 공고와 같은 방법으로 하고(제88조 3항 준용), 상속채권자 및 유증 받은 자가 소정 신고기간 내에 신고하지 않으면 배당가입에서 제외됨을 공고 중에 표시하여야 하며(제88조 2항 준용), 분리청구권자가 알고 있는 상속채권자 및 유증 받은 자에 대하여는 각각 그 채권신고를 최고하여야 한다(제89조 전단 준용).

4) 재산분리의 효과

(1) 재산분리의 공고·최고

법원의 분리명령이 있을 때에는 재산의 분리청구자는 법원의 분리명령 후 5일 내에 일반상속채권자와 수증자에 대하여 배당가입의 신고를 촉구하기 위하여 재산분리의 명령이 있은 사실과 그 자의 채권 또는 유증을 일정한 기간 내에 신고할 것을 공고하며 그 채권신고기간은 2월 이상으로 하여야 한다(제1046조 2항). 이러한 경우의 각 상속채권자 또는 수증자의 배당가입신고의 상대방은 분리청구권자가 아니고 변제책임자인 재산상속이다. 재산분리의 공고절차는 한정승인의 경우와 같이 비영리법인의 해산에 관한 규정이 준용된다(제1246조 2항, 제88조 2항·3항, 제89조 참조).

(2) 상속인의 권리의무의 계속

상속재산과 상속인의 고유재산이 아직 혼합되지 않은 경우에는 상속인은 그 상태를 유지하여야 하며, 이미 혼합된 경우에는 양 재산을 분리하여야 한다. 재산분리의 명령이 있는 때에는 피상속인에 대한 상속인의 재산상 권리의무는 소멸하지 아니한다(제1050조).

(3) 분리된 상속재산의 관리
가. 상속재산관리 처분

가정법원이 재산의 분리를 명한 때에는 상속재산의 관리에 관하여 필요한 처분을 명할 수 있다(제1047조 1항). 「상속재산의 관리에 관하여 필요한 처분」에는 관리인의 선임이나 재산의 봉인·재산목록의 작성 혹은 훼손되기 용이한 환가처분을 들 수 있다. 가정법원이 상속재산의 관리에 관하여 필요한 처분으로 재산관리인을 선임한 경우에는 부재자의재산관리에 관한 민법 제24조 내지 제26조를 준용한다(제1047조 2항).

나. 단순승인자에 의한 재산관리

상속인이 단순승인을 한 후에도 재산분리의 명령이 있는 때에는 상속인은 상속재산에 대하여 자기의 고유재산과 동일한 주의로 관리하여야 한다(제1048조 1항). 상속인의 재산관리의 대하여는 수임인의 의무에 관한 민법 제688조 1항·제2항을 준용한다(제1048조 2항). 상속채권자 또는 수증자의 청구가 있을 때에는 재산처리상황을 보고하고 재산관리종료 시에는 지체 없이 그 전말을 보고하여야 하며(제1048조 2항 제683조), 관리사무의 처리에서 받은 금전 그 밖의 물건과 취득한 과실을 인도하여야 하고, 관리인이 자기명의로 취득한 권리를 이전하여야 한다(제1048조 2항. 제684조).

다. 재산분리의 대항요건

재산의 분리를 상속재산이 부동산인 때에는 등기하지 아니하면 제3자에게 대항하지 못한다(제1049조). 여기서 제3자라 함은 상속인의 채권자뿐만 아니라 모든 제3자를 포함한다. 동산에 관하여는 제3자가 제249조의 선의취득의 법리에 보호된다.

라. 변제의 거절과 배당변제

상속인은 상속재산의 분리청구기간(제104조 5)과 상속채권자·유증 받은 자에 대한 공고기간(제104조 6)이 만료하기 전에는 상속채권자·유증 받은 자에 대한 변제거절을 할 수 있다(제1051조 1항). 재산분리의 청구기간과 상속채권자·유증 받은 자에 대한 공고기간이 만료한 후에는 상속인은 상속재산으로 재산분리를 청구하거나 신고기간 내에 신고한 상속채권자·유증 받은 자와 상속인이 알고 있는 상속채권자·유증 받은 자에 대하여 각 채권액·수증액의 비율로 변제하여야 한다(제1051조 2항 본문).

마. 고유재산에 의한 변제

재산분리를 청구하거나 신고기간 내에 신고한 상속채권자·유증 받은 자와 상속인이 알고 있는 상속채권자·유증 받은 자는 상속재산으로 전액의 변제를 받을 수 없는 경우에 한하여 상속인의 고유재산으로부터 변제를 받을 수 있다(제1052조 1항). 상속인의 고유재산에 대하여는 상속인의 채권자가 상속채권자·유증 받은 자보다 우선하여 변제를 받을 권리가 있다(제1052조 2항).

7. 상속인의 부존재

1) 서설
상속인의 부존재란 어떤 사람이 재산을 남기고 사망한 경우에 상속인이 될 수 있는 자가 있는가 없는가가 분명하지 않은 상태를 의미한다. 상속인의 부존재는 상속인 또는 포괄적 수증자가 1인도 나타나지 않지만 어디인가에 상속인이 있을지도 모른다는 상태이며, 상속인이 있는 사실이 명백하지만 어디에 있는지 그 소재가 분명하지 않은 상태와 차이가 있다.

2) 상속재산의 관리와 계산
(1) 상속재산의 관리
상속인의 존부가 분명하지 아니한 때에는 가정법원은 민법 제777조에 의한 피상속인의 친족 기타 이해관계인 또는 검사의 청구에 의하여 상속재산관리인을 선임하고 지체 없이 이를 공고하여야 한다(제1053조 1항; 가소법 제2조 1항 라류). 여기서 이해관계인이란 상속채권자, 수증자, 상속재산 위에 담보권을 가지는 자 등 상속재산에 대하여 법률상의 이해관계를 갖는 자를 말한다.

(2) 상속재산의 청산
가정법원이 상속인 없는 상속재산의 관리인을 선임하고(제1053조 1항), 그 공고가 있는 날로부터 3월내에 상속인의 존부를 알 수 없는 때에는 관리인은 지체 없이 일반상속채권자와 유증 받은 자에 대하여 일정한 기간 내에 그 채권 또는 수증을 신고하기를 공고하여야 하며 그 기간은 2월 이상이어야 한다(제1056조 1항). 이러한 경우의 공고절차는 한정승인의 경우 또는 재산분리의 경우와 같이 비영리법인에 관한 규정이 준용된다.

3) 특별연고자에 대한 상속재산의 분여
(1) 의의
특별연고자에 대한 분여제도는 상속인이 없는 경우에 가정법원이 피상속인과 생계를 같이 하고 있던 자, 피상속인의 요양간호를 한 자 기타 피상속인과 특별한 연고가 있던 자에게 본인의 청구에 의하여 상속재산의 전부 또는 일부를 분여할 수 있는 제도이다. 특별연고자로서 분여를 받기 위하여 는 청산공고에 의한 신고기간의 만료 후 2월 이내에 가정법원에 청구하여야 한다(제1057조의 2 1항ㆍ2항).

(2) 상속재산분여의 요건
가. 특별연고관계가 존재할 것
① 피상속인과 생계를 같이하고 있던 자
② 피상속인을 요양ㆍ간호한 자
③ 기타 상속인과 특별한 연고가 있던 자

나. 재산분여의 상당성이 있을 것
상당성 여부의 판단도 가정법원의 재량에 달려 있으나, 연고관계의 내용, 친밀도, 나이, 성별, 직업, 상속재산의 종류나 액수 등 일체의 사정이 참작될 수 있을 것이다.

다. 특별연고자가 분여의 청구를 할 것
재산분여를 원하는 자는 제1057조의 기간이 만료된 후 2월 이내에 가정법원에 재산분여청구를 하여야 한다(제1057조의 2 2항). 상속재산의 분여청구는 상속인 수색공고기간(제1057조 참조)이 만료한 후 2월 이내에 행사되어야 한다(제1057조의 2 2항).

(3) 상속재산분여의 효과

특별연고자에 의한 재산분여청구가 인용되면 특별연고자에게 상속재산의 전부 또는 일부가 분여된다. 이 처분에 의한 금전 그 밖의 급부 심판은 집행력을 가지며(가소법 제41조), 부동산등기 등의 권리이전은 단독으로 청구할 수 있게 된다. 특별연고자가 분여 받은 재산은 성질상 원시취득으로 보아, 변제를 받지 못한 상속채권자나 유증 받은 자는 이에 대하여 아무런 청구도 할 수 없는 것으로 보아야 한다. 또한 특별연고자는 상속인이 아니기 때문에 상속채무는 승계하지 않는다.

4) 재산상속의 국가귀속

상속인 없는 상속재산이 특별연고자에게 분여되지 않거나 혹은 분여되고도 남은 잔여상속재산이 있는 때에는 상속재산은 국가에 귀속한다(제1058조 1항).

제 8 절   유언

1. 서설

1) 유언제도의 의의

상속제도와 마찬가지로 유언제도 역시 재산제도와 밀접한 관련을 지니면서 발전되어 왔다. 민법은 유언자가 남긴 최종의 의사를 존중하고, 사후에 그 의사의 실현을 보장하기 위하여 유언제도를 두고 있다. 특히 사유재산제도의 발달과 더불어 대두된 법률행위자유의 원칙에 따라서 유언제도에서는 유언자유의 원칙이 인정된다.

2) 유언의 성질
(1) 유언의 의의

유언이란 유언자의 사망과 동시에 재산관계와 신분관계의 법정사항에 일정한 법률효과를 발생시킬 목적으로 일정한 방식에 따라서 하는 상대방 없는 단독행위를 가리킨다.

(2) 유언의 법적 성질
가. 유언은 요식행위이다.
나. 유언은 상대방 없는 단독행위이다.
다. 유언은 독립행위이다.
라. 철회의 자유
마. 유언은 사후행위이다.
바. 법정사항
　　a) 유언은 법정사항에 한하여만 할 수 있고(유언법정주의), 이에 해당하지 않을 때에는 무 효이다. 법률상 특별히 규정되어 있는 사항이 아니면 유언으로 효력이 발생하지 아니한 다.

　　b) 민법이 인정하고 있는 유언법정사항은 다음과 같다.
　ⅰ) 재단법인의 설립(제47조 2항),
　ⅱ) 친생부인(제850조),

iii) 인지(제859조 2항),

iv) 후견인지정(제931조),

v) 상속재산분할방법의 지정 · 위탁(제1012조 전단),

vi) 상속재산분할금지(제1012조 후단),

vii) 유증(제1074조 이하),

viii) 유언집행자의 지정 · 위탁(제1093조),

ix) 신탁(신탁법 제2조)을 들 수 있다.

c) 유언사항 중 친생부인(제846조), 인지(제855조 이하), 재단법인의 설립(제47조), 신탁(신탁법 제2조)은 생전행위에 의하여도 할 수 있다.

3) 유언능력

(1) 유언능력자

민법은 만 17세에 달한 때로부터 유언을 할 수 있다(제106조 1항)고 규정하여 행위능력에 관한 민법 제5조 · 제10조 · 제13조의 적용을 배제하고 있다. 따라서 유언에 대하여는 만17세 이상의 미성년자, 한정치산자, 금치산자도 단독으로 유효하게 유언을 할 수 있다. 법인에 대해서는 유언능력을 인정할 여지가 없다.

(2) 수증능력

유증의 이익을 향수할 수 있는 능력 의미하는 수증능력은 의사능력의 존재를 전제로 하지 않으며, 권리능력 자이면 된다는 점이 의사능력을 필요로 하는 유언능력과 다르다. 따라서 의사무능력자 · 법인 · 태아(제1064 조)도 권리능력의 주체인 한에서 수증자로 될 수 있다. 그러나 상속인으로서 결격사유에 해당하는 자는 수증 능력이 없다(제1064조에 의한 제1004조 준용).

(3) 유언능력이 있어야 할 시기

유언이 유언자의 사망 시에 그 효력이 확정되기는 하지만 일단 유언을 한 후에 철회할 수 있다는 점(제1108 조 참조), 유언은 이를 취소하지 않는 한 효력이 있다는 점을 고려한다면 유언능력은 유언할 때에 있으면 충분 하다고 판단된다.

2. 유언의 방식

1) 유언의 엄격성과 유언의 종류

(1) 방식의 엄격성

민법은 「유언은 방식에 의하지 아니하면 효력이 생기지 아니 한다」(제1060조)고 하여 엄격한 방식을 요구 하고 있다(엄격형식주의). 또한 유언방식에 관하여 민법은 다섯 가지 방식에 의한 유언만을 인정하는 법정요 식주의를 채택하고 있다(제1065조).

(2) 유언의 종류

유언의 종류는 우선 「보통방식」과 「특별방식」으로 구분할 수 있다. 민법상 구수증서유언도 다른 유언방식 과 같이 보통방식으로 되어 있지만 실질적으로 방식의 엄격성이 요청되지 않는 특별방식으로 보아서 유언요 건을 완화하여 해석 한다.[148] 보통방식에 의한 유언에는 자필증서유언, 녹음유언, 공정증서유언, 비밀증서유 언이 있다.

(3) 유언증인의 결격

민법은 제1072조에 그 결격자에 관하여 규정하고 있다. 미성년자·금치산자·한정치산자·유언에 의하여 이익을 받을 자 및 그 배우자와 직계혈족에 해당하는 자는 유언에 참여하는 증인이 되지 못한다(제1072조 1항). 공정증서에 의한 유언의 경우 공증인법에 의한 결격자는 증인이 되지 못한다(제1072조 2항).

2) 자필증서에 의한 유언

유언방식의 종류에는 보통방식과 특별방식이 있다. 전자에는 자필증서, 녹음, 공정증서, 비밀증서에 의한 유언이 이에 해당하고, 후자에는 구수증서에 의한 유언이 해당된다.[149]

(1) 전문자서

자필증서유언은 「자서」가 절대적 요건이다. 따라서 타인에게 구수·필기시킬 것은 자필증서로 인정되지 않으므로 무효이다. 다만, 본문의 일부에 대하여 이러한 사정, 즉 테이프·타이프라이터·점자기·워드프로세서에 의한 유언은 아니 하나 대서 등이 유언의 부수적·첨가적 부분에 그치는 한 유효한 것으로 보아야 할 것이다. 타인의 손에 의지하여 쓴 유언이나 어느 정도 문자를 이해하고 쓸 수 있는 자가 타인이 쓴 유언을 그대로 베낀 유언은 자서로 보아도 상관없다. 유언에 사용되는 문자나 용어는 제한이 없다. 사용언어가 외국어이거나 혹은 약자를 사용하여 유언을 작성하여도 상관없고, 속기문자에 의한 유언도 유효하다.

(2) 연 월 일의 자서

年月日은 유언의 중요한 요건이라 할 수 있다. 작성연월일이 없는 자필증서유언은 효력이 없다. 예컨대 작성연월일은 반드시 정확하게 기입하여야 할 필요는 없다. 「2008년 8월 1일」이라고 기재하지 않고, 「만 70세의 생일」 혹은 「장남 갑이 혼인하던 날」과 같이 기재하여도 유언작성의 날이 명백한 한 유효한 년월일의 기재가 된다.

(3) 성명의 자서

성명의 기재는 유언자가 누구인가를 특정하기 위하여 요구된다. 따라서 성명은 그 유언이 누구의 유언인가를 알 수 있을 정도로 기재하면 충분하다. 성과 이름을 다 쓰지 않고 性이나 이름만을 쓰거나 호나 자 혹은 예명을 쓴 경우에도 유효하다. 다만 필적만으로 바로 유언자 본인의 자필에 의한 유언이라고 하는 사실을 확인할 수 있는 경우라고 하더라도 전혀 성명의 기재를 하지 아니한 때에는 유언은 무효가 된다.

(4) 날인

印은 반드시 인장일 필요는 없고 무인도 무방하다. 그리고 날인은 타인이 하여도 된다.[150]특히, 날인은 유언문서에 유언자의 동일성 및 진의를 입증하기 위한 수단으로서 통상 문서작성자의 지인이 있으면 인장으로서의 날인과 동등하게 인정된다고 할 것이다.

(5) 삽입·삭제·변경

자필증서에 문자를 삽입하거나 삭제·변경하기 위하여 는 유언자가 자서하고 날인하여야 한다(제1066조 2항). 다만 증서의 기재 자체로 보아 명확한 오기를 정정함에 지나지 않는 경우에는 그 정정부분에는 날인을 하지 않았다고 하더라도 그 효력에는 영향이 없다.[151]

---

148) 대판 1977.1.18, 76 므 15
149) 대판 1977.1.18, 76므15
150) 대판 1998.6.12, 97다38510
151) 대판 1998.5.29 97다38503

3) 녹음에 의한 유언

녹음유언은 유언자가 유언의 취지와 성명·년 월 일을 구술하고, 증인이 유언의 정확성과 그 성명을 구술하면 성립한다(제1067조). 금치산자가 그 의사능력이 회복되어 녹음에 의한 유언을 할 때에는 의사는 심신회복의 상태를 녹음기에 구술하는 방법으로 확인하여야 할 것이다.

4) 공정증서에 의한 유언

(1) 특징

자기가 유언증서를 작성하지 않아도 할 수 있는 유언의 방식이며, 또한 유언의 존재를 명확히하고 내용을 확보할 수 있다는 점이 특징이다. 공정증서유언은 구수, 필기, 낭독, 승인, 서명·기명날인의 순서로 성립한다.

(2) 요건(제1068조)

가. 공정증서에 의한 유언에는 증인 2인의 참여가 있어야 한다.

나. 유언자가 공증인의 면전에서 유언의 취지를 구수하여야 한다.

다. 공증인이 유언자의 구술을 필기하고, 이를 유언자와 증인 앞에서 낭독하여야 한다. 공증인이 미리 유언자가 작성한 문안을 받고 유언자가 구수하는 것을 들은 다음, 이것으로써 필기에 갈음하는 것과 같이 구술과 필기가 바뀌어도 상관없다고 본다. 필기는 공증인 자신이 반드시 할 필요는 없으며, 계생에게 집필시켜도 무방하며, 반드시 유언자의 면전에서할 필요는 없다고 본다. 공정증서는 국어로 작성되어야 한다(공증인법 제26조). 다만 촉탁인의 요구가 있는 경우에는 외국어를 병기할 수 있다.

라. 유언자와 증인이 필기가 정확함을 승인한 후 각자가 서명 또는 기명날인하여야 한다. 공증인은 그 사무소에서 직무를 행하는 것이 원칙이지만(공증인법 제17조), 유언의 경우에는 그 적용이 없다(공증인법 제56조).

5) 비밀증서에 의한 유언(제1069조)

(1) 의의

비밀증서유언은 유언자가 필자의 성명을 기입한 증서를 엄봉·날인하고 엄봉한 날인증서를 2인 이상의 증인의 면전에 제출하여 자기의 유언서임을 표시한 후, 봉서표면에 유언서의 제출년월일을 기재하고 유언자와 증인이 각자 서명 또는 기명 날인 하면 성립하고, 비밀증서에 의한 유언봉서는 그 표면에 기재된 날로부터 5일 이내에 공증인 또는 가정법원서기에게 제출하여 그 봉인상에 확정일자인을 받아야 한다(제1069조 1항·2항).비밀증서에 의한 유언방식은 자기의 성명을 자서할 수 있는 자면 누구나 할 수 있으며, 자필증서에 의한 유언과 공증증서에 의한 유언을 절충한 유언방식으로 유언내용의 비밀을 유지하고 그 누설을 방지하는 동시에 존재와 내용을 확실하게 할 수 있다는 장점이 있다.

(2) 비밀증서의 유언의 요건

가. 유언자가 필자의 성명을 기입한 증서를 엄봉·날인하여야 한다.

나. 엄봉·날인한 증서를 2인 이상의 증인의 면전에 제출하여 자기의 유언서라는 것을 표시하여야 한다.

다. 봉서표면에 유언서의 제출년월일을 기재하여 유언자와 증인이 각자 서명 또는 기명하고 날인하여야 한다.

라. 비밀증서의 방식에 의하여 작성된 유언봉서는 그 표면에 기재된 날로부터 5일 내에 공증인 또는 법원서기에게 제출하여 그 봉인상에 확정일자인을 받아야 한다(제1069조 1항).

(3) 비밀증서에 의한 유언의 전환

비밀증서에 의한 유언에 있어서 그 방식 상 요건을 흠결한 경우에는 비밀증서유언으로서의 효력을 발생할 수 없으나 민법은 그 방식에 흠결이 있는 경우라 하더라도 그 증서가 자필증서의 방식에 적합한 때에는 자필증서에 의한 유언으로서 효력을 인정한다(제1071조). 따라서 무효 된 비밀증서유언이 자필증서유언으로서 전환하기 위해서는 유언서전문과 년월일·주소·성명의 자서와 날인이 있어야 한다.

6) 구수증서에 의한 유언

구수증서유언을 위하여 는 질병 기타 급박한 사유[152]로 인하여 다른 방식에 의한 유언을 할 수 없는 경우, 2인 이상의 증인이 참여하고 그 1인에게 유언의 취지를 구수하고, 구수를 받은 자가 필기·낭독하여 유언자와 증인이 그 정확성을 승인한 후 각자가 서명 또는 기명날인하여야 하고(제1070조 1항), 그 증인 또는 이해관계인은 급박한 사유가 종료한 날로부터 7일 이내에 가정법원에 그 검인을 신청하여야 한다(제1070조 2항). 이 경우 법원에 의한 검인은 유언 후 빠른 시간 내에 유언의 진위에 관하여 일단 심사하여 두고자 하는 것에 지나지 않으므로 법원의 검인이 있더라도 이해관계인은 그 유언의 효력에 관하여 이의를 제기할 수 있다. 금치산자가 구수증서에 의한 유언을 하는 경우에 있어서도 그 의사능력이 회복되어 있어야 하지만(제1066조 1항), 이러한 경우에는 의사가 심신회복의 상태를 유언서에 부기하고 서명·날인하여야 하는 것을 그 요건으로 하지는 않는다(제1070조 3항). 유언자의 질병으로 인하여 구수증서의 방식으로 유언을 한 경우에 특별한 사정이 없는 한 그 유언이 있은 날에 급박한 사유가 종료하여 유언이 있은 날로부터 7일 이내에 그 검인신청을 하여야 한다.[153]

3. 유언의 일반적 효과

1) 유언의 효력발생시기
(1) 원칙

유언은 유언자의 생전에 일정한 방식에 따라서 작성된 때에 성립하지만, 그 효력은 유언자가 사망한 때로부터 생긴다(제1073조 1항). 따라서 유언자는 유언의 방식에 의하여 유언을 언제든지 자유롭게 철회 또는 변경할 수 있으며(제1108조, 제1110조), 유언에 의한 수익자도 유언자가 사망하기기까지 어떠한 조건부권리도 취득할 수 없는 것이다.

(2) 유언인지

유언으로 혼인 외의 자를 인지한 경우에는 유언집행자는 호적법에 정한 바에 의하여 그 취임일로부터 1개월 이내에 인지신고를 하여야 한다(호 제64조). 인지의 효력은 혼인 외의 출생자의 출생 시에 소급한다(제860조). 이 경우 민법의 법리상 또는 유언의 성질상 유언에 의한 인지는 사망 시에 효력을 발생하고 유언집행자에 의한 신고는 보고적인 것에 지나지 않는 것으로 해석해야 할 것이다.

(3) 조건부유언
가. 정지조건부유언

정지조건부유언은 그 조건이 유언자의 사망 후에 성취된 경우에는 그 조건이 성취한 때로부터 유언의 효력이 있다(제1073조 2항).

---

152) 부상당한 경우·전염병 때문에 교통이 차단된 장소에 있는 경우·조난중인 선박에 있는 경우
153) 대결 1994.11.3, 94 스 16

나. 해제조건부유언

해제조건부유언은 유언자가 사망한 때로부터 그 효력이 생기고, 그 조건이 사망 후에 성취된 경우에는 조건이 성취된 때로부터 그 효력을 상실한다(제147조 2항). 만약 유언자의 사망 전에 이미 조건이 성취되었을 경우에는 유언은 무효이며, 유언자가 조건성취의 효과를 그 성취 이전에 소급시킬 의사를 표시한 때에는 그 의사에 따라야 한다(제247조 3항 참조).

(4) 기한부유언인 경우

가. 시기부유언

시기부유언은 유언자가 사망한 때로부터 효력이 생기지만, 그 이행은 기한이 도래한 때에 비로소 청구할 수 있다(제152조 1항). 만약 부가된 시기가 유언자의 사망 전에 이미 도래하였을 경우에는 그 시기부유언은 유언자의 사망 시로부터 완전한 법률행위로서의 효력을 발생하게 된다.

나. 종기부유언

종기부유언은 유언자가 사망한 때로부터 효력이 발생하고, 그 기한의 도래로 인하여 효력을 상실한다(제152조 2항).

2) 유언의 철회

(1) 유언철회의 의의

유언은 유언자의 최종의사를 존중하는 제도로서 유언자는 언제든지 어떠한 이유에 의하여도 유언의 전부 혹은 일부를 철회할 수 있는 유언철회의 자유가 있다(제1108조 1항).

(2) 유언철회의 방식

가. 임의철회

유언자는 유언철회를 반드시 유언으로 하여야 할 필요는 없고, 생전행위에 의하여도 유언을 철회할 수 있다(제1108조 1항). 그리고 유언으로 유언철회를 하는 경우에 반드시 선행 유언과 동일한 방식으로 하여야 할 필요도 없다. 유언자는 그 유언을 철회할 권리를 포기하지 못한다(제1108조 2항).

나. 법정철회

가) 전후의 유언이 저촉되는 경우

전유언과 후유언이 저촉되거나 유언후의 생전행위가 유언과 저촉되는 경우, 그 저촉된 부분의 전유언은 철회한 것으로 본다(제1109조).

나) 유언 후에 그 유언과 저촉되는 생전행위가 있는 경우

유언 후의 생전행위가 유언과 저촉되는 경우에는 그 저촉된 부분의 선행유언은 철회한 것으로 본다. 이러한 경우에도 유언자의 의사여하에 불구하고, 유언을 철회할 의사는 없다고 명백히 표시된 경우라도 철회한 것으로 보는 것이다.

다) 유언자가 유언증서 등을 파손한 경우 등

유언자가 유언증서 또는 유증의 목적물을 파손한 경우(제1110조), 그 훼손한 부분에 관한 유언은 철회한 것으로 본다(제1110조).

(3) 유언철회의 효과

민법은 유언의 재철회에 대하여 명문규정을 두고 있지 않으나, 민법상 인정되고 있는 유언철회자유의 원칙에 근거하여 유언의 재철회도 가능하다고 본다. 철회한 유언이 다시 철회되면 전의 철회된 유언이 부활하는가? 입법적으로 부활주의(독민 제2257조·제2258조)와 비부활주의(일민 제1025조)가 대립하고 있으며, 학설상으로는 유언의 재철회에 의하여 먼저 철회된 유언은 부활한다고 보는 견해가 통설이다.

3) 유언의 무효와 취소
(1) 유언의 무효·취소의 의의

유언의 내용상·형식상 요건의 흠결로 인하여 처음부터 유언의 효력이 발생할 수 없도록 확정되어 있는 경우를 「유언의 무효」라고 한다. 유언자의 사망 후 사기·강박과 같은 일정한 원인으로 인하여 상속인·유언집행자 기타 이해관계인이 유언의 효력발생을 방지하는 경우를 「유언의 취소」라고 한다.

(2) 유언의 무효원인

ⅰ) 유언방식이 흠결된 유언(제1060조),
ⅱ) 만 17세 미만자인 유언무능력자와 의사능력이 없는 자의 유언(제1061조·제1063조),
ⅲ) 수증결격자에 대한 유언(제1064조),
ⅳ) 선량한 풍속 기타 사회질서에 위반하는 사항을 내용으로 하는 유언(제103조),
ⅴ) 강행법규에 위반되는 유언,
ⅵ) 법정사항 이외의 사항을 내용으로 하는 유언,
ⅶ) 유언자의 생전행위에 의하여 이미 실현되거나 유언자의 사망 전에 실현된 사항을 내용으로 하는 유언을 들 수 있다. 예컨대 유언공정증서를 작성할 당시 반 혼수상태인 유언자가 유언공정증서의 취지를 듣고 고개만 끄덕인 경우[154] 유언장이 증인 2명의 참여가 없고 자서된 경우도 아니어서 공정증서에 의한 유언이나 자필증서에 의한 유언으로서의 방식이 결여된 경우[155]에 그 유언은 무효이다

(3) 유언의 취소원인

취소원인이 있는 유언에는 중요부분의 착오로 인한 유언(제109조), 사기·강박에 의한 유언(제110조 1항)이 있다.

4. 유증

1) 유증의 의의와 종류
(1) 유증의 의의

유증은 단독행위라는 점에서 계약인 사인증여와는 구별되지만, 사인행위라는 점 등에서 사인증여와 비슷하므로 유증에 관한 규정이 사인증여에도 준용된다(제562조). 다만, 유증에 관한 규정 중 능력(제1061~제1063조), 방식(제1065조 이하), 승인과 포기(제1074조~제1077조) 등에 관한 규정은 사인증여에 준용되지 않는다. 유언에 의한 재단법인설립은 유증이 아니지만 유증과 매우 흡사하므로 민법은 이 경우에 유증의 규정을 준용하며(제47조 2항), 출연재산은 유언의 효력이 발생한 때로부터 법인에 귀속하는 것으로 보고 있다(제48조 2항).

---

154) 대판 1996. 4. 23, 95 다 34514
155) 대판 1994. 12. 22, 94 다 13695

(2) 유증의 자유와 그 제한

유증은 상속재산의 자유처분을 인정하는 것이기 때문에 유언의 자유란 유증의 자유라고 할 수 있다. 따라서 이에 관한 민법규정은 유언자의 자유로운 의사결정을 우선시키고 있는 것으로 해석된다. 그 결과 유증에 관한 민법규정은 가족법상의 다른 강행규정과는 달리 임의규정인 경우가 많다(제1076조, 제1079조, 제1087조, 제1090조, 제1083조, 제1084조, 제1085조). 이것은 유증에 관한 규정들이 가지는 하나의 특성이라고 할 수 있다. 그러나 피상속인의 의사에 의한 상속재산의 처분이 무제한인 것은 아니다. 유류분에 관한 규정은 유증의 자유를 제한하는 중요한 제도 중 하나이다.

(3) 유증의 종류
가. 포괄유증 · 특정유증

적극 · 소극의 재산을 포괄하는 상속재산의 전부 또는 일정비율에 대하여 하는 유증을 포괄유증 이라고 한다. 구체적으로 특정의 재산상의 이익에 대하여 하는 유증을 특정유증 이라고 한다. 특정적 유증은 하나하나의 재산상의 이익을 구체적으로 특정하여 유증의 내용으로 하는 것, 예컨대 어떤 부동산, 어떤 채권을 양도한다든가 하는 것 등이다. 이 밖에 조건있는 유증, 기한있는 유증 및 부담있는 유증과 그러한 조건, 기한 및 부담이 없는 단순유증이 있다.

나. 조건부유증 · 기한부유증

가) 유증에 조건이 부가된 경우를 조건부유증이라 하며, 이에는 해제조건부 유증과 정지조건부유증이 있다. 해제조건부유증은 예컨대 유언으로 수증자에게 사법시험에 합격하지 못하는 경우는 그 유증재산은 상속인에게 귀속시킨다는 것을 조건으로 한 것과 같은 경우이므로, 유증은 유언자의 사망과 동시에 효력을 발생하나 후일 그 조건이 성취된 때에는 유증이 없었던 것과 동일한 결과가 되어 효력은 발생하지 않는다.

나) 정지조건부유증은 예컨대 수증자에 대한 특정재산의 유증을 사법시험에 합격할 것을 조건으로 한 것과 같은 경우이므로 유언자의 사망으로써 유증의 효력은 발생하더라도 특정재산에 대한 수증자의 권리는 일종의 기대권이고 후일 그 조건이 성취된 경우에 비로소 현실적인 권리를 취득하게 된다.

다) 유증에 기한이 부가된 경우를 기한부유증이라 하며, 이에는 시기부유증과 종기부유증이 있다. 유언자가 확정기한부로써 유증을 한 경우에는 유증은 유언자의 사망과 동시에 효력을 발생하고 확정기한의 도래시에 그 이행을 청구할 수 있다. 유언자의 사망 전에 확정기한이 도래한 경우에는 무기한으로서 유언자의 사망과 동시에 그 이행을 청구할 수 있다. 불확정기한으로 한 경우에도 확정기한이 부가된 경우와 결과는 동일하다. 시기부로 한 경우에는 그 시기가 유증의 효력발생을 정지하는 것일 때에는 정지조건부유증과 동일하고, 그렇지 않은 때에는 시기 도래 시에 유증의 이행을 청구할 수 있다. 종기부로 한 경우에는 해제조건부유증의 경우와 동일하다.

다. 부담부유증 · 단순유증

부담부유증이란 유증에 부담이 따르는 경우를 말한다. 그리고 단순유증이란 유증에 아무런 조건이나 기한 또는 부담도 부가하지 않고 또 보충유증이나 휴계유증도 아닌 보통의 유증을 말한다.

(4) 수증자와 유증의무자
가. 수증자

유언에 의하여 유증을 받는 자로 지정된 자를 수증자라고 한다. 수증자는 친족관계에 있는 사람에 한정하지 않고, 권리능력과는 수증능력을 가지므로 자연인뿐만 아니라 학교 · 자선단체와 같은 법인도 수증자가 될 수 있고, 유언자의 상속인도 수증자로서 유증을 받을 수 있다. 태아는 원칙적으로 권리능력이 없고 태아에 대한 유증은 동시존재의 원칙에 위반되지만, 유증에 대하여는 태아도 이미 출생한 경우로 보는 결과(제1000조 3항 · 제1064조) 태아도 살아서 태어난다고 하는 조건으로 수증자가 될 수 있다. 수증자는 유언의 효력발생시기인 유언자의 사망당시에 생존하고 있어야 한다. 따라서 만약 유언자보다 먼저 수증자가 사망하면 유증은 효력을 상실한다(제1089조 1항). 다만 정지부조건부유증에서는 유언자의 사망 후에 수증자가 생존한 경우에도 그 조건이 성취되기 전에 사망하면 수증자의 지위의 승계는 인정되지 아니하여 유증은 효력을 상실한다(제1089조 2항).

나. 유증의무자

유증의 내용을 실현하기 위하여 의무를 부담하는 자가 유증의무자이다. 유증에서 재산의 양도의무는 유언자의 사망 후에 집행되기 때문에 유언자는 의무자가 될 수 없으며, 따라서 별도로 유증의무자가 존재하게 된다. 보통 유증의무자는 상속인이 되지만, 유언집행자(제1101조) · 포괄수증자(제1078조) · 상속인이 없는 상속재산의 관리인(제1053조 · 제1056조)이 유증의무자로 된다.

(5) 유증의 효과

유증의 효력은 포괄적 유증인지, 특정유증인지에 따라 그 내용이 각각 다르다. 다만, 효력발생시기에 관해서는 유증의 일반적 효력과 공통의 원칙을 가지고 있다. 유증의 효력발생시기는 유언의 일반적 효력발생시기와 동일하다. 유증이 단순유증인 경우에는 유언자가 사망한 때, 정지조건부유증은 조건이 성취된 때로부터 그 효력이 발생한다(제1073조). 수증자가 유언자의 사망 전에 사망한 경우에는 유증의 효력은 생기지 않는다(제1089조 1항). 정지조건부 유증에 있어서도 수증자가 그 조건성취 전에 사망한 경우에는 유증의 효력은 생기지 않는다(제1089조 2항). 다만 유증의 효력이 생기지 아니하는 경우에는 유언자의 의사표시가 있으면 수증자의 상속인을 보충수증자로 할 수 있다(제1090조 단서).

2) 포괄유증

(1) 포괄유증의 의의

포괄유증이란 수증자에 대하여 상속재산의 전부 혹은 일부를 주는 유증을 가리킨다. 예컨대 「장남에게 전 재산을 준다」고 하는 경우나 「상속재산의 절반을 출신대학에 준다」고 하는 경우와 같이 적극재산 소극재산을 포괄하는 상속재산의 전부 또는 그 일정비율을 유증하면 포괄유증이 된다.

(2) 포괄유증의 효과

포괄유증은 거의 상속과 동일하여 포괄수증자는 실질적으로 상속인과 차이가 없다. 따라서 민법은 포괄수증자는 재산 상속인과 동일한 권리의무가 있다(제1078조). 포괄적 수증자는 상속인과 마찬가지로 유언자의 일신전속적 권리를 제외하고는 유언자의 권리 · 의무를 포괄적으로 승계한다(제1005조). 포괄적 수증자와 상속인이 있을 때, 혹은 포괄적 수증자만이 수인이 있을 때에, 이러한 자들 사이에는 공동상속인 사이에서의 공동상속관계와 동일한 관계가 발생하므로, 상속재산의 공유관계가 생기고(제1006조, 제1007조), 분할협의를 하게 된다(제1013조). 포괄유증의 승인 · 포기에 대하여는 유증에 관한 규정(제1074조~제1077조)이 적용되지 않고, 상속의 승인 · 포기에 관한 규정(제1119조~제1044조)이 적용된다.

(3) 상속과 포괄유언의 이동
가. 상속과의 공통점

ⅰ) 상속재산을 포괄적으로 승계한다.

ⅱ) 유증자의 채무도 승계한다.

ⅲ) 포괄적 수증자는 상속인 및 다른 포괄적 수증자가 있으면 이들과 상속재산공유(또는 합유) 상태에 들어가며 이 상태는 상속재산분할로 해소된다.

ⅳ) 승인 또는 포기할 수 있다(제1074조, 제1019조).

ⅴ) 재산분리절차에서 상속인과 동일하게 취급되고,

ⅵ) 결격사유도 동일하다.

나. 상속과의 차이점

ⅰ) 상속능력이 인정되지 않는 법인도 수증능력을 갖는다.

ⅱ) 상속은 유류분권이 있으나, 포괄적 수증자에게는 유류분권이 없으므로 특정유증은 포괄유증에 우선한다. 포괄적 수증자에게는 유류분권이 없으므로 특정유증은 포괄유증에 우선한다.

ⅲ) 포괄유증에는 대습상속규정이 적용되지 않는다. 포괄적 수증자가 유언자보다 먼저 사망하면 포괄유증은 무효로 된다(제1089조 1항).

ⅳ) 포괄적 수증자는 상속분의 양수권(제1011조 1항)이 없다.

ⅴ) 상속이나 다른 포괄적 수증자가 포기한 경우에도 포괄적 수증자가 받은 유증분은 고정되어 있으므로 증가하지 않는다(제1090조)(이설있음).

ⅵ) 상속은 부관을 붙일 수 없으나, 포괄유증은 이를 붙일 수 있다.

3) 특정유증

(1) 특정유증의 의의

특정유증이란 포괄유증과 달리 상속재산 중 특정의 적극재산을 목적으로 하는 유증을 가리킨다. 특정유증은 다시 특정물유증과 불특정물유증으로 구분할 수 있고, 불특정물유증에는 종류물유증과 금전유증이 있다.

(2) 특정유증의 효과

가. 유증목적물의 귀속시기

포괄유증의 경우에는 수증자는 재산상속인과 동일한 권리ㆍ의무가 있으므로(제1078조), 유언의 효력발생과 동시에 상속재산 전부 또는 그 부수적 부분을 등기 또는 인도 없이 법률상 당연히 승계하며, 유증의무자에 의한 유증의 이행을 필요로 하지 않는다(물권적 효력 : 제187조 참조). 특정유증의 경우에는 특정유증물은 상속재산으로서 일단 상속인에게 귀속되며, 수증자는 상속인에 대하여 유증이 이행을 청구할 수 있는 권리를 취득하는 데 지나지 않는다(채권적 효력). 즉, 특정의 재산권은 그 이행에 의하여 비로소 이전된다. 다만, 채무의 면제와 같이 의사표시만으로 효력을 발생하는 것은 물권적 효력이 있다. 특정유증의 채권적 효력의 근거로는 다음과 같은 것을 들 수 있다.

ⅰ) 물권변동에 있어서 형식주의를 취하는 점,

ⅱ) 한정승인과 재산분리의 경우 상속채권자에게 먼저 변제를 완료한 후가 아니면 수증자에게 변제하지 못하도록 규정(제1036조, 제1051조 3항)하는데, 이는 채권적 효력을 전제한 것이고,

ⅲ) 유증포기의 자유가 있으며 유증이 유류분권리자로부터 반환당하는 경우.

나. 유증의무자와 수증자 사이의 권리의무

특정유증을 받은 수증자는 유증의무자에 대하여 유증의 내용에 따른 유증이행청구권이 있다. 수증자는 유

증의 이행을 청구할 수 있는 때부터 그 목적물의 과실을 취득한다. 그러나 유언자가 다른 의사를 표시한 때에는 그 의사에 의한다. 과실은 천연과실이건 법정과실이건 이를 묻지 않는다. 유증의무자가 유언자의 사망 후에 그 목적물의 과실을 수취하기 위하여 필요비를 지출한 때에는 그 과실의 가액의 한도에서 과실을 취득한 수증자에게 상환을 청구할 수 있다(제1080조). 유증의무자가 유언자의 사망 후에 그 목적물에 대하여 비용을 지출한 때에는 유치권자의 비용상환청구권에 관한 민법 제325조를 준용한다(제1081조). 유증의 목적물인 물건이나 권리가 유언자의 사망 당시에 제3자의 권리의 목적인 경우에는, 수증자는 유증의무자에 대하여 그 제3자의 권리를 소멸시킬 것을 청구하지 못한다(제1085조). 다만 유언자가 유언으로 다른 의사표시를 한 때에는 그 의사에 의한다(제1086조).

다. 상속재산에 속하지 않는 권리의 유증

특정유증의 목적물이 유언자의 사망 시에 상속재산에 속하지 아니하는 때에는 유증은 무효가 되고(제1087조 1항 본문) 수증자는 목적물의 소유권을 취득할 수 없다. 다만 유언자가 사망 시에 상속재산에 속하지 아니하는 목적물을 유증의 목적으로 할 의사를 유언에 표시한 때에는 그 유증은 유효하고, 유증의무자는 그 권리를 취득하여 수증자에게 이전하여야 한다(제1087조 1항 단서). 따라서 유언의 유효·무효에 관해서는 구체적 사정과 유언자의 의사를 종합적으로 판단하여 결정하여야 한다. 그리고 유증의무가 그 권리를 취득할 수 없거나, 그 취득에 과다한 비용을 요할 때에는 가액으로 변상할 수 있다(제1087조 2항).

라. 유증의무자의 담보책임

불특정물을 유증의 목적으로 한 경우에는 수증자가 제3자로부터 추탈을 당하여 인도된 유증목적물을 반환하여야 하는 경우에 유증의무자는 수증자에 대하여 매도인과 같은 담보책임(손해배상책임)을 부담한다(제1082조 1항). 그리고 이러 한 경우에 목적물에 하자가 있는 때에는 유증의무자는 하자 없는 물건으로 인도하여야 한다(제1082조 2항). 특정물을 유증의 목적으로 한 경우에 유증목적물에 하자가 있는 때에는 유증의무자는 하자 없는 물건을 인도하여야 하고(제1082조 2항), 하자 없는 물건을 인도할 수 없는 경우에는 유증의무자가 불이행으로 인한 손해배상책임을 부담한다.

마. 권리소멸청구권의 부인

유증의 목적인 물건이나 권리가 유언자의 사망 당시에 제3자의 권리의 목적인 경우에는 수증자는 유증의무자에 대하여 그 제3자의 권리를 소멸시킬 것을 청구하지 못한다(제1085조). 그러나 유언자가 유언으로 다른 의사를 표시한 때에는 그 의사에 따라야 한다(제1086조). 여기서 제3자의 권리란 물권에 한하지 않고 임차권과 같은 채권이라도 무방하다. 또한 이미 유언자가 타인에 대하여 어떤 목적물상에 있는 제3자의 권리를 소멸시킬 것을 청구하는 권리를 가지고 있는 경우에 그 목적물을 유증하였다면 수증자는 그 청구권을 종적권리로서 동시에 취득한 것으로 해석하여야 할 것이다.

바. 물상대위권

유증자가 유증목적물의 멸실·훼손 또는 점유의 침해로 인하여 제3자에게 손해배상을 청구할 권리가 있는 때에는 그 권리를 유증의 목적으로 한다(제1083조). 다만, 유언자가 유언으로 다른 의사표시를 한 때에는 그 의사에 의한다(제1086조). 채권을 유증의 목적으로 한 경우에 유언자가 그 변제를 받은 물건이 상속재산 중에 있는 때에는 그 물건을 유증의 목적으로 한 경우로 본다. 그리고 그 채권이 금전을 목적으로 한 경우에는 그 변제만은 채권액에 상당한 금전이 상속재산 중에 없는 때에도 그 금액을 유증의 목적으로 한 것으로 본다. 여기서도 유언자가 유언으로 다른 의사를 표시한 때에는 그에 의한다(제1086조).

4) 특정유증의 승인·포기

(1) 유증의 승인·포기의 자유

유증을 받을 자는 유언자의 사망 후에는 언제든지 유증을 승인·포기할 수 있는 유증의 승인·포기의 자유가 인정되고(제1074조 1항), 유증의 승인·포기는 유언자의 사망시에 소급하여 효력이 발생한다(제1074조 2항). 그러나 유언자가 유언으로 다른 의사를 표시한 때에는 그 의사에 의한다(제1076조).

(2) 유증의무자의 최고권

유증의무자나 이해관계인은 상당한 기간을 정하여 그 기간 내에 유증의 승인 또는 포기에 대하여 확답하도록 수증자 또는 그 상속인에게 최고할 수 있다(제1077조 1항). 만약 수증자나 그 상속인이 최고기간 내에 유증의무자에 대하여 최고에 대한 확답을 하지 아니한 때에는 유증을 승인한 것으로 본다(제1077조 2항). 최고는 수증자에게 도달함으로써 그 효력이 발생하고(제111조), 수증자가 무능력자인 경우에는 그 법정대리인이 최고의 사실을 알지 못했다면 최고로써 수증자에게 대항할 수 없다(제112조).

(3) 유증의 승인·포기의 효과

유증의 승인이나 포기는 취소하지 못한다(제1075조 1항). 다만 민법총칙편의 규정에 의하여는 유증의 승인이나 포기를 취소할 수 있다(제1075조 2항·제1024조 2항 본문). 포기된 유증의 목적물은 유언자가 유언으로써 별도의 의사를 표시하지 않는 한 상속인에게 귀속된다(제1090조). 그리고 포기된 유증의 목적물은 유언자가 유언으로써 별도의 의사를 표시하지 않는 한 상속인에게 귀속된다(제1090조).

(4) 수증자의 상속인의 승인·포기

수증자가 승인이나 포기를 하지 아니하고 사망한 때에는 그 상속인은 유언자가 유언으로 다른 의사를 표시하지 않은 한 그 상속분의 한도에서 승인 또는 포기할 수 있다(제1076조).

5) 유증의 무효·취소의 효과

(1) 유증의 무효

유증에 특유한 무효원인으로는 다음의 세 가지 경우를 들 수 있다.

가. 수증자가 유언자보다 먼저 사망한 경우(제1089조 1항)

나. 정지조건부유증에 있어서 수증자가 조건성취 전에 사망한 경우(제1089조 2항)

다. 유증의 목적이 된 권리가 유언자의 사망 당시에 상속재산에 속하지 않는 경우(제1087조 1항 본문)

(2) 유증의 취소

유증만의 특유한 취소원인으로서는 부담부유증에 있어서 수증자가 그 부담의무를 이행하지 않는 경우가 있다(제111조). 부담부유증의 취소는 유증이 유언자의 사망 후에 효력을 발생하는 것과 유증과 부담의 이행이 견련관계에 있다는 이유에서 부담부유증에만 인정되는 특수한 경우이다.

5. 유언의 집행

1) 유언집행의 준비절차

(1) 유언서의 검인

공정증서나 구수증서에 의한 경우를 제외한(제1091조 2항) 유언증서·유언녹음의 보관자 또는 발견자는 상속의 개시를 안 후 그 유언증서·유언녹음을 지체 없이 가정법원에 제출하여 그 검인을 청구하여야 한다

(제1091조 1항). 이와 같이 검인은 일종의 증거보전 절차에 지나지 않으므로 그것은 재판의 전제나 자료가 될 수 있을 뿐이고, 재판자체는 되지 못 한다.[156]

(2) 유언서의 개봉

봉인된 유언서를 가정법원이 개봉하는 경우에는 유언자의 상속인, 그 대리인 기타 이해관계인의 참여가 있어야 한다(제1092조). 개봉에 관하여는 조서를 작성하여야 하며(가소규 제87조), 출석하지 않은 상속인, 기타 유언의 내용에 관계있는 자에게 그 사실을 고지하여야 한다(가소규 제88조). 개봉에 관한 비용은 상속재산의 부담으로 한다(가소규 제90조).

2) 유언집행자

(1) 유언집행자의 결정

유언집행자는 반드시 1인이어야 할 필요는 없고 수인이라도 무방하다. 유언집행자에는 유언자의 지정에 의한 지정유언집행자 .유언자 혹은 유언자의 위탁을 받은 제3자의 지정에 의한 유언자가 없는 경우에 상속인이 유언집행자가 되는 법정유언집행자, 유언집행자가 없거나 사망·결격 기타 사유로 인하여 없게 된 경우에 가정법원이 이해관계인의 청구에 의하여 선임한 선정유언집행자가 있다.

(2) 지정유언집행자

유언자는 유언으로 1인 또는 수인의 유언집행자를 지정하거나 그 지정을 제 3자에게 위탁하여 지정유언집행자를 지정할 수 있다(제1093조). 유언집행자지정의 위탁을 받은 자는 지체 없이 유언집행자를 지정하여 상속인에게 통지하여야 하고, 위탁을 사퇴한 때에는 그 사실을 상속인에게 통지하여야 한다(제1094조 1항).

(3) 법정유언집행자

지정유언집행자가 없는 경우에는 상속인이 유언집행자가 된다. 즉 유언자가 유언집행자를 지정하지 않은 경우(제1093조), 유언자가 유언집행자의 지정을 제 3자에게 위탁하지 않은 경우(제1093조), 유언집행자의 지정을 위탁받은 제 3자가 사퇴한 경우(제1094조 1항), 유언집행자의 지정을 위탁받은 제 3자가 상속인 기타 이해관계인으로부터 최고를 받고도 유언집행자지정의 통지를 아니 한 경우(제1094조 2항 후단)이다.

(4) 선정유언집행자

유언집행자가 없거나 사망 결격 기타 사유로 인하여 없게 된 때에는 이해관계인의 청구에 의하여 가정법원이 선정유언집행자를 선임한다(제1096조 1항). 가정법원이 유언집행자를 선임한 경우에는 그 임무에 관하여 필요한 처분을 명할 수 있으나(제1096조 2항), 법원의 명령은 유언자의 유언의사를 존중하여 그 실현을 기하기 위하여 필요한 경우에만 하여야 할 것은 물론이다.

3) 유언집행자의 결격

무능력자와 파산자는 유언집행자가 되지 못한다(제1098조). 금치산선고를 받지 않은 미친 자나 백치 등도 명문의 규정은 없으나 유언집행자가 될 수 없다고 본다. 다만, 미성년자가 혼인으로 성년의제된 경우에는 자격이 있는 것으로 해석된다.

4) 유언집행자의 지위

민법은 지정 또는 선임에 의한 유언집행자는 상속인의 대리인으로 본다(제1103조). 유언집행자의 관리처분

---

156) 대판 1998. 6. 12, 97 다 38510

권 또는 유언집행자와 상속인의 법률관계에 대하여는 위임관계의 규정(제681조-제685조·제687조·제691조·제692조)을 준용한다(제1103조 2항).

5) 유언집행자의 권리·의무
　(1) 유언집행자의 권리의무일반
　유언집행자가 취임을 승낙한 때에는 지체 없이 그 임무를 이행하여야 한다(제1099조). 유언집행자가 상속인이나 그 밖의 이해관계인의 최고에 대하여 최고기간 내에 확답을 하지 않음으로써 그 취임을 승낙한 것으로 보는 경우(제1097조 3항 후단)에도 그 임무를 개시하여야 할 것은 물론이다. 유언의 집행의무를 개시하면 유언집행자는 유증의 목적인 재산의 관리, 그 밖에 유언의 집행에 필요한 행위를 할 권리의무가 있다(제1101조).

　(2) 재산목록의 작성의무
　유언집행자는 취임 즉시(상속인의 청구가 있는 때에는 상속인의 참여 하에) 상속재산을 조사하여 재산목록을 작성하고 상속인에게 교부하여야 한다(제1100조 1항).

　(3) 재산관리 및 유언집행에 관한 권리·의무
　유언집행자는 유증의 목적인 재산의 관리에 필요한 행위를 할 권리의무가 있고(제1101조), 유언집행자의 재산관리에 대하여는 위임에 관한 규정이 준용된다(제1103조 2항). 유언집행자는 선량한 관리자의 주의의무가 있다(제681조). 유언집행자는 상속인의 승낙이나 부득이한 사유 없이는 제3자로 하여금 유언집행사무를 대리하여 처리하게 할 수 없으며, 상속인의 승낙 또는 부득이한 사유로 제3자로 하여금 대리하게 한 경우에는 선임감독의 책임이 있다(제682조 전단). 유언집행자는 상속인의 청구가 있는 때에는 집행사무의 처리상황을 보고할 의무가 있다(제683조 전단). 유언집행자는 유언집행사무의 처리로 인하여 금전이나 그 밖의 물건 및 취득한 과실을 상속인에게 인도하여야 하며, 유언집행자가 상속인을 위하여 자기의 명의로 취득한 권리를 상속인에게 이전할 의무가 있다(제684조).

　(4) 공동유언집행자의 임무집행
공동유언집행자는 그 과반수의 찬성으로 임무의 집행을 결정한다. 다만 보존행위는 각자가 할 수 있다(제1102조).

6) 유언집행자의 보수
유언자가 유언으로 유언집행자의 보수를 정하지 아니한 경우에는 가정법원이 유언집행자의 보수를 정할 수 있다(제1104조). 유언자가 유언으로 정하지 않은 때에는 상속재산의 상황 기타 사정을 참작하여 가정법원이 결정한다(제1104조). 유언집행자는 기간으로 보수를 정한 경우가 아닌 한 유언집행의 사무를 완료한 후가 아니면 보수를 청구할 수 없으나, 사무처리 도중에 귀책사유 없이 사무가 종료된 때에는 이미 처리한 사무비율로 보수를 청구할 수 있다(제1104조 2항, 제686조 2항·3항).

7) 유언집행의 비용
유언증서의 검인청구비용(제1091조), 상속재산목록작성비용(제1100조), 상속재산의 관리비용(제1101조), 유언집행자의 보수(제1104조), 권리이전을 위한 등기·등록비용, 유언의 집행에 관하여 생긴 소송비용과 같은 유언집행비용은 상속재산 중에서 지급한다(제1107조).

8) 유언집행자의 임무종료
　(1) 유언집행자의 임무 종료원인에는 절대적 종료원인과 상대적 종료원인이 있다. 유언집행 자의 종국적

목적은 유언의 집행을 완결하는 데 있으므로 유언집행의 완료가 유언집행자 의 임무의 절대적 종료원인이 될 것은 물론이다. 유언집행을 유언집행자편에서 보아 유언 집행자의 임무가 상대적으로 종료되는 원인으로서 는 유언집행자의 사망, 유언집행자에 대 한 결격사유의 발생(제1098조)한 경우를 들 수 있다. 유언집행자는 정당한 사유가 있는 때에는 가정법원의 허가를 얻어 그 임무를 사퇴할 수 있고(제1105조; 가소법 제2조 1항 라류 42호), 지정 또는 선임에 의한 유언집행자가 그 임무를 해태하거나 적당하지 않는 사유가 있는 때에는 가정법원은 상속인이나 그 밖의 이해관계인의 청구에 의하여 유언집 행자를 해임할 수 있다(제1106조; 가소 법 제2조 1항 라류 43호).

(2) 유언집행사무가 종료한 때에는 유언집행자는 상속인에게 지체 없이 그 전말을 보고하 여야 하고(제 1103조 2항, 제683조 후단), 유언집행사무가 종료한 경우 급박한 사정이 있는 때에는 유언집행자 또는 그 상 속인은 유언자의 상속인이나 그 법정대리인이 상속사 무를 처리할 수 있을 때까지 사무를 계속하여 처리하여 야 한다. 이러한 경우에는 유언집 행사무의 존속과 동일한 효력이 있다(제1103조 2항, 제691조).

제 9 절 유류분

1. 서설

1) 유류분제도의 의의
민법상의 유류분제도는 피상속인이 사망하기 1년 전에 처분한 증여재산이나 유언으로 처분한 유증재산에 대 하여 상속인인 직계비속 · 배우자 · 직계존속 · 형제자매가 일정한 범위에서 그 반환을 청구할 수 있는 제도이 다. 이러한 민법의 유류분제도는 개인재산처분의 자유 · 거래의 안전과 가족생활의 안정 · 가족재산의 공평한 분배라고 하는 서로 대립하는 요구의 타협 · 조정 위에서 이루어지고 있다.

2) 민법상 유류분제도의 특징
피상속인이 자유로 처분할 수 있는 재산과 처분할 수 없는 재산이 구분되거나 자유로 처분할 수 있는 비율이 정하여져 있지 않고, 생전의 피상속인의 재산처분이 상속이 개시되면 유류분을 침해할 사태가 분명한 경우에 도 유류분을 가지는 추정상속인이 상속이 개시되기 전에 저지할 수 없고, 상속이 개시되더라도 유류분을 침 해한 피상속인의 처분은 당연히 무효가 되지 아니하고 상속인이 원한다면 일정한 한도에서 피상속인이 한 유 증 · 증여를 반환시키는 권리를 가질 뿐이다.

2. 유류분권의 포기

1) 유류분권의 의의
유류분권이란 상속인이 상속에 있어서 법률상의 취득이 보장되는 상속재산상의 이익에 대한 일정액을 가리 키며, 피상속인이 행하는 증여 또는 유증에 의하더라도 이 이익을 침해할 수는 없다. 따라서 상속인으로서는 그가 지니는 유류분의 한도에 이르기까지 피상속인의 증여 또는 유증으로 인하여 생긴 부족분의 반환을 청구 할 수 있는 것이다. 이러한 권리를 유류분권이라고 한다. 유류분권은 상속개시 전에 행한 증여 또는 유증에 대해서도 상속개시 후에 비로소 행사할 수 있다. 유류분권은 피상속인이 사망한 후, 즉 상속개시 후에 행사할 수 있는 권리이고, 피상속인의 생전 중에는 그 행사가 인정되지 아니한다.

2) 유류분권포기의 태양

(1) 상속개시 전의 포기

상속개시 전의 유류분권은 그 권리행사의 상대방도 행사할 수 있는 금액도 미정인 일종의 기대권이다. 유류분권은 개인적 재산권이므로 상속개시 전에는 인정할 수 없다.

(2) 상속개시 후의 포기

상속개시 후의 유류분포기에 대하여 민법상 명문규정은 없다. 유류분제도란 가족주의에 입각한 생존보호와 관련이 있는 제도로 상속개시 후에도 자유로 포기할 수 없도록 하여야 한다는 소수의 견해가 있다. 반면 다수설은 상속개시 후에는 개개의 유류분반환청구권은 개인의 재산권으로 자유로 포기할 수 있다고 본다.

3) 포기의 효과

민법상 명문의 규정이 없다. 다만, 해석상 공동상속인의 1인이 유류분권을 포기하여도 다른 공동상속인의 유류분에는 영향을 미치지 아니한다고 본다.

3. 유류분권리자와 유류분의 비율

1) 유류분권리자

유류분권리자란 유류분을 가지는 상속인을 가리키며, 피상속인의 직계비속·배우자·직계존속·형제자매가 해당한다(제1112조). 태아도 살아서 출생하면 유류분권이 인정된다. 대습상속인에게도 피대습자의 상속의 범위 내에서 유류분권이 인정된다(제1001조·제1010조·제1118조). 유류분권리자는 상속인만이 된다. 따라서 상속권이 상실원인에 의해, 상속결격자·상속포기자는 유류분권리자가 될 수 없다.

2) 유류분의 비율

유류분은 모든 상속순위자에게 인정되는 것이 아니고, 제3순위의 재산상속인, 즉 피상속인의 형제자매까지만 인정 된다(제1000조-제1003조 참조). 그리고 그 유류분의 비율도 반드시 동일하지 않으며, 상속인으로서의 순위에 따라서 차이가 있다(제1112조).
  - (1) 피상속인의 직계비속은 그 법정상속분의 2분의 1(동조 1호).
  - (2) 피상속인의 배우자는 그 법정상속분의 2분의 1(동조 2호).
  - (3) 피상속인의 직계존속은 그 법정상속분의 3분의 1(동조 3호).
  - (4) 피상속인의 형제자매는 그 법정상속분의 3분의 1(동조 4호).

4. 유류분의 산정

1) 유류분산정의 기초자산

(1) 기초자산의 산정방법

유류분산정의 기초가 되는 재산이란 상속개시에 있어서 재산의 가액에 증여재산의 가액을 가산하고, 채무의 전액을 공제한 재산이다(제1113조 1항). 재산평가의 방법은 상속분의 산정과 같지만, 조건부권리 또는 존속기간이 불확정한 권리는 가정법원이 선임한 감정인의 평가에 의하여 그 가격을 정한다(제1113조 2항).

(2) 상속개시 시에 가진 재산의 확정

상속개시 시에 가진 재산은 상속재산 중 적극재산을 의미한다. 다만 분묘에 속한 1정보 이내의 금양임야와

600평 이내의 묘토인 농지, 족보와 제구의 소유권은 상속재산을 구성하지 않으므로 여기서 제외된다(제1008조의 3). 유증재산 및 사인증여재산(유증에 관한 제562조를 준용에 의해)은 상속개시 시에 현존하는 재산으로 취급된다.

(3) 산입되는 증여재산

상속개시 전의 1년간에 행하여진 증여에 한하여 그 가액을 산정하여 상속재산에 산입한다(제1114조 전단). 다만, 공동상속인 중에 피상속인으로부터 특별수익을 받은 경우(제1008조·제1118조)에는 1년 전에 증여받은 것이라도 상속재산에 산입된다. 1년 전의 증여라도 당사자 쌍방이 유류분권리자에게 손해를 가할 것을 알고 한 경우는 역시 산입의 대상이 된다(제1114조 후단).

(4) 공제되는 채무

공제의 대상이 되는 채무는 상속채무를 가리킨다. 따라서 상속채무로 사법상의 채무는 물론, 상속인의 부담이 되는 공법상의 채무(세금·벌금)도 포함된다. 다만 관리비용·상속세와 같은 상속재산에 관한 비용, 상속재산목록작성비용, 유언집행에 관한 비용은 포함하지 아니한다.

2) 유류분액의 계산

상속인의 유류분액은 구체적으로 피상속인이 상속개시 시에 가진 재산의 가액과 증여재산을 합한 후 채무의 전액을 공제하여 유류분산정의 기초가 되는 재산액을 확정하고, 유류분의 산정기초액에 상속인의 유류분의 율을 곱하여 계산한다.

5. 유류분의 보전

1) 유류분반환청구권의 의의

유류분반환청구권이란 유류분이 침해된 경우, 즉 유류분권리자가 받을 상속재산이 유류분에 미달하는 경우에는 그 부족한 한도에서 그 유증 또는 증여된 재산의 반환을 청구할 수 있는 권리(제1115조 1항)를 가리킨다.

2) 유류분반환청구권의 행사

유류분반환청구권은 반드시 소에 의한 방법으로 하여야 할 필요는 없고, 유증 받은 자 또는 증여받은 자에 대한 의사표시방법으로도 할 수 있다.[157] 다만 유류분의 보전은 유류분에 부족한 한도에서 인정된다(제1115조 1항). 따라서 증여의 일부만이 유류분을 침해한 경우에는 그 침해한 한도에서만 유류분의 반환을 청구할 수 있다. 유류분권리자가 수인 있는 경우에는 각자 개별적으로 유류분반환청구권을 행사할 수 있다.

3) 유류분반환청구의 순서

유류분반환청구를 받게 되는 증여·유증이 복수인 경우에 유류분반환청구는 제1차적으로 유증(사인증여)에 대하여 하여야 하고(제1116조), 유증이 복수이면 각자가 얻은 유증가액의 비례에 의하여 반환하여야 한다(제1115조 2항). 유증을 반환받은 후에 증여를 반환청구할 수 있고, 역시 증여가 복수이면 각자가 얻은 증여가액의 비율로 반환하여야 한다.

4) 유류분반환청구권행사의 효과

유류분이 부족한 한도에서 유증·증여의 효력은 당연히 소멸한다. 유류분반환청구를 증여받은 자는 현물반

---

157) 대판 1995.6.30, 93다 11715

환의 의무를 부담하고(현물반환주의) 또한 반환하여야 할 목적물 이외에 반환청구를 받은 이후의 과실도 반환하여야 한다. 다만 현물반환주의에 대한 예외로서 증여의 목적물을 타인에게 이미 양도한 때에는 제3자를 보호하기 위하여 유류분권리자는 증여받은 자에 대하여 그 가액을 청구할 수 있을 뿐이다(제1014조 참조).

5) 공동상속인 상호간의 유류분반환청구

공동상속의 경우에 상속인의 한 사람이 피상속인의 재산을 너무 많이 증여받았기 때문에 다른 상속인의 유류분을 침해하는 경우가 생길 수 있다. 다른 공동상속인의 유류분침해를 생기게 한 유증·증여는 그것을 받은 상속인의 유류분의 가액을 넘은 한도에서 반환청구의 대상이 된다. 반환청구에 의하여 상대방인 상속인이 자기의 유류분액 이상으로 취득한 유증이나 증여는 유류분을 침해하는 한도 내에서 그 효력을 잃는다.

6) 유류분반환청구권의 소멸

(1) 단기소멸시효

유류분반환청구권은 상속개시와 반환하여야 할 증여·유증을 한 사실을 안 날로부터 1년 이내에 행사하지 아니하면 시효에 의하여 소멸한다(제1117조 전단).

(2) 제척기간

상속이 개시된 때로부터 10년이 경과하면 유류분반환청구권은 소멸한다(제1117조 후단). 반환청구권을 형성권으로 보는 다수설은 이 기간을 제척기간이라고 보는 데 비하여, 반환청구권을 청구권으로 보는 견해는 이를 일반채권의 소멸시효기간으로 본다. 판례는 민법 제1117조 전단의 1년의 기간은 물론, 10년의 기간도 그 성질은 소멸시효기간이라고 본다.[158]

.

---

158) 대판 1993.4.13, 92 다 3595

제 8 편

거래처 부도위험의 사전적
탐지와 대응방법

01장

부도(도산)일반

제 1 절 부도위험 예견의 필요성

부도(도산)은 기업의 종말이라고 해도 과언이 아니다. 즉 기업의 자금의 흐름이 거래처의 부도·도산이라는 사유에 의하여 차단되면 기업 또한 치명적인 타격을 입게 되고 결국은 도산하게 된다. 따라서 사전에 거래처의 부도·도산위험을 예견하고 대책을 세울 수 있다면 거래처의 부도 ·도산으로부터 나를 지킬 수 있고 그 여파를 최소화 할 수 있는 것이다.

제 2 절 기업의 부도 · 도산원인

1. 구조적 원인

1) 주력기업의 경영건전성 악화 재편성
2) 장단기의 갑작스런 시장개방
3) 국제적 경쟁력 상실
4) 금융비용 과다 또는 금융긴축의 영향
5) 인건비상승과 인력부족
6) 수급구조의 급작스런 변화
7) 갑작스런 대기업의 진출

2. 체질적 원인

1) 최근과 같이 부동산, 주식시장의 급냉
3) 기업의 만성적 체질 악화

3. 경영적 원인

1) 대표자의 불건전성
2) 경영여건의 악화

4. 우발적 원인

1) 예측치 못한 사고 등으로 인한 재산 손실 및 비용발생
2) 예측 불허의 사고발생

제 3 절 부도위험 체크리스트

1. 대표이사 등의 인적 사항 변동을 통한 부도 · 도산예견

1) 주요 대주주의 주식 처분
2) 경영자의 도박이나 호화생활
3) 경영자의 부정(복잡한 사생활. 이혼 등)
4) 경영자의 무지(상품이나 공장 생산과정의 무지 등)
5) 창업주나 주요 경영자의경영일선에서의 동시 퇴진
6) 주요 경영자의 빈번한 주민등록 전출입
7) 회사규모에 비해 사장실이 호화롭고 좋은 차를 타고 다닌다.
8) 사장의 빈번한 자리 이탈

2. 회사분위기를 통한 부도 · 도산위험 예견

1) 직원들의 불친절, 사내 분위기의 불결 및 정리정돈이 미비
2) 빈번한 장시간에 걸친회의, 직원 간의 위계질서 추락
3) 심한 이직율, 불평불만의 고조
4) 빈번한 임원교체, 유능한 직원의 갑작스런 퇴사
5) 낯선 사람들의 빈번한 출입

3. 거래의 규모, 관행의 변경을 통한 부도 · 도산예견

1) 주요 거래처가 변경되었거나 주요 거래처가 거래를 중단하였다.
2) 일시에 외상으로 많은 양을 구매하거나 재고가 너무 많거나 너무 적다.
3) 통상 시장조건보다 유리하게 구매를 희망한다.
4) 강력한 경쟁상품 및 경쟁사가 출현, 거래조건의 변화, 납기의 지연을 요청한다.
5) 주거래처가 도산하였다. 정규루트 이외의 판매가 중대하였다.
6) 클레임 및 반품이 증대되고 있다.덤핑 수주 및 판매가 이루어지고 있다.
7) 상사 및 주거래처의 지원이 중단되었다.
8) 어음지급기일이 어느 시점에 집중되고 있다.
9) 계절상품을 당해시즌에 대폭 할인판매하고 있다.

4. 생산설비 및 생산품을 통한 부도 · 도산의 예견

낙후된 생산설비, 진부한 상품으로는 기술시대에 생존할 수 없음을 명심하고 거래처가 혹시 이러한 범주에 속하지는 않은지 체크해 보라.

1) 설비가 과다하여 유휴시설이 많다. 보수정비가 불량하다.
2) 소비자의 기호가 대체상품 쪽으로 기울고 있다. 무조건 상품 값을 올린다.
3) 제품이 진부하여 고객이 외면하고 있다. 불량품의 생산율이 동종업체에 비하여 높다.
4) 중소기업시장에 대기업이 진출하였다.
5) 자재, 원료가 부족하여 공장가동이 중단되었거나 가동율이 떨어지고 있다.
6) 신규 설비 및 확장 시 정상가동이 여타 사정으로 지연되고 있다.
7) 구시대 상품에 너무 집착한다.

5. 재무, 경리를 통한 부도 · 도산예견

1) 재무비율 추이분석
2) 단기간의 빈번한 증자
3) 제3의 투자자를 물색에 집중
4) 회계관계 자료 제시요구에 불응 또는 회피
5) 기업 또는 대표재산에 가압류. 압류. 가등기. 경매 등
6) 외상매출금, 재고자산의 급격한 증가
7) 사채의존도가 지나치게 높고 여신한도(거래한도) 이상의 거래 요구
8) 불분명한 대여금의 증가와 주거래은행의 변경
9) 기업부동산에 과다한 근저당의 설정 또는 대표부동산의 제3자 명의변경
10) 3년 연속 적자 또는 결산자료 공표 기피

6. 대금지급 · 어음발행을 통한 부도 · 도산예견

(1) 지급을 당좌수표에서 어음으로 변경요구
(2) 주거래은행의 빈번한 변경
(3) 융통어음의 발행 또는 빈번한 어음 지급기일 연장요구
(4) 타인어음을 빌어 쓰고 있거나, 어음만기직전 개금요구
(5) 어음만기일이 특정시점에 집중
(6) 타인어음에 보증, 사채시장에서의 어음할인

7. 부동산등기부를 통한 부도 예견

1) 감정가액에 비해 과다한 근저당권 설정
2) 가등, (가)압류, 가처분 또는 경매신청
3)매매 · 증여를 원인으로 한 소유권이전

8. 기타

1) 임금체불, 세금체납
2) 과다한 부동산 보유
3) 사업자등록증의 검열이 제 때에 되어 있지 않은 업체
4) 부동산 담보제공자와 회사의 대표자가 단순히 지인이라고 하는 업체
5) 동종업체나 사채시장에서의 악성루머

02장 채무자등의 임의변제

제1절 변제

1. 변제제도의 의의

변제라 함은 채권의 목적(채권의 소멸)의 달성이며, 채무의 내용인 급부를 실현시키는 채무자(또는 제3자)의 행위이다. 채권의 본래적인 목적의 달성이므로, 급부가 본지에 따르는 것일 것, 급부가 그 채권의 소멸에 향해서 있을 것을 요한다.

2. 변제의 방법

1) 변제의 객체
  (1) 특정물의 인도
  채권의 목적이 특정물의 인도인 때는 변제자는 그 인도를 해야 할 때의 현상대로, 그 물건을 인도하지 않으면 안 된다(제462조).

  (2) 타인의 물건의 인도
  변제자가 타인의 물건을 인도한 경우에는 변제의 효력이 생기지 않고, 인도된 물건이 채권자에게 귀속하지 아니한다. 다만 변제자가 타인의 물건을 인도한 때에는 다시 유효한 변제를 하지 아니하면 그 물건의 반환을 청구할 수 없다(제463조).

  (3) 양도무능력자의 인도
    가) 양도무능력자가 변제로 물건을 인도한 경우에는 양도무능력자 본인 혹은 그 법정대리인이 급부행위를 취소하여 인도한 물건의 반환을 청구할 수 있다. 다만 양도무능력자가 채무의 변제로 인도한 물건을 양도무능력에 의한 변제의 취소를 이유로 반환청구하기 위하여는 먼저 다시 유효한 변제를 하여야 한다(제464조).

    나) 양도무능력자가 한 변제가 취소되면 변제는 없던 경우로 되지만 채권자가 변제로 받은 물건을 선의로 소비·양도한 경우에는 그 변제는 효력이 있다(제465조 1항·2항).제465조도 특정물인도채권에 관하여는 그 적용이 없다.

2) 변제의 장소

당사자 간의 명시 또는 묵시의 합의나 거래관행으로 결정되는 것이 일반이지만, 변제의 장소는 당사자의 의사표시 또는 채무의 성질에 의하여 정하여진다(제467조 1항).변제장소의 결정에 관하여 법률에 특정규정이 있는 경우에는 이에 따른다. 민법(예; 매매대금채무에 관한 제586조, 임치물반환채무에 관한 제700조 등 참조) 또는 상법(예; 상행위로 인한 채무에 관한 상법 제56조 참조)에 관계규정이 있는 경우가 있고, 공법관계에 있어서는 이행장소가 법정되는 것이 오히려 일반적이다. 이상과 같은 일반적인 표준에 따라 변제장소를 결정할 수 없는 경우에는 민법의 보충규정에 의한다.

(1) 특정물의 인도

채무의 성질이나 특약에 의하여 변제장소를 정하지 않은 경우에 특정물의 인도에 대하여는 채권의 발생 당시 그 물건이 존재한 장소가 변제장소가 된다(제467조 1항). 다만 이행불능에 의하여 채권이 손해배상채권으로 변한 때에는 그 변제장소는 민법 제467조 2항에 의하여 결정된다. 채권발생의 당시, 그 특정물이 존재한 장소에서 변제하지 않으면 안 된다(484조 전단). 상행위에 의해 생긴 채무, 지시채권·무기명채권, 질입증권 소지인의 채권에 대해서는 상법에 규정이 있다(상법 제516조·제608조).

(2) 특정물인도이외의 변제

특정물의 인도 이외의 변제에 대하여는 변제장소에 관한 특약이 없는 한 시점에서 채권자의 주소, 즉 채권자의 현주소가 변제장소가 된다(제467조 2항 본문). 즉 지참채무의 원칙을 채택하고 있다.

3) 변제의 시기·비용

(1) 변제의 시기

가. 변제의 시기를 통상 「이행기」 내지 「변제기」라 한다.

이행기는 당사자의 의사표시, 급부의 성질 또는 법률의 규정에 의해 결정된다. 상사채무에 관해서는 상법에 특별규정이 있다(상법 제63조 참조).

나. 채무는 이행기(변제기)에 이행하여야 하는 것이 원칙이다. 그러나 이행기가 아니더라도 이행을 청구하거나 또는 이행을 할 수 있는 경우가 있다. 예컨대 기한의 이익을 포기 또는 상실한 경우(제153조, 제388조), 이행이 유예된 경우 또는 쌍무계약에서 동시이행의 항변권을 가지는 경우(제536조) 등이다.

다. 당사자 사이에 반대의 특약이 없는 한 채무자는 기한의 이익을 포기함으로써 변제기 전의 변제로 인하여 상대방이 손해를 입은 때에는 그 손해를 배상하여야 한다(제468조 단서).

라. 채권자는 이행기 또는 변제기에 채무의 이행을 청구할 수 있고, 채무자는 채무를 이행하여야 하는 것이 원칙이다. 채무자가 이행기에 이행하지 않거나 또는 채권자가 수령하지 않는 경우에는 그 후 지체의 책임을 부담하여야 한다(제387조·제400조). 이행기를 정한 경우에는 이행기까지는 변제를 하지 않아도 되지만, 반대로 채무자가 기한의 이익을 포기하면 이행기 전에도 언제든지 변제할 수 있다. 정기행위를 채무자가 이행기에 이행하지 아니하면 절대적 정기행위에서는 이행불능이 되고, 상대적 정기행위에서는 채권자는 바로 계약을 해제할 수 있다(제545조).또한 이행기의 도래로써 소멸시효의 진행은 개시된다(제166조).

(2) 변제의 비용

변제비용이란 예컨대 포장비·관세·등기료·채권양도시의 통지비 등과 같이 변제를 하는데 필요한 비용을 말한다. 그러나 목적물의 평가 또는 계약증서의 작성 등을 위하여 필요한 이른바 「계약비용」과는 다르다. 변제비용은 첫째, 당사자의 의사표시에 의하여, 둘째, 관습에 의하여 부담하게 된다(예; 부동산매매에 있어서의 이전 등기료는 매수인 즉 채권자가 부담하는 것이 일반관행이다). 이에 의하여도 결정할 수 없는 경우에는 채무자가 부담하여야 한다(제473조). 그러나 채권자가 주소의 이전 기타의 행위로 인하여 변제비용을 증가하게 한 경우에는 그 증가액은 채권자가 부담한다(제473조).

4) 변제의 증거
  (1) 영수증청구권
  변제자는 변제수령자에 대하여 영수증의 교부를 청구할 수 있다(제474조). 변제자는 전부변제를 한 경우뿐만 아니라, 일부변제를 하거나 대물변제를 한 경우에도 영수증의 교부를 청구할 수 있다. 영수증교부의 시기에 대하여는 변제한 후에 청구할 수 있을 뿐만 아니라, 변제와 동시이행의 관계에서 영수증의 교부를 청구할 수도 있다(이설 없음).영수증청구권의 포기는 자유이며, 특히 현실매매에 있어서는 거래관념상 묵시의 포기가 있은 것으로 취급되는 경우가 많을 것이다. 영수증의 작성·교부의 비용에 관해서는 민법에 규정은 없지만 채권자가 부담하는 것이 일반관행이다.

  (2) 채권증서의 반환청구권
  가. 채권증서의 의의
  채권증서란 채권자가 채권의 성립·내용 등을 증명하기 위하여 채무자로 하여금 작성시켜 교부받은 서면(차용증서 등)을 말한다.

  나. 채권증서의 반환청구권
    가) 채권의 성립에 즈음해, 그것을 증명할 증서가 작성되어 있을 경우에는 변제자가 전부의 변제를 한 때는 그 증서의 반환을 청구할 수 있다(제475조 전단). 따라서 일부변제의 경우에는 반환청구를 할 수 없지만, 다만 그 채권증서에 일부변제의 것을 기재해야 할 것을 청구할 수 있다. 역시 채권이 변제 이외의 사유로 전부 소멸한 때에도 채권증서반환청구권이 성립한다(제475조 후단). 그리고 변제전액의 부족이 극히 소액인 경우에는 신의칙에 의거하여 반환청구권의 인정 여부를 판단하여야 할 것이다.

    나) 채권증서의 반환과 변제는 동시이행의 관계에 서지 아니한다고 본다(통설). 그러나 증권적 채권에 있어서는 그 행사는 증권과 함께 하여야 하므로 증권의 반환과 변제는 동시이행의 관계에 있을 것은 물론이다.[159]

3. 변제자와 변제수령자

1) 변제자
근대법은 예외 없이 제3자에 의하는 변제를 인정하고 있다(제469조). 따라서 채무의 변제자는 채무자와 제3자라고 하겠다.

2) 변제수령자
  (1) 변제를 유효하게 수령할 수 있는 자가 변제수령자이다. 변제수령자는 채권자 외에 채권자로부터 수령

---

159) 대판 1970. 10. 23. 4292민상950

권한을 받은 자(추심수임자·대리인이나 관리인)·법률의 규정에 의해 수령권한을 갖는 자(법정대리인·부재자의 재산관리인·채권질권자·채권자대위권)가 이에 해당한다.

(2) 표현적 수령권자에의 변제(표현수령권자)

가. 채권의 준점유자에의 변제

채권의 준점유자에 대한 변제는 변제자가 선의이며 과실 없는 때에 한하여 효력이 있다(제470조). 채권의 준점유자란 진실한 채권자가 아니면서 진실한 채권자와 같이 행동하여 거래의 관념에서 볼 때 진실한 채권자(혹은 수령권한자)와 같은 외관을 가지고 있는 자를 가리킨다. 예금증서와 등록인감의 지참인, 채권의 표현상속인, 채권양도의 취소·해제가 된 경우의 채권의 사실상의 양수인 징수·전부명령이 무효가 되었을 경우가 채권취소자 등이지만, 판례는 특히 위조의 수취증서의 지참이나 절취된 예금통장·인감의 지참인도 이것에 해당된다고 한다. 종종 의문이 있는 것은 본인으로써(자기를 위해서 하는 의사로써) 변제청구 할 것이 아니라 본인의 대리인으로써(타인을 위해서 하는 의사로써) 청구하는 사칭대리인이다. 사칭대리인에 대하여도 민법 제470조를 적용하여야 한다고 본다(이설 없음).

나. 영수증소지자에 대한 변제(제471조)

영수증을 소지한 자에 대한 변제는 그 소지자가 변제를 받을 권한이 없는 경우에도 효력이 있다(제471조 본문). 영수증은 변제의 수령을 증명하는 증서이지만, 그 작성권한이 있는 자가 작성한 것이 아니면 안 되고, 위조증서는 이것에 해당되지 않는다. 위조의 것이라 하더라도 다른 사정을 종합해서 준점유자에 대한 변제라 인정할 수 있는 경우 즉, 위조된 영수증소지자가 채권의 준점유자로서의 요건을 갖춘 경우에는 변제는 유효하다고 할 수 있다(통설·판례). 수취증서는 진정의 것이라면 그 입수경로는 묻지 않는다(통설).

다. 무권한자에 대한 변제

변제수령권한이 없는 자에 대한 변제는 무효이다. 그러나 채권자가 그러한(즉 무효인) 변제로 사실상 이익을 받은 때에는 그 한도에서 유효하고 따라서 채권도 소멸한다(제472조).

라. 증권적 채권의 증서의 소지인(제518조·제524조-제525조)

증권적 채권의 증서(증권)의 소지인에게 변제한 때에는 변제자는 악의 또는 중대한 과실이 있는 경우를 제외하고는 언제나 보호된다. 즉 지명채권, 무기명채권, 지명소지인출급채권의 증서의 소지인에 대한 변제는 비록 그 소지인이 진정한 권리자가 아니더라도 변제자가 악의 또는 중대한 과실이 없는 한 유효하다.

4. 변제의 충당

1) 변제충당의 의의

채무자가 동일의 채권자에 대해서 동종의 목적을 갖는 수개의 채무를 부담할 경우 또는 일개의 채무의 변제로서 수개의 급부를 행해야 할 경우에 있어서, 변제자가 제공한 급부가 총채무를 소멸시키기에 부족할 때는 모든 채무 또는 모든 급부에 충당해야 하는가를 결정하지 않으면 안된다. 이것을 「변제의 충당」이라 한다.

2) 변제충당의 방법

변제의 충당은 당사자 사이에 합의가 있으면 그 합의에 따른다. 민법은 당사자의 합의가 없는 경우를 대비하여 당사자의 일방적 의사표시에 의한 지정충당(제476조)과 그 지정도 없는 경우에 적용되는 충당의 방법으로 법정충당(제477조)을 규정하고 있다.

(1) 합의충당

가. 변제의 충당은 변제자와 변제수령자가 합의로 정할 수 있다.

나. 판례도 역시 변제충당에 관한 민법 제476조 내지 제479조의 규정은 강행규정이 아니라 임의규정이므로 변제자와 변제수령자는 계약에 의하여 각 규정을 배제하고 제공된 급부를 어느 채무에 어떤 방법으로 충당할 것인가를 결정할 수 있다고 본다. 따라서 채권자와 주채무자가 주채무자의 변제가 채권자에 대한 모든 채무를 소멸시키기에 부족한 때에는 채권자가 적당하다고 인정하는 순서와 방법에 의하여 충당하기로 약정하면, 변제수령자인 채권자가 약정에 기하여 스스로 적당하다고 인정하는 순서와 방법에 좇아 변제충당한 이상 변제자에 대한 의사표시와는 관계없이 충당의 효력이 있다.[160] 다만 임의경매에서 배당금이 담보권자의 수개의 피담보채권 전부를 소멸시키기에 부족한 경우에는 채권자와 채무자 사이에 변제충당에 관한 합의가 있다고 하더라도 그 합의에 의한 변제충당은 허용될 수 없고, 획일적으로 가장 공평 · 타당한 충당방법인 민법 제477조의 규정에 의한 법정변제충당의 방법에 따라서 충당을 하여야 한다

(2) 지정충당

가. 변제자의 충당

채무자가 동일한 채권자에 대하여 같은 종류를 목적으로 한 수개의 채무를 부담한 경우에 변제의 제공이 그 채무전부를 소멸하게 하지 못하는 때에는 변제자는 그 당시 어느 채무를 지정하여 그 변제에 충당할 수 있다(제476조 1항). 변제자가 변제충당의 지정을 하지 아니할 때에는 변제받은 자는 그 당시 어느 채무를 지정하여 변제에 충당할 수 있고, 다만 변제자가 그 충당에 대하여 즉시 이의를 한 때에는 그러하지 아니하다(제476조 2항). 변제충당의 지정은 상대방에 대한 의사표시로써 한다(제476조 3항).

나. 변제수령자의 충당

충당에 대한 합의가 없는 경우에는 우선 변제자는 변제 시 변제수령자에 대한 의사표시에 의하여 어떤 채무에 충당하는가를 지정할 수 있다(제476조 1항). 변제자가 제1의 충당지정권자가 된다. 변제자가 지정을 하지 않은 때에는 변제수령자가 수령 시 변제자에 대한 의사표시에 의하여 충당지정을 할 수 있다(제476조 2항 본문).다만 변제자가 변제수령자의 지정에 대하여 즉시 이의를 제기하면 지정의 효력이 발생하지 않고, 법정충당에 의하여야 한다. 수령자 충당지정은 절대적이 아니다. 즉 변제자가 인시이의를 제기한 경우에는 그 충당은 효력이 없다(제476조 2항 단서).

다. 충당방법에 대한 제한

채무자가 원본 이외에 채무의 비용 · 이자를 지급하여야 하는 경우에는 지정에 의한 충당보다 민법 제479조의 규정이 우선하여 비용 이자 원본의 순서로 변제에 충당하여야 하고(제479조 1항), 비용 상호간 · 이자 상호간 · 원본 상호간의 충당에 대하여는 법정충당의 규정에 의한다(제479조 2항).

(3) 법정충당

당사자가 충당의 지정을 하지 아니한 때 혹은 변제자의 이의에 의하여 지정이 실효된 때에는 법률의 규정에 의하여 변제는 충당된다(제477조). 법정충당에서도 채무자가 원본 이외에 채무의 비용 · 이자를 지급하여야 하는 경우에는 비용 이자 원본의 순서로 변제에 충당하여야 하는 특칙이 있다(제479조).

---

160) 대판 1987. 3. 24, 84다카1324)

3) 특약에 의한 변제충당

민법상 변제충당의 내용과 순서는 채무자에게 일방적으로 유리하게 규정되어 있어 금융기관의 여신채권회수에 크게 지장을 초래할 수 있다. 따라서 각 금융기관에서는 여신채무의 변제충당순서에 관하여 민법과 다르게 변제충당 할 수 있도록 하는 특약을 두는 것이 보통이다. 이러한 합의충당에 대한 유효성은 판례로서도 인정된다.

(1) 금융기관약관과 변제충당

가. 1개의 채무만 존재하는 경우

금융기관은 통상 여신거래기본약관에서 1개의 채무에 관하여는 비용·이자·원금의 순으로 정리하되, 채무자에게 불리하지 않은 범위 내에서 그 순서를 달리 할 수 있도록 정하고 있다.

나. 수 개의 채무가 존재하는 경우

수 개의 채무 간에는 금융기관이 그 변제순서를 정할 수 있다. 그러나 법정충당순서와 달리할 경우에는 금융기관의 채권보전에 지장이 없는 범위 내에서 채무자와 담보제공자나 보증인의 정당한 이익을 고려하도록 규정하고 있다. 즉 금융기관은 채무관계자에게 유리한 범위 내에서는 임의로 충당할 수 있지만, 그 반대의 경우에는 법정충당순서에 따를 수밖에 없을 것이다.

(2) 금융기관의 변제충당순서

가. 원금 상호간 및 미수이자 상호간의 변제충당

배당금 또는 담보물건 처리대상으로 회수할 채권이 수 개인 경우로써 채무자의 채무전액을 소멸시키기에 부족한 경우에는 다음의 방법으로 처리한다.

가) 포괄근담보 및 포괄근보증인으로 부터 채권을 회수한 경우에는 다음에 의하여 처리하되 주채무와 보증채무가 함께 있는 경우에는 주채무를 우선 정리함을 원칙으로 한다. 특정담보 및 특정보증인, 특정근담보 및 특정근보증인 또는 한정근담보 및 한정근보증인으로부터 채권을 회수한 경우에는 당해 여신의 취급일자 순으로 정리한다.

나) 당초 담보관련 대출금을 우선 정리하고 그 순서는 취급일자 순으로 한다. 담보관련대출이 수 개인 경우에는 금리가 높은 여신 등 채무자에게 변제이익이 많은 순으로 정리한다. 채무자의 변제이익이 같고 이해관계자가 동일한 경우에는 취급일자 순으로 한다. 취급일자란 한도거래승인의 경우에는 건별 취급일자가 아닌 한도승인일자를 기준으로 정리한다는 뜻이며, 특정 또는 한정근담보된 여신이 있는 경우에는 동담보의 피담보채권으로 되어 있지 않은 여신부터 정리한다.

다) 신용보증서에 의한 대위변제금액은 보증채무이행 승인내용에 따라 정리한다.

나. 법적절차의 실행으로 인한 경우

판례에 의하면 법적절차의 실행으로 그 배당금이 동일 담보권자의 수 개의 피담보채권 전부를 소멸시키기에 부족한 경우에는 민법 제477조에 의한 법정충당순서에 따라 변제충당 하여야 한다.

(3) 특약 상 변제충당의 불허용

이하의 경우에는 특약에 의하여 변제충당 할 수 없으므로 민법이 정하는 지정충당이나 법정충당의 순서에 따라 변제충당 하여야 한다.

가. 채무자가 아닌 제3자가 변제를 하는 경우

채무자가 아닌 제3자가 변제를 하는 때에는 민법이 정하는 바에 따라 지정충당과 법정충당의 순서로 변제 충당 하여야 한다. 여신거래기본약관상의 특약은 계약당사자 사이에서만 효력이 있는 것으로 제3자에 대하여는 이를 적용할 수 없기 때문이다.

나. 강제경매나 임의경매 절차에서 배당받은 경우

반드시 배당요구한 채권의 변제에 충당하여야 하고, 배당요구하지 않은 다른 채권의 변제에 충당하지 못한다. 또한 배당금으로 배당요구채권 모두의 변제에 충당할 수 없는 때에는 법정충당의 방법으로 변제충당 하여야 하고 지정충당이나 합의충당의 방법으로 재충당 하지 못한다.

4) 변제충당의 방법상 문제와 변경
(1) 변제충당의 방법상 문제
가. 민법과 금융기관약관의 배치

민법에 의하면 충당지정권은 상대방에 대한 의사표시로써 한다(제476조). 반면 금융기관의 여신거래기본약관에서 금융기관이 정하는 방법에 의하여 충당한다고 되어 있다면, 금융기관은 변제충당의 방법으로 변제자에 대한 충당지정의 의사표시를 하지 않아도 되는지가 문제 된다. 판례에 의하면 적당하다고 인정되는 방법에 의하여 변제 충당한 이상 변제자에 대한 의사표시와는 관계없이 충당의 효력이 있다(대판 1987.3.24. 84다카1324).

나. 실무상 처리기준

실무에서는 통지를 하여 충당내역서를 교부받았음에 관한 확인서를 받아 두는 것이 좋다. 그렇게 함으로써 약관의 유효성을 확보할 수가 있을 뿐만 아니라 변제자로부터 이의제기가 없을 것이기 때문이다.

(2) 변제충당의 변경
가. 의의

일단 변제에 충당할 채무를 지정해서 그 채무를 소멸시킨 뒤에 그 충당을 지정한 채무를 변경하는 것을 충당의 변경이라 한다.

나. 실무상 처리

충당변경은 변제자와 변제수령자와의 합의로 가능하다는 것이 일반적이다. 그러나 이 경우 종래의 채무가 그대로 부활하는지 여부, 따라서 종전의 담보는 그대로 존속하게 되는지, 또는 보증인 · 담보제공자 등 이해관계인에게 대항할 수 있는지 여부 등의 문제가 생길 수가 있다. 금융기관의 실무상으로는 당초의 충당을 할 때 제대로 하고 충당변경을 하지 않음을 원칙으로 삼는 것이 좋다.

5) 변제충당 후 잔존여신의 정리
(1) 변제충당으로 총채권액에 미달하는 경우
가. 그 잔존채권액이 어떠한 방법에 의하여도 회수의 가망성이 없을 때에는 결재권자의 승인을 얻어 다음과 같이 처리하도록 한다.

나. 미수이자의 전액회수에 미달하는 경우, 그 잔존 미수이자액에 대하여 특수채권으로 편입할 수 있다. 변제충당 후 미수이자의 금액이 근소할 경우 금융기관은 다음과 같이 잔존미수이자를 포기할 수 있다.

가) 신용보증서에 의한 대위변제금수령 후 연체이자와 약정이자의 차이에 의한 것일 때

나) 미수이자가 금융기관이 법적절차를 위하여 지급한 비용과 법원이 인정한 법적절차비용과의 차이에 의한 것일 때

다) 경매목적물을 금융기관이 인수한 경우 그 유입물건의 처분이익금으로서 잔존 미수이자를 충분히 보전할 수 있다고 인정되는 때

라) 기타 포기가 불가피하거나 타당하다고 인정되는 경우

(2) 채권의 상각
대출금전액 회수에도 미달하는 경우의 잔존원금에 대하여는 채권의 상각에 관한 구정에 따라 처리한다.

5. 금융기관과 대리환급충당제도

1) 대리환급충당의 의의
(1) 개념
대리환급변제충당이라 함은 은행거래에 있어서 채권자와 예금주인 채무자 간에 미리 이루어진 특약에 따라 채권자가 예금주의 대리인으로서 그 예금을 환급받아 여신채권의 변제에 충당하는 것을 말한다. 대리환급변제충당에 관한 특약의 법적성질에 관하여는 채권자와 채무자간의 예금인출 및 채무변제에 관한 위임계약으로 보아야 한다.

(2) 환급충당과 자기계약
환급충당은 한편으론 대리인이 본인을 위해서 자기 자신과 법률행위를 하는 것이므로 이른바 자기계약에 해당한다. 자기계약은 본인의 이익을 해칠 염려가 많기 때문에 원칙적으로 금지된다. 다만 예외적으로 민법은 이러한 자기계약이라도 본인의 허락이 있으면 유효하다고 본다(제124조). 그러나 금융기관은 거래처와 환급충당에 관한 특약을 함이 일반인데 이러한 특약이 있으면 환급충당도 유효하다.

2) 환급충당의 요건
(1) 특약이 존재할 것
환급충당의 특약이 없을 경우에는 자기계약으로 무효이기 때문에 그 예수금에 대한 대리환급과 그 환급한 것을 채권자의 변제에 충당할 수 있다는 특약이 있어야 한다.

(2) 특약과 변제기
본래 약정한 변제기 전에도 환급충당 할 수 있도록 특약할 수도 있다. 다만 이러한 특약이 당사자 일방에게만 유리한 경우에는 무효로 될 가능성이 있다. 그러므로 환급충당은 그 본래의 변제기가 도래하거나 또는 기한이익의 상실로 곧 변제하여야 할 때에 할 수 있도록 함이 보통인데, 특약의 무효가능성을 전적으로 배제할 수 있음에 유의하여야 한다.

3) 환급충당의 절차
(1) 소정절차의 생략

통상 예금의 지급은 본인이나 정당한 대리인에게 하여야 하고, 지급 시에는 예금통장이나 증서와 신고인감이 있으면 신고인감이 날인된 지급청구서 또는 영수증에 그 수령의 뜻을 적고 기명날인 또는 서명을 받아야 한다. 따라서 환급충당은 대리인으로서 환급 받는 것이므로 원칙으로는 이러한 절차를 거쳐야 한다고 하여야 한다. 그러나 이것은 그 절차가 너무 번잡하기 때문에 환급충당을 이용할 실익이 없다. 그러므로 금융거래의 실무상으로는 소정절차를 모두 생략할 수 있도록 특약을 인정함으로써 채권회수의 신속성과 확실성을 확보할 수 있게 된다.

(2) 사전통지의 생략의 실익

상계는 사전통지를 한 뒤 상계계산을 한다. 반면 환급충당은 보통 사전통지를 생략하도록 한다는데 있다.

가) 상계의 경우 물론 도달간주특약을 두는 것이 일반적이기는 하나, 상대방에게 의사표시가 도달하지 않은 경우 그 효력에 대해서 다툼이 생길 염려가 있다. 그러나 환급충당에서는 이러한 다툼의 여지가 없다. 또한 거래처의 행방불명 등의 사유로 통지가 도달할 수 없는 경우에는 매우 신속한 채권회수가 가능하다.

나) 실거래상으로는 보통 환급충당의 경우에는 사전통지 없이 금융기관의 기장만으로 그 효력이 생기도록 특약함이 일반이다. 다만, 이러한 특약이 금융기관에 유리하기는 하나, 금융기관에 일방적으로 유리한 것으로서 무효로 될 가능성도 있으므로 환급충당을 한 뒤 그 사실을 곧 본인에게 통지 또는 통보하도록 함으로써 그 특약의 객관성과 합리성을 확보함이 바람직하다.

4) 환급충당의 제한

환급충당은 특히 거래처가 지급청구 할 수 없는 사유가 있으면 환급충당을 할 수 없다. 본인이 할 수 없는 것은 그 대리인도 역시 할 수 없다.

(1) 거래처의 예수금에 대해서 "법적인 지급금지가 있는 경우"에는 금융기관은 환급충당을 할 수 없다. "법적인 지급금지가 있는 경우"란 구체적으로 가압류·압류명령이 있는 경우·국세나 지방세 등 조세체납처분 압류가 있는 경우·회사정리법상의 보전처분이나 정리절차개시결정이 있는 경우·파산선고가 있는 경우 등을 말한다. 이러한 경우에는 환급충당으로는 채권회수를 할 수 없으며, 상계의 방법으로만 채권을 회수할 수 있다.

(2) 법적인 지급금지가 있음에도 불구하고 환급충당 한 경우에는 그 환급충당으로 가압류나 압류채권자에게 대항할 수 없고, 또는 보전관리인이나 관리인 또는 파산관재인에게 대항할 수 없거나 그들로부터 부인을 당할 수 있다. 물론 이런 경우라도 후에 상계로써 다시 회수할 수는 있는데, 그러나 시기를 놓치면 상계할 수 없는 경우도 실무상으로는 이점에 특히 유의하여야 한다.

5) 환급충당의 효력

(1) 채권채무의 소멸

환급충당한 때에는 그 환급충당 사실의 사후통지를 조건으로 그 효력발생시기에 대등액에서 채권채무가 소멸한다. 일반적으로 환급충당의 효력발생시기에 대해서는 금융기관이 그에 관한 장부기재를 끝낸 때라고 특약함이 일반적이다. 장부기재의 시기는 인위적으로 조작된 것이 아니고 자연적 순서에 따라 이루어진 것이어야 함은 물론이다.

(2) 환급충당계산

환급충당으로 채권채무를 모두 소멸시킬 수 없을 때에는 어느 채무의 변제에 충당할 것인가의 문제이다.

여신거래상으로는 변제나 상계인 때와 마찬가지의 특약을 두고 있음이 일반적이다. 그러므로 변제충당이나 상계충당에 관한 사항이 그대로 적용된다고 보면 된다.

6) 상계와의 비교

(1) 양자모구 임의회수의 방법이라는 점에서는 같다. 환급충당은 본인에 대한 압류 등으로 지급이 금지되어 있는 때에는 할 수 없으나, 상계는 본인에게 압류 등이 있더라도 원칙적으로 할 수 있다. 실거래 상 여신거래처가 아울러 금융기관에 예수금채권을 가지는 경우에는 환급충당이나 상계의 두 방법으로 모두 채권을 회수할 수 있음이 일반적이다.

(2) 환급충당은 본인의 대리인으로서 예수금을 환급받아 자기의 채권변제에 충당하는 제도인데 비하여, 상계는 자신의 권한으로 상대방에 대한 일방적 의사표시로 채권변제에 충당하는 제도라는 점에서 다르다. 예컨대 상계가 법률적으로 보다 명확하고 다툼의 염려가 적으므로 실무상으로는 상계의 방법으로 채권을 회수하는 것이 보다 바람직하다고 할 수 있다.

7) 환급충당과 실무상 유의사항
 (1) 환급충당의 적용범위

이 제도는 일반적으로 이용할 수 있는 것이 아니다. 실무적으로는 그 적용범위에 유의해서 착오가 일어나지 않도록 하여야 한다. 환급충당은 채무자가 금융기관에 가지는 예수금에 법적인 지급금지가 없는 경우에만 이용할 수 있다. 따라서 이런 때에는 반드시 상계에 방법으로 채권을 회수하여야 한다.

(2) 사후통지의 철저이행

환급충당을 한 때에는 그 내용을 붙여 채무자에게 즉시 통지하도록 하고 있다. 따라서 이러한 통지를 게을리 해서는 안 된다. 또한 소정절차를 생략할 수 있도록 하고 있지만 사후에라도 증서 등을 정리하는 일 또한 게을리 해서는 안 된다. 증서 등을 그대로 채무자에게 보관하게 하는 것은 뒷날 다툼의 염려가 있기 때문이다.

(3) 상계제도의 적극 활용

환급충당보다는 상계제도가 법률상 보다 명확하므로 실무상으로는 환급충당의 방법보다는 상계의 방법을 이용하는 것이 보다 바람직하다.

6 . 변제의 제공

1) 의의
변제의 제공이란 채권자의 협력을 필요로 하는 채무에 있어서 채무자가 급부의 실현에 필요한 모든 준비를 다해서 채권자의 협력을 요구하는 것을 말한다. 「이행의 제공」 또는 단순히 「제공」이라고도 한다.

2) 변제 「제공」의 방법
민법이 정하고 있는 제공의 방법에는 「현실의 제공」(사실상의 제공)과 「구두의 제공」이 있다(제460조). 이는 채권자의 협력과의 상관관계에서 채무자가 할 수 있는 변제행위 또는 변제준빙행위의 정도의 차에 의한 제공방법의 차이이다.
 (1) 현실의 제공

변제가 완료하기 위하여 채권자의 수령을 필요로 하든가 채무자의 이행행위와 동시에 채권자의 협력을 기다려야 할 때에는 채무자는 자기가 하여야 할 급부행위를 채무의 내용에 좇아 현실적으로 하여야 한다. 이것이 현실제공이다. 민법은 이것을 제공의 원칙으로 하고 있다(제460조 본문).

가. 금전채무

가) 일부제공

그 금액은 채무의 전부(원본·이자비용 등도 포함)가 아니면 안 된다. 단 그 부족이 근소한 경우에는 신의칙상, 제공이 있었던 것이라 간주될 수 있다. 즉 제공하여야 할 금액은 원칙적으로 채무의 금액이어야 하며 채무액의 일부만을 제공하는 것은 채권자의 승낙이 없는 한 채무의 내용에 좇은 제공이 되지 않는다. 따라서 원본 이외에 이자·비용도 지급하여야 할 경우에는 원본 뿐만 아니라 이자·비용 등을 합산한 금액을 제공하여야 하고, 이행연대에 채무자는 지연배상도 함께 제공하여야 한다. 다만 제공된 금액에 채무액보다 근소한 부족부분이 있는 경우에 그것을 이유로 배제의 제공을 무효로 한다는 것은 신의칙에 반하기 때문에 제공으로서의 효력을 인정하여야 할 것이다.

나) 지참채무의 경우에 금전을 채권자의 면전에 제시할 필요는 없다. 채권자가 부재의 경우에도 원칙적으로는 제공이라 간주된다. 또 채무자가 아니라 동도한 전매인이 금전을 지참하고 목적물의 인도와 동시에 지불하는 것이 확실하면 된다.

다) 금전에 대신하는 것으로 현실의 제공을 할 수 있는가에 대해서는 의론이 있지만, 우편환어음, 대체저금불출증서 등은 긍정될 것이다. 실질적으로는 대물변제이다. 그러나 예금통장과 인감도장의 제공은 유효한 제공은 되지 못한다. 수표에 대해서는 개인발행의 것은 당사자의 합의 내지 상관습이 없으면 유효한 제공은 되지 않지만, 은행발행의 것[161]은 신용을 배경으로 하므로 상관습상도 거래상 금전과 동일시되고 있다. 따라서 현실제공이 된다.

나. 금전채무이외의 물건을 목적으로 하는 채무

가) 특정물 매매의 경우

특정물매매에 있어서는 급부한 목적물이 견본품과 다르다고 하더라도 채무의 내용에 좇은 제공이 아니라고 할 수 없다(다만 매도인은 하자담보책임을 지게 되고, 또 매수인은 해제하거나 손해배상청구를 할 수 있을 뿐이고, 제공된 목적물의 수령을 거절하지 못한다).

나) 화물상환증의 송부

상품을 인도해야 할 경우에 수취인에게 목적물의 처분권을 주는 형식을 준비한 창고증권·화물인환증을 송부하는 것은 원칙으로써 현실의 제공이 된다. 그러나 매주로부터의 하환어음의 송부는 동시이행의 항변권을 갖는 매주에게 대금의 선 이행을 강요하게 되므로(목적물은 대금의 담보가 되고 있다) 현실의 제공은 되지 못한다. 그러나 현재의 통설은 이에 반대하고 있다.

다) 일정한 기일 또는 일정한 기간 내에 채권자가 일정한 장소에 와서 수령하는 채무의 경우 이런 경우에는 그 기일 또는 그 기간 중 그 장소에 목적물을 보관하여 언제든지 채무자에게 인도할 수 있도록 해두는 것이 현실의 제공이 된다(그러나 그 장소가 막연하여서는 아니되며, 특정의 차고라는 것과 같이 구체적으로 특정되어 있어야 한다).

---

161) 대판 1961. 12. 21. 4294민상3241; 동 1960. 5. 19; 4292민상784

라) 채무자의 이행행위와 동시에 채권자가 협력하여야 할 경우

등기는 등기권리자와 등기의무자의 공동신청으로 행하여지는 것이 원칙이다(부등법 제28조). 쌍무계약
상의 채무자는 상대방이 제공할 때까지는 자기의 제공을 거절할 수 있다(제536조). 다만, 당사자의 일방이 상
대방을 수령연대에 빠뜨리기 위해서는 먼저 자기의 현실제공이 있어야 한다. 그리고 동시이행의 항변권을 소
멸시키기 위해서는 과거에 이행의 제공이 있었다는 사실만으로는 불충분하고 이행의 제공이 계속되어야 한
다.[162]

(2) 구두의 제공
가. 의의
구두의 제공이란 채무자가 채권자에 대해서 변제의 준비를 한 것을 「통지」하고 또 그 수령을 「최고」하는 것
이다(제460조 단서).주의할 것은 미리 채권자의 협력을 필요로 하는 경우에 채무자의 구두의 제공에 응하여
채권자가 미리 협력한 필요로 하는 경우에 채무자의 구두의 제공에 응하여 채권자가 미리 협력한 때에는 채
무자는 다시 현실의 제공을 하여야 한다.

나. 구두의 제공이 인정될 경우
  가) 채권자가 미리 수령을 거절한 때
  나) 이행에 대해서 채권자의 행위를 요할 때

다. 구두의 제공을 요하지 않는 경우
민법 제460조는 수령거절인 경우에도 적어도 구두의 제공을 하여야 한다고 규정하고 있다. 전혀 채권자에
게 수령의 가능성이 없는 경우에도 구두의 제공이 필요한지 의문이다. 예컨대 다음의 경우에는 구두의 제공
을 요하지 않더라도 채무자는 이행지체책임을 물을 수 없다.
  가) 쌍무계약상의 채무
  쌍무계약의 당사자의 한쪽은 상대방이 제공하기까지는 자기의 채무의 이행을 거절할 수 있으므로 상대
방이 스스로 제공해 최고하기까지는 제공을 하지 않더라도 불이행책임을 물을 수 없게 된다(제536조 : 동시이
행의 항변권)

  나) 채권자의 명백한 수령거절
  채권자의 수령거절의 의사가 명확·확고한 경우라 하더라도 채무자로서는 역시 구두제공을 하여야 하는
가에 관해서는 적극설과 소극설(다수설. 판례)이 대립하고 있다.[163]

3) 제공의 효과
변제의 「제공」이 있으면, 채무자는 그 제공시부터 채무불이행에 의해 생겨야 할 일절의 책임을 면한다(제
461조).
  (1) 이행지체의 책임으로부터의 면제
  (2) 약정이자의 불발생
  (3) 위험의 이전
불특정물(종류물)채무에서는 특정한때 보다 위험은 채권자에게 한다. 종류물은 채무자가 필요한 행위를 완
료한 때에 특정하지만 그 행위의 완료는 지참채무에서는 현실의 제공, 징수채무에서는 구두의 제공이므로(통

---

162) 대판 1972. 11. 14. 72다1513·1514
163) 대판 1981.11.24, 81다633등

설) 위험의 채권자에로의 이전은 「제공」의 효과라 생각해야 한다.

(4) 상대방의 동시이행의 항변권의 상실

쌍무계약에 있어서 당사자일방의 변제제공으로 상대방은 동시이행의 항변권을 상실한다. 이때 변제의 제공은 계속되어야 한다.[164]

(5) 주의의무의 경감, 증가비용의 채권자부담

선관주의의무의 경감이나, 보존·관리비용의 증가의 채권자부담에 대해서는 의론이 있다. 즉 변제제공의 효과로서 채무자는 자기가 목적물의 제공·관리 및 보존에 지출한 증가비용을 채권자에 대하여 청구할 수 있다는 것과 채무자의 주의의무가 경감된다는 견해가 있다. 그러나 다수설에 의하면 그와 같은 효과는 채권자의 불수령이 그 귀책사유에 기인하는 데에서 생기는 것, 즉 채권자연대의 효과에 지나지 않고 변제제공 자체의 효과가 아니라고 한다.

제 2 절 변제에 의한 대위(변제자대위 . 대위변제)

1. 대위변제의 개념

채무자 이외의 자가 채무자를 위하여 변제를 함으로써 구상권을 취득한 경우에 그 구상권의 범위 내에서 종래 채권자가 가지고 있었던 채권에 관한 권리가 법률상 당연히 변제자에게 이전하는 것을 「변제에 의한 대위」·「변제자의 대위」·「대위변제」라고 한다. 이는 구상권의 효력을 확보하기 위하여 인정되는 제도이다.

2. 변제에 의한 대위의 요건

1) 채권의 만족을 줄 것

2) 구상권의 취득
대위제도는 변제자의 구상권을 확보하기 위한 제도로 구상권이 없으면 대위는 성립하지 아니한다. 예컨대 제3자가 채무자의 부탁에 기초한 때에는 위임사무처리비용이 상환청구권(제688조) 또는 사무관리비용의 상환청구권(제739조)으로서 구상권을 취득하고, 불가분채무자(제411조)·연대채무자(제425조 이하)·보증인(제441조)·물상보증인(제241조·제355조·제370조)의 변제인 경우에도 당연히 구상권이 존재한다.

3) 채권자의 승낙이 있거나 또는 변제할 정당한 이익이 있을 것
  (1) 임의대위(승낙대위)
  변제를 하기에 있어서 「정당한 이익」을 갖지 못하는 자는 변제와 동시에 채권자의 승낙을 얻지 못하면 할 수 없다(제480조 1항). 이것을 「임의대위」(승낙대위)라고 하고 「채권자의 승낙」이 대위권발생의 근거가 되고 있다.
    가) 채권자의 승낙은 변제와 동시에 행하여져야 한다(제480조 1항).

---

164) 대판 1993.8.24, 92다56490

나) 채권자로서는 정당한 이유 없이 그 승낙을 거절할 수는 없고, 또한 채무자 이외의 자가 제공한 변제를 수령한 채권자는 승낙을 한 것으로 추정하는 것이 타당하다.

다) 채권자의 승낙은 채권자가 가지는 권리가 법률상 이전하는 데 대한 승낙, 즉 대위가 생기는 데에 대한 승낙이며 채권양도의 승낙은 아니다. 다만 임의대위의 경우에는 법정대위에 있어서 와는 달라서 채무자는 누가 대위변제를 하였는가, 또는 채권자의 승낙이 있었느냐의 여부를 미리 알 수 없다. 여기서 민법은 채무자의 보호를 위하여 지명채권양도의 대항요건과 그 효력에 관한 규정(제450조 - 제452조)을 준용하고 있다(제480조 2항).

(2) 법정대위

「변제할 정당한 이익이 있는 자」는 대체로 법률상 당연히 채권자를 대위한다(제481조). 채권자의 승낙을 요하지 않고 법률상 당연히 대위가 생기기 때문에 「법정대위」라고 한다.

가. 「변제하지 않으면 채권자로부터 집행을 받는 자」

　가) 불가분채무자 . 연대채무자

　나) 보증인 . 연대보증인[165]

　다) 물상보증인

　라) 저당부동산의 제3취득자

나. 「변제하지 않으면 채무자에 대한 자기의 권리의 가치를 잃는 자」

이하의 자는 변제 여하에 의해서는 자기의 권리의 가치가 좌우되는 입장에 있으므로 「정당한 이익」을 갖는다고 생각된다.

　가) 후순위담보권자

　나) 일반채권자

　다) 저당부동산의 임차인

다. 대항요건을 요하지 않는다

대위는 원채권과 담보권, 채권자A로부터 변제자 C에로의 이전이다. 이것은 채권양도와 같이 생각되므로 양도가 아니라 법률상의 이전이므로 채무자나 제3자에 대해서는 대항요건 없이 대항할 수 있다. 그러나 임의대위에서는 채권자의 승낙을 전제로 하는 것에서 채권양도와 같이 생각되므로 채권양도에 관한 대항요건이 필요하다. 또 법정대위에 있어서도 보증인 C와 제3취득자 D와의 관계에서는 대항요건(부기등기)이 요구된다.

(3) 대위권의 포기특약

채권자와 보증인 등의 변제자와의 사이에 대위권을 행사 하지 못하는 특약이 체결되는 적이 있지만(예: 은행거래약정서 참조) 이러한 특약은 보증인의 해악행위를 배제하는 의도에서 체결되는 것이 보통이므로 공서양속에 위반된다고 할 수 없고 유효하다.

3. 변제에 의한 대위의 효과

1) 구상권과 대위권(원채권 · 담보권)과의 관계

(1) 대위권의 내용

대위자는 채무자에대해서 자기의 구상권의 범위 내에 있어서 「채권의 효력 및 담보로써 채권자가 갖는 일

---

165) 대판 1961. 11. 9, 4293민상729

위에서 담보보존의무를 진다. 그래서 구상권의 범위에 대해 특약이었던 경우에 채권자의 담보보존의무도 또 그 특약의 범위가 되는 것인가의 여부, 구상권의 특약은 후술하듯이 유효하다고 풀이되므로, 채권자는 위특약의 지 . 부지를 불문하고 그 특약의 범위에서 보존의무를 진다고 해야 한다.

라. 「면책」의 구조
면책은 채무자나 보증인에 대해서는 채무가 물상보증이나 제3취득자에 대해서는 책임이 각각 실체법적으로 소멸한다(통설 · 판례).

마. 면책의 승계 (포기후의 제3취득자와의 관계)
예컨대 A가 B(채무자)소유의 갑부동산과 C(물상보증인)소유의 을부동산에 공동저당권을 갖고 갑부동산상의 저당권을 포기했지만 그후에 을부동산이 C로부터 D(제3취득자)에게 양도되었다고 한 경우, C는 면책효를 주장할 수 있지만 그 면책은 을부동산을 취득한 D에게 승계되는가의 여부는 문제이다.

가) 승계긍정설
담보상실에 의해 일단 발생한 면책은 그 후의 저당부동산의 제3취득자 D에게도 승계되고 D는 당연히 면책을 주장할 수 있다.

나) 승계부정설
제504조의 담보보존의무는 그 당시의 법정대위권자의 이익을 보호하기위한 것이므로 그 면책효는 그 당시의 대위권자 C에게만 생기고 그 후의 제3취득자 D에게는 승계되지 않는다고 한다. 그 결과 D소유의 을부동산에 대해 저당권이 실행된 경우에는 D는 전주 C에 대해서 구상해야하며 양도인 C는 이 구상에 응한 후에 있어서도 채권자A에 대해 면책의 주장을 할 수 있다고 한다.

다) 절충설
무엇보다도 승계긍정설을 전제로 한 위에 제3취득자D가 취득당시 담보의 상실.감소가 있었던 것을 알았거나 알 수 있었을 때에는 담보의 상실.감소로 이어지므로 면책을 주장할 수 없다고 한다.

바. 담보보존의무 「면제」특약
금융계에서는 일반적으로 담보보존의무의 면제특약이 행해지고 있다(은행취인 약정서 참조) 이것에 대해서는 두 가지 문제가 있다.
가) 「특약」의 유효성
판례 .학설은 이러한 「특약」을 원칙적으로 유효하다고 하지만 다만 신의칙 내지 권리남용으로부터의 제약을 받는 것이라 한다.

나) 특약의 효력의 승계여부
특약(계약)이 민법이론상 제3자효를 갖지 못하는 것은 말할 것도 없다. 그러나 그로 인해 이것을 전면적으로 부정하는 것은 면제특약이 실무계에서 과하고 있는 역할 (담보의 효율적인 운용)을 반감시키게 될 것이다. 그래서 계약의 제3자효에 저촉하지 않는 범위에서의 이론구성을 판례 · 학설은 고려하고 있다. 즉 저당부동산을 취득하는 것에 의해 저당권에 기초한 담보의무를 승계하는 것에 따라 그 저당권설정계약상의 보존의무면제특약의 효력도 승계를 받는다고 하고 혹은 특약의 효력에 의해 면책효가 발생하지 않게 되었으므로(절대적면책효) 이와 같은 부담이 붙은 부동산의 제3취득자도 또 면책을 얻을 수 없다고 하고 혹은 특약의 상대효를 전제로 단 그 특약의 존재를 알고 (악의) 또는 알아야 하며(유과실) 제3취득자에게는 특약을 승계시키고

절의 권리」를 행사할 수 있다(제501조).

(2) 구상권과 원채권과의 관계

변제자는 구상권을 확보하기 위해서 원채권(담보권)을 행사할 수 있다(이 대위권은 실체법상, 구상권과는 별개독립으로 인정되는 것이다). 따라서 변제자는 채무자에 대해서 대위권을 행사하지 않고 구상권만을 행사하는 것도 가능하다. 그렇다면 양자는 청구권의 경합관계에 있게 된다. 그러나 대위권의 행사는 구상권의 존재를 전제로써 인정되는 것은 무엇보다(성립상의 종속) 구상권의 범위 내에서 인정되고 한편 담보권의 실행에 의해 원채권도 구상권도 모두 소멸한다.

(3) 채무자의 일부변제와 충당관계

가장 문제가 되는 것은 채무자가 대위변제자에 대해 일부변제를 한 경우이다. 예컨대 C는 B의 채무 1,000만 원을 대위변제했지만 B에 대한 구상권은 1,500만 원 이되고 그 후 B는 C에게 500만 원을 대뒤변제 했다고 한다. 위 500만 원은 원채권으로 충당 되는가 아니면 구상권으로 충당 되는지의 시점은 첫째 근저당권이 아니라 보통저당권의 경우이고 둘째, 더욱이 후순위 저당권와의 관계에 있어서 견해의 차이가 확연한 것이다. 구상권충당이라고 하면 원채권은 그대로 남으므로 C는 당연히 1,000만 원의 원채권에 대해 대위권을 행사할 수 있게 된다. 그러나 원채권충당 또는 원채권.구상권쌍방충당이라면 C는 잔액 500만 원밖에 저당권을 실행할 수 없다. 문제는 후순위 저당권자의 이익이다.

2) 대위자와 채권자 · 채무자와의 관계
(1) 채권자의 채권증서 · 담보물교부의무

채권자는 대위자에 대하여 대위한 권리의 행사를 용이하게 할 의무를 부담한다. 특히 채권전부 에 대한 대위변제를 받은 채권자는 그 채권에 관한 증서(채권증서는 물론이고 매매물의 수령증 위약금증서, 담보인정증서 등도 포함한다)와 그가 점유하는 담보물을 대위자에게 교부하여야 한다(제484조 1항). 채권의 일부에 대한 대위변제가 있는 때에는 채권자는 채권증서에 그 대위를 기입하고, 또한 자기가 점유할 담보물의 보존에 관하여 대위자의 감독을 받아야 한다(제481조 2항). 그리고 담보부동산의 후순위담보권자나 제3취득자가 채권 전액을 변제한 때에는 채권자에 대하여 담보등기의 말소를 청구할 수 있다.

(2) 채권자의 담보보존의무

가. 채권자가 고의 또는 과실에 의해 그 담보를 상실 또는 감소시킨 때에는 법정 대위권자는 그 상실 또는 감소에 의해 상환을 받을 수 없었던 한도 내에서 그 책임을 면한다(제485조).이는 법정대위권자 사이에서 담보를 달리하는 것은 합리적이지 못하기 때문에 법정대위자의 기대를 고려하여 채권자의 고의 · 과실로 인한 불이익은 채권자 자신에게 부담시키고자 하는데 그 취지가 있다.

나. 「상환을 받을 수 없었던 한도」에서의 면책(제485조)

이것의 의미는 대위자가 상실 . 감소한 담보물로부터 상환을 받을 수 있었을 액만 면책된다고 하는 것이다. 고의 또는 과실이라 함은 제485조의 규정상 명백한 바와 같이 담보의 상실 또는 감소에 대한 것이며 대위자의 존부에 관한 것이 아니다. 대위자는 담보의 상실 또는 감소로 말미암아 상환 받지 못하게 된 한도 내에서 그 책임을 면한다.

다. 담보보존의무의 범위

변제자는 구상권의 확보를 위해서 대위권을 행사하는 것이므로 채권자는 대위변제자가 갖는 구상권의 범자 한다.

(3) 채무자의 항변(대위자와 채무자 사이의 효과)

채무자는 법정대위의 경우에는 변제의 시가지 임의대위의 경우에는 통지·승낙의 시가지 채권자에 대해서 갖고 있던 일절의 항변으로써 대항할 수 있다. 채권자를 대위한 자는 자기의 권리에 의하여 구상할 수 있는 범위에서 채권 및 담보에 관하여 채권자가 가지고 있었던 모든 권리를 행사할 수있다(제482조 1항).

(4) 일부대위와 채권자의 관계

변제자가 채권의 일부를 변제한 경우에는 그 변제한 가액에 맞게 채권자와 함께 대위권을 행사할 수 있다(제483조 1항).

(5) 일부대위와 해제권

변제에 의한 대위는 변제자의 구상권을 보호하기위하여 채권을 법률상 이전하는 것에 지나지 않으며 계약당사자의 지위를 이전하는 것이 아니다. 따라서 계약의 취소권·해지권·해제권과 같은 계약당사자의 지위에 부수하는 권리는 대위의 목적이 되지 않는다. 민법은 이 법리를 일부대위에 관해서만 규정하고 있다(제483조 2항 후단). 그러나 전부의 대위변제에 있어서도 마찬가지임을 유의하여야 한다(이설 없음). 제483조 2항 후단은 대위변제가 있은 후에 채권자가 계약을 해지·해제한 경우에 있어서는 대위자와 채권자의 관계에 대하여 규정하고 있다.

3) 법정대위권자의 상호간의 효과

법정대위권자가 복수존재 할 경우는 복잡한 문제를 발생시킨다. 변제할 정당한 이익이 있는 자, 즉 법정대위자가 다수 있는 경우에 그들 상호간의 혼란을 방지하고 공평을 기하기 위하여 민법은 그들 사이의 보호의 심도에 따라 대위의 순서와 비율을 자세히 규정하고 있다(제482조 2항).

(1) 보증인과 제3취득자

보증인은 제3취득자에게 전액대위 하지만(단 「미리」대위의 부기등기가 필요(제482조 1항)) 제3취득자는 보증인에 대해서 대위하지 않는다(동 2항). 즉 보증인은 전세물이나 저당물의 제3취득자에 대하여 전액에 관하여 채권자에 대위한다. 그러나 이 대위를 하려면 보증인은 「미리」 전세권이나 저당권의 등기에 대위의 부기등기를 하여야 한다(제482조 2항 1호). 이것은 보증인의 변제로 전세권이나 저당권이 소멸한 줄로 믿고 그 목적부동산상의 권리를 취득한 제3취득자를 불측의 손해로부터 보호하기위한 것이다.

(2) 보증인과 물상보증인

보증인과 물상보증인과의 사이에는 그 「인원수에 비례하여」 대위한다(제482조 2항 5호·1항 본문). 따라서 보증인이 물상보증인을 겸하고 있는 경우에도 한 사람으로서 인원수를 계산하여야 한다(이설 없음. 주의: 2중부담자가 어느 자격으로 대위하느냐는 그 2중부담자가 이를 선택하게 된다). 그러나 물상보증인간에는 보증인의 부담부분을 제외한 잔액에 대해 각 재산의 가격에 맞게 대위한다(제482조 1항 5호 단서). 따라서 B의 1,000만 원의 채무에 대해 C . D가 보증인이 되고 E . F가 각 600만 원 . 200만 원의 부동산으로써 물상보증 했다고 하면 각각이 대위 받는 액은 C . D는 각 250만 원씩, E . F는 375만 원, 125만 원이 된다(이것으로 대위할 수 없는 부분은 B에 대한 구상채권이 된다). 그리고 물상보증인의 담보재산이 부동산인 때에는 기술한 제482조 2항 1호의 규정이 준용된다(제482조 2항 5호). 즉 보증인은 대위의 부기등기를 하여야만 변제 후에 물상보증인으로부터 담보부동산을 취득한 제3취득자에 대하여 채권자를 대위할 수 있다.

(3) 제3취득자 상호간의 관계

수개의 부동산에 담보권이 설정되어 제3취득자가 수인이 발생한 경우로서, 그 중 1인이 변제한 때에는 다른 제3취득자에 대해 각 부동산의 가액에 비례하여 채권자를 대위한다(제482조 2항 3호).

(4) 물상보증인 상호간의 관계

물상보증인간에서는 변제한 물상보증인은 각 담보재산의 가액에 비례하여 다른 물상보증인에 대해 채권자를 대위한다(제482조 2항 3호·4호).

(5) 지체채무자 상호간 또는 보증인 상호간의 관계

연대채무자 상호간(제425조)·보증인 상호간(제448조) 또는 연대채무자나 불가분채무자와 보증인과의 사이(제447조)에 관하여는 각자의 특별규정에 의하여 그 구상의 범위가 정하여 진다. 따라서 대위도 그 범위에서 인정된다.

제 3 절 변제공탁

1. 의의

변제공탁이라 함은 채권자가 변제를 받지 아니하거나 받을 수 없을 때에는 변제자는 채권자를 위하여 변제의 목적물을 공탁(공탁소에 임치)하고 그 채무를 면할 수 있는 것을 말한다(민법 제487조).

2. 변제공탁의 요건

1) 공탁원인중 하나가 있어야 한다. 즉 채권자가 변제를 받지 아니하거나 받을 수 없을 때(채권자의 수령거절 또는 수령불능) 또는 변제자의 과실 없이 채권자를 알 수 없는 경우

2) 공탁의 당사자가 있어야 한다.
공탁계약의 당사자로서 공탁을 하는 자는 변제자이고 공탁을 받는 자는 채무이행지의 공탁소이다(민법 제488조 1항). 공탁에 있어 채권자는 공탁계약의 당사자는 아니다. 공탁소는 단순히 공탁사무를 집행할 뿐이고 실제로 공탁의 목적물을 보관하는 것은 공탁물보관자로서 대법원장이 지정하는 은행이나 창고업자가 공탁물보관자가 된다. 공탁소는 각 지방법원에 둔다.

3) 공탁의 목적물의 존재
공탁의 목적물은 변제의 목적물이며. 원칙적으로 동산이든 부동산이든 이를 묻지 않는다. 다만 법원의 허가를 얻어 목적물을 경매하여 그 대가를 공탁할 수도 있다(민법 제490조).

4) 공탁통지가 있어야 한다.
공탁을 한 때에는 공탁자는 지체 없이 채권자에게 공탁통지를 하여야 한다(민법 제488조3항).

3. 효과

1) 공탁자는 채권자가 공탁을 승인하거나 공탁소에 대하여 공탁물을 받기를 통고하거나 또는 공탁유효의 판결이 확정될 때까지는 공탁물을 회수할 수 있고, 회수한 때에는 채무는 소멸하지 않는 것으로 본다(민법 제489조 1항).

2) 공탁이 있으면 채권자는 공탁소에 대하여 채권을 취득하고 채무자는 채무를 면하며 보증인은 책임을 지지 않게 되고 담보는 소멸한다. 채무에 질권이나 저당권이 붙어 있을 때에 공탁으로 채무가 소멸하여 이들 담보물권도 소멸한 때에는 공탁물을 회수하지 못한다.

3) 매매대금이 공탁된 경우와 같이 채무자가 채권자의 급부에 대하여 변제하여야 할 것이 공탁된 경우와 같이 채무자가 채권자의 급부에 대하여 변제하여야 할 것이 공탁된 경우에는 채권자는 자기의 채무의 이행(매매목적물을 인도)한 후가 아니면 공탁금을 받지 못한다.

제 4 절   대물변제

1. 대물변제란 무엇인가

1) 대물변제의 의의
대물변제라 함은 채무자가 부담하고 있는 본래의 급부에 갈음하여 다른 급부를 현실적으로 함으로써 채권을 소멸시키는 채권자·변제자 사이의 계약으로서 변제와 동일한 효력을 갖는다(제446조).

2) 대물변제의 예약
장래적으로 대물변제를 하고자 하는 합의(계약)는 물론 있을 수 있다. 그러나 그것은 대물변제계약이 아니라 그 예약인 것은 우에 서술한 대로이다. 또 부동산의 대물변제의 예약은 실질적으로는 담보적기능을 영위하는 것이지만 이것에 대해서는 「가등기담보등에관한법률」의 규제하는 바가 된다.

2. 대물변제의 요건

1) 채권이 존재할 것
2) 당사자사이의 합의
3) 「본래의 채무이행에 갈음하는」다른 급부를 할 것.
4) 본래의 급부와 다른 급부

3. 대물변제의 효과

1) 대물변제는 「변제와 같은 효력」이 발생(제466조)하여 대물변제에 의하여 채권채무는 소멸한다. 이 한도에서 변제에 관한 규정은 대물변제에도 일반적으로 적용된다고 해석하여야 한다. 대물변제를 하면 역시 채권에 부종하는 종된 권리나 본래의 채권에 수반하는 저당권·질권·보증과 같은 담보도 소멸한다.

2) 대물급부된 물건이나 권리에 하자가 있더라도 채권소멸의 효과가 발생한다. 다만 대물변제는 채권소멸과 대물급부가 대가관계에 있는 유상계약으로 매매의 하자담보의 규정이 준용(제567조)되고, 해제 혹은 손해배

상청구(제580조).목적물을 종류물로 지정한 경우에는 채권자는 계약의 해제 또는 손해배상을 청구하지 않고 하자 없는 물건을 청구할 수 있다고(제581조 2항 참조) 해석하여야 할 것이다.

4. 대물변제의 예약

1) 의의
대물변제의 예약이라 함은 채무자가 본래의 급부에 갈음하여 다른 급부를 할 것을 미리 약정하는 것이다. 우리 민법에는 대물변제의 예약에 관하여 직접 규정하고 있지는 않지만 본계약을 체결할 것을 약속하는 계약, 즉「예약」을 각종의 계약에 관하여 이용할 수 있음은 민법상 의문이 없다(제564조). 따라서 대물변제도 계약이므로 그 체결을 미리 약속하는 예약, 즉「대물변제의 예약」을 할 수 있으므로 그 체결을 미리 약속하는 예약, 즉「대물변제의 예약」을 할 수 있음은 예약자유의 원칙상 당연하다. 민법도 대물변제의 예약이 행해지는 경우를 예상하여 제607조와 제608조를 규정하고 있다.

2) 대물변제예약의 유형
소비대차의 당사자 사이에서 흔히 행하여지는 대물변제의 예약에는 권리가 이전하는 방식에 따라 두 개의 유형이 있다.

(1) 정지조건부 대물변제예약
현행민법은 물권변동에 관하여 형식주의를 취하고 있으므로(제186조·제188조 참조) 등기나 인도 없이 당사자의 의사만으로 목적물의 소유권을 이전할 수 없기 때문에 그러한 정지조건부 대물변제의 예약은 다만 무효라고 해석해야 한다. 다만 당사자의 의사 내지 계약을 선해하여 후술하는 진정한 대물변제예약으로 새기는 것이 타당하다고 생각한다(통설).

(2) 진정한 대물변제예약
만약 차주가 변제기를 종과하면 당사자의 쌍방 또는 일방이 특정물로서 대물변제를 할 수 있는 권능을 보유하는 것이 계약의 내용인 때에는 진정한 의미의 대물변제예약이며, 매매의 예약에 관한 규정(제564조)를 준용하여야 한다. 따라서 당사자 사이의 예약의 성질이 명백하지 않으면 보통은 일방예약으로 추정되며 예약완결권자는 채권자로 해석하는 것이 통설·판례이다.

3) 정산의 태양
(1) 귀속정산형
채권자가 대물변제예약의 목적물의 재산권을 취득하고 채권액을 넘는 가액은 채무자에게 반환하여야 하며, 이 때 채무자는 정산청구권을 가지며 그 성질은 부당이득반환청구이다.

(2) 처분정산형
채권자가 다른 자에게 임의로 매각해서 잉여가치를 반환하기로 하는 경우이다. 이 때 피담보채권이 확정적으로 소멸하는 때는 채권자가 처분하기 위해 목적물을 인도받은 때가 아니라 목적물을 제3자에게 처분하여 그 제3자가 소유권을 취득하는 때라고 한다.

4) 가등기담보
(1) 실제 거래계에서는 소비대차의 당사자가 채무자(차주) 소유의 부동산에 대하여 대물변제예약을 하면서 동시에 채권자가 가지게 되는 장래의 소유권이전등기청구권보전의 가등기(가등기 제3조)를 함으로써 채권담

보의 목적을 달성하려는 관행이 널리 행하여지고 있다. 이는 가등기의 순위보전의 효력을 이용함으로써 저당권의 번거로운 실행절차를 회피하고 아울러 목적부동산의 가액과 채권자의 채권액의 차액을 쉽게 수중에 넣어 실질적으로 이자제한법의 제한의 범위를 넘는 고리를 취할 수 있다는 점에서 많이 이용되고 있는 것이다. 특히 채권자가 제소전 화해절차를 밟아 채무자의 채무불이행시 곧바로 본등기를 함으로써 막대한 폭리를 취하고 있는 실정이었다. 이러한 문제들의 합리적 해결을 위해 「가등기담보등에관한법률」(1983. 법 3681)를 제정하여 가등기를 수반한 대물변제예약을 가등기담보권으로 구성하였다. 따라서 단순한 대물변제예약은 민법 제607조·제608조에 의하여 규율되지만 가등기를 수반한 대물변제예약은 전적으로 「가등기담보등에관한법률」의 적용을 받는다.

(2) 가등기담보권자의 소유권취득절차

가등기담보권자는 그 담보목적부동산을 취득하기 위해 채권의 변제기후 정산금의 평가액을 채무자에게 통지하여야 하며(제3조 1항) 위의 통지가 채무자에게 도달한 후 2월(정산기간)이 경과하여야 담보목적부동산의 소유권을 취득할 수 있고(제3조 1항), 정산기일 경과 후 목적부동산의 가액이 채권액을 초과한 때에는 가등기담보권자는 초과상금액(정산금)을 채무자에게 지급하여야 한다. 정산금 지급의무와 부동산의 소유권이전 및 인도의무는 동시이행관계에 있으므로(제4조 3항) 정산방식에 있어서 이전등기와 인도를 선이행하는 처분정산방식은 무효라고 해석되므로 귀속정산방식이 타당하다.

제 5 절 상계

1. 상계란 무엇인가

1) 상계의 의의
상계라 함은 채무를 지는 채무자B가, 자신도 또 채권자A에 대해서 동종의 채권, (반대채권)을 갖는 경우에, 그 반대채권에 의해 그 채무를 대당액에 있어서 소멸시키는 일방적인 의사표시(단독행위)이다(제492조·제493조). 예컨대 A로부터 500만 원 차금하고 있던 B가, 후에 거래관계에서 A에 대해서 300만 원의 매매대금을 갖기에 이르러, 그 양 채권이 변제기에 있는 경우에는 B(또는 A)는, 일방적으로, 300만 원을 한도로써 자기의 채무를 소멸시킬 수 있다고 하면, 서로 변제하는 시간도 수고도 덜 수 있으며, 당사자의 의사에 맞는 것이다. 실질적으로 변제와 같은 것이다. 이것이 상계의 기본원리이다.

2) 상계계약
(1) 의의
상계적 효과는 「계약」(쌍방행위)에 의해서도 생기게 할 수 있다. 즉 당사자 간의 합의로, 장래의 일정기 또는 일정의 사유가 생긴 경우에는 상계를 행한다고 하는 상계계약이다.

(2) 요건
가) 대립하는 채권의 존재는 필요하지만 반드시 동일 당사자 사이의 채권에 한하는 것은 아니다. 따라서 A가 B에 대하여 갖는 채권과 B가 C에 대하여 갖는 채권을 A, B, C 사이에 삼면계약에 의하여 상계할 수 있다.[166]

---

166) 다수설: 곽윤직, 410면; 김증한, 157면, 현승종 487면

나) 대립하는 채권이 각각 유효하게 존재함을 요하는 점은 민법이 정하고 있는 상계와 같다.

다) 쌍방의 채권이 동종의 목적을 가져야 할 필요는 없다. 따라서 백미인도채권과 같은 금전채권을 상계계약에 의해 소멸시킬 수 있다.

라) 쌍방의 채권이 변제기에 있는가의 여부도 문제되지 않는다. 미인도채권과 같은 금전채권을 상계계약에 의해 소멸시킬 수 있다.[167]

마) 민법이 규정하고 있는 상계금지가 상계계약에도 통용되느냐에 관하여는 일률적으로 말할 수 없고 각 상계금지의 취지를 고려하여 가·부를 정하여야 할 것이다. 상계금지의 취지가 수동채권자의 의사에 의하지 않고 상계자의 일방적 의사표시로 채권을 소멸시키는 것이 부당하는데 있는 것이라면 상계계약은 허용된다. 예컨대 고의의 불법행위로 인한 손해배상채권(제496조), 주금납입청구권(상법 제334조), 압류금지채권(제496조), 항변권이 붙은 채권은 상계계약의 대상이 될 수 있다. 그러나 그 취지가 제3자의 권리를 보호하려는 것이거나 계약으로서도 그 회피를 허용하지 않을 것이라는 데 있다면 이에 반하는 상계계약은 무효이다. 예컨대 압류된 채권(제498조), 질권이 설정된 채권, 임금채권(근로기준법 제25조)은 상계계약의 대상이 될 수 없다.

바) 기한부채권 또는 조건부채권도 채권의 상호대립성을 전혀 결하고 있는 것은 아니므로 상계계약이 허용된다. 이 밖에 상계계약에는 조건·기한을 붙일 수 있다. 특히 장래에 있어서 일정한 조건이 성취되는 경우에 상계의 효과가 생기게 하는 계약(정지조건적 상계계약)도 유효하다. 예컨대 예금채권을 부담하는 은행이 예금자에게 융자를 하고 그 융자의 원리와 예금의 원리가 같게 된 때에는 상계된다.

(3) 효과
가) 상계계약에 의하여 그 대상이 되었던 쌍방의 채권은 대등액에서 소멸한다.

나) 상계계약에 소급효를 인정할 것이냐의 여부도 계약내용에 따라 판단하여야 할 것이나 당사자의 의사가 불분명할 경우에는 원칙적으로 소급효를 인정할 것이다. 그러나 상계계약의 소급효로 제3자에게 대항할 수 없다. 그리고 쌍방의 채권소멸은 서로 인과관계에 있기 때문에 일방의 채권이 존재하지 않았던 때에는 타방의 채권도 소멸하지 않는다.

3) 상계예약
(1) 상계계약의 예약
상계계약에 대해, 「일방의 예약」제도를 이용해 일정의 사유가 생긴 때에는 그 예약완결권의 행사(상계의 의사표시)에 의해 상계계약효력을 발생한다고 하는 것이다. 예약에 의해 효력이 발생하는 것은 당사자 간에 합의된 본계약(상계계약)인 것은 말할 것도 없다.

(2) 정지조건부상계계약
일정한 사유가 생긴 때에는 상계의 의사표시를 필요로 하지 않고 곧 상계계약의 효력을 발생한다고 하는 계약이다. 쌍방사유가 생긴 때에는 상계의 의사표시를 필요로 하지 않고 곧 상계계약의 효력을 발생한다고 하는 계약이다. 쌍방의 채권 등이 특정되어 있는 한에 있어서는 유효성을 갖는 다고 하는 설도 있지만 일반적

---

167) 대판 1963. 11. 28, 63다10

으로는, 그 유효성에는 의문이 있다고 할수 있고, 현재의 은행거래에서는 사용되지 않는다고 할 수 있다.

(3) 준법정상계

A에게 일정한 사유 즉, 발행어음의 부도, 파산, 압류 등의 신용실추가 생긴 때에는, A는 당해채권의 기한의 이익을 상실하고, 또 B는 반대채권의 이익을 포기해)상계할 수 있는 것이라 하는 것의 특약이다. 이것에 대해서는, 기한의 이익의 상실 · 포기제도를 이용한 상계적상의 요건의 완화이며 「예약」의 이름에 가치가 없다는 견해도 있지만, 현재에서는 특약을 기초로써 생긴 상계에 제3자효를 인정해야하는 가의 여부라는 실질관계에 있어서는 「예약」과 동일의 운명에 따라야 하며, 특별히 취급해서는 안 된다고 생각되고 있다. 또 금융관계에서 일반적으로 사용되는 「은행거래약정서」의 상계예약규정은 위의 상계의 예약과 의 준법정상계와의 병용형이다.

2. 상계의 요건 · 방법 · 효과

1) 상계적상

쌍방이 서로 같은 종류의 목적으로 한 채무를 부담하는 경우에 그 쌍방의 채무의 이행기가 도래한 때에는 각 채무자는 대등액에 관하여 상계할 수 있다(제492조 1항 본문). 상계를 할 수 있는 제요건을 구비한 채권의 대립상태를 가리켜 상계적상이라고 한다.

(1) 양 채권의 대립(제492조 1항 본문)

가) 원칙적으로 상계를 하는 자와 상대방 사이에 서로 채권이 대립하고 있어야 상계적상이 된다. 그러나 예외적으로 상계를 하는 자의 채권(자동채권)에 대하여는 타인이 상대방에 대하여 가지고 있는 채권에 의한 상계를 인정하는 경우가 있다. 예컨대 보증인은 주채무자의 상대방에 대한 채권으로 상계할 수 있고(제434조), 연대채무자는 다른 연대채무자의 상대방에 대한 채권으로 상계할 수 있다(제418조 2항). 상대방 이외의 자에 대한 채권으로 상계할 수 있는 경우도 있다. 변제를 보증인의 주채무자에 대한 구상에 대하여 주채무자는 채권자에 대한 채권으로 상계 할 수 있는 경우가 있고(제445조 1항), 연대채무자의 구상에 대하여도 역시 동일규정이 있다(제426조 1항). 또한 채권양도의 경우에도 채무자는 양수인(신채권자)의 청구에 대하여 양도인(구채권자)에 대하여 가지는 채권으로 상계할수 있다(제451조 2항).

나) 수동채권은 피상계자가 상계자에 대하여 가지는 채권이어야 한다. 피상계자가 제3자에 대하여 가지는 채권과 상계하지 못하고, 또한 제3자는 채무자를 위하여 변제할 수 있지만 채무자를 위하여 상계하지는 못한다.

다) 채권의 유효성

양채권은 상계상 유효한 것이 아니면 안 된다.

① 자동채권은 이행을 강제할 수 있는 것이 아니면 안 되므로, 소위 불완전채무 등을 자동채권으로 할 수 없다.

② 취소할 수 있는 계약에서 생긴 채권은, 취소권은 취소전은 유효한 존재이므로, 자동채권에도 수동채권에도 할 수 있다. 그러나, 취소되어 채권이 소급적으로 소멸한 경우에는, 상계가 효력을 잃은 결과, 소멸한 다른 쪽의 채권은 소멸하지 않았던 것이 된다. 계약이 해제되었지만, 해제전에 그 계약상의 채권이 상계된 경우도, 위와같다.

(2) 양채권이 동종의 목적을 갖는 것(제492조 1항 본문)

쌍방의 채권이 그 목적에 있어서 동일한 종류가 아닌 이상 상계적상은 인정되지 않는다. 따라서 상계는 동종채권(특히 금전채권) 상호간에 있어서 행하여진다. 판례에 의하면 백미의 인도를 목적으로 한 채권은 그 내용이 금전채권으로 변경되지 않는 한 금전채무와 상계할 수 없다. 채권의 목적이 동종이면 족한 것이지 채권 발생의 원인·채권액·이행기·이행지까지 동일할 필요는 없다. 다만 이행지가 다른 경우에는 상대방이 이행지에서 이행을 받지 않음으로써 받은 손해를 배상하여야 한다(제494조 단서).

(3) 양채권이 변제기에 있는 것(제492조 1항 본문)

쌍방의 채권이 변제기에 있는 것이 요건이 된다(제492조 1항 본문). 기한의 규정이 없는 채권은, 청구하지 않는 한은 지체가 되지 않으므로, 상계에 대해서는 곧 적상에 있다고 풀이해야 한다. 그러나 개별적인 검토를 요한다.

가) 자동채권

자동채권에 변제기의 도래가 요구되는 것은 당연하다. 그렇지 않으면, 상대방의 기한의 이익을 빼앗기게 되기 때문이다. 그러나, 다만 기한의 정함이 있는 경우에도 법률(제388조) 또는 특약으로 정한 일정한 사유의 발생에 의하여 기한의 이익을 상실한 때에는 그 사유가 발생한 때로부터 언제든지 상계할 수 있다. 그리고 기한의 정함이 없는 채권은 성립과 동시에 변제기에 있기 때문에 채권자는 언제든지 상계할 수 있다.

나) 수동채권

수동채권은 그 채무자인 상계자가 기한의 이익을 포기할 수 있으므로 변제기에 있는 것을 요하지 않는다고 해야 한다. 따라서 채무자가 변제기가 도래하지 않는 채무에 대해 상계의 의사 표시를 할 때는 그때에 기한의 이익을 포기해 청산할 의사를 포기한 것이라 풀이된다. 다만 기한이익의 포기에 의하여(제153조 2항) A로부터는 기한이 도래한 자기의 채권을 자동채권으로 기한미도래의 B의 채권을 수동채권으로 하여 상계를 할 수 있다. 또한 자동채권에 대한 담보의 훼손과 같은 민법이 규정한 기한의 이익상실사유(제388조)가 있으면 상계도 당연히 가능하다.[168]

다) 시효소멸채권의 특칙

시효로 소멸한 채권은, 본래라면 상계는 할 수 없다고 해야 하지만, 그 소멸 전에 이미 상계적상에 있었던 경우에는 이것으로써 상계할 수 있다고 되었다. 그 당시의 상계의 의사표시가 없더라도, 당사자 간에는 거의 청산된 것으로 하는 것이 사회의 법감정에 합치하기 때문이다. 이 규정에 관해서는 이하의 것에 주의해야 한다.

① 시효소멸 한 C의 A에 대한 채권을, B가 C에게 양수하더라도, B는 이것을 자동채권으로써 A와의 사이에서 상계할 수 없다. 시효소멸 전에 A·B간의 상계적상은 없기 때문이다.

② 채권자A의 주채무자 B에 대한 채권이 시효소멸 한 경우에도, 그 채권이 소멸 전에 연대보증인 C의 A에 대한 채권과 상계적상에 있으면, A는 위 소멸채권으로써 C에 대해 상계할 수 있다고 하는 것이 판례이다. 그러나 주채무자B의 시효의 이익을 이와 같은 형태로 빼앗는 것은 타당치 않고, 보증인의 예기도 배신하게 되므로 정당치 않을 것이다.

(4) 채권의 성질상 상계가 허락되는 것

「채무의 성질이 상계를 허락하지 않는다」(제492조 1항 단서)라 함은 그 채권이 현실로 이행되지 않으면, 채권을 성립시킨 의미가 없다고 하는 것이다. 따라서 이하의 채권은 원칙적으로 상계에 이바지 할 수 없다.

---

168) 대판 1979. 6. 12. 79다662

가) 소위 「행하는 채무」

예를 들면, 서로 경업하지 않는 다고 하는 부작위채무나 노무제공채무 등.

나) 항변권이 부착한 자동채권

항변권(최고 · 검색의 항변권, 동시이행의 항변권등) 이 부착한 채권을 자동채권으로써 상계할 수 없다.[169] 일방적인 의사표시에 의해, 상대방은 이것들의 항변권을 잃기 때문이다. 예를 들면, 임료미불에 의해 임대차계약이 해제된 경우에, 임차인은 조작매취청구권(임대인의 조작인도청구권과동시이행의관계에 대한)으로써 채무불이행의 손해배상채무라 상계할 수 없다. 또, 보증인에 대해서 채무를 부담하는자가, 보증채권(최고검색의 항변권 부착)을 자동채권으로써 그 채무와 상계할 수 없다.

(5) 이상과 같은 요건을 갖춘 상계적상은 원칙적으로 상계의 의사표시가 행하여지는 당시에 현존해야 한다.

가) 따라서 양 채권 가운데의 일방이 부존재 또는 무효인 때에는 상계도 무효가 됨은 물론이며, 일단 상계적상에 있었던 경우도 상계를 하지 않는 동안에 일방의 채권이 변제 · 계약해제 기타의 사유로 소멸한 때에는 상계를 할 수 없다. 또 자동채권은 이행을 강제할 수 있어야 하므로 자연채무의 성질을 갖는 채권이든가 이자제한법(폐지) 위반의 초과이자채권은 이를 자동채권으로 하여 상계하지 못한다.[170] 만약이를 인정하면 변제를 강제하는 것과 같게 되기 때문이다. 그러나 이와 같은 채권이라도 상계계약에 의하여 상계하는 것은 가능하다.[171]

나) 다만 소멸시효가 완성된 채권이 그 완성 전에 상계할 수 있었던 것이면 그 채권자는 상계할 수 있다(제495조). 왜냐하면 상계적상에 있는 채권의 당사자는 서로 채권관계를 결제했다고 생각하는 것이 보통이므로 당사자 사이의 그러한 신뢰를 보호하여야 하기 때문이다.

다) 따라서 채권자의 연대보증인에 대한 채권과 연대보증인에 대한 채무가 상계적상에 있었으나 후에 주채무자에 대한 채권이 시효로 소멸하였더라도 채무자는 상계할 수 있다. 그러나 이것은 어디까지나 당사자 사이의 신뢰를 보호하려는 것이기 때문에 당사자가 아닌 제3자가 이미 소멸시효에 걸려 있는 채권을 양수받아 그것을 자동채권으로 하여 상계하는 것은 허용되지 않는다. 수동채권이 시효에 걸려 있는 때에는 채무자는 시효의 이익을 포기할 수 있기 때문에(제184조 1항 반대해석) 이를 가지고 상계할 수 있음은 당연하다 할 것이다. 그리고 제소기간이 경과한 채권을 자동채권으로 하여 상계할 수 있느냐가 문제되는데 이 때에도 민법 제435조를 유추하여 이를 긍정함이 타당할 것이다.

2) 상계의 방법

(1) 상계의 의사표시

가) 상계는 상계적상에 있는 채권을 갖는 당사자의 일방에서, 상대방에 대한 의사표시로 행해지는 단독행위이다(제493조 1항 전문). 따라서 수동채권이 양도된 경우에는, 그 양수인에 대해서 행하게 된다. 그 의사표시는 명시라도 묵시라도 좋고, 거래관념에서 판단되어야 한다. 또, 어음채권을 자동채권으로 할 경우, 그 교부를 요하는가의 여부의 문제가 있지만, 교부의 요부는 상계가 효력을 발생하고 나서의 문제이며, 그것을 요하지 않는다고 하는 것이 유효하다. 민법은 명문규정을 두고 있지 않지만, 질권이 설정된 채권은 질권의 효력으로 지급금지의 효력이 발생하여 지급금지명령을 받은 채권과 같이 취급된다.

---

169) 대판 1975. 10. 21. 75다48
170) 대판 1963. 11. 21, 63다429
171) 대판 1963. 11. 28, 63다501

나) 예금주가 법인인 경우

예금주가 법인인 경우에는 그 대표자에게 통지하여야 하며, 공동대표인 경우에는 한 대표자에게 통지하면 된다. 공동대표라도 의사표시의 수령은 누구든지 할 수 있는 것이기 때문이다.

다) 주채무자의 예금과 상계하는 경우

주채무자의 예금과 상계하는 경우에는 주채무자, 연대보증인의 예금과 상계하는 경우에는 연대보증인이며, 예금주가 행위무능력자(미성년자 · 금치산자 · 한정치산자)이면 그 법정대리인에게 하여야 한다.

(2) 조건 · 기한을 붙인 상계의 금지

가) 상계의 의사표시에는 조건 또는 기한을 붙이지 못한다(제493조 1항 후단). 단독행위인 상계에 조건을 붙이면 일방적 의사표시에 의하여 상대방을 불안정한 지위에 놓이게 하는 결과가 되고, 또한 상계는 소급효에 의하여 그 효과가 상계적상의 개시 시에 소급하여 기한을 붙여도 무의미하다. 따라서 「채무가 있으면 상계한다」는 식의 조건은 허용하여도 무방할 것이다.

나) 상계의 의사표시는 일방적으로 철회할 수 없다. 그러나 상계의 의사표시 후에 상대방과 상계가 없었던 것으로 하기로 한 합의는 계약자유의 원칙상 유효하다.

(3) 상계충당

상계하는 자동채권이 수동채권의 총액에 미치지 못할 경우에는, 변제충당에 관한 규정이 준용된다. 이것을 「상계충당」이라 한다. 그 취지 · 방법은 변제충당과 같기 때문에 반복하지 않는다. 단 상계충당의 채권액은, 상계적상을 발생시킨 때를 기준으로 하는 것에 주의해야 한다.

3. 상계의 금지

1) 당사자의 의사표시에 의한 금지

당사자는 계약에 의해 발생하는 채권에 대해서는 합의에 의해 단독행위에 의해 발생하는 채권에 대해서는 일방적인 의사표시에 의해 상계를 금지할 수 있다(제492조 2항 본문). 따라서 당사자가 상계할 수 없다는 의사표시(보통은 계약)를 한 경우에는 상계를 할 수 없다(제492조 2항 본문). 그러나 당사자의 이러한 금지행위는 선의의 제삼자에게 대항할 수 없다. 즉 다만 채권양도에 의하여 상계금지의 특약이 있는 채권이 선의의 양도된 경우에는 상계금지가 있다는 사실을 가지고 양수인인 제3자에게는 대항할 수 없다(제492조 2항 단서).

2) 법률에 의한 금지

민법 그 밖의 법률은, 일정의 채권에 대해 상계를 금하는 규정을 두고 있다. 이러한 채권에 대해 상계를 인정한 것에서는 당사자 간의 공평이 도모되지 않기 때문이다.

(1) 불법행위에 의한 손해배상채권(제496조)

불법행위의 가해자 B(채무자)는 피해자A(채권자)로부터 손해배상의 청구를 받은 때는 A에 대한 채권을 현실로 변제하지 않으면 안 된다(제496조). 이것은 불법행위의 피해자로 하여금 채권으로써 그것을 상계할 수 없다. 즉 A의 손해배상채권을 수동채권으로 하는 것이 현실의 변제를 받게 하는 동시에 불법행위의 유발을 방지하려는 취지에서이다. 그러나 「과실」을 원인으로 한 불법행위로 인한 손해배상채권은 이를 수동채권으

---

172) 대판 1975. 6. 24, 75다103
173) 대판 2002.7.12, 2001다46440

로 하여 상계할 수 있다. 그리고 금지되는 것은 「고의」의 불법행위채권을 「수동채권」으로 하는 것이며, 자동채권으로서 피해자가 상계하는 것은 허용 된다.[172] 불법행위에서의 고의는 객관적으로 위법이라고 평가되는 일정한 결과가 발생한다는 사실에 대한 인식의 존재만으로 충분하고 기타 그것이 위법한 것으로 평가된다는 것까지 인식을 요하지는 않는다.[173] 수동채권과 자동채권이 모두 고의의 불법행위로 생긴 것인 경우에는 상계가 허용되지 않는다(통설 · 판례).

(2) 압류금지채권

채권이 압류하지 못할 것인 때에는 그 채무자는 상계로 채권자에게 대항하지 못한다(제497조). 부양료 · 급료 · 임금 · 퇴직금과 같이 그 전부 혹은 일부에 대하여 압류가 금지되는 채권(민사집행법 제246조 : 자동차손해배상보장법 제15조 : 공무원연금법 제32조 : 근로기준법 제86조)은 그 채권을 수동채권으로 하여 상계할 수 없다. 그러나 압류금지채권이더라도 이를 자동채권으로 하여 상계하는 것은 무방하다. 예컨대 근로자가 받을 퇴직금은 임금의 성질을 가지므로 근로기준법상 사용자는 그 수령권자에게 직접 전액을 지급하여야 하며, 사용자가 자기 직원으로 근무하다가 사망한 근로자의 퇴직금에 대하여 사용자의 근로자에 대한 대출금채권으로 상계 충당할 수 없다.[174]

가. 근로자의 임금채권

사용자는 전차금 기타 근로할 것을 조건으로 하는 전대채권과 임금을 상쇄하지 못한다(근로기준법 제28조). 이는 사용자가 근로자에게 미리 금전을 대여하는 등의 수단으로 근로자를 부당하게 억압하는 것을 방지하기 위한 것이다.

나. 주금납입채권

주주는 주금의 납입에 관하여 상계로서 회사에 대항하지 못한다(상법 제334조) 예컨대, 금융기관이 거래처인 A회사가 발행하는 주식을 인수하는 경우, A회사에 대하여 부담하는 주금납입채무는 A회사에 대한 대출금채권과 상계할 수 없다.다만, 이와 같은 상계금지는 주주가 하는 상계에만 A회사가 스스로 상계하거나 당사자의 상계계약에 의한 상계는 가능한 것으로 보아야 한다.

다. 신탁재산

신탁법 제20조에는 신탁재산에 속하는 채권과 신탁재산에 속하지 아니하는 채무와는 상계하지 못한다고 규정되어 있다. 신탁재산의 상계금지는 절대적인 것이 아니라 상대적인 것임에 따라 법률전문가의 자문을 구한 후 처리토록 하여야 할 것이다.

(3) 지급금지의 채권(제498조)

가) 채권이 압류(혹은 가압류)된 경우에 지급금지명령을 받은 제3채무자는 그 후에 취득한 채권에 의한 상계를 가지고 압류채권자에게 대항할 수 없다(제498조). 지급금지명령을 받은 채권이란 압류 또는 가압류를 당한 채권을 가리킨다. 이는 압류 또는 가압류의 효력을 유지하기 위한 규정으로, 압류채무자와 제3채무자가 공모하여 허위의 채권을 만들어 낸 뒤 이를 자동채권으로 하여 상계를 하면 지급금지명령을 받은 수동채권에 대한 압류 · 가압류의 효력이 상실되므로 이를 방지하기 위한 것이다.

나) 제3채무자가 지급금지명령이 있기 전에 압류채권자에 대하여 가지고 있는 채권으로는상계할 수 있다.

---

174) 대판 1990. 5. 8, 88다카26413

(4) 질권이 설정된 채권

질권이 설정된 채권은 질권의 효력으로서 지급금지의 효력이 생기므로 지급금지명령을 받은 채권과 마찬가지로 다루어지다.

(5) 주금납입채권(상법 제334조)

주주는 주금의 납입에 관하여 상계로써 회사에 대항하지 못한다(상법 제334조). 이는 주식회사에 있어서 자본의 충실을 기하기 위한 것이다. 상법 제596조에 의하여 위 상법 제334조의 상계금지규정은 유한회사 회원의 재산출자의무에도 준용된다. 그러나 회사가 상계를 하거나 또는 위 상계금지채권에 대하여 상계계약이 체결은 가능하다.

(6) 어음의 반환·처리

가. 서론

어음채권을 자동채권으로 하여 상계하려면 원칙으로 어음의 교부가 있어야 한다(대판 1976.4.27, 75다739). 또한 일부만 상계할 때에는 어음을 제시하여야 한다. 특히 여신거래기본약관에는 특약으로 동시이행항변권을 배제하고 있으므로 상계 시 어음의 반환을 하지 않아도 되며, 여신거래기본약관에 의한 금융기관으로부터의 상계 등의 경우에는 동시교부·반환하지 않는 것으로 정하고 있다.

나. 제3자에 관한 특례

금융기관의 약관이 적용되지 않는 제3자에 대하여는 어음실물의 반환과 상계가 동시에 이루어져야 한다. 반환은 예금주에게 함이 원칙이나, 보증인의 예금과 상계하는 경우에는 보증인에게 반환한다.

다. 원인채권으로의 상계할 경우

어음채권이 아닌 원인채권으로 상계할 때에도 어음의 제시·교부가 필요한 것이다. 여신실무상으로는 금융기관이 원인채권으로 상계할 때에는 그 어음을 동시에 반환하지 않아도 되며, 채무자가 금융기관에 와서 그 어음을 수령하도록 특약한다.

라. 전부명령과 관련하여

전부명령이 있게 되면 어음은 전부채권자에게 반환한다. 그러나 여신거래기본약관에 전부명령이 있는 경우에 압류명령의 발송시점에서 기한의 이익을 상실하여, 상계적상이 되는 것으로 규정하고 있으므로, 전부명령이 금융기관에 송달되어 전부명령의 효력이 발생하는 시점보다 상계적상 시점이 항상 빠르게 된다. 따라서 이렇게 상계되는 경우에는 항상 재산을 내놓게 되는 자는 예금주가 되므로 어음은 예금주에게 반환할 수밖에 없다.

4. 상계의 효과

1) 채권의 대등액소멸

(1) 상계의 의사표시에 의하여 쌍방의 채권은 그 대등액에서 소멸한다(제492조 1항).

(2) 피상계자가 상계자에 대하여 상계적상에 있는 수개의 수동채권을 가지고 있고, 상계자의 자동채권이 그 전부를 소멸시키기에 부족한 경우에는 어느 수동채권이 소멸하는가? 채무자가 채권자에 대하여 수개의 수동채권을 부담하고 있고, 채무자의 자동채권에 의한 상계를 통하여 그 전부를 소멸시킬 수 없는 때에는 변제충당에 관한 규정을 준용하여 상계충당을 하여야 한다(제499조). 따라서 수동채권의 원본 및 지연손해금에 대하여 상계가 이루어지는 경우에는 상계충당의 순서에 따라 지연손해금, 원본의 순서로 자동채권과 대등액에

서 소멸한다.[175]

2) 상계의 소급효

(1) 상계의 의사표시는, 상계적상이 생긴 최초로 거슬러 올라가 효력을 발생한다(제493조2항). 이를 상계의 소급효라 한다. 따라서 상계적상이 생긴 후에 이자는 발생하지 않으며 또한 이행연대도 문제되지 않는다. 그러나 상계의 소급효는 양 채권을 정산하는 시기를 소급하는 것일 뿐이고 상계의 의사표시 전에 이미 발생한 사실이 번복되는 것은 아니다. 따라서 채무불이행을 이유로 하여 계약이 해제된 후에 그 해제 이전부터 상계적상에 있었던 채권을 자동채권으로 하여 상계하여도 계약해제의 효력에는 영향이 없다. 따라서 양 채권이 소멸하는 것은, 의사표시의 시점이 아니라 상계적상이 생긴 시점이다.

(2) 그러나, 상계는 의사표시를 요건으로써 발생하는 것인 이상 의사표시시점에 있어서 상계적상에 없으면 안 되므로「상계적상이 된 후 그 의사표시 전에」변제. 상계. 갱개. 발생한 상계의 효력을 소급시키기에 그치고, 상계의 발생자체를 결정하는 기준이 되는 것은 아니기 때문이다. 상계는 의사표시시점을 기준으로써 인정된다. 의사표시주의를 취하는 입법 하에서는 당연의 귀결이다. 구체적으로는 다음과 같은 경우이다.

가) 변제후의 상계

채무자가 변제한 후에 의사표시를 하더라도, 상계는 무효이다(통설·판례). 상계가 유효하고, 변제는 비채변제가 되는 것은 아니다.

나) 해제후의 상계

채무불이행에 의해 계약이 해제된 경우에는, 해제 전에 상계적상이 있었다고 하더라도 상계는 허락되지 않는다. 판례는 임료 미불을 이유로 임대차계약이 해제된 후 그것 이전에 상계적상에 있었던 임차인 B의 임대인 A에 대한 손해배상채권을 자동채권 이라하고 지연임료를 수동채권으로써 상계의 의사표시를 하더라도 해제는 영향을 받지 않고 임대차관계는 부활하지 않는다고 한다.

다) 상계후의 상계(상계의 경합)가 경합할 경우에는 먼저 상계의 의사표시가 된 것이 우선하고, 상계적상의 선후는 기준이 되지 못한다.

3) 이행지가 다른 상계

(1) 상계는 쌍방의 채무의 이행지가 동일하지 않은 경우에도 할 수 있지만 상계를 하는 당사자는 그 상대방에 대하여 생긴 손해를 배상하여야 한다(제494조).

(2) 상계의 의사표시를 할 때에는 상계의 대상이 되는 채권(자동채권과 수동채권)을 특정하여야 하며, 보통「자기의 어떤 채권과 상대방의 어떤 채권을 상계 하는가」를 표시하여야 한다. 다만 채권의 동일성을 인식할 수 있는 정도로 표시하면 충분하고, 채권의 발생의 일시·발생원인·액수를 명시할 필요는 없다. 어음채권을 자동채권으로 하여 상계하는 경우에 어음을 제시·교부하여야 하는가? 판례는 어음채권자가 어음채권을 자동채권으로 하여 상계의 의사표시를 하는 경우에는 상대방의 승낙이 없는 한 어음의 교부가 없으면 상계의 효력이 생기지 않는다고 본다.[176]

---

175) 대판 1992.5.12, 90다8855
176) 대판 1976. 4. 27, 75다739.

03장 대손처리 실무

제1절 대손처리의 개요

1. 의의

오늘날의 기업의 매출형태는 현금판매보다는 고객의 신용을 바탕으로 하는 신용판매에 의존하여 매출을 발생시키는 외상거래가 대부분을 차지한다. 물론 가장 이상적인 판매방법은 현금판매겠으나, 이러한 것은 우리나라의 경제현실상 현실적으로 어려운 실절이다. 그 결과 신용판매방식으로 발생하는 매출채권에 대하여는 회수불능위험이 향상 존재한다. 따라서 기업회계기준에서는 장래의 대손가능한 금액을 추산하여 당기비용으로 인식함과 아울러 당해 채권의 평가계정으로 대손충당금을 설정하도록 하고 있다.

2. 대손충당금 설정대상

채권으로는 매출채권, 단기대여금, 미수금, 미수수익, 장기대여금 등이 있다.

3. 대손충당금의 회계처리 방법

(1) 대손의 인식시점
현재 기업회계기준인 충당금설정법은 발생회계를 적용함으로서 매출의 발생기간에 대손을 인식한다. 그러므로 기말에 외상매출금 잔액 중 회수불가능금액을 예상하여 당기비용으로 인식하므로 외상매출금을 순실현가능 가치로 평가한다. 기록방법은 회수불가능 예상금액을 대손상각비 계정에 기록하고, 외상매출금의 차감계정인 대손입한다. 따라서 외상매출금을 외상매출금총액에서 대손충당금을 차감한 잔액으로 평가된다.

(2) 회계처리 방법
가. 기중 대손충당금 설정시
결산기가 아닌 년 중에 실제로 대손이 발생한 경우에는 다음과 같이 기설정된 대손충당금과 매출채권을 상계한다.

(차) 대손충당금 ×××　　(대) 매출채권 ×××

주의) 회수불능으로 판명된 매출채권이 이미 설정되어 있는 대손충당금을 초과하게 되면 그 초과액은 대손상각비로 처리하면 된다.

  (차) 대손충당금 ×××　　(대) 매출채권 ×××
     대손상각비 ×××

나. 기말 대손충당금 설정 시
  결산시점에서 합리적이고 객관적인 기준에 따라 산출한 대손추산액에서 기말현재 장부상 대손충당금 잔액을 차감한 금액을 다음과 같이 대손충당금으로 설정한다.

  (차) 대손상각비 ×××　　(대) 대손충당금 ×××

주의) 기말에 설정할 대손추산액이 기말현재 장부상 대손충당금 잔액보다 적은 경우에는 환입처리한다.

  (차) 대손충당금 ×××　　(대) 대손충당금환입 ×××

다. 대손처리한 매출채권의 회수
  종전 기업회계기준에서는 전기 이전에 대손처리한 채권이 회수될 때에는 상각채권추심이익으로 계상하였으나 개정 기업회계기준에서는 대손처리한 시점을 구분하지 않고 회계 처리한다.

  (현금으로 회수한 경우)
  (차) 현 금 ×××　　　(대) 대손충당금 ×××

4) 대손충당금 설정비율(법인세법 시행령 제61조 제2항)
  (1) 동법 제34조제1항에서 "대통령령이 정하는 바에 따라 계산한 금액"이라 함은 해당 사업연도종료일 현재의 제1항에 따른 외상매출금·대여금 기타 이에 준하는 채권의 장부가액의 합계액(이하 이 조에서 "채권잔액"이라 한다)의 100분의 1(다음 각 호의 어느 하나에 해당하는 금융회사 등은 100분의 2)에 상당하는 금액과 채권잔액에 대손실적률을 곱하여 계산한 금액중 큰 금액을 말한다.

  (2) 다만, 제1호부터 제17호까지의 금융회사 등의 경우에는 금융위원회가 기획재정부장관과 협의하여 정하는 대손충당금적립기준에 따라 적립하여야 하는 금액, 채권잔액의 100분의 2에 상당하는 금액 또는 채권잔액에 대손실적률을 곱하여 계산한 금액 중 큰 금액으로 한다

제 2 절　대손처리 관리

1. 구비서류

1) 채무자의파산, 강제집행, 사업의 폐지 등으로 회수가 불가능한 경우
법인의 파산, 강제집행, 해산서류(파산결정문, 강제집행조서, 법인등기부등본 등)

2) 채무자의 사망, 실종, 행방불명 등으로 회수가 불가능한 경우

(1) 사망자 제적등본

(2) 법원의 실종선고 서류

(3) 주민등록직권말소 서류

3) 채무자에 대한 경매 및 강제집행 등을 한 후 회수가 불가능한 경우

(1) 배당표

(2) 주민등록 전, 현주소지에 대한 토지, 건물등기부 등본 등

4) 소멸시효가 완성된 외상매출금, 어음 · 수표

(1) 거래계약서, 세금계산서 사본 등

(2) 어음 · 수표 원본, 세금계산서 사본 등

5) 부도발생일로부터 6월 이상 경과한 어음 · 수표

저당권이 설정되어 있는 경우에는 제외 한다

6) 대손상각요청서: 사고보고서, 부실채권관리대장, 채무자의 본적지 · 최종주소지 및 직전주소지(법인은 등기부상 소재지)와 사업장소재지의 토지 · 건물등기부등본저당권이 설정되어 있는 경우에는 제외 한다

2. 대손세액 공제

1) 의의

대손세액공제란 대손이 발생된 사업자가 대손을 발생시킨 사업자에 대하여 공급한 물품에 대하여 발생한 매출채권 중 부가가치세법상 세액을 공제하여 주는 제도를 말한다.

대손세액 = 대손금액 × 10/100

2) 세액 공제사유

(1) "채무자회생및파산에관한법률" 에 의한 파산

(2) 민사집행법에 의한 강제집행

(3) 사망 · 실종선고

(4) 민법상 소멸시효가 완성한 경우

(5) 수표 또는 어음의 부도발생일로부터 6월이 경과한 경우 다만, 사업자가 채무자 재산에 대하여 저당권을 설정하고 있는 경우를 제외한다.

(6) 기타 유사한 사유로서 재정경제부령이 정하는 것

3) 공제의 범위 및 시기

사업자가 부가가치세가 과세되는 재화 또는 용역을 공급 한 후 그 공급일로부터 5년이 경과된 날이 속하는 과세기간에 대한 확정 신고 기한까지이다.

4) 서류

1) 상법상의 소멸시효가 완성

(1) 세금계산서 사본

(2) 계약서, 어음 · 수표사본

2) 부도발생일로부터 6월이 경과한 어음 · 수표
　(1) 세금계산서 사본
　(2) 어음 · 수표 원본(세무서에서 확인 후 반환)

3) 민사소송법에 의한 강제집행
　(1) 배당표 사본
　(2) 세금계산서, 계약서 사본

4) 「채무자회생및파산에관한법률」에 의한 파산
　(1) 법원 결정문
　(2) 계약서, 세금계산서 사본

제 9 편

민사소송의 이론과 실무개관

01장 민사소송의개관

제 1 절 민사소송의 개요

1. 민사소송의 의의

민사소송은 개인의 권리를 보호하고 사권의 존부를 확정하여 사법질서의 유지를 목적으로 하는 법원의 재판 절차를 말한다. 광의로는 권리관계의 보전, 확정, 실현절차로 분류된다. 법원은 민사소송법의 적용에 있어서 소송절차가 공정, 신속, 경제적으로 진행되도록 노력하여야 하며, 당사자와 소송관계인은 신의에 따라 성실 하게 수행하여야 한다(제1조).

2. 민사소송의 기본원리

1) 변론주의
변론주의라 함은 법원은 당사자가 주장하지 아니한 사실을 직권으로 참작하지 못한다는 것을 말한다. 즉 당 사자가 주장하지 아니한 사실을 판결의 기초로 삼지 못한다는 말이다.

2) 당사자처분권주의(제188조)
분쟁에 대한 자치적 해결을 인정하기 위하여 소송의 개시, 재판의 대상 및 범위 그리고 소송의 종결에 대하여 당사자의 주도권을 인정하는 주의를 말한다. 소송자료의 수집에 당사자의 주동권을 인정한다는 점에서 변론 주의와 구별되고, 소송절차의 적정한 진행과 정지를 함에 있어서 당사자의 주도권을 인정한다는 점에서 당사 자진행주의와 구별된다.

3) 입증책임

4) 적정성의 원칙
실질적 필요성과 합리성을 추구하는 원칙을 말한다. 법적용에 있어서 법관의 자의를 방지함을 목적으로 하는 원칙이다.

5) 공평성의 원칙

6) 신의성실의 원칙

7) 신속, 경제성의 원칙

제 2 절   개정 민사소송진행 방식(2001.3시행)

1. 판단

피고에게 답변서 제출의무를 부과하고, 답변서를 일정한 시점까지 제출하지 않을 경우 원고의 주장사실에 대하여 인정한다는 판단을 한다.

2. 종결

원·피고 간에 서면에 주장사실에 대한 공방이 진행한 후에 재판부에서는 당사자에게 변론기일을 정하여 법정에서 입장을 정리할 수 있는 기회를 제공한 후 소송을 종결한다.

3. 소송의 주체

구 분	소를 제기한 자	제기당한 자
제1심	원고	피고
제2심	항소인	피항소인
제3심	상고인	피상고인
지급명령, 강제집행	채권자	채무자
반소	반소원고	반소피고

4. 당사자 능력

1) 개념
적법하게 제소하고 피소되기 위하여는 당사자가 당사자 능력, 당사자 적격, 소송능력, 변론 능력이 있어야 한다.

2) 자연인
자연인, 즉 사람은 생존하는 동안 권리의무의 주체가 되므로 소송상으로도 당사자 능력이 있다.

3) 법인
법인은 모두 권리능력자이므로 당사자 능력을 가진다.

5. 선정당사자

공동의 이해관계가 있는 다수가 원고, 피고가 될 경우에 1명을 대표자로 선정하여 소송을 수행하는 것이 선정당사자제도이다 (제 53조).

6. 소송능력

소송능력은 소송당사자로써 스스로 소송행위를 하거나 상대방의 소송행위를 받을 능력을 말하는데, 소송능력을 결한 소송행위나 소송무능력자에 대한 소송해위는 완전히 무효이다.

7. 변론능력

변론능력은 소송당사자가 법원에 대하여 소송절차에 관여하여 현실적으로 소송행위(변론)을 하기 위하여 필요한 능력을 말한다.

8. 대리인 제도

1) 의의
당사자를 위하여 본인(당사자)의 이름으로 자기의 의사로써 소송행위를 하고 또 상대방으로부터 소송을 당하였을 시 소송행위를 받는 제3자를 말한다.

2) 종류
임의대리인은 본인의 의사에 의해 선임되고, 법정대리인은 법률의 규정에 의해 선임된다.

(1) 법률에 의하여 재판상의 행위를 할 수 있는 경우
예컨대 "지배인은 영업주에 갈음하여 그 영업에 관한 재판상 또는 재판 외의 모든 행위를 할 수 있다"(상법 제11조). 여기서 지배인이란 현실에 있어서는 부장, 지점장, 영업소장 등을 말한다. 따라서 금융회사의 지배인도 영업부장이나 지점장은 변호사가 아니더라도 금융회사를 대리하여 소송을 제기하고 수행할 수 있다.

(2) 단독판사가 심리 · 재판하는 사건으로서 제소당시 또는 확장 당시 5,000만 원 이하의 민사소송 사건에서 법원의 허가를 받은 경우 당사자의 배우자 등과 당사자와 고용, 그 밖의 이에 준하는 계약관계를 맺고 그 사건에 관한 통상사무를 처리 · 보조하는 사람으로서 그 사무와 사건내용 등에 비추어 상당하다고 인정되어야 한다. 따라서 단독판사의 허가를 얻어 차장이나 과장 또는 대리를 소송대리인으로 하여 소송을 제기하고 수행할 수 있다.

3) 소송대리권의 소멸
(1) 대리인의 사망 · 금치산 · 파산

(2) 위임사건의 종류

(3) 소송위임계약의 해지 · 본인의 파산 등

9. 법원의 심급제도

법원의 심급제도란 법원 간에 정하여져 있는 상. 하의 관계를 말한다.

구 분	단 독 사 건	합 의 사 건
제3심	대법원	대법원
제2심	지방법원 합의부	고등법원
제1심	지방법원 또는 지원의 단독판사	지방법원 또는 지원의 합의부
적용사건	1) 소가 1억 원이하의 사건 2) 어음·수표금 청구사건	1) 소가 1억 원 초과의 사건 2) 소가를 정할 수 없는 사건

10. 법원의 관할

1) 의의
관할이라 함은 재판권을 행사하는 여러 법원사이에서 어느 법원이 어떤 사건을 처리하느냐 하는 재판권의 부담관계를 정해놓은 것을 말한다.

2) 관할의 종류
(1) 전속관할
특정종류의 사건, 즉 재판의 적정. 신속 등 고도의 공익적 요구로 인하여 일정한 법원에만 관할권을 인정하고, 그 밖의 관할을 일체 배제하는 것을 말한다. 이른바 경매사건이 가장 대표적이다.

(2) 임의관할
주로 당사자의 편의와 공평이라는 사익적 견지에서 정해지게 된다. 합의관할과 응소관할은 당사자의 의사에 따라 인정되는 관할이므로 임의관할이다.

(3) 직무(직분)관할
직분관할이란 재판권의 여러 종류의 작용을 어느 종류의 법원의 직분으로서 분담시킬 것인가를 정한 것을 말한다.

(4) 사물관할
사건의 경중을 표준으로 재판권의 분담제도를 정한 것으로 소가 1억 원 미만 및 어음. 수표금 청구소송은 단독판사가 담당한다는 등으로 구분한 관할이다.

(5) 토지관할
토지관할은 소재지를 달리하는 동종의 법원 사이에 재판권의 분담을 정한 것이다. 각 법원은 그 직무집행의 지역적 한계로서 그 관할 구역이 정해져 있다.

가. 보통재판적(제3조)

　가) 원칙

소는 피고의 보통재판적 소재지의 법원이 관할하는 것이 원칙이다. 여기서 보통재판적이라 함은 사건의 내용에 관계없이 인정되는 관할이다. 그 종류, 내용을 묻지 않고 일반적·원칙적으로 인정되는 것이므로 보통재판적이라 한다. 피고의 보통재판적은 사람의 주소나 거소로 정한다. 즉 자연인이면 피고의 주소지, 법인이면 주된 사무소 또는 영업소의 소재지, 피고가 국가일 때는 법무부소재지, 대법원 소재지이다.

나) 예외(금융기관 거래의 경우)

여신거래기본약관 제23조는 "이 약관에 터 잡은 여신거래에 관하여 금융기관과 채무자 또는 보증인 혹은 물상보증인 사이에 소송의 필요가 생긴 때에는 법이 정하는 관할법원과 아울러 금융기관의 거래영업점 소재지 지방법원을 관할법원으로 하기로 한다. 다만, 채무자의 책임 있는 사유로 부실채권이 발생되어 그 채권의 관리를 위하여 금융기관이 본점 또는 다른 영업점으로 그 채권관리업무를 이관한 경우에는 법이 정하는 관할법원과 아울러 이관받은 본점 또는 다른 영업점의 소재지 지방법원을 관할법원으로 하기로 한다. "라는 특약을 명시하고 있다.

나. 특별재판적

특정된 종류·내용의 사건에 있어서만 인정되는 재판적을 말한다.

- 상근근로자의 근무지
- 재산권의 금전채무는 의무이행지
- 불법행위는 불법행위지(제18조)
- 부동산에 관한 소는 부동산 소재지(제20조)
- 어음·수표에 관한 소는 지급지(제9조)
- 선박의 소재지

(6) 합의관할(제29조)

당사자 간의 합의에 의하여 제1심에 한해서 관할법원을 결정하는 것을 말한다. 이것은 법정관할과는 다르게 관할을 정하는 합의로서 반드시 서면에 의하여야 한다.

(7) 변론관할(응소관할. 제30조)

원고가 관할권이 없는 법원에 소를 제기하였는데 피고가 관할위반에 대한 이의없이 본안에 대하여 응소함으로써 생기는 관할을 변론관할(응소관할)이라 한다.

11. 민사법원의 구성

구 분	내 용
1. 법원의 종류	대법원·고등법원·지방법원·가정법원
2. 대법원의 심판권	대법원판사 전원의 3분의 2이상의 합의체에서 행함
3. 고등법원의 심판권	판사3인으로 구성된 합의부에서 행함
4. 지방법원의 지원	심판은 원칙적으로 단독판사가 행함. 그러나 사건이 합의심을 요할 때에는 판사3인으로 구성된 합의부에서 재판할 수 있다.
5. 합의부의 구성	재판장과 판사 2인으로 구성

소송의 제기

제 1 절 의의

소의제기는 법원에 대하여 판결의 형식으로 권리보호를 요구하는 당사자의 신청을 말한다. 금융기관 직원이 직접 소송을 제기하는 경우에는 소장을 작성하여 관할법원에 제출하여야 한다. 변호사를 소송대리인으로 선임하여 소송을 제기하는 경우에는 당해 변호사를 수임인으로 하는 소송위임장을 작성하여 소송수행을 의뢰한다. 소는 청구의 내용에 따라 다음과 같이 구별한다.

1. 이행청구

물건의 급부나 사람의 작위 등을 구하는 소송이다(대여금의 반환을 구하는 소, 분묘철거등이행청구의 소, 건물철거이행의 소, 임대보증금반환청구의 소 등).

2. 확인청구

권리나 법률관계의 확인을 구하는 소송이다(대지경계확인의 소, 친생자관계부존재확인의 소, 토지의 소유권의 확인을 구하는 소, 회사의 이사 지위의 확인을 구하는 소 등).

3. 형성청구

기존법률관계의 변경 또는 새로운 법률관계의 발생을 선언하는 판결의 청구를 구하는 소이다(신분관계나 회사설립무효의 소, 혼인의 취소청구의 소, 인지청구소송, 주주총회의 결의의 취소소송 등).

제 2 절 소의이익

1. 개념

이익이라 함은 국가적 · 공익적 견지에서 무익한 소송제도의 이용을 통제하는 원리이고, 당사자의 입장에서는 소송제도를 이용할 정당한 이익 또는 필요성을 말한다.

2. 요건

1) 소송장애사유가 없을 것 : 당사자 간에 부제소 특약, 중재합의가 있는 경우 등

2) 신의축위반의 제소가 아닐 것 : 신의칙에 반하여 소를 제기하는 경우 소권의 남용이 된다.

3) 제소가 금지되어 있지 않을 것 : 중복제소의 금지(중복소송이 되는 경우 후소는 민소법 제259조에 의해 부적법각하 된다. 중복소송은 전소의 소송계속이 존재할 경우에 한해 문제가 된다)

3. 소의 제기방식

소의 제기는 일정한 서식의 서면인 소장을 제1심 수소법원에 제출함으로써 개시한다. 소장은 간결하고 명료하게 작성하여야 한다. 소장은 필요적 기재사항의 구비로 충분하며 특별한 형식이나 규격을 요하지 않는다.

1) 소장의 필요적 기재사항(제249조)

   (1) 원피고 당사자의 성명, 명칭 또는 상호와 주소, 주민등록번호

   (2) 대리인이 있는 경우 대리인의 성명과 주소

   (3) 연락가능 한 전화번호, 팩스번호 등

   (4) 청구취지(청구를 구하는 내용, 범위 등을 간결하게 기재)

   (5) 청구원인(권리 또는 법률관계의 성립원인 사실을 기재)

   (6) 부속서류의 표시(소장에 첨부하는 부속서류 등)

   (7) 작성 일자

   (8) 관할법원의 표시

   (9) 원고의 기명날인 및 간인

2) 소가산정방법

소가는 원고가 청구취지로서 구하는 범위 내에서 원고의 입장에서 보아 전부 승소할 경우에 직접 받게 될 경제적 이익을 객관적으로 평가하여 정한 금액을 말한다.

   (1) 확인의소 : 권리의 가액

   (2) 소유권이전등기 : 목적물건의 가액

   (3) 지상권, 전세권 : 목적물건의 가액의 2분의 1

   (4) 금전지급청구의소 : 청구금액

   (5) 사해행위취소의소 : 취소되는 법률행위의 목적의 가액을 한도로 한 원고의 채권액

3) 인지액 산정방법

   (1) 소장에는 소송목적 가액에 따라 아래 상당의 인지를 첨부하여야 한다. 소장에 첨부하는 인지액은 국가의 소송제도를 이용하는 자가 납부하는 수수료이며, 소장정본 표지 뒷면에 첨부하여 제출한다.

     가) 1,000만 원 미만인 경우 : 소가×0.005 = 인지액

     나) 1,000만 원 이상~1억원 미만인 경우 : 소가×0.0045+ 5,000원 = 인지액

     다) 1억원이상~ 10억원 미만인 경우 : 소가×0.004 + 55,000원 = 인지

     라) 10억원 이상 : 소가×0.0035 + 555,000원

참고 : 산출된 인지액이 1,000원 미만인 때에는 이를 1,000원으로 하고, 1,000원 이상 인 경우에 100원 미만의 단수가 있는 때에는 그 단수는 계산하지 않는다.

(2) 재산권상의 소로서 그 소가를 산출 할 수 없는 것과, 비재산권을 목적으로 하는 소송의 소가는 1,000만 100원으로 한다.

(3) 항소장, 상고장의 인지액

항소장에는 위 규정액의 1.5배, 상고장에는 2배의 인지를 붙여야 한다.

인지세액이 20만 원을 초과하는 경우에는 현금으로 납부한다(법원구내 은행납부).

4) 송달료납부

소장을 송달할 때에는 당사자 수에 따른 계산방식에 의한 송달료를 송달료수납은행(대부분 법원구내)에 납부하고 그 은행으로부터 교부받은 송달료 납부서를 소장에 첨부한다.

(1) 민사 제1심 소액사건(가소) : 당사자수 × 3,020 × 10회분 = 송달료

(2) 민사 제1심 단독사건(가단) : 당사자수 × 3,020 × 15회분 = 송달료

(3) 민사 제1심 합의사건(가합) : 당사자수 × 3,020 × 15회분 = 송달료

(4) 민사항소사건(나) : 당사자수 × 3,020 × 12회분 = 송달료

(5) 민사 상고사건(다) : 당사자수 × 3,020 × 8회분 = 송달료

(6) 민사 조정사건(머) : 당사자수 × 3,020 × 10회분 = 송달료

(7) 부동산 경매사건(타경) : (신청서상의 이해관계인 수+3) × 2,700 × 10회분 = 송달

(8) 가압류, 가처분(카합.카단)

가) 중기, 채권.자동차.동산 : 당사자수 × 3,020 × 3회분, 물건지수 3,020 × 1회분

나) 부동산 : 6,040원(등기소별로 각)

(9) 독촉(차)(지급명령) 당사자수 × 3,020 × 4회분

(10) 상고(므) 당사자수 × 3,020 × 10회분

5) 송달료 잔액의 환급

소송절차의 종결 후 송달료가 남은 경우에는 계좌신청을 한 경우 신고한 계좌로 입금한다. 송달료 관리은행에서 납부인에게 잔액환급 통지를 한다. 송달료를 일정기간 찾아가지 않으면 국고에 귀속된다.

4. 소장의 접수

1) 소장의 접수

소장은 법원에 접수 되어야 시효중단 등 실체법상 효과가 발생한다. 법원의 접수담당자는 당사자 기타 소송관계인이 제출하는 소송서류의 접수를 거부할 수 없다. 또한 소장은 우편으로도 접수가 가능하다.

2) 소장제출 법원

가) 자연인

(가) 피고의 주소지 관할법원

(나) 거소(주소를 알 수 없을 때)

(다) 최후의 주소지(거소가 없거나 알 수 없는 때)

나) 법인 기타 단체

　　(가) 주된 사무소 또는 영업소 소재지

　　(나) 주된 업무담당자의 주소(주된 영업소가 없을 때)

다) 특별히 인정 되는 소장 제출법원

　　(가) 어음 · 수표의 지급지 법원

　　(나) 부동산 소재지 : 부동산에 관한 소

　　(다) 불법행위지 : 불법행위에 관한 소는 그 행위지의 법원

　　(라) 거소지 또는 의무 이행지 법원 : 재산권에 관한 소

라) 당사자의 합의에 의하여 인정되는 소장 제출법원

당사자가 합의에 의하여 제1심 관할법원을 정할 수 있다(법원의 전속관할로 정해진 경우는 제외).

마) 소장이 제출되면 법원은 접수창구에서 소장의 확인과 인지 및 송ㄷ료를 확인하고 소장에 접수인을 찍고, 사건번호를 부여한다.

5. 소의제기와 효과

1) 소송계속
특별한 사건이 특정한 법원에서 판결절차로 심판되고 있는 상태를 말한다.

2) 중복제소의 금지
법원에 이미 소송계속이 발생한 사건에 대해서는 당사자는 다시 소를 제기하지 못한다.

3) 시효의 중단
제소가 있으면 실체법상의 시효중단의 효력이 발생한다(소장제출시).

4) 법률상의 기준준수
권리나 법률상태를 보전하기 위하여 소를 제기하여야 할 기간이 엄격히 적용되게 된다.

6. 소제기에 대한 법원의 조치

1) 재판장의 소장심사
소장이 접수되어 사건이 배당되면 재판장은 당사자의 표시, 법정대리인, 청구의 취지와 원인 등 필요적 기재사항의 기재여부, 소정 인지액의 납부여부 등을 심사한다.

2) 보정 및 소장각하 명령
소장심사결과 흠결이 있는 때에는 재판장은 상당기간을 정하여 원고에게 보정명령을 명한다. 원고가 그 기간내에 소장의 흠결을 보정하지 않는 때에는 재판장의 명령으로 소장을 각하한다. 소장 각하명령은 소 각하판결과 동일한 효력을 지니며 이로써 소송은 종료된다.

1) 집행관송달의 신청
송달불능 사유에 해당되는 내용을 다시 정확히 확인하고, 확인이 불가능하면 피고의 주민등록등본이나 초본을 첨부하여 주민등록지로 집행관송달을 신청한다.

2) 보충송달·유치송달·우편송달의 신청과 공시송달
송달장소에 소장의 송달을 받을 수 있음에도 피고 또는 그 사무원·피용자 또는 동거인으로서 사리를 분별할 지능이 있는 사람이 정당한 사유없이 송달 받기를 거부함으로써 송달불능으로 된 경우에는 집행관 송달을 신청함에 있어서 그 사유를 소명하여 보충송달이나 유치송달에 이어 우편송달을 실시해 줄 것을 아울러 신청할 필요가 있다. 동 사항으로도 확인되지 않으면 공시송달을 신청해야 한다.

7. 소송 중의 소

소송중의 소라 함은 계속 중인 소송절차를 이용하여 그 당사자나 제3자가 이와 병합심리를 구하려 제기하는 소를 말한다.

1) 당사자가 제기하는 소
  (1) 청구의 변경
  청구금액, 청구취지, 청구원인, 청구권의 확장

  (2) 중간확인의 소
  민소법에서 소송진행중에 선결문제가 되는 법률관계의 성립, 불성립에 대하여 다툼이 있는 경우 처음의 소송목적을 확장하여 그 법률관계의 확인을 함께 요구하는 것을 말한다. 에컨대 소유권침에 대한 손해배상청구 소송에서 해당소유권의 존재에 대한 확인을 요구하는 소송 등이 이에 해당 된다.

  (3) 반소

2) 제3자가 제기하는 소
  (1) 공동소송참가
  (2) 참가승계
  (3) 독립당사자참가
  (4) 소송인수
  소송 중에 소송의 목적을 이어 받은 제3자가 자발적으로 소송에 참가하지 아니한 경우 법원이 당사자의 신청에 의하여 제3자에게 강제적으로 소송을 인수시키는 것을 말한다. 에컨대 소유권이전등기청구사건에서 원고소유의 본건 소송목적물인 토지를 피고가 피신청인에게 양도한 경우 등이다.

  (5) 임의적 당사자의 변경 등
  당사자의 교체에는 다음 두가지 방법이 있다.
    가) 소송승계
    실체법상의 분쟁주체인 지위가 이전하는 경우

나) 임의적 당사자 변경

실체법상의 분쟁주체인 지위가 이전하지 않는 경우이다. 이것은 종전 소송의 소송자료, 소송상태의 활용이 가능하도록 하기 위함이다.

8. 민사사건의 약어표

민사사건의 대상	약어
1) 민사 소액사건	가소
2) 민사 제1심 단독사건	가단
3) 민사 제1심 합의사건	가합
4) 민사 항소사건	나
5) 민사 상고사건	다
6) 화해사건	자
7) 독촉사건	차
8) 부동산 경매사건	타경
9) 파산사건	하
10) 화의사건	거
11) 가압류 · 가처분 사건 (합의심, 단독심 사건)	카합, 카단

제 3 절   소송의 진행

1. 소송부본의 송달 및 준비명령

1) 접수된 소장은 법원사무관 등이 독립된 직무행위로써 피고에 송달하며, 변론기일에 따라 원 · 피고를 소환한다. 법원사무관 등은 법원에 출석한 자에 대하여는 직접 교부송달 할 수 있다. 공시송달에 있어서는 재판장이나 법원의 명령을 요한다. 교부송달은 집행관, 우편송달은 우편집배인이며, 송달기관은 송달보고서를 작성, 제출하여야 한다. 통상 우편송달에 의하며, 집행관 송달은 예외적으로 행해지므로 특별송달이라고 한다.

참고 : 교부송달과 우편송달

1) 교부송달
소장의 송달은 소장부본을 피고인에게 교부하여 실시함을 원칙으로 한다(민사소송법 제178조). 송달 받을 사람의 주소 · 거소 · 영업소 또는 사무소에서 한다. 다만 법정대리인에게 한 송달은 본인의 영업소나 사무소에서 할 수 있다(민사소송법 제183조 1항). 송달장소를 알지 못하거나 그 장소에서 송달할 수 없을 때에는 송달받은 사람이 고용 · 위임 그밖에 법률상 행위로 취업하고 있는 다른 사람의 주소 등에서 송달할 수 있다(민사소송법 제183조 2항).

2) 우편송달
보충송달이나 유치송달을 할 수 없는 경우에는 법원사무관 등은 서류를 등기우편으로 발송할 수 있다. 송달할 서류를 등기우편으로 발송한 때에는, 발송한 때 송달된 것으로 간주된다. 이로써 법원은 피고의 출석이 없다 하더라도 원고인 채권자의 출석만으로 변론을 할 수 있게 되고 이 변론에서 피고가 출석을 하지 않고 별도의 답변서를 제출하여 원고의 청구를 다투지 않으면 채무자는 소장에서 주장한 원고의 청구를 모두 인정한 것으로 되어 원고승소판결이 나오게 된다.

2) 피고에게 소장이나 변론기일소환장이 송달되지 않은 경우에는 통상 1주일 이내에 주소를 보정하여야 한다. 만약 주소가 보정되지 않으면 소송은 각하된다(다시 소송을 할 수 있다).

3) 피고가 행방불명 시 공시송달을 신청한다.
주민등록이 말소된 경우 : 말소된 주민등록 등본 첨부
주민등록이 말소되지 않은 경우 : 통·반장 또는 이웃의 불거주확인서 첨부

4) 수취인 부재, 폐문부재 시에는 특별송달을 신청한다.
주소보정명령 등본이나 소장접수증
명원 등을 동사무소에 제출하면 상대방 또는 증인의 주민등록등본을 발급받을 수 있다.

참고 : 공시송달

공시송달은 법원이 당사자의 송달장소를 알 수 없는 경우 법원사무관 등이 송달서류를 보관하고, 그 사유를 법원게시판에 게시 등의 방법으로 행하며, 이는 법원직권 또는 당사자의 신청에 의한다. 당사자가 공시송달을 신청할 때에는 송달받을 자의 주소 등을 알 수 없는 사유를 소명하여야 한다. 같은 당사자에게 하는 첫 공시송달을 기준으로 법원게시판 게시 등의 조치 후 국내송달은 2주, 외국송달은 2개월 경과 시 송달효력이 발생한다.

2. 피고의 답변서의 제출

1) 피고는 소제기 시 변론기일에 출석 또는 답변서를 제출하여 반드시 방어하도록 한다. 피고가 소장 및 변론기일 통지서를 수령하고도 참석하지 않으면 의제 자백으로 간주되어 재판이 종결될 수 있다.

2) 소장을 송달 받은 피고는 사건번호와 당사자, 원고의 주장사실에 대한 답변을 기재한 답변서를 제출한다. 피고가 답변서를 제출하는 경우 "원고의 청구취지를 기각하고, 원고의 청구사실을 전부 부인한다는" 답변을 한다. 주의해야할 것은 새로운 민사재판의 방식의 도입(2001.3)으로 인해 피고가 답변서를 제출하지 않으면 즉시 판결을 선고하게 되므로 피고가 원고의 청구에 다툴 의사가 있는 경우에는 반드시 답변서를 제출하여야 한다.

3) 피고가 변론기일에 출석하여 원고의 주장사실에 대하여 인정하는 경우에는 '청구의 인낙'이 되어 판결이 종료된다.

3. 소송대리인

소송상의 대리인에는 본인의 의사에 의하지 아니하고 대리인이 되는 법정 대리인과 본인의 의사에 의하여 대리권을 수여한 임의대리인으로 부별한다.

1) 법정대리인
   (1) 대리인의 자격
   소송의 당사자가 미성년자, 한정치산자, 금치산자인 경우 원고 또는 피고로서 소송을 진행할 수 없다.

가) 미성년자 : 친권자, 친권자가 없는 경우 후견인

나) 한정치산자 · 금치산자 : 후견인

다)법정대리인이 소송행위를 하려면 가족관계증명서 또는 주민등록등본을 제출한다.

(2) 대리권의 범위

가) 친권자 : 일체의 소송행위를 할 수 있다.

나) 후견인 : 원칙적으로 친족회의 동의를 받는다(소의 취하, 화해, 청구의 포기, 인낙, 소송탈퇴시 등).

(3) 임의 대리인

가. 대리인의 자격

소송능력이 있고 서면으로 대리권을 증명하여야 한다.

나. 대리권의 범위

가) 원칙

일체의 소송행위를 할 수 있다.

나) 예외

반소의 제기, 소 취하, 화해, 청구의 포기, 인낙, 소송탈퇴 등의 경우에는 본인으로부터 특
별한 권한을 따로 부여받아야 한다.

3) 소액사건의 소송대리

가) 소송물가액이 2,000만 원을 초과하지 아니하는 금전 기타 대체물이나 유가증권의 일정한 지급을 목적
으로 하는 제1심 민사사건

나) 당사자와 배우자, 직계혈족, 형제자매는 법원의 허가 없이도 소송대리인이 될 수 있다.

다) 친족관계를 증명할 수 있는 가족관계증명서, 주민등록등본 및 위임장을 제출하여야 한다.

제 4 절 심리의 기본원칙

1. 의의

민사소송절차는 법원과 당사자가 참여하여 일정한 법원칙에 따라 역할과 책임을 분담하면서 진행한다. 이때
에 주로 당사자가 역할을 분담하고 책임을 지는 원칙, 즉 소송심리의 주도권을 당사자에게 주는 것을 당사자
주의라 하고, 이와 달리 소송심리의 주도권을 법원에게 주는 것을 직권주의라고 한다.

2. 당사자주의

1) 처분권주의
소송의 개시, 심판범위의 특정, 소송의 종결에 있어서 당사자에게 주도권을 인정하고, 당사자의 처분에 맡기

는 방식이다.

2) 변론주의

변론주의는 판결의 기초를 이루는 사실의 확정에 필요한 자료의 수집. 제출을 당사자의 책임으로 하는 원칙을 말한다. 법원은 당사자에 의하여 주장되지 않은 사실을 판결의 기초로 할 수 없다. 법원이 조사할 수 있는 증거는 당사자가 신청한 것에 한한다. 법원은 당사자간에 다툼이 없는 주요사실은 당연히 판결의 기초로 하여야 한다.

3) 석명권(질문권 : 변론주의의 보완)

석명권이라 함은 소송관계를 명확하게 하기 위하여 당사자에게 사실상. 법률상의 사항에 관하여 질문하거나 입증을 촉구하고, 나아가 당사자가 명백히 간과한 것으로 인정되는 법률상의 사항에 관하여 의견진술의 기회를 부여하는 법원의 소송지휘권에 의한 권능을 말하며 질문권이라고도 한다.

　(1) 당사자 본인 또는 법정대리인의 출석을 명하는 일
　(2) 당사자 또는 제3자가 제출한 문서 기타 물건을 법원에 유치하는 일
　(3) 검증을 하고 감정을 명하는 일
　(4) 소송서류 또는 소송에 인용한 문서 기타의 물건으로 당사자가 소지한 것을 제출하게 하는 일

3. 직권진행주의

1) 의의

소송절차의 진행과 그 정리를 법원의 주도하에 행하는 입장을 직권주의라 하는데 이는 소송의 지연 등 폐단을 방지하고 소송의 공적 측면을 중시하는 입장이다.

2) 소송지휘권

소송지휘권이라 함은 소송절차를 원활. 신속히 진행시키고 또 심리를 완전하게 하여 분쟁을 신속·정확하게 해결하기 위해 법원에 인정된 소송의 주채권능이다. 소송관계를 명료하게 하기위한 조치로 석명권이 있다. 기일에서의 소송행위의 정리로 변론이나 증거조사에 대한 지휘권이 있다. 기일의 지정 및 변경, 소송의 중지, 중단절차의 속행 등이 있다. 당사자의 고의, 태만에 의한 소송의 지연을 교정하기 위하여 당사자의 자료제출을 시기에 늦은 공격·방어방법에 대하여 각하결정을 내릴 수 있다.

3) 책문권

책문권이란 법원이나 또는 당사자가 소송절차에 관한 규정을 위배하여 한 소송행위로 불이익을 받은 당사자가 법원에 그 하자에 대한 이의를 진술하여 무효를 주장할 수 있는 권능을 말한다. 소송절차의 원활한 진행을 위해 법원에게 소송지휘권을 인정한 것에 대응하여, 당사자에게는 각자의 소송상 이익을 보호하도록 소송절차가 적법하게 행하여지나 여부를 감시하는 기능을 부여한 것이다.

4. 소송심리방식에 대한 원칙

1) 공개심리주의

공개심리주의란 소송의 심리와 재판을 일반인이 누구나 법적인 절차에 의하여 방청할 수 있는 상태에서 재판을 행하는 원칙을 말한다.

2) 쌍방심리주의

쌍방심리주의는 소송의 심리에 있어서 당사자 쌍방에게 평등하게 자신의 주장을 진술할 수 있는 기회를 주는 원칙을 말한다.

3) 구술주의

구술주의라 함은 법원과 당사자의 소송행위, 변론과 증거조사는 구술로 행하여져야 하며, 구술로 진술된 것만이 판결의 기초가 될 수 있다는 원칙을 말한다.

4) 직접주의

직접주의라 함은 관할법원이 변론의 청취와 증거조사를 직접 행하는 원칙을 말한다.

5) 수시제출주의

수시제출주의라 함은 당사자가 변론의 종결에 이르기까지 어느 때라도 재판자료를 제출할 수 있다는 원칙을 말한다.

제 5 절   변론의 실시

1. 변론기일의 지정과 실시

1) 변론기일의 지정

변론준비절차를 따로 거칠 필요가 없다고 인정하는 경우 또는 변론준비절차가 끝난 경우에는 변론기일은 재판장이 기일을 지정하여 원·피고에게 통보한다(통상적으로 변론 시 다음기일을 지정하여 주고, 불출석한 경우에는 서면으로 통보하여 준다).변론기일은 지정된 일시, 장소에서 재판장이 사건번호, 사건명, 당사자를 호명함으로써 개시한다. 변론준비절차를 종결하는 경우에는 재판장 등이 변론기일을 미리 지정할 수 있다(제284조 2항).

2) 변론기일의 개시

재판장이나 소송지휘권을 행사하는 법관이 법정에서 사건과 당사자를 부르는 방법으로 한다. 지정시간 경과 후에 사건과 당사자를 호명할 때 당사자가 출석하지 아니하거나 변론을 하지 않으면 기일해태의 효과가 생긴다. 다만, 첫 변론기일은 현저한 사유가 없는 경우라도 당사자가 합의하여 신청하면 재판장은 이를 허가하여야 한다(제165조 2항).

2. 불출석

재판장은 당사자 등 소송관계인의 출석여부를 확인한다.

1) 당사자 쌍방의 불출석

당사자 쌍방이 불출석하는 것을 "쌍방불출석"이라 한다.1회 불출석의 경우에는 다시 변론기일을 정하여 쌍방을 소환한다. 그러나 2회 쌍방불출석한 후 1개월 내에 변론재개신청이 없으면 소가 취하된 것으로 간주한다.

2) 당사자 일방의 불출석

(1) 공시송달이외의 방법으로 변론기일 소환을 받고도, 답변서난 준비서면으 제출하지 아니하고 출석하지도 아니한 경우에는 상대방의 주장을 자백한 것으로 본다. 이것을 "의제자백"이라 한다.

(2) 당사자의 일방이 불출석 하거나 출석은 하였지만 변론하지 않을 경우 그가 미리 제출한 소장, 답변서 또는 준비서면 등을 진술한 것으로 보고 상대방에게 변론을 명한다. 이를 "진술의제"라 한다.

3. 준비서면의 제출

1) 준비서면의 기재사항

민사소송은 주장이나 증거제출의 책임이 당사자에게 있으므로 자신의 주장을 간단. 명료하게 잘 정리하고 그것을 입증하기 위한 증거서류를 첨부하여 다음 변론기일 이전에 제출한다. 이처럼 매 변론기일에 진술하고자 하는 사항을 기재하여 법원에 제출하는 서면을 준비서면이라 한다(제272조 1항).

(1) 사건번호와 당사자, 주장사실을 논리정연하게 기재한다.

(2) 주장을 증명하기 위한 증거방법과 상대방의 증거방법에 대한 의견을 개진한다.

(3) 준비서면을 제출할 때 증거자료를 같이 제출한다.

(4) 준비서면은 정한 기한 내에 제출한다(기한이 늦으면 주장이 각하되는 수가 있다).

(5) 상대방의 수에 1부를 더하여 제출한다.

(6) 준비서면에 기재하지 아니한 사실은 상대방이 출석하지 아니한 때에는 변론에서 주장하지 못한다.

(7) 준비서면에는 인지를 붙이지 않는다.

2) 준비서면제출 효과

준비서면은 당사자가 이것을 제출하지 아니 하더라도 변론에서 새로운 주장을 할 수 없는 것은 아니나 이를 미리 제출하지 아니하면 불이익을 받을 수 있다.

(1) 변론기일 또는 준비절차기일에 출석하지 아니하거나 출석하였어도 변론 또는 진술을 하지 아니한 때라도 그에 적혀 있는 사항을 진술한 것으로 간주하게 된다(제148조, 제286조).

(2) 준비서면에 기재된 사실을 상대방이 출석하지 아니한 경우에도 주장할 수 있으며, 이 경우 출석하지 아니한 상대방은 그 주장사실을 변론 또는 변론준비의 전취지로 보아 다툰 것이 인정되지 않으면 자백한 것으로 된다(제150조 1항, 3항, 제286조).

(3) 피고가 본안에 관하여 준비서면을 제출한 후 원고가 소를 취하하려면 피고의 동의를 받아야 한다(제266조 2항).

(4) 준비절차개시 전에 제출한 준비서면에 적힌 사항은 준비절차에서 절차를 게을리 하더라도 실권하지 아니하고 변론에서 주장할 수 있다(제285조 3항).

4. 답변서의 제출

준비서면 중에서도 특히 피고 또는 피상소인이 본안의 신청을 기재하여 최초로 제출하는 서면을 답변서라고 한다. 준비서면은 제출로 곧바로 진술의 효과가 있는 것이 아니라 변론기일에 진술하여야 비로소 소송자료가 되는 것이다. 따라서 변론기일 이전에는 당사자가 이를 철회, 변경할 수 있다.

(1) 피고가 원고의 청구를 다투는 경우에는 소장의 부본을 송달받은 날로부터 30일내에 답변서를 제출하여야 한다(제256조).통상 다음 변론기일 7일 전까지 제출한다.

(2) 소액사건의 경우에는 소장부본을 받은 날로부터 10일이 내에 제출한다.

(3) 원고의 청구를 그대로 인정할 때에는 출석하지 않아도 된다.

(4) 상대방수에 1부를 더하여 제출한다.

(5) 증거서류를 함께 제출한다.

제 6 절 심리절차의 진행과 정지

1. 기일의 지정

기일은 법원 · 당사자 기타 소송관계인이 모여 일정한 소송행위를 하기 위해 정한 일자를 말한다. 기일의 지정은 법원의 직권사항이다(통상 변론시 지정을 하여 주며, 당사자가 다른 일자를 요청할 시에는 조정이 가능하다).

2. 당사자 등의 소환

당사자 기타 관계인에 지정된 기일을 알리고 출석을 요구하는 행위를 말한다.

3. 기일의 변경 · 연기 · 속행

1) 변경
기일의 개시전에 그 지정을 취소하고 새 기일을 정하는 것이다.

2) 연기
일단 기일을 개시하였으나 예정된 소송행위 없이 다른 기일을 지정하는 것이다.

3) 속행
기일을 개시하여 예정된 소송행위를 하다가 완결이 되지 못하였을 시 이를 계속하기 위하여 다른 기일을 지정하는 것이다.

4. 송달

직접송달을 원칙으로 하고 공시송달 등을 예외로 한다.

1) 교부송달
송달을 받을 자에게 송달서류를 교부하는 방법이다. 교부받을 장소는 송달받을 자의 주소, 거소, 주사무소 또는 영업소이다.

2) 보충송달

송달할 장소에서 송달받을 자에게 송달하지 못하게 된 경우에 그 사무원, 고용원 또는 가족에게 송달서류를 전달하는 방법이다.

3) 유치송달

본인이나 대리인 등 송달을 받을 자가 정당한 사유없이 서류의 수령을 거부할 때에는 그 서류를 송달장소에 유치한다(제186조 3항).

4) 우편송달

보충송달·유치송달을 할 수 없는 때에는 등기우편을 송달한다.

5) 공시송달

통상의 방법으로 송달할 수 없는 경우에 사무관 등이 송달서류를 보관하고 그 사유를 법원게시판에 게시하는 보충적·최후의 방법이다. 공시송달은 게시한 날로부터 2주일을 경과하면 효력이 생긴다.

6) 송달의 대상

무능력자 등에 대한 송달은 법정대리인에게 송달한다. 공동대리인에게 송달은 중 1인에게 송달한다. 피구속자에 대한 송달은 교도소 또는 구치소의 자에 송달한다.

5. 소송절차의 정지

소송계속 중에 소송절차가 진행할 수 없는 상태가 된 것을 소송절차의 정지라고 하며, 소송절차의 중단과 정지가 있다.

1) 중단사유
  (1) 당사자의 소송능력의 상실 또는 법정대리인의 사망 또는 대리권의 상실.
  (2) 당사자의 소멸(자연인의 사망, 법인의 합병에 의한 소멸).
  (3) 당사자가 소송수행자격을 상실한 결과 당연히 소송으로부터 탈퇴하는 경우.

2) 중지사유
  (1) 당사자의 장애사유에 의하여 소송절차의 진행이 불가능한 경우
  (2) 천재 기타의 사고에 의한 법원의 직무집행의 불가능

6. 증거의 신청

증거란 입증책임이 있는 자가 반드시 소명하여야 할 소송행위이며, 변론주의 체계 아래에서 자기의 주장을 관철시키기 위한 필요절차를 말한다.

1) 증거의 분류
  (1) 직접증거와 간접증거
  주요사실에 대하여 직접적으로 증명하기 위한 증거를 직접증거라 하고, 간접적으로 증명하기 위한 증거를

간접증거라 한다.

(2) 본증 · 반증

당사자가 자기에 입증책임이 있는 사실을 증명하기 위해 제출하는 증거가 본증이고, 상대방에 입증책임이 있는 사실을 부인하기 위해 제출하는 증거가 반증이다.

2) 증거서류의 제출

법원에 증거의 조사를 구하는 신청을 말한다. 원칙적으로 당사자의 신청에 의하여 법원이 결정을 한다. 당사자가 신청하지 않은 증거는 법원이 조사하지 않는다(변론주의 원칙). 구체적인 내용은 서류나 물건을 제출하거나 증인, 감정인, 통역인 또는 번역인의 신문을 신청한다. 실제로 소송에서 증인의 증언보다 서증의 증거가치를 높게 평가하는 경향이 있다.

3) 증거의 제출방법

서증이란 법원에 증거로 제출하는 문서를 말한다. 서증은 당사자의 숫자에 1통을 추가로 제출한다(1부는 재판부용). 원고는 서증의 첫 페이지 왼쪽 또는 오른쪽의 중간상단에 '갑 제 0호증' 이라 표시한다. 반면 피고는 서증의 첫 페이지 왼쪽 또는 오른쪽의 중간 상단에 '을 제 0호증' 이라 표시한다.

4) 증거의 인부

당사자가 제출한 서증의 진정 성립에 관하여 법원이 소송상대방에게 묻는 절차를 말한다.

(1) 성립인정은 상대방이 주장하는 문서가 사실이라고 자백하는 것

(2) 부인은 서증에 대하여 부정한다는 소송상의 진술이며, 부인사실에 대하여는 상대방에게 입증책임이 있다.

(3) 실무상으로는 부인보다는 부지(증거에 대하여 아는바 없다는 진술)라고 하여 상대방의 서증에 대하여 반박을 하는 경우가 많다.

(4) 증거의 진정 성립에 대하여 확인 후 인부하고자 할 경우, 다음 변론기일까지 인부 하겠다는 소송상의 진술이다.

(5) 침묵에 대하여는 대부분 자백으로 간주하며, 기일에 불출석 하거나 변론하지 않을 경우 자백으로 간주한다(의제자백).

5) 검증 · 감정 신청

검증 · 감정의 증거가 채택되면 법원에 검증 · 감정신청서를 제출한다. 법원에 검증 · 감정비용을 납부한다.

6) 문서송부 촉탁신청

문서의 제출의무가 있든 없든 가리지 않고 그 문서소지자를 상대로 그 문서를 법원에 송부하여 줄 것을 촉탁하는 절차를 말한다. 국가기관, 병원, 학교, 법인 등이 보관하고 있는 문서를 서증으로 제출하고자 할 경우 이용된다.

7) 문서제출명령신청

(1) 상대방 또는 제3자가 소지하고 있는 문서에 대하여 제출신청을 한다. 다만 상업장부는 언제나 제출의무가 있다.

(2) 상대방이 소송에서 인용한 문서를 스스로 소지하고 있는 경우

(3) 신청자가 문서소지자에게 대하여 인도나 열람을 구할 수 있는 때 등

8) 서증조사신청
법원은 제3자가 소지하고 있는 문서를 문서제출명령이나 문서송부촉탁에 의하여 신청을 할 수 없거나 문서를 보관하고 있는 자가 제출하지 않는 경우에는 그 문서가 소재하는 장소에서 서증조사를 할 것을 신청할 수 있다.

9) 증인의 신청
(1) 재판진행시 사실이나 상태에 대하여 자신이 보고 들은 바를 진술하게 함으로써 소송을 자신에게 유리한 방향으로 진행시키기 위하여 증인을 신청한다.

(2) 증인신문기일 10일전 까지 법원에 도달하도록 직접 또는 우편으로 제출한다.

(3) 증인에게 질문할 내용을 항목별로 구체적이고 간결하게 문답식으로 작성한다.

(4) 증인신문사항은 상대방의 수에 3을 더한 숫자만큼 작성하여 제출한다.

(5) 소정의 증거조사비용(증인의 여비, 일당, 숙박료)을 예납한다.

10) 감정신청
법관의 판단능력을 보충하기 위하여 그 전문지식을 가진 자가 판단한 자료를 말한다.
(1) 교통사고로 인한 손해배상청구소송에서 신체감정

(2) 토지·건물의 명도소송에서 측량감정, 시가감정

(3) 필적감정, 공사비감정 등

7. 소송참가

제3자가 당사자 또는 당사자에 준하는 지위에서 그 소송에 관여하는 것을 소송참가라 한다.

1) 보조참가
(1) 의의
타인간의 소송계속 중 그 소송결과에 관하여 법률상의 이해관계가 있는 제3자가 당사자 일방의 승소를 보조하기 위하여 그 소송에 참가하는 것을 말한다(제71조).

(2) 보조참가의 신청

보조참가를 신청하고자 할 때에는 참가의 취지와 이유를 명시하고 보조참가인이 날인한 보조참가 신청서를 소송이 계속된 법원에 제출하여야 한다(제72조).

(3) 보조참가인이 할 수 있는 소송행위

보조참가인은 피참가인의 승소를 위하여 필요한 일체의 소송행위를 자기의 이름으로 할 수 있다(민사소송법 제76조). 다만, 피참가인의 행위에 저촉되거나 피참가인에게 불이익한 행위 및 소를 변경, 확장하는 행위 등의 어긋나는 경우에는 그 행위는 효력을 가지지 않는다.

2) 소송고지

소송고지라 함은 소송계속 중에 당사자가 이해관계 있는 제3자에 대하여 소송이 진행중임을 통지하는 것을 말한다(제84조). 소송고지를 위해서는 그 이유와 소송의 진행정도를 적은 서면을 법원에 제출하여야 하며, 서면은 상대방에게 송달하여야 한다(제85조). 소송고지를 하려는 당사자가 소송고지서의 원본과 피고지자 및 상대방의 수에 해당하는 부본을 작성하여 송달료와 함께 법원에 제출하여야 한다.

3) 보조참가 및 소송고지의 재판상 효력

보조참가인이나 소송고지를 받은 자는 그 재판에 대하여 참가적 효력이 있다. 즉 소송의 고지를 받은 제3자는 자신의 권리가 자신과 이해관계가 있는 당사자가 소송에서 패소함으로써 입게 될 손해를 미연에 방지하고자 소송에 참가여부를 결정한다.

(1) 독립당사자참가

소송목적의 전부나 일부의 권리가 자기의 권리라고 주장하거나, 소송결과에 따라 권리가 침해된다고 주장하는 제3자는 당사자의 양 쪽 또는 한쪽을 상대로 하여 소송에 참가할 수 있다.

(2) 승계참가

소송계속 중 당사자의 지위가 제3자에게 이전되는 경우에, 그 양수인이 당사자로서 소송에 참가하는 소송

(3) 공동소송참가

제3자가 소송의 진행 중에 공동소송인으로 참가하는 것을 말한다.

4) 반소

(1) 의의

반소라 함은 소송의 계속 중에 피고가 원고에 대하여 가지는 청구를 본소에 병합하여 동일 소송절차에서 다루게 하는 소를 말한다. 즉 금융기관을 예로 들면, 금융기관의 대출에 대하여 보증인이 보증채무부존재확인의 소를 제기한 경우 금융기관이 이에 응소함과 동시에 보증채무금이행청구의 소를 제기하는 것과 같은 경우이다.

(2) 요건 및 절차

반소를 제기할 때에는 본소가 존속되어 있고 그 본소가 변론종결 전이어야 하며, 항소심에서 반소를 제기함에는 상대방의 동의 또는 응소가 있어야 한다(제269조). 다만 소송의 목적이 된 청구가 다른 법원의 관할에 전속되지 아니하고 본소의 청구 또는 방어의 방법과 서로 관련이 있어야 한다. 반소의 소장은 본소에 준한다(제270조). 따라서 반소장에는 소가에 따른 인지가 첨부된다.

(3) 반소와 가집행의 원상회복 및 손해배상청구

원고가 가집행선고부 판결을 얻어 가집행을 한 경우에 상급심에서 그 판결이 취소되면 원고는 그 집행으로 얻은 물건을 반환하고, 또한 피고가 받은 손해를 배상하여야 한다. 이 경우 피고는 그 원상회복 및 손해배상청구에 관하여 독립하여 별도의 소송을 제기할 수도 있으나, 그 상소심의 소송절차를 이용하여 본안판결을 변경하는 판결 중에서 지급물의 반환이나 손해배상을 명하는 재판을 하여 줄 것을 신청할 수 있다. 이 경우에도 피고가 원고에 대하여 제기하는 소이므로 반소의 성격을 가지는 것이다.

8. 소송의 종료

소송이 원·피고의 공격과 방어가 끝나면 재판장은 변론을 종결하고 선고기일을 지정한다. 판결선고기일에는 원·피고는 법정에 출석할 필요는 없고, 통상 2주일 전후로 '판결정본'이 원·피고에게 송달된다. 원가 승소한 경우는 원고승소, 패소한 경우는 원고패소라고 선고한다(본안판결).

1) 판결

(1) 소송판결

소송요건의 흠결을 이유로 소 또는 상소를 부적합하다고 판단하여 소를 각하하는 판결을 말한다.

(2) 본안판결

청구를 인용 또는 기각하는 것으로 소에 의한 청구가 이유 있는가의 여부를 재판하는 종국판결로서 소송요건의 흠결이 없음을 전제로 한다. 판결은 선고로 그 효력이 생기며, 선고한 뒤에 바로 법원사무관 등에게 교부하여야 하고 법원사무관 등은 판결서를 받은 날로부터 2주 이내에 판결 정본을 당사자에게 송달하여야 한다(제205조, 제209조, 제210조).

(3) 결정

법원이 주체가 되어 재판하여야 할 사항 중에서 판결로 재판할 사항 이외의 사항에 관한 재판은 결정으로 한다. 결정은 판결보다 그 절차가 간단하여 변론을 거칠 지의 여부는 법원의 재량에 맡겨져 있고, 재판의 고지도 반드시 서면의 결정서를 작성하여야 하는 것이 아니며 조서에 기재하여 행할 수 있다. 결정에 대한 불복은 항고, 재항고, 특별항고에 의한다.

(4) 명령

법원 외의 재판기관, 즉 재판장, 수명법관, 수탁판사가 행하는 재판은 명령으로 한다. 명령의 절차와 고지방법은 대체로 결정의 경우와 같으며, 명령에 대한 불복은 결정과 같이 항고, 재항고, 특별항고에 의함이 원칙이다(제409조) 특별한 규정이 있는 경우도 있다.

2) 판결문의 송달과 집행

판결문을 송달받으면 승소한 원고는 가집행 선고가 있을 시에는 가집행할 수 있다. 가집행을 하려면 판결송달증명원과 집행문을 발급받아 집행신청을 한다. 판결은 패소한 당사자가 항소를 포기하면 확정된다.법원으로부터 판결정본을 송달받은 후 불복상소가 없이 2주일이 경과되면 다음과 같이 처리하여 강제집행을 할 수 있도록 대비하여야 한다. 판결확정증명원 2부, 송달증명원 2부, 집행문부여신청서 및 영수증을 작성한다. 위 신청서의 제출 및 수령행위를 직접 수행할 직원을 수임인으로 하는 위임장을 작성한다. 당해 소송사건의 제1심 소송법원에 제출한다.

1) 집행문의 의의
집행문이라 함은 집행력이 있다는 것을 공증하기 위하여 법원사무관 혹은 공증인, 합동법률사무소등 공증공무원이 집행권원의 정본에 부기한 공증문언을 말한다. 집행문이 부기된 집행권원의 정본을 "집행력 있는 정본"(집행정본)이라 한다. 강제집행을 위하여는 이 집행력 있는 정본을 집행기관에 제출하여야 한다. 이 집행문은 원칙으로 모든 집행권원에 필요하나, 가압류명령, 가처분명령령에는 예외적으로 집행문이 필요하지 않다(명령자체에 집행을 인정하고 있기 때문임).

2) 집행문의 부여절차
집행문은 보통판결에 표시한 채권자 또는 승계인의 신청으로 제1심 법원의 법원사무관 등이 부여하며 소송기록이 상급심에 있으면 그 법원의 법원사무관등이 판결 중 확정된 부분 또는 가집행선고 있는 부분에 한하여 부여한다. 신청방법은 서면이든 구술이든 묻지 않는다. 신청서에는 상당액의 인지를 붙여야 하고, 집행증서일 때에는 수수료를 납부하여야 한다. 집행권원이 집행증서이면 그 증서를 보존하는 공증인 또는 합동법률사무소가 부여한다(민사집행법 제59조).

3) 집행문의 부여에 대한 이의신청
법원사무관 등이 집행문 부여를 거절한 경우에는 그 소속법원에 이의신청을 할 수 있다. 그리고 공증인 등이 집행문 부여를 거절한 경우에는 그 공증인 등의 사무소소재지를 관할하는 지방법원에 이의를 신청할 수 있다(민사집행법 제59조 2항).

2) 판결의 효력
 (1) 판결의 구속력
 선고한 판결에는 법원도 구속되어 철회나 변경이 불가능 하다.

 (2) 형식적 확정력
 상소가 기간 내에 제소되지 않았거나 취하, 기각 된 경우 판결은 확정된다. 불복이 없거나 불복으로 취소 할 수 없는 때, 확정력이 성립하여 당사자는 다시 불복신청으로 이를 취소 할 수 없다.

 (3) 기판력
 확정력이 생긴 후로는 당사자나 법원이 이에 반하는 주장이나 판단을 할 수 없다.

 (4) 집행력
 판결 등으로 명한 이행의무를 강제집행 할 수 있는 효력이다.

 (5) 형성력
 형성판결의 확정시에는 판결의 내용대로 법률관계의 발생 · 변경 · 소멸이 생기는 효력이다.

3) 강제집행정지신청
재산권에 관한 판결에는 가집행선고가 붙는 것이 보통이며, 승소한 원고는 집행문을 부여받아 강제집행을 신청한다. 강제집행정지신청은 소송기록이 원심법원에 있으면 원심법원에, 상소법원에 있으면 상소법원에 신청한다. 피고는 항소제기와 동시에 강제집행을 정지하기 위하여 강제집행정지 신청을 하고 정지결정을 받는다. 법원은 강제집행정지신청이 이유 있다고 인정하면 공탁명령을 발한다.

4) 재판상의 화해와 화해권고결정
 (1) 소송의 계속 중에 당사자가 법정에서 상호 주장내용을 스스로 일부 양보하여 다툼을 종결시키는 소송상

의 합의를 말한다.

(2) 법원은 다툼의 신속, 공평한 해결을 위하여 화해권고결정을 할 수 있다. 이 결정에 대하여는 2주 이내에 이의가 없으면 재판상의 화해와 같은 효력이 생긴다.

9. 소의취하

1) 의의
원고가 소의 전부 또는 일부를 철회하는 법원에 대한 소송행위이다. 소의 취하는 원고의 소제기 후 판결이 확정될 때까지 할 수 있다. 다만 피고가 응소하여 본안에 대하여 준비서면을 제출하였거나 변론을 한 후에는 피고의 동의를 얻어야 하고, 피고가 소취하에 동의하지 않으면 소취하의 효과는 발생하지 않는다(법 266조2항).

2) 방법
소취하는 서면으로 하거나 변론절차에서 구술로서도 할 수 있다. 피고가 소취하에 동의한 경우를 제외하고는 취하서의 등본을 피고에게 송달한다. 소취하서 등본이 송달된 날로부터 2주일 이내에 상대방이 이의를 제기하지 않은 때에는 취하에 동의한 것으로 본다.

3) 효력
취하된 부분에 대하여는 소가 처음부터 계속되지 않은 것으로 간주된다(법 267조1항).따라서 다시 소제기 할 수 있다. 본안의 종국판결이 있은 후 소를 취하한 자는 동일한 소를 다시 제기하지 못한다. 당사자 쌍방이 두 번 불출석하고 1개월 이내에 기일지정의 신청을 하지 아니 하거나 기일지정 신청에 의하여 정한 기일에 불출석하면 소를 취하한 것으로 본다(제268조).이를 "소의 의제적취하"라 한다.

10. 청구의 포기 · 인락

1) 청구의 포기
청구의 포기란 원고가 자기의 청구를 유지하지 않을 것을 법원에 표시하는 소송상의 진술이며, 청구의 포기가 있게 되면 원고 청구기각의 판결확정 효과가 있게 된다(제220조).

2) 청구의 인락
재판 중에 피고가 원고의 청구를 무조건 승인하는 취지를 표시하는 소송상의 진술로서, 소송을 더 진행시켜야 할 이유가 없다고 판단하여 소송을 중단하며 인락조서를 작성하여 원 · 피고에게 송달함으로써 청구인용의 판결확정 효과가 있다(제220조).

제 7 절   상소제도

1. 의의

불이익한 판결을 받은 당사자는 재판의 확정전에 상급법원에 그 재판의 취소.변경을 구하는 불복신청을 할 수 있는데 이를 상소라한다. 우리나라는 3심제도를 채용하고 있다.

1) 사실심인 1심(지방법원)
2) 2심(지방법원본원 항소부와 고등법원)
3) 법률심인 3심(대법원)

2. 항소

1) 의의

항소라 함은 지방법원이나 시·군법원의 단독판사 또는 지방법원의 합의부에서 내린 1심에 대하여 당사자가 자신에게 유리한 판결을 얻고자 상급법원에 하는 불복신청이다(제390조).

2) 항소제기절차

제1심의 판결에 대하여 불복이 있는 당사자는 판결이 송달된 날로부터 2주일 이내에 1심법원에 항소장을 제출하여야 한다. 단, 판결서 송달전에도 할 수 있다. 항소장에 붙이는 인지세액은 1심의 1.5배이다. 항소는 불이익한 판결을 받은 당사자뿐만 아니라 보조참가인, 독립당사자참가인도 항소를 제기할 수 있다.

3) 항소장의 기재사항(제397조)
  (1) 필요적 기재사항
  가. 당사자와 법정대리인
  나. 제1심 판결의 표시와 그 판결에 대한 항소의 취지

  (2) 임의적 기재사항
  항소장에는 준비서면에 관한 규정이 준용된다. 따라서 항소장에 새로운 공격, 방어 방법을 주장할 수 있다. 원심에 있어서의 상대방의 공격 또는 방어방법에 대한 진술을 기재하여 제출할 수도 있다.

4) 인지첩부와 비용예납
  (1) 항소장에는 1심 소장에 첩부할 인지의 1.5배액을 첩부하여야 한다. 인지액은 불복신청 한 부분을 표준으로 하며, 이자나 지연손해금, 손해배상 또는 위약금, 비용의 청구가 소송의 부대목적인 때에는 그 가액은 소송의 목적가액에 산입하지 아니한다. 따라서 이자나 지연손해금을 원본과 함께 청구하는 때에는 소장이나 항소장에 그 부분에 관한 인지를 따로 첩부할 필요는 없다.

  (2) 원심법원의 수납은행에 소정액의 송달료를 납부한 후 송달료 납부서를 항소장에 첩부하여 원심법원에 제출한다.

5) 효과(제394조)

항소는 판결이 송달된 날로부터 2주일 이내에 제기하여야 하고, 판결송달전에도 항소할 수 있다. 항소권은 포기할 수 있다.

1) 의의

항고는 판결이외의 재판인 소송절차에 관한 신청을 기각한 결정이나 명령에 대한 불복방법이다. 즉, 항고는 하급심법원의 결정 또는 재판장의 명령에 대하여 법률에 특히 규정이 있는 경우에 불복당사자가 자기에게 유리하게 취소 또는 변경을 구하기 위하여 상급법원에 하는 신청이다. 항고장에는 항고인 및 법정대리인, 원결정 또는 명령의 표시, 불복의 취지를 기재하고 인지를 첨부하여야 한다. 항고는 당사자 대립의 구조를 가지는 것이 아니므로 상대방을 반드시 표시할 필요는 없으나 실무상 이해관계인이 있는 경우에는 이를 상대방으로 표시한다. 항고장은 원심법원에 제출하여야 하고, 항고가 제기되면 원심법원은 스스로 항고의 적부를 심사하여 항고가 이유 있다고 인정하면 그 재판을 경정하게 된다(민사소송법 제445조, 제446조).

2) 종류

(1) 보통항고

즉시항고에 대한 개념으로 항고기간이 정하여진 바가 없고 원재판이 고지된 후 그 취소를 구할 이익이 있는 한 언제든지 그 취소변경을 구할 수 있는 항고를 보통항고라 한다. 민사소송법상 즉시항고라고 규정된 이외의 모든 항고가 이에 해당되며 보통항고는 집행정지의 효력이 없다.

(2) 즉시항고

보통항고와는 달리 재판이 고지된 날로부터 1주일의 기간 내에 제기하여야 하며 이 기간을 경과하면 원재판은 확정된다(동법 제444조). 일반 민사소송에 있어서는 즉시항고를 하면 집행정지의 효력이 있으나 강제집행절차에서는 강제집행의 신속성을 요구하므로 집행정지의 효력이 없다.

(3) 특별항고

불복을 신청할 수 없는 결정이나 명령에 대하여 재판에 영향을 미친 헌법위반이 있거나, 재판의 전제가 된 명령·규칙·처분의 헌법 또는 법률의 위반여부에 대한 판단이 부당하다는 것을 이유로 하는 때에만 대법원에 특별항고를 할 수 있다(동법 제449조). 재판이 고지된 날로부터 항고기간은 1주일 이내에 하여야 한다.

(4) 재항고

항고법원·고등법원 또는 항소법원의 결정 및 명령에 대하여 재판에 영향을 미친 헌법·법률·명령 또는 규칙의 위반을 이유로 드는 때에만 대법원에 신청하는 불복신청이다(동법 제442조).

3. 상고

1) 의의

상고는 항소심 판결에 영향을 미친 헌법·법률·명령·규칙의 위반이 있음을 이유로 한 경우에 한하여 대법원에 상고할 수 있다(제423조).상고와 상고심의 소송절차는 특별한 규정이 없는 한 항소심에 관한 규정을 준용한다(제425조). 따라서 상고장은 판결이 송달된 날로부터 2주일 이내에 항소 법원에 제출하여야 하며,

　(1) 사실관계에 대한 당부는 판단할 수 없다.

　(2) 새로운 주장이나 증거제출을 할 수 없다.

　(3) 상고법원의 사무관은 원심법원의 사무관으로부터 소송기록의 송부를 받은 때에는 지체 없이 그 사유를 당사자에게 통지하며, 상고인에게 소송기록 접수의 통지를 받은 날로부터 20일 이내에 상고이유서를 제출할 것을 기재하며(제427조), 피상고인에게는 상고장 부본을 송달한다(제428조 1항). 제출기간 내에 상고이유서를 제출하지 않으면 상고를 기각한다.

　(4) 상고장은 판결이 송달된 날로부터 2주일 내에 항소심법원에 제출하여야 한다(대법원에 직접 제출하면 그 효력이 없다). 상고이유서의 송달을 받은 상대방은 그 송달을 받은 날로부터 10일 이내에 답변서를 제출할

수 있다(제428조 2항).

  (5) 상고장에는 항소심판결의 표시와 상고취지를 기재한다.

  (6) 상고이유서는 상대방 당사자수에 6부를 더한 수의 부본을 첨부하여 제출한다.

  (7) 인지는 1심 소장에 첨부할 인지액의 2배이며, 송달료는 상고장을 제출할 때에 원심법원의 수납은행에 납부한 후 송달료납부서 1통을 첨부한다.

2) 상고이유

  (1) 판결에 영향을 미친 헌법 · 법률 · 명령 또는 규칙의 위반이 있음을 이유로 한 때

  (2) 전속관할에 관한 규정에 어긋난 때

  (3) 변론을 공개하는 규정에 어긋난 때

  (4) 판결의 이유를 밝히지 아니하거나 이유에 모순이 있는 때

  (5) 법률에 따라 판결법원을 구성하지 아니한 때

  (6) 법률에 따라 판결에 관여할 수 없는 판사가 판결에 관여한 때

  (7) 법정대리인 · 소송대리인 또는 대리인의 소송행위에 대한 특별한 권한의 수여에 흠이 있는 때

3) 상고심의 판결

상고법원은 상고가 적법하다고 인정되더라도 상고장, 상고이유서, 답변서 기타의 소송기록을 조사하여 변론 없이 판결할 수 있다(제430조 1항). 법률심인 상고심에서는 상고이유의 유무에 관하여 서면심리만으로서 충분하므로 이 특칙을 둔 것이다. 상고법원은 상고가 부적합하다 하여 각하하는 경우를 제외하고는 본안에 관하여 심리하여 상고기각, 파기환송, 이송 또는 파기자판 한다.

  (1) 상고기각

상고법원이 심리한 결과 이유 없다고 인정하면 판결로 상고를 기각한다.

  (2) 파기환송 · 이송

  상고법원은 상고가 이유 있다고 인정한 때에는 원심판결을 파기하고 판결하는 경우를 제외하고는 사건을 원심법원에 환송하거나 동등한 다른 법원에 이송하여야 한다(제4369조). 환송이나 이송을 받은 법원은 변론에 의하여 재 판결하게 되고, 이때에는 상고법원이 파기이유로 한 사실상과 법률상의 판단에 기속을 받는다. 또한 원심판결에 관여한 판사는 재 판결에 관여하지 못한다.

  (3) 파기자판

  상고법원은 원판결이 부당하다고 인정한 때에는 이를 파기하여야 하나, 상고심은 법률심이고 사실심이 아니므로 다시 심리를 한 다음에 판결을 하도록 사건을 원심법원에 환송하는 것이 원칙이지만 일부의 경우에는 상고법원이 스스로 종국판결을 한다(제437조).

제 8 절 조정 및 약식소송

1. 조정제도(민사조정법)

1) 의의

조정이란 민사에 관한 분쟁을 정식 소송절차가 아닌 간이 한 절차에 따라 당사자 사이의 상호양해를 통하여 조리를 바탕으로 실정에 맞게 해결하는 제도이다(민사조정법 제1조). 민사조정절차는 법관이나 조정위원회가 분쟁당사자로부터 서로 주장하는 사실에 대하여 듣고 제반 여러 사정을 참작하여 조정안을 제시하여 화해를 유도하는 제도로써, 서로 양보와 타협을 통하여 합의에 이르게 함으로써 분쟁을 간이 · 신속하게 하는 제도이다. 화해가 성립되어 조정조서가 작성되면 확정판결과 동일한 효력이 있다.

2) 소송절차와 조정절차의 차이
소송절차는 당사자 간에 분쟁에 대해서 법원이 판결로써 판결하여 분쟁을 강제적으로 해결하는 제도이고, 조정절차는 당사자 간에 타협과 양보를 유도하여 평화적으로 유도하는 차이가 있다.

3) 민사조정절차의 장점
  (1) 비용이 저렴하다(소송에 비하여 인지대가 5분의 1이다).
  (2) 당사자 사이에 상호타협과 양보에 의하여 분쟁을 해결하므로 감정대립이 적다.
  (3) 소송에 비하여 신속한 해결이 가능하다.
  (4) 비공개로 진행되기 때문에 비밀이 보장된다.

4) 민사조정신청
  (1) 조정절차
    가) 민사조정은 당사자의 일방 또는 쌍방이 신청을 하거나, 재판부가 직권으로 신청한다.
    즉 조정절차는 당사자의 신청으로 개시되거나 이미 진행 중인 소송사건에 대한 수소법원의 조정회부에 의하여 개시된다. 조정신청은 서면 또는 구술로 할 수 있으나, 조정신청서를 관할법원에 제출하는 방식으로 하는 것이 보통이다.

    나) 조정신청은 피신청인(상대방)의 주소지, 사무소 또는 영업소의 소재지 등에 하여야 한다. 당사자는 합의에 의하여 관할법원을 정할 수 있다.

  (2) 조정신청서에는 소장에 붙이는 금액의 1/5에 해당하는 인지를 붙여야 한다(민사조정법 제5조 1항, 4항, 동법 규칙 제3조 1항). 신청인이 조정기일에 2회 출석하지 아니하면 조정신청은 취하된 것으로 간주된다.

  (3) 조정이 성립된 경우에는 특별한 합의가 없으면 당사자 각자의 부담으로 하고, 조정이 성립되지 아니한 경우에는 신청인의 부담으로 한다. 다만, 조정 신청이 소송으로 이행된 때에는 그 조정절차의 비용은 소송비용의 일부로 본다(동법 제37조).

  (4) 조정의 성립
  조정절차는 당사자의 신청으로 개시되거나 이미 진행 중인 소송사건에 대한 수소법원의 조정회부에 의하여 개시된다. 조정은 당사자 사이에 합의가 성립되고 이에 대하여 법원이 상당하다고 인정하여 그 합의된 사항을 조서에 기재함으로써 성립하며, 재판상의 화해와 동일한 효력을 가진다(동법 제28조, 제29조).

  (5) 조정에 갈음하는 결정
    가) 조정사건에 관하여 당사자 사이에 합의가 성립되지 아니하였거나 합의가 성립되었다 하더라도 그 성립된 합의의 내용이 상당하지 아니하다고 인정하는 경우에 조정담당판사가 직권으로 하는 결정이다(동법 제

30조). 조정기일에 피신청인이 출석하지 않은 경우 또는 당사자 쌍방이 출석을 하였어도 합의가 안 된 경우 조정전담판사는 강제조정을 할 수 있다(조정에 갈음하는 결정). 이의신청이 있으면 그 결정은 효력을 상실하고 사건은 자동적으로 소송으로 이행된다(조정의 불성립).

　　나) 당사자는 조서정본이 송달된 날로부터 2주일 이내에 이의를 신청할 수 있으며, 송달 전에도 이의를 신청할 수 있다(동법 제34조 1항). 당사자가 소정기간내에 이의신청을 한 때에는 조정신청을 한 때에 소가 제기된 것으로 본다. 이 경우 신청인은 소를 제기하는 경우에 소장에 붙여야 할 인지액에서 당해 신청서에 붙인 인지액을 차감한 금액의 인지를 보정하여야 한다(동법 제36조 2항). 당사자가 소정기간내에 이의신청을 하지 않은 때, 이의신청 취하한 때, 그리고 이의신청이 각하결정이 확정된 때에는 조정에 갈음하는 결정이 확정되어 재판상의 화해와 동일한 효력을 가진다(동법 제15조 1항, 제34조 4항).

　　다. 사건이 조정을 하기에 부적합하다고 인정되는 경우에는 조정전담판사는 "조정을 하지 아니하는 결정"으로 사건을 종결시킬 수 있다.

　　(6) 기타 각종 위원에서 작성된 조정안
　　법원이외의 각종위원회, 예컨대 행자부 산하의 조정기관이 당사자 사이의 분쟁을 조정하여 당사자의 수락을 전제로 그 조정안에 민사소송법상의 재판상의 화해와 동일한 효력을 부여하고 있는 것이 있다.

5) 효과
조정은 재판상의 화해와 같은 효력이 있고 당사자 사이의 분쟁은 판결이 확정된 경우와 같이 구속된다. 당사자가 조정을 이행하지 않을 경우에는 강제집행을 신청할 수 있다. 조정신청 후 "조정을 하지 아니하는 결정" 또는 조정 불성립의 경우, 당사자가 이의신청을 한 경우에는 자동적으로 소송으로 이행되어 소송절차에 의하여 심리.판단하게 된다.

2. 중재제도(중재법)

당사자의 합의에 의하여 선출된 중재인이 중재판정을 내리고 당사자가 이에 승복하여 분쟁을 해결하는 제도이다.

3. 소액사건심판 절차

1) 의의
지방법원본원 및 지방법원지원의 관할사건 중 소송물가액이 2,000만 원을 초과하지 아니하는 금전 기타대체물, 유가증권의 일정한 수량의 지급을 청구하는 사건이다. 그러나 소의 변경으로 소액사건에 해당되지 아니하게 된 사건과 당사자참가, 중간확인의 소 또는 반소의 제기 및 변론의 병합으로 인하여 위의 경우에 해당하지 않은 사건과 병합심리 하게 된 사건은 소액사건에 해당하지 않는다.

2) 특징
　(1) 기일지정에 대한 특례
　소장이 접수되면 즉시 변론기일을 지정하여 주며(소액사건심판법 제7조, 제7조의2), 되도록 1회의 변론으로 심리를 마치고 즉시 선고할 수 있도록 하여 주고 있다. 필요시 근무시간외 또는 공휴일에도 개정할 수 있다. 또한 변론기일전이라도 당사자로 하여금 증거신청을 하게 하는 등 필요한 조치를 취할 수 있다. 피고가 법원으로부터 받은 이행권고결정을 14일 이내에 이의신청을 하지 않으면 확정판결과 같은 효력을 부여해 분다.

(2) 소송대리에 관한 특례

앞에서도 언급했듯이 변호사가 아니더라도 당사자의 배우자, 직계친족, 형제자매는 법원의 허가 없이도 소송대리인이 될 수 있다. 그리고 이 경우 배우자 등이 소송대리를 하려면 당사자와의 신분관계 및 수권관계를 서면으로 증명해야 한다. 그러나 수권관계 즉 소송대리권의 수여에 대하여 당사자가 판사의 면전에서 구술로 소송대리인을 선임하고 법원사무관 등이 조서에 기재한 때에는 따로 증명할 필요가 없다(동법 제8조 2항).

(3) 판결, 상고 및 재항고에 관한 특례

소액사건에 대한 판결선고는 변론종결 후 즉시 할 수 있으며, 판결을 선고함에 있어 주문을 낭독하고 주문이 정당함을 인정할 수 있는 범위 안에서 그 이유와 요지를 구술로 설명하여야 한다. 판결서에는 주문만 기재하고 이유 기재는 생략할 수 있다(동법 제11조의2).

(4) 법원은 소장·준비서면 기타 소송기록에 의하여 청구가 이유 없음이 명백한 때에는 변론 없이 청구를 기각할 수 있으며, 판사의 경질이 있는 경우라도 변론의 경신 없이 판결을 할 수 있다.

(5) 소액사건심판법의 적용을 받을 목적으로 금액 기타 대체물이나 유가증권의 일정한 수량의 지급을 목적으로 하는 청구를 분할하여, 그 일부만 청구하는 것은 허용되지 않으며(소액사건심판법 제5조의2) 이에 위반하여 청구한 때에는 법원은 판결로 이를 각하하도록 되어 있다.

3) 이행권고결정제도
(1) 의의

이행권고결정이라 함은 소액사건에 대한 심판을 하는 법원이 사건의 신속한 해결을 위해서 변론기일을 지정하지 않고, 소액사건의 소가 제기된 때에 법원이 결정으로 소장부본이나 제소조서 등본을 첨부하여 피고에게 청구취지대로 이행할 것을 권고하는 결정으로서 피고가 이의하지 않으면 곧 바로 변론 없이 원고에게 집행권원(확정판결과 동일한 효력)을 부여한다(동법 제5조3~제5조의8). 그러나 피고의 이의신청이 있으면 지체 없이 변론기일을 지정하여 심리절차를 취한 후 판결하도록 한 것으로 소액사건심판법을 개정하여 새로이 도입한 제도이다. 이행권고결정이 확정되면, 별도의 집행문 없이 이행권고결정정본으로 강제 집행할 수 있다.

(2) 이행권고결정을 할 수 없는 경우
가) 청구취지나 청구원인이 불명한 때
나) 지급명령 이의 또는 조정이의사건
다) 기타 이행권고를 하기에 적절하지 않은 경우

(3) 이행권고결정등본의 송달
가) 소액사건에 대한 이행권고결정이 있으면 지체 없이 그 등본을 피고에게 송달하여야 한다. 원고는 소액사건의 소장을 접수할 때 원고가 피고의 수에 1을 더한 숫자만큼의 소장부본을 제출하여야 한다.
나) 가)의 원본용, 피고에게 송달하는 등본용, 확정 후 원고에게 송달하는 정본용으로 사용된다.
다) 이행권고결정은 민사소송법상의 우편송달, 공시송달의 방법으로는 송달할 수 없다.
라) 송달불능인 경우 원고에게 피고의 주소를 보정할 것을 명한다. 이행권고결정이 피고에게 송달되어

확정되면 그 정본을 원고에게 송달한다.

(4) 이행권고결정에 대한 이의신청

가. 이의신청

피고는 이행권고결정등본을 송달받은 날로부터 2주일의 불변기간 안에 서면으로 이의신청을 할 수 있다. 만일 이의신청 기간 내에 이의신청서가 아니라 답변서 기타 다투는 취지의 서면이 접수되면 이를 이의신청서로 보아 변론기일을 지정한다.

나. 효과

이의신청은 서면으로 하여야 하며, 피고가 이의신청을 한 때에는 구체적인 사유를 기재하지 않더라도 주장사실을 다툰 것으로 본다.

다. 이의신청의 각하

법원은 이의신청이 적합하지 아니하다고 인정하는 때에 그 흠을 보정할 수 없으면 결정으로 이를 각하하여야 한다. 이의신청권이 없는 제3자가 이의신청 한 경우에도 각하한다. 이의신청에 대한 각하결정에 대하여는 즉시항고 할 수 있다.

(5) 이행권고결정의 효력

다음 중 어느 하나에 대항되면 확정된다.

가) 이의신청이 취하된 때
나) 이의신청에 대한 각하결정이 확정된 때
다) 피고가 이행권고결정등본을 송달받은 날로부터 2주일 안에 이의신청을 하지 아니한 때

참고 : 지급명령, 소액사건, 일반소송사건의 비교

구 분	지급명령	소액사건	일반소송사건
근거법	민사소송법	소액사건심판법	민사소송법
청구한도액	제한 없음	2,000만 원 까지	2,000만 원 초과
제기방법	신청서면제출	구두 또는 소장제출	소장제출
변론유무	변론 없음	최소 1회 이상 변론	결심까지 변론계속
비용	소송인지대의 1/2	청구액에 따른 인지대	청구액에 따른 인지대
송달방법	공시송달 불가	공시송달도 가능	공시송달도 가능
소요기간	최단 20일	최단 1 ~ 1.5개월	통상 6개월 이상
상고 등	이의시 소송절차	원칙적으로 상고제한	법정의 소송절차
적용대상	이의예상 안될 때	다툼이 있고 소액	다툼이 있고 고액

4. 독촉절차(지급명령)

1) 의의

지급명령이라 함은 채권자가 금전 기타 대체물이나 수량의 지급을 법원에 신청하는 절차이다. 즉 금전 기타 대체물이나 유가증권의 일정한 수량의 지급을 목적으로 하는 청구에 관하여 법원은 채권자의 신청에 의하여

서면심리를 거쳐 채무자에 대하여 지급명령을 발하고, 채무자가 이에 대하여 일정기간 이내에 이의를 제기하지 않으면 확정판결과 동일한 효력을 부여하는 소송제도 이다. 따라서 채무자 및 보증인의 주소지가 명확하여 송달이 확실하고 그들로부터 청구에 관한 다툼이 없을 것으로 예상되는 대출금 등의 일반채권은 지급명령을 신청하여 통상의 소송절차보다 신속하고 적은 비용으로 집행권원을 얻을 수 있다.

2) 특징
  (1) 신속한 결정
  (2) 저렴한 비용(소제기시의 인지세액의 2분의1이다. 2002.1.26변경).
  (3) 청구금액이 1천 만 원 미만인 경우(청구금액 × 0.005 ×10)
  (4) 청구금액이 1천 만 원 이상 1억원 미만인 경우(청구금액 × 0.0045 + 5,000 ×10)
  (5) 채무자에게 송달할 수 없으면 소송으로 신청한다(공시송달 불허).또한 채무자와 분쟁이 있어서 채무자가 이의신청을 할 것이라고 판단되면 소송을 신청한다(인지세액의 추가납부).

3) 요건
  (1) 청구는 금전 기타대체물 또는 유가증권의 일정한 수량의 지급 또는 인도를 목적으로 하는 청구이어야 한다.
  (2) 즉시 그 지급 또는 인도를 청구할 수 있는 것이어야 한다.
  (3) 지급명령의 보통송달이 가능하여야 한다.

4) 지급명령의 신청
  (1) 신청방법
  지급명령의 신청에는 그 성질에 반하지 아니하는 한 소에 관한 규정이 준용된다(제464조). 따라서 원칙적으로 서면에 의하여 신청하여야 하고, 소장과 같은 내용인 당사자, 법정대리인, 청구의 원인 및 청구의 취지 등을 신청서에 표시하여야 한다.

  (2) 신청법원(제463조)
    가) 지급명령신청은 채무자의 주소지 법원
    나) 직장에 계속 근무하는 자에 대하여는 그 직장의 소재지를 관할하는 지방법원
    다) 재산권에 관한 사항은 거소지 또는 의무 이행지의 지방법원
    라) 어음·수표금에 관한 사항은 지급지의 법원
    마) 채무자가 사무소를 가지고 있는 경우에 그 사무소의 채무에 관한 청구에 관하여는 그 사무소 소재지의 법원
    바) 불법행위 관련 사항은 행위지의 법원

  (3) 신청서의 기재사항과 제출
  당사자의 표시, 청구취지, 청구의 원인과 사실(약정서, 보증서 및 약속어음 등 채권증서 서류의 사본)을 기재하여야 한다. 지급명령신청서와 채무자의 수에 3을 더한 부수의 당사자표시를 작성한다. 신청서를 직접 제출할 자를 수임인으로 하는 위임장을 작성한다. 인지액과 송달료를 관할법원에 신청서 제출 시 납부한다.

5) 지급명령의 확정
지급명령의 신청이 적법하고 이유가 있는 때는 법원은 증거조사를 하지 아니함은 물론이고 채무자도 심문하

지 아니하고 지급명령을 발한다(제467조, 제469조 1항). 지급명령에 대하여 2주 이내에 이의신청이 없거나, 이의신청을 취하하거나, 이의신청에 대한 각하결정이 확정된 때에는 지급명령이 확정되며, 이 경우 지급명령은 확정판결과 동일한 효력을 가진다.

6) 지급명령에 대한 이의신청과 본안소송
채무자는 지급명령이 송달된 날로부터 2주 이내에 이의신청을 할 수 있다. 이의신청이 있으면 지급명령을 신청한 때 소제기가 있은 것으로 본다. 따라서 채무자가 이의신청을 하면 지급명령은 이의의 범위 내에서 효력을 잃고 본안소송으로 이행한다.
  (1) 법원의 직권에 의한 경우
  지급명령을 공시송달에 의하지 아니하고는 송달할 수 없거나 외국으로 송달하여야 할 때에는 법원은 직권에 의한 결정으로 사건을 소송절차에 부칠 수 있다. 법원이 직권으로 지급명령사건을 소송절차에 부치는 결정을 한 경우에는 지급명령을 신청한 때에 소가 제기된 것으로 보게 된다(제472조 1항).

  (2) 채권자의 소제기 신청에 의한 경우
  채권자는 법원으로부터 채무자의 주소를 보정하라는 명령을 받은 경우에 소 제기 신청을 할 수 있다. 이때에는 지급명령을 신청한 때에 소가 제기된 것으로 본다.

  (3) 채무자의 이의신청에 의한 경우
  지급명령의 상대방은 송달된 날로부터 2주일 이내에 이의신청을 할 수 있으며, 채무자가 적법한 이의신청을 하면 이의의 범위 내에서 지급명령은 효력을 잃는다(제469조, 제470조).

7) 지급명령의 취하
지급명령의 신청은 지급명령송달의 전후를 불문하고 또 지급명령에 대한 이의신청이 있는 후에 피고의 본안변론이 있기 전에는 그 동의 없이 취하할 수 있고 또 재판이 있는 후에도 취하할 수 있다. 지급명령신청의 취하는 서면에 의하여야 하고 지급명령 송달 후에는 취하의 서면을 채무자에게 송달하여야 한다.

8) 지급명령신청에 대한 각하
신청요건에 관할법원이 위배되거나 필요한 기재사항의 흠결이 있거나 신청취지로 보아 청구에 정당한 이유가 없는 것이 명백한 때에는 법원은 채무자에 대하여 상당한 기간을 정하여 보정을 명하고 채무자가 응하지 않는 경우에는 재판장은 명령으로 각하한다(제465조). 청구의 일부에 대하여 지급명령을 할 수 없는 때에 그 일부에 대하여도 또한 같다. 그러나 각하결정에 대해서는 불복하지 못하지만, 새로운 소를 제기하거나 지급명령을 신청하는 것은 무방하다.

9) 지급명령의 효력
  (1) 지급명령은 송달로써 효력이 생기며 지급명령에 대하여 이의신청을 하지 않거나 이의신청을 취하하거나 각하결정이 확정된 때에는 확정판결과 같은 효력이 있다(제474조).

  (2) 지급명령이 확정되면 승소시 업무처리절차에 준하여 처리한다. 지급명령이 확정된 때에는 채권자는 그에 기하여 채무자의 재산에 대하여 강제집행을 할 수 있는 집행권원이 된다(제58조).

  (3) 주의할 점은 기판력이 없으므로 소멸시효기간이 10년이 아니라 원래의 소멸시효에 걸린 다는 것이다.

또한 지급명령이 확정된 뒤에도 채무자는 채권자를 상대로 채무부존재확인 소송을 제기할 수 있다.

5. 재판상의 화해

재판상의 화해는 법관의 면전에서 당사자 간에 이루어지는 화해라는 점에서 법정 외에서 당사자 간에 이루어지는 민법상의 화해계약과 구별된다.

1) 제소전 화해

제소전의 화해는 일반의 민사분쟁이 소송으로 나아가는 것을 방지하기 위하여 소제기를 함이 없이 지방법원 단독판사에게 화해신청을 하여 그 화해기일에 성립한 화해를 말한다. 소제기 전에 지방법원 단독판사 앞에서 화해신청을 하여 해결하는 것으로 소송상의 화해와 동일한 효력을 가진다(제385조, 제386조). 즉 화해가 성립되면 화해성립일로부터 7일 이내에 그 정본이 당사자에게 송달된다. 화해조서는 확정판결과 동일한 효력이 있고 집행력을 가진다.

2) 소송상의 화해

소송상의 화해는 소제기 후 소송계속 중에 당사자 쌍방이 분쟁 있는 권리관계의 주장을 서로 양보하여 소송을 종료시키기로 하는 기일에 있어서의 합의를 말한다. 법원은 다툼의 신속, 공평한 해결을 위하여 화해권고 결정을 할 수 있다. 이 결정에 대하여 2주 이내에 이의가 없으면 재판상의 화해와 같은 효력이 생긴다(제220조).

제 10 편

민사집행법의 이해

강제집행의 실효성확보제도

제1절 채권자대위권

1. 채권자대위권의 의의

채권자대위권이라 함은 채권자가 자기의 채권을 보전하기 위하여 채무자가 제3자(제3채무자)에 대하여 가지는 권리를 채무자에 갈음하여 행사할 수 있는 권리를 말한다(제404조). 예컨대 채권자 A가 채무자 B에 대하여 1,000만 원의 금전채권을 가지고 있고, B는 C에 대한 1,000만 원의 채권을 가지고 있을 뿐이며 다른 재산을 가지고 있지 않는 경우에 B가 변제기의 도래에도 불구하고 C에 대한 채권을 방치하여 그 채권의 소멸시효가 완성될 위험이 있다고 하면 A는 B를 대위하여 C에 대하여 권리행사를 할 수 있다.

2. 채권자대위권의 요건

1) 채권자가 자기의 채권을 보전할 필요가 있을 것
2) 채무자 스스로 그의 권리를 행사하지 않을 것
3) 피보전채권이 존재할 것
4) 피보전채권의 이행기가 도래하였을 것
5) 채무자의 권리가 채무자의 일신전속권이 아닐 것(제404조 1항 단서)

3. 채권자대위권의 행사

1) 행사의 방법
채권자대위권은 채권자가 갖는 고유의 권리로서 자기의 이름으로 채무자의 권리를 행사하는 것이다.

2) 상대방의 지위
상대방(제3채무자)은 대위채권자에 의해 채무자에 대해서 갖는 모든 항변권(동시이행, 상계, 권리 소멸 등)을 행사할 수 있다. 그러나 대위권행사의 통지(재판외의 대위의 경우)나 대위신청을 허가한 법원의 고지(재판상의 대위의 경우)가 있은 후의 채무자의 처분행위로 제3채무자가 채무자에 대하여 취득한 항변권은 이로써 채권자에게 항변하지 못한다. 반면 제3채무자가 취득하게 된 항변권으로서는 채무자에게 대항할 수 있을 것은 물론이다. 즉 채무자에게 변제하거나 또는 통지나 고지 후에 취득한 반대채권으로 상계를 하고, 이로써 대위권을 행사하는 채권자에게 대항할 수 있다. 상대방이 제출한 항변에 대해서 대위채권자는 항변권을 행사 할 수 없다.

3) 제3자의 항변

가. 채무자에로의 귀속

채권자대위권은 기본적으로 채무자의 권리를 행사하는 것이므로 회수한 대금 등은 본래의 채권자인 채무자 B에게 귀속하게 된다. 따라서 원칙적으로 대위채권자 A는 C에 대해 직접 자기에게 청구할 수 없다.

나. 채권자가 채권자대위권을 행사하여 제3채무자에 대하여 청구하는 경우에 제3채무자는 채무자에 대하여 주장할 수 있는 모든 항변(예:권리소멸의 항변 · 상계의 항변 · 동시이행의 항변 · 무효의 항변)으로 채권자에게 대항할 수 있다.

4) 대위권행사의 범위

(1) 채권자대위권의 행사는 채권보전을 위하여 필요한 범위에 한정된다. 예컨대 A가 B에 대하여 400만 원의 금전채권을 가지고 있고 B가 C에 대하여 600만 원의 금전채권을 가지고 있는 경우에 A가 B의 C에 대한 채권을 대위행사 하는 때에는 A의 자기의 채권액 400만원이 한도가 된다. 다만 자동차나 건물의 인도청구와 같이 대위행사 하는 권리가 불가분인 때에는 채권자는 그 전부의 급부를 대위청구 할 수 있다.

(2) 채무자의 재산을 관리하는 관리행위(예: 채권의 추심 · 등기의 신청 · 담보권의 실행 · 소의 제기 · 강제집행의 신청)는 채권자대위권의 행사범위에 포함되지만, 채무자의 재산을 처분하는 처분행위는 포함되지 아니한다. 채권자취소권 · 해제권 · 환매권의 행사 혹은 매매 · 상계 · 갱개와 같은 이익교환행위는 재산 전체와의 관계에서 재산보전을 위하여 필요하면 일종의 관리행위로 채권자대위권이 허용된다.

5) 채무자에 대한 통지 · 고지

채권자가 채권자대위권으로 보전행위 이외의 권리를 행사한 때에는 채무자에게 통지하여야 한다(제405조 1항). 채무자가 채권자로부터 통지를 받은 후에는 그 권리를 처분하여도 그 처분을 가지고 채권자에게 대항하지 못한다(제405조 2항). 즉 그 처분행위는 효력이 없다.

6) 행사의 효과

(1) 채무자의 처분의 금지

재판상 대위신청을 허가한 경우에는 법원은 직권으로 이를 채무자에게 고지하여야 한다(비송 제84조 1항). 재판상의 대위허가의 고지를 받은 채무자는 그 권리를 처분할 수 없다(비송 제84조 2항). 재판 외의 대위(이행기도래 후의 대위)에 대해서도 이 처분제한을 인정하지 않으면 대위목적을 달할 수 없다. 따라서 재판외의 대위인 경우에는 채권자가 그 채권의 이행기가 도래한 후에 채무자의 보존행위 이외의 권리를 행사한 때에는 채무자에게 대위의 통지를 하여야 하고(제405조 1항), 통지를 받은 이후에는 그 권리에 관하여 처분행위를 하여도 채권자에게 대항하지 못한다(제405조 2항).

(2) 시효의 중단

채권자 A의 대위(청구)에 의해 채무자 B의 제3채무자 C에 대한 채권은 시효 중단되지만 A의 B에 대한 채권(피보전채권)의 시효는 중단되지 않는다.

(3) 행사의 효과의 귀속

가. 채무자에게의 효과귀속

채권자는 자기의 이름으로 채권자대위권을 행사하지만 채권자대위권에 의하여 채무자의 권리가 행사되므로 그 효과는 채무자에게 귀속한다. 채권자대위권의 행사에 의하여 채무자에게 귀속한 재산은 총채권자를 위한 공동담보가 된다. 채권자가 채무자의 권리를 대위행사한 때에는 그 효과는 직접적으로 채무자에 귀속한다.

나. 채권자의 수령권한

채권자대위권이 채권자의 고유권리이긴 하지만 사실은 채무자의 제3채무자에 대한 권리를 대위하여 행사하는 경우에 불과하다. 따라서 채권자는 원칙적으로 채권자대위권의 행사시 제3채무자에 대하여 채무자에게 이행행위를 하도록 청구하여야 하고[177], 예외적으로 채권자 자신에게 금전이나 목적물을 직접 인도하라는 청구를 할 수 있다.[178]

다. 수령물로 부터 채권만족

채권자가 채권자대위권의 행사에 의하여 직접 채무의 목적물의 인도를 받은 경우에도 채무자를 대신하여 수령을 한 경우에 불과하다. 따라서 바로 대위채권자의 채권의 변제가 되지 아니하고, 다시 채무자로부터 임의변제를 받거나 강제집행절차에 의하여 자기채권의 변제에 충당하여야 하며, 다른 채권자도 강제집행에 배당가입을 신청할 수 있다. 다만 채권자가 제3채무자로부터 금전을 수령한 때에는 채권자는 채무자에 대한 채권과 채무자에 대한 금전인도채무를 상계하여 사실상 우선변제를 받는 결과가 생길 수 있다.

라. 비용상환청구권

채권자의 대위는 채권자가 채무자의 권리를 행사하는 것이므로 그 한도에서 일종의 법정위임관계라고 할 수 있다. 따라서 채권자가 대위를 위하여 채권자가 비용을 지출한 경우에는 그 비용의 상환을 청구할 수 있다(제688조). 그리고 만약에 채권자가 목적물을 대위수령 하여 목적물보관의 비용을 지출한 경우에는 그 비용은 그 목적물에 관하여 생긴 채권으로서 채권자는 그 목적물에 관하여 생긴 채권으로서 채권자는 그 목적물에 유치권을 취득하게 된다(제320조).

마. 대위소송의 판결의 효력

채권자가 스스로 소송당사자가 되어 대위소송을 제기한 경우에 채무자가 소송참가(민소법 제72조)를 하거나 채무자에게 소송고지(동법 제77조-제79조)를 한 경우에는 그 판결의 효력이 채무자에게도 미친다(동법 제71조). 판례는 채무자가 그 소송에 참가하지 않은 이상 판결의 효력은 원칙적으로 채무자에게 미치지 않는다고 하였다.[179] 그러나 판례는 종래의 견해를 바꾸어 채무자가 어떠한 사유에서든 간에 소송이 제기된 사실을 알았을 때에는 그 판결의 효력은 채무자에게도 미친다고 하여 적극설을 취하고 있다.[180]

제 2 절 채권자취소권

1. 채권자취소권의 의의

채권자 취소권이라 함은 예컨대, 채무자 B가 채무자 A를 해하는 것을 알면서 자기의 재산의 일탈을 시킨 경우에 채권자가 그 채무자의 행위(사해 행위)의 효력을 부인해 일탈한 재산을 제3자 C(수익자. 전득자D)로 부터

---

177) 대판 1966. 9. 27, 66다1149
178) 대판 1962. 1. 11, 4294민상195
179) 대판 1967. 3. 28, 67다212
180) 대판(전원) 1975. 5. 13, 74다1664; 동 1988. 2. 23, 87다카1108; 동 1995. 7. 11, 95다9945등

채무자의 일반재산을 되찾는 제도이다(제406조). 일명 사해행위취소권이라고도 한다. 판례는 채권자취소권을 사해행위의 취소와 일탈된 재산의 반환을 청구하는 권리로 보고 취소소송의 피고는 수익자 또는 전득자이며 채무자는 피고적격을 갖지 아니한다고 보며[181] 취소의 효과는 상대적 효력이 발생할 뿐이며 채권자와 수익자 혹은 전득자 사이에서만 무효의 효력이 있고 채무자와 수익자, 수익자와 전득자 사이에는 여전히 유효하다고 본다.[182]

2. 채권자취소권의 요건

1) 채권자취소권의 요건
채권자취소권이 행사되기 위해서는 채무자가 채권자를 해할 목적으로 (수익자 전득자도 악의로), 재산을 처분하고(사해의사), 그 결과 채권자의 채권이 만족을 받을 수 없을 경우(사해결과)가 아니면 안 된다. 따라서 주관적 요건과 객관적 요건을 갖추어야 한다.

(1)「사해행위」: 객관적 요건
    가) 채무자가 법률행위를 하였을 것
    나) 채무자의 법률행위는 재산권을 목적으로 하는 것일 것(제406조 1항)
    다) 채권자를 해할 행위일 것(사해성)

(2)「사해의사」: 주관적 요건
가. 채무자의 사해의사(악의)
  사해행위는 채무자가 사해행위의 당시에 채권자를 해할 것을 알고 행한 경우이다(제406조 1항 본문). 이 의사를 판례는 사해성의「인식」(악의)라고 한다. 사해의사는 적극적인 의욕일 필요는 없고 인식은 일반적으로 채권자를 해한다는 것, 즉 공동담보에 부족이 생긴다는 것만 인식하면 족하고 특정채권자를 해한다는 것을 인식할 필요는 없다(통설).

> 판례 채권자취소권이 인정되기 위하여는 채무자가 행위 당시 그 행위에 의하여 채권자를 해한다는 사실을 알고 있을 필요가 있다. 통설·판례는 사해의사는 그 행위에 의하여 공동담보가 감소된다는 사실에 대한 인식이있으면 충분하고, 적극적으로 특정의 채권자를 해한다는 의도가 있어야 할 필요까지는 없다고 본다(대판 1997. 5. 9, 96다2606·2613).

나. 수익자 전득자의 악의
  수익자(채무자의 사해행위의 상대방) 또는 전득자도 각각 행위 또는 전득의 당시 그것이 채권자를 해하여야 할 결과가 되는 것을 알고 있지 않으면 안 된다(제406조 1항 단서). 과실의 유무는 묻지 않는다. 또한 취득 후에 알았다 하더라도 채권자 취소권은 성립되지 않는다. 악의의 입증책임은 채무자에게는 없고 수익자 혹은 전득자가 자신이 선의라고 하는 사실을 입증하여야 한다. 로마법 이래의 각국의 입법례는 무상행위에 의한 수익자 또는 전득자에 관하여 그가 선의인 때에도 회복을 인정하고 있으나 우리 민법은 유상·무상을 구별하지 않는다.

3. 채권자취소권의 행사 범위

1) 취소권행사의 방법

---

181) 대판 1961. 11. 9, 4293민상263; 동 1962. 2. 15, 4294민상378; 동 1988. 2. 23, 87다카1989; 동 1991. 8. 13, 91다13717
182) 대판 1988. 2. 23, 87다카1989; 동 1990. 10. 30, 89다카35421

(1) 채권자의 이름으로 행사할 것

(2) 재판상 행사하여야 한다.
민법은 사해행위의 취소를 채권자는 법원에 청구할 수 있다고 하여 채권자취소권은 재판상 행사하여야 한다는 사실을 명문으로 규정하고 있다(제406조 1항 본문). 그리고 채권자는 사해행위의 취소를 소송상의 공격방어방법으로 주장할 수 없다.[183]

(3) 취소소송의 상대방
가) 취소제도의 목적의 어떻게 이해할 것인가에 따라 소송의 상대방을 달리한다. 또한 수익자 전득자에 대해서는 그 선의 악의를 생각할 필요가 있다. 채권자취소권의 행사의 상대방(취소소송의 피고)은 언제나 이득반환청구의 상대방, 즉 수익자 또는 전득자이고 채무자에 대하여는 채권자취소권을 행사할 수 없다.[184] 취소소송의 상대방을 수익자와 전득자로 하는 경우에는 우선 수익자·전득자가 모두 악의이면 채권자는 그 선택으로 수익자를 피고로 하여 수익자에 대한 관계에서 사해행위를 취소하고 재산의 반환에 갈음하여 손해의 배상을 청구하거나 혹은 전득자를 피고로 하여 전득자에 대한 관계에서 사해행위를 취소하고 재산의 반환을 청구할 수 있고, 수익자가 악의이고 전득자가 선의이면 채권자는 수익자를 피고로 하여 수익자로부터 손해배상을 청구하거나 혹은 전득자에게 영향을 미치지 않은 한도에서 재산의 반환을 청구할 수 있고, 수익자가 선의이고 전득자가 악의이면 그 악의의 전득자를 피고로 하여 재산의 반환을 청구할 수 있다. 그러나 형성권설에 의하면 계약의 경우는 채무자 및 수익자이고 단독행위의 경우는 채무자만이 피고이다. 한편, 청구권설에 의하면 재산반환청구의 상대방이 되는 수익자 또는 전득자만이 피고가 된다.

나) 수익자와 전득자의 선의 악의
반환청구의 상대방인 수익자 또는 전득자 D는 악의이어야 한다(제406조 1항 단서). 따라서 C D모두 악의인 경우에는 D에 대한 재산의 반환청구에서도 C에 대한 재산에 대신하는 이득의 배상(전보배상)청구를 하여도 된다. 선택권은 채권자 A에게 있다. 반면 C가 악의 D가 선의의 경우에는 D는 취소소송의 상대방이 되지 않는다. 따라서 C에 대한 이득의 배상을 청구할 수 있을 뿐이다.

2) 취소의 범위
채권자취소권은 일반적으로 채권자의 채권액을 그 한도로 한다.[185] 만약 채권자의 채권액을 초과하여 취소를 허용한다면 취소상대방인 수익자나 전득자에게 지나치게 큰 피해를 주게 될 우려가 있다. 따라서 에컨대 500만 원의 채권을 가진 채권자가 1,500만 원의 금전에 의한 증여를 사해행위로 채권자취소권을 행사하는 경우에는 증여액 중 500만 원에 대하여만 채권자취소권을 행사할 수 있다.

3) 반환청구권의 목적물
(1) 원물반환과 가액반환
(가) 채권자취소권을 행사하여 일탈재산을 원상회복하는 경우에는 원물반환을 원칙으로 한다. 따라서 채권자는 수익자로부터 사해행위의 목적물 자체의 반환을 청구할 수 있는 때에는 그 목적물을 청구하여야 하고, 특별한 사정이 없는 한 그 목적물의 가액의 반환을 청구하지 못한다.

---

183) 대판 1993. 1. 26, 92다11008
184) 대판 1991. 8. 13, 91다13717
185) 대판 1997.9.9, 97다10864

(나) 수익자가 목적물을 양도하거나 소비·훼손하여 원물반환이 불가능한 때에는 가액으로 반환을 받을 수밖에 없다.

(2) 목적물의 가액이 초과하는 경우

가) 그 목적물이 가분인 때에는 취소채권액의 범위 내에서 분할한 목적물의 일부에 대하여만 반환을 청구하여야 한다.

나) 판례의 입장

(가) 자동차운송사업면허권과 부대시설 전부 및 차량 등에 대한 양도계약에서 차량 등을 무상으로 양도하여 사해행위가 성립되는 경우에 그 양도한 차량 전체가 다른 부대시설과 함께 하나의 노선면허권의 대상으로 되어 분할취소를 명하는 경우가 경제적인 실정에 적합하지 아니한 때에는 채권총액을 넘는 범위까지 취소할 수 있고[186]

(나) 사해행위에 해당하는 법률행위가 대지와 그 지상건물을 목적으로 한 경우에는 설령 그 어느 일방만의 가격이 채권자의 채권액을 초과한다고 하여도 그것만을 취소할 것이 아니라 경제적으로 불가분의 관계에 있음을 고려하여 전부를 취소함이 상당하고[187],

(다) 사해행위취소의 범위는 다른 채권자가 배당요구를 할 것이 명백하거나 목적물이 불가분인 경우와 같이 특별한 사정이 있는 경우에는 취소채권자의 채권액을 넘어서까지도 취소를 구할 수 있다[188] 고 하고, 특히 그 채권액에는 사해행위 이후 사실심변론종결시까지 발생한 이자나 지연손해금이 포함된다고 한다.[189] 또한 판례는 사해행위의 목적물이 불가분일 때에는 자기의 채권액을 초과하여 채권자취소권을 행사할 수 있다고 본다. 또한 채권자는 원칙적으로 목적물자체의 반환을 청구하여야 하며, 가액반환의 청구는 예외적으로 인정될 수 있을 뿐이다.[190]

4. 취소권행사의 효과

1) 공동담보의 충실
민법은 채권자취소권의 행사는 모든 채권자의 이익을 위하여 그 효력이 있다고 규정하고 있다(제407조). 따라서 수익자·전득자로 부터 찾아온 재산 또는 재산에 갈음하는 손해배상은 채무자의 일반재산으로 회복되어 모든 채권자를 위한 공동담보가 된다. 따라서 취소채권자가 그 재산으로부터 우선변제를 받을 권리를 취득하지 아니한다.

(1) 책임재산의 보전기능(공취력의 전단계적 작용)
채권자취소권제도는 일탈재산을 채무자의 일반재산으로 되돌리기 위한 제도일 뿐이다.「공동담보의 보전」을 위해서 채권자취소권을 행사한다고 하는 것은 결코 아니다. 채권자취소권이란 어디까지나 특정채권자의 개별. 구체적인 채권을 보전하는 것이며(취소의 범위도 채권액에 한정된다).「공동담보의 보전」을 직접의 목적으로 하는 제도는 아닌 것이다(채무자회생및파산에관한법률 제411조 참조). 이 제도가 공취력(강제집행)의 전단계에서의 책임재산보전제도라고 불리는 유가 여기에 있다.

---

186) 대판 1975. 6. 24, 75다625
187) 대판 1975. 2. 25, 74다2114
188) 대판 1997. 9. 9, 97다10864
189) 대판 2001.9.4, 2000다66416
190) 대판 2001.9.4, 2000다66416; 특히 동 2002.6.14, 2000다3583

(2) 평등분배를 보장하는 제도가 아니다.

채권자취소권제도는 회복재산에 대한 집행에 대해 다른 채권자와의 관계로 평등집행 평등분배를 보장하는 제도는 아닌 것이다. 이것은 채권자가 취소권행사이후에 일반재산에 귀속한 회수 재산으로부터 만족을 받고자 할 경우에 결과적으로 다른 채권자에게 우선하게 되더라도 그것은 절차법상의 순서에서 생기는 문제이며 이미 채권자취소권의 문제는 아니라고 하는 것이다. 1인의 채권자(취소채권자)가 개별재산에 대해서 강제집행을 신청하는 경우 다른 채권자가 참가. 배당가입 할 수 있는가의 여부의 문제에 지나지 않는다(금전채권 등에서는 취소채권자가 사실상 수령할 경우가 있지만 그것은 별개의 문제이다).

2) 취소의 상대적 효력

채권자취소권의 행사로 인한 「취소」의 효과가 누구에게 미치는가에 관하여는 학설이 대립하고 있다. 학설상 상대적 무효설, 절대적 무효설, 책임법적무효설이 있다. 판례는 상대적 무효설을 취하고 있다. 즉 채권자취소권의 행사로 인한 취소의 효과는 취소소송의 당사자인 채권자와 수익자 혹은 채권자와 전득자 사이의 상대적 관계에서만 사해행위를 무효로 할뿐이라고 보는 견해이다.[191]

(1) 사해행위의 취소는 취소소송의 당사자 사이에서만 상대적으로 효력이 발생할 뿐이고, 피고적격도 언제나 이익반환청구의 상대방 즉 수익자 또는 전득자에게만 있다고 보아야 하며, 채무자만을 피고라고 하거나 혹은 채무자를 취소권행사의 상대방으로 추가하여 공동피고라 할 수 없다고 보고[192]

(2) 사해행위의 취소는 상대적 효력밖에 발생하지 아니하여 사해행위의 목적부동산에 수익자의 채권자명의의 가압류등기가 경료 된 경우에 그 후 채무자와 수익자 사이의 매매계약이 사해행위라는 이유로 취소되어 수익자명의의 소유권이전등기가 말소되더라도 가압류의 효력에는 영향이 없다[193]고 한다.

(3) 또한 사해행위취소판결의 기판력은 그 취소권을 행사한 채권자와 그 상대방인 수익자 또는 전득자와의 상대적인 관계에서만 미칠 뿐, 그 소송에 참가하지 아니한 채무자 또는 채무자와 수익자 사이의 법률관계에는 미치지 아니한다.[194]

(4) 사해행위의 목적부동산에 수익자에 대한 채권자의 가압류등기가 경료 된 후 채무자와 수익자 사이의 위 부동산에 관한 매매계약이 사해행위라는 이유로 취소되어 수익자명의의 소유권이전등기가 말소되었다 하더라도 사해행위의 취소는 상대적 효력밖에 없어 특단의 사정이 없는 한 가압류의 효력이 당연히 소멸하는 것은 아니므로, 채무자로부터 위 부동산을 전전하여 양도받은 자는 가압류의 부담이 있는 소유권을 취득하였다 할 것인바, 원심이 위 부동산에 관한 수익자명의의 소유권이전등기가 원인무효라는 이유만으로 가압류채권자의 위 부동산에 대한 강제집행을 불허한 조치는 사해행위취소의 효력에 관한 법리를 오해한 위법이 있다.[195]

5. 채권자취소권의 소멸

1) 채권자취소권은 채권자가 취소원인을 안 날로부터 1년, 법률행위가 있는 날로부터 5년 이내에 행사하지 아

---

191) 대판 1990.10.30. 89다카35421; 동 1988.2.23, 87다카1989; 동 1961.11.9, 4293민상263; 동 1967. 12. 26, 67다1839
192) 대판 1961. 11. 9, 4293
193) 대판 1990. 10. 30, 89다카35412
194) 대판 1988.2.23 87다카1989
195) 대판 1990.10.30, 89다카35421

니하면 소멸한다(제406조 2항).

2) 채권자취소권의 단기소멸기간의 기산점이 되는「채권자가 취소원인을 안 날」이란 채무자가 채권자를 해하게 됨을 알면서 법률행위를 한 사실을 채권자가 알게 된 때라고 하는 의미이다. 채권자가 사해행위를 안 시점의 입증책임은 채권자취소권의 소멸을 주장하는 자가 부담한다.

02장

집행보전처분

제 1 절 가압류

1. 가압류의 개념

1) 가압류

가압류는 금전채권이나 금전으로 환산할 수 있는 채권에 관하여 장래 그 집행을 보전하려는 목적으로 미리 채무자의 재산을 압류하여 채무자가 처분하지 못하도록 하는 제도이다(민사집행법 제278조 1항). 가처분과 함께 보전처분이라고 한다. 가처분은 해당부동산에 대한 현상이 바뀌면 당사자가 권리를 실행하지 못하거나 곤란해질 염려가 있을 경우, 또는 다툼이 있는 권리관계에 대해 임시적인 지위를 정하기 위해 취하는 조치이다(동법 제300조).

2) 가압류의 목적
 (1) 재산처분의 금지

금전채권에 기한 채무자의 재산에 강제집행을 실시하기 위하여는, 집행권원을 구비해야 한다. 그러나 집행권원은 상당한 기간이 소요되고 설령 이를 구비하고 있더라도 그것이 기한부이거나 조건부인 때에는 그 기한이 도래하거나 조건이 성취되기까지는 강제집행을 할 수 없다. 이러한 기간 동안에 채무자로 하여금 재산의 처분을 자유로이 할 수 있게 한다면 채권자가 강제집행의 요건을 구비하여 집행에 착수할 수 있게 되었다 하더라도, 그 이전에 재산을 처분하거나 은닉 · 훼손 · 낭비함으로써 채권자의 강제집행을 법률상 또는 사실상으로 불가능하게 하거나 곤란하게 할 수 있다. 따라서 강제집행의 실효성을 확보하려면 그 개시 전에 채무자의 재산을 현상 그대로 유지시켜 재산의 양도, 담보제공 등 일체의 처분행위가 금지되어야 한다. 바로 이를 위한 제도가 가압류인 것이다.

 (2) 배당요구권

목적물의 경매에서 법원이 정한 배당요구시한까지 가압류한 채권자에게는 배당자격이 부여된다.

 (3) 채권소멸시효 중단

가압류의 신청은 채권소멸시효의 중단사유가 된다.

2. 가압류의 요건

1) 대상목적물이 존재할 것

가압류는 강제집행의 첫 단계로서 본압류의 집행을 보전하기 위한 것이므로 본압류의 대상목적물과 동일해야 한다. 따라서 압류금지재산에 대하여는 가압류도 허용되지 않는다(민사집행법 제29조).

2) 가압류의 피보전권리가 존재할 것

(1) 금전채권 또는 금전으로 환산할 수 있는 채권이어야 한다.

채권자의 권리는 금전채권이나 금전으로 환산할 수 있는 채권에 한한다(민사집행법 제276조 1항). 여기서 금전채권은 대출채권, 어음채권, 매매대금채권, 손해배상청구권 등을 말하며, 금전으로 환산할 수 있는 채권은 채무불이행에 의하여 금전적 손해배상청구권으로 변할 수 있는 채권을 말한다. 따라서 채무자의 채무불이행시의 대상청구권에 해당되는 손해배상청구권을 보전하기 위해서는 가압류를 할 수 있다. 다만 본래의 채권(예: 소유권이전등기청구권 등)을 보전하기 위해서는 다툼의 대상에 관한 가처분을 하여야 한다, 또한 가압류채권은 조건이 붙어 있거나 기한미도래 라도 상관없다(민사집행법 제276조 2항). 예컨대, 금융기관이 지급보증을 한 경우 장래의 구상권을 보전하기 위하여 가압류를 할 수 있고 또한 할인어음의 경우 채권자인 금융기관이 아직 어음의 환매청구권을 취득하고 있지 않은 때에도 그 어음의 지급거절이 예상되어 환매청구권이 발생할 여지가 있으면 가압류 할 수 있다.

(2) 가압류의 필요성이 있어야 한다.

가압류를 위하여 는 보전하고자 하는 권리가 존재해야 하는 것만으로는 부족하다. 이를 하지 않으면 판결을 집행할 수 없거나 집행하는 것이 매우 곤란할 염려가 있는 등 그 필요성이 있는 경우에 할 수 있다(민사집행법 제277조).

(3) 강제집행이 가능한 채권이어야 한다.

가압류는 장래에 실시할 강제집행을 보전하기 위한 것이다. 따라서 강제집행을 할 수 없는 채권은 그 대상이 되지 못한다. 그러므로 예컨대 당사자 사이에 강제집행을 하지 않겠다고 하는 특약이 있는 채권이나 통합도산법상의 채무자에 대한 채권 또는 그 결과로서 면책된 채권 등을 가지고서는 가압류를 하지 못한다. 다만, 통합도산법상 파산자 또는 정리회사와 공동으로 채무를 부담하는 보증인 등에 대한 채권에 대하여는 가압류가 가능하다.

판례 1 유치원교육에 직접 사용하는 재산이라고 하더라도 유치원 설립자가 유치원 설립허가를 얻기 전에 담보권을 설정한 경우에는 적법하게 담보권이 성립한 이상 그 후에 담보제공자가 유치원 설립자의 지위를 얻었고, 그 재산이 유치원교육에 직접 사용하게 되었다고 하여 담보권자가 그 담보권을 실행하는 것이 금지된다거나 새삼스럽게 감독청의 처분허가를 필요로 한다고 볼 것은 아니다(2004마97).

판례 2 학교법인의 기본재산이 감독청의 허가 없이 강제경매절차에 의하여 경락되어 이에 관하여 경락을 원인으로 하여 경락인 명의의 소유권이전등기가 경료 되었다 하더라도 그 등기는 적법한 원인을 결여한 등기이다(93다42993). 주무관청의 허가는 소유권취득의 요건이므로 주무관청 허가가 없음에도 대금납부 된 경우 대금납부는 효력이 없고 매수인은 소유권을 취득할 수 없다.

3. 가압류의 효력

1) 학설간의 대립

(1) 개별상대효력설

가압류등기가 먼저 설정된 뒤 담보물권 설정등기가 끝난 경우가 있다. 이때 담보물권 설정등기는 가압류에 의한 처분금지 효력 때문에 그 집행보전이 필요한 범위 안에서 가압류채권자에 대해서만 상대적으로 무효이다. 따라서 담보물권자는 그보다 먼저 등기된 가압류채권자에 대항하여 우선변제를 받을 권리는 없지만 가압류채권자와 채권액에 비례하여 평등하게 배당받을 수 있다.[196] 이와 같이 가압류 이후에 이루어진 처분행위도 그 처분행위 당사자에게는 유효하고 오직 가압류채권자와의 관계에서만 무효라고 하는 입장을 통해 '개별상대효설' 이라 한다.

(2) 절차상대효력설

민사집행법 제215조는 "각 압류한 물건은 강제집행을 신청한청 모든 채권자를 위하여 압류하여 압류한 것으로 본다"는 규정을 두고 있는데, 이 규정이 가압류(압류)의 절차상대효를 명문화한 것이라는 설이다. 즉, 가압류 또는 압류에 저촉되는 처분은 압류나 가압류채권자뿐만 아니라 집행절차에 존속하는 한 이에 참가한 모든 채권자에 대해서도 효력에 대항할 수 없다.

2) 주의사항

법원에서 가압류신청을 인용하는 재판은 담보를 조건으로 하는 경우와 담보 없이 하는 경우가 있는바, 담보 제공을 조건으로 하는 경우에는 그 조건에 따라 현금 공탁 후 공탁서 사본을 제출하거나 공탁보증보험증권을 제출하여야 한다.

3) 가압류의 구체적인 예
(1) 가압류와 저당권이 동순위인 경우

(예상배당재원 1억 2천만 원)

순위		등기부내역		소멸여부 / 배당	
1	갑	2008. 03.30	가압류 5,000만 원	말소기준	4,000만 원
2	을	2008. 05.30	1번 저당권 5,000만 원	말소	5,000만 원
3	병	2008. 06.30	2번 저당권 5,000만 원	말소	3,000만 원
4	병	2009. 10.09	임의경매신청		

해설 : 가압류채권자와 각 저당권자는 동 순위로서 각 채권액에 따라 안분배당을 받되, 1번 저당권이 2번 저당권보다 우선하므로 1번 저당권자는 2번 저당권자가 받을 배당액으로부터 자기의 채권액을 만족 시킬 때까지 흡수하여 변제받을 수 있다.

4,000만 원씩(=12,000×$\frac{5,000}{5,000+5,000+5,000}$)을 배당한다.

그러나 을은 병에 우선하는 자인데 채권액 전부를 배당받지 못하므로 그 채권액 5,000만 원과 위 배당액 4,000만 원의 차액 1,000만 원을 병의 배당액으로부터 흡수하여 만족을 얻는다. 따라서 갑은 4,000만 원, 을은 5,000만 원, 병은 3,000만 원(4,000만 원-1,000만 원)을 각각 배당받는다.

(2) 가압류와 임차권이 동순위인 경우

(예상배당재원 6,000만 원)

순위		등기부내역		소멸여부 / 배당	
1	갑	2008.03.30	가압류 2,000만 원	말소기준	1,500만 원
2	을	2008.05.30	4,000만 원(확정일자)	말소	4,000만 원
3	병	2008.07.30	가압류 2,000만 원	말소	500만 원
4	갑	2009.10.09	강제경매신청		

해설 : a) 위 사례의 말소기준권리는 갑의 가압류이다. 따라서 을의 임차권과 병의 가압류는 배당을 받고 말소된다. 우선 가압류가 말소기준이 되므로 안분비례 갑.을.병의 배당은 다음과 같다.

갑 : 1,500만 원 (6,000×$\frac{2,000}{2,000+4,000+2,000}$)

---

196) 대결 1994.11.29, 94마417

을 : 3,000만 원 (6,000×$\frac{4,000}{2,000+4,000+2,000}$)

병 : 1,500만 원 (6,000×$\frac{2,000}{2,000+4,000+2,000}$)

b) 병과의 관계에서 우선변제권을 가지고 있는 을은 자신의 안분배당액 3,000만 원과 피담보채권액 4,000만 원의 차액 1,000만 원을 병에게서 흡수한다. 따라서 최종적으로 갑은 1,500만 원, 을은 4,000만 원, 병은 500만 원을 배당받는다.

(3) 압류 후 강제경매신청 한 경우

(예상배당재원 1억 2천만 원)

순위		등기부내역		소멸여부 / 배당	
1	갑	2008.04.30	가압류 5,000만 원	말소기준	4,000만 원
2	을	2008.06.30	저당권 5,000만 원	말소	5,000만 원
3	병	2009.08.30	강제경매신청 5,000만 원	말소	3,000만 원

해설 : a) 가압류가 말소기준이 된다. 따라서 근저당권자는 선순위 가압류채권자에 대하여 우선변제권을 주장할 수 없다. 1차로 채권액의 안분비례에 따라 평등배당을 받은 다음, 후순위 경매신청압류채권자에 대해서는 우선변제권이 인정되므로 경매신청압류채권자가 받을 배당액으로부터 자기의 채권액을 만족시킬 때까지 흡수하여 배당받을 수 있다(대결 1994.11.29.94마417).

b) 갑, 을, 병의 배당관계

4,000만 원씩(=12,000×$\frac{5,000}{5,000+5,000+5,000}$)을 각 배당한다.

그러나 을은 병과의 관계에서 병보다 우선권자인데 채권액 전부를 배당받지 못하므로 채권액 5,000만 원과 위 배당액 4,000만 원의 차액 1,000만 원을 병의 배당액으로부터 흡수. 배당을 받는다. 따라서 갑은 4,000만 원, 을은 5,000만 원 병은 3,000만 원(=4,000만 원-1,000만 원)이 된다.

(4) 근저당 · 가압류의 경우

(예상배당재원 1억 2천만 원)

순위		등기부내역		소멸여부 / 배당	
1	갑	2008.05.30	가압류 6,000만 원	말소기준	3,000만 원
2	을	2008.05.30	근저당 6,000만 원	말소	6,000만 원
3	병	2008.07.30	가압류 6,000만 원	말소	1,500만 원
4	정	2008.09.30	저당권 6,000만 원	말소	1,500만 원
5	을	2009.10.09	임의경매신청		

해설 : a) 말소기준은 가압류이다. 따라서 선순위가 가압류되어 있으므로 먼저 갑·을·병·정에게 안분배당을 한 후에 우선순위에 따라 흡수배당을 한다. 1차로 안분하여, 갑·을·병·정에게 다음과 같이 배당한다.

3,000만 원씩(= 12,000×$\frac{6,000}{6,000+6,000+6,000+6,000}$)

b) 다음은 흡수배당의 원리에 의하여 을은 안분배당액 3,000만 원과 피담보채권액 6,000만 원의 차액 3,000만원을 병과 정에게서 흡수한다. 병과 정은 동 순위이므로 을이 흡수하고 남은 금액 중 3,000만 원(=3,000+3,000-3,000)을 다시 안분배당하면 병과 정에게 1,500만 원씩을 배당하게 된다. 따라서 최종적으로 갑이 3,000만 원, 을이 6,000만 원, 그리고 병과 정은 각 1,500만 원씩을 배당 받는다

(5) 가압류 · 저당권 · 임의경매신청의 경우

(예상배당재원 9,000만 원)

순위		등기부내역		소멸여부 / 배당	
1	갑	2008.10.05	가압류 4,000만 원	말소기준	3,600만 원
2	을	2009.05.02	저당권 6,000만 원	말소	5,400만 원
3	을	2010.03.05	임의경매신청		

해설 : 말소기준권리는 갑의 가압류이다. 따라서 을의 저당권은 배당을 받고 말소된다. 담보물권자는 그보다 먼저 등기된 가압류채권자에 대항하여 우선변제를 받을 권리가 없다. 다만, 가압류채권자와 채권액에 비례하여 평등하게 배당받을 수 있다(대결 1994.11.29, 94마417). 따라서 갑의 가압류와 을의 저당권은 동 순위로서 안분배당을 받고 말소된다.

4. 채무자의 재산조사

1) 재산조사의 방법
  (1) 가압류 준비단계에서의 재산조사방법은 개인적 조사방법과 신용정보회사에 의뢰하여 조사하는 방법이 있다. 어느 것이 본인에게 유리한지 이해득실을 따져 본 후에 결정을 해야 할 것이다.

  (2) 부동산의 조사방법
  채무자의 주민등록등본 또는 초본을 발급받은후 부동산등기부 등본신청, 채무자소유의 재산 여부를 확인하는 방법과 관할 세무당국에 대한 조회 등을 통한 조사, 기타 주변인물에 대한 탐문조사를 들 수 있다.

  (3) 유체동산의 조사방법
  영업소에 대한 방문조사, 기타 장소에 보유하고 있는 것은 부외장부 조사와 재무제표를 통한 조사, 탐문조사를 하는 것이다.

  (4) 채권과 기타 재산의 조사방법
  지명채권(금융회사에 대한 예금, 외상매출대금 등 채무자의 제3자에 대한 특정채권)의 경우에는 부외장부를 포함한 재무제표를 통한 조사, 주변인물의 탐문조사 등을 통해서 찾아내는 이외에 특별한 방법이 없다.

2) 재산도피 시 대응방안
  (1) 강제집행면탈죄
  가압류를 비롯한 강제집행을 회피할 목적으로 채무자가 타인과 통모하여 이루어진 것이라면 채권자는 허위양도계약을 취소하고 그 부동산의 소유명의를 채무자에게로 복귀시켜 강제집행을 취할 수 있을 뿐만 아니라, 제3자의 형사처벌(강제집행면탈죄)까지도 구할 수 있다. 채무자에 대한 강제집행면탈죄의 소추는 반드시 채권자 등의 고소나 고발이 있어야 하는 것은 아니나, 채권자의 고소 등을 통한 적극적인 처벌요구는 채무자의 고의적인 강제집행회피를 막는 간접적인 수단이 될 수 있다. 다만 채무자가 강제집행면탈죄로서 형사처벌을 받았다고 하여 은닉·손괴·허위양도 또는 허위의 채무부담행위가 당연히 원상회복 되는 것이 아니다. 따라서 채권자취소권(민법 제406조)의 행사 등 별도의 민사상의 법적조치가 있어야만 한다.

  (2) 채권자취소소송(사해행위취소청구소송)의 제기
  채무자가 타인과 통모하여 하는 재산도피행위를 사해행위라 하고 이러한 사해행위를 취소하여 강제집행의 대상이 되는 채무자의 재산으로 복귀시킬 수 있는 채권자의 권리를 사해행위취소권(또는 채권자취소권)이라 한다.

5. 가압류의 재판

1) 가압류의 신청
  (1) 관할법원
  원칙적으로 가압류목적물 소재지를 관할하는 지방법원이나 본안의 관할법원이 관할한다(민사집행법 제278조 2항). 다만, 급박하고 변론이 필요 없는 경우에는 재판장도 관할권을 가진다(동법 제312조). 권리이전에 등기 또는 등록이 필요한 그 밖의 재산권에 대한 가압류는 등기 또는 등록을 하는 곳을 관할하는 지방법원이나 본안의 관할법원이 관할한다(민사집행규칙 제213조 1항). 그리고 이 관할은 당사자가 합의에 의하여 바꿀 수 없는 전속관할에 속한다(민사집행법 제21조).

가. 가압류 물건의 소재지

　　가) 동산 · 부동산인 경우 : 물건의 소재지

　　나) 채권인 경우 : 가압류를 받는 채권의 채무자 즉, 제3채무자의 보통재판적 소재지

　　다) 인도 목적의 채권 및 물상담보권이 있는 채권 : 그 물건의 소재지

　　라) 어음과 같은 증권에 화체된 채권 : 그 증권의 소재지

　　마) 등록된 무채재산권(특허권 등) : 등록된 권리자 또는 대리인의 주소지

나. 가압류할 물건의 소재를 결정하는 시기는 가압류의 신청 시이다.

(2) 신청방식

가. 신청서 제출

　가압류절차는 채권자의 신청으로 개시되며, 신청은 그 취지와 이유를 적은 서면으로 하여야 한다(민사집행규칙 제203조).

나. 신청서의 기재사항

가) 당사자 및 법정대리인

　가압류채권자나 가압류채무자가 누구인가를 식별하여 특정할 수 있는 정도로 그 이름 · 주소와 연락처(전화번호 · 팩스번호 또는 전자우편주소 등)를 표시한다. 당사자가 법인인 경우에는 법인의 명칭 · 주소 이외에 대표자의 이름 및 연락처도 적어야 한다. 그리고 법정대리인이나 소송대리인이 있으면 그 이름 · 주소와 연락처도 적어야 한다(민사소송법 제274조 1항, 동법 규칙 제2조).

나) 청구채권

　가압류에 의하여 보전하고자 하는 사업상의 청구권으로서 그 발생원인과 금액을 특정하여 적어야 한다. 청구채권이 일부인 때에는 그 뜻을 명시할 필요가 있다. 또한 청구채권이 일정한 금액이 아닌 때에는 이를 금전으로 환산한 금액으로 적어야 한다(민사집행법 제279조 1항).

다) 신청취지

　어떠한 목적으로 채무자의 어떠한 재산에 대하여 가압류를 구하는지를 적어야 한다.

라) 신청이유

　신청하는 이유를 구체적으로 간명하게 적어야 한다. 이를테면 "지금 가압류를 하여 두지 않으면 채무자가 재산을 은닉하거나 처분함으로써 후일 강제집행이 불능으로 되거나 곤란하게 될 염려가 있을 사유 등"으로 기재한다.

마) 가압류의 목적물

　실무상으로는 유체동산은 단순히 유체동산이라고만 적으면 충분하다. 다만 부동산이나 채권의 경우는 이를 구체적으로 특정하여 기재해야 한다.

　(가) 채무자가 특정은행에 예금종류와 예치일자 및 만기 등이 서로 다른 예금을 가지고 있으나, 채권자가 구체적으로 알 수 없을 경우 : 가압류신청서상에 가압류물건의 순번을 기재한다.

(나) 예치된 은행은 알지만 예금액을 알 수 없을 경우

가압류신청서상의 가압류채권액을 "채무자가 ○○은행에 대하여 현재 예치하여 가지고 있거나 장래 예치하여 가지게 될 예금반환청구채권 중 일금 ○○○○○원에 이르기까지"라고 기재한다.

바) 소명방법

청구채권의 존재와 가압류의 이유가 있음을 소명하는 방법을 기재하여야 하며, 소명은 즉시 조사할 수 있는 증거에 의하여야 하므로(민소법 제299조 1항) 서증이나 즉시 조사할 수 있는 검증물에 한정할 수밖에 없다.

사) 기타의 표시

관할법원, 연월일, 당사자 또는 법정대리인의 기명날인, 첨부서류(대리인 및 대표자를 증명하는 위원장, 등기부등본, 송달료납부서 등)

(3) 가압류신청의 각하

가압류신청의 법원에 대한 일방적인 의사표시로 가압류신청을 철회하는 것을 말하며, 효력을 당연히 소멸한다. 신청각하사유로는 채권자가 충분한 담보를 갖고있는 경우, 채권자에게 집행권원이 있고 즉시 본집행을 할 수 있는 경우, 상당한 기간 경과후에 변제기가 도래하는 경우 등이다.

2) 가압류의 심리와 재판
(1) 심리대상

가압류명령을 발하기 위한 요건 즉, 신청의 적부, 보전하고자 하는 권리의 존재여부, 보전의 필요성의 존재여부 등에 관한 사항이다.

(2) 심리방법

변론에 의한 심리와 변론 없이 하는 심리 즉 서면심리가 있으며, 법원의 재량으로 정하여 진다. 다만, 급박한 경우에 가압류명령을 하는 때에는 변론을 열지 않는다(민사집행법 제312조). 실무상으로는 채권자가 제출한 가압류신청서의 내용과 이에 첨부한 소명자료만으로 심리하는 서면심리를 원칙으로 하고 있다.

(3) 재판

가압류명령에는 당사자 · 피보전채권의 원인과 금액, 채권자에게 담보를 제공하게 한 때에는 그 담보제공에 관한 사항(동법 제280조 4항), 가압류의 선언, 가압류목적재산의 표시, 가압류해방금액(동법 제282조) 등에 관한 사항이 기재된다. 그러나 가압류신청이 소송요건을 갖추지 않는 등 형식적으로 부적법한 경우는 각하되고, 가압류의 피보전채권이 존재하지 않는 등 실체적인 요건을 갖추지 않았을 경우는 기각된다.

3) 채권자의 담보제공
(1) 담보제공의 목적

가압류는 주로 재판 없이 서면심리만으로 채무자의 재산처분권을 제한하는 것이다. 따라서 이로 인해 채무자에게 불의의 재산상 피해를 줄 수 있다. 그러므로 법원은 채무자의 손해를 담보하는 의미에서 채권자로 하여금 담보를 제공케 하고 가압류를 명할 수 있다(동법 제280조 3항). 다만, 실무에 있어서는 가압류채권자가 지방자치단체 · 은행 · 기타 공공기관인 경우에는 담보제공명령을 하지 않는 것이 대부분이며, 담보는 금전, 유가증권 또는 보증보험증권으로 한다.

(2) 담보금액의 산정

실무상으로는 신속한 서면심리만으로 가압류목적물의 가액을 평가하여 구체적으로 타당한 담보액수를 결정하기 곤란하다는 점을 이유로, 청구채권액을 기준으로 담보액수를 정하는 것이 보통이다.

(3) 담보제공의 방식및 시기

가. 담보의 제공은 금전 또는 법원이 인정하는 유가증권을 공탁하거나, 대법원규칙이 정하는 바에 따라 지급을 보증하겠다는 위탁계약을 맺은 문서를 제출하는 방법에 의한다. 다만 당사자 사이에 특별한 약정이 있으면 그에 따른다(민사소송법 제122조).

나. 법원이 가압류명령을 발하기 전에 일정한 기간(보통 3일내지 7일간)을 정하여 담보를 제공하게 하는 결정을 하고 채권자가 그 담보를 제공하면 비로소 가압류명령을 발하는 방법다. 가압류명령 중에 담보를 제공하게 하는 결정까지 표시하여 발하고, 그 후에 채권자로부터 하여금 담보제공에 관한 증명서를 집행기관에 제출토록 하여 집행을 개시하는 방법담보제공을 위한 공탁의 절차는 공탁법 및 공탁사무처리규칙에 규정되어 있으며, 담보의 제공은 위 규정들에 의한 공탁절차를 거친 후 공탁소로부터 확인 받은 공탁서를 당해 법원에 제출한다.

(4) 담보제공방식에 관한 특례

보전처분사건 중 가장 점유비율이 높고 담보제공기준이 전국적으로 통일되어 있는 부동산·자동차·채권에 대한 가압류사건에 관하여는 채권자가 가압류 신청 시에 법원의 담보제공명령 없이 지급보증위탁계약을 체결한 문서제출에 의한 담보제공의 허가신청을 할 수 있는 특례가 인정되어 있다(대법원송무예규 제626호, 1988.7.8 참조). 가압류신청은 예컨대, 이미 제시한 기존의 서식에 대하여 가압류신청서상의 신청취지를 다음과 같이 변경기재하고, 첨부서류에 "서울보증보험주식회사 발행 공탁보증보험증권 원부 1부"를 추가로 기재하여 동 서식을 관할법원에 제출하는 방식으로 하면 된다.

(5) 채무자의 담보권실행

가. 위법·부당한 가압류로 인하여 채무자가 손해를 입었을 경우, 채무자는 그 손해배상청구권에 관하여 채권자가 공탁한 금전이나 유가증권 상에 질권자와 동일한 권리를 가진다(민사소송법 제502조, 제123조). 현금과 유가증권이 제공된 경우의 담보권 실행방법은 우선 피담보채권인 손해배상청구권의 존재 및 범위가 기재된 확정판결 등의 집행권원이나 담보제공자인 가압류채권자의 동의서를 첨부하여 가압류를 발한 법원으로부터 공탁서를 넘겨받아 이를 공탁공무원에게 제출하여 공탁물을 수령하는 방법과 담보제공자인 가압류채권자가 가지는 공탁물회수청구권에 관하여 압류 및 전부 또는 추심명령을 받은 후 회수하는 방법이 있다(대법원 1969.11.26. 판결 69마1062). 실무상으로는 후자의 방법이 주로 이용되고 있다.

나. 지급보증보험증권의 담보권 실행방법은 가압류채무자가 보험증권(또는 사본)이나 회사가 교부한 공탁보증보험증권 계약체결 사실을 증명하는 서면과 손해배상액에 관한 집행권원을 증명할 수 있는 서류를 첨부하여 직접 보험자에게 보험금으로서 청구하면 된다.

(6) 채권자의 담보권회수

가. 채무자의 동의가 있을 경우(민소법 제502조, 제125조 2항)

법원은 담보사유의 소멸유무나 본안 또는 가압류소송의 완결여부에 관계없이 담보취소결정을 한다.

나. 담보의 사유가 소멸한 경우

담보사유가 소멸된 때에는 가압류채권자는 담보취소신청을 할 수 있으며(동법 제502조, 제125조 1항), 담보취소결정이 채무자에게 송달되어 1주일간의 즉시항고기간이 경과하면 법원으로부터 담보취소결정정본(또는 등본)과 그 확정증명서를 교부받아, 공탁서정본 · 인감증명서 · 자격증명서 등을 첨부하여 공탁한 공탁소에 공탁금반환청구를 하면 된다. 1심에서 승소하였으나 항소심이 진행 중이거나 가압류집행이 불능으로 된 경우, 병합청구의 본안소송에서 일부 승소하였으나 일부가 소송 계속 중인 경우 등은 담보사유가 소멸된 것으로 볼 수 없다.

다. 권리행사 최고 후 그 행사가 없는 경우(동법 제502조, 제125조 3항)

채권자의 패소로 본안소송이 완결(본안소송의 판결이 확정된 경우는 물론이고 본안소송이 취하 · 포기 · 인낙 등에 의하여 종료된 경우도 포함된다.)된 후 담보제공자(가압류채권자)의 신청이 있는 때에는, 법원은 담보권리자(가압류채무자)에 대하여 일정한 기간 내에 그 권리를 행사할 것을 최고하고 담보권리자가 그 행사를 하지 아니하는 때에는 담보취소에 대한 담보권리자의 동의가 있는 것으로 취급하게 된다.

4) 가압류결정에 대한 불복

(1) 채권자의 불복

채권자는 가압류신청의 전부 또는 일부를 기각한 재판이나 가압류 해방금액을 너무 적게 기재한 가압류명령 등에 대하여 불복할 수 있다. 재판의 형식이 판결일 경우에는 항소 또는 상고로써 불복하며(동법 제390조, 제422조), 결정일 경우에는 항고 또는 재항고로써 불복한다(동법 제439조).

(2) 채무자의 불복

가. 상소

채무자는 가압류가 판결에 의한 경우에는 상소(항소 또는 상고)로써 불복한다. 그러나 결정일 경우에는 항고에 의한 불복은 인정되지 않으며 이의로서만 불복할 수 있다.

나. 이의신청

가) 가압류가 결정에 의한 경우에는 이의신청으로써 불복한다. 이의는 채무자가 법원(또는 재판장)이 발한 가압류명령의 당부에 관하여 변론을 열어 재심리하여 줄 것을 구하는 신청으로써, 만약 이의 신청이 있다 하여도 가압류의 집행이 정지되는 것은 아니다. 이의사유로는 청구채권의 부존재 · 소멸, 보전의 필요성이 없는 것 등을 들 수 있으며, 또한 사정 변경이나 제소기간도과에 따라 가압류의 취소를 구할 수 있는 경우에는 그 취소신청사유를 이의사유로 할 수 있다(민사집행법 제283조, 제288조, 제287조).

나) 이의신청의 시기는 아무런 제한이 없으므로 가압류명령이 유효하게 존속하는 한 언제든지 할 수 있다. 법원은 가압류 이의신청사건에 관하여 현저한 손해 또는 지연을 피하기 위한 필요가 있는 때에는 직권으로 또는 당사자의 신청에 따라 결정으로 그 가압류사건의 관할권이 있는 다른 법원에 사건을 이송할 수 있다. 다만, 그 법원이 심급을 달리하는 경우에는 이송이 안 된다(동법 제284조).

다) 법원은 채무자의 이의신청에 대하여 변론기일을 정하고 당사자에게 이를 통지하여(민사집행법 제286조 1항) 가압류의 허부에 관하여 재차 심리한다. 당사자는 변론종결시까지 신청 또는 불복의 범위를 변경하고, 새로운 주장이나 소명방법을 제출할 수 있으며, 가압류의 당부는 바로 이 변론종결시를 기준으로 판단하게 된다.

다. 본안제소명령의 신청

채무자는 채권자가 본안소송을 제기토록 제소명령을 신청할 수 있다. 이 경우 법원은 상당기간(2주 이상) 이내에 소를 제기토록 채권자에 명령하며 소정기간내에 소재기가 없으면 법원은 채무자의 신청에 따라 가압류명령을 취소한다(동법 제283조 3항).

라. 기타 사정변경 등에 의한 가압류의 취소신청

가압류채무자는 가압류이유의 소멸, 법원이 정한 담보를 제공(해방금액 공탁)한 때에는 가압류가 인가된 뒤에도 가압류의 취소를 신청할 수 있다. 채권자가 가압류가 집행된 뒤 5년간 채권자가 본안의 소를 제기하지 아니한 경우에는 채무자 또는 이해관계인의 신청에 의하여 가압류를 취소한다(동법 제288조 4항). 이 신청을 받은 법원은 종국판결로써 재판하며, 그 관할은 가압류를 명한 법원(본안이 진행 중인 때에는 본안법원)에 속한다(동법 제288조 1항, 2항, 3항).

5) 참가압류(국세징수법 제57조)

(1) 세무서장은 압류하고자 하는 재산이 이미 다른 기관에서 압류하고 있는 재산인 때에는 제56조의 규정에 의한 교부 청구에 갈음하여 참가압류통지서를 그 재산을 이미 압류한 기관(이하 "가압류기관"이라 한다)에 송달함으로써 그 압류에 참가할 수 있다.

(2) 세무서장은 제1항의 규정에 의하여 압류에 참가한 때에는 그 뜻을 체납자와 그 재산에 대하여 권리를 가진 제3자에게 통지하여야 한다.

(3) 세무서장은 제1항의 규정에 의하여 참가압류하고자 하는 재산이 권리의 변동에 있어서 등기 또는 등록을 요하는 것인 때에는 참가압류의 등기 또는 등록을 관계관서에 촉탁하여야 한다.

6. 가압류의 집행

1) 가압류집행의 의의

가압류소송절차는 가압류명령절차와 가압류의 집행절차로 구분된다. 따라서 설령 법원으로부터 가압류명령이 있었다 하더라도, 이것이 집행되지 아니한 동안에는 그 내용에 따른 효력이 생기지 않으며 집행이 완료된 후에야 비로소 이를 가지고 채무자와 제3자에게 대항할 수 있다.

2) 집행개시의 요건(동법 제282조)

통상의 소송과 같이 판결의 확정이나 가집행선고와 같은 절차가 필요 없으나 가압류명령의 집행력은 그 명령이 채권자에게 선고 또는 고지됨과 동시에 발생하는 것으로서 이하의 사항에는 주의를 기울어야 한다.

(1) 가압류에 대한 재판이 있은 뒤에 채권자나 채무자의 승계가 있는 경우에는 가압류의 재판을 집행하기위하여는 집행문을 덧붙인다.

(2) 가압류명령은 채무자에게 송달되기 전이라도 집행할 수 있지만, 그 고지나 송달이 있는 날로부터 2주일을 경과 한 때에는 집행할 수 없게 된다. 다만, 부동산과 채권을 대상목적물로 하는 가압류 집행에 있어서는 채권자가 별도로 가압류집행의 위탁 내지 신청을 하는 것이 아니라. 가압류재판의 관할법원이 동시에 집행법원이 됨에 따라 바로 집행으로 이행된다. 그러나 가압류명령의 효력은 그 집행이 완료되어야 됨에 따라 경우

에 따라서는 집행기관에 대하여 그 집행을 신속히 해 줄 것을 촉구할 필요가 있다.

3) 가압류집행의 방법
  (1) 부동산
  가. 집행방법
  부동산에 대한 가압류의 집행은 가압류재판에 관한 사항을 등기부에 기입하는 방법으로 한다. 등기기입은 가압류채권자가 등기신청을 함으로써 이루어지는 것이 아니라 가압류발령법원이 집행법원이 되어 재판을 한 법원의 법원사무관 등이 부동산등기부에 가압류결정을 등기촉탁을 함으로써 이루어진다(동법 제292조).

  나. 첨부서류
  등기촉탁서에는 가압류결정정본 이외에 다음의 서류를 첨부해야 하므로 채권자는 미리 동서류를 발급받아 가압류신청서와 함께 제출한다.
      가) 채무자 소유의 부동산은 동 부동산에 대한 등기부등본(동법 제291조, 제81조 1항)
      나) 채무자의 소유로 등기되지 아니한 부동산에 대하여는 즉시 채무자명의로 등기할 수 있다는 것을 증명할 서류를 제출하여야 한다(동법 제291조, 제81조 1항)

  다. 미등기건물에 대한 가압류집행
      가) 미등기부동산은 등기공무원이 직권으로 소유권보존등기후 가압류등기를 기입한다. 종전에는 미등기건물에 대하여는 건축물관리대장 작성되기 전까지는 어떤 방법으로도 가압류를 할 수 없었다. 그러나 새로운 민사집행법(2002. 7)에서는 건물이 채무자의 소유임을 증명할 서류, 그 건물의 지번·구조·면적을 증명하는 서류 및 그 건물에 관한 건축허가 또는 건축신고를 증명할 서류를 첨부하여 등기 촉탁할 수 있도록 규정하였다(동법 제291조, 제81조 1항)

      나) 가압류채권자가 공적장부를 주관하는 공공기관에 이들 해당사항을 증명하여 줄 것을 요구할 수 있으며, 또한 동 증명사항 중 건물의 지번·구조·면적을 증명하지 못한 경우에도 가압류신청과 동시에 그 조사를 집행법원에 신청할 수 있도록 규정을 개정하였다(동법 제291조, 제81조 2항, 3항). 그러나 이 민사집행법과 개정부동산등기법의 규정에 의하여 가압류할 수 있는 미등기부동산은 건축법에 의한 건축신고 또는 건축허가를 적법하게 마쳤으나 사용승인을 얻지 아니하여 보존등기를 마치지 못한 건물에 한한다.

      다) 부동산의 공유지분에 대한 가압류의 집행도 부동산에 대한 가압류의 집행방법으로 한다(동법 제291조, 제139조). 다만, 집합건물에서 대지권 취지의 등기가 되지 않은 대지사용권으로서의 토지공유지분은 전유부분과 분리하여 처분이 가능하도록 규약으로 정하여져 있는 경우가 아닌 한 건물과 독립하여 가압류의 대상이 되지 아니한다(집합건물의소유및관리에관한법률 제20조).

  (2) 자동차·건설기계·항공기에 대한 가압류집행
  가. 건설기계·항공기
      가) 건설기계는 자동차에 대한 가압류집행을 준용(민사집행규칙 제211조 3항, 제111조 3항) 한다.
      나) 항공기는 선박에 대한 가압류집행을 준용(동규칙 제209조, 제106조) 한다.

  나. 자동차
  민사집행규칙에 따로 규정되어 있는 경우를 제외하고는 부동산에 대한 가압류집행의 예에 따른다(동규칙

제210조, 제108조). 따라서 집행법원은 가압류를 한 법원이 되며, 효력은 집행법원의 가압류결정이 채무자에게 송달된 때 또는 집행법원의 가압류등록을 촉탁에 의하여 등록관청이 등록을 한 때에 발생한다(민사집행법 제293조 2항, 제291조, 제83조 4항). 가압류집행법원은 채권자의 신청에 의하여 자동차를 집행관에게 인도할 것을 채무자에게 명할 수 있으며(민사집행규칙 제210조 2항), 집행관이 자동차의 인도를 받으면 가압류결정이 채무자에게 송달되거나 가압류등록이 되기 전에도 가압류의 효력이 발생하게 된다(동규칙 제211조 3항, 제111조 3항).

다. 관련법에 등록되지 않은 경우(자동차 · 건설기계관리법, 항공법)
일반의 유체동산으로 보아 자동차와 건설기계 및 항공기가 소재하는 지방법원에 소속되어 있는 집행관에게 집행신청을 하며, 집행관이 자동차와 건설기계 및 항공기의 점유를 빼앗는 방법으로 하여야 한다.

(3) 선박에 대한 가압류집행
가. 가압류집행의 대상
등기할 수 있는 선박에 한정한다(민사집행법 제295조 1항). 등기할 수 있는 선박이라 함은 총톤수 20톤 이상의 기선과 범선 및 총톤수 100톤 이상의 부선(다만, 선박계류용 · 저장용 등으로 사용하기 위해 수상에 고정하여 설치하는 부선은 제외)을 말한다(민사집행법 제172조 ; 선박등기법 제2조 ; 선박법 제26조). 따라서 등기할 수 없는 선박은 유체동산에 대한 가압류집행방법인 그 선박이 소재하는 지방법원에 소속되어 있는 집행관에게 집행신청하여 집행관이 선박의 점유를 빼앗는 방법으로 해야 한다.

나. 집행방법 및 관할법원
압류등기를 하는 방법이나, 집행관에게 선박국적증서 그 밖의 선박운행에 필요한 문서(이하 "선박국적증서 등")를 선장으로부터 받아 집행법원에 제출하도록 명하는 방법으로 한다. 이들 방법은 함께 사용이 가능하다(민사집행법 제295조 1항). 가압류등기를 하는 방법에 의한 가압류집행은 가압류명령을 한 법원이, 선박국적증서 등을 받아 명하는 방법에 의한 가압류집행은 선박이 정박하여 있는 곳을 관할하는 지방법원이 집행법원으로서 관할한다(동법 제295조 2항).

다. 가압류집행의 효력
효력은 집행법원의 가압류결정이 채무자에게 송달된 때 또는 가압류등기가 이루어진 때에 발생한다(동법 제291조, 제83조 4항). 양 시기가 일치하지 않은 경우 소유자에게 먼저 구비된 때에 그 효력이 발생하는 것으로 보아야 하며, 반면 제3자에 대한 관계에서는 등기된 때에 효력이 발생하는 것으로 보아야 한다. 법원의 사무관 등이 등기촉탁을 하여 이루어진 가압류목적물에 대하여 제3자가 가압류가 있었음을 알고서도 권리를 취득한 때에는 제3자가 가압류채권자에게 대항하지 못한다(동법 제291조, 제92조, 제295조 3항, 제293조 3항). 위의 후자의 경우 효력은 집행관이 선박국적증서 등을 인도받은 때에 발생한다(동법 제291조, 제174조 2항).

(4) 금전채권에 대한 가압류집행
가. 지명채권에 대한 가압류집행
가) 관할법원 및 집행방법
가압류명령을 한 법원이 스스로 집행법원이 되어 제3채무자에 대하여 집행채무자에게 지급하여서는 아니 된다는 명령을 송달하는 방법으로 한다(동법 제296조 2항, 3항, 제227조 2항).

나) 효력

가압류명령서 정본이 제3채무자에게 송달된 때에 발생한다(동법 제296조 1항, 제227조 3항). 따라서 제3채무자가 가압류명령서정본을 송달받고서도 집행채무자에게 채무를 이행한 때에는 가압류채권자에게 대항하지 못하며, 이후 가압류채권자가 집행권원을 얻은 후압류·추심명령 또는 압류·전부명령을 받아 지급청구하면 제3채무자는 다시 채무를 이행해야 하는 불이익을 받게 된다.

나. 저당권부 채권에 대한 가압류집행

지명채권에 대한 가압류집행과 동일한 방식으로 하지만 가압류채권자가 가압류채무자의 승낙 없이 그 채권의 가압류를 등기부에 기입할 수 있다는 점이 일반의 지명채권에 대한 가압류집행과 다른 점이다. 가압류의 기입등기는 부기등기의 형식으로 하되(부동산등기법 제80조, 제81조) 가압류채권자가 가압류명령을 한 법원의 법원사무관 등에게 신청하면(가압류명령과 같이 신청 가능) 저당부동산의 소유자에게 가압류명령을 송달한 후, 관할등기소에 촉탁하여 동 기관이 직권으로 이를 등기부에 기입하는 방식으로 이루어진다(민사집행법 제296조 1항, 제228조 1항, 2항). 다만, 가압류의 부기등기는 가압류를 대외적으로 공시하는데 그치는 것이므로 가압류의 효력발생 요건이나 제3자에 대한 대항요건은 아니다.

다. 어음·수표 기타 증권채권에 대한 가압류집행

가) 배서가 금지되지 않은 유가증권

유체동산으로 간주됨에 따라 유체동산에 대한 가압류집행의 방법에 의한다(동법 제296조, 제189조 2항).

나) 배서가 금지된 유가증권

법원이 채권가압류명령을 제3채무자에게 송달하는 것 이외에 가압류채권자가 채권가압류결정정본을 첨부하여 집행관에게 위임하면, 집행관이 가압류채무자로부터 그 증권의 점유를 빼앗는 방법으로 한다(동법 제296조 1항, 제233조). 이 경우 가압류의 효력은 집행관이 증권을 점유한 때에 발생하게 된다.

(5) 유체동산에 대한 강제집행

가. 관할법원 및 집행방법

집행기관(집행관)이 채권자의 위탁에 따라 목적물을 점유한다. 즉 채권자가 가압류하고자 하는 유체동산의 소재지를 관할하는 지방법원에 소속되어 있는 집행관에게 서면으로 그 집행의 위임을 하여야 한다. 채무자가 점유하는 유체동산의 가압류는 집행관이 그 물건을 점유함으로써 하지만, 채권자의 승낙이 있거나 운반이 곤란한 때에는 보인 그 밖의 방법으로 가압류물임을 명확히 하여 채무자에게 보관할 수 있다(동법 제296조 1항, 제4조, 제189조 1항). 채무자의 유체동산이 이미 다른 채권자에 의하여 압류 또는 가압류된 경우에는 (동법 제215조의 준용) 이중의 가압류가 허용되며, 선행의 절차에서 배당이 실시되는 경우에는 그 가압류채권자는 배당요구채권자로 취급되어 그에 대한 배당액을 공탁하게 된다(동법 제291조, 제256조, 제160조 1항).

나. 대상

집행관은 채무자 소유의 유체동산에 대하여만 가압류할 수 있는 것이 원칙이다. 구체적으로는 집행관은 직접 점유하고 있는 동산 (채무자가 소지하고 있는 물건 또는 채무자의 주거나 사업장 내에 있는 물건)에 대해서는 일단 채무자의 소유라고 보고 가압류하며, 이 가압류가 있으면 설령 채무자 이외의 제3자의 소유에 속하는 것이라 할지라도 유효한 것으로 취급된다. 다만 그 제3자는 제3자이의의 소(동법 제48조 1항)에 의하여 구제받을 수 있게 될 뿐이다.

다. 가압류집행 후 제3자가 가압류물의 점유 시 처리방법

가압류채권자는 법원에 제3자가 가압류집행물을 집행관에게 인도할 것을 명하는 신청을 한 후 인도명령을 득하면, 이를 집행권원으로 하여 강제집행의 방법으로 점유를 회복할 수 있다. 그리고 이 인도명령의 신청은 채권자가 가압류물을 제3자가 점유하고 있음을 안 날로부터 1주일 이내에 하여야 하는 한편, 인도명령이 있은 경우 그 집행은 인도명령이 상대방에게 송달되기 전에도 할 수 있으나 신청인에게 고지된 날로부터 2주일이 경과한 때에는 할 수 없게 된다(동법 제296조 1항, 제193조 1항, 2항, 3항).

(6) 유체물인도청구권에 대한 가압류집행
가. 부동산청구권에 대한 가압류집행
제3자의 소유에 속하는 특정의 부동산에 관하여는 채무자가 매매계약에 기한 소유권이전등기청구권이나, 지상권설정계약에 기한 지상권설정등기청구권 또는 전세권설정계약에 기한 전세권설정등기청구권 등을 취득하고 있는 경우를 들 수 있다. 부동산청구권에 대한 가압류집행도 일반 지명채권에 대한 가압류집행과 동일하게 가압류명령을 한 법원이 집행법원으로서 가압류결정정본을 제3채무자에게 송달하는 방법으로 한다.

나. 유체동산청구권에 대한 가압류집행
유체동산청구권에 대한 가압류집행도 일반지명채권에 대한 가압류집행과 동일하게 가압류명령을 한 법원이 집행법원으로서 가압류결정정본을 제3채무자에게 송달하는 방법으로 한다. 이를테면 특정의 유체동산이 채무자의 소유에 속하나 제3채무자가 빌려서 사용 등의 관계로 점유하고 있는 경우 또는 제3채무자가 소유 및 점유를 하고 있으나 채무자가 제3채무자와 매매계약 등을 체결하여 그 소유 및 점유를 이전받을 수 있는 권리가 있는 경우이다.

(7) 그 밖의 재산권에 대한 가압류집행
가. 집행대상
가) 유체동산의 공유지분권(단, 부부공유의 것은 유체동산으로 취급)
나) 선박 · 자동차 · 건설기계 · 항공기의 공유지분권
다) 특허권 · 실용신안권 · 상표권 · 의장권 · 저작권 · 컴퓨터프로그램저작권 등 지식재산권
라) 합명회사 · 합자회사 · 유한회사의 사원권
마) 민법상의 조합원지분권, 골프회원권, 콘도미니엄회원권, 헬스클럽회원권, 대체결제회사에 예탁된 예탁유가증권 등

나. 집행방법
가) 권리이전에 관하여 등기 또는 등록을 요하는 것 : 가압류명령의 등기 또는 등록(민사집행법 제291조, 제251조 1항 ; 동법 규칙 제213조, 제175조)

나) 제3채무자가 있는 경우 : 제3채무자에 대하여 가압류명령 송달(동법 제291조, 제251조 2항, 동규칙 제213조, 제174조).

다) 제3채무자가 없는 경우 : 채무자에 대하여 가압류명령을 송달(민사집행법 제291조, 제251조 2항, 동규칙 제213조, 제174조)

라) 예탁유가증권 : 예탁원 또는 예탁자에 대하여 예탁유가증권지분에 관한 계좌대체와 증권의 반환을 금지하는 명령을 송달하는 방법

4) 가압류집행의 취소

(1) 가압류명령의 취소에 따른 집행취소

채무자는 가압류명령에 대하여 이의 · 상소 · 본안제소명령불준수 · 사정변경에 의한 취소 · 담보제공에 의한 취소를 신청하여 가압류명령 자체에 대한 취소판결(확정 판결 또는 가집행선고부판결)을 받으며, 그 판결정본을 집행기관에 제출하여 집행처분의 취소를 구할 수 있다.

(2) 가압류해방금의 공탁에 의한 취소

가. 의의

가압류해방금액이라 함은 예컨대 가압류명령에는 가압류의 집행을 정지시키거나 집행한 가압류를 취소시키기 위하여 채무자가 공탁한 금액을 적어야 한다(민사집행법 제282조). 통상적으로 가압류의 피보전채권액과 동일한 금액으로 하고 있으며 현금 이외의 유가증권공탁은 부정하는 입장이다.

나. 집행취소의 절차

가압류해방금을 공탁한 때에는 채무자는 그 공탁서를 첨부하여 집행법원에 가압류집행의 취소신청을 할수 있고, 법원은 반드시 집행한 가압류를 취소하여야 한다(동법 제299조 1항).

다. 가압류해방공탁금에 대한 권리행사

가압류해방금액을 공탁함으로써 대상목적물에 대한 가압류집행이 취소된 이후에, 가압류채권자가 본안소송에서 승소한 경우에는 확정된 본안 승소판결을 집행권원으로 하여 가압류채무자가 가지는 공탁금반환청구권에 대하여 압류 · 전부명령신청 등 본집행으로의 이행절차를 취해야 한다.

5) 가압류집행의 효력

(1) 처분금지의 효력

가. 상대적 처분금지 효력

가압류명령의 집행이 있으면 채무자는 가압류의 목적물에 대하여 이를 양도하거나, 담보로 제공하는 등 일체의 처분행위를 할 수 없게 된다. 그러나 채무자가 처분금지를 어기고 일정한 처분행위를 하였을 경우 그 처분행위가 절대적으로 무효가 되는 것은 아니다.

나. 처분금지의 효력이 미치는 범위

가압류의 효력이 상대적이라고 할 경우에 그 상대적인 무효를 주장할 수 있는 자의 범위에 대하여는 개별상대효설(통석 · 판례)과 절차상대효설로 대립이 있다. 전자에 의하면 가압규에 반하는 처분행위는 가압류(압류)채권자 및 처분행위 전에 집행에 참가한 자에 대한 관계에서만 무효일 뿐 처분행위후에 참가한 채권자에 대하여는 그 처분의 유효를 주장할 수 있다.

(2) 유형별 효력

가. 부동산에 대한 효력

가압류가 경료 되더라도 채무자가 그 부동산을 처분하였을 경우 가압류채권자에 대한 관계에서는 무효이나, 채무자의 처분행위로 부동산을 취득한 자가 이에 따른 등기를 신청하면 등기관은 가압류집행중임을 내세워 이를 거부할 수 없고, 취득자가 그 등기를 마치면 가압류채권자이외의 자에 대하여는 그 취득의 효과를 주장할 수 있다. 부동산이 가압류된 경우에는 채무자가 목적물의 이용 및 관리의 권리를 갖는다(동법 제291조 등).

나. 채권에 대한 효력

가압류채권도 이를 양도하는 데에는 아무런 제한이 없다. 그러나 제3채무자는 가압류채무자에 대한 채무의 이행이 금지된다(민사집행법 제296조 3항). 가압류채무자는 그 범위에서 채권의 관리·이용에 제한을 받게 된다. 그 밖의 재산권에 대한 가압류의 경우는 채권에 대한 가압류에 준한다(동법 제291조, 제251조).

다. 자동차·건설기계에 대한 효력

가압류집행에 불구하고 채무자가 자동차에 대한 관리·이용권을 가진다(민사집행규칙 제210조, 민사집행법 제83조 2항) 그러나 이 경우에 가압류법원은 채권자의 신청이 있으면 자동차를 집행관에게 인도할 것을 채무자에게 명할 수 있는데(동규칙 제210조 2항) 법원의 인도명령에 따라 집행관이 자동차의 점유를 취득한 때에는 가압류채무자의 관리·이용권은 박탈된다. 건설기계에 대한 가압류의 경우는 자동차에 대한 가압류에 준한다(동규칙 제211조).

라. 선박·항공기에 대한 효력

선박·항공기에 대한 가압류 집행이 있더라도 채무자가 목적물의 관리·이용권을 가진다(민사집행법 제172조, 제83조 2항). 그러나 선박의 가압류가 선박국적증서 등을 법원에 제출하는 방법으로 이루어진 경우에는(동법 제295조), 선박을 정박항에 정박시켜 둘 수밖에 없을 것이므로 그 범위에서 관리·이용권에 제한을 받게 된다. 항공기에 대한 가압류의 경우는 선박에 대한 가압류에 준한다(민사집행규칙 제209조).

마. 유체동산에 대한 효력

유체동산에 대한 가압류의 집행은 채무자에 대하여 처분금지의 제한에 그치지 아니하고 그 목적달성을 위한 범위 내에서 가압류물건의 사용. 관리. 수익까지 제한하는 효력이 있다. 집행관이 가압류의 표시를 하여 채무자에게 보관시키는 경우에는 그 표시를 훼손하지 아니하는 한 채무자가 통상의 용법에 따라 이를 관리·이용할 수 있다.

6) 다른 절차와의 경합

(1) 가압류와의 경합

동일한 가압류 대상물에 대한 가압류 집행의 경합이 허용되며, 중복압류절차에 의하여 집행한다. 가압류채권자 상호간의 우열도 없다. 가압류집행이 경합된 경우 그중 하나가 본압류로 이행된 경우 다른 가압류채권자는 배당받을 채권자로서의 지위를 갖는다(민사집행법 제148조 3호).

(2) 가처분과의 경합

가압류와 가처분은 그 내용이 서로 모순, 저촉되지 않는 한 경합이 가능하다.그 내용이 모순, 저촉되는 경우 효력의 우열은 부동산의 경우 집행의 선후에 의하여 결정한다.

(3) 강제집행과의 경합

가압류의 목적물에 대하여 금전채권의 강제집행을 하는것이 가능하다. 이 경우 가압류채권자는 그 강제집행절차에서 배당요구채권자가 채권계산서를 제출할 수 있는 최종시한까지, 집행력 있는 정본을 갖추어 채권계산서를 제출한 때에는 자신에게 배당될 금액을 바로 수령할 수 있다. 그렇지 않은 때에는 일단 공탁되었다가 집행력 있는 정본을 갖춘 후에야 수령할 수 있다.

(4) 체납처분과의 경합

체납처분은 언제나 가압류채권자가 보전하고자 하는 채권에 우선하여 징수한다(국세기본법 제35조 1항 ; 지방세법 제31조 1항). 체납처분에서의 매각대금이 체납조세를 초과하더라도, 그 초과금이 가압류채권자를 위하여 공탁하지 않는다. 체납자인 가압류채무자에게 지급된다(국세징수법 제81조 3항). 따라서 가압류채권자는 채무자가 가지는 남는돈에 대한 인도청구구권을 가압류하는 등의 조치로 권리를 보전하여야 한다.

7) 가압류집행에 의한 여신 채권회수

(1) 임의변제에 의한 경우

채무자와의 협의에 의하여 그 가압류의 집행취소절차를 취함으로서 이루어진다. 이 경우 가압류채권자가 집행취소신청서를 법원이나 집행관에게 제출하는 방법과 또한 가압류채권자가 변제금수령과 동시에 집행취소신청서를 채무자에게 교부하여 채무자로 하여금 법원이나 집행관에게 제출하는 방법으로 신청할 수 있다. 주의할것은 그 취소절차에 필요한 비용(송달료 · 등록세 등)을 채무자의 부담으로 한다는 명확한 서면합의를 하여두고, 가압류집행에 앞서 채권자가 공탁한 담보금의 회수에 대한 채무자의 동의서를 받아 두어야 한다.

(2) 본압류집행에 의한 경우

가. 집행권원의 획득

목적물의 매각대금으로부터 변제를 받아 채권의 만족을 얻으려면, 본안소송을 제기하여 집행권원을 얻어야 한다. 가압류채권자가 집행권원을 취득하기 전에 다른 채권자의 신청에 의한 경매절차가 진행되어 배당이 실시되는 경우에는 가압류채권자는 집행권원을 얻은 후에 법원에 공탁되어 있는 것을 수령신청해야 한다.

나. 본집행으로의 이행

가압류집행과 본압류의 집행이 동일한 절차로 행하여지는 경우는 가압류의 집행에 있어서 취해진 절차를 그대로 본압류의 집행절차로 인정하여 바로 다음 단계의 절차(즉 매각절차와 배당절차)로 이어질 수 있다. 다만 실무상으로는 채권자로 하여금 본압류집행의 절차를 취한 후 다음 단계의 절차를 진행시키되 그 압류의 효과는 가압류의 집행시로 소급하여 발생하게 하는 취급을 하고 있음에 유의하여야 한다.

제 2 절 가처분

1. 가처분의 의의

1) 민사집행법 제4편의 가처분(협의의 가처분)은 금전채권 이외의 권리 또는 법률관계에 관한 확정판결의 강제집행을 보전하기 위한 집행보전제도로써 다툼의 대상(계쟁물)에 관한 가처분과 임시의 지위를 정하기 위한 가처분이 있다(민사집행법 제300조). 즉 채권자가 금전채권이 아닌 특정계쟁물에 관하여 청구권을 가지고 있을 때 판결이 확정되어 그 강제집행 시까지 방치하면 그 계쟁물이 처분되거나 멸실되는 등 법률적 사실적 변경이 생기는 것을 방지하고자 판결을 받기 전에 그 계쟁물의 현상변경을 금지시키는 집행보전제도로서 그 방법은 천태만상이므로 가처분의 형식도 일정하지 않으나, 일반적으로는 처분행위를 금지하는 처분금지가처분과 점유 이전행위를 금지하는 점유이전금지가처분이 있다.

2) 또한 당사자 간에 현재 다툼이 있는 권리관계 또는 법률관계가 존재하고 그에 대한 확정판결이 있기까지 현상의 진행을 그대로 방치한다면 권리자가 현저한 손해를 입거나 목적을 달성하기 어려운 경우에 잠정적으로 임시의 조치를 행하는 보전제도로서 예컨대 건물의 명도청구권을 본안의 권리로 가지고 있는 자에게 임시

로 그 건물 점유자의 지위를 준다든지, 해고의 무효를 주장하는 자에게 임금의 계속 지급을 명하는 따위의 가처분을 할 수 있다.

(1) 부동산 점유이전금지가처분-명도소송을 제기하는 경우-사전적 예비절차소송의 당사자(상대방)이나 점유자가 바뀔 경우에는 그 자를 상대로 다시 소송을 제기해야 된다.

(2) 부동산처분금지가처분-가처분신청-가처분결정-
가. 피보전권리
　가) 사해행위취소를 원인으로 한 원상회복청구권
　나) 소유권이전등기청구권
　다) 소유권이전등기말소청구권 등

나. 금지사항
매매. 증여. 전세권. 저당권. 임차권의 설정 기타일체의 처분행위 금지

2. 가처분의 종류

민사집행법상의 보전처분에는 가압류 이외에 가처분이 있으며, 가처분에는 계쟁물에 관한 가처분과 임시의 지위를 정하는 가처분의 두 가지가 있으며, 가압류절차에 관한 규정을 준용한다(동법 제300조, 제301조).

1) 계쟁물에 대한 가처분(동법 제300조 1항)
(1) 채권자가 금전 이외의 특정물건이나 권리를 대상(부동산인도청구권, 공작물철거청구권, 권리이전청구권 등)으로 하는 청구권(기한미도래, 조건불성취 무방)을 가지고 있을 때, 그 강제집행 시까지 계쟁물이 처분·멸실되는 등 법률적, 사실적 변경이 생기는 것을 방지하기 위하여 그 계쟁물의 현상을 동결시키려 하는 집행보전제도를 말한다. 이는 청구권을 보전하기 위한 제도임에는 가압류와 같으나, 그 청구권이 금전채권이 아니라는 점과 그 대상이 채무자의 일반재산이 아닌 특정 계쟁물이라는 점에서 가압류와 다르다. 따라서 금전채권은 가처분이 허용되지 않는 것이다.

(2) 계쟁물의 현상변경을 금지하는 방법은 그 종류가 다양하고 천태만상이므로 가처분의 형식도 일정하지 않다. 계쟁물에 관한 가처분은 처분행위, 점유이전행위 등을 금지하는 부작위명령 형식인 경우가 일반적이며, 이를 처분금지가처분, 점유이전금지가처분이라고 한다.
가. 점유이전금지가처분
'점유이전금지가처분' 은 목적물의 현상을 본 집행 시까지 그대로 유지하고, 인도나 명도 소송 등 목적물의 점유가 이전되는 경우 당사자를 한정하기 위해 하는 보전처분이다. 즉, 다른 사람이 들어와 살지 못하게 묶어 두는 것으로, 해당부동산을 점유하고 있는 자를 상대로' 부동산에 대한 인도 또는 명도를 구하는 소송' 을 진행하기 전이나 진행하면서 하는 보전처분이다.

나. 처분금지가처분
'처분금지가처분' 은 목적부동산에 대한 채무자의 소유권 이전 저당권 전세권 임차권 설정등 일체의 처분행위를 금지하는 가처분이다. 즉, 소유권에 대해 다툼이 있을 때 부동산을 다른 사람에게 팔지 못하게 묶어 두는 것이다. 목적물의 처분을 가처분으로 금지하면 이후 채무자로부터 목적물을 양수한 자는 가처분채권자에

게 대항할 수 없게 된다.

(3) 가처분 후 확정판결이 있게 되면 위에서 설명한 가압류와 같이 자동으로 본압류로 바뀌는 것이 아니므로 가처분된 상태에서 따로 청구권실행을 위한 강제집행을 하여야 한다.

2) 임시의 지위를 정하는 가처분(동법 제300조 2항)

청구권의 보전을 위한 가압류나 계쟁물에 관한 가처분과는 달리 보전하고자하는 권리 또는 법률관계의 종류는 묻지 아니한다(재산적권리, 신분적권리, 계속적 권리, 1회성권리 등). 또한 단순히 현상을 변경함에 그치지 않고, 법률관계에 관하여 임시의 조치를 행하는 것이므로 그 집행에 의하여 새로운 법률관계가 형성되는 것이지만 이는 확정판결의 집행을 용이하게 하고 그 때까지의 손해를 방지하고자 하는 임시적인 조치에 그친다. 즉, 계쟁물에 관한 가처분이 장래의 집행보전을 목적으로 하는데 대하여 임시의 지위를 정하는 가처분은 현재의 위험을 방지 · 배제하여 그 현상을 유지시키는 것을 목적으로 하는 점에서 차이가 있다.

3. 관할법원

가처분의 재판은 본안의 관할법원 또는 계쟁물의 소재지 대상이 있는 곳을 관할하는 지방법원이 관할한다(동법 제303조).

1) 본안의 관할법원

(1) 본안의 의의

원칙적으로 본안의 관할법원이며, 급박한 경우에는 계쟁물 소재지의 관할법원에 신청할 수 있다.

여기서 본안이라 함은 보전처분에 의하여 직접 보전될 권리 또는 법률관계의 존부를 확정시키는 재판절차를 말하며, 청구의 기초의 동일성이 인정되는 한 본안이라고 할 수 있다. 또한 반드시 통상의 소송절차이어야 할 필요는 없고, 독촉절차, 제소전화해절차, 조정절차, 중재재판절차 등도 모두 본안에 포함된다.

(2) 본안이 계속된 경우

가. 본안이 제1심 법원에 계속 중이면 그 제1심 법원에 보전처분을 신청하여야 하고, 본안이 항소심에 계속 중이면 그 항소법원에 하여야 한다. 본안사건에 대하여 당해 법원에서 판결이 선고된 후 항소 또는 상고로 인하여 기록이 송부되기 전이면 기록이 있는 당해법원이 본안법원이 되지만, 상고로 인하여 기록이 상고심에 송부되고 본안이 상고심에 계속 중 일 때에는 상고심은 법률심으로서 심리를 하기에 부적당하고 집행법원으로서도 부적합하므로 제1심 법원이 보전처분사건의 관할법원이다.

나. 보전처분 신청당시에 본안소송이 계속되어 있는 이상 그 법원이 비록 본안에 대한 관할권을 가지지 않는 경우라도 본안의 관할법원이 된다. 따라서 법원이 관할권의 유무를 결정함에 있어서는 보전처분 신청당시 본안의 계속 여유만을 심사하게 되고, 본안에 대하여 관할권을 가지는지 여부까지 조사할 필요가 없다.

2) 임시의 지위를 정하기 위한 가처분

법원은 계쟁(다툼)이 있는 권리관계에 대하여 임시의 지위를 정하기 위한 가처분의 재판시는 변론기일 또는 채무자가 참석할 수 있는 심문기일을 열어서 판단해야 하지만, 그 기일을 열어 심리하면 가처분의 목적을 달성할 수 없는 사정이 있는 때에는 심문하지 않을 수 있다(동법 제304조).

4. 신청요건

1) 피보전권리가 존재해야 한다.
  (1) 특정물의 인도 또는 특정의 급여를 목적으로 하는 청구권이어야 한다(부동산명도청구권, 권리이전청구권, 공작물철거청구권).

  (2) 청구권이 성립하여 있을 것을 요한다(기한미도래, 조건불성취라도 무방하다).

  (3) 본안소송의 대상이 되고 강제집행이 가능해야 한다.

2) 가처분의 필요성이 있어야 한다.
  (1) 계쟁물에 관한 가처분에 있어서 보전의 필요성
  계쟁물의 현상이 변경될 경우 당사자가 권리를 실현할 수 없거나, 실행하는데 현저한 곤란이 있어야 한다(동산인도청구구권 행사와 점유자의 동산처분).

  (2) 임시의 지위를 정하는 가처분에 있어서의 보전의 필요성
  가압류나 계쟁물에 관한 가처분과는 달리 임시의 지위를 정하는 가처분은 현재의 위험방지가 그 주목적이기 때문에 임시의 지위를 정하는 가처분은 현저한 손해를 피하거나, 급박한 강폭을 방지하기 위하여, 또는 기타 가처분을 할만한 이유가 소명되어야 한다.
    가) 현저한 손해는 권리관계의 다툼으로 신청인이 입을 손해가 매우 큰 경우(경계의 다툼으로 인한 소유권 침해, 유사상표 사용에 따른 상표권침해 등)를 말한다.

    나) 급박한 강폭이라 함은 현재의 권리실행을 무익하게 하는 강박, 폭행(명예훼손 유인물 배포, 타인소유 지상에 공작물설치 등)을 의미한다.

(3) 보전의 필요성이 부정되는 경우
  가) 충분한 담보를 확보하고 있거나 집행권원 없이 권리행사를 할 수 있는 경우

  나) 확정판결이나 기타의 집행권원 등으로 채권자가 이미 보전처분에 의한 보호 이상의 보호를 받고 있는 경우

  다) 채권자가 스스로 보전처분을 필요로 하는 긴급상태를 초래하게 한 경우

  라) 가처분에 의하여 제거되어야 할 상태가 채권자에 의하여 오랫동안 방임되어와 통상 즉시 보전처분을 구할 필요성이 없는 경우

  마) 동일한 사정에 기하여 동일 내용의 보전처분을 신청하는 때에는 기판력의 문재를 떠나서라도 보전의 필요성을 인정하기 어렵다 할 것이다.

5. 가처분명령의 내용

가처분은 가압류절차에 관한 규정이 준용된다. 따라서 성질상 다음의 몇 가지를 제외하고는 가압류명령의 내

용이 그대로 적용된다.

1) 피보전권리
가처분은 금전채권을 보전하기 위한 것이 아니다. 따라서 가압류와는 달리 그 재판서에 청구권의 금액을 표시할 필요는 없다. 다만 이중신청의 방지, 본안과의 연결을 위하여 피보전권리의 내용을 표시한다.

2) 가처분명령의 주문
신청범위 내이어야 하고, 또한 본안청구의 범위 내이어야 한다. 가압류와는 달리 가처분에 있어서는 피보전권리나 그 방지하려는 위험의 형태가 각양각색이므로 그 방법도 복잡할 수 밖에 없다. 그러나 법률로써 다종다양한 가처분방법을 미리 규정한다는 것은 실제로 불가능하므로 법원이 직권으로 신청의 목적을 달성함에 필요한 처분을 정하도록 하고 있다(동법 제305조 제1항). 이처럼 가처분을 명하는 법원은 직권으로 가처분을 정할 수 있으나, 아무런 제한 없이 무조건으로 할 수 있는 것은 아니며 피보전권리의 종류, 성질 보전의 필요성, 강제집행과의 관련성 등에 의하여 일정한 제한을 받게 되고, 가처분의 잠정성이나 부수성에 기하여 아래와 같은 제약을 받게 되는 것이다.

6. 가처분의 방법

1) 보관인선정 여부
가처분의 목적이 동산, 부동산인 경우에는 그 목적물을 보존관리 하는 보관인을 정할 필요가 없다.

2) 행위를 명하거나 금지하는 것
사실상의 행위, 법률상의 행위 또는 그 복잡한 행위를 명하거나 금지하는 가처분 등 그 행위의 내용이나 종류가 어떤 것인가는 불문한다.

3) 급여의 지급을 명하는 것
채무자에 대하여 동산, 부동산 기타 물건이나 금전을 채권자에게 인도하거나 지급할 것 등을 말한다.

4) 부수적 처분
가처분의 부수적 처분이라 함은 가처분 자체의 목적달성을 위하여 반드시 필요한 것은 아니나 가처분집행으로 인하여 채무자 등에게 생길 수 있는 영향을 감안하여 가처분의 내용에 부수적으로 명해지는 처분을 말한다.

7. 가처분의 집행

1) 부동산점유이전금지가처분
"당사자승계주의"를 취하는 민사소송법의 특성상 본안소송의 변론종결 전의 승계인에게는 판결의 효력이 미치지 아니하므로 인도 · 명도청구의 본안소송 중 목적물의 점유가 이전되면 본안소송에서 패소할 수밖에 없다. 이런 경우 인도받은 제3자를 상대로 소송을 다시 제기하여야 한다. 그러나 점유이전금지가처분을 받아두면 그 이후에 점유를 이전받은 자는 가처분채권자에게 대항할 수 없으므로 당사자가 한정되는 효과를 얻게 된다.

2) 부동산처분금지가처분
목적물에 대한 채무자의 소유권이전, 저당권 · 전세권설정, 임차권설정 기타 일체의 처분행위를 금지하고자 하는 가처분을 처분금지가처분이라 한다. 목적물의 처분을 가처분으로 금지하여 두면 그 이후 채무자로부터 목적물을 양수한 자는 가처분채권자에게 대항할 수 없게 된다. 처분금지가처분의 신청절차와 집행방법도 부동산 가압류에 준한다. 처분금지가처분은 그 집행에 의하여 가처분채무자 및 제3자에 대하여 그 내용에 따른 구속력을 갖게 된다. 따라서 처분금지가처분의 효력은 그 가처분결정 자체의 효력이 아니고 그 집행의 효력이다.

8. 가처분의 취소

1) 법원은 특별한 사정이 인정될 경우 담보를 제공하게 하고 가처분을 취소할 수 있다.

2) 이의신청 또는 상소(항소. 상고)가 있는 경우
  (1) 정당한 이유가 있다고 인정되어야 한다.

  (2) 주장사실에 대한 소명이 있어야 한다.

  (3) 그 집행에 의하여 회복이 불가능한 손해가 발생할 염려가 있으면 법원은 담보를 제공하게 하거나 담보를 제공하지 않고 가처분의 집행을 정지하도록 명할 수 있으며, 담보를 제공케 하고 집행의 취소를 명할 수 있다.

9. 가처분의 말소여부

1) 매각(경락)시 소멸하지 않는 가처분
말소기준등기보다 선순위로 가처분등기가 된 부동산은 낙찰을 받아 소유권이전등기를 경료 하더라도 가처분이 말소되지 않은 채 소유권을 취득한다. 오히려 가처분채권자가 채무자에 대한 본안소송에서 승소하면 자신의 명의로 소유권이전등기와 함께 매수인(낙찰자) 명의의 소유권이전등기의 말소를 신청할 수 있다. 토지소유자가 그 지상 건물소유자에 대한 건물인도청구권을 보전하기 위해 건물에 대한 처분금지가처분을 신청한때에는 처분금지가처분등기가 건물에 관한 강제경매개시기입등기나 담보권설정등기 이후에 이루어졌어도 매각으로 인해 소멸하지 않는다. 더구나 위의 가처분등기는 경매개시기입등기(압류의 효력발생일) 후에도 매각으로 소멸하지 않는다.

2) 매각(경락)시 소멸하는 가처분
말소기준권리보다 후순위로 등기된 가처분은 매각으로 인해 소멸한다.
[선순위가처분이 있는 사례]

사건번호 경매일-결과	소 재 지	종 별	내용및면적(단위:평방) 임차인관계(단위:원)	최저가액 감정가액(최초가액) 등기부내역(단위:원)
000타경0000 교보생명 이00 주00	강서구 신정동400-100 000아파트 000동 000호		대18641/26.13 건59.62 (25평형/방3) (15층-1986.3준공)	115.200.000 (60%) 180.000.000 미래감정
2000.03.04 유찰 2000.04.04 유찰	*신정여상서북측 인근 *경부고등교인근 *단지 내 포장 도로16m, 8m (감정일자 1999.12.22)	아파트 12층	김001997.6.1 전입.확정 4.000만원 양001997.7.8 전입.확정 2500만원	가처분 1991.08.10 국민은행 저당권 1993.05.01 교보생명 1억2,000만 원 가압류 1993.10.05 한국실업 임의경매 1999.12.18 교보생명 1억 2천 만 원

해설 : 1. 말소기준권리1993년 5월 1일 설정된 교보생명 저당권이 말소기준등기가 된다. 따라서 가처분(국민)- 저당권(교보생명) -가압류(한국실업) -임의 경매(교보생명)순이다. 세입자 김00, 양00는 확정일자를 받아 놓은 상태여서 선순위저당권자가 만족하고 남은 것이 있으면 배당을 받을 수 있다. 선순위가처분이 있기 때문에 경락되어 소유권이 이전되더라도 가처분권자는 잔존하게 된다. 가처분권자가 소송을 제기하여 승소하면 매수인은 소 유권을 잃는다. 저당권은 배당 후에 소멸하고, 가압류는 안분비례에 의해 배당받는다. 1순위 가처분권자는 말소기준등기보다 앞서 있으므로 낙찰 자가 인수해야 한다. 2순위 저당권자 교보생명은 배당금이 출고되는 한도 내에서 배당받게 된다. 그 후의 가압류, 임차인들은 남는 금액이 있으면 안분배당하여 가압류권자가 배당받은 다음 순위대로 배당받는다. 가처분권자가 소송에서 승소하면 매수인이 소유권을 잃는 물건으로, 가처분권자 의 승소 여부를 명확히 따져 본 뒤 입찰에 참여해야 한다. 소송 결과를 미리 알 수 있는 등의 특별한 사유가 없는 한 처분금지가처분 물건은 입찰을 피하는 것이 좋다.

2. 예상배당표

▶ 1순위 : 1991.08.10. 가처분 국민은행→소멸불가
▶ 2순위 : 1993.05.01. 저당 교보생명 1억 2,000만 원
▶ 3순위 : 1993.10.05. 가압류 한국실업
▶ 4순위 : 1997.06.01. 김○○ 4,000만 원
▶ 5순위 : 1997.07.08. 양○○ 2,500만 원

순위	등기부내역			말소여부/ 배당	
1	국민은행	1991.08.10	가처분	인수	
2	교보생명	1993.05.01	저당권 1억 2,000만 원	말소기준	① 1억 2,000만 원
3	대원실업	1993.10.05	가압류	말소	② 없음
4	김○○	1997.06.01	임차인 4,000만 원	말소	③ 없음
5	양○○	1997.07.05	임차인 2,500만 원	말소	④ 없음
6	교보생명	1999.12.28	임의경매신청		

03장 민사집행법의 일반적 이해

1. 민사집행법의 기본원칙

1) 비집중주의(집행기관은 집행관, 집행법원, 제1심법원 등 3원화)
2) 서면주의 (제4조)
3) 형식주의(집행기관은 집행요건이나 그 개시요건 등 형식적 사항만을 심사)
4) 직권주의(강제집행 개시요건은 직권조사하여야 하며 이후에도 직권조사 하여야 하는 경우가 많다.)
5) 신속주의(→채권자보호)와 채무자보호주의
6) 처분권주의

2. 민사집행의 주체

1) 집행관
민사집행은 이 법에 특별한 규정이 없으면 집행관이 실시한다(제2조).

(1) 관할

가. 토지관할

　집행관은 다른 법령에 정하여져 있는 경우를 제외하고는 임명받은 지방법원 본원 또는 지원의 관할구역 외에서는 그 직무를 행할 수 없다. 그러나 집행개시 후 법원의 관할구역이 변경된 경우에는 종전법원소속 집행관이 집행을 속행한다. 강제집행을 위임받은 집행관은 동시에 집행할 수개의 물건이 동일 지방법원 관할구역 내 본원과 지원 상호간의 관할에 산재해 있는 경우에는 소속 지방법원장의 허가를 얻어 이를 집행할 수 있다.

나. 직무관할

가) 독립의 집행행위

(가) 유체동산에 대한 압류집행 (제189조)

(나) 유체동산에 대한 가압류집행 (제296조)

(다) 동산인도청구의 집행 (제257조)

(라) 부동산·선박 등의 인도청구의 집행 (제258조)

(마) 담보권실행등을 위한 동산의 경매 (제272조, 제274조)

(바) 명도단행가처분 등 일정한 내용의 가처분의 집행(제301조, 제296조, 제305조).

나) 집행법원이 행하는 집행절차에 부수된 행위

(가) 지시증권 사의 채권의 압류에 있어서 증권의 점유 (제233조)

(나) 채권압류에 있어서 채권증서의 취득 (제234조 2항)

(다) 유체동산에 관한 청구권에 대한 집행에 있어서 목적물의 수령 및 현금화(제243조 1항, 3항)

(라) 그 밖의 재산권에 대한 집행에 있어서 그 재산권의 매각 등의 방법에 의한 현금화 (제251조 1항)

(마) 부동산의 강제경매, 강제관리, 담보권실행등을 위한 경매에 있어서 목적물의 현황조사
　　(제85조, 제163조, 제268조, 제274조)

(바) 부동산ㆍ선박ㆍ자동차 등의 강제경매, 담보권실행등을 위한 경매에 있어서 매각의실시

(사) 부동산 강제관리에 있어서 관리인의 부동산 점유시의 원조(제166조 2항)

(아) 매각된 부동산의 인도명령의 집행 (제136조 6항, 제268조, 제274조)

(2) 집행실시에 관한 일반적 절차

가. 집행위임

가) 집행신청의 방식

집행신청의 방식은 민사집행의 신청은 서면으로 하여야 한다(제4조). 채권자가 집행관에게 집행력 있는 정본을 교부하고 강제집행을 위임한 때에는 집행관은 특별한 권한을 받지 못하였더라도 지급이나 그 밖의 이행을 받고 그에 대한 영수증서를 작성하고 교부할 수 있다. 집행관은 채무자가 그 의무를 완전히 이행한 때에는 집행력 있는 정본을 채무자에게 교부하여야 한다. 채무자가 그 의무의 일부를 이행한 때에는 집행관은 집행력 있는 정본에 그 사유를 덧붙여 적고 영수증서를 채무자에게 교부하여야 한다. 채무자의 채권자에 대한 영수증 청구는 제2항의 규정에 의하여 영향을 받지 아니한다(제42조).

나. 집행관의 권한

집행관은 집행력 있는 정본을 가지고 있으면 채무자와 제3자에 대하여 강제집행을 하고 제42조에 규정된 행위를 할 수 있는 권한을 가지며, 채권자는 그에 대하여 위임의 흠이나 제한을 주장하지 못한다. 집행관은 집행력 있는 정본을 가지고 있다가 관계인이 요청할 때에는 그 자격을 증명하기 위하여 이를 내보여야 한다(제43조).

다. 특별위임

집행관은 화해, 변제의 연기 등 사법상의 권한을 행사할 수 있고, 이러한 범위에서는 채권자의 임의대리인이 된다.

(3) 집행관의 강제력 사용

가. 집행관은 집행을 하기 위하여 필요한 경우에는 채무자의 주거ㆍ창고ㆍ그 밖의 장소를 수색하고, 잠근 문과 기구를 여는 등 적절한 조치를 할 수 있다. 이 경우에 저항을 받으면 집행관은 경찰 또는 국군의 원조를 요청할 수 있다. 국군의 원조는 법원에 신청하여야 하며, 법원이 국군의 원조를 요청하는 절차는 대법원규칙으로 정한다(제5조).

나. 집행관 외의 사람으로서 법원의 명령에 의하여 민사집행에 관한 직무를 행하는 사람은 그 신분 또는 자격을 증명하는 문서를 지니고 있다가 관계인이 신청할 때에는 이를 내보여야 한다. 이 겨우 집행관 외의 사람이 그 직무를 집행하는 데 저항을 받으면 집행관에게 원조를 요구할 수 있다. 원조요구를 받은 집행관은 제5조 및 제6조에 규정된 권한을 행사할 수 있다.

(4) 증인의 참여

집행관은 집행하는 데 저항을 받거나 채무자의 주거에서 집행을 실시하려는데 채무자나 사리를 분별할 지능이 있는 그 친족·고용인을 만나지 못한 때에는 성년 두 사람이나 특별시·광역시의 구 또는 동 직원, 시·읍·면 직원(도농복합형태의 시의 경우 동지역에서는 시 직원, 읍·면지역에서는 읍·면 직원)또는 경찰공무원 중 한 사람을 증인으로 참여하게 하여야 한다(민사집행법 제6조). 채무자가 법인인 경우의 주소 즉 사무소나 영업소는 이 규정의 적용을 받지 아니하므로 저항이 없는 한 대표자가 없어도 집행할 수 있다.

(5) 집행조서의 작성(제10조)

집행관은 집행조서(집행조서)를 작성하여야 한다. 조서에는 다음 각호의 사항을 밝혀야 한다.

1. 집행한 날짜와 장소
2. 집행의 목적물과 그 중요한 사정의 개요
3. 집행참여자의 표시
4. 집행참여자의 서명날인(서명날인할 수 없는 경우에는 그 이유를 명시)
5. 집행참여자에게 조서를 읽어 주거나 보여 주고, 그가 이를 승인하고 서명날인한 사실(서명날인할 수 없는 경우에는 그 이유를 명시)
6. 집행관의 기명날인 또는 서명

(6) 최고와 통지(제11조)

집행행위에 속한 최고(최고) 그 밖의 통지는 집행관이 말로 하고 이를 조서에 적어야 한다. 말로 최고나 통지를 할 수 없는 경우에는 민사소송법 제181조·182조 및 제187조의 규정을 준용하여 그 조서의 등본을 송달한다. 이 경우 송달증서를 작성하지 아니한 때에는 조서에 송달한 사유를 적어야 한다. 집행하는 곳과 법원의 관할구역 안에서 제2항의 송달을 할 수 없는 경우에는 최고나 통지를 받을 사람에게 대법원규칙이 정하는 방법으로 조서의 등본을 발송하고 그 사유를 조서에 적어야 한다.

(7) 집행기록의 열람, 등본의 부여

집행관은 이해관계 있는 사람이 신청하면 집행기록을 볼 수 있도록 허가하고, 기록에 있는 서류의 등본을 교부하여야 한다(제9조).

(8) 집행실시에 대한 불복신청

집행실시에 대한 불에 대하여는 집행에 관한 이의신청을 하면 된다. 다만 집행관이 독립한 집행기관으로서가 아니라 집행법원 또는 수소법원의 보조기관으로서 행동한 경우(예: 부동산 매각기일의 실시, 현황조사 등)에는 그 처분에 관하여 직접 위 이의신청을 할 수 없다(통설).

2) 집행법원

(1) 관할

가. 토지관할

민사집행법에서 규정한 집행행위에 관한 법원의 처분이나 그 행위에 관한 법원의 협력사항을 관할하는 집행법원은 법률에 특별히 지정되어 있지 아니하면 집행절차를 실시할 곳이나 실시한 곳을 관할하는 지방법원이 된다. 집행법원의 재판은 변론 없이 할 수 있다(제3조). 이 법에 정한 재판적은 전속관할(전속관할)로 한다(제21조).

나. 직부(직분)관할

직부(직분)관할을 위반 (예: 집행관 관할인데 집행법원에 신청)하면 신청을 각하한다. 직분관할을 어겨서 처리한 집행행위는 무효이다.

가) 직접집행기관으로서의 직분

(가) 사법보좌관 담당의 업무

① 집행문부여명령에 관한 법원의 사무

② 채무불이행자 명부등재 절차에서의 법원의 사무

③ 재산조회 절차에서의 법원의 사무

④ 부동산에 대한 강제경매절차. 자동차. 건설기계에 대한 강제경매절차에서의 법원의 사무

⑤ 유체동산 집행 중 압류물의 인도명령 및 특별현금화명령에 관한 법원의 사무

⑥ 채권과 그 밖의 재산권에 대한 강제집행절차에서의 법원의 사무

⑦ 동산집행의 배당절차에 관한 법원의 사무

⑧ 담보권의 실행 등의 경매절차

⑨ 유치권 등에 의한 경매절차

⑩ 제소명령 절차

⑪ 가압류·가처분집행의 취소에 관한 법원의 사무

⑫ 보좌관 처분의 경정 업무

(나) 지방법원단독판사 담당의 업무

① 경매개시결정에 대한 이의신청에 대한 재판(제86조)

② 부동산의 인도명령 및 관리명령(제136조)

③ 채권추심액의 제한허가(제232조)

④ 특별현금화명령(제241조)

⑤ 압류금지채권의 범위변경(제246조)

⑥ 재산명시신청절차

⑦ 선박·항공기에 대한 집행절차(강제경매·임의경매 같다)

⑧ 강제관리

⑨ 가압류·가처분집행절차(그 취소절차는 제외)

나) 집행관. 사법보좌관에 대한 협력·감독기관으로서의 직분

(가) 국군의 원조 요청(제5조 3항)

(나) 공휴일. 야간집행의 허가(제8조 1항)

(다) 집행에 관한 이의신청에 대한 재판(제16조)

(라)사법보좌관의 업무감독과 사법보좌관의 처분에 대한 이의신청에 대한 재판

(마) 부동산 인도집행 중 목적물이 아닌 동산처분의 허가(제258조 6항) 등

다) 그 밖에 지방법원 단독판사의 부수적인 직분

급박한 경우에 있어서의 집행정지 또는 속행에 관한 잠정처분(제46조 4항). 집행을 개시한 뒤 채무자가 죽은 경우 집행에 관한 특별대리인의 선임(제52조 2항)등

(2) 집행법원의 재판

가. 재판의 형식

재판은 결정의 형식으로 하고 변론 없이 할 수 있다. 심문절차는 민사집행법이 규정하고 있는 심문과 관련한 특칙에 의한다.

가) 필수적 심문

(가) 집행법원이 추심명령에서 채무자의 신청에 따라 압류액수를 제한할 때에는 반드시 압류채권자를 심문해야한다(제232조). 집행법원이 채권자의 신청에 따라 압류채권에 대한 특별한 현금화 방법을 허가하는 결정을 할 때에는 반드시 채무자를 심문해야한다(제241조 2항).

(나) 법원(수소법원)이 대체집행과 간접강제의 결정을 하기 전에 반드시 채무자를 심문해야 한다(제262조). 강제관리에서 관리인을 해임할 경우에는 반드시 관리인을 심문해야한다(제167조 3항). 법원이 채무자 및 소유자 외의 점유자에 대하여 인도명령을 하려면 그 점유자를 심문해야함, 다만 권원이 없음이 명백하거나 이미 심문한 경우는 제외(제136조 4항).

나. 원칙적 심문

임시의 지위를 정하기 위한 가처분의 재판에는 원칙적으로 변론기일 또는 채무자가 참석할 수 있는 심문기일을 열어야 한다. 다만 그 기일을 열어 심리하면 가처분의 목적을 달성할 수 없는 사정이 있는 경우에는 변론기일 또는 심문기일을 열지 않고 재판할 수 있다(제304조).

다) 심문의 제한

배당표 확정절차에서는 절차의 신속성의 요청과 배당이의소송이 허용되고 있는점 등에 비추어, 출석한 이해관계인과 배당을 요구한 채권자에 한하여 심문한다(제149조 2항)

라) 심문의 금지

채권 등에 대한 압류나 가압류명령을 함에 있어서는 사전에 채무자나 제3채무자를 심문하여서는 아니 된다. 재산명시신청에 대한 재판은 채무자를 심문하지 아니한다(제62조 3항).

마) 필요적 변론 또는 심문

(가) 보전처분에 대한 이의의 재판(제286조, 제301조).

(나) 사정변경 또는 담보제공이나 가압류가 집행된 뒤에 3년간 본안의 소를 제기하지 아니한 때를 이유로 하는 보전처분취소의 재판(제288조, 제301조)

(다) 특별사정에 따른 가처분취소의 재판(제307조)

(라) 제소명령 및 제소기간 도과로 인한 보전처분취소의 재판은 변론, 심문 또는 서면 심리 모두가능하다.

다. 재판의 고지

가) 고지의 방법

집행법원의 결정은 상당하다고 인정되는 방법으로 고지하면 효력이 발행(제23조 1항 ; 민소법 제221조)한다. 다만 채권 그 밖의 재산권에 대한 압류명령, 추심명령, 전부명령, 관리명령, 양도명령 등은 채무자 및 제3채무자에게 송달하여야 하고 부동산 강제경매개시결정, 강제관리개시결정은 채무자에게 송달하여야 한다.

나) 송달 · 통지의 생략

채무자가 외국에 있거나 있는 곳이 분명하지 아니한 때에는 집행행위에 속한 송달이나 통지를 하지 아니하여도 된다(민사소송법 제12조). 다만 강제집행 개시요건으로서의 집행권원및 집행문의 송달이나 집행행위로서의 재판 예컨대, 강제경매개시결정의 고지의 방법으로서 하는 송달은 여기서 말하는 집행행위에 속하는 송달이 아니므로 일반의 규정에 따라서 송달을 하여야한다. 이 경우 채무자가 외국에 주소를 둔 경우에는 외국송달특례인 13조 규정이 적용된다.

다) 외국송달의 특례

집행절차에서 외국으로 송달이나 통지를 하는 경우에는 송달이나 통지와 함께 대한민국안에 송달이나 통지를 받을 장소와 영수인을 정하여 상당한 기간 이내에 신고하도록 명할 수 있다. 위의 기간 이내에 신고가 없는 경우에는 그 이후의 송달이나 통지를 하지 아니할 수 있다(제13조).

라) 주소 등이 바뀐 경우의 신고의무

집행에 관하여 법원에 신청이나 신고를 한 사람 또는 법원으로부터 서류를 송달받은 사람이 송달받을 장소를 바꾼 때에는 그 취지를 법원에 바로 신고하여야 한다. 위의 신고를 하지 아니한 사람에 대한 송달은 달리 송달할 장소를 알 수 없는 경우에는 법원에 신고 된 장소 또는 종전에 송달을 받던 장소에 대법원규칙이 정하는 방법으로 발송할 수 있다. 규정에 따라 서류를 발송한 경우에는 발송한 때에 송달된 것으로 본다(제14조).

(3) 불복신청

즉시항고와 집행에 관한 이의를 제기 할 수 있다. 즉 판례는 집행에 관한 재판사무는 단독판사가 이를 한다 하더라도 집행법원 자체는 지방법원임이 본조에 의하여 명백한 바이나 집행이의의 소송을 집행법원인 지방법원합의부에서 심판하였다 하여 전속관할에 위배된 것이 아니라고 한다.

3) 수소법원(제1심법원)

(1) 법관으로 구성되고 업무가 사법보좌관에게 맡겨진 바는 없다.

(2) 결정의 형식에 의한 재판

가. 대체집행, 간접강제(제260, 제261조)

나. 외국에서 강제집행을 할 경우의 촉탁(제55조)

다. 청구이의의소, 집행문부여에 대한 이의의소, 집행문부여의 소 및 그와 함께하는 잠정 처분(이경우의 1심법원은 판결기관으로서의 직분이지 집행기관으로서의 직분은 아님

(3) 제3자 이의의소나 배당이의의소는 집행법원으로서 판사가 관할하지만 통상의 소송사건으로 필수적 변론절차에 의하고, 이때는 반드시 집행법원의 단독판사가 아니고 소가가 단독판사의 관할을 넘어섰을 때는 합의부의 관할로 된다(제48조, 제156조).

4) 시·군법원의 관할에 대한 특례(제22조)

다음 사건은 시·군법원이 있는 곳을 관할하는 지방법원 또는 지방법원지원이 관할한다.

(1) 시·군법원에서 성립된 화해·조정(민사조정법 제34조 제4항의 규정에 따라 재판상의 화해와 동일한 효력이 있는 결정을 포함한다. 이하 같다) 또는 확정된 지급명령에 관한 집행문부여의 소, 청구에 관한 이의의 소 또는 집행문부여에 대한 이의의 소로서 그 집행권원에서 인정된 권리가 소액사건심판법의 적용대상이 아닌 사건

(2) 시·군법원에서 한 보전처분의 집행에 대한 제3자이의의 소

(3) 시·군법원에서 성립된 화해·조정에 기초한 대체집행 또는 간접강제
(4) 소액사건심판법의 적용대상이 아닌 사건을 본안으로 하는 보전처분

4) 집행당사자

(1) 집행력의 주관적 범위(제25조)

판결이 그 판결에 표시된 당사자 외의 사람에게 효력이 미치는 때에는 그 사람에 대하여 집행하거나 그 사람을 위하여 집행할 수 있다. 다만, 민사소송법 제71조의 규정에 따른 참가인에 대하여는 그러하지 아니하다. 다만 위의 집행을 위한 집행문(집행문)을 내어 주는 데 대하여는 제31조 내지 제33조의 규정을 준용한다.

(2) 집행당사자 적격의 범위

가. 당사자

당해 판결의 원·피고이다. 소송당사자 아닌 제3자도 재판상 화해의 당사자가 될 수 있고, 이 경우 그 화해의 효력은 화해조서에 기재된 내용에 따라 제3자에게도 미친다.

나. 승계인

분쟁의 대상인 권리, 법률관계 자체를 승계한자 및 계쟁물에 관한 당사자 적격 또는 분쟁주체인 지위를 당사자로부터 전래적으로 옮겨 받은 자 이다.

가) 물권적 청구권일 경우는 승계인에 해당하고 승계집행문을 부여한다.

토지소유자에 대하여 건물소유자의 건물철거·토지인도를 명하는 판결 후 그 건물의 소유권과 토지점유를 넘겨받은 자, 원인이 없는 무효의 등기임을 이유로 말소등기절차의 이행을 명한 판결의 변론종결 후에 피고로부터 등기명의를 취득한 자, 재판상 화해에 의하여 소유권이전등기를 말소할 물권적 의무를 부담하는 자로부터 동 화해성립 후에 그 부동산에 관한 담보권인 근저당권설정을 받은 자는 민사소송법 218조 1항 소정 변론종결후의 승계인에 해당한다.

나) 채권적 청구권일 경우는 승계인이 아니고 승계집행문을 부여받지 못한다. 매매 기타의 사유로 인한 소유권이전등기 이행청구의 승소판결을 받아 확정되었다 하더라도 이로 인한 소유권이전등기를 마치지 아니한 이상 그 확정판결의 변론종결 후에 채무자로부터 목적물의 양수하여 소유권이전등기를 마친 제3자는 승계인에 해당하지 아니한다. 채권계약에 터잡은 통행권에 관한 확정판결의 변론종결 후에 당해 토지를 특정승계 취득한 자는 민사소송법 218조 1항의 변론종결 후의 승계인에 해당하지 아니한다. 소유권이전등기가 원인무효라는 이유로 그 말소등기청구를 인용한 판결이 확정된 경우, 그 확정판결의 변론종경일 후에 패소자를 상대로 처분금지가처분등기를 경료한 자는 말소등기청구를 인용한 판결의 변론종결 후의 승계인이 아니다.

다. 제3자를 위하여 당사자가 된 사람이 받은 판결에 있어서의 제3자(제3자 소송담당)

어떠한 사유로 인하였던 적어도 채무자가 채권자 대위권에 의한 소송이 제기된 사실을 알았을 경우에는 그 판결의 효력은 채무자에게 미친다. 채권자 대위권에 기한 확정판경의 기판력이 소외인인 채무자에게도 미치는 경우가 있다 하더라도 위 확정판결의 집행력만은 원·피고 간에 생기는 것이고 원고와 소외인 사이에는 생기지 아니한다.

04장

강제집행과 집행권원

제1절 강제집행의 의의 및 종류

1. 의의 및 특색

채권자의 신청에 의하여 국가의 집행기관이 채권자를 위하여 집행권원에 표시된 사법상의 이행 청구권을 국가권력을 가지고 강제적으로 실현하는 법적절차이다.

1) 강제집행은 사법상의 이행청구권을 실현하는 절차이다.
2) 강제집행에는 국가의 강제력이 따른다.
3) 강제집행은 집행권원이 있어야만 개시될 수 있다.
4) 강제집행은 소송절차의 형태로서 행해지는 법적 절차이다.

2. 강제집행의 종류

1) 집행의 대상을 기준으로 한 분류
  (1) 물적집행과 인적집행
  (2) 개별집행과 일반집행
  (3) 동산집행과 부동산집행

2) 집행방법을 기준으로 한 분류
  (1) 직접강제. 간접강제. 대체집행
  (2) 본래적 집행과 대상적 집행

3) 집행의 효력을 기준으로 한 분류
  (1) 본집행과 가집행
  (2) 만족집행과 보전집행

4) 실현될 권리를 기준으로 한 분류로서 금전집행과 비금전집행
실현될 권리가 금전채권인 겨우엔 금전채권에 기초한 강제집행이라 하고, 비금전채권인 경우엔 금전채권외의 채권에 기초한 강제집행이라 한다. 후자는 물건의 인도를 구하는 청구권의 집행과 작위, 의사표시를 구하

는 청구권의 집행으로 구분된다. 전자의 경우는 금전채권의 만족에 충당되는 집행대상 재산의 종류에 따라 부동산에 대한 집행과 선박, 자동차. 건설기계, 항공기에 대한 집행 및 동산에 대한 집행으로 구분되며, 동산에 대한 집행은 다시 유체동산에 대한 금전집행과 그 밖의 다른 재산권에 대한 금전집행으로 구분된다.

3. 강제집행절차와 판결절차와의 관계

강제집행절차는 권리의 강제적 실현, 즉 청구권의 사실적 형성을 목적으로 하는 절차이다. 반면 판결절차는 권리 또는 법률관계의 존부의 확정 즉 청구권의 존부의 관념적 형성을 목적으로 하는 절차이다.

1) 모든 강제집행에 판결절차가 반드시 선행하는 것은 아니다 (예: 공정증서)

2) 모든 소송이 강제집행을 수반하는 것은 아니다(예: 확인판결X, 형성판결X).

3) 강제집행절차는 판결절차와 병행하여 진행될 수도 있다(예: 가집행의 선고가 있는 종국판결에 의하여 그 확정 전에 강제집행이 행하여지는 경우).

4) 강제집행은 판결절차 또는 이에 갈음하는 관념적 형성절차를 전제로 하나, 집행을 계기로 하여 다시 판결절차가 발생하는 경우가 있다(예: 청구이의의 소, 제3자 이의의 소).

5) 강제집행도 판결절차와 더불어 일종의 소송절차의 형태로서 행하여지는 법률적 절차이다(다수설). 다만 강제집행절차에 있어서의 당사자의 대립은 판결절차에 있어서와 같은 대등한 관계는 아니고 채권자의 우위적 능동적 지위가 인정된다.

제 2 절   집행권원

1. 집행권원의 의의

강제집행을 위한 필수적 기초로서, 집행권원(채무명의)이라 함은 사법상의 일정한 급부청구권의 존재와 범위를 표시함과 동시에 강제집행으로 그 청구권을 실현할 수 있는 집행력을 인정한 공정의 증서를 말한다.
1) 집행권원은 급부청구권의 범위의 최대한도를 정한다.
2) 집행권원에 따라 집행당사자와 집행의 내용범위가 결정된다.
3) 집행권원은 집행의 대상물의 범위를 결정한다.
4) 집행권원은 집행당사자적격자의 범위를 결정한다.
5) 집행권원은 급부의무를 내용으로 하여야 하고, 그 급부의 내용은 가능, 특정, 적법하며 강제이행을 할 수 있어야 한다.

2. 집행증서

1) 의의
공증인법에 의한 공증인이나 변호사법에 의한 공증인가 합동법률사무소 또는 법무법인이 작성한 공정증서 중 집행권원이 되는 것을 집행증서라고 한다.

2) 요건
　(1) 공증인, 법무법인 등이 법적절차에 따라 작성한 공정증서일 것.
　(2) 일정한 금액의 지급이나 대체물 또는 유가증권의 일정한 수량의 급부를 목적으로 하는 특정의 청구를 표시할 것.
　(3) 강제집행을 승낙하는 취지가 적혀 있을 것.

3) 작성방법
계약당사자 본인 또는 대리인 쌍방이 공증인사무소나 공증인가 합동법률사무소 또는 법무법인에 출석하여 그 작성을 촉탁하여 작성한다. 특히 집행증서는 다른 집행권원과 달리 법원의 관여 없이 사인간의 합의에 의하여 간이 신속하게 작성되는 집행권원이라는 점에 그 특징이 있다. 예컨대 어음 · 수표인 경우에는 그 발행인과 수취인, 양도인과 양수인 또는 그 대리인이 촉탁이 있는 때에 한하여 작성할 수 있다.

4) 효과
　(1) 집행력
　집행증서는 상기 요건을 갖추면 집행권원으로서 집행력이 있다. 다만 기판력이 없으므로 증서에 적힌 청구가 애시 당초부터 불성립, 무효인 경우에도 청구에 관한 이의의 소를 제기할 수 있고(제59조 3항), 채권자는 집행증서 있는 청구권에 관하여도 확인 또는 이행의 소를 제기할 수 있다.

　(2) 요건에 흠이 있는 경우
　집행증서의 요건 중 하나라도 빠진 경우엔 흠이 있는 집행증서로서 그러한 증서는 집행력이 없고 그런 의미에서 무효이다. 만일 집행력을 내어준 경우에는 집행문 부여에 대한 이의로서 다툴 수 있다(제34조, 제59조 2항).

　(3) 법률행위가 무효. 취소이거나 실체관계의 불일치의 경우
　이런 경우에도 집행증서는 일단 유효한 것으로 취급된다. 다만 청구이의의 소로써 그 집행력의 배제를 구할 수 있다.

5) 수수료
집행증서가 되는 공정증서를 작성할 경우에 공증인 등에게 지급해야 하는 수수료는 공증인수수료규칙의 정하는 바에 의한다.

법률행위의 목적 또는 어음 및 수표의 가액	수수료 금액
200만원까지	1만 1천원
500만원까지	2만 2천원
1천만원까지	3만 3천원
1천500만원까지	4만 4천원
1천500만원초과시	초과액의 2천분의 3을 추가하되 최고한도액은 200만원

3. 확정된 종국판결

확정판결은 당사자가 통상의 불복방법인 상소의 방법으로는 더 이상 다툴 수 없게 된 판결을 말한다. 종국판결은 각 심급에서 소송의 전부 또는 일부를 종결시키는 판결고, 전부판결, 일부판결, 추가판결(민소법 제198조, 제200조 등)을 의미한다. 채권자가 채무자를 피고로 하여 제기한 금전채무의 이행청구소송에서 법원이 채무자에게 그 이행을 명하는 판결을 하여 확정하면, 그 확정판결은 가장 전형적이고 대표적인 집행권원이 된다. 종국판결이 아닌 중간판결은 집행권이 되지 않는다.

4. 가집행선고부 미확정판결

1) 가집행선고의 의의
판결이 확정되지 않은 상태에서 채권자가 바로 강제집행을 할 수 있도록 하는 법원의 재판을 가집행선고라고 한다. 재산권의 청구에 관한 판결에는 가집행의 선고를 붙이지 아니할 상당한 이유가 없는 한 당사자의 신청유무를 불문하고 직권으로 담보를 제공하지 아니하고 가집행 할 수 있다는 선고하여야 한다. 다만, 어음금·수표금의 청구에 관한 판결에는 담보를 제공하게 하지 아니하고 가집행의 선고를 하여야 한다(동법 제213조 1항). 이와 같이 판결의 확정 전에 가집행선고에 의하여 강제집행을 할 수 있도록 한 것은 패소한 당사자가 이유 없는 상소를 함으로써 판결의 확정을 막고, 그에 의하여 강제집행을 지연시키는 것을 방지하기 위한 것이다.

2) 가집행선고의 효력과 효력 상실
   (1) 가집행선고로 종국판결은 확정을 기다리지 않고 즉시 집행력이 생기지만, 이러한 가집행의 효력은 확정적인 것은 아니고 상소심에서 그 가집행의 선고 또는 본안판결을 바꾸는 판결이 선고 되면 그 바뀌는 한도에서 당연히 효력을 잃는다(동법 제215조 1항). 다만, 법원은 직권 또는 당사자의 신청에 따라 채권전액을 담보로 제공하고 가집행을 면제받을 수 있다는 것을 선고할 수 있다. 상소심에서 원심판결이 그대로 확정된 때에는 집행절차가 계속 중에 있으면 새로운 확정판결에 기한 집행을 개시할 필요가 없고, 새로운 집행문을 부여받을 필요도 없으며 그 확정판결을 집행기관에 제출함으로써 가집행은 본집행으로 전환하게된다. 이 경우 실시 완료한 강제집행절차는 확정판결에 의하여 집행한 것으로 본다.

   (2) 가집행의 선고는 상소심에서 그 선고 또는 본안판결을 바꾸는 판결의 선고로 바뀌는 한도에서 그 효력을 잃는다. 그리고 이 경우 가집행선고가 실효되는 효력은 그 선고 또는 본안판결을 바꾸는 판결의 선고로 바로 발생하고, 확정되어야 한다거나 또는 그 판결에 관하여 가집행의 선고가 있어야 하는 것이 아니다.

   (3) 본안판결을 바꾸는 경우에는 법원은 피고의 신청에 따라 그 판결에서 가집행의 선고에 따라 지급한 물건을 돌려 줄 것과 가집행으로 말미암은 손해 또는 그 면제를 받기 위하여 입은 손해를 배상할 것을 원고에게 명하여야 한다. 가집행의 선고를 바꾼 뒤 본안판결을 바꾸는 경우에도 마찬가지이며, 이 손해배상에 관하여는 채권자의 과실유무를 묻지 않는다.

5. 기타 각종 조서

1) 개관
확정판결이 아니지만 확정판결과 동일한 효력을 가지므로 인해 채무자의 재산에 강제집행을 할 수 있는 집행권원이 되는 것들이 있다. 다만 확정판결과 동일한 효력이 있는 것이라고 해서 집행력 이외에 확정판결에 인정 되어 있는 기판력까지 부여되어 있는 것은 아니므로 집행력만 있고 기판력이 없는 것도 있음에 유의하여 야 한다. 기판력이 없는 집행권원의 경우는 채권자의 청구나 강제집행에 대하여 채무자가 그 집행권원의 성립 기준시 이전에 이미 존재하던 이의원인을 가지고 청구이의의 소를 제기하여 채권자의 청구나 강제집행을 배제할 수 있다는 점에서 그 특징이 있다. 다만, 기판력을 제외한 확정판결에 인정되어 있는 효력은 확정판결과 동일한 효력이 인정되어 있는 집행권원에도 그대로 적용된다.

2) 기판력이 있는 것
　(1) 재판상의 화해
　가. 소송상의 화해
　나. 제소전의 화해

　(2) 청구의 인낙

　(3) 화해권고결정

　(4) 조정조서와 조정에 갈음하는 결정
　가. 조정조서
　나. 조정에 갈음하는 결정

　(5) 법원 이외의 각종 위원에서 작성된 조정안

3) 기판력이 없는 것
　(1) 지급명령

　(2) 이행권고결정

　(3) 정리채권자표 · 정리담보권자표 등

　(4) 그 밖의 집행권원
　가. 집행판결(민사집행법 제26조 ; 민소법 제217조 ; 중재법 제35조, 제375조)
　나. 항고로만 불복을 신청할 수 있는 재판

　(3) 가압류 명령 · 가처분 명령의집행(제292조 3항, 제301조)

　(4) 벌금 등의 형사재판에 대한 검사의 명령의 집행

　(5) 비송사건절차법사의 비용-재판의 집행

　(6) 과태료 재판에 대한 검사의 명령의 집행

제3절 집행문

1. 집행문의 의의

집행문이라 함은 집행력이 현존하는 사실과 집행력이 미치는 주관적, 객관적 범위를 공증하기 위하여 집행문 부여기관이 집행권원의 정본의 끝에 덧붙여 적는 곤증문언을 말한다. 이러한 집행문이 부기된 집행권원을 집행력 있는 정본이라고 한다. 강제집행은 집행권원에 집행문을 부여하는 것이 원칙이나 예외적으로 집행문의 부여가 없는 집행권원에 의하여 강제집행을 실시할 수 있는 경우가 있다.

2. 집행문의 필요성 여부
1) 집행문을 필요로 하는 경우
집행권원에는 원칙적으로 집행력이 필요하다.

2) 집행문을 필요로 하지 않는 경우
예외적으로 집행문이 없어도 집행력 있는 정본이 되는 경우가 있다. 다만 이때에도 집행에 조건이 붙어 있거나 당사자의 승계가 있는 경우에는 집행문을 부여 받아야 하고, 이 때에는 재판장의 명령이 필요하다. 법률에서 특별히 「집행력 있는 집행권원과 동일한 효력이 있다」라고 규정하고 있는 경우로서, 예컨대 과태료, 벌금, 과료, 몰수, 추징 등에 관한 검사의 집행명령(제60조 2항 ; 비송사건절차법 제249조 1항 ; 형소법 제477조 2항), 법원이 당사자가 예납하지 아니한 소송비용을 지급한때의 수봉결정(민소비용법 제12조 1항), 확정된 배상명령 또는 가집행선고 있는 배상명령이 기재된 유죄판결서의 정본(소송촉진등에관한특례법 제34조 1항) 등이 이에 해당된다.

3) 승계집행문만을 요하는 경우
가압류 · 가처분 명령과 같이 신속하게 집행을 필요로 하는 재판의 경우에는 채권자나 채무자의 승계를 제외하고는 그 집행에 있어서 집행문의 부여를 요하지 않으며(제292조 1항, 제301조), 그밖에 것은 다음과 같다.
　(1) 압류된 유체동산이 제3자의 점유하에 들어갔을 때의 그 제3자에 대한 인도명령(제193조).
　(2) 부동산 강제경매에 있어서 채권자의 신청에 의한 침해방지를 위한 조치(제83조 3항, 동법 규칙 제44조).
　(3) 부동산 강제경매에 있어서 매각허가결정 후의 관리명령(제136조 2항-6항).
　(4) 선박집행신청전의 선박국적증서 등의 인도명령(제175조).
　(5)자동차와 건설기계 집행신청 전의 자동차와 건설기계 인도명령(제113조, 제130조).
　(6) 항공기집행신청 전의 항공기등록증명서 등의 인도명령(제187조, 제175조, 동법 규칙 제106조).

3. 집행문의 부여기관

집행문은 집행증서 이외의 집행권원에 있어서는 당해 사건의 소송기록이 있는 법원의 사무관 등이(제28조 2항, 제57조), 집행증서에 있어서는 그 원본을 보존하고 있는 공증인 등이(제59조 1항), 기록 기타 증서에 기하여 그 요건구비여부를 조사한 후 내어주게 되어 있다. 집행문의 부여제도가 집행력의 현존여부를 기록에 의하여 점검하도록 하는 것이므로 기록을 가지고 있는 기관으로 하여금 이를 담당하게 한 것이다.

1) 판결의 경우
집행권원이 판결인 때에는 원칙적으로 제1심 법원의 사무관 등이다. 그러나 소송기록이 상급심에 있는 경우

에는 상급법원의 법원사무관 등이다(제28조 2항)

2) 집행증서의 경우
그 증서를 보존하는 공증인, 법무법인, 합동법률사무소(제59조 등)

3) 소송상 화해조서, 인낙조서, 조정조서, 제소전화해조서 등의 경우
당해기록을 보관하거나 당해절차를 행한 법원의 법원사무관 등

4. 집행문의 부여절차

1) 통상의 부여절차
(1) 대상과 조사사항
집행권원에 표시된 채무자에 대한 강제집행을 실시하기 위하여 집행권원에 표시된 채권자에게 집행문을 부여하는 통상의 경우를 대상으로 한다. 집행권원이 유효하게 존재하고, 집행력이 현존하는지와 집행권원의 내용이 집행에 적합한지를 조사 한다.

(2) 절차
가. 서면 또는 구술로 할 수 있다(제28조 3항).
실제로는 모두 서면으로 하고 있으며 신청은 채권자 · 채무자와 그 대리인의 표시, 집행권원의 표시를 하여야 한다. 또한 판결 또는 화해조서 등에 수 개의 집행권원에 대하여 집행문을 구하는지를 표시해야 하고, 어느 한 집행권원 상의 청구권 중 일부에 대하여 집행문을 구하는 때에는 그 범위도 표시하여야 한다(민사집행규칙 제19조 1항, 제20조 1항).

나. 부여방식
집행문은 판결정본 등 집행권원정본의 끝에 덧붙여 적는다(제29조 1항, 제57조). 집행판결의 집행문은 집행판결의 끝에 적는다. 집행문에는 법원사무관 등이 기명날인 한다(제29조 2항). 재판장의 명령이 있어야만 법원 사무관 등이 집행권원에 표시된 청구권의 일부에 대하여 집행문을 내어주는 때에는 강제집행을 할 수 있는 범위를 집행문에 적어야 한다(동 시행규칙 제20조 1항).

2) 특별한 부여절차
(1) 대상
가. 집행권원의 집행에 조건이 붙어 있는 경우
집행권원을 집행하는 데에 조건이 붙어 있는 경우에는 채권자가 증명서로서 그 조건의 성취를 증명한 때에 한하여 재판장의 명령을 받아 집행문을 내어 준다(제30조 2항). 예컨대 확정된 지급명령의 집행에는 집행문을 필요로 하지 않지만, 그 집행에 조건을 붙인 경우에는 집행문을 부여받아야 한다(제58조 1항 단서 1호).

나. 승계집행문
집행권원에 표시된 채권자의 승계인이 집행을 하고자 하거나 집행권원에 표시된 채무자의 승계인에 대하여 집행을 하고자 하는 또는 집행권원의 효력이 그 집행권원에 표시된 당사자 이외의 자에 대하여 효력이 있는 경우 그 자가 집행을 하고자 하거나 그 자에 대하여 집행을 하고자 하는 때에 필요로 하게 된다(제31조 1항, 제25조 2항). 이 경우 집행당사자 적격을 조사하여야 한다(동법 제31조). 승계는 채무자 · 채권자승계, 일

반·특정승계, 임의 처분·강제집행에 의한 승계를 모두 포함한다. 승계집행문을 내어줄 경우로는 당사자에게 승계가 있는 경우, 당사자 또는 승계인을 위하여 청구의 목적물을 소지하는 자가 있는 경우, 타인을 위하여 원고 또는 피고가 된 자에 대한 집행권원의 효력이 그 타인에게 미치는 경우(제25조 ; 민소법 제 218조 1항, 3항 제25조)가 있다.

다. 집행문을 다시 또는 여러 통 내어줄 경우

집행문을 다시 또는 여러 통 내어줄 경우에는 그 필요성 유무를 조사하여야 한다(제38조). 동일한 집행권원에 기하여 동일한 시기에 집행기관의 관할을 달리하는 여러 개의 지역에 의하여 집행을 하지 않으면 청구권의 완전한 실현을 얻을 수 없는 때에 필요하게 된다. 이미 부여받은 집행정본을 분실·훼손한 경우나 집행채권에 대하여 완전한 만족을 얻지 못하고서 집행정본이 실효된 때에 필요하게 된다(동법 제35조 1항, 제38조).

(2) 신청 및 판결

통상의 부여절차에서 필요로 하는 신청요건 이외에 신청하는 취지와 사유를 기재한다(민사집행규칙 제19조 1항), 조건성취 집행문의 부여를 구하는 경우에는 조건의 성취를 증명하는 서류를 제출하여야 하고, 승계 집행문의 부여를 구하는 경우에는 그 승계가 법원에 명백한 사실이 아니면 그 승계를 증명하는 서류를 제출하여야 한다(제30조 2항, 제31조 1단서, 제25조 2항). 물론 이와 같은 경우 집행문 부여는 재판장의 명령이 있어야 한다(동법 제32조 1항, 제35조 1항).

(3) 집행문부여의 소

집행문부여의 소라 함은 채권자가 집행문을 부여받기 위하여 증명서로 조건의 이행, 승계 또는 집행력이 미치는 사유를 증명하여야 할 필요가 있는 경우, 이를 증명할 수 없는 때에 채권자는 채무자를 상대로 소를 제기하여 그 판결에 의하여 집행문을 부여받을 수 있는 것을 말한다. 이 소는 집행문부여 신청을 하였으나 집행문이 거부된 때에도 제기할 수 있고 부여 신청을 하지 않고 직접 이 소를 제기할 수소 있다. 다만 수통부여 재도부여의 경우에는 이 소를 제기할 여지가 없다.

5. 구제수단

1) 채권자의 구제절차
(1) 집행문 부여거부처분에 대한 이의 신청(제34조 1항)
가. 의의

집행문부여 거부처분에 대한 이의신청이라 함은 법원사무관 또는 공증인 등이 집행문부여를 거부한 때에는 그 거부처분에 대하여는 채권자는 소속 또는 관할 법원에 이의신청을 할 수 있는 경우를 말한다.

나. 신청

이의신청은 서면 또는 구술로 할 수 있다. 또한 법원사무관 등의 거부처분에 대하여는 그 소속법원에, 공증인 등의 거부처분에 대하여는 그 관할 지방법원 단독판사에게 이의 신청을 하여야 한다.

다. 재판

이의신청에 대하여 법원은 결정으로 재판 한다.이 결정이 있으면 부여기관은 당연히 즉, 재판장의 명령이 필요한 경우에도 따로 그 명령을 요하지 아니하고, 집행문을 부여하여야 한다. 이의의 재판에 대하여 다시 불복할 수 있는지에 관하여 민사집행법은 명문규정을 두고 있지 않으나 집행문부여에 대한 이의의 재판은 집행

절차에 관한 재판으로서 즉시항고를 허용하는 규정이 없으므로 특별항고 외에는 불복할 수 없다.[197]

(2) 집행문 부여의 소(제33조)
가. 당사자
원고는 채권자가 되고, 피고는 채무자가 된다.

나. 관할
판결 기타의 재판, 화해, 인낙조서에 관하여는 제1심 수소법원의 전속관할에 속하며, 확정된 지급명령, 제소전화해, 각종조정소서에 관하여는 소송물가액에 따라 그 성립한 지방법원의 단독 판사 또는 합의부가 집행증서에 관하여는 채무자의 보통재판적 있는 곳의 지방법원 또는 그 법원이 없는 때에는 채무자에 대하여 소를 제기할 수 있는 법원이 관찰한다.

다. 심리 와 재판
가) 일반의 판결절차와 동일하게 심리한다. 따라서 변론을 경유하여야 한다. 채무자는 조건의 성취나 승계의 사실에 관한 항변은 물론 집행문 부여를 위한 형식적 요건의 흠결 등 집행문부여를 위법하게 하는 모든 사유를 방어방법으로 주장할 수 있다.

나) 집행문부여의 소가 이유 있다고 인정되면 판결로써 부여기관에 대하여 집행문부여를 명한다. 이 판결이 확정되면 채권자는 그 정본을 첨부하여 집행문부여의 신청을 할 수 있다. 이때에는 재판장의 명령을 기다릴 필요가 없다.

2) 채무자의 구제절차
(1) 집행문 부여에 대한 이의 신청(제34조)
가. 의의
집행문부여의 요건의 흠결을 이유로 하여 집행문의 취소를 구하는 채무자의 신청을 말한다. 이 이의신청은 집행문부여 후이면 언제든지 할 수 있는 것이며, 집행의 개시 여부는 관계가 없다. 그러나 그 집행권원의 내용이 완전히 실현된 후에는 할 수 없다.

나. 이의사유
가) 집행문부여를 위법으로 하는 모든 사유 즉, 부여 시에 조사하여야 할 부여요건의 흠결은 모두 이의사유로 된다.

a) 형식적 요가건의 흠결
① 집행권원이 유효히 존재하지 않는 경우: 예컨대 집행증서의 무효, 판결 후 소의 취하,
② 집행력이 현존하지 않는 경우: 예컨대 판결의 미확정, 청구이의의 소의 판결의 확정
③ 집행문의 반식위배 : 예컨대 재판장의 명령이 없는 경우

b) 실체적 요건의 흠결
조건성취의 사실 또는 승계의 사실이 존재하지 않거나 위 사실에 대한 증명이 흠결되어 있음을 주장하여

---

197) 대판 1995.5.13. 94마2132

이의신청을 할 수 있다. 이 같은 실체적 요건의 흠결에 관하여는 채무자는 집행문부여에 대한 이의의 소를 제기하여 주장할 수도 있다.

　　나) 이의사유는 이의에 관하여 판단하는 시기를 기준으로 하여 그 존부를 결정한다. 집행문 부여의 시기를 기준으로 하여 그 존부를 결정한다. 집행문 부여의 시기를 기준으로 하여서는 안 된다.

　다. 관할
　집행문을 부여한 법원사무관 등의 소속 법원, 공중인이 직무상의 주소를 가진 곳을 관할하는 지방법원 단독판사의 전속관할이다.

　라. 심리 및 재판
　적법한 신청이 있으면 임의적 변론을 거쳐 결정으로 재판한다. 이의에 관한 결정에 대하여는 불복할 수 없다. 이의가 이유 있으면 당해 집행문을 취소하거나 그 집행정본에 의한 집행의 불허를 선언한다.

　마. 잠정처분
　이의신청에 의하여 당연히 집행이 정지되는 것은 아니므로 재판장은 직권에 의하여 이의에 대한 재판 전에 집행의 일시정지 기타의 잠정처분을 명할 수 있다. 이 경우 채무자에게 담보제공을 조건으로 또는 담보제공 없이 집행의 일시정지를 명할 수 있다. 이 경우 채무자에게 담보제공을 조건으로 또는 담보제공 없이 집행의 일시정지를 명할 수 있고 채권자 에게 담보제공을 조건으로 그 집행의 속행을 명할 수 있다. 이 명령에 대하여는 불복할 수 없다.

　(2) 집행문 부여에 대한 이의의 소(제45조)
　가. 의의
　채권자의 집행문부여의 소에 대응하는 것으로서, 채무자가 집행문부여시에 증명된 조건의 성취 또는 당사자의 승계 등의 사유를 다투어 집행문부여의 위법함을 주장함으로써 강제집행을 저지하기 위한 소이다. 이 소는 이의사유는 집행권원에 표시된 조건의 불성취와 당사자에 관한 승계의 부존재이다. 그 외의 사유로 집행문부여의 위법함을 주장하는 경우에는 집해문부여에 대한 이의신청만이 가능하다. 집행권원이 판결인 경우에는 제1심 판결법원의 관할에 속한다. 소송상의 화해, 인낙조서에 관하여는 제1심 수소법원이 확정 된 지급명령, 제소전화해조서, 조정조서에 관하여는 소송물가액에 따라 그 절차를 실시한 지방법원 단독판사 또는 합의부가 관할한다.

　나. 심리 및 재판
　이 소에 관하여는 청구이의의 소에 관한 규정이 준용된다. 심리는 일반 판결절차와 다름이 없다. 조건의 성취, 승계사실의 입증책임은 채권자인 피고에게 있다. 청구가 이유 있으면 당해 집행력 있는 정본에 기한 집행의 불허를 선언하는 판결을 한다.

　다. 잠정처분
　이 소의 제기는 강제집행의 속행을 저지하지는 못하나 수소법원은 강제집행의 일시정지 등의 잠정처분을 명할 수 있다.

3) 기타

(1) 청구이의의 소
가. 의의

청구에 관한 이의의 소는 채무자가 집행권원의 내용인 사법상의 청구권이 현재의 실체상태와 일치하지 않는 것을 주장함으로써 그 집행권원이 가지는 집행력의 배제를 구하는 소이다. 이 소는 집행권원의 성립절차와 집행절차를 분리하고 있는 제도 하에서 실체적 권리상태를 제대로 반영하지 않는 집행권원의 집행력을 배제하여 집행을 저지하는 구제방법이다.

나. 이의원인
가) 집행권원에 표시된 청구권의 전부 또는 일부의 소멸사유

변제, 대물변제, 경개, 소멸시효. 면제, 포기, 상계, 공탁, 화해, 채무자의 책임 없는 사유로 인한 이행불능, 청구권이 부작위를 목적으로 하는 경우에 작위를 할 수 있는 권리의 취득, 계약의 해제, 사기, 강박에 의한 취소 등

나) 청구권의 불 발생사유
사회질서위반, 대리권의 흠결, 불공정행위 등

a) 청구권의 귀속(주체) 변동사유
청구권의 양도, 면책적 채무인수, 압류 가압류에 의한 집행채권자의 처분권의 상실 등

b) 청구권의 효력정지 또는 제한사유
기한의 유예, 합의에 의한 연기, 이행조건의 변경 등

c) 부집행의 합의
부집행의 합의라 함은 특정의 채무명의에 기한 강제집행을 하지 않겠다는 내용의 집행계약을 말한다.

d) 한정승인(유한책임)
집행권원인 판결에 한정승인의 취지가 반영된 경우에는 채무자(상속인)는 채무자의 고유재산에 대한 집행에 대하여는 제3자이의의 소를 제기할 수 있다.

e) 권리의 남용
판결에 기한 강제집행 그 자체가 권리의 남용 내지 불법행위로 되는 경우(예: 확정판결의 편취)에 채무자와 구제방법으로서 이 소를 제기할 수 있는가에 대하여 판례는 편취된 집행권원으로 강제집행에 나서는 것이 사회생활상 용인되지 아니하는 경우에 한하여 본소에 의한 집행력의 배제를 인정한다.

다. 이의의 동시주장

수개의 이의원인이 있을 때에는 채무자는 동시에 주장하여야 한다. 집행지연의 방지와 소송경제를 위한 것이다. 그러나 여기서' 동시에' 라 함은 같은 소송에서라는 의미이므로 이의의 주장은 청구이의의 소리 변론종결 시까지 추가 변경할 수 있다.

라. 이의원인의 주장의 제한
가) 집행권원이 판결인 경우

이의는 그 원인이 변론종결 후에 생긴 때에 한하여 할 수 있다.

나) 집행권원이 확정된 지급명령, 소송비용 확정결정, 집행증서 및 배상명령인 경우 이의원인의 발생 시기에 관하여 제한이 없으므로 예컨대 청구권이 지급명령 등 성립 전에 이미 부존재하였다는 것도 이의원인이 될 수 있다. 지급명령, 집행증서 등에는 기판력이 없기 때문이다.

다) 집행권원이 항고로만 불복을 신청할 수 있는 재판, 청구의 인낙조서, 화해조서인 경우 그 재판 또는 조서가 성립한 이후에 발생한 이의사유에 한하여 주장할 수 있다.

마. 소송절차
가) 소제기의 시기
이의 있는 청구권에 관하여 집행권원이 성립하고 유효하게 존속하고 있는 이상 집행문 부여전이라도 제기할 수 있다. 집행권원이 미확정의 판결인 때에는 확정 후 이 소를 제기하여야 한다. 전체로서의 강제집행이 종료되어 채권자가 권리의 만족을 얻은 후에는 본소제기의 이익이 없다.

나) 관할법원
a) 확정된 지급명령 : 발령 지방법원의 단독판사 또는 소송물가액에 따라 합의부
b) 확정판결의 경우 : 제1심 판결법원
c) 항고로만 불복을 신청할 수 있는 재판 : 그 재판을 한 제1심의 법원
d) 제소전화해조서, 조정조서 : 그 절차를 행한 지방법원 단독판사 또는 소송물가액에 따라 합의부와 단독부
e) 청구의 인낙조서, 소송상의 화해조서 : 제1심 수소법원
f) 집행증서 : 채무자의 보통재판적 소재지의 법원 또는 그 법원이 없는 때에는 제9조에 의하여 소를 제기할 수 있는 법원

바. 심리
심리의 절차는 통상의 소송에 있어서와 다를 바 없다. 소장에는 청구의 원인으로서 이의의 대상인 집행권원과 그 이행의무에 대한 이의의 원인을 명확 시 기재하여야 한다. 이의를 인용할 때에는 청구취지에 응하여 그 집행권원과 기한집행의 일시적 혹은 영구적 불허, 집행의 일부 내지 전부의 불허를 선언하는 재판을 한다.

사. 잠정처분
본소의 제기가 있더라도 강제집행의 개시, 속행에 아무런 장해가 되지 아니한다. 본소의 판결에 있어서 수소법원은 명령을 발하거나 이미발한 명령을 취소, 변경 또는 인가할 수 있으며, 또한 이러한 사항에 대하여는 직권으로 가집행선고를 붙여야 하고 이에 대하여는 불복하지 못한다.

(2) 제3자 이의의 소
가. 의의
제3자 이의의 소라 함은 집행의 목적물에 대하여 제3자가 소유권을 가지거나 그 양도 또는 인도를 저지하는 권리를 가진 때 제3자가 이를 침해하는 강제집행에 대하여 이의를 주장하여 집행의 배제를 구하는 소이다.

나. 이의의 원인
이 소에 있어서 이의의 원인은 제3자가 강제집행의 목적물에 대하여 소유권을 주장하거나 목적물의 양도나

인도를 저지하는 권리를 가지는 것이다.

가) 점유권

점유권은 채권자에 대하여 집행을 수인할 이유가 없으므로 점유권자는 직접점유, 간접점유를 불문하고 점유가 방해되는 한 이 소를 제기할 수 있다. 부동산 강제경매는 점유를 방해하지 아니하므로 점유권을 이의 사유로 할 수 없다.

나) 소유권인 경우

우리민법은 물권변동에 관하여 형식주의를 취하므로 등기와 인도가 없으면 소유권을 주장하여 이 소를 제기할 수 없다.

다) 점유 사용을 내용으로 하는 타물권

지상권 전세권 유치권 등은 인도를 저지하는 권리도서 이러한 권리를 침해하는 행위에 대하여는 이 소를 제기할 수 있다. 그런대 부동산 강제경매는 이러한 권리에 기한 점유사용을 방해하는 것이 아니므로 이의사유로 되지 아니한다. 다만, 강제관리에 있어서는 이의사유가 된다.

라) 채무자에 대한 채권적 청구권

집행목적물을 집행채무자로부터 인도 내지 반환받을 수 있는 채권적 청구권을 가지고 있는 자가 이 소를 제기할 수 있는가에 관하여는 집행목적물이 채무자의 재산에 속하는 경우에는 제3자가 채무자와의 사이에 매매, 증여, 임대차 계약 등에 기하여 채무자에 대하여 인도, 급여, 이전등기를 구할 수 있다 하더라도 이러한 채권적 청구권만으로 서는 채권자에 대항할 수 없으므로 이 소를 제기할 수 없다.

마) 공유물인 경우

공유권자 중 1인에 대한 집행권원으로써 공유물 전부에 대하여 집행이 있을 때는 다른 공유자는 이 소를 제기할 수 있다. 다만 부부공유인 유체동산은 예외이다.

바) 가등기담보권

가등기담보권이 설정된 부동산에 대하여 설정자의 일반채권자가 강제경매 등의 집행을 한 경우에 강제경매 등의 신청 전에 가등기담보권자가 이미 소정의 절차를 거쳐 청산금을 지급한 때(청산금이 없는 경우에는 청산기간 경과 후)에는 가등기담보권자는 가등기에 기한 본등기를 경료하기 전이라도 이 소를 제기할 수 있다.

사) 양도담보권

양도담보권자는 제3자에 대하여 소유권을 주장할 수 있으므로 그 목적물에 대하여 설정자의 일반채권자가 집행을 한 경우에는 이 소를 제기할 수 있다는 것이 통설이고 판례이다. 다만, 부동산 양도담보의 경우에도 양도담보권자에게 소유권이전등기가 되어 있으므로 채무자의 일반채권자가 그 부동산에 대하여 집행을 하는 일은 일어나지 않을 것이다.

다. 소송절차

가) 당사자 적격

원고가 되는 자는 집행의 목적물에 대하여 양도 또는 인도를 저지할 권리가 있음을 주장하는 제3자이다. 이 소의 피고는 목적물에 대하여 집행을 하는 채권자이며 집행관 기타 집행기관은 피고가 되지 않는다.

나) 소제기의 시기

이 소는 목적물에 대하여 강제집행이 개시된 후 그 종료전에 한하여 제기할 수 있음이 원칙이다. 그러나 특정물의 인도 또는 명도청구의 집행에 있어서는 집행권원에 의하여 집행대상물, 내용을 알 수 있고, 또 이에 대한 집행은 개시 후 즉시 종료되므로 집행권원의 성립과 동시에 제기할 수 있다.

다) 관할법원

토지관할은 집행법원 곧 집행행위가 있는 곳을 관할하는 지방법원에 전속한다.

라) 심리 와 판결 등

심리절차는 통상의 판결절차에 있어서와 같다. 심리한 결과 이의가 이유 있다고 인정될 때에는 통상 청구의 취지에 따라 강제집행의 불허가 선언된다. 이 소가 제기 되어도 이미 개시된 강제집행은 당연히 정지되지는 않는다.

제 4 절 강제집행개시의 요건

1. 의의

집행개시의 요건이란 집행기관이 현실로 집행을 개시하는 데에 그 존재 또는 부존재가 필요한 여러 요건을 말한다. 이 요건은 집행기관이 독자적으로 자기 책임하에 조사하여야 하며, 조사결과 흠결이 있으면 집행기관은 채권자에게 일단 그 보정을 명하고 보정이 없으면 집행신청을 배척한다.

2. 적극적 요건

1) 집행당사자의 표시
강제집행은 이를 신청한 채권자와 집행을 받을 채무자의 성명이 판결 등의 집행권원이나 이에 덧붙여 적은 집행문 즉 집행력 있는 정본에 표시되어 있는 경우에 한하여 개시할 수 있다(민사집행법 제39조 1항). 이 표시에 오류가 있거나 부정확하여 집행기관이 동일인임을 확인할 수 없는 경우에는 이 집행을 하지 못함에 따라 강제집행이 가능하게 하려면 먼저 판결의 경정(민소법 제211조)에 준하여 집행권원 또는 집행문의 경정을 구하여야 한다. 집행정본에 표시되어 있지 아니한 자를 위하여 또는 그 자에 대하여 한 집행은 집행권원 없이 한 집행과 다름이 없으므로 위법, 무효이다.

2) 집행권원의 송달
　(1) 송달의 요부
　가. 집행권원을 집행개시 전에 또는 늦어도 집행개시와 동시에 채무자에게 송달하여야(민소법 제39조 1항 후단)한다. 판결과 같이 법원 사무관 등이 이미 직권으로 송달한 경우에는(민소법 제210조) 집행을 위하여 다시 송달할 필요가 없다. 송달하는 것은 집행권원이지 집행력 있는 정본이 아니다.

나. 다음과 같은 경우에는 송달을 필요로 하지 않는다.
　가) 가압류. 가처분명령의 집행(민소법 제292조 3항, 제301조)
　나) 비송사건절차법상의 비용의 재판에 따른 집행(비송사건절차법 제29조 2항)

다) 과태료의 재판에 대한 검사의 명령의 집행(비송사건절차법 제249조 2항)

라) 벌금 등의 형사재판에 대한 검사의 명령의 집행(형소법 제477조 3항)

(2) 송달방식

일반적인 소송서류 송달방법에 따른다. 즉 집행권원의 송달은 채권자가 직접 할 수 없으며 민사소송법 제174조 이하에서 규정하는 송달의 일반원칙에 따라야 한다. 판결·화해조서·인낙조서와 같이 법원이 직권으로 송달하는 집행권원(민사소송법 제173조 ; 동법 규칙 제56조)은 채권자의 신청이 없어도 법원사무관 등이 우편 또는 집행관에 의하여 송달한다(동법 제176조). 그러나 법원의 직권 송달이 아닌 경우는 채권자가 법원의 사무관 등에게 집행권원의 송달을 신청하여 채무자에게 송달이 이루어지게 하여야 한다. 집행권원의 송달은 우편이나 대법원규칙이 정하는 바에 의한다.

3) 집행문 및 증명서의 송달

(1) 집행문의 송달

원칙적으로 집행문은 채무자에게 송달할 필요가 없으나, 채권자가 증명해야 할 사실과 승계에 관련한 것일 때에는 집행권원 이외에 집행문을 강제집행을 개시하기 전에 채무자 또는 그 승계인에게 송달하여야 한다(제39조 2항, 제57조). 법원이 집행기관인 경우에는 동시송달은 있을수 없으므로 항상 집행개시 전에 송달되어야 한다.

(2) 증명서의 송달

승계사실증명서 또는 조건성취증명서에 의하여 집행문이 부여된 때(민사집행법 제30조 2항, 제31조 1항)에는 그 증명서의 등본을 집행을 개시하기 전에 채무자에게 송달하거나 동시에 송달하여야 한다(제39조 3항, 제57조). 집행문 및 증서는 그 등본을 송달한다. 집행문이 법원사무관등에 의하여 부여된 경우에는 채권자의 신청이 있는 경우에 한하여 그 기록을 보관하고 있는 법원사무관 등이 그 등본을 작성하여 송달한다. 그러나 채권자가 집행문부여의 소에 기하여 집행문을 부여를 받은 때에는 그 판결의 송달이 있는 이상 별도로 증명서를 송달할 필요는 없다.

(3) 집행문을 송달하지 않고 한 집행행위의 효력

판례에 의하면 승계집행문의 송달증명 없이 이루어진 화해조서 정본에 기초한 소유권이전등기에 관하여는 그 유효성이 인정된다.[198]

4) 이행기의 도래

채무의 이행이 확정기한의 도래에 달린 때에는 그 시일이 지난 뒤에 집행을 개시할 수 있다(제40조 1항). 집행을 받을 사람이 일정한 시일에 이르러야 그 채무를 이행하게 되어 있는 때에는 그 시일이 지난 뒤에 강제집행을 개시할 수 있다(제40조 1항). 일정한 시일이라 함은 확정기한으로서 집행권원에 기재되어 있는 것을 말한다. 이행기 도래 전에 한 집행행위에 대하여는 집행에 관한 이의나 즉시항고로써 그 취소를 구할 수 있으나(제16조, 제15조), 취소 전에 기한이 도래하면 흠이 치유된다. 확정기한과는 달리 불확정기한의 도래는 집행개시의 요건이 아니고 조건의 성취와 마찬가지로 집행문부여의 요건이다.

5) 담보제공증명서의 제출과 그 등본의 송달

---

198) 대판 1980. 5. 27, 80다 438

집행이 채권자의 담보제공에 달린 때에는(이를테면 담보제공을 조건으로 가집행의 선고) 채권자는 담보를 제공한 증명서(공탁증명서 그 밖에 법원의 담보제공증명서)를 제출하여야 하며, 이 경우의 집행은 그 증명서류의 등본을 채무자에게 이미 송달하였거나 동시에 송달하는 때에만 개시할 수 있다(제42조 2항). 담보제공 없이 한 집행은 당연무효이나, 담보제공증명서 등본의 송달만이 미비된 집행은 당연무효가 아니고 취소전에 송달이 되면 흠이 치유된다.

6) 반대급부의 제공

동시이행관계에 있는 반대급부의 이행은 원칙적으로 법행문부여의 요건이 아니고 집행개시의 요건이다(제41조 1항). 즉 반대의무와 이행과 동시에 집행할 수 있다는 것을 내용으로 하는 집행권원의 집행은 채권자가 반대의무의 이행 또는 이행의 제공을 하였다는 것을 증명하여야만 개시할 수 있다. 어음·수표와 같이 상환으로 지급할 채무의 경우에 어음·수표의 제시는 집행개시의 요건이 아님에 따라 채무자에게 제시할 필요는 없다. 그러나 채권자가 집행절차를 통하여 채권의 변제를 받은 때에는 어음·수표의 제시와 교부를 필요로 한다. 다만 반대급부와 상환으로 권리관계의 인낙이나 의사진술을 할 의무에 대하여는 그 판결이 확정된 뒤에 채권자가 그 반대의무를 이행한 사실을 증명하고 재판장의 명령에 따라 집행문을 받았을 때 의사표시의 효력이 생기므로(제263조 2항), 이 경우에는 반대급부의 이행 또는 이행의 제공은 집행문 부여의 요건이 된다.

7) 집행불능의 증명

다른 의무의 집행이 불가능 한 때에 그에 갈음하는 집행할 수 있다는 것을 내용으로 하는 집행권원의 집행은 채권자가 그 집행이 불가능하다는 것을 증명하여야만 개시할 수 있다(제41조 2항).

8) 집행장해 사유

집행개시의 적극적 요건이 구비되었다 하더라도 일정한 사유가 있으면 집행의 개시나 속행을 할 수 없게 되는데, 이러한 사유를 집행장해 사유라고 한다. 집행장해 사유는 집행기관이 직권으로 조사하며, 조사결과 그 사유가 있는 것으로 판명되면 집행의 개시나 속행을 정지시킨다.

  (1) 회생절차의 개시(채무자 회생 및 파산에 관한 법률 제58조)
  (2) 채무자의 파산(동법 제348조)
  (3) 개인회생절차의 개시(동법 제600조)
  (4) 집행정지 또는 취소의 서면의 제출(제49조)
  (5) 집행채권의 압류. 가압류
  (6) 목적부동산이 공장재단, 광업재단의 일부인 때
  (7) 신탁법상의 신탁재산

3. 집행비용

집행비용이라 함은 강제집행에 필요한 비용을 말한다. 집행준비 비용과 집행실시비용으로 대별된다. 전자는 집행실시 이전에 집행개시를 위하여 필요한 비용이며, 후자는 집행신청이후 채권자 및 집행기관이 집행절차를 수행하기 위하여 필요로 하는 비용이다. 특히 집행비용은 재판상의 비용과 당사자비용으로 나누어 볼 수 있는데, 재판상의 비용은 채권자가 인지·현금 또는 우표 등으로 법원 또는 집행관에게 납부하여야 하는 비용을 말하고, 당사자비용은 채권자가 법원 및 집행관 이외의 자에게 직접 지출한 비용을 말한다.

제 5 절 강제집행면탈죄 등에 의한 형사소추

1. 형법 제327조의 개요

강제집행을 면할 목적으로 재산을 은닉, 손괴, 허위양도 또는 허위의 채무를 부담하여 채권자를 해한 자는 3년 이하의 징역 또는 1천만원 이하의 벌금에 처한다. 강제집행을 피할 목적으로 재산을 은닉, 손괴, 허위양도 또는 허위의 채무를 부담하여 채권자를 해하는 죄, 단 현실로 채권자를 해하였음은 요하지 않는다.
　(1) 도산이나 부도를 전후로 친척에게 재산을 도피시키는 경우에 해당된다. 쌍벌규정이다.
　(2) 재산을 맡은 사람이 공무원이나 준공무원인 경우 협상이 쉽다.
　(3) 실무에서는 채무자와 받은 자간에 약간의 관련이 있어도 이 죄가 성립이 안 되어 '무혐의' 처리되는 경우가 있다. 이 경우에도 '채권자 취소권' 에 의해 별도소송이 가능하다.

2. 요건

　(1) 채권자가 소송제기, 압류, 가압류, 가처분을 하였거나 하려는 상태이어야 한다.
　(2) 강제집행을 면할 목적이 있어야 한다.
　(3) 허위양도, 허위채무부담, 은닉, 손괴 등이 발생하여야 한다.

제 6 절 경매와 범죄

1. 경매. 입찰방해죄

형법 제315조「경매. 입찰의 방해」위계 또는 위력 기타 방법으로 경매 또는 입찰의 공정을 해한 자는 2년 이하의 징역 또는 700만 원 이하의 벌금에 처한다.

1) 경매 · 입찰방해죄의 의의
위계 또는 위력 기타 방법으로 경매 또는 입찰의 공정을 해함으로써 성립하는 범죄(형법 제315조). 경매 또는 입찰의 공정을 보호법익으로 한다.

2) 행위
위계 또는 위력 기타 방법으로 경매 또는 입찰의 공정을 해하는 것을 말한다. 경매 또는 입찰의 공정을 해한다는 것은 적정한 가격을 형성하는 공정한 자유경쟁이 방해될 우려 있는 상태를 발생시키는 것을 말하며, 공정을 해하는 행위에는 경매나 입찰가격을 결정하는데 있어서 뿐만 아니라 그 공정한 경쟁방법을 해하는 행위도 포함. 본죄도 추상적 위험범 이므로 경매 또는 입찰의 공정을 해하는 행위가 있으면 기수가 된다.

> 판례 담합행위가 공정한 가격을 해하거나 부정한 이익을 얻을 목적으로 행하여진 이상 위계에 의한 경매방해죄가 성립한다고 해야 하지만, 담합의 목적이 주문자의 예정가격 내에서 적정한 가격을 유지하면서 무모한 출혈경쟁을 방지함에 있고 낙찰가격도 공정한 가격의 범위 내인 때에는 담합자 사이에 금품의 수수가 있었다 하더라도 경매나 입찰의 공정을 해하였다고 볼 수 없으므로 경매 · 입찰방해죄는 성립하지 않는다(대판 1969. 7. 22. 69도1166).

> 판례 경쟁입찰인 것처럼 가장하여 실질적으로 단독입찰을 한 경우는 무모한 출혈경쟁을 방지하기 위함이고 가격면에서 입찰실시자

의 이익을 해하지 않았고 담합 자 간에 금품 수수가 없더라도 입찰방해죄가 성립한다(대판 1999. 7. 23. 99도1630).

2. 공무상 비밀표시무효죄

형법 제140조 [공무상 비밀표시무효]
① 공무원이 그 직무에 관하여 실시한 봉인 또는 압류 기타 강제처분의 표시를 손상 또는 은닉하거나 기타 방법으로 그 효용을 해한 자는 5년 이하의 징역 또는 700만 원 이하의 벌금에 처한다.
② 공무원이 그 직무에 관하여 봉함 기타 비밀장치한 문서 또는 도화를 개봉한 자도 제1항의 형과 같다.
③ 공무원이 그 직무에 관하여 봉함 기타 비밀장치한 문서, 도화 또는 전자기록 등 특수매체기록을 기술적 수단을 이용하여 그 내용을 알아낸 자도 제1항의 형과 같다.

형법 제140조의2 [부동산강제집행효용침해] 강제집행을 명도 또는 인도된 부동산에 침입하거나 기타 방법으로 강제집행의 효용을 해한 자는 5년 이하의 징역 또는 700만 원 이하의 벌금에 처한다.

형법 제143조 [미수범] 미수범은 처벌한다.

1) 공무상 봉인등표시무효죄
공무원이 그 직무에 관하여 실시한 봉인 또는 압류나 기타 강제처분의 표시를 손상·은닉 기타 방법으로 효용을 해함으로써 성립하는 범죄이다(제140조 제1항).

(1) 행위의 객체
공무원이 그 직무에 관하여 실시한 봉인 또는 압류나 기타 강제처분의 표시이다. 봉인이란 물건에 대한 임의의 처분을 금지하기 위하여 그 물건에 시행한 봉함 기타 이와 유사한 설비를 말하며, 압류 기타 강제처분의 표시란 압류 기타 강제처분을 명시하기 위하여 특히 시행한 표시를 말한다.
봉인 또는 압류의 표시는 강제처분이 유효할 것을 전제로 하나, 강제처분이 정당한가의 여부는 불문한다는 것이 종래의 다수설. 그러나 본죄도 공무를 보호하기 위한 범죄이므로 봉인·압류 기타 강제처분은 적법해야 한다고 볼 것이다.

(2) 행위
봉인·압류 기타 강제처분의 표시를 손상·은닉 기타 방법으로 효용을 해하는 것을 말한다.
손상이란 물질적 파괴를 말하고, 은닉이란 소재를 불명하게 하여 발견을 곤란하게 하는 것을 말하며, 기타의 방법으로 효용을 해한다고 함은 봉인 기타 강제처분의 표시를 물질적으로 파괴하지 않고 사실상 효력을 상실할 수 있게 하는 것을 의미한다.

(3) 주관적 구성요건
본죄가 성립하기 위하여도 봉인·압류 기타 강제처분의 표시를 손상·은닉 기타 방법으로 효용을 해한다는 것에 대한 고의가 있어야 한다.

2) 공무상 비밀침해죄
공무원이 그 직무에 관하여 봉함 기타 비밀장치한 문서 또는 도화를 개봉하거나 봉함 기타 비밀장치한 문서, 도화 또는 전자기록 등 특수매체기록을 기술적 수단을 이용하여 알아냄으로써 성립하는 범죄를 말한다(제140조). 비밀침해죄에 대하여 불법이 가중되는 가중적 구성요건이다.

3) 부동산강제집행효용침해죄

강제집행으로 명도 또는 인도된 부동산에 침입하거나 기타 방법으로 강제집행의 효용을 해함으로써 성립하는 범죄이다(제140조의2). 강제집행된 부동산에 침입하여 강제집행의 효용을 무력화하고 이로 인하여 소유권 행사에 지장을 초래하는 행위를 처벌하기 위하여 1995년의 형법 개정에 의해 신설된 규정이다. 본죄의 주체에는 제한이 없으므로 채무자 이외의 제3자도 본죄를 범할 수 있다. 행위의 객체는 강제집행으로 명도 또는 인도된 부동산. 강제집행은 적법해야 한다. 행위는 침입하거나 기타 방법으로 강제집행의 효용을 해하는 것임. 본죄가 성립한 때에는 주거침입죄나 손괴죄는 별도로 성립하지 않는다.

제 3 절 주거침입죄

형법 제319조 [주거침입, 퇴거불응]
　① 사람의 주거, 관리하는 건조물, 선박이나 항공기 또는 점유하는 방실에 침입한 자는 3년 이하의 징역 또는 500만 원 이하의 벌금에 처한다.
형법 제322조 [미수범] 미수범은 처벌한다.

1) 단순주거침입죄
사람의 주거, 관리하는 건조물, 선박이나 항공기 또는 점유하는 방실에 침입함으로써 성립하는 범죄이다(제319조 제1항).

　(1) 객관적 구성요건
　가. 행위의 객체
　사람의 주거, 관리하는 건조물, 선박이나 항공기 또는 점유하는 방식이다.
　①「주거」라 함은 사람이 일상생활을 영위하기 위하여 점거하는 장소이면 족하고, 반드시 침식에 사용하는 장소일 것까지 요하지 않음. 주거의 설비 또는 그 구조의 여하는 묻지 않으며, 부동산은 물론 동산도 주거가 될 수 있다.

　②「관리」란 타인이 침해하는 것을 방지하는데 족한 인적 · 물적 설비를 갖추어 사실상 관리 · 지배하고 있는 것을 말하고, 「건조물」이란 주거를 제외한 일체의 건물(부동산)을 말하며, 선박은 크기를 묻지 않지만 적어도 주거에 사용할 수 있을 정도임을 요한다.

　③「점유하는 방실」은 건물 내에서 사실상 지배 · 관리하는 구획을 말하며, 사무실 · 연구실은 물론 호텔 또는 여관에 투숙중인 방이 여기에 속한다.

　나. 행 위
　① 침입 : 침입이란 주거권자의 의사에 반하여 들어가는 것을 의미한다.
　신체적 침입을 의미하므로 행위자의 신체 전부가 주거에 들어가야 기수가 된다는 것이 통설(신체기준설)이지만, 판례는 신체의 일부만 들어가더라도 사실상 주거의 평온을 해하였다면 기수가 된다 (보호법익기준설). 침입의 방법은 불문하므로 주거에 대한 보증인이 제3자의 침입을 방지하지 아니한 경우처럼 부작위에 의한 침입도 가능하다.

　② 주거권자의 의사 : 주거권자의 의사에 반하여 들어가는 것이 침입이므로 주거권자의 하자 없는 의사에

따라 들어간 때에는 침입이라고 할 수 없다. 즉, 주거권자의 동의 본죄의 구성요건해당성을 배제시킨다. 여기서 주거권자란 주거에 거주함으로써 그 장소에 대하여 privacy의 이익을 가진 사람을 의미하며, 주거에 수인이 같이 거주하는 때에는 각자가 모두 주거권을 갖는다. 공중에 개방되어 있는 백화점·관공서의 청사·역·은행·식당 등에 범죄의 목적으로 들어간 경우에 판례는 본죄의 성립을 인정하고 있다. 그러나 일반적인 허가가 있는 한, 목적이 불법하다는 이유만으로 주거침입이 된다고 할 수는 없을 것이다(다수설). 따라서 절도의 목적으로 백화점에 들어가는 것은 본죄를 구성하지 않는다고 해야 한다. 한편, 본죄의 침입은 부작위에 의해서도 가능하며 부작위에 의한 침입은 주거권자의 퇴거요구를 받을 것을 요건으로 하지 않는 점에서 퇴거불응죄와 구별된다.

나. 주관적 구성요건
본죄도 고의범이므로 행위자는 주거권자의 의사에 반하여 들어간다는 고의가 있어야 함. 미필적 고의로도 충분하다.

다. 위법성
주거침입죄도 위법성조각사유가 있으면 적법하게 되어 범죄가 성립하지 않는다. 그 대표적인 경우가 법령에 근거를 가진 정당행위를 들 수 있다.

라. 죄수
주거침입죄는 주거침입의 수단으로 범한 죄와 상상적 경합이 됨. 그러나 주거침입시에 범한 다른 범죄와 주거침입죄는 경합범의 관계에 있다. 따라서 절도·살인·강도·강간을 위하여 주거에 침입한 경우에는 양 죄는 경합범의 관계가 된다. 주거에 침입하여 강간 또는 폭행을 한 때에도 마찬가지이다.

2) 퇴거불응죄

제319조 [주거침입, 퇴거불응] ②전항의 장소에서 퇴거요구를 받고 응하지 아니한 자도 전항의 형과 같다.
제322조 [미수범] 미수범은 처벌한다.

(1) 의의
사람의 주거, 관리하는 건조물이나 선박 또는 점유하는 방실에서 퇴거요구를 받고 응하지 않음으로써 성립하는 진정부작위범이다(제319조 제2항).

(2) 구성요건
본죄가 성립하기 위해서는 퇴거요구를 받고도 이에 응하지 아니하여야 함. 퇴거요구는 1회로도 족하고, 반드시 명시적으로 행하여져야 하는 것은 아니다. 다만, 퇴거요구는 원칙적으로 주거권자에 의하여 행해져야 한다. 여기서 「퇴거요구를 받고 응하지 아니한다.」고 함은 일단 적법하게 주거에 들어간 자가 퇴거요구를 받고도 나가지 않는 것을 의미한다. 본죄는 퇴거요구를 받고 즉시 응하지 않음으로써 기수가 되지만, 퇴거할 수 없는 상태에 있는 자에 대해서는 퇴거요구를 해도 즉시 기수로 되지 않는다.

(3) 미수범
형법은 본죄의 미수범을 벌하고 있으나, 본죄는 퇴거요구에 응하지 않으면 즉시 기수가 되므로 본죄의 미수는 생각할 여지가 없을 것이다. 진정부작위범의 미수는 생각할 수 없기 때문이다.

주거침입죄에 있어 주거라 함은 단순히 가옥 자체만을 말하는 것이 아니라 그 위요지(圍繞地)를 포함하므로, 이미 수 일 전에 2차례에 걸쳐 피해자를 강간하였던 피고인이 대문을 몰래 열고 들어와 담장과 피해자가 거주하던 방 사이의 좁은 통로에서 창문을 통해 방 안을 엿본 경우, 피해자의 주거에 대한 사실상 평온상태가 침해된 것으로 주거침입죄에 해당한다(대판 2001. 4. 24. 2001도 1092).

대학교가 한국대학총학생회연합의 행사개최를 불허하고 외부인의 출입을 금지하는 한편 경찰에 시설물 보호를 위한 경비지원을 요청하였음에도 피고인이 다른 많은 학생들과 함께 위 행사에 참여하거나 주최하기 위하여 대학교에 들어간 것이라면, 들어갈 당시 경찰공무원 또는 대학교의 교직원들로부터 구체적으로 출입을 제지당하지 아니하였다고 하더라도 대학교 관리자의 의사에 반하여 다중의 위력으로써 건조물인 대학교에 침입한 것이다(대판 2003. 5. 13. 2003도604).

3. 신용업무와 경매에 관한 죄

1) 의의
(1) 신용·업무와 경매에 관한 죄의 의의
사람의 신용을 훼손하거나 업무를 방해하거나, 경매·입찰의 공정성을 침해하는 것을 내용으로 하는 범죄로서, 신용·업무 및 경매의 안전을 보호법익으로 한다.

(2) 신용·업무와 경매에 관한 죄의 본질
신용·업무와 경매에 관한 죄의 본질에 관하여는 이를 ① 재산죄라고 보는 견해와 ② 인격적 법익, 자유에 관한 죄라고 보는 견해 ③ 재산죄인 동시에 자유에 대한 죄의 성질을 가진 범죄라고 해석하는 견해 등이 대립하고 있으나, 본죄는 사람의 경제생활에 있어서의 자유라는 인격적 법익을 보호하기 위한 범죄이지만, 특히 업무방해죄와 경매·입찰방해죄에 있어서는 재산죄로서의 성질도 함께 지니는 범죄라고 보는 것이 타당하다.

2) 신용훼손죄
제313조 [신용훼손] 허위의 사실을 유포하거나 기타 위계로써 사람의 신용을 훼손한 자는 5년 이하의 징역 또는 1, 500만 원 이하의 벌금에 처한다.

(1) 신용훼손죄의 의의
허위의 사실을 유포하거나 기타 위계로써 사람의 신용을 훼손함으로써 성립하는 범죄이다(제313조). 즉, 경제적 측면에서 사람의 사회적 평가를 침해하는 것을 내용으로 하는 범죄이다. 본죄의 보호법익은 사람의 신용이다. 신용이란 사람의 지불능력이나 지불의사에 대한 사회적 평가를 의미한다. 신용의 주체는 자연인·법인은 물론 법인격 없는 단체도 포함한다.

(2) 행위
허위의 사실을 유포하거나 기타 위계로써 사람의 신용을 훼손하는 것이다.
가. 신용훼손의 방법
「허위의 사실을 유포한다」함은 객관적 진실에 맞지 않는 사실을 불특정 또는 다수인에게 전파하는 것을 지칭한다. 위계란 상대방의 부지나 착오를 이용하는 일체의 행위로서, 기망하는 경우뿐만 아니라 유혹하는 경우도 포함한다.

나. 신용의 훼손
① 「신용을 훼손한다」함은 사람의 지불능력 또는 지불의사에 대한 사회의 신뢰를 저하시킬 우려가 있는 상태를 발생케 하는 것을 의미한다.

② 본죄는 추상적 위험범이므로 사람의 신용을 훼손할 만한 허위사실의 유포 또는 기타 위계의 행사가 있으면 본죄는 기수로 된다.

(3) 죄수

공연히 허위의 사실을 적시하여 명예와 신용을 훼손한 때에 본죄와 명예훼손죄와의 관계에 대하여 종래의 통설은 양 죄의 상상적 경합이 된다고 하지만, 본죄는 사람의 사회적 가치 가운데 경제적 가치만을 특별히 보호하는 인격적 법익에 관한 죄이므로 본죄가 성립한 때에는 명예훼손죄는 성립하지 않는다고 해야 한다(특별관계). 반면, 공연히 진실인 사실을 적시하여 명예와 신용을 훼손한 경우에는 명예훼손죄만 성립한다. 한편, 1개의 행위로 신용을 훼손하고 업무도 방해한 경우에는 양 죄의 상상적 경합이 된다.

> **판례** 공소외인은 8년 전부터 남편없이 3자녀를 데리고 생계를 꾸려왔을 뿐 아니라 피고인에 대한 다액의 채무를 담보하기 위해 동녀의 아파트와 가재도구까지를 피고인에게 제공한 사실이 인정되니 위 공소외인이 집도 남편도 없는 과부라고 말한 것이 허위사실이 될수 없고, 또 공소외인이 계주로서 계불입금을 모아서 도망가더라도 책임지고 도와 줄 사람이 없다는 취지의 피고인의 말은 피고인의 위 공소외인에 대한 개인적 의견이나 평가를 진술한 것에 불과하여 이를 신용훼손죄의 수단인 허위사실의 유포라고 볼 수 없다(대판 1983. 2. 8. 82도2486).

3) 업무방해죄

제314조 [업무방해] ① 제313조의 방법 또는 威力으로써 사람의 업무를 방해한 자는 5년 이하의 징역 또는 1,500만 원 이하의 벌금에 처한다.
　　②컴퓨터 등 정보처리장치 또는 전자기록 등 특수매체기록을 손괴하거나 정보처리장치에 허위의 정보 또는 부정한 명령을 입력하거나 기타 방법으로 정보처리에 장애를 발생하게 하여 사람의 업무를 방해한 자도 제1항의 형과 같다.

(1) 업무방해죄의 의의

가. 의의

본죄는 허위의 사실을 유포하거나 기타 위계 또는 위력으로써 사람의 업무를 방해하거나 컴퓨터 등 정보처리장치 또는 전자기록 등 특수매체기록을 손괴하거나 정보처리장치에 허위의 정보 또는 부정한 명령을 입력하거나 기타 방법으로 정보처리에 장애를 발생하게 하여 사람의 업무를 방해한 때에 성립하는 범죄이다(제314조). 재산죄로서의 성격도 겸유하면서, 인격적 활동의 자유를 보호하는 범죄이다.

나. 보호법익

본죄의 보호법익은 업무이다.

가) 업무의 의의

업무란 사람이 그 사회적 지위에 있어서 계속적으로 종사하는 사무 또는 사업을 말한다. 따라서 업무라고 하기 위해서는 사회적 지위와 계속성이라는 두 가지 요소를 갖추어야 한다. 보수의 유무나 영리의 목적의 유무를 불문하며, 주된 업무뿐만 아니라 부수적 업무도 포함한다. 업무의 주체는 자연인에 한하지 않고 법인은 물론 법인격 없는 단체도 포함한다.

나) 보호법익으로서의 업무

본죄는 업무는 보호법익으로서의 업무인 점에서 과실범에 있어서의 업무와 구별하여야 한다. 즉, 본죄의 업무는 ① 생명·신체에 위해를 가할 위험 있는 업무에 제한되지 아니하지만, ② 업무에 수반하거나 일시 오락을 위한 행위로 확대될 수 없고, ③ 형법에 의하여 보호할 가치 있는 업무에 제한된다는 점에서 업무상 과실치사상죄의 업무와 구별된다. 한편 형법상 보호할 가치 있는 업무인가의 여부는 그 사무가 사실상 평온하게 이루어지는 사회적 활동의 기반을 이루고 있느냐에 따라 결정되는 것이며, 그 업무가 적법하거나 유효할 것을 요하는 것은 아니다. 따라서 ① 행정청의 허가 없이 영업을 하고 있는 경우와 같이 행정적 훈시규정에 위반한 경우, ② 무효인 계약을 기초로 토지를 경작하는 것은 물론, ③ 대표선출에 관한 규정에 위배하여 개최된 유림회의도 본죄의 업무에 해당한다고 할 수 있다. 그러나 법원의 직무집행정지 가처분결정에 의하여 그 직무집행이 정지된 자가 법원의 결정에 반하여 직무를 수행하는 등 그 업무가 국법질서와 재판의 존엄성을 무시하는 경우에는 본죄의 업무에 해당하지 않는다는 것이 판례[199]이다.

다) 공무

업무상 과실치사상죄에 있어서의 업무는 사적 업무이건 공적 업무이건 묻지 아니함에 대하여, 본죄의 업무에 공무가 포함되느냐에 관하여는 ① 적극설, ② 소극설, ③ 비공무원에 의한 공무수행이나 비권력적 공무수행 또는 위력에 의한 공무집행방해의 경우에는 공무도 포함된다는 절충설 등의 견해가 대립된다. 그러나 형법은 본죄 이외에 공무집행방해죄를 별도로 규정하고 있고, 본죄는 개인의 경제활동의 자유를 보호하기 위한 범죄이므로 공무는 본죄의 업무에서 제외된다고 해석하는 소극설이 타당하다.

(2) 행위

허위의 사실을 유포하거나 기타 위계 또는 위력으로써 사람의 업무를 방해하는 것이다.

가. 업무방해의 방법

가) 허위사실의 유포와 위계

허위사실의 유포와 위계의 의미는 신용훼손죄의 그것과 동일하다. 허위사실의 유포도 위계의 예시에 지나지 않는다.

나) 위력

위력이란 사람의 의사의 자유를 제압·혼란케 할 만한 일체의 세력을 말하며, 유형적이든 무형적이든 묻지 않는다. 위력에 의하여 업무를 방해한 경우로는 ① 업무를 행하지 못하게 폭행 협박한 경우는 물론, ② 음식점이나 다방에서 고함을 지르고 난동을 부리거나, ③ 가옥을 명도받기 위하여 다방의 출입문을 폐쇄하거나, ④ 점포에서 영업을 하지 못하도록 단전조치를 한 경우, ⑤ 출입문에 바리케이트를 치고 모든 출입자의 출입을 통제한 경우 및 ⑥ 근로자에게 입갱하지 말 것을 선동하면서 탈의실을 점거농성하여 광업소의 조업을 방해한 경우, ⑦ 다수의 근로자들이 집단적으로 작업장을 이탈하거나 결근하는 등 근로의 제공을 거부함으로써 자신의 생산, 판매 등 업무의 정상적인 운영을 저해한 경우를 들 수 있다. 그러나 단순히 욕설을 하였다는 사실만으로는 본죄에 필요한 위력을 행사한 것이라고 할 수 없다.

나. 업무의 방해

업무를 방해한다 함은 업무의 집행 자체를 방해하는 경우뿐만 아니라, 업무의 경영을 저해하는 것도 포함한다. 본죄도 추상적 위험범이므로 업무를 방해할 우려 있는 상태가 발생하면 충분하다.

(3) 위법성

본죄의 법익은 처분할 수 있는 법익이므로 피해자의 승낙은 본죄의 위법성이 조각된다. 자구행위 또는 쟁의행위 등 정당행위도 그 요건을 충족하는 한 위법하다고 할 수 없다.

4) 컴퓨터업무방해죄

---

199) (대판 2002. 8. 23., 2001도5592)

(1) 의의

컴퓨터 등 정보처리장치 또는 전자기록 등 특수매체기록을 손괴하거나 정보처리장치에 허위의 정보 또는 부정한 명령을 입력하거나 기타 방법으로 정보처리에 장애를 발생케 하여 사람의 업무를 방해함으로써 성립하는 범죄이다(제314조 제2항). 보호법익이 업무인 점은 업무방해죄와 동일하다.

(2) 구성요건

가. 행위의 객체

가) 컴퓨터 등 정보처리장치와 전자기록 등 특수매체기록. '컴퓨터 등 정보처리장치'란 자동적으로 계산이나 데이터의 처리를 할 수 있는 전자장치로서, 컴퓨터시스템을 말한다. 또한 정보처리장치는 정보의 보존·검색 등 정보처리능력을 독자적으로 갖고 있는 것을 의미한다. 독자적인 정보처리능력을 갖고 있지 못한 자동판매기, 자동개찰기, 휴대용 계산기는 본죄의 객체가 되지 않는다.

나) 정보처리 장치에 하드웨어 이외에 소프트웨어를 포함한다는 견해가 있으나, 소프트웨어는 정보처리 장치가 아니라 전자기록에 해당한다고 보아야 할 것이다. 특수매체기록이란 전자기록, 전기적 기록, 광기술을 이용한 기록을 말하고, 컴퓨터 등 정보처리장치에 사용되는 기록에 국한된다. 특수매체기록이란 수록된 정보뿐만 아니라 정보를 수록하고 있는 매체를 포함된다. 예컨대, 컴퓨터디스켓, CD ROM, 마이크로필름, 녹화필름 등이 그것. 사람의 업무에 사용되는 것이면 족하고 기업체나 관청의 업무에 사용되는 것임을 요하지 않는다. 정보처리장치와 특수매체기록의 소유권의 귀속은 불문한다.

나. 행위

본조의 행위는 ① 컴퓨터 등 정보처리장치나 전자기록 등 특수매체기록을 손괴하거나, ② 정보처리장치에 허위의 정보 또는 부정한 명령을 입력하거나, ③ 기타의 방법으로 정보처리장치에 장애를 발생케 하는 것이다. 손괴는 정보처리장치나 특수매체기록에 대한 물리적인 파괴나 멸실 뿐만 아니라 전자적 기록을 소거하는 것을 포함한다. 허위의 정보 또는 부정한 명령을 입력하는 것은 진실에 반하는 정보를 입력하거나 주어서는 안 되는 프로그램을 입력하는 것을 의미한다. 기타의 방법은 컴퓨터에 대한 가해수단으로 컴퓨터의 작동에 직접 영향을 미치는 일체의 행위를 지칭한다. 가해행위의 결과로 정보처리장치에 장애가 발생하여야 한다. 정보처리장치의 장애란 컴퓨터의 정상적인 기능을 저해하는 것을 의미한다.

다. 업무방해

업무를 방해해야 한다. 그러나 방해의 결과가 현실적으로 발생하여야 하는 것이 아님은 업무방해죄의 경우와 동일하다.

라. 주관적 구성요건

본죄가 성립하기 위해서는 고의가 필요하며, 미필적 인식이 있으면 충분하다.

(3) 타죄와의 관계

본죄는 업무방해죄에 대한 특별유형이므로 본죄가 성립한 때에 업무방해죄는 성립할 여지가 없다. 컴퓨터를 손괴하여 업무를 방해한 때에는 손괴죄와 본죄의 상상적 경합이 된다. 본죄의 업무방해가 동시에 배임에 해당할 때에는 상상적 경합이 된다.

5) 경매·입찰방해죄

제315조 [경매, 입찰의 방해] 위계 또는 위력 기타 방법으로 경매 또는 입찰의 공정을 해한 자는 2년 이하의 징역 또는 700만 원 이하의 벌금에 처한다.

(1) 경매 · 입찰방해죄의 의의

위계 또는 위력 기타 방법으로 경매 또는 입찰의 공정을 해함으로써 성립하는 범죄이다(제315조). 경매 또는 입찰의 공정을 보호법익으로 한다.

(2) 행위

위계 또는 위력 기타 방법으로 경매 또는 입찰의 공정을 해하는 것이다. 경매 또는 입찰의 공정을 해한다는 것은 적정한 가격을 형성하는 공정한 자유경쟁이 방해될 우려 있는 상태를 발생시키는 것을 말하며, 공정을 해하는 행위에는 경매나 입찰가격을 결정하는데 있어서 뿐만 아니라 그 공정한 경쟁방법을 해하는 행위도 포함한다. 본죄도 추상적 위험범이므로 경매 또는 입찰의 공정을 해하는 행위가 있으면 기수가 된다.

> **판례** 담합행위가 공정한 가격을 해하거나 부정한 이익을 얻을 목적으로 행하여진 이상 위계에 의한 경매방해죄가 성립한다고 해야 하지만, 담합의 목적이 주문자의 예정가격 내에서 적정한 가격을 유지하면서 무모한 출혈경쟁을 방지함에 있고 낙찰가격도 공정한 가격의 범위 내인 때에는 담합자 사이에 금품의 수수가 있었다 하더라도 경매나 입찰의 공정을 해하였다고 볼 수 없으므로 경매 · 입찰방해죄는 성립하지 않는다(대판 1969. 7. 22. 69도1166).

> **판례** 경쟁입찰인 것처럼 가장하여 실질적으로 단독입찰을 한 경우는 무모한 출혈경쟁을 방지하기 위함이고 가격면에서 입찰실시자의 이익을 해하지 않았고 담합자 간에 금품 수수가 없더라도 입찰방해죄가 성립한다(대판 1999. 7. 23. 99도1630).

> **판례** 의료인이나 의료법인이 아닌 자가 의료기관을 개설하여 운영하는 행위는 그 위법의 정도가 중하여 사회생활상 도저히 용인될 수 없는 정도의 반사회성을 띠고 있으므로 이는 업무방해죄의 보호대상이 되는 업무에 해당하지 않는다 (대판 2001. 11. 30. 2001도2015).

> **판례** 직업안정법 제19조 제1항 소정의 직업소개사업이란 계속적 의사를 가지고 반복하여 직업소개를 행하는 것으로, 현실적으로 여러 차례 반복해서 행하는 것을 요하지는 않고 1회적인 행위라도 반복 · 계속하여 행할 의도 하에서 행해진 것이라면 거기에 해당한다. 따라서 1회적이거나 일시적인 직업소개행위라도 직업안정법 제19조 제1항 소정의 직업소개사업에 해당한다(대판 2001. 12. 14., 2001도5025).

> **판례** 업무방해죄의 성립에 있어서 업무방해의 결과가 실제로 발생함을 요하는 것은 아니고 업무방해의 결과를 초래할 위험이 발생하면 족하다고 할 것이며, 업무를 방해한다 함은 업무의 집행 자체를 방해하는 것은 물론이고 널리 업무의 경영을 저해하는 것도 포함한다. 피해자가 대표이사인 회사의 소방사업부장이 소속 직원들에게 허위의 사실을 유포하는 등의 방법을 사용하여 직원들로부터 사표를 제출받은 경우, 직원들이 집단적으로 사표를 제출함으로써 일시적으로나마 소방사업부의 업무에서 이탈하거나 업무를 중단할 위험이 생겼고 그로 인하여 피해자의 소방사업부 업무의 경영을 저해할 위험성이 발생하였다고 볼 것이므로, 업무방해죄가 성립한다(대판 2002. 3. 29. 2000도3231).

제 7 절 채무불이행자명부 등재신청

1. 의의

채무불이행자명부 등재신청이라 함은 채무자가 금전의 지급을 명한 판결 또는 지급명령이 확정되거나 화해조서 또는 민사조정조서가 작성된 후 6개월 내에 채무를 이행하지 아니 한 경우 채권자의 신청에 의하여 채무자를 채무불이행자명부하는 공부에 등재하여 일반인의 열람에 제공하는 명부를 말한다.

2. 등재신청

1) 신청권자. 요건 및 관할
(1) 명부등재는 채권자가 신청하여야 한다. 즉 신청권자는 재산관계명시 신청권이 있는 집행권원을 가진 채권자로서 동 집행권원이 효력을 발생한 시점부터 6월 이내에 채무자가 채무를 이행하지 않을 경우의 채권자이다. 신청은 서면으로 하여야하고, 신청의 요건을 증명하는 소명자료를 제출하여야 한다(제70조 2항).

(2)강제집행이 쉽다고 인정할 만한 사유가 없어야 한다(제71조 2항).

(3) 채무자가 금전의 지급을 명한 집행권원이 확정된 후 또는 집행권원을 작성한 후 6월 이내에 채무를 이행하지 아니한 경우, 또는 재산관계명시명령 절차에서 정당한 사유 없이명시기일에 불출석하거나 재산목록의 제출 또는 선서를 거부 또는 허위의 재산목록을 제출하여야 한다(제70조 1항).전자의 경우에는 채무자의 보통재판적이 있는 곳의 법원이 관할하고, 후자의 경우에는 명시절차를 실시한 법원이 관할한다(제70조 3항).

2) 심리와 재판
등재 신청에 대한 재판을 위하여 반드시 심문을 거칠 필요는 없으나, 법원은 필요하다고 인정할 때에는 이해관계인 그 밖의 참고인을 심문할 수 있다(민사집행규칙 제2조). 신청이 이유가 있는 때에는 법원은 등재를 결정하며 이유가 없거나 강제집행이 용이하다고 인정할만한 명백한 사유가 있을 때에는 법원의 결정으로 기각한다. 다만 채무자나 채권자는 즉시 항고할 수 있으나 집행정지의 효력은 없다(제71조 2항, 3항).

3) 명부의 비치, 열람, 말소
채무불이행자 명부 등재 결정이 내려지면 채무불이행자명부는 등재결정을 한 법원에 비치하며(제72조 1항), 그 부본을 채무자의 주소지 시·구·군·읍·면에 통보되어 비치한다. 이 명부는 인쇄물 등으로 공표할 수는 없으나 누구나 열람이 가능하다(제72조 2항). 변제 기타의 사유로 채무의 소멸이 증명된 때에는 법원은 채무자의 신청에 의하여 그 채무자를 명부에서 말소하는 결정을 하여야 한다(동규칙 제34조 1항). 또한 등재된 연도종결 후 10년이 경과되었을 때에는 법원은 직권으로 말소하는 결정을 해야 한다(제73조 3항).

제 8 절   재산명시제도

1. 의의 및 요건

1) 의의
재산명시제도라 함은 일정한 집행권원에 의거하여 금전채무를 부담하는 채무자가 채무를 이행하지 않는 경우에 법원이 그 채무자로 하여금 강제집행의 대상이 되는 재산과 일정기간내의 그 재산의 처분상황을 명시한 재산목록을 제출하게 하고 그 진실성에 관하여 선서하게 함으로써 그 재산 상태를 공개하는 제도이다.

2) 요건
(1) 채무자가 집행권원에 따라 금전채무를 부담할 것(제61조 1항)
(2) 채무자가 채무를 이행하지 않을 것
(3) 채권자가 강제집행을 개시 할 수 있을 것

(4) 채무자가 소송능력이 있어야 한다. 다만 소송무능력자인경우에는 법정대리인이 있을 것

(5) 채무자의 재산을 쉽게 찾을 수 있다고 인정할 만한 사유가 없을 것(제62조 2항)

2. 신청과 신청권자(민사집행법 제61조 1항)

명시명령은 채권자의 신청이 있어야 할 수 있다. 신청은 서면으로 한다(제4조). 신청을 함에는 강제집행개시의 요건을 갖추었음을 증명하는 문서(제39조, 40조 2항 등)를 붙여야 한다(제61조 2항). 신청권자는 다음과 같다.

(1) 확정판결 소지자

(2) 화해조서, 인락조서, 민사조정증서 소지자

(3) 확정된 지급명령권자

3. 관할과 명시신청

(1) 신청관할법원은 채무자의 보통재판적이 있는 곳을 관할하는 지방법원이다(제61조 1항).

(2) 명시신청에 대하여는 서면조사로 재판하고 채무자를 심문하지 아니한다(제62조 3항). 다만 법원은 필요하다고 인정하면 채권자를 심문할 수 있다(동규칙 제2조). 명시법원은 재산명시 신청에 정당한 이유가 있는 때에는 법원은 채무자에게 재산상태를 명시한 재산목록을 제출하도록 명할 수 있으나(제62조 1항), 정당한 이유가 없거나 채무자의 재산을 쉽게 찾을 수 있다고 인정한 때에는 결정으로 기각하며(제62조 2항), 명시기일을 정하여 채무자를 소환한다.

4. 명시명령에 대한 이의 등

(1) 명시명령에 대하여는 채무자는 이의신청할 수 있다. 이의신청은 명시명령의 요건을 갖추지 않았다는 이유로 하여야 한다. 명시명령이 채무자에게 발송된 후 7일 이내에 채무자의 이의신청이 없거나 이의신청이 기각된 때에는 즉시 발효된다. 채무자의 이의신청이 있는 때에는 법원은 기일을 정하여 채권자와 채무·소환·심리하여 "결정"으로 재판한다.

(2) 이의신청이 정당하면 법원은 명시명령의 취소를 결정하여야 한다. 취소결정에 대하여 채권자는 즉시항고 할 수 있다(제63조 5항). 이의신청이 이유 없거나 채무자가 정단한 사유 없이 심문기일에 출석하지 아니한 때에는 법원은 이의신청의 기각결정을 하여야 한다(제63조 4항). 명시기일에 출석한 채무자가 재산목록의 제출에 앞서 향후 3월 이내에 변제할 수 있음을 소명한 때에는 법원은 명시기일을 3월 범위 내에서 연기할 수 있고, 채무자가 그 명시기일에 채무액의 3분의 2이상을 변제하였음을 증명한 때에는 다시 1월의 범위 내에서 명시기일을 다시 연기할 수 있다.

(3) 선서의무

채무자는 명시기일에 재산목록이 진실함을 선서하여야 한다(제65조 1항). 선서에는 증인의 선서에 관한 민소법 제320조(위증의 벌에 대한 경고), 제321조(선서의 방식)의 규정을 준용한다(제65조 2항).

5. 재산목록의 제출범위

채무자는 명시기일에 재산목록을 제출하여야 한다. 재산목록에는 다음사항을 적어야 한다(제64조 2항).

(1) 강제집행의 대상이 되는 재산
① 부동산에 관한 소유권, 지상권, 전세권, 임차권, 부동산인도청구권 및 부동산에 관한 권리이전청구권, 등기 또는 등록의 대상이 광업권, 어업권, 기타 부동산에 관한 규정이 준용되는 권리 및 그에 관한 권리이전청구권되는 자동차, 산업기계, 선박, 항공기의 소유권, 인도청구권 및 그에 관한 권리이전청구권, 특허권, 상표권, 저작권, 의장권, 실용신안권 기타 이에 준하는 권리 및 그에 관한 권리이전청구권 등을 포함한다.
② 50만원 이상의 금전 및 합계액 50만원 이상의 어음·수표
③ 합계액 50만원 이상의 예금 및 보험금 50만원 이상의 보험계약
④ 50만원 이상의 금전채권 및 가액 50만원 이상의 대체물인도채권, 저당권 등의 담보물권에 의하여 담보되는 채권은 그 취지 및 담보물권의 내용
⑤ 합계액 50만원 이상의 주권, 국·공채, 회사채 기타의 유가증권
⑥ 정기적으로 받을 보수, 부양료 기타의 수입
⑦ 소득세법상의 소득으로서 제⑨호의 규정에 의한 소득을 제외한 각종 소득 중 그 각각이
연간 합계액 50만원 이상인 것
⑧ 합계액 50만원 이상의 금, 은, 백금, 금·은제품 및 백금제품
⑨ 품목당 30만원 이상의 시계, 보석류, 골동품, 예술품 및 악기
⑩ 합계액 50만원 이상의 사무기구
⑪ 품목당 50만원 이상의 가축 및 농기계를 포함한 각종 기계
⑫ 품목당 30만원 이상의 의류, 가구, 텔레비전 음향기구 등을 포함한 가사비품
⑬ 합계액 50만원 이상의 농·축·어업생산품, 공업생산품 및 재고상품
⑭ 위의 각 유체동산에 관한 인도청구권, 권리이전청구권, 기타의 청구권
⑮ 위의 규정되지 아니한 유체동산으로 품목당 30만원 이상인 것 및 그에 관한 인도청구권, 권리이전청구권 기타의 청구권
⑯ 가액 30만원 이상의 회원권 기타 이에 준하는 권리 및 그에 관한 이전청구권
⑰ 기타 강제집행의 대상이 되는 것으로서 법원이 범위를 정하여 기재를 명한 재산

(2) 채무자가 명시명령 송달 전 1년 이내에 채무자가 한 부동산의 유상양도(제64조 2항 1호)
명시송달 전 1년 이내란 명시명령이 채무자에게 송달된 날로부터 소급하여 1년 이내의 기간 중이라는 취지이다.

(3) 명시명령 송달 전 1년 이내에 채무자가 배우자, 직계혈족 및 4촌 이내의 방계혈족과 그 배우자, 배우자의 직계혈족과 형제자매에 대하여 한 부동산 이외의 재산의 유상양도(제64조 2항 2호)
여기서 부동산이외의 재산은 집행법상의 동산(유체동산. 금전채권. 유체물의 인도 또는 권리이전의 청구권, 그 밖의 재산권)을 말한다. 또한 배우자는 재산목록제출 당시의 배우자뿐만 아니라 양도처분 당시에 배우자였던 자도 포함 한다.

(4) 명시명령의 송달 전 2년 이내에 채무자가 한 재산상의 무상처분(제64조 2항 3호)
여기서의 재산의 종류는 묻지 않고 또 상대방이 누구인가에 관계없이 무상으로 처분한 것이면 모두 적어야

한다.

6. 재산목록의 열람 · 복사

채무자에 대하여 강제집행을 개시할 수 있는 채권자는 별도의 구비서류 없이 법원에 대하여 재산목록의 열람 또는 복사를 청구할 수 있다(제67조). 그 밖의 채권자는 집행력 있는 정본과 강제집행의 개시에 필요한 문서를 붙여 열람, 복사를 청구하여야 한다.

7. 명시의무위반자에 대한 처벌규정

(1) 채무자가 정당한 사유 없이 명시기일에 불출석, 재산목록 제출거부, 선서 거부행위를 한 경우에는 법원은 결정으로 20일 이내의 감치에 처한다(제68조 1항). 또한 채무자가 거짓의 재산목록을 제출한 때에는 3년 이하의 징역 또는 500만원 이하의 벌금에 처한다(제68조 9항).

(2) 채무자가 법인 또는 비법인 사단 · 재단인 때에는 양벌규정을 두어 위와 같은 행위를 한 대표자나 관리인을 벌하는 외에 채무자인 법인 등에 대하여도 위 예에 따라 처벌한다(제68조 10항).

05장

부동산강제경매

제 1 절   부동산집행절차 개요

1. 집행의 대상

1) 집행대상 부동산

부동산에 대한 강제집행의 대상목적물로서 가장 대표적인 것은 토지와 그 토지의 정착물 중 등기된 것과 등기가 가능한 것이다. 따라서 토지와 그 토지의 정착물이라도 등기가 가능하지 않은 것은 부동산집행의 대상이 되지 않는다(제189조 2항, 제81조 1항). 그리고 토지의 정착물로서 현행법상 등기가 가능한 것으로는 건물과 입목을 들 수 있다.
  (1) 부동산의 공유지분
  (2) 지상권과 그 공유지분, 전세권
  (3) 공장저당권이 미치는 토지 및 건물과 이에 부가되어 일체를 이루는 물건 및 이에 설치된 기계, 기구 기타 공용물
  (4) 공장재단과 광업재단
  (5) 광업권과 조광권
  (6) 어업권과 유료도로관리권 및 특정다목적댐사용권

2) 집행이 금지되는 부동산

법률에 의하여 매도나 담보제공이 금지되어 있는 부동산에 대하여는 강제집행을 하지 못한다. 또한 법률에 의하여 매도나 담보제공이 금지되어 있지 않은 경우라도 압류가 금지되어 있는 부동산에 대하여도 강제집행을 하지 못한다.
  (1) 학교법인의 기본재산 중 학교교육에 직접 사용되는 부동산
  (2) 학교법인이 아닌 사립학교경영자의 재산 중 학교교육에 직접 사용되는 부동산
  (3) 전통사찰의 소유에 속하여 전법에 제공되는 경내지 등
  (4) 향교재단의 소유에 속하는 향교건물 및 대지로서 등기된 것 중 대통령령으로 정하는 것

3) 다른 종류의 재산과 일괄매각

법원에서는 부동산을 매각할 경우에 그 위치 · 형태 · 이용관계 등을 고려하여 다른 종류의 재산을 그 부동산과 함께 일괄매수하게 하는 것이 적당하다고 인정하는 때에는 직권으로 또는 이해관계인의 신청에 따라 일괄매각하도록 결정을 할 수 있다(제98조 2항).

4) 집행이 제한되는 부동산

법률에 의하여 매도나 담보제공이 금지되는 것은 아니지만, 미리 주무관청의 허가를 얻도록 되어 있는 재산도 있다. 이들 재산에 관하여는 강제집행의 대상으로 할 수 있으나 그 강제집행신청을 하려면 그 신청서에 주무관청의 허가서를 첨부하여야 한다.

(1) 학교법인의 기본재산으로서 학교교육에 직접 사용되지 않는 부동산

(2) 공익법인의 기본재산이 되는 부동산

(3) 의료법인의 재산인 부동산

(4) 전통사찰에 속하는 대지, 전답, 임야 및 건조물

(5) 향교의 유지운영을 위하여 조성된 부동산

2. 부동산집행의 방법으로서 강제경매와 강제관리

부동산에 대한 금전집행의 방법으로는 강제경매와 강제관리가 있다. 강제경매는 채무자의 부동산을 압류 · 매각하여 그 대금으로 압류채권자와 배당요구채권자의 채권을 만족시키는 제도를 말한다. 강제관리는 채무자의 부동산을 압류한 후 이를 관리인에게 관리시켜 그 수익으로 압류채권자와 배당요구채권자의 채권을 만족시키는 제도를 말한다. 강제관리는 채무자가 그 소유권을 가지고 있는 대신에 그 사용. 수익권을 잃는다. 반면 강제경매는 매각으로 채무자가 집행목적물의 소유권을 잃게 되나 매각 때까지는 사용. 수익권을 가지고 있는 것이 특징이다. 채권자는 자기의 자유선택으로 강제경매나 강제관리 중 하나의 방법으로 또는 두 개의 방법을 병행해서 강제집행 할 수 있으며, 실무상으로는 대체로 강제경매를 선택하고 강제관리와 병행하는 일은 거의 없다.

제 2 절   경매신청절차

경매신청 및 경매개시 결정

법원은 경매개시결정을 하여 (채권자의 신청) 목적부동산을 압류하고 관할 등기소에 경매개시결정의 기입등기를 촉탁한다. 등기관은 등기부에 기입등기를 하여야 한다. 그 후 경매개시결정 정본을 채무자에게 송달하게 된다.

배당요구 종기결정. 공고

민사집행법은 구 민소법과 달리 법원이 정한 배당요구의 종기까지만 배당요구를 할 수 있도록 하고 있다. 배당요구의 종기는 경매개시결정에 따른 압류의 효력이 생긴 때로 부터 1주일 내에 결정하되, 종기는 첫 매각기일 이전의 날로 정하게 된다.

매각 준비 단계

환가의 준비절차로서 부동산은 현황과 점유관계, 차임 또는 보증금액수, 기타 등에 관하여 조사를 명하고, 감정평가기관에 부동산을 평가의뢰 하여 최저매각가격(최저입찰가격)을 정한다.

매각결정기일의 지정, 공고 · 통지

기일입찰방법과 일정기간의 입찰기간을 정하여 입찰을 실시하는 기간입찰방법 중 하나를 택하여 매각기일 등을 지정, 통지, 공고한다.

매각실시

①기일입찰의 경우 : 집행관이 집행보조기관으로서 미리 지정된 기일, 장소에서 매각을 실시하여 최고가매수신고인 및 차순위매수신고인을 정한다.

②기간입찰의 경우: 매각기일에 입찰기간 동안 접수된 입찰봉투를 개봉하여 최고가매수신고인과 차순위매수신고인을 정하기만 할 뿐 직접 입찰을 실시하지는 않는다.

매각허부의 결정절차

법원은 매각결정기일에 이해관계인의 의견을 들은 후 매각허부결정을 한다. 매각허부의 결정에 대하여 이해관계인은 즉시항고 할 수 있다.

매각대금의 납부

매각허가결정이 확정되었을 때에는 법원은 대금지급기한을 정하여 매수인에게 매각대금의 납부를 명한다. 매각허가결정이 확정되면 법원은 대금지급기한을 지정한다. 매수인은 지정기간 내에 언제든지 대금을 납부할 수 있다.

배당절차

매수인의 대금완납으로 법원은 배당기일을 정하여 이해관계인과 배당을 요구한 채권자에게 통지하여 배당을 하게 된다.

소유권이전등기 등의 촉탁, 부동산 인도명령

매수인은 매각허가결정이 선고된 후에는 매각부동산의 관리명령을 신청할 수 있다. 또한 대금 완납 후에는 인도명령을 신청할 수 있다. 매수인이 대금을 완납하면 부동산의 소유권을 취득하므로, 집행법원은 매수인으로부터 필요서류의 제출이 있게 되면 매수인을 위하여 소유권이전등기, 매수인이 인수하지 아니하는 부동산상의 부담의 말소등기를 등기관에 촉탁하게 된다.

1. 경매의 신청

1) 경매신청 대상물건의 선정

(1) 자신이 가지고 있는 당해물건에 대한 채권 보다 선순위의 채권이 과다하여 비록 경매가 된다 하더라도 금융기관에 배당될 여력이 없는 경우에는 경매신청을 하지 않는 것이 좋다. 그래도 경매를 신청하는 경우에는 금융기관이 선순위 부담과 절차비용을 변제하고 잉여가 있을 가격으로 그 가격에 매수할 것을 신청하고 이를 위한 충분한 보증을 제공하지 아니하면 경매절차는 취소된다. 즉 무잉여인 경우에 경매신청은 불필요한 경매비용만 부담하게 된다.

(2) 일개 또는 수 개의 담보물이 있는 경우

1개의 부동산의 매득금으로 채권전액을 회수할 수 있는 경우라면 다른 부동산에 대하여는 경매신청을 하지 않아야 한다. 일괄 매각되는 경우의 매각불허 규정에 의하여 불필요한 경매비용만 지출하게 된다. 여러 개의 담보물이 있는 경우에 그 중 어떤 담보물에 대하여 경매신청 할 것인가, 전부에 대하여 할 것인가, 일부에 대하여 할 것인가에 대하여는 제한이 없다.

(3) 일괄매각신청과 분할매각신청

가. 법원은 수개의 부동산의 위치, 형태, 이용관계 등을 고려하여 이를 동일인에게 일괄매수 시키는 것이 합리적이라고 인정한 때에는 일괄경매 할 수 있다.

　　가) 아파트와 같은 공동주택 : 대지건물 일괄 경매가 원칙

　　나) 공장저당법에 의해 담보대상이 된 공장과 그 공장 내의 기계 등은 하나로 보아 대지와 건물 또는 기계를 일괄 경매한다.

나. 두개 이상의 부동산에 대한 경매가 진행될 때 응찰자의 요구가 있거나 경매진행상 유리하다고 법원이 판단한 경우에는 부동산을 나누어서 매각하게 된다. 예컨대 한사람이 아파트와 주택으로 하나의 저당권을 설정했다가 경매될 경우 두 부동산을 한꺼번에 살 사람이 없어 처음에는 유찰되기가 쉬운데 이때 이것을 나누어 경매하는 것을 분할매각이라고 한다. 이러한 분할 또는 일괄매각은 법정매각조건이 아니고 법원의 자유재량에 의하도록 되어 있다.

(4) 공장저당법에 의한 경매신청

공장저당법에 의하면 공장저당의 목적 부동산은 이에 설치된 기계기구 및 공장의 공용물과 분리하여 임의적으로 일부분에 대하여 경매신청 하는 것은 허용되지 않는다. 단, 기계기구에 대하여 법률상 또는 사실의 이유로 저당권을 실행할 수 없는 때에는 토지나 건물에 대히서만 경매 신청한다. 특히 주의하여야 할 점은 같은 기계를 수차에 걸쳐 저당목록에 포함하였을 경우에는 경매신청서에 동 사실을 소명하여 후에 보정명령에 의하여 보정하는 일이 없도록 하는 것이 좋다.

2) 청구금액의 결정

경매청구금액은 각종 경매예납비용 및 등기비용의 기준이 된다. 채권자는 그 채권의 일부만을 청구할 수 있으므로 청구금액을 명확히 기재하여야 하며, 그 금액은 집행권원에 표시된 채권액의 범위 내에 다른 채권과 구별할 수 있을 정도로 특정되어야 한다. 청구금액은 반드시 정액의 표시가 있어야 하는 것은 아니다. 이자채권 등의 경우와 같이 기간과 액수, 이율 등으로 계산가능한 표시가 있으면 된다. 일부청구의 경우 강제집행절차 개시 후에는 청구금액의 확장은 허용되지 아니하므로 나머지 채권에 관하여 배당요구를 하지 아니하는 한 변제를 받지 못할 것이나, 집행권원에 원금 외에 이자채권이 포함되어 있는 경우에는 경매신청에서 이자채권에 관하여 표시가 없었다 하더라도 배당 시에 채권계산서에 기재하면 배당 받을 수 있다.

3) 경매신청비용의 가지급금 처리

경매진행에 소요되는 비용이라 함은 부동산의 감정료, 경매수수료, 공과 및 임대차조사비용 등의 각종 수수료와 송달료이며, 이 비용은 가지급금으로 처리하고 그 지급증빙서를 보관하여야 한다.

4) 신청의 방식

금융기관은 부동산에 대한 경매신청 시 소정의 사항을 기재한 경매신청서와 그에 대한 첨부서류 및 인지를 붙여서 관할법원에 제출해야 한다. 아울러, 금융기관은 그 경매절차를 진행시키는데 소요되는 비용으로서 법원이 정하는 금액을 예납하여야 한다(제4조, 제18조, 제79조, 제80조, 제81조 민사소송등인지법 제9조 2항).

2. 신청서의 기재사항

1) 채권자(신청인)

자연인의 경우는 그 성명과 주소를 기재하면 되나, 법인인 경우에는 법인의 명칭과 주된 사무소 및 대표자의

성명과 주소를 기재하여야 한다. 그리고 채권자의 현재의 주소가 집행권원이나 등기부상에 기재된 것과 다른 때에는 양 주소를 병기하고 주민등록등본 또는 법인등기부등본 등으로 이를 증명하면 된다.

2) 채무자 · 소유자
채무자와 소유자의 표시도 전술한 채권자의 경우와 동일한 방식으로 기재하면 된다.

(1) 집행권원 및 담보권
집행력 있는 정본에 의한 경매신청의 경우는 채무자와 소유자가 일치함에 따라 별도로 소유자를 표시할 필요가 없으나, 담보권에 의거한 경매신청의 경우에는 채무자와 소유자가 반드시 일치하는 것이 아니므로 채무자 이외에 소유자도 표시하여야 한다.

(2) 공유부동산의 지분
공유부동산의 지분에 대한 경매신청에 있어서는 채무자인 공유자 이외에 공유자 전원의 성명 · 주소 및 채무자가 가지는 지분의 비율을 기재하여야 한다. 이 경우는 다른 공유자에게 강제경매의 신청이 있음을 통하여야 하고 또 최저매각가격은 채무자의 지분에 대해서만 정해지기 때문이다(제139조). 토지 중 특정부분 또는 1동의 건물의 특정부분에 대한 구분소유적 공유관계를 표상하는 공유지분등기에 근저당권이 설정되고 그 근저당권의 실행으로 그 공유지분을 취득한 매수인은 그 구분소유적 공유지분을 그대로 취득한다.[200]

(3) 가압류 등기한 후 제3자에게 목적물의 소유권 이전등기가 된 당사자의 표시
가압류등기를 한 후 채무자로부터 제3자에게 소유권이전등기가 된 경우 경매신청을 함에 있어서는 별도로 제3자를 소유자로 기재할 필요가 없다. 다만 집행권원이 된 채권이 가압류의 기본인 채권과 동일하다는 사실을 증명하여야 한다. 실무에서는 채무자란에 가압류채무자를, 소유자란에 현 소유자를 제3취득자로 기재하고 있고, 경매개시결정문에도 현 소유자를 제3취득자로 표시하고 있으며, 동인에 대한 송달도 하고 있다.

(4) 사망으로 인한 상속
경매신청 전에 채무자 또는 소유자가 사망하였을 경우에는 그 상속인을 채무자 또는 소유자로 표시하여야 한다. 그리고 이 경우 상속인이 상속등기를 하지 않고 있을 때에는 경매신청인은 현재의 소유자인 상속인을 대위하여 상속등기를 하고 그 상속인을 채무자 또는 소유자로 표시하여 경매신청을 하는 것이 원칙이다.

가. 집행력 있는 정본에 의한 경우
승계집행문을 부여받아야만 채권자가 경매신청을 할 수 있는 것인데, 이러한 요건을 구비하고 있지 않은 때에는 상속인 또는 기타의 이해관계인으로부터 경매개시결정에 대한 이의로 다툴 수 있다. 경매법원은 채무자의 사망이 확인되면 경매개시결정을 취소하고, 만일 이를 간과하고 경매절차가 진행된 때에는 무효로 되는 것으로 보아야 한다.

나. 담보권에 의한 경우
판례에 의하면 저당권설정등기에 표시된 채무자 및 저당부동산의 소유자와의 관계에서 그 절차가 진행되는 것이므로, 경매개시결정 당시 이미 채무자나 소유자가 사망하였다 하여도 그 상속인이 상속등기를 하지 않고 있는 이상, 사망한 자를 채무자나 소유자로 표시하여 경매절차를 진행하더라도 무방하다. 이에 따라 담보권에 의한 경우에는 대위상속등기를 하는 경우가 거의 없고 보통 사망자를 그대로 채무자 · 소유자로 표시

---

200) (대판 1991. 8. 27, 97다 3703).

하여 일단 신청하였다가 경매개시결정 후에 상속등기가 이루어지면 경정신청을 하고 있다.

다. 관할법원
가) 강제경매신청의 관할법원은 경매 대상 부동산의 소재지의 관할법원이다. 부동산이 여러 지방법원의 관할구역에 있는 때에는 각 지방법원에 관할권이 있지만, 이 경우 법원은 필요하다고 인정한 때에는 사건을 다른 관할지방법원으로 이송할 수 있다(제79조, 제268조, 제21조).

나) 각각 경매신청 된 여러 개의 재산 또는 다른 법원이나 집행관에 계속된 경매사건의 목적물에 대하여 위치 · 형태 · 이용관계 등을 고려하여 법원은 이를 일괄매수하게 하는 것이 적당하다고 인정하는 경우에는 직권으로 또는 채권자의 신청에 따라 일괄매각하도록 결정할 수 있다(제99조 1항).

4) 부동산의 표시
객관적으로 보아 당해부동산의 동일성을 인식할 수 있을 정도로 강제경매의 대상이 될 부동산을 특정하여 표시하여야 하며, 등기된 부동산의 경우에는 일반적으로 부동산등기부등본의 표제부사항을 기재하면 된다. 구분소유의 경우에는 1동의 건물 중 구분소유로 된 부분을 특정할 수 있도록 표시하여야 한다.

(1) 실측내용과 다를 경우
경매신청 하는 부동산의 표시는 당해 부동산의 등기부등본의 표시대로 기재하는 것이 보통이나 건물의 현황이 증 · 개축으로 등기부표시와 다른 경우에는 건물의 동일성을 인식할 수 있는 한 등기부표시와 실측표시를 아울러 기재하여야 한다.

(2) 미등기부동산의 경우
미등기의 경우에는 집행법원의 경매개시결정등기의 촉탁이 있으면 등기관은 직권으로 그 부동산의 소유권보존등기를 하여야 하므로 (부등법 제134조) 경매신청서 중 부동산표시의 항에 미등기하는 취지를 부기하도록 하였다.

(3) 공유지분이 있는 경우
공유지분에 대한 경매신청인 경우에는 그 전체 부동산의 표시를 하고 경매대상인 채무자의 지분표시로써 지분권자의 성명 · 주소 · 지분비율을 표시하고 아울러 타 공유자의 성명 · 주소도 표시하여야 한다. 지분비율에 대한 등기가 되어 있으면 등기기준으로, 미등기 되어 있으면 균등하게 안분비율로 표시하면 된다. 만일, 근저당권이 설정된 토지가 합필된 경우에는 다시 분필등기를 하지 않으면 경매신청을 할 수 없다. 왜냐하면 합필의 토지 중 일부에 대한 경매는 할 수 없기 때문이다.

5) 경매의 원인사유
(1) 담보권에 기한 경매신청의 경우
담보권의 존재와 담보되는 채권이 연체에 빠진 사실을 기재하면 된다. 집행력 있는 정본에 의한 경매신청의 경우는 경배의 원인이 되는 채권과 집행할 수 있는 일정한 집행권원을 기재하면 된다.

(2) 금융기관은 담보되는 채권의 금액이나 경매의 원인이 된 일정한 채권은 다른 채권과 구분할 수 있을 정도로 특정해야 하며 그 금액을 명확히 기재하여야 한다. 이 기재는 반드시 금액의 액수로 표시하는 것이 이자채권 · 지연배상금채권 등의 경우와 같이 기관과 이율 등으로 계산 가능한 표시를 한 것이면 정액으로 표시하

지 않아도 된다.

(3) 채권액 중 일부금액만 표시하여 경매신청 한 경우
이후 채권계산서의 제출이나 배당요구의 방법으로 청구금액을 확장할 수 없으므로 경매부동산의 제출인자 배당요구의 방법으로 청구금액을 확장할 수 없으므로 경매부동산의 가액과 경매비용 등을 고려하여 적절한 청구금액을 기재하도록 하여야 한다.

6) 대리인의 표시
(1) 대리인에 의하여 경매신청을 하는 경우에는 신청서에 대리인의 이름, 주소를 기재한다.

(2) 채권자, 채무자가 소송무능력자인 경우엔 법정대리인을 표시하여야 한다. 법정대리인이 없으면 특별대리인의 선임을 신청하여 그 선임된 자를 표시하여야 한다.

(3) 본인이 임의로 대리인을 선임하여 경매신청을 하는 경우에는 그 대리인은 변호사이어야 한다. 다만 당사자와 밀접한 생활관계를 맺고 있고 일정한 범위 안의 친족관계에 있는 사람 또는 일정한 고용계약 등으로 그 사건에 관한 통상사무를 처리 · 보조하여 오는 일정한 관계에 있는 사람은 경매신청시 법원의 허가를 받아 대리인이 될 수 있다.

(4) 지배인(상법 제11조), 부재자의 재산관리인(민법 제22조 2항), 선박관리인(상법 제761조) 등은 법률에 의하여 재판상의 행위를 할 수 있는 대리인 이므로 이 자들에 의하여 경매신청이 가능하다. 이러한 경우에는 대리인의 자격도 표시하여야 한다.

(5) 변호사에게 위임한 경우에는 변호사가 서명날인 하여 집행법원에 제출하지만 법무사를 이용하는 경우에는 모든 경매신청서의 서명날인을 금융기관의 지배인인 결재권자 또는 영업점장의 직인으로 하여야 하며 법무사는 경매신청서를 접수하는 행위만을 대리하게 된다.

3. 첨부서류

1) 강제경매 시 첨부서류
(1) 집행권원의 집행력 있는 정본 및 동 송달증명서
집행력 있는 정본의 제출은 강제집행신청의 일반적 요건이다. 또한 집행력 있는 정본은 강제집행속행의 요건이므로 집행의 종료 시 까지 이를 반환하여서는 안 된다. 또한 채권자는 집행권원이 채무자에게 송달되었다는 것을 증명하는 서면을 집행법원에 제출하여야 한다.

(2) 부동산등기부등본이나 이를 대신할 수 있는 서류
채무자의 소유로 등기되지 아니한 부동산에 대하여는 즉시 채무명의로 등기할 수 있다는 것을 증명 할 서류, 다만 그 부동산이 등기되지 아니 한 건물인 경우에는 그 건물이 채무자의 소유임을 증명 할 서류, 그 건물의 지번, 구조. 면적을 증명 할 서류 및 그 건물에 관한 건축허가 또는 건축신고를 증명할 서류

(3) 강제집행개시의 요건이 구비되었음을 증명하는 서류
집행권원의 송달증명서, 조건성취를 채권자가 증명하여야 하는 경우의 조건성취집행문(조건이 채권자의

담보제공인 경우 제외)과 승계집행문 및 각 경우의 증명서(승계사실이 법원에 명백한 경우의 제외)의 송달증명서, 담보제공의 공정증서 및 그 등본의 송달증명서, 반대의무의 이행 또는 이행제공을 증명하는 서면, 집행불능증명서(집행불능에 대비한 대상청구의 경우)

(4) 부동산 목록 30통

(5) 등록세(청구채권액의 2/100)와 지방교육세(등록세의 20/100)를 납부한 영수필통지서 1통 및 영수필확인서 1통

(6) 경매수수료 예납
경매절차에 있어서 필요한 송달료, 감정료, 현황조사료, 신문공고료, 집행관수수료 등의 비용에 대한 대략의 계산액을 예납하여야 한다.

2) 임의경매 시 첨부서류
(1) 채권증서 등 피담보채권을 소명할 서류, 약속어음, 소비대차약정서, 여신거래약정서, 대출신청서 등 채권증서사본

(2) 담보권의 존재를 증명하는 서류(예:근저당권설정계약서사본과 대상 부동산의 등기부등본 등)(제264조 1항)
담보권이라 함은 저당권, 근저당권, 질권, 가등기담보권, 담보권화 한 전세권 등이며, 담보권을 증명하는 서류로는 담보권등기 있는 부동산등기부등본, 담보권의 존재를 증명할 확정판결, 담보권의 존재가 인정되는 화해 · 인낙 · 민사조정조서 · 가사조정조서 · 담보권의 존재가 증명될 공정증서 등이다. 실무상으로는 근저당권설정계약서사본과 부동산등기부 등본을 동시에 제출하므로 기타 증명은 첨부할 필요가 없을 것이다.

(3) 담보권승계의 증명서류(제264조 2항)
① 상속의 경우 : 가족관계증명서와 제적등본
② 합병의 경우 : 회사등기부등본
③ 특정승계의 경우 : 담보권 이전의 부기등기가 된 등기부등본

(4) 강제경매신청시의 위 기타서류

3) 그 밖의 첨부서류
(1) 채권자, 채무자가 행위무능력자인 경우 또는 법인인 경우
무능력자의 접정대리인과 법인의 대표자인 자격을 증명하는 서면 : 가족관계증명서, 상업등기부등본 · 초본

(2) 소송대리인에 의한 경매신청의 경우
대리권을 증명하는 서면 : 소송대리허가신청서, 소송위임장 및 인감증명서, 단, 집행권원이 판결인 경우 그 판결의 소송대리인으로 표시된 자가 경매신청을 함에 있어서는 이 서면의 첨부는 필요하지 않다.

(3) 부동산목록 30통
집행법원이 이를 작성하여야 하나, 실무상 법원의 사무처리의 편의를 위하여 실무상 신청인에게 위 목록 약

30통을 제출시키고 있다.

(4) 경매개시결정등기 등록세 및 영수필확인서 · 영수필통지서

경매신청인은 경매개시결정의 등기를 함에 있어서는 채권금액의 2/1000에 해당하는 등록세(지방세법 제131조 1항 7호) 및 그 등록세액의 20/100에 해당하는 지방교육세를 납부하여야 하고(동법 제260조의 3), 집행법원이 위 기입등기촉탁을 함에 있어서는 등록세를 납부할 자, 즉 경매신청인으로 하여금 등록세영수필통지서 1통과 영수필확인서 1통을 제출케하여 이를 등기촉탁서에 첨부하여 등기소에 송부하여야 하므로(동법 시행령 제92조) 경매신청인은 적어도 법원의 등기촉탁전 까지는 위 영수필통지서와 영수필확인서를 법원에 제출하여야 하는바, 실무상으로는 통상 경매신청시에 위 영수필통지서 등을 함께 제출하고 있다.

(5) 법인등기부초본(채권자)

(6) 지배인초본 등(채권자)

4. 인지첨부 및 비용예납

1) 인지첨부
경매신청은 소정의 인지를 부동산경매신청서에 붙여서 경매를 신청한다. 여러 개의 집행권원 또는 저당권에 기하여 신청을 하는 경우에는 집행권원 또는 저당권의 수에 따라 인지를 붙여야 한다. 그리고 경매신청인은 신청서에 인지를 붙이는 것에 갈음하여 인지액 상당액을 현금으로 납부할 수도 있다(민사소송등인지법 제1조 단서 ; 민사소송등인지규칙 제27조).

2) 비용예납
(1) 필요비용의 예납
경매신청을 하는 때에는 신청인은 그 경매에 필요한 비용으로서 법원이 정하는 금액을 예납하여야 하며, 법원으로부터 부족한 비용납부 명령을 받은 때에도 추가 납부하여야 한다(제18조 1항). 예납을 요하는 비용으로는 목적물의 평가감정료, 현황 조사료, 공고 및 송달비용, 경매수수료 등이 있다. 다만, 경매신청서에 붙인 인지액과 경비예납 비용의 최종 부담자는 집행채무자이므로 경매신청인은 그 해당액에 관하여 대상목적물 매각대금으로부터 우선적으로 회수하게 된다(제53조 1항).

(2) 예납금의 납입방법
신청인이 경매법원으로부터 예납금 납부명령을 받아 이를 회계에 납부하여 영수증을 받는다. 그리고 법원의 담임서기는 납부인을 통하여 출납공무원으로부터 회부된 보관표를 기록에 첨부한다. 그리고 경매신청 기입등기 소요 등록세 등은 현금을 국고수납대행기관에 납부하고, 그 영수증을 법원에 제출한다.

(3) 송달비용
송달비용에 관하여는 대법원이 공포한 송달료규칙과 이 규칙을 시행하기 위하여 제정한 대법원예규(송달료규칙의 시행에 따른 업무처리의 요령)에 의거 대법원이 지정한 송달료수압은행에 송달료를 납부하여야 한다(송달료규칙 제3조 1항). 송달료는 우표가 아인 현금으로 납부하여야 하며, 수납은행으로부터 송달료납부서, 송달료영수증 각 1통을 교부받아야 한다. 다만, 현금지급기 또는 현금입 · 출금기를 이용하여 송달료를 납부하는 때에는 그 이용명세표로 송달료납부서에 갈음할 수 있다.

5. 다른 절차 진행 중의 경매신청

1) 다른 경매가 진행 중인 경우

금융기관의 담보부동산에 대하여 제3자가 임의경매나 강제경매를 신청하여 이미 경매가 진행 중인 경우에도 필요하면 당해금융기관도 이중으로 경매신청 하여 경매개시결정을 얻을 수 있다. 이러한 경우의 경매는 먼저 개시결정 한 경매절차에 따르고 선행하는 경매신청이 취하되거나 그 절차가 취소 또는 정지된 때에 후행하는 경매절차에 의하여 진행된다(제87조 1항, 2항).

2) 가압류, 가처분 있는 경우

이 경우에도 저당권에 의한 경매신청은 가능하다. 다만, 저당권자는 가압류권자와 동순위의 권리자로서 저당권금액에 따라 안분 비례하여 배당받게 되며, 가압류권자는 가배당을 받게 된다. 처분금지가처분의 등기가 있은 후에 동 부동산에 금융기관이 저당권을 설정한 경우에도 경매신청은 가능하다. 이 경우에도 개시결정의 등기 후에 가처분의 취소 시까지 경매절차의 진행은 보류된다.

3) 파산절차가 진행 중인 경우

이 겨우 금융기관은 저당권자로서 별제권을 가질 수 있으며, 그 별제권은 파산절차에 의하지 아니하고 행사한다(통합도산법 제411조). 따라서 파산절차가 진행 중인 파산재단에 속하는 재산에 대하여도 경매신청은 가능하며 경매과정에서 채권전액을 회수하지 못할 경우에 그 잔여채권은 파산절차를 통하여 일반채권자로서 변제받을 수 있다.회사정리절차가 진행 중인 경우

4) 국세체납처분에 의한 공매가 진행 중인 경우(판례)

이 경우에는 양 절차 중 먼저 소유권을 취득한 자가 진정한 소유자가 되며 다른 절차는 취소된다. 그러나 공매절차를 통하여서는 저당권자는 저당권에 기한 우선변제를 받을 수 있으므로 특별한 사정이 없는 한 별개로 경매신청 할 필요는 없다.

제 3 절 경매개시결정절차

1. 경매개시결정

1) 심리방식

(1) 강제 경매의 신청이 접수되면 집행법원은 그 신청서의 기재 및 첨부서류에 의하여 강제집행의 요건, 집행개시요건 및 강제경매에 특히 필요한 요건, 즉 부동산이 채무자의 소유인지, 압류금지부동산인지의 여부에 관하여 형식적 심사를 하여, 경매신청서의 첨부서류에 의하여 형식적·실질적 요건이 구비되어 있으면 법원이 경매개시결정을 하며, 동시에 대상부동산을 압류한다는 집행법원의 선언인 재판으로서 부동산경매절차의 첫 단계라고 할 수 있다(제83조 1항, 5항, 제268조).

(2) 집행법원은 경매신청에 이유가 없으면 기각하고, 요건에 흠결이 있으면 보정이 가능한 것이면 보정을 명하고 보정할 수 없는 경우나 보정에 불응하면 각하한다. 이에 대하여는 즉시항고 할 수 있다.

2) 경매개시결정의 효력

(1) 압류의 효력발생시기

강제경매개시결정에 따른 압류의 효력은 경매개시결정이 부동산의 소유자에게 송달된 때 또는 경매개시결정기입등기촉탁에 의하여 경매개시결정의 등기가 된 때에 발생하며(제83조 4항), 이 개시결정은 대상부동산을 압류하는 효력이 있다. 위의 양 시기가 일치하지 않은 경우, 소유자에 대해서는 먼저 행하여진 때에 압류효력이 발생하지만, 제3자에 대해서는 거래의 안전을 위하여 경매개시결정 기입등기가 된 때에 발생하는 것으로 보아야 한다. 그러나 제3자가 대상부동산의 권리취득 시 경매신청 또는 압류가 있었다는 사실을 알았을 경우에는 경매개시결정은 정상적으로 진행될 것이다(제92조 1항).

(2) 압류의 효력
가. 압류채권자에 대한 효력

압류채권자는 압류부동산에 대한 환가대금에서 채권을 변제받게 된다. 다만 동 처분대전은 우선변제권 있는 채권에 먼저 충당하고 나머지는 우선변제권 없는 다른 채권과 채권자평등의 원칙에 따라 채권금액에 안분하여 평등배당 받을 수 있다.

나. 채무자에 대한 효력

채무자는 목적부동산에 대하여 경매신청인의 권리를 해하는 일체의 처분행위를 하여서는 안된다. 다만 압류된 부동산에 대한 관리·이용은 계속할 수 있다. 이에 위반하여 매매·담보권의 설정 등 처분행위를 하면 이것으로 경매신청인 및 매수인에게 대항할 수 없다. 그러나 그 처분은 절대적으로 무효인 것은 아니고 경매신청이 취하되거나 경매개시결정이 취소된 때에는 양수인은 완전한 소유권을 취득한다. 이것을 소위 "압류의 상대적 효력"이라고 한다.

다. 제3자에 대한 효력

경매개시결정에 의거 압류한 부동산에 관하여 그 후 권리를 취득한 제3자는 압류의 효력으로 말미암아 그 권리의 취득을 경매신청채권자에게 대항할 수 없다. 예컨대 구체적으로는 저당권자는 저당권에 의한 우선변제권을 주장할 수 없어 매각대금의 배당 시 압류채권자와 동순위로 취급받게 되며, 제3취득자는 소유권에 기한 배타적 효력을 주장할 수 없어 매수인이 소유권을 취득하게 되면 그 소유권은 상실하게 된다. 또한 목적부동산이 압류채권을 위하여 의무를 부담한 때에는 압류 후 소유권을 취득한 제3자가 취득할 때에 경매신청 또는 압류 있음을 알지 못한 경우에도 압류채권자에게 대항하지 못하므로 경매절차를 속행하여야 한다.

3) 경매개시결정에 대한 이의
(1) 서론

경매개시결정에 대하여는 경매개시결정에 대한 이의로 불복신청을 할 수 있고(제86조 1항), 이의의 재판에 대하여는 다시 즉시항고를 할 수 있다(제86조 3항). 이의 신청은 서면 또는 구두로 할 수 있으며, 이의신청에는 인지를 첨부하여야 한다. 또한 이의 신청은 "매각대금이 모두 지급될 때"까지 할 수 있다. 이의신청은 개시결정을 한 집행법원에 한다(제86조 1항). 이의신청권자는 매각절차의 이해관계인 이다.

(2) 이의사유
가. 실체상. 절차상의 하자

절차상의 하자로는 집행채권자 또는 채무자의 부적격, 집행정본의 불일치, 집행채권의 기한미도래, 집행권원의 불송달, 집행문 및 증명서등본의 불송달, 집행문 및 증명서등본의 불송달, 집행장에 사유의 존재, 경매신청방식의 부적법, 경매부동산의 불일치, 대리권의 부존재 등 절차상의 흠을 이유로 하는 경우에는 이의신청을 할 수 있다. 그러나 담보권의 부존재 · 무효, 피담보채권의 불성립 · 무효 또는 변제공탁 등에 의한 소멸 및 이행기의 미도래 · 유예 등 실체상의 이의사유로는 이의를 할 수 없다.

나. 경매개시결정전의 하자
이의사유는 경매개시결정 당시의 것에 한하므로, 경매개시결정이 이루어 진 뒤에 생긴 절차상 흠(예, 최저매각가격의 결정, 매각기일의 지정. 공고의 흠)은 경매개시결정에 대한 이의가 아니라 집행에 관한 이의로 다투어야 한다.

3) 잠정처분 및 재판
(1) 이의신청에는 집행정지의 효력이 없다. 다만, 집행법원은 재판전의 잠정처분으로 채무자에게 담보를 제공하게 하거나 제공하게 하지 아니하고 집행을 일시 정지하도록 명하거나, 채권자에게 담보를 제공하게 하고 그 집행을 계속하도록 명할 수 있다(제86조 2항, 제16조 3항). 이 결저에 대하여는 불복할 수 없다.

(2) 이의의 재판은 변론을 열거나 열지 아니 하고 결정으로 한다(민사집행법 제3조 2항). 즉 이의에 대하여는 임의적 변론에 의하여 결정으로 재판하되, 변론을 열지 아니할 때에는 당사자와 이해관계인 그 밖의 참고인을 심문할 수 있다. 심리결과 이의신청이 인정되면 경매개시결정을 취소하고 경매신청을 각하한다. 이에 대하여 이해관계인은 재판고지의 다음 날로부터 7일 이내에 즉시항고 할 수 있다. 그리고 이 즉시항고에는 집행정지의 효력은 없다(제83조 3항, 제15조 6항 ; 민소법 제444조 1항).

2. 경매개시결정 후의 법원의 조치

1) 등기관에의 촉탁
(1) 법원이 경매개시결정을 한 때에는 법원사무관 등은 즉시 그 사유를 등기부에 기입하도록 등기관에 촉탁하여야 하며(제94조, 제268조), 등기관은 그 촉탁에 의하여 이를 등기한 후 등기부등본을 법원에 송부하여야 함은 강제경매의 경우와 같다(제94조, 제95조, 제268조). 부동산은 공유지분을 경매하는 경우에는 채권자의 채권을 위하여 채무자의 지분에 대한 경매개시결정이 있음을 등기부에 기입하고 다른 공유자에게 그 경매개시결정이 있다는 것을 통지한다(제139조 1항).

(2) 집행법원으로 하여금 경매법원으로 하여금 경매신청기입등기의 촉탁을 하게 하려면 경매신청인은 미리 청구채권액의 2/1,000에 해당하는 등록세와 그 등록세의 20/100에 해당하는 교육세를 납부하고 집행법원에 그 영수필통지서와 영수필확인서를 제출하여야 한다.

2) 경매개시결정정본의 송달
(1) 채무자에 대한 송달
부동산의 압류는 채무자에게 경매개시결정이 송달된 때 또는 경매신청기입등기가 된 때에 그 효력이 생긴다. 따라서 집행법원은 직권으로 그 결정정본을 채무자에게 송달하지 않으면 안 된다. 따라서 만일 경매개시결정정본이 채무자에게 송달되지 않은 채 경매절차가 진행되었다면 그 경매절차는 당연히 무효가 된다.[201] 송달을 받을 수 있는데도 불구하고 받지 않은 경우라면 보충송달이나 유치송달 또는 우편송달을 신청하여 이에 대응하도록 한다. 송달을 받을 수 없는 경우이면 송달가능 한 주소지를 알아내어 보정하도록 하되 송달가

---

201) 대판 1994.1.28, 93다9477

능 한 주소지를 알 수 없고 그 밖에 달리 송달할 장소도 알 수 없는 경우에는 공시송달을 신청하여 이에 대응하는 수밖에 없다(제186조 내지 제196조).

송달특례의 적용을 받는 금융기관에서는 임의경매를 신청하는 경우에 한하여 통지 또는 송달을 경매신청당시 당해 부동산의 등기부에 기재되어 있는 주소에 발송함으로써 송달된 것으로 본다. 다만, 발송송달의 특례를 인정받기 위해서는 실행예정사실을 통지하였다는 뜻의 기재확인서를 임의경매신청서에 첨부하여야 한다.

(2) 채권자에 대한 송달

경매개시결정은 채권자에 대하여 그 정본을 송달한다. 다만, 채권자에게는 송달하지 않고 절차를 진행하여도 매각의 효력에는 아무런 영향이 없다. 다만 물상보증인에 대한 경매개시결정에 의한 압류에 따른 시효중단의 효력이 주채무자에게 미치기 위해서는 압류의 사실이 교부송달의 방법으로 송달하여야 하나, 금융기관이 신청 하여 진행된 경매사건은 교부송달의 방법으로 송달되지 않은 것으로 추정되므로 채권의 소멸시효관리에 주의하여야 한다.

(3) 소유자에 대한 송달

압류부동산이 제3자가 제공한 담보물인 경우에는 집행법원은 그 담보제공자(소유자)에게도 경매개시결정을 송달하여야 한다. 이때에 담보권에 관하여 승계가 있는 경우에는 법원이 경매개시결정을 소유자에게 송달할 때에 그 승계를 증명하는 서류의 등본을 첨부하여야 한다(제264조 2항).

(4) 공유자에 대한 통지

공유부동산의 지분에 관하여 경매개시결정을 하였을 때에는 다른 공유자에게 그 경매개시결정이 있다는 것을 통지하여야 한다(제139조 1항). 그러나 상당한 이유가 있는 때(예, 아파트, 상가, 다세대주택 등 구분소유적 경우 등)에는 통지하지 아니할 수 있다(제139조 1항 단서).

3) 경매부동산의 침해방지 조치

채무자·소유자 또는 부동산의 점유자가 부동산의 가격을 현저히 감소시키거나 감소시킬 우려가 있는 행위를 하는 때에는, 법원은 압류채권자 또는 최고가매수신고인의 신청에 따라 매각허가결정이 있을 때까지 담보를 제공하게 하거나 담보를 제공하게 하지 아니하고 그 행위를 하는 사람에 대하여 '가격감소행위 등'을 금지하거나 일정한 행위를 할 것을 명할 수 있다(제83조 3항 ; 동규칙 제44조 1항).

4) 담보권 실행에 의한 경매절차의 정지와 취소(제266조)

집행권원을 전제로 하는 강제경매와는 달리 임의경매는 담보권의 실행 등을 위한 경매라는 본질적 차이 때문에 강제집행정지·취소사유를 규정(제49조와 제50조)은 준용되지 아니한다.

(1) 정지사유
① 담보권 등기가 말소된 등기부등본
② 담보권등기의 말소를 명한 확정판결의 정본
③ 담보권이 없다는 취지의 확정판결정본
④ 담보권이 소멸되었다는 취지의 확정판결정본
⑤ 채권자가 담보권의 실행을 하지 아니하기로 한 취지를 기재한 서류
⑥ 경매신청을 취하하겠다는 취지를 기록한 서류
⑦ 피담보채권의 변제를 받았다는 취지를 기재한 서류

⑧ 피담보채권의 변제의 유예를 승낙한 취지를 기재한 서류
⑨ 담보권실행의 일시정지를 명한 재판의 정본

(2) 집행처분의 취소
위 정지서면 중 ①~④와 ⑤~⑨의 서류가 화해조서의 정본 또는 공정증서의 정본인 경우에는 경매법원은 이미 실시한 경매절차를 취소하여야 한다. 취소결정에 대해서는 즉시항고 할 수 없다.

(3) 집행처분의 일시유지
담보권실행의 일시정지를 명한 재판의 정본이 제출된 경우에는 그 재판에서 경매절차를 취소하지 아니한 때에 한하여 이미 실시한 경매절차를 일시 유지한다.

3. 경매신청의 취하

1) 의의
경매신청의 취하가 있으면 압류의 효력은 소멸하고(제93조 1항), 경매절차는 당연히 종료되므로 별도의 경매절차취소 또는 경매개시결정의 취소를 할 필요가 없다.

2) 경매신청의 취하시기
경매신청의 취하는 입찰실시에 의한 매수인 신고가 있기 전까지는 임의로 취하할 수 있으나 최고가매수신고인 등이 나온 후에는 최고가매수신고인의 동의를 요하고 최고가매수신고인이 잔금을 납부하면 취하가 불가능하다. 죽, 입찰기일에 집행관이 입찰의 개시를 선언한 후에는 최고가매수신고인 또는 매수인과 차순위매수신고인의 동의를 받아야 한다. 따라서 낙찰허가 후에 낙찰자의 동의를 받지 않고 취하서가 제출되면 잔금지급기일을 지정 고지하였음을 알려주어야 한다. 특히 재경매시에는 재경매기일 3일 전까지 전매수인의 동의를 요한다.

3) 경매취하서의 심사
취하서가 입찰의 실시에 촉박하여 접수되어 입찰실지 전에 보정이 불가능하면 위조의 의심이 들지 않는 한 취하되어 입찰진행이 되지 않는다. 취하의 의사표시는 서면 또는 구두로 집행법원에 하여야 하고, 매각기일 개시 후라도 집행관에게 취하할 수는 없다.

4) 경매취하의 효력
(1) 경매가 취하되면 경매를 취소할 필요 없이 경매절차는 종료된다(제93조 1항). 이 경우 압류가 경합된 경우에는 먼저 개시결정 한 경매신청이 취하되더라도 뒤의 경매개시 결정에 의하여 경매절차가 속행된다. 경매가 취하되면 법원은 등기관에게 "○○○○년 ○○월 ○○일 경매신청 취하"라는 등기원인으로 경매기입등기의 말소등기를 촉탁한다. 따라서 경매신청은 소급하여 소멸하고 경매신청을 전제로 하였던 경매개시결정·경매절차·배당요구 등은 효력이 상실 되며, 채무자는 부동산의 처분권을 회복하고 채무자가 압류 뒤에 행한 처분행위도 그 행위 시로 소급하여 완전히 유효한 것으로 된다. 이 경우 집행법원에 의한 경매절차의 취소결정을 요하지 않는다.

(2) 경매절차의 취하의 경우 소요된 경매절차비용은 경매신청인이 부담하게 된다. 채무자의 요청에 따라 취하하는 경우에는 미리 그 비용을 채무자가 부담하기로 하는 합의를 해 둘 필요가 있다. 유효한 경매신청의

취하가 있으면 법원은 등기관에게 말소촉탁을 하게 되는데, 이때의 말소등기 촉탁비용도 경매신청인의 부담이 되기 때문에 합의 사항에 포함시켜야 할 것이다(동규칙 제77조).

4. 금융기관의 경매신청 취하

금융기관이 경매신청인인 경우 채무자, 담보제공자 또는 기타 이해관계인의 경매취하신청이 있을 때에는 다음의 경우에 한하여 전결권자의 승인을 얻어 취하신청 할 수 있다.

1) 취하할 수 있는 경우
 (1) 대출원리금 및 제비용 전액을 회수하는 경우
 (2) 정리방안이 수립되어 결재권자의 승인을 얻은 경우, 또한 취하 시에는 시효완성 여부에 대하여 확인
 (3) 상기의 경우 경매신청 및 취하에 소요된 비용의 전액 회수가능

2) 경매 취하신청
경매신청인은 매각기일 이전에는 언제든지 다른 사람의 동의 없이 단독으로 경매신청을 취하할 수 있다. 매각기일에 매수의 신고가 있은 후에 경매신청을 취하하기 위해서는 최고가매수신고인과 차순위매수인의 동의가 있어야 한다.

3) 취하의 효력
경매신청의 취하로 경매개시결정에 의한 압류의 효력은 소멸하고 경매절차는 취소되며 경매신청기입등기의 말소를 등기소에 촉탁하게 된다. 경매신청이 취하되면 그때까지 소요되었던 매각절차비용은 경매신청인이 부담하며 예납비용 잔액이 있으면 환급신청 하여야 한다.

5. 경매절차의 취소

 (1) 부동산의 멸실 등으로 담보물의 소멸될 경우
 부동산의 멸실(멸실원인은 채무자의 고의도 포함). 기타 매각으로 인하여 권리이전이 불가능한 경우에는 그 원인을 불문하고 법원은 강제경매절차를 취소하여야 한다.

 (2) 강제집행 정본이 무효가 된 경우

 (3) 부동산의 소유명의가 상이한 경우

 (4) 잉여금이 없는 겨우(경매기일 공고 전에 최저경매가액의 집행)
 절차비용과 우선채권공액을 충당하고 잉여가 없을 때에는 압류채권자에게 그 취지와 잉여 가액으로 매수신청과 보증을 제공하지 않으면 경매절차가 취소된다는 것을 고지한다. 실무상은 잉여금이 없는 무잉여로 진행되는 절차가 많다.

 (5) 기타 매수인에게 권리이전을 할 수 없는 경우

(1) 채무자 구제를 위한 제도
가. 청구이의의 소
나. 집행문부여에 대한 이의의 소
다. 집행에 관한 이의 및 즉시항고
라. 집행문부여에 대한 이의 신청

(2) 채권자 구제를 위한 제도
가. 집행문부여의 소
나. 집행문부여 거부처분에 대한 이의신청
다. 집행에 관한 이의 및 즉시항고

(3) 제3자 구제를 위한 제도
가. 제3자 이의의 소
나. 집행에 관한 이의 및 즉시항고

(4) 경매절차의 이해관계인
가. 채무자 및 소유자
나. 등기부에 기입된 부동산위의 권리자
다. 압류채권자
라. 집행력 있는 정본에 의한 배당을 요구한 채권자
마. 등기부에 기입이 안 된 부동산위의 권리자로서 이를 증명한자(예 : 유치권자, 임차인, 법정지상권자 등)

6. 경매절차의 이해관계인

1) 이해관계인의 의의

(1) 채무자 및 소유자

여기서의 채무자는 경매신청의 기본이 된 저당권 등에 의하여 담보된 채권의 채무자 만을 지칭한다. 소유자는 경매개시결정등기 당시의 목적부동산의 소유자를 지칭하며, 위 등기 이후에 목적부동산의 소유권을 취득한 자는 이해관계인에서 제외된다. 그러나 이 제3자는 그 권리를 증명하여 집행법원에 신고하면 이해관계인이 된다(제90조).

(2) 압류채권자와 집행력 있는 정본에 의하여 배당을 요구한 채권자

압류채권자는 일반채권자로서의 집행력 있는 정본을 소지한 채권자 또는 저당권·전세권 등과 같은 담보권을 가진 채권자의 강제경매신청 또는 임의경매신청에 따라 경매개시결정이 되고, 동 결정이 채무자에게 송달·경매개시결정의 등기가 됨으로써 압류의 효력이 발생한 때의 그 경매신청 채권자를 말한다. 집행력 있는 정본에 의하여 배당을 요구한 채권자라 함은 경매신청을 하지 않고 단순히 배당만을 요구한 채권자를 뜻한다.

(3) 등기부에 기입된 부동산 위의 권리자

가. 담보권자 : 질권자, 저당권자
나. 용익권자 : 지상권자, 지역권자, 전세권자, 임대차등기를 한 임차권자
다. 부동산의 공유지분의 강제경매에 있어서의 타 공유자
라. 가등기권리자(단, 소유권이전청구권보전을 위한 가등기가 경료 된 경우에 한함).

(4) 부동산 위의 권리자로서 그 권리를 증명한 자

가. 경매신청기입등기 이전에 목적부동산에 대하여 등기 없이 제3자에게 대항할 수 있는 물권 또는 채권을 가진 자가 그 권리를 증명하여 경매법원에 신고한 자를 말한다. 권리의 신고는 경매법원이 매각기일의 공고 및 통지를 하기 이전에 하여야 한다. 만일 위 공고 이후에 신고하였다면 당해 기일에는 이해관계인으로 취급되지 않고 다음 기일부터 이해관계인으로 취급하게 된다.

　가) 건물등기 있는 토지임차인(민법 제622조)
　나) 유치권자, 특수지역권자
　다) 대항력(주택의 인도와 전입신고)을 갖춘 주택임차인(주택임대차보호법 제3조), 대항력(상가건물의 인도와 사업자등록신청)을 갖춘 상가건물임차인(상가건물임대차보호법 제3조)
　라) 경매개시결정기입등기 후에 목적부동산의 소유권을 취득한 자나 용익권, 담보권의 설정등기를 한 자
　마) 근로기준법상의 우선변제권이 있는 임금채권자

나. 최고가매수신고인과 매수인은 매각불허결정에 대하여 불복할 수 있는 등 당해 절차에서는 이해관계인이 되지만 경매절차 전반에 관한 이해관계인으로는 볼 수 없다. 그리고 전의 매수인은 재매각절차에서 이해관계인으로 취급되지 않는다.

2) 이해관계인에게 인정되어 있는 각종 권리
(1) 집행에 관한 이의신청을 할 수 있는 권리
(2) 경매개시결정 뒤의 목적부동산에 대한 침해방지를 신청할 수 있는 권리
(3) 경매개시결정에 대하여 이의신청을 할 수 있는 권리
(4) 이중경매신청이나 배당요구신청이 있는 경우 법원으로부터 통지를 받을 권리
(5) 매각기일과 매각결정기일의 통지를 받을 권리
(6) 매각기일에 출석하여 매각기일조서에 서명날인할 수 있는 권리
(7) 최저매각조건 이외의 매각조건변경에 합의할 수 있는 권리
(8) 매각결정기일에 매각허가에 관한 의견진술을 할 수 있는 권리
(9) 매각허가 여부의 결정에 대하여 즉시항고 할 수 있는 권리
(10) 배당기일의 통지를 받을 권리
(11) 배당기일에 출석하여 배당표에 관하여 이의하고, 다른 배당요구채권자와 배당에 관한 합의를 할 수 있는 권리
(12) 배당기일에 출석하여 자기의 이해에 관계되는 범위 안에서 다른 채권자를 상대로 그의 채권 또는 그 채권의 순위에 대하여 이의할 수 있는 권리
(13) 입찰을 신청할 수 있는 권리

다만, 이해관계인의 이러한 권리행사는 공익적 절차 위배 및 자기의 권리에 관한 절차위배에 관해서만 가능하고, 다른 이해관계인에 대한 관계에 있어서는 절차위배가 있어도 이를 주장할 수 없다.

제 4 절 매각준비절차

1. 배당요구의 종기 결정 등

1) 배당요구의 종기 결정의 취지및 시기

 (1) 경매개시결정에 따른 압류의 효력이 생긴 때(그 경매개시 결정전에 다른 경매개사결정이 있는 경우를 제외한다)에는 집행법원은 절차에 필요한 기간을 감안하여 배당요구를 할 수 있는 종기를 첫 매각기일 이전으로 정한다(제84조 1항). 그리고 배당 요구의 종기결정은 경매개시결정에 따른 압류의 효력이 생긴 때부터 1주일 이내에 하여야 한다(제84조 3항).

 (2) 이것은 매수참가를 희망하는 사람이 경매부동산의 권리 중 자신에게 인수되는 것이 어느 것인지를 미리 판단할 수 있도록 하고 또한 법원으로서도 매각기일 전에 매각대금으로 경매신청인보다 우선하는 채권자에게 변제하고 남을 가망이 있는지의 여부를 미리 판단할 수 있도록 함으로써 매각절차의 불안정을 해소하기 위한 것이다.

2) 공고. 고지 및 연기

 (1) 배당요구의 종기가 정해진 때에는 법원에서는 경매개시결정을 한 취지 및 배당요구의 종기를 공고하고, 배당요구를 하지 아니하면 매수인에게 인수되는 전세권을 가진 자 및 법원에 알려진 배당을 요구할 수 있는 채권자등에게 고지한다. 그 공고는 경매개시 결정에 따른 압류의 효력이 생긴 때부터 1주일 이내에 하여야 한다(민사집행법 제84조 2항. 3항, 제88조 1항, 제91조 4항). 배당요구의 종기는 인터넷 법원경매공고란 또는 법원게시판에 게시하는 방법으로 공고한다(재민 2004-3, 6조).

 (2) 저당권, 압류채권, 가압류채권에 대항할 수 있는 최선순위 전세권은 매각으로 소멸되지 않고 매수인이 인수하지만 전세권자가 민사집행법 제88조에 따라 배당요구를 하면 매각으로 소멸한다(제91조 3항.4항).

 (3) 배당요구의 종기가 정하여 졌다하더라도 법령에 정하여진 경우나 특별한 사정이 있는경우에는 배당요구의 종기를 연기할 수 있다. 그러나 배당요구의 종기를 최초의 배당요구종기결정일로부터 6월이후로 연기하여서는 안된다(재민2004-3).

2. 채권신고의 최고 등

1) 취지

법원사무관 등은 ①첫 경매개시결정등기 전에 등기된 가압류채권자 ②저당권·전세권, 그 밖의 우선변제청구권으로서 첫 경매개시결정등기 전에 등기되었고 매각으로 소멸하는 권리를 가진 채권자, ③조세 그 밖의 공과금을 주관하는 공공기관에 대하여 채권의 유무, 그 원인 및 액수를 배당요구의 종기까지 법원에 신고하도록 최고하여야 한다(제84조 4항).

 (1) 최고의 방법과 시기

 최고의 방법에는 재한이 없다. 따라서 서면이나 구두 또는 전화로도 가능할 것이나, 실무적으로는 통산 서면(최고서)으로 정하고 있다. 최고의 시기 및 통지기간에 관하여 명문의 규정은 없으나, 대당요구의 종기결정일로부터 최소한 3일이내에 최고하여야 한다.

 (2) 불신고시의 효과

 가. 상기 ①과 ②의 채권자가 최고에 대한 신고를 하지 않은 경우에는 그 채권자의 채권액은 등기부등본 등 집행기록에 있는 서류와 증빙에 따라 계산하게 되며, 이 경우 다시 채권액을 추가 하지 못한다(제84조 5항).

나. 조세 그 밖의 공과금을 주관하는 공공기관의 경우

공공주관공무소는 부동산에 대한 경매개시결정등기 이전에 체납처분에 의한 압류등기 또는 국세징수법 제24조 제2항에 의한 보전압류의 등기를 하지 않은 한 배당요구의 종기까지 교부청구를 하여야만 배당을 받을 수 있다.[202] 교부청구서가 당해 경매사건이 계속되고 있는 법원에 접수된 이상 그 교부청구행위는 당해 경매법원에 대하여 이루어진 것으로 보아야 한다.[203] 그러나 체납처분의 압류등기가 되어 있는 경우에는 조세채권자가 배당요구의 종기까지 세액을 계산할 수 있는 증빙서류를 제출하지 않았다 하더라도 집행법원은 압류등기촉탁서에 의한 체납세액을 조사하여 배당 하여야한다.[204]

2) 가등기권리자에 대한 권리신고 최고
(1) 담보 목적의 가등기인 경우

그 내용 및 채권의 존부 · 원인 및 수액을 법원에 신고할 것을 상당한 기간을 정하여 최고한다. 담보가등기가 경료 된 부동산에 대하여 강제경매와 담보권의 실행 등을 위한 경매가 행하여진 때에는 담보가 등기권리는 그 부동산의 매각에 의하여 소멸하고, 압류등기 전에 경료된 담보가등기권리가 매각에 의하여 소멸되는 때에는 채권신고를 한 경우에 한하여 그 채권자는 매각대금의 배당 또는 변제금의 교부를 받을 수 있기 때문이다(가등기담보법 제15조, 제16조 1항. 2항).

(2) 소유권이전 청구권 보전 목적의 가등기권인 경우

그 내용을 법원에 신고할 것을 상당한 기간을 정하여 최고한다. 동 기간 내에 신고를 하지 않은 때에는 경매부동산의 매각대금에서 배당을 받지 못하고 가등기가 말소되는 불이익을 당하게 된다.

3) 공유자에 대한 통지
(1) 통지

공유부동산의 지분에 관하여 경매개시결정을 하였을 때에는 다른 공유자에게 그 경매개시결정이 있다는 것을 통지하여야 한다(민사집행법 제139조 1항). 매각절차에서 다른 공유자는 우선매수권을 가지므로 매각기일. 매각결정기일을 통지하여야 한다.

(2) 예외

상당한 이유가 있는 때에는 다른 공유자에게 통지하지 않을 수 있다(동법 동조 단서). 즉, 누가 공유자가 되더라도 다른 공유자의 이해관계에 영향을 미치지 아니하는 아파트, 상가 또는 다세대주택 등은 통지하지 않을 수 있다. 공유물분할판결에 기하여 공유물전부를 경매에 붙여 그 매득금을 분배하기 위한 현금화의 경우에는 위 통지가 필요 없다.[205]

(3) 통지결여의 효력

이 통지가 없었다 하더라도 경매개시결정의 효력에는 영향이 없다. 그러나 공유자에게 매각기일과 매각결정기일을 통지하여야 하고, 이를 하지 않았을 경우에는 매각허가결정에 대한 항고사유가 된다.[206]

---

202) 대판2001.5.8. 2000더21154).
203) 대판 2001.6.12, 99다 45604).
204) 대판1997.2.14. 96다51585).
205) (대판 1991.12.16, 자 91마239).
206)(대판 1998.3.4, 자97마962).

3. 현황조사

(1) 현황조사명령

경매법원은 경매개시결정을 한 뒤에 바로 집행관에게 부동산의 현상, 점유관계, 차임 또는 보증금의 액수, 그 밖의 현황에 관하여 조사하도록 명하여야 한다(민사집행법 제85조 1항). 이것을 현황조사명령이라 한다. 실무에서는 경매개시결정기입 등기촉탁과 동시에 조사명령을 내리는 것이 보통이다. 그러나 경매기입등기가 이루어 지기 전에 조사에 착수되면 채무자가 목적부동산을 타인에게 처분할 염려가 있으므로, 개시결정일로부터 3일 안(임의경매) 또는 등기필증접수일로부터 3일 안(강제경매)에 현황조사명령을 발하도록 하고 있다(재민 91-5).

(2) 조사사항

조사사항은 부동산의 현상, 점유관계, 차임 또는 보증금의 액수, 그 밖의 현황이다(민사집행법 제85조 1항). 부동산의 현상 및 점유관계로는 부동산의 위치 및 현상, 부동산의 내부구조 및 사용용도 및 사용용도 등, 부동산의 점유자와 점유권원을, 임대차관계로는 임차목적물, 임차인, 임차내용(보증금, 전세금, 임대차기간 등), 주민등록 전입여부 및 그 일자, 일자 확정여부 및 그 일자로 세분하여 조사토록 하고 있다.

(3) 집행관의 조사권한

집행관은 부동산의 현황조사를 위하여 부동산에 출입할 수 있고, 채무자 또는 건물을 점유하는 제3자에게 질문하거나 문서를 제시하도록 요구할 수 있으며 조사대상 부동산에 출입하기 위하여 필요한 때에는 잠긴 문을 여는 등 적절한 처분을 할 수 있다(제82조 1항, 2항 제85조 2항).

(4) 현황조사보고서

집행관은 현황을 조사한 때에는 2주 안에 현황조사보고서를 작성하여 제출하여야 한다(재민 91-5). 현황조사보고서에는 조사의 목적이 된 부동산의 현황을 알 수 있도록 도면, 사진 등을 붙여야 한다(민집규 제46조 2항).

4. 부동산의 평가 및 최저매각가격의 결정

1) 부동산의 평가 및 최저매각가격의 결정
집행법원은 등기관으로부터 기입등기의 통지를 받은 후 3일 내에 평가명령을 하여(대법원 재판예규 제867호) 감정인으로 하여금 경매부동산을 평가하게 하고, 그 평가액을 참작하여 최저매각가격을 정한다(민사집행법 제97조 1항). 최저매각가격은 매각을 허가하는 최저의 가격으로 그 금액에 못 미치는 매수신청에 대하여는 매각을 허가할 수 없다. 이는 법정의 매각조건이며, 이해관계인 전원이 합의를 하여도 변경하지 못하는 법정 매각조건이다. 최저매각가격을 규정하고 있는 이유는 부동산의 공정 타당한 가격을 유지하고 경매부동산이 부당하게 염가로 매각되는 것을 방지하려는데 그 목적이 있는 것이다.

2) 평가의 대상
평가의 대상은 매각부동산 및 매수인이 그 부동산과 함께 취득할 모든 물건범위와 일치한다. 따라서 매각부동산의 구성부분, 천연과실, 종물 등도 평가의 대상이 된다. 또한 경매부동산 이외에 매수인이 경매부동산과 함께 취득할 물건과 권리, 매수인이 인수하게 되는 부동산의 부담도 평가의 대상이 된다. 전자의 경우는 부동산의 부합물 이외에 과실과 종물 및 종된 권리를 포함한 것으로 압류의 효력이 미치는 범위와 일치한다. 후자의 경우는 매수인의 소유권행사에 대한 제약으로 작용하게 되기 때문에 그 해당액을 매수가격 결정에 참작하도록 하기 위한 것이다.

3) 평가서 등 · 사본의 비치(제105조 2항)
집행법원은 이 평가서의 사본을 일반인이 열람할 수 있도록 매각물건명세서 · 현황조사보고서의 사본과 함께 매각기일마다 그 1주전까지 집행법원에 비치하여야 한다(전자통신매체 공시 가능)(민사집행규칙 제55조).

4) 평가서의 기재사항
  (1) 사건의 표기
  (2) 부동산의 표시
  (3) 부동산의 평가액 및 평가일
  (4) 부동산이 있는 곳의 환경
  (5) 평가의 목적이 토지인 경우에는 지적, 법령에 의한 규제 또는 제한의 유무와 그 내용 및 공시지가, 그 밖에 평가에 참고가 된 사항
  (6) 평가의 목적이 건물인 경우에는 그 종류 · 구조 · 평면적, 그 밖에 추정되는 잔존 내구연수 등 평가에 참고가 된 사항
  (7) 평가액 산출의 과정

5) 매각물건명세서
  (1) 의의
  법원은 매각물건명세서, 현황조사보고서 및 평가서의 사본을 법원에 비치하여 누구든지 볼 수 있도록 하여야 한다(민사집행법 제105조 2항). 이는 매수희망자들에게 매수하려는 부동산에 관한 정확한 정보를 제공함으로써 예측하지 못한 손해를 입는 것을 방지하고 매각에의 참여를 유도하여 장제지행제도의 기능을 제고시키려는 것이다.

  (2) 매각물건명세서의 작성
  매각물건명세서는 법원의 인식을 기재한 서면에 불과하고 그 작성은 사실행위에 속하고 그에 의하여 매각조건이 결정되거나 실체법상의 권리관계에 영향을 미치는 것이 아니며 공신적 효력도 인정되지 않는다.

  (3) 기재사항 (제105조)
    가) 부동산의 표시(1호)
    나) 점유관계와 관계인 진술(2호)
    다) 매각으로 소멸되지 아니하는 등기된 부동산위의 권리 또는 가처분(3호)
    라) 지상권의 개요(4호)

6) 매각물건명세서의 정정. 작성 · 비치 상의 하자
  (1) 매각물건명세서의 정정
  매각물건명세서의 사본을 비치한 이후에 그 기재 내용을 정정. 변경하는 경우에 판사는 정정. 변경된 부분에 날인하고 비고란에 예컨대 "2008. 9. 5. 정정변경"이라고 적는다. 또한 정정 변동이 그 사본을 비치한 이후에 이루어진 경우에 정정. 변경된 내용이 매수신청에 영향을 미칠 수 있는 사항이면 매각기일 또는 입찰기간 등을 변경하여야 한다.

(2) 위반의 효력

매각물건명세서의 작성에 중대한 하자가 있는 때에는 매각허가에 대한 이의 사유가 되며, 직권에 의한 매각불허가사유가 된다(민사집행법 제121조 5호, 제123조 2항). 물건명세서를 비치하지 않았거나 비치기간을 준수하지 아니한 경우에도 같다. 그 하자가 일반 매수희망자가 매수의사나 매수가격을 결정함에 있어 어떠한 영향을 받을 정도의 것이었는지를 중심으로 하여 부동산경매와 매각물건명세서 제도의 취지에 비추어, 구체적 사안에 따라 합리적으로 판단하여야 한다.

(3) 매각물건명세서 기재의 공신력 문제

가. 인수될 물적부담을 인수되지 아니하는 것으로 인정하여 매각물건명세서에 기재하지 아니하거나, 반대로 인수되지 아니할 물적부담을 인수되는 것으로 기재한 때에는 그 효력이 어떠한 것인지에 대하여 현행 민사집행법에는 명문의 규정을 두고 있지 않다. 따라서 이는 해석에 의하여 해결하는 수밖에 없으나, 부동산등기에 공신력을 인정하지 않은 현행법 체계상 부정하는 것이 타당하다.

나. 매각물건명세의 기재를 신뢰하여 물적부담이 없는 것으로 알고, 경매부동산을 매수한 매수인은 예기치 않은 물적부담을 인수하게 되므로, 채무자에게 계약의 해제 또는 대금의 감액을 청구할 수 있고, 만일 채무자가 자력이 없는 때에는 대금의 배당을 받은 채권자에 대하여 그 대금일부나 일부의 반환을 청구할 수 있으며, 채무자가 물건 또는 권리의 흠결을 알고 고지하지 아니하거나 채권자가 이를 알고 경매를 청구한 때에는 그 흠결을 안 채무자나 채권자에 대하여 손해배상을 청구하여 그 구제를 받을 수 있다(민법 제578조).

5. 남을 가망이 없을 경우의 경매취소

1) 민사집행법의 규정

최저매각가격으로 압류채권자의 채권에 우선하는 부동산의 모든 부담과 절차비용(이하 "우선채권")을 변제하면 남을 것이 없겠다고 인정한 때에는 집행법원은 압류채권자에게 이를 통지하여야 하며, 이 통지를 받은 날로부터 1주일 이내에 압류채권자가 경매부동산의 모든 부담과 절차비용을 변제하고 남을 만한 가격을 정하여 그 가격에 맞는 매수신고가 없을 때에는 자기가 그 가격으로 매수하겠다고 신청하면서, 충분한 보증을 제공하지 아니하면 경매절차를 취소하여야 한다. 시간과 비용의 낭비만을 초래할 뿐 압류채권자가 아무 것도 얻는 것이 없는 무익한 강제집행절차가 진행되는 것을 방지하기 위한 것이다. 법원의 취소결정에 대하여는 즉시항고를 할 수 있다(제102조).

2) 구체적 예

"남을 가망이 없는 경우의 경매취소"는 최초부터 최저매각가격이 우선채권 총액을 넘고 있었으나 매각기일에 매수신고가 없어 새 매각을 함에 있어서 최저매각가격을 저감한 결과 우선채권 총액에 미달하는 경우와 중복하여 경매개시결정이 되어 있을 때 먼저 개시결정 한 경매신청이 취하되거나 그 경매절차가 취소 또는 정지됨으로써 뒤의 개시결정에 의하여 경매가 진행되는 경우에 뒤의 경매신청인에 대한 관계에 있어서와 우선채권 총액이 최저매각가격을 넘는 경우에도 적용된다.

6. 매각기일과 매각결정기일의 지정 · 공고 · 통지

1) 집행법원은 공과주관 공무소에 대한 통지, 현황조사, 최저매각가격결정 등의 절차가 끝나고 경매절차를 취소 할 사유가 없는 경우에는 입찰명령을 하고, 직권으로 매각기 일을 지정하고 공고 한다. 최초의 매각기일은

공고일로부터 14일 이상의 간격을 두고 하게 된다. 또한 법원은 매각기일을 지정함과 동시에 직권으로 매각결정기일을 정하여 공고한다. 매각결정기일은 통상 매각기일로부터 7일 후로 정하게 된다.

2) 매각결정기일과 매각기일의 지정은 원칙적으로 입찰을 실시할 때마다 하여야 하나, 3-4회 정도의 기일을 일괄하여 지정할 수도 있다.

3) 매각기일 및 매각결정기일을 지정한 때에는 법원은 이를 공고 하여야 한다.
  (가) 입찰기일의 공고에는 부동산의 표시,
  (나) 부동산의 점유자, 점유의 권원, 점유사용 할 수 있는 기간,
  (다) 차임 또는 보증금의 약정, 그 액수, 강제집행으로 매각한다는 취지와 그 매각 방법,
  (라) 매각기일의 일시, 장소와 매각기일을 집행할 집행관의 성명 및 기간입찰의 방법으로 매각할 경우에는 입찰기간, 장소,
  (마) 최저매각가격
  (바) 매각물건명세서. 황조사보고서 및 평가서의 사본을 매각기일 전에 법원에 비치하여 누구든지 볼 수 있도록 제공한다는 취지
  (사) 등기부에 기입할 필요가 없는 부동산에 대한 권리를 가진 사람은 채권을 신고하여야 한다는 취지
  (아) 이해관계인이 매각기일에 출석 할 수 있다는 취지
  (자) 일괄매각의 결정을 한 때에는 그 취지
  (차) 입찰자의 자격을 제한한 때에는 그 제한의 내용 등을 기재하게 된다.

4) 3-4회의 매각기일 및 매각결정기일을 일괄하여 지정하는 경우에는 법원게시판에 게시하는 공고도 일괄하여 할 수 있으나, 일간신문에의 게재만큼은 매 입찰기일 마다한다.

5) 매각기일의 공고는 공고사항을 기재한 서면을 법원의 게시판에 게시하는 방법으로 하고, 최초의 매각기일에 관한 공고는 그 요지를 신문에 게재하며, 법원이 필요하다고 인정할 때에는 그 후의 매각기일에도 공고를 신문에 게재할 수 있다. 참고로 현행 입찰실무에서는 모든 매각기일의 공고를 일간신문에 게재하고 있다.

6) 매각기일의 통지
법원이 매각기일과 매각결정기일을 지정하면 이를 이해관계인에게 통지 한다. 위 통지는 집행기록에 표시된 이해관계인의 주소에 등기우편으로 발송하여야 할 수 있으며, 따라서 발송한 때 송달된 것으로 간주 된다.

제 5 절   매각실시절차

1. 매각조건

1) 법정매각조건
  (1) 의의
  민사집행법이 정한 매각조건을 법정매각조건이라 한다. 매각조건은 법원이 매각목적부동산을 매수인에게 취득시키는 조건을 말한다. 강제경매도 일종의 매매라 할 수 있으나, 통상의 매매에서는 그 조건을 당사자가 자유롭게 정할 수 있는 것과는 대비된다(매각조건법정주의).

(2) 구체적 예

가. 최저매각가격 미만의 불허(제119조).

나. 부동산의 물적 부담의 소멸과 인수의 범위
　가) 지상권 · 지역권 · 전세권 및 등기된 임차권은 저당권 · 압류채권 · 가압류채권에 대항할 수 없는 경우에는 매각으로 소멸한다.

　나) 그 외의 지상권 · 지역권 · 전세권 및 등기된 임차권은 매수인이 인수한다. 다만, 그 중 전세권의 경우에는 전세권자가 민사집행법 제88조에 따라 배당을 요구하면 매각으로 소멸한다. 매수인은 유치권자에게 그 유치권으로 담보하는 채권을 변제할 책임이 있다.

다. 경매신청인은 실익이 없는 경매는 허용되지 아니한다(제91조 1항, 제102조, 제124조 1항).

라. 매수신청인은 대법원규칙이 정하는 바에 따라 집행법원이 정하는 금액과 방법에 맞는 보증을 집행관에게 제공할 의무가 있다(제113조).

마. 기타 법정매각조건
　가) 차순위매수신고의 요건과 효력
　나) 매수인의 대금지급 의무와 그 지급시기
　다) 매수인이 부동산의 인도명령을 신청할 수 있는 경우
　라) 매수인의 소유권 취득시기 및 등기
　마) 경매에 있어서의 하자담보책임

2) 분할매각(원칙)과 일괄매각(예외)
(1) 분할매각(제124조 1항)
　두개 이상의 부동산에 대한 경매가 진행될 때 응찰자의 요구가 있거나 경매진행상 유리하다고 법원이 판단한 경우에는 부동산을 나누어서 매각하게 된다. 예컨대 한사람이 아파트와 주택으로 하나의 저당권을 설정했다가 매각될 경우 두 부동산을 한꺼번에 살 사람이 없어 처음에는 유찰되기가 쉬운데 이때 이것을 나누어 경매하는 것을 분할매각이라고 한다. 이러한 분할 또는 일괄매각은 법정매각조건이 아니고 법원의 자유재량에 의하도록 되어 있다.

(2) 일괄매각(제98조 1항)
　법원은 수개의 부동산의 위치, 형태, 이용관계 등을 고려하여 이를 동일인에게 일괄매수 시키는 것이 합리적이라고 인정한 때에는 일괄매각이라 할 수 있다.
　가. 아파트와 같은 공동주택 : 대지건물 일괄 매각이 원칙

　나. 공장저당법에 의해 담보대상이 된 공장과 그 공장 내의 기계 등은 하나로 보아 대지와 건물 또는 기계를 일괄 매각한다.

(3) 일괄매각사건의 병합(제99조)
　필요하다고 인정하는 경우에는 법원은 직권 또는 이해관계인의 신청에 의하여 각각 경매신청 된 여러 개의

재산 또는 다른 법원이나 집행관에 계속된 경매사건의 목적물에 대하여도 일괄매각결정을 할 수 있다. 이 경우에 그 다른 법원 또는 집행관은 그 목적물에 대한 경매사건을 일괄매각결정을 한 법원으로 이송하여, 이송받은 법원은 그 경매사건들을 병합하여 매각한다. 예컨대 민법 제365조에 기한 일괄경매청구권은 토지의 저당권자가 토지에 대하여 경매를 신청한 후에도 그 토지상의 건물에 대하여 토지에 관한 경매기일 공고까지는 일괄경매의 추가신청을 할 수 있고, 이 경우에 집행법원은 두 개의 경매사건을 병합하여 일괄경매절차를 진행함이 상당하다.

(4) 일괄매각 금액의 안분(제101조 2항)

매각절차에서 각 재산의 대금액을 특정할 필요가 있는 경우에는 각 재산에 대한 최저매각가격의 비율을 정하여야 하며, 각 재산의 대금액은 총 대금액을 각 재산의 최저매각가격비율에 의하여 안분한 금액으로 정한다. 각 재산이 부담할 집행비용액을 특정할 필요가 있는 경우에도 동일한 방법으로 정한다.

(5) 일괄매각 불허(제101조 3항, 4항)

여러 개의 재산을 일괄매각하는 경우에 그 가운데 일부의 대금으로 모든 채권자의 채권액과 강제집행비용을 변제하기에 충분하면 다른 재산의 매각을 불허한다. 또한 일괄매각대상의 물건의 일부에 대하여 공유자우선매수청구권을 가진 자라 하더라도 그 전부에 대한 공유자우선매수청구권의 행사는 불가능 하다.[207]

3) 법정매각조건과 특별매각조건
(1) 법정매각조건
민사집행법에서 정한 경매의 일반적인 조건과 절차를 말한다.
- 최저입찰가격의 설정
- 권리의 인수와 소멸 원칙
- 보증금의 비율
- 대금납부 시기
- 소유권 취득 시기

(2) 특별매각조건 (제110조 1항)
법정매각조건 중 법률이 매각조건의 변경을 허용하여 이해관계인 간의 합의나 법원의 직권에 의해 변경한 매각조건으로 경매를 실시하는 것을 말한다.
예) 재경매의 경우 법원은 직권으로 입찰보증금을 20%로 매수신청 하도록 한다.
예) 토지와 건물이 별도입찰이어서 건물을 낙찰 받아도 대지권이 없다.

(3) 이해관계인의 합의
가) 최저매각가격 외의 법정매각조건은 관련 이해관계인 전원의 합의에 따라 바꿀 수 있다(제110조 1항).

나) 명문의 규정은 없으나 매수인에 대한 소유권이전과 같은 경매의 근본에 관한 매각조건도 이해관계인의 합의로 변경할 수 없는 것으로 보아야 한다.

다) 이해관계인의 합의는 배당요구의 종기까지 할 수 있다(제110조 2항).

---

207) 대결 2006. 3. 13. 자 2005마 1078

라) 매각조건변경의 효력이 발생하기 위해서는 이해관계인의 합의가 있는 것만으로는 부족하고, 집행법원의 매각조건변경결정이 있어야 한다.

(4) 직권에 의한 매각조건 변경 및 고지

법원은 거래의 실상을 반영하거나 경매절차를 효율적으로 진행하기 위하여 필요한 경우에는 배당요구 종기까지 매각조건을 변경하거나 새로운 매각조건을 설정할 수 있다(제111조 1항). 이 재판에 대하여 이해관계인은 즉시항고할 수 있다. 그러나 특별매각조건이 있는 경우에는 그 내용을 집행관이 매각기일에 고지하여야 한다(제111조 2항, 제112조). 이 결정에 대하여는 즉시 항고 할 수 없다.

2. 매각실시

1) 매각기일의 개시

매각기일에서의 입찰절차는 집행관이 주재한다. 집행관은 매각기일에 입찰을 개시하기에 앞서 집행기록을 입찰참가자에게 열람하게 하고, 특별매각조건이 있으면 이를 고지한다. 기록의 열람과 입찰사항 등의 고지가 끝나면 집행관이 입찰표의 제출을 최고 하고 입찰마감시각과 개찰 시각을 고지함으로써 입찰이 시작 된다. 입찰자는 권리능력과 행위능력이 필요하다(제108조 ; 민집규 제57조 ; 재민 2004-3 26조). 따라서 미성년자 등 행위능력자는 법정대리인에 의하여만 입찰에 참가 할 수 있다. 또한 입찰 부동산이 일정한 자격을 가진 자만이 취득 할 수 있는 것인 때에는 그 자격이 있어야 한다.

2) 매각기일에 지참할 서류 등
 (1) 본인이 직접 참여하는 경우
  (가) 주민등록증 또는 본인임을 증명할 수 있는 신분증(예 운전면허증. 여권 등)
  (나) 도장
  (다) 입찰보증금(10% 또는 재입찰의 경우 20%): 자기앞수표 및 현금, 은행 등의 지급보증서. 다만 기간입찰의 경우는 현금이 아닌 법원의 은행계좌에 입금한 입금증명서 또는 지급보증위탁계약체결증명서와 입찰표를 집행관에게 제출하거나 등기우편으로 우송하여야 한다.

 (2) 대리인이 참여하는 경우
  (가) 본인의 인감증명서 1통
  (나) 위임장(반드시 본인의 인감이 날인된 것이어야 함), 법정대리인은 호적등(초)본
  (다) 보증금 수령인의 도장
  (라) 입찰보증금 10%-20%

 (3) 법인의 경우
  (가) 법인등기부등본
  (나) 대표자의 위임장
  (다) 법인 인감증명서
  (라) 보증금 수령인 도장

3) 매수신고 방법
 (1) 매각방법

부동산의 매각은 매각기일에 하는 호가경매, 매각기일에 입찰 및 개찰하게 하는 기일입찰 (1기일 2회 입찰) 또는 입찰기간 이내에 입찰하게 하여 매각기일에 개찰하게 하는 기산 입찰의 세 가지 방법으로 한다.

가. 기일입찰

입찰기일에 입찰자가 없는 경우에는 법원은 최저매각가격을 저감하고 새 매각기일을 정 하여 다시 입찰을 실시한다.

나. 1기일 2회 입찰

기일 입찰 또는 호가경매의 방법에 의한 매각기일에서 매각기일을 마감할 때 까지 허가할 매수가격의 신고가 없는 때에는 집행관은 즉시 매각기일의 마감을 취소하고 같은 방법으로 매수가격을 신고하도록 최고 할 수 있다.

다. 기간입찰

일정한 입찰기간을 정하여 그 기간 내에 입찰표를 직접 또는 우편으로 법원에 제출하게 하면서 법원이 정한 최저 매각 가격의 1할 또는 2할을 일률적으로 법원의 은행계좌에 납입한 뒤 그 입금표를 입찰표에 첨부하게 하며, 입찰 기간 종료 후 일정한 날짜 안에 개찰 기일을 실시하여 최고가 매수 신고인, 차순위 매수 신고인을 정하고, 매각결정 기일에서 매각 허가 결정을 하는 방식을 취한다.

(2) 기일입찰의 경우

가. 입찰표의 작성

가) 입찰표 작성 및 제출

입찰표의 잘못 기재로 낙찰 받지 못하는 경우가 있으니 입찰표 작성에 신중을 기해야 하고, 입찰하고자 하는 물건에 대하여 사건번호. 물건번호(물건번호가 있을 경우에만 기재한다.

나) 입찰자의 인적사항. 입찰금액. 입찰보증금액(입찰금액의 10%. 재경매의 경우 20%)을 기재하여야 한다.

(가) 입찰표의 기재

입찰하고자 하는 물건에 대하여 사건번호, 물건번호(물건번호가 있을 경우에만 기재한다), 입찰자의 인적사항, 임찰금액, 입찰보증금액(입찰금액의 10%, 재경매의 경우 20%)을 기재하여야 한다. 입찰표를 잘못 기재하여 낙찰 받지 못하는 경우가 있으니 입찰표 작성에 신중을 기해야 한다.

(나) 사건번호 : 각 경매물건마다 고유의 번호가 있다. 따라서 해당 경매물건의 사건 진행 번호를 기재하면 된다.

(다) 물건번호 : 하나의 사건번호에 2 이상의 물건이 경매진행 되는 경우가 있다. 이는 2 이상의 물건이 공동담보 된 경우 등으로서 경매사건 번호이외에 경매물건을 특정 기 위해서 부여하는 번호이다. 입찰공고(입찰기일 당일 입찰법정에 부착 시켜 놓음)에 물건번호가 표시되어 있다면 사건번호 이외에 입찰하고자 하는 물건번호를 반드시 기재하여야 한다. 다만 입찰공고에 물건번호가 없다면 기재할 필요가 없다.

(라) 인적사항기재

a) 본인이 입찰할 경우 : 본인의 성명과 주민등록번호 그리고 전화번호 및 주민등록상 주소를 기재한 후 도장을 날인 하면 된다.

b)대리입찰의 경우 : 입찰표상의 본인 및 대리인 란의 인적사항을 모두 기재하고 대리인의 도장을 대리인 인적사항에 날인하면 된다. 즉 본인 란에는 도장을 날인할 필요가 없다. 필요한 서류는 위에서 언급하였다.

c) 법인입찰의 경우 : 본인 란의 성명에 법인명과 대표자 이름을, 주민등록번호 란은 법인등록번호를 기재하면 되며, 법인의 직원이 대리입찰 할 경우 본인 란에 법인 관련 한 내용을 기재하고, 대리인 란에 입찰참여 하는 직원의 인적사항을 기재하며, 직원의 도장만 날인하면 된다.

d) 입찰가액 및 보증금액 : 입찰자 본인을 대신하여 입찰에 참가하는 자는 특별매각조건(보증금 20%)의 없는 한 최저경매가(입찰가가 아님)의 10%를 기재, 다만 법원에 따라서는 종래와 같이 입찰가의 10%를 아직도 사용하는 곳이 있다.

위에서도 언급했듯이 간혹 특별매각조건이 있어 보증금이 20% 내지 30% 인데 이를 확인하지 않고 10%만 기재하거나 집어넣었다가 무효처리가 되어 낭패를 보는 경우가 종종 있으므로 주의하여야 한다.

(마) 보증금반환란 : 입찰가액과 보증금액란 밑에 보증금반환란이 있다. 이는 입찰에서 떨어져 집행관으로부터 보증금을 반환받을 때 사용하는 부분이다. 따라서 미리 기재하여서는 안 되고, 공란으로 비워 두었다가 보증금을 반환받을 때 기재한다. 입찰의 취소 변경 또는 교환은 금지된다.

다) 입찰봉투작성
입찰봉투에는 흰색 편지봉투와 황색 봉투의 두 종류가 있다.

(가) 입찰보증금봉투(흰색봉투) : 입찰보증금봉투에 입찰가액의 10%(재경매의 경우엔 20%)에 해당하는 현금이나 자기앞 수표를 넣어야 하며, 입찰보증금 봉투 앞면에는 사건번호와 물건번호(물건번호가 있는 경우에 한함) 그리고 제출자(대리입찰의 경우엔 대리인이 제출자가 됨)의 성명을 기재한 후 날인하면 된다. 또한 입찰보증금 봉투 뒷면에는 도장 날인하는 곳이 3곳 있는데, 여기에 제출자의 도장을 날인하면 되고, 참고로 입찰보증금은 원활한 경매진행을 위해 현금보다는 자기앞수표를 사용하는 것이 좋다.

(나) 입찰봉투(황색봉투) : 황색봉투에는 입찰표 및 흰색봉투를 넣은 후 앞부분이 속으로 들어가게 하여 반으로 접은 후 호츠키스로 찍어야 한다. 입찰봉투의 앞면에는 사건번호, 물건번호, 제출자성명을 기재하여야 한다.

(다) 입찰함에의 투입
제출할 때는 신분증 확인을 하고, 제출함과 동시에 입찰자용 수취증에 집행관이 번호를 찍고 날인한 후 돌려주는데 위 수취증은 보증금을 반환받을 때 제출하여야 하므로 잘 보관하여야 한다. 이는 입찰에서 떨어졌을 경우에 보증금을 반환받을 때에 집행관에게 주어야 하기 때문이다. 주의할 점은 집행관의 확인을 받지 않고 입찰자용 수취증을 미리 떼어 내면 안 된다.

라) 입찰에서의 몇 가지 주의해야 할 점
(가) 도착에서 열람까지
a) 경매법원의 개정 시간보다 30분 내지 1시간 정도 일찍 도착하자.
각 경매법원은 통상 오전 10시부터 입장할 수 있는데 오전 9시부터 법원직원들이 출근하므로 조금 일찍

이 도착하여 여유 있는 시간 속에서 게시판 기록을 점검하고 새로운 사실이 있는 경우엔 당일 민사과에 가서 컴퓨터기록이나 편철장부를 한 번 더 살펴보고 입찰에 참여한다.

b) 샤프펜이나 연필을 지참하자.

입찰당일에 사건기록에 대한 원본이 사건번호별로 비치되어 있는데 경매개시 선언과 동시에 이를 열람할 수 있다. 이 경우「경매기록 열람신청서」는 만년필이나 볼펜으로 작성하였어도 원본열람 시에는 연필만을 소지하고 열람할 수 있고 볼펜이나 만년필을 소지할 수 없음에 유의해야 한다. 따라서 연필로 열람신청하고 기록도 연필로 하는 것이 편리하다.

c) 경매법원의 공고란을 통해 경매가 제외된 물건인지 여부를 파악하자.

경매가 제외된 것도 모른 채 사전에 철저히 분석하여 당일에 입찰법정에 들어섰는데, 경매기록열람신청서를 작성하여 제출하고 열람차례를 기다려 막상 열람 원본을 집행관이 찾아보니 없는 경우 "해당기록이 없습니다. 저기 제외된 사건을 보세요" 하는 경우가 있다. '채무자 변제' '연기' '경매철회' 등의 원인사항이 기재되어 있다. 따라서 경매법원에 입정하면 양쪽 벽면에 공고란을 살펴서 줄이 그어졌는지를 살펴보고 열람을 신청하야여 할 것이다.

d) 안내석의 표지에 주의하자.

입찰법원은 매우 붐빈다. 이 경우 경매기록 열람신청을 원하는 경우 대개 왼쪽은 전년도 열람기록 줄이고 오른 쪽은 당해 연도 줄이므로 줄을 잘못서서 연도를 잘못 써서 다시 줄을 서게 되면 순번이 너무 늦어 서두르게 되는 경우가 있으므로 유의해야 한다. 따라서「2006타경000」은 앞 안내석의 표지를 잘 보고 왼쪽에, 「2007타경123」은 오른 쪽에 서서 서두르지 않도록 한다.

e) 열람기록은 2개에 응찰하려면 2장을 같이 해야 한다.

집행관이 열람순서를 정해주므로 그에 따라 차례로 볼 수 있는 시간적 여유가 있다. 좋은 물건에는 열람인이 많고 그렇지 않은 경우 열람인이 별로 없어서 먼저 봐야 할 것을 살펴보고, 사람이 많은 것을 나중에 볼 수 있는 시간적 여유를 두고 열람하는 것이 좋겠다.

f) 열람기록에 대하여

열람이 실시되면 집행관이 열람기록장소를 지정해주는 경우가 많다. 대기는 안내석 앞쪽이지만 사람이 많으면 "안으로 들어와서 보세요"라고 한다. 따라서 열람 시 특이한 사항이 포착되면 메모하여 정리하는 것이 좋다. 이를 들고 지정장소를 이탈하여서는 안 된다. 경매기록의 사본은 사전(입찰일 7일전)에 법원경매계에서 볼 수 있다. 다만 원본은 입찰당일 오전 10시경 1시간 정도 열람할 수 있을 뿐이다. 이 경우 경매신청자의 채권액에 대하여 그 동안 일부 변제된 경우에는 그 금액을 원본을 통하여 알 수 있고, 경매신청자가 받아야 할 남은 채권액도 알 수 있다. 또 선순위 임차인이나 대위변제, 배당철회, 체불임금 여부, 송달상황 기타 상황을 파악할 수 있다. 특히 해당 물건에 주소를 두고 전입을 한 임차인 등의 주민등록 등본이 첨부되어 있으므로 유의하여 살필 필요가 있다. 따라서 해당장을 꼼꼼히 따져서 연필로 기록하여 차분히 살펴본다. 이미 사본에서 검토된 상황은 제외할 것은 제외하고 필요한 장만 살펴보고 적는다.

g) 대항력이 있는 임차인의 배당요구 여부 검토

민사집행법 제84조는 구법과는 달리 배당요구의 종기를 경매기일 이전으로 앞당기고 전세권 주택임차권의 소멸여부를 경매기일 이전에 확정하여 응찰자가 안정된 상태에서 경매에 참여할 수 있도록 하였다. 이는 구 민소법에 의할 경우 경락인이 낙찰을 받고 배당요구를 않는 임차인을 찾아 배당요구를 종용하였으나 개정법은 이런 방법을 사용할 수 없도록 하였다. 그러므로 경락인은 소액임차인이 배당요구를 하지 않은 경우 명도소송이나 대항력이 없는 경우 인도명령을 받아야 하는 불편이 있다. 따라서 응찰전에 소액임차인이 배당요구 했는지 안했으면 종용하고 늦어도 열람 시까지 확인하여 응찰에 임하는 것이 좋다.

h) 입찰표작성시 주의사항

(가) 가능한 한 입찰표 작성대는 피하라.

입찰법원에는 입찰자 등으로 붐비며 작성대 주위에도 사람이 많아 불안한 심리가 작용할 수 있고 또 다른 경쟁자에게 정보가 샐 염려가 있으므로 밖으로 나오거나 나만의 안전한 장소에서 적은 다음 도장을 찍고 봉하여 투찰하는 것이 좋을 것이다.

(나) 공동입찰의 경우.

공동입찰의 경우엔 허가 받은 공동입찰허가원을 입찰표와 함께 제출하되, 입찰표의 본인 란에 "별첨 공동입찰자목록 기재와 같음"이라고 기재한 다음 입찰표와 공동입찰허가원사이에는 공동입찰자 전원이 공동입찰자 전원이 간인하여야 한다.

(다) 잘못 써서 수정을 하면 무효.

수정을 요할 때에는 새용지를 사용하여야 한다. 즉 입찰표는 해당되는 부분에 적기만 하면 되고 고쳐 쓰는 것이 허용되지 않는다. 만약 적는 중에 잘못 쓴 경우에는 안내석의 입찰대로 나아가 하나 더 입찰표를 교부받아 수정 없이 적어 제출하여야 한다. 그러므로 입찰표는 계약서와 같이 두줄을 긋고 도장을 날인하거나 내용증명처럼 수정자를 적는 것이 허용되지 않는다.

(라) 견본을 미리 하나 적어두자.

입찰표는 자칫 하나만 잘못 적어도 입찰이 무효가 되어 그 동안의 노력이 무산되는 경우가 종종 있다. 그러므로 미리 하나의 견본을 적어 두는 것도 좋겠다.

(마) 입찰금액과 보증금액이 바뀌지 않도록 한다.

입찰표의 왼쪽에는 입찰가액 오른쪽에는 보증금액이 있으므로 제자리에 각각 쓰고 바꿔서 적지 않도록 한다.

(바) 두 개의 물건은 두 개의 입찰표에 기록한다.

입찰표는 물건마다 별도의 용지를 사용하여야 한다. 한 사람이 주대상물을 정하여 입찰을 신청하고 안되면(유찰시) 다른 물건에 입찰신청을 하려고 대개는 다른 물건을 분석하여 준비해 오는 경우가 보통이다. 또한 어떤 입찰인은 여유자금이 있어서 여러개의 물건을 파악하여 처음부터 여러 개의 물건을 사려고 하기도 한다. 이처럼 여러 개의 물건에 대하여 입찰을 신청하려면 입찰표 한 장에 2개를 기재하면 안 되고, 한 장에 하나의 물건을 기재하고 필요하면 안내석에서 하나 더 받아 작성하여야 한다. 또한 한 사건에 입찰물건이 여러 개 있고, 그 물건들이 개별적으로 입찰에 부쳐진 경우에는 사건번호 외에 물건번호를 기재하여야 한다.

(사) 낙찰 받은 금액의 단위를 세어보자.

왕초보자들은 숫자에 너무 익숙하여 "9,500만원" 등의 숫자를 생략하고 습관대로 쓰는 경우가 있는데 숫자는 생략하지 말고 95,000,000 숫자 모두를 기재한다. 또한 입찰표의 가액 위의 단위문자 "백억 십억 억" 등의 문자를 잘보고 기재하면 된다. 따라서 평소의 습관대로 숫자를 약식으로 쓰는 경우라면 주의를 요한다. 습관은 입찰표에는 통하지 않기 때문이다.

(아) 입찰보증금을 모자라게 내면 안 된다.

기일입찰에서 매수신청의 보증금은 최저경매가격의 10%로 한다(제63조 1항). 다만 실무에서는 예전처럼 입찰가액의 10%로 하는 곳도 있고, 최저경매가격의 10%로 하는 곳도 있어서 그 해당물건의 공고사항을 잘 살펴보아야 한다. 따라서 최저경매가의 10%로 공고되면 예전처럼 입찰가의 10%가 아니므로 그에 맞춰서 최저가의 10분의 1을 내야 한다. 그러므로 공고사항에 유념해야 한다.

(자) 물건번호와 사건번호를 혼동하여서는 안 된다.

입찰표의 오른쪽에는 물건번호가, 왼쪽에는 사건번호가 기재되어 있으며 물건번호 란에는 "물건번호가 있는 경우에만 기재"라고 되어 있다. 이 경우 대부분의 입찰에서는 물건번호는 있는 경우가 아니면 쓰지 않고 사건번호 "2007타경00"만 쓴다. 물건번호는 하나의 사건번호에 여러 개의 물건번호가 있다. 이 경우 물건번호를 기재하여야 하고 각각의 물건이 따로 입찰이 진행되기 때문에 물건이 여러 개이면 각각의 물건번호별로 입찰표를 따로 작성하여야 한다.

(차) 낙찰가와 보증금의 비율을 제대로 적자.

낙찰가(입찰가액)의 보증금은 입찰을 하는데 있어서 가장 중요하다. 경매물건에 대하여 최저가를 초과하거나 최저가로 입찰신청을 하여야 하는데 자신이 낙찰받고자 하는 최저가액의 보증금 10% 또는 재경매의 경우 보증금 20%를 내야 하는데 이를 잘못 알고 1% 나 2%를 내면 인정되지 않는다. 따라서 최저경매가가 90,00,000원이면 보증금은 9,000,000이 된다(개정 전에는 응찰가의 10%이었다). 다만 위에서도 언급했듯이 입찰로 낙찰 받고자 하는 경우 입찰가액이 83,000,000원이면 10%인 8,300,000원이 보증금이 되는 경우도 있으니 공고를 눈여겨보아야 한다.

(카) 위임자와 수임자를 명백히 하라.

이것은 대리인의 경우에 종종 일어난다. 즉 대리입찰의 경우 입찰자란에 본인 및 대리인의 인적사항을 모두 기재하는 외에 본인의 위임장과 인감증명을 제출해야 한다. 이 때 위임자는 본인과 동일인으로 입찰표의 본인란(위쪽)에 기재하고 수임인(대리인)은 입찰표 대리인(아래쪽)란에 기입하여야 하고 혼동하여 기재하면 안 된다.

(타) 입찰은 시간이 제일 중요하다.

대개 오전 10시에 시작하여 11시 정도 또는 11시10분 정도에 끝이 난다. 따라서 그안에 모든 것을 끝내야 하는데 다른 물건이나 또는 낙찰 받고자 하는 물건에 너무 신경을 쓰다 보니 정작 중요한 입찰표 작성에 소홀하거나 투찰을 못하거나 적합한 시기를 놓치는 경우가 있으니 주의해야 한다.

(파) 입찰가는 이성적으로 정하라.

낙찰을 받으려는 물건에 대하여 너무 많은 기대를 하다 보니 일시적으로 이성을 잃는 경우가 많다. 따라서 상한가는 초심의 마음으로 정하라.

- 아파트 80~95% 이하
- 단독주택 60~75% 이하
- 연립 빌라 다세대 55~75% 이하로 결정하는 것이 좋다.

(하) 주소는 주민등록상의 주소이다.

주소는 주민등록상의 주소를, 법인은 등기부상의 본점 소재지를 기재하여야 한다. 또한 신분확인을 위해 주민등록증을 지참하여야 한다.

나. 입찰표의 투출(동법 규칙 제62조 3항, 4항, 제64조).

입찰표를 각각 물건마다 하나씩 작성하여 줄을 서서 넣으면 되는데, 시간이 넘어도 서있는 줄은 받아준다. 다만 입찰봉투를 입찰함에 투입하기에 앞서 집행관에게 제출하여 입찰봉투에 일련번호를 부여 받고, 입찰자용 수취증의 절취선에 집행관의 날인을 받아 입찰봉투로부터 입찰자용 수취증을 떼어내 잘 보관해야 한다. 그 이유는 만약 입찰에서 떨어졌을 경우에 보증금을 반환받을 때에 집행관에게 주어야 하기 때문이다. 다만 주의할 점은 집행관의 확인을 받지 않고 입찰자용 수취증을 미리 떼어내면 안 된다는 점이다.

다. 입찰의 취소 · 변경 · 교환 금지

입찰의 취소란 입찰의 의사가 없었던 것으로 하는 것을, 변경이란 일찰표의 기재내용을 정정 · 수정하는 것을, 교환은 입찰표 자체를 바꾸는 것을 말하는데 이는 할 수 없다. 실무상 입찰표상의 금액의 기재는 그것이 착오에 기한 경우라도 수정할 수 없고 이 경우에는 새 용지를 사용토록 하고 있으며, 입찰가액의 기재가 정정된 경우에는 정정날인 여부를 불문하고 무효처리하고 있다. 또한 이미 행한 입찰은 그대로 둔 채 동일인이 다시 입찰표를 제출한 것도 허용되지 않는다(2개 입찰 모두 무효).

(3) 기간입찰의 경우

입찰기간을 지정하여 공고를 하고 이를 이해관계인에게 통지하는 방법이다. 입찰기간은 1주일 이상 1월 이하의 범위 안에서 정하고 매각기일은 입찰기간이 끝난 후 1주 내의 날로 정하여야 한다. 기간입찰에서의 입찰은 소정의 매수신청보증과 입찰표를 넣고 봉함을 한 봉투의 곁면에 매각기일을 적어 집행관에게 제출하거나 그 봉투를 등기우편으로 부치는 방법으로 한다. 기간입찰에 있어서도 취소 · 변경 또는 교환할 수 없지만, 등기우편으로 부친 경우에는 그것이 집행관에게 배달되어야 입찰이 이루어진 것으로 볼 것이므로, 그 전에 봉투를 반환 받으면 입찰의 효력이 생기지 않는다. 그러나 단순히 배달되기 전에 입찰을 철회하거나 별도의 다른 입찰서를 직접 제출하는 것은 허용되지 않는다.

(4) 호가경매의 경우

호가경매는 호가경매기일에 매수신청의 액을 서로 올려가는 방법으로 하며, 매수신고가격은 최저매각가격 이상이어야 하고 두 번째 이후의 신고가격은 종전의 신고가격보다 고가이어야 한다. 이 경우 타인이 신고한 '매수 가격에 1할 더 또는 1백만원 더' 라는 식으로 비례를 표시할 수 있다.

4) 매수신청의 보증

매수신청인은 대법원규칙이 정하는 바에 따라 집행법원이 정하는 금액과 방법에 맞는 보증을 집행관에게 제공해야 한다(제113조). 보증액은 매각기일의 공고에도 명시되어야 한다(동법규칙 제56조 3항).

(1) 매수신청보증금의 액수

기일입찰에서 매수신청의 보증금액은 최저매각가격의 10분의 1로 한다(민집규 제63조 1항). 종전과는 달리 정액제를 체택 하였다. 즉 종래에는 매수신고가격의 10분의 1로 정하였으나 절차의 번잡을 줄이는 취지에서 모든 매수신청인에게 동일하게 적용되는 정액으로 변경하였다. 다만, 법원은 상당하다고 인정하는 때에는 보증금액을 최저매각가격의 10분의 1보다 많거나 적은 금액으로 정할 수 있다. 기간입찰과 호가경매에도 준용된다(동규칙 제71조, 제72조 4항).

  (2) 매수신청보증금의 제공방법
  가. 기입입찰 · 호가경매의 경우
  매수신청보증금은 현금, 자기앞수표, 또는 지급보증위탁계약체결문서 중 어느 하나를 입찰표와 함께 집행관에게 제공하여야 한다(동규칙 제64조 본문).
    가) 현금이 제공된 경우 매수인은 이를 공제한 잔액만을 대금으로 지급하면 된다(제143조 3항).

    나) 금융기관이 발행한 자기앞수표로서 지급제시기간이 끝나는 날까지 5일 이상의 기간이 남아 있는 것

    다) 은행법의 규정에 따른 금융기관 또는 보험회사가 매수신청을 하려는 사람을 위하여 일정액의 금전을 법원의 최고에 따라 지급한다는 취지의 기한이 정함이 없는 지급보증위탁계약이 매수신청을 하려는 사람과 은행법의 규정에 따른 금융기관 또는 보험회사 사이에 맺어진 사실을 증명하는 문서

    라) 호가경매의 경우는 매수신고와 함께 직접 집행관에게 보증금을 보관하게 하며, 그 제공방법은 기일입찰에 관한 규정이 준용된다(민사집행규칙 제72조 4항).

  나. 기간입찰의 경우
  기간입찰에서 매수신청보증은 다음 중 어느 하나를 입찰표와 같은 봉투에 넣어 집행관에게 제출하거나 등기우편으로 부치는 방법으로 제공하여야 한다(민사집행규칙 제70조).
    가) 법원의 예금계좌에 일정액의 금전을 입금하였다는 내용으로 금융기관이 발행한 증명서

    나) 은행법의 규정에 따른 금융기관 또는 보험회사가 매수신청을 하려는 사람을 위하여 일정액의 금전을 법원의 최고에 따라 지급한다는 취지의 기한이 정함이 없는 지급보증위탁계약이 매수신청을 하려는 사람과 은행법의 규정에 따른 금융기관 또는 보험회사 사이에 맺어진 사실을 증명하는 문서

  다. 자산관리공사가 매수신고인인 경우의 특례
  동 공사는 민사집행법에 의한 경매절차에서 매수신고인이 되고자 하거나 업무를 수행하기 위하여 채권의 회수를 위탁한 금융기관을 대리하여 매수신고인이 되고자 하는 경우에는 공사의 지급확약서를 담보로 제공할 수 있다(자산관리공사법 제45조).

5) 입찰표기재의 미비에 대한 판단과 처리기준
입찰표 기재의 불비에 대한 유 · 무효 판단기준으로서 대법원은 1997년 10월 29일 송민 93-2 제10조의 2에 처리기준을 밝혔다. 그 내용은 다음과 같다.
  (1) 개찰에서 포함시키는 경우
    가) 입찰연월일의 기재가 없거나 오기가 있는 경우에는 입찰봉투의 기재에 의하여 당해 입찰기일의 입찰임을 알 수 있으면 개찰에 포함시킨다.

    나) 사건번호의 기재가 없는 경우에는 입찰봉투, 보증금봉투, 위임장, 공동입찰허가원등 첨부서류의 기재에 의해 사건번호를 특정할 수 있으면 개찰에 포함시킨다.

다) 물건번호의 기재가 없는 경우에는 개찰에서 제외한다.

다만 물건의 지번, 건물의 호수 등을 기재하거나 입찰봉투에 기재되어 입찰목적물을 특정할 수 있으면 개찰에 포함시킨다.

라) 입찰자 본인 또는 대리인의 성명기재가 없는 경우에는 개찰에서 제외한다. 다만 고무인, 인장 등이 선명하여 용이하게 판독할 수 있거나 대리인의 성명만 기재되어 있으나 위임장, 인감증명서에 본인의 기재가 있는 경우에는 개찰에 포함시킨다.

마) 입찰자 본인과 대리인의 주소, 성명이 병기되어 있지만(이름 아래 날인이 있는 경우 포함)위임장이 첨부되지 않은 경우에는 본인의 입찰로 개찰로 포함시킨다.

바) 입찰자 본인의 주소, 성명은 기재되고 위임장은 첨부되었지만 대리인의 주소, 성명의 기재가 없는 경우에는 본인의 입찰로 개찰에 포함시킨다.

사) 위임장이 첨부되고 대리인의 주소, 성명이 기재되어 있으나 입찰자 본인의 주소, 성명의 기재가 없는 경우에는 위임장 기재로 보아 본인의 주소, 성명을 특정할 수 있으면 개찰에 포함시킨다.

아) 입찰자가 법인으로서 대표자의 성명 기재가 없는 경우(날인만 있는 경우도 포함)에는 개찰에서 제외한다. 다만 고무인, 인장 등이 선명하여 용이하게 판독할 수 있는 경우에는 개찰에 포함시킨다.

자) 입찰가액의 기재가 불명료한 경우(예:5와8, 7과9, 0과6)에는 개찰에서 제외한다.

다만보증금액의 기재가 명확하고 그에 따라 입찰가액을 특정할 수 있을 때에는 개찰에 포함시킨다.

차) 보증금의 기재가 없거나 보증금의 기재가 정하여진 보증금과 다른 경우에는 보증금봉투에 의하여 정하여진 보증금 이상의 보증제공이 확인되는 경우에는 개찰에 포함시킨다.

(2) 개찰에서 제외시키는 경우

입찰가액의 기재를 정정한 경우에는 정정인 날인 여부를 불문하고 개찰에서 제외한다. 입찰자 본인 또는 대리인의 주소나 성명이 위임장 기재와 다른 경우에는 개찰에서 제외한다.

(3) 기타 입찰무효 사유

가) 동일사건의 입찰자이면서 다른 입찰자의 대리인이 된 경우.

나) 동일물건에 관하여 이해관계가 다른 2인 이상의 대리인이 된 경우.

다) 자격증명서면을 제출하지 않은 경우.

라) 한 장의 입찰표에 수개의 사건번호나 물건번호를 기재한 경우.

마) 채무자가 응찰하거나 재경매사건에서 전(前)낙찰자가 응찰한 경우.

바) 입찰가격이 최저입찰가격 미만인 경우.

사) 사건번호를 입찰표에는 맞게 기재하였으나 입찰봉투에 틀리게 기재하였을 경우 단독입찰이면 정정하여 개찰에 포함시키나 경쟁입찰이면 개찰에서 제외.

6) 최고가 · 차순위 매수신고인의 결정

(1) 기일입찰의 경우

가. 입찰의 마감

고지된 입찰마감 시각이 경과하면 입찰의 마감을 알리는 종을 울린 후 집행관이 이를 선언함으로써 입찰은 마감된다. 다만, 입찰표의 제출을 최고 한 후 1시간이 지나지 아니하면 입찰을 마감하지 못한다(동법규칙 제65조 1항단서). 매각기일에서 매각기일을 마감할 때까지 허가할 매수가격의 신고가 없는 때에는 집행관은 즉시 매각기일의 마감을 취소하고 같은 방법으로 매수가격을 신고하도록 최고할 수 있다. 다만, 같은 매각기일에 다시 매수신고를 허용할 수 있는 것은 1회에 한하며, 두 번째로 매수가격의 신고를 최고한 후에도 허가할 매수가격의 신고가 없어 매각기일을 마감하는 경우에는 재차 매각기일의 마감을 취소하지 못한다. 이를 1기일 2회 입찰이라고 한다.

나. 최고가매수신고인의 결정

가) 입찰봉투의 개봉

집행관은 개봉할 때에 입찰자의 면전에서 먼저 입찰봉투만을 개봉하고 입찰표에 의하여 사건번호, 입찰목적물, 입찰자의 이름 및 가격을 부른다(동규칙 제65조 3항). 입찰보증금이 정해진 보증금액에 미달하는 경우에는 당해 입찰은 무효로 하고, 차순위의 가격으로 입찰한 자의 입찰보증금 봉투를 개봉한다(재민 2004-3 33조).

나) 최고가매수신고인의 결정

입찰봉투를 입찰함에 넣고 난 후 집행관이 입찰시작을 선언한 후 1시간 정도 경과하면 입찰을 마감하고 곧장 개찰하여 최저경매가 이상을 쓴 사람 중에서 최고가 응찰자를 낙찰자로 결정하게 된다. 이 경우 응찰자의 호명 순서는 사건번호가 빠른 순서로 부르고, 그 사건번호별로 응찰자 전원을 불러 앞으로 나오게 하고 개표하여 최고가 입찰인의 이름 주소를 발표하여 선별한다. 낙찰자는 그 자리에서 보증금 대신 영수증을 받아가면된다(제115조 1항).

다) 차순위매수신고와 차순위매수신고인의 결정

(가) 차순위 매수신고란?

차순위매수신고는 최고입찰자 이외의 입찰자가 할 수 있는 신고이며, 최고입찰자에 대한 낙찰이 불허되거나, 낙찰이 허가되더라도 최고입찰자가 낙찰대금을 납부하지 아니할 경우에 다시 입찰을 실시하지 않고 차순위 신고인에게 낙찰을 허가하는 것을 차순위 입찰신고라 한다. 재입찰로 인한 절차의 지연을 방지하고 법원의 업무 부담을 경감하기 위하여 차순위매수신고인제도를 둔 것이다.

(나) 신고방법

예컨대 최고매수신고가격이 5천만원일 경우 입찰보증금 5백만원을 제한 4천5백 만원보다 높은 가격 즉, 4천 5백만 1원이상 5천만원 미만으로 매수신고 한 자는 차순위입찰신고를 할 수 있다. 차순위입찰신고를 하고자 할 경우에는 당해 경매사건에 대하여 입찰법정에서 집행관에게 차순위입찰신고의 의사가 있음을 구두상으로 하면 되며, 2인 이상인 때에는 입찰가격이 높은 자를 차순위매수신고인으로 정하고, 입찰가격이 같을 때에는 추첨에 의하여 차순위매수신고인을 정한다(제115조 1항, 민집규 제66조 2항).

(다) 차순위 신고인의 지위

차순위입찰신고인의 입찰보증금은 최고입찰자가 낙찰대금을 완납할 때까지 반환요청을 할 수 없으며, 최고입찰자가 낙찰대금을 납부하지 않을 경우 재경매절차를 밟지 않고 차수위 신고인을 낙찰자로 결정한 후

대금납부를 명하고, 차순위 신고인 역시 대금을 납부하지 않아 재경매기일이 지정되면 재경매기일 3일 전까지 최고입찰자나 차순위 신고인 중 먼저 지연이자 및 재경매절차비용 그리고 낙찰대금을 완납하면 경매물건의 소유권을 취득하게 된다. 그러나 차순위 신고인조차도 낙찰대금을 납부하지 않아 재경매절차가 진행되면 차순위 신고인이 입찰보증금은 배당재단에 귀속되고 재경매절차에 참여할 수 없게 된다.

(2) 기간입찰의 경우

최고가매수신고인 및 차순위매수신고인의 결정에 관하여는 기일입찰에 관한 규정이 준용됨에 따라 기일입찰의 경우와 차이가 없다. 다만, 기간입찰에서는 입찰을 한 사람이 모두 개찰기일에 참석하지 못함에 따라 법원사무관 등은 적당하다고 인정하는 사람을 참여시켜 개찰할 수 있다. 그리고 1기일 2회 입찰에 관한 규정은 준용되지 않는다.

(3) 호가경매인 경우

집행관은 매수신청을 최고한 후 1시간이 지나면 사건번호순서에 따라 사건번호 등을 부른 후 신청할 사람을 앞으로 나오라고 말한 뒤 매수신청을 하게 한다. 허가할 매수가격의 신고가 없으면 매각기일의 마감을 취소하고 같은 방법으로 매수가격을 신고하도록 최고할 수 있다. 다만, 1기일 2회 호가경매가 적용된다(제115조 4항, 5항). 집행관은 매수신청의 액 가운데 최고의 것을 3회 부른 후 그 신청을 한 사람을 최고가매수신고인으로 정하며, 그 이름과 매수신청의 액을 고지한다(동법규칙 제72조 3항). 동일한 각격을 신고한 자가 여러 사람 있을 때에는 먼저 신고한 자로 하며, 신고가 동시인 때에는 추첨의 방법으로 정한다. 최고가매수신고인을 정한 때에는 그 성명과 가격을 부르고 차순위매수신고를 최고한 뒤, 적법한 차순위매수신고가 있으면 차순위매수신고인을 정하여 그 성명과 가격을 부른 다음, 매각기일을 종결한다고 고지한다. 차순위매수신고인이 둘 이상인 때에는 신고한 매수가격이 높은 사람으로 하고, 매수가격이 같은 때에는 추첨으로 정한다(제115조 1항, 2항).

7) 매각기일의 종결 후의 처리

(1) 보증금의 처리

매각기일의 종결이 고지되면 최고가매수신고인과 차순위매수신고인을 제외한 다른 매수신고인은 매수의 책임을 벗어나게 되고, 즉시 매수신청의 보증을 돌려 줄 것을 신청할 수 있다(제115조 3항). 그러나 최고가매수신고인과 차순위매수신고인 이외의 매수신고인이 제출한 보증금의 반환청구가 없는 것은 즉시 돌려받을 수가 없음에 따라 3일이 지난 후에 법원사무관 등에게 그 반환을 청구하여야 한다.

(2) 송달·통지를 받을 장소와 영수인의 신고

최고가매수신고인과 차순위매수신고인은 대한민국안에 주소·거소와 사무소가 없는 때에는 대한민국 안에 송달이나 통지를 받을 장소와 영수인을 정하여 법원에 신고하여야 한다. 이 신고는 집행관에게 하거나 집행법원에 대하여 직접 하거나 상관없다.

8) 새 매각

매각기일에 적법한 매각을 실시하였으나 허가할 매수가격의 신고가 없는 때에 다시 기일을 지정하여 실시하는 매각을 말한다(제119조).

(1) 경매기일에 최고가액 응찰자가 없을 경우

매각기일에 허가할 매수가격의 신고가 없이 매각기일이 최종적으로 마감된 때에는 민사집행법 제91조 제1항의 규정에 어긋나지 않는 한도내에서 법원은 재량으로 최저매각가격을 상당히 저감하여 새 매각기일을 정한다. 그 기일에 허가할 매수가격의 신고가 없는 때에도 또한 같다. 저감의 율은 각 지방법원마다 또 법관마다 다를 수 있으나 부동산의 경우 새 매각시마다 보통 전차법사가의 1할 내지 2할의 범위내에서 저감한 금액으로 매각을 실시하게 된다. 저감하는 금액에 관하여 4할을 저감하는 것은 부당하다는 대법원판례가 있다.[208] 여러 개의 부동산을 동시에 매각하는 경우에 일부의 부동산에 대하여서만 매수가격의 신고가 없는 때에는 일괄 매각하는 경우를 제외하고는 그 해당 부동산에 대하여서만 새 매각을 실시할 것이고 모든 부동산에 대하여 새 매각을 실시할 것은 아니다.

(2) 최고가액 응찰자에게 집행관이 낙찰을 허가 했으나 낙찰기일에 이해관계인의 이의에 의하여 낙찰불허가결정 된 경우

집행법원이 매각결정기일에 매각허가에 대한 이의사유가 있음을 이유로 이해관계인의 이의신청 또는 직권으로 매각불허결정을 한 경우 그 사유가 종국적으로 매각을 불허하거나 일시정지 하여야 할 사유가 아니고 다시 매각을 허용할 수 있는 때에는 직원으로 새 매각기일을 정한다(제125조). 매각허가결정이 있었으나 항고에 의하여 취소되고 다시 매각을 실시할 경우도 마찬가지이다. 다만, 경매의 일시적 정지사유가 있어서 매각이 불허된 경우는 그 사유가 해소되어야 새 매각기일을 정할 수 있으며, 새 매각기일을 정한 때에는 이를 매각기일의 2주전까지 공고하여야 한다(동법규칙 제56조). 그러나 이 경우에는 하는 새 매각이 있어서는 최저매각가격을 저감하지 못한다.

(3) 매수가격의 신고 후에 천재지변, 그 밖의 자기가 책임을 질 수 없는 사유로 부동산이 현저하게 훼손된 사실 또는 부동산에 관한 중대한 권리관계가 변동된 사실이 밝혀진 때

최고가매수신고인은 매각허가에 대한 이의신청을, 매수인은 대금을 낼 때까지 매각허가결정의 취소신청을 할 수 있는데, 이 신청에 따라 법원이 매각불허결정을 하거나 매각허가결정을 취소한 때에는 다시 감정인으로 하여금 평가를 하게 하여 최저매각가격결정부터 새로한 후 매 매각기일을 지정한다(제121조, 제127조 1항, 제134조, 제97조).

(4) 낙찰허가 결정이 항고에 의하여 취소된 경우

(5) 경매목적물 훼손에 의한 낙찰 불허. 취소의 경우

9) 공유자의 우선매수권

공유자의 우선매수권이란 부동산의 공유지분을 매각하는 경우에 다른 공유자는 매각기일까지 민사집행법 제113조에 따른 보증을 제공하고 최고매수신고가격과 같은 가격으로 채무자의 지분을 우선 매수하겠다고 신고하는 권리를 말한다(제140조).

(1) 법원의 허가

다른 공유자의 우선매수신고가 있으면 법원은 최고가매수신고가 있더라도 그 공유자에게 매각을 허가하여야 한다(제140조 2항).

(2) 신고기한

다른 공유자의 우선매수신고는 집행관이 매각기일을 종결한다는 고지를 하기 전 까지 할 수 있다(동법규칙 제76조 1항). 또한 다른 공유자는 매각기일 전에 미리 매각을 실시할 집행관 또는 집행법원에 소정의 보증을

---

208) 대결 1994. 8. 27. 94마1171 ; 동결 1961. 11. 3. 4294 민재항 506).

제공하고 최고매수신고가격과 같은 가격으로 우선매수권을 행사하겠다고 신고함으로써 우선매수권을 행사할 수 있다.

(3) 우선매수가격

다른 공유자가 우선매수신고를 하였으나 다른 매수신고인이 없는 때에는 최저매각가격을 최고가매수가격으로 본다. 그리고 최고가매수신고가 있어 그 신고액을 우선매수로 신고한 공유자의 매수가격으로 한 때에는 최고가매수신고인을 차순위매수신고인으로 본다. 다만, 이 경우 차순위매수신고인으로 보게 되는 최고가매수신고인은 집행관이 매수기일을 종결한다는 고지를 하기 전까지 차순위매수신고인의 지위를 포기할 수 있다(동규칙 제76조 2항, 3항 제140조 4항). 여러 사람의 공유자가 우선 매수하겠다는 신고를 하고 그 절차를 마친 때에는 특별한 협의가 없으면 공유지분의 비율에 따라 채무자의 지분을 매수하게 된다(제140조 3항).

참고사항 : 기간입찰 주의사항

1. 입찰표 작성
기간입찰에서는 연두색 기간입찰표를 작성하여야 한다.
o 입찰가격의 기재를 정정하거나 기재가 불명확한 경우에는 입찰에서 제외된다.
o 입찰가격을 제외한 나머지 부분에 대한 정정은 해당부분에 사선을 긋고 입찰인 이름 옆의 이름 옆의 인장과 같은 인장으로 정정인을 찍어야 한다.

2. 매수신청보증
다음 방법 중 하나에 의하여야 한다.
o 입금증명서 : 입찰기간 동안 법원보관금 취급점에 매수신청보증금을 납입하고, 법원보관금취급규칙의 별지 3호 서식 법원보관금영수필통지서를 법원보관금취급규칙의 별칙 제7-1호 서식에 첨부하여 기간입찰표와 함께 기간입찰봉투에 넣어 제출하여야 한다.
o 보증서 : 서울보증보험회사에서 발급받아 기간입찰표와 함께 기간입찰봉투에 넣어 제출하여야 한다.

3. 첨부서류
본인임을 확인할 수 있는 서류를 첨부하여야 합니다(발행일은 3개월 내의 것).
o 개인 : 주민등록등본   o 법인 : 법인등기부등본
o 법정대리인 : 가족등록부   o 임의대리인 : 대리위임장, 인감증명서
o 공동입찰 : 공동입찰신고서, 공동입찰자목록

4. 입찰방법
입찰표, 매수신청보증, 기타 첨부서류를 기간입찰봉투에 넣고, 매각기일을 적은 다음 아래 방법 중 하나에 의하여 제출하여야 한다(매각기일 미기재시 입찰이 무효로 된다).
o 직접 제출 : 평일은 09:00부터 12:00까지, 13:00부터 18:00까지 사이에, 토요일은 09:00부터 12:00까지 사이에 집행관 사무실에 출석하여 집행관 또는 그 사무원에게 제출하고, 입찰봉투접수증을 수령하여야 한다(공휴일과 휴무토요일은 미접수, 집행관 또는 그 사무원 이외의 자에 대한 제출은 무효).
o 등기우편 제출 : 입찰기간 개시일 00:00경부터 마감일 24:00까지 법원에 우편물이 도착하여야 한다(보통우편, 마감일 이후의 접수는 무효처리된다).

5. 경매절차의 취소 등
경매절차의 취소, 경매신청의 취하는 집행관 사무실 및 인터넷 법원경매공고란(www.courtauction.go.kr)에 게시되므로, 입찰전 반드시 확인한다.

6. 기간입찰표의 취소 등
기간입찰봉투가 입찰함에 투입된 이후에는 기간입찰표의 취소, 변경, 교환은 허용되지 아니한다.

7. 매수신청보증의 반환
o 반환시기 : 매각기일 종료후 일괄반환된다(입찰후 경매절차의 취소 등에 의한 경우에도 중도에 반환되지 아니합니다).

o 보증서 반환 : 주민등록증과 도장을 소지하여야 한다.
o 보증료(보험료) 환급을 위한 확인 : 입찰에 참가하지 않은 경우, 매각기일전 경매신청의 취하취소, 입찰이 무효가 된 경우에 집행관 또는 법원사무관에게 확인을 받아 서울보증보험회사에 제출하시기 바란다.
o 입금증명서에 의한 매수신청보증의 반환 : 입금증명서에 의하여 현금 등을 납부한 경우 매각기일 종료후 법원보관금납부서에 기재된 예금계좌로만 반환된다.

8. 매각기일의 참석 등
o 차순위매수신고를 하고자 하는 자는 매각기일에 반드시 참석하여 신고하여야 한다.
o 최고가매수신고인이 2인 이상인 경우에는 그 입찰자들만을 상대로 기일입찰방식으로 추가입찰을 합니다. 만일 출석하지 아니한 사람에게는 추가입찰 자격을 부여하지 않고, 출석한 사람들로 하여금 추가입찰을 실시하며, 출석한 사람이 1인인 경우에는 출석자에게만 추가입찰을 실시한다.
o 최고가매수신고인 중 매각기일에 출석한 사람이 없는 경우, 출석한 전원이 추가입찰을 하지 않는 경우, 추가입찰가격이 동액인 경우, 추가입찰을 실시하였으나 그 입찰이 전부 무효인 경우에는 그들 중에서 추첨에 의하여 최고가매수신고인을 정한다. 이때 입찰자 중 출석하지 아니한 사람 또는 추첨을 하지 아니한 사람이 있는 경우에는 법원 사무관등 상당하다고 인정되는 사람이 추첨을 대신한다.

9. 기타
o 공동입찰을 하는 때에는 기간입찰표에 각각의 지분을 분명하게 표시하여야 한다.
o 공유자는 집행관이 매각기일을 종결한다는 고지를 하기 전까지 매수신청보증을 제공하고 우선매수신고를 할 수 있으며, 우선매수신고에 따라 차순위매수인으로 간주되는 최고가매수신고인은 매각기일이 종결되지 전까지 그 지위를 포기할 수 있다.
o 입찰표는 같은 물건에 관하여 동시에 다른 입찰자의 대리인이 될 수 없고, 한 사람이 공동입찰자의 대리인이 되는 경우 외에는 두 사람 이상의 다른 입찰자의 대리인으로 될 수 없으며, 이에 위반한 입찰은 무효이다.

3. 매각허가여부의 결정

입찰당일 최고가 매수자로 결정되면 1주일 정도의 유예기간(이의신청기간)을 거쳐 경매법원은 낙찰허가를 결정하여 발표한다. 이 경우 이해관계인은 낙찰에 대하여 의견을 진술할 수 있다. 또한 농지를 취득하고자 입찰을 신청하였다면 이 기간 중에 농지취득자격증명원을 제출해야 한다. 낙찰허가는 결정으로 하고 별도로 송달하지 않으므로 직접 확인하거나 전화로 확인하여야 한다. 일반적으로는 확인이 없어도 허가결정이 나면 입찰시 기재한 주소지로 경락잔금 납부통지서가 발송되어 온다.

1) 매각결정기일의 개시
집행관은 매각기일이 종결되면 집행사건기록과 매각기일조서 및 매수신청의 보증으로 받아 돌려주지 아니한 것을 매각기일로부터 3일 이내에 법원사무관 등에게 인도한다. 집행법원은미리 지정 · 공고된 일시에 매각결정기일을 열어 출석한 이해관계인의 의견을 듣고 매각절차의 적법여부를 심사한 후 매각허가 또는 매각불허가의 결정을 하게 된다. 이와 같이 매각기일 이외에 매각결정기일을 따로 열도록 한 것은 매각기일의 실시가 경매법원의 보조기관인 집행관에 의하여 진행되는 것이기 때문에 그 실시결과를 승인하고 매각허가여부의 최종적인 결정을 집행법원 스스로 하도록 하기 위한 것이다. 매각기일은 법원 이외의 장소에서도 할 수 있으나, 매각기일은 법원 안에서 진행한다(제107조, 제109조 2항).

2) 이해관계인의 의견진술
(1) 진술할 수 있는 이해관계인
집행법원은 매각결정기일에 출석한 이해관계인에게 매각허가에 관한 의견을 진술하게 하여야 한다. 여기에서의 이해관계인이라 함은 민사집행법 제90조에서 규정하는 자와 최고가매수신고인과 자신이 최고가매수신고인으로서 매각허가를 받아야 한다고 주장하고서 매수신고시에 제공한 보증을 찾아가지 않고 있는 자 까지도 포함하는 것으로 보아야 할 것이다.

(2) 이해관계인의 진술내용
매각허가에 대한 이의는 매각을 허가하지 아니하기를 희망하는 이해관계인이 경매절차에 민사집행법 제12조 각 호 소정의 이의사유가 있다고 진술하는 것이고, 이에 대한 반대진술은 매각허가를 받고자 하는 최고가매수신고인이나 매각이 허가되기를 희망하는 이해관계인이 매각허가에 대한 이의가 이유 없다는 것을 진술로써 하는 것이다. 매각허가에 대한 이의사유는 다음과 같다(제121조).
① 강제집행을 허가할 수 없거나 집행을 계속 진행할 수 없을 때
② 최고가매수신고인이 부동산을 매수할 능력이나 자격이 없을 때
③ 부동산을 매수할 자격이 없는 사람이 최고가매수신고인을 내세워 매수신고를 한 때
④ 최고가매수신고인, 그 대리인 또는 최고가매수신고인을 내세워 매수신고를 한 사람이 민사집행법 제108조 각 호 가운데 어느 하나에 해당되는 때
⑤ 최저매각가격의 결정, 일괄매각의 결정 또는 매각물건명세서의 작성 중 중대한 흠이 있는 때
⑥ 천재지변, 그 밖의 자기가 책임을 질 수 없는 사유로 부동산이 현저하게 훼손된 사실 또는 부동산에 관한 중대한 권리관계가 변동된 사실이 경매절차의 진행 중에 밝혀진 때
⑦ 경매절차에 그 밖의 중대한 잘못이 있는 때

(3) 진술의 방법 및 시기
이해관계인의 진술은 원칙적으로 매각결정기일에 말로 하여야 하나 서면으로 제출하여도 가능하다. 의견진술의 기한은 매각허가여부에 대한 결정의 선고가 있을 때까지이다. 이미 신청한 이의에 대한 진술도 또한 같다(제120조 2항).

참고 : 이해관계인

일정한 사실행위나 법률행위 등에 있어서 그 직접 당사자는 아니나, 그것에 의해서 자기의 권리나 이익에 영향을 받는 자를 말한다. 민사소송법, 민사집행법에서는 절차에 입회하거나, 법원에 불복을 신청할 수 있는 당사자외의 제3자를 가리키는 경우도 있고, 그 범위를 표시하는 경우도 있다. 한편 민법상으로는 어떤 사실의 유무로 인하여 권리를 얻거나, 의무를 면하거나, 권리의 행사나 의무의 이행에 영향을 받는 자를 말한다.
• 경매개시결정을 받은 압류채권자(경매신청채권자)
• 집행력 있는 정본에 의하여 배당을 요구한 채권자
• 채무자 및 경매대상 부동산의 소유자
• 부동산 등기부에 기입된 부동산 위의 권리자
• 부동산 위의 권리자로서 그 권리를 증명한 자
  (예: 대항요건을 갖춘 주택임차인, 경매신청등기 후의 목적 부동산의 소유권을 취득한 자나 용익담보물권의 설정등기를 한자, 건물등기 있는 토지임차인 등)

3) 매각허가여부에 관한 재판
법원은 매각결정기일에 매각허가에 관한 이해관계인의 진술이 끝나면 매각허가여부에 관한 재판을 결정으로써 하며 이를 선고한다. 그리고 이 결정은 선고한 때에 고지의 효력이 발생함에 따라 별도로 송달하지 않는다. 집행법원이 이해관계인의 이의가 없다고 인정하고, 불허할 사유가 없다고 인정한 때에는 최고가매수신고인에게 매각을 허가한다는 취지의 결정을 선고한다. 그러나 다음과 같은 사유가 있는 때에는 매각을 허가하

지 않는다는 취지의 결정을 선고한다.

(1) 이해관계인의 이의가 정당하다고 인정한 때
(2) 법원이 직권으로 조사한 결과 매각불허가 사유가 있다고 인정한 때
(3) 공동저당물의 경매에 있어서 과잉매각금지의 규정에 저촉한 때
(4) 경매의 취소가 있는 때

4) 매각불허 후의 절차
(1) 매각을 불허랄 사유에 기한 것이 아니고 다시 매각을 명하여야 할 경우

민사집행법 제121조 제2호 내지 제7호의 이의사유가 있는 경우 또는 집행정지 결정이 제출되었다가 그 정지결정이 실효된 경우에는 법원에서는 매각불허가 결정이 확정된 후 직권으로 새 매각기일을 정한다(제125조 1항).

(2) 매각을 불허할 사유에 기한 것이어서 다시 매각을 명할 것이 아닌 경우

경매부동산이 멸실되거나 집행취소사유가 있어 불허 결정이 선고된 경우에는 그 불허가 결정이 확정되면 경매신청자체를 포함한 그 이후의 경매절차는 모두 소멸하게 된다. 따라서 이 경우에 법원은 별도로 경매개시결정의 취소나 경매신청각하 결정을 할 필요 없이, 불허가 결정정본을 원인증서로 첨부하여 경매개시결정 등기의 말소를 등기관에게 촉탁한다(제141조).

(3) 매각불허가결정의 효력

매수인 또는 매각허가를 주장한 매수신고인은 매수에 관한 책임이 면제되어 매각기일에 매수신청의 보증으로 제공한 금전 또는 유가증권의 반환을 집행법원에 청구할 수 있다(제133조).

5) 매각허가여부결정에 대한 불복
(1) 항고기한

항고는 낙찰허가결정 또는 낙찰불허가결정을 고지한 날로부터 1주일 내에 제기하여야 하는데, 낙찰허부의 결정은 이해관계인이 낙찰기일에 출석하였는지 여부를 묻지 않고 이를 선고한 때에 고지의 효력이 발행하므로 위 1주일의 기간은 일률적으로 정하여진다.

(2) 즉시항고권자

이해관계인은 낙찰허가 또는 불허가의 결정에 의하여 손해를 받은 경우에 그 결정에 대하여 즉시 항고를 할 수 있고, 낙찰허가의 이유가 없거나 결정에 기재한 이외의 조건으로 허가할 것임을 주장하는 낙찰자 또는 낙찰허가를 주장하는 매수신고인도 항고를 할 수 있다(제129조).

(3) 즉시항고의 사유

매각허가 결정에 대한 항고는 민사집행법에 규정한 매각허가에 대한 이의신청사유가 있다거나 그 결정절차에 중대한 잘못이 있다는 것을 이유로 드는 때에만 할 수 있다. 이에 반하여 매각불허가 결정에 대한 항고사유에는 별다른 제한이 없다. 그리고 매각허가여부 결정에 재심사유가 있는 경우에는 그것만으로도 독립해서 항고사유가 된다(제130조 1항, 2항).

(4) 즉시항고의 방법
가. 항고장의 제출

항고장은 낙찰허부의 결정을 선고한 경매법원(통상 경매계장을 경유하도록 한다)에 항고장을 제출하여야 한다(제15조 2항). 항고장에는 항고인, 원결정의 표시, 그 결정에 대하여 즉시 항고를 한다는 취지, 항고의 취지를 기재하고 법원을 표시한 후 항고인이 기명날인 하여야 하며, 항고장에 항고이유를 반드시 기재할 필요는 없다(동법규칙 제13조).

나. 항고보증금 공탁

가) 채무자, 소유자, 낙찰자가 낙찰허부결정에 대하여 불복하여 항고를 할 때에는 보증으로 낙찰대금의 10분 1에 해당하는 현금 또는 법원이 인정한 유가증권을 공탁하여야 한다(제130조 3항).

나) 항고가 기각된 때에는 항고인은 보증으로 제고 안 금전이나 유가증권의 반환을 청구하지 못하며, 그 보증금은 나중에 배당할 금액에 산입된다(민사집행법 제130조 6항). 그러나 항고가 이유 있다고 받아들여져 낙찰허가결정이 취소되거나, 추후 경매신청이 취하되었을 경우, 또는 기타의 사유로 경매절차가 취소된 때에는 항고인이 공탁한 보증금은 반환받을 수 있다. 보증금 공탁의 의무 있는 자(낙찰자)가 보증금 공탁의 의무 없는 자(임차인이나 근저당권자)의 지위를 겸하고 있을 경우에 항고 시보증의 공탁이 필요 없다.[209]

다) 채무자 및 소유자 외의 사람이 한 항고가 기각된 때에는 항고인은 보증으로 제공한 금전이나 유가증권을 현금화 한 금액가운데 항고르 한 날로부터 항고기각결정이 확정된 날까지의 매각대금에 대한 연 20%의 이율에 의한 금액에 대해서는 돌려줄 것을 요구할 수 없으므로(민사집행법 제130조 7항 본문) 그 지연손해금만을 배당할 금액에 포함시키고 나머지는 보증제공자에게 반환한다.

(5) 즉시항고의 효력

즉시항고는 이심의 효력과 확정차단의 효력이 있을 뿐이고, 집행정지의 효력은 없다. 그러나 매각허부결정은 확정되어야 효력이 있고(제126조 3항) 항고심의 확정까지는 확정되지 아니하므로 그 결정에 따른 후속조치를 할 수 없게 된다.

(6) 즉시항고에 대한 재판

가. 항고장의 기재사항 흠결 및 인지의 미첩부시

집행법원은 항고인에게 상당한 기간을 정하여 보정을 명하고, 이에 따르지 않을 때에는 항고장을 각하한다(제15조 10항, ; 민소법 제399조, 제443조).

나. 항고이유의 부적한 경우 및 소정기간 내에 항고이유서 미제출시

항고장이 부적법하고 이를 보정할 수 없음이 명백한 경우에는 결정으로 항고를 각하하고, 항고기간이 도과한 것이 명백한 경우와 항고권자가 아닌 자가 제기한 항고의 경우에도 각하결정을 한다.

다. 항고결정

집행법원은 항고에 대한 정당한 이유가 있다고 인정하는 때에는 스스로 그 재판을 경정한다. 그러나 항고장각하나 항고각하 또는 재판결정을 하지 아니하는 때에는 집행법원의 사무관 등은 항고장이 제출된 날부터

---

209) 대결 1999.2.10, 98마3771, : 민소법 제663조 제2항에 의하여 준용되는 제642조 제4항에 의하여 낙찰인이 낙찰허가결정에 대하여 항고를 할 때에는 보증으로 낙찰대금의 10분의 1에 해당하는 현금 또는 법원이 인정하는 유가증권을 공탁하여야 하지만 낙찰인이 당해 경매절차에 있어서 채무자 또는 소유자이외의 이해관계인의 지위를 겸유하고 있고, 그러한 이해관계인의 지위에서 항고하는 경우에는 이러한 보증의 제공이 요구되지 않는다.

2주일내에 항고기록을 항고법원으로 보낸다 (민사집행법 제15조 10항, 민사소송법 제443조, 제400조 1항).

참고 : 매각허부. 항고 관련 판례 정리

1) 입찰기일 후 낙찰기일 전에 대항력 있는 임차인이 배당요구 한 경우(낙찰불허가결정)

부동산경매절차에서 입찰기일 후 낙찰기일 전에 대항력 있는 임차인이 배당요구 하였다면 이는 진행된 입찰 기일에 관련하여 결과적으로 입찰참가 희망자의 매수의사 및 매수가격의 결정에 영향을 미칠 임대차관계의 승계여부에 관한 입찰물건명세서의 작성에 중대한 하자가 있고, 또한 임차인의 배당요구를 반영하지 못한 최저입찰가격의 결정에도 결과적으로 중대한 하자가 있다고 할 것이므로 경매법원이 직권으로 낙찰을 불허가한 조치는 적법하다.

2) 입찰기일 후 낙찰기일 전에 대항력 있는 임차인이 배당요구 한 경우
(낙찰불허가결정) (대판1997.10.13. 97마1612).

경매법원이 선순위 근저당권의 설정일자와 임차인이 아파트를 점유하고 있다는 것 및 선순위 근저당권 설정 일자보다 앞선 주민등록 전입일자를 기재하고 임차보증금액란은 공란으로 하여 작성한 입찰물건명세서는 임차인의 임대차계약일자 및 임차보증금 내지 전세금에 관한 사항이 제대로 조사, 기재되지 아니하였을 뿐만 아니라, 입찰기일까지는 임차인이 권리신고 및 배당요구를 하지 아니하여 단순히 선순위의 임차인이 존재하는 것으로만 기재되어 있어 낙찰인이 그 임대차에 관한 권리·의무를 승계하여야 하는 것으로 되어 있었으나, 그 직후에 임차인이 확정일자를 갖춘 임대차계약서에 기한 권리신고 및 배당요구를 함으로써 낙찰기일을 기준으로 할 때에는 임차인의 임차권이 낙찰로 인하여 소멸하는 것으로 되어, 낙찰자가 이를 인수, 승계하지 아니하는 상태로 되었는데도 이를 제대로 반영, 기재하지 아니한 결과로 된 경우, 이와 같은 입찰물건명세서 작성의 하자는 임차인의 임차보증금액이 아파트의 당초의 감정평가액의 1/2 및 그 후 입찰기일에서의 최저입찰가격의 4/5를 초과하는 점에 비추어 일반 수요자의 매수의사 및 매수신고가격의 결정에 적지 않은 영향을 미쳤을 것이라고 봄이 상당하므로 이는 민사소송법 제633조 제6호, 제635조 제2항 소정의 낙찰불허가 사유에 해당한다

3) 임차인이 경매절차 진행사실에 관한 통지를 받지 못한 경우
(낙찰허가결정의 불복사유가 되지 못함)(대결 2000.1.31, 99마7663 결정)

주택임대차보호법상의 대항요건을 갖춘 임차인이라 하더라도 낙찰허가결정이 있을 때까지 경매법원에 스스로 그 권리를 증명하여 신고하여야만 경매절차에 있어서 이해관계인으로 되는 것이고, 대법원예규에 의한 경매절차 진행사실의 주택임차인에 대한 통지는 법률상 규정돼 의무가 아니라 당사자의 편의를 위하여 주택임차인에게 임차 목적물에 대하여 경매절차가 진행중인 사실과 소액임차권자나 확정일자부 임차권자라도 배당요구를 하여야 우선변제를 받을 수 있다는 내용을 안내하여 주는 것일 뿐이므로, 임차인이 그 권리신고를 하기 전에 임차목적물에 대한 경매절차의 진행사실에 관한 통지를 받지 못하였다고 하더라도 이는 낙찰허가결정에 대한 불복사유가 될 수 없다.

4) 임차인이 낙찰허가결정 후 권리신고를 하고 즉시 항고할 수 있는 이해관계인에 해당 되는지 여부
(대결1999.8.26, 99마3792, 낙찰허가결정)

민사소송법 제 607조 제4호 소정의 이해관계인이라고 하여 경락허가결정이나 낙찰허가결정이 있을 때까지 그러한 사실을 증명하여야 하고, 경락허가결정이나 낙찰허가결정이 있은 후에 그에 대하여 즉시항고를 하면서 그러한 사실을 증명한 자는 그 제4호 소정의 이해관계인이라고 할 수 없으므로 그 즉시항고는 부적법한바, 주택임대차보호법상의 대항요건을 갖춘 임차인이 경매 목적부동산 위의 권리자라고 하더라도 그러한 사실만으로 당연히 이해관계인이 되는 것이 아니고 경매법원에 스스로 그 권리를 증명하여 신고하여야 비로소 이해관계인으로 되는 것으로서, 그와 같은 권리신고는 자기의 책임으로 스스로 하여야 하는 것이므로, 집행관의 현황조사의결과 임차인으로 조사, 보고되어 있는지 여부와는 관계없이 스스로 집행법원에 권리를 증명하여 신고하지 아니한 이상 이해관계인이 될 수 없으며, 대법원송무예규(송민 98-6)에 의한 경매절차 진행사실의 주택임차인에 대한 통지는 법률상 규정된 의무가 아니라 당사자의 편의를 위하여 주택임차인에게 이차 목적물에 대하여 경매절차가 진행 중니 사실과 소액임차권자나 확정일자부 임차권자라도 배당요구를 하여야 우선변제를 받을 수 있다는 내용을 안내하여 주는 것일 뿐이므로, 임차인이 위와 같은 통지를 받지 못하였다고 하더라도 경락허가결정이나 낙찰허가 결정 이후에 권리신고를 한 경우에는 매각허가결정이나 낙찰허가결정에 항고를 제기할 수 있는 정당한 이해관계인이 될 수 없다.

5) 입찰기일통지 시 입찰가격을 잘못 통지한 경우 낙찰허가결정의 취소여부(취소사유가 아님)
(대결 1999.7.22, 99마2906, 낙찰허가결정)

민사소송법 제663조 제2항, 제617조 제2항에서 입찰절차의 이해관계인에게 입찰기일과 낙찰기일을 통지하도록 규정하

고 있는 취지는, 입찰절차의 이해관계인은 입찰기일에 출석하여 목적 부동산이 지나치게 저렴하게 매각되는 것을 방지하기 위하여 필요한 조치를 취할 수도 있고, 채무자를 제외하고는 스스로 매수신청을 하는 등 누구에게 얼마에 매각되느냐에 대하여 직접적인 이해관계를 가지고 있을 뿐 아니라, 입찰기일에 출석하여 의견진술을 할 수 있는 권리가 있는 이해관계를 가진 사람들이므로, 입찰기일과 낙찰기일을 공고만으로 고지하는 것은 충분하지 못하다는 점을 고려하여, 개별적으로 이러한 기일에 관하여 통지를 함으로써 입찰절자에 참여할 기회를 주기 위한 것으로서, 특별한 사정이 없는 한 위와 같은 기일 통지 없이는 강제집행을 적법하게 속행할 수 없고, 이러한 통지를 게을리 하거나 통지의 내용에 하자가 있는 경우에는 경락에 대한 이의사유가 되는 것이지만, 경매법원이 이해관계인에게 통지할 의무가 있는 사항은 입찰기일과 낙찰기일에 관한 것에 한하고 최저입찰가격은 통지의무가 있는 사항이 아니므로, 당사자의 편의를 위해 통지하여 주는 것에 지나지 않는 최저입찰가격을 착오로 잘못 통지하였다고 하여도 낙찰을 허가한 경매법원의 결정을 취소할 만한 사유가 될 수 없다.

6) 근저당권자가 낙찰 받은 후 항고 시 공탁여부 (대결 1999.2.10, 98마3771, 낙찰허가결정)

민사소송법 제663조 제2항에 의하여 준용되는 제642조 제4항에 의하여 낙찰인이 낙찰허가결정에 대하여 항고를 할 때에는 보증으로 낙찰대금의 10분의 1에 해당하는 현금 또는 법원이 인정하는 유가증권을 공탁하여야 하지만, 낙찰인이 당해 경매절차에 있어서 채무자 또는 소유자 이외의 이해관계인의 지위를 겸유하고 있고 그러한 이해관계인의 지위에서 항고하는 경우에는 이러한 보증의 제공이 요구되지 아니한다. 원심은, 재항고인이 이 사건 경매 목적물을 낙찰 받은 자임에도 입찰법원의 낙찰허가결정에 대하여 항고를 제기함에 있어서 항고장에 보증으로 낙찰대금 10분의 1에 해당하는 현금 또는 법원이 인정하는 유가증권을 담보로 공탁하였음을 증명하는 서류를 첨부하지 아니하였다는 이유로 재항고인의 항고장을 각하하였다. 그러나 기록에 의하면 재항고인은 이 사건 경매 목적물에 관하여 경매신청기입등기 이전에 이미 그 설정등기를 마친 최선순위 근저당권자로서 이 사건 경매절차의 이해관계인의 지위에 있고 이 사건항고도 이러한 이해관계인의 지위에서 제기한 사실을 엿볼 수 있고, 이러한 경우 앞에서 본 법리에 의하면 즉시항고를 제기함에 있어서 민사소송법 제642조 제4항의 규정에 의한 보증의 제공이 있음을 증명하는 서류를 첨부할 필요가 없다고 할 것이고, 이와 다른 견해에서 재항고인의 항고장을 각하한 원심결정에는 낙찰허가결정에 대한 항고 시 보증제공에 관한 법리를 오해한 위법이 있다고 할 것이며...

7) 경매개시 전 또는 개시 후에 소유자나 채무자가 사망하였으나 경매절차를 진행시킨 경우
  (대결 1998.12.23, 98마2509, 2510, 낙찰허가결정)

부동산에 대한 근저당권의 실행을 위한 경매는 그 근저당권 설정등기에 표시된 채무자 및 저당 부동산의 소유자와의 관계에서 그 절차가 진행되는 것이므로, 그 절차의 개시 전 또는 진행중에 채무자나 소유자가 사망하였다고 하더라도 그 재산송인 들이 경매법원에 대하여 그 사망 사실을 밝히고 자신을 이해관계인으로 취급하여 줄 것을 신청하지 아니한 이상 그 절차를 속행하여 저당 부동산의 낙찰을 허가하였다고 하더라도 그 허가결정에 위법이 있다고 할 수 없다.

8) 공유물 경매 시 다른 공유자에게 입찰기일을 통지하지 않은 경우 (대결 1998.3.4, 97마962, 낙찰허가결정)

경매법원은 공유물의 지분을 경매함에 있어 다른 공유자에게 경매기일과 경락기일을 통지하여야 하는 것이므로(대결 196464.3.31, 63마83 : 동 1965.7.2. 65마520 : 동 1995.4.25, 95마35 등 참조), 이 사건 경매부동산의 다른 공유자인 항고인들이 그 경매기일 등의 통지를 받지 못한 경우에는 이해관계인으로서 그 절차상의 하자를 들어 항고를 할 수 있다 할 것이고, 한편 이해관계인이 추원에 의한 항고를 제기한 경우 항고법원에서 추완 신청이 허용되었다면 비록 다른 이유로 항고가 이유 없는 경우에도 경락허가결정은 확정되지 아니하고, 따라서 그 이전에 이미 경락허가결정이 확정된 것으로 알고 경매법원이 경락대금 납부기일을 정하여 경락인으로 하여금 경락대금을 납부하게 하였다고 하더라도 이는 적법한 경락대금의 납부라고 할 수 없는 것이므로(대결 1967.2.7, 65마729 : 동 1967.7.14, 마498), 원심으로서는 앞서 본 바와 같이 추완항고신청을 허용하고 이 사건 경매절차에서 다른 공유자인 항고인들에 대하여 입찰기일 및 낙찰기일의 통지를 하지 아니한 하자가 있었다고 인정한 이상 항고인들의 추완항고를 받아들여 그 낙찰허가결정을 취소하여야 하는 것이다.

9) 임차권등기를 하지 않은 토지임차인의 항고가부 (대결 1996.6.7, 96마 548, 낙찰허가결정)

낙찰허가결정에 대한 항고는 원칙적으로 그 경매절차의 이해관계인만이 할 수 있는 것이고, 임차권의 등기를 하지 아니한 토지의 임차인은 이해관계인이라고 볼 수 없다 할 것인바, 이 사건에 있어 재항고인이 그가 주장하는 임차권을 등기하였다고 볼 아무런 자료가 없으므로 그가 제기한 이 사건 항고는 부적법하여 각하하여야 한다. 부동산가격에 변동이 있는 경우 재평가하여야 하는지 여부(대결 1994.12.2, 94마1720, 낙찰허가결정)낙찰가격이 시세의 5분의 1에도 미치지 못한다거나 최초의 최저낙찰가격의 3분의 1에 미치지 못한다는 사유는 낙찰을 불허가 할 사유에 해당하지 아니하므로 같은 취지로 판단한 원심은 정당하고 거기에 무슨 위법이 있다고 할 수 없다. 최초의 최저낙찰가격을 결정한 후 상당한 시일이 경과되고 부동산가격에 변동이 있다고 하여 경매법원이 부동산가격을 재평가하여야 하는 것은 아니므로...

10) 가처분권자의 항고여부(대결 1994.9.30, 94마 1534, 낙찰허가결정)

경매부동산에 대한 가처분권자는 민사소송법 제607조 소정의 이해관계인에 해당하지 아니한다는 것은 당원의 확립된 견해이다. 따라서 이 사건 낙찰허가결정에 대하여 가처분권자인 재항고인은 즉시항고를 제기할 수 있는 자가 아니므로 항고를 각하한 원심의 조치는 정당하고 이에 반대되는 견해로서 원심결정에 불복하는 재항고인의 주장은 이유 없다.

11) 경매신청 후 저당권을 설정한 자의 낙찰허가에 대한 항고방법(대결 1994.9.13, 94마1342, 낙찰허가결정)

담보권 실행을 목적으로 하는 부동산경매에 있어서 경매개시결정기입등기 후에 그 부동산에 관하여 저당권을 취득할 자가 있다고 하여도 경매법원으로서는 이러한 사실을 알 수 없으므로 그 자는 민사소송법 제 728조에 의하여 준용되는 제607조 제3호 소정의 이해관계인인 "등기부에 기입된 부동산 위의 권리자"가 아니고, 다만 그가 경매법원에 그러한 사실을 증명한 때에는 같은 조 제4호 소정의 이해관계인인 "부동산 위의 권리자로서 그 사실을 증명한 자"에 해당한다. 같은 법 제607조 제4호 소정의 이해관계인이 경락허가결정이나 낙찰허가결정에 대하여 즉시항고를 제기하기 위하여 는 경락허가결정이나 낙찰허가결정이 있을 때까지 그러한 사실을 증명하여야 하고, 경락허가결정이나 낙찰허가결정이 있은 후에 그에 대하여 즉시항고장을 제출하면서 그러한 사실을 증명하는 서류를 제출한 때에는 그 제4호 소정의 이해관계인이라 할 수 없으므로 그 즉시 항고는 부적법하다.

12) 명의신탁자의 이해관계인 여부(대결 1994.9.12, 94마1466, 낙찰허가결정)

집행법원이 한 부동산낙찰허가결정에 대한 이의신청은 원칙적으로 그 경매절차의 이해관계인만이 할 수 있는 것이고, 경매부동산의 명의신탁자라 하더라도 확정판결에 기하여 소유권 회복의 등기를 갖추고 이를 집행법원에 권리신고를 하기 전에는 이해관계인이라고 볼 수 없다할 것인바...

13) 대금납부통지가 없어 대금을 납부하지 않았으나 대금미납을 이유로 재경매진행 되어 낙찰허가된 경우
   (대결 1995.7.26, 95마488, 경락허가결정)

경락인에 대한 적법한 경락대금납부기일 통지가 없었다면 경매법원은 경락인이 경락대금 납부기일에 경락대금을 납부하지 아니하였다는 이유로 재경매를 명하여 경매절차를 속행할 수 없음에도 불구하고, 경매법원이 재경매를 명하여 경매절차를 진행하였다면 그 재경매절차에는 민사소송법 제728조, 제635조, 제633조 제1호 소정의 경락을 허가하지 아니할 위법사유가 있는바, 그 위법사유에 대하여 이해관계인이 원심법원에 진정서를 제출하여 이의를 제기하고 있는 이상, 재경매절차에서 이루어진 경락허가결정은 더이상 유지될 수 없다.

14) 매각허가결정 후 경매부동산의 일부가 수용된 경우 (대결 1993.9.27, 93마480, 부동산경락허가결정)

경매부동산의 일부가 수용되거나 멸실된 때에는 그 수용되거나 멸실된 부분에 대하여는 구 민사소송법(1990년 1월 13일 법률 제4201호로 개정되기 전의 것, 이하 같다) 제633조 제1호 후단의"집행을 속행하지 못할 일"및 제635조 제2항 단서의"경매한 부동산이 양도할 수 없는 것"에 해당하고, 또 경매법원에 의하여 경락하가결정이 내려진 이후 그 결정에 대한 항고사건 계속 중에 경매부동산의 일부가 수용되거나 멸실된 경우에는 항고법원으로서는 이와 같은 사유까지 고려하여 경락허가결정의 당부를 판단하여야 할 것이므로, 항고법원은 그 수용이나 멸실된 부분에 대하여는 민사소송법 제643조 제3항, 구 민사소송법 제635조 제2항, 제633조 제1호 등에 의하여 직권으로 경락허가결정을 취소하고 경락을 불허하여야 하고, 수용되거나 멸실된 부분을 제외한 부분의 상황 등에 비추어 경락인이 잔존부분만을 매수할 의사가 있다고 인정되지 아니하는 경우에는 그 부동산 전부에 대하여 경락을 불허하여야 한다.

15) 경매대상이 아닌 부동산을 낙찰허가결정 한 경우(대결 1993.7.6, 93마 720, 부동산경락허가결정)

경매법원이 당초 경매의 대상에 포함시키지 아니하였고 감정평가에서도 포함되지 아니하였던 부동산이 경매기일의 공고를 함에 있어서 착오로 경매의 대상에 포함되는 것으로 된 채 절차가 진행되어 경매까지 되었다가 경매법원이 그 잘못을 발견하고 경락불허가결정을 한 후, 위 부동산을 경매의 대상에서 제외하여 다시 경매명령과 경매기일공고를 한 후 경매절차를 진행하여 경락허가결정을 하였다면 위 부동산은 경매의 대상이 되지 않았다 할 것이고 비록 경매법원이 경락허가결정을 하면서 착오로 경매의 대상이 되는 부동산목록에 위 부동산을 포함시켰다 하더라도 이는 명백한 오기로서 결정의 경정사유가 될 뿐 경락의 효력이 그 부동산에 미치지 아니한다.

16) 잉여주의에 위반된 경락허가결정에 대하여 항고할 수 있는 이해관계인(대결 1986.11.29, 86마761, 부동산경락허가결정)

민사소송법 제616조의 규정은 압류채권자가 집행에 의하여 변제를 받을 가망이 전혀 없는데도 불구하고 무익한 경매가 행하여지는 것을 막고 또 우선채권자가 그 의사에 반한 시기에 투자의 회수를 강요당하는 것과 같은 부당한 결과를 피하게 하기 위한 것으로서 채권자나 압류채권자를 보호하기 위한 규정일 뿐결코 채무자나 그 목적부동산 소유자의 법률상 이익이나 권리를 위한 것이 아니라 함이 본원의 견해이다(대결 1981.8.29, 81마158 참조), 그렇다면 재항고인은 이 사건 경락에 있어서의 위의 잘못을 다툴 수 있는 이해관계인이 아니라 할 것이고...

4. 부동산의 관리명령

법원은 매수인 또는 채권자가 신청하면 매각허가가 결정된 뒤 인도할 때까지 관리인에게 부동산을 관리하게 할 것을 명할 수 있다(제136조 2항). 이 규정의 취지는 부동산경매에 있어서의 매수인은 매각대금을 전부 지급한 뒤에만 부동산의 인도를 청구할 수 있다(제136조 1항)는 점에서 그 때까지 경매부동산을 점유하고 있는 소유자나 점유자가 부동산의 가치를 감소시키는 행위를 함으로써 매수인이나 채권자의 이익을 해할 염려가 있으므로 이를 방지하기 위한 것이다.

1) 신청인
신청인은 매수인 또는 집행채권자이고 상대방은 채무자, 소유자 및 부동산점유자이다. 재매각명령 후의 전의 매수인은 신청권이 없다.

2) 신청시기
관리명령의 신청은 매각허가가 결정된 뒤에 인도할 때까지의 사이에 집행법원에 서면 또는 말로 신청할 수 있다. 신청서에는 매각부동산을 매수인에게 인도할 때까지 법원이 상당하다고 인정하는 관리인을 선임하여 관리를 명하도록 신청하는 취지를 적어야 한다.

3) 관리인의 자격
관리인의 자격에 관하여는 법률상 제한이 없다. 통상 집행관이나 변호사를 관리인으로 임명한다. 그러나 채권자나 채무자 또는 매수인을 관리인으로 선임 할 수는 없다.

4) 재판
관리명령의 신청이 있으면 법원은 임의적 변론에 따라 심리하여 신청에 이유가 있다고 판단되면 관리임을 선임하고 그로 하여금 매각부동산의 관리를 명하는 재판 즉 관리명령을 발한다. 관리명령의 상대방은 채무자, 소유자 또는 매각부동산을 점유하고 있는 제3자이다.

5. 매각대금의 지급

1) 대금지급기한의 산정
낙찰허가 결정 후 1주일이 지나도록 이해관계인들의 즉시항고가 없으면 확정이 되는데, 낙찰허가 결정이 확정되면 대금지급기한이 정해진다. 즉 매각 일로부터 보름 후쯤이면 법원에서 낙찰자에게 내용증명(낙찰대금 납입소환장)이 온다. 특히, 낙찰허가 후 일주일동안 세입자 등 이해관계인이 항고할 수 있으므로 낙찰 받은 즉시 항고할 만한 이해관계인에게 입찰결과에 대한 동의를 받아 두는 게 좋다. 금액이 많지 않은 선순위채권을 세입자가 대신 변제하고 대항력을 확보했다면 낙찰을 포기하는 것이 좋다. 세입자의 전세금을 낙찰자가 갚아줘야 하는 등 추가부담이 생길 가능성이 높다. 대위변제를 이유로 낙찰자가 낙찰을 포기한 때는 계약금을 돌려받을 수 있어 손해도 줄일 수 있다.

2) 대금지급기일 전에 한 대금납부의 효력
  (1) 구민소법에서는 대금납부는 법원이 지정한 대금지급기일에 납부하여야 하며, 법원이 대금지급기일로 지정한 기일 이외의 날에 납부하거나 또는 그 이전에 공탁하여도 이는 대금납부의 효력이 발생되지 않는다.[210] 다만 이전에 납부한 것이 무효로 되는 것은 아니고 대금 지급기일의 경과와 더불어 그 대금납부의 효

력이 발생한다.[211] 그러나 이 같은 제도는 채무자 등이 대금지급기일 전에 채무를 변제하고 집행취소문서를 제출하는 등에 의하여 경매절차가 취소되는 경우 경락인은 그 소유권을 취득하지 못하게 되니 어려움이 많았다.

(2) 민사집행법 제142조는 가능한 한 빨리 경락대금의 지급과 해당 물건의 소유권을 취득하고자 하는 매수인의 태도에 부응하여 집행법원으로 하여금 대금지급기일이 아닌 2일 이상으로 제시되는 대금지급기한을 지정하게 하였다. 따라서 매수인이 대금지급기한 내에 언제라도 매각대금이 마련되면 집행법원에 매각대금을 지급하고 소유권을 취득할 수 있도록 하였다. 이 경우 낙찰자가 재경매 3일 전까지 매각대금을 납부하지 못하면 입찰보증금은 몰수된다. 반면 낙찰자가 돈을 가지고 경매계로 가서 납부하면 소유권을 취득하게 된다.

(3) 낙찰자가 잔금을 완납하면 소유권을 행사할 수 있고 채무자 등은 경매를 취소할 수 없다. 즉 소유권을 취득할 수 있는 시기는 잔금완납 시이며 등기시가 아니다. 따라서 잔금을 완납한 매수인은 이때부터는 경락받은 부동산에 소유자 세입자 등에 대하여 명도 또는 인도청구에 대하여 신경을 써야 한다.

3) 대금지급의 방법
(1) 일반적인 방법
매수인은 대금지급기한까지 지정된 장소에 출두하여 입찰시 보증금으로 제공한 금액을 제외한 매각대금을 현금 또는 금융기관발행의 자기앞수표로 법원에 납부하여야 한다. 매수신청의 보증으로 제공된 것이 유가증권인 때에는 법원은 매각대금 전액에서 입찰보증금중 현금화를 위해 들어간 비용을 차감한 입찰보증금액을 공제한 금액을 납부케 한다(동법규칙 제81조 1항).

(2) 특별한 방법
가. 배당액과의 차액지급
채권자가 매수인인 경우에는 매각결정기일이 끝날 때까지 법원에 신고하여 배당받아야 할 금액을 제외한 대금을 배당기일에 낼 수 있다(민사집행법 제142조 2항). 차액지급 의사는 매각결정기일이 끝날 때까지 법원에 신고하여야 하며, 차액지급신고서가 제출된 경우에는 매각허가결정이 확정되면 법원은 바로 배당기일을 정하고 따로 대금지급기한을 정하지 않는다. 차액지급의 신고를 하였어도 매수인이 배당받아야 할 금액에 대하여 이의가 제기된 때에는, 매수인은 배당기일이 끝날 때까지 이에 해당하는 대금을 납부해야 한다(제143조 3항).

나. 채무의 인수
매수인은 매각조건에 따라 부동산의 부담을 인수하는 외에 배당표의 실시에 관하여 매각대금의 한도내에서 관계채권자의 승낙이 있으면 대금의 지급에 갈음하여 채무를 인수할 수 있다. 이 채무의 인수는 현금의 지급을 구하는 권리를 표기한 채권자와 매수인 간의 합의에 의한 것이며, 채무자는 현금의 지급에 의해서 채권자가 변제 받을 수 있는 한도에서 그 채무를 면하고 대신 이후에는 매수인이 그 의무를 부담하게 된다. 다만, 매수인이 인수한 채무에 대하여 이의가 제기된 때에는 매수인은 배당기일이 끝날 때까지 이에 해당하는 대금을 납부해야 한다(제143조 3항).

다. 대금불납시의 처리
가) 매수인이 지정된 대금납부기일에 대금을 납부하지 않으면 차순위 신고가 있는 경우에는 그 신고인에

---

210) 대결 1964.8.25, 64마 467 : 동 1966.6.28 66다 833
211) 대판 1970.3.31, 70다 32

게 낙찰을 허가하고, 차순위 신고인이 없을 경우 재경매를 실시한다. 다만, 재경매기일 3일전까지 종전 낙찰자가 낙찰대금 및 지연이자 연 20%, 재경매 절차비용을 납부하면 종전 낙찰자는 소유권을 취득하며 재경매절차는 진행되지 않는다.

나) 재경매기일 3일전의 의미는 예로서 재경매기일이 3월 11일인 경우 재경매기일의 전일인 3월 10일부터 역산하여 3일이 되는 날인 3월 8일이 되어 3월 8일까지 낙찰대금과 지연이자 등을 납부하면 재경매절차는 취소된다.[212)]

3) 대금지급의 효과
(1) 등기 없이도 소유권취득을 하게 된다. 그러나 부동산을 처분하려면 등기하여야 한다.
대금지급기한의 최종일 전에 대금을 전액 납부한 때에도 그 납부한 날 소유권을 취득한다. 대금지급기한이 지난 후에 매각대금을 전액 납부한 때에는 전액 납부한 날 소유권취득의 효력이 생긴다. 매수인의 소유권취득은 등기 없이 바로 되지만, 등기를 하지 않으면 이를 처분할 수 없는 제한을 받게 된다(제138조 3항, 제187조).

(2) 차순위매수신고인의 면책과 보증금의 반환
차순위신고인이 있을 경우 최고입찰자의 대금완납으로 인해 차순위매수신고인은 대금납부의 의무를 면하게 되고, 입찰보증금의 반환을 청구할 수 있게 된다.

(3) 경매신청등기일 이후에 점유를 시작한 자나 채무자 또는 소유자에 대한 인도명령신청은 대금납부일로부터 6개월 이내에 신청하여야 하며, 만약 이 기간을 경과하면 명도소송을 제기하여야 한다.

(4) 경매부동산의 권리관계 부담의 처리
경매절차라는 강제수단에 의하여 매각할 경우에 있어서는 매수인에게 저당권ㆍ유치권ㆍ지상권ㆍ전세권 등의 부담을 인수시켜 소유권을 취득시킬 것인지, 아니면 그러한 부담을 모두 소멸시키고 완전한 소유권을 취득시킬 것인지에 관하여 입법례가 나뉘어 있는데, 전자를 인수주의라 하고 후자를 소멸주의라고 한다.

가. 인수주의와 소제주의
매각허가결정이 확정되고 대금이 완납되었을 때, 그 매각부동산에 성립된 유치권, 저당권 등의 담보물권과 지상권, 지역권, 전세권 등의 용익물권을 모두 소멸시켜 매수인이 제3자의 권리에 의하여 제약되지 않는 완전한 재산권을 취득하게 하는 제도를 소제주의 또는 소멸주의라 한다. 따라서 이러한 권리들은 부동산의 매각대금에서 배당을 받고 말소촉탁의 대상이 된다. 이에 반하여 매수인이 낙찰 후에도 그 부동산에 수반된 담보물권이나 용익물권 등의 재산상의 부담을 안은 채 그 재산을 취득하도록 하는 제도를 인수주의 또는 이전주의라 한다. 따라서 이러한 권리는 경매부동산의 매각대금인 법원의 배당금과는 별도로 매수인이 인수해야 하며, 매수인은 낙찰을 받을 때 자신이 인수해야 하는 만큼의 금액을 공제하고 나서 낙찰내정가격을 결정하게 된다.

나. 인수주의와 소제주의의 장단점
가) 소제주의 아래에서는 부동산을 매각 받고자 하는 자는 마음 놓고 경매에 참여할 수 있으므로 경매가 원

---

212) 대결 1992.6.9, 91마500, "민사소송법 제648조 제4항에 의하면 경락인이 재경매기일의 3일 이전까지 매입대금, 지연이자와 절차비용을 지급한 때에는 재경매절차를 취소하여야 한다"고 규정하고 있고, 여기서 "재경매기일의 3일 이전까지"라 함은 재경매기일의 전일로부터 소급하여 3일이 되는 날의 전일까지를 의미하는 것이 아니라, 재경매기일의 전일로부터 소급하여 3일이 되는 날(따라서 3일째 날이 포함된다.

활하게 이루어지고 경매낙찰가격도 높이 형성되는 장점이 있다. 하지만 매각부동산에 대한 담보물권자 등은 뜻하지 않게 그의 권리가 청산되는 불이익을 겪어야 하는 단점이 있다.

나) 인수주의는 소제주의에서와 같은 단점은 없지만, 경매부동산에 부착된 부담을 인수할 위험에 있어 경매참가율이 현저히 떨어지게 되고 낙찰가격도 비현실적으로 낮게 결정된다는 단점이 있다.

다. 인수되는 권리

가) 유치권

낙찰 후에도 소멸되지 않는 권리들로서는 우선 유치권이 있는데 앞부분사례에서 설명한 것처럼 유치권은 주로 주택의 공사대금을 받지 못한 도급업자가 낙찰자에게 공사대금을 줄때까지 그 건물을 유치한다는 것이다.

나) 관리 및 수선비용

해당 부동산을 제3 취득자가 관리하면서 들인 비용으로써 그 부동산의 편익이나 가치의 증진에 기여한 비용인 필요비 및 유익비 등도 유치권적 비용에 해당한다.

다) 최선순위 담보물권보다 앞선 전세권

최선순위 저당권보다 앞서는 전세권은 매각이 되더라도 소멸되지 않고 인수된다. 따라서 전세권자는 매각과 무관하게 해당 부동산을 전세기간 동안 사용. 수익할 수 있고, 기간이 만료되면 매수인에게 전세금반환도 청구할 수 있다. 다만, 전세기간 약정이 없거나 경매개시결정등기로부터 6개월 미만인 전세권은 소멸되어 법원의 배당으로 변제 받게 된다.

라) 등기한 임차권

임차권을 집주인의 동의를 얻어 등기를 하게 되면 제3자에 대항력이 생기므로 최선순위의 담보물권보다 앞선다면 매수인(경락자)이 인수해야 한다.

마) 주택인도와 전입신고를 한 세입자

세입자가 주택인도와 전입신고를 하게 되면 그 다음날로부터 대항력을 가지게 되므로 그 해당일과 최선순위 담보권과 비교해서 앞선다면 매수인(경락자)에게 인수된다.

바) 기타의 권리 : 지상권, 가등기, 가처분등기, 예고등기

마찬가지로 최선순위 담보물권보다 앞선 지상권, 가등기, 가처분등기, 예고등기 등은 매수인(경락자)에게 인수된다. 그 중에서도 담보가등기는 낙찰되면 일반적으로 소멸되지만, 소유권이전청구권 가등기는 인수되므로 응찰 시 이에 대한 확인이 필요하다

순위	등기부내역			비고
1	국민은행	2003.05.17	저당권 1억원	말소기준
2	이○○	2003.12.23	임대차 5,000만 원	
3	박○○	2004.03.02	가등기	
4	강○○	2004.04.19	임대차 7,000만 원	
5	정○○	2004.05.21	가압류 3,000만 원	
6	국민은행	2004.06.05	임의경매	

다음과 같은 경우가 안심하고 경매에 참여하여도 좋은 전형적인 경우이다.

(가) 등기부상의 권리분석

소제주의(싹쓸이) 원칙에 따르면 모든 저당권은 말소된다. 이 사건에는 두개의 저당권이 있다. 2003.11.23 설정된 주택은행의 저당권과 2004.05.18 에 설정된 김○○의 저당권으로 저당권은 경매가 완료되면 자연히 말소된다. 또 말소되는 저당권 이후에 등재된 다른 권리도 등기부에서 사라져야 하는 말소 대상이다. 이때 저당권이 여러 개 있다면 제일 먼저 설정됐던 저당권을 기준으로 삼는다. 사례에서도 2003.11.23 국민은행과 2004.05.18 김○○의 저당권이 있지만 저당권 이외의 다른 권리를 말소시키는 기준은 설정일자가 빠른 국민은행의 저당권이 된다. 국민은행의 저당권이 빠르다는 뜻에서 이를 선순위 저당권이라고 부른다. 사례에서는 저당권 이외의 권리로 2004.03.02 박00의 가등기와 2004.05.21 정○○의 가압류가 존재한다. 이들 가등기와 가압류가 선순위 저당권인 국민은행보다 먼저 등재됐으면 경매 완료 후에도 살아남을 것이고 반대의 경우에는 말소대상이 된다. 국민은행의 저당권은 2003.11.23에 설정돼 가등기와 가압류 보다 등재일자가 빠르다. 곧 가등기와 가압류는 말소 대상이다. 사례는 등기부상에 싹쓸이 원칙이 적용돼 저당권은 물론이고 다른 등기 권리도 모두 말소되는 깨끗한 물건이다.

(나) 임대차 권리분석

두가구의 세입자가 있다. 이○○가 2003.12.23 임차보증금 5,000만 원을 지불하고 세를 들었다. 또 2004.04.19에는 강○○가 임차보증금 7,000만 원을 지불하고 입주했다.

입찰참여자 입장에서 세입자의 임차보증금을 추가로 부담하는지 여부는 경매참여를 좌우하는 결정적 요소다.

배당순위표

순위	등기부내역			소멸여부
1	국민은행	2003.11.23	저당권 1억원	소멸
2	이○○	2003.12.23	임대차 5,000만 원	소멸
3	박○○	2004.03.02	가등기 3,000만 원	소멸
4	강○○	2004.04.19	7,000만 원	소멸
5	김○○	2004.05.18	저당권 5,000만 원	소멸
6	정○○	2004.05.21	가압류 3,000만 원	소멸

권리 내용이 약간 뒤바뀐 경우의 예

순위	등기부내역			소멸여부
1	이○○	2003.11.23	임대차 5,000만 원	인수
2	박○○	2003.12.23	가등기	인수
3	국민은행	2004.03.02	저당권 `1억원	소멸
4	강○○	2004.04.19	임대차 7,000만 원	소멸
5	김○○	2004.05.18	저당권 5,000만 원	소멸
6	정○○	2004.05.21	가압류 3,000만 원	소멸

권리분석에서 가장 먼저 할 일은 선순위 저당권을 찾는 작업이다.

(4) 법정지상권

토지와 건물이 동일소유자에게 속할 때에 그 중 토지나 건물에 대하여서만 또는 양자에 대하여 동시에 저당권에 기한 경매신청이 있어서 경락된 결과 건물과 토지가 각기 소유자를 달리하게 된 경우에는 토지소유자는 건물소유자에 대하여 지상권을 설정한 것으로 본다. 이와 같이 경매의 결과 법률상 당연히 생기는 지상권을 법정지상권이라고 한다. 다만, 지료에 대하여는 당사자의 청구에 의하여 법원이 정한다.

4) 대금지급후의 절차

(1) 소유권이전등기 등의 촉탁

가. 촉탁할 등기

매각대금을 완납한 매수인은 등록세·취득세 등의 세금을 납부한 영수증과 주민등록등본, 토지, 가옥대장, 등기부등본을 첨부한 소유권이전등기 촉탁신청서를 법원에 제출하면 법원은 부동산 소재지를 관할하는 등기소에 등기촉탁을 하게 된다(제144조).

가) 등기촉탁

(가) 매수인은 매각잔금을 완납함으로써 소유권을 취득하지만 등기부상의 공시효과는 등록세와 교육세, 국민주택채권매입필증을 낸 영수증 등을 첨부하여 촉탁신청을 하여야 소유권이전등기가 이루어진다. 그리고 잔금납부 후에는 배당실시 전이라도 신청이 있으면 등록세납부일 부터 2일 이내에 촉탁된다. 다만, 원칙상 배당기일 이후에 촉탁된다.

(나) 등기촉탁관련 민사집행법 신설조항

매각대금을 지급할 때까지 매수인과 부동산을 담보로 제공받으려고 하는 사람이 대법원규칙으로 정하는 바에 따라 공동으로 신청한 경우, 제1항의 촉탁은 등기신청의 대리를 업으로 할 수 있는 사람으로서 신청인이 지정하는 사람에게 촉탁서를 교부하여 등기소에 제출하도록 하는 방법으로 하여야 한다. 이 경우 신청인이 지정하는 사람은 지체 없이 그 촉탁서를 등기소에 제출하여야 한다(신설 2010.7.23).

나) 촉탁 시 말소되는 등기

매각부동산 위에 존재하는 지상권 지역권 전세권 및 등기된 임차권은 저당권 압류채권 가압류채권에 대항할 수 없는 경우에는 매각으로 모두 소멸되고(제 91조 3항), 그 외의 경우에는 위 용익권이 매수인에게 인수된다. 매각부동산 위의 모든 저당권은 매각으로 소멸된다. 전세권이 최선순위인 경우 전세권자가 배당요구하면 말소된다. 재외국민이나 국외거주자가 낙찰 받은 경우에는 재외국민부동산등기용등록번호증명서와 주소증명서류를 제출하여야 한다. 이 경우 외국으로 송달하는 경우에는 송달과 함께 대한민국 안에 송달이나 통지를 받을 장소와 영수인을 정하여 상당기간 내에 신고하도록 명할 수 있다. 이 기간 내에 신고가 없는 경우에는 그 이후의 송달이나 통지를 하지 않을 수 있다(제13조).

다) 등기촉탁 시 필요한 서류

건축물관리대장 건물등기부등본 토지대장 토지등기부등본경락인의 주민등록등본 등록세 교육세 납입증명 국민주택채권매입필증 말소할 등기목록 등기촉탁신청서 부동산양도신고확인서 부동산등기목록

나. 세금납부고지서 발급절차

가) 낙찰대금 완납증명원 사본을 해당구청(부동산소재지)에 제출하여 등록세, 취득세, 교육세 등의 납부고지서를 발급받는다. 이때 등기부등본상의 각종 경매개시 등기에서부터 각종 권리들을 말소하기 위한 등록세와 교육세 고지서도 함께 받는다.

나) 민원실에서 토지대장과 건축물관리대장 및 공시자가 확인원을 발급받고, 등기소에 가서 등기부등본 1통, 경락인 주소지 동사무소에서 주민등록등본 1통을 발급받아 1장씩 복사해 두고, 등기촉탁신청 서류들을 작성하여 국민은행에서 국민주택 채권을 매입하고 세금을 낸 후 법원에 제출하면 된다.

다. 경락 후 소요되는 비용 내역

가) 등기포함 낙찰가의 6.5%정도이며, 취득세는 부동산의 매매, 증여, 상속, 교환, 공매시에 부동산소재 지관할 행정관청(시·군·구)에 납부하는 지방세로 잔금지급일이나 등기한 날로부터 30일 이내에 납부해야 한다. 또한 부동산을 경락받은 후 등기를 마칠 때까지 추가 부담은 대략 낙찰가의 6.5%선이다. 이를테면 감정 평가액이 3억원인 주택을 2억원에 낙찰 받았다면 추가비용은 1,300만원 정도이다.

나) 세금 및 공과금 내역

취득세(매각가의 2%), 등록세(매각가의 3%), 농어촌특별세(취득세의 10%), 교육세(등록세의 20%), 채권 매입비(과표액의 2-7%), 인지세(매각가 기준으로 1만 원-35만 원), 누진료(2천 만 원까지는 13,000원, 2천 만 원 이상부터 2천 만 원마다 11,000원), 등기말소비용(1건당 15,000원), 송달료(7천 만 원 아파트의 경우 50,000 원)등이다.

c) 채권구입비는 등기를 하기 위해 제1종 국민채권(상환기간 5년)을 사는데 드는비용이다. 채권은 지방 세 시가표준액을 기준으로 매입하는데 토지 및 건물을 구입할 때 매입해야 한다. 등기말소비용은 건당 15, 000원 정도가 든다.

다. 촉탁의 절차

신청에 의한 등기에 적용되는 부동산등기법의 규정이 준용됨에 따라, 매수인이 등기촉탁에 첨부할 서류 는 등기권리자의 주소를 증명하는 서면 국민주택채권매입필증 토지대장등본·건축물대장등본 등록세·지방 교육세 영수필통지서·영수필확인서를 미리 경매법원에 제출하여야 한다.

소유권이전등기와 부담기입등기 및 경매개시결정기입 등기의 말소에 관한 비용은 매수인이 부담함에 따라 대금납부와 동시에 동 비용을 법원에 납부하여야 한다. 납부할 비용으로는 등록세·지방교육세, 촉탁서 송부비용, 등기공무원이 등기필증을 법원에 송부하는 비용, 법원이 등기필증을 매수인에게 송부하는 비용 등 이 있다. 다만, 지방교육세는 직접 법원에 나부하지 않고 영수필통지서·영수필확인서의 제출로 갈음한다.

(2) 부동산의 인도명령 등(제136조 3항 등)

가. 개관

채무자, 소유자 또는 압류의 효력이 발생한 후에 점유를 시작한 부동산 점유자에 대하여는 매수인이 대금을 완납한 후 6개월 내에 집행법원에 신청하면 법원은 이유가 있으면 간단히 인도명령을 발하여 그들의 점유를 집행관이 풀고 매수인에게 부동산을 인도하라는 취지의 재판을 한다. 이 때 인도명령신청을 받은 법원은 채 무자와 소유자는 부르지 않고 통상 세입자 등 제3자를 불러 심문하는 경우도 있다. 민사집행법의 적용을 받는 사건에 대하여는 인도명령의 상대방을 확장하여 점유자가 매수인에게 대항할 수 있는 권원을 가진 경우 이외 에는 인도명령을 발할 수 있도록 개선하였다. 부동산의 인도명령은 경매절차에서 경매법원에 경락인이 경락 부동산의 점유자를 상대로 점유인도를 구하는 신속한 절차이다. 이하 분설하면 다음과 같다.

가) 구 민사소송법에 의하면 잔금을 납부한 후 6월내에 낙찰자가 신청한 때에는 채무자, 소유자, 압류의 효력이 발생한 이후에 점유를 개시한 점유자에 대하여 인도명령을 하도록 하였다. 반면 현행 민사집행법은

매수인(경락인)이 대금을 낸 뒤 6월내에 신청하면 채무자, 소유자 또는 부동산점유자에 대하여 부동산을 매수인에게 인도하도록 명할 수 있도록 하고 다만 점유자가 매수인이 되는 경우에 예외를 인정한다. 이것은 인도명령을 쉽게 발할 수 있도록 상대방을 확장하여 매수인(경락인)에게 편의를 도모한 입법적 취지이다.

나) 구 민소법에서는 채무자 및 소유자에게는 심문 없이 바로 명령하고, 점유자에게는 심문기일을 지정하여 심문한 후 명령하였다. 반면 현행 민사집행법은 인도명령 발령시에는 그 심문 제외대상을 확장하여 채무자 또는 소유자가 점유하는 때, 경락인에게 대항 할 수 있는 권원에 의하여 점유하고 있지 아니함이 명백한 때, 이미 그 사람을 심문한 때에는 심문을 생략할 수 있도록 함으로써 경매부동산의 인도를 용이하게 하였다(제136조).

다) 경매법원의 명령에 의하여 낙찰부동산의 인도를 실현하는 방법을 인정한 것은 낙찰자가 채무자 등을 상대로 별도의 소, 즉 명도소송은 기간이 많이 소요되고 절차가 복잡하여, 비용이 많이 들어 경매로 부동산을 구입하기를 꺼려할 우려가 있기 때문에 이 같은 단점은 보완코자, 인도명령은 낙찰자가 매수인으로서 가지는 인도청구권을 현실매매의 경우와 같이 용이하게 실현시켜 주어야 할 필요성이 있는 것이다.

나. 부동산 인도명령 절차
인도명령의 신청자는 매수인 및 그의 상속인이다. 매각 대금을 납부하면 되고 소유권이전 등기까지 경료되었음을 요하지 않는다. 매수인(낙찰자)로부터 그 부동산을 양수 받은 특정승계인은 인도명령을 신청할 수 없다. 인도명령의 상대방은 채무자. 채무자의 일반승계인. 소유자. 압류의 효력발생 후에 점유를 개시한 제3자 이다.

가) 인도명령 신청방법
인도명령은 집행법원에 서면 또는 구술로 할 수 있는데, 통상 서면으로 접수한다. 집행법원은 집행법원의 전속관할이다. 신청인이 주장하는 사실에 대하여 법원은 소명자료를 요구 할 수 있다. 또한 심문일에 피신청인이 심문에 응하지 않으면 물론 신청인이 유리 하다.

나) 인도명령 신청서
(가) 신청서에는 소정의 인지가 첨부되어야 한다.
인도명령의 신청은 본인이 직접 또는 법무사에게 의뢰할 수 있다.

(나) 인도명령 신청 시 구비서류
부동산인도명령 결정정본
강제집행신청서
송달증명원
집행비용예납금
집해위임서
도장

다) 인도명령의 상대방과 신청기간
인도명령의 상대방은 채무나, 소유자 또는 경락인에게 대항력이 없는 부동산점유자이다.
인도명령은 낙찰대금을 납부한 후 6개월 내에 신청해야 한다. 6개월이 경과한 후에는 점유자를 상대방으로 하여 소유권에 기한 명도소송을 제기할 수밖에 없다.

라) 인도명령과 정본의 송달

법원은 신청인이 제출한 주민등록초본 인도명령의 집행조서 호적등본 등기부등본 등의 자료와 집행기록 및 상대방 심문결과 인도명령의 사유가 소명되면 인도명령을 한다. 인도명령 정본은 신청인 및 상대방에게 송달한다. 다만 상대방에게 송달 할 정본을 신청인에게 교부하여 집행관으로 하여금 상대방에게 송달해도 무방하다.

마) 인도명령에 응하지 않을 경우

인도명령집행 신청자와 집행관은 사전협의 절차가 필요하다. 이는 집행현장에 대한 정보를 집행관에게 제공하여 그 규모에 따른 집행, 노무자 수의 결정 및 현장안내의 실무를 위한 사전협의절차이다. 신청인은 집행관에게 위임하여 인도명령의 집행을 하도록 한다. 인도명령의 집행은 인도명령송달증명서(상대방에게 송달되었다는 증빙서류)와 인도명령서 정본을 집행관 사무실에 제출하면 제출 후 3~4일 이내에 집행기일이 정해진다.

바) 강제로 물건을 외부로 옮겨야 하는 경우

매수인은 대금을 완납하면 무엇보다도 가옥의 명도 또는 인도에 신경을 써야 한다. 따라서 완납 후 점유자를 찾아 순순히 인도할 의사가 있도록 설득해야 하고 통상 이사비용을 감수해야 할 것이다. 그럼에도 불구하고 인도의사가 없다면 법적절차에 의존할 수밖에는 없다.

(가) 주택 안에 점유자가 있으면 물건은 집밖에 아무 곳에나 들어내도 된다. 다만 주택 안에 점유자가 없으면 입회참여가 있어야 한다. 이 경우 집행관은 그 목록을 작성하여야 하고 물건이 적으면 한쪽에 모아두고 물건이 많으면 유료창고 등을 이용하면 된다. 유료창고 이용 시는 먼저 비용을 부담하고 물건 소유자에게 나중에 청구하는 방법을 취하여야 한다.

(나) 주택에 사람도 없고 물건도 없는 경우에는 관리실 직원이나 이웃주민에게 문의하여 확인을 하고 관리실 직원이나 제3자가 있는 상태에서 열고 입주하면 된다.

사) 집행현장이 부재중인 경우 등

집행현장이 부재중이어서 2회 집행이 불능하면 입회참여자의 입회하에 강제로 문을 열어 물건들을 들어낼 수 있다. 또한 점유자가 있음에도 방해목적으로 문을 열어주지 않은 경우에도 마찬가지이다. 그러므로 이 경우 집행관과 사전협의 시에 입회참여자(공무원. 경찰1인이나 성인2인)가 참석하도록 충분히 준비하고 상의하여야 한다.

아) 인도집행 후 재침입한 경우

인도명령 후 재침입하면 인도명령신청을 하여 인도명령을 받아 송달증명을 첨부하여 재집행하여야 한다. 이 경우 형사상 주거침입죄가 성립 된다.

다. 부동산 인도명령의 불복절차
가) 인도명령에 대한 불복사유

인도명령에 대한 불복 사유로는 당사자가 다르거나 기한이 도과하는 경우, 인도명령신청이나 심문 또는 심리절차상의 하자가 있는 경우 등을 들 수 있다.

나) 인도명령에 대한 불복 신청방법
(가) 즉시항고 : 인도명령 신청 결정재판에 대한 불복
(나) 집행에 관한 이의의 소 : 인도명령 집행 자체의 위법사유로 불복
(다) 제3자 이의의 소 : 제3자가 인도집행을 받을 때 불복
(라) 청구이의의 소 : 확정된 인도명령에 대한 불복

다) 인도명령의 집행정지
불복방법에 의하여 불복 신청 한 경우라도, 집행이 들어오는 경우가 있음에 유의 하여야 한다. 따라서 이런 경우에 대비하여 집행정지신청이 병행되어야 한다. 특히 상대방이 인도명령에 대하여 즉시항고를 제기한 경우에는 집행정지명령을 받아 집행관에게 제출하여 집행을 정지할 수 있고, 청구에 관한 이의의 소나 제3자 이의의 소에 의하는 경우는 잠정처분을 받아 이를 집행관에게 제출하여 그 집행을 정지할 수 있다.

(3) 부동산의 명도소송

가. 서설
압류이전의 점유자(세입자)로서 매수인(낙찰자)에게 대항할 수 없는 경우에는 인도명령으로 강제집행을 할 수 없으므로 정식재판인 명도소송을 하여야 한다. 즉 주택의 점유자가 채무자이거나 소유자, 대항력 없는 점유자인 경우 인도명령을 받아 간단히 처리하면 좋겠지만 모든 일이 매수인을 위해 쉽게 해결될 수만은 없다. 따라서 협상이나 인도명령의 대상이 되지 않으면 명도소송을 행하는 수밖에는 없다. 명도소송은 매각대금 납부후(기간의 정함이 없다) 해당 법원에 소송을 제기하며, 이때 명도판결을 받더라도 점유자가 바뀌면 명도집행을 할 수 없으므로 부동산점유이전금지가처분을 동시에 하여야 한다. 소요기간은 3~6개월 정도이다.

나. 부동산점유이전금지가처분 절차
• 실효기간은 14일 이다.
• 부동산점유이전금지가처분을 적절히 이용하면 명도가 쉽다.
• 명도판결문이라도 집행하지 못하면 휴지조각이다.
• 소유권이전등기를 완료하고 소장을 제출하여 명도소송을 제기하면 되는데, 이 경우 명도소송을 제기하기 전에 명도소송을 제기하여 명도판결을 받더라도 점유자가 바뀐 경우는 명도집행을 할 수 없게 되므로 먼저「점유이전금지가처분」부터 받아 두고 명도소송을 제기한다. 점유이전금지가처분 신청서는 명도소송을 제기할 법원인 상대방주소지 관할법원에 제출하여야 한다.

다. 명도소송 절차
명도소송 소장, 낙찰허가 결정정본, 등기부등본 등을 첨부하여 상대방 주소지관할법원에 제출한다. 소요기간은 특별한 사정이 없으면 약 3~5개월 정도이며, 명도판결을 얻으면 집행문을 부여받아 송달증명을 첨부하여 관할법원 집행관 사무실에 강제집행신청을 하면 된다.

가) 명도소송 제기시의 제출서
소장부본
부동산등기부등본

목록 또는 도면
납부서송달료)
임지첨부

나) 명도판결 집행시의 신청서류
집행력 있는 판결정본
송달증명
강제집행위임장
도장

참고 : 명도비용(예시)

1. 점유이전금지가처분
① 인지대 : 2,500원
② 송달료 : (이해관계인의 수 + 1 ×1회송달료(2,260원)
③ 가처분공탁금 : 법원에서 정하는 금액
④ 집행관 수수료 : 집행관 1인 6만 원, 점유자 1세대당 15,000원씩 추가

2. 명도소송비용
① 인지대 : 소송물가액×5/1000 + 320
② 송달료 : (이해관계인의 수 + (1)×1회송달료(2,260원)
③ 현장검증 및 감정료 : 법원납부명령, 당사자 약정

3. 명도집행비용
집행관 위임료, 집행관 출장여비, 집행노무인건비, 기타 부대비용(보관비용, 측량비용등)

5) 대금지급의무 불이행시의 절차
(1) 차순위매수신고인에 대한 매각허가여부의 결정

　일반의 매각허가여부결정에 관한 절차와 동일함에 따라 반드시 이를 매각결정기일에 선고하여야 한다. 차순위매수신고인에 대한 매각허가결정이 확정되면 대금지급기일을 지정하여 이후의 경매절차를 진행해야 하고, 매각불허가 결정이 확정되면 직권으로 재매각을 실시한다.

참고 : 재매각

　낙찰자가 결정되어 최고 가격 매수인으로 선정되었으나 특별한 사정(낙찰대금 미납 등)으로 경매를 포기함으로써 다시 경매되는 것을 재경매라 한다. 즉, 재경매는 유찰이 아니며 최저경매가격과 기타 제반조건이 이전의 경매와 동일하다. 그러므로 최저 경매가격이 낮아지지 않는다. 단, 차순위입찰신고인이 있으면 법원은 재경매를 하지 아니하고 그에게 낙찰허가를 하게 된다. 보통 재경매인 경우 법원에서 직권으로 매각조건을 변경하며 재경매 부동산의 응찰에는 매수하고자 하는 신고가격의 20%를 보증금으로 내도록 하고 있다. 전 매수인은 매수 보증금으로 낸 금액을 반환청구 할 수 없다. 이때 전매수인이 낸 보증금은 배당금액에 산입되어 채권자에게 배당된다.

(2) 재매각 절차의 진행

　낙찰자가 결정되어 최고 가격 매수인으로 선정되었으나 특별한 사정(낙찰대금 미납 등)으로 경매를 포기함으로써 다시 경매되는 것을 재경매라 한다. 즉, 재경매는 유찰이 아니며 최저경매가격과 기타 제반조건이 이전의 경매와 동일하다. 그러므로 최저 경매가격이 낮아지지 않는다. 단, 차순위입찰신고인이 있으면 법원은

재경매를 하지 아니하고 그에게 낙찰허가를 하게 된다. 보통 재경매인 경우 법원에서 직권으로 매각조건을 변경하며 재경매 부동산의 응찰에는 매수하고자 하는 신고가격의 20%를 보증금으로 내도록 하고 있다. 전 매수인은 매수 보증금으로 낸 금액을 반환청구 할 수 없다. 이때 전매수인이 낸 보증금은 배당금액에 산입되어 채권자에게 배당된다.

가. 재매각 절차의 요건
　　가) 매수인이 매각대금지급의무를 완전히 이행하지 아니하였을 것
　　나) 차순위매수신고인이 없을 것
　　다) 매수인이 대금지급기한 또는 민사집행법 제142조 4항의 다시 정한 기한 까지 이행하지 아니하였을 것
　　라) 의무불이행이 재매각명령시 까지 존속할 것

나. 재매각절차의 개시 및 공고
　법원이 직권으로 재매각을 명하는 결정을 함으로써 개시되고, 즉시 매각기일을 지정하여 일반의 입찰절차와 같은 방법으로 이를 공고한다. 최초에 매각하기 위하여 정한 최저매각가격 기타 매각조건은 재매각절차에 적용한다(제138조 2항).

다. 재매각절차의 취소
　(가) 의의
　매수인이 재매각기일의 3일전까지 대금 · 그 지급기한이 지난 뒤부터 지급일까지의 대금에 대한 대법원 규칙이 정하는 이율에 따른 지연이자와 절차비용을 지급한 때에는 재매각절차를 취소한다. 이 경우 차순위매수신고인이 매각허가결정을 받았던 때에는 위 금액을 먼저 지급한 매수인이 매매목적물의 권리를 취득한다(제138조 3항).

　(나) 요건
　a) 재매각기일의 3일 이전까지 지급할 것
　b) 매수인이 대금, 지연이자와 절차비용을 지급하였을 것

　(다) 취소절차
　a) 집행법원의 취소결정
　b) 재매각절차취소결정에 대한 불복방법으로는 집행에 관한 이의를 할 수 있다.

라. 전의 매수인에 대한 재매각절차의 참여여부
　전의 매수인은 재매각절차의 모든 매각기일에서 매수신청을 하지 못하며, 보증금을 돌려 줄 것을 요구하지도 못한다. 반환청구하지 못하는 매수신청의 보증금은 후에 법원의 배당금액으로 산입되어 채권자에게 배당된다(제138조 4항, 제147조 1항).

제 6 절 배당절차

1. 배당요구

넓은 의미에서는 강제집행이나 파산절차에서 압류당한 재산이나 파산재단을 환가함으로써 얻은 금전을 배당요구신청을 한 각 채권자에게 안분하여 변제하기 위한 절차이다. 그리고 배당요구라 함은 경매매각절차에서 압류채권자 이외의 채권자가 경매절차에 참가하여 자기채권의 만족을 구하는 것을 말한다.

2. 배당순위

- 0순위 : 경매실행비용
- 1순위 : 제3취득자의 필요비. 유익비상환청구권
- 2순위 :- 주택임대차보호법상의 소액보증금 및 일정금액, 상가건물임대차보호법상의 상가임차소액보증금 중 일정금액
         - 근로자의 최종3월분의 임금 및 재해보상금
- 3순위 : 집행목적물에 부과된 국세 및 지방세와 그 가산금(당해세)
- 4순위 : - 당해세를 제외한 국세.기본세
         - 저당권. 전세권. 담보가등기에 의해 담보된 채권
         - 대항요건과 확정일자를 갖춘 임차인의 임차보증금 채권
- 5순위 : - 근로자의 최종 3월분의 임금을 제외한 임금 기타 근로관계로 인한 채권, 최종 3년간의 퇴직금을 제외한 퇴직금
- 6순위 : 법정기일이 전세권. 저당권. 질권 설정일보다 늦은 국세. 지방세
- 7순위 : 건강보험료. 산업재해보상보험료. 국민연금보험료. 고용보험료 등과 공과금
- 8순위 : 일반채권

참고: 배당순위 요약

가. 제1순위 : 제3취득자가 지출한 필요비 또는 유익비
경매부동산상에 저당권설정등기가 있는 경우 그 저당권설정등기 후에 경매부동산에 관하여 소유권·지상권·전세권 또는 대항력 있는 임차권 등을 취득한 제3취득자가 보존·개량을 위하여 지출한 필요비 또는 유익비는 집행비용을 제외한 다른 모든 채권에 우선하여 배당한다(민법 제367조). 필요비 또는 유익비를 지출한 제3자는 경매법원에 대하여 필요비에 관하여는 그 지출한 비용을, 유익비에 관하여는 부동산가격이 증가한 현존액을 증명하여 상환을 청구하여야 한다. 필요비라 함은 보존비·수선비·공조·공과 등을 말하고, 유익비란 물건의 사용가치를 증가시키는데 이바지한 비용을 말한다. 즉, 개량비를 말하는데 건물을 고친다든가 토지개량의 비용 등이 그 예이다. 제3취득자가 지출한 필요비·유익비는 부동산의 가치를 유지하거나 증가시키는데 필요한 일종의 공용비용이고, 더욱이 제3취득자는 경매의 결과 그 권리를 상실하므로 특히 우선적으로 매각대금으로부터 상환받도록 한 것이다.

나. 제2순위 : 대항력을 갖추거나 등기한 주택임차인·상가건물임차인의 소액보증금 중 일정액, 최종 3월분 임금·재해보상채권
㉠ 경매개시결정등기 전에 대항력을 구비하거나 등기한 주택임차인 또는 상가건물임차인의 소액보증금 중 일정액의 반환채권과 최종 3월분의 임금, 재해보상금채권은 다른 담보물건에 의하여 담보되는 채권이나 조세채권에 우선하여 배당을 받는다. ㉡ 그러나 위 법률들의 제정 전에 이미 설정되어 있는 저당권에 대하여는 위 채권들이 우선하지 못한다. ㉢ 소액보증금 중 일정액의 반환채권과 최종 3월분의 임금, 재해보상금채권이 경합하는경우에는 동순위로 금액에 안분하여 배당한다.

다. 제3순위 : 당해세(목적세)
국세와 지방세가 당해세인 경우에는 저당권의 설정연월일이나 그 납부기한에 관계없이 항상 피담보채권보다 우선한다. 당해세란 경매목적물 자체에 대하여 부과한 세를 말하며, 이를 물적세라고도 한다. 당해세, 소액보증금 및 선순위저당권을 함께 배당하는 경우에는 3자간에 순환적으로 우선관계가 성립하므로 우선은 평등하게 배당한 후 2차로 후순위분을 흡수하여 배당하게 된다.

라. 제4순위 : 국세와 지방세의 납기전에 설정등기 한 저당권, 전세권, 질권의 피담보채권

국세의 법정기일이나 납부기한과 저당권설정 등기일의 선후에 의하여 우선권이 정해진다. 법정기일과 설정등기일자가 같은 날인 경우에는 국세 또는 지방세가 저당권이나 전세권에 의하여 담보되는 채권보다 우선한다. 다만, 경매부동산을 체납처분에 의하여 압류한 경우에는 체납처분의 근거가 조세를 교부청구한 조세보다 우선하여 배당한다. 저당목적물이 제3자에게 양도되었다가 경매된 경우에는 양도인의 체납조세에는 조세채권에 추급력이 인정되지 않아 체납압류등기를 해 놓고 있지 않는 이상 우선 징수할 수 없을 것으로 보아야 한다.

마. 제5순위 : 납부기한이 저당권이나 전세권의 설정등기 이전인 국민건강보험료 및 국민연금보험료

국민건강보험법 및 국민연금법에 의한 징수금으로서 그 납부기한이 저당권이나 전세권의 설정등기일자 이전인 것을 말한다. 납부기한과 등기일자가 같은 날인 경우에는 저당권 등 설정자가 후순위이며, 건강보험료와 국민연금보험료의 순위는 같다.

바. 제6순위 : 법정기일전과 납부기한전에 설정등기 한 저당권, 전세권, 가등기담보권에 의하여 담보되는 채권

주택임대차보호법에 의한 대항력을 구비하고 확정일자를 받아 두었거나 임대차등기를 한 임차인의 보증금반환채권과 상가건물임대차보호법에 의한 대항력을 구비하고 확정일자를 받아둔 임차인의 보증금반환채권도 이에 해당된다. 저당권, 전세권 또는 가등기담보권에 의한 담보되는 채권상호간에는 등기의 선후에 의하여 우선순위가 결정된다. 주택·상가건물임차인과 저당권자 등의 우선순위는 임대차대항력 구비일자의 다음일자 및 임대계약서상의 확정일자가 늦은 것과 등기일자의 선후에 의하여 결정된다. 그리고 주택·상가건물임대차를 등기한 경우에는 저당권 등과의 등기의 선후에 따라 정한다.

사. 제7순위 : 임금, 퇴직금, 재해보상금 기타 근로관계로 인한 채권 중 전술한 제3순위 이외의 채권

이 채권은 저당권에 의하여 담보되는 채권보다는 후순위가 되고 조세·공과금보다는 선순위가 되는 반면, 조세·공과금이 저당권에 우선하는 경우에는 조세·공과금 저당권에 담보되는 채권 임금 등의 채권의 순서로 상호간의 우선순위는 그 자체로서 정해지는 것이 아니라 경매부동산 상에 저당권이 설정되어 있는지의 여부 및 저당권의 설정시점이 언제인지에 따라 결정되게 된다.

아. 제8순위 : 당해세인 국세와 지방세 이외의 조세

그 법정기일이 저당권 등의 설정일자보다 후일자인 것이 이에 해당된다.

자. 제9순위 : 공과금

저당권보다 후순위인 국세와 지방세의 다음 순위로 징수하게 되는 공과금으로는 납부기한이 저당권설정등기 후인 국민건강보험료와 연금보험료를 들 수 있으며, 산업재해보상보험료는 그 납부기한에 관계없이 언제나 저당권에 의하여 담보되는 채권보다 후순위이다.

차. 제10순위 : 일반채권

근저당권설정등기 후의 압류채권자 및 가압류채권자 또는 배당요구채권자등의 채권이 이에 해당되며 이들 상호간에는 그 발생의 선후에 관계없이 동 순위로 평등 배당된다.

카. 공동저당시의 대금배당

공동저당목적물 전부를 경매하여 그 대가를 동시에 배당하는 경우에는 각 부동산의 경락가액에 비례하여 그 채권을 분담하고 잔여가 있으면 후순위 권리자에게 배당한다. 그러나 저당부동산 중 일부의 경매대가를 먼저 배당받은 경우에는 그 대가에서 채권전부의 변제를 받을 수 있다. 이 경우에 그 경매한 부동산의 차순위 저당권자는 선순위저당권자가 동시에 배당받았다면 다른 부동산의 경매대가에서 변제받을 수 있는 금액의 한도에서 선순위자를 대위하여 저당권을 행사할 수 있다 (민법 제368조 2항).

3. 경매의 배당절차

1) 배당절차개관

넓은 의미에서는 강제집행이나 파산절차에서 압류당한 재산이나 파산재단을 환가함으로써 얻은 금전을 배당요구신청을 한 각 채권자에게 안분하여 변제하기 위한 절차이다.

(1) 배당요구 종기의 결정·공고·고지 및 채권신고의 최고

가. 경매개시결정에 따른 압류의 효력이 생긴 때(그 경매개시결정전에 다른 경매개시결정이 있은 경우를 제외 한다)에는 집행법원은 절차에 필요한 기간을 감안하여 배당요구를 할 수 있는 종기를 첫 매각기일 이전으로 정하여 공고(압류의 효력이 생긴 때부터 1주일 이내)하고 해당 채권자에게 고지함과 아울러 법 제148조 제3호 및 제4호의 채권자 및 조세, 그 밖의 공과금을 주관하는 공공기관에 대하여 채권의 유무, 그 원인 및 액수(원금·이자·비용 그 밖의 부대채권을 포함한다)를 배당요구의 종기 까지 법원에 신고하도록 최고 하여야 한다.

나. 매수인이 대금을 완납한 경우에 채권자의 경합이 없거나 그 대금으로써 각 채권자의 채권 및 비용을 변제하기에 충분한 때에는 각 채권자에게 이를 지급하고, 각 채권자의 채권 및 비용을 변제하기에 부족한 경우에는 배당절차를 행하게 된다.

다. 채권계산서의 제출 및 확정된 채권계산서의 제출(채권최고금액의 범위 내)
　가) 제출기한
　각 채권자는 배당요구 종기 까지 법원에 그 채권의 원금. 이자. 비용 기타 부대채권의 계산서를 제출하여야 한다. 채권자가 계산서를 제출하지 아니한 때에는 법원은 그 채권자의 채권액은 배당요구서, 등기부등본 기타 집행기록에 있는 서류와 증빙에 따라 계산 한다. 계산서를 제출하지 아니한 채권자는 배당요구 종기일 이후에는 채권액을 보충, 즉 추가 또는 확장을 할 수 없다. 법원은 특별히 필요하다고 인정하는 경우에는 배당요구의 종기를 요구 할 수 있다.

나) 작성방식
(가) 기재사항 및 이자채권
　계산서제출 당시의 현존채권액을 기재한다. 다만, 계산서제출 이후 배당요구의 종기까지 채권원금이 증가될 것이 확실한 경우에는 그 증가된 금액을 기재할 수 있다. 집행권원이나 담보권설정계약에 그것이 정해져 있는 경우에 한하여 기재할 수 있다. 이 경우 그 기재방법은 배당기일까지의 이자는 구체적으로 기재하고 그 이후의 이자는 "이후 배당기일까지의 년 0%의 이율에 의하여 산출한 이자" 라고 기재한다.

(나) 비용채권액
　채무자의 부담으로 되는 강제집행의 비용을 기재하여야 한다. 강제집행의 비용에 속하는 것으로는 매각대금으로부터 우선변제 받을 집행준비에 소요된 판결 등 집행권원의 송달비용, 집행문·판결확정증명을 부여받는데 소요된 비용, 등기부등본·토지대장등본 등을 발급하기 위하여 지출한다. 수수료 등과 집행실시에 소요된 경매신청서 첨용인지대, 경매신청 서기료, 경매신청기입등기 등록세, 송달비용, 평가비용, 임대차조사비용, 경매수수료, 공고비용 등과 우선변제가 인정되지 아니하나 매각대금으로부터 변제받을 비용을 기재하면 된다.

(다) 기타 부대채권액
　경매채권 또는 배당요구채권에 부대하여 청구할 수 있는 채권으로서 판결에 의한 청구라면 소송비용확정절차에 의하여 확정된 본안소송비용이라든가 또는 본래의 청구에 대한 지연손해금채권 등을 말한다. 특히 지연손해금의 경우는 전지 이자의 경우와 같이 배당기일까지의 손해금을 기재할 수도 있다.

(라) 경매신청 채권자가 체당한 집행비용
　모든 채권자를 위하여 경매신청 채권자가 체당한 집행비용은 채무자가 부담하여야 하고, 집행비용을 부담한 채권자는 그 집행에 의하여 득한 환가대금으로부터 우선적으로 변상받는다(제53조 1항). 따라서 집행기록상 명백하지 않은 법무사보수 등의 집행비용은 신청채권자가 채권계산서의 제출과 함께 집행기관에 소명에 의하여 우선배당을 신청하여야 하므로 금융기관이 신청한 경매사건의 배당기일이 지정되면 집행법원에 집행비용을 우선배당 신청하여야 한다.

다) 청구채권액의 확장가능여부

청구채권액의 확장가능 여부는 대법원 판례에서 강제경매는 물론이고 임의경매에 관하여도 부정설의 입장을 취하고 있고 나아가 배당요구의 방식을 취하여서도 청구금액을 확장할 수 없는 것으로 하고 있다. 다만, 당초 경매신청시에 경매신청서상에 기재한 청구금액을 넘지 않는 범위에서 배당요구채권의 채권계산서상에 변경 기재하여 제출할 수 있다고 한다. 그러나 이 경우에도 배당받은 금액을 채권계산서상에 기재하여 제출하지 않은 다른 채권과 교환적을고 변제충당할 수는 없다고 한다.

라) 채권계산서 미제출의 효과

채권자가 배당요구의 종기까지 채권을 신고하지 않은 때에는 그 채권자의 채권액은 등기부등본 등 집행기록에 있는 서류와 증빙에 따라 계산되며, 이 경우 다시 채권액을 추가하지 못한다. 또한 집행기록상 명백하지 아니한 집행비용도 우선변제 받는 집행비용에서 제외된다. 그러나 경매신청서나 배당요구서에 기재된 금액이 실제보다 과다하여 이를 감액하는 것은 무방하며, 또 집행기록상 명백한 집행비용은 채권계산서의 제출이 없어도 법원이 직권으로 조사하여 계산하게 된다.

(2) 배당표의 작성 및 확정
가. 배당표의 작성. 비치

법원은 채권자와 채무자에게 보여 주기 위하여 배당기일의 3일 전에 배당표 원안을 작성하여 법원에 비치하여야 한다(제149조 1항). 집행법원은 미리 작성한 배당표 원안을 배당기일에 출석한 이해관계인과 배당요구채권자에게 열람시켜 그들의 의견을 듣고, 또 즉시 조사할 수 있는 서증을 조사한 다음, 이에 기하여 배당표 원안에 추가, 증정할 것이 있으면 추가, 정정하여 배당표를 완성. 확정 한다. 매가 대금으로 모든 채권자의 채권 및 집행비용을 변제하기에 충분한 때에는 배당절차를 실시할 필요가 없을 것이나, 이 경우에도 각 채권자와 채무자에게 교부할 금액의 명세를 명백히 하기 위하여 배당표에 준 하여 대금교부표(일명 배당표)를 작성하게 된다.

나. 배당표의 기재사항

배당표에는 매각대금, 채권자의 채권원금, 이자, 비용, 배당의 순위와 배당의 비율을 적어야 한다. 또한 배당표에는 위 사항 이외에 배당법원의 표시, 사건번호, 배당할 금액, 매각부동산, 배당이유, 배당액, 잔여액, 비용비례액과 채권자의 성명을 기재하여야 한다.

2) 배당할 금액
(1) 매수신청의 보증으로 제공한 금전 또는 유가증권의 현금화대금을 포함한 매각대금
(2) 매수인의 대금납부 등의 지체에 따른 지연이자 등
(3) 채무자와 소유자의 매각허가결정에 대한 항고가 기각된 경우의 돌려주지 못한 항고보증금
(4) 재매각시 전의 매수인 납부한 보증금
(5) 위 각 금액에 대한 배당기일까지의 사이에 발생한 보관금이자
(6) 한편 여러 개의 부동산을 일괄매각 하거나 부동산과 다른 종류의 재산을 일괄 매각하는 경우에, 각 재산

의 대금액을 특정할 필요가 있는 때에는 각 재산에 대한 최저매각가격비율에 의하여 안분한 금액으로 한다. 각 재산이 부담할 집행비용을 특정할 필요가 있는 경우에는 또한 같다(제102조 2항).

3) 배당요구권자
 (1) 배당요구를 할 수 있는 자
 경매신청채권자
 가압류권자
 경매개시결정 기입등기 이전에 등기한 담보물권자(전세권자 포함)
 배당요구 종기까지(보통 첫 매각기일 이전) 배당을 요구한자
 대항력 있는 전세권자로서 배당을 신청한 전세권자
 이중경매신청채권자

 (2) 당연히 배당요구 한 것으로 취급되는 채권자
 가. 경합압류채권자
 경합압류채권자도 압류채권자에 속하므로 선행압류채권자와 마찬가지로 당연히 배당요구한 것으로 취급되며, 이 경우 경합압류신청은 배당요구의 종기까지만 할 수 있는 것으로 보아야 할 것이다.

 나. 압류등기 전에 등기한 담보물권자와 가압류채권자
  가) 경매개시결정기입등기 전에 경매부동산에 설정등기를 한 저당권자 등의 담보권자는 경매로 인하여 그 담보권이 소멸하는 대신 매각대금으로부터 우선변제를 받게 됨에 따라 별도로 배당요구를 하지 않아도 당연히 배당요구 한 것으로 취급된다. 경매개시결정등기 전에 경매부동산에 가압류등기를 한 채권자도 마찬가지이다.

  나) 우선변제청구권이 있다 하더라도 그 권리가 등기에 의하여 공시되지 않은 경우, 예컨대 임금우선특권을 가진 근로자나 최우선변제권이나 순차적 우선변제권을 가진 주택임차인 · 상가건물임차인 등은 배당요구를 하지 않으면 배당에 참가하지 못한다. 또한, 경매개시결정등기 후에 담보권이나 가압류의 등기를 한 자 또는 미등기담보권자는 경매신청채권자에게 대항할 수 없으므로 경매신청채권자와의 관계에서는 일반채권자와 동일하게 취급되어 배당요구를 하지 않으면 배당에 참가하지 못한다.

  다) 국세 등의 교부청구와 참가압류
  세무서장 등은 경매절차가 개시된 체납자의 부동산에 대하여 참가압류를 할 수 있는데, 이 경우 참가압류를 한 세무서장 등은 경합압류채권자에 준하여 당연히 배당요구를 한 것으로 취급되며 법원이 정한 배당요구의 종기까지만 할 수 있는 것으로 보아야 할 것이다.

4) 배당요구신청 등에 대한 법원의 조치
 (1) 배당요구신청의 경우
 집행법원은 먼저 적법성여부를 심사한 결과 적법하다고 인정하는 때에는 그 사유를 이해관계인에게 통지하고, 부적법하다고 인정하는 때에는 그 내용이 보정할 수 있는 것이면 보정을 명하고 보정할 수 없는 것이거나 보정에 응하지 않으면 이를 각하한다.

 (2) 경합압류신청의 경우

집행법원은 먼저 적법성여부를 심사한 결과 적법하다고 인정하는 때에는 다시 경매개시결정을 하고, 먼저 경매개시결정을 한 집행절차에 따라 경매하며 그 사유를 이해관계인에게 통지한다. 부적법하다고 인정하는 때에는 그 내용이 보정할 수 있는 것이면 보정을 명하고 보정할 수 없는 것이거나 보정에 응하지 않으면 이를 각하한다. 경합압류신청을 각하 한 결정에 대하여는 즉시항고로써 다툴 수 있다.

5) 배당요구의 효력

배당요구의 효력은 그 신청서가 집행법원에 제출되어 신청요건의 구비로 접수되었을 때에 발생하며, 매득금에서 배당을 받을 권리, 배당기일의 통지를 받을 권리, 배당기일에서 배당표에 대하여 이의를 신청할 수 있는 권리 등을 가진다. 또한 배당요구는 실체법상 재판상의 청구로써 시효중단의 효력과 기한 없는 채무의 이행 지체효과도 발생된다.

(1) 집행력 있는 정본을 가진 채권자의 권한

경매사건의 이해관계인이 되어 ① 타인의 배당요구가 있을 경우 법원으로부터 통지를 받을 권리, ② 매각기일에 출석할 수 있는 권리, ③ 매각기일에 출석하여 매각의 허가 또는 불허가에 관한 의견을 진술할 수 있는 권리, ④ 매각허가 또는 불허가의 결정에 대한 즉시항고 및 배당기일에 출석하여 배당표에 대한 이의를 신청할 수 있는 권리 등을 가진다.

(2) 단순 배당요구채권자의 권한

타인의 경매절차에 편승하여 변제를 받는 지위밖에 없으므로, 그 경매절차가 취하·취소 또는 정지됨으로써 종료되거나 정지하게 되면 위와 같은 배당요구의 효력도 당연히 상실 또는 정지하게 된다.

(3) 배당요구와 부당이득반환청구

가. 배당요구의 권한이 있는 채권자가 배당요구의 종결시까지 배당요구를 하지 않아 배당에서 제외된 경우, 배당요구를 하였더라면 배당을 받았을 금액에 대하여 후일에 배당을 받은 자를 상대로 부당이득반환청구를 할 수 있는지의 여부가 문제로 된다. 긍정설과 부정설이 대립되고 있으나 부정하는 것이 타당하다. 다만, 예외적으로 대법원은 소액임차보증금의 최우선변제권을 가진 주택임차인에 대하여는 부당이득반환청구권을 긍정하는 판시를 한 바 있었으나, 최근에는 이 경우에 관하여도 부정하는 판시를 한 바 있다.[213]

나. 반면에 부당이득반환청구권을 인정하는 경우로는 배당을 요구하지 않았더라도 경합압류채권자나 선순위근저당권 등과 같이 당연히 배당요구한 것으로 취급된 자는 그 배당요구한 것으로 취급되는 금액의 범위 안에서 할 수 있는 것으로 보아야 하며, 경매신청권자가 청구금액의 일부만을 청구금액으로 하여 경매신청를 한 때에는 그 청구금액의 범위에서만 배당을 받을 수 있는 것이므로 그 청구금액의 범위에서만 할 수 있는 것으로 보아야 한다.

6) 배당기일의 지정

배당기일은 잔금납부 후 4주일 이내에 연다. 대금납부기일과 배당기일은 서로 다른 날로 지정된다. 그러나 채권자 또는 임차인 등이 낙찰자가 되어 자신들의 배당액과 상계신청을 할 경우 같은 날이 된다. 그러므로 상계금액만큼 대금지급과 배당액 교부의 효과가 생기며, 이 경우 상계신청서를 제출하여야 한다.

---

213) 대판 2002.1.22, 2001다7070

7) 배당을 받게 되는 기준시점

(1) 신청권자

강제집행에 있어서 압류채권자 이외의 채권자가 집행에 참가하여 변제를 받는 방법으로 민법, 상법, 기타 법률에 의하여 우선변제청구권이 있는 채권자, 집행력 있는 정본을 가진 채권자 및 경매개시결정의 기입 등기 후에 가압류를 한 채권자는 법원에 대하여 배당요구를 신청할 수 있다. 배당은 배당요구 종기(보통 첫 매각기일 이전)까지 배당요구나 교부청구 를 하여야 한다.

(2) 배당요구 종기 이후 제출된 채권계산서

채권계산서는 배당요구 종기까지 제출된 것만을 배당의 기초자료로 삼는다.

라. 국세 등의 교부청구의 기준시점

국세 등의 교부청구도 배당요구 종기까지 하여야 한다. 따라서 배당요구종기 이후의 교부 청구는 배당에서 제외된다.

(3) 임대기간연장 등의 사유로 전세보증금이 증가된 경우

일반적으로 전세권등기는 대항력이 없거나 대항력이 있는 전세권자가 배당 요구한 경우는 말소된다. 배당은 1순위전세권, 2순위저당권, 3순위전세권 증액부분이라면 받고 배당액이 부족하여 3순위까진 내려가지 않으면 증액부분은 받지 못한다. 이런 경우는 전세보증금을 증액하지 말고 일반 채권으로 하여 근저당권 설정 분리시키는 것이 오히려 좋다.

(4) 우선변제권이 있는 소액임차인들의 배당요구

주택임대차보호법이나 상가건물임대차보호법에 의한 소액임차인의 배당요구도 배당요구 종기까지만 할 수 있으며 배당요구 종기 이후의 배당요구는 배당에서 제외된다. 다만, 소액임차인에 한하여 집행관의 현황보고 서에 나타난 임차인에게는 [배동요구 종기까지 배당요구를 하여야 한다]는 안내서를 반드시 송부하고 있으며, 배당요구 종기까지 권리신고 혹은 배당요구의 어느 한 쪽의 취지로 볼 수 있는 서면이 제출되면 배당을 해준다.

(5) 배당받을 금액이 증가된 경우

먼저 집행권원(채무명의)을 얻어서 해당사건의 첫 매각기일 전(배당요구 종기)까지 가압류 또는 공증 받은 약속어음 등으로 재매각을 신청하여 자신의 채권을 확정 시켜 추가로 배당에 참여할 수 있다. 즉 2중 매각을 신청하면 된다. 2중 매각을 신청하기 어려운 경우 가압류 등 채무를 등기하여 배당에 참여하면 된다.

(6) 압류등기(국세 등)가 되어 있는 경우

채무자의 조세체납 등을 원인으로 압류등기가 되어 있으나 배당요구 종기까지 교부청구나 계산서 제출이 없는 경우에는 법원이 위 압류등기촉탁서에 의한 체납세액을 조사하여야 한다.

(7) 대지권 있는 구분건물의 전세권자

구분건물의 대지는 공유지분으로써 전세권설정등기를 할 수 없다. 따라서 건물 만에 대하여 전세권 등기가 가능하고 낙찰대금도 토지대금이 아닌 건물만의 대금에서 배당을 받는다.

(8) 가압류 기입등기 후에 설정된 저당권의 효력과 배당우선순위

예제 1)

순위		등기부내역		말소여부 / 배당
1	갑	1997.05.20	가압류 2,000만 원	
2	갑	1999.05.15	저당권 3,000만 원	
3	병	2000.06.30	가압류 3,000만 원	
4	갑	2001.06.20	임의경매신청	

해설 : 이 경우(특히, 1, 2가 동일인인 경우)는 채권자에게 동일 채권인지 밝히게 하고 동일 채권인 경우는 3번 가압류에 우선하는 저당권자이다. 배당방법 : 저당권 배당 후 3번 배당

예제 2)

순위		등기부내역		말소여부 / 배당
1	갑	1997.05.20	가압류 2,000만 원	
2	갑	1999.05.15	저당권 3,000만 원	
3	병	2000.06.30	가압류 3,000만 원	
4	갑	2001.06.20	강제경매신청	

해설 : 1번 가압류권자와 2번 저당권자 사이에서는 2번 저당권자가 1번 가압류권자에 대항할 수 없어 동순위이다. 2번 저당권자와 3번 가압류권자는 2번 저당권자가 저당권의 효력으로 가압류권자에 우선한다. 1번 가압류권자와 3번 가압류권자는 동순위이다. 1번, 2번, 3번 각 채권자의 채권액을 기초로 먼저 안분배장을 한 후, 2번 저당권자와 3번 가압류권자 사이에서 저당권자의 채권액을 만족시키는 금액까지 3번 가압류권자의 배당액저당권자가 갖는다.

4. 주택임차인의 배당관계

1) 주택임대차보호법상 임차권의 대항력을 갖춘 임차인의 경우

(1) 주택인도 주민등록전입신고를 한 경우

이 경우 종전 임대인과의 임대차관계는 양수인(낙찰자)에게도 승계된다. 다만, 이 경우 대항력이 인정되기 위해서는 임차인이 최선 순위 근저당권보다 먼저 대항요건을 갖추어야 한다. 상가건물의 경우 건물의 인도와 사업자등록을 신청한 때에는 그 익일(다음날)부터 대항력을 갖는다(상가건물임대차보호법. 2003.1.1 시행).

(2) 전입신고일의 배당기준(전입일을 기준)

전산처리 되어 작성되고 있는 주민등록표등본의 변동사항(전입일, 변동일)란에 기재된 두 날짜 중 전입일이 전입신고일 이므로 뒤 두 날짜의 선후에 관계없이 전입일을 기준으로 대항요건구비시점을 판단한다.

a) 저당권 설정일자 : 2006.9.15일
   전입일 및 입주일 : 2000.9.15일

■ 해설 : 주민등록법상 전입일의 익일(다음날)부터 효력이 발생하므로 전입의 효력발생은 2006.9.16일에 발생한다. 따라서 저당권자가 우선배당을 받는다.

b) 저당권 설정일자 : 2006.11.11일
   전입일 및 이사날짜 : 2006.11.10일

■ 해설 : 주민등록의 효력 발생일과 저당권설정일이 2000.1.27일로 같다. 그러나 주민등록의 효력발생은 2006.11.11 00시00분(0시)부터 효력이 발생하는 반면, 저당권설정은 공무원 출근시간 이후 (주간)가 될 것이므로 임차인이 우선 한다 (대판99.5.25 99다 9981).

따라서 임차인이 우선적으로 배당을 받는다.

(3) 강제경매의 경우

강제경매신청의 효력이 발생되는 일자(경매개시결정 기입등기 또는 채무자에게 경매 개시결정이 송달된 일자)를 기준으로 임차인이 먼저 대항력을 갖추고 있어야 한다. 다만, 이 경우에도 저당권자가 이미 있는 경우에는 최선순위저당권 설정일자를 기준으로 판단한다.

2) 확정일자를 갖춘 임차인

(1) 우선변제권의 기준일

a) 주택임대차의 경우 : 임차인이 주택의 인도 + 주민등록l + 임대차계약증서상의 확정일자를 갖추면 공시가 없어도 우선변제권을 보유 한다. 이 경우 대항요건구비일과 확정일자부터 중 뒤의 날짜가 우선변제여부의 기준이 된다.

b) 상가건물의 경우 : 건물인도+ 사업자등록신청+임대차계약서 상의 확정일자이다.

(2) 선순위가압류채권자 있는 경우

확정일자를 갖춘 임차인은 환가대금에서 후순위권리자 기타채권자보다 우선변제권이 있다. 이 경우 선순위 가압류채권자가 있는 경우는 확정일자를 갖춘 임차인의 확정일자 부여일을 기준으로 하여 선순위 가압류채권자와 평등배당을 받는다.

(3) 확정일자와 저당권설정일자가 같은 날인 경우

임차인과 저당권자가 그 채권액에 비례하여 평등배당을 받는다. 이 경우 확정일자와 같은 날에 복수의 저당권이 설정된 경우는 먼저 각 채권액에 비례하여 안분배당을 하고 저당권자상호간에서는 선순위 저당권자와 그 채권을 만족할 때까지 후순위 저당권자의 배당액을 흡수한다.

(4) 임차인이 여러 명이 있는 경우

대항요건 및 확정일자를 갖춘 임차인이 여러 명이 있고 이들이 모두 저당권자에 우선하는 경우에는 각 임차인별로 우선변제권이 인정되며 임차인 상호간에는 대항력 및 확정일자를 최종적으로 갖춘 날짜 순서로 정한다.

(5) 배당요건

주택의 점유와 주민등록의 요건을 배당기일까지 계속 구비하고 있거나 등기명령제도에 의한 임차권등기가 되어 있어야 한다. 따라서 등기 없이 도중에 인도하거나 주민등록을 옮긴 사실이 있으면 배당에서 제외된다.

(6) 임대차계약 해지 의사표시

확정일자를 갖춘 임차인이 대항력도 갖고 있는 경우 임대차가 종료한 후에만 우선변제를 청구할 수 있는데도 불구하고, 그 전에 임대차계약서를 제출하여 배당을 요구하면 임대차계약의 해지의사표시로 보아 실무상 배당을 한다.

(7) 주택명도확인서

임차인은 임차주택을 양수인(낙찰자)에게 인도하지 아니하면 보증금을 수령할 수 없으므로 낙찰자에게 주택을 명도 하였다는 명도확인서를 제출하여야 배당금을 지급한다. 이 경우 전세권도 같다. 다만, 현황조사보고서나 다른 자료에 의하여 전세권자가 이미 점유하지 않고 있는 사실이 확인되면 명도확인서는 필요 없으며 배당이 된다.

5. 소액임차인

1) 임차인의 대항력 보정기회
임차보증금이 서울특별시 7,500만원 이하, 수도권정비계획법에 따른 과밀억제권역(서울특별시는 제외한다)은 6천500만원이하, 광역시(수도권정비계획법에 따른 과밀억제권역에 포함된 지역과 군지역은 제외한다), 안산시, 용인시, 김포시 및 광주시: 5천500만 원이하, 기타지역은 4,000만 원 이하이고, 경매개시결정 기입등기 이전에 주민등록과 인도를 마친 임차인이 배당요구를 하였을 때에는 요건을 심사하여 배당대상자인지를 확정하고, 요건을 갖춘 것인지 여부가 불분명할 때에는 보정의 기회를 준다(주택임대차보호법 시행령 개정 2010.7.21).

2) 가장임차인 여부
배당을 요구한 임차인이 채무자 또는 소유자의 가족으로서 가공임차인이 아닌지 여부를 확인하고, 수인의 임차인이 배당요구를 한 경우에는 그들이 동거가족이 아닌지 확인하며, 주민등록이 이탈된 것은 없는지 확인하고 배당한다.

3) 소액임차인의 기준시점
현행법에 의하여 임차인이 되어도 예전에 임차한 임차인은 그 당시의 보증금이 기준이 되므로 소액임차인의 적용을 받지 않을 수도 있다(단, 소액임차인의 적용을 받는 시기에 설정된 후순위담보권자와의 관계에서는 소액임차인으로 취급된다).

주택임대차보호법상의 소액보증금 및 일정액의 보호에 관한 경과규정

법률	시행령	공포일 및 시행일	보증금중 일정액의 범위(우선변제금액)	우선변제를 받을 임차인의 범위	비고
제3379호		1981.03.05			대항력만 인정
제3682호		1983.12.30			소액보증금 전액보호규정신설
	제11441호	1984.06.14	• 서울특별시 · 직할시 : 300만 원 • 기타지역 : 200만 원	• 서울특별시 · 직할시 : 300만 원 • 기타지역 : 200만 원	소액보증금 전액보호
	제12283호	1987.12.01	• 서울특별시 · 직할시 : 500만 원 • 기타지역 : 400만 원	• 서울특별시 · 직할시 : 500만 원 • 기타지역 : 400만 원	
제4188호		1989.12.03	보증금중일정액의 보호규정신설	법제3조의 2의 요건을 갖춘 모든 임차인은 순위에 따라 배당결정	확정일자제도 도입
	제12930호	1990.02.19	• 서울특별시 · 직할시 : 700만 원 • 기타지역 : 500만 원	• 서울특별시 · 직할시 : 2,000만 원 • 기타지역 : 1,500만 원	
	제14785호	1995.10.19	• 특별시 · 광역시(군지역제외) :1,200만 원 • 기타지역 : 800만 원	• 특별시 · 광역시(군지역제외) : 3,000만 원 • 기타지역 : 2,000만 원	
	제17360호	2001.09.15	1. 수도권정비계획법에 의한 수도권중 과밀억제권역 : 1,600만 원 2. 광역시(군지역 · 인천광역시 지역을제외) : 1,400만 원 3. 그 밖의 지역 : 1,200만 원	1. 수도권정비계획법에 의한 수도권중 과밀억제권역 : 4,000만 원 2. 광역시(군지역 · 인천광역시 지역을 제외) : 3,500만 원 3. 그 밖의 지역 : 3,000만원	
		2008.08.21	1. 수도권정비계획법에 의한 수도권중 과밀억제권역 : 2,000만 원	1. 수도권정비계획법에 의한 수도권중 과밀억제권역 : 4,000만 원	

	2008.08.21	2. 광역시(군지역 · 인천광역시 지역을제외) : 1,700만 원 3. 그 밖의 지역 : 1,200만 원 서울특별시 : 2,500만 원 수도권정비계획법에 따른 과밀억제권역 (서울특별시는제외한다) : 2,200만 원	2. 광역시(군지역 · 인천광역시 지역을 제외) : 3,500만 원 3. 그 밖의 지역 : 3,000만원 서울특별시 : 7,500만 원 수도권정비계획법에 따른 과밀억제권역 (서울특별시는제외한다) : 6,500만 원	
	2010.07.21	광역시(수도권정비계획법에 따른 과밀억제 권역에 포함된 지역과 군지역은 제외한다), 안산시, 용인시, 김포시 및 광주시 : 1,900만원 기타지역 : 1,400만 원	광역시(수도권정비계획법에 따른 과밀억제 권역에 포함된 지역과 군지역은 제외한다), 안산시, 용인시, 김포시 및 광주시 : 5,500만원 기타지역 : 4,000만 원	

참고 : 과밀억제권역에 대한 정보

1) 서울특별시. 인천광역시. 의정부시. 구리시. 남양주시. 하남시. 고양시. 수원시. 성남시. 안양시. 부천시. 광명시. 과천시. 의왕시. 군포시. 시흥시(단서조항)

2) 인천광역시: 강화군. 옹진군. 중구운남동. 운북동. 중산동. 운서동. 남북동. 덕교동. 을왕동. 무의 동. 서구 검단동. 연수구 송도매립지(인천광역시장이 송도 신시가지 조성을 위하여 1990년 11월 12일 송도 앞 공유수면매립공사면허를 받은 지역을 말한다. 이하 같다). 남동 유치지역을 제외한다.

3) 남양주시 : 호평동. 평내동. 금곡동. 양정동. 지금동. 도농동에 한 한다.
   시흥시 : 반월특수지역을 제외한다.

4) 소액보증금의 우선변제권 확보

소액임차인은 임차건물과 그 대재의 소유자가 동일한 경우에는 건물뿐만 아니라 그 대지의 낙찰대금에서도 우선변제 받을 수 있다. 이 경우 건물과 대지가 다른 시기에 경매되면 각각의 절차에 참가하여 우선배당 받을 수 있다.

5) 저당권이 설정된 대지 경매

저당권이 설정된 대지에 건물이 들어서고 건물에 소액임차인이 있는 경우 건물에서는 우선배당권이 있는 경우 건물에서는 우선배당권이 있으나 대지부분의 경매에서는 우선배당권이 없다.

6) 전세권 갖춘 임차인

임차인이 전세권까지 갖춘 경우에도 소액보증금의 우선배당권은 인정된다.

7) 소액보증금과 국세 및 지방세의 우선관계

국세기본법의 취지상 주택의 매각대금에서 국세 또는 가산금을 징수하는 경우에는 그 임차인의 소액보증금에 대한 채권중 일정액은 국세와 가산금에 우선한다. 다만, 여기서의 소액보증금은 국세나 가산금 또는 지방세, 당해세금보다 우선하지만 체납처분비보다는 우선하지 아니한다.

6. 근로자의 우선변제권

1) 임금채권은 사용자의 총재산에 대하여 질권 또는 저당권에 의하여 담보된 채권을 제외하고는 이에 대항 할 수없는 조세채권(당해세는 제외) 및 공과금 기타 채권에 우선하고 그 중에서도 최종 3월분의 임금은 최우선

순위로 변제받는다. 이 경우 질권 또는 저당권에 우선하는 조세나 공과금이 있는 경우에는 이들 권리보다 우선할 수 없다.

2) 근로자가 임금채권을 우선변제 받기 위하여는 첫 매각기일까지 배당요구를 하여야 한다.

3) 최종 3월분의 임금과 소액보증금채권은 동일한 순위로 배당된다.

4) 임금우선변제권은 사용자의 총재산에서만 우선배당 되고 회사의 대표이사 개인재산이나 물상보증인의 재산에 대하여는 우선배당권이 없다.
  (1) 압류재산에 국세의 법정기일 전에 설정된 질권 또는 저당권에 의하여 담보된 채권이 있는 경우
  제1순위 : 체납처분비
  제2순위 : 임차인의 소액보증금 및 최종 3월분의 임금과 최종 3년간의 퇴직금 및 재해 보상금
  제3순위 : 채권 또는 저당권에 의하여 담보된 채권
  제4순위 : 임금채권
  제5순위 : 국세, 가산금
  제6순위 : 일반채권

  (2) 압류재산에 국세의 법정기일 후에 설정된 질권 또는 저당권에 의하여 담보된 채권이 있는 경우
  제1순위 : 체납처분비
  제2순위 : 임차인의 소액보증금 및 최종 3월분의 임금과 최종 3년간의 퇴직금 및 재해 보상금
  제3순위 : 국세, 가산금
  제4순위 : 질권 또는 저당권에 의하여 담보된 채권
  제5순위 : 임금채권
  제6순위 : 일반채권

  (3) 압류재산에 질권 또는 저당권에 의하여 담보된 채권이 없는 경우
  제1순위 : 체납처분비
  제2순위 : 임차인의 소액보증금 및 최종 3월분의 임금과 최종 3년간의 퇴직금 및 재해 보상금
  제3순위 : 임금 기타 근로관계로 인한 채권
  제4순위 : 국세, 가산금
  제5순위 : 일반채권

7. 국세 및 지방세

1) 조세채권 우선의 원칙
  (1) 국세 가산금 또는 체납처분비는 다른 공과금 기타 채권에 우선한다.

  (2) 저당권 전세권의 피담보채권과의 우선관계
  일반세금과 저당권과의 우선순위는 세금의 법정기일이나 납부기한과 저당권등기일이 기준이다. 양자가 같은 날이면 국세 또는 지방세가 우선한다.

i) 신고한 날 기준

법인세, 부가가치세, 특별소비세, 주세, 증권거래세, 교육세, 중간 예납하는 법인세, 예정신고 하는 부가가치세는 그 세액을 신고한 날

ii) 발송한 날 기준

과세표준과 세액을 정부가 결정, 경정 또는 수시부과결정 하는 경우에 고지한 당해 세액에 관해 납세고지서를 발송 한 날

iii) 확정일 기준

원천징수의무자나 납세조합으로서 징수하는 국세(소득세)와 인지세는 납세의무 확정일

iv) 기타 기준

압류 이후 발생한 체납된 국세, 가산금은 법정기일이 압류등기일, 등록일 이후인 경우에도 압류등기일, 등록일이 법정기일이다.

(3) 압류선착주의 및 평등주의

하나의 부동산에 대하여 체납처분에 의한 압류가 행하여 졌을 때 그 압류에 관계되는 조세는 국세이든 지방세이든 교부청구 한 다른 조세보다 우선한다. 나머지 조세는 동순위이다.

참고 : 담보채권과 국세채권의 변제순서

- 제1순위 : 국세의 체납처분비
- 제2순위 : 그 재산에 대하여 부과된 국세 가산금
- 제3순위 : 국세의 법정기일 전에 전세권 질권 또는 저당권의 설정을 등기 등록한 채권
- 제4순위 : 국세, 가산금
- 제5순위 : 국세의 법정기일 후에 전세권 질권 또는 저당권의 설정을 등기 등록한 채권

(4) 본세, 가산세, 체납처분비의 징수순위

배당은 체납처분비, 가산세, 본세의 순서로 배당된다.

(5) 국세와 관세의 관계

부동산 매각 시 관세는 국세와 동순위이다.

2) 당해세 우선

(1) 당해세와 저당권은 저당권 설정자에게 부과된 세금에 한하여 우선하며, 양수인에게 부과된 당해세는 기존의 저당권자에 우선하지 않는다.

(2) 당해세는 집행의 목적물에 대하여 부과된 국세와 가산금이다. 상속세 증여세 재평가세가 우선하는 당해세이다.

(3) 당해세는 최우선순위의 임금채권과 소액임차인의 보증금을 제외하고는 어떠한 채권에도 우선한다. 당해세, 소액보증금 및 선순위저당권을 함께 배당하는 경우에는 우선 평등 하게 배당한 후 2차로 후순위 분을 흡수한다. 이 경우 흡수액은 청구금액 중 1차로 받지 못한 금액과 후순위 분으로 1차로 배당받은 금액을 한도로 한다.

(4) 의료보험 및 산업재해보상보험법상의 보험료 등 의료보험료, 고용보험료, 연금, 산재보험료 등은 국세 및 지방세의 다음 순서이고, 저당권자와의 관계에서도 우선하지 않는다. 다만, 일반채권자보다는 우선한다.

제 7 절   배당과 공탁

1. 배당의 장소. 주체

배당은 법정 또는 판사실에서 판사가 직접 하는 것이 원칙이다. 다만 실무상 담당계장이 하고 이의가 제기되면 판사가 한다.

2. 배당금의 공탁

배당기일에 확정된 배당금을 출석한 채권자에게 배당하지만 그렇지 않은 다음 경우는 공탁한다.
1) 향후 만기가 될 채권에 대한 배당금
   (예: 다가올 저당권 만기, 명도를 조건으로 배당하는 주택임차인 보증금 등)
2) 집행력 있는 정본에 의하지 아니한 배당요구채권을 채무자가 인정하지 않은 경우
3) 가압류채권자의 미확정채권에 대한 배당금
4) 배당이의소송이 완결되지 않은 경우의 채권에 대한 배당금
5) 집행력 있는 정본을 가진 배당채권자에 대해 집행정지서류가 제출된 경우
6) 압류 효력 발생 전에 저당권설정등기청구권 보전을 위한 가등기가 경료된 경우

제 8 절   배당과 변제의 효과

1. 충당금

배당금이 채무전액을 변제하지 못하는 경우 당연히 법정충당 하되, 당사자 사이에 별도의 합의가 있었던 경우에는 상대방에게 별도의 변제충당에 관한 의사표시를 할 것 없이 그 합의에 따라 변제충당을 하면 유효하다.

2. 배당요구 시기 등

1) 배당요구는 낙찰기일까지, 즉 매각허가결정 선고 시까지 할 수 있다. 따라서 임금채권, 주택임대차보증금 반환청구권 등 우선변제권이 있는 채권자라 하더라도 매각결정기일까지 배당요구를 하지 않으면 매각대금으로부터 배당받을 수 없고, 그 후 배당을 받은 후순위자를 상대로 부당이득반환청구를 할 수도 없다.

2) 민사집행법이 적용되는 2002년 7월 1일 이후에 접수된 경매사건의 배당요구는 배당요구의 종기일 까지 하여야 한다. 따라서 임금채권, 주택임대차보증금반환청구권 등 우선변제권이 있는 채권자라 하더라도 배당요구종기일 까지 배당요구를 하지 않으면 매각대금으로부터 배당받을 수 없고, 그 후 배당을 받은 후순위자를 상대로 부당이득 반환청구를 할 수도 없다.

3) 매각개시결정에 따른 압류의 효력이 생긴 때부터 1주일 내에 집행법원은 절차에 필요한 기간을 감안하여 배당요구 할 수 있는 종기를 첫 매각기일 이전으로 정한다. 제3자에게 대항할 수 있는 물권 또는 채권을 등기부에 등재하지 아니한 채권자(임차인등)는 반드시 배당요구의 종기일 까지 배당요구를 하여야 배당을 받을 수 있다. 법원은 특별히 필요하다고 인정하는 경우에는 배당요구의 종기를 연기할 수 있다.

제 9 절   배당과 관련한 이의의 소

1. 배당에 대한 이의

1) 배당기일에는 배당에 대한 이해관계인들이 출석하여 배당요구에 대한 의견을 말하고 이를 청취한 법원은 배당표를 확정한다. 이 경우 이해관계인의 배당이의는 우선변제권이 있는 임차인 근로채권이 대부분인데 판사가 먼저 설득해 보고 안 되면 이의가 없는 부분만 먼저 배당된다. 배당기일에 출석하여 법원보관금취급규칙에서 정하는 바에 따라 배당금을 지급 받을 때에는 집행력 있는 정본 없이 배당을 요구한 자는 채권증서를 제출하여야 한다. 이 밖에 대리인일 경우에는 위임장, 지배인등기부등본, 법인등기부등본, 지배인 등의 개인 인감증명, 도장 등을 준비하여야 한다.

(1) 위 기일에 출석하지 아니한 채권자는 미리 배당액을 입금할 예금계좌를 신고하여 배당액을 그 예금계좌에 입금 받을 수도 있다. 그 신청은 민사예납금 계좌입금신청서를 2통 작성한 후 예금통장사본 2통, 우편엽서 1매를 첨부하여야 한다.

(2) 배당법원은 위 신청서를 제출하는 경우에 개인인감증명서를 요구할 수도 있다. 채권자는 배당전액을 지급받은 경우에는 집행력 있는 정본을 제출하여야 하고 채권의 일부만을 지급받은 경우에는 집행력 있는 정본 여백에 부기문을 받아야 하므로 제출하였다가 후일 집행력 있는 정본의 환부신청에 의하여 돌려받을 수 있다. 집행력 있는 정본을 가지고 있지 아니한 채권자는 영수서를 제출하여야 한다.

2) 가장임차인의 의심이 가는 자는 그에게 배당하고 다른 채권자에게 이의하게 하는 것이 아니라 배당표에서 가장임차인을 먼저 제외하고 가장임차인이 이의를 하여 진정한 임차인임을 입증하여야 한다.

3) 배당절차에 출석한 채권자는 이의를 제기 할 수 있으므로 기일 전에 이의서면을 제출하여도 배당기일에 출석하지 않으면 이의는 무시하고 배당한다. 민사집행법은 채무자는 배당기일에 출석하지 않더라도 배당표원안의 비치 이후 배당기일이 끝날 때 까지 서면으로 이의를 할 수 있도록 하였다(제151조 2항). 이의를 제기한 후라도 해당기일에 종결되지 않으면 배당기일로부터 7일 이내에 배당이의의 소를 제기하여야 한다.

4) 채무자가 이의하는 경우(i) 집행력 있는 집행권원의 정본을 가지지 않은 채권자에게는 배당이의의 소를, (ii) 집행력 있는 집행권원의 정본을 가진 채권자에게는 청구이의의 소를 제기하여야 하고, (iii) 채권자가 다른 채권자에게 이의하는 경우는 배당이의의 소를, (iv) 가압류채권에 대하여는 채권자가 채무자를 상대로 본안소송을 제기하여야 한다.

2. 배당이의의 소

1) 배당이의의 소
배당기일에 출석한 채권자는 자기의 이해에 관계되는 범위 안에서 다른 채권자를 상대로 그의 채권 또는 채권의 순위에 대하여 이의를 할 수 있다. 이의를 제기한 채권자가 배당이의의 소를 제기하고 배당기일로부터 1주일 내에 집행법원에 대하여 소제기증명을 제출하면 그 금원에 대하여는 지급을 보류하고 공탁을 하게 된다. 이의제기 채권자가 그 증명 없이 위 기간을 도과하면 이의에 불구하고 배당금을 지급하게 된다.

2) 배당이의의 사유
  (1) 절차상 사유
  배당요구를 필요로 하는 채권자가 배동요구 없이 배당받은 경우
  채무자의 인부절차 없이 배당한 경우
  배당금액에 포함될 낙찰대금, 지연이자, 몰수보증금 등의 금액이 누락된 경우
  자신의 채권이 배당표에 누락된 경우

  (2) 실체상 사유
  채권자가 자기 채권과 자신의 이해에 영향이 있는 다른 채권에 대하여 채권의 존부, 금액, 범위, 순위에 이의가 있는 경우이다.

3) 예외
이의신청이 있다 하더라도 이의에 관계없는 부분은 역시 확정되므로 배당을 실시한다. 그리고 채무자 또는 채권자가 배당표에 대하여 이의를 한 경우라도 다음과 같은 경우에는 그에 불구하고 배당을 실시한다.

  가. 이의에 관계된 채권자가 이의를 인정하거나 이의신청에 관계있는 채권자들 사이에 다른 방법으로 배당에 관하여 합의하여 이의가 완결된 경우(제152조 2항).

  나. 이의신청인이 이의를 취하한 경우

  다. 이의신청채권자가 배당기일로부터 1주일 이내에 배당이의의 소를 제기한 증명서류를 제출하지 아니한 경우(제154조 3항).

  라. 배당이의의 소가 취하 또는 취하 간주된 경우 또는 배당이의의 소에 대한 각하 또는 기각 판결이 확정된 경우, 단, 원고청구의 전부 또는 일부가 인용된 판결이 확정된 경우에는 그 판결내용에 따라 배당을 실시

  마. 청구에 관한 이의의 소를 제기한 증명서류와 집행정지 재판의 정본을 제출하지 아니한 경우 또는 강제집행의 정지명령서가 제출된 추 청구에 관한 이의의 소가 취하되거나 또는 기각의 판결이 확정된 경우

06장

유체동산강제집행

제 1 절 집행대상물

1. 원칙

민법상 부동산 이외의 물건을 "동산"이라 한다(민법 제99조 2항). 그리고 동산 중에 전기 · 열 · 빛과 같은 무체물이 아닌 유체물 즉, 공간의 일부를 차지하고 유형적 존재를 가지는 물건을 유체동산이라고 부른다. 따라서 유체동산은 대체로 민법상의 "동산"의 개념과 부합한다. 그러나 민법상의 유체동산과 민사집행법상의 유체동산의 대상이 반드시 일치하는 것은 아니다. 즉, 민법상의 동산이면서도 유체동산집행방법을 취하지 않는 것이 있는가 하면, 민법상의 동산은 아니면서도 유체동산집행방법을 취하는 것이 있다.

2. 유체동산집행방법이 아닌 경우

1) 등기할 수 있는 선박
총톤수 20톤 이상의 기선과 범선 및 총톤수 100통 이상의 부선은 민법상 동산에 해당되나 유체동산집행의 대상이 되지 않고, 부동산집행에 준하는 선박집행의 대상이 된다. 따라서 유체동산집행의 대상이 되는 것은 아직 건조 중인 선박, 총톤수 20톤 미만의 기선과 범선 및 총톤수 100톤 미만의 부선, 총 톤수 100톤 이상의 부선 중 선박계류용 · 저장용 등으로 사용하기 위해 수상에 고정설치 한 부선에 한한다.

2) 등록자동차
자동차는 승용자동차 · 승합자동차 · 화물자동차 · 특수자동차 및 이륜자동차로 구분되며, 이륜자동차를 제외한 자동차는 서울특별시와 광역시 및 도에 비치된 자동차등록원부에 등록을 한 후가 아니면 운행할 수 없게 되어 있고, 등록한 자동차는 민법상의 동산에 해당되나 유체동산집행방법을 취하지 않고 부동산집행방법에 준하여 집행하도록 되어 있다(제187조 ; 동법 규칙 제108조).

3) 등록된 건설기계
건설공사에 사용할 수 있는 기계로서 건설기계관리법시행령 「별표1」에 열거된 것을 말하며, 그 소유자는 이를 서울특별시와 광역시 및 도에 비치된 건설기계등록원부에 등록하여야만 비로소 사용할 수 있게 되어 있다. 등록한 건설기계도 민법상으로는 동산에 속하지만 이에 대한 강제집행은 자동차집행에 준하는 건설기계집행방법에 의하여 행하여진다(제187조 ; 동법 규칙 제130조).

4) 등록된 항공기

민간항공에 사용하는 비행기 · 비행선 · 활공기 · 회전익항공기 기타 대통령령이 정하는 것으로서 항공에 사용할 수 있는 기기를 말하며, 그 소유를 교통부에 비치된 항공기 등록원부에 등록하여야만 사용할 수 있게 되어 있다. 등록된 항공기도 민법상으로는 동산에 해당하 이에 대한 강제집행은 선박에 준하는 항공기집행법에 의하여 행하여진다(제187조 ; 동법 규칙 제106조).

3. 유체동산집행방법인 경우

1) 등기할 수 없는 토지의 정착물로서 독립하여 거래의 객체가 될 수 있는 것

송신용철탑, 정원석이나 정원수, 벽돌이나 옹기를 굽는 가마, 주유소의 급유기 및 입목에 관한 법률에 의하여 등기되지 아니한 입목을 들 수 있다. 그러나 건물의 경우는 그것이 비록 건축 중에 있는 것이라 하더라도 그 공정이 벽과 지붕을 갖춘 정도의 단계에 이르면, 토지와 독립된 부동산으로 취급되어 소유권보존등기를 할 수 있고, 반면에 그 정도의 공정에 이르지 않은 단계에서는 독립하여 거래의 객체가 되는 것으로 볼 수 없으므로 유체동산집행의 대상이 될 수 없다고 할 것이다. 그리고 이미 완성된 미등기건물은 부동산등기법상 당연히 등기적격이 있으므로 유체동산집행의 방법으로 강제집행을 할 수 없다는 것이 대법원의 판례이다.[214]

2) 1개월 내 수확가능 한 미분리과실

토지에서 생육하는 식물로서 수확을 목적으로 하는 것, 예컨대 곡물 · 야채 · 과일 · 잎담배등 농작물이 이에 해당하는 것으로 보아야 한다. 1개월 내는 압류시점을 기준으로 판단하여야 한다.

3) 배서금지되지 않은 유가증권

유가증권이란 재산적인 권리를 표창하는 증권으로서 권리의 발생, 이전 및 행사의 전부 또는 일부가 증권에 의하여 이루어지는 것을 말한다. 예컨대 주권, 국 · 공채 · 사채권, 무기명정기예금증서, 투자신탁수익증권, 신주인수권증서, 어음, 수표, 화물상환증, 창고증권, 선하증권, 상품권, 승차권 중 유체동산에 대한 강제집행방법으로 할 수 있는 것은 배서가 금지되어 있지 아니한 것에 한하고, 배서금지 또는 지시금지가 기재된 것은 채권에 대한 강제집행방법으로 강제집행 하여야 한다.

4. 부부공유의 유체동산

유체동산을 여러 사람이 공유하고 있는 경우에는 그 공유자 중의 1인에 대한 채권을 가지고서는 그 유체동산 자체에 대한 강제집행절차를 취할 수 없다. 즉, 그 채무자가 가지고 있는 유체동산공유지분권에 대하여 강제집행절차를 취할 수밖에 없다. 그러나 부부공유 유체동산에 대하여는 부부 중 어느 일방에 대한 채권을 가지고서도 유체동산공유지분권에 대한 강제집행이 아니라, 유체동산 그 자체에 대한 강제집행절차를 위할 수 있는 예외가 인정되어 있다(제190조). 그리고 여기에서의 "부부"의 의미는 법률혼란만 아니라 사실혼의 관계도 포함해야 한다는 것이 다수설과 판례이다.[215]

---

214) 대판 1994.4.12. 마193(3)
215) 대판 1997.11.11, 97다3427(3)

제 2 절 압류절차

1. 강제집행의 신청

1) 신청방법
압류하고자 하는 유체동산의 소재지를 관할하는 지방법원에 소속되어 있는 집행관에 대한 채권자의 서면에 의하여 강제집행을 신청한다(제4조).

2) 강제집행신청서의 기재사항
  (1) 채권자 · 채무자와 그 대리인의 표시
  (2) 집행권원의 표시
  (3) 강제집행 목적물인 유체동산이 있는 장소
  (4) 집행권원에 표시된 청구권의 일부에 관하여 강제집행을 구하는 때에는 그 범위를 적고 집행력 있는 정본
  (5) 민사집행법 제39조 내지 제41조에서 규정한 집행개시 요건의 증명
  (6) 대리인에 의한 신청의 경우에는 그 대리권을 증명하는 서면

3) 비용예납
채권자는 집행관수수료규칙이 정하는 바에 따라 집행관에 대한 수수료와 집행에 필요한 비용을 지급하여야 한다.

2. 압류의 실행

1) 압류의 의의
유체동산의 압류는 집행관이 목적물을 점유함으로써 하며, 물건에 대한 채무자의 사실상의 지배를 박탈하여 집행관에게 옮기는 것이다. 집행관은 압류한 유체동산의 실체적인 권리관계에 관하여 조사할 권한이 없으므로 목적물의 점유에 의한 그 소유관계를 추단할 수밖에 없다. 따라서 채무자가 직접 보유한 동산에 대해서는 채무자의 소유로 보고 압류할 수밖에 없다. 다만 제3자는 제3자이의의 소에 의하여 구제받을 수 있을 뿐이다.

2) 압류의 방법
  (1) 압류할 물건의 선택
  채권자의 이익을 해치지 아니하는 범위 안에서 채무자의 이익을 고려하여야 한다. 그러나 실무에서는 집행관은 채권자의 의견을 참작하여 상당한 이유가 있으면 이를 존중하는 것이 보통이므로 압류의 실익이 큰 것부터 압류토록 배려해 주고 있는 실정이다.

  (2) 압류에 있어서의 강제력행사 등
  집행관은 집행을 하기 위하여 필요한 경우에는 채무자의 주거 · 창고, 그 밖의 장소를 수색하고 잠근 문과 기구를 여는 등 적절한 조치를 취할 수 있다. 집행관은 집행실시에 당하여 저항을 받거나 채무자의 주거에서 집행실시 함에 채무자나 성장한 그 친족, 고용인을 만나지 못한 때에는 성년자 2명이나 특별시의 구청 또는 동직원, 시 · 읍 · 면 · 직원 또는 경찰관 1명을 증인으로 참여하게 하여야 한다.

3) 압류물의 보관

(1) 압류는 집행관이 압류할 유체동산의 점유를 자기에게 이전하는 방법으로 행하는 것이므로 압류물은 집행관이 스스로 현실의 점유를 하여 보관하는 것이 원칙이다. 다만 집행관은 채권자의 승낙이 있거나 운반이 곤란한 때에는 봉인, 그 밖의 방법으로 압류물임을 명확히 하여 채무자에게 보관시킬 수 있다. 집행관이 압류표시를 명확히 하는 것은 압류의 성립요건임에 따라 명확하지 않은 압류표시에 의한 압류는 불성립 또는 무효이므로 집행채권자로서도 압류표기가 명확한지 확인해 볼 필요성이 있다.

(2) 집행관은 압류의 목적물이 어음·수표 등 그 밖의 금전의 지급을 목적으로 하는 유가증권으로서 일정기간 안에 인수 또는 지급을 위한 제시 또는 지급의 청구를 필요로 하는 것을 압류하였을 경우에 그 기간이 개시되면 채무자에 갈음하여 필요한 행위를 하여야 하고, 미완성 어음 등을 압류한 경우에는 채무자에게 기한을 정하여 어음 등에 적을 사항을 보충하도록 최고하여야 한다. 그러나 집행관이 이상의 의무 이외에 어음 등의 시효중단을 위한 조치를 하거나 소구의 통지 등을 할 의무는 없는 것으로 해석되고 있다.

4) 압류물의 점유회복
(1) 압류집행 후 그 압류가 실효되거나 취소되는 등 해제됨이 없이 제3자가 압류물을 점유하게 된 경우
집행관은 자력구제적으로 직접 압류물의 점유를 회복시킬 수 없다. 따라서 압류채권자는 법원에 제3자를 상대로 압류물을 집행관에게 인도하도록 명하는 것을 신청해야 하고, 압류채권자가 이 인도명령을 득하면 집행관으로 하여금 이를 집행권원으로 하여 강제집행의 방법으로 점유를 회복시킬 수 있게 하고 있다. 이 인도명령의 신청은 채권자가 압류물을 제3자가 점유하고 있는 것을 안 날로부터 1주 이내에 하여야 한다.

(2) 재판관할과 집행
재판관할은 당초 압류집행을 한 집행관이 소속되어 있는 법원에 속하는 것으로 보아야 하고, 압류물의 현재지를 관할하는 법원으로 보아서는 안 된다. 그리고 집행은 인도명령이 상대방에게 고지되기 전에도 할 수 있으나, 신청인에게 고지된 날로부터 2주를 경과한 때에는 할 수 없다.

3. 압류의 제한

1) 압류가 금지되는 물건
(1) 민사집행법상의 압류금지동산
가. 민사집행법에 의하여 압류가 금지되는 물건(제195조)
채무자의 점유에 속하는 유체동산이라 하더라도 채무자의 최저생활의 유지나 생업의 보장 기타 사회·경제적·문화적 관점에서 정책적으로 법이 압류를 금지하는 것이다(제195조).
가) 채무자 및 그와 같이 사는 친족(사실상 관계에 따른 친족을 포함한다)의 생활에 필요한 의복·침구·가구·부엌가구, 그 밖의 생활필수품

나) 채무자 등의 생활에 필요한 2월간의 식료품·연료 및 조명재료

다) 채무자 등의 생활에 필요한 1월간의 생계비로서 대법원규칙이 정하는 액수의 금전(현재 : 120만원임, 동법규칙 제143조).

라) 주로 자기 노동력으로 농업을 하는 사람에게 없어서는 아니 될 농기구·비료·가축·사료·종자 그 밖에 이에 준하는 물건

마) 주로 자기의 노동력으로 어업을 하는 사람에게 없어서는 안 될 고기잡이 도구 · 어망 · 미끼 · 쌔끼꼬기, 그 밖의 이에 준하는 물건

바) 전문직 종사자 · 기술자 · 노무자, 그 밖의 주로 자기의 정신적 또는 육체적 노동으로 직업 또는 영업에 종사하는 사람에게 없어서는 안될 제복 · 도구, 그 밖의 이에 준하는 물건

사) 채무자 또는 그 친족이 받은 훈장 · 포장 · 기장, 그 밖의 이에 준하는 명예증표

아) 위패 · 영정 · 묘비, 그 밖에 상례 · 제사 또는 예배에 필요한 물건

자) 족보 · 집안의 역사적인 기록 · 사진첩, 그 밖에 선조숭배에 필요한 물건

차) 채무자의 생활 또는 직무에 없어서는 아니 될 도장 · 문패 · 간판, 그 밖의 이에 준하는 물건

카) 채무자의 생활 또는 직업에 없어서는 아니 될 일기장 · 상업장부, 그 밖의 이에 준하는 물건

타) 공표되지 아니한 저작 또는 발명에 관한 물건

파) 채무자 등이 학교 · 교회 · 사찰, 그 밖의 교육기관 또는 종교단체에서 사용하는 교과서 · 교리서 · 학습용구, 그 밖의 이에 준하는 물건

하) 채무자 등의 일상생활에 필요한 안경 · 보청기 · 의치 · 의수족 · 지팡이 · 장애보조용 바퀴의자, 그 밖의 이에 준하는 신체보조기구. 그리고 채무자 등의 일상생활에 필요한 자동차로서 자동차관리법이 정하는 바에 따른 장애인용 경형자동차(배기량 800cc 미만).

나. 재판상의 압류금지물

가) 법원은 당사자가 신청하면 채권자와 채무자의 생활형편 그 밖의 사정을 고려하여 유체동산의 전부 또는 일부에 대한 압류를 취소하도록 명하거나, 법률상 압류가 금지되는 유체동산을 압류하도록 명할 수 있다(제196조 1항).

압류금지물건의 범위의 확장은 이미 실시한 압류를 제한하는 형태로 이루어지므로 이를 구하는 신청은 성질상 유체동산집행이 실시된 이후에 할것을 요함에 비하여, 압류금지물건의 범위의 축소를 구하는 신청은 집행개시전에는 물론 그 이후에도 집행절차가 종결되기 이전에는 언제든지 할 수 있다.

나) 압류금지물건을 정하는 결저이 있은 뒤에 그 결정을 한 이유가 소멸되거나 사정이 바뀐 때에는 법원은 직권으로 또는 당사자의 신청에 따라 그 결정을 취소하거나 바꿀수 있다(제196조 2항). 또한, 이미 한 압류를 취소하거나 압류금지 유체동산의 압류를 명하는 결정을 한 뒤에 그 이유가 소멸되거나 사정이 바뀐 때에는 법원은 직권으로 또는 당사자의 신청에 따라 그 결정을 취소하거나 바꿀 수 있다. 이때 당사자는 압류금지물의 축소 · 확대 결정이나 그 취소 · 변경 결정에 대해서 즉시항고를 할 수 있다(제196조 4항). 그 신청을 전부 기각당한 당사자는 집행에 관한 이의를 할 수 있다(제16조).

(2) 다른 법령에 의하여 압류가 금지된 물건

국민기초생활보장법, 아동복지법, 모자복지법, 우편법, 건설산업기본법, 국가배상법, 자동차손해배상보장법, 신탁법 등에서 명문의 규정을 두고 있다.

가. 마약류 관리에 관한 법률상의 마약, 대마, 향정신성 의약품

나. 신탁법에 의한 신탁재산에 수탁자의 채권자가 이를 강제집행하거나 경매 못함(신탁법 제21조)

다. 공장저당법 제4조와 제5조의 규정에 의하여 저당권의 목적이 외는 물건은 토지 또는 건물과 같이하지 아니하면 압류 못함. 또한 공장재단 및 광업재단을 구성하는 물건도 재단과 같이하지 아니하면 압류하지 못함(공장 및 광업재단저당법 제18조 등)

라. 공적인 보호, 원호 등으로 지급된 금품 등(장애인복지법 제73조, 아동복지법 제36조)

마. 의료법상의 의료기재(의료법 제13조)

2) 채무자 이외의 자가 점유 중인 유체동산의 압류제한

(1) 채권자 또는 제3자에의 보관위임

집행관은 채권자 또는 제출을 거부하지 아니하는 제3자가 점유하고 있는 유체동산을 압류하는 경우에는, 채무자에게 보관위임하는 경우에 준하여 압류물을 그 채권자 또는 제3자의 보관에 위임할 수 있다(민사집행법 제191조, 제189조). 이 경우에 채권자의 그 보관에 관한 권리나 의무는 원칙적으로 집행관과의 사이에 체결된 임치계약 등 사법상의 계약에 의하여 정하여 진다. 채권자 또는 제3자가 압류물을 보관하는 중 분실한 경우에 보관상의 주의의무를 다하지 아니하는 등 불법행위의 요건을 충족하면 집행관이나 그 동산소유자에 대하여 손해배상책임을 진다.

(2) 무잉여압류의 금지

압류물을 현금화하여도 집행비용 외에 남을 것이 없는 경우에는 채권회수에 도움되지 못하는 무익한 것임에 따라 집행하지 못한다. 또한, 집행관은 압류후에 압류물이 매각대금으로 압류채권자의 채권에 우선하는 채권과 집행비용을 변제하면 남을 것이 없겠다고 인정하는 때에는 압류를 취소한다(동법규칙 제140조 2항).

(3) 초과압류의 금지

초과압류란 압류한 여러 개의 유체동산 중 일부의 압류만으로도 청구채권의 변제와 집행비용의 변상을 받기에 충분한 경우를 말하는 것이므로, 달리 적당한 물건이 없어 청구채권자의 집행비용 합계액을 훨씬 초과하는 가치를 불가분적인 1개의 물건은 압류하는 것은 초과압류가 아니다. 따라서 집행권원에 기재된 청구금액의 변제와 집행비용의 변상에 필요한 한도 안에서 하여야 한다. 여기서 청구금액이라 함은 원금 · 이자 · 지연배상금의 합계액을 의미하고 압류의 경합이나 우선권자의 배당요구가 있는 경우에는 이중압류채권자나 배당요구채권자의 청구금액까지 합산한 금액으로 보아야 한다. 집행비용은 강제집행에 필요한 것으로서 강제집행에 의하여 우선적으로 변상 받을 수 있는 비용 전부를 포함한다.

3) 매각의 가망이 없는 압류의 취소

집행관은 압류물에 관하여 상당한 방법으로 매각을 실시하였음에도 매각의 가망이 없을 때에는 그 압류물의 압류를 취소할 수 있다. 이는 환가성이 없는 무용한 압류물을 무제한 압류한 뒤 장기간에 걸쳐 매각하지 아니하고 방치하는 등의 폐해를 방지하기 위한 것이다.

4) 국가재산에 대한 압류의 제한

국가에 대한 강제집행은 국고금의 압류에 의하여야 한다(제192조).

4. 압류의 효력

1) 사용 · 수익 · 처분의 금지 등

압류에 의하여 채무자는 압류물의 처분권을 상실하고, 국가가 그 처분권을 취득한다. 다만 압류에 의한 처분금지의 효과는 압류채권자 및 집행참가채권자와의 관계에서만 생긴다. 압류물을 채무자에게 보관시킨 경우에도 사용권은 원칙적으로 상실하지만, 다만 압류표시를 훼손하지 않고 압류물의 가치감소를 가져오지 않는 한도에서 통상의 용법에 따라 사용하는 것이 허용된다. 채무자는 압류물의 수익권도 상실하며, 압류 후에는 압류물에서 생기는 천연물에도 압류의 효력이 미치므로(제194조) 그 수취권도 상실한다.

2) 청구채권의 시효중단

압류는 시효의 중단사유가 되며(민법 제168조 2항), 채권자는 압류금액 또는 매각대금으로부터 만족 또는 배당을 받는다. 그러나 압류가 취소된 때에는 시효중단은 없었던 것으로 된다(동법 제175조).

5. 집행의 경합

압류 또는 가압류한 물건을 다시 다른 채권자가 압류 또는 가압류하는 것을 압류의 경합, 경합압류 또는 이중압류(압류의 경합)라고 한다.

1) 동시압류(공동압류)

집행관이 여러 개의 채권 또는 여러 명의 채권자를 위하여 동일한 재산을 동시에 압류하는 것을 말한다. 금전압류의 경우에는 명문의 규정(제222조 2항)이 있지만, 그 밖의 경우에도 동시압류가 가능하다. 집행절차상의 법률관계는 여러 개의 집행신청이 병합 되어 하나의 절차로 진행되는 것이므로 각 개의 집행신청은 채권 또는 채권자별로 독립된 것으로 취급된다. 따라서 어느 하나의 채권 또는 채권자에 의한 집행신청의 취하나 집행정지 또는 집행취소는 다른 채권 또는 채권자의 집행절차에 아무런 영향을 미치지 않는다.

2) 압류의 경향(이중압류)

(1) 의의

유체동산을 압류하거나 가압류한 뒤 매각기일에 이르기 전에 다른 강제집행이 신청된 때에는 집행관은 집행신청서를 먼저 압류한 집행관에게 교부하여야 한다. 이 경우 이미 압류된 물건 외에 더 압류할 물건이 있으면 이를 추가 압류하여 집행신청서와 추가압류조서를 먼저 압류한 집행관에게 교부하여야 한다(제215조 1항). 이를 압류의 경합이라 한다.

(2) 요건

가. 동일채무자에 대한 강제집행이어야 한다.
나. 유체동산을 압류하거나 가압류한 뒤 다시 강제집행을 하는 것이어야 한다.
다. 민사집행법 제215조는 담보권실행을 위한 경매에도 준용되므로(제271조, 제272조) 선행집행 또는 후행집행의 내용이 담보권실행을 위한 경우에도 압류경합에 해당한다.
다. 후행강제집행은 이미 압류 또는 가압류가 실시된 이후 매각기일까지 신청되어야 한다.

(3) 효과

가) 각 압류는 독립성을 갖는다.
나) 뒤에 이루어진 채권자의 집행위임은 먼저 압류한 집행관에게 이전된다(제215조 2항).
다) 이중압류가 이루어지면 각 압류한 물건은 강제집행을 신청한 모든 채권자를 위하여 압류한 것으로 본다(제215조 3항).
라) 추가압류비용뿐만 아니라 후행압류에 소요된 모든 비용이 공익비용에 산입되어 매각대금으로부터 우선변제를 받을 수 있다고 할 것이다.

제 3 절 현금화 절차

1. 금전을 압류한 경우

1) 금전을 압류한 경우에는 현금화 할 필요가 없으므로, 집행관은 압류한 금전을 채권자에게 인도하여 집행을 종료한다(제201조 1항). 다만 이것은 집행채권자가 한 사람인 경우 또는 집행채권자가 여러 사람이더라도 압류 금전으로 각 채권자의 채권액을 만족시킬 수 있다거나 그 사이에 배당협의가 성립된 경우에 한하며, 그렇지 않은 경우에는 압류금전을 공탁하여 배당하여야 한다(제222조 1항, 2항, 제252조 1호).

2) 집행관이 금전을 추심한 때에는 채무자가 그 금전을 채권자에게 지급한 것으로 본다(제201조 2항 본문). 다만 채무자가 담보를 제공하거나 공탁을 하여 집행에서 벗어날 수 있도록 허가 받은 때에는 지급의제의 효과가 발생하지 아니한다(제201조 2항 단서)

3) 압류물이 금전으로서 강제 통용력을 가진 내국통화인 때에는 그 성질상 현금화의 필요가 없다. 그러나 압류물이 금전이라도 외국통화이거나 금전 이외의 물건인 때에는 이를 현금화하여 내국통화인 금전으로 바꾸는 조치가 필요하다. 현금화에는 호가경매, 입찰, 적당한 방법에 의한 매각, 특별한 현금화 방법이 있다.

2. 압류물의 호가경매

1) 호가경매의 준비
 (1) 값비싼 물건의 평가
　집행관이 유체동산을 압류한 때에는 스스로 그 가액을 평가하여 압류조서에 적어야 한다(제200조). 호가경매 할 물건 가운데 값이 비싼 물건이 있는 때에는 자신의 평가만으로는 부적절하므로 적당한 감정인에게 평가를 의뢰할 수 있다(동법규칙 제144조 1항). 압류물을 평가한 감정인은 사건의 표시, 유체동산의 표시, 유체동산의 평가액과의 평가일, 평가액 산출과정, 그 밖의 집행관이 명한 사항을 적은 평가서를 정하여진 날까지 집행관에게 제출하여야 한다. 평가서가 제출된 경우 집행관은 평가서의 사본을 매각기일마다 그 3일전까지 집행관 사무실 또는 그 밖의 적당한 장소에 비치하고 누구든지 볼 수 있도록 한다. 집행관이 값비싼 물건에 대하여 감정인의 평가를 거치지 않고 매각하는 경우에는, 이해관계인은 집행에 관한 이의를 신청할 수 있다(제16조).

 (2) 호가경매 기일과 장소의 지정 · 공고 · 통지
　가. 기일의 지정
　집행관은 압류일로부터 1월 안의 날로 정하여야 하며(민집규 제145조 1항), 압류일과 매각일 사이에는 1주 이상의 기간을 두어야 한다(제202조 본문).

　나. 장소의 지정
　집행관은 압류를 한 시 · 구 · 읍 · 면 이내라면 어떠한 장소를 호가경매장소로 정하여도 무방하다. 실무상은 압류를 행한 채무자의 주소지나 영업소를 경매장소로 하는 것이 보통이다. 그러나 예외적으로 압류채권자와 채무자가 합의한 장소, 법원이 지정한 장소, 보관자로 하여금 관할구역 밖에서 보관하게 한 경우 그 보관장소를 경매장소로 한다(제103조 1항, 제214조 1항 ; 동법 규칙 제135조 ; 집행관법시행규칙 제4조).

　다. 호가경매의 변경 · 연기 · 속행
　호가경매기일은 함부로 이를 변경 또는 연기할 수 없음이 원칙이다. 따라서 부득이한 사유가 있는 때에는 집행관은 직권으로 기일을 변경하거나 연기할 수 있으며, 채권자와 채무자 및 배당요구채권자의 합의가 있는 때에도 변경하거나 연기할 수 있다. 매각기일에 매수신고인이 없거나 평가액에 비하여 낮은 가격으로 매수신청을 한 경우에는 호가경매기일을 속행하여야 한다.

라. 집행관에 대한 채권자의 매각최고
압류일과 매각일 사이에 1주의 기간을 두기만 하면 언제를 호가경매일로 정하느냐 하는 것은 집행관의 재량이다. 그러나 상당한 기간이 지나도 집행관이 매각하지 아니하는 때에는 압류채권자는 집행관에게 일정한 기간이내에 매각하도록 최고할 수 있다(제216조 1항). 집행관이 최고에 따르지 않을 경우에는 압류채권자는 집행관이 소속된 법원에 필요한 명령을 신청할 수 있다(제216조 2항, 제3조, 제21조).

마. 호가경매의 공고와 통지
가) 호가경매의 공고
집행관은 호가경매기일의 3일 전까지 다음의 사항을 공고하여야 한다(동법규칙 제146조 1항). 호가경매기일을 변경. 연기한 경우에는 조기매각(제202조 단서)의 경우, 경매절차가 정지되었다가 속행하는 경우, 재매각(제205조 3항)의 경우에도 그 호가경매기일을 공고하여야 한다. 공고의 방법에는 특별한 규정이 없으므로 민사집행규칙 제11조에서 규정한 절차에 따라 법원게시판 게시, 관보·공보 또는 신문 게재, 전자통신매체를 이용한 공고의 방법 중 집행관이 재량으로 정한다.
(가) 사건의 표시
(나) 매각할 물건의 종류·재질, 그 밖에 그 물건을 특정 하는데 필요한 사항과 수량 및 평가액
(다) 평가서 사본을 비치하는 때에는 그 비치장소와 누구든지 볼 수 있다는 취지
(라) 법원이 매수신고를 할 수 있는 사람의 자격을 제한한 때에는 그 제한내용
(마) 매각할 유체동한을 호가경매기일 전에 일반인에게 보여주는 때에는 그 일시와 장소
(바) 대금지급기일을 정한 때에는 매수신고의 보증금액과 그 제공방법 및 대금지급일

나) 호가경매의 통지
집행관은 호가경매를 공고하는 외에 호가경매의 일시와 장소를 각 채권자·채무자 및 압류물 보관자에게 통지하여야 하며, 부부공유 유체동산을 압류한 재산을 경매하는 경우에는 집행기록상 주소를 알 수 있는 배우자에게도 같은 사항을 통지하여야 한다(동법규칙 제146조 2항). 호가경매의 통지는 집행관이 구두로 함이 원칙이나, 구두로 할 수 없을 때에는 통지서를 송달하는 방법에 의하여 할 것이나(제11조 1항, 2항), 집행기록에 표시된 통지를 받을 자의 주소지에 대법원규칙이 정하는 방법인 등기우편으로 발송할 수도 있다(동법규칙 제146조 3항).

(3) 개별매각·일괄매각의 결정
유체동산에 대한 호가경매는 각 압류물건마다 실시함을 원칙으로 하지만, 집행관은 여러 개의 유체동산의 형태, 이용관계 등을 고려하여 일괄 매수하게 하는 것이 알맞다고 인정하는 때에는 직권으로 또는 이해관계인의 신청에 따라 일괄하여 매각할 수 있다. 이 결정은 그 목적물에 대한 매각기일 이전까지 하여야 한다.

2) 호가경매의 실시
(1) 매각조건 및 매각허가의 고지
집행관이 호가경매기일을 개시하는 때에는 매각조건을 고지하여야 한다(동법규칙 제147조 1항). 경매기일에 집행관은 경매기일 개시선언을 하고 매각조건을 고지한 후 매수신청의 신고를 최고한다. 매각허가는 최고가매수신청인에 대하여 그 신청을 허가하는 것으로서, 집행관은 매각에 참가한 자에게 매수신청을 위한 충분한 기회를 부여한 후 집행관이 매수신청의 액 가운데 최고의 것을 3회 부른 후 그 신청을 한 사람의 이름. 매

수신청의 액 및 그에게 매수를 허가한다는 취지를 고지하여야 한다(제205조 1항 ; 동법규칙 제147조 2항). 집행관은 매수신청의 액이 상당하지 아니하다고 인정하는 경우에는 매수를 허가하지 아니할 수 있다. 이는 유체동산집행에 있어서는 부동산경매에 있어서와 같이 최저매각가격을 정하고서 매각하는 것은 아니나, 매각목적물이 비정상적으로 저가로 매각되어 그 소유자나 배당참가채권자 등의 이익이 침해되는 것을 방지하기 위한 것이다.

(2) 매수신청인의 자격의 제한
가. 채무자

채무자는 적법한 매수인이 될 자격이 없다(동법규칙 제158조, 제59조 1호). 그러나 다른 사람의 대리인으로서 매수신청을 하는것은 허용된다.

나. 매각절차에 관여한 집행관 또는 그 친족(집행관법 제15조 1항)

다. 매각하는 동산을 평가한 감정인이나 그 친족(동법 제15조 2항)

라. 집행법원을 구성하는 법관, 담임법원사무관등

마. 재매각절차의 전의 매수인

바. 집행관이 매각장소의 질서유지를 위하여 매수의 신청을 금지한 자

(3) 배우자의 우선매수권
부부의 일방의 대한 집행권원에 의하여 압류한 부부공유 유체동산을 경매하는 경우에 채무자가 아닌 배우자는 매각기일에 출석하여 최고가매수 신고가격과 동일한 가격으로 우선매수 할 것을 신고할 수 있으며, 이 신고가 있으면 집행관은 그 배우자를 매수인으로 결정한다. 우선매수권을 행사하는 배우자는 만 20세에 달하지 않은 미성년자도 가능하다(민법 826조).

(4) 매각의 중지
여러 개의 물건이 압류된 경우에 이를 순차로 매각하여 그 매각대금으로 채권자에게 변제하고 강제집행비용을 지급하기에 충분하게 되면 즉시 매각을 중지하여야 한다(제207조 본문). 다만, 이와 같은 매각의 중지는 그 성질상 개별매각의 경우에만 적용되고 일괄매각의 경우에는 적용되지 않는다.

(5) 매각의 불성립
매각기일에 매수신청이 없거나 신청가격이 낮아 집행비용을 제외하면 잉여가 없는 경우에는 매각기일을 연기하며 매각을 성립시킬 가능성이 있으면 신기일을 정하고, 그러할 가능성이 없으면 제188조 3항에 따라 압류를 취소하여 압류물을 채무자에게 반환하든가(무잉여압류금지) 또는 제214조에 따라 특별현금화 방법을 취할 수 있다.

3) 대금의 지급과 목적물의 인도
(1) 대금의 지급
호가경매기일에서 매수가 허가된 때에는 그 기일이 마감되기 전에 매각대금을 지급하여야 한다(동법규칙 제149조 1항 본문). 다만, 집행관이 압류물의 매각가격이 고액으로 예상되어 호가경매기일로부터 1주안의 날을 대금지급기일로 정한 때에는 그러하지 아니하다(동규칙 제149조 2항). 이 경우에 집행관은 매수신고의 보증금액과 그 제공방법 및 대금지급일을 공고하여야 한다(동규칙 146조 1항 6호).

(2) 목적물의 인도

집행관은 대금과 서로 맞바꾸어 매각물을 매수인에게 인도하지만(제205조 2항), 인도를 하지 않는 경우에 매수인은 집행관을 상대로 인도를 소구할 수 없고 집행에 관한 이의신청을 하는 수밖에 없다. 집행관은 어느 누구의 대리인도 아니므로 점유개정(민법 제189조)이나 목적물 반환청구권의 양도(동법 제190조)에 의한 인도는 허용되지 않는다. 매각물을 매수인이 인도받은 때에는 그 소유권을 취득함에 따라 집행에 관한 이의신청은 소유권을 취득하기 전까지만 가능하다.

(3) 호가경매조서의 작성

집행관이 매각기일을 실시한 때에는 호가경매조서를 작성하여야 한다(제10조). 호가경매조서는 집행관의 집행행위의 내용을 명백히 하고 그 절차가 적법, 공정하게 이루어 졌음을 담보하는 것이므로 그 기재의 오류나 흠은 매각의 효력에 영향이 없다.

(4) 재매각

가) 매수인이 매각조건에 정한 지급기일에 대금의 지급과 물건의 인도청구를 게을리 하거나 또는 지급기일을 정하지 않은 경우로서 매각기일의 마감에 앞서 대금의 지급과 물건의 인도청구를 게을리 한 때에는 집행관은 재매각을 한다(제205조 3항).

나) 재매각의 경우 전의 매수인은 재매각절차에 참가하지 못하며(제205조 4항 후단), 뒤의 매각대금이 처음의 매각대금보다 적은 때에는 그 부족한 액수를 부담하여야 한다(제205조 4항 전단). 그리고 재매각의 뒤의 매각가격이 처음의 매각가격에 미치지 아니하는 때에는 전의 매수인이 제공한 보증은 그 차액을 한도로 매각대금에 산입하며, 이 경우 전의 매수인은 보증금액 가운데 매각대금에 산입되는 금액에 상당하는 부분의 반환을 청구할 수 없다.

3. 압류물의 입찰

1) 의의

(1) 동산의 매각방법은 호가경매의 방법을 원칙으로 하고, 특별한 경우 입찰의 방법을 채택하고 있다(민사집행법 제199조, 민집규 제145조 내지 제151조). 입찰이라 함은 각 매수신청인이 서면(입찰표)으로 매수가격을 신청하여 그 중 최고가격을 신청한 사람을 매수인(낙찰인)으로 정하는 방법을 말한다.

(2) 부동산집행절차에서는 기일입찰과 기간입찰이 있다. 특히 유체동산집행절차에 있어서는 기일입찰의 방법만 허용되고 있다. 유체동산의 입찰절차에는 부동산의 기일입찰과 유체동산의 호가경매에 관한 규정이 상당부분 준용되고 있음에 따라 특히 유의할 상항에 대해서만 설명하기로 한다.

2) 입찰절차

(1) 입찰기일의 실시

입찰장소에서 입찰자에게 입찰가격을 기재한 입찰표를 입찰봉투에 넣어 제출하게 하고서 이를 개찰하여 그 중에서 최고의 가액으로 매수신고를 한 입찰자를 최고가입찰자로 결정하는 방법으로 한다(동법규칙 제151조 1항).

(2) 매수의 허가

유체동산에 대한 입찰절차에는 부동산의 기일입찰에 관한 규정과 유체동산의 호가경매에 관한 규정 중 상당하다고 인정되는 조항을 준용하고 있다. 개찰이 끝날 때에는 집행관은 최고의 가액으로 매수신고를 한 입찰자의 이름·입찰가격 및 그에 대하여 매수를 허가한다는 취지를 고지한다(동규칙 제151조 2항, 3항).

4. 특별현금화

1) 금·은붙이의 현금화
금.은붙이는 그 금.은의 시장가격 이상의 금액으로 일반현금화의 규정에 따라 매각한다. 매각을 실시하였으나 시장가격 이상의 금액으로 매수하는 사람이 없는 때에는 집행관은 그 시장가격에 따라 적당한 방법으로 매각할 수 있다(제209조). 이는 법정매각조건이다.

2) 유가증권의 현금화
(1) 유가증권의 현금화
유가증권 중 배서가 금지되지 아니한 것만 유체동산집행의 대상이 되는바(제189조 2항 3호), 배서가 금지된 유가증권은 법원의 압류명령에 의하여 집행관이 그 증권을 점유함으로써 압류하며(제233조) 채권집행의 방법으로 현금화 한다. 여기서의 유가증권은 어음, 수표, 화물상환증, 창고증권, 선하증권 등의 지시증권 중 배서가 금지되지 아니한 것과 무기명식의 수표, 국채, 지방채, 회사채 등 무기명 채권증권, 주권, 투자신탁의 수익증권, 상품권, 승차권 등이 이에 해당된다.

(2) 시장가격 있는 유가증권의 현금화
주식회사의 주권, 국채나 공채, 사채 등과 같이 증권거래소에 상장되어 있거나 시장이 형성되어 객관적인 거래 시장가격이 있는 유가증권은 집행관이 매각하는 날의 시장가격에 따라 적당한 방법으로 매각할 수 있다(제210조 전단).

(3) 시장가격이 없는 유가증권의 현금화
시장가격이 없는 유가증권은 호가경매 또는 기일입찰에 의한 일반현금화의 규정에 따라 매각하여야 한다(제210조 후단).

(4) 현금화 이후의 조치
유가증권이 기명식인 때에는 집행관은 매수인을 위하여 채무자에 갈음하여 배서 또는 명의개서에 필요한 행위를 할 수 있다.
권리이전에 배서를 요하는 어음·수표·화물상환증 등의 배서방법은, "민사집행법 제211조의 규정에 따라 채무자 ○○○에 갈음하여 매수인 ○○○을 위하여 배서한다"고 적고, 집행관이 배서한다는 취지를 명백히 하고 그 직위를 표시하여 기명날인(○○법원 집행관 ○○○인) 하면 된다. 권리이전의 대항요건으로서 명의개서가 필요한 유가증권 중 기명주식과 기명회사채의 경우에는 집행관이 양도인인 채무자를 갈음하여 명의개서를 청구한다는 취지를 기재하여 그 청구서를 회사에 제출하는 방법으로 한다.

3) 법원의 명령에 의한 특별현금화
(1) 특별현금화의 필요성
법원은 필요하다고 인정하면 직권으로 또는 압류채권자, 배당을 요구한 채권자 또는 채무자의 신청에 따라 일반현금화규정에 의하지 아니하고 다른 방법이나 다른 장소에서 압류물을 매각하게 할 수 있고, 집행관 이외의 자로 하여금 현금화 하게 할 수도 있다(제214조). 전문적인 특수한 분야에만 필요한 기계류나 특수한 기호를 가진자 만이 선호하는 수집품 또는 일정한 자격이나 허가가 있어야만 취득할 수 있는 총포·화학 등을 들 수 있다.

    (2) 특별현금화의 방법
    가. 압류일로부터 1주가 지나기 전에 하는 매각
    나. 최저매각가격 또는 최고매각가격을 지정하여 하는 매각
    다. 매수신청인의 자격을 제한하여 하는 매각
    라. 호가경매나 기일입찰이 아닌 적당한 방법으로 하는 매각
    마. 채권자에 대한 압류물의 양도
    바. 압류지 이외의 장소에서의 매각
    사. 집행관이 아닌 자에 대한 위탁매각

    (3) 특별현금화의 절차
    압류채권자, 배당을 요구한 채권자 또는 채무자의 신청에 따라 또는 직권으로, 법원이 필요하다고 인정하는 경우에는 특별현금화의 방법을 정한 후 이를 집행관에게 명하여 실시한다. 이 경우 압류채권자 등은 구체적인 내용과 그 사유를 압류물의 소재지를 관할하는 지방법원에 소명하여야 하고, 집행관이나 매수하려는 자는 신청권이 없다. 법원의 특별현금화 명령에 대한 재판에 대하여는 불복할 수 없다(제214조 2항).

제 4 절   배당절차

1. 배당요구

1) 배당요구의 의의
배당요구라 함은 채권자 중 일부가 채무자의 특정재산에 대하여 강제집행, 즉 현금화를 위한 조치에 착수한 경우에, 다른 채권자가 그 절차에 참가하여 채무자의 재산을 현금화하여 얻게 될 매각대금중에서 자기의 채권액에 해당하는 금액의 지급을 구하기 위하여 그 집행절차에 참가하는 것을 말한다.

2) 배당요구채권자
타인의 집행위임에 의하여 진행되고 있는 유체동산에 대한 강제집행절차에 있어서는 민법·상법 기타 법률에 의하여 우선변제청구권이 있는 채권자만이 매득금으로부터 배당을 요구할 수 있다. 우선변제청구권이 있는 채권자로는 최종 3월 분의 임금과 최종 3년 간의 퇴직금 및 재해보상채권자, 조세채권자, 국민건강보험료채권자, 국민연금보험료채권자, 산업재해보상보험료채권자, 압류물의 질권자 등 이다.

3) 배당요구의 시기와 종기
배당요구의 시기에 대하여는 특별한 규정은 없으나 집행개시 후, 즉 집행관이 압류할 물건의 소재지에 이르러 압류할 물건을 수색하기 시작함으로써 집행에 착수한 때부터라고 할 수 있다.
    (1) 압류물을 매각하는 때에는 집행관이 그 매각대금을 영수할 때까지
    (2) 압류물인 유가증권의 추심을 하는 때에는 집행관이 그 지급을 받을 때까지
    (3) 압류물이 금전인 때에는 집행관이 압류에 의하여 그 금전의 점유를 취득할 때까지
    (4) 가압류물을 환가하여 공탁하는 때에는 본압류의 신청이 있을 때까지

(5) 집행정지 중 압류물을 환가하여 공탁하는 때에는 후일 그 정지가 풀려서 그 집행을 속행할 수 있게 될 때까지

4) 배당요구의 방식과 절차
배당요구는 채권의 원인과 액수를 적은 서면을 집행관에게 제출하는 방법으로 한다. 또한 배당요구서에는 집행력 있는 정본 또는 그 사본, 그 밖의 배당요구의 자격을 소명하는 서면을 붙여야 한다(제218조 ; 동법규칙 제158조, 제48조 1항).

5) 배당요구의 통지와 배당요구채권의 확정절차
집행관은 실체법상 우선변제청구권이 있는 자의 배당요구가 있는 경우에는 그 사유를 배당에 참가한 채권자와 채무자에게 통지하여야 한다(민사집행법 제219조). 또한 현행민사집행법은 구 민사소송법과는 달리 고가의 유체동산이 증가하는 추세와 채무자 보호의 필요성 때문에 채무자의 배당이의르 인정하였다(제256조).

6) 배당요구의 효력
적법한 배당요구가 있는 때에는 압류금전 또는 매각대금 등으로부터 배당을 받을 지위를 취득하지만, 배당요구를 한 후 다른 채권자가 이중압류를 하여 압류물이 추가된 때에는 그 추가된 압류물에 대하여도 배당요구의 효력이 미친다(제215조 3항). 그 밖의 배당요구에 대한 효력은 다음과 같다.
  (1) 배당요구채권에 대한 소멸시료를 중단
  (2) 배당요구채권자의 압류물에 대한 특별현금화 명령신청
  (3) 배당요구채권액은 초과압류, 매각의 한도 등을 정하는 기준
  (4) 후일 배당에 참가한 채권자 사이에 실체법상의 효력에 반하는 배당이 이루어진 경우에는 부당이득금반환청구 가능

6) 배우자의 지급요구
부부공유유체동산을 압류한 경우 그 배우자는 그 목적물에 대한 우선매수권(제206조)을 행사하거나 자기공유지분에 대한 매각대금을 지급하여 줄 것으 요구할 수 있다(제221조 1항). 지급요구는 그 이유를 서면 또는 구두로 밝혀 집행관에게 채권자가 배당을 요구할 수 있는 최종시한까지 신청해야 한다(제221조 2항, 제218조).

2. 배당실시

1) 집행관에 의한 매각대금 등의 배당
  (1) 배당요구채권의 전액변제를 할 수 있는 경우
  가. 통상의 경우
  채권자가 1인 또는 2인 이상으로서 매각대금 또는 압류금전으로 각 채권자의 채권과 집행비용의 전부를 변제할 수 있는 경우에는 집행관은 채권자에게 채권액을 교부하고, 나머지는 채무자에게 교부한다(제155조 1항).채권의 일부청구로 채권의 일부만을 교부받은 채권자로부터는 집행력 있는 정본 또는 채권증서를 제출케 하여 그 사유를 덧붙여 적어 반환하고 채권자로부터 영수증서를 제출받아 교부한다(제42조).

  나. 매각대금을 교부할 수 없는 경우
  배당 등을 받을 채권자의 채권에 관하여 다음 중 어느 하나의 사유가 있는 때에는 집행관은 그 배당 등의 액

에 상당하는 금액을 공탁하고 그 사유를 법원에 신고하여야 한다.

　가) 채권에 정지조건 또는 불확정기한이 붙어 있는 때

　나) 가압류채권자의 채권인 때

　다) 강제집행의 일시정지를 명한 취지를 적은 재판의 정본 또는 담보권 실행을 일시 정지하도록 명한 재판의 정본이 제출되어 있는 때아울러, 집행관은 배당 등을 수령하기 위하여 출석하지 아니한 채권자 또는 채무자에 대한 배당 등의 액에 상당하는 금액을 공탁하여야 한다.

　(2) 배당요구채권의 전액변제를 할 수 없는 경우

　가. 배당을 실시한 경우

　채권자가 2인 이상이고 매각대금 또는 압류금전으로 각 채권을 만족하게 할 수 없는 경우에 채권자사이에 배당협의가 이루어진 때에는 집행관은 그 협의에 따라 배당을 실시하여야 한다(민집규 제155조 3항 전문). 다만 배당협의가 이루어졌다 하더라도 배당 등의 받을 채권자의 채권에 관하여 전술한 매각대금을 교부할 수 없는 사유가 있는 때에는 집행관은 그 배당 등의 액에 상당하는 금액을 공탁하고 그 사유를 법원에 신고하여 한다(동법규칙 156조 1항).

　나. 배당협의

　가) 집행관은 매각허가 된 날로부터 2주 이내의 날(제222조 1항)을 배당협의기일로 지정하고 각 채권자에게 그 일시와 장소를 서면으로 통지하여야 한다(제155조 3항 전문). 이 통지에는 매각대금 또는 압류금전, 집행비용, 각 채권자의 채권액비율에 따라 배당될 것으로 예상되는 금액을 적은 배당계산서를 붙여야 한다(동법규칙 제155조 2항 후문). 배당협의가 성립되기 위해서는 가압류채권자 또는 집행정지 서류가 제출된 채권자를 포함하여 모든 채권자의 찬성이 필요하다. 다만, 특정채권자의 집행채권액을 넘은 배당을 인정하거나 가압류채권 또는 집행정지 중의 채권에 대해 채권의 즉시 교부를 내용으로 하는 협의는 인정되지 않고 있다.

　나) 집행관은 배당협의기일까지 협의가 이루어지지 않을 경우에는 집행관은 매각대금을 공탁하고 그 사유를 집행법원에 신고한다. 다만, 동 기일까지 협의가 이루어지지 않더라도 집행관이 매각대금을 집행법원에 공탁하기 전에 채권자 사이에 배당협의가 성립된 때에는 그 협의에 따라 배당을 실시한다(제155조 3항).

2) 집행법원에 의한 배당

　(1) 집행법원이 배당을 할 경우

　가. 집행관에 의한 압류금전 또는 매각대금의 공탁과 사유신고가 있으면 법원이 배당절차를 개시하며, 공탁의 신고를 받아야 하는 집행법원이 실시한다(제252조 이하). 따라서 유체 동산집행에 있어서는 집행절차를 실시한 지역을 관할하는 지방법원이 집행법원으로서 배당을 실시하게 된다.

　나. 집행관이 압류금전 또는 매각대금의 공탁과 사유신고를 해야 하는 경우

　가) 채권자가 1인 또는 2인 이상으로서 매각대금 등으로 각 채권자의 채권과 집행비용의 전부를 변제할 수 있는 경우로서 집행관이 채권자에게 매각대금을 교부할 수 없는 경우

　나) 매각대금 등으로 각 채권자의 채권과 집행비용의 전부를 변제할 수 없는 경우로서 배당협의기일까지 배당협의가 이루어졌으나, 집행관이 채권자에게 매각대금을 교부할 수 없는 경우

　다) 매각대금 등으로 채권자 전부를 만족하게 할 수 없고 채권자 사이에 배당협의도 이루어지지 아니한

경우

(2) 배당의 준비

가. 채권계산서의 제출

배당에 참가할 채권자가 누구인지를 집행관이 제출한 사유신고서에 의하여 파악한 후 각 채권자에게 1주일 이내에 원금, 이자, 비용 그 밖의 부대채권의 계산서를 제출하도록 최고한다. 그리고 법원은 제출된 채권계산서에 의하여 배당표를 작성하고 배당기일 3일전까지 법원에 비치하여 각 채권자와 채무자가 열람할 수 있도록 한다.

나. 배당표의 작성

부동산경매절차에서의 배당표작성에 관한 민사집행법 규정에 따라(제150조의 규정의 준용) 배당표에는 매각대금, 채권자의 원금, 이자, 비용, 배당순위와 배당의 비율 등이 기록된다.

다. 배당기일의 지정·통지

법원은 배당을 실시할 기일을 지정하고 채권자와 채무자에게 이를 통지하여야 한다. 다만 채무자가 외국에 있거나 소재가 분명하지 아니한 때에는 통지하지 않는다. 배당기일 통지는 (배당기일을 열기 위한 요건이므로) 기일통지서를 송달하는 방법으로 한다. 따라서 통지를 받을 권리가 있는 사람이면 한 사람에 대한 통지가 누락되어도 배당기일을 열 수 없게 된다.

(3) 배당표에 대한 이의

배당기일에 출석한 채권자 또는 채무자가 법원의 배당표작성 절차에 위법이 있다든가 또는 배당표에 기한 채권의 순위나 금액에 잘못이 있다고 주장하여 그 시정을 구하는 것을 배당표에 대한 이의라고 한다. 이의방법과 이의사유 및 이의가 있는 경우의 완결절차에 대하여는 부동산집행에 관한 민사집행법의 규정이 그대로 준용된다. 채무자 아닌 배우자의 지급요구가 있는 경우 배우자의 지급요구에 대하여 이의 있는 채권자는 그 배우자를 상대방으로 소를 제기하여 압류물이 채무자와 그 배우자의 공유가 아니라 채무자의 단독소유라는 것을 확정함으로써 부당한 지급요구를 배제할 수 있다(제221조 3항). 이를 공유관계부인의 소(제221조 4항)라고 하며, 이에 대하여는 민사집행법의 규정이 준용된다.

(4) 배당의 실시

가) 채권자에게 채권전액을 지급하는 경우에는 그 채권자에게 배당액지급증을 교부하는 동시에 그가 소지하고 있는 집행정본 또는 채권증서를 제출하게 하고 이를 채무자에게 교부한다. 또한 집행정본이나 채권증서가 없는 경우에는 영수증을 제출하게 하여 채무자에게 교부한다.

나) 채권자에게 채권액의 일부만을 배당액으로 지급하는 경우에는 그 채권자로부터 집행정본 또는 채권증서를 제출하게 한 후 배당액을 기입하여 반환하고 배당액지급증을 교부함과 동시에 영수증을 제출하게 하여 채무자에게 교부한다. 배당실시의 절차와 효력 및 배당이의의 소에 관하여도 부동산집행에 관한 민사집행법의 규정이 그대로 준용된다(제256조).

07장 채권에 대한 강제집행

제 1 절 채권집행 개관

1. 채권집행의 대상

1) 대상채권의 범위

채권에 대한 강제집행의 대상은 일반적인 의미의 채권보다는 그 범위가 좁다. 즉 채무자가 제3자에 대하여 가지는 「금전채권」과 「유가증권 기타 유체물의 권리이전이나 인도를 목적으로 하는 채권」의 두 가지만을 포함한다(제223조).

2) 집행대상채권의 적격(요건)

(1) 채권이 집행채무자의 책임재산에 속할 것

(2) 독립된 재산권일 것

강제집행의 대상이 되는 채권은 재산적 가치가 있고 채권자의 권리실현에 유용한 것이어야 한다. 따라서 제3자에 대하여 일정한 급부를 할 것을 청구할 수 있는 채권이나 공탁할 수 있는 채권이나 공탁할 수 있는 채권은 강제집행의 대상이 될 수 없다. 즉 그 자체가 독립된 재산이어야 한다. 에컨대 상호권은 영업과 함께 하지 않으면 양도할 수 없으므로(상법 제25조) 집행의 목적으로 되지 아니한다.

(3) 국내에 존재하는 재산권일 것

우리나라의 집행권이 미치는 것, 즉 등기. 등록할 권리는 한국에서 할 수 있는 권리이어야 한다. 따라서 집행채무자가 외교관이나 외국군인 등 치외법권자에 대하여 가지고 있는 채권은 이들이 치외법권을 포기하지 않는 이상 강제집행을 하지 못한다.

(4) 양도할 수 있는 채권일 것

가. 채권의 성질상 양도성이 없는 경우

성질상 일신전속적인 권리, 예컨대 국가의 조세징수권, 부양료청구권(민법 제979조), 유류분반환청구권(동법 제1115조), 성명권, 상호권등은 양도성이 없다. 또한, 채권을 발생시킨 원인행위의 취지가 특정의 채권자에게만 이행하도록 되어 있는 경우 예컨대, 수임인의 위임인에 대한 비용선급청구권(동법 제687조), 상호계산에 계입된 채권(상법 제72조), 특정사업을 장려 또는 보조하기 위하여 지급되는 국가의 장려금 · 보조금지급채권 등도 그 성질상 양도금지채권에 속한다. 또한 채권자의 변경에 따라 권리의 행사에 현저한 차이가 생기는 채권, 예컨대 종신정기금채권(민법 제725조 이하), 계약상의 부양청구권 등도 마찬가지이다.

(5) 법률상 압류가 금지된 채권이 아닐 것

법률상 양도가 금지되어 있다고 하더라도, 그 금지의 취지가 단순히 임의의 처분을 금하는 것에 불과한 때에는 압류가 가능한 것으로 볼 수 있다.

가. 민사집행법상의 압류금지채권(제246조 1항)

가) 압류금지채권

　(가) 법령에 규정된 부양료 및 유족 부조료(1호)

　(나) 채무자가 구호사업 또는 제3자의 도움으로 계속 받는 수입(2호)

　(다) 병사의 급료(3호)

　(라) 급료, 연금, 봉급, 상여금, 퇴직금, 퇴직연금 및 그 밖에 이와 비슷한 성질을 가지는 급여채권의 2분의 1에 해당하는 금액(4호)

　(마) 퇴직금 그 밖에 이와 비슷한 성질을 가진 급여채권의 2분의 1에 해당하는 금액(5호)

　(바) 주택임대차보호법 제8조, 같은 법 시행령의 규정에 따라 우선변제를 받을 수 있는 금액 (신설된 조항임에 유의, 시행일 2010.7.23)

나) 압류금지채권의 범위변경

민사집행법은 위와 같이 압류금지채권의 종류를 열거하는 한편, 구체적인 타당성을 도모하고자 채권자와 채무자의 생활형편을 고려하여 법원은 당사자가 신청하면 압류명령의 전부 또는 일부를 취소하거나, 압류금지채권에 대하여 압류명령을 변경할 수 있다(제246조 3항, 제196조 3항, 제16조 2항). 이 잠정처분의 재판에 대하여는 불복 할 수 없다(제246조 3항, 제196조 5항).

나. 특별법상의 압류금지채권

　(가) 공무원연금법(제32조), 군인연금법(제7조), 사립학교교원연금법(제40조), 국민연금법(제54조)상의 각종급여를 받을 권리

　(나) 산업재해보상보험법(제55조 2항), 선원보호법(제28조), 국민건강보험법(제54조)상의 보험급여를 받을 권리

　(다) 군인보험법상의 보험금 또는 보험료를 반환 받을 권리(제14조)

　(라) 자동차손해배상보장법상의 사고피해자의 손해배상지급청구권(제19조)

　(마) 국가유공자등예우및지원에관한법률상의 보상금을 받을 권리(제19조)

　(바) 사회보장기본법상의 사회보장수급권(제12조)

　(사) 근로기준법상의 재해보상을 받을 권리(제89조)

　(아) 선원법상의 실업수당, 퇴직금, 송환비용, 상병수당 또는 재해보상을 받을 권리(제124조)

　(자) 형사보상법상의 형사보상청구권(제22조)

　(차) 국가배상법상 생명ㆍ신체의 침해로 인한 국가배상을 받을 권리(제4조)

　(카) 건설산업기본법상의 도급금액 중 노임상당액(제88조)

　(타) 국민기초생활보장법상의 수급품을 받을 권리(제35조, 제36조)

　(파) 노인복지법에 의한 수급권(제17조)

　(하) 모자보건법에 의하여 금품을 받을 권리(제27조)

2. 채권집행

1) 금전채권에 대한 강제집행
(1) 채무변제에 갈음하여 직접이전 받는 방법

금전채권에 대한 집행은 금전채권의 만족을 위하여 채무자의 재산 중 금전채권, 즉 채무자가 제3채무자에 대하여 금전의 급여를 구할 수 있는 각종 청구권에 대하여 하는 강제집행이다. 즉 집행채무자가 제3자에 대하여 가지는 금전채권을 집행채권자가 채무의 변제에 갈음하여 직접이전 받는 방법이다. 이 방법은 제3자로부터 이행 받은 금액을 자신의 채권변제에 독점적으로 충당할 수 있는 장점이 있는 반면, 이행 받지 못한 금액을 집행채무자의 다른 재산에 강제집행 할 수 없는 단점이 있다.

(2) 집행의 대상
가. 금액채권은 물론 외화채권도 포함된다.
나. 그 발생원인은 사법상, 공법상의 관계에 기초한 것이건 상관없다.
다. 장래 발생할 채권이나 조건부. 기한부채권이라도 무방하다(제233조 참조).
라. 반대급부가 달린 채권이나 소송계속중의 채권도 압류할 수 있다.

(3) 변제
현금화 후 배당에 참가한 채권자가 없는 경우에는 집행채권자의 채권에 충당되나 배당에 참가한 채권자가 있는 경우에는 배당절차(제252조 이하)가 실시된다. 다만 전부명령이 확정된 경우에는 이로써 집행절차가 종료되므로 변제절차가 진행될 여지가 없다.

2) 유체물인도청구권에 대한 강제집행
유가증권 기타 유체물의 권리이전이나 인도를 목적으로 하는 채권 즉, 유체물인도청구에 대한 강제집행절차는 채권의 내용인 유체동산의 점유나 부동산의 소유권을 제3채무자로부터 집행채무자에게로 이전시키는 것과 채무자의 점유나 소유로 이전시킨 유체동산이나 부동산에 대하여 후속의 집행절차를 위한 것으로 나뉘어진다.

제 2 절   금전채권의 압류절차

1. 압류명령의 신청

1) 신청방법
금전채권에 대한 강제집행은 채권자의 서면에 의한 압류명령 신청에 따라 개시된다. 압류명령신청은 추심명령신청이나 전부명령신청 또는 특별한 현금화 명령 신청과 병합하여 신청하는 것이 보통이다. 이 경우 병합된 신청에 대한인지를 추가로 붙여야 한다. 이 신청서에는 민사소송인지법 제9조 소정의 인지를 붙여야 한다. 여러 개의 집행권원에 의거한 신청을 하나의 신청서에 의하여 신청하는 경우에는 신청자체는 여러 개인 것이므로 집행권원의 수에 상응하는 인지를 붙여야 하며, 송달비용 기타 집행비용을 예납하여야 한다.

2) 신청서의 기재사항(제225조 ; 동법규칙 제159조 1항)
(1) 신청의 취지

채권압류명령의 신청인을 표시하는 문언을 적어야 하지만, 그 기재는 결정의 주문에 해당하는 구체적인 취지를 적을 필요까지는 없다. 즉 채권압류를 구하는 취지가 나타나는 것으로 충분하다.

(2) 채권자. 채무자. 제3채무자와 그 대리인의 표시
가) 집행당사자인 채권자와 채무자는 그 성명과 주소 또는 거소에 의하여 특정되어야 하며, 집행력 있는 정본에 기재된 것과 일치해야 함에 따라 집행당사자의 성명·주소 등에 변동 등이 있는 경우에는 이를 증명하는 자료로서 가족관계등록부를 붙여야 한다.

나) 집행당사자인 채권자나 채무자가 미성년자나 한정치산자 등 무능력자인 경우에는 법정대리인을 적어야 하고, 법인인 경우에는 그 대표자를 적어야 하며, 아울러 그 대리권 또는 대표권을 증명하는 서류를 제출해야 한다.

다) 압류해야 할 채권이 채무자로서 집행채무자에 대하여 채무를 부담하는 자를 말하며, 압류명령이 제3채무자에게 송달된 때에는 채권압류의 효력이 생기고 관할법원의 결정에 있어서 중요한 의미를 갖고 있으므로 정확하게 기재하여야 한다.

(3) 집행권원의 표시
집행권원의 종류를 밝히고 사건번호 등을 기록하여 특정하면 된다.

(4) 집행채권의 표시(전부. 일부)
집행채권은 집행권원의 기재와 일치하도록 그 종류와 수액을 특정하여 표시하여야 한다. 집행권원에 표시된 청구권의 일부에 관해서만 압류명령을 신청하거나 목적채권의 일부에 대해서만 압류명령을 신청하는 때에는 그 범위도 표시하여야 한다. 채권의 일부에 대해 집행을 구한 때에는 향후에 집행채권을 확장할 수 없으므로 새로이 압류절차를 취하여야 한다. 집행비용도 신청서에 그 구체적인 금액과 내역을 적어 동시에 청구할 수 있다. 이에는 집행준비비용, 압류명령신청서의 첩용인지대, 서기료 등 이미 발생한 것은 물론이고 미리 예납한 비용으로서 채무자 및 제3채무자에 대한 압류명령의 송달 비용 등 그 발생이 확실한 것도 포함된다.

(5) 압류할 채권의 표시
압류할 채권이 다른 채권과 구별하여 특정될 수 있도록 그 종류와 수액을 명시하며, 반드시 정확하게 일치할 필요는 없고 다른 채권과 구별하여 알 수 있을 정도로 특정되지 않으면 압류명령은 무효이고 뒤에 보완하더라도 소급하여 유효로 되는 것은 아니다.[216)

가. 예금채권의 기재방식
"채무자가 제3채무자에 대하여 가지는 보통예금채권 금 ○○원 및 ○년 ○월 ○일 만기의 정기예금채권 금 ○○원"기재한다. 특히 채무자가 은행에 대해 가지고 있는 예금채권액이 압류채권액보다 많다고 하더라도 예금채권액 전액을 압류할 수 있다는 장점이 있다.

나. 예금채권의 압류효력의 범위
채무자가 ○○은행에 예치할 수 있는 각종의 예금을 열거하여 그 중 어떠한 순서로 압류를 원하는 것인지

---

216) 대판 1973. 1. 30, 72다 2151

그 기준을 정해서 기재하는 수밖에 없다. 따라서 이 경우 채권자로서 압류명령신청서상의 압류채권액을 「채무자가 ○○은행에 대하여 현재 예치하여 가지고 있거나 장래 예치하여 가지게 될 예금반환청구 채권 중 금 ○○원에 이르기까지」라고 기재함으로써 채무자의 ○○은행에 대한 예금을 압류할 수 있다. 압류예금을 이와 같이 기재하면 실제로 존재하는 예금이 ○○원을 초과하면 ○○원이 압류된 것으로 볼 수 있고, ○○원에 미달하면 실제로 존재하는 예금이 압류된 것으로 볼 수 있기 때문이다. 채무자가 ○○은행에 예금종류와 예치일자 및 만기일자 등이 서로 다른 예치금을 가지고 있으나 채권자가 그 구체적인 내용을 알 수 없는 경우에는 다음과 같이 채권목록을 작성하면 된다.

다. 임금채권
"금 ○○원 채무자가 제3채무자로부터 매월 지급 받는 급료 및 상여금 중 제세공과금을 공제한 잔액의 2분의 1씩 ○년 ○월 분부터 위 청구금액에 달할 때까지의 금액"

라. 임대차보증금
"채무자가 ○년 ○월 ○일 제3채무자로부터 ○○시 ○○구 ○○동 ○○번지 소재 건물임차를
위한 임대차보증금 금○○원"

마. 매매채권
"채무자가 제3채무자에 대하여 ○년 ○월 ○일 매도한 아래 물건의 매매대금 금ㅇㅇ원"

바. 대여금채권
"채무자가 제3채무자에 대하여 ○년 ○월 ○일 대여한 금 ○○원의 반환채권"

참고 : 압류대상 채권목록

1. 압류대상과 압류 한도
채무자가 제3자에 현재 예치하여 가지고 있거나 장래에 예치하여 가지게 되는 예금반환 청구채권 금ㅇㅇ원정.

2. 압류의 순서
(1) 현재 예치되어 있는 것과 장래에 예치되는 경우 전자를 우선한다.
(2) 여러 종류 또는 여러 계좌의 예금 중에서 선행의 질권설정 또는 압류, 가압류가 있는 경우에는 다음의 순서에 의한다.
  가. 질권설정 및 압류, 가압류가 없는 것
  나. 압류, 가압류가 있으나 압류, 가압류가 없는 것
  다. 질권설정이 있으나 압류, 가압류가 없는 것
  라. 질권설정, 압류, 가압류가 있는 것
(3) 여러 종류의 예금이 있는 경우는 다음의 순서에 의한다.
  가. 입출금이 자유로운 예금
  나. 거치식 예금
  다. 적립식 예금
  라. 별단예금
  마. 기타 예치금
(4) 동 종류의 예금이 수 계좌 있을 때에는 변제기가 빠른 순서에 의한다.
(5) 변제기가 같으면 계좌변호의 순서에 의한다.

3) 첨부서류

압류명령의 신청에는 강제집행의 요건 및 강제집행의 개시요건을 구비하여야 한다. 따라서 압류신청서에는 이러한 강제집행의 개시요건을 갖추었음을 증명하는 서류들을 첨부서류로 제출하여야 하며, 집행당사자 또는 제3채무자가 법인인 때에는 그 대표자의 자격증명서, 대리인에 의한 신청시에는 위임장 등도 첨부서류로서 제출하여야 한다.

  (1) 집행력 있는 정본
  (2) 집행권원과 집행문 및 증명서 등본의 송달(제39조)
  (3) 이행기일의 도래(제40조 1항)
  (4) 담보제공증명서의 제출 및 그 등본의 송달(제40조 2항)
  (5) 반대의무의 이행 또는 이행제공의 증명(제41조)
  (6) 다른 의무의 집행불능의 증명 등

4) 관할법원

채무자의 보통재판적이 있는 곳을 관할하는 지방법원이 집행법원으로 된다(민사집행법 제224조 1항).

  (1) 자연인의 경우 주소, 대한민국에 주소가 없거나 주소를 알 수 없을 때에는 거소, 거소가 일정치 아니하거나 알 수 없을 때에는 마지막의 주소(제3조)

  (2) 법인, 그 밖의 사단 또는 재단은 주된 사무소 또는 영업소, 사무소 또는 영업소가 없는 경우에는 주된 업무담당자의 주소(제5조)

  (3) 보통재판적이 여러 개인 경우에는 채권자의 선택에 따라 그 중 하나의 지방법원에 신청, 채무자가 여러 명이고 보통재판적이 다른 때에는 그 집행법원도 각각 다르게 신청

  (4) 채무자의 보통재판적이 있는 곳의 지방법원이 없는 경우(예컨대, 채무자가 외국에 있어 국내에 주소가 없는 경우)에는 압류한 채권의 채무자의 보통재판적이 있는 곳의 지방법원. 다만, 이 경우에 물건의 인도를 목적으로 하는 채권과 물적담보권 있는 채권에 대한 집행법원은 그 물건이 있는 곳의 지방법원(민사집행법 제224조 2항)

  (5) 가압류에서 이전되는 채권압류의 경우

  가압류에서 이전되는 채권압류의 경우 집행법원은 가압류를 명한 법원이 있는 곳을 관할 하는 지방법원으로 한다(민사집행법 제224조 3항)

2. 압류명령의 신청에 대한 재판

1) 압류명령

  (1) 압류명령에는 압류선언 외에 제3채무자에 대하여는 채무자에 대한 지급을 금지하고, 채무자에 대하여는 채권의 처분과 영수증을 금지하여야 한다(제227조 1항).

  (2) 집행법원은 압류명령신청이 있으면 신청서와 첨부서류만을 토대로 한 서면심사를 통하여 신청의 적격 여부, 관할권의 존부, 집행력 있는 정본의 존부, 목적채권의 피압류적격 여부, 무잉여압류인지 여부(제188조 3항) 등에 관하여 조사한 후 흠이 있는 때에는, 보정명령 또는 기각여부를 결정한다. 그렇지 않은 경우엔 압류

한다(제226조).

2) 송달 · 통지

(1) 제3채무자와 채무자에의 송달

압류명령은 직권으로 제3채무자와 채무자에게 송달하여야 한다(227조 2항). 피압류채권에 대하여 여러 명의 제3채무자가 있고 이들이 공동채무자의 관계에 있는 경우에는 그 전원에 대하여 압류명령을 송달할 필요가 있다. 또한 저당부채권의 압류에 있어서는 그 저당목적물의 소유자에게도 송달하여야 한다. 소재불명으로 인하여 채무자에 대한 송달이 불능으로 된 경우에는 공시송달을 하게 된다(민소법 제194조 이하).

(2) 제3채무자가 법인 또는 권리능력이 없는 사단이나 재단인 경우 등

제3채무자가 법인 또는 권리능력이 없는 사단이나 재단인 경우에는 그 대표자에게 송달하여야 한다. 그리고 국가가 제3채무자이면 국가를 당사자로 하는 소송에 관한 법률 제9조를 준용하여 서울 · 대전 · 대구 · 부산 · 광주지방법원과 그 지방법원의 경우는 해당고등검찰청의 장에게, 그 외의 경우는 해당 지방검찰청의 장에게 송달하여야 한다.

(3) 물상보증인에 대한 송달

물상보증에 따른 저당권 그 밖에 담보부채권의 경우에는 물상보증인에게도 송달한다(제228조 2항).

3. 압류의 효력

1) 압류의 효력발생시기

(1) 금전채권에 대한 압류는 압류명령이 제3채무자에게 송달한 때에 효력이 생긴다(제227조 3항). 제3채무자에게 송달이 있는 이상 채무자에 대한 송달의 유무, 채무자가 알고 있는지의 여부에 불구하고 효력이 생긴다.

(2) 반대로 제3채무자에 대한 송달이 없으면 비록 채무자에게 송달이 되었다고 하더라도 압류의 효력은 물론 채무자에 대한 처분금지의 효력도 생기지 않는다. 제3채무자가 여러 명인 연대채무나 분할채무나 분할채무 등의 독립채무에 대하여는 각자에게 송달되었을 때에 각자 별로 압류의 효력이 생긴다.

2) 압류의 효력이 미치는 범위

(1) 원칙

압류의 효력은 특별한 정함이 없으면(특별히 그 수액을 제한하지 않았다면) 그 금전채권 전액에 미친다. 다만, 전액에 효력이 미친다는 것은 1개의 채권을 단위로 하여 그 전액에 대하여 미친다는 것이지, 별개로 존재하는 다른 채권 모두에게 미친다는 것은 아니다.

(2) 예외

다만 압류명령에 액수의 제한이 있으면, 즉 피압류채권의 일부만에 대하여 압류명령이 내려진 경우에는 그 일부에 대하여만 압류의 효력이 미친다.

(3) 압류의 효력은 종된 권리에도 미친다. 즉 압류된 채권을 위하여 설정된 저당권 · 질권 등의 담보권은 물론이고, 압류 후에 발생한 이자나 지연배당금채권과 같이 원본인 피압류채권의 법정과실에도 미친다. 다만 압류의 효력발생전에 이미 생긴 이자채권에는 효력이 미치지 않는다.

(4) 압류의 경합

가. 채권의 일부가 압류된 후에 그 나머지 부분을 초과하여 다시 압류명령이 내려진 때에는 각 압류의 효력은 그 채권의 전부에 미친다(제235조 1항). 또한 채권의 전부가 압류된 후에 그 채권의 일부에 대하여 압류명령이 내려진 때 그 압류의 효력도 채권의 전부에 미친다(제235조 2항).

나. 가압류의 집행에도 강제집행에 관한 규정이 준용되므로 압류명령과 가압류명령이 중복된 경우에도 마찬가지인 것으로 보아야 한다. 반면에 압류의 경합에 의하여 압류의 효력이 목적채권의 전부에 미치게 된 후에 압류의 취소나 취하 등에 의하여 경합이 해소되는 경우에도 압류의 효력을 최초의 상태로 감축되지 아니하고 확장된 채로 그대로 유지된다. 따라서 나머지 경합채권자는 별도의 추가압류를 하지 않고서도 목적채권 전부에 대하여 추심명령이나 전부명령을 신청할 수 있다.

3) 관련 당사자에 대한 효력
  (1) 압류채권자의 지위
  압류의 효력에 의하여 그 후 채무자의 채권을 처분하거나 또는 제3채무자가 변제하더라도 이를 무시하고 강제집행을 속행할 수 있고, 채무자에 대하여 채권에 관한 증서의 인도를 청구할 수 있다(제234조). 그러나 압류명령을 얻은것 만으로는 채권의 만족을 얻을 수 없기 때문에 후속절차인 추심명령이나 전부명령을 추가로 취득해야만 취심권능을 얻을 수 있다. 참고로 실무적으로 압류와 추심명령 또는 전부명령을 같이 신청하고 있다.

  (2) 채무자의 지위
  채무자는 압류된 채권을 처분하거나 영수할 수 없다(제227조 1항). 그러나 처분금지·영수금지의 효력은 절대적인 것은 아니므로 압류채권자에게 대항하지 못한다는 의미에서 압류의 효격은 상대적이라고 한다. 따라서 채무자가 압류 후에 압류된 채권을 제3자에게 양도하였다면 다른 채권자는 이를 압류할 수 없고 배당요구도 할 수 없다. 그러나 채무자는 압류 후에도 여전히 압류된 채권의 채권자인 지위에 있는 것이므로 추심명령이나 전부명령이 있기까지는 채권자를 해하지 않는 한도 내에서 채권을 행사할 수 있다.

  (3) 제3채무자의 지위
  제3채무자는 집행당사자가 아니다. 압류에 의하여 제3채무자는 채무자에 대한 지급은 금지되고(제227조 1항), 채무자에 대한 지급은 압류채권자를 해치는 한도에서 무효이다. 압류채권자가 추심명령이나 전부명령을 얻으면 압류채권자에게 지급하여야 한다. 그러나 제3채무자는 압류 전부터 가지고 있던 집행채무자에 대한 모든 권리에 영향을 받지 않으며, 취소권·해제권·상계권·동시이행의 항변권 등으로 집행채무자에게 대항할 수 있다. 또한 압류명령을 송달 받기 전에 압류된 채권에 관하여 이미 제3자 대항요건을 갖춘 질권설정이나 채권양도가 있는 경우에는 그 사유를 가지고 압류채권자에게 대항할 수 있다. 다만, 압류명령을 송달받은 뒤에 집행채무자에 대하여 취득한 채권에 의한 상계로서는 압류채권자에게 대항하지 못한다(민법 제498조).

  다. 권리공탁과 의무공탁
    가) 제3채무자는 압류에 관련한 금전채권의 전액(압류채권액만을 의미하는 것은 아님에 유의)을 공탁할 수 있다(제248조 1항). 또한 금전채권에 관하여 배당요구서를 송달받은 제3채무자는 배당에 참가한 채권자의 청구가 있으면 압류된 부분에 해당하는 금액을 공탁하여야 한다. 그리고 금전채권 중 압류되지 아니한 부분을 초과하여 거듭 압류명령 또는 가압류명령이 내려진 경우에 그 명령을 송달받은 제3채무자는 압류 또는 가압류채권자의 청구가 있으면 그 채권의 전액에 해당하는 금액을 공탁하여야 한다(제248조 2항, 3항).

나) 제3채무자가 채무액을 공탁한 때에는 그 사유를 집행법원에 신고해야 한다. 상당한 기간이내에 신고가 없는 때에는 압류채권자, 가압류채권자, 배당에 참가한 채권자, 채무자, 그 밖의 이해관계인이 그 사유를 법원에 신고할 수 있다(제248조 4항).제3채무자는 압류의 효력이 미치는 부분에 해당하는 금액의 공탁을 위하여 지출한 비용 등을 지급해 줄 것을 법원에 신청할 수 있다(민사소송비용법 제10조의 2).

(4) 제3자에 대한 효력

압류의 효력발생 전에 피압류채권에 대하여 권리를 취득한 자는 압류에 의하여 영향을 받지 않지만, 압류 후에 피압류채권에 대하여 권리를 취득한 자는 압류채권자에게 대항하지 못한다. 다만 이것은 압류채권자에 대한 관계에서만 효력을 주장하지 못하는 것이므로 후에 압류의 효력이 소멸하면 완전한 권리를 주장할 수 있다.

4. 압류의 부수적 절차

1) 채권증서의 인도

채무자는 채권에 관한 증서가 있으면 이를 압류채권자에게 인도하여야 한다. 채무자가 이들 증서를 인도하지 아니할 경우에는 채권자는 압류명령을 집행권원으로 하여 강제집행의 방법으로 이를 인도 받을 수 있다. 다만, 이 인도집행은 채권집행에 부수되는 것이므로 별도로 집행문을 부여받을 필요는 없다.

2) 저당권이 있는 채권의 압류등기(부기등기)

(1) 저당권이 있는 채권이 압류된 경우에는 법원사무관 등은 의무를 지는 저당부동산의 소유자(제3채무자, 물상보증인, 제3취득자)에게 압류명령을 송달한 후 채권자는 채무자의 승낙 없이 채권압류사실을 등기부에 기입(부기등기)하여 줄 것을 법원사무관 등에게 압류명령의 신청과 함께 신청할 수 있다(제228조). 압류기입등기를 신청함에는 저당권의 존재를 증명하는 등기부등본, 그 밖의 공부의 등본과 소정의 등록세를 납입한 영수증서 등을 제출하여야 한다.

(2) 압류채권자가 법원에 기입신청을 하면 법원이 관할 등기소에 촉탁하여 기입하게 되며, 그 기입등기는 부기등기의 형식으로 한다. 그러나 압류의 기입등기는 단순한 공시의 효력밖에 없으며 압류의 효력 발생요건이나 제3자에 대한 대항요건이 아니다.

3) 배서가 금지된 지시채권의 압류

배서가 금지되지 아니한 유가증권은 유체동산집행의 대상으로 한 반면(제189조 2항 3호), 어음·수표 기타 배서로 이전할 수 있는 증권으로서 배서가 금지된 증권채권의 압류는 법원의 압류명령에 의하여 집행관이 그 증권을 점유함으로서 압류의 효력이 발생한다(제233조). 집행관의 증권점유는 압류명령의 정본을 첨부하여서 하는 채권자의 집행위임에 의하여 집행관이 직접 채무자로부터 수취하여 취득한다.

제 3 절   금전채권의 현금화절차

1. 의의

1) 금전채권의 압류만으로써 압류채권자의 집행채권에 만족을 줄 수 없으므로 압류채권자는 자기 채권의 만족을 얻기 위해서는 압류한 금전채권을 현금화 할 필요가 있다. 이러한 현금화 방법으로 전부명령과 추심명령, 특별한 현금화방법(특별한 현금화 방법으로 양도명령, 매각명령, 관리명령 및 기타 상당한 방법을 규정하고 있으나, 실무상 금전채권의 현금화 방법으로는 주로 추심명령과 전부명령만이 이용되고 있을 뿐 기타 특별한 현금화 방법이 이용되는 일은 거의 없다) 등이 있다.

2) 한편 채권에 대한 강제집행은 다른 유체물에 대한 강제집행과 달리, 채권자가 압류대상 채권의 존재나 그 지급에 대한 제한이 있는지의 여부를 확인할 방법이 없고 또 채무자나 제3채무자에 대하여 집행법원에 사전의 심문을 구할 수도 없기 때문에 압류대상 채권에 대하여 아무런 정보 없이 무익한 집행을 하게 될 우려가 있다. 이러한 불편을 보완하기 위하여 민사집행법은 제3자에 대한 진술명령제도를 두고 있다.

참고 : 진술명령

1) 압류신청자는 채권에 대한 압류명령을 신청하면서도 그 채권의 존재하고 있는지의 여부나 내용 및 집행채무자에 대한 제3채무자의 항변사유 등을 알 수 없는 것이 보통이다. 따라서 압류의 목적이 되는 제3채무자가 가진 채권의 존부 등에 관하여 의문이 있는 경우에는 제3채무자로 하여금 압류명령의 송달을 받은 날로부터 7일 이내에 서면으로 다음사항을 진술하게 할 것을 신청할 수 있다(민사집행법 제237조).
(1) 채권을 인정하는지의 여부와 인정한다면 그 한도
(2) 채권에 대하여 지급할 의사가 있는지의 여부 및 의사가 있다면 그 한도
(3) 채권에 대하여 다른 자로부터의 청구가 있는지의 여부와 청구가 있다면 그 종류
(4) 다른 채권자에게 채권을 압류 당한 사실이 있는지의 여부 및 그 사실이 있다면 그 청구의 종류

2) 진술명령의 신청은 집행법원에 소정의 인지를 붙인 서면으로 하고, 아울러 명령서의 송달료 및 제3채무자의 진술서 제출용 우편료를 예납하여야 한다. 신청시기는 압류명령과 동시이거나 적어도 압류명령의 발송전이어야 함에 따라 압류명령 발송 후에는 진술명령의 신청을 하지 못한다. 제3채무자가 진술명령에도 불구하고 소정기간내에 진술서를 제출하지 아니한 때에는 집행법원은 직권으로 제3채무자를 심문할 수 있으나, 그 밖에 별다른 제재가 가해지는 것은 아니다. 제3채무자가 고의 또는 과실로 허위의 진술을 하고 압류채권자가 이를 신뢰함으로써 손해를 보게 된 때에는 제3채무자가 그 손해를 배상해야 한다(민법 제750조).

2. 추심명령

1) 의의

추심명령은 압류채권자가 대위의 절차를 거치지 않고 채무자에 갈음하여 제3채무자에 대하여 피압류채권의 이행을 청구하고 이를 수령하여 원칙으로 자기의 채권의 변제에 충당할 수 있도록 하는 권한(추심권능)을 부여하는 집행법원의 명령이다. 추심명령이 있으면 압류채권자는 자기명의로 추심권을 행사할 수 있게 된다. 그러나 전부명령과 달리 압류된 채권이 압류채권자에게 이전되는 것은 아니다. 또한 압류된 채권은 여전히 압류채무자에게 속한다(제229조 2항). 참고로 실무상으로는 채권의 독점적 만족을 얻게 되는 전부명령을 많이 이용하고 있으나, 제3채무자의 자력이 불안한 경우라든가 전부명령을 얻을 수 없는 채권으로서 추심이 용이한 것에 대하여는 추심명령을 이용하는 것이 좋다.

2) 신청과 접수

(1) 추심명령은 압류채권자의 신청이 있소야 한다. 이 신청은 서면(제4조)으로 집행법원(제224조)으로 하여야 한다. 추심명령의 신청은 압류명령과 동시에 또는 압류 후에 별도로 할 수 있다. 실무에서는 양자를 동시

에 하는 것이 관례이다. 다만 "배서가 금지되는 증권채권"의 경우에는 집행관이 증권을 점유한 후가 아니면 (제233조), 추심명령을 신청할 수 없으므로 압류명령과의 동시신청이 불가능하다.

(2) 신청서에는 당사자의 표시·압류한 채권의 종류와 수액의 명시, 압류채권자가 대위절차 없이 압류된 채권의 지급을 받을 수 있음을 명하는 뜻의 재판을 구하는 취지, 신청연월일, 집행법원 및 채권자 또는 그 대리인의 기명날인이 있어야 한다.

3) 추심명령의 재판
관할법원은 압류명령에 있어서와 같다. 다만, 그 기준은 추심명령의 신청 당시를 표준으로 한다. 압류명령이 발하여진 후 별도로 추심명령을 신청할 경우에 채무자의 주소이전 등이 있는 때에는 압류명령과 추심명령의 관할법원이 다르게 될 수 있다. 관할법원은 관할권의 유무·신청의 적격여부, 추심명령을 발할 수 있는 요건의 구비여부, 집행장애사실의 존재여부 등을 조사하여 형식적인 요건을 갖추고 있으면 추심명령을 발한다. 압류명령을 발한 후에 추심명령을 발함에 있어서는 채무자나 제3채무자를 심문할 수 있다(제23조 1항 ; 민소법 제13조).

4) 불복
추심명령에 대한 불복은 압류명령의 경우와 마찬가지로 즉시항고의 방법으로 한다(제229조 6항). 즉시항고 사유는 압류명령이 없이 추심명령이 발하여졌다거나 압류대상채권이 압류금지채권에 해당한다거나 또는 압류대상채권이 특정되지 않았다는 것 등을 들 수 있다. 추심명령에 대하여 즉시항고가 제기되더라도 추심명령의 효력발생에는 영향을 미치지 아니한다. 불복은 즉시항고권자에게 추심명령이 송달된 때로부터 1주일 이내에 신청해야 한다(제15조 2항). 다만 즉시항고를 할 수 있는 사람이 추심명령을 고지받아야 할 사람이 아닌 경우 즉시항고의 제기기간은 그 추심명령을 고지받아야 할 사람 모두에게 고지된 날로부터 진행된다(제12조).

3) 추심명령의 효력
(1) 효력발생시기
가) 집행법원은 직권으로 추심명령을 제3채무자와 채무자에게 송달하여야 한다(제229조 4항, 제227조 2항). 즉 채무자에 대한 송달한 추심명령의 효력요건이 아니다. 따라서 제3채무자에게 송달한 때에 효력이 발생한다. 추심명령에 대하여 즉시항고가 제기되더라도 추심명령의 효력발생에는 아무런 영향이 없다(제15조 6항).

나) 추심명령을 얻은 채권자는 민법상의 대위절차를 취하지 않고서도 이행의 최고를 하거나 변제의 수령을 할 수 있다. 또한 제3채무자의 임의이행이 없는 경우에는 추심할 채권에 붙어있는 보증이나 저당권, 질권 등의 물적담보권에 기하여 보증인에 대한 이행청구나 물적담보권의 실행을 할 수 있으며, 나아가 제3채무자를 상대로 추심의 소를 제기할 수도 있다(제249조). 추심채권자는 추심을 위한 모든 행위를 할 수 있으나, 그 밖에 추심의 범위를 벗어난 채권의 처분행위를 하지는 못한다. 예컨대, 채무의 면제·기한의 유예·화해·대물변제의 수령·피담보채권의 양도와 같은 행위는 추심권의 성질·범위에 반하므로 허용되지 않는다.

(2) 추심권의 범위
가. 원칙
추심명령에 특별한 제한이 없는 한 압류된 채권의 전액에 미친다(제232조 1항). 즉, 압류된 채권액이 집행채권액과 집행비용의 합산액보다 많더라도 추심명령의 효력은 그 전액에 미친다.

나. 예외

압류된 채권액이 집행채권자의 요구액(집행채권과 집행비용의 합산액)보다 많은 때에는, 집행채무자는 집행법원에 대하여 추심할 수 있는 금액을 집행채권자의 요구액으로 제한하여 줄 것을 신청할 수 있다. 법원은 채무자의 신청에 의하여 압류채권자를 심문하여 압류액을 그 채권자의 요구액으로 제한하고 채무자에게 그 초과액의 처분과 영수를 허가할 수 있다(제231조 항 단서). 이때 다른 채권자는 그 제한된 추심부분에 대하여는 배당요구를 할 수 없다(제232조 2항).

(3) 추심의 의무
가. 추심의 소홀로 인한 손해배상책임

채권자가 추심할 채권의 절차를 게을리 하는 때에는 이로써 생긴손해를 배상하여야 한다(제239조).

나. 배당요구채권자에 대한 추심허가

집행력 있는 정본에 의하여 배당을 요구한 각 채권자는 일정한 기간 내에 추심할 것을 추심채권자에게 최고한 후, 채권자가 그 최고에 응하지 않으면 집행법원의 허가를 얻어 직접 추심할 수 있다(제250조). 추심허가의 재판은 신청인인 배당요구채권자에게 고지함으로써 추심권수여의 효과가 생긴다.

(4) 추심권의 포기

채권자는 추심권의 일부 또는 전부를 포기할 수 있다(제240조 1항 본문). 추심권의 포기는 집행법원에 서면으로 신고하여야 한다. 신고서 등본은 제3채무자와 채무자에게 송달하여야 한다(제240조 2항). 추심명령은 추심권의 포기로 당연히 효력을 상실하고 별도로 집행법원의 추심명령취소결정을 필요로 하지 않는다. 그러나 추심권의 포기가 있더라도 기본채권 자체에는 아무런 영향도 미치지 않는다(제240조 1항 단서).

(5) 집행채무자의 지위

집행채무자의 채권자로서의 지위는 추심명령후 에도 상실되는 것은 아니다. 다만 그 채권의 추심권이 집행채권자에게로 이전되므로 채권자로서 변제를 수령한다거나 채권을 처분하는 등의 권한을 행사할 수 없다. 물론 제3채무자에 대하여 이행의 소도 제기할 수 없다. 그러나 전부명령의 경우와 달리 제3채무자의 무자력으로 인한 추심불능의 결과는 집행채무자에게 귀속하게 된다.

(6) 제3채무자의 지위
가. 권리공탁

제3채무자는 추심채권자에게 채무를 변제하여야 하고, 추심채권자에게 변제함으로써 집행채무자에 대하여 채무를 면하게 된다. 피압류채권에 관하여 배당요구의 송달을 받은 제3채무자는 추심채권자에 대한 지급을 거절하고 채무액을 공탁하여 채무를 면할 수도 있다(권리공탁). 그러나 배당에 참가한 채권자의 청구가 있는 때에는 제3채무자는 압류된 부분에 해당하는 금액을 공탁하여야 한다(제248조 1항, 2항).

나. 의무공탁

금전채권 중 압류되지 않은 부분을 초과하여 거듭 압류명령 또는 가압류명령이 내려진 경우에, 그 명령을 송달받은 제3채무자는 압류 또는 가압류채권자의 청구가 있으면 그 채권의 전액에 해당하는 금액을 공탁하여야 한다(의무공탁. 제248조 3항).

라. 신고와 배당

제3채무자가 채무액을 공탁한 때에는 그 사유를 집행법원에 신고하여야 하고, 만일 제3채무자가 상당한 기간 내에 신고를 하지 않으면 압류채권자, 가압류채권자, 배당에 참가한 채권자, 채무자 기타 이해관계인이 그 사유를 신고할 수 있다. 제3채무자의 공탁과 그 사유신고가 있으면 집행법원은 배당절차가 실시된다(제252조).

(7) 채권추심의 절차
가. 추심의 효과
　가) 추심명령을 얻은 집행채권자가 제3채무자로부터 피압류채권을 추심하면 그 범위내에서 피압류채권은 소멸한다. 따라서 제3채무자는 채무자에 대하여도 채권자에 대한 변제로서 대항할 수 있고, 추심명령이 경합된 경우에도 한 채권자에 대한 변제로 모든채권자에 대하여 대항할 수 있다.[217] 그러나 추심채권자의 집행채권 소멸여부 내지 그 범위는 경우에 따라 다르다. 추심채권자가 피압류채권에 관하여 집행법원에 대하여 추심 종료신고를 할 때까지, 다른 채권자로부터의 배당요구나 압류 · 가압류 등의 경합이 없으면 그 추심금액의 범위에서 집행채권은 소멸하게 된다.

나) 반면 집행채권자가 집행법원에 추심 종료신고를 할 때까지 다른 채권자로부터의 배당요구나 압류 · 가압류 등이 있으면 집행채권자의 추심액 공탁과 법원의 배당 절차가 실시되므로 그 배당절차에서 배당받은 금액 범위 내에서만 집행채권이 소멸하게 된다.

나. 추심신고와 변제충당
　가) 채권자는 추심한 채권액을 집행법원에 신고하여야 한다(제236조 1항). 이 추심신고는 추심명령의 대상인 채권의 일부만이 추심된 경우에도 하여야 하며, 근로자의 임금채권 등과 같은 계속적 수입채권을 추심하는 경우에는 매 추심시마다 신고하여야 한다. 신고는 서면으로 하되 사건의 표시, 채권자 · 채무자 및 제3채무자의 표시, 제3채무자로부터 지급받은 금액과 날짜를 적어야 한다(제162조 1항).

나) 추심신고가 배당요구의 종기이므로 추심채권자로서는 가능한 한 빨리 추심신고를 할 필요가 있다. 추심의 신고가 있으면 다른 채권자는 그 후 추심금으로부터의 배당요구를 할 수 없게 된다. 추심의 신고 시까지는 다른 채권자로부터의 압류 · 가압류 또는 배당요구가 없을 때에는 추심을 한 범위 내에서 집행권원의 집행력이 소멸되며 집행절차도 종료된다.

다. 공탁 및 사유신고
추심신고를 한 추심채권자는 압류채권자가 집행법원에 추심신고를 하기 전에 다른 채권자의 압류 · 가압류 또는 배당요구가 있으면 즉시 추심한 금액을 공탁하고 그 사유를 법원에 신고하여야 한다(제236조 2항). 각 채권자간에 배당협의가 성립되었는지 여부는 묻지 않는다.
　가) 공탁된 추심금은 배당절차에 의하여 각 채권자에게 배당된다(제252조 2호). 이 경우 사건의 표시, 채권자 · 채무자 및 제3채무자의 표시, 제3채무자로부터 지급받은 금액과 날짜와 공탁사유 및 공탁한 금액을 적은 서면에 공탁서를 붙여야 한다.

나) 추심채권자가 추심신고를 하지 않거나 추심신고 전에 다른 채권자의 압류 · 가압류 또는 배당요구가 있음에도 불구하고 채권자가 추심한 금액의 공탁 및 사유신고를 하지 않을 때에는 다른 채권자는 소로써 그

---

217) 대판 2001.3.27, 2000다 43819

추심금의 공탁을 청구할 수 있다.[218)

(8) 추심금의 배당절차
가. 배당요구
가) 배당요구의 채권자
민법·상법·기타 법률에 의하여 우선변제청구권이 있는 채권자와 집행력 있는 정본을 가진 채권자만이
배당요구를 할 수 있다(제247조 1항). 다만 경합압류한 채권자의 경우는 별도의 배당요구가 없더라도 당연히
배당요구를 한 것으로 취급된다.

나) 배당요구의 절차
(가) 신청의 방식
배당요구신청서에 채권(이자. 비용. 그 밖의 부대채권을 포함)의 원인과 액수, 당사자, 배당을 구하는 사
건 등을 적어 서면을 제출하여야 한다(동법규칙 제173조. 제48조 1항). 또한 집행력 있는 정본 또는 그 사본,
그 밖에 배당요구의 자격을 소명하는 서면을 붙여야 한다. 그리고 집행권원에 표시된 다수의 채권 중 일부 또
는 다액의 채권 중 일부에 관하여 배당요구를 하는 때에는 그 부분을 특정해야 한다.

(나) 배당요구를 할 집행기관
배당요구는 채권집행사건이 계속된 법원에 신청하여야 한다. 서로 다른 법원에 의하여 경합하여 압류가
이루어진 경우에는 그 중 어느 법원에 하여도 된다.

(다) 배당을 요구할 수 있는 시기
a) 시기
명문의 규정은 없으나 해석상 압류의 효력이 발생한 뒤, 즉 압류명령이 제3채무자(채무자가 없는 경우에
는 채무자)에게 송달된 때로부터 할 수 있다.

b) 종기
제3채무자가 채무액을 공탁한 경우에는 제3채무자 또는 압류채권자, 가압류채권자, 배당에 참가한 채권
자, 채무자 그 밖의 이해관계인이 그 사유를 법원에 신고할 때까지, 채권자가 추심명령에 의하여 채권을 추심
한 경우에는 채권자가 추심한 채권액을 법원에 신고할 때까지, 채권이 특별한 현금화방법에 의하여 매각된
경우에는 집행관이 현금화한 금전을 법원에 제출할 때까지이다(제247조 1항).

(라) 배당요구의 효력
a) 일반적 효력
(a) 배당받을 권리
(b) 배당기일의 통지를 받을 권리(제255조)
(c) 배당표를 열람할 수 있는 권리(제256조. 제149조)
(d) 배당표에 대한 이의신청권(제256조. 제151조)
(e) 제3채무자에 대한 공탁청구권(제248조 2항)

---

218) 대판 2005.7.28, 2004다 8753

b) 집행정본으로 한 배당요구에 특유한 효력

추심채권자가 압류채권의 추심을 게을리 하는 경우에는 집행력 있는 정본으로 배당을 요구한 채권자는 일정한 기간 내에 추심할 것을 최고하고, 이에 따르지 아니하는 때에는 집행법원의 허가를 얻어 직접 추심할 수 있다(제250조).

(마) 배당요구에 대한 재판

배당요구신청이 아래와 같은 경우에는 집행법원은 배당요구채권자에게 그 보정을 명하고 보정을 하지 아니하거나 보정할 수 없는 때에는 신청을 기각하는 결정을 한다. 이 결정에 대하여는 배당요구채권자가 집행에 관한 이의신청으로 다툴 수 있다. 그러나 이러한 집행에 관한 이의신청을 하지 아니하였거나 그 이의가 배척된 경우에도 이해관계인이 그 배당요구채권자의 배당수령자격을 다투는 배당이의의 신청과 배당이의의 소를 제기할 수 있다.

a) 소송행위의 일반적인 유효요건을 갖추지 아니하였거나

b) 그 방식에 위배된 경우 특히 집행력 있는 정본에 의한 배당요구에 관하여 집행개시의 요건을 갖추지 아니하였거나

c) 우선변제청구권자가 이를 증명하지 못한 때

d) 배당요구의 종기를 경과한 때

나. 배당의 실시
가) 부동산집행절차의 준용

배당표의 작성, 배당표에 대한 이의 및 그 완결과 배당표의 실시에 대하여는 부동산에 대한 강제집행절차의 규정이 준용된다.

나) 관할법원

관할법원은 추심채권에 대한 압류명령을 한 법원이 된다(제248조 4항, 제224조). 압류명령을 발한 법원이 여럿 있으면 그 중 사유신고서가 제출된 법원이 배당법원이 된다. 특별한 현금화방법에 의하여 현금화한 경우에는 그 현금화명령을 한 법원에 현금화된 대금이 제출되어야 하므로 그 법원이 배당법원이 된다.

다) 배당의 준비
(가) 채권계산서의 제출과 최고

배당에 참가할 수 있는 채권자는 법원의 최고를 기다리지 않고 스스로 채권계산서를 제출할 수도 있으나, 최고서를 송달받은 날로부터 1주 이내에 채권계산서를 제출해야 한다(채권원금. 이자. 집행비용 그 밖의 부대채권에 관한 요구액). 법원은 이를 최고(압류채권자 · 가압류채권자 · 배당요구채권자 · 국세 등의 교부채권자 · 그 밖의 법률상 배당요구와 동일한 효력을 가진 신청을 한 채권자 등)하여야 한다(제253조). 만약 동 기일 내에 제출하지 않더라도 배당에서 제외되는 실효가 생기는 것은 아니다. 이 경우에는 배당법원은 배당요구서와 사유신고서의 취지와 그 증빙서류에 의하여 채권을 계산하게 되고 이후 다시 채권액을 추가할 수 없게 되는 불이익만을 받게 될 뿐이다. 채권계산서에는 원칙적으로 소명자료의 첨부를 요하지 않지만, 집행비용이나 부대채권과 같이 기록상 명백하지 않은 것에 대하여는 예외적으로 소명자료를 첨부해야 한다.

(나) 배당기일의 지정 · 통지

법원은 배당표를 작성한 뒤에 이에 관한 진술 및 실시를 취하여 배당기일을 정하고 각 채권자와 채무자에게 이를 통지하여야 한다(제255조). 채무자가 외국에 있거나 있는 곳이 분명하지 아니한 때에는 통지하지 않

는다. 기일통지서는 채권자와 채무자 쌍방에 대하여 늦어도 배당기일 3일전에 도달할 수 있도록 송달하는 방법으로 한다(제23조 1항 ; 민소법 제167조 1항).

라) 배당의 실시

배당표의 작성, 배당표에 대한 이의. 그 완결과 배당의 실시 등에 관하여는 제149조 내지 제161조의 규정이 준용되므로(제256조), 앞의 부동산집행에서의 배당실시를 참조하면 된다.

참고 : 전부명령과 추심명령의 비교

1. 차이점

1) 추심명령은 채권의 이전이 없다. 그러나 전부명령은 채권의 이전이 있다. 따라서 전자의 경우에는 그 효력이 발생하여도 압류채권자의 채권이 소멸하지 않으나 후자는 그 효력발생과 동시에 압류채권자의 채권이 소멸한다.

2) 추심명령의 경우는 추심할 수 있는 가망성이 없으면 추심권을 포기하고 다른 재산에 대하여 강제집행 할 수 있다. 반면 전부명령은 압류된 채권이 당초부터 부존재하여 무효인 경우를 제외하고는 다시 다른 재산에 대하여 강제집행을 실시할 수 없다.

3) 추심명령의 경우는 채권자가 채권을 추심하여 집행법원에 신고할 때까지 다른 채권자가 배당을 요구할 수 있으나, 전부명령은 그 효력발생과 동시에 집행절차가 종료하므로 그 이후는 배당요구를 할 수 없다 .

4) 추심명령의 경우 추심 후에는 이를 법원에 신고하여야 하지만 전부명령의 경우는 신고할 필요가 없다. 전부명령의 경우 그 전부되는 범위는 집행최고액을 초과할 수 없으나 추심명령의 경우는 특별한 제한이 없으면 그 효력은 압류채권 전부에 미친다.

5) 추심명령의 대상은 금전채권에 한하지 않고 유체물의 인도를 목적으로 하는 채권에 대해서도 발할 수 있다. 반면 전부명령의 대상이 되는 것은 금전채권에 한 한다.

2. 실무상 유의사항

(1) 추심명령은 채권에 관한 위험부담이 없다. 즉, 압류채권을 추심할 수 없게 되는 경우 채무자의 다른 재산을 다시 압류하여 채권을 만족시킬 수 있다는 점에서 유리하다. 반면 전부명령은 채권의 독립적 만족 즉, 다른 채권자가 배당요구를 할 수 없다는 점에서 유리하고 따라서 금융기관이 제3채무자인 예금채권과 같이 제3채무자의 자력이 충분한 경우나 강제집행의 대상인 채권에 충분한 담보권이 있거나 다른 채권자들의 배당요구가 예상되는 경우는 전부명령을 신청하여야 할 것이며 그렇지 않은 경우에는 추심명령을 신청하여야 한다.

(2) 이미 집행권원을 얻어 놓은 경우에는 즉시 압류 및 전부명령을 신청하여야 할 것이다. 집행권원이 없는 경우에는 가압류 등으로 채권을 보전시켜 놓아야 한다. 또한 이미 다른 채권자들의 가압류나 압류가 선행한 경우에는 전부명령은 무효라는 사실에 유의하여 추심명령을 신청하여야 할 것이다. 따라서 집행권원을 득한 후 압류의 경합여부를 사전 조사하고 양자 중 하나를 신청해야 한다.

3. 전부명령

1) 의의

전부명령이라 함은 압류한 금전채권을 집행채권의 변제에 갈음하여, 그 권면액으로 압류채권자에게 이전시키는 집행법원의 명령이다. 제3채무자의 변제자력이 충분한 경우 또는 확실한 물적담보가 붙어 있는 경우에는 다른 채권자를 배제하고 우선변제를 받을 수 있으므로 평등주의에 대한 예외라고 할 수 있다.

2) 신청

(1) 전부명령은 채권자의 신청에 따라야 한다. 이 신청은 집행법원에 서면으로 하여야 한다(제4조). 압류명령과 동시에 신청할 수도 있고, 사후에 신청 할 수도 있으나 동시신청이 관례이다. 다만 제233조의 경우에는 집

행관의 증권점유를 기다려야 하므로 동시신청이 불가능 하다. 전부명령이 제3채무자에게 송달될 때까지 그 금전채권에 관하여 다른 채권자의 압류·가압류 또는 배당요구를 한 경우에는 채권이전의 효력은 발생하지 아니한다. 그러나 이 경우에 그 기초인 압류명령은 유효하므로 추심신고 전이면 배당요구의 효력은 발생할 것이다.

(2) 전부명령의 유효요건
가. 압류가 유효할 것
나. 압류된 채권이 전부명령에 적합할 것
다. 전부명령 당시 채권이 확정되어 있을 것
라. 집행채권이 경합하는 경우가 아닐 것
마. 담보제공에 의한 가집행면제 선고의 경우가 아닐 것
바. 채권자의 신청이 있을 것 등이다.

3) 전부명령의 절차
(1) 전부명령의 신청
가) 전부명령의 신청은 집행법원에 서면으로 하여야 하며, 압류명령과 동시에 또는 별도로 할 수 있다. 다만, 배서가 금지되는 증권채권(제233조)의 경우에는 집행관이 증권을 점유한 후가 아니면 전부명령을 신청할 수 없으므로 압류명령과 동시신청이 불가능하다. 그리고 이 경우에는 집행관의 증권점유사실을증명할 수 있도록 집행조서등본을 첨부하여야 한다.

나) 전부명령신청서에는 당사자의 표시·압류한 채권의 종류와 액수·그 일부에 대하여 전부를 구할 경우에는 전부를 받을 채권액을 명시하고, 압류한 채권을 지급에 갈음하여 압류채권자에게 이전함을 구하는 취지·신청연월일·집행법원을 표시하고 채권자 또는 그 대리인의 기명날인이 있어야 한다. 전부명령만을 별도로 신청하는 경우에는 선행의 채권압류명령사건의 표시를 하여야 한다.

(2) 관할법원
전부명령을 신청하여야 할 관할법원은 압류명령의 집행법원과 동일한 지방법원이다. 전부명령이 압류명령과 별도로 신청되는 경우에 압류명령이 송달된 뒤에 채무자나 제3채무자의 주소가 변경되어 그 보통재판적이 달라지더라도 전부명령은 압류명령을 전제로 하여 재려지는 것이므로 압류명령을 발령한 법원이 관할법원이 된다.

(3) 전부명령의 재판
가. 심문
관할법원은 관할권의 유무·신청의 적격여부, 전부명령을 발할 수 있는 요건의 구비여부, 집행장애사실의 존재여부 등을 조사하여 형식적인 요건을 갖추고 있으면 전부명령을 발한다. 압류명령을 발한 후에 전부명령을 발항에 있어서는 채무자나 제3채무자를 심문할 수 있다(제23조 1항 ; 민소법 제134조).

나. 전부명령에 특별한 요건
가) 압류된 채권이 금전채권으로 권면액을 가지고 있을 것
나) 압류된 채권이 양도성을 가질 것
다) 압류의 경합 또는 배당요구가 없을 것

다. 내용 및 송달

가압류에서 본압류로 이전하는 채권압류 및 전부명령의 주문은, "채권자와 채무자의 사이의 ○○지방원 2008카단○○ 채권가압류결정에 따른 별지 기재 채권에 대한 가압류는 이를 본압류로 이전한다. 위 압류된 채권을 지급에 갈음하여 채권자에게 전부한다"는 형식이 될 것이다. 전부명령은 채무자와 제3채무자에게 송달하여야 한다(제229조 4항, 제227조 2항). 또한 이를 채권자에게 고지하여야 한다.

라. 전부명령에 대한 불복방법과 집행정지

전부명령 및 전부명령 신청을 각하하는 결정에 대하여는 즉시항고 할 수 있다(제229조 6항). 전부명령은 확정되어야 그 효력이 있다(동법 제229조 7항). 즉시항고사유는 전부명령을 발함에 있어 집행법원이 스스로 조사하여 준수할 사항의 흠결에 관한 것이며, 피전부채권이 존재하지 않는다는 등의 실체에 관한 사유는 전부명령에 대한 불복사유가 되지 못한다. 즉시항고권자에게 전부명령이 송달된 때로부터 1주일 이내에 신청해야 한다. 만약, 즉시항고를 할 수 있는 사람이 전부명령을 고지 받아야 할 사람이 아닌 경우 즉시항고의 제기기간은 그 전부명령을 고지 받아야 할 사람이 아닌 경우 즉시항고의 제기기간은 그 전부명령을 고지 받아야 할자 전원에게 고지된 날로부터 진행된다(동법규칙 제12조).

4) 전부명령의 효력

(1) 전부명령의 소급효

전부명령의 기본적 효력은 피전부채권의 전부채권자에게로의 이전, 그로 말미암아 집행 채권의 소멸이다. 즉시항고가 없는 경우에는 1주일의 즉시항고 기간이 지난 때에, 즉시항고가 있는 경우에는 그 각하 또는 기각 결정이 확정된 때에 그 효력을 발생한다. 다만 그 실체적인 효력인 전부채권자에의 채권이전 및 채무자의 채무변제효력은 전부명령이 제3채무자에게 송달된 때까지로 소급하여 생긴다(제229조 7항, 제231조). 전부명령이 제3채무자에게 송달될 때 까지 압류 등이 경합되면 전부명령은 무효지만, 압류 등의 경합이 전부명령의 송달 뒤에 발생하였다면 비록 전부명령이 확정되기 전이었다 하더라도 이는 전부명령의 효력에 영향을 미치지 아니한다(제229조 5항).

(2) 전부채권자의 지위

가. 전부의 효과에 따라 피전부채권이 전부채권자에게로 이전되고, 전부채권자는 피전부채권의 채권자로서의 지위를 승계한다. 즉 전부명령의 확정을 조건으로 하여 전부명령이 제3채무자에게 송달된 때에 집행채무자가 가지고 있던 압류대상 채권은 전부채권자에게 이전되어 채무자가 채무를 변제한 것으로 본다(제229조 3항, 제231조).

나. 제3채무자가 임의로 변제하지 않을 때에는, 전부채권자는 제3채무자에 대하여 그 이행을 구하는 소를 제기할 수 있지만, 이 경우 집행채무자가 외국에 있거나 있는 곳이 분명하지 아니한 경우를 제외하고는 집행채무자에 대하여 소송고지를 하여야 한다(제238조).

다. 전부명령의 효력은 이자, 지연손해금, 물상담보권, 보증채권 등 목적채권에 부종한 권리에도 미친다. 담보권도 채권자에게 이전되므로 저당권에 있어서는 채권자의 신청에 의하여 법원은 관할등기소에 저당권이전의 부기등기를 명하여야 할 것이다(제228조의 유추해석).

(3) 집행채무자의 지위

집행채무자는 피전부채권을 상실하게 된다. 전부명령이 형식적으로 유효한 집행권원에 기초한 것이었다면 비록 집행채권이 전부명령 당시에 이미 소멸하였다거나 또는 집행권원이 가집행선고부 판결 이었는데 후에 그 가집행선고가 실효되더라도 이러한 피전부채권 상실의 효과에는 변함이 없다. 또한 무효인 집행권원에 기초한 강제집행의 경우에는 전부명령의 요건을 충족하더라도 전부의 효력이 생기지 않는다.

　(4) 제3채무자의 지위
　제3채무자는 채무자에 대하여 가지고 있던 법률상의 지위를 그대로 채권자에 대하여 가지게 된다. 즉 전부된 채권이 존재하는 한, 종전의 채권자인 집행채무자에 대하여 부담하고 있던 채무를 집행채권자에 대하여 부담하게 되지만, 이 경우에도 제3채무자의 집행채무자에 대한 법률상의 지위에는 변동이 없다. 따라서 집행채무자에 대한 채권압류전의 각종 항변사유(취소 · 해제 · 상계 등의 형성권의 행사나 동시이행 또는 선이행의 항변)로써 제3채무자는 집행채권자에게 대항할 수 있다.

　(5) 집행채권의 소멸(변제의 효력)에 관한 문제
　가. 집행채권소멸일반
　전부명령에 따라 채무자는 이전된 채권이 존재하는 한 그 이전된 채권의 권면액의 한도에서 채권자에 대한 채무를 변제한 것으로 본다(제231조 본문).

　나. 피전부채권 부존재의 경우
　전부명령의 확정으로 집행채권이 소멸하기 위해서는 전부대상 채권자체가 존재하여야 한다. 따라서 실제적인 효력이 발생하는 제3채무자에의 송달 당시에 전부대상 채권이 존재 하하지 않거나 이미 소멸하였을 때에는 전부대상 채권의 이전 및 집행채권의 소멸효과도 생기지 않는다(제231조 단서).

　다. 전부명령의 무효와 제3채무자의 변제
　제3채무자에게 송달될 때까지 압류대상 채권에 관하여 다른 채권자로부터의 압류 · 가압류 또는 배당요구가 있었으면 그 전부명령은 무효이다(제229조 5항). 그리고 후에 경합된 압류나 가압류 또는 배당요구의 효력이 소멸되더라도 무효인 전부명령의 효력이 부활하는 것은 아니다. 다만 그 전부명령의 전제로 서의 압류명령 까지 무효가 되는 것은 아니다.

7) 전부명령에 따른 집행의 종료
채권집행절차는 전부명령이 확정되어 효력이 발생하면 목적을 달성하고 종료한다. 그 뒤에는 집행의 정지, 취소, 신청의 취하, 배당요구, 청구이의, 제3자이의 등의 여지가 없다. 또한 집행채권의 일부에 관하여 전부명령이 발령된 경우에는 채권자의 요구가 있으면 집행력 있는 정본에 채권이 일부가 전부된 취지를 적어서 그 집행력 있는 정본을 채권다에게 돌려주고 그 사본을 집행기록에 편철한다(제159조 3항 준용, 재민 80-11).

제 4 절 　유체물 인도청구권에 대한 강제집행

1. 유체동산의 인도청구권에 대한 집행

1) 절차의 구조
채무자의 책임재산에 속해야 할 유체동산을 제3자가 채무자에게 인도할 채무를 지고 있는 경우(유체동산에 관한 청구권), 예컨대 채무자의 소유에 속하는 유체동산을 일시 빌려주는 등의 원인으로 채무자가 점유하지 않고 제3자의 점유와 소유에 속하는 유체동산에 관하여채무자가 매매 등을 원인으로 그 점유 및 소유권을 이전 받을 수 있는 권리를 취득한 한 경우에는 금전채권이나 유체동산에 대한 강제집행절차를 그대로 적용할 수 없다. 따라서 위와 같은 경우에는 우선 유체동산청구권을 압류하여, 그 대상목적물인 유체동산의 점유나 점유 및 소유권을 제3자로부터 채무자에게 이전시키는 절차가 필요하고, 그 후 채무자의 점유와 소유로 이전된 유체동산에 대하여 현금화절차와 배당절차를 취하는 것으로 한다.

2) 압류명령

가. 재판과 방식

가) 압류명령은 채권자가 서면으로 신청하여 집행법원이 내린다. 압류명령의 신청은 채권자, 채무자, 제3채무자, 청구금액, 압류할 채권인 동산 청구권의 내용을 표시하고, 그 청구권의 압류를 구하는 취지를 기재한 서면으로 관할법원에 제출하는 방식으로 한다.

나) 관할법원은 채무자의 보통재판적이 있는 곳의 지방법원이며, 만일 채무자의 지방법원이 없는 때에는 그 부동산이 있는 곳의 지방법원이 관할법원이 된다. 그리고 가압류에서 이전되는 본압류의 경우는 가압류를 명한 법원이 있는 곳을 관할하는 지방법원에 신청한다.

나. 압류명령의 신청

압류명령에는 제3채무자에게 채무자에 대한 인도를 금지하고, 채무자에 대하여 그 청구권의 처분과 인도의 수령을 금지하는(제242조. 제227조) 외에, 특히 그 유체동산을 채권자의 위임을 받은 집행관에게 인도할 것을 명하는 방법(제243조 1항)으로 한다.

3) 추심명령

인도명령이 있음에도 불구하고 제3채무자가 임의로 목적물을 인도하지 아니하는 경우에는, 채권자나 집행관은 제3채무자에 대하여 인도명령만을 가지고 인도를 구할 능력이 없으므로 그 권능의 획득을 위하여 채권자는 집행법원에 추심명령을 신청 할 수 있다(제242조 제243조 제229조). 목적물의 인도를 받으면 제3채무자는 채무를 면하게 되고, 집행채무자는 목적물의 간접점유를 취득하거나 또는 간접소유와 함께 소유권을 취득하게 된다.

4) 현금화 및 배당절차

집행관이 동산의 인도를 받으면 그 후의 절차는 유체동산에 대한 집행절차에 따라 현금화하게 된다(제243조 3항). 집행관이 이와 같은 현금화를 하면서 제243조 1항에 따른 인도 받을 권한을 위임받은 것으로 족하고, 인도 받은 뒤에 다시 별도의 위임을 받을 필요는 없다. 집행관의 매각대금 제출이 있으면 집행법원은 이를 보관금으로 영수하여 채권자에게 민사집행법 제252조 이하의 규정에 따라 배당을 취하게 되는 바, 그 구체적인 내용은 유체동산의 배당절차 중 집행관이 하는 배당실시절차를 제외한 부분과 같다.

2. 부동산인도청구권의 집행

1) 의의

채무자가 제3채무자에 대하여 가지는 부동산에 관한 권리의 이전청구권(부동산소유권이전등기청구권을 포함한다. (제244조 2항)이나 부동산의 인도청구권을 압류하여 채무자명의로 그 권리의 이전을 받거나 또는 점유의 이전을 받은 후 강제경매나 강제관리를 실시함으로써, 그 매각대금이나 수익금으로 채권자가 자신의 금전채권에 대한 만족을 구하는 것을 말한다. 따라서 부동산청구권에 대한 강제집행은 먼저 제3자의 소유 또는 점유 하에 있는 특정의 부동산에 관하여 채무자가 가지고 있는 권리이전청구권이나 점유이전청구권 또는 그 양자를 실현시키는 것이고, 그 후 특정 부동산 자체에 대한 강제경매 또는 강제관리의 실시를 원활히 하고자 하는데 의의가 있다.

2) 집행절차
  (1) 압류명령
  압류명령은 서면으로 신청하여야 한다. 즉 압류명령의 신청은 채권자, 채무자, 제3채무자, 청구금액, 압류할 채권인 부동산인도청구권 또는 권리이전청구권을 표시하고, 그 부동산을 특정하여 그 청구권의 압류를 구하는 취지를 기재한 서면을 관할법원에 제출한다(제224조 1항, 2항).

  (2) 신청과 재판
  가. 압류명령은 제3채무자에게 채무자에 대한 인도 또는 권리이전을 금지하고, 채무자에 대하여는 그 청구권의 추심과 처분을 금지하는 것을 명하는 방법으로 한다. 압류명령은 제3채무자에게 송달됨으로써 효력이 발생한다. 채무자는 그 청구권을 제3자에게 처분하거나 제3채무자로부터의 변제를 수령할 수 없게 되고 제3채무자는 채무자에게 청구권의 내용인 권리의 이전이나 목적물의 인도를 할 수 없게 된다.

  나. 관할법원은 채무자의 보통재판적이 있는 곳의 지방법원이다. 채무자의 지방법원이 없는 때에는 그 부동산이 있는 곳의 지방법원이 관할법원이 된다. 그리고 가압류에서 이전되는 본압류의 경우는 가압류를 명한 법원이 있는 곳을 관할하는 지방법원에 신청한다.

  (2) 보관인선임과 인도명령
  압류명령 후 채권자 또는 제3채무자가 신청하면 부동산이 있는 곳의 지방법원은 보관인을 선임하여 제3채무자로 하여금 목적부동산의 인도 또는 채무명의로의 권리이전등기 절차를, 그 보관인에게 인도할 것을 명한다(제244조 1항). 또한 부동산에 관한 권리이전청구권의 압류의 경우에는 보관인을 정하고 제3채무자에 대하여 그 부동산에 관한 채무자명의의 권리이전등기 절차를 보관인에게 이행할 것을 명하여야 한다(제244조 2항).

  (3) 추심명령과 추심명령의 소
  인도명령에도 불구하고 제3채무자가 임의로 부동산의 인도 또는 권리이전의무를 이행하지 아니하는 경우에는, 압류채권자는 집행법원으로부터 추심명령을 받은 후(제244조 4항), 그에 의거하여 민사집행법에 의한 추심의 소를 제기하여 집행권원을 얻어, 목적부동산의 인도 또는 권리이전을 실현할 수 있다(제238조, 제258조, 제 263조). 추심명령은 채무자와 제3채무자에게 송달하여야 하며, 제3채무자에게 송달되어야 효력이 생긴다(제242조, . 제227조 2항, 3항).

  (4) 현금화
  보관인에게 인도되거나 채무자 명의로 권리이저 등기된 부동산은 부동산집행에 관한 규정에 따라 현금화한다(동법규칙 제170조). 그 이후에는 채권자가 채무자에 대하여 가지는 본래의 집행권원에 의하여 새로이 강제경매나 강제관리를 신청하여야만 집행절차가 계속된다. 강제경매나 강제관리는 모두 민사집행법 제78조 이하에서 규정하는 부동산집행절차에 따라 행하여진다.

제 5 절   그 밖의 재산권에 대한 강제집행

1. 집행의 대상

유체동산, 금전채권, 유체물의 인도나 권리이전을 목적으로 하는 채권 이외에 부동산을 목적으로 하지 아니하는 재산권에 대한 강제집행에 관하여는 제223조 내지 제250조의 규정을 준용한다(민사집행법 제251조 1항). 부동산 등 이외의 재산권으로서 그 자체 독립한 재산적 가치를 가지고 있어 채권자가 강제집행에 의하여 만족을 얻을 수 있는 재산권이면 그 대상이 된다. 그 예로서는 다음과 같다.

  (1) 임차권 · 사용차권 등의 용익권
  (2) 무체재산권(특허권 · 저작권. 실용신안권 · 상표권. 출판권 · 컴퓨터프로그램저작권 등)
  (3) 유체동산 · 선박 · 자동차 · 건설기계 · 항공기기의 공유지분권
  (4) 골프회원권 · 콘도미니엄회원권 · 전화가입권 등의 설비이용권
  (5) 합명회사 · 합자회사 · 유한회사의 사원권
  (6) 민법상의 조합원지분권
  (7) 농업협동조합 · 축산업협동조합 · 수산업협동조합의 조합원지분권
  (8) 환매권 · 구체적 신주인수권 · 공유수면매립면허권 등

2. 집행절차

1) 의의
유체동산, 금전채권, 유체물의 인도나 권리이전을 목적으로 하는 채권 이외에 부동산을 목적으로 하지 아니하는 재산권에 대한 강제집행에 관하여는 그 구체적인 집행절차에 있어서는 공통적인 집행방법이 마련되어 있지 않다는 점에서 다른 재산권에 대한 강제집행의 경우와 다르다. 따라서 민사집행법은 이들 재산권에 대한 강제집행에 관하여, 그 성질이 허용하는 한 채권에 대한 강제집행의 규정과 부동산에 대한 강제집행에 관한 규정 중 일괄매각에 관한 규정을 준용한다(제98조 내지 제101조, 제244조).

2) 압류절차
압류는 금전채권의 압류에 관한 규정(제223조 - 제227조)을 준용하여 집행법원이 채권자의 신청에 따라 압류명령을 발하여 송달하는 방법으로 하지만, 재산권의 다양성으로 인하여 압류절차가 모두 동일한 것은 아니다.

  (1) 특허권 · 실용신안권 등의 무체재산권이나 등기한 임차권 등과 같이 권리이전에 등기 또는 등록이 필요한 그 밖의 재산권압류신청서에는 집행력 있는 정본 외에 권리에 관한 등기부 또는 등록원부의 등본이나 초본을 붙여야 한다. 특히 임차권 등과 같이 제3채무자의 승낙이 있어야 압류할 수 있는 재산권에 있어서는 그 승낙이 있음을 증명하는 자료를 붙여야 한다. 이 경우 보통재판적이 있는 곳을 관할하는 지방법원이 되나, 만일 없는 때에는 그 등기 또는 등록을 하는 곳을 관할하는 지방법원이 된다(동법규칙 제175조 1항, 2항).

  (2) 압류할 권리에 관하여 제3채무자가 있는 때에는 압류명령은 채무자 이외의 제3채무자에게도 송달하여야 하며, 그 송달이 된 때에 압류의 효력이 발생한다(제227조 3항). 그러나 권리이전에 등기 또는 등록이 필요한 그 밖의 재산권에 대한 압류의 등기 또는 등록을 하지 아니하면 효력이 생기지 아니하는 것에 대한 압류의 효력은 압류의 등기 또는 등록이 압류명령의 송달 뒤에 된 때에도 압류의 등기 또는 등록이 된 때에 발생한다(제175조 3항).

(3) 제3채무자가 있는 채무자의 재산권 중 채무자가 그 처분을 함에 있어 제3채무자의 승낙이나 협력을 필요로 하는 재산권(임차권, 골프회원권 등)법원의 압류명령을 하는 경우에는 그 제3채무자에게 채무자가 하는 그 재산권의 처분행위에 대하여 제3채무자가 승낙이나 협력을 하여서는 아니 된다는 취지도 함께 명기하여야 한다(제227조 1항).

(4) 권리이전에 관하여 등기 또는 등록을 요하는 그 밖의 재산권
압류명령이 있으면 법원사무관 등은 즉시 그 사유를 등기부 또는 등록원부에 기입하도록 등기·등록하도록 관계 공무원에게 촉탁하여야 한다(제94조, 동법규칙 제175조 5항).

(5) 제3채무자가 없는 그 밖의 재산권 압류는 채무자에게 권리처분을 금지하는 명령을 송달한 때에 효력이 생긴다(제251조 2항).

(6) 그 밖의 재산권
압류의 효력 발생 전에 등기 또는 등록된 담보권으로서 매각으로 소멸되는 것이 설정된 경우에는 법원사무관 등은 담보권자에게 압류사실을 통지하고 그 담보권의 피담보채권의 현존액을 신고할 것을 최고한다(동규칙 제175조 4항).

3) 현금화
압류한 재산권은 채권자의 신청에 따라 추심명령이나 전부명령 또는 특별한 현금화 방법에 따라 현금화 한다(제229조, 제241조, 제251조 1항). 특별한 현금화 방법으로는 집행관에게 매각을 명하는 매각명령, 집행법원이 정한 값으로 채권의 지급에 갈음하여 압류된 재산권을 채권자에게 양도하는 양도명령, 관리인을 선임하여 압류된 재산권을 강제관리하여 그 수익금으로 집행채권의 변제에 충당하게 하는 관리명령, 기타 상당한 방법으로 현금화를 명하는 명령이 있다(제251조 1항. 제241조).

부 록

목 차

소송비용액확정결정신청에 대한 의견서

사   건   2006 카기 1379호
신 청 인(원고)   김 ○ ○
피신청인(피고)   강 ○ ○

위 당사자간 2006 카기 13790호 집행비용액확정 사건은 귀원 2005가단 34675 건물명도 사건에 대한 소송비용액확정결정 신청인바, 피신청인은 위 신청에 대한 부당함을 다음과 같이 지적하고 위 신청을 기각하여 주시기 바랍니다.

다   음

1. 신청인의 위비용은 신청인이 주장하는 귀원 2005 가단 34675 건물명도사건과 아무런 관련이 없습니다.

즉 건물명도 소송은 신청인이 원고가 되어 2005. 11. 10. 소장접수 한 이래 2006. 4. 15. 판결 선고 되었으므로, 신청인이 주장하는 2006. 5. 17, 같은 해 7. 20, 같은 해 9. 16.자 각 비용은 하등 관련이 없는 것입니다.

2. 소송비용액이라면 민사소송비용규칙이 정하는 소정의 비용으로 인정하여 주시기 바랍니다.

2006. 8.   .
위 피신청인 강 ○ ○

서울동부지방법원 귀중

부동산 가압류 신청서

채 권 자   하 ○ ○
채 무 자   안 ○ ○

청 구 금 액	금	원
송 달 료	금	원
인 지 액	금	원

서울남부지방법원 신청계 귀중

부동산 가압류 신청서

채 권 자   하 ○ ○
　　　　　　　서울시 강남구 대치동 ○○○-○○

　　　　　　　송달장소 : 서울시 영등포구 당산동 ○○○-○○
　　　　　　　　　전화번호:(02) 000-0000   팩스번호:(02)000-0000
채 무 자   안 ○ ○
　　　　　　　경기도 안산시 상록구 사동 ○○○○-○○

청구채권의 표시

금 17,250,000원, 단 2006. 1. 19.자 대여금채권

가압류할 부동산의 표시

별지 목록 기재와 같음

신 청 취 지

채권자가 채무자에 대하여 가지고 있는 위 채권의 집행보전을 위하여 채무자 소유의 별지목록 기재 부동산을 가압류한다라는 재판을 구합니다.

신 청 이 유

1. 피보전권리의 발생원인

채권자는 이웃에 사는 채무자가 서울시 영등포구 당산동 ○○○-○○에서 ○○○○라는 상호로 다이어리 노우트및 문구제품류의 전국도매를 하고 있는바, 사업상 자금의 대여를 부탁하여 2006. 1. 19. 변제기의 정함이 없이 금 15,000,000원을 대여해 주었습니다.

2. 채무변제의 지체 및 이건 청구채권

그 뒤 채권자는 채무자에게 위 대여금을 수차 지급해줄 것을 요청하였으나 채무자는 현재까지 특별한 이유 없이 차일피일 미루기만 할 뿐 지급할 의사를 보이지 않고 있습니다.

채권자의 대여금 채권원금은 15,000,000원인 바, 대여일인 2004. 3. 21.부터 이건 청구채권의 발생기한 점을 임의로 선택한 2006. 9. 21.까지의 30개월해당의 이자금은 상사이율 6%를 적용한 2,250,000원(=1,500만×30월×0.06/12)을 합계하면 원리금은 금 17,250,000원이 됩니다.

3. 보전의 필요성

1) 채무자는 이건 대상 부동산을 타에 처분한다는 소문이 있는 바, 채권자로서는 채무자가 의도적으로 이건 부동산을 타에 처분을 한다면 후일 본안의 소송에서 승소를 한다고 하더라도 집행을 하지 못할 수 있는바, 이건 보전조치를 해놓아야 할 필요성이 시급합니다.

2) 아울러 본 건 가압류 손해담보조로 제공할 공탁금은 보증보험회사와 체결한 보증보험증권으로 제출할 수 있도록 허가하여 주시기 바랍니다.

소 명 방 법

1. 소갑 제1호증   차용증서
1. 소갑 제2호증   부동산등기부등본

첨 부 서 류

1. 위 입증방법   각 1통
1. 위임장   1통
1. 납부서   1통

2007. 11.   .
위 채권자 하 ○ ○

서울남부지방법원   신청계 귀중

가압류할 부동산의 표시

1. 서울시 강남구 대치동 ○○○-○○
2. 서울시 강남구 대치동 ○○○-○○ 시멘트벽돌조 평스라브지붕 ○층
   다가구주택 (2가구)
   1층 53.61 ㎡ 다가구주택(1가구)
   2층 48.25 ㎡ 다가구주택(1가구)
   지하층 32.43㎡
   옥탑 656 ㎡ 물탱크실 (연면적제외)

   (이상 가압류 대상 : 위 1. 2.항 각 채무자 안정일 지분 30분의6 전부)

야간 공휴일 특별송달신청(1)

사　건　　2008 카명 23897호 재산관계명시
채권자　　정 ○ ○
채무자　　1. 서 ○○○
　　　　　　2. 김 ○ ○

위 사건에 관하여 피고들에 대하여 [폐문부재]로 송달 불능 되었으나 피고들은 아래 김○○ 주
소지에 함께 거주하고 있으므로 서울서부지방법원 소속의 집행관으로 하여금 특별송달코자 하
오니 허가하여 주시기 바랍니다.

아　　래

1. 주식회사 서○○○
　 대표이사 김○○
 * 대표이사 김○○에게 송달하여 주시되 아래 김○○ 주소지와 같음

2. 김○○
　 강서구 등촌1동 ○○아파트 ○단지 ○○○동 ○○○○호

2008. 6. .
원고　정 ○ ○

서울남부지방법원　귀중

야 간 및 휴 일 특 별 송 달 신 청(2)

사　건　　2008 타경 13456 부동산강제경매
채 권 자　　김 ○ ○
채 무 자　　이 ○ ○

위 당사자간 귀원 2008 타경 13456 부동산강제경매 사건에 관하여, 경매개시 결정문을 채무자
에게 송달하였으나 폐문 부재로 송달이 불능인 바, 채무자는 주간에는 그 주소지에 있지 않고
야간 또는 휴일에만 있으므로 야간 또는 휴일에 송달하여 주시기 바랍니다.

　　　　　　　　　　　　　　　　　　　2008.　8.　　.
　　　　　　　　　　　　　　　　　위 채권자　김 ○ ○

서울남부지방법원 경매4계　귀중

공 시 송 달 신 청(1)

사 건　　　2008 가합 139873호　소유권 이전등기 말소등기 절차이행
원 고　　　정 ○ ○
피 고　　　김 ○ ○ 외 2

위 사건에 관하여 피고 김승윤 외2는 별첨한 주민등록등본과 같이 현재 국외거주하고 있으나 2008. 08. 18. 소장기재 주소지 관할 동사무소에 "국외이주신고"할 당시 국외 거주지 주소를 신고하지 아니하여 주소를 보정할 수가 없음으로 공시송달을 하여주시옵기를 신청합니다.

첨 부 서 류

주민등록표등본　　1통

2008. 06. 09.
위 원고 정 ○ ○

서울남부지방법원　귀중

공 시 송 달 신 청 (촉구)

사 건   2007 가단 78690호 손해배상금
원 고   윤○○
피 고   김○○외 1

위 사건에 관하여 피고 김봉훈외 1은 별첨한 주민등록초본과 같이 현재 국내거주한 것으로 되어 있으나, 이미 수차의 송달에도 불구하고 "수취인 불명"등으로 송달이 불능되고 있고, 채무자가 소재할 수 있는 장소로 달리하여 주소보정도 하여보았지만 현재로선 달리 더 이상 보정할 수가 없으므로 공시송달로 진행하여 주도록 허가하여 주시기 바랍니다.

첨부서류

주민등록표초본   1통

2008. 02. 12 .
위 원고 윤○○

수원지방법원 귀중

특별송달신청서(2)

사 건   2007가단 7690 손해배상(기)
원 고   김○○
피 고   김○○

위 사건에 관하여 소장부본 및 변론기일소환장을 피고에게 송달하였으나 폐문부재로 송달불능인바, 피고는 생업관계로 평일에는 소장기재 피고의 주소지에 전혀 거주하지 않고 공휴일에만 소장기재 피고의 주소지에 거주하므로 귀원소속 집행관으로 하여금 공휴일에 소장부본 및 변론기일소환장을 피고에게 송달하도록 하여 주시기 바랍니다.

첨부서류

1. 집행관수수료납부서   1통

2007. 9. 12.

위 원고 김○○ (서명 또는 날인)

서울동부지방법원 귀중

불거주확인서

대상자   김○○

성울시 강남구 대치동 ○○○-○○

위 주소지에는 위의 자가 살고 있지 않음을 확인합니다.

2007. 12. 13.

위 확인자 성명: 유○○   (인)

주소 : 서울시 영등포구 신길동 ○○○○

지위 : (통장, 반장, 거주민)

재 송 달 신 청 서(1)

사　건　　2007 가단 9809 대여금반환
채 권 자　　김○○
채 무 자　　김○○, 김○○

위 채무자 김○○에 대하여 각 '수취인' 부재의 사유로 지급명령이 송달되지 않았으나, 채무자 김○○은 종전주소지에, 채무자 김○○은 송달장소에 각 거주하고 있사오니 다시 송달하여 주시기 바랍니다.

첨부서류

1. 집행관수수료납부서　　　　1통

2007. 2. .
위 채권자 김○○

서울동부지방법원 귀중

재 송 달 신 청 서(2)

사　건　　2008가단7654 매매대금
원　고　　박○○
피　고　　안○○

위 사건에 관하여 원고는 귀원의 피고에 대한 송달문서를 피고의 종전 주소로 재송달하여 주실 것을 신청합니다.

1. 재송달신청 이유
　소장에 기재된 피고의 주소지 서울시 강남구 논현동 ○○○-○○에 피고가 현재까지 거주하고 있으나, 주간에 사업으로 인한 출타가 잦아 우편송달을 받지 못하였던 것이므로 위 주소지로 재송달하여 주실 것을 신청합니다.

첨 부 서 류

　1. 주민등록표등본　　　　　　　　1통

2008. 9. 11.
위 원고　박 ○ ○ (날인 또는 서명)

서울중앙지방법원　귀중

답 변 서

사건번호   20 가   [담당재판부 : 제   (단독)부]
원 고   (이름)
           (주소)
피 고   (이름)   (주민등록번호   -   )
           (주소)   (연락처   )

위 사건에 관하여 피고는 다음과 같이 답변합니다.

- 청구취지에 대한 답변 -

- 청구원인에 대한 답변 -

2008 년   월 일

피고   (날인 또는 서명)

○○지방법원 귀중

◆ 유의사항 ◆

1. 연락처란에는 언제든지 연락 가능한 전화번호나 휴대전화번호를 기재하고, 그 밖에 팩스번호, 이메일 주소 등이 있으면 함께 기재하기 바랍니다.

2. 답변서에는 청구의 취지와 원인에 대한 구체적인 진술을 적어야하고 상대방 수만큼의 부본을 첨부하여야 합니다.

3. 「청구의 취지에 대한 답변」에는 원고의 청구에 응할 수 있는지 여부를 분명히 밝혀야 하며, 「청구의 원인에 대한 답변」에는 원고가 소장에서 주장하는 사실을 인정하는지 여부를 개별적으로 밝히고, 인정하지 아니하는 사실에 관하여는 그 사유를 개별적으로 적어야 합니다.

4. 답변서에는 자신의 주장을 증명하기 위한 증거방법에 관한 의견을 함께 적어야 하며, 답변사항에 관한 중요한 서증이나 답변서에서 인용한 문서의 사본 등을 붙여야 합니다.

답변서 제출 및 응소안내

1. 소장을 읽은 다음 응소 할 의사가 있으면 되도록 빨리(소액사건의 경우에는 소장부본을 받은 날로부터 10일 안에) 답변서를 제출하시기 바랍니다. 다만, 원고의 청구를 그대로 인정하는 경우에는 답변서를 제출하지 아니하여도 무방합니다.

2. 답변서에는 사건번호와 당사자, 원고의 주장에 대한 답변을 기재하여 우편이나 인편으로 제출하되, 원고수 만큼의 부본을 함께 제출하셔야 합니다.

3. 원고의 주장에 대한 답변은 구체적, 개별적으로 기재하여야 하고, 그에 대한 증거방법과 입증취지도 명시하여야 합니다.. 답변서를 제출하더라도 구체적인 내용 없이 단순히 부인하다 또는 모른다고만 기재한 채 변론기일에 출석하지 아니할 때에는 진정으로 원고의 제소를 방어할 의사가 없다고 인정되어 불이익을 받게 될 수도 있습니다.

4. 답변서 기타 준비서면을 제출하지 아니하고 변론기일에 출석하지도 아니하면 원고의 주장사실을 그대로 인정하는 것으로 보게 되고, 답변서의 제출이 시기에 늦으면 실권의 제재나 소송비용부담의 불이익을 받게 될 수 있습니다.

5. 증거로 제출할 서류는 반드시 원본과 함께 미리 사본(상대방 수 + 1통)을 준비하고, 증인의 주소, 성명을 알아두었다가 가능한 가장 빠른 시기에 필요한 증거를 일괄하여 제출 또는 신청하시기 바랍니다. 그 시기가 늦을 경우 이를 받지 아니할 수 있습니다.

6. 변론기일에는 본인 또는 소송대리인만이 출석 변론할 수 있습니다. 소송대리인(변호사)을 선임할 뜻이 있다면 가급적 빠른 시일 안에 선임하여 소송절차에 관여하도록 하는 것이 소송수행이나 촉진에 도움이 될 것입니다.

7. 합의사건에서는 변호사만이 소송대리인으로 될 수 있고, 단독사건에서는 변호사 외에 당사자와 친족, 고용 기타 특별한 관계가 있는 자 중에서 법원의 허가를 받은 자도 소송대리인이 될 수 있습니다. 그리고 소액사건에서는 당사자의 배우자, 직계혈족, 형제자매 또는 호주는 법원의 허가 없이도 소송대리인으로 될 수 있습니다.

8. 질병 기타 부득이한 사정으로 변론기일에 출석하지 못할 때에는 그 사유를 기재한 기일변경신청서를 의사의 진단서 기타 소명자료와 함께 미리 제출하시기 바랍니다. 다만, 신청이 이유 있다고 법원이 인정할 경우에만 기일이 변경됩니다.

9. 법률의 규정에 의하여 구체적인 사정에 따라서는 위 안내 내용과 달리 처리되는 경우도 있을 수 있습니다.

법 원 소재지		사 건 번 호		담 당		제 부 참여사무관

변론기일 변경신청

원 고 김○○   피 고 ○○ 세무서장

 위 당사자간의 동부지방법원 2007구 3568호 부가세 부과처분취소청구사건에 관하여 본건 변론기일을 2007. 10. 5.11 시로 지정받았으나 피고 소송수행자는(외국체류)사유로 부득이 위 지정기일을 변경하여 주시기 바랍니다.

          . . .

                              피 고 ○○ 세무서장
                              위 소송수행자 이 ○○ ⓘ

동부지방법 원 귀중

2008가단 23760호

소송고지신청서(1)

원 고   김○○
피 고   원○○

위 당사자간 귀원 2008가단 23760 호 손해배상청구사건에 관하여 피고는 별첨 소송고지서와 같이 피고지인 강○○에게 소송고지를 하여 주실 것을 민사소송법 제77조에 의하여 신청합니다.

　　　1. 피고지자 강○○
　　　　서울 시 중 구 구 정 동 ○○-○

첨부서류

　　　1.소송고지서　　　　　　　　　3통

위 당사자간 지방법원 2008가합 제 23760호 청구사건에서, 원고는 참가인이 독립당사자 참가(민사소송법 제72조)를 하므로 원고는 참가인의 청구를 다투지 아니하기로 하고 이 소송에서 소송탈퇴합니다.

　　　첨　　부 : 소송탈퇴서 부본 1통

　　　　　　　　　　　　2008년 9 월 3일
　　　　　　　　　　　　원고(탈퇴신청인) 김 ○ ○ (인)

소송고지신청서(2)

원 고   오○○
피 고   강○○

위 당사자간 귀원 2007가단 1287 호 대여금반환청구사건에 관하여 피고는 별첨 소송고지서와 같이 피고지인 양○○에게 소송고지를 하여 주실 것을 민사소송법 제77조에 의하여 신청합니다.

    1. 피고지자
       서울시 동대구 전농동 ○○○-○○

첨부서류

    1. 소송고지서　　　　　　　　3통

위 당사자간 서울지방법원 2007가합 제567 호 대여금반환청구사건에서, 원고는 참가인이 독립당사자 참가(민사소송법 제72조)를 하므로 원고는 참가인의 청구를 다투지 아니하기로 하고 이 소송에서 소송탈퇴합니다.

    첨　부 : 소송탈퇴서 부본 1통

                2007년 6월 23일
                원고(탈퇴신청인) :　오 ○ ○　(인)

남부지방법원 귀중

소송고지신청서(3)

사　　건　　2007나 제675호 전부금
원고(고지인)　　김 ○ ○
　　　　　　　　서울시 강남구 논현동 ○○-○○
피　　　　고　　강 ○ ○
　　　　　　　　서울시 강서구 화양동 ○○-○○○
피고지인　　오 ○ ○
　　　　　　　　서울시 영등포구 목동 ○○-○

위 당사자간의 전부금청구 사건에 관하여 원고는 다음과 같이 소송의 고지를 신청합니다.

고 지 이 유

1. 원고(고지인)는 피고지인에 대한 서울지방법원 2007 가합 123호 대여금 사건의 집행력 있는 판결정본에 의하여 피고지인의 피고에 대한 분양 계약 해지로 인한 약정금 반환채권 중 금 5,000만 원의 채권압류 및 전부명령신청을 하여 위 같은 법원 2007타기 1675호로 채권압류 및 전부명령을 얻었고, 이에 기해 피고를 상대로 전부금청구소송을 제기하여 1심에서는 의 제자백으로 승소하였으나 피고의 항소로 현재 항소심 소송이 진행중입니다.

2. 만약 이 건 전부금청구 소송에서 원고(고지인)가 패소하는 경우에는 피고지인이 불이익을 부담하게 되므로 원고(고지인)는 민사소송법 제77조 제1항에 의해 위 소송을 고지합니다.

소 송 정 도

현재 소송 진행중이며 2008. 3. 12. 10:00로 제2회 변론기일이 지정되었음

첨 부 서 류

1. 소장 사본 1통
1. 항소장 사본 1통
1. 소송고지부본 2통

2008년 2월 21일

위 원고(고지인) 김 ○ ○ (인)

서울고등법원(제민사12부) 귀중

보 조 참 가 신 청 서(1)

○○ 지방법원 귀중
보 조 참 가 신 청

사   건   2007가합4532호 소유권이전등기
원   고   한○○
피   고   두○○
보조참가인   고○○
             주 소 성울시 강서구 화양동 ○○○-○○

참 가 취 지

위 당사자간 귀 원 2007가합 4532호 소유권이전등기청구사건에 관하여 피고를 보조하기 위하여 위 소송에 참가 하고자 하오니 결정하여 주시기 바랍니다.

참 가 이 유

1. 사실관계 생략
(소송결과에 따른 법률상 이해관계가 있는 제3자임을 기재)

입 증 방 법

1. 기타 변론시 제출 입증하겠습니다

첨 부 서 류

1. 납부서

                                        20 . . .
                                        위 보조참가인 고 ○ ○ ㊞

○○지방법원 민사 제○부 귀 중

보 조 참 가 신 청 서(2)

사　　건　　2007 가합 765호 대여금

원　　고　　고○○

　　　　　　　서울시 광진구 모진동 ○○○-○○

피　　고　　강○○

　　　　　　　서울시 강동구 명일동 ○○○-○

피고보조참가인　　오○○

　　　　　　　서울시 관악구 신림동 ○○-○○

참 가 취 지

위 당사자 간 귀원 대여금청구사건에 관하여 피고보조참가인은 민사소송법 제65조에 따라 피고를 보조하기 위하여 보조참가를 신청합니다.

참 가 이 유

원고는 이 사건 대여금을 2006년 3월 12일 보조참가인에게 대여하였으나 현재까지 변제치 않고 있다고 주장하며 연대보증인인 피고 강○○에게 이 건 대여금을 청구하고 있는 바, 보조참가인은 이 건 대여금에 대한 주채무자로서 피고가 패소할 경우 구상채무를 청구당할 처지이나, 실은 보조참가인이 원고에게 2007년 4월 12일 이 건 대여금 전액을 변제 완료하였으므로, 보조참가인은 본 소송의 결과에 이해관계가 있는 바, 이에 피고의 승소를 보조하기 위하여 본 참가를 신청하기에 이른 것입니다.

첨 부 서 류

　　　1. 변제증서 1통
　　　1. 보조참가신청서부본 2통
　　　1. 송달료납부서 1통

　　　　　　　　　　　　　　　　　　　　2007년 5월 16일
　　　　　　　　　　　　　　　　　　　　피고 보조참가인 오 ○ ○ ㉞

서울동부지방법원민사12단독 귀중

보 조 참 가 에 대 한 이 의 신 청

사　　건　　　　　　2007가합9879호 소유권이전등기
신 청 인(원고)　　　　양 ○ ○
피신청인(피고보조참가인)　　고 ○ ○

위 신청인은 아래와 같은 이유로 이 사건 피신청인에 대한 보조참가에 대하여 이의를 신청합니다.

아 래

1. 위 신청인과 신청외 피고 이피고 간의 귀 원 2007가합9879호 소유권이전등기청구사건에 관하여 보조참가인은 피고를 보조하기 위하여 2007. 7. 15. 보조참가신청을 하였습니다.
2. 보조참가인은 피고의 현재 소유로 되어있는 이 사건 소송목적물인 토지에 어떠한 권원 관계도 가지도 있지 않은 바, 보조참가인은 이 사건의 소송결과에 있어서 아무런 이해관계가 없습니다.
3. 따라서 원고는 위 보조참가신청에 대하여 이의를 신청하오니, 이 건 참가인의 보조참가신청을 불허하는 결정을 하여 주시기 바랍니다.

첨 부 서 류

　　1. 확인서 1통

　　　　　　　　　　　　　　　　　　　　　20 ．　．　．
　　　　　　　　　　　　　　　　　위 신청인(원고) 양 ○ ○ ⑩

동부지방법원 민사제6부 귀중

이 의 신 청 서

사　　건　　　2008차1290 물품대금

신 청 인(채무자)　한 ○ ○

피신청인(채권자)　구 ○ ○

위 사건에 관하여 신청인은 피신청인으로부터 물건을 구입한 사실이 있으나 그 대금을 10개월에 걸쳐 분할 완납하여 2008년 9월 15일 현재 채무가 존재하지 아니하므로 이의합니다. (신청인은 지급명령 정본을 2008. 9. 12. 송달 받았음)

2008. 09. 15.

위 신청인(채무자) 한 ○ ○ (서명 또는 날인)

동부지방법원 민사제6부 귀중

제출법원	지급명령을 한 법원	제출기간	지급명령을 송달 받은 날부터 2주 이내(민사소송법 제470조)
제출부수	신청서 1부 및 상대방 수 만큼의 부본 제출	관련법규	민사소송법 제462조 내지 제474조
불복절차 및 기 간	| · 이의신청 각하결정에 대한 즉시항고(민사소송법 제471조 제2항) · 재판이 고지된 날부터 1주 이내(민사소송법 제444조)			
기 타	민사소송등인지법 제7조 제3항은 "민사소송법 제388조 또는 제472조의 규정에 의하여 화해 또는 지급명령신청시에 소의 제기가 있는 것으로 보는 때에는 당해 신청인은 소를 제기하는 경우에 소장에 붙여야 할 인지액으로부터 당해 신청서에 붙인 인지액을 공제한 액의 인지를 보정하여야 한다."라고 규정하고 있는바, 이의신청에 의하여 소송절차로 이행될때에 지급명령 신청인은 인지를 보정하여야 함.			

●●● 분류표시 : 민사소송 >> 독촉절차 및 공시최고 >> 독촉절차

법원외서증조사신청서

사 건   2007 가합(가단) 2134   대여금
원 고   유○○
피 고   성○○

위 사건에 관하여 원고는 주장사실을 입증하기 위하여 아래와 같이 법원외 서증조사를 신청합니다.

아 래

1. 법원외 서증조사의 신청
   가. 기록의 표시
      서울지방검찰청 ○형제 ○○호 피의자 ○○○등에 대한 사기 등 사건기록
   나. 서증조사 장소 : 서울지방검찰청 사건과
   다. 증명할 사항 : 피고가 갑제1호증의 차용증서를 위조한 사실

2007. 8. 23.

위 원고 유○○ (인)

서울지방법원 귀중

증거조사신청서

① 사 건			
② 청구인		③ 피청구인	
④ 증명할 사실			
⑤ 증거 방법			
⑦ 근거 법조	행정심판법 제28조 제1항, 동법시행령 제24조 제1항		

위와 같이 증거조사를 신청합니다.

2008년 02월 19일

신청인   주소   서울시 서초구 신사동 123-987

성 명   방○○ ⑩

서울행정심판위원회 귀중

지급명령경정신청

사 건   2008차 1298호 대여금
신 청 인(채권자)   천 ○ ○
피신청인(채무자)   지 ○ ○

위 당사자간 2008차 1298호 대여금 독촉사건에 관하여 귀 원에서 2008.7. 12.자 지급명령 중 당사자 표시에 명백한 오류가 있으므로 아래와 같이 경정을 신청합니다.

신 청 취 지

위 당사자표시 중 채무자의 주소 「신림○동 ○○○번지」를 「신림○동 ○○○번지」로 경정한다. 라는 재판을 구합니다.

2008. 7. 19.
위 신청인(채권자) 천 ○ ○ ㉞

서울지방법원 귀중

집행문부여거절처분에 대한 이의신청

신 청 인 (원고)추 ○ ○
      주 소 서울 관악구 신림동 ○○○-○○

신 청 취 지

1. 원고(신청인) 추○○과 피고 이피고 간의 서울지방법원 2007가합 9807호 손해배상(기) 청구 사건의 판결에 대하여, 동 법원 법원사무관 송○○가 한 2007. 08. 12.자 집행문부여거절처분은 이를 취소한다.
2. 동 법원 법원사무관은 위 판결에 대하여 집행문을 부여하라.라는 재판을 구합니다.

신 청 이 유

1. 신청인은 서울지방법원 2007가합 9807호 손해배상(기) 청구사건의 판결에 대하여, 집행의 조건이 성취되었으므로, 그 사실을 증명하는 증명서를 첨부하여 집행문부여신청을 하였으나, 그 부여에 대한 거절처분을 받았습니다.
2. 그러나 위 법원사무관 송○○의 거절처분은 집행문부여의 요건에 흠결이 없음에도 행한 부당한 처분이므로, 그 처분을 취소하고 집행문을 부여하라는 취지의 재판을 구하기 위하여 이 신청에 이르렀습니다.

첨 부 서 류

    1. 집행문부여신청서 사본 1통.

20 . . .
위 신청인 추 ○ ○ ㉑

서울지방법원 귀중

집행문부여에 대한 이의신청

신 청 인(피고)   김 ○ ○
               주 소 서울 관악구 신림동 ○○-○○
상 대 방(원고)   이 ○ ○
               주 소 서울 양천구 목동 ○○○-○○

신 청 취 지

1. 원고 이○○와 피고 김○○간의 서울지방법원 2007가합 9800호 손해배상(기) 청구사건에 관한 확정판결에 대하여, 동 법원 법원사무관 양○○이 2007. 8. 12. 부여한 집행문은 이를 취소한다.
2. 위 판결정본에 의한 강제집행은 이를 불허한다. 라는 재판을 구합니다.

신 청 이 유

1. 사실관계 생략
2. 따라서 위 집행문의 취소 및 이에 대한 강제집행의 불허를 위하여 이 신청에 이른 것입니다.

첨 부 서 류

    1. 판결정본
    1. 집행조서등본

2008. 8. 16.
위 신청인(피고) 김 ○ ○ ㊞

서울지방법원 귀중

판 결 경 정 결 정 신 청

사   건   2006가합(가단,가소) 1243호   소유권이전
신 청 인(원고)   도 ○ ○
피신청인(피고)   라 ○ ○

위 사건에 관하여 2007. 9. 23.선고한 판결의 주문 중「동대문구 면목동○○○-○○번지 대 398
평방미터」는「동대문구 면목동 ○○○-○○번지 대398 평방미터」의잘못임이 명백함으로 판결
을 경정하여 주시기 바랍니다.

2007. 9. 29.
위 신청인(원고) 도 ○ ○ 인

서울지방법원 귀중

참고 : 신청서에는 1,000원의 인지 및 송달료(당사자수 2,260 2회분)를 납부하여야 합니다.

주 소 보 정 서

사 건 :
피 고 인 :

위 사건의 피고인 주소가 변경되었기에 아래와 같이 주소를 보정합니다.
변경된 주소

. . .

피고인 :
전 화 : (   )

서울지방법원 남부지원 형사 제 6 (단독,부)귀중

준 비 서 면(1)

사 건 2007가단1298 손해배상(기)
원 고 배○○
피 고 마○○

　　　귀원 위 사건에 관하여 원고는 다음과 같이 변론을 준비합니다.

다   음

1.
2.
3.
4.
5.

　　　　　　　　　　　　　　2008. 6. 13.

　　　　　　　위 원고 배○○ (서명 또는 날인)

서울지방법원 제12민사단독 귀중

제출법원	본안소송 계속법원	제출기간	제소 후 변론종결 전까지
제출부수	준비서면 1부 및 상대방 수만큼의 부본 제출	제출의무	지방법원 합의부와 그 이상의 상급 법원에서는 반드시 준비서면을 제출하여 변론을 준비하여야 함(민사소송법 제272조 제2항).
의의	준비서면이란 당사자가 변론에서 하고자 하는 진술사항을 기일 전에 예고적으로 기재하여 법원에 제출하는 서면을 말함.		
기재사항	〈민사소송법 제274조 제1항에 법정되어 있음〉 1. 당사자의 성명 · 명칭 또는 상호와 주소 2. 대리인의 성명과 주소 3. 사건의 표시 4. 공격 또는 방어의 방법 5. 상대방의 청구와 공격 또는 방어의 방법에 대한 진술 6. 덧붙인 서류의 표시 7. 작성한 날짜 8. 법원의 표시		
효과	자백간주이익(민사소송법 제150조 제1항), 진술의제의 이익(민사소송법 제148조 제1항), 실권효의 배제(민사소송법 제285조 제3항), 소의 취하 동의권(민사소송법 제266조 제2항)		
기타	· 참조판례 · 참조판례		

●●●분류표시 : 민사소송 >> 변론과 그 준비 >> 준비서면

준 비 서 면(2)

사 건   2007가합5698호 근저당설정등기말소청구
원 고   정 ○ ○
피 고   강 ○ ○

위 사건에 관하여, 원고는 다음과 같이 변론을 준비합니다.

다 음

1. 근저당권등기 설정의 경위에 대하여

피고는 1차 답변서에서 근저당권의 피담보채권 중 월 3%의 약정이자를 변제 받지 못하여 약정이자의 변제시
까지는 근저당권설정등기말소등기절차에 협력할 수 없다고 항변하고 있습니다. 그러나 원고가 피고에게 근
저당권설정등기를 해준 경위는 다음과 같습니다. 즉, 원고는 피고와의 사이에 2006. 8. 12. 금 4 ,500만 원을
변제기 2007. 8. 11. 로 하고 이자는 월 2%로 하여 차용하기로 하는 금전소비대차약정을 체결함에 있어 장차
피고의 위 대여금채권을 담보하기 위하여 원고 소유인 별지목록 기재 부동산에 대하여 2006. 8. 10. 서울지방
법원 등기과 접수 제87908호로서 채권자는 피고, 채무자는 원고, 채권최고액은 금 4,500만 원으로 하고, 같은
해 8.17 근저당권설정계약을 원인으로 하는 근저당권설정등기를 해준바 있습니다(갑 제1호증 차용증 참조).

2. 피담보채권의 소멸

그 뒤 위 차용금 4,500만 원의 변제기에 이르러 원고는 차용한 원금과 약정이자를 피고에게 변제하고자 현실
제공 하였으나 피고는 이자를 월 3%로 주장하며 변제의 수령을 거절하였습니다. 이에 따라 원고는 2007. 8.
11. 귀원소속 공탁공무원에게 2007년 금 제2768호로 공탁자 원고, 피공탁자 피고로 하여 위 차용원리금을 변
제공탁 하였고 이로써 이 사건 근저당권의 피담보채권이 소멸되었습니다(갑 제2호증 공탁서 참조).

3. 따라서 월 3%의 이자약정 사실을 주장하는 피고의 항변은 이유 없고 이 사건 근저당권설정등기는 더 이상 존
속할 이유가 말소되어야 합니다.

2007. 11. 19.

위 원고   정 ○ ○ (서명 또는 날인)

서울지방법원 제12민사부 귀중

별지

부동산의 표시

1. 서울시 강동구 암사동 ○○○-○○ 대 235. 8㎡

2. 위 지상 벽돌조 평슬래브 지붕 ○층주택

   1층 65.8㎡

   2층 56.4㎡

   지층 45.8㎡. 끝.

증 거 신 청

사　건　　2007가합 2980호 손해배상(기)
원　고　　손○○
피　고　　김○○

위 당사자간 귀 원 2007가합 2980호 손해배상(기) 청구사건에 관하여, 원고는 그 주장사실을 입
증하기 위하여 별지의 증인신문 사항을 첨부하여 다음과 같이 증거를 신청합니다.

다　음

1. 증인의 표시
　　증　인　　오○○
　　　　　　　　주 소 부산시 동래구 명장동 ○○○-○○

2. 증인신문사항 : 별첨

20 .　 .　 .
위 원고　손○○

서울지방법원 민사제12부 귀중

지급명령에 대한 이의신청

사건번호   2008차 23769호
채 권 자   윤 ○ ○
　　　　 서울시 동대문구 전농동 ○○-○
채 무 자   현 ○ ○
　　　　 서울시 양천구 목동 ○○-○

위 당사자간의 귀원 2008차 제23769호 지급명령신청사건에 관하여, 채무자는 2008. 9. 10. 동 지급명령정본의 송달을 받았으나, 이에 불복하여 이의신청을 하는 바입니다.

첨 부 서 류

1. 이의신청서 부본   1통
1. 납부서   1통

2008년 9 월 14 일

이의신청인 (채무자)   현 ○ ○ (인)

서울지방법원 귀중

제3채무자에 대한 진술최고 신청서

인지 500원
우표 3,020원

채 권 자   유○○
채 무 자   오○○
제3채무자 미○○(주) (○○○지점)

위 당사자간의 귀원 2008카단 35672 채권가압류신청사건에 관하여 제3채무자에게 민사소송법
제237조에 의하여 아래 사항을 진술하라는 명령을 하여 주시기 바랍니다.

아   래

1. 채권을 인정하는지의 여부 및 인정한다면 그 한도
1. 채권에 대해 지급 의사가 있는지의 여부 및 의사가 있다면 그 한도
1. 채권에 대해 다른 사람으로부터 청구가 있는지의 여부 및 청구가 있다면 그 종류
1. 다른 채권자에게 채권을 압류 당한 사실이 있는지의 여부 및 그 사실이
    있다면 청구의 종류

2007. 9. 3.
위 채권자 유 ○ ○

서울남부지방법원 신청계 귀중

가 압 류 신 청 진 술 서

채권자는 가압류 신청과 관련하여 다음 사실을 진술합니다. 다음의 진술과 관련하여 고의로 누락하거나 허위로 진술한 내용이 발견된 경우에는, 그로 인하여 보정명령 없이 신청이 기각되거나 가압류이의절차에서 불이익을 받을 것임을 잘 알고 있습니다.

2007. 9. 11.

채권자 유 ○ ○

◇ 다 음 ◇

1. 피보전권리와 관련하여

가. 채무자가 신청서에 기재한 청구채권을 인정하고 있습니까?　　　　　　　　　☑ 예

　　　　　　　　　　　　　　　　　　　　　　　　　　　　　　　　□ 아니오 → 채무자의 주장의 요지 :

나. 채무자가 청구채권과 관련하여 오히려 채권자로부터 받을 채권을 가지고 있다고 주장하고 있습니까?

　　　　　　　　　　　　　　　　　　　　　　　　□ 예 → 채무자의 주장의 요지 :

　　　　　　　　　　　　　　　　　　　　　　　　☑ 아니오

다. 채권자가 신청서에 기재한 청구금액은 본안소송에서 승소할 수 있는 금액으로 적정하게 산출된 것입니까? (과도한 가압류로 인해 채무자가 손해를 입으면 배상하여야 함)

　　　　　　　　　　　　　　　　　　☑ 예　　　　　□ 아니오

2. 보전의 필요성과 관련하여

가. 채권자가 채무자의 재산에 대하여 가압류하지 않으면 향후 강제집행이 불가능하거나 매우 곤란해질 사유의 내용은 무엇입니까(필요하면 소명자료를 첨부할 것)

: 채무자는 별다른 재산이 없는 실정이며 이건 가압류 대상 채권을 현재까지 반환받지 않은 상태여서 시급히 압류의 필요성이 있으며 다른 재산은 없습니다.

나. [유체동산가압류 또는 채권가압류사건인 경우] 채무자에게는 가압류할 부동산이 있습니까?

　　　　　　　　　　　　　　　　　　□ 예

　　　　　　　　　　　　　　　　　　☑ 아니오 → 채무자의 주소지 소재 부동산등기부등본을 첨부할 것

다. ["예"라고 대답한 경우] 가압류할 부동산이 있다면, 부동산가압류 이외에 유체동산 및 채권가압류신청을 하는 이유는 무엇입니까?

　　　　　　　　　　□ 이미 부동산상의 선순위 담보 등이 부동산가액을 초과함 → 부동산등기부등본 첨부할 것

　　　　　　　　　　□ 기타 사유 → 내용 :

3. 본안소송과 관련하여

가. 채권자는 신청서에 기재한 청구채권(피보전권리)의 내용과 관련하여 채무자를 상대로 본안소송을 제기한 사실이 있습니까?

　　　　　　　　　　□ 예　　　☑ 아니오

나. ["예"로 대답한 경우]

　　　　　　　　　　　　① 본안소송을 제기한 법원·사건번호·사건명은?

　　　　　　　　　　　　② 현재 진행상황은?

　　　　　　　　　　　　③ 소송결과(소송이 종료된 경우)는?

다. ["아니오"로 대답한 경우] 채권자는 본안소송을 제기할 예정입니까?

　　　　　　　　　☑ 예 → 본안소송 제기 예정일 : 가압류집행 직후

　　　　　　　　　□ 아니오

4. 중복가압류와 관련하여

가. 채권자는 이 신청 이전에 채무자를 상대로 동일한 가압류를 신청하여 기각된 적이 있습니까?

　　　　　　　　　□ 예　　　　□ 아니오

나. 채권자는 신청서에 기재한 청구채권을 원인으로, 이 신청과 동시에 또는 이 신청 이전에 채무자의 다른 재산에 대하여 가압류를 신청한 적이 있습니까?

　　　　　　　　　□ 예　　　　□ 아니오

다. [나.항을 "예"로 대답한 경우]

　　　　　　　　　　　　① 동시 또는 이전에 가압류를 신청한 법원·사건번호·사건명은?

　　　　　　　　　　　　② 현재 진행상황은?

　　　　　　　　　　　　③ 신청결과(취하/각하/인용/기각 등)는?

◇ 유의사항 ◇

채무자가 여럿인 경우에는 각 사람별로 이 서면을 작성하여야 합니다.

판결에 의한 소유권이전 등기말소등기신청

접 수	년 월 일	처 리 인	접 수	조 사	기 입	교 합	등기 필통지	각종 통지
	제 호							

① 부동산의 표시	
② 등기원인과 그 연월일	
③ 등 기 의 목 적	
④ 말 소 할 등 기	

구분	성 명 (상호 명칭)	주민등록번호 (등기용등록번호)	주 소 (소 재 지)	지 분 (개인별)
⑤ 등 기 의 무 자				
⑥ 등 기 권 리 자				

⑦ 시가표준액 및 국민주택채권매입금액		
부동산 표시	부동산별 시가표준액	부동산별 국민주택채권매입 금액
1.	금 원	금 원
2.	금 원	금 원
3.	금 원	금 원
⑦ 국 민 주 택 채 권 매 입 총 액		금 원
⑧ 등 록 세 금 원		⑧ 교육세금 원
⑨ 세 액 합 계	금 원	
⑩ 등 기 신 청 수 수 료	금 원	
⑪ 첨 부 서 면		

- 해지증서   통
- 등록세영수필확인서 및 통지서   1통
- 등기필증   통
- 위임장   통

〈기 타〉
- 판결정본 및 확정 증명 각 1통
  신청서부본 통

년   월   일

⑫ 위 신청인   ㉾   (전화 :   )

(또는)위 대리인   ㉾   (전화 :   )

○○○○법원 등기과 귀중

- 신청서 작성요령 및 등기수입증지 첨부란 -

* 1. 부동산표시란에 2개 이상의 부동산을 기재하는 경우에는 부동산의 일련번호를 기재하여야 합니다.
  2. 신청인란등 해당란에 기재할 여백이 없을 경우에는 별지를 이용합니다.
  3. 등기신청수수료 상당의 등기수입증지를 이 난에 첨부합니다.

판결확정증명원

원 고 김○○

피 고 ○○우체국

위 당사자간 서울행정(지방)법원 2007 구 8792호 청구사건에 관하여 동 법원에서 2008. 3. 23. 선고한 판결이 2008. 4. 7. 확정되었음을 증명하여 주시기 바랍니다.

2008. 5. 11.

피 고 ○○ 세무서장

위 소송수행자 김 ○ ○ ㉙

서울행정(지방)법원 부 귀중

<table>
<tr><td colspan="4" style="text-align:center">대부업등록신청서</td><td>처리기간</td></tr>
<tr><td colspan="4"></td><td>14일</td></tr>
<tr><td rowspan="7">신
청
인</td><td colspan="2">상 호</td><td colspan="2"></td></tr>
<tr><td colspan="2">소재지</td><td colspan="2"></td></tr>
<tr><td colspan="2">영업소 전화번호</td><td colspan="2"></td></tr>
<tr><td colspan="2">성 명㈜</td><td>㉑ 주민등록번호</td><td></td></tr>
<tr><td colspan="2">주 소</td><td colspan="2"></td></tr>
<tr><td colspan="2">전화번호</td><td>자 택</td><td>휴대폰</td></tr>
<tr><td colspan="2">사업내용</td><td colspan="2">※영위하고자 하는 대부업의 구체적 내용 및 방법기재
※금전대부와 금전중개를 동시에 영위할 경우 주된 업무를 기재할 것</td></tr>
</table>

대부업의 등록 및 금융이용자보호에 관한 법률 제3조제2항의 규정에 의하여 위와 같이
대부업의 등록을 신청합니다.

년　월　일

제출인 :　　　　　　　　(서명 또는 인)

휴대폰(전화) :

※위 신청인과 동일인이 아닐 경우에만 기재합니다.

서울특별시장　귀하

<table>
<tr><td rowspan="2">※ 구비서류</td><td>수수료</td></tr>
<tr><td>10만원</td></tr>
<tr><td colspan="2">1. 등록신청서 1부
2. 대표자인감증명서 (법인은 법인인감증명서) 1부
　법인등기부 등본</td></tr>
</table>

매경기업법무관리의 이론과 실무 특강안내

매일경제 부동산법무연구소 / 기업법무관리연구소 소장 !
기업법무관리의 이론과 실무의 저자 !
기존의 기업법무관리와 차별화 된 송순근박사의 직강 !

1) 강의 요일 및 시간 (1) 주중반 : 매주 월요일(오전10시-13시/ 오후 7시-10시)

(2) 주말반 : 매주 토요일(오전10시-13시/ 오후 2시-5시)

2) 강사 : 송순근박사 (저자직강)

3) 교재 : 기업법무관리의 이론과 실무 / 정가 50,000원

4) 수강료 및 정원 : 500,000 원(주 / 야 각 50명)

5) 강의내용
1) 채권계약관리 일반
2) 계약과 계약관리
3) 담보관리 1(담보제도 개관)
4) 담보관리 2 (보증과 채권자대위권)
5) 금융과 대부업(대부업경영기법)
6) 어음. 수표법
7) 부실채권관리와 채권회수
8) 채권양도와 채무인수
9) 민사소송법 개관
10) 민사집행법 1(강제집행)
11) 민사집행법 2(보전처분)
12) 여신관리와 신용조사관리

매경기업법무관리연구소

■ 교육관련 문의 ; ☎ (02) 2000-2647   이메일 :advr@mk.co.kr

기업법무관리사 자격인증시험대비 교재안내

2011년 기업법무관리사 ....
매일경제 **100**% 합격프로젝트

기업법무관리사인증자격시험 취득대비 …

매경 합격 1000제 *!*

시험시행기관공식교재 *!*

송순근박사의

"기업법무관리의 이론과 실무 – 채권관리.담보관리.대부업경영관리–"
단권으로 누구나 쉽게 기업법무관리사가 될 수 있습니다.

1차 + 2차 전과목 대비서*!*

✦ ✦ ✦ **2011년 완벽대비문제집!** ✦ ✦ ✦ ✦ ✦ ✦ ✦ ✦

✦ ✦ ✦ ✦ **1차 / 2차 적중예상 1000제!** ✦ ✦ ✦ ✦ ✦

✦ ✦ ✦ ✦ ✦ ✦ **1차 300제 / 2차 700제** ✦ ✦ ✦ ✦

1차 과목	2차과목
민법 1(민법총칙)	민법2 (물권법+채권법)
상법(어음수표법 포함)	민사소송법
	민사집행법

매경에서 전국적으로 설강하는 송순근박사의
강의 수강하시면 *1차 시험 면제 !*

매경 주최 기업법무관리사 인증자격시험 안내

● **1. 시험주관** : 매일경제신문사 / 매경출판사

● **2. 시험실시** : 매년2회 실시(1-2월/ 7-8월)

● **3. 시험과목 및 출제 방식**
- 1차 : 민법1(민법총칙)/ 상법/어음수표법
- 2차 : 민법2(물권법+채권법)/민사소송법/민사집행법
- 출제방식 : 1차 과목별 각 20문항 (5지선다형)
　　　　　　 2차 과목별 각 25문항 (5지선다형)

● **4. 시험방법** : 오프라인에서 실시

● **5. 문제출제** : 매경이 추천한 "기업법무관리사" 자격인증시험 출제위원들이
　　　　　　　 "매경합격1000제"에서 출제

● **6. 출제비율** : 이론 50%, 실무 50%를 원칙으로 함

● **7. 합격기준** : 과목별 40점 이상, 평균 60점 이상

● **8. 응시자격** : 제한 없음(미성년자는 제외)

● **9. 응시서류 및 응시수수료** : 응시원서 1매, 반명함판 3매(온라인 접수 가능)
　　　　　　　　　　　　　　 ₩ 50,000원

● **10. 시험공고** : 시험일 2개월 전 매경신문 및 홈페이지(www.mk.co.kr)에 공고

● **11. 합격자발표** : 매일경제신문, 매경인터넷에 공고

● **12. 시험관련 문의** : 02-2000-2647

● **13. 특전** : 매경이 설강하는 본사 및 전국 시청 등 각 교육장에 설강하는
　　　　　　 "기업법무관리의 이론과 실무"를 수강하신 분은 1차시험 면제
　　　　　　 (단, 출석률 70%이상자에 한함)

기업법무관리의 이론과 실무

채권계약 · 담보관리 · 대부업경영관리

초 판 1쇄 2010년 12월 24일

....

지은이 송순근

펴낸이 윤영걸 **담당PD** 유철진 **펴낸곳** 매경출판(주)

등 록 2003년 4월 24일(No. 2-3759)

주 소 우)100-728 서울 중구 필동1가 30번지 매경미디어센터 9층

전 화 02)2000-2647(출판팀) 02)2000-2636(영업팀)

팩 스 02)2000-2609 **이메일** publish@mk.co.kr

인쇄·제본 (주)M-print   031)8071-0961

....

ISBN 978-89-7442-711-5 (03320)

값 50,000원